LIQUIDATION
DES SUCCESSIONS

ISBN 978-2-247-23969-6
Tour Lefebvre Dalloz
CS 90358
10, Place des Vosges
92072 Paris La Défense Cedex
SERVICE CLIENTÈLE
+33 (0)1 83 10 10 10
src@lefebvre-dalloz.fr

www.editions-DALLOZ.fr

@Dalloz_Action

DALLOZ RÉFÉRENCE

LIQUIDATION DES SUCCESSIONS

SEPTIÈME ÉDITION
À JOUR
AU 1ER MARS 2025

NATHALIE LEVILLAIN
Notaire,
Formatrice en droit patrimonial
de la famille

ALEXANDRE BOICHÉ
Avocat spécialiste en droit de la famille,
des personnes et de leur patrimoine,
en droit international et en droit de l'Union européenne
Docteur en droit

CYRILLE AUCHÉ
Avocat associé (VERBATEAM)
spécialiste en procédure d'appel

Avec la collaboration de
SOPHIE GONSARD, Notaire

Lefebvre Dalloz

DALLOZ

ŒUVRE COLLECTIVE

CET OUVRAGE A ÉTÉ RÉDIGÉ PAR

NATHALIE LEVILLAIN *Notaire, Formatrice en droit patrimonial de la famille*

Livre 0 I Introduction
Livre 1 I Les principes généraux de dévolution
Livre 2 I La succession volontaire
Livre 3 I Les opérations préalables
Livre 4 I Le partage successoral
Livre 5 I La déclaration de succession*
Livre 8 I La mise en œuvre du schéma liquidatif : cas pratiques

ALEXANDRE BOICHÉ *Avocat spécialiste en droit de la famille, des personnes et de leur patrimoine, en droit international et en droit de l'Union européenne, Docteur en droit*

Livre 7 I La succession internationale**

CYRILLE AUCHÉ *Avocat associé (VERBATEAM), spécialiste en procédure d'appel*

Livre 6 I Succession et règles de procédure civile

* Avec la collaboration de SOPHIE GONSARD, notaire.
** Les développements sur le droit de prélèvement compensatoire ont été corédigés par Alexandre Boiché et Nathalie Levillain.

Sommaire

Table des matières

LIVRE

0. INTRODUCTION

0.05 Objectifs. Le présent ouvrage est conçu en suivant la chronologie de la liquidation.

La liquidation du régime matrimonial, lorsque le défunt était marié, constitue un préalable à la liquidation de la succession, les deux étapes réalisant le processus de transmission du patrimoine entre les générations. Une fois la succession liquidée et le partage accompli, les ayants droit du défunt quittent la zone dangereuse de l'indivision et, allotis de ce que le défunt leur a transmis, reprennent le chemin que le décès avait interrompu.

Au siècle dernier, les règles complexes de cette transmission étaient maîtrisées par des professionnels spécialisés qui, au sein des études de notaires, les mettaient en application et réalisaient parfois de véritables chefs-d'œuvre liquidatifs.

Ce temps est révolu : aujourd'hui, les spécialistes se font rares et les techniques liquidatives doivent être maîtrisées par tous les praticiens de la gestion de patrimoine : notaires, avocats, banquiers et assureurs. Or, non seulement le temps manque désormais pour se livrer à la liquidation comme à un art, mais aussi le droit des successions évolue constamment, par les réformes du 3 décembre 2001 [1] et du 23 juin 2006 [2], par les modernisations apportées par les lois du 12 mai 2009 [3] et du 16 février 2015 [4], l'ordonnance du 15 octobre 2015 [5], la loi du 18 novembre 2016 [6] et la loi du 24 août 2021 [7], et par l'adoption du règlement européen du 4 juillet 2012 [8].

D'autres modifications sont à prévoir dans les années à venir, qui peut-être apporteront des simplifications, par exemple, l'évolution de la réserve héréditaire.

Le propos de cet ouvrage est d'exposer les règles de la liquidation des successions d'une manière accessible à tout juriste. À partir des textes rénovés et de la jurisprudence qui a inspiré ces textes ou qui les interprète, chaque étape de la liquidation est expliquée, le plus simplement possible mais sans esquiver les difficultés, en délimitant les incertitudes et en indiquant les solutions proposées par la doctrine lorsque la loi est obscure.

Les difficultés théoriques ne sont donc développées que lorsqu'il faut nécessairement les résoudre pour parvenir à la liquidation.

0.06 Méthode. *Liquidation des successions* tente de répondre de façon pédagogique aux questions que se posent les praticiens.

La méthode suivie est chronologique : chaque étape de la liquidation est décrite à partir des textes qui la

1. L. n° 2001-1135, 3 déc. 2001, relative aux droits du conjoint survivant et des enfants adultérins et modernisant diverses dispositions de droit successoral, *JO* 4 déc., p. 19279.
2. L. n° 2006-728, 23 juin 2006, portant réforme des successions et des libéralités, *JO* 24 juin, p. 9513.
3. L. n° 2009-526, 12 mai 2009, de simplification et de clarification du droit et d'allègement des procédures, *JO* 13 mai, p. 7920.
4. L. n° 2015-177, 16 févr. 2015, relative à la modernisation et à la simplification du droit et des procédures dans les domaines de la justice et des affaires intérieures, *JO* 19 févr., p. 2961.
5. Ord. n° 2015-1288, 15 oct. 2015, portant simplification et modernisation du droit de la famille, *JO* 16 oct., p. 19304.
6. L. n° 2016-1547, 18 nov. 2016, de modernisation de la justice du XXIe siècle, *JO* 19 nov., texte 1.
7. L. n° 2021-1109, 24 août 2021, confortant le respect des principes de la République, *JO* 25 août, texte 1.
8. Règl. UE n° 650/2012 du Parlement européen et du Conseil, 4 juill. 2012, relatif à la compétence, la loi applicable, la reconnaissance et l'exécution des décisions, et l'acceptation et l'exécution des actes authentiques en matière de successions et à la création d'un certificat successoral européen, *JOUE*, n° L. 201, 27 juill., p. 107.

fondent et illustrée par des schémas et des cas pratiques.

Lorsque plusieurs interprétations des textes s'affrontent, elles sont concrétisées par des exemples chiffrés qui permettent d'en mesurer l'enjeu.

Les solutions ne sont pas présentées comme des recettes : à tout moment, la discussion est présente, par les références de doctrine et de jurisprudence, incitant le lecteur - ou le praticien en recherche - à approfondir les questions traitées.

0.07 **Sommaire.** Après l'étude de la dévolution successorale, en distinguant entre la succession légale (livre 1er) et la succession volontaire (livre 2), sera exposée la liquidation proprement dite qui comprend les opérations préalables (livre 3), l'indivision successorale et le partage (livre 4). Ensuite, seront abordés deux domaines liés à la liquidation : la déclaration de succession (livre 5) et les successions internationales (livre 7). En nouveauté dans cette septième édition, seront ensuite présentées les principales règles de procédure liées au règlement des successions (livre 6). Enfin, la dernière partie de l'ouvrage comprend des cas pratiques complets, précédés d'un schéma liquidatif et suivis de leurs solutions (livre 8).

LIVRE

1. LES PRINCIPES GÉNÉRAUX DE DÉVOLUTION

SECTION 0

ORIENTEUR

1.00 **Sommaire du livre.**

TITRE

11. La succession et la qualité d'héritier

SECTION 0

ORIENTEUR

11.00 Sommaire du titre.

CHAPITRE

111. Ouverture de la succession et successibles

SECTION 0

ORIENTEUR

111.00 **Sommaire du chapitre.**

111.01 **Textes applicables.**

• **C. civ.,** art. 79, 88, 112, 128, 720 à 729-1, 841

• **C. pr. civ.,** art. 45

> Cause d'ouverture de la succession : le décès

[C. civ., art. 79 et 88]

• **Acte de décès**

• **C. civ.,** art. 79

L'acte de décès énoncera :

1° Le jour, l'heure et le lieu de décès ;

2° Les prénoms, nom, date et lieu de naissance, profession et domicile de la personne décédée ;

3° Les prénoms, noms, professions et domiciles de ses père et mère ;

4° Les prénoms et nom de l'autre époux, si la personne décédée était mariée, veuve ou divorcée ;

4° *bis* Les prénoms et nom de l'autre partenaire, si la personne décédée était liée par un pacte civil de solidarité ;

5° Les prénoms, nom, âge, profession et domicile du déclarant et, s'il y a lieu, son degré de parenté avec la personne décédée.

Le tout, autant qu'on pourra le savoir.

Il sera fait mention du décès en marge de l'acte de naissance de la personne décédée.

• **Déclaration judiciaire de décès**

• **C. civ.,** art. 88

Peut être judiciairement déclaré, à la requête du procureur de la République ou des parties intéressées, le décès de tout Français disparu en France ou hors de France, dans des circonstances de nature à mettre sa vie en danger, lorsque son corps n'a pu être retrouvé.

Peut, dans les mêmes conditions, être judiciairement déclaré le décès de tout étranger ou apatride disparu soit sur un territoire relevant de l'autorité de la France, soit à bord d'un bâtiment ou aéronef français, soit même à l'étranger s'il avait son domicile ou sa résidence habituelle en France.

La procédure de déclaration judiciaire de décès est également applicable lorsque le décès est certain mais que le corps n'a pu être retrouvé.

> Cause d'ouverture de la succession : l'absence

• **Présomption d'absence**

• **C. civ.,** art. 112

Lorsqu'une personne a cessé de paraître au lieu de son domicile ou de sa résidence sans que l'on en ait eu de nouvelles, le juge des tutelles peut, à la demande des parties intéressées ou du ministère public, constater qu'il y a présomption d'absence.

• **Jugement déclaratif d'absence**

• **C. civ.,** art. 128

Le jugement déclaratif d'absence emporte, à partir de la transcription, tous les effets que le décès établi de l'absent aurait eus.

Les mesures prises pour l'administration des biens de l'absent, conformément au chapitre Ier du présent titre prennent fin, sauf décision contraire du tribunal ou, à défaut, du juge qui les a ordonnées.

Le conjoint de l'absent peut contracter un nouveau mariage.

> Ouverture de la succession, titre universel et saisine

[C. civ., art. 720 à 724-1]

• **C. civ.,** art. 720

Les successions s'ouvrent par la mort, au dernier domicile du défunt.

• **C. civ.,** art. 721

Les successions sont dévolues selon la loi lorsque le défunt n'a pas disposé de ses biens par des libéralités.

Elles peuvent être dévolues par les libéralités du défunt dans la mesure compatible avec la réserve héréditaire.

• **C. civ.,** art. 722

Les conventions qui ont pour objet de créer des droits ou de renoncer à des droits sur tout ou partie d'une succession non encore ouverte ou d'un bien en dépendant ne produisent effet que dans les cas où elles sont autorisées par la loi.

• **C. civ.,** art. 724

Les héritiers désignés par la loi sont saisis de plein droit des biens, droits et actions du défunt.

Les légataires et donataires universels sont saisis dans les conditions prévues au titre II du présent livre.

À leur défaut, la succession est acquise à l'État, qui doit se faire envoyer en possession.

• **C. civ.,** art. 724-1

Les dispositions du présent titre, notamment celles qui concernent l'option, l'indivision et le partage, s'appliquent en tant que de raison aux légataires et donataires universels ou à titre universel, quand il n'y est pas dérogé par une règle particulière.

> Qualité requise pour succéder : existence

[C. civ., art. 725 et 725-1]

• **C. civ.,** art. 725

Pour succéder, il faut exister à l'instant de l'ouverture de la succession ou, ayant déjà été conçu, naître viable.

Peut succéder celui dont l'absence est présumée selon l'article 112.

• **C. civ.,** art. 725-1

Lorsque deux personnes, dont l'une avait vocation à succéder à l'autre, périssent dans un même événement, l'ordre des décès est établi par tous moyens.

Si cet ordre ne peut être déterminé, la succession de chacune d'elles est dévolue sans que l'autre y soit appelée.

Toutefois, si l'un des codécédés laisse des descendants, ceux-ci peuvent représenter leur auteur dans la succession de l'autre lorsque la représentation est admise.

> Qualité requise pour succéder : absence d'indignité

[C. civ., art. 726 à 729-1]

• **C. civ.,** art. 726

Sont indignes de succéder et, comme tels, exclus de la succession :

1° Celui qui est condamné, comme auteur ou complice, à une peine criminelle pour avoir volontairement donné ou tenté de donner la mort au défunt ;

2° Celui qui est condamné, comme auteur ou complice, à une peine criminelle pour avoir volontairement porté des coups ou commis des violences ou voies de fait ayant entraîné la mort du défunt sans intention de la donner.

• **C. civ.,** art. 727 *(mod. par L. n° 2020-936, 30 juill. 2020, art. 8 [version en vigueur depuis le 1er août 2020])*

Peuvent être déclarés indignes de succéder :

1° Celui qui est condamné, comme auteur ou complice, à une peine correctionnelle pour avoir volontairement donné ou tenté de donner la mort au défunt ;

2° Celui qui est condamné, comme auteur ou complice, à une peine correctionnelle pour avoir volontairement commis des violences ayant entraîné la mort du défunt sans intention de la donner ;

2° *bis* Celui qui est condamné, comme auteur ou complice, à une peine criminelle ou correctionnelle pour avoir commis des tortures et actes de barbarie, des violences volontaires, un viol ou une agression sexuelle envers le défunt ;

3° Celui qui est condamné pour témoignage mensonger porté contre le défunt dans une procédure criminelle ;

4° Celui qui est condamné pour s'être volontairement abstenu d'empêcher soit un crime soit un délit contre l'intégrité corporelle du défunt d'où il est résulté la mort, alors qu'il pouvait le faire sans risque pour lui ou pour les tiers ;

5° Celui qui est condamné pour dénonciation calomnieuse contre le défunt lorsque, pour les faits dénoncés, une peine criminelle était encourue.

Peuvent également être déclarés indignes de succéder ceux qui ont commis les actes mentionnés aux 1° et 2° et à l'égard desquels, en raison de leur décès, l'action publique n'a pas pu être exercée ou s'est éteinte.

• **C. civ.,** art. 727-1

La déclaration d'indignité prévue à l'article 727 est prononcée après l'ouverture de la succession par le tribunal judiciaire à la demande d'un autre héritier. La demande doit être formée dans les six mois du décès si la décision de condamnation ou de déclaration de culpabilité est antérieure au décès, ou dans les six mois de cette décision si elle est postérieure au décès.

En l'absence d'héritier, la demande peut être formée par le ministère public.

• **C. civ.,** art. 728

N'est pas exclu de la succession le successible frappé d'une cause d'indignité prévue aux articles 726 et 727, lorsque le défunt, postérieurement aux faits et à la connaissance qu'il en a eue, a précisé, par une déclaration expresse de volonté en la forme testamentaire, qu'il entend le maintenir dans ses droits héréditaires ou lui a fait une libéralité universelle ou à titre universel.

• **C. civ.,** art. 729

L'héritier exclu de la succession pour cause d'indignité est tenu de rendre tous les fruits et tous les revenus dont il a eu la jouissance depuis l'ouverture de la succession.

• **C. civ.,** art. 729-1

Les enfants de l'indigne ne sont pas exclus par la faute de leur auteur, soit qu'ils viennent à la succession de leur chef, soit qu'ils y viennent par l'effet de la représentation ; mais l'indigne ne peut, en aucun cas, réclamer, sur les biens de cette succession, la jouissance que la loi accorde aux père et mère sur les biens de leurs enfants.

> Compétence du tribunal du lieu d'ouverture de la succession

• **C. civ.,** art. 841

Le tribunal du lieu d'ouverture de la succession est exclusivement compétent pour connaître de l'action en partage et des contestations qui s'élèvent soit à l'occasion du maintien de l'indivision soit au cours des opérations de partage. Il ordonne les licitations et statue sur les demandes relatives à la garantie des lots entre les copartageants et sur celles en nullité de partage ou en complément de part.

> Compétence de la juridiction du dernier domicile du défunt

• **C. pr. civ.,** art. 45

En matière de succession, sont portées devant la juridiction dans le ressort de laquelle est ouverte la succession jusqu'au partage inclusivement :

– les demandes entre héritiers ;

– les demandes formées par les créanciers du défunt ;

– les demandes relatives à l'exécution des dispositions à cause de mort.

111.02 Jurisprudence de référence.

> Force probante de l'acte de décès

• **Civ. 1re, 3 févr. 2004,** n° 00-17.126, P I, n° 35

* V. ss n° 111.11

« Si l'acte de décès n'établit, quant à la date de la mort, qu'une simple présomption, il appartient à celui qui la conteste d'en établir l'inexactitude. »

> La succession s'ouvre au dernier domicile du défunt, déterminé selon la loi française dans les successions internationales

• **Civ. 1re, 17 nov. 1981,** n° 80-14.728, P I, n° 341

* V. ss n° 111.31

« Attendu que, s'il est exact que le domicile du défunt, qui, en vertu de l'article 110 du Code civil, détermine le lieu d'ouverture de la succession en France, et, par conséquent, en vertu de l'article 45 du Nouveau Code de procédure civile, la compétence des tribunaux français pour connaître des demandes qu'énumère ce texte, doit être déterminé d'après la loi française [...]. »

> L'enfant déjà conçu au jour du décès et né viable est successible

• **Civ. 1re, 10 déc. 1985,** n° 84-14.328, P I, n° 339

* V. ss n° 111.51

« [...] la détermination des enfants à charge vivant au foyer, doit être faite en se conformant aux principes généraux du droit, spécialement à celui d'après lequel l'enfant conçu est réputé né chaque fois qu'il y va de son intérêt. »

> L'indignité successorale sanctionne une intention coupable

• **Civ. 1re, 28 mars 2012,** n° 11-10.393, NP

* V. ss n° 111.61

« Attendu qu'ayant exactement relevé que l'indignité successorale suppose l'intention coupable, que la loi exige en posant comme condition à son prononcé que l'auteur du geste homicide ait été condamné à une peine criminelle ou correctionnelle, et constaté qu'un non-lieu à poursuivre M. Richard X est intervenu sur le fondement de l'article 122-1 du Code pénal en raison de l'abolissement total de son discernement et du contrôle de ses actes, c'est sans violer les dispositions de la Convention précitée et du premier protocole additionnel à celle-ci, invoquées par le moyen, que la cour d'appel a refusé d'appliquer à l'intéressé la sanction de l'indignité successorale. »

111.03 Bibliographie indicative.

Actualisables. Rép. civ., v° *Succession : dévolution*, par R. Le Guidec et C. Lesbats, juill. 2022 [actu. mars 2024] – *J.-Cl. Civ. Code*, art. 720, fasc. unique, Successions, *v° Ouverture de la succession*, par G. Raoul-Cormeil, juill. 2021 ; art. 721 à 724-1, fasc 10, Ouverture de la succession, saisine des héritiers, par A. Sériaux, déc. 2019, art. 725 à 729-1, fasc. 20 ; *v° Successions, qualités requises pour succéder*, par J.-B. Donnier, mars 2018 – *J.-Cl. Not. Form., v° Succession*, fasc. 50, juin 2024, par D. Montoux et N. Levillain.

Ouvrages. M.-C. Forgeard, R. Crône et B. Gelot, *La réforme des successions. Loi du 3 décembre 2001*, Defrénois, 2002 – M. Grimaldi (dir.), Dalloz action *Droit patrimonial de la famille*, 2025/2026, nos 221.00 s. et 222.00 s., par F. Bicheron – M. Grimaldi, *Droit des successions*, 8e éd., « Manuels », LexisNexis, 2020, nos 86 s. – A.-M. Leroyer, *Droit des successions*, 4e éd., « Cours », Dalloz, 2020 – Ph. Malaurie et C. Brenner, *Droit des successions et des libéralités*, 11e éd., « Droit civil », LGDJ, 2024, nos 39 s. – F. Terré, Y. Lequette et S. Gaudemet, *Droit civil. Les successions. Les libéralités*, 5e éd., « Précis », Dalloz, 2024, nos 50 s.

Articles. M.-P. Baudin-Maurin, « Être ou ne pas être (à propos de la modification de l'article 725 du Code civil par la loi n° 2001-1135 du 3 décembre 2001) », *D.* 2002. 1763 – V. Brémond, « Indignité et droit transitoire : à propos de l'article 25-II-3° de la loi du 3 décembre 2001 », *JCP N* 2002. 1541 – I. Corpart, « Les difficultés liées à la constatation des décès, après la loi n° 2001-1135 du 3 décembre 2001 », *JCP N* 2002. 1483 – Ph. Daviaud, « La nouvelle indignité successorale. Loi n° 2001-1135 du 3 décembre 2001 », *D.* 2002. 1856 – V. Depadt-Sebag, « La procréation *post mortem* », *D.* 2011. 2213 – A. Tani, « Pour une ingratitude matrimoniale », *Defrénois* 2023, n° 21, p. 25.

111.04 Questions essentielles.

> La date du décès, sa constatation et ses conséquences

* V. ss n° 111.21

> Le dernier domicile du défunt, lieu d'ouverture de la succession mobilière en droit international privé pour les successions ouvertes avant le 17 août 2015

* V. ss n° 111.31

> Les personnes physiques considérées comme existantes au moment du décès

* V. ss n° 111.51

> Les incidences de l'indignité sur la liquidation

* V. ss n° 111.68

111.05 Délais.

La date du décès est le point de départ des délais suivants :

– délai de **quatre mois** imparti à l'héritier avant d'être contraint à faire connaître son option (C. civ., art. 771) ;

– délai fiscal de **six mois** ou d'un an, selon le lieu du décès, pour produire la déclaration de succession (CGI, art. 641) ;

– délai de **cinq ans** pour l'exercice de l'action en réduction (C. civ., art. 921, al. 2, et 1077-2).

111.06 Division. Les observations préalables aux liquidations successorales commencent par le rappel des circonstances de l'ouverture de la succession (sect. 1), puis par l'examen de l'aptitude des héritiers à succéder (sect. 2).

SECTION 1
OUVERTURE DE LA SUCCESSION

§ 1
Causes

111.11 Causes d'ouverture de la succession. « *Les successions s'ouvrent par la mort, au dernier domicile du défunt* » (C. civ., art. 720[1]). Ce texte a simplifié les anciens articles 718 et 110 du Code civil, qui déterminaient auparavant séparément les conditions de la date et du lieu de l'ouverture de la succession.

Le terme « *mort* » désigne le décès par mort naturelle, constaté en principe par l'acte de décès (C. civ., art. 79) :

« *L'acte de décès énoncera :*

1° Le jour, l'heure et le lieu du décès [...] ».

Mais la date constatée par l'acte de décès ne constitue qu'une présomption, qui peut être contestée. Ainsi, dans une espèce portant sur le point de départ du délai pour délibérer imparti à l'héritier pour opter, la Cour de cassation a indiqué que : « *Si l'acte de décès n'établit, quant à la date de la mort, qu'une simple présomption, il appartient à celui qui la conteste d'en établir l'inexactitude* »[2].

En cas de disparition, la succession est ouverte par la déclaration judiciaire du décès prévue par l'alinéa 1er de l'article 88 du Code civil.

La succession est également ouverte par la transcription du jugement déclaratif d'absence (C. civ., art. 128, al. 1er).

§ 2
Date

111.21 Date du décès. La fixation de la date du décès a des conséquences importantes : la date du décès détermine notamment **l'identité des successibles et la date de naissance de l'indivision entre eux** ; c'est la date d'évaluation des biens pour le calcul de la quotité disponible (C. civ., art. 922) ; c'est également le point de départ de divers délais : délai de quatre mois imparti à l'héritier avant d'être contraint à faire connaître son option (C. civ., art. 771), délai fiscal de six mois ou d'un an selon le lieu du décès, pour la déclaration de succession (CGI, art. 641). Cette date est également le point de départ du délai d'exercice de l'action en réduction, d'une durée de cinq ans (C. civ., art. 921, al. 2, et 1077-2).

C'est à l'instant du décès que s'ouvre la succession : la fixation de l'heure du décès prend toute son importance lorsque deux personnes, dont l'une avait vocation à succéder à l'autre, périssent dans le même événement : dans ce cas, **l'ordre des décès** est établi par tout moyen (C. civ., art. 725-1, al. 1er).

Depuis la réforme de 2001, la loi a renoncé à pallier par des présomptions l'impossibilité de fixer l'ordre des décès dans ce cas, **infirmant l'ancienne théorie dite des « *comourants* ».**

Si cet ordre ne peut être déterminé, la succession de chacune de ces personnes est dévolue sans que l'autre y soit appelée, sauf le jeu des règles de la représentation de l'une des deux personnes dans la succession de l'autre (C. civ., art. 725-1, al. 2 et 3).

Faute de précision sur les instants respectifs des deux décès, la dévolution successorale à laquelle l'une ou les deux personnes avaient vocation ne s'effectuera donc pas, sauf indirectement, par le jeu de la représentation.

111.21-1 Date d'ouverture de la succession.

EXEMPLE

X est veuf, avec deux fils, A et B, tous deux célibataires. B a un enfant, E.

X et B trouvent la mort dans un même accident d'avion. Ils n'avaient ni l'un ni l'autre fait de testament.

Établir la dévolution légale des successions de X et de B.

B a vocation à la succession de X, son père, mais l'ordre des décès ne peut être établi. Les successions doivent donc être réglées séparément : la succession de X va à A et à E par représentation de B, pour moitié chacun ; la succession de B va à E[3].

§ 3
Lieu

111.31 Domicile du défunt. Le **dernier domicile du défunt** – et non le lieu du décès – détermine tout d'abord, sur le plan judiciaire, la **compétence territoriale de la juridiction** chargée jusqu'au partage des demandes entre héritiers, des demandes formées par

1. Issu de L. n° 2001-1135, 3 déc. 2001, relative aux droits du conjoint survivant et des enfants adultérins et modernisant diverses dispositions de droit successoral, *JO* 4 déc., p. 19279.
2. Civ. 1re, 3 févr. 2004, n° 00-17.126, P I, n° 35 ; *RTD civ.* 2004. 261, obs. J. Hauser.
3. POUR DES EXEMPLES ET OBSERVATIONS, v. M. Grimaldi (dir.), Dalloz action *Droit patrimonial de la famille*, 2025/2026, n° 222.64, par F. Bicheron.

les créanciers du défunt et des demandes relatives à l'exécution des dispositions à cause de mort (C. pr. civ., art. 45).

Ensuite, pour l'action en partage et pour les contestations relatives au maintien de l'indivision, pour ordonner les licitations et statuer sur diverses demandes relatives à la remise en cause du partage, c'est le **tribunal judiciaire du lieu d'ouverture de la succession,** donc de ce domicile, qui est exclusivement compétent (C. civ., art. 841).

En matière de **droit international privé**, pour les successions ouvertes avant le 17 août 2015, la jurisprudence a fixé la loi du dernier domicile du défunt, déterminée selon la loi française, comme loi compétente pour régir la succession mobilière[1], la loi de situation du bien régissant le sort des immeubles.

Pour les successions ouvertes à compter du 17 août 2015, c'est le règlement européen sur les successions qui s'applique (Règl. UE n° 650/2012 du Parlement européen et du Conseil, 4 juill. 2012[2] - V. s^s n°s 7.00 s.) et qui fixe la loi de la résidence habituelle du défunt comme loi compétente pour régir l'ensemble de la succession.

De là, la nécessité d'exposer ces éléments au début de toute liquidation et, plus généralement, de tout acte relatif à la succession.

111.31-1 Lieu d'ouverture de la succession : résidence habituelle du défunt.

EXEMPLE

Liquidation de la succession de M. X.

Observations préalables

Première observation : décès

M. X, retraité, en son vivant demeurant à Toulouse (Haute-Garonne), 7, rue des Fleurs (*dernier lieu de résidence habituelle du défunt, lieu d'ouverture de la succession*), est décédé à Paris 18e, le 11 mai 2020 (*date du décès, date d'ouverture de la succession*).

SECTION 2 QUALITÉS REQUISES POUR SUCCÉDER

111.40 Plan. Alors que la succession est ouverte par la mort du défunt, en contrepartie, l'héritier doit, lui, exister au moment de ce décès (§ 1) ; toutefois, les liens entre le défunt et l'héritier ne doivent pas avoir été rompus pour cause d'indignité (§ 2).

§ 1 Existence

111.51 Existence physique. La condition imposée par le Code civil est d'« *exister à l'instant de l'ouverture de la succession* » (C. civ., art. 725, al. 1er). Sont considérées comme existantes **les personnes physiques en vie au moment du décès.**

À ces personnes s'ajoute **l'enfant conçu qui,** ultérieurement, **naît viable** (C. civ., art. 725, al. 1er, *in fine*). Ce texte confirme le principe issu de la jurisprudence, selon lequel l'enfant conçu est réputé né chaque fois qu'il y va de son intérêt[3].

En revanche, sont exclues :

- les personnes décédées dans un même événement, lorsqu'on ne peut pas déterminer l'ordre des décès (v. s^s n° 111.21) ;

- les personnes nées après le décès, lorsqu'elles n'étaient pas conçues à la date du décès (par exception, v. s^s n°s 122.104 et 314.71 - C. civ., art. 754 et 755). La date de conception est fixée d'après les présomptions simples édictées par l'article 311 du Code civil.

111.51-1 Qualités héréditaires : application de la présomption légale de conception de l'enfant.

EXEMPLE

X décède, célibataire et sans enfant, sans avoir fait de testament, laissant pour recueillir sa succession son père, sa mère et sa sœur A. Ses parents ont ensuite un autre enfant B.

Si B est né moins de 300 jours après le décès de X, il est présumé – sauf preuve contraire – avoir été conçu avant le décès et il vient à la succession de X.

Si B est né plus de 300 jours après ce décès, sa conception est présumée postérieure au décès – sauf preuve contraire – et il est exclu de la succession de X.

111.52 Existence juridique. Sont **considérées comme existantes et aptes** à succéder les personnes dont l'existence physique n'est pas constatée, mais qui bénéficient **d'une existence juridique**, tant que cette existence n'est pas démentie :

- ainsi, celui dont l'absence est présumée selon l'article 112 du Code civil peut succéder (C. civ.,

1. Civ. 1re, 19 juin 1939, Labedan, *DP* 1939. 1. 97, note L. P. ; *S.* 1940. 1. 49, note M.-L. Niboyet ; *Rev. crit. DIP* 1939. 481, note M.-L. Niboyet – REJET : Civ. 1re, 17 nov. 1981, n° 80-14.728, P I, n° 341 – Civ. 1re, 30 oct. 2006, n° 05-17.849, NP ; *Rev. crit. DIP* 2007. 573, note B. Ancel ; *Defrénois* 2008. 38743, p. 777, note R. Crône.
2. Règl. UE n° 650/2012, du Parlement européen et du Conseil, 4 juill. 2012, relatif à la compétence, la loi applicable, la reconnaissance et l'exécution des décisions, et l'acceptation et l'exécution des actes authentiques en matière de successions et à la création d'un certificat successoral européen, *JOUE*, n° L. 201, 27 juill., p. 107.
3. Civ. 1re, 10 déc. 1985, n° 84-14.328, P I, n° 339 – POUR DES EXEMPLES, V. M. Grimaldi (dir.), Dalloz action *Droit patrimonial de la famille*, 2025/2026, n°s 222.41 s., par F. Bicheron – Et pour la question controversée de l'enfant né d'un transfert posthume d'embryon : M. Grimaldi (dir.), Dalloz action *Droit patrimonial de la famille*, 2025/2026, n° 222.45, par F. Bicheron – F. Terré, Y. Lequette et S. Gaudemet, *Droit civil. Les successions. Les libéralités*, 5e éd., « Précis », Dalloz, 2024, n°s 66.

art. 725, al. 2) : il est considéré comme en vie et « *les droits acquis sans fraude, sur le fondement de la présomption d'absence, ne sont pas remis en cause lorsque le décès de l'absent vient à être établi ou judiciairement déclaré, quelle que soit la date retenue pour le décès* » (C. civ., art. 119)[1].

– « *les personnes qui, par suite d'éloignement, se trouvent malgré elles hors d'état de manifester leur volonté* », visées par l'article 120 du Code civil, sont également aptes à succéder.

En revanche, **sont exclues :**

– les personnes ayant fait l'objet d'un **jugement déclaratif d'absence** (C. civ., art. 128) ;

– tout Français dont la disparition a été suivie d'un **jugement déclaratif de décès** en vertu de l'article 88 du Code civil.

111.53 Personnes morales. Le principe selon lequel il faut être conçu au jour du décès du testateur pour succéder est appliqué par la jurisprudence aux personnes morales, et en particulier aux fondations, en ce sens que la personne morale doit être constituée au jour du décès pour recevoir par testament (C. civ., art. 906, al. 2). Par tempérament, l'article 18-2 de la loi n° 87-571 du 23 juillet 1987[2] permet à une fondation *post mortem* de recevoir un legs à condition d'obtenir une reconnaissance d'utilité publique dans l'année du décès. Toutefois, il a été jugé qu'une fondation *post mortem* à créer en Suisse pouvait recevoir un legs même sans répondre à la condition posée par ce texte, la loi suisse conférant à ladite fondation la personnalité morale rétroactivement au jour du décès[3]. En toutes hypothèses, pour pouvoir succéder, la personne morale doit avoir la capacité de recevoir à titre gratuit au jour du décès, à défaut son legs est nul. Il résulte en effet de la combinaison des articles 906 – traduisant le principe fondamental suivant lequel il ne peut exister de droits sans sujets de droits – et 911 du Code civil – énonçant le principe de nullité des libéralités faites à une personne incapable de recevoir à titre gratuit – que le legs fait à une association dépourvue de la capacité de recevoir à titre gratuit au jour du décès du disposant est nul[4].

Les fonds de dotation (L. n° 2008-776, 4 août 2008[5], art. 140, IV) et les fonds de pérennité (L. n° 2019-486, 22 mai 2019[6], art. 177, IV) peuvent également recevoir à titre gratuit lorsqu'ils sont créés à titre posthume à condition d'acquérir la personnalité morale dans l'année suivant l'ouverture de sa succession.

§ 2
Absence d'indignité

111.61 Définition de l'indignité. N'ont pas les « *qualités requises pour succéder* » les successibles qui ont commis une **faute grave, sanctionnée pénalement, vis-à-vis de leur auteur** et qui, de ce fait, soit « *sont indignes de succéder* » – indignité à caractère obligatoire (C. civ., art. 726) –, soit « *peuvent être déclarés indignes de succéder* » – indignité à caractère facultatif (C. civ., art. 727).

La jurisprudence antérieure au remaniement de ces textes par la **loi n° 2001-1135 du 3 décembre 2001**[7] avait précisé que l'indignité, « *peine civile, de nature personnelle et d'interprétation stricte, ne peut être étendue au-delà des textes qui l'instituent* »[8].

Ce principe n'est pas remis en cause par la réforme ; les causes d'indignité, minutieusement définies par les nouveaux textes, sont donc d'interprétation stricte et ne peuvent être étendues à des comportements non répertoriés par la loi. C'est ce que rappelle la Cour de cassation dans un arrêt rendu le 28 mars 2012. La Haute juridiction, après avoir réaffirmé qu'il ne peut y avoir indignité sans condamnation pénale, précise que l'énumération des causes d'indignité à caractère facultatif prévue par l'article 727 du Code civil est limitative[9].

L'indignité successorale ne s'applique ainsi pas à l'époux bénéficiaire d'un avantage matrimonial, tel que l'attribution intégrale de la communauté[10]. Toutefois depuis l'entrée en vigueur de la loi du 31 mai 2024[11] sur la justice patrimoniale, créant les articles 1399-1 à 1399-5 du Code civil, l'époux meurtrier peut être privé des avantages matrimo-

1. Civ. 1re, 17 mai 2017, n° 16-18.425, PI, n° 112 ; *AJ fam.* 2017. 426, obs. N. Levillain.
2. L. n° 87-571, 23 juill. 1987, sur le développement du mécénat, *JO* 24 juill., p. 8255.
3. Civ. 1re, 15 avr. 2015, n° 14-10.661, P I, n° 93 ; *RTD civ.* 2015. 448, obs. M. Grimaldi.
4. Civ. 1re, 14 avr. 2021, n° 19-19.306, P ; *D.* 2021. Chron. C. cass. 1784, obs. J. Mouty-Tardieu ; *ibid.* 2064, obs. S. Godechot-Patris ; *AJ fam.* 2021. 438, obs. N. Levillain.
5. L. n° 2008-776, 4 août 2008, de modernisation de l'économie, dite « LME », *JO* 5 août, texte 1.
6. L. n° 2019-486, 22 mai 2019, relative à la croissance et la transformation des entreprises, *JO* 23 mai, texte 2.
7. L. n° 2001-1135, 3 déc. 2001, relative aux droits du conjoint survivant et des enfants adultérins et modernisant diverses dispositions de droit successoral, *JO* 4 déc., p. 19279.
8. Civ. 1re, 18 déc. 1984, n° 83-16.028, P I, n° 340 ; *Defrénois* 1985. 33560, note G. Champenois.
9. Civ. 1re, 28 mars 2012, n° 11-10.393, NP ; *AJ fam.* 2012. 54, obs. N. Levillain ; *Dr. fam.* juin 2012. Comm. 113, par P. Bonfils ; *RTD civ.* 2012. 757, note M. Grimaldi.
10. Civ. 1re, 7 avr. 1998, n° 96-14.508, P ; *D.* 1998. 529, note J. Thierry ; *JCP* 1998. I. 10197, note C. Puigelier ; *JCP N* 1998. 689 ; *Defrénois* 1998. 825, obs. G. Champenois ; *Dr. fam.* 1998, n° 102, note B. Beignier ; *RTD civ.* 1998. 457, obs. B. Vareille ; *ibid.* 882, obs. J. Hauser ; *LPA* 10 mars 1999, note J.-G. Mahinga (décision déclarant l'anc. art. 727 non applicable).
11. L. n° 2024-494, 31 mai 2024, visant à assurer une justice patrimoniale au sein de la famille, *JO* 1er juin, texte 1, art. 1er, I.

niaux au titre de l'indignité matrimoniale prévue par ces nouveaux textes qui sont calqués sur ceux de l'indignité successorale.

111.62 Causes d'indignité à caractère obligatoire. Cette déchéance des droits successoraux est obligatoire lorsque l'indignité a pour cause la **condamnation du successible, comme auteur ou complice, à une peine criminelle** « *pour avoir volontairement donné ou tenté de donner la mort au défunt* » ou « *pour avoir volontairement porté des coups ou commis des violences ou voies de fait ayant entraîné la mort du défunt sans intention de la donner* » (C. civ., art. 726).

111.63 Causes d'indignité à caractère facultatif. L'indignité peut être judiciairement prononcée à l'encontre d'un **successible** qui a été condamné, **comme auteur ou complice, à une peine correctionnelle** « *pour avoir volontairement donné ou tenté de donner la mort au défunt* » ou « *pour avoir volontairement commis des violences ayant entraîné la mort du défunt sans intention de la donner* ».

Dans ces deux cas, l'indignité peut être prononcée après le décès de l'indigne, lorsqu'en raison de ce décès l'action publique n'a pu être exercée ou s'est éteinte (C. civ., art. 727, al. 1er, 2 et 5).

Peuvent également être déclarés indignes, des successibles condamnés pour :

– **témoignage mensonger** porté contre le défunt dans une procédure criminelle ;

– ou pour l'**abstention volontaire** « *d'empêcher soit un crime soit un délit contre l'intégrité corporelle du défunt d'où il est résulté la mort, alors qu'il pouvait le faire sans risque pour lui ou pour les tiers* » ;

– enfin, pour **dénonciation calomnieuse** contre le défunt « *lorsque, pour les faits dénoncés, une peine criminelle était encourue* » (C. civ., art. 727, 3e, 4e et 5e).

– La loi du 30 juillet 2020 [1] a ajouté une nouvelle catégorie de cas d'indignité facultative dans lesquels le successible peut avoir été condamné tant à une peine correctionnelle qu'à une peine criminelle : « *Celui qui est condamné, comme auteur ou complice, à une peine criminelle ou correctionnelle pour avoir commis des tortures et actes de barbarie, des violences volontaires, un viol ou une agression sexuelle envers le défunt* » (C. civ., art. 727, 2° *bis*).

111.64 Mise en œuvre de l'indignité. Lorsque l'indignité relève d'une cause à caractère obligatoire, elle s'applique **de plein droit,** sous réserve de contestation, cas auquel une décision déclarative du tribunal judiciaire est nécessaire.

Dans le cas où l'indignité a un caractère facultatif, **la déclaration d'indignité** est prononcée après l'ouverture de la succession par le tribunal judiciaire, saisi par un autre héritier dans les six mois du décès si la décision de condamnation ou de déclaration de culpabilité est antérieure au décès, ou dans les six mois de cette décision si elle est postérieure au décès.

En l'absence d'héritier, la demande peut être formée par le ministère public (C. civ., art. 727-1).

111.65 Effets de l'indignité. L'indignité produit ses effets **à compter du jour de l'ouverture de la succession** et l'héritier indigne, exclu de la succession, doit restituer tous les fruits et revenus qu'il aurait pu percevoir depuis cette date (C. civ., art. 729).

Toutefois, **la loi du 3 décembre 2001 a atténué les effets de l'indignité**, d'une part, en prévoyant une possibilité de pardon par la victime des faits d'indignité, d'autre part en permettant aux enfants de l'indigne de le représenter.

111.66 Le pardon de la victime. Lorsque la victime avait de son vivant accordé son pardon au successible, postérieurement aux faits pouvant entraîner l'indignité et à la connaissance qu'elle en a eue, ce successible, bien que frappé d'une cause d'indignité, n'est **pas exclu de la succession.**

Ce pardon doit être exprimé par une **déclaration expresse de volonté,** « *en la forme testamentaire* », que la victime entend maintenir ce successible dans ses droits héréditaires.

Ce pardon peut également résulter d'une **libéralité universelle ou à titre universel** consentie par le défunt à ce successible postérieurement aux faits et à la connaissance qu'il en a eue (C. civ., art. 728).

111.67 La protection des enfants de l'indigne. Les enfants de l'indigne viennent désormais à la succession de leur auteur, soit de leur chef, soit par représentation (v. ss no 122.102). Cependant, dans le cas où l'indigne est toujours en vie, il ne peut réclamer la jouissance légale prévue par les articles 386-1 et suivants du Code civil sur les biens recueillis par ses enfants dans la succession dont il est exclu (C. civ., art. 729-1).

111.68 Conclusion. L'indignité est loin d'être une hypothèse d'école, comme en atteste la jurisprudence [2]. Elle a deux séries de conséquences. D'une part, l'indignité de l'héritier affecte la dévolution de la succession de la victime, l'indigne en étant exclu et y étant éventuellement représenté. D'autre part, dans la succession de l'indigne, les héritiers doivent rapporter les biens antérieurement reçus dans la succession de la victime, par représentation de l'indigne (v. ss nos 122.104 et 314.71 s.).

1. L. no 2020-936, 30 juill. 2020, visant à protéger les victimes de violences conjugales, *JO* 31 juill., texte 2, art. 8.

2. PAR EX., Civ. 1re, 28 mars 2012, no 11-10.393, NP ; *AJ fam.* 2012. 54, obs. N. Levillain ; *RTD civ.* 2012. 757, note M. Grimaldi ; *Dr. fam.* juin 2012. Comm. 113, par P. Bonfils – Com. 1er juin 2010, no 09-14.353, P IV, no 102 – Civ. 1re, 3 oct. 2006, no 04-11.910, P I, no 429 ; *AJ fam.* 2006. 424, obs. F. Bicheron ; *RTD civ.* 2007. 600, obs. M. Grimaldi.

CHAPITRE

112. Preuve de la qualité d'héritier

SECTION 0 ORIENTEUR

112.00 **Sommaire du chapitre.**

112.01 **Textes applicables.**

• **C. civ.,** art. 730 à 730-5

• **C. mon. fin.,** art. L. 312-1-4

> Preuve de la qualité d'héritier

[C. civ., art. 730 à 730-1]

• **C. civ.,** art. 730

La preuve de la qualité d'héritier s'établit par tous moyens.

Il n'est pas dérogé aux dispositions ni aux usages concernant la délivrance de certificats de propriété ou d'hérédité par des autorités judiciaires ou administratives.

• **C. civ.,** art. 730-1

La preuve de la qualité d'héritier peut résulter d'un acte de notoriété dressé par un notaire, à la demande d'un ou plusieurs ayants droit.

L'acte de notoriété doit viser l'acte de décès de la personne dont la succession est ouverte et faire mention des pièces justificatives qui ont pu être produites, tels les actes de l'état civil et, éventuellement, les documents qui concernent l'existence de libéralités à cause de mort pouvant avoir une incidence sur la dévolution successorale.

Il contient l'affirmation, signée du ou des ayants droit auteurs de la demande, qu'ils ont vocation, seuls ou avec d'autres qu'ils désignent, à recueillir tout ou partie de la succession du défunt.

Toute personne dont les dires paraîtraient utiles peut être appelée à l'acte.

Il est fait mention de l'existence de l'acte de notoriété en marge de l'acte de décès.

> Acte de notoriété

[C. civ., art. 730-2 à 730-5]

• **C. civ.,** art. 730-2

L'affirmation contenue dans l'acte de notoriété n'emporte pas, par elle-même, acceptation de la succession.

• **C. civ.,** art. 730-3

L'acte de notoriété ainsi établi fait foi jusqu'à preuve contraire.

Celui qui s'en prévaut est présumé avoir des droits héréditaires dans la proportion qui s'y trouve indiquée.

• **C. civ.,** art. 730-4

Les héritiers désignés dans l'acte de notoriété ou leur mandataire commun sont réputés, à l'égard des tiers détenteurs de biens de la succession, avoir la libre disposition de ces biens et, s'il s'agit de fonds, la libre disposition de ceux-ci dans la proportion indiquée à l'acte.

• **C. civ.,** art. 730-5

Celui qui, sciemment et de mauvaise foi, se prévaut d'un acte de notoriété inexact, encourt les pénalités de recel prévues à l'article 778 sans préjudice de dommages et intérêts.

> Attestation

• **C. mon. fin.,** art. L. 312-1-4

La personne qui a qualité pour pourvoir aux funérailles du défunt peut obtenir, sur présentation de la facture des obsèques, le débit sur les comptes de paiement du défunt, dans la limite du solde créditeur de ces comptes, des sommes nécessaires au paiement de tout ou partie des frais funéraires, auprès des banques teneuses desdits comptes, dans la limite d'un montant fixé par arrêté du ministre chargé de l'Économie.

Sous réserve de justifier de sa qualité d'héritier, tout successible en ligne directe peut :

1° Obtenir, sur présentation des factures, du bon de commande des obsèques ou des avis d'imposition, le débit sur les comptes de paiement du défunt, dans la limite des soldes créditeurs de ces comptes, des sommes nécessaires au paiement de tout ou partie des actes conservatoires, au sens du 1° de l'article 784 du Code civil, auprès des établissements de crédit teneurs desdits comptes, dans la limite d'un montant fixé par arrêté du ministre chargé de l'Économie ;

2° Obtenir la clôture des comptes du défunt et le versement des sommes y figurant, dès lors que le montant total des sommes détenues par l'établissement est inférieur à un montant fixé par arrêté du ministre chargé de l'Économie.

Pour l'application des 1° et 2°, l'héritier justifie de sa qualité d'héritier auprès de l'établissement de crédit teneur desdits comptes soit par la production d'un acte de notoriété, soit par la production d'une attestation signée de l'ensemble des héritiers, par lequel ils attestent :

a) Qu'il n'existe pas de testament ni d'autres héritiers du défunt ;

b) Qu'il n'existe pas de contrat de mariage ;

c) Qu'ils autorisent le porteur du document à percevoir pour leur compte les sommes figurant sur les comptes du défunt ou à clôturer ces derniers ;

d) Qu'il n'y a ni procès, ni contestation en cours concernant la qualité d'héritier ou la composition de la succession.

Pour l'application du présent 2°, l'attestation mentionnée au cinquième alinéa doit également préciser que la succession ne comporte aucun bien immobilier.

Lorsque l'héritier produit l'attestation mentionnée au cinquième alinéa, il remet à l'établissement de crédit teneur des comptes :

– son extrait d'acte de naissance ;

– un extrait d'acte de naissance du défunt et une copie intégrale de son acte de décès ;

– le cas échéant, un extrait d'acte de mariage du défunt ;

– les extraits d'actes de naissance de chaque ayant droit désigné dans l'attestation susmentionnée ;

– un certificat d'absence d'inscription de dispositions de dernières volontés.

112.02 Jurisprudence de référence.

> Le livret de famille, preuve de la qualité d'héritier

• **Civ. 3e, 24 sept. 2020,** n° 19-17.068, P

* V. ss n° 112.24

« Aux termes de l'article 730, alinéa 1er, du Code civil, la qualité d'héritier s'établit par tous moyens. [...]

Ayant relevé que Mme B... produisait une copie du livret de famille sur lequel elle figurait comme enfant unique d'K... et L... B... la cour d'appel en a souverainement déduit [...] que sa qualité d'héritière de son père était établie. »

> L'acte de notoriété, preuve de la qualité d'héritier

• **Civ. 1re, 24 oct. 1984,** n° 83-12.096, P I, n° 279

* V. ss n° 112.12

« L'acte de notoriété dressé par un notaire sous la responsabilité de cet officier public, établit la qualité d'héritier dans la mesure où la véracité de ses énonciations n'est pas contestée. »

112.03 Bibliographie indicative.

Actualisables. Rép. civ., v° *Acte de notoriété*, par J. Hérail, 2009 [actu. déc. 2019] – *J.-Cl. Civ. Code, vis Successions, Des preuves de la qualité d'héritier, Acte de notoriété*, art. 730 à 730-5, fasc. 10, par J.-F. Pillebout, 2023 ; app. art. 720 à 892, fasc. 30, par M. Revillard, 2022, nos 110 à 122.

Ouvrages. M. Grimaldi (dir.), Dalloz action *Droit patrimonial de la famille*, 2025/2026, nos 249.00 s., par C. Vernières – M. Revillard, *Droit international privé et européen : pratique notariale*, 10e éd., Defrénois-Lextenso, 2022.

Articles. I. Barrière-Brousse, « La mise en application du règlement européen sur les successions : cauchemar à l'office notarial ? », *D.* 2015. 1651 – M. Dagot, « De la preuve de la qualité d'héritier », *JCP N* 2002. 1221 – L.-C. Henry, « Le régime de l'acte de notoriété selon la jurisprudence récente », *RTD civ.* 1994. 11 – E. Jacoby, « Le certificat successoral européen », *JCP N* 2010. 1122 – C. Nourissat, « Certificat successoral européen : premières observations », *JCP N* 2015. 140 – J.-F. Pillebout, « Règlement de certaines successions sans acte de notoriété », *JCP N* 2005. 1508 – B. Reynis, « Le certificat successoral européen, un acte authentique européen », *Defrénois* 2012. 767.

112.04 Questions essentielles.

> Peut-on établir la qualité d'héritier par d'autres moyens que l'acte de notoriété ?

* V. ss nos 112.22 à 112.24

> Contenu de l'acte de notoriété

* V. ss n° 112.32

> Force probante de l'acte de notoriété

* V. ss n° 112.34

112.05 Division. Après une introduction générale (sect. 1), nous examinerons les divers modes de preuve de la qualité d'héritier (sect. 2), puis spécialement l'acte de notoriété (sect. 3).

SECTION 1
INTRODUCTION

112.11 Place dans la chronologie du travail liquidatif. La question de la preuve de la qualité d'héritier se pose au liquidateur après la détermination des héritiers et fait l'objet d'une observation postérieure à l'établissement de la liste des héritiers, qui peut prendre la forme suivante :

112.11-1 Notoriété.

EXEMPLE

Observation préalable

L'acte de notoriété après le décès de M. X, constatant les qualités des héritiers ci-dessus identifiés, a été reçu par Me N..., notaire soussigné, le 14 juin 2020.

112.12 Place dans le Code civil. Le législateur n'a pas suivi cet ordre chronologique du travail liquidatif : le Code civil traite de la question au stade des dispositions préliminaires (chapitre II, section II du titre consacré aux successions), dans les articles 730 à 730-5 introduits par la **loi n° 2001-1135 du 3 décembre 2001** [1]. Cette loi a confirmé la pratique notariale appuyée sur la jurisprudence : « *Sauf lorsqu'il s'agit de l'exercice d'une action en pétition d'hérédité, l'acte de notoriété dressé par un notaire sous la responsabilité de cet*

1. L. n° 2001-1135, 3 déc. 2001, relative aux droits du conjoint survivant et des enfants adultérins et modernisant diverses dispositions de droit successoral, *JO* 4 déc., p. 19279.

officier public, établit la qualité d'héritier dans la mesure où la véracité de ses énonciations n'est pas contestée »[1].

Pour simplifier, c'est l'ordre du Code civil que nous suivrons.

112.13 Caractère non contentieux. Le domaine des textes précités est limité à la preuve en matière non contentieuse : en matière contentieuse, l'héritier « *qui entend faire reconnaître en justice sa vocation héréditaire contre ceux qui se prétendent seuls héritiers des biens qu'ils détiennent* » doit avoir recours à l'action en pétition d'hérédité[2]. Le succès de l'action en pétition d'hérédité pourra ensuite être constaté dans un acte de notoriété rectificative, rétablissant la dévolution successorale d'après le jugement.

SECTION 2
DIVERSITÉ DES MODES DE PREUVE

112.21 Principe. Le principe est que « *la preuve de la qualité d'héritier s'établit par tous moyens* » (C. civ., art. 730, al. 1er). Certains de ces moyens sont prévus par la loi : outre **l'acte de notoriété**, la loi confirme la **validité des certificats de propriété ou d'hérédité** délivrés par des autorités judiciaires ou administratives, et prévoit désormais un mode de preuve simplifié pour les successions de faible importance.

La pratique a mis au point d'autres moyens, consacrés par l'usage.

112.22 Notoriété, certificats délivrés par les autorités. La preuve de la qualité d'héritier peut être établie par un acte de notoriété, et aussi par les certificats de propriété ou d'hérédité délivrés par les autorités judiciaires ou administratives (C. civ., art. 730, al. 2). Il s'agit :

– des **certificats de propriété** délivrés par les notaires relativement à certains biens : mais ces certificats se réfèrent en général à l'acte de notoriété et établissent le statut du bien visé plus que la qualité des héritiers[3] ;

– des **certificats d'hérédité** délivrés par les maires, mentionnant l'identité du défunt, la date du décès, l'identité et la qualité des héritiers, documents dont la force probante est limitée[4] ; le maire agit en tant que représentant de l'État établissant un acte administratif et non comme officier d'état civil (CGCT, art. L. 2541-20), il a toute latitude pour refuser d'établir un tel certificat, notamment au vu du caractère suffisant ou non des éléments d'information qui lui sont présentés ; en tout état de cause, les sommes en jeu ne doivent pas dépasser 5 335 euros ;

– la validité des **certificats d'héritiers** prévus par le droit local dans les départements du Bas-Rhin, du Haut Rhin et de la Moselle (L. 1er juin 1924, art. 74 à 77) a été confirmée par la loi du 3 décembre 2001 (art. 20, II). Le certificat d'héritier est délivré dans le cas de successions ouvertes en Alsace ou en Moselle, à la requête d'un héritier (C. civ. local, art. 2353), par le juge du tribunal d'instance. Le certificat est délivré, en général au notaire chargé de la succession, au nom d'un seul héritier (certificat restreint) ou pour l'ensemble de la dévolution successorale (certificat collectif). Ce mode de preuve vaut comme certificat de notoriété ou de propriété sur tout le territoire national (L. 1er juin 1924, art. 77)[5] ;

– enfin, selon le **règlement de l'Union européenne n° 656/2012 du 4 juillet 2012**, relatif à la compétence, la loi applicable, la reconnaissance et l'exécution des décisions, et l'acceptation et l'exécution des actes authentiques en matière de succession et à la création d'un certificat successoral européen, publié le 27 juillet 2012[6] et applicable aux successions ouvertes à compter du 17 août 2015, l'acte de notoriété peut être remplacé par le **certificat successoral européen**[7].

112.23 Attestation des successeurs. Lorsque les sommes dues par les établissements bancaires ne dépassent pas 5 000 euros, les héritiers peuvent en obtenir le paiement au vu d'une attestation signée de l'ensemble des successeurs en ligne directe (C. mon. fin., art. L. 312-1-4[8]).

Cette attestation permet aux héritiers en ligne directe d'obtenir, par le débit sur les comptes du défunt, les sommes nécessaires au paiement de tout ou partie des actes conservatoires n'entraînant pas

1. Civ. 1re, 24 oct. 1984, n° 83-12.096, P I, n° 279 – V. AUSSI, Civ. 1re, 24 oct. 1984, n° 83-12.558, P I, n° 280 – Civ. 1re, 24 oct. 1984, n° 83-12.933, P I, n° 281.
2. G. Cornu, *Vocabulaire juridique*, 15e éd., PUF, 2024 – M. Grimaldi, *Droit des successions*, 8e éd., « Manuels », LexisNexis, 2020, n° 568.
3. M. Grimaldi, *Droit des successions*, 8e éd., « Manuels », LexisNexis, 2020, n° 561.
4. Rép. min. Zimmermann, *JOAN Q* 52502, 1er févr. 2005, p. 1138.
5. Rép. pr. civ., v° *Alsace et Moselle*, par J.-L. Vallens, avr. 2020 [actu. janv. 2023], nos 98 s.
6. Règl. UE n° 656/2012, 4 juill. 2012, relatif à la compétence, la loi applicable, la reconnaissance et l'exécution des décisions, et l'acceptation et l'exécution des actes authentiques en matière de succession et à la création d'un certificat successoral européen, *JOUE* n° L. 201/107, 27 juill.
7. V. *J.-Cl. Civ. Code*, app. art. 720 à 892, fasc. 30, par M. Revillard, 2022, nos 110 à 122 – V. ss nos 7.00 s.
8. Issu de L. n° 2015-177, 16 févr. 2015, relative à la modernisation et à la simplification du droit et des procédures dans les domaines de la justice et des affaires intérieures, *JO* 19 févr., p. 2961, complété par Arr. 7 mai 2015, pris en application de l'article L. 312-1-4 du Code monétaire et financier, *JO* 14 mai, p. 8238 (indication du montant de 5 000 €) – V. *D.* 2015. 2094, obs. M. Nicod.

acceptation de la succession (C. civ., art. 784, al. 1er), et d'obtenir la clôture des comptes du défunt et le versement au profit d'un bénéficiaire désigné des sommes y figurant.

Les héritiers doivent attester :

- qu'il n'existe pas de testament ni d'autres héritiers du défunt ;
- qu'il n'existe pas de contrat de mariage ;
- qu'ils autorisent le porteur du document à percevoir pour leur compte les sommes figurant sur les comptes du défunt ou à clôturer ces derniers ;
- qu'il n'y a ni procès, ni contestation en cours concernant la qualité d'héritier ou la composition de la succession ;
- que la succession ne comporte aucun bien immobilier.

L'héritier qui produit l'attestation doit présenter à l'établissement bancaire :

- son extrait d'acte de naissance ;
- un extrait d'acte de naissance du défunt et une copie intégrale de son acte de décès ;
- le cas échéant, un extrait d'acte de mariage du défunt ;
- les extraits d'actes de naissance de chaque ayant droit désigné dans l'attestation susmentionnée ;
- un certificat d'absence d'inscription de dispositions de dernières volontés.

112.24 Autres moyens consacrés par l'usage et la jurisprudence. Lorsque la succession est de faible importance, il est admis que le notaire la règle au moyen d'une **simple attestation**, établie sous sa responsabilité, au vu d'une déclaration sur l'honneur des héritiers [1].

La succession peut aussi être réglée à partir de **l'intitulé de l'inventaire,** acte dans lequel le notaire, sur réquisition des ayants droit, établit la dévolution successorale sous sa propre responsabilité. La force probante de cet acte est la même que celle de l'acte de notoriété ; mais le notaire aura toutefois toujours intérêt à établir d'abord un acte de notoriété avec intervention de témoins, pour appuyer sur les déclarations de ces témoins l'établissement de la dévolution successorale.

La jurisprudence a également admis que la preuve de la qualité d'héritier pouvait être apportée par la production du livret de famille faisant apparaître celui qui le produisait comme seul enfant du défunt [2].

112.25 Suprématie de l'acte de notoriété. Il résulte de ce qui précède que, en règle générale, les modes de preuve autres que l'acte de notoriété ne doivent pas être utilisés par le liquidateur. Le règlement de toutes les successions - sauf lorsque l'actif est de faible importance - devrait être précédé de l'établissement d'un acte de notoriété - ou d'un certificat successoral européen, le cas échéant.

Rappelons qu'un acte de notoriété établi à l'étranger est valable, à condition qu'il ait été établi suivant les règles applicables en France, et qu'un acte de notoriété dressé par un notaire français est accepté dans un pays connaissant cet acte [3].

SECTION 3
ACTE DE NOTORIÉTÉ

112.31 Forme. L'acte de notoriété est désormais **exclusivement établi par un notaire**, à la demande d'un ou de plusieurs ayants droit (C. civ., art. 730-1, al. 1er).

La compétence du greffier en chef du tribunal judiciaire du lieu d'ouverture de la succession a été supprimée par la loi de simplification du droit du 20 décembre 2007 (L. nº 2007-1787, 20 déc. 2007, art. 9 [4], abr. C. civ., anc. art. 730-1, al. 2).

112.32 Contenu. L'acte de notoriété, après la réquisition des ayants droit, vise **l'acte de décès** et mentionne les **pièces justificatives** de la dévolution successorale : c'est-à-dire, les actes d'état civil et les documents justifiant l'existence de libéralités à cause de mort, tel le compte rendu d'interrogation du fichier central des dispositions de dernières volontés. Les pièces visées et mentionnées sont annexées à l'acte.

En second lieu, l'acte contient, à l'appui de la dévolution successorale, **l'affirmation des ayants droit qu'ils ont vocation à recueillir la succession du défunt** et les déclarations éventuelles de « *toute personne dont les dires paraîtraient utiles* » (C. civ., art. 730-1, al. 3 et 4) ; il peut s'agir de témoins bien informés sur la famille, ou d'un généalogiste.

L'affirmation des ayants droit ne porte que sur leur vocation successorale et n'emporte pas acceptation de la succession (C. civ., art. 730-2). En pratique, les ayants droit sont qualifiés d'« *habiles à se dire et porter héritiers* » par opposition à « *héritiers acceptants* ».

Au contraire, dans le certificat d'héritier délivré par le tribunal judiciaire selon le droit local (v. s^s^ nº 112.22), l'héritier mentionné a nécessairement accepté la succession [5].

1. J.-F. Pillebout, « Règlement de certaines successions sans acte de notoriété », *JCP N* 2005. 1508.
2. Civ. 3e, 24 sept. 2020, nº 19-17.068, P ; *D.* 2021. 310, obs. R. Boffa et M. Mekki ; *RTD civ.* 2021. 158, obs. P.-Y. Gautier.
3. M. Revillard, *Droit international privé et européen : pratique notariale*, 10e éd., Defrénois, 2022.
4. L. nº 2007-1787, 20 déc. 2007, relative à la simplification du droit, *JO* 21 déc., p. 20639.
5. Rép. civ., vº *Alsace et Moselle*, par J.-L. Vallens, avr. 2020 [actu. janv. 2023], nºs 98 et 99.

112.33 **Publicité.** L'acte de notoriété est désormais **mentionné en marge de l'acte de décès** (L. n° 2007-1787, 20 déc. 2007, art. 9 - C. civ., art. 730-1, al. 5). Cette mention permet à toute personne concernée de retrouver le notaire en charge de la succession.

112.34 **Force probante.** L'acte de notoriété fait foi jusqu'à **preuve contraire** : les ayants droit qui y figurent sont présumés avoir des droits héréditaires dans la proportion qui s'y trouve indiquée (C. civ., art. 730-3) - dans le cas où cette proportion ne dépend pas d'un acte ultérieur comme l'exercice d'une option[1].

Vis-à-vis des tiers détenteurs de biens de la succession, les héritiers désignés dans l'acte sont réputés avoir la libre disposition de ces biens, dans la même proportion s'il s'agit de fonds (C. civ., art. 730-4), et sous la même réserve.

112.35 **Mise en garde.** La force probante de l'acte de notoriété peut susciter des **utilisations frauduleuses.** La loi met en garde ceux qui concevraient de tels projets, en prévoyant des **sanctions analogues à celles du recel** (C. civ., art. 778) contre ceux qui se prévaudraient « *sciemment et de mauvaise foi* » d'un acte de notoriété inexact, sans préjudice de dommages et intérêts (C. civ., art. 730-5 - V. s[s] n°s 142.52 à 142.54).

1. M. Dagot, « De la preuve de la qualité d'héritier », *JCP N* 2002. 1221, p. 512 à 514 et note 27.

TITRE

12. La dévolution en l'absence de conjoint

SECTION 0 ORIENTEUR

12.00 **Sommaire du titre.**

CHAPITRE

121. Principes directeurs

SECTION 0
ORIENTEUR

121.00 Sommaire du chapitre.

121.01 Textes applicables.

• **C. civ.,** art. 731 à 745

• **CGI,** art. 777, 779 et 788, IV

> Principes de dévolution

[C. civ., art. 731 à 733]

• **C. civ.,** art. 731

La succession est dévolue par la loi aux parents et au conjoint successibles du défunt dans les conditions définies ci-après.

• **C. civ.,** art. 732

Est conjoint successible le conjoint survivant non divorcé.

• **C. civ.,** art. 733

La loi ne distingue pas selon les modes d'établissement de la filiation pour déterminer les parents appelés à succéder.

Les droits résultants de la filiation adoptive sont réglés au titre de l'adoption.

> Ordres d'héritiers

[C. civ., art. 734 à 740]

• **C. civ.,** art. 734

En l'absence de conjoint successible, les parents sont appelés à succéder ainsi qu'il suit :

1° Les enfants et leurs descendants ;

2° Les père et mère ; les frères et sœurs et les descendants de ces derniers ;

3° Les ascendants autres que les père et mère ;

4° Les collatéraux autres que les frères et sœurs et les descendants de ces derniers.

Chacune de ces quatre catégories constitue un ordre d'héritiers qui exclut les suivants.

• **C. civ.,** art. 735

Les enfants ou leurs descendants succèdent à leurs père et mère ou autres ascendants, sans distinction de sexe, ni de primogéniture, même s'ils sont issus d'unions différentes.

• **C. civ.,** art. 736

Lorsque le défunt ne laisse ni postérité, ni frère, ni sœur, ni descendants de ces derniers, ses père et mère lui succèdent, chacun pour moitié.

• **C. civ.,** art. 737

Lorsque les père et mère sont décédés avant le défunt et que celui-ci ne laisse pas de postérité, les frères et sœurs du défunt ou leurs descendants lui succèdent, à l'exclusion des autres parents, ascendants ou collatéraux.

• **C. civ.,** art. 738

Lorsque les père et mère survivent au défunt et que celui-ci n'a pas de postérité, mais des frères et sœurs ou des descendants de ces derniers, la succession est dévolue, pour un quart, à chacun des père et mère et, pour la moitié restante, aux frères et sœurs ou à leurs descendants.

Lorsqu'un seul des père et mère survit, la succession est dévolue pour un quart à celui-ci et pour trois quarts aux frères et sœurs ou à leurs descendants.

• **C. civ.,** art. 738-1

Lorsque seul le père ou la mère survit et que le défunt n'a ni postérité ni frère ni sœur ni descendant de ces derniers, mais laisse un ou des ascendants de l'autre branche que celle de son père ou de sa mère survivant, la succession est dévolue pour moitié au père ou à la mère et pour moitié aux ascendants de l'autre branche.

• **C. civ.,** art. 738-2

Lorsque les pères et mère ou l'un d'eux survivent au défunt et que celui-ci n'a pas de postérité, ils peuvent dans tous les cas exercer un droit de retour, à concurrence des quotes-parts fixées au premier alinéa de l'article 738 sur les biens que le défunt avait reçus d'eux par donation.

La valeur de la portion des biens soumise au droit de retour s'impute en priorité sur les droits successoraux des père et mère.

Lorsque le droit de retour ne peut s'exercer en nature, il s'exécute en valeur, dans la limite de l'actif successoral.

• **C. civ.,** art. 739

À défaut d'héritier des deux premiers ordres, la succession est dévolue aux ascendants autres que les père et mère.

• **C. civ.,** art. 740

À défaut d'héritier des trois premiers ordres, la succession est dévolue aux parents collatéraux du défunt autres que les frères et sœurs et les descendants de ces derniers.

> Degrés

[C. civ., art. 741 à 745]

• **C. civ.,** art. 741

La proximité de parenté s'établit par le nombre de générations ; chaque génération s'appelle un degré.

• **C. civ.,** art. 742

La suite des degrés forme la ligne ; on appelle ligne directe la suite des degrés entre personnes qui descendent l'une de l'autre ; ligne collatérale, la suite des degrés entre personnes qui ne descendent pas les unes des autres, mais qui descendent d'un auteur commun.

On distingue la ligne directe descendante et la ligne directe ascendante.

• **C. civ.,** art. 743

En ligne directe, on compte autant de degrés qu'il y a de générations entre les personnes : ainsi, l'enfant est, à l'égard du père et de la mère, au premier degré, le petit-fils ou la petite-fille au second ; et réciproquement du père et de la mère à l'égard de l'enfant et des aïeuls à l'égard du petit-fils ou de la petite-fille ; ainsi de suite.

En ligne collatérale, les degrés se comptent par génération, depuis l'un des parents jusques et non compris l'auteur commun, et depuis celui-ci jusqu'à l'autre parent.

Ainsi, les frères et sœurs sont au deuxième degré ; l'oncle ou la tante et le neveu ou la nièce sont au troisième degré ; les cousins germains et cousines germaines au quatrième ; ainsi de suite.

• **C. civ.,** art. 744

Dans chaque ordre, l'héritier le plus proche exclut l'héritier plus éloigné en degré.

À égalité de degré, les héritiers succèdent par égale portion et par tête.

Le tout sauf ce qui sera dit ci-après de la division par branches et de la représentation.

• **C. civ.,** art. 745

Les parents collatéraux relevant de l'ordre d'héritiers mentionné au 4° de l'article 734 ne succèdent pas au-delà du sixième degré.

> Droit de prélèvement dans les successions internationales

• **C. civ.,** art. 913 *(mod. par L. n° 2021-1109, 24 août 2021, art. 24, V* [entrée en vigueur le 1er nov. 2021]*)*

Les libéralités, soit par actes entre vifs, soit par testament, ne pourront excéder la moitié des biens du disposant, s'il ne laisse à son décès qu'un enfant ; le tiers, s'il laisse deux enfants ; le quart, s'il en laisse trois ou un plus grand nombre.

L'enfant qui renonce à la succession n'est compris dans le nombre d'enfants laissés par le défunt que s'il est représenté ou s'il est tenu au rapport d'une libéralité en application des dispositions de l'article 845.

Lorsque le défunt ou au moins l'un de ses enfants est, au moment du décès, ressortissant d'un État membre de l'Union européenne ou y réside habituellement et lorsque la loi étrangère applicable à la succession ne permet aucun mécanisme réservataire protecteur des enfants, chaque enfant ou ses héritiers ou ses ayants cause peuvent effectuer un prélèvement compensatoire sur les biens existants situés en France au jour du décès, de façon à être rétablis dans les droits réservataires que leur octroie la loi française, dans la limite de ceux-ci.

> Fiscalité

[CGI, art. 777, 779 et 788, IV]

• **CGI,** art. 777 *(mod. par L. n° 2014-1655, 29 déc. 2014, art. 61)*

Les droits de mutation à titre gratuit sont fixés aux taux indiqués dans les tableaux ci-après, pour la part nette revenant à chaque ayant droit :

TABLEAU I.
TARIF DES DROITS APPLICABLES
EN LIGNE DIRECTE

Fraction de part nette taxable	Tarif applicable (%)
N'excédant pas 8 072 €	5
Comprise entre 8 072 € et 12 109 €	10
Comprise entre 12 109 € et 15 932 €	15
Comprise entre 15 932 € et 552 324 €	20
Comprise entre 552 324 € et 902 838 €	30
Comprise entre 902 838 € et 1 805 677 €	40
Au-delà de 1 805 677 €	45

TABLEAU II.
TARIF DES DROITS APPLICABLES
ENTRE ÉPOUX ET ENTRE PARTENAIRES
LIÉS PAR UN PACTE CIVIL DE SOLIDARITÉ

Fraction de part nette taxable	Tarif applicable (%)
N'excédant pas 8 072 €	5
Comprise entre 8 072 € et 15 932 €	10
Comprise entre 15 932 € et 31 865 €	15
Comprise entre 31 865 € et 552 324 €	20
Comprise entre 552 324 € et 902 838 €	30
Comprise entre 902 838 € et 1 805 677 €	40
Au-delà de 1 805 677 €	45

Tableau III. Tarif des droits applicables en ligne collatérale et entre non-parents

Fraction de part nette taxable	Tarif applicable (%)
Entre frères et sœurs vivants ou représentés	
N'excédant pas 24 430 €	35
Supérieure à 24 430 €	45
Entre parents jusqu'au 4e degré inclusivement	55
Entre parents au-delà du 4e degré et entre personnes non parentes	60

Sous réserve des exceptions prévues au I de l'article 794 et aux articles 795 et 795-0 A, les dons et legs faits aux établissements publics ou d'utilité publique sont soumis aux tarifs fixés pour les successions entre frères et sœurs.

• **CGI,** art. 779 *(mod. par L. n° 2012-958, 16 août 2012, art. 5, V)*

I. Pour la perception des droits de mutation à titre gratuit, il est effectué un abattement de 100 000 € sur la part de chacun des ascendants et sur la part de chacun des enfants vivants ou représentés par suite de prédécès ou de renonciation.

Entre les représentants des enfants prédécédés ou renonçants, cet abattement se divise d'après les règles de la dévolution légale.

En cas de donation, les enfants décédés du donateur sont, pour l'application de l'abattement, représentés par leurs descendants donataires dans les conditions prévues par le Code civil en matière de représentation successorale.

II. Pour la perception des droits de mutation à titre gratuit, il est effectué un abattement de 159 325 € sur la part de tout héritier, légataire ou donataire, incapable de travailler dans des conditions normales de rentabilité, en raison d'une infirmité physique ou mentale, congénitale ou acquise.

Un décret en Conseil d'État détermine les modalités d'application du premier alinéa.

III. *(Abrogé)*

IV. Pour la perception des droits de mutation à titre gratuit, il est effectué en cas de donation ou, lorsque les dispositions de l'article 796-0 *ter* ne sont pas applicables, en cas de succession, un abattement de 15 932 € sur la part de chacun des frères ou sœurs vivants ou représentés par suite de prédécès ou de renonciation.

Entre les représentants des frères et sœurs prédécédés ou renonçants, cet abattement se divise d'après les règles de dévolution légale.

V. Pour la perception des droits de mutation à titre gratuit, il est effectué un abattement de 7 967 € sur la part de chacun des neveux et nièces.

VI. Le montant des abattements prévus aux I à V est actualisé au 1er janvier de chaque année dans la même proportion que la limite supérieure de la première tranche du barème de l'impôt sur le revenu et arrondi à l'euro le plus proche. (*abrogé à compter du 1er janvier 2013*).

• **CGI,** art. 788, IV *(mod. par L. n° 2012-958, 16 août 2012, art. 5, V, et L. n° 2020-935, 30 juill. 2020, art. 13 et 14, V [version en vigueur depuis le 1er août 2020])*

I. *(Abrogé)*

II. *(Abrogé)*

III. Pour la perception des droits de mutation par décès, il est effectué un abattement sur la part nette de tout héritier, donataire ou légataire correspondant à la valeur des biens reçus du défunt, évalués au jour du décès et remis par celui-ci à une fondation reconnue d'utilité publique répondant aux conditions fixées au b du 1 de l'article 200, à une association reconnue d'utilité publique répondant aux conditions fixées au b du 1 de l'article 200, à l'État, à ses établissements publics ou à un organisme mentionné à l'article 794. Cet abattement s'applique à la double condition :

1° Que la libéralité soit effectuée, à titre définitif et en pleine propriété, dans les douze mois suivant le décès ;

2° Que soient jointes à la déclaration de succession des pièces justificatives répondant à un modèle fixé par un arrêté du ministre chargé du Budget attestant du montant et de la date de la libéralité ainsi que de l'identité des bénéficiaires.

L'application de cet abattement n'est pas cumulable avec le bénéfice de la réduction d'impôt sur le revenu prévue à l'article 200.

IV. À défaut d'autre abattement, à l'exception de celui mentionné au III, un abattement de 1 594 € est opéré sur chaque part successorale.

121.02 Jurisprudence de référence.

> Absence de discrimination entre les filiations

• **CEDH 1er févr. 2000, *Mazurek c/France*,** req. n° 34406/97

* V. ss n° 121.13

« Le seul problème soumis à la Cour concerne la question de la succession d'une mère par ses deux enfants, l'un naturel, l'autre adultérin.

Or la Cour ne trouve, en l'espèce, aucun motif de nature à justifier une discrimination fondée sur la naissance hors mariage. En tout état de cause, l'enfant adultérin ne saurait se voir reprocher des faits qui ne lui sont pas imputables : il faut cependant constater que le requérant, de par son statut d'enfant adultérin, s'est trouvé pénalisé dans le partage de la masse successorale.

Eu égard à tous ces éléments, la Cour conclut qu'il n'y a pas de rapport raisonnable de proportionnalité entre les moyens employés et le but visé.

Partant, il y a eu violation de l'article 1er du Protocole n° 1 combiné avec l'article 14 de la Convention ».

> Le droit de prélèvement n'est pas conforme à la Constitution

• **Cons. const. 5 août 2011,** n° 2011-159 QPC,

* V. ss n° 121.16

« Considérant [...] que la disposition contestée établit ainsi une différence de traitement entre les héritiers venant également à la succession d'après la loi française et qui ne sont pas privilégiés par la loi étrangère ; que cette différence de traitement n'est pas en rapport direct avec l'objet de la loi qui tend, notamment, à protéger la réserve héréditaire et l'égalité entre héritiers garanties par la loi française ; que, par suite, elle méconnaît le principe d'égalité devant la loi ; [...] que, par suite [...], l'article 2 de la loi du 14 juillet 1819 relative à l'abolition du droit d'aubaine et de détraction doit être déclaré contraire à la Constitution. »

121.03 **Bibliographie indicative.**

Actualisables. Rép. civ., v° *Succession : dévolution*, par R. Le Guidec et C. Lesbats, juill. 2022 [actu. mars 2024] – *J.-Cl. Civ. Code*, art. 731 à 733, par J. Foyer, 2016 ; art. 734 à 755, fasc. 10 par J. Bernard de Saint-Affrique, actu. par M. Nicod, 2023, et fasc. 20 par J.-B. Donnier, 2022 – *J.-Cl. Not. Form.*, v° *Succession*, fasc. 70, par D. Montoux (actu. par N. Levillain, 2024).

Ouvrages. V. les ouvrages cités s^s n° 111.03. M Grimaldi (dir.), Dalloz action *Droit patrimonial de la famille*, 2025/2026, n°s 231.00 s., par C. Vernières – M. Revillard, *Droit international privé et européen : pratique notariale*, 10e éd., Defrénois/Lextenso, 2022 – F. Terré, Y. Lequette et S. Gaudemet, *Droit civil. Les successions. Les libéralités*, 5e éd., « Précis », Dalloz, 2024, n°s 104 s.

Articles. D. Arteil, « L'ascendant dans le nouveau droit des successions et libéralités », *Defrénois* 2007. 477 – M. Beaubrun, « Le nouvel ordre public successoral. Réflexion autour des réformes de 2001 et de 2006 », *Mél. Goubeaux*, Dalloz/LGDJ/Lextenso, 2009, p. 1 – D. Boulanger, « Les nouveaux droits des parents en l'absence de conjoint successible », *JCP N* 2002. 1286.

121.04 **Questions essentielles.**

> L'égalité des filiations

* V. s^s n° 121.13

> La fin du droit de prélèvement

* V. s^s n° 121.16

121.05 **Cadre général.** Les dispositions du Code civil relatives aux héritiers permettent de déterminer qui recueille la succession en l'absence de libéralités. C'est la **dévolution successorale légale**, qui constitue l'une des observations préalables de l'acte de la liquidation ; s'il existe un testament, il est mentionné dans le cadre de cette dévolution légale. Les éventuelles libéralités entre vifs, quant à elles, sont mentionnées en observations séparées, à la suite de la dévolution.

Les anciens textes du Code civil (C. civ., anc. art. 731 à 755) ont été réorganisés par la réforme de 2001, et constituent désormais un ensemble structuré, regroupé dans le chapitre III : « *Des héritiers* ». La loi distingue dans cet exposé selon qu'il existe – ou non – un conjoint successible. Nous étudierons ici la dévolution légale en l'absence de conjoint successible. (Pour l'étude de la dévolution légale en présence d'un conjoint successible, v. s^s n°s 13.00 s.).

121.06 **Division.** Nous commençons par les règles générales de la dévolution successorale (sect. 1), puis nous examinerons les deux principes qui dirigent la détermination des héritiers : l'ordre (sect. 2) et le degré (sect. 3).

SECTION 1
RÈGLES GÉNÉRALES

121.11 **Définition des héritiers.** La loi désigne comme héritiers du défunt ses **parents (au sens large)** et l'éventuel conjoint successible, s'il existe (C. civ., art. 731 – Sur la définition du conjoint successible, v. s^s n° 131.11). Toute autre personne appelée à la succession y viendrait par la volonté du défunt, exprimée par une **libéralité entre vifs ou à cause de mort.**

121.12 **Unité de la succession.** La succession est dévolue en considération de la personne du défunt, sans tenir compte de la nature des biens dévolus. La seule exception à ce principe est le cas de la succession anomale (v. s^s n°s 123.01 s.).

121.13 **Absence de discrimination entre les filiations.** Les modes d'établissement de la filiation n'entraînent pas de discrimination dans la détermination des parents appelés à succéder : ainsi, en matière de filiation, les **enfants légitimes, naturels et adoptifs** ont désormais tous les **mêmes droits dans la dévolution successorale** légale (C. civ., art. 733 et, par renvoi, C. civ., art. 358 et art. 368, al. 1er). Ce principe résulte de la loi n° 2011-1135 du 3 décembre 2001[1] (art. 1er), qui confirme sur ce point la jurisprudence de la Cour européenne des droits de l'homme[2] ; il simplifie la tâche du liquidateur en supprimant les textes relatifs aux restrictions de droits frappant certains enfants naturels, qui étaient d'application difficile.

121.14 **Application aux ascendants.** Le même principe s'applique aux ascendants, lorsqu'ils sont appelés à la succession de leurs descendants : le fait que la filiation soit légitime ou adoptive ne change rien, du moins en matière d'adoption plénière. Il y a toutefois une particularité dans le cas de l'adoption simple, du fait de la coexistence de la famille adoptive et de la famille par le sang.

121.15 **Cas particulier de l'adoption simple.** En cas d'adoption simple, le maintien des liens avec la famille par le sang de l'adopté entraîne une **dualité dans le règlement successoral** : les enfants ayant fait l'objet d'une adoption simple héritent à la fois de leurs parents par le sang et des adoptants (C. civ., art. 364 et 368, al. 1er) ; inversement, si l'adopté sim-

1. L. n° 2001-1135, 3 déc. 2001, relative aux droits du conjoint survivant et des enfants adultérins et modernisant diverses dispositions de droit successoral, *JO* 4 déc., p. 19279.
2. CEDH 1er févr. 2000, req. n° 34406/97, *D.* 2000. 332, note J. Thierry ; 626, chron. B. Vareille ; *JCP* 2000. II. 10286, note A. Gouttenoire et F. Sudre ; *GAJC*, 14e éd., Dalloz, 2024, t. 1, n° 119, p. 806 s. ; *RTD civ.* 2000. 311, obs. J. Hauser ; 419, obs. J.-P. Marguénaud ; 601, obs. J. Patarin ; *Defrénois* 2000. 654. obs. J. Massip.

ple décède célibataire et sans postérité, la succession se partage entre les parents par le sang et les adoptants, sous réserve du **droit de retour prévu** par l'article 366 du Code civil (v. s^s n°s 123.71 à 123.114).

121.16 **Incidence de la nationalité.** Les étrangers succèdent en France de la même manière que les Français (L. 14 juill. 1819, art. 1er).

Toutefois, l'article 2 de cette même loi disposait que si les héritiers d'une même succession sont, les uns Français, les autres étrangers, les héritiers français « *prélèveront sur les biens situés en France une portion égale à la valeur des biens situés en pays étranger dont ils seraient exclus, à quelque titre que ce soit, en vertu des lois et coutumes locales* » (L. 14 juill. 1819, art. 2).

Ce **droit de prélèvement** n'instaurait pas une discrimination contre les étrangers, mais il rétablissait les droits des héritiers français lorsque l'application d'une loi étrangère les privait de tout ou partie des droits qui leur sont accordés par la loi française.

La jurisprudence avait étendu l'application de ce droit aux successions dévolues uniquement à des Français et comprenant des biens à l'étranger[1], et il semblait logique de l'étendre également au cas où tous les biens de la succession sont situés en France, dès lors qu'il y a des héritiers étrangers[2].

Toutefois, le Conseil constitutionnel, saisi par la Cour de cassation d'une question prioritaire de constitutionnalité portant sur ce texte, l'a déclaré contraire à la Constitution[3]. Il ne s'applique donc plus.

Depuis le 1er novembre 2021, la loi n° 2021-1109 du 24 août 2021[4] a créé un nouveau droit de prélèvement, complétant l'article 913 du Code civil d'un nouvel alinéa, et sur lequel v. s^s n°s 712.181 s.

Les conditions d'application de ce nouveau droit de prélèvement compensatoire sont :

– **Conditions de résidence ou de nationalité :** le défunt ou un de ses enfants doit être résident ou ressortissant d'un pays membre de l'Union européenne au moment du décès.

– Le droit de prélèvement n'est donc pas réservé aux héritiers français, et pour cause puisque cela a été jugé anticonstitutionnel[5].

– **Exclusion de la réserve par la loi étrangère applicable à la succession :** la loi étrangère applicable à la succession ne doit permettre aucun mécanisme réservataire protecteur des enfants.

– Les lois concernées par ce mécanisme compensatoire seraient alors des lois de pays de *common law* qui ne connaissent pas de la réserve héréditaire.

– **Biens situés en France :** pour que le droit de prélèvement puisse jouer, il faut que la succession comprenne des biens situés en France. Ce sont sur ces biens situés en France que se fera le prélèvement.

– L'article ne précise pas s'il s'agit de bien meuble ou immeuble.

– **Bénéficiaires du droit de prélèvement :** il s'agit des enfants, de leurs héritiers ou de leurs ayants cause. En ne visant que les enfants du défunt et leurs ayants cause, la loi semble exclure le conjoint survivant. Le conjoint survivant ne serait donc pas un bénéficiaire du droit de prélèvement compensatoire.

– **Application du droit de prélèvement :** le prélèvement compensatoire s'effectuera « *sur les biens existants situés en France au jour du décès, de façon à être rétablis dans les droits réservataires que leur octroie la loi française, dans la limite de ceux-ci* ».

– Le prélèvement se fera donc en application de la loi française, indépendamment de la loi qui régit la succession.

SECTION 2
L'ORDRE

121.21 **Définition.** Les ordres d'héritiers sont les **différentes catégories de parents appelés à succéder,** rangées par la loi en **quatre groupes** selon leur proximité avec le défunt, par ordre de proximité décroissante.

Chaque groupe est examiné successivement dans l'ordre indiqué par le Code civil (C. civ., art. 734, al. 1er) : l'existence de parents dans un groupe exclut tous les groupes suivants : en l'absence de parent dans un groupe, on passe au groupe suivant en tenant le même raisonnement, suivant le principe énoncé par le Code civil (C. civ., art. 734, al. 2) : « *Chacune de ces quatre catégories constitue un ordre d'héritiers qui exclut le suivant* ».

Les ordres d'héritiers sont énumérés par l'article 734, puis leur hiérarchie est détaillée par les articles 735 (premier ordre, les descendants), 736, 737 et 738 (deuxième ordre, les « *privilégiés* »), 739 (troi-

1. Civ. 27 avr. 1868, *DP* 1868. 1. 302.
2. Sur ce DROIT DE PRÉLÈVEMENT, v. M. Grimaldi (dir.), Dalloz action *Droit patrimonial de la famille*, 2025/2026, n° 222.82, par F. Bicheron, et n°s 731.210 s. par M. Goré – M. Revillard, *Droit international privé et européen : pratique notariale*, 10e éd., Defrénois/Lextenso, 2022, n°s 1020 à 1023.
3. Cons. const. 5 août 2011, n° 2011-159 QPC, *JO* 6 août, p. 13478 – Sur cette décision, v. NOTE CRITIQUE, B. Haftel, « La fin du droit de prélèvement : chronique d'une mort annoncée », *AJ fam.* 2011. 440 (note critique) ; *AJ fam.* 2011. 440, obs. A. Boiché ; *Defrénois* 2011. 1351, note M. Revillard ; *D.* 2012. 1228, obs. H. Gaudemet-Tallon et F. Jault-Seseke ; *Rev. crit. DIP* 2013. 457, note B. Ancel.
4. L. n° 2021-1109, 24 août 2021, confortant le respect des principes de la République, *JO* 25 août, texte 1.
5. Cons. const. 5 août 2011, n° 2011-159 QPC, *JO* 6 août, p. 13478, à propos de l'article 2 de la loi du 14 juillet 1819.

sième ordre, les ascendants ordinaires) et 740 du Code civil (quatrième ordre, les collatéraux ordinaires).

§ 1
Premier ordre

121.31 **Définition.** Les **enfants** et leurs **descendants** constituent le premier ordre d'héritiers (C. civ., art. 734, al. 1er, et 735).

C'est le cours à la fois normal et souhaitable d'une succession : dans la majorité des cas, les biens du défunt passent à la génération suivante.

121.31-1 **Héritiers du premier ordre.**

EXEMPLE

X décède sans avoir fait de testament. Célibataire, il laisse comme famille proche :

– son père et sa mère, ses trois sœurs et un neveu issu d'un frère prédécédé ;

– son grand-père paternel ;

– un oncle maternel, frère de sa mère et une cousine germaine, fille d'un frère de son père.

Il avait également deux enfants naturels, qu'il avait reconnus, un fils et une fille.

Dévolution : Les deux enfants, appartenant au premier ordre d'héritiers, excluent le reste de la famille et recueillent toute la succession, sans que le caractère naturel de leur filiation ait de conséquence et « *sans distinction de sexe ni de primogéniture* » (C. civ., art. 735).

121.32 **Fiscalité. Abattement.** Pour le calcul des droits de successions, l'enfant vivant ou représenté bénéficie d'un abattement de 100 000 € sur la part qui lui est dévolue (CGI, art. *779*, I).

En cas de représentation, cet abattement se partage entre tous les représentants. L'Administration admet le partage de l'abattement lorsqu'il n'existe qu'une seule souche, c'est-à-dire en l'absence de représentation, lorsque la succession est dévolue en ligne directe (v. ss no 122.93).

121.32-1 **Fiscalité. Abattement. Représentation.**

EXEMPLE

Le défunt laisse un enfant et deux petits-enfants venant par représentation d'un fils prédécédé.

On suppose qu'il n'a consenti aucune donation à ses enfants.

L'enfant bénéficie de son abattement de 100 000 €.

Les deux petits-enfants, venant par représentation, se partagent l'abattement de leur père par moitié, soit 50 000 € chacun.

121.33 **Fiscalité. Tarif applicable.** Tous les descendants, quel que soit leur degré, bénéficient du tarif du tableau I de l'article 777 du Code général des impôts (v. ss no 121.01 *in fine*, > *Fiscalité*).

§ 2
Deuxième ordre

121.41 **Première hypothèse.** Le deuxième ordre, appelé à succéder à défaut du premier, c'est-à-dire lorsque le défunt décède sans postérité, se compose de deux catégories de parents : d'une part, les père et mère du défunt, traditionnellement appelés « ***ascendants privilégiés*** », d'autre part, les frères et sœurs du défunt et leurs descendants, appelés aussi « ***collatéraux privilégiés*** » (C. civ., art. 734, al. 1er et 2).

C'est une hypothèse qui n'est pas rare, mais qui ne se conforme pas au schéma habituel d'une succession : le défunt n'a pas eu d'enfant. Ses parents, frères et sœurs se répartissent alors la succession, « *pour un quart à chacun des père et mère et, pour la moitié restante, aux frères et sœurs ou à leurs descendants* » (C. civ., art. 738, al. 1er).

121.41-1 **Héritiers du deuxième ordre. Ascendants et collatéraux privilégiés.**

EXEMPLE

X décède, célibataire, sans avoir fait de testament, laissant comme famille proche :

– son père et sa mère, ses trois sœurs et un neveu issu d'un frère prédécédé,

– son grand-père paternel,

– un oncle maternel, frère de sa mère et une cousine germaine, fille d'un frère de son père.

Dévolution : La succession est dévolue pour un quart au père, pour un quart à la mère, pour moitié aux trois sœurs et au neveu, soit un huitième chacun.

121.42 **Deuxième hypothèse.** Si l'un des parents est prédécédé, l'autre reçoit le quart de la succession et les frères et sœurs ou leurs descendants, les trois quarts (C. civ., art. 738, al. 2). L'augmentation de la part des collatéraux privilégiés, dans ce cas, s'explique par la faveur de la loi pour les transmissions aux générations les plus jeunes, au détriment des ascendants.

121.42-1 **Héritiers du deuxième ordre. Un seul ascendant et des collatéraux privilégiés.**

EXEMPLE

X décède, célibataire, sans avoir fait de testament, laissant comme famille proche :

– son père, ses trois sœurs et un neveu issu d'un frère prédécédé ;

– son grand-père paternel ;

– un oncle maternel, frère de sa mère et une cousine germaine, fille d'un frère de son père.

Dévolution : La succession est dévolue pour un quart au père, pour les trois quarts aux trois sœurs et au neveu, soit trois seizièmes chacun.

121.43 **Troisième hypothèse.** Si les deux parents sont prédécédés, les frères et sœurs ou leurs descendants succèdent pour la totalité (C. civ., art. 737).

121.43-1 **Héritiers du deuxième ordre. Collatéraux privilégiés seuls.**

EXEMPLE

X décède, célibataire, sans avoir fait de testament, laissant comme famille proche :

– ses trois sœurs et un neveu issu d'un frère prédécédé ;

– son grand-père paternel ;

– un oncle maternel, frère de sa mère et une cousine germaine, fille d'un frère de son père.

Dévolution : La succession est dévolue pour la totalité aux trois sœurs et au neveu, soit un quart chacun.

121.44 **Quatrième hypothèse.** Si le défunt ne laisse ni frère, ni sœur, ni descendant de frère ou de sœur, ses père et mère succèdent pour la totalité, chacun pour moitié (C. civ., art. 736).

121.44-1 **Héritiers du deuxième ordre. Ascendants privilégiés seuls.**

EXEMPLE

X décède, célibataire, sans avoir fait de testament, laissant comme famille proche :

– son père et sa mère ;

– son grand-père paternel ;

– un oncle maternel, frère de sa mère et une cousine germaine, fille d'un frère de son père.

Dévolution : La succession est dévolue pour la totalité au père et à la mère, pour moitié chacun.

Nous examinerons au chapitre suivant (v. s[s] n°s 122.10 à 122.52-1) le cas où, dans cette hypothèse, le père ou la mère serait prédécédé.

121.45 **Fiscalité. Distinction selon les héritiers.** Le deuxième ordre est un ordre mixte, dont les héritiers sont taxés en fonction du lien de parenté avec le défunt. Les règles diffèrent selon que les héritiers sont les père et mère ou les collatéraux privilégiés.

121.46 **Fiscalité : règles applicables aux père et mère.** Les père et mère bénéficient d'un abattement de 100 000 € (CGI, art. 779, I) et sont soumis au tarif en ligne directe prévu par le tableau I de l'article 777 du Code général des impôts (v. s[s] n°s 121.01 et 121.33).

121.47 **Fiscalité : règles applicables aux collatéraux privilégiés. Principe** (v. > *Fiscalité*, s[s] n° 121.01). Pour les collatéraux privilégiés, il faut distinguer selon qu'il s'agit des frères et sœurs ou des neveux et nièces.

Les frères et sœurs, vivants ou représentés[1], bénéficient d'un abattement de 15 932 € (CGI, art. 779, IV). En cas de représentation, l'abattement se partage entre tous les représentants[2].

Après application de l'abattement, les droits sont calculés en appliquant le tarif suivant (CGI, art. 777, tableau III) :

Fraction de part nette taxable	Tarif applicable (%)
N'excédant pas 24 430 €	35
Supérieure à 24 430 €	45

Les neveux et nièces qui viennent de leur chef[3], bien qu'appartenant au deuxième ordre des héritiers, bénéficient d'un régime fiscal moins avantageux, l'administration fiscale considérant qu'ils sont des héritiers plus éloignés.

Chaque neveu ou nièce a un abattement de 7 967 € (CGI, art. 779, V) et se voit appliquer un tarif unique de 55 % sur sa part taxable (CGI, art. 777, tableau III, 3e ligne).

121.48 **Fiscalité : cas particulier des frères et sœurs visés par l'article 796-0 *ter* du Code général des impôts.** Les frères et sœurs sont exonérés de droits de mutation par décès s'ils satisfont à certaines conditions édictées par l'article 796-0 *ter* du Code général des impôts. Ils doivent ainsi être célibataire, veuf, divorcé ou séparé de corps, et respecter cumulativement les deux conditions suivantes :

1° être au moment de l'ouverture de la succession, âgé de plus de cinquante ans ou atteint d'une infirmité le mettant dans l'impossibilité de subvenir par son travail aux nécessités de l'existence ;

2° avoir été constamment domicilié avec le défunt pendant les cinq années ayant précédé le décès.

§ 3
Troisième ordre

121.51 **Héritiers du troisième ordre.** À défaut de successibles appartenant aux premier et deuxième ordres, la succession est dévolue aux ascendants autres que les père et mère, traditionnellement appelés « *ascendants ordinaires* » par opposition aux « *ascendants privilégiés* » inclus dans le deuxième ordre (C. civ., art. 734, al. 1er, 3 et 739).

Cette hypothèse, exceptionnelle, est celle de la survie des grands-parents et arrière-grands-parents.

121.51-1 **Dévolution de la succession.**

EXEMPLE

X décède, célibataire, sans avoir fait de testament, laissant comme famille proche :

– son grand-père paternel,

1. Sur l'admission restrictive de la représentation en ligne collatérale par l'administration fiscale, v. s[s] n° 122.93.

2. Pour un exemple de partage de l'abattement, v. s[s] n° 122.93.

3. Sur les hypothèses où les neveux et nièces viennent de leur chef, v. s[s] n° 122.92.

– un oncle maternel, frère de sa mère et une cousine germaine, fille d'un frère de son père.

Dévolution : La succession est dévolue pour la totalité au grand-père paternel.

121.52 Fiscalité : abattement et tarif. Les héritiers du troisième ordre sont tous des ascendants. Bien que plus éloignés du défunt que les père et mère, ils bénéficient d'un régime fiscal identique. L'article 779, I du Code général des impôts énonce en effet qu'« *il est effectué un abattement de 100 000 euros sur la part de chacun des ascendants* » sans distinguer selon le degré de l'ascendant. Quant au tableau I de l'article 777, il concerne tous les héritiers en ligne directe, sans aucune distinction.

§ 4
Quatrième ordre

121.61 Héritiers du quatrième ordre. À défaut de successibles appartenant aux ordres précédents, la succession est dévolue aux parents collatéraux du défunt autres que les frères et sœurs et les descendants de ces derniers, traditionnellement appelés « *collatéraux ordinaires* » par opposition aux « *collatéraux privilégiés* » inclus dans le deuxième ordre (C. civ., art. 734, al. 1er, 4e et 740).

Ces parents collatéraux peuvent appartenir à la génération précédant celle du défunt (oncles et tantes, grands-oncles et grand-tantes), à la même génération que le défunt (cousins germains et issus de germains), ou aux générations suivantes (descendants des cousins germains), jusqu'au sixième degré (v. ss nos 121.71 à 121.76).

121.61-1 Dévolution de la succession.

EXEMPLE

X décède, célibataire, sans avoir fait de testament, laissant comme famille proche : un oncle maternel, frère de sa mère et une cousine germaine, fille d'un frère de son père.

Dévolution : La succession est dévolue pour moitié à l'oncle maternel et pour l'autre moitié à la cousine germaine issue d'un oncle paternel prédécédé.

Nous examinerons ci-après (v. ss nos 121.71 s. et 122.10 s.) le cas où, dans cette hypothèse, la cousine germaine serait la fille d'un autre oncle maternel prédécédé.

121.62 Complément de l'ordre, le degré. Les exemples ci-dessus, simplifiés à dessein pour illustrer la notion d'ordre d'héritiers, ne suffisent pas, bien entendu, à couvrir les hypothèses rencontrées dans la réalité. Il faut pour cela introduire une nouvelle distinction à l'intérieur de la catégorie des ordres d'héritiers. Cette distinction repose sur le degré de parenté.

121.63 Fiscalité : abattement et tarif applicable aux collatéraux ordinaires. Considérés comme des parents très éloignés par l'administration fiscale, les collatéraux ordinaires ne bénéficient d'aucun abattement spécifique. Ils ne peuvent revendiquer que l'abattement résiduel d'un montant de 1 594 €, prévu par l'article 788, IV du Code général des impôts.

Le tarif applicable à la part nette reçue par chaque collatéral dépend de son degré de parenté avec le défunt. Jusqu'au quatrième degré inclus (oncle, cousin), le tarif est de 55 % (CGI, art. 777, tableau III, avant-dernière ligne). Au-delà du quatrième degré, le tarif passe à 60 % (CGI, art. 777, tableau III, dernière ligne).

(V. texte de ces articles, ss no 121.01 *in fine*, > *Fiscalité*).

SECTION 3
LE DEGRÉ

121.71 Définitions. Au sens concret, le mot « *degré* » désigne une marche d'escalier. Le droit successoral applique cette image à la parenté, qui s'ordonne autour du défunt par générations montantes et descendantes. Pour déterminer les héritiers, on tient compte de la **proximité de parenté**, c'est-à-dire du nombre de générations, et chaque génération constitue un « *degré* » de « *l'escalier* » qui relie le défunt à ses proches parents (C. civ., art. 741).

Plutôt que le mot d'« *escalier* », le Code civil emploie le terme de « *ligne* » pour désigner la suite des degrés : on distingue la **ligne directe,** qui est « *la suite des degrés entre personnes qui descendent l'une de l'autre* », et la **ligne collatérale,** « *suite des degrés entre personnes qui ne descendent pas les unes des autres, mais qui descendent d'un auteur commun* ». La ligne directe se divise selon qu'elle rassemble les descendants du défunt (« *ligne directe descendante* ») ou ses ascendants (« *ligne directe ascendante* ») (C. civ., art. 742).

121.72 Décompte des degrés. Pour calculer le degré d'un parent par rapport au défunt, en ligne directe, on compte le **nombre de générations entre les personnes,** du défunt jusqu'au parent ; en ligne collatérale, le principe est le même : on compte les générations en remontant du défunt jusqu'à l'auteur commun (mais pas au-delà) puis en redescendant jusqu'au parent en question (C. civ., art. 743), et jusqu'au sixième degré inclusivement en ce qui concerne les collatéraux ordinaires, les collatéraux privilégiés n'étant pas soumis à cette limitation (C. civ., art. 745, mod. par L. no 2015-177, 16 févr. 2015[1]).

1. L. no 2015-177, 16 févr. 2015, relative à la modernisation et à la simplification du droit et des procédures dans les domaines de la justice et des affaires intérieures, *JO* 17 févr., p. 2961, art. 3.

121.72-1 Décompte des degrés.

EXEMPLE

X décède, veuf, et laisse comme famille proche :

– son fils légitime et une fille naturelle née pendant le mariage,

– son père et sa mère, ses trois sœurs et un neveu issu d'un frère prédécédé,

– son grand-père paternel,

– un oncle maternel, frère de sa mère et une cousine germaine, fille d'un frère de son père.

Décompte des degrés de parenté à l'intérieur des différentes lignes (C. civ., art. 743, al. 3) :

I. *Ligne directe* (personnes descendant les unes des autres) :

– Dans la ligne directe descendante, le fils et la fille, séparés du défunt par une seule génération, sont au premier degré.

– Dans la ligne directe ascendante, le père et la mère sont également au premier degré ; le grand-père est au deuxième degré, étant séparé du défunt par deux générations.

II. *Ligne collatérale* (personnes qui descendent d'un auteur commun) :

– Les trois sœurs du défunt sont au deuxième degré, car il y a une génération du défunt jusqu'à l'auteur commun (les père et mère) et une deuxième génération des père et mère jusqu'aux frères et sœurs.

– Le neveu, issu du frère prédécédé, est au troisième degré, car il y a une génération jusqu'à l'auteur commun, une deuxième génération de cet auteur jusqu'au frère, et une troisième génération du frère au neveu.

– L'oncle maternel, frère de la mère du défunt, est également au troisième degré, car il y a deux générations du défunt jusqu'à l'auteur commun (le grand-père ou la grand-mère maternelle) et une troisième génération de cet auteur jusqu'au frère de la mère.

– Enfin, la cousine germaine, fille d'un frère du père, est parente au quatrième degré, car il y a deux générations du défunt jusqu'à l'auteur commun (le grand-père ou la grand-mère paternelle), une génération de cet auteur commun jusqu'au frère du père et une génération de cet oncle paternel à sa fille, la cousine germaine en question.

121.72-2 Degrés de parenté.

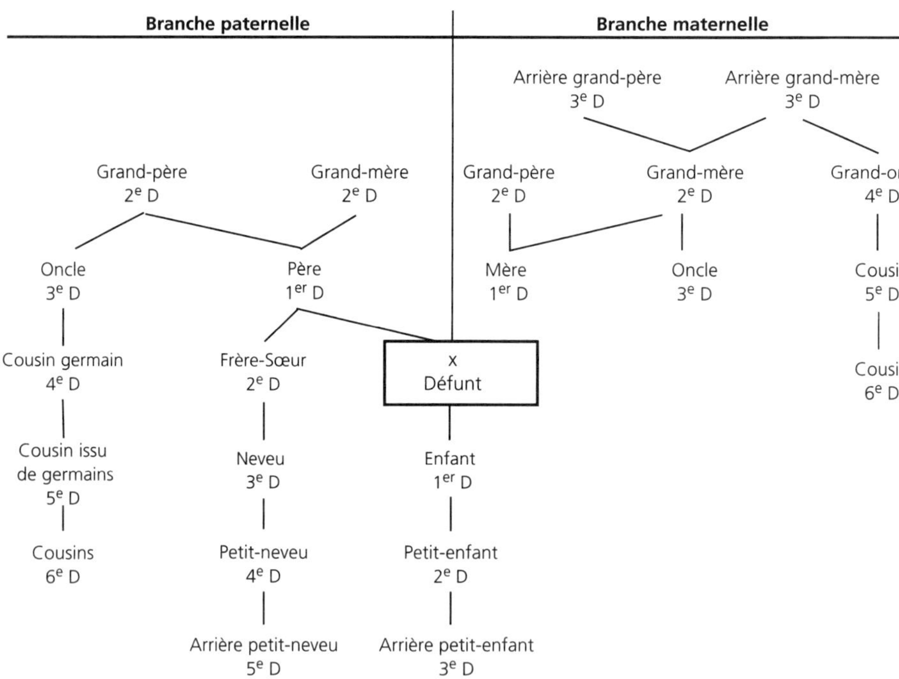

121.73 Subsidiarité par rapport à l'ordre. Pour établir la dévolution successorale, la considération du degré est secondaire par rapport à celle de l'ordre : c'est seulement après avoir déterminé les héritiers appelés à succéder selon le critère de l'ordre que l'on procède au décompte des degrés. Dans l'exemple ci-dessus, pour établir la dévolution successorale, on ne s'intéresserait aux degrés que pour le fils et la fille du défunt, héritiers du premier ordre qui excluent tous les autres.

121.74 Incidence sur la dévolution. À l'intérieur de l'ordre, il faut distinguer si les héritiers sont à égalité de degré ou s'ils sont de degré différent.

– Dans le précédent exemple, les héritiers sont à **égalité de degré**, étant tous les deux du premier degré. Ils succèdent alors « *par égale portion et par tête* » (C. civ., art. 744, al. 2), c'est-à-dire pour moitié chacun, sans considération du mode d'établissement de la filiation (v. s^s n°s 121.11 à 121.16).

– Lorsque, à l'intérieur d'un même ordre, il existe des **héritiers de degrés différents,** « *l'héritier le plus proche exclut l'héritier plus éloigné en degré* » (C. civ., art. 744, al. 1er).

121.74-1 Classement par le degré.

EXEMPLES

I. X décède, veuf, sans avoir fait de testament, et laisse comme famille proche :

– son fils légitime et une fille naturelle née pendant le mariage ;

– deux petits-enfants, nés de son fils ;

– ses trois sœurs et un neveu issu d'un frère prédécédé.

Dévolution : Le premier ordre, les descendants, exclut le deuxième auquel appartiennent les trois sœurs et le neveu.

À l'intérieur de cet ordre, les enfants, descendants au premier degré, excluent les petits enfants, descendants au deuxième degré.

II. X décède, célibataire, sans avoir fait de testament, laissant comme famille proche :

– un oncle maternel, frère de sa mère et une cousine germaine, fille d'un autre frère de sa mère.

Dévolution : Les personnes citées appartiennent toutes deux au quatrième ordre, celui des collatéraux ordinaires. L'oncle maternel est parent au troisième degré et la cousine germaine, au quatrième degré.

La succession est dévolue pour la totalité à l'oncle maternel, héritier le plus proche en degré.

121.75 Dérogation pour le deuxième ordre. À l'intérieur du deuxième ordre, qui comprend les père et mère, les frères et sœurs du défunt et leurs descendants, comme on l'a vu ci-dessus (v. ss nos 121.41 à 121.48), la loi distingue quatre hypothèses pour préciser les droits des héritiers. Dans cet ordre, la coexistence d'héritiers de degré différent est organisée par la loi, qui fixe la **quote-part** de chacun.

La **règle de l'exclusion des héritiers de degré plus éloigné** ne joue qu'après l'application de la loi.

121.75-1 Dérogation au classement par le degré.

EXEMPLE

X décède, célibataire, sans avoir fait de testament, et laisse comme famille proche :

– son père et sa mère et ses trois sœurs ;

– quatre neveux, enfants de ses sœurs.

Dévolution : Les héritiers sont tous du deuxième ordre, le père et la mère sont parents au premier degré, les trois sœurs sont parentes au deuxième degré et les quatre neveux au troisième degré.

Bien que plus proches en degré, le père et la mère ne recueillent chacun qu'un quart de la succession, la moitié restante étant dévolue aux trois sœurs (C. civ., art. 738, al. 1er, v. sect. 2, deuxième ordre, première hypothèse).

Si la mère était prédécédée, le père recueillerait un quart de la succession, et les sœurs auraient les trois quarts restants (C. civ., art. 738, al. 2 – V. ss no 121.42).

Dans tous les cas, les neveux, parents au troisième degré, sont exclus de la succession en présence d'héritiers de degré plus proche, par application de la règle générale en matière de degré.

121.76 Autres dérogations. Le classement établi d'après l'ordre et le degré peut être corrigé par les dispositions relatives à la **division par branches et à la représentation** (C. civ., art. 744, al. 3), qui seront examinées au chapitre suivant.

CHAPITRE

122. Principes correcteurs

SECTION 0 ORIENTEUR

122.00 **Sommaire du chapitre.**

122.01 **Textes applicables.**

• **C. civ.,** art. 738-1, 746 à 755

> Division par branche paternelle et maternelle

[C. civ., art. 738-1 et 746 à 750]

• **C. civ.,** art. 738-1

Lorsque seul le père ou la mère survit et que le défunt n'a ni postérité ni frère ni sœur ni descendant de ces derniers, mais laisse un ou des ascendants de l'autre branche que celle de son père ou de sa mère survivant, la succession est dévolue pour moitié au père ou à la mère et pour moitié aux ascendants de l'autre branche.

• **C. civ.,** art. 746

La parenté se divise en deux branches, selon qu'elle procède du père ou de la mère.

• **C. civ.,** art. 747

Lorsque la succession est dévolue à des ascendants, elle se divise par moitié entre ceux de la branche paternelle et ceux de la branche maternelle.

• **C. civ.,** art. 748

Dans chaque branche succède, à l'exclusion de tout autre, l'ascendant qui se trouve au degré le plus proche.

Les ascendants au même degré succèdent par tête.

À défaut d'ascendant dans une branche, les ascendants de l'autre branche recueillent toute la succession.

• **C. civ.,** art. 749

Lorsque la succession est dévolue à des collatéraux autres que les frères et sœurs ou leurs descendants, elle se divise par moitié entre ceux de la branche paternelle et ceux de la branche maternelle.

• **C. civ.,** art. 750

Dans chaque branche succède, à l'exclusion de tout autre, le collatéral qui se trouve au degré le plus proche.

Les collatéraux au même degré succèdent par tête.

À défaut de collatéral dans une branche, les collatéraux de l'autre branche recueillent toute la succession.

> Représentation

[C. civ., art. 751 à 755]

• **C. civ.,** art. 751

La représentation est une fiction juridique qui a pour effet d'appeler à la succession les représentants aux droits du représenté.

• **C. civ.,** art. 752

La représentation a lieu à l'infini dans la ligne directe descendante.

Elle est admise dans tous les cas, soit que les enfants du défunt concourent avec les descendants d'un enfant prédécédé, soit que tous les enfants du défunt étant morts avant lui, les descendants desdits enfants se trouvent entre eux en degrés égaux ou inégaux.

• **C. civ.,** art. 752-1

La représentation n'a pas lieu en faveur des ascendants ; le plus proche, dans chacune des deux lignes, exclut toujours le plus éloigné.

• **C. civ.,** art. 752-2

En ligne collatérale, la représentation est admise en faveur des enfants et descendants de frères ou sœurs du défunt, soit qu'ils viennent à sa succession concurremment avec des oncles ou tantes, soit que tous les frères et sœurs du défunt étant prédécédés, la succession se trouve dévolue à leurs descendants en degrés égaux ou inégaux.

• **C. civ.**, art. 753

Dans tous les cas où la représentation est admise, le partage s'opère par souche, comme si le représenté venait à la succession ; s'il y a lieu, il s'opère par subdivision de souche. À l'intérieur d'une souche ou d'une subdivision de souche, le partage se fait par tête.

• **C. civ.**, art. 754

On représente les prédécédés, on ne représente les renonçants que dans les successions dévolues en ligne directe ou collatérale.

Les enfants du renonçant conçus avant l'ouverture de la succession dont le renonçant a été exclu rapportent à la succession de ce dernier les biens dont ils ont hérité en son lieu et place, s'ils viennent en concours avec d'autres enfants conçus après l'ouverture de la succession. Le rapport se fait selon les dispositions énoncées à la section 2 du chapitre 8 du présent titre.

Sauf volonté contraire du disposant, en cas de représentation d'un renonçant, les donations faites à ce dernier s'imputent, le cas échéant, sur la part de réserve qui aurait dû lui revenir s'il n'avait pas renoncé.

On peut représenter celui à la succession duquel on a renoncé.

• **C. civ.**, art. 755

La représentation est admise en faveur des enfants et descendants de l'indigne, encore que celui-ci soit vivant à l'ouverture de la succession.

Les dispositions prévues au deuxième alinéa de l'article 754 sont applicables aux enfants de l'indigne de son vivant.

122.02 Jurisprudence de référence.

> Effet de la représentation : égalité des souches lors du partage

• **Civ. 1re, 26 oct. 1982,** n° 81-13.346, P I, n° 304

* V. ss n° 122.81

« Attendu qu'en statuant ainsi, alors que le partage devant se faire par souche n'impliquait que la division de l'immeuble en deux lots seulement, la subdivision entre les différents membres de l'une des souches ne devant être envisagée qu'ultérieurement, la cour d'appel a violé le texte susvisé. »

> La représentation ne joue pas en présence d'une seule souche

• **Civ. 1re, 25 sept. 2013,** n° 12-17.556, P I, n° 192

* V. ss n° 122.91

« Qu'en statuant ainsi, alors que Michel X... était le fils unique du défunt, de sorte que ses deux enfants, seuls héritiers de leur grand-père, venaient à la succession de celui-ci, non pas en représentation de leur père, mais de leur chef, de sorte qu'ils n'étaient pas tenus de rapporter les donations dont ce dernier avait bénéficié, la cour d'appel a violé par fausse application les textes susvisés. »

122.03 Bibliographie indicative.

Actualisables. Rép. civ., v° *Succession : dévolution*, par R. Le Guidec et C. Lesbats, juill. 2022 [actu. mars 2024], nos 263 s.– *J.-Cl. Civ. Code*, art. 734 à 755, fasc. 10 par J. Bernard de Saint-Affrique (actu. par M. Nicod, 2023) et fasc. 20 par J.-B. Donnier, 2022.

Ouvrages. V. les ouvrages cités ss n° 111.03. M. Grimaldi (dir.), Dalloz action *Droit patrimonial de la famille*, 2025/2026, nos 231.90 s., par C. Vernières – F. Terré, Y. Lequette et S. Gaudemet, *Droit civil. Les successions. Les libéralités*, 5e éd., « Précis », Dalloz, 2024, nos 115 s.

Articles. E. Berry-Bertin, « La représentation du renonçant : quel renonçant et quelle renonciation ? », *RLDC* 2006/33. 2320 et 2007/34. 2373 – M. Grimaldi, « La représentation de l'héritier renonçant », *Defrénois* 2008. 25.

122.04 Questions essentielles.

> Primauté de la division par branches sur la règle de l'ordre dans la dévolution aux ascendants

* V. ss nos 122.51 et 122.51-1

> Primauté de la représentation sur la règle du degré dans la dévolution aux descendants

* V. ss nos 122.73 et 122.73-1

> Primauté de la représentation sur la règle du degré dans la dévolution aux collatéraux

* V. ss nos 122.74 et 122.74-1

> Complémentarité des principes correcteurs, la représentation jouant dans le premier et le deuxième ordre en ligne descendante alors que la division par branches s'applique pour le troisième et le quatrième ordre et, par exception, pour le deuxième ordre seulement quand il s'agit des père et mère.

* V. ss n° 122.113

122.05 Division. Deux principes viennent interférer avec les règles issues du classement par degrés : la division par branches paternelle et maternelle et la représentation. Ces règles anciennes ont été simplifiées et réorganisées par les réformes du droit des successions. Nous les exposons d'après les textes en vigueur, applicables pour la plupart aux successions ouvertes à compter du 1er juillet 2002, en faisant mention des dispositions antérieures, le cas échéant, pour aider à la compréhension. Après avoir expliqué chacun de ces deux principes, (sect. 1 et 2), nous indiquerons comment ils s'articulent l'un avec l'autre (sect. 3).

SECTION 1
LA DIVISION PAR BRANCHES

122.10 Plan. Introduction. Deux tendances coexistent dans le droit de la dévolution successorale : le **maintien de l'unité de la succession** et le souci de **préserver les droits des deux familles** dont est issu le défunt, ces familles étant désignées par le terme de « *branche* » réservé aux générations précédant celle du défunt.

Cette seconde tendance, dont on peut constater des résurgences dans la création de nouveaux droits de retour, a été à l'origine de **l'institution de la fente successorale**, désormais plus explicitement appelée « *la division par branches paternelle et maternelle* ». La loi prévoit en effet des cas où, en dépit du classement par l'ordre et le degré, la succession est divisée forfaitairement en deux parties dévolues, l'une à la famille paternelle, l'autre à la famille maternelle, d'après le principe que « *la parenté se divise en deux branches, selon qu'elle procède du père ou de la mère* » (C. civ., art. 746). Nous examinerons le domaine de la règle (§ 1) et sa mise en œuvre (§ 2).

§ 1
Domaine

A.
Successions exclues par définition

122.21 **Premier ordre d'héritiers.** Les successions dévolues aux héritiers du premier ordre, c'est-à-dire les enfants et leurs descendants, sont régies par le **principe de l'unité de la succession.** Il n'est pas nécessaire de préserver les droits respectifs des deux lignées dont le défunt était issu, puisqu'elles ne viennent pas à la succession, les héritiers du premier ordre excluant tous les autres (C. civ., art. 747 et 748 *a contrario*).

B.
Successions exclues depuis la réforme de 2001

122.31 **Collatéraux privilégiés.** Les frères et sœurs du défunt et leurs descendants, ou collatéraux privilégiés, ne font plus l'objet de distinction selon leur filiation (C. civ., art. 749). En conséquence, étant tous au deuxième degré, **les frères et sœurs succèdent par tête** (C. civ., art. 744, al. 2, [v. s^{s} n° 121.74], et art. 750, al. 2).

Cette règle ne s'applique que pour les **successions ouvertes depuis le 1er juillet 2002.** Antérieurement, les frères et sœurs du défunt ne lui succédaient à égalité que s'ils étaient nés du même lit que le défunt (frères et sœurs dits « ***germains*** ») ; s'ils étaient issus de lits différents, ils ne prenaient leur part que dans leur ligne, paternelle pour les frères et sœurs « ***consanguins*** » ayant le même père que le défunt, maternelle pour les frères et sœurs « ***utérins*** », ayant la même mère que le défunt.

La **loi n° 2011-1135 du 3 décembre 2001** [1] a simplifié la règle en supprimant la division par branches dans ce cas. Il était en effet illogique de laisser subsister des distinctions entre les frères et sœurs du défunt selon leur filiation, alors que les frères et sœurs étaient désormais tous égaux dans la succession de leur auteur, quelle que soit leur filiation.

Mais cette distinction a été toutefois réintroduite par la même loi, **entre les collatéraux privilégiés, pour l'exercice du droit de retour** prévu par l'article 757-3 du Code civil. Les frères et sœurs du défunt, ou leurs descendants, exercent ce droit sur les biens transmis à titre gratuit au défunt par les ascendants prédécédés, dans la mesure où ils sont eux-mêmes descendants du parent prédécédé à l'origine de la transmission, ce qui oblige à nouveau à distinguer entre frères et sœurs germains (issus du même père et de la même mère), consanguins (issus du même père) et utérins (issus de la même mère) (v. s^{s} n°s 123.21 et 131.11 s.).

122.31-1 **Collatéraux privilégiés. Suppression de la division par branches.**

EXEMPLE

X décède sans avoir fait de testament et sans postérité. Son père et sa mère sont prédécédés. Il laisse pour recueillir sa succession un frère « germain » G, un frère « consanguin » C et une sœur « utérine » U.

I. *Dévolution actuelle :*

En l'absence de division entre les deux lignes, les frères et sœurs, tous héritiers du défunt au deuxième degré, succèdent par tête et recueillent chacun un tiers de la succession.

Cette dévolution est résumée dans le tableau ci-dessous :

Lien de parenté avec le défunt	*Total*
Frère germain (G.)	1/3
Frère consanguin (C.)	1/3
Sœur utérine (U.)	1/3
Total	1

II. *Dévolution antérieure à la réforme :*

La succession de X se divisait en deux branches, paternelle et maternelle.

– Dans la ligne paternelle venaient G et C pour moitié chacun, soit un quart du tout ;

– dans la ligne maternelle venaient G et U pour moitié chacun, soit un quart du tout.

Au total, G recueillait 1/4 + 1/4 soit 1/2, C, 1/4 et U, 1/4 (C. civ., anc. art. 752).

Cette dévolution, encore applicable aux successions ouvertes avant l'entrée en vigueur de la réforme du 3 décembre 2001 (1er juillet 2002), est résumée dans le tableau ci-dessous :

Branche	*paternelle*	*maternelle*	*Total*
Frère germain G	1/4	1/4	1/2
Frère consanguin C	1/4		1/4
Sœur utérine U		1/4	1/4
Total	1/2	1/2	1

C.
Champ d'application

122.41 **Successions dévolues aux ascendants et aux collatéraux ordinaires.** La division par branches

1. L. n° 2001-1135, 3 déc. 2001, relative aux droits du conjoint survivant et des enfants adultérins et modernisant diverses dispositions de droit successoral, *JO* 4 déc., p. 19279.

paternelle et maternelle s'applique dans les successions dévolues aux ascendants, à proportion de moitié pour chacune des deux branches (C. civ., art. 747). Elle est également opérée, selon la même proportion, dans les successions dévolues à des collatéraux autres que les frères et sœurs ou leurs descendants (C. civ., art. 749 et 750).

§ 2
Mise en œuvre

122.51 Dévolution aux ascendants. En présence d'ascendants, on effectue la division de la succession en deux parties égales, puis, **à l'intérieur de chaque branche, la règle du degré retrouve son empire** : en effet, l'ascendant qui se trouve au degré le plus proche exclut tous les autres (C. civ., art. 748, al. 1er), et s'il y a des ascendants au même degré, ils succèdent par tête (C. civ., art. 748, al. 2).

La division par branches contrarie ici la règle de l'ordre, puisqu'elle amène à succéder les ascendants ordinaires d'une branche en présence d'un ascendant privilégié de l'autre branche. Ce point avait fait difficulté après la réforme du 3 décembre 2001, les ascendants autres que les père et mère étant normalement exclus par l'un de ces derniers selon la règle de l'ordre (C. civ., art. 734 et 739). Un texte spécial, interprétatif, applicable aux successions ouvertes à compter du 1er juillet 2002, a donc été inséré dans le Code civil pour prévoir exactement ce cas (C. civ., art. 738-1).

La division par branches trouve sa limite lorsqu'il n'y a pas d'ascendant dans une branche ; les ascendants de l'autre branche recueillent alors toute la succession (C. civ., art. 748, al. 3).

122.51-1 Division par branches. Ascendants.

EXEMPLE

I. X décède sans avoir fait de testament et sans postérité. Son père est prédécédé. Il laisse comme seule famille des ascendants : sa mère, ses grands-parents paternels et maternels, un arrière-grand-père maternel.

Dévolution : La succession, dévolue à des ascendants, est divisée par moitié, en deux branches.

– Dans la branche maternelle, l'ascendant au premier degré, la mère, exclut les ascendants au deuxième degré : les grands-parents maternels et l'ascendant au troisième degré : l'arrière-grand-père maternel. La mère recueille seule la moitié de la succession.

– Dans la branche paternelle, les ascendants au même degré (les grands-parents paternels) succèdent par tête et recueillent chacun un quart de la succession.

II. X décède sans avoir fait de testament et sans postérité. Son père est prédécédé. Il laisse comme seule famille : sa mère et sa grand-mère maternelle, ainsi qu'un frère de son père, oncle paternel.

Dévolution : l'oncle paternel est un collatéral ordinaire, il appartient au quatrième ordre d'héritiers. Il ne vient pas à la succession en présence d'héritiers d'ordre préférable (C. civ., art. 734).

À défaut d'ascendant dans la branche paternelle, les ascendants de la branche maternelle recueillent toute la succession. L'ascendant le plus proche en degré, la mère, exclut l'ascendant au deuxième degré (la grand-mère). La mère recueille donc toute la succession.

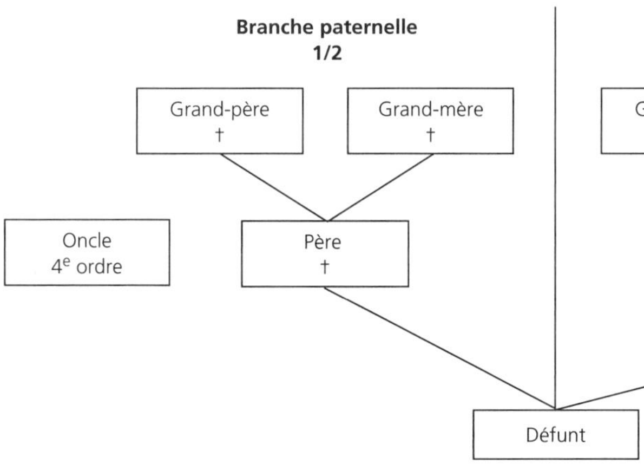

122.52 Successions dévolues aux collatéraux ordinaires. Les principes sont les mêmes que pour les successions dévolues aux ascendants.

En présence de collatéraux autres que les frères et sœurs ou leurs descendants, on effectue la division de la succession en deux parties, puis, à l'intérieur de chaque branche, le collatéral qui se trouve au degré le plus proche exclut tous les autres (C. civ., art. 750, al. 1er), et s'il y a des collatéraux au même degré, ils succèdent par tête (C. civ., art. 750, al. 2).

À défaut de collatéral dans une branche, les collatéraux de l'autre branche recueillent toute la succession (C. civ., art. 750, al. 3).

122.52-1 Division par branches. Collatéraux ordinaires.

EXEMPLE

I. X décède sans avoir fait de testament et sans postérité. Son père et sa mère sont prédécédés. Il laisse comme seule famille : deux oncles maternels, frères de sa mère, une cousine germaine, fille d'une sœur de sa mère, un cousin germain, fils d'un frère de son père et la fille d'une cousine germaine de son père.

Dévolution : la succession, dévolue à des collatéraux autres que les frères et sœurs ou leurs descendants, est divisée par moitié en deux branches.

– Dans la branche maternelle, les deux oncles, collatéraux au troisième degré, excluent la cousine germaine, collatérale au quatrième degré. Étant au même degré, ils succèdent par tête et héritent de la moitié de la succession à concurrence de 1/4 chacun.

– Dans la branche paternelle, le cousin germain, parent au quatrième degré, exclut la fille de la cousine germaine, parente au sixième degré. Il recueille donc l'autre moitié de la succession.

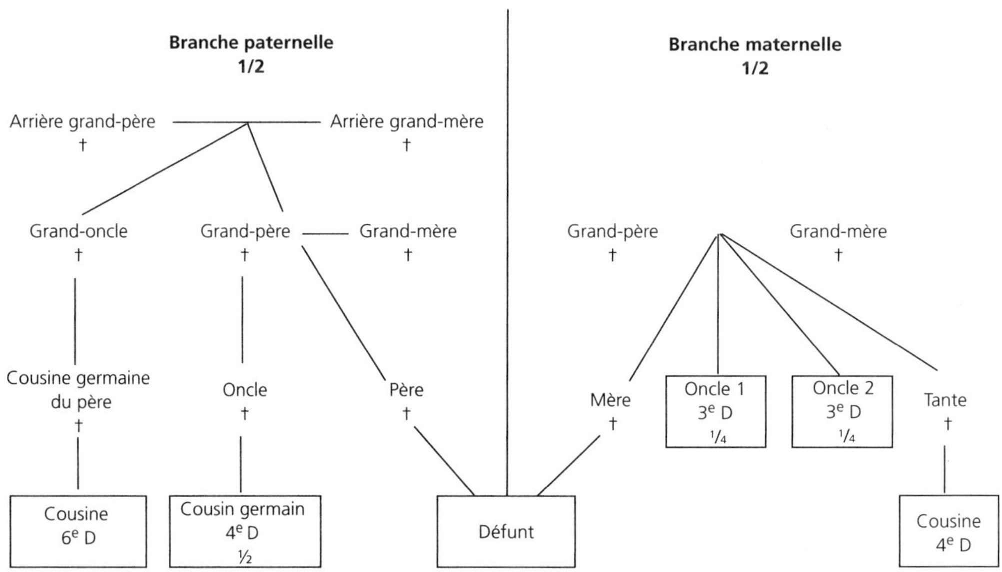

II. X décède sans avoir fait de testament et sans postérité. Son père et sa mère sont prédécédés. Il laisse comme seule famille : un oncle maternel, frère de sa mère, et un cousin germain, enfant d'une sœur de sa mère.

Dévolution : À défaut de collatéral dans la branche paternelle, les collatéraux de la branche maternelle recueillent toute la succession. Le collatéral le plus proche en degré, l'oncle maternel, parent au troisième degré, exclut le cousin germain, parent au quatrième degré. Il recueille donc la totalité de la succession.

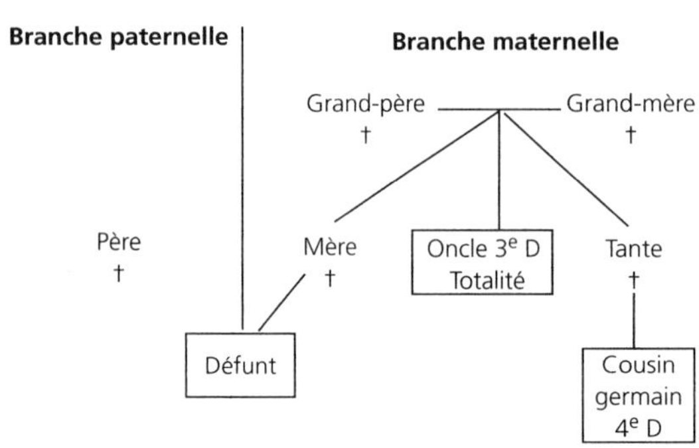

SECTION 2
LA REPRÉSENTATION

122.61 **Définition.** La représentation est une **création du droit, destinée à corriger l'application de la règle du degré.** Le droit de la dévolution successorale fonctionne à partir d'un modèle : le père ou la mère de famille décède le premier, laissant ses descendants au degré le plus proche venir à sa succession. Ces descendants se partagent la succession par tête, et les biens du défunt se transmettent ainsi égalitairement aux générations suivantes.

Mais la réalité ne se conforme pas toujours à ce modèle, et il arrive que des enfants disparaissent avant leurs parents. Si l'on réglait alors la succession au profit des seuls enfants encore en vie, il y aurait une inégalité au détriment des descendants issus de l'enfant prédécédé. Le droit corrige par la représentation cette inégalité venue d'un ordre des décès inhabituel.

C'est donc par une « *fiction juridique* » que les **« représentants »**, ayants droit d'un héritier prédécédé, sont appelés à la succession pour **venir aux droits de leur auteur, ou « représenté »** (C. civ., art. 751).

Nous étudierons d'abord le champ d'application de la représentation (§ 1), puis ses effets (§ 2) et ses cas particuliers (§ 3).

§ 1
Champ d'application

122.71 Exclusion des successions dévolues aux ascendants. La représentation n'a pas lieu en faveur des ascendants : à l'intérieur de chacune des deux branches, l'ascendant le plus proche exclut toujours le plus éloigné (C. civ., art. 752-1).

En effet, lorsque la succession, par accident, est dévolue aux ascendants, on est en dehors du modèle que la représentation a pour but de reconstituer : le droit se contente alors, par la division par branches, de préserver les droits des deux familles ; à l'intérieur de chaque famille, la règle du degré n'a pas à être corrigée.

122.71-1 Exclusion de la représentation pour les ascendants.

EXEMPLE

X décède sans avoir fait de testament et sans postérité. Son père est prédécédé. Il laisse comme seule famille des ascendants : sa mère, sa grand-mère paternelle, veuve de son grand-père paternel prédécédé, et son arrière-grand-mère paternelle, mère du grand-père paternel prédécédé.

Dévolution : La succession est divisée en deux branches :

– dans la branche maternelle, la mère recueille la moitié de la succession ;

– dans la branche paternelle, la grand-mère paternelle recueille l'autre moitié de la succession.

La représentation ne joue pas au profit de la mère du grand-père paternel, prédécédé. Celle-ci, venant au troisième degré, est écartée de la succession au profit de la grand-mère paternelle, héritière au deuxième degré.

122.72 Exclusion des successions dévolues aux collatéraux ordinaires. Comme on le verra ci-après, **la représentation n'a pas lieu dans les successions dévolues aux héritiers du quatrième ordre**, ou collatéraux autres que les frères et sœurs et les descendants de ces derniers. En effet, la représentation n'est admise, en ligne collatérale, que lorsque la succession est dévolue à des collatéraux privilégiés (C. civ., art. 752-2).

La fiction créée par la représentation est ici abandonnée car le droit ne cherche pas à corriger les effets du hasard de l'ordre des décès pour les parents éloignés.

122.72-1 Exclusion de la représentation pour les collatéraux ordinaires.

EXEMPLE

X décède, célibataire, sans avoir fait de testament et sans postérité. Sa famille proche se compose d'un oncle maternel, frère de sa mère et d'un cousin germain, fils d'une sœur de sa mère prédécédée.

Dévolution : En l'absence d'héritiers dans la branche paternelle, la succession est entièrement dévolue à la branche maternelle. Venant au troisième degré, l'oncle maternel recueille toute la succession, excluant le cousin germain, parent au quatrième degré.

La règle de la représentation ne joue pas en faveur du cousin germain, collatéral ordinaire. Ce dernier ne vient donc pas aux droits de sa mère prédécédée.

122.73 Application aux successions en ligne directe descendante. Lorsque la succession est dévolue aux descendants en ligne directe, l'hypothèse pour laquelle a été forgée la fiction de la représentation est réalisée. La représentation a donc lieu « *à l'infini* » et est admise dans tous les cas (C. civ., art. 752). La loi distingue deux situations :

– la succession est dévolue aux enfants du défunt et aux descendants d'un enfant prédécédé ;

– la succession est dévolue aux descendants des enfants tous prédécédés, que ces descendants se trouvent entre eux en degrés égaux ou inégaux.

122.73-1 Représentation en ligne directe descendante.

EXEMPLE

I. X décède, veuf. Il a un enfant vivant, A. Un second enfant, B, est prédécédé, laissant lui-même un enfant, C.

Dévolution : La succession de X est dévolue par moitié entre A et C, qui vient par représentation aux droits de B.

A est parent au premier degré et C, au deuxième degré. Le classement par le degré est écarté.

II. X décède, veuf. Il a eu deux enfants, A et B, tous deux prédécédés. A a laissé une fille C. B a laissé un fils D et deux petits-enfants, F et G, issus d'un fils prédécédé E.

Dévolution : La succession de X est dévolue pour moitié à C, venant aux droits de A par représentation, et pour l'autre moitié aux représentants de B qui sont : d'une part, D, pour un quart ; d'autre part, F et G, pour un huitième chacun.

C et D sont héritiers au deuxième degré, F et G au troisième degré. Le classement par le degré est neutralisé.

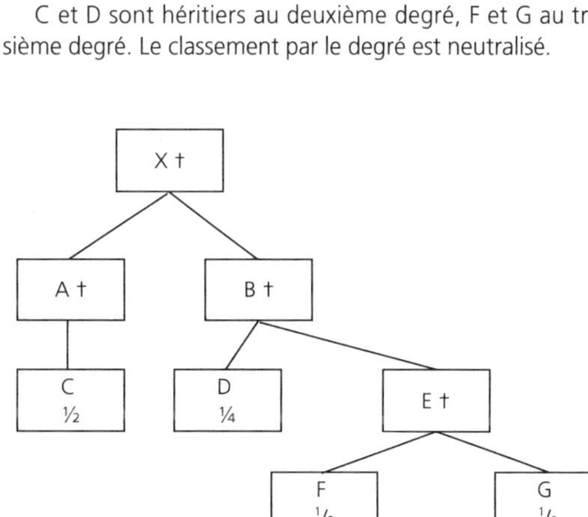

122.74 Application aux successions dévolues aux collatéraux privilégiés. Lorsque la succession est dévolue en ligne collatérale, la représentation est admise par extension de la fiction conçue pour les successions dévolues en ligne directe. La représentation joue en faveur des enfants ou descendants des frères et sœurs du défunt (C. civ., art. 752-2). La loi distingue deux situations :

- la succession est dévolue aux descendants de frères et sœurs du défunt en concurrence avec des oncles et tantes, frères et sœurs du défunt ;

- la succession est dévolue seulement à des descendants des frères et sœurs du défunt, ces derniers étant tous prédécédés, que ces descendants se trouvent entre eux en degrés égaux ou inégaux.

122.74-1 Représentation en ligne collatérale.

EXEMPLE

I. X décède, veuf. Sa famille se compose de ses trois frères, A, B et C et d'une nièce, E, fille d'une sœur prédécédée, D.

Dévolution : La succession de X est dévolue par quart entre A, B, C, et E, qui vient par représentation aux droits de D.

A, B et C sont parents au deuxième degré et E, au troisième degré. Le classement par le degré est écarté.

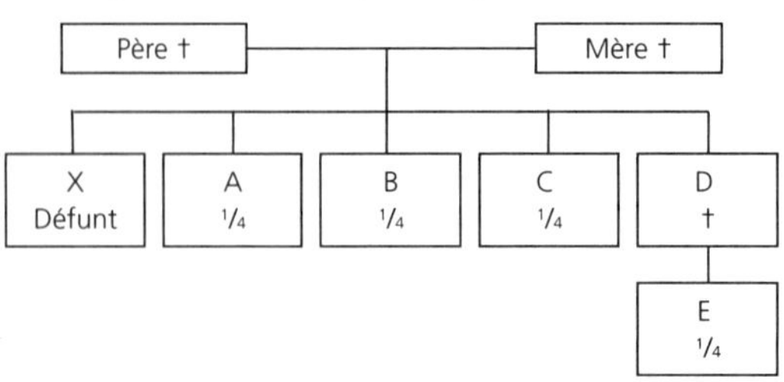

II. X décède, veuf, sans descendant. Il avait deux frères, A et B. Tous deux sont prédécédés. A avait deux fils, C et D, neveux de X. B avait une fille, E, prédécédée, laissant une fille, F.

Dévolution : La succession de X est dévolue :

– pour moitié, soit pour un quart chacun, à ses neveux, C et D, venant aux droits d'A, par représentation,

– et pour l'autre moitié, à sa petite-nièce, F, venant aux droits de B par représentation.

C et D sont héritiers au troisième degré, F au quatrième degré. La règle du degré est écartée.

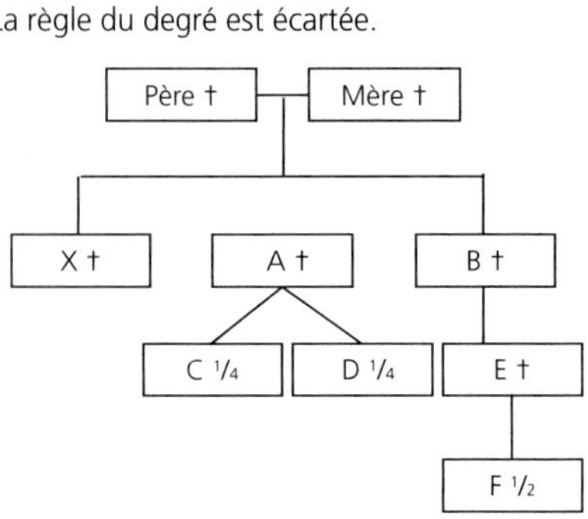

§ 2
Effets

122.81 Partage par souche et subdivision de souche. La fiction mise en œuvre par la représentation doit avoir pour effet de **rétablir une dévolution égalitaire entre les ayants droit du défunt,** en dépit du décès de certains d'entre eux. Pour garantir cette égalité, les héritiers qui viennent aux droits d'un héritier prédécédé sont regroupés dans un ensemble que la loi appelle « ***souche*** » et si l'un de ces héritiers est lui-même prédécédé, ses propres héritiers forment ensemble une « ***subdivision de souche*** ». Le terme de « ***souche*** » est réservé aux générations suivant celles du défunt, par opposition aux « ***branches*** », générations précédant celle du défunt.

La souche et la subdivision de souche ont par représentation les mêmes droits que l'héritier prédécédé représenté.

À l'intérieur de la souche et de la subdivision de souche, **le partage se fait par tête** (C. civ., art. 753)[1].

L'effet de la représentation est donc de reporter le partage par tête d'une ou de plusieurs générations, pour respecter l'égalité entre tous les ayants droit de l'auteur à l'origine du groupe familial, qu'ils soient en vie au moment du décès de l'auteur ou qu'ils soient prédécédés et représentés par leur propre lignée.

122.81-1 Dévolution de la succession.

EXEMPLE

X décède, veuf. Il a eu deux enfants, A et B, tous deux prédécédés. A a laissé une fille, C. B a laissé un fils D et deux petits-enfants, F et G, issus d'un fils prédécédé, E.

Dévolution : La succession est dévolue entre les deux souches de A et de B.

C en recueille la moitié, venant par représentation de A.

La souche de B recueille l'autre moitié : D vient à la succession par représentation de B, F et G viennent à la succession par représentation de B et de E.

Entre D et la subdivision de souche de E, le partage se fait par moitié, D pour un quart du tout et la subdivision de souche de E pour l'autre quart : à l'intérieur de la subdivision de souche de E, le partage se fait par tête, soit 1/8 pour F et 1/8 pour G.

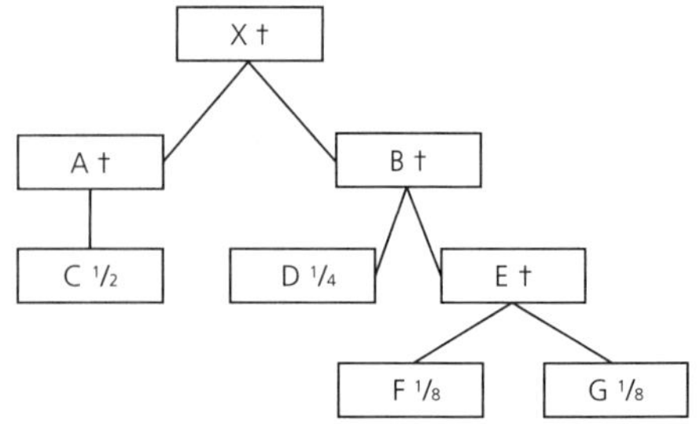

1. CONFIRMATION de : Civ. 1re, 26 oct. 1982, n° 81-13.346, P I, n° 304 ; *RTD civ.* 1983. 767, obs. J. Patarin – Civ. 1re, 12 déc. 2006, n° 04-12.996 (second moyen), P I, n° 554.

Le tableau ci-dessous résume la dévolution successorale de X :

Héritiers représentants	Héritiers représentés	Souche de A	Souche de B y compris la subdivision de souche de E
C	A	1/2	
D	B		1/4
F	B et E		1/8
G	B et E		1/8
Total souche de A		1/2	
Total souche de B			1/2

§ 3
Limites

122.91 Petits-enfants appelés « *de leur chef* ». Les petits-enfants sont appelés « *de leur chef* » lorsque la représentation ne joue pas. En effet, il arrive que la représentation n'ait plus de raison d'être lorsqu'il n'y a pas lieu de maintenir l'égalité entre les diverses souches issues d'un même auteur. Elle ne s'applique donc pas et les petits-enfants viennent « *de leur chef* » à la succession de leur grand-père ou de leur grand-mère., soit qu'il n'y ait qu'un enfant et que cet enfant soit prédécédé, indigne ou renonçant, soit qu'il y ait plusieurs enfants, tous prédécédés, indignes ou renonçants, et que les petits-enfants venant à la succession appartiennent tous à la même souche[1].

122.91-1 Dévolution : petits-enfants appelés de leur chef.

EXEMPLE

X décède, veuf et sans avoir fait de testament ni de donations antérieures. Ses deux enfants, A et B, sont prédécédés. Il laisse à sa survivance deux petits-enfants, C et D, tous deux fils de B. A est décédé sans postérité.

La souche de A est éteinte et il n'y a pas lieu de maintenir l'égalité entre les souches de A et de B. C et D viennent à la succession de X, non par représentation de B, mais « *de leur chef* ». Ils recueillent chacun la moitié de la succession.

122.92 Neveux appelés de leur chef. De même, les neveux viennent « *de leur chef* », et non par représentation, à la succession de leur oncle ou de leur tante lorsque le défunt ne laisse qu'un seul frère ou une seule sœur, prédécédé, indigne ou renonçant[2].

1. Pour un exemple, v. Civ. 1re, 25 sept. 2013, nº 12-17.556, P I, nº 192 ; *D.* 2013. 2273 ; *AJ fam.* 2013. 652, obs. N. Levillain ; *RTD civ.* 2013. 875, obs. M. Grimaldi ; *JCP N* 2013, nº 1279, obs. M. Nicod.
2. Civ. 1re, 14 mars 2018, nº 17-14.583, P I, nº 51.

122.93 Conséquences fiscales. L'application de l'abattement personnel des descendants se fait « *sur la part de chacun des enfants vivants ou représentés* »[3]. En conséquence, les biens recueillis par les petits-enfants de leur propre chef ne devraient pas bénéficier de cet abattement. Toutefois, dans l'hypothèse du prédécès d'un enfant unique, l'administration a admis par mesure de tempérament, que les **petits-enfants venant de leur chef** pouvaient **bénéficier de l'abattement de leur auteur prédécédé**[4].

Cette solution a été étendue au cas de **l'enfant unique indigne**[5] et après quelques hésitations au cas de l'enfant unique renonçant[6].

En revanche, lorsque la succession est dévolue en **ligne collatérale,** l'administration fiscale applique strictement les règles civiles de représentation pour déterminer si les neveux bénéficient ou non de l'abattement entre frères et sœurs. Ainsi, si civilement les règles de la représentation jouent, ce qui suppose qu'il existe plusieurs souches, alors les neveux et nièces se partagent l'abattement de leur père ou mère, soit 15 932 € et bénéficient du tarif entre frères et sœurs (35 % et 45 %). Peu importe que le représenté soit prédécédé ou renonçant. Si en revanche, les neveux viennent « de *leur chef* », alors ils ne peuvent bénéficier que de l'abattement entre oncle et neveu soit 7 967 € et du tarif correspondant soit 55 %[7].

122.93-1 Dévolution en ligne collatérale : héritiers appelés de leur chef ou par représentation.

EXEMPLE

Le défunt laisse une sœur et deux neveux venant par représentation d'un frère prédécédé.

Les neveux bénéficient de l'abattement et du tarif applicable entre frères et sœurs.

Si la sœur renonce, il n'existe plus qu'une seule souche, la représentation ne peut donc plus jouer. Alors les neveux se voient appliquer l'abattement et le tarif entre oncle et neveux.

122.94 Conséquences sur l'option successorale. Avant l'entrée en vigueur de la loi du 23 juin 2006, les héritiers venant par représentation devaient

3. Cet abattement s'élève à 100 000 € depuis le 17 août 2012 (CGI, art. 779-I).
4. *BOED*1963. 8823 ; *BOI-ENR-DMTG*-10-50-20-20130121, nº 50.
5. Rép. min. nº 86052, *JOAN Q* 23 nov. 2010, p. 12822 ; Doc. adm. DGI 7 G-2421nº 3, 20 déc. 1996 repris au *BOI-ENR-DMTG* 10-50-20-20130121, nº 50, et 10-50-80-IV, nº 280.
6. *BOI-ENR-DMTG* 10-50-20-20130121, nos 50, et 10-50-80, V, nº 330 – Sur l'application de la représentation, v. rescrit nº 2010/58 ENR, 28 sept. 2010, *Dict. enreg.* nos 3581 et 3997 – V. AUSSI, rescrit DGFiP nº 2011/22 ENR, 26 juill. 2011 (doc. fisc. DGI [en ligne]) dont la solution a été abandonnée peu après.
7. Instr. fisc., 10 juill. 2009, et Rép. min. nº 54899, 26 janv. 2010 – SOLUTION CONFIRMÉE par Civ. 1re, 14 mars 2018, nº 17-14.583, P I, nº 51, et Civ. 1re, 17 avr. 2019, nº 17-11.508, P.

s'entendre sur l'option successorale qui devait être choisie unanimement. À défaut d'accord entre eux, les héritiers ne pouvaient qu'accepter sous bénéfice d'inventaire (C. civ., art. 781 et 782). En revanche, lorsqu'ils venaient de leur chef, chaque héritier pouvait prendre un parti différent. Venir de son chef présentait alors un avantage en cas de désaccord. La **loi n° 2006-728 du 23 juin 2006** [1] a supprimé cette différence, en permettant aux héritiers venant par représentation d'exercer l'option séparément, chacun pour sa part (C. civ., art. 775, al. 2), comme s'ils venaient de leur chef.

§ 4
Cas particuliers

122.101 Extensions de la représentation. On a vu que la représentation est utilisée pour préserver l'égalité des droits entre les souches des héritiers ou les subdivisions de ces souches, en cas de prédécès d'un enfant ou d'un petit enfant du défunt.

Jusqu'à l'entrée en vigueur de la réforme de 2001, la représentation ne jouait que dans ce cas de prédécès : « *on ne représente pas les personnes vivantes, mais seulement celles qui sont mortes* » énonçait l'ancien article 744 du Code civil.

Cependant le souci d'égalité à l'origine de cette institution a inspiré deux extensions de cette fiction :

- d'une part, pour permettre la **représentation de l'indigne** ;
- d'autre part, pour étendre la représentation au cas de l'héritier renonçant.

Selon la Cour de cassation, cette extension de la représentation ne s'applique pas en cas d'exhérédation par testament d'un héritier en ligne collatérale (v. s^s n° 122.105, la jurisprudence citée).

122.102 Représentation de l'indigne. C'est la loi du 3 décembre 2001 qui a admis que les enfants et descendants de l'indigne viennent à une succession par représentation de l'indigne, même si celui-ci est en vie à l'ouverture de la succession (C. civ., art. 755). Il a semblé en effet inéquitable que la faute de l'indigne rejaillisse sur ses descendants.

122.102-1 Dévolution : descendant indigne représenté par ses enfants.

EXEMPLE

X décède, veuf, le 28 mai 2020. Il laisse deux enfants vivants, A et B.

B, qui a quatre fils, C, D, E et F, a été déclaré indigne de succéder par le tribunal judiciaire, à la demande de A.

Dévolution : La succession est dévolue, d'une part, à A pour moitié, d'autre part, à la souche de B pour l'autre moitié.

C, D, E et F viennent à la succession de X par représentation de B, vivant mais déclaré indigne. Ils se partagent par tête la part de leur souche, soit pour chacun un huitième du tout.

Si X était décédé avant le 1er juillet 2002, A aurait recueilli toute la succession.

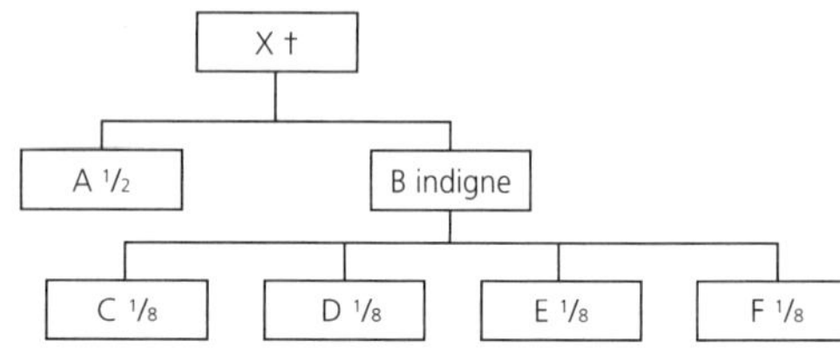

122.103 Représentation du renonçant. Le principe de la représentation des renonçants a été introduit par la loi du 23 juin 2006, dans la ligne de l'évolution amorcée par la loi du 3 décembre 2001 en faveur des enfants et descendants de l'indigne. La représentation de l'héritier renonçant est admise dans les successions dévolues en ligne directe et collatérale (C. civ., art. 754). Elle ne s'applique pas dans les successions dévolues aux ascendants, ce qui est la règle générale (C. civ., art. 752-1 - V. s^s n°s 122.51 s.).

122.103-1 Dévolution : descendant renonçant représenté par ses enfants.

EXEMPLE

X décède, veuf, le 28 mai 2020. Il laisse deux enfants vivants, A et B. B, qui a quatre enfants, C, D, E et F, renonce à la succession de X.

Dévolution : La succession est dévolue, d'une part, à A pour moitié, d'autre part, à la souche de B pour l'autre moitié.

C, D, E et F viennent à la succession de X par représentation de B, vivant mais renonçant. Ils se partagent par tête la part de leur souche, soit pour chacun un huitième du tout.

Si X était décédé avant le 1er janvier 2007, date d'entrée en vigueur de la loi du 23 juin 2006, A aurait recueilli toute la succession.

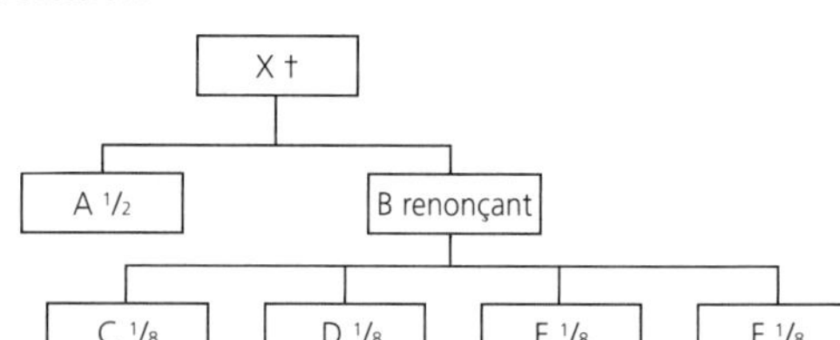

122.104 Rapport spécial à la succession de l'indigne et du renonçant. La possibilité de représenter l'indigne ou le renonçant dans une succession a été accompagnée de l'institution d'un rapport spécial aux successions de l'indigne ou du renonçant. Ce rapport, portant sur les biens hérités par représentation, est effectué par les héritiers qui ont représenté l'indigne ou le renonçant dans la succession initiale.

1. L. n° 2006-728, 23 juin 2006, portant réforme des successions et des libéralités, *JO* 24 juin, p. 9513.

Ce rapport n'a lieu que lorsque les héritiers qui ont représenté l'indigne ou le renonçant viennent à la succession de ces derniers en concours avec d'autres enfants, conçus après l'ouverture de la succession initiale (C. civ., art. 754, al. 2, et 755, al. 2).

L'institution de ce rapport a pour but de rétablir l'égalité entre les héritiers de l'indigne et du renonçant, lorsque certains de ces héritiers, nés après l'ouverture de la succession initiale, n'ont pas pu bénéficier de la représentation accordée aux autres héritiers.

Les modalités de ce rapport seront étudiées au livre 4 (v. s^s n°s 422.231 s.).

122.105 Représentation de l'héritier exhérédé. Au vu de ces extensions de la représentation, une cour d'appel avait cru pouvoir juger que l'héritier collatéral exhérédé pouvait être représenté. La Cour de cassation a cassé l'arrêt, au motif « *qu'en statuant ainsi, alors que la loi ne prévoit pas la représentation de l'héritier exhérédé par testament, la cour d'appel a violé les textes susvisés* » (C. civ., art. 751, 752-2, 754 et 755) [1].

Selon la Cour de cassation, la représentation est limitée aux héritiers de l'indigne et à ceux du renonçant, elle n'est pas étendue à ceux de l'héritier exhérédé par testament. Cette exception ne s'applique pas à l'héritier réservataire, qui par hypothèse ne peut pas être exhérédé de sa réserve.

122.105-1 Dévolution : absence de représentation du collatéral privilégié exhérédé.

EXEMPLE

Mme X décède, laissant pour lui succéder, d'une part, les cinq enfants de son frère Y prédécédé, d'autre part, le fils de sa sœur Z. Par testament, elle a institué ses six neveux légataires de ses avoirs bancaires, et exhérédé sa sœur Z.

La succession se répartit par parts égales entre les six neveux venant de leur chef.

En effet, la souche de Z est éteinte par l'exhérédation. Le fils de Z vient donc de son chef.

La souche de Y n'est pas éteinte, mais elle est seule, il n'y a donc pas représentation et les cinq enfants de Y viennent également de leur chef.

La dévolution par moitié entre les deux souches (un dixième pour chacun des enfants de Y et cinq dixièmes pour le fils de Z) qui avait été établie par le notaire liquidateur et validée par la cour d'appel de Versailles [2], est infirmée par la Cour de cassation.

SECTION 3
CONCLUSION

122.111 Remarques sur les domaines d'application des principes correcteurs. En conclusion de l'étude des principes correcteurs de la dévolution successorale, il faut souligner que les domaines d'application de ces principes sont exclusifs l'un de l'autre – quand la division par branches s'applique, la représentation est exclue et inversement – et complémentaires car ils couvrent à eux deux tout le champ de la dévolution successorale.

122.112 Exclusion d'un principe par l'autre. On a vu que la division par branches concerne les successions dévolues aux ascendants et la représentation, les successions dévolues aux descendants et aux collatéraux privilégiés. Il n'y a pas de secteur de la dévolution successorale où ces deux principes puissent s'appliquer simultanément, sauf l'exception signalée ci-dessus en matière de **droit de retour des collatéraux privilégiés** (C. civ., art. 757-3 – V. s^s n° 122.31).

122.113 Complémentarité des deux principes. La division par branches et la représentation sont complémentaires car ces principes affectent l'ensemble de la dévolution successorale, chacun étant cantonné à deux des quatre ordres d'héritiers :

– la représentation joue dans le premier et le deuxième ordre d'héritiers, en ligne descendante seulement (ce qui exclut les père et mère) ;

– la division par branches s'applique pour le troisième et le quatrième ordre et, par exception, pour le deuxième ordre seulement quand il s'agit des père et mère.

1. Civ. 1re, 17 avr. 2019, n° 17-11.508, P ; *AJ fam.* 2019. 418, note crit. C. Vernières ; *RTD civ.* 2019. 383, note crit. M. Grimaldi – V. ÉGAL. Civ. 1re, 17 avr. 2019, n°s 17-11.509, 17-11.510, 17-11.511 et 17-11.512, NP.

2. Versailles, ch. 1, sect. 1, 1er déc. 2016, RG n° 14/06097.

CHAPITRE

123. Successions anomales

SECTION 0
ORIENTEUR

123.00 Sommaire du chapitre.

123.01 Textes applicables.

• **C. civ.,** art. 366 et 738-2

> Droit de retour dans la succession de l'adopté simple

• **C. civ.,** art. 366

Dans la succession de l'adopté, à défaut de descendants et de conjoint survivant, les biens donnés par l'adoptant ou recueillis dans sa succession retournent à l'adoptant ou à ses descendants, s'ils existent encore en nature lors du décès de l'adopté, à charge de contribuer aux dettes et sous réserve des droits acquis par les tiers. Les biens que l'adopté avait reçus à titre gratuit de ses parents retournent pareillement à ces derniers ou à leurs descendants.

Le surplus des biens de l'adopté se divise par moitié entre sa famille d'origine et sa famille d'adoption.

> Droit de retour des père et mère

• **C. civ.,** art. 738-2

Lorsque les pères et mère ou l'un d'eux survivent au défunt et que celui-ci n'a pas de postérité, ils peuvent dans tous les cas exercer un droit de retour, à concurrence des quotes-parts fixées au premier alinéa de l'article 738 sur les biens que le défunt avait reçus d'eux par donation.

La valeur de la portion des biens soumise au droit de retour s'impute en priorité sur les droits successoraux des père et mère.

Lorsque le droit de retour ne peut s'exercer en nature, il s'exécute en valeur, dans la limite de l'actif successoral.

123.02 Jurisprudence de référence.

> Le droit de retour des collatéraux privilégiés lorsque la succession est dévolue en totalité au conjoint survivant n'est pas contraire au principe constitutionnel d'égalité

• **Civ. 1re, 28 janv. 2015,** n° 14-20.587, NP

* V. s[s] n° 123.21

« […] Les collatéraux privilégiés en présence d'un partenaire survivant qui a été gratifié d'un legs universel ne se trouvent pas dans une situation identique, de nature à justifier une égalité de traitement, à celle des collatéraux privilégiés en présence d'un conjoint survivant qui n'a pas été gratifié d'un legs universel, lequel ferait échec à leur droit de retour prévu à l'article 757-3 du Code civil […]. »

> Conditions d'exercice du droit de retour des collatéraux privilégiés

• **Civ. 1re, 28 févr. 2018,** n° 17-12.040, P I, n° 39

* V. s[s] n° 123.21

« […] le texte susvisé (art. 757-3 du Code civil) n'opérant aucune distinction selon que les biens reçus par le défunt l'ont été ou non à charge de soulte […] »

[…] « le droit de retour prévu à l'article 757-3 du Code civil a pour objet la moitié des biens en nature tels qu'ils se retrouvent dans la succession au jour de son ouverture ; qu'à défaut de disposition en ce sens, les améliorations apportées aux biens par le défunt n'ouvrent pas droit à indemnisation au bénéfice de la succession ordinaire [...] ».

> Le droit de retour des père et mère ne peut s'exercer en nature lorsque les biens sur lesquels il porte ont été légués par le défunt

• **Civ. 1re, 13 juin 1961,** *Gaz. Pal.* 1961. 2. 362

* V. ss no 123.42

(À propos de l'ancien droit de retour légal de l'ascendant donateur) : « Mais attendu que le retour légal est écarté par le legs... ».

> Le droit de retour légal de l'article 738-2 du Code civil est un droit de nature successorale auquel on ne peut renoncer avant l'ouverture de la succession

• **Civ. 1re, 21 oct. 2015,** no 14-21.337, P I, no 367

* V. ss no 123.42

« Vu l'article 738-2 du Code civil, ensemble l'article 722 du même code ;

Attendu qu'il résulte du premier de ces textes que, lorsque l'enfant donataire est décédé sans postérité, le droit de retour institué au profit de ses père et mère s'exerce dans tous les cas sur les biens que le défunt avait reçus d'eux par donation ; que, s'agissant d'un droit de nature successorale, il ne peut y être renoncé avant l'ouverture de la succession ».

> L'héritier renonçant étant censé n'avoir jamais été héritier, il en résulte qu'un descendant renonçant ne peut faire obstacle au droit de retour

• **Civ. 1re, 23 mai 2012,** no 11-14.104, P I, no 112

* V. ss no 123.41

(*Solution rendue à propos du droit de retour conventionnel mais étendue par la Cour de cassation au droit de retour légal de l'article 738-2 du Code civil*) :

« En statuant ainsi, alors qu'il résultait de ses constatations que la condition s'était réalisée, le donataire ne laissant aucune postérité pour lui succéder, de sorte que les biens donnés se retrouvaient de plein droit dans le patrimoine de la donatrice et qu'ainsi celle-ci était irrecevable à agir pour voir reconnaître sa qualité de propriétaire en dehors de toute contestation, la cour d'appel a violé les textes susvisés [C. civ., art. 1183, 738-2, 805, 951 et 952, C. pr. civ., art. 25, 31 et 125]. »

123.03 Bibliographie indicative.

Actualisables. Rép. civ., vo *Succession : dévolution*, par R. Le Guidec et C. Lesbats, juill. 2022 [actu. mars 2024], nos 387 à 415 – *J.-Cl. Not. Form., vo Succession*, fasc. 240, 2015 ; fasc. 250, (actu. 2024, par N. Levillain).

Ouvrages. A. Delfosse et J.-F. Peniguel, *La réforme des successions et des libéralités*, LexisNexis, 2006, nos 324 à 335 – M. Grimaldi (dir.), Dalloz action *Droit patrimonial de la famille*, 2025/2026, nos 235.00 s., par C. Vernières – F. Terré, Y. Lequette et S. Gaudemet, *Droit civil. Les successions. Les libéralités*, 5e éd., « Précis », Dalloz, 2024.

Articles. V. David-Balestriero, « La succession de l'adopté (adoption simple) après la loi du 23 juin 2006 », *Defrénois* 2007.1085 – Y. Delecraz, « Les droits de retour : un mécanisme complexe », *Defrénois* 30 juill. 2017, no 126y1, p. 23 – G. Goubeaux, « Réforme des successions : l'inquiétant concours entre collatéraux privilégiés et conjoint survivant », *Defrénois* 2002, art. 37519, p. 427 – N. Levillain, « Les nouveaux droits successoraux des ascendants », *JCP N* 2007. 1135 ; « Nouvelles règles de dévolution de la succession de l'adopté », *JCP N* 2007. 1223.

123.04 Questions essentielles.

> Assiette du droit de retour des père et mère : deux interprétations

* V. ss nos 123.51 et 123.52, 123.54-1 et 123.54-2

> Caractère supplétif du droit de retour dans la succession de l'adopté simple

* V. ss no 123.114

123.05 Division. En principe, les règles de la dévolution successorale s'appliquent à l'ensemble de la succession, sans distinction selon l'origine ou la nature des biens transmis. Cependant ce principe de l'unité de la succession connaît des exceptions : les successions dites « anomales », par opposition aux successions ordinaires. Ces successions se composent de biens objets d'un droit de retour (sect. 1) ou de biens dont la transmission est soumise à des règles particulières (sect. 2).

SECTION 1
BIENS OBJETS D'UN DROIT DE RETOUR

123.11 Caractères communs aux droits de retour légaux. L'institution de règles particulières pour la dévolution de certains biens a pour but la conservation de ces biens dans les familles, lorsque ces biens ont été transmis à titre gratuit et que le défunt décède sans postérité.

Les différents droits de retour ont donc en commun deux caractères :

– *d'une part*, les biens qui en sont l'objet ont été recueillis par le défunt à titre gratuit ;

– *d'autre part*, ils ne trouvent application que lorsque le défunt ne laisse pas de descendants.

Ces biens sont alors dévolus en fonction de leur origine, en dépit des règles de la dévolution successorale ordinaire.

123.12 Anciens droits de retour. Certains droits de retour, qui avaient été créés dans cet esprit, ont été aujourd'hui supprimés.

– Le plus important était le **droit de retour de l'ascendant donateur**, qui permettait aux ascendants de récupérer les biens par eux donnés, dans la succession de leurs descendants décédés sans postérité. Ce droit de retour ne pouvait jouer que si les biens donnés se retrouvaient **en nature dans la succession** (C. civ., anc. art. 747) [1]. Supprimé dans les successions ouvertes

1. F. Terré, Y. Lequette et S. Gaudemet, *Droit civil. Les successions, les libéralités*, 5e éd., « Précis », Dalloz, 2024, no 229.

à compter du 1er août 1972, date d'entrée en vigueur de la loi du 3 janvier 1972, ce droit de retour a été maintenu dans les faits, par l'insertion dans les donations de **clauses de retour conventionnel** des biens donnés dans le patrimoine du donateur, en cas de prédécès du donataire sans postérité.

– La même loi du 3 janvier 1972 a supprimé le **droit de retour des frères et sœurs légitimes de l'enfant naturel** qui succédaient aux biens que l'enfant naturel, décédé sans postérité et sans ascendants privilégiés, avait recueillis à titre gratuit de leur auteur commun (C. civ., anc. art. 766) [1]. Ce droit de retour établissait une discrimination au détriment de l'enfant naturel et a donc été supprimé pour les successions ouvertes à compter du 1er août 1972.

123.13 **Plan. Droits de retour existant actuellement.** Désormais, l'origine des biens de la succession est à prendre en compte dans les trois cas suivants :

– biens reçus par le défunt de ses ascendants par donation ou succession, lorsque le défunt, marié, ne laisse à sa survivance que ses frères et sœurs ou leurs descendants (§ 1) ;

– biens reçus par le défunt de ses parents par donation lorsque le défunt décède sans postérité en laissant à sa survivance son père et sa mère, ou l'un d'eux (§ 2) ;

– biens donnés par l'adoptant ou recueillis dans sa succession et biens donnés par les parents de la famille par le sang ou recueillis dans leur succession, dans le cas où le défunt a fait l'objet d'une adoption simple (§ 3).

§ 1
Droit de retour des frères et sœurs et de leurs descendants (C. civ., art. 757-3)

123.21 **Conditions et champ d'application.** Les collatéraux privilégiés bénéficient d'un droit de retour sur la moitié des « *biens de famille* » transmis au défunt par leurs parents prédécédés, en application de l'article 757-3 du Code civil. L'exercice de ce droit est subordonné aux conditions suivantes :

– le défunt est décédé marié et sans postérité ;

– le père et la mère du défunt sont prédécédés ;

– les biens ont été recueillis des ascendants par succession ou donation ;

– les biens se retrouvent en nature dans la succession du défunt : le défunt n'en a donc disposé ni entre vifs ni à cause de mort, par testament ou donation entre époux.

Il résulte de ces conditions que **ce droit de retour ne peut être exercé que si le défunt était marié.** En effet, en l'absence de conjoint, les collatéraux privilégiés recueilleraient toute la succession (C. civ., art. 734, al. 2 et 737) et n'auraient donc pas besoin de faire jouer ce droit de retour. Le texte qui institue ce droit de retour (C. civ., art. 757-3) est d'ailleurs placé dans la section « *Des droits du conjoint successible* ».

En conséquence, ce droit ne trouve pas à s'exercer si le conjoint était engagé dans un pacte civil de solidarité. La Cour de cassation a estimé qu'il n'y avait pas lieu à une question préalable de constitutionnalité sur la rupture d'égalité entre frères et sœurs d'un conjoint marié et d'un conjoint pacsé, dans les termes suivants : « [...] *les collatéraux privilégiés en présence d'un partenaire survivant qui a été gratifié d'un legs universel ne se trouvent pas dans une situation identique, de nature à justifier une égalité de traitement, à celle des collatéraux privilégiés en présence d'un conjoint survivant qui n'a pas été gratifié d'un legs universel, lequel ferait échec à leur droit de retour prévu à l'article 757-3 du Code civil* [...] » [2].

Par ailleurs, la Cour de cassation a précisé que ce droit de retour est de nature successorale : il s'exerce donc sur la moitié des biens tels qu'ils se retrouvent en nature dans la succession, sans qu'il y ait à tenir compte de la soulte versée par le défunt lors du partage dans lequel ce dernier a recueilli les biens, ni des améliorations qu'il y a apportées [3].

123.22 **Renvoi.** Ce droit de retour sera étudié en détail (v. ss nos 131.101 s.), dans le titre consacré aux droits du conjoint successible, au chapitre de ses droits légaux.

§ 2
Droit de retour des père et mère (C. civ., art. 738-2)

123.30 **Plan. Création.** Un droit de retour a été institué par la **loi n° 2006-728 du 23 juin 2006** [4], au profit du père et de la mère du défunt décédé sans postérité, sur les biens que le défunt avait reçus de ces derniers par donation. Ce droit s'applique donc aux **successions ouvertes à compter du 1er janvier 2007.**

Dans les successions ouvertes avant cette date, les ascendants privilégiés du défunt avaient une réserve de moitié dans la succession du défunt, à concurrence d'un quart chacun (C. civ., anc. art. 914). Le droit de retour dont il est question a été créé en contrepartie de la suppression de cette réserve. Nous en examinerons le champ d'application (A), la mise en œuvre (B) et la fiscalité (C).

1. F. Terré, Y. Lequette et S. Gaudemet, *Droit civil. Les successions, les libéralités*, 5e éd., « Précis », Dalloz, 2024, n° 229.

2. Civ. 1re, 28 janv. 2015, n° 14-20.587, NP ; *AJ fam.* 2015. 178, obs. N. Levillain ; *RTD civ.* 2015. 363, obs. J. Hauser ; *RTD civ.* 2015. 446, obs. M. Grimaldi ; *Dr. fam.* 2015, n° 76.
3. Civ. 1re, 28 févr. 2018, n° 17-12.040, P I, n° 39.
4. L. n° 2006-728, 23 juin 2006, portant réforme des successions et des libéralités, *JO* 24 juin, p. 9513.

A. Champ d'application

123.41 Conditions générales. On a vu qu'en l'absence de descendants, la succession est dévolue au père et à la mère du défunt, en totalité s'il n'y a pas de collatéraux privilégiés, et pour moitié (un quart chacun) dans le cas contraire (C. civ., art. 734, 736 et 738).

Dans ces situations s'inscrit le droit de retour des père et mère, aux conditions suivantes :

– le défunt est décédé sans postérité. Doit être considéré comme décédé sans postérité, celui dont la succession est vacante du fait de la renonciation de tous ses descendants[1] ;

– l'un au moins de ses parents lui survit, bénéficiaire du droit de retour ;

– le défunt avait reçu des donations de ses parents, les biens donnés étant l'objet du droit de retour.

Nous n'envisageons pas ici le cas du conjoint marié, qui pose une difficulté particulière (v. s[s] n° 123.81).

123.41-1 Bénéficiaires du droit de retour.

EXEMPLE

Les bénéficiaires du droit de retour sont le père et la mère du défunt, ou le survivant d'entre eux, dans les situations suivantes :

I. X décède, célibataire, fils unique, laissant son père A et sa mère B, ou l'un d'eux seulement. Il n'existe aucun autre parent.

Le droit de retour se confond avec les droits légaux, les parents, ou le survivant d'eux, recueillant toute la succession (C. civ., art. 736).

II. X décède, célibataire, fils unique, laissant son père A. et sa grand-mère maternelle C.

Le droit de retour joue au profit de A, qui a en même temps des droits de moitié sur la succession, C recueillant l'autre moitié (C. civ., art. 738-1).

III. X décède, célibataire, laissant son père A, sa mère B et son frère D.

Le droit de retour joue au profit d'A et B, qui ont en même temps des droits de moitié sur la succession, D recueillant l'autre moitié (C. civ., art. 738, al. 1er).

IV. X décède, célibataire, laissant sa mère B et son frère D.

Le droit de retour joue au profit de B, qui a en même temps un quart de la succession, D recueillant les trois quarts (C. civ., art. 738, al. 2).

123.42 Caractère d'ordre public. Ce droit est d'ordre public et le défunt ne peut en priver ses parents : s'il vend les biens donnés, **le droit de retour s'exerce en valeur.** La solution est semble-t-il la même s'il a légué les biens, si l'on se réfère à la jurisprudence existant à propos de l'ancien droit de retour de l'ascendant donateur[2]. Dans les hypothèses examinées ci-dessus, les parents, qui ne sont plus réservataires, auraient pu être exhérédés par un testament ; le droit de retour se serait alors exercé en valeur, comme en cas de vente par le donataire.

Les parents ne pourraient renoncer à ce droit qu'après le décès du donataire : une renonciation antérieure au décès constituerait un pacte sur succession future non autorisé. En conséquence, malgré l'existence d'un legs portant sur les biens donnés, les père et mère peuvent revendiquer leur droit, même s'ils ont renoncé à leur droit de retour conventionnel[3].

En effet, du vivant du donataire, les père et mère pouvaient substituer à ce droit un **droit de retour conventionnel**, qui protégerait mieux leurs intérêts.

123.43 Biens objet du droit de retour. Le droit de retour légal porte, selon les modalités examinées ci-dessous (v. s[s] n°s 123.51 s.), sur les biens que le défunt avait reçus de ses parents par donation.

Sont exclus les biens qui ont fait l'objet, dans la donation, d'un droit de retour conventionnel. En effet, le droit de retour conventionnel est une condition résolutoire dont la réalisation entraîne l'anéantissement rétroactif de la donation : le bien retourne pour la totalité dans le patrimoine des donateurs et le droit de retour légal, plus restrictif, devient sans objet. La plupart des donations de biens immobiliers, obligatoirement notariées, contiennent une clause de retour conventionnel et ces biens ne supporteront donc pas le droit de retour légal.

Cependant, si les biens ont été aliénés et que le donateur a renoncé au droit de retour conventionnel, le droit de retour légal retrouve son application au décès du donataire, mais il s'appliquera en valeur.

Le droit de retour légal s'exerce, en revanche, **sur les biens qui ont été donnés sans clause de droit de retour conventionnel,** en particulier sur les **dons manuels** et autres **transferts de biens à titre gratuit.** Face à d'autres ayants droit du défunt, les bénéficiaires auront à faire la preuve de ces donations.

1. Civ. 1re, 23 mai 2012, n° 11-14.104, P I, n° 112 ; *RTD civ.* 2012. 762, note M. Grimaldi ; *D.* 2012. 2776, note D. Autem ; *AJ fam.* 2012. 416, obs. N. Levillain – Civ. 1re, 16 sept. 2014, n° 13-16.164, P I, n° 148 ; *D.* 2014. 1875 ; *AJ fam.* 2014. 559, obs. C. Vernières ; *Dr. fam.* 2014, n° 163, obs. M. Nicod ; *LPA* 24 oct. 2014, p. 7, note V. Zalewski-Sicard ; *RDC* 2015. 89, note C. Goldie-Genicon.

2. Montpellier, 1re ch., 20 oct. 1948, *Gaz. Pal.* 1948. 2. 255 – Civ. 1re, 13 juin 1961, *Gaz. Pal.* 1961. 2. 362 – *J.-Cl. Not. Form.*, *v° Succession*, fasc. 240, 2007, n° 30, par N. Levillain.

3. Civ. 1re, 21 oct. 2015, n° 14-21.337, P I, n° 367 ; *AJ fam.* 2015. 687, obs. J. Casey ; *RTD civ* 2017. 918, obs. M. Grimaldi.

B. Mise en œuvre

123.51 Assiette du droit de retour. Le droit de retour s'exerce « à concurrence des quotes-parts fixées au premier alinéa de l'article 738, sur les biens que le défunt avait reçus (de ses père et mère) par donation ».

Ce texte autorise **deux interprétations :**

– soit, en séparant les deux membres de phrase ci-dessus, le droit de retour s'exerce à concurrence du **quart de la succession** pour chacun des parents et sur les biens donnés ;

– soit, en combinant ces deux membres de phrase, le droit de retour s'exerce à concurrence, pour chacun des parents, du **quart des biens donnés.**

La doctrine est partagée entre ces deux interprétations [1] ; en pratique, la question ne peut être réglée que par un **accord amiable entre les parties**, faute de jurisprudence. On notera toutefois, que la première interprétation, plus conforme à l'esprit de la loi, a semblé être admise par la Cour de cassation, dans un arrêt rendu le 23 mai 2012 [2] relatif au droit de retour conventionnel et dans lequel elle vise également l'article 738-2 du Code civil.

L'exemple ci-après illustre ces deux interprétations possibles :

123.51-1 Assiette du droit de retour.

EXEMPLE

X décède, célibataire, laissant son père A et son frère B.

L'actif net de la succession est de 100 000 € au décès et au partage.

X avait reçu de A la donation d'un tableau de maître, d'une valeur de 200 000 €, qu'il a revendu pour ce montant. Le bien ayant été vendu par X, le droit de retour s'exerce en valeur.

Première hypothèse : le droit de retour de A joue à concurrence d'un quart de la succession. A aura une créance sur la succession de 100 000/4, soit 25 000 €.

Seconde hypothèse : le droit de retour de A s'exerce à concurrence du quart des biens donnés, limité à la valeur des biens objet du droit de retour. A aura une créance sur la succession de 200 000/4, soit 50 000 €.

123.52 Limite. Le droit de retour s'exerce en principe **en nature.** S'il ne peut s'exercer ainsi, les biens donnés ayant été aliénés ou légués, il s'exécute **en valeur**, et « *dans la limite de l'actif successoral* » (C. civ., art. 738-2, al. 3).

123.52-1 Exécution en valeur du droit de retour.

EXEMPLE

X décède, célibataire, laissant son père A et son frère B.

L'actif net de la succession est de 100 000 € au décès et au partage.

X avait reçu de A la donation d'un tableau de maître, d'une valeur de 800 000 €, qu'il a revendu pour ce montant.

Le bien ayant été vendu par X, le droit de retour s'exerce en valeur.

Nous étudions successivement les deux hypothèses indiquées ci-dessus.

Première hypothèse : le droit de retour de A joue à concurrence d'un quart de la succession. A aura une créance sur la succession de 100 000/4, soit 25 000 €.

Dans ce cas, les droits de A, limités à un quart de la succession, ne pourront jamais dépasser l'actif successoral, ce qui semblerait exclure cette première interprétation, puisque le texte prévoit de limiter le droit de retour à l'actif successoral.

Seconde hypothèse : le droit de retour de A s'exerce à concurrence du quart des biens donnés. A aura une créance sur la succession de 800 000/4, soit 200 000 €.

Les droits de A sont limités à l'actif successoral, soit 100 000 €. B ne recueille rien dans la succession de X, mais il n'est pas tenu au-delà des forces de la succession de X et ne doit rien à A.

123.53 Incidence sur la liquidation successorale. En principe, un droit de retour est constitutif d'une « *succession anomale* » et les biens qui en sont l'objet sont transmis à part de la succession. Tel n'est pas le cas pour le droit de retour des père et mère.

En effet, ce droit est **intégré** à plusieurs titres **dans la succession du donataire** : d'une part, on l'a vu, il reste limité au montant de l'actif successoral ; d'autre part, il est intégré dans la liquidation de la succession, puisque « *la valeur de la portion des biens soumise au droit de retour s'impute en priorité sur les droits successoraux des père et mère* » (C. civ., art. 738-2, al. 2).

Il faut donc tenir compte de ce droit dans la liquidation de la succession, et **l'imputer,** comme il est dit, **prioritairement sur les droits successoraux des parents**, puis subsidiairement sur le reste de l'actif, dans la limite de cet actif.

Lorsque la succession est testamentaire, les droits successoraux des parents, désormais non réservataires, peuvent être diminués par rapport à la succession légale, ou totalement annulés. L'imputation se fera sur des droits réduits si les droits des parents ne sont que diminués, elle ne pourra être pas être faite s'il n'y a pas de droits du tout, par exemple, en cas de legs universel.

123.54 Date d'imputation. La loi ne précise pas la date de l'imputation commandée par le texte cité au paragraphe précédent.

1. V. A. Delfosse et J.-F. Peniguel, *La réforme des successions et des libéralités*, LexisNexis, 2006, n° 329 – M. Grimaldi (dir.), Dalloz action *Droit patrimonial de la famille*, 2025/2026, n°s 235.91 s., par C. Vernières – *J.-Cl. Not. Form., V° Succession*, fasc. 240, 2015, n°s 42 à 49, par N. Levillain – F. Terré, Y. Lequette et S. Gaudemet, *Droit civil. Les successions. Les libéralités*, 5e éd., « Précis », Dalloz, 2024, n° 247 – M. Grimaldi, *Droit des successions*, 8e éd., « Manuels », LexisNexis, 2020, n°s 264 et 270.
2. Civ. 1re, 23 mai 2012, n° 11-14.104, P (préc., v. s[s] n° 123.41).

Il semble que cette imputation soit une opération de partage, puisque les droits successoraux des ascendants sont déterminés **à l'époque du partage,** compte tenu des éventuelles dispositions à cause de mort consenties par le défunt. C'est donc à cette époque qu'il faut procéder à l'imputation de la valeur de la fraction des biens soumise au droit de retour légal [1].

Les exemples ci-après ne concernent que des successions légales.

123.54-1 Succession légale. Retour en nature. Imputation prioritaire.

EXEMPLE

X décède, célibataire, sans avoir fait de testament, laissant son père A et son frère C.

L'actif net de la succession est de 200 000 € au décès et au partage.

X avait reçu de A la donation d'une collection de tableaux, qui se retrouvent en nature dans la succession, pour une valeur, au décès et au partage, de 120 000 €.

Liquidation de la succession

I. *Première hypothèse :* le droit de retour s'exerce sur la valeur des biens donnés, à concurrence du quart de la succession. L'actif de la succession est au décès de 200 000 € et le quart de cet actif est donc de 50 000 €.

Droits successoraux du père	1/4
Droits successoraux du frère	3/4

Droits des parties au partage :

Père	200 000 × 1/4 = 50 000
Frère	200 000 × 3/4 = 150 000

Imputation du droit de retour : le droit de retour du père (50 000 €) s'impute sur les droits successoraux de ce dernier (50 000 €) sans les excéder.

Dans le partage, le père recevra des tableaux de la collection à hauteur de 50 000 €.

Le frère recevra le reste des tableaux (70 000 €) et les autres biens existants (80 000 €).

II. *Seconde hypothèse :* le droit de retour s'exerce sur la valeur du quart des biens donnés.

L'actif de la succession est de 200 000 € au décès et au partage et le quart des biens donnés, de 30 000 €.

Droits successoraux du père	1/4
Droits successoraux du frère	3/4

Droits des parties au partage :

Père	200 000 × 1/4 = 50 000
Frère	200 000 × 3/4 = 150 000

Imputation du droit de retour :

Imputation prioritaire : le droit de retour du père (30 000 €) s'impute par priorité sur les droits successoraux de ce dernier (50 000 €) et en totalité.

Dans le partage, le père recevra des tableaux de la collection à hauteur de 30 000 € et des biens existants à hauteur de 20 000 €.

Le frère recevra le reste des tableaux (90 000 €) et les autres biens existants (60 000 €).

D'autres attributions sont possibles, à condition que le père reçoive au moins 30 000 € sous forme de tableaux.

123.54-2 Succession légale. Retour en valeur. Imputations prioritaire et subsidiaire.

EXEMPLE

X décède, célibataire, sans avoir fait de testament, laissant son père A et son frère C.

L'actif net de la succession est de 200 000 € au décès et au partage.

X avait reçu de A la donation d'une collection de tableaux, qu'il a vendus pour une valeur de 800 000 €.

Liquidation de la succession :

I. *Première hypothèse :* le droit de retour s'exerce sur la valeur des biens donnés, à concurrence du quart de la succession.

L'actif de la succession est au décès de 200 000 € et le quart de cet actif est donc de 50 000 €.

Droits successoraux du père	1/4
Droits successoraux du frère	3/4

Droits des parties au partage :

Père	200 000 × 1/4 = 50 000
Frère	200 000 × 3/4 = 150 000

Imputation du droit de retour : le droit de retour du père (50 000) s'impute sur les droits successoraux de ce dernier (50 000) sans les excéder.

Le frère recueille 150 000 €.

II. *Seconde hypothèse :* le droit de retour s'exerce sur la valeur du quart des biens donnés.

L'actif de la succession est de 200 000 € au décès et au partage et la valeur du quart des biens donnés, de 200 000 €.

Droits successoraux du père	1/4
Droits successoraux du frère	3/4

Droits des parties au partage :

Père	200 000 × 1/4 = 50 000
Frère	200 000 × 3/4 = 150 000

Imputation du droit de retour :

– *Imputation prioritaire :* le droit de retour du père (200 000 €) s'impute par priorité sur les droits successoraux de ce dernier (50 000 €).

1. *J.-Cl. Not. Form., V° Succession*, fasc. 240, 2015, n°s 49 s, par N. Levillain.

– *Imputation subsidiaire* : à concurrence des 150 000 € de surplus, le droit de retour du père s'exerce sur le reste de l'actif successoral. Le frère ne recueille rien.

C.
Fiscalité

123.61 **Absence de droits de mutation à titre gratuit.** Le droit de retour légal institué en faveur des ascendants par l'article 738-2 du Code civil « *ne donne pas lieu à perception de droits de mutation à titre gratuit* » (CGI, art. 763 *bis*).

Par cette disposition spéciale, le droit de retour des père et mère (v. s^s n°s 123.30 s.) se distingue de celui des frères et sœurs (v. s^s n°s 123.21, 123.22 et 131.11 s.) et de celui existant dans la succession de l'adopté simple que nous allons maintenant étudier.

§ 3
Droits de retour dans la succession de l'adopté simple (C. civ., art. 366)

123.71 **Justification.** Des règles successorales spéciales s'appliquent à la succession de l'adopté simple, du fait qu'**il appartient à deux familles :**

– il « *continue d'appartenir à sa famille d'origine et y conserve tous ses droits* » (C. civ., art. 360) ;

– et il entre dans la famille de l'adoptant où il jouit des mêmes droits successoraux que les autres héritiers, à l'exception de la qualité de réservataire à l'égard des ascendants de l'adoptant (C. civ., art. 365).

Ces dispositions s'appliquent lorsque la succession suit l'ordre chronologique des générations, les parents par le sang et les parents adoptifs décédant avant l'adopté simple.

Cependant, il arrive que l'adopté simple décède avant ses parents : dans ce cas, la loi établit un **droit de retour sur les biens donnés par chacune des deux familles,** pour permettre la conservation de ces biens dans les familles qui en étaient les propriétaires d'origine.

Il en est de même lorsque l'adopté non marié décède après ses parents, sans postérité. Les biens que l'adopté simple avait recueillis dans les successions de ses parents retournent alors aux autres descendants de ces parents, qu'il s'agisse des adoptants ou des parents par le sang. Les biens regagnent ainsi les familles dont ils étaient issus.

Nous examinerons les successions visées (A), les biens objet des droits de retour (B), les bénéficiaires des droits de retour (C) et la mise en œuvre de ces droits (D).

A.
Successions visées

123.81 **Domaine : défunt adopté simple, célibataire et sans postérité.** Les successions où s'appliquent ces droits de retour sont celles des personnes ayant fait l'objet d'une adoption simple, qui sont décédées sans postérité (ou dont les descendants sont renonçants ou indignes), en laissant à leur survivance leurs parents par le sang, leurs parents adoptifs, ou l'un de ces parents, ou les descendants de ces parents, et sans laisser de conjoint survivant.

Quand **la succession de l'adopté simple est dévolue au conjoint survivant et aux père et mère,** sa dévolution se fait selon les règles édictées par l'article 757-1 du Code civil : le conjoint recueille la moitié de la succession en présence des pères et mère qui reçoivent l'autre moitié à concurrence d'un quart chacun ; en cas de prédécès du père ou de la mère, la part de l'ascendant prédécédé échoit au conjoint survivant (v. s^s n° 131.81). Dans ce cas, si les conditions en sont remplies, et sous les réserves indiquées (v. s^s n° 123.41), le droit de retour prévu au profit des père et mère par l'article 738-2 pourra s'appliquer (v. s^s n°s 123.30 à 123.61). Si dans l'une des deux familles les parents sont prédécédés, en présence d'un conjoint du défunt, dans cette famille le droit de retour des frères et sœurs peut s'appliquer (v. s^s n°s 123.21 et 123.22) [1].

123.81-1 **Exercice du droit de retour.**

EXEMPLE

I. X, ayant fait l'objet d'une adoption simple, décède sans avoir fait de testament, sans postérité, célibataire, laissant à sa survivance :

– Ses parents par le sang, A et B.
– Ses parents adoptifs, C et D.
– Ses frère et sœur par le sang, E et F.
– Ses frère et sœur adoptifs, G et H.
– Sa concubine, avec laquelle il était lié par un PACS.

En l'absence de descendant et de conjoint successible au sens de l'article 732 du Code civil (v. s^s n°s 131.11 s.), les droits de retour de l'article 366 sont susceptibles de s'appliquer.

Ils seraient exclus si le défunt avait été marié [2].

II. X, ayant fait l'objet d'une adoption simple, décède, sans avoir fait de testament et sans postérité, célibataire, laissant à sa survivance :

– Ses frère et sœur par le sang, A et B.
– Ses frère et sœur adoptifs, C et D.

1. Sur la coexistence de ces divers DROITS DE RETOUR, v. *J.-Cl. Not. Form., V° Succession*, fasc. 250, 2015, n°s 60 à 67, par N. Levillain.
2. C. civ., art. 366, al. 1er (réd. Ord. n° 2022-1292, 5 oct. 2022, prise en application de l'article 18 de la loi n° 2022-219 du 21 février 2022 visant à réformer l'adoption, *JO* 6 oct., texte 10, art. 15, en vigueur le 1er janv. 2023).

Les droits de retour de l'article 366 sont susceptibles de s'appliquer, au profit, d'une part de A et B, d'autre part, de C et D.

Ils seraient exclus en présence d'un conjoint survivant[1].

B.
Biens objets des droits de retour

123.91 Biens recueillis à titre gratuit existant en nature. Les droits de retour au profit des deux familles s'exercent sur les biens reçus par donation des parents - père et mère adoptifs ou par le sang - ou recueillis dans leur succession, à condition que ces biens existent en nature dans la succession et donc qu'ils n'aient pas été aliénés par le défunt, ni à titre onéreux ou gratuit de son vivant, ni par disposition testamentaire[2].

Sur ce point, le droit de retour de l'article 366 se distingue du droit de retour conventionnel dont l'effet « *est de résoudre toutes les aliénations des biens et des droits donnés* [...] » (C. civ., art. 952). Le droit de retour légal est plus restrictif.

Le surplus des biens de l'adopté - biens acquis à titre onéreux, biens reçus à titre gratuit d'autres personnes que les parents adoptifs et les parents par le sang, et biens subrogés aux biens reçus à titre gratuit et vendus - se divise par moitié entre les deux familles et se trouve soumis aux règles légales de dévolution.

123.91-1 Exercice du droit de retour.

EXEMPLE

X ayant fait l'objet d'une adoption simple, décède sans postérité, laissant à sa survivance :

- Ses parents par le sang, A et B.
- Ses parents adoptifs, C et D.
- Ses frère et sœur par le sang, E, et F.
- Ses frère et sœur adoptifs, G et H.

C et D avaient fait donation conjointement à X d'un portefeuille de valeurs mobilières, d'une valeur au décès et au partage de 400 000 €.

Ce portefeuille, déposé sur un compte spécial, se retrouve en nature dans la succession.

L'actif successoral, non compris le portefeuille, s'élève à 160 000 €.

Il n'y a pas de passif.

Biens objets du droit de retour :

Le portefeuille donné, se retrouvant en nature, retourne à C et à D.

Biens dévolus selon les règles légales :

L'actif successoral de 160 000 € se divise par moitié entre les deux familles, soit pour chaque famille, 80 000 €, dont 1/4 à chacun des père et mère et moitié aux frères et sœurs, à concurrence de 1/4 chacun (C. civ., art. 738).

Famille par le sang : 80 000 €, dont 40 000 € pour A et B (20 000 € chacun) et 40 000 € pour E et F (20 000 € chacun).

Famille adoptive : 80 000 €, dont 40 000 € pour C et D (20 000 € chacun) et 40 000 € pour G et H (20 000 € chacun).

C.
Bénéficiaires des droits de retour

123.101 Parents des deux familles et leurs descendants. Le droit de retour bénéficie à deux catégories de bénéficiaires :

- *d'une part*, les parents, père et mère adoptifs ou par le sang ; ce qui permet le retour des biens donnés dans le patrimoine des parents donateurs ;

- *d'autre part*, en cas de prédécès des parents ou de l'un d'eux, des descendants de ces parents, autres que le défunt, donc des frères et sœurs du défunt ou éventuellement de ses neveux et nièces, en cas de prédécès de l'un de ses frères et sœurs ; ainsi, les biens hérités par l'adopté décédé sans postérité rejoignent le patrimoine dont ils sont originaires, comme les biens donnés.

123.101-1 Bénéficiaires du droit de retour.

EXEMPLE

X ayant fait l'objet d'une adoption simple, décède sans postérité, laissant à sa survivance :

- Son père par le sang, A, veuf de sa mère B, prédécédée, dont il était séparé de biens.
- Ses parents adoptifs, C et D.
- Son frère par le sang, E.
- Sa nièce, F, fille de sa sœur par le sang prédécédée.
- Ses frère et sœur adoptifs, G et H.

X avait recueilli dans la succession de B des droits indivis sur une propriété de famille appartenant en propre à B.

L'actif successoral s'élève, non compris la propriété, à 160 000 €.

Il n'y a pas de passif.

Bénéficiaires du droit de retour :

Le droit de retour s'exerce au profit des descendants de la mère par le sang prédécédée, E, frère du défunt, et F, sa nièce, qui récupèrent donc les droits indivis de X sur la propriété de famille.

Dévolution successorale légale :

L'actif successoral de 160 000 € se divise par moitié entre les deux familles, soit pour chaque famille, 80 000 €, dont 1/4 à chacun des père et mère et moitié aux frères et sœurs ou à leurs descendants, à concurrence d'1/4 chacun (C. civ., art. 738).

Famille par le sang : 80 000 €, dont 20 000 pour A et 60 000 pour E et F (30 000 € chacun).

Famille adoptive : 80 000 €, dont 40 000 pour C et D (20 000 € chacun) et 40 000 pour G et H (20 000 € chacun).

1. C. civ., art. 366, al. 1er (réd. Ord. no 2022-1292, 5 oct. 2022, art. 15, en vigueur le 1er janv. 2023).
2. Montpellier, 1re ch., 20 oct. 1948, *Gaz. Pal.* 1948. 2. 255 – Civ. 1re, 13 juin 1961, *Gaz. Pal.* 1961. 2. 362 – *J.-Cl. Not. Form., V° Succession*, fasc. 240, 2015, no 30, par N. Levillain.

D. Mise en œuvre des droits de retour

123.111 Charges incombant aux bénéficiaires. Les biens objets du droit de retour reviennent dans le patrimoine des bénéficiaires « *à charge de contribuer aux dettes* » (C. civ., art. 366, al. 1er).

En application de ce texte, le passif de la succession de l'adopté simple défunt peut être réparti entre la **succession anomale**, composée des biens objets du droit de retour, et la **succession ordinaire**, selon la proportion existant entre la valeur des biens objets du droit de retour et le total de la valeur des biens laissés par le défunt. On opère comme s'il y avait deux successions distinctes et on répartit le passif entre les deux, proportionnellement à leurs montants respectifs[1]. C'est du moins ainsi que nous comprenons le terme « *contribuer* » employé par la loi.

123.111-1 Répartition du passif.

EXEMPLE

X ayant fait l'objet d'une adoption simple, décède sans postérité, laissant à sa survivance :

- Ses parents par le sang, A et B.
- Ses parents adoptifs, C et D.
- Ses frère et sœur par le sang, E et F.
- Ses frère et sœur adoptifs, G et H.

C et D avaient fait donation conjointement à X d'un immeuble, d'une valeur au décès et au partage de 400 000 €.

Cet immeuble se retrouve en nature dans la succession.

L'actif successoral brut s'élève à 200 000 € et le passif de succession à 12 000 €.

I. *Biens objets du droit de retour :*

L'immeuble donné, se retrouvant en nature, retourne à C et à D.

II. *Biens dévolus selon les règles légales :*

L'actif successoral se divise par moitié entre les deux familles.

III. *Répartition du passif :*

La succession anomale s'élève à 400 000 € et la succession ordinaire à 200 000 €. Le défunt laisse donc au total 600 000 €. La répartition du passif se fait à hauteur de 400 000/600 000 ou 2/3 pour la succession anomale et 200 000/600 000, ou 1/3, pour la succession ordinaire, soit :

- succession anomale : 12 000 × 2/3 = 8 000 €
- succession ordinaire : 12 000 × 1/3 = 4 000 €

123.112 Maintien des droits des tiers. Les biens objets du droit de retour reviennent dans le patrimoine des bénéficiaires « *sous réserve des droits acquis par les tiers* » (C. civ., art. 366, al. 1er). Les bénéficiaires doivent respecter les droits réels que l'adopté avait pu consentir sur les biens qui leur font retour.

On retrouve le même **caractère restrictif du droit de retour légal,** par rapport au droit de retour conventionnel prévu par l'article 951 du Code civil : ce dernier droit a pour effet, non seulement de résoudre toutes les aliénations des biens et droits donnés effectuées par le défunt, mais aussi « *de faire revenir ces biens et droits au donateur, libres de toutes charges et hypothèques* [...] » (C. civ., art. 952, al. 1er). Les conséquences juridiques du **droit de retour conventionnel** sont liées à son analyse comme une **condition résolutoire de la donation.** Il en est de même en matière de fiscalité.

123.113 Fiscalité. Le **droit de retour légal** prévu par **l'article 366** du Code civil reste soumis aux **droits de mutation à titre gratuit**[2], contrairement au droit de retour des père et mère prévu par l'article 738-2 du Code civil (v. ss no 123.61). Rappelons que le droit de retour conventionnel ne donne pas lieu aux droits de mutation par décès, la donation étant juridiquement anéantie par la réalisation de la condition résolutoire que constitue la stipulation d'un droit de retour au profit du donateur en cas de prédécès du donataire seul, ou en cas de prédécès du donataire et de ses descendants[3].

123.114 Conclusion. Les droits de retour prévus par l'article 366 du Code civil sont une création de la loi pour assurer la conservation des biens dans les familles, mais ils apparaissent comme des **substituts au droit de retour conventionnel** dont la stipulation est prévue, dans les donations, par l'article 951 du Code civil. Ils sont plus restreints que le droit de retour conventionnel et ne s'appliquent que lorsque ce droit ne joue pas, soit qu'il ait été omis dans la donation, soit que la donation ait été faite sans acte, soit que le droit de retour s'applique à des biens recueillis par succession.

Cependant, **ces droits de retour fondent une véritable succession anomale**, en créant une **masse de biens soumise à des règles spéciales, indépendantes de celles qui régissent la succession légale.** En cela, ils se distinguent des droits de retour des frères et sœurs et des père et mère, qui ne s'exercent que sur une partie des biens donnés et ne sont pas de véritables successions anomales à cause des liens conservés entre les deux masses successorales.

SECTION 2 BIENS DÉVOLUS EN FONCTION DE LEUR NATURE

123.120 Plan. Introduction. Le patrimoine du défunt peut comprendre des biens qui dérogent à la dévolution légale en raison de leur nature. La transmission de ces biens

1. *J.-Cl. Not. Form., v° Succession*, fasc. 250, 2015, nos 58, 59 et 60, par N. Levillain.
2. *BOI-ENR-DMTG*-10-10-10-10-20120912, no 20, *Dict. enreg.* no 3814.
3. *BOI-ENR-DMTG*-20-30-20-60-20120912, no 1, *Dict. enreg.* no 3815.

est affectée, soit par des lois spéciales (§ 1), soit par les clauses d'agrément stipulées dans certains contrats (§ 2), soit par la jurisprudence (§ 3).

Il s'agit ici de cas particuliers de dévolution plutôt que de successions anomales, même si ce terme est parfois utilisé pour qualifier certaines des exceptions ci-après.

Il n'est pas possible de détailler ici ces biens de façon exhaustive ; nous en citerons seulement quelques-uns.

§ 1
Biens régis par des lois spéciales

123.131 **Principaux biens visés.** Parmi les biens dont la transmission est régie par des dispositions légales spéciales, nous évoquerons les **droits de propriété littéraires et artistiques** et les **baux.** Il en existe bien d'autres, par exemple les **armes** et **munitions** [1], **ou les mines et carrières** [2], pour lesquels il faut consulter la législation spéciale lors du règlement d'une succession.

123.132 **Propriété littéraire et artistique.** La dévolution des droits pécuniaires de l'auteur d'une œuvre de l'esprit est soumise aux dispositions du Code de la propriété intellectuelle : c'est ainsi que le droit de l'auteur d'exploiter son œuvre sous quelque forme que ce soit et d'en tirer un profit pécuniaire persiste au bénéfice de ses ayants droit pendant l'année civile en cours et les soixante-dix années qui suivent (CPI, art. L. 123-1).

Pendant cette période, prévue à l'article L. 123-1, le conjoint survivant bénéficie de l'usufruit du droit d'exploitation ; cet usufruit doit respecter la réserve des héritiers et il s'éteint en cas de remariage (CPI, art. L. 123-6).

123.133 **Baux.** La transmission de certains baux échappe aux règles de la dévolution légale :

- *Baux ruraux :* la transmission du bail rural est régie par l'article L. 411-34 du Code rural : « *En cas de décès du preneur, le bail continue au profit de son conjoint, du partenaire avec lequel il est lié par un pacte civil de solidarité, de ses ascendants et de ses descendants participant à l'exploitation ou y ayant participé effectivement au cours des cinq années antérieures au décès* [...] ».

- *Bail d'habitation :* le droit au bail d'habitation est réputé appartenir à l'un et à l'autre des époux ou partenaires d'un pacte civil de solidarité : en cas de décès de l'un des époux ou partenaire, le conjoint ou le partenaire survivant dispose d'un droit exclusif sur ce bail (C. civ., art. 1751, issu de la loi du 3 décembre 2001).

§ 2
Biens soumis à des clauses d'agrément

123.141 **Droits sociaux.** Sans entrer dans le détail, nous rappellerons que la transmission par décès de droits sociaux peut être soumise à des clauses d'agrément qui affectent les règles de la dévolution successorale légale en permettant aux associés d'écarter certains successeurs : pour les sociétés civiles, une obligation d'agrément des héritiers et légataires du défunt peut être prévue dans les statuts (C. civ., art. 1870, al. 1er) ; il en est de même, dans les sociétés commerciales, pour la société en nom collectif (C. com., art. L. 221-15), la SARL, (C. com, art. L. 223-13 et L. 223-14) et pour la SAS (C. com., art. L. 227-14).

§ 3
Jurisprudence relative à certains biens

123.151 **Tombeaux et sépultures.** Les tombeaux et sépultures de famille ainsi que les **concessions funéraires** sont objets d'un droit extrapatrimonial. Leur transmission n'est pas soumise aux règles de la dévolution successorale. En l'absence de volonté contraire du défunt, les membres de la famille et leurs descendants y ont droit. Mais le défunt peut exclure certains de ses héritiers par une disposition de dernières volontés [3].

123.152 **Souvenirs de famille.** Les souvenirs de famille, les archives familiales sans valeur patrimoniale, les documents relatifs au port des titres de noblesse, en raison de leur valeur morale particulière, échappent aux règles de la dévolution successorale et peuvent être confiés, à titre de dépôt, à celui des membres de la famille que les tribunaux estiment le plus qualifié [4].

1. V. Décr. n° 95-589, 6 mai 1995, fixant le régime des matériels de guerre, armes et munitions, art. 37, mod. par Décr. n° 2005-1463, 23 nov. 2005, *JO* 30 nov., art. 9 – B. Gelot, « La transmission successorale des armes et munitions », *Defrénois* 1996. 36284, p. 438.
2. C. minier, art. L. 143-5 pour les concessions minières ; C. minier, art. L. 143-8 pour les sites géothermiques.
3. Req. 7 avr. 1857, *DP* 1857. 1. 311 ; v. *J.-Cl. Not. Form., v° Sépulture*, fasc. 10, 2011, màj 2017, nos 59 s.
4. Civ. 1re, 21 févr. 1978, n° 76-10.561, P I, n° 71 ; *JCP N* 1978. II. 142 s., concl. P. Gulphe ; *D.* 1978. 505, note R. Lindon – J.-F. Barbiéri, « Les souvenirs de famille, mythe ou réalité juridique ? », *JCP N* 1985. I. 285 – M. Reynaud-Canon, « Les souvenirs de famille, une étape vers la reconnaissance de la personnalité morale de la famille », *D.* 1987. Chron. 46.

TITRE

13. La dévolution en présence de conjoint

SECTION 0

ORIENTEUR

13.00 Sommaire du titre.

CHAPITRE

131. Droits légaux du conjoint : nature et quotité

SECTION 0 ORIENTEUR

131.00 **Sommaire du chapitre.**

131.01 **Textes applicables.**

• **C. civ.,** art. 301, 732, 756, 757 à 757-3, 758, 758-1 à 758-4, 763, 764 à 767

• **CGI,** art. 764 *bis* et 796-0 *bis*

> Définition du conjoint successible

[C. civ., art. 732 et 301]

• **C. civ.,** art. 732

Est conjoint successible le conjoint survivant non divorcé.

• **C. civ.,** art. 301 *(mod. par L. n° 2019-222, 23 mars 2019, art. 24)*

En cas de décès de l'un des époux séparés de corps, l'autre époux conserve les droits que la loi accorde au conjoint survivant. En cas de séparation de corps par consentement mutuel, les époux peuvent inclure dans leur convention une renonciation aux droits successoraux qui leur sont conférés par les articles 756 à 757-3 et 764 à 766.

> Le conjoint successible dans la succession : en concours avec les descendants, ascendants ou collatéraux du défunt

[C. civ., art. 756 à 757-3]

• **C. civ.,** art. 756

Le conjoint successible est appelé à la succession, soit seul, soit en concours avec les parents du défunt.

• **C. civ.,** art. 757

Si l'époux prédécédé laisse des enfants ou descendants, le conjoint survivant recueille, à son choix, l'usufruit de la totalité des biens existants ou la propriété du quart des biens lorsque tous les enfants sont issus des deux époux et la propriété du quart en présence d'un ou plusieurs enfants qui ne sont pas issus des deux époux.

• **C. civ.,** art. 757-1

Si, à défaut d'enfants ou de descendants, le défunt laisse ses père et mère, le conjoint survivant recueille la moitié des biens. L'autre moitié est dévolue pour un quart au père et pour un quart à la mère.

Quand le père ou la mère est prédécédé, la part qui lui serait revenue échoit au conjoint survivant.

• **C. civ.,** art. 757-2

En l'absence d'enfants ou de descendants du défunt et de ses père et mère, le conjoint survivant recueille toute la succession.

• **C. civ.,** art. 757-3

Par dérogation à l'article 757-2, en cas de prédécès des père et mère, les biens que le défunt avait reçus de ses ascendants par succession ou donation et qui se retrouvent en nature dans la succession sont, en l'absence de descendants, dévolus pour moitié aux frères et sœurs du défunt ou à leurs descendants, eux-mêmes descendants du ou des parents prédécédés à l'origine de la transmission.

> Droit à pension des ascendants ordinaires

• **C. civ.,** art. 758

Lorsque le conjoint survivant recueille la totalité ou les trois quarts des biens, les ascendants du défunt, autres que les père et mère, qui sont dans le besoin bénéficient d'une créance d'aliments contre la succession du prédécédé.

Le délai pour la réclamer est d'un an à partir du décès ou du moment à partir duquel les héritiers cessent d'acquitter les prestations qu'ils fournissaient auparavant aux ascendants. Le délai se prolonge, en cas d'indivision, jusqu'à l'achèvement du partage.

La pension est prélevée sur la succession. Elle est supportée par tous les héritiers et, en cas d'insuffisance, par tous les légataires particuliers, proportionnellement à leur émolument.

Toutefois, si le défunt a expressément déclaré que tel legs sera acquitté de préférence aux autres, il sera fait application de l'article 927.

> Modalités d'exercice des droits du conjoint

[C. civ., art. 758-1 à 758-4]

• **C. civ.,** art. 758-1

Lorsque le conjoint a le choix de la propriété ou de l'usufruit, ses droits sont incessibles tant qu'il n'a pas exercé son option.

• **C. civ.,** art. 758-2

L'option du conjoint entre l'usufruit et la propriété se prouve par tout moyen.

• **C. civ.,** art. 758-3

Tout héritier peut inviter par écrit le conjoint à exercer son option. Faute d'avoir pris parti par écrit dans les trois mois, le conjoint est réputé avoir opté pour l'usufruit.

• **C. civ.,** art. 758-4

Le conjoint est réputé avoir opté pour l'usufruit s'il décède sans avoir pris parti.

> Droit temporaire au logement

• **C. civ.,** art. 763

Si, à l'époque du décès, le conjoint successible occupe effectivement, à titre d'habitation principale, un logement appartenant aux époux ou dépendant totalement de la succession, il a de plein droit, pendant une année, la jouissance gratuite de ce logement, ainsi que du mobilier, compris dans la succession, qui le garnit.

Si son habitation était assurée au moyen d'un bail à loyer ou d'un logement appartenant pour partie indivise au défunt, les loyers ou l'indemnité d'occupation lui en seront remboursés par la succession pendant l'année, au fur et à mesure de leur acquittement.

Les droits prévus au présent article sont réputés effets directs du mariage et non droits successoraux.

Le présent article est d'ordre public.

> Droit viager au logement

[C. civ., art. 764 à 766]

• **C. civ.,** art. 764

Sauf volonté contraire du défunt exprimée dans les conditions de l'article 971, le conjoint successible qui occupait effectivement, à l'époque du décès, à titre d'habitation principale, un logement appartenant aux époux ou dépendant totalement de la succession, a sur ce logement, jusqu'à son décès, un droit d'habitation et un droit d'usage sur le mobilier, compris dans la succession, le garnissant.

La privation de ces droits d'habitation et d'usage exprimée par le défunt dans les conditions mentionnées au premier alinéa est sans incidence sur les droits d'usufruit que le conjoint recueille en vertu de la loi ou d'une libéralité, qui continuent à obéir à leurs règles propres.

Ces droits d'habitation et d'usage s'exercent dans les conditions prévues aux articles 627, 631, 634 et 635.

Le conjoint, les autres héritiers ou l'un d'eux peuvent exiger qu'il soit dressé un inventaire des meubles et un état de l'immeuble soumis aux droits d'usage et d'habitation.

Par dérogation aux articles 631 et 634, lorsque la situation du conjoint fait que le logement grevé du droit d'habitation n'est plus adapté à ses besoins, le conjoint ou son représentant peut le louer à usage autre que commercial ou agricole afin de dégager les ressources nécessaires à de nouvelles conditions d'hébergement.

• **C. civ.,** art. 765

La valeur des droits d'habitation et d'usage s'impute sur la valeur des droits successoraux recueillis par le conjoint.

Si la valeur des droits d'habitation et d'usage est inférieure à celle de ses droits successoraux, le conjoint peut prendre le complément sur les biens existants.

Si la valeur des droits d'habitation et d'usage est supérieure à celle de ses droits successoraux, le conjoint n'est pas tenu de récompenser la succession à raison de l'excédent.

• **C. civ.,** art. 765-1

Le conjoint dispose d'un an à partir du décès pour manifester sa volonté de bénéficier de ces droits d'habitation et d'usage.

• **C. civ.,** art. 765-2

Lorsque le logement faisait l'objet d'un bail à loyer, le conjoint successible qui, à l'époque du décès, occupait effectivement les lieux à titre d'habitation principale bénéficie du droit d'usage sur le mobilier, compris dans la succession, le garnissant.

• **C. civ.,** art. 766

Le conjoint successible et les héritiers peuvent, par convention, convertir les droits d'habitation et d'usage en une rente viagère ou en capital.

S'il est parmi les successibles parties à la convention un mineur ou un majeur protégé, la convention doit être autorisée par le juge des tutelles.

> Droit à pension du conjoint

• **C. civ.,** art. 767

La succession de l'époux prédécédé doit une pension au conjoint successible qui est dans le besoin. Le délai pour la réclamer est d'un an à partir du décès ou du moment où les héritiers cessent d'acquitter les prestations qu'ils fournissaient auparavant au conjoint. Le délai se prolonge, en cas d'indivision, jusqu'à l'achèvement du partage.

La pension alimentaire est prélevée sur la succession. Elle est supportée par tous les héritiers et, en cas d'insuffisance, par tous les légataires particuliers, proportionnellement à leur émolument.

Toutefois, si le défunt a expressément déclaré que tel legs sera acquitté de préférence aux autres, il sera fait application de l'article 927.

> Fiscalité : abattement de 20 % sur la valeur de l'immeuble servant de résidence principale au conjoint survivant (ou au partenaire pacsé), pour la détermination de l'actif taxable

• **CGI,** art. 764 *bis*

Par dérogation aux dispositions du deuxième alinéa de l'article 761, il est effectué un abattement de 20 % sur la valeur vénale réelle de l'immeuble constituant au jour du décès la résidence principale du défunt lorsque, à la même date, cet immeuble est également occupé à titre de résidence principale par le conjoint survivant, par le partenaire lié au défunt par un pacte civil de solidarité ou par un ou plusieurs enfants mineurs ou majeurs protégés du défunt, de son conjoint ou de son partenaire.

Ces dispositions s'appliquent dans les mêmes conditions lorsque les enfants majeurs du défunt, de son conjoint ou de son partenaire sont incapables de travailler dans des conditions normales de rentabilité, en raison d'une infirmité physique ou mentale, congénitale ou acquise au sens du II de l'article 779.

> Fiscalité : exonération de droits de succession pour le conjoint (ou le partenaire pacsé)

• **CGI,** art. 796-0 *bis*

Sont exonérés de droits de mutation par décès le conjoint survivant et le partenaire lié au défunt par un pacte civil de solidarité.

131.02 Jurisprudence de référence.

> Le droit de retour légal des collatéraux privilégiés peut porter sur des biens attribués lors du partage des successions des parents du défunt, même lorsque l'attribution se fait moyennant le versement d'une soulte

• **Civ. 1re, 28 févr. 2018,** n° 17-12.040, P I, n° 39

* V. ss n° 131.106

« Et attendu qu'ayant énoncé que, par l'effet déclaratif du partage, R… était devenu propriétaire des biens immobiliers dont il était attributaire dès le jour du fait générateur de l'indivision née des décès successifs de ses parents, la cour d'appel en a déduit, à bon droit, qu'il avait reçu ces biens de ses ascendants par succession et que ceux-ci, dont il n'était pas contesté qu'ils se retrouvaient en nature dans sa succession, devaient, en présence d'un conjoint survivant et en l'absence de descendants, être dévolus pour moitié à ses sœurs et aux descendants de son frère, le texte susvisé n'opérant aucune distinction selon que les biens reçus par le défunt l'ont été ou non à charge de soulte ; que le moyen n'est pas fondé. »

> Le droit de retour légal des collatéraux privilégiés est un droit de nature successoral et porte sur les biens de famille dans l'état dans lequel ils se trouvent au jour de l'ouverture de la succession

• **Civ. 1re, 28 févr. 2018,** n° 17-12.040, P I, n° 39

* V. ss n° 131.106

« Mais attendu que le droit de retour prévu à l'article 757-3 du Code civil a pour objet la moitié des biens en nature tels qu'ils se retrouvent dans la succession au jour de son ouverture ; qu'à défaut de disposition en ce sens, les améliorations apportées aux biens par le défunt n'ouvrent pas droit à indemnisation au bénéfice de la succession ordinaire ; qu'ayant relevé que Mme X… sollicitait une indemnisation de la succession ordinaire au titre de telles améliorations, la cour d'appel ne pouvait que rejeter sa demande ; que par ce motif de pur droit, substitué dans les conditions de l'article 1015 du Code de procédure civile, aux motifs critiqués, la décision se trouve légalement justifiée sur ce point. »

> Limitation du droit de retour aux biens reçus à titre gratuit

• **Civ. 1re, 1er déc. 2021,** n° 20-12.315, P

* V. ss n° 131.106

« […] Vu l'article 757-3 du Code civil et l'article L. 321-17, alinéa 1er, du Code rural et de la pêche maritime :

9. Aux termes du premier de ces textes, par dérogation à l'article 757-2, en cas de prédécès des père et mère, les biens que le défunt avait reçus de ses ascendants par succession ou donation et qui se retrouvent en nature dans la succession sont, en l'absence de descendants, dévolus pour moitié aux frères et sœurs du défunt ou à leurs descendants, eux-mêmes descendants du ou des parents prédécédés à l'origine de la transmission.

10. Aux termes du second, le bénéficiaire d'un contrat de salaire différé exerce son droit de créance après le décès de l'exploitant et au cours du règlement de la succession ; cependant l'exploitant peut, de son vivant, remplir le bénéficiaire de ses droits de créance, notamment lors de la donation-partage à laquelle il procéderait.

11. Il en résulte que les biens reçus de son ascendant par le défunt en règlement d'une créance de salaire différé échappent au droit de retour légal des collatéraux privilégiés. […]. »

> L'option pour le droit viager au logement peut être tacite mais ne peut résulter du simple maintien dans les lieux

• **Civ. 1re, 13 févr. 2019,** n° 18-10.171, P

* V. ss n° 131.124

« Vu les articles 764 et 765-1 du Code civil ;

Attendu qu'il résulte de ces textes que le conjoint survivant dispose d'un an à partir du décès pour manifester sa volonté de bénéficier de son droit viager au logement ; que cette manifestation de volonté peut être tacite ; […]

Qu'en statuant ainsi, alors qu'elle avait constaté que Mme T…, qui s'était maintenue dans les lieux et avait précisé, dans l'assignation délivrée à M. Y… le 19 octobre 2007, son souhait de conserver l'appartement, avait déclaré, dans un projet d'acte de notoriété établi avant toute opposition de son cohéritier, confirmer sa volonté de bénéficier de son droit viager au logement, ce dont il ressortait qu'elle avait manifesté tacitement sa volonté dans le délai requis, la cour d'appel, qui n'a pas tiré les conséquences légales de ses constatations, a violé les textes susvisés. »

• **Civ. 1re, 2 mars 2022,** n° 20-16.674, P

* V. ss n° 131.124

« Vu les articles 764 et 765-1 du Code civil :

4. Selon ces textes, le conjoint survivant dispose d'un an à partir du décès pour manifester sa volonté de bénéficier de son droit viager au logement.

5. Si cette manifestation de volonté peut être tacite, elle ne peut résulter du seul maintien dans les lieux. »

> Droit à pension : absence de condition relative à la consistance du patrimoine successoral

• **Civ. 1re, 30 janv. 2019,** n° 18-13.526, P

* V. s[s] n° 131.151

« Vu l'article 767 du Code civil ;

Attendu, selon ce texte, que la succession de l'époux prédécédé doit une pension au conjoint successible qui est dans le besoin et que cette pension alimentaire est prélevée sur la succession ; [...]

Attendu que, pour rejeter sa demande, après avoir constaté l'état de besoin de l'épouse, l'arrêt relève que la déclaration de succession laisse apparaître un actif net de 17 611,50 euros, composé principalement des droits indivis de MM. Z... et Samir X... Y... sur un immeuble dont l'un d'eux jouit actuellement pour y loger sa famille, que la succession se trouve ainsi détentrice de droits sur un bien non mobilisable et qu'il s'évince de ces éléments que les ressources de la succession ne permettent pas à celle-ci de régler la pension sollicitée ;

Qu'en statuant ainsi, la cour d'appel, qui a ajouté une condition à la loi, a violé le texte susvisé. »

131.03 Bibliographie indicative.

Actualisables. Rép. civ., v° *Succession : dévolution*, par R. Le Guidec et C. Lesbats, juill. 2022 [actu. mars 2024], nos 314 à 368 – *J.-Cl. Civ. Code*, art. 756 à 767, fasc. 10, 2021, fasc. 2 et 20, par P. Catala, actu. par L. Leveneur, fasc. 30, 2020, par S. Mazeaud-Leveneur.

Ouvrages. M.-C. Forgeard, B. Gelot et R. Crône, *La réforme des successions*, Defrénois, 2002 – M. Grimaldi (dir.), Dalloz action *Droit patrimonial de la famille*, 2025/2026, nos 232.00 s., par C. Vernières – J. Hugot et J.-F. Pillebout, *Les nouveaux droits du conjoint*, « Carré droit », LexisNexis, 2002 – Ph. Malaurie et C. Brenner, *Droit des successions et des libéralités*, 11e éd., « Droit civil », LGDJ, 2024, nos 84 s. – F. Terré, Y. Lequette et S. Gaudemet, *Droit civil. Les successions. Les libéralités*, 5e éd., « Précis », Dalloz, 2024, nos 132 s.

Articles. C. Blanchard, « Le conflit du droit viager au logement du conjoint et du droit de retour légal des père et mère », *Defrénois* 2009, art. 39020, p. 2047 – S. Ferré-André, « Des droits supplétifs et impératifs du conjoint survivant dans la loi du 3 décembre 2001 », *Defrénois* 2002, art. 37572 – G. Goubeaux, « Réforme des successions : l'inquiétant concours entre collatéraux privilégiés et conjoint survivant », *Defrénois* 2002, art. 37519, p. 427 – M. Julienne, « L'assiette de l'usufruit légal du conjoint survivant », *D.* 2013. 2283 – A.-M. Leroyer, « La loi n° 2006-728 du 23 juin 2006 portant réforme des successions et des libéralités », *RTD civ.* 2006. 612 – N. Levillain, « Les nouveaux droits successoraux des ascendants. Droit de retour légal de l'article 738-2 du Code civil », *JCP N* 2007. 1135 ; « Le droit viager au logement du conjoint survivant », *JCP N* 2003, n° 1043, p. 101 s, spéc. n° 20 – H. Mazeron-Gabriel, « La rédaction de l'attestation de propriété après la réforme des successions », *JCP N* 2003. 1349.

131.04 Questions essentielles.

> À quelles conditions doit satisfaire le conjoint survivant pour être appelé à la succession ?

* V. s[s] nos 131.11 à 131.13

> Quels sont les droits du conjoint survivant en concours avec des descendants ?

* V. s[s] nos 131.40 à 131.71-2

> Quels sont les droits du conjoint survivant en concours avec les père et mère ?

* V. s[s] nos 131.81 à 131.84

> Quels sont les droits du conjoint en concours avec des ascendants ordinaires ou des collatéraux ?

* V. s[s] nos 131.91 à 131.93

> Quelles sont les conditions d'existence du droit de retour légal des collatéraux privilégiés ?

* V. s[s] nos 131.101 à 131.109

> Quelles sont les conséquences liquidatives du droit de retour légal des collatéraux privilégiés ?

* V. s[s] nos 131.111 à 131.113-1

> Quelles sont les conséquences liquidatives des droits du conjoint contre la succession : droit temporaire au logement et droit à pension ?

* V. s[s] nos 131.144 à 131.144-2 et 131.153

131.05 Division. Variété des droits du conjoint survivant. La loi n° 2001-1135 du 3 décembre 2001[1] accorde au conjoint survivant des droits de différentes natures. Il a ainsi des droits successoraux proprement dits, dont le droit viager au logement (sect. 2), mais également des droits qui sont des créances contre la succession : droit temporaire au logement et droit à pension (sect. 3). Pour bénéficier de l'ensemble de ces droits, l'époux survivant doit avoir la qualité de conjoint successible (sect. 1).

SECTION 1
NOTION DE CONJOINT SUCCESSIBLE

131.11 Définition du conjoint successible. Pour être appelé à la succession et ainsi avoir la qualité de conjoint successible, celui que l'on nommait conjoint survivant avant la loi n° 2001-1135 du 3 décembre 2001, doit simplement **ne pas être divorcé au jour de l'ouverture de la succession** (C. civ., art. 732). Si une procédure de divorce est en cours au jour du décès, l'époux survivant conserve sa qualité de conjoint successible dès lors que le jugement de divorce n'est pas passé en force de chose jugée, c'est-à-dire que toutes les voies de recours n'ont pas été épuisées (C. pr. civ., art. 528-1).

Il faut par ailleurs, pour que le jugement ait force exécutoire entre les époux, qu'il ait été notifié à chacun d'eux. À défaut de notification, un jugement ne produit

1. L. n° 2001-1135, 3 déc. 2001, relative aux droits du conjoint survivant et des enfants adultérins et modernisant diverses dispositions de droit successoral, *JO* 4 déc., p. 19279.

aucun effet à l'égard des parties[1]. Si l'un des époux décède avant la notification, le jugement de divorce devient caduc : « *Dans la mesure où aucune preuve de la signification ne peut être apportée, on peut effectivement soutenir que le délai d'appel n'a jamais couru et que, le jugement n'étant pas exécutoire, il est désormais caduc par le décès de l'intéressé* »[2].

Toutefois, le jugement de divorce peut produire ses effets, même en l'absence de notification, s'il y a eu acquiescement (C. pr. civ., art. 410 et 503 combinés). Cet acquiescement peut être exprès ou tacite. Une exécution des dispositions du jugement vaut acquiescement tacite.

En revanche, il a été jugé que ne valait pas acquiescement, en cas de jugement prononçant le divorce aux torts de l'époux, le fait pour ce dernier de participer aux opérations de liquidation du régime matrimonial et d'avoir cessé le service de la pension alimentaire, dès lors qu'il n'exécute pas les dispositions du jugement le condamnant au paiement d'une prestation compensatoire et de dommages-intérêts[3]. En cas de décès de l'époux dans une telle situation, son conjoint sera considéré comme étant un conjoint successible.

131.12 Incidence de la séparation de corps jusqu'au 1er janvier 2005. Entre le 1er juillet 2002, date d'entrée en vigueur de la loi n° 2001-1135 du 3 décembre 2001 et le 1er janvier 2005, date d'entrée en vigueur de la **loi n° 2004-439 du 26 mai 2004**[4], l'époux contre lequel existait un jugement de séparation de corps ayant force de chose jugée était privé de ses droits dans la succession de son conjoint (C. civ., anc. art. 732). Il n'avait par conséquent pas la qualité de conjoint successible et ne pouvait être appelé à la succession de l'époux prédécédé. Cette disposition était parfaitement compatible avec les dispositions de l'article 301 du Code civil, alors en vigueur, aux termes duquel l'époux séparé de corps est privé de ses droits successoraux dans la succession de l'époux prédécédé si la séparation de corps est prononcée contre lui.

131.13 Incidence de la séparation de corps entre le 1er janvier 2005 et le 1er janvier 2007. La loi n° 2004-439 du 26 mai 2004 a modifié l'article 301 du Code civil en supprimant toute référence aux torts éventuels de l'époux. Ce texte énonce ainsi que l'époux séparé de corps conserve, en toute hypothèse, les droits que la loi accorde au conjoint survivant dans la succession de l'époux prédécédé, sauf si le conjoint survivant y a expressément renoncé dans la convention de séparation de corps (C. civ., art. 301, 2e phrase). L'article 732 du Code civil n'ayant pas alors été modifié, une contradiction est apparue entre les deux textes, l'article 301 du Code civil accordant des droits successoraux à l'époux contre lequel la séparation de corps a été prononcée tandis que l'article 732 du Code civil ne lui conférait pas la **qualité** de conjoint successible. Pour trancher cette **difficulté de droit transitoire**, une réponse ministérielle a proposé « *d'appliquer, sous réserve de l'interprétation souveraine des juridictions, les dispositions de l'article 301 du Code civil dans la mesure où celles-ci résultent d'une loi plus récente et sont susceptibles de faire naître un droit en faveur du conjoint survivant séparé de corps* »[5].

SECTION 2
DROITS DU CONJOINT DANS LA SUCCESSION

131.20 Plan. La nature et le montant des droits successoraux du conjoint survivant dépendent de la qualité des autres héritiers (§ 1). Toutefois, quels que soient les héritiers avec lesquels il est en concours, le conjoint survivant peut toujours revendiquer son droit viager au logement dès lors que le défunt ne l'en a pas expressément privé dans les formes prévues par la loi (§ 2).

§ 1
Droits successoraux proprement dits

131.30 Plan. Critère de détermination : la qualité des autres héritiers. Le conjoint successible est appelé à la succession soit seul (C), soit en concours avec les parents du défunt (C. civ., art. 756). Le terme parent regroupe ici les membres de la ligne directe les plus proches, c'est-à-dire les descendants (A) et les père et mère (B).

131.31 Fiscalité. Le conjoint survivant est totalement exonéré de droits de mutation par décès, quels que soient les héritiers en concours avec lesquels il hérite (CGI, art. 796-0 *bis*).

A.
Conjoint en concours avec des descendants

131.40 Plan. Enfants communs et non communs. Si le défunt laisse à sa survivance son conjoint en concours avec des descendants, les droits légaux du conjoint dépendent d'un ultime critère : le caractère commun (1°) ou non commun (2°) des descendants (C. civ., art. 757).

1. Civ. 2e, 14 sept. 2006, n° 04-20.602, P II, n° 220 ; *D.* 2007. Chron. C. cass. 896, obs. V. Vigneau ; *RTD civ.* 2006. 824, obs. R. Perrot.
2. J. Hauser, note ss Civ. 2e, 14 sept. 2006, n° 04-20.602, P (préc. ss prést n°) ; *RTD civ.* 2006. 743.
3. Civ. 2e, 14 janv. 1999, n° 97-11.782, P II, n° 6.
4. L. n° 2004-439, 26 mai 2004, relative au divorce, *JO* 27 mai, p. 9319.
5. Rép. min. n° 77812, 27 juin 2006, *JOAN Q*, p. 6860 ; *Defrénois* 2006. 1882.

Ce caractère s'apprécie non pas par rapport au couple mais par rapport au défunt. Il faut donc rechercher, pour déterminer les droits du conjoint survivant, si le défunt laisse uniquement des enfants nés de son union avec ce dernier – enfants tous communs – ou s'il laisse d'autres enfants – enfants non communs. Sont assimilés aux enfants nés de l'union, les enfants adoptés au cours de l'union[1]. La qualité d'enfant commun s'apprécie au jour de l'ouverture de la succession : le fait que l'adoption simple ait été révoquée après l'ouverture de la succession est sans incidence[2].

1°
Enfants tous communs

131.51 Option entre un quart en pleine propriété ou l'usufruit de la succession. Lorsque le conjoint survivant est appelé à la succession en concours avec des descendants tous issus de l'union ayant existé entre le défunt et le conjoint survivant – enfants tous communs – il dispose d'une **option :** ses droits légaux sont, à son choix, d'**un quart en pleine propriété** ou de l'**usufruit de l'universalité de la succession** (C. civ., art. 757). Les descendants recueillent le surplus.

131.52 Modalités de l'option. L'option entre les droits en pleine propriété et l'usufruit de la succession n'appartient qu'au conjoint survivant qui ne peut d'ailleurs céder ses droits légaux tant qu'il n'a pas opté (C. civ., art. 758-1). Elle peut être exercée **expressément** ou même **tacitement**, la loi n'exigeant aucune forme particulière, et se prouve par tout moyen (C. civ., art. 758-2). Si le conjoint ne prend pas parti, il peut être **mis en demeure d'opter** par tout héritier. Il dispose alors d'un **délai de trois mois** pour choisir l'option qu'il souhaite. Ce choix, après mise en demeure, doit être fait **par écrit** (C. civ., art. 758-3). Passé le délai de trois mois, le conjoint est réputé avoir opté pour l'usufruit. De même, lorsqu'il décède sans avoir opté, le conjoint est réputé avoir opté pour l'usufruit (C. civ., art. 758-4).

131.52-1 Dévolution légale au profit du conjoint survivant et de deux enfants tous communs.

EXEMPLE

Le défunt laisse pour recueillir sa succession son conjoint et deux enfants nés de son union avec ce dernier.

En application des dispositions de l'article 757 du Code civil, le conjoint dispose d'une option car le défunt laisse des enfants tous communs.

Deux hypothèses sont donc possibles.

1re hypothèse : le conjoint opte pour un quart (1/4) en pleine propriété.

Les trois quarts (3/4) restant sont à partager entre les deux enfants qui recueillent ainsi divisément chacun trois huitièmes (3/8).

2e hypothèse : le conjoint opte pour l'usufruit de l'universalité de la succession.

La nue-propriété revient alors en totalité aux deux enfants qui reçoivent divisément chacun la moitié (1/2) en nue-propriété.

2°
Existence d'au moins un enfant non commun

131.61 Un quart en pleine propriété uniquement. En concours avec au moins un enfant du défunt issu d'une autre union, le conjoint survivant perd son option : il n'a que des droits d'un quart en pleine propriété (C. civ., art. 757). Peu importe qu'il existe par ailleurs des enfants communs. L'existence d'un seul enfant non commun suffit. Le législateur a voulu éviter que l'enfant non commun subisse l'usufruit de son beau-parent avec lequel il peut parfois avoir une faible différence d'âge.

131.61-1 Dévolution légale au profit du conjoint survivant, d'un enfant non commun et de deux enfants communs.

EXEMPLE

Le défunt laisse à sa survivance son épouse, un enfant né d'une précédente union, et deux enfants nés de son union avec le conjoint survivant.

En application de l'article 757 du Code civil, les droits du conjoint survivant sont d'un quart (1/4) en pleine propriété, le défunt laissant un enfant non commun.

En conséquence, les enfants se partagent par tête les trois quarts (3/4) restant de la succession, de sorte que chacun a droit à un quart (1/4) de la succession.

3°
Incidence de la renonciation des descendants sur les droits du conjoint

131.71 Renonciation de tous les descendants. La renonciation d'un descendant est en principe sans incidence sur les droits du conjoint survivant dès lors qu'il existe au moins un descendant acceptant. La renonciation profite alors aux autres descendants : la part du renonçant accroît à ses cohéritiers, sauf s'il est représenté (C. civ., art. 805, al. 2). Toutefois si tous les enfants non communs renoncent sans être représentés, le conjoint survivant retrouve son option entre un quart en pleine propriété et les trois quarts en usufruit n'étant alors en concours qu'avec des enfants communs.

Si en revanche tous les descendants renoncent à la succession et ne sont pas représentés, la renonciation a une incidence sur le quantum des droits du

1. Solution résultant de : Civ. 1re, 7 juin 2006, n° 03-14.884, P I, n° 295 ; *RTD civ.* 2006. 749, note J. Hauser ; 810, note M. Grimaldi.
2. Civ. 1re, 9 juill. 2014, n° 13-19.013, P I, n° 130 (arrêt rendu à propos de l'exercice de l'action en retranchement).

conjoint survivant. La part des renonçants est alors dévolue soit pour partie, soit en totalité au conjoint survivant.

131.71-1 Renonciation de tous les descendants. Part du renonçant entièrement dévolue au conjoint.

EXEMPLE

Le défunt laisse à sa survivance un enfant non commun, son conjoint et un oncle.

En l'absence de renonciation, la succession est dévolue comme suit :

– conjoint survivant : 1/4 en pleine propriété (C. civ., art. 757) ;

– enfant : 3/4 en pleine propriété.

L'enfant non commun renonce. Il n'a pas d'enfant.

Le conjoint se trouve en concours avec un collatéral ordinaire du fait de la renonciation du descendant. Il recueille toute la succession (C. civ., art. 757-2).

131.71-2 Renonciation de tous les descendants. Part du renonçant partiellement dévolue au conjoint.

EXEMPLE

Le défunt laisse à sa survivance un enfant non commun et sans postérité, son conjoint et ses père et mère.

En l'absence de renonciation, la succession est dévolue comme suit :

– conjoint survivant : 1/4 en pleine propriété (C. civ., art. 757) ;

– enfant : 3/4 en pleine propriété.

Dévolution de la succession *en tenant compte de la renonciation* :

– conjoint survivant : 1/2 en pleine propriété (C. civ., art. 757-1) ;

– père : 1/4 en pleine propriété (C. civ., art. 757-1) ;

– mère : 1/4 en pleine propriété (C. civ., art. 757-1).

Du fait de la renonciation, la succession est déférée selon les règles légales de dévolution en ignorant les droits successoraux de l'héritier renonçant.

B.
Conjoint en concours avec les père et mère du défunt

131.81 Un quart en pleine propriété par parent, le surplus au conjoint. « *Si, à défaut d'enfants ou de descendants* » le défunt laisse ses père et mère ou l'un d'eux, chaque ascendant recueille un quart de la succession, le conjoint survivant reçoit le surplus (C. civ., art. 757-1).

Ainsi lorsque le défunt laisse ses père et mère, le père recueille un quart de la succession, la mère un autre quart et le conjoint survivant la moitié restante (C. civ., art. 757-1, al. 1er). S'il ne laisse que son père ou sa mère, celui-ci recueille le quart de la succession et le conjoint survivant les trois autres quarts (C. civ., art. 757-1, al. 2). **Le conjoint survivant évince donc les collatéraux privilégiés** depuis l'entrée en vigueur de la loi du 3 décembre 2001.

131.82 Absence de division par branche en présence d'ascendants privilégiés et ordinaires. En l'absence de conjoint survivant, lorsque le défunt laisse son père ou sa mère et au moins un ascendant ordinaire dans l'autre branche, l'article 738-1 du Code civil énonce que la succession est partagée pour moitié entre la branche paternelle et la branche maternelle, la part dévolue au père ou à la mère prédécédé(e) étant recueillie par les représentants de sa branche au degré le plus proche (v. ss no 122.51).

Cette solution n'a pas été retenue par le législateur lorsque les ascendants privilégiés sont en concours avec le conjoint survivant : ce dernier recueille le quart dévolu au père ou à la mère prédécédé. Ainsi les ascendants ordinaires ne sont-ils jamais en concours avec le conjoint survivant. S'ils sont dans un état de besoin au jour de l'ouverture de la succession et que le conjoint recueille les trois quarts ou la totalité de la succession, ils bénéficient d'un droit à pension (C. civ., art. 758 – V. ss no 131.93).

131.82-1 Dévolution au profit du conjoint et d'ascendants privilégiés et ordinaires.

EXEMPLE

Le défunt laisse à sa survivance son conjoint, sa mère, sa grand-mère paternelle et son père.

En application de l'article 757-1 alinéa 1er du Code civil, la succession est dévolue de la façon suivante :

– le conjoint : 1/2 ;

– le père : 1/4 ;

– la mère : 1/4.

La grand-mère paternelle ne recueille rien dans la succession.

131.82-2 Dévolution au conjoint en concours avec la mère et la grand-mère paternelle du défunt.

EXEMPLE

Le défunt laisse à sa survivance son conjoint, sa mère et sa grand-mère paternelle.

En application de l'article 757-1 alinéa 2 du Code civil, la succession est dévolue de la façon suivante :

– le conjoint : 3/4 ;

– la mère : 1/4.

La grand-mère paternelle ne recueille toujours rien contrairement à ce qui se passe en l'absence de conjoint (v. ss no 131.82). La division par branche ne joue donc pas mais, dans cette hypothèse, les ascendants ordinaires qui se trouvent dans le besoin au jour de l'ouverture de la succession ont un droit alimentaire contre la succession (C. civ., art. 758 – V. ss no 131.93).

131.83 Conséquence de la renonciation des père et mère. La renonciation des père et mère ou de l'un d'eux profite toujours au conjoint survivant. Le renonçant étant cessé n'avoir jamais été héritier (C. civ., art. 805, al. 1er), sa part échoit au conjoint survivant, comme s'il était prédécédé (C. civ., art. 757-1).

131.83-1 Dévolution au profit du conjoint et des père et mère. Renonciation du père.

EXEMPLE

Le défunt laisse à sa survivance ses parents et son conjoint. Le père renonce.

La succession, en application de l'article 757-1 alinéa 2 du Code civil est dévolue comme suit :

- le conjoint : 3/4 ;
- la mère : 1/4.

131.83-2 Dévolution au profit du conjoint et des père et mère. Renonciation du père et de la mère.

EXEMPLE

Le défunt laisse à sa survivance ses parents et son conjoint. Les père et mère renoncent.

La succession est entièrement recueillie par le conjoint survivant (C. civ., art. 757-2), sauf, le cas échéant, le droit de retour légal des collatéraux privilégiés prévu par l'article 757-3 du Code civil (v. s[s] n° 131.92).

131.84 Incidence du droit de retour légal des père et mère. L'article 738-2 du Code civil prévoit un **droit de retour légal d'ordre public au profit des père et mère** lorsque ces derniers ont consenti une donation à leur enfant prédécédé. Ce droit de retour, inscrit à la section intitulée « *Des droits des parents en l'absence de conjoint successible* », semblerait, de par sa place, ne pas devoir s'appliquer lorsque le défunt laisse un conjoint survivant. De plus, **créé pour remplacer la réserve des ascendants** supprimée par la **loi n° 2006-728 du 23 juin 2006**[1], ce droit de retour semble **inconciliable avec la réserve du conjoint**. Il devient alors en effet impossible, en pratique, de liquider la succession, car il faudrait déterminer lequel de ces deux droits d'ordre public prime l'autre. La réserve du conjoint, d'un quart en pleine propriété, ou le droit de retour de chacun des père et mère, d'un quart également ? À moins de tenter de les combiner... En toute hypothèse il est impossible, faute de texte, d'appliquer cumulativement la réserve du conjoint et les droits de retour des parents, ce qui ne laisserait comme quotité disponible que le quart en pleine propriété de la succession.

En résumé, alors que le caractère d'ordre public du droit de retour légal et le fait que ce droit ait été créé comme substitut à la réserve des ascendants plaideraient en faveur d'une application de l'article 738-2 du Code civil en toute hypothèse, y compris lorsque le défunt laisse à sa survivance son conjoint[2], il reste qu'en pratique, il semble impossible de concilier la réserve du conjoint survivant et le droit de retour légal de l'article 738-2 du Code civil car ces deux droits sont incompatibles dans leur application, sauf à limiter la faculté de tester du défunt au quart de la succession, ce qui est contraire aux dispositions de l'article 914-1 du Code civil.

1. L. n° 2006-728, 23 juin 2006, portant réforme des successions et des libéralités, *JO* 24 juin, p. 9513.

C. Conjoint en concours avec des ascendants ordinaires ou des collatéraux

131.91 Principe : le conjoint recueille toute la succession. Lorsque le défunt ne laisse ni descendants ni père ni mère, le conjoint survivant recueille toute la succession (C. civ., art. 757-2). Il prime donc les **collatéraux privilégiés** – frères et sœurs et leurs descendants – les **ascendants ordinaires** – grands-parents, arrière-grands-parents... – et les **collatéraux ordinaires** – oncles, tantes, cousins...

131.92 Limite : droit de retour légal en présence de collatéraux privilégiés. Afin d'éviter que le patrimoine familial du défunt soit entièrement transmis au conjoint survivant, le législateur a prévu un droit de retour légal portant sur les « *biens de famille* ». Ce droit de retour joue dans l'hypothèse où le défunt ne laisse ni descendants ni père ni mère, mais des frères et sœurs ou descendants d'eux. Régi par l'article 757-3 du Code civil, il a des **caractéristiques** proches du **droit de retour légal dans la succession de l'adopté simple** édicté par l'article 366 du Code civil (v. s[s] n°s 123.71 s.).

131.93 Tempérament : droit à pension des ascendants ordinaires. Lorsque le conjoint survivant recueille la totalité ou les trois quarts de la succession, les ascendants ordinaires (grands-parents, arrière-grands-parents...) bénéficient d'une créance d'aliments contre la succession s'ils sont dans le besoin au jour de l'ouverture de la succession (C. civ., art. 758). La loi accorde ainsi aux ascendants ordinaires primés par le conjoint survivant non pas un droit de nature successorale mais un **droit de créance** qui peut être réclamé dès lors que les conditions légales sont satisfaites :

- existence d'un **état de besoin** au jour de l'ouverture de la succession ;

2. EN CE SENS, N. Levillain, « Les nouveaux droits successoraux des ascendants. Droit de retour légal de l'article 738-2 du Code civil », *JCP N* 2007. 1135, n° 23 – F. Terré, Y. Lequette et S. Gaudemet, *Droit civil. Les successions. Les libéralités*, 5e éd., « Précis », Dalloz, 2024, n° 249 – M. Grimaldi, *Droit des successions*, 8e éd., « Manuels », LexisNexis, 2020, n° 255 – V. AUSSI, A.-M. Leroyer, « La loi n° 2006-728 du 23 juin 2006 portant réforme des successions et des libéralités », *RTD civ.* 2006. 612 ; C. Blanchard, « Le conflit du droit viager au logement du conjoint et du droit de retour légal des père et mère », *Defrénois* 2009, art. 39020, p. 2047.

– demande **dans l'année du décès ou dans le délai d'un an** à compter du jour où « *les héritiers cessent d'acquitter les prestations qu'ils fournissaient auparavant aux ascendants* ». Ce délai peut être prolongé jusqu'à l'achèvement du partage en cas d'indivision.

La créance d'aliments des ascendants est une **charge successorale.** Elle fait donc partie du passif successoral et elle limite de fait les droits successoraux du conjoint survivant. Créée par la loi, cette charge est **limitée aux forces de la succession.**

131.94 **Plan.** Lorsque le conjoint est en concours avec des ascendants ordinaires ou des collatéraux, et qu'il est théoriquement appelé à recevoir toute la succession, la seule difficulté est donc l'existence possible de ce droit de retour légal. Nous examinerons donc les conditions (1°) et les conséquences de ce droit de retour (2°).

1°
Conditions du droit de retour légal

131.101 **1) Conditions quant aux personnes.** Deux conditions sont requises : la succession est recueillie en totalité par le conjoint survivant et il existe des collatéraux privilégiés issus du parent à l'origine de la transmission à titre gratuit des biens de famille.

131.102 **Succession recueillie en totalité par le conjoint survivant.** Première condition d'existence du droit de retour légal : la succession doit être recueillie en totalité par le conjoint survivant, ce qui suppose que le défunt ne laisse ni descendant ni père ni mère appelés à la succession (C. civ., art. 757-3). Peu importe que les descendants ou les ascendants privilégiés soient décédés ou ne soient pas appelés à la succession en raison de leur indignité ou de leur renonciation.

131.103 **Existence de collatéraux privilégiés issus du parent à l'origine de la transmission à titre gratuit des biens de famille.** Ayant pour but d'assurer la conservation des biens dans la famille, le droit de retour légal ne s'applique que si le défunt laisse des frères et sœurs ou leurs descendants – neveux, petits-neveux... – issus du parent à l'origine de la transmission des biens de famille. La loi du 3 décembre 2001 réintroduit donc ici une **distinction** qu'elle a par ailleurs supprimée au niveau de la dévolution légale : la distinction entre les **frères et sœurs germains** (issus du même père et de la même mère que le défunt), **utérins** (issus de la même mère que le défunt) – et **consanguins** (issus du même père que le défunt).

Ainsi les collatéraux privilégiés utérins ne bénéficient du droit de retour légal que sur les biens reçus, par le défunt, d'ascendants de la branche maternelle. Les collatéraux privilégiés consanguins n'ont des droits que sur les biens reçus à titre gratuit par le défunt de ses ascendants dans la branche paternelle. Quant aux collatéraux privilégiés germains, ils profitent du droit de retour légal sur les biens transmis à titre gratuit par les ascendants des deux branches.

131.103-1 **Dévolution au profit du conjoint survivant. Existence de biens de famille. Frères et sœurs germains, utérins, consanguins.**

EXEMPLE

Le défunt laisse à sa survivance son conjoint, un frère germain, une sœur utérine et un frère consanguin.

Sa succession comprend des biens acquis à titre onéreux et des biens recueillis dans la succession de ses père et mère.

Les biens acquis à titre onéreux sont recueillis en totalité par le conjoint survivant.

Le frère germain et le frère consanguin ont des droits sur les biens provenant de la succession du père du défunt.

Le frère germain et la sœur utérine ont des droits sur les biens provenant de la succession de la mère du défunt.

131.104 **2) Conditions quant aux biens.** Trois conditions sont requises par la loi. Les biens objet du droit de retour légal doivent avoir été transmis à titre gratuit par les ascendants du défunt et se retrouver en nature dans sa succession.

131.105 **Biens transmis par les ascendants.** Seuls les biens reçus par le défunt de ses ascendants sont soumis au droit de retour de l'article 757-3 du Code civil. Pour les successions ouvertes du 1er juillet 2002 au 31 décembre 2006, le droit de retour légal ne concernait que les biens transmis par les père et mère. La loi n° 2006-728 du 23 juin 2006 a étendu son domaine quant aux biens : sont désormais concernés les **biens reçus par le défunt de tous ses ascendants** (parents, grands-parents, arrière-grands-parents...). Il est ainsi tenu compte des nouvelles possibilités de transmission prévues par cette loi et notamment de la faculté de représenter les renonçants et de celle de consentir une donation-partage à des descendants de degrés différents.

Sont en revanche **exclus du droit de retour**, les biens reçus à titre gratuit de personnes autres que les ascendants. Ces biens font partie de la succession ordinaire entièrement dévolue au conjoint survivant (v. ss n° 131.91).

131.106 **Biens reçus à titre gratuit.** Le droit de retour légal ne concerne que les biens reçus à titre gratuit des ascendants : **biens donnés, légués** ou **recueillis** dans leur succession légale. Pour les biens donnés, peu importe la forme de la donation : don manuel, donation ordinaire ou donation-partage, donation ostensible, indirecte ou déguisée. Pour ces deux dernières formes se pose toutefois en pratique la question de la **preuve.** S'agissant des biens reçus par succession, peu importe que le défunt ait recueilli des droits divis ou indivis sur les biens. S'il n'a reçu que des droits indivis et qu'à la suite d'un partage, il s'est vu attribuer un ou plusieurs biens dépendant de la succession de ses ascendants, ces biens sont réputés avoir été reçus par succession, en raison de l'effet déclaratif du partage[1]. Le fait que le défunt ait versé une soulte à ses copartageants est également sans incidence sur la qualification de biens de famille et l'exercice du droit de retour légal[2]. Enfin à défaut de disposition spécifique relative aux éventuelles améliorations apportées par le défunt aux biens de famille, la Cour de cassation considère que ces biens font partie de la succession anomale dans leur état au jour de l'ouverture de la succession, sans qu'aucune indemnisation ne soit due à la succession ordinaire[3].

Quant aux biens acquis à titre onéreux des ascendants, ils ne sont pas concernés par le droit de retour de l'article 757-3 du Code civil sauf à requalifier l'opération en donation. En particulier les biens attribués dans le partage successoral d'un ascendant en règlement d'une créance de salaire différé sont exclus du champ d'application du droit de retour légal, les biens n'étant pas acquis à titre gratuit[4].

131.107 Biens se retrouvant en nature dans la succession. Le droit de retour légal ne joue que si les biens reçus à titre gratuit par le défunt de ses ascendants se retrouvent en nature dans la succession. Le droit de retour est donc écarté en cas d'aliénation entre vifs de ces biens, et ce même si un nouveau bien leur est subrogé.

La question s'est posée de savoir s'il était possible de disposer des « *biens de famille* » à cause de mort, par testament ou institution contractuelle entre époux. Au lendemain de la loi du 3 décembre 2001, la majorité des auteurs répondaient par l'affirmative à cette question[5], s'appuyant sur une jurisprudence ancienne relative à l'ancien droit de retour de l'ascendant donateur selon laquelle les biens légués ne sont pas soumis au droit de retour : « *Mais attendu que le retour légal est écarté par le legs...* »[6]. Une réponse ministérielle a ensuite semé le doute en affirmant qu'il était impossible de léguer les biens de famille soumis au droit de retour des collatéraux privilégiés, conférant ainsi à ce droit un caractère d'ordre public[7]. Cette solution critiquable, qui allait au-delà des dispositions de l'article 757-3 du Code civil, a rapidement fait l'objet d'un correctif confirmant que **le droit de retour légal au profit des collatéraux privilégiés n'est pas d'ordre public**[8].

En conséquence les biens dont le défunt a disposé à cause de mort ne sont pas soumis au droit de retour légal de l'article 757-3 du Code civil.

131.108 Libéralité portant sur une somme d'argent. La question est récurrente en pratique : faut-il faire jouer le droit de retour prévu par l'article 757-3 du Code civil sur les sommes d'argent reçues par le défunt par donation ou legs de ses ascendants ?

Elle n'est pas tranchée et la doctrine n'est pas unanime. Pour certains, le droit de retour, par son fondement – la conservation des biens dans la famille – et en raison de la rédaction du texte – biens « *qui se retrouvent* » en nature dans la succession – ne peut porter sur des sommes d'argent[9]. D'autres auteurs en revanche estiment que le droit de retour peut jouer sur des sommes d'argent reçu à titre gratuit à condition qu'il existe des deniers suffisants dans la succession, en raison de la fongibilité de l'argent[10].

131.109 Moitié des biens de famille. Le droit de retour de l'article 757-3 du Code civil ne porte pas sur l'intégralité des biens de famille entrant dans son champ d'application, mais sur une fraction seulement. Cette quotité, qui est fixée à la moitié, est invariable. Le nombre de collatéraux privilégiés laissés par le défunt est donc indifférent.

Le droit de retour légal portant sur la moitié des biens de famille, l'autre moitié est dévolue au conjoint, seul héritier en l'absence de descendants et des père et mère.

2°
Conséquences du droit de retour légal

131.111 Ouverture d'une succession anomale. En application des dispositions de l'article 757-3 du Code civil, une fraction de la succession est dévolue,

1. D. Boulanger et C. Peuble, « Droit de retour légal : avantage pour les collatéraux privilégiés » (note s[s] Civ. 1re, 28 févr. 2018, n° 17-12.040, P I, n° 39 [1er moyen]), *JCP N* 2018, n° 13, 1142.
2. Civ. 1re, 28 févr. 2018, n° 17-12.040, P (1er et 2e moyens), préc. s[s] prés[t] n°.
3. Civ. 1re, 28 févr. 2018, n° 17-12.040, P (3e moyen), préc. s[s] prés[t] n°.
4. Civ. 1re, 1er déc. 2021, n° 20-12.315, P ; *AJ fam.* 2022. 53, obs. N. Levillain ; *JCP N* 2022, n° 1215, note D. Boulanger.
5. M.-C. Forgeard, B. Gelot et R. Crône, *La réforme des successions*, Defrénois, 2002, n° 11 – G. Goubeaux, « Réforme des successions : l'inquiétant concours entre collatéraux privilégiés et conjoint survivant », *Defrénois* 2002, art. 37519, p. 427 ; spéc. n° 5, p. 430 – S. Ferré-André, « Des droits supplétifs et impératifs du conjoint survivant dans la loi du 3 décembre 2001 », *Defrénois* 2002, art. 37572, n°s 34 et 35, p. 878 et 879 – Ph. Malaurie et C. Brenner, *Droit des successions et des libéralités*, 11e éd., « Droit civil », LGDJ, 2024, n°s 98 s.
6. Montpellier, 1re ch., 20 oct. 1948, *Gaz. Pal.* 1948. 2. 255 – Civ. 1re, 13 juin 1961, *Gaz. Pal.* 19610. 2. 362.
7. Rép. min. n° 85443, *JOAN* 11 juill. 2006, p. 7371 ; *JCP* 2006. Actu. 356.
8. *Erratum, JOAN Q* 13 févr. 2007.
9. *J.-Cl. Civ. Code*, art. 756 à 767, fasc. 10, par P. Catala, actu. par L. Leveneur, n° 99.
10. F. Terré, Y. Lequette et S. Gaudemet, *Droit civil. Les successions. Les libéralités*, 5e éd., « Précis », Dalloz, 2024, n° 234, p. 256, note 1 – M. Grimaldi, *Droit des successions*, 8e éd., « Manuels », LexisNexis, 2020, n° 259.

de façon spécifique, aux collatéraux privilégiés. Cette dérogation au principe de l'unité de la succession, fondée sur l'origine des biens et le principe de conservation des biens dans la famille, donne lieu à l'ouverture d'une succession anomale[1]. Ainsi les biens reçus à titre gratuit par le défunt de ses ascendants échappent aux règles de la dévolution ordinaire pour être soumis à une dévolution particulière.

La succession se trouve alors scindée en **deux successions indépendantes :** la **succession ordinaire** soumise aux règles de dévolution de droit commun et donc ici transmise en totalité au conjoint survivant (C. civ., art. 757-2) et la **succession anomale** soumise aux règles de dévolution particulières qui la régissent[2]. Cette seconde succession régie par l'article 757-3 du Code civil est dévolue au conjoint survivant et aux collatéraux privilégiés dans les proportions suivantes :

- moitié en pleine propriété pour le conjoint survivant ;

- moitié en pleine propriété pour les collatéraux privilégiés. Cette seconde moitié ne se partage pas par tête entre tous les collatéraux privilégiés appelés à la succession anomale. Le partage se fait en fonction du lien de parenté entre le collatéral et l'ascendant à l'origine de la transmission à titre gratuit des biens de famille.

131.111-1 Dévolution au profit du conjoint survivant. Existence de biens de famille. Frères et sœurs germains, utérins, consanguins.

EXEMPLE

Le défunt laisse à sa survivance son conjoint, un frère germain, une sœur utérine et un frère consanguin.

Sa succession comprend des biens acquis à titre onéreux, un appartement recueilli dans la succession de ses père et mère dans des proportions égales, un terrain donné par son père et des bijoux de famille donnés par sa grand-mère maternelle.

En l'absence de descendants et des père et mère, la succession est dévolue en totalité au conjoint survivant (C. civ., art. 757-2). Toutefois, le défunt ayant reçu à titre gratuit de ses ascendants des biens qui se retrouvent en nature dans sa succession, il convient d'appliquer les dispositions de l'article 757-3 du Code civil relatives au droit de retour légal des collatéraux privilégiés.

La succession se divise ainsi en deux successions :

– *la succession ordinaire* qui comprend l'ensemble des biens acquis à titre onéreux par le défunt. Cette succession est dévolue en totalité au conjoint survivant ;

– *la succession anomale* qui comprend l'appartement, le terrain et les bijoux. Cette succession est dévolue pour moitié au conjoint survivant et pour le surplus aux collatéraux privilégiés.

Pour déterminer la part de chaque frère ou sœur dans les biens de famille, il est nécessaire de distinguer selon l'origine des biens, car les collatéraux privilégiés ne sont pas tous germains.

	Moitié de l'appartement provenant de la succession du père	Moitié de l'appartement provenant de la succession de la mère	Terrain reçu du père	Bijoux reçus de la grand-mère
Conjoint survivant	1/2	1/2	1/2	1/2
Frère germain	1/4	1/4	1/4	1/4
Frère consanguin	1/4		1/4	
Sœur utérine		1/4		1/4

Ainsi l'appartement reçu dans la succession des père et mère est dévolu de la façon suivante :

Conjoint survivant	1/2
Frère germain	1/4
Frère consanguin	1/8
Sœur utérine	1/8

Une telle indivision risque d'aboutir à la vente du bien, solution contraire à l'objectif du législateur de conservation des biens dans la famille.

Pour les autres biens, il suffit de se référer au tableau.

131.112 Évaluation des biens. Les biens recueillis dans la succession anomale sont évalués, selon le droit commun des successions, à la **date la plus proche du partage**, compte tenu de leur **état** matériel et juridique **au jour de l'ouverture de la succession.** Les modifications éventuellement apportées par le défunt - améliorations ou dégradations - profitent ou nuisent à la succession anomale[3].

131.113 Traitement liquidatif du passif successoral. Comme tout héritier, celui qui est appelé à la succession anomale est tenu au passif successoral. Il n'existe toutefois, dans l'article 757-3 du Code civil, aucune disposition spécifique relative à la réparti-

1. EN CE SENS, G. Goubeaux, « Réforme des successions : l'inquiétant concours entre collatéraux privilégiés et conjoint survivant », *Defrénois*, 2002, art. 37519, p. 427, spéc. n° 4 – H. Mazeron-Gabriel, « La rédaction de l'attestation de propriété après la réforme des successions », *JCP N* 2003. 1349 – S. Ferré-André, « Des droits supplétifs et impératifs du conjoint survivant dans la loi du 3 décembre 2001 », *Defrénois* 2002, art. 37572, n°s 34 et 35, p. 878 et 879 – M. Grimaldi (dir.), Dalloz action *Droit patrimonial de la famille*, 2025/2026, n°s 235.21 s., par C. Vernières – M. Grimaldi, *Droit des successions*, 8e éd., « Manuels », LexisNexis, 2020, n° 269.
2. EN CE SENS, H. Mazeron-Gabriel, art. préc. s^{s} prés^{t} n° – V. AUSSI, *J.-Cl. Not. Form., V° Déclaration de succession*, fasc. 227, et *V° Succession*, fasc. 230, n° 17 – *CONTRA*, G. Goubeaux, art. préc. s^{s} prés^{t} n°, qui estime qu'une division de la succession est techniquement impossible.

3. Civ. 1re, 28 févr. 2018, n° 17-12.040, P (3e moyen), préc. (v. s^{s} n° 131.106).

tion du passif successoral entre la succession ordinaire et la succession anomale. C'est donc par analogie à la succession anomale en cas d'adoption simple que nous raisonnerons, en nous référant aux dispositions de l'article 366 du Code civil, qui prévoient une contribution aux dettes de l'héritier appelé à la succession anomale. Cette contribution se fait proportionnellement à la fraction d'actif brut que représente chaque succession par rapport au total de l'actif brut successoral.

131.113-1 Répartition du passif successoral entre la succession ordinaire et la succession anomale.

EXEMPLE

Le défunt laisse pour recueillir sa succession son conjoint, séparé de biens, et son frère germain.

Sa succession comprend les biens suivants :

– une maison de famille recueillie dans la succession de ses père et mère, évaluée au décès comme au partage à 300 000 € ;

– un appartement servant de logement aux deux époux, acquis à titre onéreux au cours du mariage, d'une valeur de 150 000 € au décès comme au partage ;

– des liquidités d'un montant de 50 000 €.

Le passif de la succession comprend diverses dettes pour un montant de 20 000 €.

En l'absence de descendants et des père et mère du défunt, la succession est en principe entièrement dévolue au conjoint survivant (C. civ., art. 757-2). Toutefois, le défunt ayant reçu à titre gratuit de ses père et mère des biens qui se retrouvent en nature dans la succession, il convient d'appliquer les dispositions de l'article 757-3 du Code civil, le défunt laissant par ailleurs à sa survivance un frère germain.

La succession se divise donc en deux successions :

– *la succession ordinaire* qui comprend l'appartement et les liquidités, soit un actif brut total de 200 000 €. Cette succession est entièrement dévolue au conjoint survivant (C. civ., art. 757-2) ;

– *la succession anomale* qui comprend la maison de famille (300 000 €), qui est dévolue pour moitié au conjoint survivant et pour l'autre moitié au frère (C. civ., art. 757-3).

Quant au passif, il doit être partagé proportionnellement à l'actif entre la succession ordinaire et la succession anomale.

L'actif brut total de succession est de : 300 000 + 200 000 = 500 000 €, dont 300 000/500 000 € soit 3/5e pour la succession anomale et 200 000/500 000 €, soit 2/5e pour la succession ordinaire. C'est dans ces mêmes proportions que le passif doit être partagé entre les deux successions soit :

– 3/5 × 20 000 = 12 000 € pour la succession anomale ;

– 2/5 × 20 000 = 8 000 € pour la succession ordinaire.

L'actif net de la succession anomale est donc de 300 000 – 12 000 = 288 000 €.

L'actif net de la succession ordinaire est de 200 000 – 8 000 = 192 000 €.

Total : 480 000 €, égal à l'actif net de succession (500 000 – 20 000).

131.114 Droit de retour et réserve du conjoint survivant. Faut-il inclure dans la masse de calcul de l'article 922 du Code civil les biens de famille au sens de l'article 757-3 du Code civil ?

Assurément si ces biens ont été légués, car alors ils font alors partie de la succession ordinaire.

La réponse est moins évidente s'ils n'ont pas été légués et se retrouvent donc en nature dans la succession. Certains auteurs, qui considèrent que le droit de retour de l'article 757-3 du Code civil ne scinde pas la succession entre succession ordinaire et succession anomale, penchent pour l'inclusion des biens de famille dans la masse de calcul de la réserve du conjoint et du disponible [1].

La question de la prise en compte dans la masse de calcul de la quotité disponible des biens de famille entrant dans le champ d'application de l'article 757-3 du Code civil n'est pas tranchée. Il existe toutefois une certitude : lorsque ces biens ont été légués, ils entrent dans la masse de calcul puisqu'ils sont alors soustraits de la succession anomale, qui ne s'ouvre alors pas. Lorsque les biens de famille se retrouvent en nature dans la succession, d'autres, partisans de l'existence d'une succession anomale, estiment que dans la mesure où ces biens font l'objet d'une dévolution particulière, ils ne doivent pas être pris en compte [2].

131.115 Droit de retour et droit viager. Lorsque le bien servant d'habitation principale au conjoint survivant entre également dans le champ d'application du droit de retour de l'article 757-3 du Code civil, se pose la question de l'articulation de ces deux droits. Une réponse ministérielle [3] apporte une solution à cette question : les deux droits doivent s'articuler de sorte que les droits des collatéraux privilégiés sur le bien immobilier servant de résidence principale habituelle au conjoint survivant sont grevés du droit viager au logement.

131.116 Fiscalité. Les biens reçus par les collatéraux privilégiés en application de l'article 757-3 du Code civil sont soumis aux droits de mutation par décès en fonction du lien de parenté avec le défunt (v. ss nos 121.47, 121.48 et 122.93).

§ 2
Droit viager au logement

131.121 Notion. Le droit viager au logement est un droit accordé au conjoint survivant afin de le

1. F. Terré, Y. Lequette et S. Gaudemet, *Droit civil. Les successions. Les libéralités*, 5e éd., « Précis », Dalloz, 2024, no 246.
2. M. Grimaldi, *Droit des successions*, 8e éd., « Manuels », LexisNexis, 2020, p. 799 – *J.-Cl. Civ. Code*, art. 756 à 767, fasc. 10, par P. Catala, actu. par L. Leveneur, no 108 – Rép. civ., vo *Réserve héréditaire – Réduction des libéralités*, par S. Deville et M. Nicod, avr. 2020 [actu. juill. 2022], no 20.
3. Rép. min. QE no 104803, *JO* 14 nov. 2006, p. 11972.

maintenir dans son cadre de vie jusqu'à la fin de ses jours. Il porte sur le **logement que celui-ci occupait de façon effective à titre d'habitation principale au jour de l'ouverture de la succession.** Ce droit peut donc être revendiqué par le conjoint survivant même si les époux vivaient séparément, dès lors que les biens sur lesquels il porte satisfont aux conditions édictées par l'article 764 du Code civil.

131.122 **Biens concernés.** Le droit viager au logement est **un droit double.** Il comprend un **droit d'habitation** portant sur le logement servant d'habitation principale au conjoint survivant à l'époque du décès[1] et un **droit d'usage viager** portant sur le mobilier garnissant ce logement.

Pour que le conjoint puisse revendiquer ces droits, il faut que les biens immobiliers et/ou mobiliers appartiennent aux deux époux ou dépendent totalement de la succession (C. civ., art. 764, al. 1er). Ainsi lorsque le logement du conjoint est loué ou appartient en propre au conjoint survivant ou est en indivision avec un tiers, seul le droit d'usage sur le mobilier peut être revendiqué.

Si le bien occupé à titre d'habitation principale par le conjoint est un bien reçu par le défunt aux termes d'une donation stipulant un droit de retour, et qu'en l'absence de descendants ce droit de retour trouve à s'appliquer, le conjoint ne peut exercer son droit viager car, par le jeu du droit de retour conventionnel, le bien retourne dans le patrimoine du donateur et ne fait donc pas partie du patrimoine successoral[2].

131.123 **Absence d'exhérédation.** Le conjoint survivant ne peut revendiquer son droit viager au logement que s'il n'en a pas été privé. Cette privation doit être expresse et ne peut être faite que par testament authentique (C. civ., art. 764, al. 1er). Elle ne sera efficace que si le conjoint survivant ne recueille pas l'usufruit de l'universalité de la succession par ailleurs, soit en vertu de la loi, soit en vertu d'une libéralité en sa faveur[3].

131.124 **Nécessité d'une demande.** Le bénéfice du droit viager au logement n'est pas automatique. Le conjoint survivant doit en faire la demande **dans l'année suivant l'ouverture de la succession** (C. civ., art. 765-1), passé ce délai, il est réputé y avoir renoncé. La loi ne prévoit aucune forme particulière pour cette demande, qui peut par conséquent être aussi bien expresse que tacite[4], mais le simple maintien dans les lieux n'est pas suffisant[5].

131.125 **Droit dans la succession.** Contrairement au droit temporaire au logement qui est un droit de créance, c'est-à-dire un droit contre la succession (v. ss nos 131.141 à 131.144-2), le droit viager au logement est **un droit dans la succession.** Aussi, pour le revendiquer, le conjoint survivant doit-il avoir accepté la succession. En application du principe d'indivisibilité de l'option successorale, il ne peut en effet accepter le droit viager et renoncer à ses autres droits dans la succession[6].

SECTION 3
DROITS DU CONJOINT CONTRE LA SUCCESSION

131.130 **Plan.** Le conjoint survivant a deux catégories de droits contre la succession : un droit temporaire au logement qui est automatique dès lors que les conditions légales sont satisfaites (§ 1) et un droit à pension qui doit faire l'objet d'une demande spécifique (§ 2). Ces deux droits de créance sont d'ordre public.

§ 1
Droit temporaire au logement

131.141 **Notion.** Afin d'assurer au conjoint le maintien temporaire dans son cadre de vie dans les mois suivant le décès, le législateur lui accorde **un droit d'usage et d'habitation temporaire sur le logement** lui servant de façon effective d'habitation principale au jour de l'ouverture de la succession ainsi que **sur le mobilier garnissant** ce logement (C. civ., art. 763). Ce droit, d'une durée de **douze mois** à compter de l'ouverture de la succession, est un **effet direct du mariage** (C. civ., art. 763, al. 3) et non pas un droit de nature successorale. Le conjoint survivant en bénéficie donc en tant que créancier et non pas en tant qu'héritier. Ainsi, il peut le revendiquer, qu'il soit exhérédé et même privé du droit viager au logement par testament authentique, ou qu'il renonce à la succession.

1. Civ. 1re, 25 sept. 2013, no 12-21.569, P I, no 191 ; *AJ fam.* 2013. 654, obs. N. Levillain ; *RTD civ.* 2013. 874, obs. M. Grimaldi.
2. Civ. 1re, 16 sept. 2014, no 13-16.164, P I, no 148 (jeu du droit de retour conventionnel en cas de renonciation des descendants) – Civ. 1re, 23 sept. 2015, no 14-18.131, P I, no 215 (jeu du droit de retour conventionnel alors que le donataire était marié sous le régime de la communauté universelle).
3. N. Levillain, « Le droit viager au logement du conjoint survivant », *JCP N* 2003, no 1043, p. 101 s.
4. Civ. 1re, 13 févr. 2019, no 18-10.171, P ; *AJ fam.* 2019. 352, obs. N. Levillain.
5. Civ. 1re, 2 mars 2022, no 20-16.674, P ; *D.* 2022. 2063, obs. S. Godechot-Patris et C. Grare-Didier ; *AJ fam.* 2022. 233, obs. N. Levillain ; *RTD civ.* 2022. 439, obs. M. Grimaldi ; *Dr. fam.* 2022, no 75, obs. M. Nicod ; *JCP N* 2022, no 1161, obs. V. Zalewski-Sicard.
6. *J.-Cl. Civ. Code*, art. 756 à 767, fasc. 20, spéc. no 54, par P. Catala, actu. par L. Leveneur – CONTRA, F. Sauvage, « Le logement de la veuve », *Dr. et patr.* janv. 2003, p. 36.

131.142 Formes du droit temporaire au logement. Selon la nature des droits assurant le logement du conjoint survivant, la mise en œuvre du droit temporaire au logement peut prendre deux formes.

Si les biens immobiliers servant de logement au conjoint survivant dépendent totalement de la succession ou appartenaient aux deux époux – **bien indivis ou bien de communauté** – alors le conjoint exerce son droit viager au logement **en occupant gratuitement pendant un an ces biens.** Il n'y a alors aucun mouvement de valeur et donc aucune incidence sur le passif successoral.

S'il s'agit d'un immeuble loué, alors **le conjoint a droit au remboursement par la succession des loyers versés pendant l'année suivant le décès.** La succession est donc débitrice du conjoint survivant. C'est pourquoi, il convient d'inscrire au passif successoral la créance du conjoint survivant.

Si, enfin, il s'agit d'un immeuble détenu par le défunt en indivision avec un tiers, c'est-à-dire avec toute personne autre que le conjoint survivant, le conjoint a droit au **remboursement de l'indemnité d'occupation versée au tiers pendant l'année suivant l'ouverture de la succession.** Dans cette dernière hypothèse, l'indemnité d'occupation doit être inscrite au passif successoral.

131.143 Étendue du droit temporaire au logement. Le conjoint a droit à la **jouissance gratuite du logement pendant une année.** Qu'entend-on par jouissance gratuite ?

Sur ce point la doctrine est partagée. Certains estiment que le conjoint a seulement droit au **remboursement des loyers acquittés pendant l'année suivant le décès.** Pour d'autres, la jouissance gratuite s'étend au remboursement des **charges de copropriétés**[1] considérées comme accessoires du loyer, voire même à la **taxe d'habitation**[2].

Si une telle solution est admise pour les logements loués, rien ne devrait s'opposer à son extension lorsque le logement dépend totalement de la succession ou appartient aux deux époux, de façon à ce que le conjoint survivant puisse bénéficier d'une jouissance totalement gratuite. D'une part, la succession aurait la charge définitive de la totalité des charges de copropriété pendant un an, même si le bien appartenait aux deux époux. D'autre part, le conjoint survivant devrait pouvoir récupérer sur la succession la taxe d'habitation, dans les mêmes conditions que l'époux locataire.

Une clarification jurisprudentielle s'impose donc sur la question de l'étendue de la gratuité accordée au conjoint survivant.

131.144 Conséquences liquidatives. Le droit temporaire au logement constitue une nouvelle catégorie de charge successorale. Créée par la loi, elle est **limitée aux forces de la succession** et n'engage donc jamais le patrimoine personnel de l'héritier tenu *ultra vires* (au-delà des forces de la succession).

En tant que charge successorale, le droit temporaire au logement doit être **inscrit au passif successoral.** Il est à noter que, dans la liquidation fiscale en vue de la déclaration de succession, sont déductibles de l'actif uniquement les loyers ou l'indemnité versée à un tiers en indivision sur le logement du conjoint survivant. Les **charges de copropriété** et la **taxe d'habitation ne peuvent être déduites de l'actif taxable**[3].

131.144-1 Droit temporaire. Logement loué.

EXEMPLE

Le défunt laisse pour recueillir sa succession son conjoint et deux enfants.

Le logement occupé par le conjoint survivant à titre d'habitation principale au jour du décès est un appartement loué pour un loyer mensuel de 1 020 € dont 120 € de charges. On retiendra ici une solution intermédiaire quant à l'étendue de la gratuité : le conjoint peut récupérer le loyer et les charges de copropriété mais pas la taxe d'habitation.

Deux situations peuvent se présenter : soit le partage intervient plus d'un an après le décès, soit il intervient dans l'année du décès :

– Dans la *première hypothèse*, le droit temporaire au logement n'est inscrit au passif que si la créance du conjoint n'est pas éteinte, c'est-à-dire s'il n'a pas reçu de remboursement.

– Dans la *seconde hypothèse*, il suffit de déterminer à titre provisionnel le montant que le conjoint survivant devra acquitter au titre du loyer entre le jour du décès et le jour de l'extinction du droit temporaire au logement et de le mettre au passif de la masse à partager.

On suppose que la succession n'a effectué aucun remboursement ; la créance du conjoint survivant est de 12 × 1 020 = 12 240 €.

La liquidation se présente comme suit :

Actif brut	....
Passif	....
Créance du conjoint survivant au titre du droit temporaire	12 240
Total passif	....
Actif net à partager	....

Fiscalement, seuls les loyers sont déductibles de l'actif taxable, soit la somme de 12 × 900 = 10 800 €.

1. M. Grimaldi (dir.), Dalloz action *Droit patrimonial de la famille*, 2025/2026, n° 233.45, par C. Vernières.
2. *J.-Cl. Civ. Code*, art. 756-767, fasc. 20, n° 23, par P. Catala, actu. par L. Leveneur – V. Bremond, *LPA* 30 juill. 2002, n° 32, texte et notes 65 à 68 – F. Sauvage, *Dr. et patr.* janv. 2003, p. 35, texte et note 48.
3. *BOI-ENR-DMTG*-10-40-20-10-20141030, n° 140.

131.144-2 Droit temporaire. Logement appartenant pour partie à un tiers.

EXEMPLE

Le défunt laisse pour recueillir sa succession son conjoint et deux enfants.

Le logement occupé par le conjoint survivant à titre d'habitation principale au jour du décès est un immeuble appartenant pour moitié à la succession et pour l'autre moitié au frère du défunt. La valeur locative du bien est de 900 € par mois auxquels s'ajoutent 120 € de charges de copropriété incombant au locataire. Le conjoint survivant en tant qu'occupant est tenu d'acquitter la totalité des charges incombant au locataire. Il doit par ailleurs verser à son beau-frère une indemnité mensuelle égale à la moitié de la valeur locative soit 450 €.

Si on considère que le conjoint peut récupérer sur la succession le loyer augmenté des charges de copropriété, sa créance sur la succession au titre du droit temporaire au logement est de (450 + 120) × 12 = 6 840 €.

La liquidation se présente comme suit :

Actif brut	………
Passif	………
Créance du conjoint survivant au titre du droit temporaire	6 840
Total passif	………
Actif net à partager	………

Fiscalement, seuls les loyers sont déductibles de l'actif taxable, soit la somme de 12 × 450 = 5 400 €.

131.145 Fiscalité. En principe, seules les **dettes successorales** sont déductibles de l'actif net taxable, c'est-à-dire des dettes nées avant le décès et contractées par le défunt. Le **droit temporaire au logement** est une charge de la succession, car cette obligation, qui découle directement du règlement de la succession, ne naît qu'après l'ouverture de la succession. Il ne devrait donc pouvoir être déduit de l'actif taxable. Toutefois, à titre dérogatoire, l'article 775 *quater* du Code général des impôts admet la déduction de l'actif de succession du « *montant des loyers ou indemnités d'occupation effectivement remboursé par la succession au conjoint survivant* » ou au partenaire lié par un PACS.

§ 2 Droit à pension

131.151 Notion. Le conjoint successible qui se trouve dans un état de besoin au jour de l'ouverture de la succession peut réclamer des aliments (C. civ., art. 767). La créance d'aliment est un prolongement du devoir de secours entre époux.

La demande d'aliments doit être faite dans le **délai d'un an à compter du décès** ou du moment où les héritiers cessent d'acquitter les prestations qu'ils fournissaient auparavant au conjoint. Ce délai peut être prolongé jusqu'à l'achèvement du partage (C. civ., art. 767, al. 1er).

Pour bénéficier de ce droit alimentaire, le conjoint doit prouver son **état de besoin**, lequel est apprécié par rapport à l'ensemble de ses ressources, en ce compris ses droits dans la succession, qu'ils soient en propriété ou en usufruit. Aucune autre condition n'est requise. En particulier, il n'est pas nécessaire que l'actif successoral comprenne des biens aisément mobilisables [1].

131.152 Nature juridique de la créance d'aliments. La créance d'aliments est une **nouvelle charge successorale** créée par la loi. C'est pourquoi, elle se trouve limitée aux forces de la succession : « *la pension est prélevée sur la succession* » (C. civ., art. 767, al. 2). Les **héritiers acceptant purement et simplement** la succession n'en sont jamais tenus sur leur patrimoine personnel [2]. En revanche, si l'actif net est insuffisant, les **légataires particuliers** doivent en principe supporter la dette d'aliments proportionnellement à leur émolument (C. civ., art. 767, al. 2). Cette répartition proportionnelle est écartée si le défunt a expressément déclaré que tel legs sera acquitté par préférence aux autres (C. civ., art. 767, al. 3). Dans cette hypothèse, le bénéficiaire du legs préférentiel ne supportera la dette d'aliments que si les autres legs n'ont pas permis d'éteindre cette dette.

131.153 Conséquences liquidatives. En tant que charge successorale, la pension due au conjoint survivant doit être **inscrite au passif successoral, mais après toutes les autres dettes et charges.** La loi ne précise toutefois pas si la pension peut être prélevée sur l'actif net ou sur l'actif brut de succession ; mais la doctrine considère que les aliments doivent être versés au conjoint après apurement du passif successoral, donc **sur l'actif net** [3].

131.154 Fiscalité. Il n'existe aucune disposition relative à la déductibilité de la **pension alimentaire versée au conjoint survivant.** La situation se présentant rarement, il est probable qu'il s'agisse d'une omission du législateur. Dans l'éventualité où une pension alimentaire serait demandée par le conjoint survivant, il serait utile de faire un **rescrit** afin d'éviter que les héritiers n'aient à payer des droits de succession sur une partie de la succession qui en définitive revient au conjoint survivant au titre des aliments.

1. Civ. 1re, 30 janv. 2019, n° 18-13.526, P ; *D.* 2019. 256 ; *AJ fam.* 2019. 164, obs. N. Levillain ; *RTD civ.* 2019. 385, obs. M. Grimaldi ; *Dr. fam.* 2019, n° 83, obs. M. Nicod.
2. *J.-Cl. Civ. Code*, art. 756 à 767, fasc. 30, nos 19 s., par S. Mazeaud-Leveneur.
3. Ph. Malaurie et C. Brenner, *Droit des successions et des libéralités*, 11e éd., « Droit civil », LGDJ, 2024, n° 97 – *J.-Cl. Civ. Code*, art. 756 à 767, fasc. 30, n° 32, par S. Mazeaud-Leveneur – M. Grimaldi (dir.), Dalloz action *Droit patrimonial de la famille*, 2025/2026, par C. Vernières, n° 234.23 – V. TOUTEFOIS, M. Grimaldi, *Droit des successions*, 8e éd., « Manuels », LexisNexis, 2020, n° 225.

CHAPITRE

132. Modalités de calcul des droits successoraux du conjoint

SECTION 0

ORIENTEUR

132.00 Sommaire du chapitre.

132.01 Textes applicables.

- **C. civ.,** art. 757, 757-1, 758-5, 758-6 et 765
- **CGI,** art. 669 et 762 *bis*

> Option successorale du conjoint survivant en présence de descendants du défunt

- **C. civ.,** art. 757

Si l'époux prédécédé laisse des enfants ou descendants, le conjoint survivant recueille, à son choix, l'usufruit de la totalité des biens existants ou la propriété du quart des biens lorsque tous les enfants sont issus des deux époux et la propriété du quart en présence d'un ou plusieurs enfants qui ne sont pas issus des deux époux.

> Droits du conjoint survivant en présence d'ascendants du défunt

- **C. civ.,** art. 757-1

Si, à défaut d'enfants ou de descendants, le défunt laisse ses père et mère, le conjoint survivant recueille la moitié des biens. L'autre moitié est dévolue pour un quart au père et pour un quart à la mère.

Quand le père ou la mère est prédécédé, la part qui lui serait revenue échoit au conjoint survivant.

> Calcul des droits successoraux du conjoint survivant

- **C. civ.,** art. 758-5

Le calcul du droit en toute propriété du conjoint prévu aux articles 757 et 757-1 sera opéré sur une masse faite de tous les biens existant au décès de son époux auxquels seront réunis fictivement ceux dont il aurait disposé, soit par acte entre vifs, soit par acte testamentaire, au profit de successibles, sans dispense de rapport.

Le conjoint ne pourra exercer son droit que sur les biens dont le prédécédé n'aura disposé ni par acte entre vifs, ni par acte testamentaire, et sans préjudicier aux droits de réserve ni aux droits de retour.

> Imputation des libéralités reçues par le conjoint survivant

- **C. civ.,** art. 758-6

Les libéralités reçues du défunt par le conjoint survivant s'imputent sur les droits de celui-ci dans la succession. Lorsque les libéralités ainsi reçues sont inférieures aux droits définis aux articles 757 et 757-1, le conjoint survivant peut en réclamer le complément, sans jamais recevoir une portion des biens supérieure à la quotité définie à l'article 1094-1.

> Imputation des droits d'habitation et d'usage bénéficiant au conjoint survivant

- **C. civ.,** art. 765

La valeur des droits d'habitation et d'usage s'impute sur la valeur des droits successoraux recueillis par le conjoint.

Si la valeur des droits d'habitation et d'usage est inférieure à celle de ses droits successoraux, le conjoint peut prendre le complément sur les biens existants.

Si la valeur des droits d'habitation et d'usage est supérieure à celle de ses droits successoraux, le conjoint n'est pas tenu de récompenser la succession à raison de l'excédent.

> Fiscalité des droits en usufruit et en nue-propriété

• **CGI,** art. 669

I. – Pour la liquidation des droits d'enregistrement et de la taxe de publicité foncière, la valeur de la nue-propriété et de l'usufruit est déterminée par une quotité de la valeur de la propriété entière, conformément au barème ci-après :

ÂGE de l'usufruitier	VALEUR de l'usufruit	VALEUR de la nue-propriété
Moins de :		
21 ans révolus	90 %	10 %
31 ans révolus	80 %	20 %
41 ans révolus	70 %	30 %
51 ans révolus	60 %	40 %
61 ans révolus	50 %	50 %
71 ans révolus	40 %	60 %
81 ans révolus	30 %	70 %
91 ans révolus	20 %	80 %
Plus de 91 ans révolus	10 %	90 %

Pour déterminer la valeur de la nue-propriété, il n'est tenu compte que des usufruits ouverts au jour de la mutation de cette nue-propriété.

II. – L'usufruit constitué pour une durée fixe est estimé à 23 % de la valeur de la propriété entière pour chaque période de dix ans de la durée de l'usufruit, sans fraction et sans égard à l'âge de l'usufruitier.

> Fiscalité des droits d'habitation et d'usage

• **CGI,** art. 762 *bis*

Pour la liquidation des droits de mutation à titre gratuit, la valeur des droits d'habitation et d'usage est de 60 % de la valeur de l'usufruit déterminée conformément au I de l'article 669.

132.02 Jurisprudence de référence.

> Possibilité d'exclure expressément l'imputation des libéralités faites au conjoint sur ses droits légaux : le défunt peut exclure dans son testament l'imputation des libéralités qu'il consent à son conjoint sur ses droits légaux (droit antérieur)

• **Civ. 10 mai 1960,** P, n° 250 ; *D.* 1963. 38, note J. Vidal

* V. s^s^ n° 132.58

« Vu l'article 767, alinéa 10 du Code civil ; [...]

Attendu que l'arrêt attaqué, infirmatif à cet égard, a, pour apprécier l'importance de l'usufruit dont veuve W... a été privée, prescrit d'imputer sur lui d'autres libéralités faites par W... à sa femme dans son testament, tout en constatant que cet acte manifestait la volonté formelle du *de cujus* d'en gratifier son conjoint à titre de supplément de ses droits héréditaires ;

Attendu qu'en ne tenant pas compte de cette volonté qui excluait l'imputation, la cour d'appel a méconnu la portée du texte susvisé. »

> Cumul des droits légaux et volontaires du conjoint survivant entre le 1er juillet 2002 et le 1er janvier 2007, dates d'entrée en vigueur des lois du 3 décembre 2001 et du 23 juin 2006

• **Cass., avis, 25 sept. 2006,** n° 06-00.009, P, n° 8

* V. s^s^ n° 132.113

« 1° S'agissant des successions ouvertes depuis le 1er juillet 2002, la loi n° 2001-1135 du 3 décembre 2001 ayant abrogé la règle de l'imputation prescrite par l'article 767 alinéa 6, ancien, du Code civil, le conjoint survivant peut cumuler les droits successoraux prévus aux articles 757, 757-1 et 757-2 du Code civil avec une ou des libéralités consenties en application de l'article 1094 ou de l'article 1094-1 du même code, sans toutefois porter atteinte à la nue-propriété de la réserve héréditaire ni dépasser l'une des quotités disponibles spéciales permises entre époux.

2° S'agissant des successions ouvertes à compter du 1er janvier 2007, la loi n° 2006-728 du 23 juin 2006 ayant réintroduit la règle de l'imputation en insérant un article 758-6 dans le Code civil, le conjoint survivant ne peut plus bénéficier d'un tel cumul. »

• **Civ. 1re, 4 juin 2009,** n° 08-15.799, P I, n° 122

* V. s^s^ n° 132.113

« Procédant à l'analyse de la volonté du testateur, la cour d'appel a estimé souverainement que, nonobstant l'intervention de la loi du 3 décembre 2001 dont elle a fait une exacte application, le maintien de la libéralité traduisait la volonté implicite du défunt de permettre un cumul des droits légaux et de la libéralité ».

> Caractère rapportable des libéralités faites au conjoint survivant

• **Civ. 1re, 12 janv. 2022,** n° 19-25.158, P

* V. s^s^ n°s 132.58 et 132.116-1

« L'article 758-5 du Code civil dispose : [...]

"6. Le calcul du droit en toute propriété du conjoint prévu aux articles 757 et 757-1 sera opéré sur une masse faite de tous les biens existant au décès de son époux auxquels seront réunis fictivement ceux dont il aurait disposé, soit par acte entre vifs, soit par acte testamentaire, au profit de successibles, sans dispense de rapport.

Le conjoint ne pourra exercer son droit que sur les biens dont le prédécédé n'aura disposé ni par acte entre vifs, ni par acte testamentaire, et sans préjudicier aux droits de réserve ni aux droits de retour".

7. L'article 758-6 du même code dispose :

"Les libéralités reçues du défunt par le conjoint survivant s'imputent sur les droits de celui-ci dans la succession. Lorsque les libéralités ainsi reçues sont inférieures aux droits définis aux articles 757 et 757-1, le conjoint survivant peut en réclamer le complément, sans jamais recevoir une portion des biens supérieure à la quotité définie à l'article 1094-1".

8. Il résulte de la combinaison de ces textes que le conjoint survivant est tenu à un rapport spécial en moins prenant des

libéralités reçues par lui du défunt dans les conditions définies à l'article 758-6.

9. Dès lors, la présomption de dispense de rapport des legs prévue à l'article 843 du Code civil étant inapplicable au conjoint survivant, la cour d'appel n'était pas tenue de répondre à des conclusions inopérantes. »

• **Civ. 1re, 12 janv. 2022,** n° 20-12.232, P

* V. ss nos 132.58, 132.116-1 et 132.119

« 6. L'article 758-5 du Code civil dispose :

« Le calcul du droit en toute propriété du conjoint prévu aux articles 757 et 757-1 sera opéré sur une masse faite de tous les biens existant au décès de son époux auxquels seront réunis fictivement ceux dont il aurait disposé, soit par acte entre vifs, soit par acte testamentaire, au profit de successibles, sans dispense de rapport.

Le conjoint ne pourra exercer son droit que sur les biens dont le prédécédé n'aura disposé ni par acte entre vifs, ni par acte testamentaire, et sans préjudicier aux droits de réserve ni aux droits de retour. »

7. L'article 758-6 du Code civil dispose :

"Les libéralités reçues du défunt par le conjoint survivant s'imputent sur les droits de celui-ci dans la succession. Lorsque les libéralités ainsi reçues sont inférieures aux droits définis aux articles 757 et 757-1, le conjoint survivant peut en réclamer le complément, sans jamais recevoir une portion des biens supérieure à la quotité définie à l'article 1094-1".

8. Il résulte de la combinaison de ces textes que le conjoint survivant est tenu à un rapport spécial en moins prenant des libéralités reçues par lui du défunt dans les conditions définies à l'article 758-6.

9. La cour d'appel a retenu que le pacte tontinier compris dans l'acte d'achat de l'appartement constituait une donation déguisée de [E] [C] en faveur de son épouse.

10. Il s'ensuit que cette donation est soumise au rapport dans les limites et selon les modalités prévues à l'article 758-6 du Code civil. »

> Imputation par conversion des libéralités au conjoint sur ses droits légaux

• **Civ. 1re, 17 janv. 2024,** n° 21-20.520, P

* V. ss n° 132.111, 132.114, 132.118 et 132.122

« En statuant ainsi, alors que pour la détermination des droits successoraux du conjoint survivant, en vue de faire une exacte appréciation de l'existence de la perte de chance, les legs consentis à Mme [M] devaient d'abord, non pas se cumuler, mais s'imputer en intégralité sur les droits légaux de celle-ci, de sorte qu'il y avait lieu de calculer la valeur totale de ces legs, en ajoutant à la valeur des droits légués en propriété celle, convertie en capital, des droits légués en usufruit, et de comparer le montant ainsi obtenu à la valeur de la propriété du quart des biens calculée selon les modalités prévues à l'article 758-5 du Code civil, la cour d'appel a violé les textes susvisés. »

> Conséquences de l'imputation d'une libéralité en usufruit sur les droits légaux du conjoint en présence d'enfants non communs

• **Civ. 1re, 25 oct. 2017,** n° 17-10.644, P I, n° 227

* V. ss nos 132.114, 132.116-1, 132.117

Lorsque le conjoint survivant héritier légal d'un quart en pleine propriété est gratifié de la quotité disponible entre époux, sa libéralité s'impute sur ses droits légaux conformément à l'article 758-6 du Code civil et il peut conserver la fraction de libéralité excédant ses droits légaux, dans la limite de la quotité disponible spéciale.

132.03 Bibliographie indicative.

Actualisables. Rép. civ., v° *Succession : dévolution*, par R. Le Guidec et C. Lesbats, juill. 2022 [actu. mars 2024], nos 292 à 368 s. – *J.-Cl. Civ. Code*, art. 756-767, fasc. 10 et 20, par P. Catala (actu. par L. Leveneur).

Ouvrages. B. Beignier, *Les nouveaux droits du conjoint*, « Carré droit », LexisNexis, 2002 – M.-C. Forgeard, B. Gelot et R. Crône, *La réforme des successions*, Defrénois, 2002 – M. Grimaldi (dir.), Dalloz action *Droit patrimonial de la famille*, 2025/2026, nos 232.00 s., par C. Vernières – M. Grimaldi, *Droit des successions*, 8e éd., « Manuels », LexisNexis, 2020, nos 165 s. – F. Terré, Y. Lequette et S. Gaudemet, *Droit civil. Les successions. Les libéralités*, 5e éd., « Précis », Dalloz, 2024, nos 172 s.

Articles. B. Beignier, « La loi du 3 décembre 2001, le conjoint héritier », *Dr. fam.* 2002. Chron. 10 – A. Boitelle, « Les droits légaux du conjoint survivant sur quels biens ? », *JCP N* 2003, n° 1435 – J.-M. do Carmo Silva, « La liquidation des droits légaux du conjoint en concours avec les père et mère du défunt », *Defrénois* 2011. 329 – D. Epailly, « Quel cumul de droits pour le conjoint survivant ? Retour sur une jurisprudence ambiguë », *JCP N* 2018. 1245 – M. Grimaldi, « Droits du conjoint survivant : brève analyse d'une loi transactionnelle », *AJ fam.* 2002. 50-51 ; « L'imputation d'une libéralité en usufruit sur la vocation légale en propriété du conjoint survivant se fait pour la valeur de l'usufruit donné ou légué », *RTD civ.* 2024. 166 – M. Julienne, « L'assiette de l'usufruit légal du conjoint survivant », *D.* 2013. 2283 – M. Jussaume, « Analyse de la règle d'imputation de l'article 758-6 du Code civil au regard des règles du rapport », *LPA* 2008, n° 38, p. 4-14 – N. Levillain, « À propos de deux difficultés relatives à l'usufruit légal du conjoint survivant », *Defrénois* 1999, art. 37068 ; « Les nouveaux droits *ab intestat* du conjoint survivant », *JCP N* 2002. 353 ; « Le droit viager au logement du conjoint survivant », *JCP N* 2003. 1043 ; « Famille recomposée : conjoint survivant héritier du quart légal et gratifié de l'universalité en usufruit », *AJ fam.* 2018. 326 ; « Imputation de l'article 758-6 du Code civil : mode d'emploi », *AJ fam.* 2024. 173 – V. Zalewski-Picard, « Imputation des libéralités : l'imputation des libéralités sur les droits légaux du conjoint survivant : principe et méthode », *JCP N* 2024.1038.

132.04 Questions essentielles

> Sur quels biens s'exerce l'usufruit légal du conjoint survivant ?

* V. ss nos 132.11 à 132.14-2

> Comment se calculent les droits légaux en propriété du conjoint survivant ?

* V. ss nos 132.20 à 132.92-1

> Qu'est-ce que la masse de calcul des droits légaux du conjoint survivant ? Comment se calcule-t-elle ?

* V. ss nos 132.30 à 132.62-1

> Comment déterminer les droits théoriques du conjoint survivant ?

* V. s[s] n° 132.71

> Comment est déterminée et à quoi sert la masse d'exercice ?

* V. s[s] n°s 132.81 à 132.86-1

> À quelle date déterminer les droits légaux du conjoint ?

* V. s[s] n°s 132.61 et 132.92

> Comment imputer le droit viager au logement du conjoint sur ses droits légaux ?

* V. s[s] n°s 132.101 s.

> Comment procéder à l'imputation des libéralités faites au conjoint survivant sur ses droits légaux ?

* V. s[s] n°s 132.111 s.

132.05 **Division.** Le calcul des droits successoraux du conjoint survivant dépend de la nature de ces droits : droits en usufruit (sect. 1) ou droits en propriété (sect. 2). Ce calcul permet ensuite de vérifier, lorsque le conjoint bénéficie du droit viager au logement, s'il est totalement rempli de ses droits au moyen de ce droit viager ou s'il peut prélever un complément (sect. 3). Enfin, lorsque le conjoint a été gratifié, il faut vérifier en imputant les libéralités qui lui ont été consenties sur ses droits légaux qu'il n'a pas reçu au-delà de ce que la loi l'autorise à recevoir (sect. 4).

SECTION 1
DÉTERMINATION DES DROITS EN USUFRUIT DU CONJOINT SURVIVANT

132.11 **Absence de calcul.** Avant l'entrée en vigueur de la loi du 3 décembre 2001, l'évaluation des droits en usufruit du conjoint survivant nécessitait de nombreux calculs car ces droits ne portaient que sur une **quote-part de l'usufruit successoral.** Désormais, lorsque le conjoint survivant a des droits en usufruit, **son usufruit est universel**, il porte donc sur la totalité des biens existants. Son assiette comprend non seulement la quotité disponible, comme avant la réforme, mais également la réserve des descendants. En conséquence, lorsque le conjoint survivant opte pour l'usufruit de la succession, les descendants n'ont leur réserve qu'en nue-propriété.

132.12 **Assiette de l'usufruit légal : tous les biens existants.** Les droits en usufruit du conjoint ont pour assiette tous les biens existants. Pour les déterminer, il suffit donc de préciser la consistance des biens existants. La notion n'est pas inconnue : les biens existants sont **tous les biens laissés par le défunt et dont il n'a pas disposé** à cause de mort, par testament ou par institution contractuelle. Il existe une différente importante par rapport aux dispositions de l'ancien article 767 du Code civil, lequel énonçait que les droits légaux du conjoint survivant ne pouvaient préjudicier « *ni aux droits de réserve ni aux droits de retour* ». Le conjoint n'étant usufruitier légal qu'en cas de concours avec les descendants, la question des droits de retour ne se pose pas, puisque les droits de retour légaux ne jouent pas lorsque le défunt laisse des descendants. En revanche, il n'existe plus, dans l'article 757 du Code civil, de restriction relative aux droits de réserve. Le texte ne visant que « *l'usufruit de la totalité des biens existants* », la doctrine considère que cet usufruit porte également sur la réserve des descendants[1].

132.13 **Biens légués.** La question s'est posée de savoir si le conjoint survivant pouvait exercer son usufruit légal sur les biens légués. Alors que l'article 922 du Code civil, relatif à la masse de calcul de la quotité disponible, inclut les biens légués dans les biens existants, l'article 758-5 dudit code qui édicte les règles de calcul des droits en propriété du conjoint survivant distingue, quant à lui, les biens légués des biens existants.

Les premiers commentateurs de la réforme avaient écarté de l'assiette de l'usufruit tous les biens légués[2]. Une analyse plus fine a ensuite été proposée, en distinguant entre les legs hors part et ceux en avancement de part.

Le **legs hors part successorale** ne fait pas partie de l'assiette de l'usufruit du conjoint survivant, car il manifeste une volonté d'exclure le conjoint de la part du disposant, sauf si le legs n'est pas délivré en raison du prédécès ou de la renonciation du légataire ; dans ce dernier cas, les biens légués demeurent dans les biens existants.

Si le legs hors part successorale est **réductible**, la question s'est posée de savoir si le conjoint survivant peut exercer son usufruit sur la fraction réductible du legs.

Avant la réforme de 2006, la jurisprudence ne permettait pas à l'héritier non réservataire en concours avec des réservataires d'avoir des droits dans le produit de la réduction[3]. Il semble en conséquence que le conjoint n'ait pas de droit sur l'indemnité de réduction ou la fraction réductible du legs.

En effet, l'**action en réduction n'a vocation qu'à protéger les intérêts des héritiers réservataires** et

1. M. Grimaldi, « Droits du conjoint survivant : brève analyse d'une loi transactionnelle », *AJ fam.* 2002. 50-51 – N. Levillain, « Les nouveaux droits *ab intestat* du conjoint survivant », *JCP N* 2002. 353 – B. Beignier, « La loi du 3 décembre 2001, le conjoint héritier », *Dr. fam.* 2002. Chron. 10 – Pour une réflexion sur cette interprétation de l'article 757 du Code civil, v. *J.-Cl. Civ. Code*, art. 756-767, fasc. 10, note 14, n°s 42 à 44, par P. Catala (actu. par L. Leveneur).
2. N. Levillain, « Les nouveaux droits *ab intestat* du conjoint survivant », *JCP N* 2002. 353 – B. Beignier, « La loi du 3 décembre 2001, le conjoint héritier », *Dr. fam.* 2002. Chron. 10 – M.-C. Forgeard, R. Crône et B. Gelot, *La réforme des successions*, Defrénois, 2002, n° 23.
3. Civ. 1re, 1er mars 1977, n° 75-14.696, P I, n° 113 ; *D.* 1977. 541, note J.-B. Donnier.

non pas à assurer au conjoint le plein exercice de son droit en usufruit[1]. C'est pourquoi, la doctrine majoritaire considère que le legs hors part réductible n'entre pas dans l'assiette de l'usufruit légal du conjoint, même si le conjoint a vocation à recueillir l'usufruit de la réserve[2].

En revanche le conjoint survivant devrait pouvoir exercer son usufruit légal sur les **biens légués avec clause de rapport ou par testament-partage,** car, sauf volonté contraire manifeste, un tel legs, également appelé **legs d'attribution,** n'a pas vocation à exclure ou avantager mais seulement à répartir les biens du testateur[3].

132.13-1 Incidence d'un legs particulier non réductible sur les droits en usufruit du conjoint.

EXEMPLE

Le défunt laisse pour recueillir sa succession son conjoint, séparé de biens, et deux enfants issus de son union avec ce dernier. Son patrimoine au décès comprend : un appartement à Paris (500 000 €), un portefeuille de valeurs mobilières (150 000 €) et une voiture de collection (100 000 €) léguée à son frère. Le défunt n'a consenti aucune autre libéralité entre vifs ou à cause de mort.

Le conjoint survivant opte pour l'usufruit des biens existants.

Préalablement à la détermination des droits en usufruit du conjoint, il faut vérifier si le legs au frère ne porte pas atteinte à la réserve des descendants.

En présence de deux enfants, le taux de la réserve est de 2/3 et celui de la quotité disponible de 1/3.

La masse de calcul de la quotité disponible, calculée selon les règles édictées par l'article 922 du Code civil (v. s^s^ n°s 311.11 s.), ne comprend que les biens existants (y compris le bien légué) soit : 500 000 + 150 000 + 100 000 = 750 000 €.

La réserve globale est de 2/3 × 750 000 = 500 000 € et la quotité disponible de 1/3 × 750 000 = 250 000 €.

Le legs au frère d'un montant de 100 000 € n'excède pas la quotité disponible, il n'est pas réductible.

Les droits en usufruit du conjoint s'exercent sur tous les biens laissés par le défunt et non légués soit, en l'espèce sur l'appartement et sur le portefeuille de valeurs mobilières.

Quant aux deux enfants, ils recueillent chacun la moitié des biens existants en nue-propriété soit la nue-propriété de l'appartement et du portefeuille.

132.13-2 Legs d'attribution. Assiette de l'usufruit légal du conjoint.

EXEMPLE

Le défunt laisse pour recueillir sa succession son conjoint, séparé de biens, et deux enfants, A et B, issus de son union avec ce dernier. Son patrimoine au décès comprend : une maison servant de logement à la famille (200 000 €), une résidence secondaire (120 000 €), un appartement loué (120 000 €) et des liquidités pour un montant de 10 000 €. Le défunt a légué, avec stipulation expresse de rapport, à son enfant A l'appartement loué et à son enfant B la résidence secondaire et le studio.

Le conjoint survivant opte pour l'usufruit des biens existants.

L'usufruit du conjoint s'exerce sur l'ensemble des biens existants en ce compris les biens légués avec clause de rapport. L'assiette de l'usufruit légal du conjoint comprend donc : la maison, la résidence secondaire, l'appartement loué et les liquidités.

Les legs d'attribution ont seulement pour but d'éviter une indivision et de faciliter le partage de la succession.

132.14 Incidence du droit viager au logement sur l'usufruit légal du conjoint survivant. En supposant que le conjoint puisse bénéficier du droit viager au logement, deux situations peuvent se présenter.

Première hypothèse : le logement sur lequel porte le droit viager est compris dans l'assiette de l'usufruit du conjoint survivant. Ce dernier a alors deux droits sur le même bien : **un droit d'usufruit** et **un droit d'usage et d'habitation.** Le droit d'usage et habitation n'étant qu'un « *diminutif* » du droit d'usufruit[4], ce droit réel s'éteint par consolidation.

Seconde hypothèse : les biens immobiliers sur lesquels porte le droit viager ont été légués, sans que le conjoint ait été expressément privé de son droit viager

1. *J.-Cl. Civ. Code*, art. 756-767, fasc. 10, n° 47, par P. Catala (actu. par L. Leveneur) – V. AUSSI, plus hésitant, M. Grimaldi, « Droits du conjoint survivant : brève analyse d'une loi transactionnelle », *AJ fam.* 2002. 48, et spéc. 50-51 – *CONTRA*, A. Boitelle, « Les droits légaux du conjoint survivant sur quels biens ? », *JCP N* 2003, n° 1435.
2. *J.-Cl. Civ. Code*, art. 756-767, fasc. 10, n° 47, par P. Catala (actu. par L. Leveneur) – A.-M. Leroyer, *Droit des successions*, 4e éd., « Cours », Dalloz, 2020, n° 116 – F. Gemignani et G. Bonnet, « Usufruit légal du conjoint : de quelques difficultés liquidatives », *Defrénois* 2010. 673 s., spéc. p. 678 – PLUS DUBITATIF : M. Grimaldi, « Droits du conjoint survivant : brève analyse d'une loi transactionnelle », *AJ fam.* 2002. 48 ; *Droit des successions*, 8e éd., LexisNexis, 2020, n° 198 : l'auteur propose par ailleurs de prévoir une clause permettant au conjoint de recueillir l'usufruit de la fraction réductible du legs, si telle est la volonté du testateur – NE PRENANT PAS PARTI : F. Terré, Y. Lequette et S. Gaudemet, *Droit civil. Les successions. Les libéralités*, 5e éd., « Précis », Dalloz, 2024, n° 175 – *CONTRA*, M. Julienne, « L'assiette de l'usufruit légal du conjoint survivant », *D.* 2013. 2283.
3. *J.-Cl. Civ. Code*, art. 756-767, fasc. 10, n° 46, par P. Catala (actu. par L. Leveneur) – M. Grimaldi, art. préc. s^s^ prés^t^ n° – A. Boitelle, art. préc. s^s^ prés^t^ n° – Ph. Malaurie et C. Brenner, *Droit des successions et des libéralités*, 11e éd., « Droit civil », LGDJ, 2024, n° 89 – *CONTRA*, Rép. civ., v° *Succession : dévolution*, par R. Le Guidec et C. Lesbats, juill. 2022 [actu. mars 2024], n°s 331 s. – F. Terré, Y. Lequette et S. Gaudemet, *Droit civil. Les successions. Les libéralités*, 5e éd., « Précis », Dalloz, 2024, n° 175 – *CONTRA*, M. Julienne, « L'assiette de l'usufruit légal du conjoint survivant », *D.* 2013. 2283, spéc. p. 2287.
4. D. Ponton-Grillet, « Le droit d'usage et d'habitation : diminutif ou substitut du droit d'usufruit ? », *D.* 1992. Chron. 235 – *J.-Cl. Civ. Code*, art. 578 à 581, fasc. unique, n° 10.

par testament authentique. En pareille hypothèse, le conjoint survivant conserve son droit viager et le légataire reçoit son legs grevé de ce droit. Le conjoint survivant a alors, d'une part, **l'usufruit des biens existants** et d'autre part **un droit viager portant sur les biens immobiliers légués** [1].

132.14-1 Conjoint usufruitier légal. Legs à un tiers des biens immobiliers assurant le logement principal du conjoint.

EXEMPLE

Le défunt laisse pour recueillir sa succession son conjoint, séparé de biens, et deux enfants issus de son union avec ce dernier. Son patrimoine au décès comprend : un appartement à Évreux servant de logement au couple (120 000 €), un portefeuille de valeurs mobilières (40 000 €) et une petite maison de campagne (80 000 €). Il a légué l'appartement d'Évreux à son frère, par testament olographe. Le défunt n'a consenti aucune autre libéralité entre vifs ou à cause de mort.

Le conjoint survivant opte pour l'usufruit des biens existants.

Préalablement à la détermination des droits en usufruit du conjoint, il faut vérifier si le legs au frère ne porte pas atteinte à la réserve des descendants.

En présence de deux enfants, le taux de la réserve est de 2/3 et celui de la quotité disponible de 1/3.

La masse de calcul de la quotité disponible, calculée selon les règles édictées par l'article 922 du Code civil (v. s[s] n°s 311.11 s.), ne comprend que les biens existants (y compris le bien légué) soit : 120 000 + 40 000 + 80 000 = 240 000 €.

La réserve globale est de 2/3 × 240 000 = 160 000 € et la quotité disponible de 1/3 × 240 000 = 80 000 €.

Le legs au frère d'un montant de 120 000 € excède la quotité disponible, il est donc réductible. Cette réduction n'a aucune incidence sur les droits du conjoint car, selon la doctrine dominante, elle ne profite qu'aux enfants, seuls héritiers réservataires.

Les droits en usufruit du conjoint ne s'exercent donc que sur les biens laissés par le défunt et non légués soit, en l'espèce sur la maison de campagne et le portefeuille de valeurs mobilières.

En application de l'article 764 du Code civil, le conjoint a également, s'il le revendique dans l'année du décès, un droit viager au logement portant sur l'appartement d'Évreux. Ce droit s'exerce car le conjoint n'en a pas été expressément privé par testament authentique.

Quant aux deux enfants, ils recueillent la nue-propriété des biens existants soit la nue-propriété de la maison de campagne et du portefeuille de valeurs mobilières, ainsi que l'indemnité de réduction due par le frère, le tout à concurrence de moitié chacun.

1. M.-C. Forgeard, R. Crône et B. Gelot, *La réforme des successions*, Defrénois, 2002, n° 45 – M. Grimaldi, « Droits du conjoint survivant : brève analyse d'une loi transactionnelle », *AJ fam.* 2002. 51, note 34 – B. Beignier, *Les nouveaux droits du conjoint*, « Carré Droit », LexisNexis, 2002, n° 78 – N. Levillain, « Le droit viager au logement du conjoint survivant », *JCP N* 2003. 1043, n° 32 – *J.-Cl. Civ. Code*, art. 756-767, fasc. 20, n° 42, par P. Catala (actu. par L. Leveneur).

132.14-2 Conjoint usufruitier légal. Legs réduit en nature.

EXEMPLE

Le défunt laisse pour recueillir sa succession son conjoint, séparé de biens, et deux enfants issus de son union avec ce dernier. Son patrimoine au décès comprend : un appartement à Évreux (120 000 €), un portefeuille de valeurs mobilières (40 000 €) et une petite maison de campagne (80 000 €). Il a légué l'appartement d'Évreux à son frère, par testament olographe. Le défunt n'a consenti aucune autre libéralité entre vifs ou à cause de mort. Les biens n'ont pas changé de valeur entre le décès et le partage.

Comme précédemment la quotité disponible est de 80 000 €.

Le legs particulier excède la quotité disponible de 40 000 €. On suppose que le frère demande la réduction en nature, n'étant pas en mesure de payer l'indemnité de réduction.

Masse à partager

1) Biens existants

Appartement sis à Évreux	120 000
Maison de campagne	80 000
Valeurs mobilières	40 000
Actif brut	240 000

2) Passif

Passif de succession	Néant

3) Balance

Actif net de succession	240 000

4) Déduction des legs

Legs particulier au frère (fraction non réductible)	120 000
Reste	120 000

Le conjoint survivant exerce son usufruit légal sur ces 120 000 € correspondant à la maison de campagne et aux valeurs mobilières (biens non légués). Sur ces biens les enfants n'ont que des droits en nue-propriété.

La fraction réductible du legs (1/3 de la valeur de l'appartement) revient exclusivement aux héritiers réservataires, en principe en pleine propriété. Toutefois, le bien légué étant la résidence principale du conjoint survivant au jour de l'ouverture de la succession, ce dernier peut revendiquer son droit viager dans l'année du décès, car le défunt ne l'en a pas expressément privé par testament authentique (v. C. civ., art. 764, al. 1er). Dans cette éventualité, le droit viager grèvera tant la fraction exécutable du legs (2/3 du bien légué) que la fraction réductible revenant aux enfants (1/3 du bien légué).

SECTION 2
DÉTERMINATION DES DROITS EN PROPRIÉTÉ DU CONJOINT SURVIVANT

132.20 **Plan.** Il n'est nécessaire de calculer les droits en propriété du conjoint survivant que lorsque celui-ci ne recueille qu'une quote-part de la succession. Il en est ainsi lorsque le conjoint est en concours avec des descendants et n'opte pas pour l'usufruit – il a alors des droits en propriété d'un quart – ainsi que lorsqu'il est en concours avec les père et mère ; ses droits sont alors de la moitié ou des trois quarts de la succession, selon que le défunt laisse ses deux parents ou un seul. Les droits en propriété sont alors calculés selon les règles édictées par l'article 758-5 du Code civil. Selon cet article, fortement inspiré de l'ancien article 767 du Code civil, les droits du conjoint survivant sont déterminés par comparaison entre deux données : les droits théoriques, calculés à partir d'une masse de calcul (§ 1), et la masse d'exercice (§ 2).

§ 1
Masse de calcul

A.
Composition

132.30 **Plan.** La composition de la masse de calcul des droits en propriété du conjoint survivant est déterminée par l'article 758-5 du Code civil. La masse de calcul comprend ainsi tous les biens existant au décès (1°), auxquels sont réunis fictivement ceux dont le défunt a disposé, soit par acte entre vifs soit par testament, au profit de successibles, sans dispense de rapport (2°).

1°
Biens existants

132.41 **Notion de biens existants.** Les biens existant au décès sont ceux dont le défunt était propriétaire au jour du décès et dont il a abandonné la dévolution aux règles légales[1]. La composition de cette catégorie de biens dépend, d'une part, du régime matrimonial des époux, d'autre part, de la volonté du défunt.

132.42 **Contenu des biens existants selon le régime matrimonial.** La consistance des biens existants dépend tout d'abord du régime matrimonial des époux.

Ainsi, si les époux étaient mariés sous le **régime de la séparation de biens,** les biens existants comprennent les biens personnels de l'époux prédécédé, ses droits dans les biens indivis et, le cas échéant, les créances du défunt sur son conjoint.

Si les époux avaient adopté le **régime de la participation aux acquêts,** doivent être inscrits dans les biens existants : les biens personnels du défunt, ses droits dans les acquisitions indivises et, le cas échéant, le montant de la créance de participation.

Enfin en cas d'adoption d'un **régime communautaire**, font partie des biens existants : les biens propres du défunt ainsi que ses droits dans le *boni* de communauté, lesquels sont de moitié sous le régime de la communauté légale mais peuvent être différents sous un régime de communauté conventionnelle, ainsi qu'éventuellement le solde de son compte de récompenses. Lorsque le défunt fait apport à la communauté de biens propres et que le contrat de mariage ne contient pas de clause d'exclusion de reprise des apports par les héritiers en cas de dissolution de la communauté par décès, ces biens propres font partie de la succession et entrent donc dans la masse de calcul des droits en propriété du conjoint survivant.

132.43 **Incidence de la volonté du défunt sur la composition des biens existants.** Sont exclus des biens existants les biens dont le défunt a disposé, au profit de successibles, entre vifs ou à cause de mort, soit par testament, soit par institution contractuelle[2]. Cette exclusion ne concerne toutefois que les legs non rapportables, les legs rapportables devant être réunis fictivement à la masse de calcul (C. civ., art. 758-5).

La déduction des legs faits hors part successorale, par définition à des successibles, constitue l'une des différences avec la masse de calcul de la quotité disponible et de la réserve (C. civ., art. 922). Cette dernière comprend en effet tous les biens donnés et légués au profit de successibles et de non successibles, y compris les legs rapportables et non rapportables, car elle a pour but de reconstituer le patrimoine du défunt au décès comme s'il n'avait consenti aucune libéralité. La masse de calcul édictée par l'article 758-5 du Code civil est, quant à elle, l'assiette des droits légaux du conjoint survivant. On comprend alors qu'on en déduise les legs faits hors part aux successibles car le conjoint ne peut calculer ses droits en tenant compte de biens sortis du patrimoine du défunt. La masse de calcul ne peut avoir pour référence que les biens que le défunt a entendu soumettre à la dévolution légale.

132.44 **Déduction du passif.** Les héritiers universels ou à titre universel ne pouvant exercer leurs droits que sur l'actif net de la succession (C. civ., art. 785), le passif successoral doit être déduit des biens existants, pour le calcul des droits en propriété du conjoint survivant. Ce passif successoral comprend toutes les dettes et charges de la succession au

1. M. Grimaldi, *Droit des successions*, 8e éd., LexisNexis, 2020, n°s 185 s.

2. M. Grimaldi, préc. (v. s^{s} n° 132.41) – *J.-Cl. Civ. Code*, art. 756-767, fasc. 10, n° 72, par P. Catala (actu. par L. Leveneur).

sens de l'article 873 du Code civil, en ce compris le droit temporaire au logement dès lors qu'il donne lieu à un mouvement de valeur - logement loué ou logement détenu en indivision avec un tiers - et l'éventuel droit à pension du conjoint ou des ascendants ordinaires, selon la dévolution de la succession. Si le défunt était marié sous un régime de communauté, ce passif comprend, le cas échéant, le solde du compte de récompenses du défunt en faveur de la communauté. S'il était marié sous un régime séparatiste, le passif comprend toutes les dettes qui lui sont personnelles quant à la contribution, les créances entre époux dont il peut se trouver débiteur et en cas d'adoption du régime de la participation aux acquêts, l'éventuelle créance de participation si le défunt s'est enrichi plus que le conjoint survivant.

2°
Réunion fictive

132.51 Réunion fictive des libéralités rapportables. À l'actif net existant doivent être réunis fictivement les biens dont le défunt a disposé, entre vifs ou par acte testamentaire, au profit de successibles sans dispense de rapport. Doivent ainsi être réunies fictivement toutes les libéralités rapportables, qu'elles aient été faites entre vifs ou à cause de mort.

132.52 Réunion fictive des donations en avancement de part successorale. Principe. La réunion fictive concerne en premier lieu les **donations en avancement de part successorale.** Sont présumées en avancement de part successorale, les donations faites sans dispense de rapport à un héritier venant à la succession (C. civ., art. 843). Peu importe la forme de la donation : **donation ostensible ou déguisée, don manuel ou donation indirecte.** Dès lors que la preuve de l'existence d'une donation est apportée, la donation est rapportable et doit donc être réunie fictivement à la masse de calcul des droits du conjoint survivant. En cas d'aliénation du bien donné, la réunion fictive porte sur la **valeur du bien au jour de l'aliénation** sauf si un nouveau bien a été subrogé au bien donné. Il faut alors réunir fictivement la valeur du nouveau bien. Il n'est toutefois pas tenu compte de la subrogation si le nouveau bien est un bien dont la dépréciation est inéluctable au jour de son acquisition.

132.53 Limites à la réunion fictive des donations rapportables. Il existe deux hypothèses dans lesquelles la donation faite à un successible sans dispense de rapport ne fait pas partie de la masse de calcul des droits du conjoint survivant.

132.54 1) Première hypothèse : le gratifié ne vient pas à la succession. Les donations faites à un présomptif héritier qui n'est pas appelé à la succession, soit parce qu'il est indigne soit parce qu'il renonce à la succession, soit enfin parce qu'il est prédécédé sans postérité, sont traitées comme des libéralités hors part successorale (C. civ., art. 845, al. 1er). Elles s'imputent en conséquence sur la quotité disponible et n'entrent donc pas, en principe, dans la masse de calcul des droits en propriété du conjoint.

Toutefois, lorsque la donation contient une clause obligeant le gratifié à rapporter la donation même en cas de renonciation, l'héritier renonçant est tenu au rapport (C. civ., art. 845, al. 2). Les donations qu'il a reçues avec clause de rapport augmentent donc la masse de calcul, même en cas de renonciation.

132.55 2) Seconde hypothèse : le gratifié n'était pas présomptif héritier au jour de la donation. « *Le donataire qui n'était pas héritier présomptif lors de la donation, mais qui se trouve successible au jour de l'ouverture de la succession, ne doit pas le rapport, à moins que le donateur ne l'ait expressément exigé* » (C. civ., art. 846). Ainsi, si un successible n'avait pas la qualité de présomptif héritier au jour où il a été gratifié, il n'est pas tenu de rapporter les donations à lui faites par le défunt s'il est appelé à la succession. Ces donations n'entrent donc pas dans la masse de calcul des droits du conjoint survivant.

Il s'agit par exemple de l'hypothèse du petit-enfant gratifié par son grand-père du vivant de son père et qui se trouve par la suite appelé à la succession de son grand-père, du fait du prédécès, de l'indignité ou de la renonciation de son père.

132.56 Cas particulier de la donation-partage. Les lots reçus par donation-partage sont des avances de part, sauf stipulation contraire, mais ils ne sont pas rapportables[1], car, ayant déjà été partagés, ils ne peuvent faire partie de la masse à partager[2]. La question s'est donc posée de savoir s'ils doivent être réunis fictivement à la masse de calcul des droits du conjoint survivant. Sur ce point la doctrine est incertaine. Certains excluent les lots reçus par donation-partage de la masse de calcul en raison de l'absence de rapport[3]. D'autres se demandent s'il ne faut pas les y inclure car ils allotissent les héritiers de leur part de réserve[4]. La

1. Civ. 1re, 16 juill. 1997, n° 95-13.316, P I, n° 252 ; *D.* 1997. Somm. 370, obs. M. Grimaldi – M. Grimaldi, *Droit civil. Les libéralités*, LexisNexis, 2000, n° 1821.
2. M. Grimaldi, *Droit des successions*, 8e éd., « Manuels », LexisNexis, 2020, n° 741 – Civ. 1re, 16 juill. 1997, n° 95-13.316, P (préc. s^s^ prés^t^ n°).
3. *J.-Cl. Civ. Code*, art. 756-767, fasc. 10, n° 77, par P. Catala (actu. par L. Leveneur) – M. Grimaldi, *Droit des successions*, 8e éd., « Manuels », LexisNexis, 2020, n° 186.
4. Au lendemain de la loi, M. Grimaldi, « Droits du conjoint survivant : brève analyse d'une loi transactionnelle », *AJ fam.* 2002. 48, note 20 – M.-C. Forgeard, R. Crône et B. Gelot, *La réforme des successions. Loi du 3 décembre 2001. Commentaire et formules*, Defrénois, 2002, n° 17 – Ph. Malaurie et C. Brenner, *Droit des successions et libéralités*, 11e éd., « Droit civil », LGDJ, 2024, n° 87, note 20.

solution retenue par le législateur pour les legs rapportables, qui permettent d'allotir les gratifiés de leur part de réserve (v. s[s] n° 132.57 et C. civ., art. 758-5), devrait conduire à réunir fictivement les donations-partages dans la mesure où les lots sont des avances de part ; la question n'est toutefois pas définitivement tranchée par la jurisprudence, même s'il semblerait qu'il existe un jugement validant la thèse de l'exclusion[1].

Dans l'éventualité où les libéralités-partages devaient être réunies fictivement pour le calcul des droits en pleine propriété du conjoint survivant, se pose la question de l'évaluation des biens : faut-il retenir la valeur des biens au jour de l'acte lorsque l'article 1078 du Code civil est applicable, comme cela est fait pour la réunion fictive prévue à l'article 922 dudit code, ou évaluer les biens au jour du décès ? Seul un auteur s'est interrogé sur la question[2] : l'évaluation dérogatoire ne concernant que la réunion fictive en vue d'établir la masse de calcul de la quotité disponible, les biens reçus par donation-partage doivent être réunis fictivement comme toutes les donations **au jour du décès** pour le calcul des droits théoriques du conjoint survivant.

132.57 **Réunion fictive des legs rapportables.** Le caractère rapportable d'un legs ne se présume pas. Pour être rapportable, le legs fait à un héritier doit contenir une **clause expresse de rapport** (C. civ., art. 843, al. 2). Il doit alors être réuni fictivement à la masse de calcul des droits en propriété du conjoint survivant.

Il en va de même des **testaments-partages** et des **legs d'attribu**tion dont la fonction est d'allotir les héritiers de leur part de réserve au moyen de biens choisis par le testateur[3].

132.58 **Sort des libéralités faites au conjoint survivant.** Au lendemain de la loi n° 2001-1135 du 3 décembre 2001[4], la doctrine considérait que les libéralités hors part successorale faites au conjoint survivant ne devaient pas entrer dans la composition de la masse de calcul en raison de la suppression de l'ancien article 767 du Code civil, dont l'alinéa 4 énonçait le principe d'imputation de toutes les libéralités faites au conjoint sur ses droits légaux[5].

La loi n° **2006-728 du 23 juin 2006**[6], en ajoutant l'article 758-6 du Code civil, a réintroduit **le principe d'imputation des libéralités reçues par le conjoint survivant sur ses droits légaux.** Cet article, tout comme l'ancien article 767 alinéa 4, ne fait aucune distinction entre libéralités en avancement de part successorale et libéralités hors part successorale. L'imputation concerne donc **toutes les libéralités reçues du défunt par le conjoint.** Or, comme l'imputation opère comme un rapport[7], il convient d'inclure dans la masse de calcul toutes les libéralités faites au conjoint y compris les **libéralités faites hors part successorale**[8].

Le seul moyen d'exclure une libéralité faite au conjoint de la masse de calcul de ses droits aurait été de stipuler, en plus de la **clause de dispense de rapport**, une **clause de dispense d'imputation**[9]. Toutefois, la suppression des mots « *sauf volonté contraire du disposant* » par l'Assemblée nationale lors des travaux préparatoires de la loi du 23 juin 2006 paraît écarter cette possibilité. Quant à la Cour de cassation, elle semble également proscrire une telle stipulation dans son avis du 26 septembre 2006 : « *S'agissant des successions ouvertes à compter du 1er janvier 2007, la loi n° 2006-728 du 23 juin 2006 ayant réintroduit la règle de l'imputation en insérant un article 758-6 dans le Code civil, le conjoint survivant ne peut plus bénéficier d'un tel cumul* »[10].

132.59 **Opérations ne constituant pas une libéralité.** N'entrent pas dans la masse de calcul, les opérations qui n'ont pas la qualification de libéralité. Cette qualification est exclue dans deux principaux cas.

D'une part, ne sont pas qualifiées de libéralités, les **dépenses** visées par l'article 852 du Code civil en raison de leur **modicité** : les frais de nourriture, d'entretien, d'éducation, d'apprentissage, les frais ordinaires d'équipement, ceux de noces et les présents d'usage, dès lors que le disposant n'a pas stipulé de clause de rapport.

1. TGI Paris, 18 mai 2010, RG n° 08/10883, inédit, cité par M. Grimaldi, Dalloz action *Droit patrimonial de la famille*, 2025/2026, n° 423.13, note 4.
2. M. Grimaldi (dir.), Dalloz action *Droit patrimonial de la famille*, 2025/2026, n° 423.81.
3. *J.-Cl. Civ. Code*, art. 756-767, fasc. 10, n° 75, par P. Catala (actu. par L. Leveneur).
4. L. n° 2001-1135, 3 déc. 2001, relative aux droits du conjoint survivant et des enfants adultérins et modernisant diverses dispositions de droit successoral, *JO* 4 déc., p. 19279.
5. N. Levillain, « Les nouveaux droits successoraux des ascendants », *JCP N* 2007. 1135, n° 36.
6. L. n° 2006-728, 23 juin 2006, portant réforme des successions et des libéralités, *JO* 24 juin, p. 9513.
7. M. Grimaldi, *Droit des successions*, 8e éd., « Manuels », LexisNexis, 2020, n°s 186 et 192 s.
8. CONTRA, M. Jussaume, « Analyse de la règle d'imputation de l'article 758-6 du Code civil au regard des règles du rapport », *LPA* 21 févr. 2008, p. 4 – Sur le caractère rapportable des libéralités au conjoint, donation ou legs, v. Civ. 1re, 12 janv. 2022, n°s 19-25.158 et 20-12.232, P.
9. Civ. 10 mai 1960, *D.* 1963. 38, note J. Vidal – V. M. Grimaldi, *Droit des successions*, 8e éd., « Manuels », LexisNexis, 2020, n°s 186 et 217 – V. TOUTEFOIS, C. Vernières, critique à l'égard du caractère obligatoirement rapportable des libéralités au conjoint, M. Grimaldi (dir.), Dalloz action *Droit patrimonial de la famille*, 2025/2026, n° 232.164.
10. Cass., avis, 25 sept. 2006, n° 06-00.009, P, n° 8, sur une demande du TGI de Saintes.

D'autre part, sont exclues de la masse de calcul les **libéralités rémunératoires**, car elles constituent en fait des opérations à titre onéreux. Il en est ainsi aussi bien des libéralités rémunératoires faites à un héritier - legs à un enfant à raison des soins prodigués au disposant - que de celles faites au conjoint - libéralité faite au conjoint en rémunération d'un service excédant sa contribution aux charges du mariage.

B.
Évaluation

132.61 **Date d'évaluation.** Les droits du conjoint survivant sont évalués à la date à laquelle ils sont exercés, c'est-à-dire **à l'époque du partage.** Toutefois dans un souci de simplification et de cohérence des calculs, la masse de calcul et la masse d'exercice des droits du conjoint sont **évaluées au décès, date à laquelle s'opère la dévolution du patrimoine, pour ensuite être réévaluées au partage.** Il est ainsi possible de reprendre la valeur de la réserve globale, déterminée en valeur décès, lors des calculs de contrôle de l'intégrité de la réserve, pour la détermination de la masse d'exercice, sans avoir à effectuer des calculs supplémentaires.

Les droits du conjoint, ainsi déterminés en valeur décès, sont ensuite réévalués en valeur partage au moyen d'une règle de trois (v. s^s n° 132.92) [1].

132.62 **Évaluation des biens réunis fictivement.** Les biens donnés sans dispense de rapport doivent être réunis fictivement selon les modalités édictées à l'article 922 du Code civil. La réunion fictive porte donc sur la **valeur de ces biens au décès, compte tenu de leur état à l'époque de la donation.** En cas d'aliénation des biens donnés, les règles de la subrogation doivent être appliquées. Ainsi, en cas d'acquisition d'un nouveau bien, dont la dépréciation, en raison de sa nature, n'est pas inéluctable au jour de son acquisition, la réunion fictive porte sur la valeur de ce nouveau bien ou de la fraction de ce nouveau bien que les biens donnés ont permis d'acquérir. En revanche, en l'absence d'emploi des deniers provenant de la vente des biens donnés, ou lorsque les deniers ont été employés à l'acquisition d'un bien dont la dépréciation était inéluctable, la réunion fictive porte sur la valeur des biens à l'époque de l'aliénation.

S'agissant de l'évaluation des biens reçus par donation-partage, dès lors qu'on admet qu'ils entrent dans la masse de calcul des droits en propriété du conjoint survivant, ils devraient être également évalués au jour du décès (v. s^s n° 132.56).

1. Sur cette méthode, v. N. Levillain, « À propos de deux difficultés relatives à l'usufruit légal du conjoint survivant », *Defrénois* 1999, art. 37068.

132.62-1 **Évaluation des biens donnés en vue de la réunion fictive**

EXEMPLE

Le défunt avait consenti une donation à chacun de ses trois enfants, portant chacune sur un appartement d'une valeur de 100 000 € au jour de l'acte.

A a conservé l'appartement qui vaut au décès 150 000 €. La donation à A est réunie fictivement pour 150 000 €.

B a vendu l'appartement moyennant le prix de 130 000 € pour acquérir une maison. Cette acquisition a eu un coût total de 200 000 € La maison vaut au décès 300 000 €. La donation à B est réunie fictivement pour 130 000/200 000 × 300 000 = 195 000 €.

C a immédiatement vendu l'appartement moyennant le prix de 100 000 € pour faire un tour du monde et s'acheter une voiture de luxe. La donation à C est réunie fictivement pour 100 000 €, car il n'a pas employé les deniers provenant de la vente des biens donnés. Le véhicule automobile est en effet un bien dont la dépréciation est inéluctable au jour de son acquisition.

C.
Calcul des droits théoriques

132.71 **Mode de calcul.** Les droits théoriques du conjoint survivant sont calculés en appliquant à la masse de calcul, le taux des droits en propriété du conjoint survivant :

- un quart, si le conjoint est en concours avec des descendants,
- la moitié, s'il est en concours avec les père et mère,
- trois quarts, s'il est en concours avec le père ou la mère seulement.

Les droits théoriques ainsi obtenus en valeur décès doivent ensuite être comparés à la masse d'exercice pour vérifier s'ils peuvent s'exercer en totalité. Ils constituent un maximum pour les droits légaux du conjoint.

§ 2
Masse d'exercice

132.81 **Principe.** Aux termes de l'alinéa 2 de l'article 758-5 du Code civil : « *Le conjoint ne pourra exercer son droit que sur les biens dont le prédécédé n'aura disposé ni par acte entre vifs, ni par acte testamentaire, et sans préjudicier aux droits de réserve ni aux droits de retour* ». Cet article reprend les termes de l'ancien article 767, alinéa 5, du Code civil, relatif à la masse d'exercice de l'usufruit légal du conjoint survivant. Comme auparavant, la détermination de la masse d'exercice se fait à partir de la masse de calcul, de laquelle on opère une **quadruple déduction**. Les calculs se font bien évidemment toujours en valeur décès.

132.82 **1) Déduction des libéralités rapportables.** Le conjoint survivant ne peut exercer ses droits sur les biens dont le défunt a disposé à titre gratuit, par acte entre vifs ou par acte testamentaire. Doivent donc être **exclues de la masse d'exercice toutes les libéralités rapportables** qui avaient été réunies fictivement, car le conjoint survivant ne peut exercer ses droits que sur les biens existants. Il n'a pas droit aux rapports.

On constate ainsi que, si le défunt a organisé la transmission de sa succession au profit de ses descendants au moyen de libéralités rapportables, ne laissant aucun bien existant, le conjoint survivant qui n'a que des droits en propriété se trouve exhérédé. En effet, la masse sur laquelle il peut exercer ses droits est totalement vidée.

132.83 **2) Déduction des droits à réserve des descendants.** Le conjoint ne peut pas non plus exercer ses droits au préjudice des droits à réserve (C. civ., art. 758-5, al. 2). La réserve globale des descendants doit donc être déduite de la masse de calcul pour déterminer la masse de calcul.

L'article 758-5 du Code civil a été créé par la loi du 3 décembre 2001, à une époque où le conjoint survivant ne recevait une fraction de la succession en propriété que dans des hypothèses où il était en concours avec des héritiers réservataires : descendants ou père et mère. La loi du 23 juin 2006 a abrogé l'article 914 du Code civil et fait ainsi disparaître la réserve des ascendants de sorte qu'en présence des père et mère, c'est le conjoint qui est désormais héritier réservataire (C. civ., art. 914-1).

Déduire la réserve héréditaire de la masse de calcul des droits du conjoint lorsque les héritiers réservataires sont des descendants n'a rien de choquant. Le conjoint ne peut en effet exercer ses droits en propriété que sur la quotité disponible.

Lorsque le conjoint est en concours avec les père et mère, faut-il également déduire sa réserve héréditaire de la masse de calcul de ses droits pour déterminer la masse d'exercice ? Il ne semble pas que l'on puisse admettre cette solution. En effet, ce faisant, on admettrait que le conjoint a droit à sa réserve héréditaire en plus de ses droits légaux, alors que la réserve est seulement un minimum pour ses droits légaux.

132.83-1 **Conjoint survivant en concours avec les père et mère. Détermination des droits légaux en propriété. Incidence de la réserve du conjoint.**

EXEMPLE

Le défunt laisse son conjoint et ses père et mère. Il a consenti à sa mère une donation de somme d'argent de 60, sans clause particulière donc sans dispense de rapport.

L'actif net de succession est de 120, au décès comme au partage.

En présence des deux parents du défunt, les droits légaux en propriété du conjoint sont de 1/2 et ceux de chacun des parents de 1/4.

Le taux de la réserve du conjoint survivant est de 1/4.

Masse de calcul :

Biens existants	120
Réunion fictive :	
Donation à la mère	60
Ensemble	180
Droits théoriques du conjoint	1/2 × 180 = 90
Réserve du conjoint	1/4 × 180 = 45

La masse d'exercice se calcule en déduisant de la masse de calcul les libéralités rapportables réunies fictivement, soit en l'espèce la donation à la mère, et la réserve globale. Toutefois la réserve visée par l'article 758-5 du Code civil est celle des descendants. Lorsqu'on procède au calcul des droits du conjoint, alors que celui-ci est réservataire, il ne faut pas déduire sa réserve de la masse de calcul pour obtenir la masse d'exercice, car sa réserve est incluse dans ses droits légaux.

Masse d'exercice :

Masse de calcul	180
À déduire :	
Donation à la mère	60
Reste	120

Les droits légaux du conjoint sont donc de 90 (plus faible des deux montants que représentent les droits théoriques et la masse d'exercice), en ce compris sa réserve.

Masse à partager :

Biens existants	120
À déduire :	
Droits du conjoint	90
Reste	30
Restitutions :	
Rapport dû par la mère	60
Ensemble	90
Dont moitié pour chaque parent (1/2)	1/2
Est de	45

En ne déduisant pas la réserve du conjoint de la masse d'exercice, on constate que chacun des héritiers a ses droits successoraux légaux, à charge pour la mère de rapporter 60. La succession est ainsi entièrement soumise à la dévolution légale.

132.84 **3) Ajustement des déductions.** En déduisant de la masse de calcul la réserve globale et les libéralités rapportables, on retranche pour partie deux fois la même chose, car les libéralités rapportables forment à due concurrence la réserve du gratifié.

132.84-1 **Droits du conjoint survivant. Masse d'exercice. Déduction de la réserve et de la totalité des libéralités rapportables. Difficulté.**

EXEMPLE

Le défunt laisse pour recueillir sa succession son conjoint et trois enfants A, B, C non communs.

L'actif net de succession est de 200 000 €.

Il avait consenti à A une donation en avancement de part successorale portant sur des biens évalués au décès comme au partage à 150 000 €.

Il avait également donné à B en avancement de part successorale des biens d'une valeur de 170 000 € au décès comme au partage.

Le conjoint en concours avec des enfants non communs a des droits d'un quart en pleine propriété.

Le calcul des droits du conjoint est précédé du calcul de la quotité disponible.

En l'espèce, il est simple, la masse de calcul de l'article 922 du Code civil est déterminée comme suit :

Biens existants	200 000
Réunion fictive :	
Donation à A	150 000
Donation à B	170 000
Masse de calcul	520 000
Dont le quart formant la quotité disponible	1/4
Est de	130 000
Dont les trois quarts formant la réserve globale	3/4
Sont de	390 000
Dont le tiers formant la réserve individuelle	1/3
Est de	130 000

Imputations :

	Réserve de A	Réserve de B	Réserve de C	Quotité disponible
	130 000	130 000	130 000	130 000
Donation à A	– 130 000			– 20 000
	0			110 000
Donation à B		– 130 000		– 40 000
		0		70 000

Masse de calcul des droits du conjoint :

Biens existants	200 000
Réunion fictive :	
Donation à A	150 000
Donation à B	170 000
Masse de calcul	520 000

Masse d'exercice des droits du conjoint :

Masse de calcul		520 000
À déduire :		
Donation à A	150 000	
Donation à B	170 000	
Réserve globale	390 000	
	710 000	710 000
Reste		– 190 000

Si l'on déduit successivement les libéralités et la réserve globale, la masse d'exercice est négative, et le conjoint survivant ne peut exercer ses droits.

Mais après imputation des libéralités, il apparaît qu'il reste une fraction de disponible de 70 000 € sur laquelle les droits du conjoint devraient pouvoir s'exercer.

On ne peut donc déduire à la fois la totalité des libéralités et la réserve globale : il y a lieu à réajustement, pour éviter de déduire deux fois la réserve. L'application littérale de l'article 758-5, alinéa 2, conduit à cette erreur. Il est nécessaire d'interpréter ces dispositions pour parvenir à une solution juste.

132.85 **Solution : déduction de la fraction des libéralités rapportables s'imputant sur la quotité disponible.** L'exemple cité s[s] n° 132.84-1 montre qu'en déduisant de la masse de calcul la réserve et la totalité des libéralités rapportables on aboutit à un résultat erroné. Il n'y a rien de surprenant à cela car les libéralités rapportables s'imputent sur la réserve de chaque gratifié et forment donc sa part de réserve. En les déduisant entièrement en plus de la réserve, on opère deux fois la même déduction. Pour éviter cette **double déduction**, il ne faut déduire que la **fraction des libéralités rapportables qui excède la part de réserve du gratifié**, c'est-à-dire celle qui s'impute sur la quotité disponible. Ainsi, deux situations peuvent se présenter :

– soit la libéralité rapportable n'excède pas la part de réserve du gratifié, alors cette libéralité ne donne lieu à aucune déduction spécifique au niveau de la masse d'exercice. Elle a en effet déjà été soustraite lors de la déduction de la réserve ;

– soit la libéralité rapportable excède la part de réserve et s'impute subsidiairement sur la quotité disponible, alors seule la fraction s'imputant sur le disponible doit être déduite de la masse d'exercice, en plus de la réserve.

132.85-1 **Droits du conjoint survivant. Masse d'exercice. Déduction de la fraction des libéralités rapportables s'imputant sur le disponible. Résultat réajusté.**

EXEMPLE

Reprenons les données de l'exemple cité s[s] n° 132.84-1. La masse de calcul est inchangée, tout comme la réserve et l'imputation des libéralités. Il reste à réajuster la masse d'exercice des droits du conjoint survivant.

Masse d'exercice :

Masse de calcul		520 000
À déduire :		
Réserve globale (3/4 × 520 000 = 390 000)	390 000	
Fraction de la donation faite à A s'imputant sur la quotité disponible (v. s[s] n° 132.84-1, tableau des imputations)	20 000	
Fraction de la donation faite à B s'imputant sur la quotité disponible (v. s[s] n° 132.84-1, tableau des imputations)	40 000	
Total des déductions	450 000	– 450 000
Reste, égal à la masse d'exercice		70 000

Les droits théoriques du conjoint sont de 130 000 € (v. exemple cité s[s] n° 132.84-1) mais ils ne peuvent excéder la masse d'exercice (70 000 €), de sorte qu'ils sont égaux à la masse d'exercice soit 70 000 €.

On constate ainsi que le solde de quotité disponible correspond à la masse d'exercice et constitue le plafond des droits légaux du conjoint survivant.

132.86 Cas particulier : libéralités imputables sur la réserve globale. Lorsque le défunt a stipulé une libéralité imputable non pas sur la réserve individuelle du gratifié mais sur la réserve globale, seule la fraction de libéralité excédant la réserve globale et s'imputant subsidiairement sur la quotité disponible est déduite de la masse de calcul pour obtenir la masse d'exercice.

132.86-1 Droits du conjoint survivant. Masse d'exercice. Donation imputable sur la réserve globale.

EXEMPLE

Le défunt laisse deux enfants d'une précédente union, A et B et son conjoint. Il a consenti une donation d'une somme de 100 000 € à chacun de ses deux enfants, avec clause d'imputation sur la réserve globale. A, gratifié en 2003, a employé cette somme pour acquérir un bien immobilier valant 140 000 € au décès, B, gratifié en 2005, a placé cette somme en bourse et son portefeuille ne vaut plus que 70 000 € au décès.

Le défunt laisse des biens d'une valeur de 60 000 €, comprenant des liquidités pour 20 000 € et un terrain évalué à 40 000 €. Il n'a consenti aucune libéralité autre que celles mentionnées.

En présence d'enfants non communs les droits du conjoint survivant sont d'un quart en pleine propriété (C. civ., art. 757).

Masse de calcul des droits du conjoint :

Biens existants	60 000
Réunion fictive :	
Donation à A	140 000
Donation à B	70 000
Masse de calcul	270 000

Droits théoriques du conjoint : 1/4 × 270 000 = 67 500 €.

Avant de déterminer la masse d'exercice, il faut déterminer la réserve globale et la fraction des libéralités rapportables s'imputant sur le disponible.

La masse de calcul de la quotité disponible est de 60 000 + 140 000 + 70 000 = 270 000 €.

En présence de deux enfants, la quotité disponible est de 270 000/3 = 90 000 €.

La réserve globale est de 270 000 × 2/3 = 180 000 €, et la réserve individuelle est de 180 000/2 = 90 000 €.

Les donations s'imputent avant les legs et dans l'ordre chronologique (C. civ., art. 923).

En raison de la clause d'imputation sur la réserve globale, la donation faite à A s'impute principalement sur sa part de réserve, subsidiairement sur celle de B et s'il reste un excédent subsidiairement à nouveau sur la quotité disponible.

	Réserve de A 90 000	Réserve de B 90 000	Quotité disponible 90 000
Donation à A	– 90 000	– 50 000	
	0	40 000	
Donation à B		– 40 000	– 30 000
		0	60 000

La donation faite à B ne peut s'imputer subsidiairement que sur la quotité disponible car la réserve globale est épuisée.

Masse d'exercice :

Masse de calcul		270 000
À déduire :		
Réserve globale	180 000	
Fraction de la donation faite à B s'imputant sur la quotité disponible. (v. tableau des imputations ci-dessus)	30 000	
Total des déductions	210 000	– 210 000
Reste, égal à la masse d'exercice		60 000

Les droits théoriques du conjoint survivant sont de 67 500 € mais ses droits réels ne peuvent excéder la masse d'exercice, de sorte que ses droits en propriété sont de 60 000 €, ce qui correspond au reliquat de quotité disponible.

La clause d'imputation sur la réserve globale a pour effet d'augmenter les droits du conjoint en limitant l'imputation des libéralités sur la quotité disponible.

132.87 4) Déduction des droits de retour. L'article 758-5 du Code civil exclut enfin de la masse d'exercice des droits légaux du conjoint survivant, les biens faisant l'objet d'un droit de retour.

Cette disposition concerne tous les **droits de retour.**

Son application reste toutefois **théorique :**

– En cas de **clause de retour conventionnel**, les biens objet du droit de retour retournent dans le patrimoine du donateur par l'effet résolutoire de la clause et n'entrent donc pas dans l'actif successoral. Seuls les biens faisant l'objet d'un **droit de retour légal** font partie des **biens existants.**

– En présence de **descendants**, aucun des droits de retour légaux ne joue.

– Lorsque le conjoint est en concours avec des **collatéraux privilégiés**, il recueille toute la succession, sauf les biens soumis au droit de retour légal. Il n'est pas nécessaire de calculer ses droits légaux en propriété qui sont de la totalité de la succession ordinaire (v. s[s] n° 131.91).

– Quant au **droit de retour légal dans la succession de l'adopté simple**, il ne joue plus en présence du conjoint survivant (C. civ., art. 366).

Dans ces trois cas, la disposition de l'article 758-5 du Code civil relative à la déduction des droits de retour est donc inapplicable.

Reste cependant l'hypothèse du **droit de retour légal des ascendants.** Ce droit de retour présente une particularité : les père et mère en bénéficient dans le cadre de leurs droits légaux, le droit de retour s'imputant sur leurs droits légaux (C. civ., art. 738-2, al. 2). Si on considère que ce droit de retour joue en présence du conjoint (sur les difficultés pratiques d'une telle position, v. s^s n° 131.84), il faudrait se demander s'il convient de retirer ces biens de la masse d'exercice sachant qu'ils ne sont pas reçus dans le cadre d'une véritable succession anomale[1]. La question n'est à ce jour pas tranchée[2].

§ 3
Détermination des droits réels en propriété du conjoint

132.91 Comparaison entre les droits théoriques et la masse d'exercice. Les droits réels du conjoint ne peuvent excéder ni les droits théoriques, ni la masse d'exercice ; ils sont donc égaux **à la plus faible des deux sommes** que représentent les droits théoriques et la masse d'exercice (v. s^s n°s 132.85-1 et 132.86-1).

132.92 Réévaluation des droits du conjoint en valeur partage. Par commodité, masse de calcul et masse d'exercice ont été évaluées en valeur décès, afin de permettre, sans réévaluation, la déduction de la réserve globale et de la fraction des libéralités s'imputant sur la quotité disponible pour déterminer la masse d'exercice. Toutefois, étant servis au moment du partage, ces droits doivent être évalués non pas au décès mais à l'époque du partage pour pouvoir être déduits de la masse à partager. C'est pourquoi, il est nécessaire de les réévaluer. La réévaluation se fait de la façon suivante :

1) On détermine la quote-part de l'actif net existant au décès que représentent les droits du conjoint, eux-mêmes calculés en valeur décès.

2) On applique cette quote-part à la valeur de l'actif net existant au partage[3], en ce compris le legs.

1. EN FAVEUR D'UNE DÉDUCTION, M. Grimaldi (dir.). Dalloz action *Droit patrimonial de la famille*, 2025/2026, n° 232.142, par C. Vernières.
2. Pour une déduction tant de la masse de calcul que de la masse d'exercice : *J.-Cl. Civ. Code*, art. 756 à 767, fasc. 81, par P. Catala (actu. par L. Leveneur).
3. N. Levillain, « À propos de deux difficultés relatives à l'usufruit légal du conjoint survivant », *Defrénois* 1999, art. 37068.

132.92-1 Réévaluation des droits du conjoint au partage.

EXEMPLE 1

Reprenons les données citées au n° 132.86-1 en supposant qu'au partage les biens existants valent 80 000 €. Les autres données restent inchangées.

Au décès, les droits du conjoint représentent 60 000/60 000 × 100 = 100 % des biens existants au décès.

Au partage, ses droits sont de 100 % de la valeur des biens existants, soit 80 000 €.

132.92-2 Réévaluation des droits du conjoint au partage.

EXEMPLE 2

Le défunt laisse deux enfants d'une précédente union, A et B, et son conjoint. Il a consenti une donation d'une somme de 100 000 € à chacun de ses deux enfants, avec clause d'imputation sur la réserve globale. A, gratifié en 2003, a employé cette somme pour acquérir un bien immobilier valant 140 000 € au décès, B, gratifié en 2005, a placé cette somme en bourse et son portefeuille ne vaut plus que 70 000 € au décès.

Le défunt laisse des biens d'une valeur de 60 000 €, comprenant des liquidités pour 20 000 € et un terrain évalué à 40 000 €.

Il a légué à B, sans clause de rapport, une somme de 20 000 €, correspondant au montant des liquidités. Par ailleurs, le terrain faisant partie des biens existants est évalué à 40 000 € au décès mais à 70 000 € au partage.

En présence d'enfants non communs, les droits légaux du conjoint survivant sont d'un quart en pleine propriété (C. civ., art. 757).

Masse de calcul des droits du conjoint :

Biens existants (déduction faite du legs présumé non rapportable).	40 000
Réunion fictive :	
Donation à A	140 000
Donation à B	70 000
Masse de calcul	250 000

Droits théoriques du conjoint : 1/4 × 250 000 = 62 500 €.

Avant de déterminer la masse d'exercice, il faut déterminer la réserve globale et la fraction des libéralités rapportables s'imputant sur le disponible.

La masse de calcul de la quotité disponible est de 60 000 + 140 000 + 70 000 = 270 000 €.

En présence de deux enfants, la quotité disponible est de 270 000/3 = 90 000 €.

La réserve globale est de 270 000 × 2/3 = 180 000 €, et la réserve individuelle est de 180 000/2 = 90 000 €.

Les donations s'imputent avant les legs et dans l'ordre chronologique (C. civ., art. 923).

En raison de la clause d'imputation sur la réserve globale, la donation faite à A s'impute principalement sur sa part de réserve, subsidiairement sur celle de B et s'il reste un excédent subsidiairement à nouveau sur la quotité disponible.

	Réserve de A 90 000	Réserve de B 90 000	Quotité disponible 90 000
Donation à A	– 90 000	– 50 000	
	0	40 000	
Donation à B		– 40 000	–30 000
		0	60 000
Legs à B			– 20 000
			40 000

La donation faite à B ne peut s'imputer subsidiairement que sur la quotité disponible car la réserve globale est épuisée. Après imputation du legs, il reste un reliquat de quotité disponible de 40 000 €.

Masse d'exercice :

Masse de calcul		250 000
À déduire :		
Réserve globale	180 000	
Fraction de la donation faite à B s'imputant sur la quotité disponible (v. tableau des imputations ci-dessus)	– 30 000	
Total des déductions	210 000	– 210 000
Reste, égal à la masse d'exercice		40 000

Les droits théoriques du conjoint survivant sont de 62 500 €, mais ses droits réels ne peuvent excéder la masse d'exercice, de sorte que ses droits en propriété sont de 40 000 € au décès, ce qui correspond au reliquat de quotité disponible et à la valeur du terrain.

La valeur des biens existants ayant varié entre le décès et le partage, il est nécessaire de réévaluer les droits du conjoint survivant. Le conjoint a droit, en valeur décès, à 40 000 € sur un total de biens existants non légués de 40 000 € soit 100 % des biens existants non légués, ce qui porte la valeur de ses droits au partage à 70 000 €, valeur du terrain à l'époque du partage.

SECTION 3
IMPUTATION DU DROIT VIAGER AU LOGEMENT SUR LES DROITS LÉGAUX

132.101 Imputation du droit viager sur les droits légaux. Le droit viager au logement ne s'ajoute pas aux droits légaux du conjoint survivant, il en fait partie. C'est pourquoi, l'article 765 alinéa 1er du Code civil, énonce que sa valeur s'impute sur les droits successoraux recueillis par le conjoint. Les conséquences de cette imputation dépendent de la nature et de l'étendue de ces droits.

132.102 Droits légaux en usufruit. Lorsque le conjoint hérite en usufruit, il recueille désormais l'usufruit de l'universalité de la succession. Aussi le droit viager au logement est-il inclus dans ses droits légaux et s'éteint par consolidation. Une imputation est alors inutile d'un point de vue civil.

132.103 Droits légaux en propriété. L'imputation du droit viager au logement sur les droits en propriété du conjoint se justifie dès lors que le conjoint ne recueille pas l'intégralité de la succession. Il convient alors de vérifier si le droit viager est suffisant pour fournir au conjoint ses droits. Deux situations peuvent se présenter :

– soit la valeur du droit viager au logement est **inférieure** à celle des droits en propriété du conjoint survivant : celui-ci peut alors réclamer le complément sur les biens existants (C. civ, art. 765, al. 2). On notera qu'il s'agit là d'une possibilité et non d'une obligation, le conjoint pouvant se contenter du droit viager [1] ;

– soit la valeur du droit viager au logement est **supérieure** à celle des droits en propriété du conjoint survivant : alors ce dernier ne reçoit que son droit viager. La loi accorde par ailleurs une faveur à l'époux survivant dans cette hypothèse puisque, bien qu'il reçoive plus que ses droits légaux, il ne doit aucune indemnité à la succession pour l'excédent de valeur (C. civ, art. 765, al. 3).

132.104 Modalités d'imputation. Ainsi qu'on l'a vu, l'imputation du droit viager au logement sur les droits légaux n'est nécessaire que lorsque le conjoint survivant recueille une quote-part en propriété de la succession. La difficulté est alors de comparer la valeur de deux droits de natures différentes : un droit d'usage et d'habitation proche d'un droit d'usufruit et un droit en propriété.

Pour cela il faut procéder à la **conversion des droits d'usage et d'habitation en capital** [2].

132.105 Évaluation du droit viager en vue de l'imputation. L'article 762 *bis* du Code général des impôts, dont les dispositions figuraient antérieurement à l'article 765 du Code civil, propose une méthode d'évaluation de l'usufruit mais uniquement pour la liquidation des droits de mutation à titre gratuit. Aux termes de cet article, « *la valeur des droits d'habitation et d'usage est de 60 % de la valeur de l'usufruit déterminée conformément au I de l'article 669* ». Le droit viager est ainsi évalué par rapport à la valeur fiscale de l'usufruit telle qu'elle est prévue à l'article 669, I du Code général des impôts.

D'un point de vue civil, il est possible de reprendre l'évaluation fiscale, car cette évaluation a été

1. M. Grimaldi, « Droits du conjoint survivant : brève analyse d'une loi transactionnelle », *AJ fam.* 2002. 48.
2. N. Levillain, « À propos de deux difficultés relatives à l'usufruit légal du conjoint survivant », *Defrénois* 1999. 37068, note 8, spéc. nos 54 s. – M. Grimaldi (dir.), Dalloz action *Droit patrimonial de la famille*, 2025/2026, nos 233.102 et 233.103, par C. Vernières.

réactualisée récemment et tient compte de l'évolution de la durée de vie. Toutefois la valeur fiscale de l'usufruit étant fixée par tranches de dix années sans tenir compte du sexe et de l'état de santé de l'usufruitier, le barème fiscal ne permet pas une évaluation fine. Par ailleurs, il ne tient pas compte de la rentabilité réelle des biens et est inadapté aux biens à très forte ou très faible rentabilité. C'est pourquoi, il peut parfois être utile de retenir une autre méthode d'évaluation de l'usufruit.

Plusieurs méthodes sont possibles. Certains praticiens recourent aux **barèmes de conversion des rentes viagères.** D'autres préfèrent, pour les immeubles, déterminer la valeur actualisée des flux de revenus dégagés par le bien. C'est la **méthode dite d'actualisation des flux** qui permet de calculer la valeur économique de l'usufruit puis des droits d'usage et d'habitation.

La valeur économique de l'usufruit se détermine de la façon suivante :

$$\text{USUFRUIT} = R1/(1+i) + R2/(1+i)^2 + R3/(1+i)^3 + \ldots\ldots\ldots + Rn/(1+i)^d$$

Avec :

– d = espérance de vie théorique – âge du conjoint, c'est la durée de l'usufruit, elle-même fonction de l'espérance de vie du conjoint ;

– R1, R2, ... Rn, qui sont les revenus annuels du bien, c'est-à-dire les loyers qui pourraient être perçus en cas de mise en location du bien. Ces revenus annuels doivent être calculés pour toute la durée de l'usufruit en tenant compte de l'évolution probable de l'indice du coût de la construction ;

– i, le taux d'actualisation : en fonction de la durée de l'usufruit, on peut retenir le taux de placement des capitaux sur le marché de l'argent (à court, moyen ou long terme), minoré toutefois en raison de l'indexation des loyers sur l'indice du coût de la construction.

À cette valeur de l'usufruit, de nombreux praticiens appliquent une décote de 40 %, faisant ainsi application des dispositions de l'article 762 *bis* du Code général des impôts aux termes duquel le droit viager doit être évalué à 60 % de la valeur de l'usufruit.

On peut toutefois s'interroger sur la pertinence de cette décote pour un droit qui est très proche d'un droit d'usufruit : l'article 764 du Code civil accorde en effet au conjoint survivant la faculté de louer le bien s'il ne correspond plus à ses besoins, et les articles 759 et suivants du Code civil lui permettent de demander la conversion de son droit en rente viagère. De plus, en pratique, en cas de vente du bien, une fraction du prix de vente est réservée au conjoint survivant[1].

Par ailleurs, les charges supportées par le conjoint sont moins importantes lorsqu'il bénéficie d'un droit d'habitation que s'il est usufruitier. Aussi, la réserve d'un droit d'usage et d'habitation est-elle présentée comme une solution plus intéressante pour le vendeur, en cas de vente en viager, qu'une réserve d'usufruit, en raison des charges, impôts et risques supportés par l'usufruitier[2]. Et certains auteurs considèrent que la valeur du droit d'usage et d'habitation n'est pas inférieure à celle d'un droit d'usufruit, d'autant que le vendeur conserve une faculté de rétrocéder son droit à l'acquéreur[3].

Cette solution peut être transposée pour le droit viager au logement du conjoint survivant et, le cas échéant, adaptée en majorant ou minorant la valeur de ce droit si par testament le défunt a étendu ou limité les prérogatives du conjoint survivant – interdiction de louer par exemple[4].

La valorisation du droit viager sert à déterminer si le conjoint peut prélever un complément pour parfaire ses droits légaux et à calculer le montant de ce complément. En évaluant le droit viager au plus près de sa valeur économique réelle, on s'assure que le conjoint ne reçoive pas plus que ses droits légaux.

132.105-1 Conjoint en concours avec des enfants communs et non communs. Droit viager au logement. Imputation. Droits légaux supérieurs au droit viager.

EXEMPLE

Le défunt laisse deux enfants, l'un commun, l'autre non commun, et son conjoint survivant séparé de biens. Son patrimoine comprend le logement familial qu'il occupait avec son conjoint (200 000 €), une maison de vacances à Biarritz (125 000 €), un compte titres (83 000 €). Le passif successoral s'élève à 8 000 €. Le défunt n'a consenti aucune libéralité entre vifs ou à cause de mort.

Compte tenu de son âge (78 ans) et de son état de santé, l'espérance de vie du conjoint survivant est de sept années. On supposera par ailleurs que :

– l'appartement servant de logement à la famille a un rendement de 6 %, ce qui représente un loyer annuel de 12 000 € ;

– il est prévu une hausse annuelle des loyers de 2 %, soit 240 € par an ;

– le taux des placements de l'argent à moyen terme est de 3 %.

En vue de l'imputation du droit viager sur les droits légaux, il faut, d'une part, évaluer le droit viager, d'autre part calculer les droits légaux.

I. *Évaluation du droit viager :*

1. Sur l'opportunité de ne pas appliquer les règles fiscales de l'article 762 *bis* du CGI à l'évaluation économique du droit viager : v. N. Levillain, « Famille recomposée : difficultés pratiques liées au droit viager au logement », *AJ fam.* 2018. 322, spéc. 2.2.
2. En ce sens, v. M. Artaz, *Viagers, Régime juridique et fiscal*, Encyclopédie Delmas, 12e éd., 2017/2018, nos 33.18 et 33.22.
3. M. Artaz, *op. cit.* s^s prést n°, v. n° 33.22 : l'auteur précise toutefois qu'il convient d'effectuer les calculs au cas par cas, en considérant les charges supportées par les parties.
4. N. Levillain, « À propos de deux difficultés relatives à l'usufruit légal du conjoint survivant », *Defrénois* 1999, art. 37068, note 8, spéc. n° 62.

Pour cette évaluation, plusieurs méthodes sont possibles. À titre d'illustration on en retiendra deux : l'évaluation fiscale et l'évaluation économique.

1re méthode de calcul : utilisation du barème fiscal de l'article 669, I du Code général des impôts.

L'usufruit du conjoint survivant, âgé de 78 ans, est évalué à 30 % de la valeur de la pleine propriété soit 30 % × 200 000 = 60 000 €.

Le droit viager est égal à 60 % de la valeur de l'usufruit soit : 60 % × 60 000 = 36 000 €.

2e méthode de calcul : évaluation économique de l'usufruit.

Usufruit = 12 000/(1 + 4 %) + 12 000 × (1 + 2 %) (1 + 4 %)^2 + 12 000 × (1 + 2 %)^2/(1 + 4 %)^3 + 12 000 × (1 + 2 %)^3/(1 + 4 %)^4 + 12 000 × (1 + 2 %)^4/(1 + 4 %)^5 + 12 000 × (1 + 2 %)^5/(1 + 4 %)^6 + 12 000 × (1 + 2 %)^6/ (1 + 4 %)^7 = 76 256.

La différence entre les deux méthodes se justifie notamment par le fait que l'usufruit fiscal est déterminé pour une tranche d'âge de dix années et indépendamment de la nature des biens, il est donc moins précis. Pour l'imputation, on retiendra la valeur économique de l'usufruit.

Si on détermine le droit viager en appliquant les règles fiscales, on obtient une valeur de : 60 % × 76 256 = 45 754 €.

Si on considère que, compte tenu des prérogatives accordées au conjoint, le droit viager est égal à la valeur de l'usufruit, alors on retiendra une valeur de 76 256 €.

II. *Calcul des droits en propriété du conjoint :*

Les droits en propriété du conjoint sont déterminés selon les règles édictées par l'article 758-5 du Code civil (v. ss nos 132.30 s.). Il faut donc procéder en deux temps : déterminer les droits théoriques du conjoint à partir de la masse de calcul, puis déterminer la masse d'exercice. Les droits légaux du conjoint sont égaux à la plus faible des deux sommes que représentent les droits théoriques et la masse d'exercice.

Masse de calcul. Biens existants :

Appartement	200 000
Maison à Biarritz	125 000
Compte titres	83 000
Actif brut	408 000
Passif	8 000
Actif net	400 000
Réunion fictive des donations faites sans dispense de rapport	0
Masse de calcul	400 000
Droits théoriques du conjoint	1/4 × 400 000 = 100 000

Pour calculer la masse d'exercice, il est nécessaire de déterminer préalablement la réserve globale. En présence de deux enfants, son taux est de 2/3.

Ce taux s'applique à la masse de calcul de la quotité et de la réserve telle que déterminée à l'article 922 du Code civil (v. ss no 311.11). En l'espèce, en l'absence de libéralités, la masse de calcul ne comprend que l'actif net évalué au décès soit 400 000. La réserve globale est donc de 2/3 × 400 000 = 266 667 €.

Masse d'exercice :

Masse de calcul	400 000	
À déduire :		
Réserve globale	266 667	
Fraction de libéralités en avancement de part s'imputant sur la quotité disponible	0	
Ensemble	266 667	– 266 667
Reste égal à la masse d'exercice		133 333

Les droits légaux du conjoint ne pouvant excéder ni la masse d'exercice ni les droits théoriques, ils sont égaux aux droits théoriques, soit 100 000 €.

III. *Imputation du droit viager au logement sur les droits légaux en propriété :*

Les droits en propriété du conjoint survivant étant de 100 000 €, après imputation du droit viager, il apparaît que le conjoint survivant peut, s'il le souhaite, demander un complément de :

– évaluation du droit viager selon les règles fiscales (usufruit fiscal et application de l'article 762 *bis* du CGI) :

– 100 000 – (60 000 × 60 %) = 64 000 € ;

– évaluation économique de l'usufruit et évaluation fiscale du droit viager :

– 100 000 – 45 754 = 54 246 € ;

– évaluation économique de l'usufruit et absence de décote pour le droit viager :

– 100 000 – 76 256 = 23 744 €.

Selon la méthode d'évaluation retenue, les différences sont significatives.

132.105-2 Conjoint en concours avec des enfants communs et non communs. Droit viager au logement. Imputation. Droits légaux inférieurs au droit viager.

EXEMPLE

Le défunt laisse trois enfants, l'un commun, les autres non communs, et son conjoint survivant séparé de biens et âgé de 52 ans. Son patrimoine comprend le logement familial qu'il occupait avec son conjoint (200 000 €) et un compte bancaire (13 000 €). Le passif successoral s'élève à 3 000 €. Le défunt n'a consenti aucune libéralité entre vifs ou à cause de mort.

En vue de l'imputation du droit viager sur les droits légaux, il faut d'une part évaluer le droit viager, d'autre part calculer les droits légaux.

I. *Évaluation du droit viager :*

On supposera que les parties conviennent de retenir l'évaluation fiscale de l'usufruit soit un usufruit égal à 50 % de la pleine propriété.

Droit viager = 50 % × 60 % × 200 000 = 60 000 €, si on applique également les règles fiscales ;

= 50 % × 200 000 = 100 000 €, si on considère que le droit viager a une valeur équivalente à celle de l'usufruit.

II. *Calcul des droits en propriété du conjoint :*

En application des dispositions de l'article 758-5 du Code civil, les droits du conjoint sont déterminés à partir d'une masse de calcul et ne peuvent être exercés que sur les biens formant la masse d'exercice.

Masse de calcul. Biens existants :

Appartement	200 000
Compte titres	13 000
Actif brut	213 000
Passif	3 000
Actif net	210 000
Réunion fictive des donations faites sans dispense de rapport	0
Masse de calcul	210 000
Droits théoriques du conjoint : 1/4 × 210 000 =	52 500

Pour calculer la masse d'exercice, il est nécessaire de déterminer préalablement la réserve globale.

En présence de trois enfants, son taux est de 3/4.

Ce taux s'applique à la masse de calcul de la quotité et de la réserve tel que déterminé à l'article 922 du Code civil (v. s[s] n° 311.11). En l'espèce, en l'absence de libéralités, la masse de calcul ne comprend que l'actif net évalué au décès soit 210 000 €. La réserve globale est donc de 3/4 × 210 000 = 157 500 €.

Masse d'exercice :

Masse de calcul		210 000
À déduire :		
Réserve globale	157 500	
Fraction de libéralités en avancement de part s'imputant sur la quotité disponible	0	
Ensemble	157 500	
Reste égal à la masse d'exercice		52 500

Les droits légaux du conjoint sont donc égaux à 52 500 €, les droits théoriques et la masse d'exercice s'élevant au même montant.

III. *Imputation du droit viager au logement sur les droits légaux en propriété :*

Le droit viager évalué à 60 000 € (ou à 100 000 €) excède les droits légaux en propriété du conjoint évalués à 52 500 €. Le conjoint survivant ne peut donc rien réclamer au titre de ses droits légaux. Il n'est toutefois pas non plus tenu d'indemniser les autres héritiers bien qu'il reçoive au-delà de ses droits légaux (C. civ., art. 765, al. 3).

SECTION 4
IMPUTATION DES LIBÉRALITÉS FAITES AU CONJOINT SUR SES DROITS LÉGAUX

132.111 Distinction par rapport à l'imputation faite en vue de la réduction des libéralités. Comme toutes les libéralités consenties par le défunt, celles faites au conjoint survivant doivent être imputées sur la quotité disponible et/ou sur la réserve du conjoint en l'absence de descendants, afin de vérifier que le défunt n'a pas disposé de ses biens au-delà des limites autorisées par la loi (v. s[s] n°s 223.10 s.). Cette imputation, faite lors des opérations préalables, est différente de celle prévue par l'article 758-6 du Code civil.

L'article 758-6 du Code civil prévoit en effet l'imputation des libéralités faites au conjoint sur ses droits légaux afin d'éviter que le conjoint cumule ses droits légaux avec le bénéfice de sa libéralité. Elle se fait donc non pas au décès mais au partage, moment auquel les droits légaux sont calculés.

Par ailleurs, les modalités d'imputation diffèrent en cas de **libéralités démembrées.** Ainsi pour l'imputation destinée à vérifier l'intégrité de la réserve, les libéralités démembrées doivent être imputées en assiette[1] (v. s[s] n°s 223.10 s.) alors que pour éviter le cumul par le conjoint de ses droits légaux et de ses libéralités, l'imputation doit se faire par conversion[2] (v. s[s] n°s 132.118 et 132.120 s.).

132.112 Problème soulevé par l'augmentation des droits légaux du conjoint au lendemain de la réforme de 2001. La loi n° 2001-1135 du 3 décembre 2001[3] a étendu les droits légaux du conjoint survivant, qui peut depuis recueillir à son choix **un quart en pleine propriété** ou **l'usufruit de la succession** lorsque le défunt ne laisse que des **enfants communs** (C. civ., art. 757).

Si le défunt a par ailleurs gratifié son conjoint de la **quotité disponible ordinaire**, ce dernier peut être amené à recevoir plus que le disponible spécial entre époux en cas d'option pour l'usufruit légal, dans les hypothèses où la quotité disponible ordinaire est supérieure à un quart en pleine propriété, ce qui est le cas lorsque le défunt laisse un ou deux enfants. La quotité disponible ordinaire est alors de la moitié ou d'un tiers en pleine propriété (C. civ., art. 913). La question s'est donc posée de savoir si le conjoint pouvait recevoir sa libéralité augmentée de ses droits légaux portant sur l'usufruit de la réserve, car la loi en question avait abrogé l'article 767 ancien du Code civil, dont le sixième alinéa prévoyait l'imputation des libéralités au conjoint sur ses droits légaux.

132.113 Solution apportée par la Cour de cassation : 1) Cumul pour les successions ouvertes entre le 1er juillet 2002 et le 1er janvier 2007. Au lendemain de la loi n° 2001-1135 du 3 décembre 2001, la doctrine était divisée. Selon certains, les libéralités consenties au conjoint en avancement de part devaient

1. Civ. 1re, 22 juin 2022, n° 20-23.215, P ; *AJ fam.* 2022. 450, obs. N. Levillain ; *D.* 2022. 1205 ; *ibid.* 2063, obs. S. Godechot-Patris et C. Grare-Didier ; *RTD civ.* 2022. 682, obs. M. Grimaldi ; *JCP* 2022, n° 1017, note F. Sauvage ; *JCP N* 2022, n° 1209, note M. Nicod et A. Tani.
2. Civ. 1re, 17 janv. 2024, n° 21-20.520, P ; *D.* 2024. 110 ; *AJ fam.* 2024. 173, obs. N. Levillain ; *RTD civ.* 2024. 166, obs. M. Grimaldi.
3. L. n° 2001-1135, 3 déc. 2001, relative aux droits du conjoint survivant et des enfants adultérins et modernisant diverses dispositions de droit successoral, *JO* 4 déc., p. 19279.

faire l'objet d'un rapport ; selon d'autres, il fallait appliquer l'ancien système de l'imputation bien que les textes sur ce point aient disparu ; d'autres, enfin, prônèrent le cumul des libéralités et des droits légaux [1]. Interrogée par le tribunal de Saintes pour connaître la position à adopter, la Cour de cassation a rendu un avis, le 26 septembre 2006 [2].

Pour les **successions ouvertes depuis le 1er juillet 2002**, la loi n° 2001-1135 du 3 décembre 2001 ayant abrogé la règle de l'imputation prescrite par l'article 767 alinéa 6, ancien, du Code civil, **le conjoint survivant peut cumuler les droits successoraux** prévus aux articles 757, 757-1 et 757-2 du Code civil **avec une ou des libéralités** consenties en application de l'article 1094 ou de l'article 1094-1 du même code, sans toutefois porter atteinte à la nue-propriété de la réserve héréditaire, ni dépasser l'une des quotités disponibles spéciales permises entre époux.

Ainsi le conjoint survivant peut cumuler ses droits légaux et le bénéfice de sa libéralité dans la mesure où il laisse la **réserve en nue-propriété intacte.** Il peut donc recevoir le disponible ordinaire majoré de l'usufruit de la réserve.

132.113-1 Cumul des droits légaux et d'une donation entre époux.

EXEMPLE

M. X décède le 3 mai 2004 laissant à sa survivance son conjoint et un enfant commun. Il n'a consenti qu'une seule libéralité, un legs à son conjoint portant sur un bien d'une valeur de 100 au décès.

L'actif net de sa succession est de 600.

La masse de calcul de la quotité disponible est de 600, dont moitié (300) formant la quotité disponible ordinaire et l'autre moitié la réserve de l'enfant. La quotité disponible spéciale est d'un quart en pleine propriété (600/4 = 150) et le surplus en usufruit.

En présence d'un enfant unique commun, le conjoint a une option entre l'usufruit de la succession et le quart en pleine propriété.

S'il opte pour l'usufruit de la succession, le conjoint survivant peut cumuler sa donation (100 en pleine propriété) et son usufruit légal, car le tout reste dans les limites de la quotité disponible spéciale mixte (un quart en pleine propriété, soit 150 en l'espèce, et trois quarts en usufruit), en application de l'avis rendu par la Cour de cassation.

S'il opte pour le quart en pleine propriété, il peut également cumuler sa libéralité (100) et ses droits légaux d'un quart (150), car le tout (250) reste dans les limites de la quotité disponible ordinaire (300).

132.114 2) Absence de cumul à compter du 1er janvier 2007. Pour résoudre le problème soulevé par la loi n° 2001-1135 du 3 décembre 2001, la loi n° 2006-728 du 23 juin 2006 [3] a ajouté un article 758-6 au Code civil rédigé ainsi : « *Les libéralités reçues du défunt par le conjoint survivant s'imputent sur les droits de celui-ci dans la succession. Lorsque les libéralités ainsi reçues sont inférieures aux droits définis aux articles 757 et 757-1, le conjoint survivant peut en réclamer le complément, sans jamais recevoir une portion de biens supérieure à la quotité disponible définie à l'article 1094-1* ».

Ce texte prévoit **l'imputation des libéralités consenties au conjoint sur ses droits légaux.** Si la règle s'énonce simplement, elle a posé en pratique d'importantes difficultés d'interprétation et de mise en œuvre qui ont fait l'objet de deux arrêts rendus par la Cour de cassation les 25 octobre 2017 [4] et 14 janvier 2024 [5].

Avant d'envisager la mise en œuvre de ce texte, il semble nécessaire d'en rappeler l'esprit. Selon les travaux préparatoires, l'objectif de l'article 758-6 du Code civil était d'éviter que le conjoint puisse cumuler ses droits légaux et ses libéralités au-delà de la quotité disponible spéciale et puisse ainsi recevoir la quotité disponible ordinaire majorée de l'usufruit de la réserve. En effet, cela aurait été une atteinte aux droits réservataires des descendants [6], le conjoint survivant ne pouvant recevoir au-delà de la quotité disponible qui lui est propre, à savoir celle prévue par l'article 1094-1 du Code civil. La volonté du législateur était donc d'éviter non pas un cumul entre droits légaux et libéralités mais un cumul par le conjoint survivant de la **quotité disponible ordinaire** et de la **quotité disponible spéciale.** Il souhaitait que si la somme des droits légaux du conjoint et de ses libéralités excède la quotité disponible spéciale prévue par l'article 1094-1 du Code civil, cette

1. Sur ces divergences doctrinales, v. P. Catala (actu. par L. Leveneur), *J.-Cl. Civ. Code*, art. 756 à 767, fasc. 10.
2. Cass., avis, 25 sept. 2006, n° 06-00.009, P, n° 8 – Pour une mise en œuvre de cet avis, v. Nancy, 22 janv. 2009, *Juris-Data* n° 002515 – Civ. 1re, 4 juin 2009, n° 08-15.799, P I, n° 122 ; *D.* 2009. Chron. 2058, obs. P. Chauvin, N. Auroy et C. Creton ; Pan. 2516, obs. M. Nicod ; *Dr. fam.* 2009, n° 111, note B. Beignier ; *AJ fam.* 2009. 306, note A. Tisserand-Martin ; *JCP* 2010. 374, obs. R. Le Guidec ; *JCP N* 2010. 1072, note M. Gilles ; *RTD civ.* 2010. 141, obs. M. Grimaldi.
3. L. n° 2006-728, 23 juin 2006, portant réforme des successions et des libéralités, *JO* 24 juin, p. 9513.
4. Civ. 1re, 25 oct. 2017, n° 17-10.644, P I, n° 227 ; *JCP N* 2017. 1333, note F. Sauvage.
5. Civ. 1re, 17 janv. 2024, n° 21-20.520, P ; *D.* 2024. 110 ; *AJ fam.* 2024. 173, obs. N. Levillain ; *RTD civ.* 2024. 166, obs. M. Grimaldi.
6. S. Huyghe, *Rapport AN* n° 2850, enregistré le 18 févr. 2006, p. 317 ; v. aussi p. 315 : « *Cette vocation légale pouvait-elle être cumulée avec la quotité disponible spéciale du conjoint (fixée actuellement aux articles 1094 et 1094-1 du Code civil) ? Selon les informations recueillies par votre rapporteur, une telle interprétation, qui permettrait de porter atteinte à la réserve héréditaire des descendants, ne correspond pas à l'intention du législateur de l'époque et doit donc être écartée* » – H. de Richemont, *Rapport Sénat* n° 343 (2005-2006) fait au nom de la commission des lois, déposé le 10 mai 2006.

somme soit réduite à la quotité disponible spéciale : « *Il sera donc bien précisé que le législateur n'autorise pas l'ajout de la quotité disponible ordinaire, résultant de l'article 913 du Code civil (voir article 13), à la quotité disponible spéciale des époux* »[1].

La Cour de cassation semblait dans son *arrêt du 25 octobre 2017*[2] avoir adopté une position conforme à la volonté du législateur en admettant que le conjoint puisse conserver ses droits légaux et ses libéralités dans les limites de la quotité disponible prévue à l'article 1094-1 du Code civil, cette quotité étant un plafond à ses droits.

Toutefois, la solution de *l'arrêt du 14 janvier 2024*[3] propose une méthode d'imputation des libéralités faites au conjoint sur ses droits légaux qui conduit à un retour en arrière : en décidant que cette imputation doit se faire par conversion, la Haute juridiction revient à la solution qui existait avant la réforme de 2001, à une époque où le conjoint, qui n'avait alors pas la faveur du législateur, avait des droits limités en présence de descendants : ses droits légaux n'étaient alors que d'un quart en usufruit et ses libéralités s'imputaient sur ce quart en usufruit (C. civ., anc. art. 767) afin de laisser un maximum de droits aux descendants. L'esprit des lois de 2001 et 2006 est pourtant tout autre, les droits du conjoint ayant bénéficié d'une véritable promotion.

Bien que contestable, la solution de l'arrêt du 14 janvier 2024 constitue le droit positif. Aussi le praticien doit-il appliquer les solutions de la Cour de cassation et donc **imputer les libéralités au conjoint sur ses droits légaux par conversion et non pas en assiette.**

132.115 Domaine de l'imputation. L'article 758-6 du Code civil envisage l'imputation des libéralités faites au conjoint sur ses droits légaux lorsque le conjoint est en concours avec des descendants ou avec des ascendants. Or la loi du 23 juin 2006 a abrogé la réserve des ascendants, ce qui permet au conjoint survivant en concours avec des ascendants d'être gratifié de l'universalité de la succession. C'est pourquoi, selon nous, il peut, dans ce cas, cumuler ses droits légaux et les libéralités reçues du défunt.

En effet, considérer, comme certains auteurs, que le conjoint ne peut réclamer un complément au-delà de ses droits légaux lorsque, gratifié, il est en concours avec les père et mère du défunt[4], aboutit à créer une réserve au profit des ascendants, du montant de leurs droits légaux. La libéralité faite au conjoint serait ainsi partiellement privée d'effet alors que la loi lui permet de recueillir toute la succession, la réserve des ascendants ayant été supprimée[5].

Par ailleurs, la règle serait inefficace en pratique, car le conjoint pourrait alors renoncer à ses droits légaux, pour ne bénéficier que de la libéralité. Or celle-ci lui confère, par hypothèse, des droits supérieurs aux droits légaux : une telle renonciation exhéréderait ainsi partiellement ou totalement les père et mère du défunt.

L'application de l'article 758-6 du Code civil semble donc se limiter aux **successions dévolues au conjoint en concours avec des descendants.**

Cette interprétation est conforme à la solution retenue par la Cour de cassation dans son arrêt du 25 octobre 2017 : **en pareille hypothèse, en présence d'ascendants, la quotité disponible spéciale est de toute la succession** ; le conjoint survivant gratifié peut recevoir ses droits légaux augmentés de sa libéralité dans les limites de la quotité disponible, soit toute la succession.

Quant aux libéralités, le domaine de l'imputation dépend de la nature des droits légaux du conjoint survivant.

132.116 Imputation des libéralités en propriété sur des droits légaux en pleine propriété. Le conjoint gratifié au moyen d'une donation ou d'un legs conserve ces libéralités dans les limites de la quotité disponible spéciale prévue par l'article 1094-1 du Code civil, après imputation sur ses droits légaux, lorsque la succession s'est ouverte après le 1er janvier 2007.

Lorsque le conjoint a des droits légaux en pleine propriété, l'imputation concerne toutes les libéralités qui lui ont été faites car ces libéralités sont incluses dans la masse de calcul de ses droits, prévue l'article 758-6 du Code civil.

Lorsque les libéralités faites au conjoint sont en pleine propriété, l'imputation se fait aisément : il suffit de déduire la valeur des biens donnés ou légués des droits légaux calculés selon les règles édictées par l'article 758-5 du Code civil.

Si ces libéralités n'excèdent pas les droits légaux, le conjoint peut les conserver et demander un complément pour avoir la totalité de ses droits légaux, ainsi le prévoit l'article 758-6 du Code civil. On est alors certain que ces libéralités n'excèdent pas la quotité disponible spéciale, les droits légaux d'un quart étant en toutes hypothèses inférieurs ou égaux au quart en pleine propriété du disponible spécial – d'un quart en pleine propriété et des trois quarts en usufruit – et à la quotité disponible ordinaire d'un quart en pleine propriété en présence de trois enfants ou plus.

1. H. de Richemont, Rapport Sénat nº 343 (2005-2006) fait au nom de la commission des lois, déposé le 10 mai 2006 – S. Huyghe, Rapport AN nº 2850, enregistré le 18 févr. 2006, p. 315.
2. Civ. 1re, 25 oct. 2017, nº 17-10.644, P I, nº 227 ; *JCP N* 2017. 1333, note F. Sauvage.
3. Civ. 1re, 17 janv. 2024, nº 21-20.520, P ; *D.* 2024. 110 ; *AJ fam.* 2024. 173, obs. N. Levillain ; *RTD civ.* 2024. 166, obs. M. Grimaldi.
4. F. Terré, Y. Lequette et S. Gaudemet, *Droit civil. Les successions. Les libéralités*, 5e éd., « Précis », Dalloz, 2024, nº 199, 3º.
5. CONTRA : M. Grimaldi (dir.), Dalloz action *Droit patrimonial de la famille*, 2025/2026, nº 232.222, par C. Vernières.

Si ces libéralités dépassent les droits légaux du conjoint, alors le conjoint ne peut cumuler ses droits légaux et ses libéralités : il ne peut conserver son quart en pleine propriété augmenté de ses libéralités en pleine propriété. Il doit choisir. Soit il renonce à ses libéralités et ne reçoit que ses droits légaux, soit il conserve ses libéralités et en conséquence, la masse d'exercice de ses droits devient nulle, ce qui évite tout cumul entre droits légaux et libéralités. Il faut alors juste s'assurer que les libéralités restent dans les limites du disponible spécial prévu par l'article 1094-1 du Code civil.

132.116-1 Calcul des droits du conjoint héritier légal pour un quart et légataire en pleine propriété.

EXEMPLE :
LIBÉRALITÉ N'EXCÉDANT PAS LES DROITS LÉGAUX

M. X est décédé laissant à sa survivance son épouse et trois enfants non communs : A, B, C.

L'actif net de sa succession est estimé à 460 000 €.

De son vivant, il a consenti les libéralités suivantes :

– En 2006, une donation en avancement de part à A. Les biens donnés sont estimés au décès et au partage à 100 000 €, compte tenu de leur état au jour de la donation.

– En 2009, une donation en avancement de part à B, portant sur une somme de 80 000 €. Cette somme n'a fait l'objet d'aucun emploi particulier.

Par testament, M. X a légué à son épouse un appartement valant 60 000 €.

Pour calculer les droits légaux du conjoint, il faut liquider la succession afin de vérifier que la quotité disponible n'a pas été épuisée. À défaut, le conjoint ne pourrait exercer ses droits légaux.

I. Contrôle de l'absence d'atteinte à la réserve

Ce contrôle s'effectue en établissant la masse de calcul de la quotité disponible selon les prescriptions de l'article 922 du Code civil. Cette masse comprend l'actif net existant (legs compris) auquel on réunit fictivement toutes les donations faites par le défunt (donations en avancement de part successorale, hors part successorale et donations-partages). La quotité disponible et la réserve sont déterminées à partir de cette masse. Leur taux est fixé par l'article 913 du Code civil. Ainsi, en présence de trois enfants, le taux de la quotité disponible est d'un quart, et celui de la réserve globale, des trois quarts à partager entre les trois enfants, soit un quart chacun.

A. Calcul de la quotité disponible et de la réserve

Actif net	460 000
Réunion fictive	
Donation à A	100 000
Donation à B	80 000
Masse de calcul	640 000
Dont le quart formant la quotité disponible	1/4
Est de	160 000
Dont les trois quarts formant la réserve globale	3/4
Sont de	480 000
Dont le tiers formant la réserve individuelle	1/3
Est de	160 000

La quotité disponible spéciale en propriété est également de 160 000 €.

B. Imputations

L'ordre d'imputation est prévu par l'article 923 du Code civil : les donations s'imputent avant les legs, par ordre chronologique en commençant par la plus ancienne.

Le secteur d'imputation dépend de la qualité du gratifié – héritier réservataire ou autre gratifié – ainsi que de la nature de la libéralité – libéralité en avancement de part ou hors part.

Les libéralités faites aux tiers s'imputent exclusivement sur la quotité disponible, et en cas de dépassement sont réductibles. Il en va de même des libéralités hors part faites aux héritiers réservataires (C. civ., art. 919-2). Quant aux libéralités en avancement de part qui leur sont faites, elles s'imputent principalement sur la part de réserve du gratifié et subsidiairement sur la quotité disponible. En cas de dépassement, l'excédent est sujet à réduction (C. civ., art. 919-1).

La donation faite à A (100 000 €) s'impute sur sa part de réserve (160 000 €) sans l'excéder. Elle n'est pas réductible et laisse la quotité disponible intacte. Il en va de même de celle à B (80 000 €).

Il faut enfin imputer le legs à l'épouse (60 000) sur la quotité disponible (160 000 €). Il ne dépasse pas le disponible, n'est donc pas réductible et laisse un reliquat de quotité disponible de 100 000 €.

Si on reprend ces informations dans un tableau, on obtient :

	Réserve individuelle A	Réserve individuelle B	Réserve individuelle C	Quotité disponible
	160 000	160 000	160 000	160 000
Donation à A	– 100 000			
Reste sur sa réserve	60 000			
Donation à B		– 80 000		
Reste sur sa réserve		80 000		
Legs				– 60 000
Reliquat de quotité disponible				100 000

Aucune des libéralités entre vifs n'est réductible et il reste du disponible pour que le conjoint puisse exercer ses droits.

II. Calcul des droits en propriété du conjoint survivant

Le calcul des droits légaux en propriété du conjoint survivant est déterminé en deux temps. On calcule dans un premier temps les droits théoriques du conjoint sur la masse de calcul de l'article 758-5 alinéa 1er du Code civil, puis on vérifie que ces droits n'excèdent pas la masse d'exercice prévue par le second alinéa de ce texte.

A. Calcul des droits théoriques du conjoint

La masse de calcul des droits en propriété est formée de l'actif net existant auquel sont réunies fictivement toutes les libéralités rapportables (donations rapportables et legs rapportables) ainsi que les libéralités au conjoint qui sont toutes rapportables [1].

1. Civ. 1re, 12 janv. 2022, nos 19-25.158 et 20-12.232, P.

En l'espèce, seules les donations à A et B sont rapportables. Les dons aux petits enfants sont hors part successorale, car les petits-enfants ne sont pas présomptifs héritiers du vivant de leur parent (C. civ., art. 846). Le legs au conjoint ne doit par ailleurs pas être déduit de l'actif net existant.

Masse de calcul	
Actif net non légué (sauf libéralité au conjoint)	460 000
Réunion fictive	
Donation à A	100 000
Donation à B	80 000
Masse de calcul	640 000

Les droits théoriques du conjoint sont d'un quart de la masse de calcul, soit 640 000/4 = 160 000.

B. Masse d'exercice

La masse d'exercice se calcule en déduisant de la masse de calcul l'ensemble des éléments sur lesquels le conjoint ne peut exercer ses droits légaux, soit en l'espèce la réserve globale des enfants car, dans notre exemple, aucune libéralité en avancement de part n'excède la réserve pour s'imputer sur la quotité disponible (si tel était le cas, il faudrait déduire cet excédent de la masse d'exercice).

Masse de calcul		640 000
À déduire :		
– la réserve globale	480 000	
– le legs au conjoint	60 000	
Ensemble	540 000	– 540 000
Masse d'exercice		100 000

C. Droits du conjoint

Les droits légaux du conjoint en propriété sont limités à 100 000 €, car ils ne peuvent excéder la masse d'exercice.

D. Imputation de la libéralité au conjoint sur ses droits légaux

Les droits légaux du conjoint sont de 100 000 €. La libéralité faite au conjoint est de 60 000 €.

Après imputation du legs au conjoint sur ses droits légaux, on constate qu'il peut prendre un complément de 100 000 – 60 000 = 40 000 €.

EXEMPLE 2 :

LIBÉRALITÉ EXCÉDANT LES DROITS LÉGAUX

Reprenons le cas précédent mais en supposant que le legs au conjoint porte sur un bien valant 100 000 €.

La quotité disponible (160 000) et les réserves individuelles restent inchangées, tout comme l'imputation des libéralités faites à A et B.

Le legs au conjoint (100 000) s'impute ensuite sur la quotité disponible (160 000) et laisse un reliquat de 60 000. Il n'est pas réductible.

Il faut ensuite calculer les droits légaux en propriété.

Les droits théoriques restent inchangés, la masse de calcul étant identique, soit 160 000.

La masse d'exercice se calcule comme suit :

Masse de calcul		640 000
À déduire :		
– la réserve globale	480 000	
– le legs au conjoint	100 000	
Ensemble	580 000	– 580 000
Masse d'exercice		60 000

Les droits légaux du conjoint au décès sont donc de 60 000, plus faible des deux sommes entre les droits théoriques et la masse d'exercice.

On suppose que les valeurs demeurent constantes entre le décès et le partage.

Si on impute la libéralité faite au conjoint (100 000) sur ses droits légaux (60 000), elle dépasse mais le conjoint peut la conserver dans les limites de la quotité disponible spéciale (ce qui est le cas en l'espèce, puisqu'après imputation, elle n'est pas réductible).

CONCLUSION :

Le mode de calcul des droits en pleine propriété du conjoint survivant, et en particulier la masse d'exercice, évite toute possibilité de cumul quand les libéralités faites au conjoint sont en pleine propriété.

Lorsque les libéralités faites au conjoint sont en usufruit, se pose à nouveau la question de l'opportunité de convertir l'usufruit en valeur en pleine propriété pour procéder à l'imputation.

132.117 Imputation des libéralités en usufruit sur des droits légaux en pleine propriété : imputation en assiette. Lorsque le conjoint, héritier légal d'un quart en pleine propriété, est gratifié en usufruit, et notamment de l'usufruit de toute la succession, se pose la question des modalités d'imputation de ces libéralités sur des droits de nature différente.

Si une imputation en assiette a le mérite d'éviter les aléas de la conversion – la valorisation économique de l'usufruit diffère parfois fortement de sa valorisation fiscale –, elle a pour conséquence de permettre au conjoint de cumuler ses droits légaux avec ses libéralités en usufruit dans les limites de la quotité disponible spéciale. Dans son arrêt du 25 octobre 2017[1], la Cour de cassation a semblé privilégier une imputation en assiette, ce qui avait fait réagir la doctrine qui condamnait cette possibilité de cumul.

En effet, lorsque la libéralité faite au conjoint survivant porte sur l'usufruit de biens déjà donnés ou de

1. M. Grimaldi, « À quoi peut prétendre le conjoint survivant gratifié ? Exclusion, absorption ou accroissement de sa vocation légale ? », *RTD civ.* 2018. 188, note s^{s} Civ. 1re, 25 oct. 2017, n° 17-10.644, P I, n° 227 : « *Dès lors que, dans la libéralité, le* de cujus *n'a rien dit de sa vocation légale, il est concevable que sa vocation testamentaire ou contractuelle, soit s'y substitue, et donc l'exclut, soit s'y impute, et donc l'absorbe à due concurrence, soit s'y ajoute, en l'augmentant de ce dont elle l'excède. […] Or le fait est que la Cour de cassation privilégie carrément la troisième* ».

biens existants, celui-ci pourra toujours la conserver en plus de son quart légal, le total formé de ses droits légaux d'un quart en pleine propriété et de sa libéralité en usufruit n'excédant pas le disponible spécial mixte.

132.117-1 **Illustration en cas d'imputation en assiette.**

EXEMPLE

Le défunt laisse son conjoint et trois enfants d'une précédente union. L'actif net successoral est de 1 600 000 €.

Le défunt a légué à son épouse divers biens en pleine propriété d'une valeur de 660 000 € et l'usufruit du surplus de la succession, soit l'usufruit de 940 000 €.

Il avait consenti des donations en avancement de part faites à ses trois enfants, réunies fictivement pour 1 200 000 € (400 000 € chacun). La masse de calcul de la quotité disponible est de 1 600 000 + 1 200 000 = 2 800 000. La réserve et la quotité disponible sont d'un quart soit 700 000 €.

Les libéralités au conjoint restent dans les limites d'un quart en pleine propriété (700 000 €) et trois quarts en usufruit (2 100 000 €), elles ne sont donc pas réductibles.

Le calcul des droits légaux en pleine propriété du conjoint survivant se fait en application de l'article 758-5 du Code civil. Il faut tout d'abord déterminer ses droits théoriques (al. 1er) :

Masse de calcul = Actif net non légué + Réunion fictive des donations rapportables en ce compris celles consenties au conjoint

En l'espèce la masse de calcul est égale à 1 500 000 + 1 300 000 = 2 800 000

Les droits théoriques sont d'un quart (C. civ., art. 757) soit 700 000 €.

La masse d'exercice se détermine en déduisant de la masse de calcul la réserve globale la fraction de libéralités rapportables excédant la réserve des descendants.

Remarque : il ne nous semble pas qu'il faille déduire à ce stade les libéralités faites au conjoint car elles font l'objet d'une imputation ultérieure au titre de l'article 758-6 du Code civil. À défaut, cela conduirait à les imputer deux fois.

En l'espèce toutes les libéralités rapportables restant dans les limites des parts de réserve, il n'y a qu'à déduire la réserve globale.

Masse d'exercice = 2 800 000 – 3 × 700 000 = 700 000 €.

Les droits théoriques peuvent pleinement être exercés, donc les droits du conjoint au décès sont de 700 000 €. On supposera que la valeur des biens n'a pas changé au partage, de sorte qu'on retiendra des droits légaux au partage de 700 000 €.

Si on impute en assiette les libéralités faites au conjoint sur ses droits légaux, on constate que les droits légaux en pleine propriété (700 000 €) excèdent les libéralités en pleine propriété (660 000 €) de 40 000 €, ce qui permet au conjoint de demander ce complément, car le total cumulé des droits légaux (700 000 €) et des libéralités en usufruit (assiette de 940 000 €) reste dans les limites de la quotité disponible spéciale d'un quart en pleine propriété (700 000 €) et des trois quarts en usufruit (2 100 000 €). Ainsi le conjoint cumule ses droits légaux et ses libéralités.

Cette façon de procéder est conforme à l'esprit de la loi (v. ss no 132.114) mais aussi à la solution de l'arrêt du 25 octobre 2017[1]. Elle permet également la mise en œuvre de la fin de l'article 758-6 du Code civil « *sans jamais recevoir une portion des biens supérieure à la quotité définie à l'article 1094-1* » : après avoir procédé à une imputation en assiette, le total conservé par le conjoint doit rester dans les limites de la quotité disponible qui lui est propre. Or nous le savons, pour faire cette vérification par rapport à la quotité disponible, la Cour de cassation a décidé que l'imputation devait se faire en assiette[2].

132.118 **Imputation des libéralités en usufruit sur des droits légaux en pleine propriété : imputation par conversion.** Cependant l'imputation en assiette a été écartée par la Cour de cassation dans son arrêt du 17 janvier 2024[3] lorsqu'il s'agit d'appliquer l'article 758-6 du Code civil : la Haute juridiction décide que pour procéder à l'imputation des libéralités en usufruit faites au conjoint survivant sur ses droits légaux en pleine propriété « *il y avait lieu de calculer la valeur totale de ces legs, en ajoutant à la valeur des droits légués en propriété celle, convertie en capital, des droits légués en usufruit, et de comparer le montant ainsi obtenu à la valeur de la propriété du quart des biens calculée selon les modalités prévues à l'article 758-5* ». Autrement dit, pour procéder à l'imputation des libéralités en usufruit faites au conjoint sur ses droits légaux en pleine propriété, **il faut convertir les libéralités en usufruit en une valeur pleine propriété.**

132.118-1 **Illustration en cas d'imputation par conversion.**

EXEMPLE

Si on reprend l'exemple précédent :

Le conjoint a des droits légaux de 700 000 € en pleine propriété.

Il a été gratifié, dans les limites de la quotité disponible spéciale, au moyen d'un legs en pleine propriété d'une valeur de 660 000 € et d'un legs d'usufruit dont l'assiette est de 940 000 €.

Le legs d'usufruit doit être converti. Supposons qu'à dires d'expert, l'usufruit du conjoint soit de 30 %. Le legs d'usufruit est alors valorisé à 282 000 €.

1. Civ. 1re, 25 oct. 2017, no 17-10.644, P I, no 227 ; *JCP N* 2017. 1333, note F. Sauvage.
2. Civ. 1re, 22 juin 2022, no 20-23.215, P ; *D.* 2022. 1205 ; *AJ fam.* 2022. 450, obs. N. Levillain ; *RTD civ.* 2022. 682, obs. M. Grimaldi ; *JCP* 2022, no 1017, note F. Sauvage ; *JCP N* 2022, no 1209, note M. Nicod et A. Tani.
3. Civ. 1re, 17 janv. 2024, no 21-20.520, P ; *D.* 2024. 110 ; *AJ fam.* 2024. 173, obs. N. Levillain ; *RTD civ.* 2024. 166, obs. M. Grimaldi.

Le total des libéralités faites au conjoint est alors valorisé à 660 000 + 282 000 = 942 000 €, ce qui excède les droits légaux.

Le conjoint ne peut donc revendiquer ses droits légaux s'il souhaite conserver ses libéralités. Il peut soit avoir ses droits légaux de 700 000 €, soit avoir ses libéralités.

Ce faisant on réduit l'émolument total du conjoint bien qu'il reste du disponible.

132.119 Imputation des libéralités en usufruit sur des droits légaux en usufruit. Difficultés. Lorsque le conjoint a opté pour des droits légaux en usufruit, il bénéficie de l'usufruit de tout l'actif net non légué. Comme dans l'hypothèse précédente, ses libéralités doivent être imputées sur ses droits légaux.

Cette situation présente une difficulté supplémentaire et on peut s'interroger sur le bien-fondé de cette imputation. En effet, imputer signifiant déduire, l'imputation ne peut concerner que des libéralités entrant dans l'assiette de l'usufruit légal [1].

Comme aucun texte ne prévoit de masse de calcul pour cet usufruit, il ne semble pas possible d'imputer sur l'usufruit légal les libéralités non incluses dans son assiette, laquelle n'est constituée que des biens existant au décès [2]. Devraient ainsi être exclues du domaine de l'imputation les libéralités entre vifs consenties au conjoint, mais pas les legs ceux-ci étant toujours considérés comme des avances de part, nonobstant les dispositions de l'article 843 alinéa 2 du Code civil [3].

Cette façon de procéder est critiquée par certains auteurs qui constatent qu'elle permet au conjoint de « *cumuler sa vocation légale avec ses libéralités, à l'exclusion - rarissime - de legs d'attribution* » [4]. En effet, si le conjoint est gratifié en usufruit par exemple au moyen d'un usufruit réversible, il peut alors conserver son usufruit légal et sa libéralité. Est-ce vraiment choquant ? À la lecture des travaux préparatoires de la loi du 23 juin 2006, on constate que cela est conforme à la volonté du législateur qui ne prévoyait pas de réduire l'usufruit légal du montant des libéralités en usufruit faites au conjoint mais bien de l'augmenter tout en restant dans les limites de la quotité disponible spéciale [5].

Si le conjoint est gratifié en pleine propriété, conformément à la volonté du législateur et en application de la solution de l'arrêt rendu le 25 octobre 2017, il ne devrait conserver sa libéralité en plus de son usufruit légal qu'à condition que ce cumul n'aboutisse pas à lui permettre d'obtenir au-delà du disponible spécial. Le total ainsi reçu par le conjoint survivant ne doit donc juste pas excéder la quotité disponible spéciale d'un quart en pleine propriété et des trois quarts en usufruit [6].

Là encore, une imputation en assiette permet d'aboutir à ce résultat tout en évitant les aléas de la conversion.

132.119-1 Imputation en assiette d'une libéralité en usufruit.

EXEMPLE

Supposons que le défunt laisse son conjoint et un enfant commun. L'actif net successoral est de 400, le défunt n'a consenti qu'une libéralité : un legs d'un bien d'une valeur de 150.

Le conjoint opte pour l'usufruit de la succession au titre de ses droits légaux.

La quotité disponible ordinaire est de 200, la quotité disponible spéciale mixte est d'un quart en pleine propriété (100) et des trois quarts en usufruit (usufruit de 300).

Si le conjoint opte pour la quotité disponible ordinaire, il devrait recevoir la totalité de son legs, qui reste dans les limites de cette quotité. Toutefois en conservant ses droits légaux en usufruit, le total de ses droits excède la quotité disponible spéciale mixte. En application de l'article 758-6 du Code civil, il ne peut conserver sa libéralité et ses droits légaux que dans les limites de la quotité disponible spéciale, c'est-à-dire dans les limites de 100 en pleine propriété et 300 en usufruit.

132.120 Conséquences d'une imputation en assiette des libéralités en usufruit. Cumul des droits légaux et libéralités. En procédant ainsi, on aboutit toutefois à un cumul entre droits légaux et libéralités, ce que certains auteurs critiquent en se fondant sur la situation du conjoint avant la réforme de 2001,

1. « *L'imputation vise à éviter qu'un même avantage ne figure deux fois au même lot* », B. Vareille, « Réflexions sur l'imputation en droit des successions », *RTD civ.* 2009. 1, n° 27.
2. EN CE SENS, V. B. Vareille, art. préc. s^s prés^t n° – F. Terré, Y. Lequette et S. Gaudemet, *Droit civil. Les successions. Les libéralités*, 5e éd., « Précis », Dalloz, 2024, n°s 198 s. – M. Grimaldi (dir.), Dalloz action *Droit patrimonial de la famille*, 2025/2026, n°s 232.191 s., par C. Vernières.
3. Civ. 1re, 22 janv. 2022, n°s 11-25.158 et 20-12.232.
4. M. Grimaldi (dir.), Dalloz action *Droit patrimonial de la famille*, 2025/2026, n° 232.222, par C. Vernières.
5. S. Huyghe, Rapport AN n° 2850, enregistré le 18 févr. 2006, p. 315 : « *Il serait également prévu que, dans le cas où le conjoint aurait reçu des libéralités inférieures à sa vocation successorale fixée à l'article 757 du Code civil (cas, par exemple, d'un conjoint ayant reçu un usufruit portant sur le quart des biens alors qu'en l'absence d'enfants d'un premier lit, sa vocation successorale lui permet d'obtenir un usufruit sur la totalité des biens), sa part successorale sera augmentée en conséquence, dans la limite de la quotité spéciale des époux, fixée, selon le cas, par l'article 1094-1 ou l'article 1094-2 du Code civil* ».
6. V. ÉGAL. EN CE SENS, M. Grimaldi, « À quoi peut prétendre le conjoint survivant gratifié ? Exclusion, absorption ou accroissement de sa vocation légale ? », *RTD civ.* 2018. 188 : « *Si, donc, le conjoint n'avait été gratifié qu'en usufruit (du tout), le principe posé par la Cour de cassation aurait permis de lui attribuer le quart légal augmenté de l'usufruit du reste, alors que l'imputation prescrite par la loi aurait conduit à ne lui accorder le quart légal que diminué de la valeur de son usufruit* » – M. Nicod, « Droits du conjoint survivant. L'imputation n'efface pas la libéralité entre époux », *Dr. fam.* janv. 2018. Comm. 15.

position qui semble confortée par l'arrêt du 17 janvier 2024 [1].

Avant la réforme de 2001, lorsque les droits légaux du conjoint survivant étaient héritier d'un quart en usufruit (C. civ., anc. art. 767), la Cour de cassation avait décidé que l'imputation devait se faire après conversion de l'usufruit légal en une valeur en pleine propriété, modalité d'imputation que vient de confirmer l'arrêt du 17 janvier 2024 dans le cas où le conjoint est héritier légal d'un quart en pleine propriété.

Des différences existent toutefois :

– par rapport à la situation d'avant la réforme de 2001 : le conjoint survivant a désormais un usufruit universel et non plus d'un quart de la succession ;

– par rapport au cas où le conjoint est héritier légal d'un quart en pleine propriété : ce quart se calcule sur une masse incluant les libéralités faites au conjoint alors que l'usufruit légal porte uniquement sur l'actif net non légué.

De ces différences résulte un problème de méthode pour procéder à cette imputation, une simple transposition de la méthode d'imputation appliquée avant 2001 étant en fait impossible.

Plusieurs méthodes ont été proposées par la doctrine.

132.121 Première méthode : création d'une masse de calcul avant imputation. Un premier auteur [2] propose de calculer un usufruit théorique sur une masse comprenant l'usufruit légal du conjoint auquel seraient réunies fictivement toutes les libéralités faites au conjoint. La masse serait déterminée en pleine propriété, ce qui suppose de convertir l'usufruit légal en une valeur en pleine propriété, comme cela était fait avant l'entrée en vigueur de la loi du 3 décembre 2001, lorsqu'il fallait imputer les libéralités faites au conjoint sur ses droits légaux en application de l'ancien article 767 du Code civil. On obtiendrait ainsi une masse permettant de procéder aux imputations. Cette masse, dont l'existence n'est justifiée par aucun texte – l'article 758-5 actuel du Code civil concernant uniquement les droits en pleine propriété –, permettrait ainsi de procéder à l'imputation des libéralités.

En application de cette méthode, lorsque le conjoint, usufruitier légal, n'a été gratifié qu'en usufruit, par exemple au moyen d'un usufruit réversible, il peut conserver sa libéralité et ses droits légaux, de la même façon qu'en l'absence d'imputation.

Ce n'est que si le conjoint usufruitier légal a bénéficié d'une libéralité en propriété, que son usufruit légal peut se trouver diminué.

132.121-1 Mise en œuvre de la première méthode.

EXEMPLE

Reprenons l'exemple illustrant cette théorie [3] :

Soit un *de cujus* qui laisse son conjoint, âgé de 55 ans, et trois enfants communs. Il laisse des biens existants évalués 400. Il avait fait donation à son conjoint d'un bien en pleine propriété, valant 100 au décès.

L'usufruit théorique du conjoint porte sur l'ensemble des biens existants, ainsi que sur le bien donné. À supposer que l'on applique le barème fiscal de l'article 669 du CGI, l'usufruit est évalué 50 % de la pleine propriété, de sorte que l'usufruit théorique vaut 250 (50 % de (400 + 100)). Sur cet usufruit, on impute la donation, en sorte que le conjoint ne se trouve riche que d'un usufruit dont la valeur est 150 (250 – 100). Dans la mesure où son usufruit représente 50 % de la pleine propriété, le conjoint ne peut exercer son usufruit que sur des biens existants valant 300.

Supposons maintenant que l'usufruit du conjoint soit de 20 %, les autres données étant inchangées. L'usufruit théorique est de 500×20 % = 100. Sur cet usufruit on impute la donation : 100 – 100 = 0, Le conjoint n'a alors plus d'usufruit légal. La solution peut sembler surprenante voire inquiétante compte tenu des difficultés pratiques à avoir une valeur fiable de l'usufruit. On constate par ailleurs que cette méthode qui est la reproduction de ce qui est pratiqué lorsque le conjoint a des droits légaux en pleine propriété, a des résultats similaires : la conversion contraint le conjoint à choisir entre ses droits légaux ou ses libéralités même s'il reste du disponible.

132.122 Seconde méthode : valorisation des usufruits avant imputation. Une autre méthode a été proposée. Elle consiste à valoriser l'usufruit légal et l'usufruit des biens donnés en pleine propriété pour déterminer l'assiette de l'usufruit légal restant au conjoint après imputation [4]. Cette méthode est également inspirée de la solution de l'arrêt du 6 février 2001 [5], mais sans passer par une masse de calcul avant de procéder à l'imputation.

132.122-1 Mise en œuvre de la seconde méthode.

EXEMPLE

Si on reprend l'exemple ci-dessus :

L'actif net au décès est de 400. L'usufruit du conjoint est de 50 % soit une valeur en pleine propriété de 200. La donation porte sur la pleine propriété de 100, soit 50 en usufruit. Il faut alors imputer la valeur de l'usufruit des biens donnés

1. M. Grimaldi (dir.), Dalloz action *Droit patrimonial de la famille*, 2025/2026, n° 232.222, par C. Vernières.
2. M. Grimaldi (dir.), Dalloz action *Droit patrimonial de la famille*, 2025/2026, n° 232.222, par C. Vernières
3. M. Grimaldi (dir.), Dalloz action *Droit patrimonial de la famille*, 2025/2026, n° 232.222, par C. Vernières
4. M. Grimaldi, note s[s] Civ. 1re, 17 janv. 2024, n° 21-20.520, P ; *RTD civ.* 2024. 166, obs. M. Grimaldi.
5. Conversion faite en se référant à Civ. 1re, 6 févr. 2001, n° 99-10.845, P I, n° 28 ; *D.* 2001. 3566, note C. Aubert de Vincelles ; *JCP* 2001. I. 366, spéc[t] 4, obs. R. Le Guidec ; *RTD civ.* 2001. 637, obs. J. Patarin.

(50) sur la valeur de l'usufruit légal (200). L'usufruit dont peut bénéficier le conjoint survivant au titre de ses droits légaux est valorisé à 200 – 50 = 150, ce qui correspond à une assiette de 300.

Si l'usufruit avait été de 20 % (ou toute autre valeur) on aboutit à la même assiette pour l'usufruit du conjoint après imputation :

La donation porte sur la pleine propriété de 100, soit 20 en usufruit.

Imputation de l'usufruit des biens donnés (20) sur la valeur de l'usufruit (400 × 20 % = 80) : 80 – 20 = 60

Le conjoint peut encore bénéficier d'un usufruit de 60 ce qui correspond à une assiette en pleine propriété de 60/ 20 % = 300

Avec cette méthode l'assiette de l'usufruit restant au conjoint après imputation est indépendante de la valorisation de son usufruit.

132.123 Analyse critique de la seconde méthode. Toutefois, deux remarques peuvent être faites :

- cette méthode d'imputation n'est pas la transposition de celle appliquée lorsque le conjoint a des droits légaux en propriété et est gratifié en usufruit. En effet selon la Cour de cassation : il faut « *calculer la valeur totale de ces legs, en ajoutant à la valeur des droits légués en propriété celle, convertie en capital, des droits légués en usufruit, et de comparer le montant ainsi obtenu à la valeur de la propriété du quart des biens calculée selon les modalités prévues à l'article 758-5 du Code civil* ». On devrait donc lorsque le conjoint a des droits en usufruit, calculer la valeur totale des legs en ajoutant à la valeur des biens légués en pleine propriété celle des droits légués en usufruit convertie en capital et comparer le montant ainsi obtenu à la valeur de l'usufruit légal, converti également en capital. Or ici, on ne fait qu'imputer l'usufruit des biens légués en pleine propriété sur l'usufruit légal, comme le préconisait la Cour de cassation dans son arrêt de 2001[1]. Mais à cette époque, les libéralités faites au conjoint étaient incluses dans la masse de calcul des droits légaux du conjoint (C. civ., anc. art. 767) ;

- il en résulte une conséquence logique, c'est la fixité du résultat quel que soit le taux de l'usufruit, contrairement à ce qui se passe quand on impute une pleine propriété sur un usufruit converti en une valeur pleine propriété.

En conclusion, en l'état actuel de la jurisprudence, il n'est pas certain qu'il faille imputer les libéralités faites au conjoint sur ses droits légaux en usufruit, faute de texte prévoyant une masse de calcul pour y procéder. Si toutefois une telle imputation devait se faire, la méthode demeure incertaine, même si aux vues de la dernière jurisprudence, on peut penser que cette imputation doit se faire par voie de conversion.

1. Civ. 1re, 6 févr. 2001, no 99-10.845, P I, no 28 ; *D.* 2001. 3566, note C. Aubert de Vincelles ; *JCP* 2001. I. 366, spéct 4, obs. R. Le Guidec ; *RTD civ.* 2001. 637, obs. J. Patarin.

132.124 Comparaison des droits du conjoint selon qu'il est héritier légal d'un quart en propriété ou gratifié de l'usufruit de la succession. Lorsque le conjoint a des droits légaux en propriété d'un quart, ce quart n'a pas la même assiette que le quart dont est gratifié le conjoint au moyen notamment d'une institution contractuelle.

Le quart légal se calcule sur une masse formée de l'actif net existant non légué auquel sont réunies fictivement uniquement les libéralités en avancement de part faites par le défunt (C. civ., art. 758-5, al. 1er). Son assiette est donc plus réduite que celle du quart donné ou légué, qui se détermine à partir de la masse de calcul de l'article 922 du Code civil ; en effet, cette masse comprend l'actif net existant, en ce compris les legs, auquel sont réunies fictivement toutes les donations consenties par le défunt, qu'elles soient en avancement de part ou hors part, ainsi que les donations-partages.

132.124-1 Calcul des droits du conjoint héritier légal pour un quart et légataire de l'usufruit de toute la succession.

EXEMPLE

M. X est décédé laissant à sa survivance son épouse et trois enfants non communs : A, B, C.

L'actif net de sa succession est estimé à 400 000 €.

De son vivant, il a consenti les libéralités suivantes :

– En 2006, une donation en avancement de part à A. Les biens donnés sont estimés au décès et au partage à 100 000 €, compte tenu de leur état au jour de la donation.

– En 2009, une donation en avancement de part à B, portant sur une somme de 80 000 €. Cette somme n'a fait l'objet d'aucun emploi particulier.

– En 2013, un don manuel de 30 000 € à chacun des deux enfants de B.

Par testament, M. X a légué à son épouse l'usufruit de toute la succession. L'usufruit du conjoint est de 20 %.

Pour calculer les droits légaux du conjoint, il faut liquider la succession afin de vérifier que la quotité disponible n'a pas été épuisée. À défaut, le conjoint ne pourrait exercer ses droits légaux.

I. Contrôle de l'absence d'atteinte à la réserve

Ce contrôle s'effectue en établissant la masse de calcul de la quotité disponible selon les prescriptions de l'article 922 du Code civil. Cette masse comprend l'actif net existant (legs compris) auquel on réunit fictivement toutes les donations faites par le défunt (donations en avancement de part successorale, hors part successorale et donations-partages). La quotité disponible et la réserve sont déterminées à partir de cette masse. Leur taux est fixé par l'article 913 du Code civil. Ainsi, en présence de trois enfants, le taux de la quotité disponible est d'un quart, et celui de la réserve globale, des trois quarts à partager entre les trois enfants, soit un quart chacun.

A. Calcul de la quotité disponible et de la réserve

Actif net	400 000
Réunion fictive	
Donation à A	100 000
Donation à B	80 000
Dons manuels aux petits enfants	60 000
	640 000
Dont le quart formant la quotité disponible	1/4
Est de	160 000
Dont les trois quarts formant la réserve globale	3/4
Sont de	480 000
Dont le tiers formant la réserve individuelle	1/3
Est de	160 000

La quotité disponible spéciale en propriété est également de 160 000 €.

B. Imputations

L'ordre d'imputation est prévu par l'article 923 du Code civil : les donations s'imputent avant les legs, par ordre chronologique en commençant par la plus ancienne.

Le secteur d'imputation dépend de la qualité du gratifié – héritier réservataire ou autre gratifié – ainsi que de la nature de la libéralité – libéralité en avancement de part ou hors part.

Les libéralités faites aux tiers s'imputent exclusivement sur la quotité disponible, et en cas de dépassement sont réductibles. Il en va de même des libéralités hors part faites aux héritiers réservataires (C. civ., art. 919-2). Quant aux libéralités en avancement de part qui leur sont faites, elles s'imputent principalement sur la part de réserve du gratifié et subsidiairement sur la quotité disponible. En cas de dépassement, l'excédent est sujet à réduction (C. civ., art. 919-1).

La donation faite à A (100 000 €) s'impute sur sa part de réserve (160 000 €) sans l'excéder. Elle n'est pas réductible et laisse la quotité disponible intacte. Il en va de même de celle à B (80 000 €).

Les dons manuels faits aux petits enfants (60 000 €) s'imputent sur la quotité disponible (160 000 €) sans la dépasser. Ils ne sont pas réductibles et laissent un reliquat de quotité disponible de 100 000 €.

Si on reprend ces informations dans un tableau, on obtient :

	Réserve Indivi-duelle A	Réserve indivi-duelle B	Réserve indivi-duelle C	Quotité disponible
	160 000	160 000	160 000	**160 000**
Donation à A	- 100 000			
Reste sur sa réserve	60 000			
Donation à B		- 80 000		
Reste sur sa réserve		80 000		
Dons manuels				- 60 000
Reliquat de quotité disponible				100 000

Aucune des libéralités entre vifs n'est réductible et il reste du disponible pour que le conjoint puisse exercer ses droits.

II. Calcul des droits en propriété du conjoint survivant

Le calcul des droits légaux en propriété du conjoint survivant est déterminé en deux temps. On calcule dans un premier temps les droits théoriques du conjoint sur la masse de calcul de l'article 758-5 alinéa 1er du Code civil, puis on vérifie que ces droits n'excèdent pas la masse d'exercice prévue par le second alinéa de ce texte.

A. Calcul des droits théoriques du conjoint

La masse de calcul des droits en propriété est formée de l'actif net existant auquel sont réunies fictivement toutes les libéralités rapportables (donations rapportables et legs rapportables). En l'espèce, seules les donations à A et B sont rapportables. Les dons aux petits enfants sont hors part successorale, car les petits-enfants ne sont pas présomptifs héritiers du vivant de leur parent (C. civ., art. 846).

Masse de calcul	
Actif net	400 000
Réunion fictive	
Donation à A	100 000
Donation à B	80 000
Masse de calcul	580 000

Les droits théoriques du conjoint sont d'un quart de la masse de calcul, soit 580 000/4 = 145 000.

B. Masse d'exercice

La masse d'exercice se calcule en déduisant de la masse de calcul l'ensemble des éléments sur lesquels le conjoint ne peut exercer ses droits légaux, soit en l'espèce la réserve globale des enfants car, dans notre exemple, aucune libéralité en avancement de part n'excède la réserve pour s'imputer sur la quotité disponible (si tel était le cas, il faudrait déduire cet excédent de la masse d'exercice).

Masse de calcul	580 000
Réserve globale	480 000
Masse d'exercice	100 000

C. Droits du conjoint

Les droits légaux du conjoint en propriété sont limités à 100 000 €, car ils ne peuvent excéder la masse d'exercice.

D. Imputation de la libéralité au conjoint sur ses droits légaux

Les droits légaux du conjoint sont de 100 000 €. L'usufruit dont a été gratifié le conjoint porte sur tout l'actif net existant non légué soit 400 000 € et a une valeur en pleine propriété de 80 000 €.

Cet usufruit s'impute sur les droits légaux à concurrence de 100 000 €. Sa valeur étant inférieure aux droits légaux, le conjoint peut garder ses droits légaux qui seront formé de sa libéralité en usufruit à concurrence de 80 000 € et d'un complément de 20 000 € en pleine propriété à prendre dans les biens existants.

132.125 **Ordre d'imputation.** L'imputation de l'article 758-6 du Code civil a pour but de comparer les droits légaux et les libéralités faites au conjoint. Elle ne sert nullement à déterminer une éventuelle restitution qui a, le cas échéant, déjà été calculée lors du contrôle de l'intégrité de la réserve.

Aussi est-il possible, nous semble-t-il, d'**imputer ensemble toutes les libéralités**, sans tenir compte d'un éventuel ordre, afin de procéder uniquement à une comparaison.

132.126 Méthode d'imputation. En raison de la multiplicité des formes que peuvent prendre les libéralités entre époux, l'imputation des libéralités sur les droits légaux du conjoint pose des problèmes pratiques.

Si le conjoint a des **droits légaux de même nature que ceux reçus en vertu de sa libéralité**, l'imputation est aisée : imputation d'une libéralité en propriété sur des droits légaux en propriété ou imputation d'une libéralité en usufruit sur des droits légaux en usufruit.

En revanche, si le conjoint a des **droits légaux de nature différente** de ceux résultant de sa libéralité, l'imputation pose un **problème de méthode.** Ainsi qu'on vient de le voir, il faudra en toutes hypothèses procéder par conversion de l'usufruit en une valeur en pleine propriété (pour une illustration, v. ss n° 132.118-1). Toutefois la méthode différera selon que les droits du conjoint sont en pleine propriété ou en usufruit :

– si le conjoint a des **droits légaux d'un quart en pleine propriété** et qu'il opte pour **l'usufruit de la succession**, il faut convertir sa libéralité en une valeur pleine propriété pour déterminer s'il n'a le droit qu'à sa libéralité ou s'il peut, en application de l'article 758-6 du Code civil, revendiquer un complément ;

– s'il opte pour **l'usufruit légal de la succession** et est gratifié **en pleine** on convertit l'usufruit légal en une valeur pleine propriété. On détermine la valeur de l'usufruit des biens objets de la libéralité pour l'imputer sur la valeur pleine propriété de l'usufruit légal. La différence représente la valeur de l'usufruit dont peut jouir le conjoint. Enfin on détermine la valeur pleine propriété des biens correspondant à cette valeur d'usufruit (v. ss n° 132.118-1).

132.127 Conséquences de l'imputation. L'imputation sert à comparer les droits légaux du conjoint aux libéralités qui lui ont été consenties. Deux situations peuvent se présenter.

– Soit les **libéralités faites au conjoint n'excèdent pas ses droits légaux :** celui-ci peut alors prendre un **complément** afin de recevoir ses droits légaux. C'est le cas lorsqu'il a été gratifié entre vifs au moyen de biens présents ou lorsqu'il a été gratifié à cause de mort au moyen d'un legs particulier : legs de la pleine propriété ou de l'usufruit d'un bien déterminé comme par exemple le logement de la famille.

– Soit **les libéralités faites au conjoint excèdent ses droits légaux :** le conjoint peut alors conserver le complément à condition qu'il ne reçoive pas plus que la quotité disponible spéciale prévue par l'article 1094-1 du Code civil[1].

132.127-1 Absence de cumul des droits légaux et d'une donation entre époux.

EXEMPLE

M. X décède le 3 mai 2022 laissant à sa survivance son conjoint et un enfant commun. Il a consenti à son conjoint une donation entre époux portant sur la plus forte des quotités disponibles autorisées par la loi.

En présence d'un enfant unique commun, le conjoint a une option entre l'usufruit de la succession et le quart en pleine propriété.

Sa libéralité lui donne par ailleurs le choix entre la quotité disponible ordinaire soit la moitié de la succession en pleine propriété, la quotité disponible en usufruit soit l'usufruit de l'universalité de la succession et la quotité disponible mixte : un quart en pleine propriété et les trois quarts en usufruit.

On suppose que le conjoint opte pour l'usufruit de la succession au titre de ses droits légaux et pour la quotité disponible ordinaire en vertu de sa donation entre époux. En application de l'article 758-6 du Code civil, il convient d'imputer la libéralité portant sur la moitié en pleine propriété de la succession sur l'usufruit légal du conjoint et de limiter le total reçu par le conjoint à la quotité disponible spéciale prévue par l'article 1094-1 du Code civil.

La libéralité de la moitié en pleine propriété ne peut s'imputer qu'en usufruit sur l'usufruit légal et ne l'excède pas. Le conjoint a vocation à recevoir des droits cumulés de moitié en pleine propriété et moitié en usufruit, droits qui sont toutefois limités à la quotité disponible spéciale soit en l'espèce un quart en pleine propriété et les trois quarts en usufruit.

1. P. Catala (actu. par L. Leveneur), *J.-Cl. Civ. Code*, art. 756 à 767, fasc. 10, n° 87 – M. Jussaume, « Analyse de la règle d'imputation de l'article 758-6 du Code civil au regard des règles du rapport », *LPA* 21 févr. 2008, n° 38 – A.-M. Leroyer, *Droit des successions*, 4e éd., « Cours », Dalloz, 2020, n° 576 – M. Grimaldi (dir.), Dalloz action *Droit patrimonial de la famille*, 2025/2026, n° 232.165, par C. Vernières – CONTRA : F. Terré, Y. Lequette et S. Gaudemet, *Droit civil. Les successions. Les libéralités*, 5e éd., « Précis », Dalloz, 2024, n° 199, 3).

TITRE

14. L'option de l'héritier

SECTION 0

ORIENTEUR

14.00 **Sommaire du titre.**

CHAPITRE

141. Règles générales de l'option successorale

SECTION 0
ORIENTEUR

141.00 **Sommaire du chapitre.**

141.01 **Textes applicables.**

• **C. civ.**, art. 768 à 781 et 507-1

> Exercice de l'option par le tuteur

• **C. civ.**, art. 507-1 *(mod. par L. nº 2019-222, 23 mars 2019, art. 9)*

Par dérogation à l'article 768, le tuteur ne peut accepter une succession échue à la personne protégée qu'à concurrence de l'actif net. Toutefois, il peut l'accepter purement et simplement si l'actif dépasse manifestement le passif, après recueil d'une attestation du notaire chargé du règlement de la succession ou, à défaut, après autorisation du conseil de famille ou du juge.

Le tuteur ne peut renoncer à une succession échue à la personne protégée sans une autorisation du conseil de famille ou, à défaut, du juge.

> Droit d'option de l'héritier

• **C. civ.**, art. 768

L'héritier peut accepter la succession purement et simplement ou y renoncer. Il peut également accepter la succession à concurrence de l'actif net lorsqu'il a une vocation universelle ou à titre universel.

Est nulle l'option conditionnelle ou à terme.

> Indivisibilité du droit d'option

• **C. civ.**, art. 769

L'option est indivisible.

Toutefois, celui qui cumule plus d'une vocation successorale à la même succession a, pour chacune d'elles, un droit d'option distinct.

> Date de l'exercice du droit d'option

• **C. civ.,** art. 770

L'option ne peut être exercée avant l'ouverture de la succession, même par contrat de mariage.

> Délai pour opter

[C. civ., art. 771 à 775]

• **C. civ.,** art. 771

L'héritier ne peut être contraint à opter avant l'expiration d'un délai de quatre mois à compter de l'ouverture de la succession.

À l'expiration de ce délai, il peut être sommé, par acte extrajudiciaire, de prendre parti à l'initiative d'un créancier de la succession, d'un cohéritier, d'un héritier de rang subséquent ou de l'État.

• **C. civ.,** art. 772

Dans les deux mois qui suivent la sommation, l'héritier doit prendre parti ou solliciter un délai supplémentaire auprès du juge lorsqu'il n'a pas été en mesure de clôturer l'inventaire commencé ou lorsqu'il justifie d'autres motifs sérieux et légitimes. Ce délai est suspendu à compter de la demande de prorogation jusqu'à la décision du juge saisi.

À défaut d'avoir pris parti à l'expiration du délai de deux mois ou du délai supplémentaire accordé, l'héritier est réputé acceptant pur et simple.

• **C. civ.,** art. 773

À défaut de sommation, l'héritier conserve la faculté d'opter, s'il n'a pas fait par ailleurs acte d'héritier et s'il n'est pas tenu pour héritier acceptant pur et simple en application des articles 778, 790 ou 800.

• **C. civ.,** art. 774

Les dispositions des articles 771, 772 et 773 s'appliquent à l'héritier de rang subséquent appelé à succéder lorsque l'héritier de premier rang renonce à la succession ou est indigne de succéder. Le délai de quatre mois prévu à l'article 771 court à compter du jour où l'héritier subséquent a eu connaissance de la renonciation ou de l'indignité.

• **C. civ.,** art. 775

Les dispositions visées à l'article 774 s'appliquent également aux héritiers de celui qui décède sans avoir opté. Le délai de quatre mois court à compter de l'ouverture de la succession de ce dernier.

Les héritiers de celui qui décède sans avoir opté exercent l'option séparément, chacun pour sa part.

> Effet rétroactif de l'option

• **C. civ.,** art. 776

L'option exercée a un effet rétroactif au jour de l'ouverture de la succession.

> Nullité de l'option : causes et prescription

• **C. civ.,** art. 777

L'erreur, le dol ou la violence est une cause de nullité de l'option exercée par l'héritier.

L'action en nullité se prescrit par cinq ans à compter du jour où l'erreur ou le dol a été découvert ou du jour où la violence a cessé.

> Sanctions du recel successoral ou de la dissimulation d'héritier

• **C. civ.,** art. 778

Sans préjudice de dommages et intérêts, l'héritier qui a recelé des biens ou des droits d'une succession ou dissimulé l'existence d'un cohéritier est réputé accepter purement et simplement la succession, nonobstant toute renonciation ou acceptation à concurrence de l'actif net, sans pouvoir prétendre à aucune part dans les biens ou les droits détournés ou recelés. Les droits revenant à l'héritier dissimulé et qui ont ou auraient pu augmenter ceux de l'auteur de la dissimulation sont réputés avoir été recelés par ce dernier.

Lorsque le recel a porté sur une donation rapportable ou réductible, l'héritier doit le rapport ou la réduction de cette donation sans pouvoir y prétendre à aucune part.

L'héritier receleur est tenu de rendre tous les fruits et revenus produits par les biens recelés dont il a eu la jouissance depuis l'ouverture de la succession.

> Créanciers personnels de l'héritier

• **C. civ.,** art. 779

Les créanciers personnels de celui qui s'abstient d'accepter une succession ou qui renonce à une succession au préjudice de leurs droits peuvent être autorisés en justice à accepter la succession du chef de leur débiteur, en son lieu et place.

L'acceptation n'a lieu qu'en faveur de ces créanciers et jusqu'à concurrence de leurs créances. Elle ne produit pas d'autre effet à l'égard de l'héritier.

> Prescription du droit d'option

[C. civ., art. 780 et 781]

• **C. civ.,** art. 780

La faculté d'option se prescrit par dix ans à compter de l'ouverture de la succession.

L'héritier qui n'a pas pris parti dans ce délai est réputé renonçant.

La prescription ne court contre l'héritier qui a laissé le conjoint survivant en jouissance des biens héréditaires qu'à compter de l'ouverture de la succession de ce dernier.

La prescription ne court contre l'héritier subséquent d'un héritier dont l'acceptation est annulée qu'à compter de la décision définitive constatant cette nullité.

La prescription ne court pas tant que le successible a des motifs légitimes d'ignorer la naissance de son droit, notamment l'ouverture de la succession.

• **C. civ.,** art. 781

Lorsque le délai de prescription mentionné à l'article 780 est expiré, celui qui se prévaut de sa qualité d'héritier doit justifier que lui-même ou celui ou ceux dont il tient cette qualité ont accepté cette succession avant l'expiration de ce délai.

141.02 Jurisprudence de référence.

> Caractère personnel de l'option et exception au profit des créanciers personnels du successible

• **Com. 3 mai 2006,** n° 04-10.115, P IV, n° 109

* V. s[s] n° 141.152

« Attendu que la faculté d'accepter une succession ou d'y renoncer étant un droit attaché à la personne, le débiteur en liquidation judiciaire l'exerce seul, sans préjudice de la mise en œuvre éventuelle par le liquidateur, en sa qualité de représentant des créanciers, de l'action prévue par l'article 788 du Code civil. »

> Caractère irrévocable de l'option

• **Civ. 1re, 16 avr. 1991,** n° 89-10.248, P IV, n° 143

* V. ss n° 141.191

« Vu l'article 783 du Code civil [devenu art. 786] ;

Attendu qu'il résulte de ce texte que celui qui a accepté une succession, fût-ce sous bénéfice d'inventaire, ne peut plus, par la suite, renoncer à l'hérédité. »

141.03 Bibliographie indicative.

Actualisables. Rép. civ., v° *Succession : transmission*, par R. Le Guidec et C. Lesbats, juill. 2022 [actu. mars 2024], nos 58 à 165 – *J.-Cl. Not. Form., v° Acceptation successorale*, fasc. 10, 2019, par D. Montoux.

Ouvrages. M. Grimaldi (dir.), Dalloz action *Droit patrimonial de la famille*, 2025/2026, nos 242.00 s., 243.00 s., 244.00 s., par C. Vernières – M. Grimaldi, *Droit des successions*, 8e éd., « Manuels », LexisNexis, 2020, nos 470 s. – A.-M. Leroyer, *Droit des successions*, 4e éd., « Cours », Dalloz, 2020, nos 359 s. – J. Massip, *Tutelle des mineurs et protection juridique des majeurs*, Éd. Defrénois, 2009, nos 646 s. et 661 – F. Terré, Y. Lequette et S. Gaudemet, *Droit civil. Les successions. Les libéralités*, 5e éd., « Précis », Dalloz, 2024, nos 776 s.

Articles. V. Brémond, « Les nouveaux tempéraments à l'obligation *ultra vires successionis* », *JCP N* 2006. 1366, n° 11 – Y. Delecraz, « La renonciation à succession : un nouvel outil patrimonial », *JCP N* 2016. 1138 – F. Gasnier, « Les charmes cachés de l'acceptation à concurrence de l'actif », *JCP N* 2014. 1354 – N. Levillain, « Les conséquences de l'acceptation à concurrence de l'actif net » *JCP N* 2009. 1006 ; « Le notaire, la caution et l'acceptant à concurrence de l'actif net », *JCP N* 2017. 1147 – S. Mazeaud-Leveneur, « Les conséquences du silence de l'héritier sur l'option successorale », *JCP N* 2012, 1399 – D. Montoux, « Option successorale exercée au nom d'un majeur soumis à un dispositif d'habilitation familiale (Formules) », *JCP N* 201. 1239 – N. Peterka, « La loi du 23 mars 2019 et la réforme du droit des personnes vulnérables : quelles conséquences pour la pratique notariale ? », *JCP N* 2019. 1157 – A. Tisserand-Martin, « Réflexions sur le régime de l'option successorale après la réforme du 23 juin 2006 », *Mél. Goubeaux*, Dalloz, 2009, p. 533 s. – B. Vareille, « Renonciation et cantonnement : abandonner sans donner », *JCP N* 2016. 1201.

141.04 Questions essentielles.

> Conditions de capacité du titulaire de l'option

* V. ss nos 141.30 à 141.152

> Le conjoint et le légataire peuvent limiter leur acceptation en cantonnant leur émolument

* V. ss n° 141.183

> La procédure interrogatoire pour contraindre le successible à faire connaître son option

* V. ss nos 141.241 à 141.244

141.05 Délais.

> Délais d'option

• Délai de réflexion de **quatre mois**

* V. ss n° 141.242

• Délai de **deux mois** pour prendre parti

* V. ss n° 141.244

> Délai de prescription

• Délai de **dix ans** et exceptions

* V. ss nos 141.251 et 141.252

141.06 Division. Les règles de dévolution qui viennent d'être exposées permettent de déterminer objectivement les successibles, c'est-à-dire les personnes susceptibles de se porter héritières du défunt. Cependant, avant d'entreprendre la liquidation entre ces personnes, il faut vérifier un élément supplémentaire, cette fois subjectif : l'attitude du successible au regard de l'option que la loi lui permet d'exercer sur la succession (sect. 1). Nous rappellerons ensuite les caractères de l'option (sect. 2), les délais de son exercice (sect. 3) et ses conditions de validité avec leurs sanctions (sect. 4).

SECTION 1 Situation du titulaire de l'option

§ 1 Caractère facultatif de la transmission héréditaire

141.11 Nécessité d'une option. L'ancien article 775 du Code civil avait le mérite de la clarté : « *Nul n'est tenu d'accepter une succession qui lui est échue* ». Le principe est maintenu, malgré l'abrogation de ce texte par la **loi n° 2006-728 du 23 juin 2006**[1]. En conséquence, à l'ouverture d'une succession, les successibles ont un choix à exercer et à faire connaître à leurs cohéritiers, pour permettre la liquidation de la succession. Le principe de ce choix est exposé par l'article 768 du Code civil, et les règles générales de ce choix sont précisées par les articles 769 à 781 du Code civil.

§ 2 Choix offert au successible

141.21 Partis proposés au successible. Le successible a le choix entre les trois partis qui lui sont offerts par la loi (C. civ., art. 768) :

– dans tous les cas, quels que soient ses droits, **l'acceptation pure et simple** ;

– également dans tous les cas, **la renonciation** ;

1. L. n° 2006-728, 23 juin 2006, portant réforme des successions et des libéralités, *JO* 24 juin, p. 9513.

– et lorsqu'il a une vocation universelle ou à titre universel, c'est-à-dire lorsqu'il est concerné par le passif, **l'acceptation à concurrence de l'actif net**.

L'acceptation pure et simple est le cas général.

La renonciation s'impose lorsque la succession est déficitaire, ou pour des raisons personnelles au successible.

L'acceptation à concurrence de l'actif net – ancienne « *acceptation sous bénéfice d'inventaire* » – est choisie par l'héritier, en cas d'incertitude sur la consistance de la succession, s'il veut limiter son obligation au passif au montant de l'actif à recueillir.

141.22 Incidences de ce choix sur la liquidation de la succession. Bien entendu, parmi ces trois partis, c'est l'acceptation, pure et simple ou à concurrence de l'actif net, qui intéresse le liquidateur de la succession, car elle conditionne la qualité d'héritier.

Quant à la renonciation, elle entraîne d'autres vérifications : si l'héritier renonce, il est censé n'avoir jamais été héritier et sa part échoit à d'autres héritiers qu'il faut déterminer (C. civ., art. 805). De plus, il faut vérifier que la renonciation n'a pas été suivie d'une révocation susceptible de prendre effet (C. civ., art. 807). Ces points seront étudiés ultérieurement (v. s^{s} n°s 143.150 à 143.194).

§ 3
Personnes pouvant exercer l'option

141.30 Plan. Titulaires de l'option successorale. L'option peut être exercée par les successibles (A), déterminés selon les règles de la dévolution et, dans certains cas, par leurs créanciers (B).

A.
Les successibles

1°
Règles générales

141.41 Successibles ayant leur pleine capacité. L'option peut être exercée par tous les successibles, ou par leurs successeurs, si les successibles en premier rang sont décédés avant d'avoir opté[1]. Les héritiers de celui qui décède sans avoir opté exercent l'option séparément, chacun pour sa part (C. civ., art. 775). Avant la réforme de 2006, ils devaient obligatoirement, dans ce cas, en cas de désaccord entre eux sur le contenu de l'option, accepter la succession sous bénéfice d'inventaire (C. civ., anc. art. 781 et 782).

Selon la jurisprudence, les **héritiers de rang subséquent** avaient, avant la réforme, une possibilité d'accepter la succession dans l'éventualité où le successible en premier rang n'exercerait pas son option[2]. Toutefois, cette possibilité n'a pas été confirmée par la réforme, ces héritiers ayant maintenant la faculté de contraindre les successibles en rang utile à prendre parti (C. civ., art. 771, 772 et 773) ; la loi étend cette faculté aux héritiers de rang subséquent, lorsque l'héritier de premier rang renonce à la succession ou est indigne de succéder (C. civ., art. 774).

En conséquence, il semble que les héritiers de rang subséquent n'aient plus d'intérêt à recourir à une acceptation éventuelle.

2°
Mineurs

141.50 Plan. Successibles mineurs. Le mineur émancipé est « *capable comme un majeur de tous les actes de la vie civile* » (C. civ., art. 413-6, al. 1er). Il peut donc librement accepter purement et simplement (b), à concurrence de l'actif net (a) ou renoncer (c).

Pour le mineur non émancipé, l'option est exercée par le représentant légal. Les règles diffèrent selon l'option choisie et le régime de protection.

a.
Acceptation à concurrence de l'actif net

141.61 Option exercée par le représentant légal du mineur agissant seul. Le représentant du mineur peut agir seul pour opter pour l'acceptation à concurrence de l'actif net :

– en cas d'**administration légale** (C. civ., art. 382-1 et 496).

Mais en cas de désaccord entre les administrateurs légaux, le juge des tutelles est saisi aux fins d'autorisation de l'acte (C. civ., art. 387) ; il en est de même en cas d'opposition d'intérêts entre le ou les administrateurs légaux et le mineur.

– en cas de **tutelle** (C. civ., art. 507-1, al. 1er).

Rappelons que, pour les mineurs, les fonctions de juge des tutelles sont exercées par le **juge délégué aux affaires familiales (JAF) du tribunal judiciaire** dans le ressort duquel le mineur est domicilié (COJ, art. L. 213-3 et L. 213-3-1).

b.
Acceptation pure et simple

141.71 Option exercée par le représentant légal du mineur sur autorisation. Pour opter pour l'acceptation pure et simple, les représentants légaux du mineur

1. POUR UN EXEMPLE : Civ. 1re, 13 juill. 2016, n° 15-23.053, NP.

2. Civ. 1re, 24 févr. 1970, n° 69-10.334, P I, n° 72 ; *GAJC*, 13e éd., Dalloz, 2015, t. 1, n° 102 ; *D.* 1970. 336, note A. Breton ; *JCP* 1971. II. 16790, note J. Patarin.

sous **administration légale** doivent demander **l'autorisation du juge des tutelles** (C. civ., art. 387-1, 5°).

Le **tuteur** peut désormais accepter une succession purement et simplement si l'actif dépasse manifestement le passif, après recueil d'une attestation du notaire chargé du règlement de la succession ou, à défaut, après autorisation du conseil de famille ou du juge (C. civ., art. 507-1, al. 1er, mod. par L. n° 2019-222, 23 mars 2019, art. 9 [1]).

c.
Renonciation

141.81 Option exercée par le représentant légal du mineur sur autorisation. Pour renoncer à une succession : les représentants légaux du mineur sous **administration légale** doivent demander **l'autorisation du juge des tutelles** (C. civ., art. 387-1, 4°).

Le **tuteur** doit être autorisé par **délibération spéciale du conseil de famille** ou, à défaut, du **juge** (C. civ., art. 507-1, al. 2).

3°
Majeurs protégés

141.91 Successibles majeurs protégés. Pour les majeurs protégés, les règles diffèrent selon le régime de protection :

a.
Majeur sous sauvegarde de justice

141.101 Option exercée par le majeur sous sauvegarde seul. Le majeur sous sauvegarde de justice conserve l'exercice de ses droits et peut opter comme tout successible, sous réserve des actions en nullité, en rescision pour lésion ou en réduction pour excès qu'il pourrait exercer *a posteriori* (C. civ., art. 414-1 et 435, al. 1er et 2).

b.
Majeur sous tutelle

141.110 Renvoi. Les règles applicables au mineur sous tutelle en matière de droit d'option successorale s'appliquent aussi au majeur sous tutelle (C. civ., art. 507-1 – V. ss nos 141.61 à 141.81). C'est-à-dire :

– option exercée par le tuteur agissant seul, au cas d'acceptation à concurrence de l'actif net ;

– acceptation pure et simple par le tuteur, si l'actif dépasse manifestement le passif, après recueil d'une attestation du notaire chargé du règlement de la succession ou, à défaut, après autorisation du conseil de famille ou du juge ;

– tuteur autorisé par une délibération spéciale du conseil de famille, ou à défaut du juge des tutelles, au cas de renonciation.

Rappelons que, pour les majeurs protégés, les fonctions de juge des tutelles sont exercées par **le juge des contentieux de la protection du tribunal judiciaire** dans le ressort duquel le majeur est domicilié (COJ, art. L. 213-4-1 et L. 213-4-2).

c.
Majeur sous curatelle

141.121 Option exercée par le majeur sous curatelle avec assistance du curateur. Le majeur sous curatelle peut accepter seul à concurrence de l'actif net ; à condition d'être assisté de son curateur pour faire emploi de ses capitaux (C. civ., art. 468).

Pour renoncer, il doit être assisté de son curateur (C. civ., art. 467, al. 1er, et 507-1, al. 2).

Pour accepter purement et simplement, le majeur en curatelle peut agir seul si l'actif dépasse manifestement le passif, après recueil d'une attestation du notaire chargé du règlement de la succession ; à défaut, il doit être assisté de son curateur (C. civ., art. 467, al. 1er, et 507-1, al. 1er [2]).

d.
Majeur sous mandat de protection

141.131 Pouvoirs du mandataire. En cas de mandat de protection future sous seing privé mis à exécution (C. civ., art. 477 s.), les pouvoirs du mandataire sont limités aux actes qu'un tuteur peut faire seul sans autorisation (C. civ., art. 493, al. 1er) ; le mandataire sous seing privé peut donc accepter une succession à concurrence de l'actif net, ou purement et simplement si l'actif dépasse manifestement le passif, sur attestation du notaire chargé du règlement de la succession : à défaut de cette attestation, il doit saisir le juge des tutelles pour accepter purement et simplement une succession au nom du mandant (C. civ., art. 493, al. 2, et 507-1, al. 1er).

Pour renoncer à une succession au nom de son mandant, le mandataire sous seing privé doit avoir l'autorisation du juge des tutelles (C. civ., art. 493, al. 2, et 507-1, al. 2).

Si le mandat est notarié, le mandataire a le pouvoir d'effectuer tous les actes qu'un tuteur pourrait passer seul ou avec une autorisation, à l'exception des dispositions à titre gratuit (C. civ., art. 490). Le mandataire pourrait donc exercer seul l'option, pour l'acceptation à concurrence de l'actif net ou même pure et simple, s'il n'y a aucune incertitude sur l'actif et sous réserve des termes du mandat.

Mais pour la renonciation à une succession, le mandataire notarié doit obtenir une autorisation du juge des tutelles, dans la mesure où la renonciation est assimilable à un acte de disposition à titre gratuit.

1. L. n° 2019-222, 23 mars 2019, de programmation 2018-2022 et de réforme pour la justice, *JO* 24 mars, texte 2.

2. L. n° 2019-222, 23 mars 2019, art. 9.

e.
Majeur sous habilitation familiale

141.141 **Option exercée par la personne habilitée.** Les personnes hors d'état de manifester leur volonté en raison d'une altération de leurs facultés peuvent désormais être représentées par un proche, habilité par le juge des tutelles (C. civ., art. 494-1 s. [1]).

L'habilitation peut notamment porter sur « *un ou plusieurs des actes que le tuteur a le pouvoir d'accomplir, seul ou avec une autorisation, sur les biens de l'intéressé* » (C. civ., art. 494-6, al. 1er). Elle peut être spéciale ou générale.

Toutefois la personne habilitée ne peut accomplir un acte de disposition à titre gratuit qu'avec l'autorisation du juge des tutelles (C. civ., art. 494-6, al. 4).

D'autre part, la personne habilitée ne peut non plus accomplir un acte pour lequel elle serait en opposition d'intérêts avec la personne protégée, sauf autorisation spéciale du juge des tutelles (C. civ., art. 494-6, al. 6).

Il en résulte que, comme le mandataire, la personne habilitée pourrait exercer seule l'option, pour l'acceptation à concurrence de l'actif net – ou même pure et simple, s'il n'y a aucune incertitude sur l'actif – et sous réserve des termes de l'habilitation.

En revanche, pour la renonciation, la personne habilitée doit obtenir une autorisation du juge des tutelles, dans la mesure où la renonciation peut être assimilée à un acte de disposition à titre gratuit.

En cas d'opposition d'intérêts entre la personne protégée et la personne habilitée, le juge des tutelles doit être saisi aux fins d'autorisation de l'acte.

B.
Les créanciers

141.151 **Créanciers du défunt.** Les créanciers du défunt n'ont aucun lien avec les successibles, tant que ceux-ci n'ont pas exercé leur option. Ils ne peuvent donc exercer l'option à leur place, par **l'action oblique** prévue par l'article 1341-1 du Code civil, le successible n'étant pas « *leur débiteur* », ni, pour la même raison, en cas de fraude du successible, **l'action paulienne** de l'article 1341-2 du Code civil [2].

Les créanciers de la succession ont cependant un droit pour tenter de récupérer leur créance : celui de **sommer le successible de prendre parti**, à l'expiration d'un délai de quatre mois à compter de l'ouverture de la succession (C. civ., art. 771, al. 2).

141.152 **Créanciers personnels des successibles.** En revanche, les créanciers personnels des successibles peuvent être autorisés en justice à accepter la succession du chef de leur débiteur, soit que celui-ci s'abstienne d'accepter la succession, soit qu'il y ait renoncé (C. civ., art. 779, al. 1er [reprenant C. civ., anc. art. 788, prévu pour le seul cas de renonciation]).

Ainsi, la Cour de cassation a évoqué la possibilité pour le liquidateur d'une entreprise en difficulté d'exercer ce cas particulier de l'action paulienne en cas de fraude du débiteur qui avait renoncé à la succession de sa mère [3].

Dans ce cas, selon la jurisprudence, le créancier doit établir l'insolvabilité, au moins apparente, de son débiteur, à la date de la renonciation à la succession [4].

Cette acceptation ne produit d'effet qu'à l'égard du créancier autorisé et à concurrence de sa créance : elle ne produit pas d'autre effet à l'égard de l'héritier (C. civ., art. 779, al. 2) [5]. « *Cette faculté* [...] *peut être comprise comme l'exercice cumulé de l'action paulienne et de l'action oblique : après que la renonciation de leur débiteur leur a été déclarée inopposable, les créanciers personnels acceptent la succession en son nom, avec pour conséquence que celui-ci se retrouve dans la situation d'un héritier acceptant à leur égard. À leur égard seulement, puisque leur action est, à sa racine, une action en inopposabilité* [...] » [6].

SECTION 2
CARACTÈRES DE L'OPTION SUCCESSORALE

141.160 **Plan. Introduction.** En plus de la liberté, qui est la conséquence du caractère facultatif de la transmission

1. Ord. n° 2015-1288, 15 oct. 2015, portant simplification et modernisation du droit de la famille, *JO* 16 oct., p. 19304, art. 10.
2. Req. 29 mars 1909 (2e et 3e arrêt), *DP* 1910. 1. 421 [décision rendue en application de l'ancien article 788, interdisant à un créancier du défunt de contester la renonciation d'un successible].
3. Com. 3 mai 2006, n° 04-10.115, P IV, n° 109 ; *D.* 2006. 1368, obs. A. Lienhard ; *D.* 2006. 2250, obs. F.-X. Lucas et P.-M. Le Corre ; *AJ fam.* 2006. 332, obs. F. Bicheron ; *JCP N* 2006. 1267, note J.-P. Garçon ; *Defrénois* 2006. 1904, note D. Gibirila : « *Attendu que la faculté d'accepter une succession ou d'y renoncer étant un droit attaché à la personne, le débiteur en liquidation judiciaire l'exerce seul, sans préjudice de la mise en œuvre éventuelle par le liquidateur, en sa qualité de représentant des créanciers, de l'action prévue par l'article 788 du Code civil* » – V. ANT., Civ. 1re, 7 nov. 1984, n° 83-15.433, P I, n° 298 ; *Defrénois* 1985, art. 33600, obs. G. Champenois.
4. Civ. 1re, 19 déc. 2012, n° 11-25.578, P I, n° 271 ; *D.* 2013. 85 ; *AJ fam.* 2013. 141, obs. C. Vernières ; *Defrénois* 2013. 478, obs. D. Autem.
5. Civ. 1re, 14 nov. 2006, n° 03-30.230, P I, n° 492 ; *AJ fam.* 2006. 468, obs. F. Bicheron ; *RTD civ.* 2007. 600, obs. M. Grimaldi.
6. Civ. 1re, 14 nov. 2006, n° 03-30.230, P (préc. ss prést n°), et obs.

héréditaire et du choix offert au successible (v. s[s] n°s 141.11 à 141.22), l'option présente trois caractères de principe : l'indivisibilité (§ 1) et l'irrévocabilité (§ 2), qui connaissent d'importantes exceptions, et la rétroactivité (§ 3).

§ 1 Indivisibilité

A. Principe de l'indivisibilité

141.171 **Principe.** « *L'option est indivisible* » (C. civ., art. 769, al. 1er). L'indivisibilité est une conséquence du principe de l'unité de la succession. Ainsi, le successible ne peut, par exemple, faire varier son option en fonction des biens ou des droits à recueillir : accepter les immeubles, renoncer aux meubles, accepter les créances à concurrence de l'actif net. Il ne peut non plus, par exemple, accepter uniquement l'usufruit et renoncer à la nue-propriété. Il lui est également interdit d'être acceptant à l'égard de certains héritiers et renonçant à l'égard d'autres[1].

Cependant ce principe connaît trois sortes d'exceptions : d'une part, en présence de masses successorales distinctes, d'autre part, lorsque le successible cumule plus d'une vocation successorale à la même succession, enfin, en cas de cantonnement.

B. Exceptions

141.181 **Masses successorales distinctes.** Lorsqu'il y a plusieurs masses successorales distinctes, par exemple **une succession anomale** et **une succession ordinaire**, ou dans les successions internationales pour lesquelles la jurisprudence française reconnaît que peuvent s'appliquer plusieurs lois différentes, l'héritier peut exercer des options différentes sur chacune des masses[2].

141.182 **Cumul de vocations successorales.** Si un successible cumule plusieurs vocations successorales dans une même succession, il a, pour chacune de ses vocations, **un droit d'option distinct** (C. civ., art. 769, al. 2).

Ainsi, l'héritier institué légataire peut renoncer à la succession et accepter le legs ; le légataire titulaire d'un legs universel et d'un legs particulier peut renoncer au legs particulier et accepter le legs universel[3].

141.183 **Cantonnement.** La loi n° 2006-728 du 23 juin 2006 a prévu deux cas de cantonnement qui consacrent une **divisibilité de l'option**, en permettant de limiter l'acceptation :

– le **conjoint** peut désormais **cantonner son émolument** sur une partie des biens dont il a été disposé en sa faveur, sauf volonté contraire du disposant (C. civ., art. 1094-1) ;

– le **légataire** peut également **cantonner son émolument** sur une partie des biens dont il a été disposé en sa faveur, sauf volonté contraire du disposant (C. civ., art. 1002-1).

Dans les deux cas, selon la loi, ce cantonnement ne constitue pas une libéralité de la part du gratifié aux autres successibles[4] (v. s[s] n°s 421.61 s. et 532.23).

§ 2 Irrévocabilité

A. Principe

141.191 **Principe.** À peine de nullité, l'option ne peut être exercée sous condition, ou à terme (C. civ., art. 768, al. 2). En principe, une fois exercée, cette option engage définitivement le successible.

L'héritier qui a accepté purement et simplement ne peut plus modifier son option, ni pour renoncer, ni pour accepter à concurrence de l'actif net (C. civ., art. 786, al. 1er)[5]. De même, l'acceptation de la succession, même faite à concurrence de l'actif net, est irrévocable, même si aucun inventaire n'a été dressé[6].

Ce principe connaît lui aussi des exceptions, qui varient selon la nature de l'option.

B. Exceptions

141.201 **Acceptation pure et simple.** Toutefois, la loi du 23 juin 2006 atténue ce principe d'irrévocabilité en ce qui concerne l'obligation au passif :

1. Req. 29 oct. 1929 ; *DP* 1930. 1. 19.
2. M. Grimaldi (dir.), Dalloz action *Droit patrimonial de la famille*, 2025/2026, n°s 731.271 s., par M. Goré et R. de Gourcy – M. Revillard, *Droit international privé et européen : pratique notariale*, 10e éd., Defrénois, 2022, n°s 1131 s.
3. Civ. 1re, 15 oct. 1976, *Gaz. Pal.* 1976. 2. Somm. 276 – Bourges, 22 août 2024, RG n° 23/00626 – F. Terré, Y. Lequette et S. Gaudemet, *Droit civil. Les successions. Les libéralités*, 5e éd., « Précis », Dalloz, 2024, n° 789.
4. Sur la critique de ces dispositions, qui entraînent « *une régression du principe d'unité de la succession* », v. A. Tisserand-Martin, « Réflexions sur le régime de l'option successorale après la réforme du 23 juin 2006 », *Mél. Goubeaux*, Dalloz, 2009, spéc. p. 535 s.
5. POUR UNE APPLICATION, v. Civ. 1re, 16 avr. 1991, n° 89-10.248, P I, n° 143 ; *D.* 1991. IR 144 ; *RTD civ.* 1991. 500, note J. Hauser ; *Defrénois* 1991. 952, obs. J. Massip.
6. Civ. 1re, 11 févr. 2015, n° 14-14.419, P I, n° 39 ; *AJ fam.* 2015. 235, obs. J. Casey ; *D.* 2015. 2094, obs. V. Brémond.

l'héritier peut désormais demander à être déchargé de tout ou partie de son obligation à une dette successorale, à deux conditions :

- il avait des motifs légitimes d'ignorer cette dette au moment de son acceptation ;

- l'acquittement de cette dette aurait pour effet « *d'obérer gravement son patrimoine personnel* ».

Seules les dettes successorales sont concernées par ce dispositif : sont ainsi exclues les charges successorales telles que la récupération de l'aide sociale[1].

Cette action doit être introduite par l'héritier « *dans les cinq mois du jour où il a eu connaissance de l'existence et de l'importance de la dette* » (C. civ., art. 786, al. 2 et 3)[2].

La Cour de cassation a précisé que cette demande en décharge de passif relève de la compétence du tribunal judiciaire du lieu d'ouverture de la succession, dès lors que la demande intervient avant le partage définitif de la succession[3].

141.202 Acceptation à concurrence de l'actif net et renonciation. La possibilité de remettre en cause ces options pour revenir à l'acceptation pure et simple est détaillée au chapitre suivant (v. ss nos 142.51 à 142.53).

§ 3
Rétroactivité

141.211 Principe. L'option a un effet rétroactif au jour de l'ouverture de la succession (C. civ., art. 776). L'acceptation, pure et simple ou à concurrence de l'actif net, transfère la succession à l'héritier au jour de l'ouverture de la succession, qu'il soit héritier en premier rang ou héritier subséquent après renonciation de l'héritier de premier rang[4] ; quant à la renonciation, l'héritier qui renonce est censé n'avoir jamais été héritier (C. civ., art. 805, al. 1er).

SECTION 3
DÉLAIS

141.220 Plan. Importance pratique. Les délais d'exercice (§ 1) et de prescription de l'option (§ 2) sont des éléments pratiques d'importance capitale, car leur respect par le successible conditionne la validité de l'option. Les autres conditions de forme de l'option seront étudiées dans les chapitres suivants, à propos de chaque parti offert au successible.

§ 1
Délais d'exercice

A.
Règle générale

141.231 Moment de l'option. Le successible a la possibilité d'opter à compter du jour de l'ouverture de la succession.

L'option ne peut être exercée avant l'ouverture de la succession, « *même par contrat de mariage* » (C. civ., art. 770, qui étend à toute option les dispositions de l'anc. art. 791 relatives à la renonciation). Une option anticipée serait en effet un pacte sur succession future non autorisé, sans effet en vertu de l'article 722 du Code civil.

S'il n'est pas contraint à opter avant, ou s'il n'a pas accepté tacitement la succession purement et simplement, le successible peut opter **jusqu'à la fin du délai de prescription** (C. civ., art. 773 – V. ss nos 141.251 à 141.253).

B.
Cas particulier : héritier contraint d'opter

141.241 Procédure interrogatoire ou sommation. *Antérieurement à la réforme du 23 juin 2006*, l'héritier bénéficiait de **deux délais successifs**, respectivement de **trois mois** pour faire inventaire et de **quarante jours** pour délibérer ; ce délai pouvait être prorogé par le juge (C. civ., anc. art. 795 et 798). À l'expiration de ces délais, il ne bénéficiait plus de l'exception dilatoire vis-à-vis des créanciers successoraux, qui pouvaient alors le contraindre à faire connaître son option (C. civ., anc. art. 797)[5].

1. À propos de la récupération sur succession de l'allocation de solidarité aux personnes âgées : Civ. 1re, 7 févr. 2018, no 17-10.818, P ; *D.* 2018. 1458, obs. J.-J. Lemouland et D. Noguéro ; *AJ fam.* 2018. 243, obs. J. Casey ; *RDSS* 2018. 365, obs. T. Tauran ; *Defrénois* 26 juill. 2018, note F. Sauvage ; *Dr. fam.* 2018, no 135, note M. Nicod ; *RCA* 2018. Étude 4, note M. Gayet ; *RGDA* 2018. 292, note M. Robineau ; *RDC* 2018. 394, obs. S. Godechot-Patris.
2. Cette exception a été critiquée par la doctrine, comme heurtant le principe de la continuation de la personne du défunt par l'héritier : v. A. Tisserand-Martin, « Réflexions sur le régime de l'option successorale après la réforme du 23 juin 2006 », *Mél. Goubeaux*, Dalloz, 2009, spéc. p. 539-540 – V. Brémond, « Les nouveaux tempéraments à l'obligation *ultra vires successionis* », *JCP N* 2006. 1366, no 1 – POUR UN RAPPEL des conditions d'application de ce texte : Civ. 1re, 4 janv. 2017, no 16-12.293, P I, no 9 (cassation) ; *D.* 2017. 62 ; *AJ fam.* 2017. 206, obs. J. Casey ; *Defrénois* 2017. 383, obs. V. Brémond.
3. Civ. 1re, 4 juill. 2018, no 17-20.270, NP ; *D.* 2018. 2384, obs. S. Godechot-Patris et C. Grare-Didier ; *AJ fam.* 2018. 485, note J. Casey ; *Dr. fam.* 2018, no 246, obs. A. Tani.
4. Soc. 19 nov. 1954, *D.* 1955. 22 ; *RTD civ.* 1955. 141, obs. R. Savatier.
5. Civ. 1re, 11 mai 1966, no 64-11.703, P I, no 284 – Civ. 1re, 10 juill. 1990, no 88-17.186, P I, no 197 ; *Defrénois* 1991. 486, note F. Lucet.

La réforme de 2006 a organisé la « *procédure interrogatoire* » qui permet de **contraindre un héritier à exercer et faire connaître son option**, passés les délais de quatre mois et de deux mois mis en place par les articles 771 et 772 du Code civil, que nous allons maintenant examiner.

141.242 Délai de quatre mois. À compter du jour d'ouverture de la succession, l'héritier bénéficie d'un délai de quatre mois avant l'expiration duquel il ne peut être contraint à opter (C. civ., art. 771, al. 1er).

141.243 Sommation. À l'expiration de ce délai, une sommation de prendre parti peut être adressée au successible, par acte extrajudiciaire.

Cette sommation peut être adressée à l'initiative d'un créancier, d'un cohéritier ou de l'État (C. civ., art. 771, al. 2) ; elle peut également être le fait d'un héritier « *subséquent* », appelé à la succession en raison de la renonciation ou de l'indignité d'un héritier de premier rang. Dans ce dernier cas, le délai de quatre mois court à compter du jour où l'héritier subséquent a eu connaissance de la renonciation ou de l'indignité (C. civ., art. 774).

Pour les héritiers d'un successible qui décède sans avoir opté, le délai de quatre mois court à partir de l'ouverture de la succession de ce successible (C. civ., art. 775).

141.244 Délai de deux mois et délai supplémentaire. À partir de la sommation, l'héritier a un délai de deux mois pour prendre parti ; il peut encore demander un délai supplémentaire au juge :

– soit lorsqu'il n'a pas pu clôturer l'inventaire commencé ;

– soit pour autres motifs « *sérieux et légitimes* » (C. civ., art. 772, al. 1er).

À défaut d'avoir pris parti à l'expiration du délai de deux mois ou du délai supplémentaire, « *l'héritier est réputé acceptant pur et simple* » (C. civ., art. 772, al. 2).

Pour la computation de ces délais, on applique les articles 641 et 642 du Code de procédure civile : le délai étant exprimé en mois, il se calcule **de quantième à quantième** ; le délai expire le dernier jour à vingt-quatre heures ; si le délai expire un samedi, dimanche ou jour férié, le délai est reporté au premier jour ouvrable qui suit le jour où le délai devait expirer.

141.244-1 Calendrier prévisionnel.

EXEMPLE

M. X décède le 11 janvier 2024, sans avoir fait de testament ni de libéralité antérieure.

Il laisse à sa survivance :

– son conjoint survivant qui accepte la succession ;

– et un fils d'un précédent mariage, A.

A est père d'une fille unique, B.

A était brouillé avec son père et sa belle-mère. Il décide de renoncer à la succession, mais il attendra le plus longtemps possible avant de faire connaître son option.

B, avertie de la renonciation de son père, ne se manifeste pas.

Mme X demande quand la succession pourra être réglée.

Établissez un calendrier prévisionnel relativement aux options des héritiers.

Calendrier prévisionnel[1] :

Événements supposés Expiration du délai	Héritier de premier rang (A)	Héritier subséquent (B)
Date du décès (ouverture de la succession)	11/01/2024	
Délai de quatre mois	**11/05/2024**	
Sommation	18/05/2024	
Délai de deux mois	**18/07/2024**	
Délai supplémentaire accordé par le juge	15/09/2024	
Renonciation	03/09/2024	
Date de connaissance de la renonciation		07/09/2024
Délai de quatre mois		**07/01/2025**
Sommation		09/01/2025
Délai de deux mois		**11/03/2025**
Délai supplémentaire accordé par le juge		néant
Renonciation ou acceptation à concurrence de l'actif net		néant
Acceptation pure et simple		**12/03/2025**

§ 2
Délai de prescription

141.251 Délai de dix ans. La faculté d'option, avant la réforme, pouvait être exercée pendant trente ans à compter du jour de l'ouverture de la succession (C. civ., anc. art. 789), sauf les causes habituelles d'interruption et de suspension[2].

Désormais, pour mieux assurer la sécurité des héritiers ayant accepté la succession, le délai de prescription est de dix ans à compter du jour de l'ouverture de la succession (C. civ., art. 780, al. 1er).

141.252 Exceptions. Trois exceptions à la règle sont prévues par la loi (C. civ., art. 780, al. 3, 4 et 5),

1. Les délais expirent le jour indiqué à vingt-quatre heures. Le délai figurant en italique, qui expirait un samedi, a été prorogé jusqu'au lundi suivant.
2. Civ. 1re, 7 juin 2006, no 04-11.141, P I, no 296 ; *D.* 2006. 2213 : « [...] *l'ignorance légitime de l'ouverture d'une succession* [...] *peut suspendre le délai de la prescription extinctive trentenaire prévu à l'article 789 du Code civil* [...] ».

qui se substituent aux causes habituelles d'interruption et de suspension admises antérieurement par la jurisprudence et les confirment :

1) Lorsque l'héritier a laissé le conjoint survivant en jouissance des biens héréditaires, le délai ne court qu'à compter de l'ouverture de la succession de ce conjoint survivant.

2) Lorsqu'un héritier vient à la succession comme héritier subséquent d'un héritier dont l'acceptation est annulée, la prescription ne court qu'à compter de la décision définitive constatant cette nullité.

3) Enfin, « *la prescription ne court pas tant que le successible a des motifs légitimes d'ignorer la naissance de son droit, notamment l'ouverture de la succession* ».

Dans l'exemple ci-dessus, si B ne recevait pas de sommation de prendre parti et si elle laissait Mme X en jouissance des biens héréditaires, le délai de dix ans ne courrait qu'à compter du jour du décès de Mme X.

141.253 **Conséquence.** À l'expiration du délai de dix ans à compter de l'ouverture de la succession, soit le 11 janvier 2034 dans notre exemple, sauf application de l'une des exceptions ci-dessus énoncées, l'héritier qui n'a pas pris parti est réputé renonçant (C. civ., art. 780, al. 2).

SECTION 4
CONDITIONS DE VALIDITÉ ET SANCTIONS

141.260 **Plan. Introduction.** Outre les conditions de validité relatives à la capacité du titulaire de l'option, d'une part (v. s^s^ n°s 141.30 à 141.152), et au moment de l'option, qui, rappelons-le, ne peut être exercée avant l'ouverture de la succession (v. s^s^ n° 141.211), l'option doit être exempte de vices du consentement et de fraude (§ 1), à peine de sanctions (§ 2).

§ 1
Validité de l'option

A.
Absence de vices du consentement

141.271 **L'erreur.** Antérieurement à la réforme de 2006, la loi ne mentionnait pas l'erreur parmi les causes de nullité de l'option (C. civ., anc. art. 783).

La jurisprudence avait toutefois admis la prise en compte de l'erreur, lorsque celle-ci portait sur la nature et l'étendue des droits de l'héritier qui opte, ou sur la portée de l'exercice de son option[1].

Cette jurisprudence est confirmée par la réforme de 2006, qui cite désormais l'erreur comme cause de nullité de l'option (C. civ., art. 777, al. 1er).

Il faut noter que l'action en décharge d'une dette successorale inconnue de l'héritier au jour du décès (C. civ., art. 786), ne doit pas être confondue avec l'action en nullité pour erreur[2].

141.272 **Le dol.** Le dol est une cause de nullité de l'option, mentionnée tant dans l'ancien article 783 du Code civil que dans l'actuel article 777, alinéa 1er. La jurisprudence en donne des applications : par exemple, la dissimulation par une concubine de l'existence du testament qui l'instituait légataire et la dissimulation d'un passif considérable dont elle était créancière : « *elle a trompé les héritiers sur la consistance de la succession et a amené ceux-ci à l'accepter alors que, s'ils avaient été informés, ils y auraient renoncé* » ; en conséquence, la cour d'appel a annulé l'acceptation de la succession par les héritiers et déclaré leur renonciation valable[3].

141.273 **La violence.** La violence est également une cause d'annulation de l'option, par application du droit commun, confirmée par l'article 777, alinéa 1er qui la mentionne explicitement.

141.274 **Cas particulier de la lésion.** L'ancien article 783 du Code civil n'admettait pas la lésion comme cause de nullité de l'option, sauf dans le cas particulier « *où la succession se trouverait absorbée ou diminuée de plus de moitié par la découverte d'un testament inconnu au moment de l'acceptation* ».

La réforme du 23 juin 2006 a écarté cette exception et ne mentionne pas la lésion dans les causes de nullité de l'option. Il est vrai que, dans le cas cité par l'ancien article 783, l'héritier qui avait accepté aurait pu demander la nullité de son option pour cause d'erreur sur l'étendue de ses droits.

B.
Absence de fraude

141.281 **La fraude aux droits des créanciers.** Nous avons vu que les créanciers pouvaient se substituer au titulaire de l'option pour faire obstacle à l'abstention d'accepter ou à la renonciation de leur débiteur (v. s^s^ n° 141.152). Dans ce cas, l'abstention – ou la renonciation – est sans effet vis-à-vis du créancier (C. civ., art. 779).

Dans ce même cas, selon la jurisprudence, le créancier doit établir l'insolvabilité, au moins apparente,

1. Civ. 1re, 24 mai 1948, *D.* 1948. 517, note R. Lenoan.

2. Civ. 1re, 4 janv. 2017, n° 16-12.293, P I, n° 9 (cassation) ; *D.* 2017. 62 ; *AJ fam.* 2017. 206, obs. J. Casey ; *Defrénois* 2017. 383, obs. V. Brémond.
3. Angers, 3 nov. 2004, RG n° 03/01894 ; *Dr. fam.* 2005, n° 118, note B. Beignier.

de son débiteur, à la date de la renonciation à la succession[1].

141.282 **La fraude aux droits des tiers.** Une renonciation effectuée pour porter frauduleusement préjudice aux droits d'un tiers est inopposable à ce dernier ; ainsi la renonciation d'un père à la succession de son propre père, pour porter frauduleusement préjudice aux droits de son enfant, a été déclarée par la Cour de cassation inopposable à ce dernier, « *vu le principe* fraus omnia corrumpit *(la fraude corrompt tout)* »[2].

§ 2
Sanctions

A.
Nullité

141.291 **Action en nullité.** L'erreur, le dol ou la violence peuvent fonder une action en nullité qui se prescrit par cinq ans à compter du jour où l'erreur et le dol ont été découverts ou du jour où la violence a cessé (C. civ., art. 777, al. 2).

La loi confirme ainsi la jurisprudence, qui excluait l'application de la prescription trentenaire dans ce cas et appliquait la prescription de cinq ans de l'ancien article 1304[3].

B.
Inopposabilité

141.301 **Fraude aux droits des créanciers ou aux droits des tiers.** Comme on l'a vu ci-dessus, la fraude aux droits des créanciers et aux droits des tiers est sanctionnée, non par la nullité de l'option exercée frauduleusement, mais par son inopposabilité à la personne au préjudice des droits de laquelle l'option a été exercée (C. civ., art. 779, en ce qui concerne l'héritier inactif ou renonçant au préjudice de ses créanciers)[4].

1. Civ. 1re, 19 déc. 2012, n° 11-25.578, P I, n° 271 ; *D.* 2013. 85 ; *AJ fam.* 2013. 141, obs. C. Vernières ; *Defrénois* 2013. 478, obs. D. Autem.
2. Civ. 1re, 4 déc. 1990, n° 88-17.991, P I, n° 278 ; *RTD civ.* 1992. 157, obs. J. Patarin ; *Defrénois* 1991. 497, obs. G. Champenois.
3. Civ. 1re, 24 janv. 2006, n° 03-11.889, P I, n° 28 ; *D.* 2006. 626, note R. Wintgen ; *RTD civ.* 2005. 638, obs. R. Perrot ; *RTD civ.* 2006. 320, note J. Mestre et B. Fages.
4. Civ. 1re, 4 déc. 1990, n° 88-17.991, P (préc., v. ss n° 141.282) – Civ. 1re, 24 janv. 2006, n° 03-11.889, P (préc., v. ss n° 141.291).

CHAPITRE

142. Acceptation pure et simple de la succession

SECTION 0 ORIENTEUR

142.00 Sommaire du chapitre.

142.01 Textes applicables.

• **C. civ.,** art. 778, art. 782 à 786

> Acceptation pure et simple de la succession, sanction du recel successoral ou de la dissimulation d'héritier

• **C. civ.,** art. 778

Sans préjudice de dommages et intérêts, l'héritier qui a recelé des biens ou des droits d'une succession ou dissimulé l'existence d'un cohéritier est réputé accepter purement et simplement la succession, nonobstant toute renonciation ou acceptation à concurrence de l'actif net, sans pouvoir prétendre à aucune part dans les biens ou les droits détournés ou recelés. Les droits revenant à l'héritier dissimulé et qui ont ou auraient pu augmenter ceux de l'auteur de la dissimulation sont réputés avoir été recelés par ce dernier.

Lorsque le recel a porté sur une donation rapportable ou réductible, l'héritier doit le rapport ou la réduction de cette donation sans pouvoir y prétendre à aucune part.

L'héritier receleur est tenu de rendre tous les fruits et revenus produits par les biens recelés dont il a eu la jouissance depuis l'ouverture de la succession.

> Acceptation pure et simple de la succession : expresse ou tacite

• **C. civ.,** art. 782

L'acceptation pure et simple peut être expresse ou tacite. Elle est expresse quand le successible prend le titre ou la qualité d'héritier acceptant dans un acte authentique ou sous seing privé. Elle est tacite quand le successible saisi fait un acte qui suppose nécessairement son intention d'accepter et qu'il n'aurait droit de faire qu'en qualité d'héritier acceptant.

> Actes emportant acceptation pure et simple de la succession

• **C. civ.,** art. 783

Toute cession, à titre gratuit ou onéreux, faite par un héritier de tout ou partie de ses droits dans la succession emporte acceptation pure et simple.

Il en est de même :

1° De la renonciation, même gratuite, que fait un héritier au profit d'un ou de plusieurs de ses cohéritiers ou héritiers de rang subséquent ;

2° De la renonciation qu'il fait, même au profit de tous ses cohéritiers ou héritiers de rang subséquent indistinctement, à titre onéreux.

> Actes n'emportant pas acceptation pure et simple de la succession

• **C. civ.,** art. 784

Les actes purement conservatoires ou de surveillance et les actes d'administration provisoire peuvent être accomplis sans emporter acceptation de la succession, si le successible n'y a pas pris le titre ou la qualité d'héritier.

Tout autre acte que requiert l'intérêt de la succession et que le successible veut accomplir sans prendre le titre ou la qualité d'héritier doit être autorisé par le juge.

Sont réputés purement conservatoires :

1° Le paiement des frais funéraires et de dernière maladie, des impôts dus par le défunt, des loyers et autres dettes successorales dont le règlement est urgent ;

2° Le recouvrement des fruits et revenus des biens successoraux ou la vente des biens périssables, à charge de justifier que les fonds ont été employés à éteindre les dettes visées au 1° ou ont été déposés chez un notaire ou consignés ;

3° L'acte destiné à éviter l'aggravation du passif successoral ;

4° Les actes liés à la rupture du contrat de travail du salarié du particulier employeur décédé, le paiement des salaires et indemnités dus au salarié ainsi que la remise des documents de fin de contrat.

Sont réputées être des actes d'administration provisoire les opérations courantes nécessaires à la continuation à court terme de l'activité de l'entreprise dépendant de la succession.

Sont également réputés pouvoir être accomplis sans emporter acceptation tacite de la succession le renouvellement, en tant que bailleur ou preneur à bail, des baux qui, à défaut, donneraient lieu au paiement d'une indemnité, ainsi que la mise en œuvre de décisions d'administration ou de disposition engagées par le défunt et nécessaires au bon fonctionnement de l'entreprise.

> Conséquences de l'acceptation pure et simple de la succession

[C. civ., art. 785 et 786]

• **C. civ.,** art. 785

L'héritier universel ou à titre universel qui accepte purement et simplement la succession répond indéfiniment des dettes et charges qui en dépendent.

Il n'est tenu des legs de sommes d'argent qu'à concurrence de l'actif successoral net des dettes.

• **C. civ.,** art. 786

L'héritier acceptant purement et simplement ne peut plus renoncer à la succession ni l'accepter à concurrence de l'actif net.

Toutefois, il peut demander à être déchargé en tout ou partie de son obligation à une dette successorale qu'il avait des motifs légitimes d'ignorer au moment de l'acceptation, lorsque l'acquittement de cette dette aurait pour effet d'obérer gravement son patrimoine personnel.

L'héritier doit introduire l'action dans les cinq mois du jour où il a eu connaissance de l'existence et de l'importance de la dette.

142.02 Jurisprudence de référence.

> L'acceptation pure et simple tacite ne se présume pas

• **Civ. 1re, 23 avr. 1981,** nº 79-16.756, P I, nº 132

* V. ss nº 142.21

« Mais attendu, d'une part, qu'en déclarant dans ses conclusions qu'elle n'avait rien perçu de la succession de son père, comme en refusant de payer la dette successorale, Mme X... a soutenu par là même qu'elle n'avait effectué aucun acte d'où pouvait se déduire l'acceptation d'une succession, que, d'autre part, une telle acceptation ne se présumant pas [...]. »

> La renonciation à un legs dans le cadre d'une transaction vaut acceptation tacite

• **Com., 26 juin 2012,** nº 11-21.160, P IV, nº 135 (1er arrêt)

* V. ss nº 142.32

« Attendu qu'il ressort de ces constatations que la renonciation, étant incluse dans une transaction, était assortie de contreparties qui en constituaient le prix ; que dès lors, cette renonciation, faite au profit de tous ses cohéritiers indistinctement par Mme Z... qui en avait perçu le prix, emportait de sa part acceptation de la succession. »

> Des actes d'appropriation des biens successoraux peuvent emporter acceptation pure et simple

• **Civ. 1re, 19 déc. 1979,** nº 78-15.049, P I, nº 332

* V. ss nº 142.32

« Mais attendu que la cour d'appel a souverainement énoncé que la veuve [...] avait détenu [...] les biens successoraux, avec l'accord des cohéritiers tant pour leur compte que pour le sien propre, en sa qualité d'usufruitière, qu'ayant ainsi retenu une acceptation tacite de la succession de la part des héritiers, intervenue avant l'expiration du délai de prescription, la cour d'appel a légalement justifié sa décision. »

> Condamnation indivisible des héritiers en cas de connaissance respective du recel commis par l'autre

• **Civ. 1re, 20 juin 2012,** nº 11-17.383, P I, nº 140

* V. ss nº 142.52

« [...] qu'elle a ainsi caractérisé la connaissance qu'avait chacune d'elles du recel commis par l'autre et en a exactement déduit que l'une et l'autre ne pouvaient prétendre à aucune part sur ladite somme. »

142.03 Bibliographie indicative.

Actualisables. Rép. civ., vº *Succession : transmission*, par R. Le Guidec et C. Lesbats, juill. 2022 [actu. mars 2024], nos 167 à 271 – *J.-Cl. Not. Form., vº Acceptation successorale*, fasc. 10, 2019, par D. Montoux – *J.-Cl. Not. Form.*, vº Partage, fasc. 350, *Recel*, 2012, màj 2023, par M. C. Forgeard.

Ouvrages. M. Grimaldi (dir.), Dalloz action *Droit patrimonial de la famille*, 2025/2026, nos 242.00 s., par C. Vernières – M. Grimaldi, *Droit des successions*, 8e éd., « Manuels », LexisNexis, 2020, nos 490 s. – A.-M. Leroyer, *Droit des successions*, 4e éd., « Cours », Dalloz, 2020, nos 380 s.– F. Terré, Y. Lequette et S. Gaudemet, *Droit civil. Les successions. Les libéralités*, 5e éd., « Précis », Dalloz, 2024, nos 794 s.

Articles. E. Guilhermont, « La dissimulation d'un héritier : un nouveau délit civil ? », *Dr. fam.* 2007. Étude 27 – D. Jacotot, « La consécration jurisprudentielle du recel d'héritier », *D.* 2006. 2969 – B. Vareille, « Le recel successoral dans la jurisprudence récente », *Defrénois* 2008. 1119 ; « Recel de communauté et recel de succession : un recel peut-il en cacher un autre ? », *JCP N* 2018, nº 6, 1098.

142.04 Questions essentielles.

> Conséquences de l'acceptation pure et simple : l'obligation indéfinie aux dettes

* V. ss nos 142.05 et 142.22

> Actes entraînant acceptation

* V. ss nos 142.31 s.

> Le recel entraîne acceptation pure et simple forcée pour le receleur

* V. ss nº 142.53

142.05 Définition. Accepter purement et simplement une succession, pour les héritiers désignés par la loi, c'est admettre le principe qu'ils « *sont saisis de plein droit des biens, droits et actions du défunt* », à compter du jour de la mort de ce dernier, jour de l'ouverture de la succession (C. civ., art. 720 et 724).

L'acceptation pure et simple d'une succession est la règle générale, en matière d'option. « *Elle ne fait que consolider une transmission déjà réalisée* »[1] ; elle entraîne logiquement, pour l'héritier, du fait qu'il

1. F. Terré, Y. Lequette et S. Gaudemet, *Droit civil. Les successions. Les libéralités*, 5e éd., « Précis », Dalloz, 2024, nº 796.

continue la personne du défunt, l'obligation de répondre indéfiniment des dettes et charges qui dépendent de la succession (C. civ., art. 785, al. 1er), à deux exceptions près :

– l'héritier n'est tenu des legs de sommes d'argent qu'à concurrence de l'actif successoral net des dettes (C. civ., art. 785, al. 2) ; en effet, le défunt n'a pu léguer ce qu'il n'avait pas ;

– l'héritier peut demander à être déchargé de tout ou partie de son obligation à une dette successorale, s'il avait des motifs légitimes d'ignorer cette dette au moment de son acceptation et si l'acquittement de cette dette aurait pour effet « *d'obérer gravement son patrimoine personnel* » (C. civ., art. 786, al. 2 – V. ss no 141.201).

142.06 **Division.** L'option pour l'acceptation pure et simple ne nécessite pas des formalités très exigeantes lorsqu'elle est expresse (sect. 1), elle peut être exercée tacitement (sect. 2) ; enfin, elle peut être imposée aux successibles dans certains cas, à titre de sanction (sect. 3).

SECTION 1
ACCEPTATION PURE ET SIMPLE EXPRESSE

142.11 **Conditions.** L'acceptation pure et simple « *est expresse quand le successible prend le titre ou la qualité d'héritier acceptant dans un acte authentique ou sous seing privé* » (C. civ., art. 782 et anc. art. 778).

Trois conditions doivent donc être réunies pour prouver que le successible a expressément opté pour l'acceptation pure et simple :

1) Le successible doit avoir lui-même exprimé cette acceptation.

2) L'acceptation doit mentionner l'intention de prendre le titre ou la qualité d'héritier.

3) Enfin, cette acceptation doit être exprimée dans un écrit, acte authentique ou acte sous seing privé.

142.12 **Caractère personnel de l'acceptation.** Sauf lorsqu'il s'agit d'un mineur ou d'un majeur protégé et que l'acceptation doit être effectuée par leur représentant légal sur autorisation du juge (v. ss nos 141.50 à 141.121), **l'héritier** doit exprimer lui-même son acceptation pure et simple expresse, personne ne peut se substituer à lui, s'il est taisant : ni son conjoint, ni ses cohéritiers, ni aucune autre personne.

La jurisprudence a étendu au **légataire** cette faculté d'acceptation expresse[1].

Mais ce caractère personnel n'empêche pas que le successible donne à un **mandataire** pouvoir d'accepter la succession pour lui. Ce mandat est alors l'acte par lequel le successible accepte la succession expressément.

1. Civ. 17 déc. 1894, *DP* 1895. 1. 228.

142.13 **Contenu de l'acceptation.** L'acceptation doit formuler clairement la volonté du successible de se porter **héritier acceptant** du défunt, la seule qualité d'héritier pouvant être équivoque, car le terme « *héritier* » peut parfois être employé pour désigner le successible.

142.14 **Acceptation par acte sous seing privé.** Tout écrit du successible peut constituer une acceptation expresse, si le contenu satisfait aux exigences ci-dessus : émaner de l'héritier et exprimer l'intention d'accepter la succession. Ainsi, la jurisprudence a admis comme expression d'une acceptation, un échange de correspondance entre un héritier et son avocat, par lequel l'héritier chargeait son avocat de régler ses droits dans la succession de sa mère[2].

142.15 **Acceptation par acte authentique.** L'acceptation émise dans un acte sous seing privé peut prêter à discussion, comme dans l'espèce précitée ; elle est validée selon les circonstances, alors que l'acceptation expresse par acte authentique ne saurait être remise en question. En pratique, l'acceptation fait rarement l'objet d'un acte notarié séparé : elle est formulée dans certains des actes dressés par le notaire pour régler la succession.

En principe, l'acte de notoriété n'emporte pas qualité d'héritier acceptant pour les héritiers qui y sont mentionnés et qui affirment avoir vocation à recueillir tout ou partie de la succession du défunt (C. civ., art. 730-2) ; il en est de même pour l'inventaire, mesure conservatoire qui se fait, pour les héritiers, « *sans prise de qualité* », sauf exception.

En revanche, un acte d'interprétation de testament, une déclaration d'option par le conjoint, un consentement à exécution de testament, une délivrance de legs, une attestation de propriété immobilière, sans que cette liste soit exhaustive, contiennent la mention de l'acceptation pure et simple de la succession par les comparants.

SECTION 2
ACCEPTATION PURE ET SIMPLE TACITE

§ 1
Remarques générales

142.21 **Définition et applications.** La loi considère qu'il y a acceptation pure et simple tacite « *quand le successible saisi fait un acte qui suppose nécessairement son intention d'accepter et qu'il n'aurait droit de faire qu'en qualité d'héritier acceptant* » (C. civ., art. 782, al. 1er).

2. Civ. 1re, 4 janv. 1978, no 76-13.133, P I, no 5.

L'acceptation pure et simple tacite est invoquée en cas de contestation, principalement dans deux cas :

- lorsque la **succession** est **bénéficiaire** et que le successible veut prouver qu'il l'a acceptée avant l'expiration du délai de prescription, alors qu'il n'a pas exprimé explicitement son acceptation ;

- lorsque la **succession** est **déficitaire** et que les créanciers entendent établir que le successible l'avait acceptée, alors que celui-ci s'en défend.

Dans tous les cas, **l'acceptation tacite ne se présume pas**, c'est à celui qui s'en prévaut, héritier ou créancier, d'en apporter la **preuve**[1].

142.22 **Enjeux.** L'établissement d'une acceptation pure et simple tacite entraîne des conséquences importantes pour l'héritier acceptant : l'acceptation pure et simple prend effet au jour de l'ouverture de la succession (C. civ., art. 776), elle est irrévocable (C. civ., art. 786, al. 1er) et elle entraîne l'obligation indéfinie aux dettes et charges de la succession (C. civ., art. 785, al. 1er).

La Cour de cassation a précisé qu' » *il appartient aux juges du fond d'apprécier les faits d'où peut résulter l'acceptation tacite d'une succession* »[2]. Cependant, le législateur a apporté des précisions en ce domaine, en désignant certains actes qui emportent acceptation pure et simple et en indiquant les actes qui peuvent être accomplis sans emporter acceptation de la succession (C. civ., art. 783 et 784).

§ 2
Actes emportant acceptation

142.31 **Définition légale.** D'après la loi, (C. civ., art. 783 et anc. art. 780), toute convention translative faite par un héritier de tout ou partie de ses droits dans la succession emporte acceptation pure et simple.

Sont visées tout d'abord les **cessions à titre gratuit ou onéreux** à des tiers, impliquant que l'héritier a tout d'abord accepté les droits qu'il cède (C. civ., art. 783, al. 1er).

À ces conventions sont assimilées les **renonciations**, même gratuites, faites par un héritier, lorsqu'il ne s'agit pas d'actes unilatéraux comme l'option pour la renonciation à une succession, mais de conventions faites au profit d'un autre héritier, de plusieurs cohéritiers, d'un héritier de rang subséquent, ainsi que les cessions de droits successifs consenties à titre onéreux au profit de tous les cohéritiers (C. civ., art. 783, al. 2 et 3).

142.32 **Application par la jurisprudence.** En résumé, la jurisprudence recherche, dans les actes qui lui sont soumis, s'il y a eu **volonté d'accepter la succession** ; elle déduit cette volonté, notamment, du fait pour l'héritier d'avoir accompli des actes de disposition sur les biens successoraux : c'est ainsi que la Cour de cassation a confirmé un arrêt estimant que le congé valant offre de vente donné en qualité de propriétaire indivis par un héritier témoignait « *d'une volonté de se conduire en héritier pur et simple de la succession du père de M. Alain Y... dont dépendait l'immeuble, et qu'il impliquait donc une acceptation tacite et irrévocable par ce dernier, de la même succession, privant ainsi de tout effet la renonciation souscrite ultérieurement par lui* [...] »[3].

Des **actes d'appropriation** de biens successoraux peuvent également traduire l'intention d'accepter la succession purement et simplement : ainsi la détention par une veuve de biens successoraux, avec l'accord des cohéritiers, pour son compte et pour celui de ses cohéritiers, vaut acceptation tacite de la part des cohéritiers[4].

Enfin, le fait pour un **légataire** de conclure une **transaction** aux termes de laquelle il **renonce à son legs** vaut **acceptation**, dès qu'il existe des contreparties à cette renonciation, même non financières[5].

§ 3
Actes sans incidence sur l'acceptation

142.41 **Actes excluant l'acceptation tacite.** Afin de permettre à l'héritier de préserver le patrimoine successoral sans accepter de ce fait la succession, la loi lui permet d'accomplir certains actes, dont elle donne une définition générale, assortie depuis la réforme de 2006 d'exemples particuliers (C. civ., art. 784).

142.42 **Règles générales.** L'ancien article 779 du Code civil, repris par l'alinéa 1er de l'article 784, énonce diverses catégories d'actes qui peuvent être accomplis sans emporter acceptation de la succession, à condition que le successible n'y ait pas pris « *le titre ou la qualité d'héritier* ».

1. Civ. 1re, 23 avr. 1981, no 79-16.756, P I, no 132 ; *RTD civ.* 1983. 166, obs. J. Patarin.
2. Civ. 1re, 14 nov. 2006, no 03-13.473, P I, no 491 ; *JCP* 2008. I. 108, obs. Le Guidec.
3. Civ. 1re, 17 mars 1992, no 90-14.547, P I, no 89 ; *D.* 1993. Somm. 223, obs. F. Lucet ; *RTD civ.* 1993. 863, note J. Patarin ; *JCP* 1993. I. 3676, obs. F.-X. Testu.
4. Civ. 1re, 19 déc. 1979, no 78-15.049, P I, no 332 ; *D.* 1980. IR 402, note D. Martin.
5. Com. 26 juin 2012, no 11-21.160, P IV, no 135 (1er arrêt) ; *D.* 2012. 1743 ; *AJ fam.* 2012. 511, obs. C. Vernières ; *Dr. fam.* 2012, no 135, obs. A. Mangiavillano.

Ces catégories d'actes sont :

– les **actes purement conservatoires ou de surveillance** ; ainsi, la Cour de cassation considère, par une jurisprudence constante, que « *le fait de défendre à une action intentée par un créancier de la succession n'a par lui-même qu'un caractère conservatoire et n'implique pas l'intention d'accepter cette succession* » [1] ;

– les **actes d'administration provisoire**, tels les paiements effectués par le successible « *à titre de gestionnaire* », au profit de certains créanciers successoraux, par exemple pour les frais funéraires [2].

142.43 Exemples d'actes donnés par la loi. La loi donne désormais des exemples d'actes entrant dans les catégories ci-dessus, confirmant et complétant la jurisprudence précitée (C. civ., art. 784, al. 2 s.).

1) Actes purement conservatoires.

– le règlement de dettes successorales urgentes, telles « *le paiement des frais funéraires et de dernière maladie, des impôts dus par le défunt, des loyers* » ;

– le recouvrement des fruits et revenus des biens successoraux et la vente des biens périssables, à charge de justifier que les fonds ont été employés à éteindre les dettes urgentes ou ont été déposés chez un notaire ou consignés ;

– l'acte destiné à éviter l'aggravation du passif successoral ;

– les actes liés à la rupture du contrat de travail du salarié du particulier employeur décédé, le paiement des salaires et indemnités dus au salarié ainsi que la remise des documents de fin de contrat [3].

2) Actes d'administration provisoire.

Les opérations courantes nécessaires à la continuation à court terme de l'activité de l'entreprise dépendant de la succession.

3) Autres actes.

– le renouvellement des baux qui, à défaut, donneraient lieu au paiement d'une indemnité ;

– la mise en œuvre de décisions d'administration ou de disposition engagées par le défunt et nécessaires au bon fonctionnement de l'entreprise.

142.44 Actes autorisés par le juge. Outre les actes cités ci-dessus, le successible peut accomplir tout acte requis par l'intérêt de la succession sans prendre le titre ou la qualité d'héritier acceptant purement et simplement, à condition que cet acte soit autorisé par le juge (C. civ., art. 784, al. 2).

Ce texte reprend l'ancien article 796 du Code civil, qui permettait au successible de se faire autoriser à vendre par adjudication « des *objets susceptibles de dépérir ou dispendieux à conserver* » ; cependant, il en élargit la portée à **tout acte accompli dans l'intérêt de la succession** et il en simplifie l'application, en supprimant l'exigence d'une adjudication.

SECTION 3

ACCEPTATION PURE ET SIMPLE FORCÉE

142.51 Cas d'acceptation pure et simple forcée. Il existe plusieurs cas où l'acceptation pure et simple est imposée au successible, à titre de sanction :

– le cas étudié ci-dessus (v. s^s n° 141.244), où le successible est resté « *taisant* » malgré une sommation de prendre parti dans les délais légaux ;

– le cas de l'héritier qui a accepté la succession à concurrence de l'actif net et qui est déchu de cette acceptation, faute d'avoir déposé l'inventaire dans le délai prévu (C. civ., art. 790, al. 4), ou pour avoir « *omis, sciemment et de mauvaise foi, de comprendre dans l'inventaire des éléments actifs ou passifs de la succession* » ou pour n'avoir « *pas affecté au paiement des créanciers de la succession la valeur des biens conservés ou le prix des biens aliénés* » (C. civ., art. 800, al. 4 – v. s^s n° 143.134) ;

– le cas où l'acceptation pure et simple est imposée à titre de sanction du recel (C. civ., art. 778, reprenant et complétant l'anc. art. 792).

142.52 Recel. Définition. Le recel est la fraude commise intentionnellement par l'héritier pour rompre l'égalité du partage, par la dissimulation d'effets de la succession et également, depuis la réforme de 2006, **l'omission intentionnelle d'un héritier** [4] (C. civ., art. 778, al. 1er). Il y a recel, en outre, en cas de **dissimulation** par un héritier d'une **donation rapportable ou réductible** (C. civ., art. 778, al. 2). Si deux héritiers dissimulent les donations qu'ils ont chacun reçues, ayant **tous deux connaissance du recel commis par l'autre**, l'un et l'autre ne peuvent prétendre à aucune part sur la totalité de la somme recelée : leur **condamnation** est **indivisible** [5].

1. Civ. 1re, 7 juin 1988, n° 86-10.399, P I, n° 182 ; *RTD civ.* 1989. 603, obs. J. Patarin – Civ. 1re, 13 déc. 1988, n° 87-10.269, P I, n° 362 – Civ. 1re, 19 déc. 1989, n° 88-10.830, P I, n° 401 ; *D.* 1992. Somm. 225, obs. F. Lucet.
2. Civ. 1re, 23 juin 1982, n° 81-13.205, P I, n° 240.
3. C. civ., art. 784, 4°, issu de L. n° 2015-177, 16 févr. 2015, relative à la modernisation et à la simplification du droit et des procédures dans les domaines de la justice et des affaires intérieures, *JO* 17 févr., p. 2961, art. 5.
4. Civ. 1re, 20 sept. 2006, n° 04-20.614, P I, n° 415 ; D. Jacotot, « La consécration jurisprudentielle du recel d'héritier », *D.* 2006. 2969 – REVIREMENT DE JURISPRUDENCE confirmé par la loi du 23 juin 2006 : E. Guilhermont, « La dissimulation d'un héritier : un nouveau délit civil ? », *Dr. fam.* 2007. Étude 27.
5. Civ. 1re, 20 juin 2012, n° 11-17.383, P I, n° 140 ; *D.* 2012. Chron. C. cass. 2050, obs. C. Creton et B. Vassallo ; *AJ fam.* 2012. 470, obs. C. Vernières ; *JCP N* 2012, n° 1401, obs. J. Massip.

En revanche, il n'y a pas de recel dans les cas suivants :

- en cas de dissimulation d'une donation qui n'est ni rapportable ni réductible[1] ;

- lorsqu'il n'y a pas lieu à partage, les ayants droit ne disposant pas de droits de même nature. Ainsi, la dissimulation de fonds par le conjoint titulaire de la totalité en usufruit de l'actif successoral ne peut être qualifiée de recel[2].

Au recel est assimilé le fait de se prévaloir sciemment et de mauvaise foi d'un **acte de notoriété inexact** (C. civ., art. 730-5 - v. s[s] n° 142.53). Ce comportement rejoint celui qui est prévu dans l'article 778, l'inexactitude de l'acte de notoriété pouvant notamment résulter de l'omission volontaire d'un héritier.

142.53 Effet sur l'option. L'héritier qui a recelé des biens ou droits d'une succession ou dissimulé l'existence d'un cohéritier est **déchu de son option successorale** : il est réputé accepter purement et simplement la succession « *nonobstant toute renonciation ou acceptation à concurrence de l'actif net* » (C. civ., art. 778, al. 1er).

L'usage frauduleux d'un acte de notoriété inexact entraîne également, pour l'héritier, l'acceptation pure et simple forcée de la succession (C. civ., art. 730-5).

L'héritier qui a dissimulé une donation rapportable ou réductible à lui faite par le défunt est également réputé accepter purement et simplement la succession (C. civ., art. 778, al. 2).

142.54 Autres sanctions du recel. Ces sanctions sont prévues par l'article 778 du Code civil.

L'héritier qui a recelé des biens ou des droits d'une succession ne peut prétendre à aucune part dans les biens ou les droits détournés ou recelés.

Lorsqu'il y a eu dissimulation d'héritier, les droits revenant à l'héritier dissimulé et qui ont augmenté - ou auraient pu augmenter - ceux de l'auteur de la dissimulation sont réputés avoir été recelés par l'auteur de la dissimulation.

L'héritier qui a dissimulé une donation rapportable ou réductible doit le rapport ou la réduction de cette donation, mais il n'aura aucune part dans le partage sur le rapport ou l'indemnité de réduction qu'il doit fournir.

En outre, **l'héritier receleur** est tenu de **rendre tous les fruits et revenus produits par les biens recelés** dont il a eu la jouissance depuis l'ouverture de la succession.

La sanction du recel ne constitue pas, pour l'héritier receleur, un préjudice ouvrant droit à réparation. Des cohéritiers receleurs sanctionnés ne peuvent engager la responsabilité du notaire dont la négligence a permis le recel : en l'espèce, le notaire n'avait pas vérifié l'acte de naissance du défunt, acte qui mentionnait le second mariage de ce dernier, et les descendants du premier mariage avaient ainsi pu cacher l'existence d'héritiers de la seconde union[3].

1. Civ. 1re, 25 mai 2016, n° 15-14.863, P I, n° 122 ; *D.* 2016. 2086, obs. V. Brémond ; *AJ fam.* 2016. 394, obs. C. Vernières ; *RTD civ.* 2016. 910, obs. M. Grimaldi – Civ. 1re, 26 janv. 2011, n° 09-68.368, P I, n° 19 ; *D.* 2011. Chron. C. cass. 622, obs. N. Auroy.
2. Civ. 1re, 29 juin 2011, n° 10-13.807, P I, n° 138 (décision rendue en application de l'ancien article 792 du Code civil) ; *AJ fam.* 2011. 507, obs. Chr. Vernières ; *RTD civ.* 2011. 788, obs. M. Grimaldi ; *Dr. fam.* 2011, n° 154, obs. B. Beignier ; *RJPF* 2011-10/47, note J. Casey – Civ. 1re, 9 sept. 2015, n° 14-18.906, P I, n° 172 ; *AJ fam.* 2015. 629, obs. Chr. Vernières ; *RTD civ.* 2015. 925, obs. M. Grimaldi– Civ. 1re, 27 sept. 2017, n° 16-22.150, P I, n° 207 (cassation).
3. Civ. 1re, 9 avr. 2014, n° 13-16.348, P I, n° 70 ; *D.* 2014. 929 et 1715 ; *AJ fam.* 2014. 325, obs. D. Gilles ; *Dr. fam.* juin 2014. Comm. 102, par B. Beignier.

CHAPITRE

143. Acceptation à concurrence de l'actif net et renonciation à la succession

SECTION 0
ORIENTEUR

143.00 **Sommaire du chapitre.**

143.01 **Textes applicables.**

• **C. civ.,** art. 787 à 808

• **C. pr. civ.,** art. 1328 à 1338

> Déclaration de l'acceptation de la succession à concurrence de l'actif net

[C. civ., art. 787 et 788 et C. pr. civ., art. 1334 et 1335]

• **C. civ.,** art. 787

Un héritier peut déclarer qu'il n'entend prendre cette qualité qu'à concurrence de l'actif net.

• **C. civ.,** art. 788 *(mod. par Ord. n° 2019-964, 18 sept. 2019, art. 35)*

La déclaration doit être faite au greffe du tribunal judiciaire dans le ressort duquel la succession est ouverte ou devant notaire. Elle comporte élection d'un domicile unique, qui peut être le domicile de l'un des acceptants à concurrence de l'actif net, ou celui de la personne chargée du règlement de la succession. Le domicile doit être situé en France.

La déclaration est enregistrée et fait l'objet d'une publicité nationale, qui peut être faite par voie électronique.

NB : Ces dispositions entrent en vigueur au 1er janvier 2020 (Ord. n° 2019-964, 18 sept. 2019, art. 36).

• **C. pr. civ.,** art. 1334 *(mod. par Décr. n° 2019-966, 18 sept. 2019, art. 8)*

La déclaration d'acceptation à concurrence de l'actif net faite au greffe du tribunal judiciaire ou devant notaire indique les nom, prénoms et profession de l'héritier, son élection de domicile ainsi que la qualité en vertu de laquelle il est appelé à la succession.

Le notaire auprès de qui la déclaration est faite informe l'héritier de l'obligation de publicité prévue au troisième alinéa de l'article 1335. Dans le mois de la déclaration, le notaire en adresse copie au tribunal judiciaire dans le ressort duquel la succession s'est ouverte.

Le greffe inscrit la déclaration dans un registre tenu à cet effet et en donne récépissé au déclarant ou au notaire. Il informe l'héritier de l'obligation de publicité prévue au troisième alinéa de l'article 1335.

Les cohéritiers, les créanciers successoraux et les légataires peuvent, sur justification de leur titre, consulter la partie du registre relative à la succession en cause.

NB : Ces dispositions entrent en vigueur le 1er janvier 2020 (Décr. nº 2019-966, 18 sept. 2019, art. 9).

• **C. pr. civ.,** art. 1335 *(mod. par Décr. nº 2016-1907, 28 déc. 2016, art. 35)*

La publicité prévue aux articles 788, 790 et 794 du Code civil est faite au Bulletin officiel des annonces civiles et commerciales.

Les modalités de la publicité par voie électronique sont définies par arrêté du garde des Sceaux, ministre de la Justice.

Dans le délai d'un mois suivant la déclaration visée à l'article 788 du Code civil, l'héritier fait procéder, dans les mêmes formes que la publicité prévue au premier alinéa du présent article, à l'insertion d'un avis dans un journal d'annonces légales diffusé dans le ressort du tribunal compétent.

> Nécessité d'un inventaire

[C. civ., art. 789 et 790 et C. pr. civ., art. 1328 à 1333]

• **C. civ.,** art. 789

La déclaration est accompagnée ou suivie de l'inventaire de la succession qui comporte une estimation, article par article, des éléments de l'actif et du passif.

L'inventaire est établi par un commissaire-priseur judiciaire, un huissier ou un notaire, selon les lois et règlements applicables à ces professions.

• **C. civ.,** art. 790

L'inventaire est déposé au tribunal dans le délai de deux mois à compter de la déclaration.

L'héritier peut solliciter du juge un délai supplémentaire s'il justifie de motifs sérieux et légitimes qui retardent le dépôt de l'inventaire. En ce cas, le délai de deux mois est suspendu à compter de la demande de prorogation.

Le dépôt de l'inventaire est soumis à la même publicité que la déclaration.

Faute d'avoir déposé l'inventaire dans le délai prévu, l'héritier est réputé acceptant pur et simple.

Les créanciers successoraux et légataires de sommes d'argent peuvent, sur justification de leur titre, consulter l'inventaire et en obtenir copie. Ils peuvent demander à être avisés de toute nouvelle publicité.

• **C. pr. civ.,** art. 1328

L'inventaire peut être requis par ceux qui peuvent demander l'apposition des scellés et, le cas échéant, par le curateur à la succession vacante.

• **C. pr. civ.,** art. 1329

Doivent être appelés à l'inventaire :

1º Le conjoint survivant ou le partenaire d'un pacte civil de solidarité ;

2º Tous ceux qui prétendent avoir une vocation successorale ;

3º L'exécuteur testamentaire si le testament est connu ;

4º Le mandataire désigné pour l'administration de la succession.

Le requérant les appelle à l'inventaire au plus tard vingt jours avant la date prévue pour sa réalisation, à moins qu'ils ne l'aient expressément dispensé de cet appel.

• **C. pr. civ.,** art. 1330 *(mod. par Décr. nº 2019-966, 18 sept. 2019, art. 8)*

Outre les mentions prescrites, selon le cas, pour les actes dressés par un commissaire-priseur judiciaire, un huissier de justice ou un notaire, par les lois et règlements applicables à ces professions, l'inventaire contient :

1º Les nom, prénoms, profession et domicile du ou des requérants, des personnes comparantes ou représentées, le cas échéant des commissaires-priseurs judiciaires et des experts ;

2º L'indication des lieux où l'inventaire est fait ;

3º La description et l'estimation des biens ainsi que la désignation des espèces en numéraire ;

4º La consistance active et passive de la succession telle qu'elle résulte de tous documents, titres et papiers présentés et des déclarations des requérants et comparants ;

5º La mention du serment prêté, lors de la clôture de l'inventaire, par ceux qui ont été en possession des biens avant l'inventaire ou qui ont habité l'immeuble dans lequel sont lesdits biens, qu'ils n'en ont détourné, vu détourner, ni su qu'il en ait été détourné aucun ;

6º La mention de la remise des objets et documents, s'il y a lieu, entre les mains de la personne dont il aura été convenu ou qui, à défaut, aura été nommée par le président du tribunal judiciaire ou son délégué.

NB : Ces dispositions entrent en vigueur le 1er janvier 2020 (Décr. nº 2019-966, 18 sept. 2019, art. 9).

• **C. pr. civ.,** art. 1331

L'inventaire établi en application des dispositions de l'article 789 du Code civil contient une liste numérotée des éléments d'actif de la succession.

• **C. pr. civ.,** art. 1332

L'inventaire notarié peut également contenir :

1º Les qualités et droits de ceux qui peuvent prétendre à la communauté ou à la succession ;

2º Le cas échéant, la consistance active et passive de la communauté telle qu'elle résulte de tous documents, titres et papiers présentés au notaire et des déclarations des requérants et comparants.

• **C. pr. civ.,** art. 1333 *(mod. par Décr. nº 2019-1419, 20 déc. 2019, art. 5)*

S'il survient une difficulté dans l'établissement de l'inventaire, le président du tribunal judiciaire, saisi par la partie la plus diligente, statue selon la procédure accélérée au fond.

NB : Ces dispositions entrent en vigueur le 1er janvier 2020 (Décr. nº 2019-966, 18 sept. 2019, art. 9). Elles s'appliquent aux demandes introduites à compter du 1er janvier 2020 (Décr. nº 2019-1419, 20 déc. 2019, art. 24).

> Effets de l'acceptation de la succession à concurrence de l'actif net

[C. civ., art. 791 à 803 et C. pr. civ., art. 1336 à 1338]

• **C. civ.,** art. 791

L'acceptation à concurrence de l'actif net donne à l'héritier l'avantage :

1º D'éviter la confusion de ses biens personnels avec ceux de la succession ;

2º De conserver contre celle-ci tous les droits qu'il avait antérieurement sur les biens du défunt ;

3° De n'être tenu au paiement des dettes de la succession que jusqu'à concurrence de la valeur des biens qu'il a recueillis.

• **C. civ.,** art. 792

Les créanciers de la succession déclarent leurs créances en notifiant leur titre au domicile élu de la succession. Ils sont payés dans les conditions prévues à l'article 796. Les créances dont le montant n'est pas encore définitivement fixé sont déclarées à titre provisionnel sur la base d'une évaluation.

Faute de déclaration dans un délai de quinze mois à compter de la publicité prévue à l'article 788, les créances non assorties de sûretés sur les biens de la succession sont éteintes à l'égard de celle-ci. Cette disposition bénéficie également aux cautions et coobligés, ainsi qu'aux personnes ayant consenti une garantie autonome portant sur la créance ainsi éteinte.

• **C. civ.,** art. 792-1

À compter de sa publication et pendant le délai prévu à l'article 792, la déclaration arrête ou interdit toute voie d'exécution et toute nouvelle inscription de sûreté de la part des créanciers de la succession, portant tant sur les meubles que sur les immeubles.

Toutefois, pour l'application des dispositions de la présente section et sous réserve de la signification prévue à l'article 877, les créanciers saisissants sont considérés comme titulaires de sûretés sur les biens et droits antérieurement saisis.

• **C. civ.,** art. 792-2

Lorsque la succession a été acceptée par un ou plusieurs héritiers purement et simplement et par un ou plusieurs autres à concurrence de l'actif net, les règles applicables à cette dernière option s'imposent à tous les héritiers jusqu'au jour du partage.

Les créanciers d'une succession acceptée par un ou plusieurs héritiers purement et simplement et par d'autres à concurrence de l'actif net peuvent provoquer le partage dès lors qu'ils justifient de difficultés dans le recouvrement de la part de leur créance incombant aux héritiers acceptants à concurrence de l'actif net.

• **C. civ.,** art. 793

Dans le délai prévu à l'article 792, l'héritier peut déclarer qu'il conserve en nature un ou plusieurs biens de la succession. En ce cas, il doit la valeur du bien fixée dans l'inventaire.

Il peut vendre les biens qu'il n'entend pas conserver. En ce cas, il doit le prix de leur aliénation.

• **C. civ.,** art. 794

La déclaration de l'aliénation ou de la conservation d'un ou de plusieurs biens est faite dans les quinze jours au tribunal qui en assure la publicité.

Sans préjudice des droits réservés aux créanciers munis de sûretés, tout créancier successoral peut contester devant le juge, dans un délai de trois mois après la publicité mentionnée au premier alinéa, la valeur du bien conservé ou, lorsque la vente a été faite à l'amiable, le prix de l'aliénation en prouvant que la valeur du bien est supérieure.

Lorsque la demande du créancier est accueillie, l'héritier est tenu du complément sur ses biens personnels, sauf à restituer à la succession le bien conservé et sans préjudice de l'action prévue à l'article 1341-2.

• **C. civ.,** art. 795

La déclaration de conserver un bien n'est pas opposable aux créanciers tant qu'elle n'a pas été publiée.

Le défaut de déclaration de l'aliénation d'un bien dans le délai prévu à l'article 794 engage l'héritier sur ses biens personnels à hauteur du prix de l'aliénation.

• **C. civ.,** art. 796

L'héritier règle le passif de la succession.

Il paye les créanciers inscrits selon le rang de la sûreté assortissant leur créance.

Les autres créanciers qui ont déclaré leur créance sont désintéressés dans l'ordre des déclarations.

Les legs de sommes d'argent sont délivrés après paiement des créanciers.

• **C. civ.,** art. 797

L'héritier doit payer les créanciers dans les deux mois suivant soit la déclaration de conserver le bien, soit le jour où le produit de l'aliénation est disponible.

Lorsqu'il ne peut s'en dessaisir au profit des créanciers dans ce délai, notamment en raison d'une contestation portant sur l'ordre ou la nature des créances, il consigne les sommes disponibles tant que la contestation subsiste.

• **C. civ.,** art. 798

Sans préjudice des droits des créanciers munis de sûretés, les créanciers de la succession et les légataires de sommes d'argent ne peuvent poursuivre le recouvrement que sur les biens recueillis de la succession qui n'ont été ni conservés ni aliénés dans les conditions prévues à l'article 793.

Les créanciers personnels de l'héritier ne peuvent poursuivre le recouvrement de leurs créances sur ces biens qu'à l'issue du délai prévu à l'article 792 et après le désintéressement intégral des créanciers successoraux et des légataires.

• **C. civ.,** art. 799

Les créanciers successoraux qui, dans le délai prévu à l'article 792, déclarent leurs créances après l'épuisement de l'actif n'ont de recours que contre les légataires qui ont été remplis de leurs droits.

• **C. civ.,** art. 800

L'héritier est chargé d'administrer les biens qu'il recueille dans la succession. Il tient le compte de son administration, des créances qu'il paye et des actes qui engagent les biens recueillis ou qui affectent leur valeur.

Il répond des fautes graves dans cette administration.

Il doit présenter le compte à tout créancier successoral qui en fait la demande et répondre dans un délai de deux mois à la sommation, signifiée par acte extrajudiciaire, de lui révéler où se trouvent les biens et droits recueillis dans la succession qu'il n'a pas aliénés ou conservés dans les conditions prévues à l'article 794. À défaut, il peut être contraint sur ses biens personnels.

L'héritier qui a omis, sciemment et de mauvaise foi, de comprendre dans l'inventaire des éléments actifs ou passifs de la succession ou qui n'a pas affecté au paiement des créanciers de la succession la valeur des biens conservés ou le prix des biens aliénés est déchu de l'acceptation à concurrence de l'actif net. Il est réputé acceptant pur et simple à compter de l'ouverture de la succession.

• **C. civ.,** art. 801

Tant que la prescription du droit d'accepter n'est pas acquise contre lui, l'héritier peut révoquer son acceptation à concurrence de l'actif net en acceptant purement et simplement. Cette acceptation rétroagit au jour de l'ouverture de la succession.

L'acceptation à concurrence de l'actif net empêche toute renonciation à la succession.

• **C. civ.,** art. 802

Malgré la déchéance ou la révocation de l'acceptation à concurrence de l'actif net, les créanciers successoraux et les légataires de sommes d'argent conservent l'exclusivité des poursuites sur les biens mentionnés au premier alinéa de l'article 798.

• **C. civ.,** art. 803

Les frais de scellés, d'inventaire et de compte sont à la charge de la succession. Ils sont payés en frais privilégiés de partage.

• **C. pr. civ.,** art. 1336

Les demandes de l'héritier acceptant à concurrence de l'actif net contre la succession sont formées contre les autres héritiers. S'il n'y en a pas ou si les actions sont intentées par tous les héritiers, elles le sont contre un curateur nommé dans les mêmes formes que celles prévues pour le curateur de la succession vacante.

• **C. pr. civ.,** art. 1337 *(mod. par Décr. n° 2016-1907, 28 déc. 2016, art. 35)*

À l'issue du délai de quinze mois prévu à l'article 792 du Code civil, après soit le désintéressement de tous les créanciers déclarés, soit l'épuisement de l'actif et l'affectation des sommes correspondantes au paiement des créanciers, l'héritier ou le notaire chargé du règlement de la succession dépose au greffe le compte définitif de son administration.

Le dépôt donne lieu à publicité dans les conditions prévues à l'article 1335.

• **C. pr. civ.,** art. 1338

L'héritier fait l'avance des frais de publicité au greffe de la juridiction.

Ces frais sont à la charge de la succession. Toutefois, lorsque l'héritier déclare conserver un bien de la succession, les frais liés à la publicité de cette déclaration demeurent à sa charge.

Les frais liés à la délivrance de la copie de l'inventaire faite en vertu du dernier alinéa de l'article 790 du Code civil sont à la charge du créancier ou du légataire qui en fait la demande.

> Renonciation à la succession

[C. civ., art. 804 à 808, et C. pr. civ., art. 1339 et 1340]

• **C. civ.,** art. 804 *(mod. par L. n° 2016-154, 18 nov. 2016, art. 45)*

La renonciation à une succession ne se présume pas.

Pour être opposable aux tiers, la renonciation opérée par l'héritier universel ou à titre universel doit être adressée ou déposée au tribunal dans le ressort duquel la succession s'est ouverte ou faite devant notaire.

Dans le mois suivant la renonciation, le notaire qui l'a reçue en adresse copie au tribunal dans le ressort duquel la succession s'est ouverte.

• **C. civ.,** art. 805

L'héritier qui renonce est censé n'avoir jamais été héritier.

Sous réserve des dispositions de l'article 845, la part du renonçant échoit à ses représentants ; à défaut, elle accroît à ses cohéritiers ; s'il est seul, elle est dévolue au degré subséquent.

• **C. civ.,** art. 806

Le renonçant n'est pas tenu au paiement des dettes et charges de la succession. Toutefois, il est tenu à proportion de ses moyens au paiement des frais funéraires de l'ascendant ou du descendant à la succession duquel il renonce.

• **C. civ.,** art. 807

Tant que la prescription du droit d'accepter n'est pas acquise contre lui, l'héritier peut révoquer sa renonciation en acceptant la succession purement et simplement, si elle n'a pas été déjà acceptée par un autre héritier ou si l'État n'a pas déjà été envoyé en possession.

Cette acceptation rétroagit au jour de l'ouverture de la succession, sans toutefois remettre en cause les droits qui peuvent être acquis à des tiers sur les biens de la succession par prescription ou par actes valablement faits avec le curateur à la succession vacante.

• **C. civ.,** art. 808

Les frais légitimement engagés par l'héritier avant sa renonciation sont à la charge de la succession.

• **C. pr. civ.,** art. 1339 *(mod. par Décr. n° 2019-966, 18 sept. 2018, art. 8)*

La déclaration de renonciation à une succession adressée ou déposée par l'héritier ou le notaire au greffe du tribunal judiciaire indique les nom, prénoms, profession et domicile du successible, ainsi que la qualité en vertu de laquelle il est appelé à la succession.

Le greffe inscrit la déclaration dans un registre tenu à cet effet et en adresse ou délivre récépissé au déclarant ou au notaire.

• **C. pr. civ.,** art. 1340

La révocation expresse de la renonciation donne lieu à une déclaration dans les mêmes formes et sur le même registre que celui prévu à l'article 1339.

143.02 Jurisprudence de référence.

> L'acceptation à concurrence de l'actif net ne peut être tacite, sauf exceptionnellement, lorsque l'héritier est incapable

• **Civ. 1re, 30 juin 1998,** n° 96-13.922, P I, n° 233

* V. s[s] n° 143.51

« La succession échue aux mineurs ne pouvant, en principe, être acceptée que sous bénéfice d'inventaire, ceux-ci devaient être réputés avoir accepté sous ce bénéfice et ne pouvaient donc être poursuivis sur leurs biens personnels. »

> Pendant le délai de deux mois pour faire inventaire et sa prorogation, toute instance contre l'héritier doit être suspendue

• **Civ. 1re, 6 juill. 2005,** n° 03-17.240, P I, n° 317

* V. s[s] n° 143.62

« Pendant la durée de cette prorogation de délai, aucune condamnation ne pouvait être obtenue contre Mme X..., de sorte que l'instance devait être suspendue. »

> Le renonçant n'est pas tenu au paiement du passif de la succession

• **Civ. 1re, 28 janv. 2003,** nº 00-19.358, NP

* V. ss nº 143.173

« Si la renonciation à une succession ne peut avoir pour effet d'exonérer un héritier du paiement des dettes liées à l'exécution de son devoir de secours envers ses ascendants, Mlles Jenny et Catherine X..., n'étant astreintes à aucune obligation alimentaire envers Mme Y..., ne sauraient être personnellement tenues au paiement des dettes de leur père à son égard, lesquelles se trouvaient comprises dans le passif de la succession à laquelle elles avaient renoncé ».

> La déclaration de créances doit se faire dans les quinze mois de la publicité au *Bodacc* ; ni après, ni avant.

• **Civ. 1re, 31 mars 2016,** nº 15-10.799, P I, nº 74

* V. ss nº 143.111

« Mais attendu que, selon les articles 788 et 792 du Code civil, lorsque la succession a été acceptée par un héritier à concurrence de l'actif net, les créanciers de la succession doivent déclarer leurs créances en notifiant leur titre au domicile élu de la succession, lequel est indiqué dans la déclaration d'acceptation de l'héritier ; que le délai de déclaration des créances soumises à cette formalité, d'une durée de quinze mois, court à compter de la publicité nationale dont fait l'objet la déclaration d'acceptation de l'héritier ; que, selon l'article 796 du même code, les créanciers tenus de déclarer leurs créances sont désintéressés dans l'ordre des déclarations ;

Et attendu qu'après avoir relevé que la société Y... s'était bornée à signifier le jugement du 1er décembre 2008 au notaire chargé de la succession avant que l'acceptation à concurrence de l'actif net ait été régulièrement portée à la connaissance de l'ensemble des créanciers par une publication au *Bodacc* intervenue le 23 novembre 2012, et retenu, à bon droit, que cette signification, effectuée en méconnaissance de la procédure spécifique instituée en la matière, aurait pour effet de faire bénéficier ce créancier d'une priorité de paiement illégitime par rupture d'égalité devant la loi, la cour d'appel en a exactement déduit qu'elle ne pouvait valoir déclaration de créance, au sens de l'article 792 du Code civil, et que, dès lors, la créance était éteinte ».

> La déclaration de créances ne produit effet que si elle est faite au domicile élu

• **Civ. 1re, 8 mars 2017,** nº 16-14.360, P I, nº 59

* V. ss nº 143.111

« Vu les articles 788 et 792 du Code civil ;

Attendu, selon ces textes, que lorsque la succession a été acceptée par un héritier à concurrence de l'actif net, les créanciers de la succession doivent déclarer leurs créances en notifiant leur titre au domicile élu de la succession ;

Attendu que, pour rejeter la demande de mainlevée de la mesure conservatoire, l'arrêt retient, par motifs propres et adoptés, que le fonds a adressé à M. Y... directement, et non à domicile élu, une réclamation tendant au paiement d'une somme de 44 500 euros et l'a assigné en fixation de sa créance ;

Qu'en statuant ainsi, la cour d'appel a violé les textes susvisés. »

143.03 Bibliographie indicative.

Actualisables. Rép. civ., vº *Succession : transmission*, par R. Le Guidec et G. Chabot, sept. 2011 [actu. avr. 2021], nos 272 à 303 et 395 à 446 – *J.-Cl. Not. Form., vº Acceptation successorale*, fasc. 100, 2015, màj 2019 ; fasc. 105, 2017 ; fasc. 110, 2015, màj 2019 ; fasc. 115, 2015 ; fasc. 120 et 125, 2014, màj 2019 par N. Levillain ; *J.-Cl. Not. Form., vº Renonciation à succession*, fasc. 10, 2017, et fasc. 20, 2017, par N. Levillain ; fasc. 15, 2017, par H. Mazeron-Gabriel.

Ouvrages. M. Grimaldi (dir.), Dalloz action *Droit patrimonial de la famille*, 2025/2026, [acceptation à concurrence de l'actif net : nos 243.00 s.] et [renonciation à succcession : 244.00 s.] par C. Vernières – M. Grimaldi, *Droit des successions*, 8e éd., « Manuels », LexisNexis, 2020, nos 501 s. – A.-M. Leroyer, *Droit des successions*, 4e éd., « Cours », Dalloz, 2020, nos 390 s. – F. Terré, Y. Lequette et S. Gaudemet, *Droit civil. Les successions. Les libéralités*, 5e éd., « Précis », Dalloz, 2024, nos 776 s.

Article. N. Levillain, « Acceptation à concurrence de l'actif net », *JCP N* 2008. 1058.

143.04 Questions essentielles.

DÉCLARATION D'ACCEPTATION À CONCURRENCE DE L'ACTIF NET

> Déclaration au greffe

* V. ss nº 143.51

> Caractères de l'inventaire

* V. ss nos 143.61 s.

> Effets à l'égard de l'héritier et à l'égard des créanciers

* V. ss nos 143.80 et 143.100

> Déchéance

* V. ss nº 143.134

RENONCIATION

> Déclaration

* V. ss nos 143.161 et 143.162

> Révocation en faveur de l'acceptation pure et simple

* V. ss nº 143.194

> Autres remises en cause

* V. ss nos 143.201 s.

143.05 Délais.

> Délai pour faire inventaire

• Délai de **deux mois** à compter de la déclaration au greffe, éventuellement prorogé.

* V. ss nº 143.62

> Déclaration des créances des créanciers chirographaires

• Délai de **quinze mois** à partir de la publication au *Bodacc* de l'acceptation à concurrence de l'actif net, au domicile élu par l'héritier.

* V. ss nº 143.111

> Révocation de la renonciation

• Délai de prescription de **dix ans** à compter de l'ouverture de la succession, si la succession n'a pas déjà été acceptée par un autre héritier.

* V. s^s n° 143.191

143.06 **Division.** Après avoir défini la perspective de notre étude dans une section préliminaire, nous examinerons, sous cet angle, les deux formes spéciales de l'option successorale que sont l'acceptation à concurrence de l'actif net (sect. 2) et la renonciation (sect. 3). Nous donnerons ensuite un exemple de la combinaison de plusieurs formes d'option, en cas de pluralité d'héritiers (sect. 4), avant de conclure (sect. 5).

SECTION 1
PRÉLIMINAIRE

143.11 **Option et liquidation de la succession.** Avant de liquider une succession, il convient de vérifier que cette succession a été acceptée par les parties.

En règle générale, cette acceptation est pure et simple et les hypothèses d'acceptation à concurrence de l'actif net et de renonciation sont exceptionnelles. Après les avoir brièvement décrites, nous les étudierons dans la mesure où elles peuvent précéder la liquidation : l'acceptation à concurrence de l'actif net, lorsque les héritiers participent à la liquidation sous ce régime, ou lorsqu'en fin de procédure, l'actif dépasse le passif, ou quand cette option est révoquée ou annulée pour laisser la place à une acceptation pure et simple, et la renonciation, seulement lorsqu'elle est révoquée ou annulée en faveur d'une acceptation pure et simple.

SECTION 2
ACCEPTATION À CONCURRENCE DE L'ACTIF NET

143.20 **Plan. Présentation.** En cas d'incertitude sur la consistance de l'actif successoral, un héritier peut souhaiter faire reconnaître sa qualité d'héritier sans toutefois s'engager à prendre en charge un passif éventuel qui dépasserait les forces de la succession.

Antérieurement à la réforme de 2006, il pouvait, dans ce cas, accepter la succession « *sous bénéfice d'inventaire* » (C. civ., anc. art. 793 à 810). Il devait alors avertir les créanciers successoraux par une déclaration au greffe du tribunal de grande instance, et établir la consistance du patrimoine par la rédaction d'un inventaire. Pendant la durée du bénéfice d'inventaire, l'héritier devait s'abstenir de tout acte pouvant entraîner la déchéance de son option et respecter des formes contraignantes pour disposer de biens successoraux.

La réforme de 2006 a remanié le régime de l'acceptation sous bénéfice d'inventaire. Désormais, « *un héritier peut déclarer qu'il n'entend prendre cette qualité qu'à concurrence de l'actif net* » (C. civ., art. 787). Le changement de terminologie annonce une modification de l'institution, que le législateur a voulu revaloriser, d'une part en améliorant la situation de l'héritier, d'autre part en renforçant la sécurité des créanciers. Nous étudierons d'abord les conditions de cette option (§ 1) puis ses effets (§ 2) ; nous examinerons ensuite dans quels cas cette option évolue en acceptation pure et simple (§ 3), ainsi que le cas particulier de la liquidation en présence d'un héritier acceptant à concurrence de l'actif net (§ 4).

§ 1
Conditions

143.30 **Plan.** L'option pour l'acceptation à concurrence de l'actif net est soumise à des conditions de forme (A). Elle doit également respecter des conditions de fond, certaines communes à toutes les options, d'autres spécifiques à cette forme d'acceptation (B).

A.
Conditions de forme

143.40 **Plan. Double condition.** Pour assurer l'information des créanciers et des cohéritiers, l'acceptation à concurrence de l'actif net doit faire l'objet d'une déclaration au greffe, ou devant notaire (1°) ; pour compléter cette information relativement à la consistance de l'actif successoral, la déclaration doit être assortie d'un inventaire (2°).

1°
Déclaration au greffe ou devant notaire

143.51 **Caractéristiques de l'acceptation à concurrence de l'actif net.** L'acceptation à concurrence de l'actif net ne peut être tacite, sauf exceptionnellement, lorsque l'héritier est incapable[1] : elle doit en principe être **expresse, déclarée** et **publiée** (C. civ., art. 788).

143.52 **1) Lieu de la déclaration.** La déclaration doit être faite et enregistrée au **greffe du tribunal judiciaire dans le ressort duquel la succession est ouverte**, c'est-à-dire exclusivement celui du domicile du défunt (C. pr. civ., art. 45). Elle peut désormais également être faite devant notaire[2]. Dans ce cas, dans le mois de la déclaration, le notaire en adresse copie au tribunal judiciaire dans le ressort

1. Civ. 1re, 30 juin 1998, n° 96-13.922, P I, n° 233 ; *RTD civ.* 1999. 363, note J. Hauser ; *JCP* 1998. 1728 ; *Defrénois* 1999. 36947-7, obs. J. Massip : « *La succession échue aux mineurs ne pouvant, en principe, être acceptée que sous bénéfice d'inventaire, ceux-ci devaient être réputés avoir accepté sous ce bénéfice et ne pouvaient donc être poursuivis sur leurs biens personnels* » – CONFIRMATION D'UNE SOLUTION ANCIENNE : Civ. 27 mars 1888 ; *DP* 1888. 1. 345 – M. Grimaldi, *Droit des successions*, 8e éd., « Manuels », LexisNexis, 2020, n° 502 et note 65.
2. L. n° 2016-1547, 18 nov. 2016, de modernisation de la justice du XXIe siècle, *JO* 19 nov., texte n° 1, art. 46.

duquel la succession s'est ouverte et informe le déclarant de l'obligation de publier la déclaration qui lui incombe (C. pr. civ., art. 1334 et 1335, al. 3).

143.53 2) Mentions. Aucune formule n'est exigée quant au contenu de cette déclaration. Mais elle doit énoncer clairement l'option de l'héritier et comporter :

- le nom, les prénoms et la profession de l'héritier, ainsi que la qualité en vertu de laquelle il est appelé à la succession ;
- l'élection d'un domicile unique, situé en France. Ce domicile peut être celui de l'héritier, ou celui de la personne chargée du règlement de la succession, et notamment celui du notaire (C. civ., art. 788 et C. pr. civ., art. 1334).

143.54 3) Publicités. Le greffe inscrit la **déclaration dans un registre** tenu à cet effet et en donne récépissé au déclarant. Les cohéritiers, les créanciers successoraux et les légataires peuvent, sur justification de leur titre, avoir accès au registre mentionnant cette déclaration (C. pr. civ., art. 1334).

La déclaration fait ensuite l'effet d'une **double publication** (C. pr. civ., art. 1335) :

- par le greffe, au *Bulletin officiel des annonces civiles et commerciales* (*Bodacc*), sur le site *www.bodacc.fr*[1] ;
- par l'héritier, dans le délai de quinze jours, dans un journal d'annonces légales diffusé dans le ressort du tribunal compétent.

2° Inventaire

143.61 1) Forme et contenu. L'héritier doit produire l'inventaire de la succession, comportant une **estimation, article par article, des éléments de l'actif**, formant une liste numérotée, et **du passif.**

Cet inventaire est établi exclusivement par **acte authentique**, dressé par un commissaire-priseur judiciaire, un huissier ou un notaire (C. civ., art. 789).

Les règles de l'établissement de cet inventaire – requérants, personnes appelées, mentions prescrites – sont précisées par les articles 1328 à 1333 du Code de procédure civile.

143.62 2) Délai. L'inventaire peut accompagner la déclaration au greffe ou la suivre, dans ce cas dans le délai de **deux mois.**

Ce **délai** peut être **prorogé**, sur demande au juge, si l'héritier justifie de motifs « *sérieux et légitimes qui retardent le dépôt de l'inventaire* » (C. civ., art. 790, al. 1er et 2).

Pendant la durée de cette prorogation de délai, comme pendant le délai lui-même, aucune condamnation ne peut être obtenue contre l'héritier, de sorte que toute instance des créanciers successoraux contre l'héritier doit être suspendue[2].

143.63 3) Publicité. Le dépôt de l'inventaire est soumis à la **même publicité que la déclaration.** Les créanciers successoraux et légataires de somme d'argent peuvent le consulter et en obtenir copie (C. civ., art. 790, al. 3 et 5).

B. Conditions de fond

143.71 Conditions générales. L'acceptation à concurrence de l'actif net est soumise aux conditions de fond communes à toutes les options, relativement au **moment de l'option**, aux **délais** de son exercice, à la **capacité** de celui qui l'exerce (v. ss nos 141.30 s.) et à **l'absence de vices du consentement** (v. ss nos 141.271 s.).

143.72 Conditions spécifiques. Ces conditions sont relatives au **titulaire de l'option :**

- Celui-ci doit avoir une **vocation universelle ou à titre universel** (C. civ., art. 768) : autrement, il ne serait pas concerné par le passif. Cette condition étend la possibilité de l'acceptation à concurrence de l'actif net au **légataire universel ou à titre universel,** tel le **conjoint.** La réforme de 2006 confirme ainsi la jurisprudence de la Cour de cassation sur ce point[3].
- **L'héritier** exerçant cette option **ne doit pas avoir exercé d'autre option précédemment :** s'il a accepté purement et simplement, cette option est irrévocable ; s'il a renoncé, il ne peut révoquer sa renonciation que pour accepter purement et simplement (C. civ., art. 807 – V. ss nos 143.191 à 143.194).

§ 2 Effets

143.80 Plan. Nous exposerons successivement les effets à l'égard de l'héritier (A) et les effets à l'égard des créanciers (B).

A. À l'égard de l'héritier

143.91 Avantages. L'héritier qui exerce cette option conserve contre la succession « *tous les droits qu'il avait antérieurement sur les biens du défunt* » (C. civ., art. 791, al. 2) : il se trouve dans la même

1. Arr. 9 nov. 2009, *JO* 10 nov., p. 19438, art. 1er et 2.

2. Civ. 1re, 6 juill. 2005, no 03-17.240, P I, no 317 ; *AJ fam.* 2005. 364, obs. F. Bicheron.

3. JURISPRUDENCE INITIALE : Civ. 13 août 1851, *GAJC*, 14e éd., Dalloz, 2024, t. 1, no 124, p. 839 s. ; *DP* 1851. 1. 281 ; *S.* 1851. 1. 657 – CONFIRMATION : Civ. 1re, 28 mai 1968, no 66-10.751, P I, no 156 ; *D.* 1969. 95 ; *RTD civ.* 1969. 365, obs. R. Savatier ; *JCP* 1969. II. 15714, note M. Dagot.

situation que l'héritier qui accepte purement et simplement, à deux exceptions près (C. civ., art. 791, al. 1er et 3) :

- d'une part, il évite la confusion de ses biens personnels avec ceux de la succession ;

- d'autre part, il n'est tenu au paiement des dettes de la succession que « *jusqu'à concurrence de la valeur des biens qu'il a recueillis* », d'où l'appellation de cette option.

Enfin l'héritier a la **possibilité de conserver pour lui-même ou d'aliéner certains biens**, à condition d'en faire la déclaration au tribunal (C. civ., art. 793 à 795). Il n'est plus nécessaire, comme avant la réforme, de procéder par adjudication.

143.92 **Obligations.** Ces avantages ont pour contrepartie diverses obligations :

- une **obligation d'administrer la succession**, de tenir le compte de cette administration et de répondre des fautes graves éventuellement commises dans cette administration (C. civ., art. 800, al. 1er et 2) ;

- une **obligation d'information vis-à-vis des créanciers successoraux**, qui peuvent demander que le compte leur soit présenté et que leur soit révélé le lieu où se trouvent les biens et droits recueillis dans la succession (C. civ., art. 800, al. 3) ;

- une **obligation de déclaration concernant les biens que l'héritier entend conserver en nature ou aliéner.** Cette déclaration doit être faite dans les quinze jours au tribunal, qui en assure la publicité (C. civ., art. 793 à 795) ;

- enfin, **l'obligation**, pour l'héritier, **de régler le passif** ainsi que la valeur des biens conservés ou aliénés par lui (C. civ., art. 796 et 797).

143.93 **Caractère irrévocable.** L'acceptation de la succession, même faite à concurrence de l'actif net, est irrévocable (C. civ., art. 801, al. 2) et l'héritier ne peut plus renoncer, même si aucun inventaire n'a été dressé[1].

B.
À l'égard des créanciers

143.100 **Plan.** Les créanciers ont l'obligation de déclarer leurs créances (1°) et en contrepartie, ils ont le droit d'être payés sur l'actif de succession (2°).

1°
Déclaration des créances

143.111 **1) Délai et modalités.** Les **créanciers chirographaires** doivent déclarer leurs créances contre la succession dans le délai de **quinze mois** de la publication au *Bodacc* de l'acceptation à concurrence de l'actif net, au domicile élu par l'héritier. Une déclaration de créance faite avant la publicité est sans effet[2], tout comme une déclaration qui n'est pas faite au domicile élu[3].

La Cour de cassation a rappelé le formalisme exigé en la matière : « *Lorsque la succession a été acceptée par un héritier à concurrence de l'actif net, les créanciers de la succession doivent déclarer leurs créances en notifiant leur titre au domicile élu de la succession ;* [...] *les créances dont le montant n'est pas encore définitivement fixé sont déclarées à titre provisionnel sur la base d'une évaluation ;* [...] *faute de déclaration dans un délai de quinze mois à compter de la publicité nationale dont fait l'objet la déclaration d'acceptation de succession, les créances non assorties de sûreté sur les biens de la succession sont éteintes à l'égard de celle-ci* »[4]. Cet arrêt précise qu'une assignation ne vaut pas déclaration de créance et que les créances dont le montant n'est pas encore définitivement fixé doivent être déclarées à titre provisionnel sur la base d'une évaluation.

Ce délai de quinze mois ne commence toutefois pas à courir en cas d'irrégularité dans l'insertion. Une nouvelle publicité doit alors être faite pour faire courir le délai[5].

Les **créanciers inscrits** ont également la possibilité de déclarer leur créance, mais ce n'est pas une obligation pour eux[6].

Cette déclaration peut être faite à titre provisionnel ou sur la base d'une évaluation.

143.112 **2) Sanction.** Passé ce délai, les créances non assorties de sûretés sur les biens de la succession sont éteintes à l'égard de celle-ci ainsi qu'à l'égard des cautions, coobligés et personnes ayant consenti

1. Civ. 1re, 16 avr. 1991, P I, n° 143 – Civ. 1re, 18 oct. 1994, n° 92-21.692, P I, n° 301 – Civ. 1re, 11 févr. 2015, n° 14-14.419, P I, n° 39 ; *AJ fam.* 2015. 235, obs. J. Casey ; *D.* 2015. 2094, obs. V. Brémond.

2. Civ. 1re, 31 mars 2016, n° 15-10.799, P I, n° 74 ; *D.* 2016. 2086, obs. V. Brémond ; *AJ fam.* 2016. 346, obs. S. Ferré-André ; *RTD civ.* 2016. 423, obs. M. Grimaldi ; *Gaz. Pal.* 2016. 1561, note S. Valory.
3. Civ. 1re, 8 mars 2017, n° 16-14.360, P I, n° 59 ; *D.* 2017. 2119, obs. V. Brémond ; *AJ fam.* 2017. 311, obs. N. Levillain ; *RTD civ.* 2017. 459, obs. M. Grimaldi ; *Dr. fam.* 2017. 106, obs. A. Tani.
4. Civ. 1re, 16 janv. 2019, n° 18-11.916, P ; *AJ fam.* 2019. 224, note J. Casey ; *D.* 2019. 2216.
5. Civ. 1re, 9 juin 2022, n° 20-17.776, NP ; *AJ fam.* 2022. 500, obs. N. Levillain (insertion sans élection de domicile ni mention de la qualité en vertu de laquelle les déclarantes étaient appelées à la succession) – CE 17 avr. 2019, req. n° 409430, NP ; *D.* 2019. 2216, obs. S. Godechot-Patris et C. Grare-Didier ; *AJ fam.* 2019. 353, obs. N. Levillain (erreur sur la date de naissance du défunt).
6. Sur l'intérêt, pour les créanciers inscrits, de procéder à la déclaration de leur créance, v. N. Levillain, *J.-Cl. Not. Form., v° Acceptation successorale*, fasc. 110, 2015, màj 2019, et « Acceptation à concurrence de l'actif net », *JCP N* 2008. 1058, nos 134, 151 et 152.

une garantie autonome sur la créance ainsi éteinte (C. civ., art. 792, al. 2).

143.113 **3) Conséquence : arrêt des inscriptions.** Cette déclaration interdit temporairement aux créanciers de la succession de continuer ou d'engager toute voie d'exécution ou de prendre toute nouvelle inscription de sûreté, tant sur les meubles que sur les immeubles de la succession. L'arrêt des poursuites ne dure que jusqu'à expiration du délai de quinze mois ci-dessus évoqué (C. civ., art. 792-1). Une erreur dans la publication de l'insertion au *Bodacc* ne remet pas en question cet arrêt temporaire des poursuites[1]. Il est cependant nécessaire, dans ce cas, de procéder à une nouvelle insertion, à partir de laquelle court le délai de quinze mois relatif à la déclaration des créances.

2°
Droits des créanciers

143.121 **1) Gage des créanciers.** Sans préjudice des droits des créanciers inscrits, les poursuites des créanciers de la succession et des légataires de sommes d'argent sont limitées aux biens successoraux, à l'exclusion des biens conservés ou aliénés selon la procédure spéciale ; les créanciers personnels de l'héritier doivent attendre l'expiration du délai de quinze mois et le désintéressement intégral des créanciers successoraux et des légataires pour agir sur les mêmes biens. (C. civ., art. 798).

143.122 **2) Droit à l'information.** Les créanciers ont le droit d'être informés par l'héritier, sur le compte et la situation des biens de la succession, ainsi que sur les biens que l'héritier a déclaré conserver en nature ou vendre (C. civ., art. 800, al. 3).

143.123 **3) Contestation.** Quant aux **biens que l'héritier a déclaré conserver en nature ou vendre,** les créanciers peuvent contester devant le juge, dans le **délai de trois mois** de la déclaration de conservation ou d'aliénation faite par l'héritier, l'évaluation du bien conservé ou le prix d'aliénation du bien vendu. Si la contestation est accueillie, l'héritier est tenu de restituer le complément sur ses biens personnels ou de restituer à la succession le bien conservé, sans préjudice de l'exercice de l'action paulienne de l'article 1341-2 du Code civil, par les créanciers (C. civ., art. 794).

143.124 **4) Paiement.** Les créanciers ont droit au **paiement de leur créance** de la part de l'héritier et ce, avant **délivrance des legs de somme d'argent** ; l'héritier règle :

– les **créanciers inscrits**, selon le rang de la sûreté assortissant leur créance ;

– les **créanciers chirographaires**, dans l'ordre des déclarations[2] (C. civ., art. 796).

Après l'épuisement de l'actif, les créanciers chirographaires ne peuvent plus récupérer leur créance, sauf éventuellement contre les légataires qui auraient été remplis de leurs droits (C. civ., art. 799). En effet, le droit des créanciers prime celui des légataires, le défunt n'ayant pu léguer ce qu'il n'avait pas.

143.125 **5) Droit de provoquer le partage.** Enfin, dans un cas particulier, celui de pluralité d'héritiers et de pluralité d'options (v. s^s n° 143.143), les créanciers peuvent provoquer le partage de la succession (C. civ., art. 792-2, al. 2).

§ 3
Évolution en acceptation pure et simple

143.131 **Présentation.** Si la liquidation est possible en présence d'héritiers acceptants à concurrence de l'actif net (v. s^s n°s 143.141 s.), dans la plupart des cas, l'acceptation à concurrence de l'actif net est une **étape préparatoire à la liquidation**, qui sera effectuée en présence d'ayants droit acceptants purement et simplement.

Nous examinerons ci-après les causes et conséquences de l'évolution de l'acceptation à concurrence de l'actif net en acceptation pure et simple, en rappelant que l'option de la renonciation est fermée à celui qui a déclaré accepter à concurrence de l'actif net (C. civ., art. 801, al. 2)[3].

143.132 **Expiration du délai de déclaration.** La cessation de l'acceptation à concurrence de l'actif net n'est pas définie par le Code civil. Cependant, si l'actif se révèle supérieur au passif, après l'expiration du délai de quinze mois de déclaration des créances, l'héritier ayant accompli sa mission se trouve dans la même situation qu'un héritier acceptant purement et simplement.

143.133 **Renonciation à l'acceptation à concurrence de l'actif net.** À tout moment, mais avant l'expiration du **délai de prescription de dix ans,** l'héritier peut révoquer l'acceptation à concurrence de l'actif net en acceptant purement et simplement la succession. Cette acceptation est **rétroactive** et prend effet au jour de l'ouverture de la succession (C. civ., art. 801,

1. CE, 9e ch., 17 avr. 2019, req. n° 409430, *AJ fam.* 2019. 353, note N. Levillain.

2. Sur la critique de cette disposition, comme contraire à la règle « que l'on croyait intangible : l'égalité des chirographaires dans les procédures de distribution », v. P. Catala, « La loi du 23 juin 2006 et les colonnes du temple », *Dr. fam.* 2006. 43, n° 6.

3. CONFIRMATION par la loi d'une JURISPRUDENCE CONSTANTE : Civ. 1re, 16 avr. 1991, n° 89-10.248, P I, n° 143 ; *RTD civ.* 1991. 500, obs. J. Hauser ; *Defrénois* 1991. 952, obs. J. Massip – Civ. 1re, 18 oct. 1994, n° 92-21.692, P I, n° 301.

al. 1er). Elle doit, soit être expresse, soit résulter d'actes « *impliquant nécessairement la volonté de leur auteur de se comporter comme héritier pur et simple* » [1].

143.134 **Déchéance.** L'héritier devient acceptant pur et simple rétroactivement, par déchéance de son acceptation à concurrence de l'actif net :

- s'il n'a pas pris parti expressément dans les délais légaux malgré la sommation qui lui a été faite (C. civ., art. 772, al. 2 - V. ss nos 141.243 et 141.244) ;

- si, ayant déclaré et publié son option, il n'a pas déposé l'inventaire dans les délais (C. civ., art. 790, al. 4) ;

- s'il s'est rendu coupable de recel (C. civ., art. 778) ;

- par extension de la notion de recel, s'il a omis sciemment et de mauvaise foi, de comprendre dans l'inventaire des éléments actifs ou passifs de la succession ou s'il n'a pas affecté au paiement des créanciers de la succession la valeur des biens conservés ou le prix des biens aliénés selon la procédure spéciale prévue à cet effet (C. civ., art. 800, al. 4).

143.135 **Conséquences.** En cas de révocation ou de déchéance de cette option, il reste toutefois une conséquence de l'absence de confusion des patrimoines, tant que court le délai de quinze mois accordé aux créanciers pour leurs déclarations : les créanciers successoraux et les légataires de sommes d'argent conservent l'exclusivité des poursuites sur les biens de la succession, du moins sur ceux qui n'ont été ni conservés ni aliénés par l'héritier selon la procédure spéciale prévue à cet effet (C. civ., art. 802).

§ 4
Cas particulier

143.141 **Liquidation d'une succession acceptée à concurrence de l'actif net.** Dans le cas prévu par l'article 792-2 du Code civil - la succession a été acceptée purement et simplement par un ou plusieurs héritiers, et à concurrence de l'actif net par un ou plusieurs autres -, les règles de l'acceptation à concurrence de l'actif net s'imposent à tous les héritiers jusqu'au jour du partage - donc lors de la liquidation de la succession. Examinons la situation dont il s'agit et ses conséquences.

143.142 **Situation visée.** Il s'agit des cas où la succession est dévolue à **plusieurs héritiers**, qui choisissent des **options différentes**. Lorsqu'il y a au moins un héritier qui accepte purement et simplement et au moins un autre héritier qui accepte à concurrence de l'actif net, l'ensemble de la succession est soumis aux règles applicables à l'acceptation à concurrence de l'actif net. Ainsi, en cas de pluralité d'héritiers et d'options, **les règles les plus protectrices** - de l'héritier et des créanciers - **s'imposent à tous.**

Ce sera le cas lorsqu'un héritier est mineur ou majeur protégé, le représentant légal devant en principe accepter toute succession à concurrence de l'actif net, sauf autorisation du juge pour accepter purement et simplement ou renoncer (C. civ., art. 507-1, pour la tutelle et par renvoi pour la curatelle et l'administration légale des mineurs).

143.143 **Conséquences sur le partage.** Dans ce cas particulier, **les créanciers de la succession ont la faculté de provoquer le partage** à la condition spéciale de justifier de difficultés dans le recouvrement de la part de leur créance incombant aux héritiers acceptants à concurrence de l'actif net (C. civ., art. 792-2, al. 2).

Il y aura donc liquidation et partage d'une succession acceptée à concurrence de l'actif net. La jurisprudence avait déjà reconnu que la demande en partage n'entraîne pas acceptation pure et simple de la succession, du moins lorsqu'elle est faite après l'acceptation à concurrence de l'actif net [2].

SECTION 3
RENONCIATION

143.150 **Plan.** Reléguée par la réforme de 2006 en troisième choix (C. civ., art. 804 à 808), la renonciation s'impose à l'héritier lorsqu'il sait que le passif dépasse l'actif ou lorsqu'il ne souhaite pas participer au règlement de la succession, pour des raisons personnelles, affectives ou patrimoniales [3]. Nous décrirons cette option en précisant ses conditions (§ 1) et ses effets (§ 2), puis nous rechercherons les cas où elle peut céder la place à une acceptation pure et simple de la succession (§ 3).

§ 1
Conditions

143.161 **Nécessité d'une déclaration.** La renonciation à une succession doit être **expresse**, elle ne se

1. Civ. 1re, 7 avr. 1998, no 96-14.578, NP ; *Dr. fam.* 1998, no 139, note B. Beignier.

2. Pour un exemple sous le régime de l'acceptation sous bénéfice d'inventaire (C. civ., anc. art. 774, 778 et 793), v. Civ. 1re, 14 mai 1996, no 93-20.972, P I, no 211 ; *RTD civ.* 1998. 162, obs. J. Patarin ; *Defrénois* 1996. 1095, obs. G. Champenois : « *En ne constatant pas d'autre circonstance que la demande en liquidation et partage de la société d'acquêts ayant existé entre les époux et de la succession du mari, la cour d'appel n'a relevé aucun acte des héritiers bénéficiaires impliquant nécessairement leur volonté de renoncer au bénéfice d'inventaire et de se conduire en héritier pur et simple* ».
3. J. Patarin, *RTD civ.* 1996. 959.

présume pas (C. civ., art. 804, al. 1er), à une exception près : lorsque le **délai de prescription de dix ans est écoulé**, l'héritier qui ne s'est pas manifesté et qui n'a pas été sommé de prendre parti est **réputé renonçant** (C. civ., art. 780, al. 2).

La renonciation fait l'objet d'une déclaration pour être opposable aux tiers (C. civ., art. 804, al. 2, et C. pr. civ., art. 1339).

143.162 **Modalités. 1) Lieu.** La déclaration doit être adressée ou déposée au greffe du tribunal judiciaire du lieu d'ouverture de la succession, ou faite devant notaire (C. civ., art. 804, al. 2) [1].

2) Contenu. La déclaration indique le nom, les prénoms, la profession et le domicile du successible, ainsi que la qualité en vertu de laquelle il est appelé à la succession. Elle exprime sa renonciation à la succession, sans qu'il y ait de formule spéciale à respecter (C. pr. civ., art. 1339, al. 1er).

3) Formalités. Le notaire qui a reçu la renonciation en adresse copie dans le mois qui suit au tribunal judiciaire dans le ressort duquel la succession est ouverte (C. civ., art. 804, al. 3). Le greffe inscrit la déclaration dans un registre tenu à cet effet et en adresse ou délivre récépissé au déclarant ou au notaire (C. pr. civ., art. 1339, al. 2).

§ 2 Effets

143.171 **Effets de la renonciation sur la dévolution successorale.** La renonciation a un **effet rétroactif** : « *l'héritier qui renonce est censé n'avoir jamais été héritier* » et sa part est dévolue à ses représentants (v. ss no 141.22), à défaut à ses cohéritiers et à défaut aux héritiers au degré subséquent (C. civ., art. 805, al. 1er) [2].

143.171-1 **Effets de la renonciation sur la dévolution successorale.**

EXEMPLE

I.

M. X décède, veuf et sans avoir fait de testament ni de libéralité antérieure. Il laisse deux enfants, A et B.

A a deux enfants, E1 et E2.

A renonce à la succession.

La part de A échoit à ses représentants, E1 et E2.

II.

M. X. décède, veuf et sans avoir fait de testament ni de libéralité antérieure. Il laisse ses trois frères, A, B et C. Aucun de ses frères n'a d'enfant.

A renonce à la succession. Sa part accroît à ses cohéritiers : B et C héritent chacun pour moitié alors qu'ils n'auraient eu qu'un tiers si A avait accepté.

III.

M. X. décède, veuf et sans avoir fait de testament ni de libéralité antérieure. Il laisse sa mère, A et sa grand-mère maternelle, B.

A renonce à la succession, sa part est dévolue à B, héritier de degré subséquent.

143.172 **Effets sur le calcul de la réserve.** La réforme de 2006 a exclu l'enfant qui renonce du nombre d'enfants pris en compte pour le calcul de la quotité disponible et de la réserve (C. civ., art. 913, al. 2). Ainsi, si le défunt a deux enfants dont l'un renonce, la quotité disponible est désormais de moitié et non plus du tiers comme auparavant.

Cette règle connaît deux exceptions :

– lorsque le renonçant est représenté, il est pris en compte pour le calcul de la quotité disponible ; dans l'exemple **I** (v. ss no 143.171-1, I), ci-dessus, A est représenté par ses enfants : la quotité disponible est d'un tiers ;

– le renonçant est également compris dans le nombre d'enfants laissé par le défunt lorsqu'il est tenu du rapport d'une libéralité en application des dispositions de l'article 845 du Code civil (v. ss nos 222.24 et 222.24-1).

143.173 **Effets sur l'obligation au passif.** Le renonçant n'est pas tenu au paiement du passif de la succession (C. civ., art. 806, al. 1er) [3]. C'est d'ailleurs le principal motif de renonciation.

Cependant, même renonçant, le successible doit contribuer, à proportion de ses moyens, au **paiement des frais funéraires**, si sa renonciation porte sur la succession d'un ascendant ou d'un descendant (C. civ., art. 806, al. 2), sauf à démontrer que l'ascendant a manqué gravement à ses obligations à l'égard du débiteur d'aliments [4]. Il y a en effet là une **obligation naturelle**, vis-à-vis d'un parent en ligne directe, qui transcende les effets de l'option de l'héritier ; au demeurant, le paiement des frais funéraires est réputé par la loi acte purement conservatoire qui n'emporte pas acceptation pure et simple de la succession (C. civ., art. 784, al. 1er et 3 – V. ss nos 142.42 et 142.43).

1. L. no 2016-1547, 18 nov. 2016, de modernisation de la justice du XXIe siècle, *JO* 19 nov., texte no 1, art. 45.
2. Nombreux exemples de DÉVOLUTION SUCCESSORALE EN PRÉSENCE D'UNE RENONCIATION : *J.-Cl. Not. Form., vo Renonciation à succession*, fasc. 20, 2007, nos 60 s., par N. Levillain.
3. Civ. 1re, 28 janv. 2003, no 00-19.358, NP ; *Defrénois* 2003. 1079, obs. J. Massip.
4. Affaire dans laquelle le défunt n'a jamais cherché à entrer en contact avec son fils dont il s'est désintéressé et s'est abstenu de toute participation à son entretien et à son éducation : Civ. 1re, 31 mars 2021, no 20-14.107, P ; *D.* 2021. 1461, note A. Molière ; *ibid.* Chron. C. cass. 1784, obs. J. Mouty-Tardieu ; *ibid.* 2064, obs. S. Godechot-Patris ; *AJ fam.* 2021. 299, obs. J. Houssier ; *RTD civ.* 2021. 391, obs. A.-M. Leroyer ; *Dr. fam.* 2021, no 97, obs. B. Beignier ; *JCP N* 2021, no 1254, note B. Beignier ; *Gaz. Pal.* 2021. 1740, note C. Rieubernet ; *ibid.* 2044, note M. Bruggeman.

§ 3 Évolution en acceptation pure et simple

143.180 **Plan. Exceptions à l'irrévocabilité de la renonciation.** La renonciation à la succession est en principe définitive : cependant, par exception, l'option prise par l'héritier pour la renonciation peut être remise en cause dans certains cas :

– *d'une part*, lorsque l'héritier révoque sa renonciation (A) ;

– *d'autre part*, lorsque l'héritier est déchu de sa renonciation ou lorsque celle-ci est annulée (B).

A. Révocation

143.191 **Modalités.** Tant que le délai de prescription de dix ans n'est pas écoulé, l'héritier peut revenir sur sa renonciation en la révoquant, par exemple si un nouvel actif de succession est apparu ou si ses raisons personnelles de renoncer ont disparu. Cette **révocation**[1] **ne peut se faire qu'en acceptant purement et simplement la succession** (C. civ., art. 807, al. 1er). La possibilité de révoquer une renonciation pour accepter la succession à concurrence de l'actif net, envisagée par la doctrine antérieurement à la réforme de 2006, est ainsi désormais exclue[2].

On peut envisager toutefois une exception pour les personnes protégées, dont le représentant légal aurait révoqué, avec l'autorisation judiciaire, la renonciation initialement autorisée. En effet, seule l'acceptation à concurrence de l'actif net est possible pour ces personnes, sauf autorisation spéciale du juge (C. civ., art. 507-1).

143.192 **Condition.** La révocation de la renonciation n'est pas possible **si la succession a déjà été acceptée par un autre héritier** ou **si l'État a déjà été envoyé en possession** (C. civ., art. 807, al. 1er). Dans une hypothèse où deux héritiers avaient renoncé en même temps à la succession de leur père, la Cour de cassation a ainsi confirmé que l'acceptation de la succession par l'héritier qui avait rétracté le premier sa renonciation, faisait obstacle à la rétractation postérieure de sa sœur, la circonstance selon laquelle les héritiers avaient renoncé en même temps étant indifférente[3].

1. La loi du 23 juin 2006 a remplacé l'ancien terme de « rétractation » (C. civ., anc. art. 790) par celui de « révocation ».
2. M. Grimaldi, *Droit des successions*, 8e éd., « Manuels », LexisNexis, 2020, no 536 – F. Terré, Y. Lequette et S. Gaudemet, *Droit civil. Les successions. Les libéralités*, 5e éd., « Précis », Dalloz, 2024, no 805.
3. Civ. 1re, 23 janv. 1996, no 94-10.790, P I, no 44 ; *JCP* 1996. I. 3968, no 1, obs. R. Le Guidec ; *RTD civ.* 1996. 959, obs. J. Patarin ; *Defrénois* 1996. 1093, obs. G. Champenois.

La possibilité de révoquer la renonciation a en effet pour raison d'être d'**éviter la vacance de la succession.** Dès lors qu'un héritier a accepté la succession – ou, depuis la réforme de 2006, que l'État a été envoyé en possession –, la succession n'est plus vacante, et la faculté de révocation est éteinte.

Il reste qu'il n'est pas très équitable de favoriser l'héritier qui a le premier découvert un actif ignoré et qui s'est bien gardé d'en avertir l'autre, comme dans l'espèce précitée. Pour éviter une telle divergence de traitement, les rétractations auraient dû être simultanées[4].

143.193 **Forme.** La révocation résulte de l'acceptation pure et simple qui lui est substituée ; elle peut donc être **tacite** et résulter des actes de l'héritier, ou expresse, comme dans l'espèce précitée où l'héritier avait rétracté sa renonciation devant notaire.

La **révocation expresse** de la renonciation requiert désormais les **mêmes formes que la renonciation elle-même :** elle doit être adressée ou déposée au greffe du tribunal judiciaire du lieu d'ouverture de la succession, ou faite devant notaire ; elle indique le nom, les prénoms, la profession et le domicile du successible, ainsi que la qualité en vertu de laquelle il est appelé à la succession.

Le greffe inscrit la déclaration de révocation dans le même registre que la renonciation et en délivre récépissé au déclarant ou au notaire (C. pr. civ., art. 1340, renvoyant à l'article 1339).

Même si le texte de l'article 1340 du Code de procédure civile ne vise que « *la révocation expresse* », il est conseillé, par prudence, de respecter les formes ci-dessus en cas de révocation tacite, résultant des actes de l'héritier, et également dans le cas où l'héritier est déchu de sa renonciation (v. ss no 143.202) et dans le cas de nullité de la renonciation (v. ss no 143.203).

143.194 **Effets.** Par suite de la révocation, l'héritier devient **acceptant pur et simple.** L'acceptation rétroagit au jour de l'ouverture de la succession ; cependant, elle ne peut pas remettre en cause les droits acquis par des tiers sur les biens de la succession « *par prescription ou par actes valablement faits avec le curateur à la succession vacante* » (C. civ., art. 807, al. 2 et anc. art. 790).

La jurisprudence a anciennement admis, en application de l'ancien article 790 du Code civil, que l'héritier réservataire qui avait rétracté sa renonciation ne pouvait plus demander la réduction des libéralités, ce qui a été critiqué par la doctrine[5].

4. *Defrénois* 1996. 1093, obs. G. Champenois.
5. Civ. 5 juin 1878, *DP* 1878. 1. 344 – M. Grimaldi, *Droit des successions*, 8e éd., « Manuels », LexisNexis, 2020, no 536 et note 162.

B.
Autres remises en cause

143.201 **Inopposabilité aux tiers.** Lorsque l'héritier néglige de déclarer sa renonciation, celle-ci n'est pas nulle et il n'encourt pas de déchéance. La sanction est l'absence d'opposabilité aux tiers (C. civ., art. 804, al. 2). On ne peut donc déduire de cette négligence que l'héritier a accepté purement et simplement la succession : l'héritier doit alors être **sommé de prendre parti** selon la procédure réglée par les articles 771 et 772 du Code civil et c'est seulement s'il ne se manifeste pas qu'il sera réputé acceptant pur et simple (v. s^s n° 141.244).

La négligence n'a donc pas la même sanction que dans le cas de l'acceptation à concurrence de l'actif net, où l'héritier qui n'a pas déposé l'inventaire dans le délai prévu est réputé acceptant pur et simple (C. civ., art. 790, al. 4).

143.202 **Déchéance.** L'héritier est déchu de sa renonciation s'il est **convaincu de recel.** Il devient alors **acceptant pur et simple**, avec les sanctions prévues en cas de recel (C. civ., art. 778 - V. s^s n°s 142.53 et 142.53).

143.203 **Nullité de la renonciation.** La renonciation peut être annulée :

- pour **vice du consentement** : l'héritier devient alors acceptant pur et simple (v. s^s n°s 141.271 à 141.274) ;

- en cas de **fraude** aux droits des créanciers ou aux droits de tiers. Dans ces cas, l'héritier devient acceptant pur et simple, avec une restriction en ce qui concerne les créanciers : l'acceptation n'a lieu qu'en faveur de ses créanciers et jusqu'à concurrence de leur créance (C. civ., art. 779, al. 2 - V. s^s n°s 141.281, 141.282 et 141.301).

SECTION 4
PLURALITÉ D'HÉRITIERS ET D'OPTIONS

143.210-1 Pluralité d'héritiers et d'options.

CAS PRATIQUE

M. X, en son vivant demeurant à Toulouse, 7, rue des Fleurs, est décédé au Chesnay (Yvelines), le 21 juillet 2024, sans avoir fait de testament ni de libéralités antérieures, laissant à sa survivance :

– Mme X, son conjoint ;

– A, B, C, D et E, ses cinq enfants.

Mme X a déclaré accepter purement et simplement la succession, aux termes d'un acte de déclaration d'option en vertu de l'article 757 du Code civil, établi le 9 septembre 2024.

Préalablement, le même jour, l'acte de notoriété avait été établi sans aucune mention relative à l'option successorale des héritiers.

A est religieux, il s'est engagé à renoncer à ses droits dans la succession, à titre gratuit, au profit de « l'Association des monastères », selon un accord en date du 4 octobre 2024.

B n'a fait connaître aucune intention, mais il a écrit dès le 8 août 2024 aux caisses de retraite du défunt, en demandant qu'on lui adresse les sommes restant dues au défunt ; à la même date, il a demandé aux banques de lui adresser le solde des comptes du défunt et il a adressé un congé avec offre de vente d'un bien immobilier dépendant de la succession.

C est berger dans les Pyrénées ; le lendemain des obsèques, Mme X lui a demandé de faire connaître son option : il a répondu qu'il ne se souciait pas du sort de la succession et qu'il ne répondrait à aucun courrier, même recommandé, ni à aucun acte d'huissier. Mme X trouve cette attitude inadmissible et a fait les démarches nécessaires pour l'obliger à prendre parti, mais C n'a donné aucune réponse.

D croit savoir que le défunt avait un important retard dans le paiement de ses impôts et qu'il empruntait régulièrement de l'argent aux amis et voisins. Il craint que le passif dépasse l'actif et ne veut pas « en être de sa poche » ; il pense avoir accompli les formalités nécessaires par une déclaration du 14 septembre 2024.

E, célibataire sans enfant, était brouillé avec ses parents ; il a tout d'abord décidé de renoncer à la succession pour raisons affectives et il a déclaré cette renonciation au greffe du tribunal judiciaire de Toulouse le 1er août 2024.

Depuis, il a toutefois réglé les frais d'obsèques et encaissé les loyers d'un appartement dépendant de la succession, avec le montant desquels il a réglé les salaires de la garde-malade du défunt.

Par la suite, à Noël 2024, il s'est réconcilié avec sa mère et envisage de révoquer sa renonciation.

Le 30 janvier 2025, Mme X demande quelle est la situation de chacun des héritiers et de l'ensemble de la succession au regard de l'option.

Méthode. Pour chaque héritier, il faut préciser l'option successorale effectuée ; ensuite, il conviendra de déterminer les règles applicables à l'ensemble de la succession.

1) ***Acceptation pure et simple expresse.*** Mme X a expressément accepté la succession purement et simplement, dans l'acte authentique de déclaration d'option du 9 septembre 2024 (C. civ., art. 782).

2) ***Acceptation pure et simple tacite.*** A renonce à ses droits au profit d'une association, à titre gratuit, le 4 octobre 2024. Cette renonciation « *in favorem* » emporte acceptation pure et simple de la succession (C. civ., art. 783, al. 1er).

B a accompli le 8 août 2024 des actes qui supposent nécessairement son intention d'accepter la succession, et qu'il n'aurait le droit de faire qu'en qualité d'héritier acceptant : la réclamation des prorata de retraites et des soldes de comptes bancaires du défunt et le congé donné avec offre de vente sur un bien indivis dépendant de la succession (C. civ., art. 782 – V. s^s n° 142.32). Ces actes emportent acceptation pure et simple tacite de la succession.

3) ***Acceptation pure et simple forcée.*** C reste passif ; s'il avait pu maintenir ce comportement pendant le délai de prescription – dix ans à compter de l'ouverture de la succession –, soit jusqu'au 21 juillet 2034 – ou dix ans à compter du décès du conjoint survivant si celui-ci est resté en jouissance des biens héréditaires –, et si ses cohéritiers ne l'avaient pas contraint à prendre parti, il serait réputé renonçant (C. civ., art. 780).

Mais Mme X l'a obligé à faire connaître son option. C ne pouvait être sommé d'opter avant l'expiration d'un délai de quatre mois à compter de l'ouverture de la succession, soit le 21 novembre 2024. Il a dû ensuite être sommé par acte extrajudiciaire de prendre parti, à l'initiative de sa mère, et il devait faire connaître son option dans le délai de deux mois de la sommation. Passé ce délai, comme il n'a pas répondu, il est réputé acceptant pur et simple (C. civ., art. 771 et 772). Nous supposerons que la sommation a été faite le 24 novembre 2024 : ce délai a donc expiré le 24 janvier 2025.

4) ***Acceptation à concurrence de l'actif net.*** D a des doutes sur le passif successoral, il ne veut pas prendre en charge le montant de ce passif qui dépasserait l'actif. Il n'entend prendre la qualité d'héritier qu'à concurrence de l'actif net. Il pense avoir accompli les formalités nécessaires :

– le 14 septembre 2024, il a déclaré cette acceptation à concurrence de l'actif net au greffe du tribunal judiciaire de Toulouse, domicile du défunt et lieu d'ouverture de la succession ; sa déclaration a été enregistrée et publiée au *Bodacc* par le greffe et il l'a publiée dans un journal d'annonces légales de la Haute-Garonne (C. civ., art. 788) ;

– dans le délai de deux mois de sa déclaration, soit en principe au plus tard le 14 novembre 2024, sauf si ce délai a été prorogé par le juge en cas de motifs sérieux et légitimes, il a dû déposer au greffe l'inventaire de la succession et procéder à la publicité de cet inventaire (C. civ., art. 789 et 790).

S'il n'avait pas déposé l'inventaire dans ce délai, il serait réputé acceptant pur et simple.

5) ***Renonciation.*** E a renoncé à la succession et rendu cette renonciation opposable aux autres héritiers par le dépôt d'une déclaration au greffe du tribunal judiciaire de Toulouse, à la date supposée du 1er août 2020. Il est censé n'avoir jamais été héritier et, comme il n'est pas représenté, n'ayant pas d'enfant, sa part accroît à ses cohéritiers.

Les actes qu'il a accomplis n'emportent pas acceptation de la succession, car il s'agit :

– d'actes purement conservatoires comme le paiement des frais funéraires ou de dettes successorales urgentes comme le salaire de la garde-malade ;

– de recouvrement de fruits et revenus des biens successoraux employés à éteindre les dettes urgentes, comme l'encaissement des loyers utilisés pour régler le salaire de la garde-malade (C. civ., art. 784, al. 3, 1° et 2°).

E. envisage de révoquer sa renonciation : mais il ne le peut pas, car la succession a déjà été acceptée par d'autres héritiers, notamment par B, dès le 8 août 2024 (C. civ., art. 807, al. 1er).

6) ***Régime applicable à la succession.*** **En présence de plusieurs héritiers acceptant** purement et simplement (Mme X, A, B, et C) et d'un héritier acceptant à concurrence de l'actif net (D), les règles applicables à l'ensemble de la succession sont celles de l'acceptation à concurrence de l'actif net, jusqu'au jour du partage (C. civ., art. 792-2, al. 1er).

Les héritiers ayant accepté purement et simplement devront donc s'en remettre à D pour l'administration de la succession et le règlement du passif ; ils ne retrouveront leur liberté d'action qu'au jour du partage.

7) ***Tableau récapitulatif***

Héritiers Option	Acceptation pure et simple expresse	Acceptation pure et simple tacite	Acceptation pure et simple forcée	Acceptation à concurrence de l'actif net	Renonciation	Révocation
Mme X	Le 09/09/2024 avec effet au 21/07/2020					Impossible
A		Le 04/10/2024 avec effet au 21/07/2024				Impossible
B		Le 08/08/2024 avec effet au 21/07/2024				Impossible
C			Le 24/01/2025 avec effet au 21/07/2024			Impossible
D				Le 14/09/2024 avec effet au 21/07/2024 à condition que l'inventaire ait été déposé avant le 14/11/2024		Possible en faveur de l'acceptation pure et simple jusqu'au 21/07/2034 (ou 10 ans après le décès de Mme X, si celle-ci est restée en jouissance des biens héréditaires)
E					Le 01/08/2024 avec effet au 21/07/2024	Impossible depuis le 08/08/2024, date d'acceptation par B
Régime applicable à la succession				Jusqu'au jour du partage avec effet au 21/07/2024		

SECTION 5
CONCLUSION

143.221 Perspectives et questions non abordées. Cet ouvrage étant consacré aux mécanismes de la liquidation des successions, nous avons rappelé dans son livre premier les principes généraux de dévolution et le caractère facultatif de la transmission successorale.

Nous nous sommes placés dans l'hypothèse de successions à liquider entre les héritiers désignés par la loi, acceptants et saisis de plein droit des biens, droits et actions du défunt (C. civ., art. 724, al. 1er).

Rappelons cependant que les dispositions qui concernent l'option s'appliquent également aux **légataires** et **donataires universels** ou **à titre universel**, sauf lorsqu'il y est dérogé par une règle particulière (C. civ., art. 724-1). Il en est de même pour les dispositions relatives à l'indivision et au partage, selon le même texte.

Les questions relatives à la saisine, aux formalités à accomplir par les successeurs non saisis, à l'administration de la succession par mandataire judiciaire, au règlement des successions vacantes et des successions en déshérence ne sont donc pas traitées ici.

La gestion de l'actif successoral et les règles de l'indivision ne seront abordées que dans la perspective du partage (v. ss nos 411.10 s. et 421.10 s.).

LIVRE

2. LA SUCCESSION VOLONTAIRE

SECTION 0

ORIENTEUR

2.00 **Sommaire du livre.**

TITRE

21. En l'absence d'héritier réservataire

SECTION 0
ORIENTEUR

21.00 Sommaire du titre.

21.05 Division. En l'absence d'héritier réservataire, le défunt peut organiser librement la dévolution de sa succession. Deux possibilités, non exclusives l'une de l'autre, s'offrent à lui. Il peut en premier lieu décider de transmettre tout ou partie de son patrimoine de son vivant afin, par exemple, de bénéficier de certains avantages fiscaux tels que les abattements sur les donations de sommes d'argent au profit des neveux et nièces (CGI, art. 790 G) (chap. 212). Il peut, et c'est le cas le plus fréquent en l'absence d'héritiers réservataires, préférer ne transmettre ses biens qu'à son décès, par voie testamentaire (chap. 211).

CHAPITRE

211. Succession testamentaire

SECTION 0
ORIENTEUR

211.01 **Textes applicables.**

• **C. civ.**, art. 916

À défaut de descendant et de conjoint survivant non divorcé, les libéralités par actes entre vifs ou testamentaires pourront épuiser la totalité des biens.

211.03 **Bibliographie indicative.**

Ouvrages. M. Grimaldi, *Droit des successions*, 8e éd., « Manuels », LexisNexis, 2020 – Ph. Malaurie et C. Brenner, *Droit des successions et des libéralités*, 11e éd., « Droit civil », LGDJ, 2024 – F. Terré, Y. Lequette et S. Gaudemet, *Droit civil. Les successions. Les libéralités*, 5e éd., « Précis », Dalloz, 2024.

211.04 **Questions essentielles.**

> Quelles sont les conséquences d'un testament sur la dévolution des biens en l'absence de réservataires ?

* V. ss nos 211.11 s.

SECTION UNIQUE

211.11 **Succession volontaire ou testamentaire.** La succession légale, on l'a vu, est une succession entièrement réglée par la loi. Elle se distingue donc de la succession testamentaire ou succession volontaire dont le règlement résulte en tout ou en partie d'un **testament**[1]. Dans la succession testamentaire, c'est en effet le défunt, et non pas la loi, qui détermine qui a la qualité de successeur[2]. En pareille hypothèse, l'héritier légal, s'il n'est pas réservataire, peut se trouver entièrement exclu de la succession par l'institution d'un légataire universel. Il perd alors sa qualité d'héritier et devient donc étranger à la succession[3].

211.12 **Conséquences de l'existence d'un testament.** Lorsque le défunt a rédigé un testament, son patrimoine se trouve en principe dévolu selon les dispositions qui y sont contenues. **Les héritiers institués par testament évincent les héritiers légaux.** Toutefois si le testament ne concerne qu'une partie du patrimoine successoral, le surplus se trouve soumis aux règles légales de dévolution.

211.12-1 **Testament réglant la dévolution de toute la succession.**

EXEMPLE

Le défunt, célibataire, laisse pour recueillir sa succession un frère A et deux sœurs B et C.

Par testament il a institué son frère légataire universel.

I. *Dévolution légale de la succession (en l'absence de testament) :*

À défaut de descendants et des père et mère, la succession est dévolue aux collatéraux privilégiés (C. civ., art. 737), héritiers du second ordre (C. civ., art. 734) qui se partagent par tête la succession à raison d'un tiers chacun (C. civ., art. 744, al. 2).

II. *Dévolution testamentaire :*

Le défunt, célibataire, a institué son frère légataire universel. Les règles légales de dévolution se trouvent totalement écartées et la succession est dévolue entièrement au frère du défunt.

211.12-2 **Testament relatif à une partie de la succession.**

EXEMPLE

Le défunt, célibataire, laisse pour recueillir sa succession un frère A et deux sœurs B et C.

Par testament, il a légué à son frère la maison.

Son patrimoine comprend une maison et des liquidités.

I. *Dévolution testamentaire :*

Le frère recueille la maison en vertu du testament. Le surplus des biens successoraux est dévolu selon les règles légales.

1. G. Cornu, *Vocabulaire juridique*, 13e éd., PUF, 2020, *v° Succession*.
2. M. Grimaldi, *Droit des successions*, 8e éd., « Manuels », LexisNexis, 2020, n° 295.
3. F. Terré, Y. Lequette et S. Gaudemet, *Droit civil. Les successions. Les libéralités*, 5e éd., « Précis », Dalloz, 2024, n° 418, note 1, p. 408 – M. Grimaldi, *Droit des successions*, 8e éd., « Manuels », LexisNexis, 2020, n° 731, 3).

II. *Dévolution légale :*

Les liquidités dont le sort n'a pas été réglé par le défunt sont dévolues selon les règles de la dévolution légale, soit un tiers à chacun des frère et sœurs du défunt, la succession étant dévolue aux collatéraux privilégiés en l'absence de descendants et des père et mère (C. civ., art. 737) et se partageant par tête (C. civ., art. 744, al. 2).

211.12-3 Testament écartant totalement les héritiers légaux.

EXEMPLE

Le défunt, célibataire, laisse à sa survivance son frère et ses deux sœurs. Par testament, il a institué deux de ses neveux, A et B, légataires universels de sa succession, à concurrence de moitié chacun.

Dévolution testamentaire :

Le patrimoine successoral se partage par moitié entre A et B, héritiers désignés par le défunt par testament.

CHAPITRE

212. Succession précédée de libéralités entre vifs

SECTION 0
ORIENTEUR

212.01 **Textes applicables.**

• **C. civ.,** art. 916

À défaut de descendant et de conjoint survivant non divorcé, les libéralités par actes entre vifs ou testamentaires pourront épuiser la totalité des biens.

212.03 **Bibliographie indicative.**

Ouvrages. M. Grimaldi, *Droit des successions*, 8ᵉ éd., « Manuel », LexisNexis, 2020 – Ph. Malaurie et C. Brenner, *Droit des successions et des libéralités*, 11ᵉ éd., « Droit civil », LGDJ, 2024 – F. Terré, Y. Lequette et S. Gaudemet, *Droit civil. Les successions. Les libéralités*, 5ᵉ éd., « Précis », Dalloz, 2024.

212.04 **Questions essentielles.**

> Quelles sont les conséquences des libéralités entre vifs sur la dévolution des biens en l'absence de réservataires ?

* V. sˢ nᵒˢ 212.11 s.

SECTION UNIQUE

212.11 **Existence de donations entre vifs.** Le défunt peut également avoir organisé la transmission de son patrimoine au moyen de donations entre vifs, par lesquelles il a transmis tout ou partie de son patrimoine.

Les donations ordinaires permettent de **gratifier un présomptif héritier** mais également **un tiers.** En y recourant, le disposant peut faire échapper une partie de son patrimoine aux règles de la dévolution légale, à condition toutefois, pour les **donations aux présomptifs héritiers,** qu'elles aient été **consenties hors part successorale.** À défaut, les gratifiés sont tenus au **rapport,** lequel s'ajoute à l'actif net de succession pour former la masse à partager (v. sˢ nᵒˢ 422.01 s.).

212.11-1 **Succession dévolue à des héritiers non réservataires, donations hors part consenties par le défunt.**

EXEMPLE

Le défunt, célibataire, laisse pour recueillir sa succession son père et sa mère. Il avait donné à son neveu la nue-propriété de son appartement. Sa succession ne comprend que quelques liquidités permettant de couvrir ses dettes.

En disposant à titre gratuit entre vifs du principal bien composant sa succession, le défunt a écarté ses héritiers légaux (père et mère), car le patrimoine qu'il laisse est probablement nul ou déficitaire.

Rappelons que les pères et mère ne sont plus réservataires pour les successions ouvertes à compter du 1ᵉʳ janvier 2007, date d'entrée en vigueur de la loi nº 2006-728 du 23 juin 2006.

212.12 **Existence d'une donation-partage.** L'article 1075 du Code civil, issu de la loi nº 2006-728 du 23 juin 2006 [1], autorise désormais toute personne à faire la distribution et le partage de ses biens et de ses droits au profit de ses présomptifs héritiers. La donation-partage n'est plus réservée aux seuls descendants.

Elle peut être consentie à des présomptifs héritiers n'ayant pas la qualité d'héritier réservataire (frères et sœurs, neveux et nièces en cas de prédécès des frères et sœurs, ascendants, voire même collatéraux ordinaires). Le disposant peut décider d'allotir tous ses présomptifs héritiers ou certains d'entre eux seulement. Il peut par ailleurs prévoir un **partage égalitaire** entre eux. Une telle égalité n'est toutefois pas une nécessité : la donation-partage peut contenir un **partage inégalitaire** des biens du disposant.

Si une inégalité est créée ou si certains héritiers sont exclus, le déséquilibre voulu par le disposant ne sera pas corrigé au décès, car **les lots reçus par donation-partage ne sont pas rapportables.** Seuls les biens

1. L. nº 2006-728, 23 juin 2006, portant réforme des successions et des libéralités, *JO* 24 juin, p. 9513.

laissés au décès seront partagés, selon les règles de la dévolution légale, s'ils n'ont pas été légués. La donation-partage permet donc au disposant de partager par anticipation sa succession en dérogeant aux règles légales de dévolution.

Le patrimoine du disposant peut aussi être ainsi distribué, pour partie ou totalement, au jour de l'ouverture de la succession au moyen d'un testament-partage.

Toutefois si un **présomptif héritier** n'a pas été alloti parce qu'il n'était **pas conçu au jour de la donation-partage**, il peut, en application de l'article 1077-2 alinéa 3 du Code civil, compléter ou composer sa part héréditaire en exerçant une action similaire à l'héritier réservataire qui n'a pas reçu sa part de réserve (v. s[s] n°s 331.141 s.).

Le défunt ne peut donc, à son égard, déroger à la dévolution légale au moyen d'une libéralité-partage, même s'il n'est pas réservataire. Cette **faculté de compléter sa part héréditaire, offerte à l'héritier non conçu**, constitue un **frein au recours aux libéralités-partages en l'absence de réservataires.**

212.12-1 Succession dévolue à des héritiers non réservataires, donation-partage consentie par le défunt.

EXEMPLE

Le défunt, célibataire, laisse pour recueillir sa succession, son père, sa mère, un frère A et deux neveux, B et C, issus d'une sœur D, prédécédée.

En 2016, il avait consenti à son frère et ses neveux une donation-partage aux termes de laquelle A avait reçu des biens d'une valeur de 100 et B et C des biens d'une valeur de 200 chacun. Cette donation-partage a rompu l'égalité entre la souche de A, qui ne comprend que A lui-même et la souche de D, comprenant B et C.

Au décès, son patrimoine comprend des liquidités pour 15 et des dettes d'un montant de 10.

La succession est dévolue aux héritiers du second ordre (père, mère et collatéraux privilégiés), de la façon suivante :

- père : 1/4
- mère : 1/4
- frère et souche de la sœur : ensemble 1/2, soit 1/4 pour A, et 1/8 pour chacun des neveux B et C, venant par représentation de leur mère D, prédécédée.

Ces quotités s'appliquent aux biens laissés par le défunt à son décès, soit à un actif net de 15 – 10 = 5, sans tenir compte de la donation-partage.

Ainsi en procédant à une donation-partage, le défunt a modifié la dévolution de ses biens en avantageant ses neveux et, dans une moindre mesure, son frère. Quant aux père et mère, ils ne recueillent qu'une infime partie de ses biens, n'étant désormais plus héritiers réservataires.

TITRE

22. En présence d'héritiers réservataires

SECTION 0

ORIENTEUR

22.00 **Sommaire du titre.**

CHAPITRE

221. Réserve héréditaire : notion et domaine

SECTION 0 ORIENTEUR

221.01 Textes applicables.

• **C. civ.**, art. 365, 914-1, 916 et 1094-1

> Adopté simple et qualité d'héritier réservataire

• **C. civ.**, art. 3658

L'adopté et ses descendants ont, dans la famille de l'adoptant, les droits successoraux prévus au chapitre III du titre Ier du livre III.

L'adopté et ses descendants n'ont cependant pas la qualité d'héritier réservataire à l'égard des ascendants de l'adoptant.

> Réserve du conjoint survivant

• **C. civ.**, art. 914-1

Les libéralités, par actes entre vifs ou par testament, ne pourront excéder les trois quarts des biens si, à défaut de descendant, le défunt laisse un conjoint survivant, non divorcé.

> Pas de quotité disponible en l'absence d'héritiers réservataires

• **C. civ.**, art. 916

À défaut de descendant et de conjoint survivant non divorcé, les libéralités par actes entre vifs ou testamentaires pourront épuiser la totalité des biens.

> Quotité disponible spéciale entre époux

• **C. civ.**, art. 1094-1

Pour le cas où l'époux laisserait des enfants ou descendants, issus ou non du mariage, il pourra disposer en faveur de l'autre époux, soit de la propriété de ce dont il pourrait disposer en faveur d'un étranger, soit d'un quart de ses biens en propriété et des trois autres quarts en usufruit, soit encore de la totalité de ses biens en usufruit seulement.

Sauf stipulation contraire du disposant, le conjoint survivant peut cantonner son émolument sur une partie des biens dont il a été disposé en sa faveur. Cette limitation ne peut être considérée comme une libéralité faite aux autres successibles.

221.03 Bibliographie indicative.

Actualisables. *J.-Cl. Civ. Code*, art. 912 à 930-5, fasc. 10, par C. Brenner – *J.-Cl. Form. Not.*, v° *Quotité disponible et réserve*, fasc. 20, par N. Levillain – Rép. civ., v° *Réserve héréditaire – Quotité disponible*, par E. Fongaro et M. Nicod, avr. 2022.

Ouvrages. M. Grimaldi, *Droit des successions*, 8e éd., « Manuels », LexisNexis, 2020 – Ph. Malaurie et C. Brenner, *Droit des successions et des libéralités*, 11e éd., « Droit civil », LGDJ, 2024 – F. Terré, Y. Lequette et S. Gaudemet, *Droit civil. Les successions. Les libéralités*, 5e éd., « Précis », Dalloz, 2024.

221.04 Questions essentielles.

> Qu'est-ce que la réserve héréditaire ?

* V. s[s] n° 221.11

> Dans quels cas faut-il calculer la réserve et la quotité disponible ?

* V. s[s] n°s 221.12 à 221.18

> Qui sont les héritiers réservataires ?

* V. s[s] n°s 221.14 à 221.16

SECTION UNIQUE

221.11 Définition. La réserve est la **portion de succession réservée par la loi à certains héritiers,** parents proches du défunt. Lorsqu'il y a des héritiers réservataires, le patrimoine du défunt se divise en deux portions : la **réserve héréditaire**, dont la dévolution est régie par la loi, et la **quotité disponible**, qui représente la fraction de succession dont le défunt peut disposer librement à titre gratuit.

Afin de protéger la réserve héréditaire, les héritiers bénéficiaires de la réserve – ou héritiers réservataires – disposent d'une **action en réduction des libéralités qui excèdent la quotité disponible** (v. s[s] n°s 341.05 s.).

La réserve est donc une limite à la liberté de disposer à titre gratuit.

221.12 Conditions pour calculer la réserve et la quotité disponible. Pour qu'il y ait à calculer la réserve et la quotité disponible dans une succession, **deux conditions** doivent être cumulativement réunies.

– Tout d'abord, il faut que le défunt laisse des **héritiers réservataires.** À défaut d'héritiers réservataires, le défunt a en effet la faculté de disposer librement de toute sa succession.

- Ensuite, il faut qu'il ait consenti **des libéralités.** En l'absence de libéralités, la succession est en effet dévolue selon les règles légales de succession, bien qu'il y ait des héritiers réservataires. Aucun contrôle de l'intégrité de la réserve n'est nécessaire puisqu'aucune atteinte n'a été portée à cette réserve.

221.12-1 Absence de réservataire. Libéralité à cause de mort.

EXEMPLE

Le défunt laisse pour recueillir sa succession un frère et son père. Il a légué à son frère une maison évaluée à 120 000 €.

L'actif net de la succession est évalué à 200 000 €, en ce compris la maison léguée.

Le défunt n'a consenti aucune autre libéralité.

I. *Liquidation de succession :*

La succession est dévolue à des héritiers du second ordre, selon les règles de l'article 738 du Code civil :

- le père : 1/4
- le frère : 3/4.

En l'absence d'héritier réservataire et bien qu'il existe des libéralités, il n'y a pas à procéder au calcul de la quotité et de la réserve.

II. *La liquidation se présente donc comme suit :*

Actif net de succession	200 000
À déduire :	
Le legs particulier au frère	120 000
Reste à partager	80 000
Dont le quart pour le père	1/4
Est de	20 000
Dont les trois quarts pour le frère	3/4
Sont de	60 000

221.12-2 Réservataires en l'absence de libéralité.

EXEMPLE

Le défunt laisse pour recueillir sa succession ses deux enfants A et B.

L'actif net de sa succession est de 200 000 €.

Il n'a consenti aucune libéralité ni entre vifs ni à cause de mort.

I. *Liquidation de la succession :*

La succession est dévolue pour moitié à chacun des deux enfants, selon les règles de la dévolution légale.

En l'absence de libéralité, il est inutile de calculer la quotité disponible et la réserve.

II. *La liquidation ne comprend que la masse à partager :*

Actif net de succession	200 000
Dont moitié	1/2
Est de	100 000

221.13 Première condition : existence d'héritiers réservataires. La première condition pour qu'il y ait calcul de la réserve et de la quotité disponible est qu'il existe **au moins un héritier réservataire.** En effet, en l'absence d'héritiers réservataires, le défunt peut disposer librement de l'intégralité de sa succession. Le pouvoir de sa volonté ne se trouve limité que si parmi ses héritiers il existe au moins un héritier réservataire. Il ne peut alors disposer librement que de la fraction de succession autorisée par la loi et formant le disponible.

221.14 Catégories d'héritiers réservataires avant le 1er juillet 2002. Avant l'entrée en vigueur de la loi n° 2001-1135 du 3 décembre 2001[1], les seuls héritiers à bénéficier de la réserve étaient les parents en ligne directe descendante et ascendante, quel que soit leur degré de parenté.

Avaient ainsi la qualité d'héritier réservataire tous les descendants : enfants, petits-enfants, arrière-petits-enfants[2] ... et tous les ascendants, l'article 914 du Code civil visant « *un ou plusieurs ascendants* », sans aucune référence au degré. Il n'était par ailleurs fait **aucune distinction selon la nature de la parenté : légitime, naturelle ou adoptive.**

Trois exceptions existaient toutefois. Seule la première a été supprimée.

- *D'une part*, **l'enfant adultérin** avait une part de réserve diminuée s'il se trouvait en concours avec des descendants légitimes victimes de l'adultère (C. civ., anc. art. 915). Cette exception a été supprimée par la loi du 3 décembre 2001 qui a abrogé l'article 915 du Code civil.

- *D'autre part*, **l'enfant né d'un inceste « *absolu* »,** c'est-à-dire d'une union entre parents en ligne directe ou entre frère et sœur, n'est **réservataire que dans la succession de l'un de ses deux parents,** sa filiation ne pouvant être légalement établie que d'un seul côté (C. civ., anc. art. 334-10, devenu C. civ., art. 310-2). Cette exception est maintenue.

- Enfin, **l'enfant ayant fait l'objet d'une adoption simple** n'a pas la qualité d'héritier réservataire à l'égard des ascendants de l'adoptant (C. civ., art. 365). Cette disposition n'a pas été modifiée par les différentes réformes.

221.15 Catégories d'héritiers réservataires entre le 1er juillet 2002 et le 1er janvier 2007. La loi n° 2001-1135 du 3 décembre 2001 a ajouté une troisième catégorie d'héritier réservataire, cette fois sans aucun lien de sang avec le défunt : **le conjoint survivant** (C. civ., art. 914-1). Comme ce dernier peut

1. L. n° 2001-1135, 3 déc. 2001, relative aux droits du conjoint survivant et des enfants adultérins et modernisant diverses dispositions de droit successoral, *JO* 4 déc., p. 19279.
2. C. civ., anc. art. 913-1 : « *Sont compris sous le nom d'enfants, les descendants en quelque degré que ce soit* ».

être appelé à la succession en concours avec d'autres héritiers réservataires - descendants ou ascendants (v. s[s] n° 221.14) - le législateur a prévu qu'il ne bénéficie d'**un droit à réserve** qu'**en l'absence de tout autre héritier réservataire**.

Ainsi, si le défunt laisse des descendants en concours avec le conjoint survivant, seuls les descendants sont héritiers réservataires. De même, lorsque la succession était dévolue au conjoint survivant et aux père et mère, seuls les père et mère avaient un droit à réserve. Le conjoint n'est par conséquent héritier réservataire que dans les hypothèses où il recueille toute la succession, c'est-à-dire lorsque le défunt laisse outre, son conjoint survivant, des ascendants ordinaires ou des collatéraux, sauf toutefois l'éventuel **droit de retour légal** de l'article 757-3 du Code civil (v. s[s] n° 131.92).

221.16 Catégories d'héritiers réservataires depuis le 1er janvier 2007. La loi n° 2006-728 du 23 juin 2006[1] a à nouveau modifié les bénéficiaires de la réserve en abrogeant l'article 914 du Code civil qui prévoyait une réserve au profit des ascendants. Désormais, en raison de la suppression de la réserve des ascendants, le conjoint survivant est héritier réservataire dès lors que le défunt ne laisse pas de descendants (C. civ., art. 914-1, modifié par la loi du 23 juin 2006). En revanche, en concours avec des descendants, il n'a aucun droit à réserve, puisqu'alors ce sont les descendants qui sont réservataires.

221.17 Seconde condition : existence de libéralités. La seconde condition pour procéder au calcul de la réserve et de la quotité disponible est que des **libéralités** aient été **consenties par le défunt.** La réserve protège en effet certains héritiers proches du défunt et corrélativement limite la faculté de disposer à titre gratuit de ce dernier. Il n'est donc nécessaire de vérifier si le défunt y a porté atteinte que s'il a consenti des libéralités. Peu importe, en revanche, la **nature** de la libéralité : libéralité entre vifs ou à cause de mort. Peu importe également sa **forme :** donation ostensible, indirecte ou déguisée, don manuel, legs, institution contractuelle par contrat de mariage ou pendant le mariage.

Il est par ailleurs tenu compte de **toutes les libéralités, quel que soit leur bénéficiaire :** héritier réservataire, héritier non réservataire ou tiers.

221.18 Bénéficiaire de la libéralité et quotité disponible applicable. La réserve héréditaire dépend de trois paramètres[2] :

- la **qualité des héritiers réservataires**, descendants ou conjoint survivant ;
- leur **nombre** s'il s'agit de descendants ;
- et enfin la personne du gratifié.

C'est ce dernier paramètre qui permet de savoir s'il faut appliquer les règles de la **quotité disponible ordinaire** ou celles de la **quotité disponible spéciale.**

Lorsque le défunt a consenti des **libéralités à son conjoint**, les règles de la **quotité disponible spéciale entre époux** s'appliquent (C. civ., art. 1094-1), dès lors qu'il existe des descendants, seuls réservataires autres que le conjoint lui-même.

S'il a consenti des **libéralités à toute autre personne** que son conjoint - héritier réservataire ou tiers -, ce sont celles de la **quotité disponible ordinaire** qui s'appliquent.

Enfin, en cas de **libéralités au conjoint survivant et à une autre personne,** les règles de la **quotité disponible spéciale** entre époux et celles de la **quotité disponible ordinaire** doivent être **combinées.**

1. L. n° 2006-728, 23 juin 2006, portant réforme des successions et des libéralités, *JO* 24 juin, p. 9513.

2. M. Grimaldi, *Droit des successions*, 8e éd., « Manuels », LexisNexis, 2020, n° 318.

CHAPITRE

222. Quotité disponible ordinaire

SECTION 0 ORIENTEUR

222.00 Sommaire du chapitre.

222.01 Textes applicables.

• **C. civ.,** art. 913, 913-1, 914-1 et 916

> Quotité disponible et réserve des descendants

• **C. civ.,** art. 913

Les libéralités, soit par actes entre vifs, soit par testament, ne pourront excéder la moitié des biens du disposant, s'il ne laisse à son décès qu'un enfant ; le tiers, s'il laisse deux enfants ; le quart, s'il en laisse trois ou un plus grand nombre.

L'enfant qui renonce à la succession n'est compris dans le nombre d'enfants laissés par le défunt que s'il est représenté ou s'il est tenu au rapport d'une libéralité en application des dispositions de l'article 845.

Lorsque le défunt ou au moins l'un de ses enfants est, au moment du décès, ressortissant d'un État membre de l'Union européenne ou y réside habituellement et lorsque la loi étrangère applicable à la succession ne permet aucun mécanisme réservataire protecteur des enfants, chaque enfant ou ses héritiers ou ses ayants cause peuvent effectuer un prélèvement compensatoire sur les biens existants situés en France au jour du décès, de façon à être rétablis dans les droits réservataires que leur octroie la loi française, dans la limite de ceux-ci.

• **C. civ.,** art. 913-1

Sont compris dans l'article 913, sous le nom d'enfants, les descendants en quelque degré que ce soit, encore qu'ils ne doivent être comptés que pour l'enfant dont ils tiennent la place dans la succession du disposant.

> Quotité disponible et réserve du conjoint

• **C. civ.,** art. 914-1

Les libéralités, par actes entre vifs ou par testament, ne pourront excéder les trois quarts des biens si, à défaut de descendant, le défunt laisse un conjoint survivant, non divorcé.

> Pas de quotité disponible en l'absence de descendant et de conjoint

• **C. civ.,** art. 916

À défaut de descendant et de conjoint survivant non divorcé, les libéralités par actes entre vifs ou testamentaires pourront épuiser la totalité des biens.

222.03 Bibliographie indicative.

Actualisables. *J.-Cl. Civ. Code*, art. 912 à 930-5, fasc. 10, par C. Brenner – *J.-Cl. Form. Not., v° Quotité disponible et réserve*, fasc. 20, par N. Levillain – Rép. civ., v° *Réserve héréditaire – Quotité disponible*, par E. Fongaro et M. Nicod, avr. 2022.

Ouvrages. M. Grimaldi, *Droit des successions*, 8ᵉ éd., « Manuels », LexisNexis, 2020 – Ph. Malaurie et C. Brenner, *Droit des successions et des libéralités*, 11ᵉ éd., « Droit civil », LGDJ, 2024 – F. Terré, Y. Lequette et S. Gaudemet, *Droit civil. Les successions. Les libéralités*, 5ᵉ éd., « Précis », Dalloz, 2024.

Articles. P. Cénac et C. Peyroux, « La mort de la réserve héréditaire ? », *JCP N* 2011. 1092 – H. Fulchiron et S. Ferré-André, « Entre trop et pas assez : le droit de prélèvement version 2021 », *Dr. fam.* 2021. Doctr. 1109 – N. Laurent-Bonne, « Le nouveau droit de prélèvement compensatoire dans les successions internationales : quand la fin ne justifie pas les moyens », *AJ fam.* 2021. 548 – N. Levillain, « Nouvelles règles liquidatives en présence d'un renonçant », *JCP N* 2007. 1187 – F. Sauvage, « Le déclin de la réserve héréditaire précipité par la loi du 23 juin 2006 », *JCP N* 2008. 1248 – D. Vigneau, « Le rapport d'une donation à un renonçant. Observations sur quelques aspects liquidatifs de la loi du 23 juin 2006 », *JCP N* 2006. 1327.

222.04 **Questions essentielles.**

> Quel est le taux de la quotité disponible et de la réserve globale en fonction du nombre d'enfants laissés par le défunt ?

* V. s[s] n°s 222.11 à 222.11-3

> Quelle est l'incidence de la renonciation ou de l'indignité d'un enfant sur le taux de la quotité disponible et de la réserve ?

* V. s[s] n°s 222.21 à 222.24-1

> Comment se répartit la réserve globale entre les descendants ?

* V. s[s] n°s 222.51 à 222.52-1

222.05 **Division. Domaine.** Les règles de la quotité disponible ordinaire s'appliquent lorsque le défunt laisse des héritiers réservataires, et qu'il a consenti des libéralités à une personne autre que le conjoint survivant. Les taux de la réserve et de la quotité disponible sont alors déterminés selon un second critère, la qualité des héritiers réservataires : descendants (sect. 1) ou conjoint survivant (sect. 2).

SECTION 1
RÉSERVE DES DESCENDANTS

§ 1
Taux de la quotité disponible et de la réserve globale

A.
Principe

222.11 **Taux de la quotité disponible.** L'article 913 du Code civil détermine le taux de la quotité disponible **en fonction du nombre d'enfants :**

Nombre d'enfants	Taux de la quotité disponible
1 enfant	1/2
2 enfants	1/3
3 enfants et plus	1/4

Au-delà de trois enfants, la quotité disponible reste d'un quart afin de laisser une liberté de disposer suffisante au parent de famille nombreuse.

Le terme « *enfant* » utilisé à l'article 913 du Code civil est précisé par l'article 913-1 dudit code : il s'agit des « *descendants en quelque degré que ce soit, encore qu'ils ne doivent être comptés que pour l'enfant dont ils tiennent la place dans la succession du disposant* ». Cela signifie que **le nombre d'enfants** qui permet de déterminer le taux de la quotité disponible est en fait **le nombre de souches appelées à la succession**[1].

Il n'est toutefois tenu compte que des **souches comprenant au moins un héritier ayant droit à une part de réserve.** Ainsi si une souche n'est pas représentée notamment en raison du décès de tous ses membres, elle n'est pas prise en compte. De même, la souche ne comprenant qu'un petit-enfant ayant fait l'objet d'une adoption simple se trouve exclue, car cet enfant n'a pas la qualité d'héritier réservataire dans la succession de ses grands-parents adoptifs (v. s[s] n° 221.14)[2].

222.11-1 **Succession dévolue à trois enfants dont un prédécédé. Représentation. Taux de la quotité disponible.**

EXEMPLE

Le défunt laisse à sa survivance deux enfants et deux petits-enfants issus d'un troisième enfant prédécédé.

Si les enfants 1 et 2 et les deux petits-enfants acceptent la succession, la quotité disponible est d'un quart et la réserve globale des trois quarts.

222.11-2 **Succession dévolue à trois enfants dont un prédécédé. Petit enfant adopté simplement. Taux de la quotité disponible.**

EXEMPLE

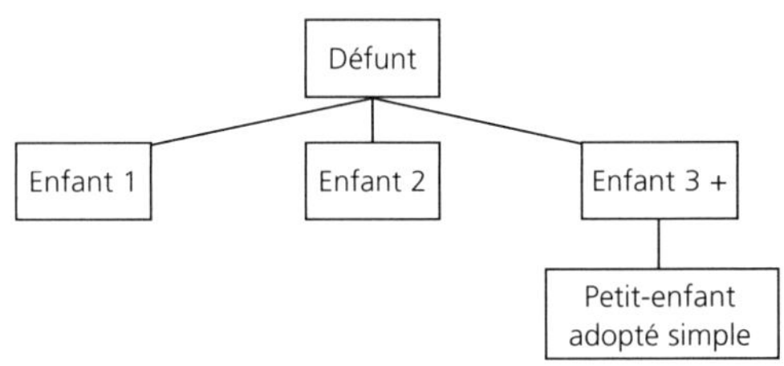

Si les enfants 1 et 2 et le petit-enfant acceptent la succession, le taux de la quotité disponible est d'un tiers, car le petit-enfant adopté simplement n'est pas réservataire dans la succession de son grand-père. Bien qu'il n'ait pas de réserve, le petit-enfant adopté simple a toutefois des droits dans la succession. Ainsi en l'absence de libéralité, la succession se partage par tiers entre les deux enfants et le petit-enfant.

222.11-3 **Succession dévolue à deux petits-enfants issus d'un enfant prédécédé. Conséquence de la détermination par souche du taux de la réserve.**

EXEMPLE

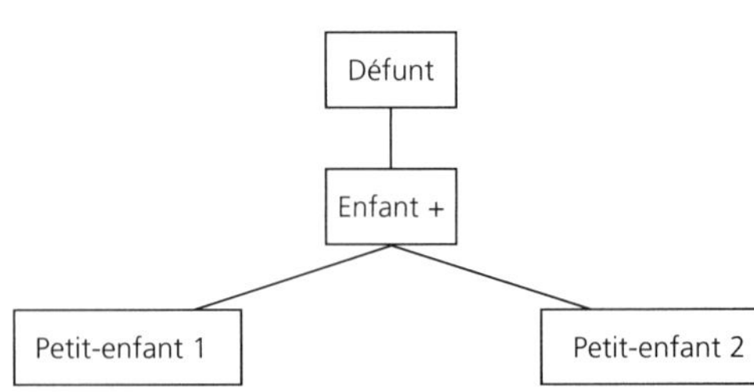

1. M. Grimaldi, *Droit des successions*, 8e éd., « Manuels », LexisNexis, 2020, n° 320 – F. Terré, Y. Lequette et S. Gaudemet, *Droit civil. Les successions. Les libéralités*, 5e éd., « Précis », Dalloz, 2024, n° 741.
2. M. Grimaldi, *Droit des successions*, 8e éd., « Manuels », LexisNexis, 2020, n° 320, note 106 – F. Terré, Y. Lequette et S. Gaudemet, *Droit civil. Les successions. Les libéralités*, 5e éd., « Précis », Dalloz, 2024, n°s 738 et 741.

En pareille hypothèse, que les deux petits-enfants acceptent la succession ou qu'un seul l'accepte, le taux de la quotité disponible est toujours de moitié et celui de la réserve globale également de moitié, car ces taux sont déterminés par souche et non pas par tête (v. s^s n°s 222.21 s. les conséquences de la renonciation sur le taux de la réserve).

222.12 Taux de la réserve globale. Inversement, la réserve globale est la **fraction de succession dont le défunt ne peut disposer librement** et qui est réservée à l'ensemble des héritiers réservataires. Son taux n'est pas déterminé par la loi, mais il **se calcule par déduction à partir du taux de la quotité disponible,** réserve globale et quotité disponible représentant la totalité de la succession :

Nombre d'enfants	Taux de la quotité disponible	Taux de la réserve globale
1 enfant	1/2	1/2
2 enfants	1/3	2/3
3 enfants et plus	1/4	3/4

B.
Renonciation ou indignité d'un renonçant

222.21 Succession ouverte avant le 1er janvier 2007. Faut-il tenir compte du renonçant dans la détermination du taux de la réserve globale ?

Avant l'entrée en vigueur de la loi du 23 juin 2006, l'héritier renonçant ou indigne était pris en compte pour la détermination du taux de la réserve. Cette solution résultait d'un ancien arrêt rendu par la Cour de cassation en 1818 [1]. Elle continue de s'appliquer pour toutes les successions ouvertes avant le 1er janvier 2007 et non encore liquidées.

222.21-1 Succession ouverte avant le 1er janvier 2007 et dévolue à trois enfants dont un renonçant. Existence de libéralités.

EXEMPLE

Le défunt décède le 6 mars 2004, laissant pour recueillir sa succession trois enfants A, B, et C. C renonce à la succession.

Le défunt avait consenti diverses libéralités entre vifs et à cause de mort.

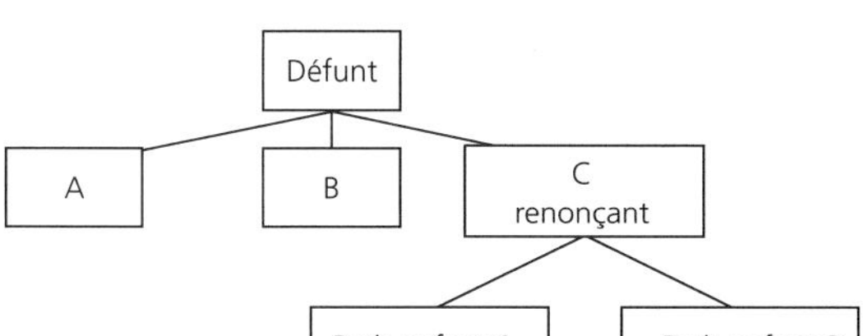

Le taux de la réserve globale est d'un quart, le défunt ayant trois enfants. Peu importe que C ait ou non renoncé, il est pris en compte pour la détermination de ce taux. Toutefois les petits-enfants, enfants de C, ne peuvent venir à la succession de leur chef car ce sont des héritiers du second degré : ils se trouvent écartés par les héritiers du premier degré. Ils ne peuvent par ailleurs venir à la succession par représentation car avant le 1er janvier 2007 le renonçant ne pouvait être représenté. Aussi la réserve globale ne se partage-t-elle qu'entre les enfants A et B par parts égales.

Quotité disponible ordinaire	1/4 ou 6/24^e
Réserve globale	3/4
Part de réserve de A	3/4 × 1/2 = 3/8e ou 9/24^e
Part de réserve de B	3/4 × 1/2 = 3/8e ou 9/24^e

Cette règle favorise les héritiers réservataires acceptants dès lors qu'ils sont moins de trois, car leur part de réserve héréditaire se trouve accrue. Dans le cas présent, chaque héritier réservataire aurait eu une réserve individuelle d'un tiers, soit 8/24e, si le renonçant n'avait pas été comptabilisé. L'application de la règle jurisprudentielle leur permet d'avoir une part de réserve de 9/24e, la renonciation profite donc aux autres réservataires et non pas aux tiers gratifiés.

222.22 Succession ouverte à compter du 1er janvier 2007. Principe. La loi du 23 juin 2006, entrée en vigueur le 1er janvier 2007, a inversé la règle jurisprudentielle : « *L'enfant qui renonce à la succession n'est pas compris dans le nombre d'enfants laissés par le défunt* » (C. civ., art. 913, al. 2), tout en y apportant deux exceptions (v. s^s n° 222.23, pour le renonçant ou l'indigne représenté – v. s^s n° 222.24, pour le renonçant débiteur du rapport). Ainsi, en principe, l'héritier renonçant n'est pas pris en compte dans la détermination du taux de la réserve globale. À défaut de précision concernant la présence d'un indigne, il faut considérer que cette règle de principe est également applicable.

222.22-1 Succession ouverte après le 1er janvier 2007 et dévolue aux descendants. Renonciation d'un enfant sans descendance.

EXEMPLE

Le défunt, décédé le 18 avril 2022, laisse pour recueillir sa succession trois enfants A, B et C.

C, célibataire sans enfant, renonce à la succession.

Le défunt avait consenti diverses libéralités entre vifs et à cause de mort.

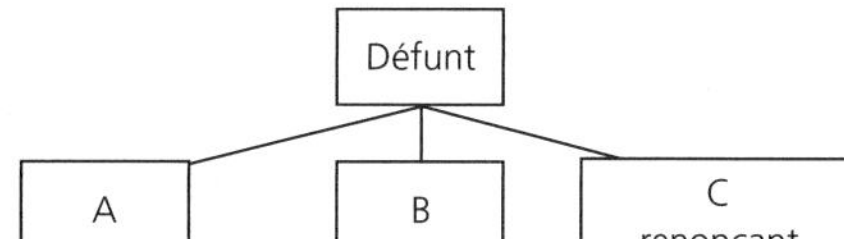

Si A et B acceptent la succession, le défunt laisse deux enfants au sens de l'article 913 du Code civil.

Le taux de la quotité disponible est donc d'1/3 et celui de la réserve globale des 2/3.

1. JURISPRUDENCE CONSTANTE : Civ. 18 févr. 1818, Laroque de Mons, *Jur. gén., v° Succession*, n° 1028 – Civ. 13 août 1866, *DP* 1866. 1. 465 ; *S.* 1866. 1. 383 ; *GAJC*, 14e éd., Dalloz, 2024, t. 1, n° 158.

222.23 Première exception. Renonçant ou indigne représenté. La loi du 3 décembre 2001 a admis la représentation de l'indigne (C. civ., art. 755), celle du 23 juin 2006 admet la représentation du renonçant (C. civ., art. 754). Des descendants de la souche du renonçant ou de celle de l'indigne peuvent donc être appelés à la succession par le jeu de la représentation. C'est pourquoi l'article 913 alinéa 2 du Code civil, énonce que l'enfant renonçant est pris en compte dans le nombre d'enfants laissés par le défunt pour le calcul de la quotité disponible, lorsqu'il est représenté. Comme dans les autres hypothèses de représentation, les descendants du renonçant ne sont alors comptés que pour l'enfant dont ils tiennent la place dans la succession du disposant (C. civ., art. 913-1), le taux de la réserve globale étant déterminé en fonction du nombre de souches, sans distinguer selon que les héritiers viennent à la succession de leur propre chef ou par représentation.

Bien que l'article 913 alinéa 2 du Code civil ne vise que le cas du **renonçant représenté**, il faut considérer que la solution s'applique également lorsque **l'indigne est représenté**[1].

222.23-1 Succession dévolue à trois enfants. Renonciation d'un enfant ayant lui-même des descendants. Existence de libéralités.

EXEMPLE

Le défunt, décédé le 18 avril 2022, laisse pour recueillir sa succession trois enfants A, B et C.

C, qui a deux enfants, C1 et C2, renonce à la succession. Les deux enfants de C acceptent la succession.

Le défunt avait consenti diverses libéralités entre vifs et à cause de mort.

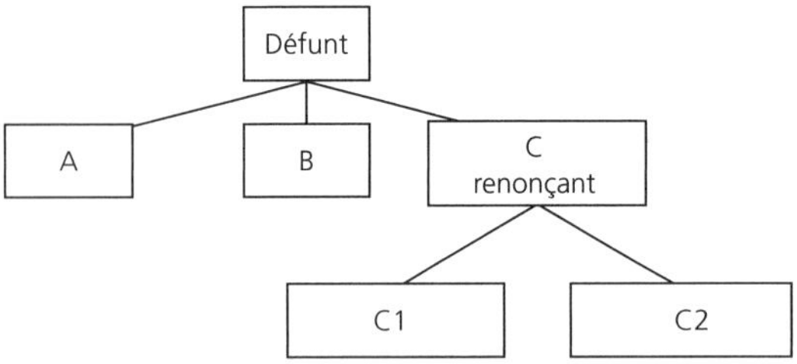

En application de l'article 913 alinéa 2 du Code civil, le renonçant est pris en compte pour la détermination du taux de la quotité disponible et de la réserve globale car il est représenté par ses deux enfants. Ainsi en présence de **trois souches**, les taux de la **quotité disponible** et de la **réserve globale** sont les suivants :

– taux de la quotité disponible ordinaire : 1/4

– taux de la réserve globale : 3/4.

222.24 Seconde exception. Renonçant débiteur du rapport même en cas de renonciation. La seconde exception au principe selon lequel le renonçant n'est pas pris en compte pour la détermination du taux de la réserve globale est le cas où le défunt a consenti au renonçant une libéralité aux termes de laquelle il était stipulé une clause obligeant le gratifié au rapport, même en cas de renonciation, conformément aux dispositions de l'article 845 du Code civil (C. civ., art. 913, al. 2). Une telle stipulation ne peut se rencontrer que dans une donation consentie après le 1er janvier 2007, date d'entrée en vigueur de la loi du 23 juin 2006. Son but est d'assurer l'efficacité des prévisions du défunt quant à la transmission de son patrimoine.

Afin de vérifier, conformément aux dispositions de l'article 845 du Code civil, que le renonçant ne conserve pas des biens d'une valeur excédant « *les droits qu'il aurait dû avoir dans le partage s'il y avait participé* », il est nécessaire de procéder à une **liquidation théorique ou fictive** en faisant comme s'il n'avait pas renoncé. Les taux de la quotité disponible et de la réserve globale sont alors déterminés en tenant compte du renonçant.

222.24-1 Clause de rapport en cas de renonciation.

EXEMPLE

La succession est dévolue à trois enfants A, B et C.

C renonce. Il avait été gratifié au moyen d'une donation contenant une clause l'obligeant au rapport en cas de renonciation.

Taux de la quotité disponible et de la réserve :

C doit être pris en compte pour la détermination des taux de la quotité disponible et de la réserve (C. civ., art. 913, al. 2).

En présence de trois enfants :

– taux de la quotité disponible : 1/4

– taux de la réserve globale : 3/4.

C. Successions internationales : restauration d'un droit de prélèvement

222.30 Renvoi. La loi du 24 août 2021[2] a fait renaître l'ancien droit de prélèvement autrefois prévu par la loi du 14 juillet 1819 et abrogé par le Conseil constitutionnel dans une décision du 5 août 2011[3]. Ce droit est prévu à l'alinéa 3 de l'article 913 du Code civil et s'applique à toutes les successions ouvertes à compter du 1er novembre 2021. L'étude détaillée de ce droit se trouve dans le livre 7 du présent ouvrage (v. ss nos 712.181 s.).

1. *J.-Cl. Civ. Code*, art. 912 à 930-5, fasc. 10, spéc. n° 88, par C. Brenner.

2. L. n° 2021-1109, 24 août 2021, confortant le respect des principes de la République, *JO* 25 août, texte 1.

3. Cons. const. 5 août 2011, n° 2011-159 QPC, *AJ fam.* 2011. 440, obs. B. Haftel, obs. A. Boiché ; *D.* 2012. 1228, obs. H. Gaudemet-Tallon et F. Jault-Seseke ; *ibid.* 2331, obs. L. d'Avout et S. Bollée ; *Rev. crit. DIP* 2013. 457, note B. Ancel ; *JCP N* 2011. 1236, note É. Fongaro.

§ 2
Répartition de la réserve

222.41 Part de réserve individuelle. Lorsque le défunt laisse plusieurs descendants, la réserve globale doit être répartie entre eux. Cette répartition se fait selon les **règles de la dévolution légale.** La réserve est en effet la part de la succession qui échappe au pouvoir de la volonté du défunt ; elle est donc dévolue entre les réservataires selon les règles légales [1].

Cette répartition se fait par tête ou par souche, selon la règle du degré corrigée le cas échéant par le jeu de la représentation (C. civ., art. 744 et 751 s.).

222.41-1 Répartition de la réserve globale par tête.

EXEMPLE

Le défunt laisse à sa survivance deux enfants A et B qui acceptent la succession.

Quotité disponible	1/3
Réserve globale	2/3
Part de réserve individuelle de A	1/2 × 2/3 = 1/3
Part de réserve individuelle de B	1/2 × 2/3 = 1/3

222.41-2 Répartition de la réserve globale par souche.

EXEMPLE

Le défunt laisse à sa survivance trois enfants A, B et C.

A et C renoncent. A a un enfant, A1, qui accepte la succession. C a deux enfants, C1 et C2, qui acceptent également la succession.

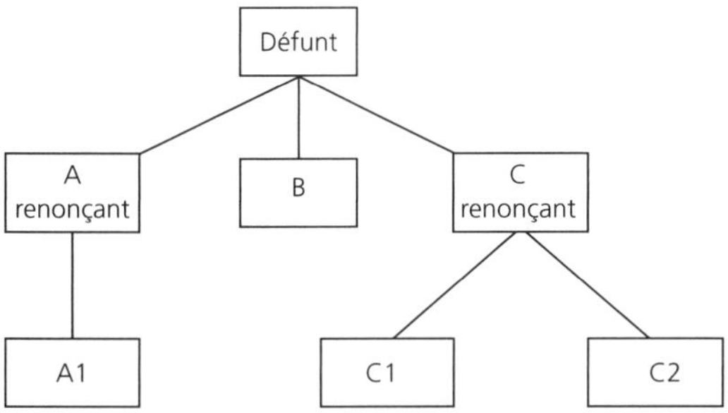

En présence de **trois souches,** le taux de la quotité disponible est d'un quart, celui de la réserve globale des trois quarts.

La réserve globale se répartit ensuite comme suit :

– souche de A : 1/3 × 3/4 = 1/4 revenant pour le tout à A1, héritier au second degré mais seul représentant de la souche ;

– souche de B : 1/3 × 3/4 = 1/4 revenant pour le tout à B, héritier au premier degré ;

– souche de C : 1/3 × 3/4 = 1/4 à partager entre C1 et C2, héritiers du second degré venant en représentation de C. Cette répartition se fait par tête, soit moitié pour C1, moitié pour C2. Ainsi C1 et C2 ont chacun une part de réserve individuelle de 1/2 × 1/4 = 1/8.

1. M. Grimaldi, *Droit des successions*, 8e éd., « Manuels », LexisNexis, 2020, n° 322.

SECTION 2
RÉSERVE DU CONJOINT

222.51 Taux. Depuis le 1er juillet 2002, date d'entrée en vigueur de la loi du 3 décembre 2001, le conjoint survivant peut avoir la qualité d'héritier réservataire. Les conditions d'existence et le taux de sa réserve sont fixés par l'article 914-1 du Code civil. Ainsi en présence d'un conjoint survivant et en l'absence de toute autre catégorie d'héritier réservataire, le défunt peut disposer librement des trois quarts de sa succession. On en déduit que la réserve du conjoint est d'un quart de la succession.

Le conjoint étant seul héritier dans sa catégorie, il n'y a pas lieu de chercher la dévolution de cette part de réserve. Elle revient pour le tout au conjoint survivant.

222.51-1 Succession dévolue au conjoint et à la mère du défunt.

EXEMPLE

Le défunt laisse pour recueillir sa succession son conjoint et sa mère. Il a consenti diverses libéralités.

Taux de la quotité disponible et de la réserve :

– quotité disponible : 3/4

– réserve du conjoint : 1/4.

On notera que dans ce cas, les droits légaux du conjoint sont des 3/4 et ceux de la mère d'1/4.

222.52 Renonciation des descendants. Le conjoint survivant n'est héritier réservataire que si le défunt ne laisse aucun descendant (C. civ., art. 914-1). Si tous les descendants renoncent à la succession et s'ils ne sont pas représentés, le conjoint devient héritier réservataire à défaut d'autres héritiers réservataires acceptants.

222.52-1 Renonciation des descendants. Réserve du conjoint.

EXEMPLE

Le défunt laisse à sa survivance deux enfants A et B qui renoncent à la succession et son conjoint. Ses père et mère sont prédécédés. Il a consenti des libéralités à des tiers.

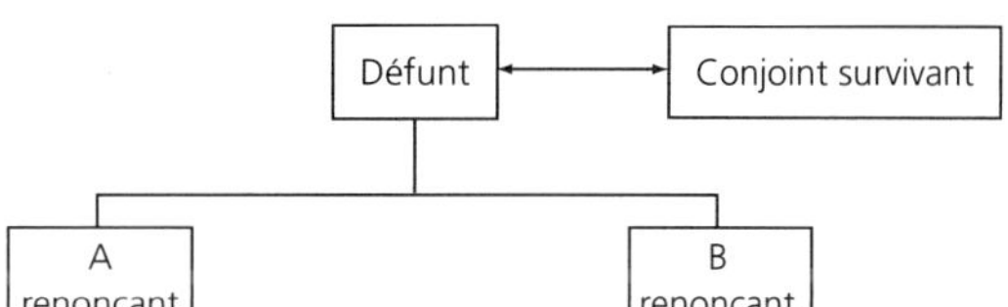

A et B ayant renoncé, il n'existe plus de descendant. Le conjoint devient donc héritier réservataire. Le taux de la quotité disponible est des 3/4, celui de la réserve du conjoint d'1/4.

CHAPITRE

223. Quotité disponible entre époux ou quotité disponible spéciale

SECTION 0

ORIENTEUR

223.00 Sommaire du chapitre.

223.01 Textes applicables.

• **C. civ.,** art. 913, 1094, 1094-1, 1525 et 1527

> Taux de la quotité disponible entre époux

[C. civ., art. 913, 1094 et 1094-1]

• **C. civ.,** art. 913

Les libéralités, soit par actes entre vifs, soit par testament, ne pourront excéder la moitié des biens du disposant, s'il ne laisse à son décès qu'un enfant ; le tiers, s'il laisse deux enfants ; le quart, s'il en laisse trois ou un plus grand nombre.

L'enfant qui renonce à la succession n'est compris dans le nombre d'enfants laissés par le défunt que s'il est représenté ou s'il est tenu au rapport d'une libéralité en application des dispositions de l'article 845.

Lorsque le défunt ou au moins l'un de ses enfants est, au moment du décès, ressortissant d'un État membre de l'Union européenne ou y réside habituellement et lorsque la loi étrangère applicable à la succession ne permet aucun mécanisme réservataire protecteur des enfants, chaque enfant ou ses héritiers ou ses ayants cause peuvent effectuer un prélèvement compensatoire sur les biens existants situés en France au jour du décès, de façon à être rétablis dans les droits réservataires que leur octroie la loi française, dans la limite de ceux-ci.

• **C. civ.,** art. 1094

L'époux, soit par contrat de mariage, soit pendant le mariage, pourra, pour le cas où il ne laisserait point d'enfant ni de descendant, disposer en faveur de l'autre époux en propriété, de tout ce dont il pourrait disposer en faveur d'un étranger.

• **C. civ.,** art. 1094-1

Pour le cas où l'époux laisserait des enfants ou descendants, issus ou non du mariage, il pourra disposer en faveur de l'autre époux, soit de la propriété de ce dont il pourrait disposer en faveur d'un étranger, soit d'un quart de ses biens en propriété et des trois autres quarts en usufruit, soit encore de la totalité de ses biens en usufruit seulement.

Sauf stipulation contraire du disposant, le conjoint survivant peut cantonner son émolument sur une partie des biens dont il a été disposé en sa faveur. Cette limitation ne peut être considérée comme une libéralité faite aux autres successibles.

> Avantage matrimonial : traitement différencié, au regard de la quotité disponible, selon la présence d'au moins un enfant non commun de l'époux prédécédé

[C. civ., art. 1525 et 1527]

• **C. civ.,** art. 1525

La stipulation de parts inégales et la clause d'attribution intégrale ne sont point réputées des donations, ni quant au fond, ni quant à la forme, mais simplement des conventions de mariage et entre associés.

Sauf stipulation contraire, elles n'empêchent pas les héritiers du conjoint prédécédé de faire la reprise des apports et capitaux tombés dans la communauté du chef de leur auteur.

• **C. civ.,** art. 1527

Les avantages que l'un ou l'autre des époux peut retirer des clauses d'une communauté conventionnelle, ainsi que ceux qui peuvent résulter de la confusion du mobilier ou des dettes, ne sont point regardés comme des donations.

Néanmoins, au cas où il y aurait des enfants qui ne seraient pas issus des deux époux, toute convention qui aurait pour conséquence de donner à l'un des époux au-delà de la portion réglée par l'article 1094-1, au titre « Des donations entre vifs et des testaments », sera sans effet pour tout l'excédent ; mais les simples bénéfices résultant des travaux communs et des économies faites sur les revenus respectifs quoique inégaux, des deux époux, ne sont pas considérés comme un avantage fait au préjudice des enfants d'un autre lit.

Toutefois, ces derniers peuvent, dans les formes prévues aux articles 929 à 930-1, renoncer à demander la réduction de l'avantage matrimonial excessif avant le décès de l'époux survivant. Dans ce cas, ils bénéficient de plein droit de l'hypothèque légale prévue au 4° de l'article 2402 et peuvent demander, nonobstant toute stipulation contraire, qu'il soit dressé inventaire des meubles ainsi qu'état des immeubles.

> Fiscalité

• **CGI,** art. 669

I. Pour la liquidation des droits d'enregistrement et de la taxe de publicité foncière, la valeur de la nue-propriété et de l'usufruit est déterminée par une quotité de la valeur de la propriété entière, conformément au barème ci-après :

ÂGE de l'usufruitier	VALEUR de l'usufruit	VALEUR de la nue-propriété
Moins de :		
21 ans révolus	90 %	10 %
31 ans révolus	80 %	20 %
41 ans révolus	70 %	30 %
51 ans révolus	60 %	40 %
61 ans révolus	50 %	50 %
71 ans révolus	40 %	60 %
81 ans révolus	30 %	70 %
91 ans révolus	20 %	80 %
Plus de 91 ans révolus	10 %	90 %

Pour déterminer la valeur de la nue-propriété, il n'est tenu compte que des usufruits ouverts au jour de la mutation de cette nue-propriété.

II. L'usufruit constitué pour une durée fixe est estimé à 23 % de la valeur de la propriété entière pour chaque période de dix ans de la durée de l'usufruit, sans fraction et sans égard à l'âge de l'usufruitier.

223.02 Jurisprudence de référence.

> Le conjoint survivant ne peut être gratifié par le défunt au-delà de la quotité disponible spéciale entre époux

• **Civ. 1re, 18 oct. 1994,** n° 93.11.384, P I, n° 302

* V. ss n° 223.41

« Mais attendu qu'il résulte de l'arrêt que, dans l'acte de partage de la succession de M. Y..., sa veuve a opté pour un quart en pleine propriété et les trois-quarts en usufruit composant cette succession ; que Mme Y... étant ainsi remplie de ses droits, elle ne pouvait prétendre au bénéfice d'une disposition testamentaire, qui, la déchargeant de partie de ses obligations d'usufruitière, aboutirait à lui donner au-delà de ce dont son mari pouvait disposer conformément à l'article 1094-1 du Code civil ; que, par ce motif de pur droit, substitué à ceux de la cour d'appel, la décision déférée se trouve légalement justifiée. »

223.03 Bibliographie indicative.

Actualisables. *J.-Cl. Civ. Code*, art. 1091 à 1100, fasc. 30 et 40, par J. Patarin – *J.-Cl. Form. Not., v° Quotité disponible et réserve*, fasc. 80 et 90, par D. Epailly, et fasc. 95, par N. Levillain – Rép. civ., v° *Réserve héréditaire – Quotité disponible*, par E. Fongaro et M. Nicod, avr. 2022.

Ouvrages. M. Grimaldi, *Droit des successions*, 8e éd., « Manuels », LexisNexis, 2020 – Ph. Malaurie et C. Brenner, *Droit des successions et des libéralités*, 11e éd., « Droit civil », LGDJ, 2024 – F. Terré, Y. Lequette et S. Gaudemet, *Droit civil. Les successions. Les libéralités*, 5e éd., « Précis », Dalloz, 2024.

Articles. C. Brenner et F. Fruleux, « Les libéralités à la descendance et la protection du conjoint survivant », *Actes pratiques et stratégie patrimoniale* 2020. Dossier 27 – N. Levillain, « Le traitement liquidatif des libéralités faites au conjoint survivant en sept questions », *JCP N* 2009. 1315.

223.04 Questions essentielles.

> Dans quels cas les libéralités faites au conjoint sont-elles limitées à la quotité disponible spéciale entre époux ?

* V. ss nos 223.10 à 223.16

> Quel est le taux de la quotité disponible entre époux ?

* V. ss nos 223.21 à 223.51

SECTION 1
DOMAINE

223.10 Rappel. Ancienne réserve des ascendants. Jusqu'au 1er janvier 2007, date d'entrée en vigueur de la loi n° 2006-728 du 23 juin 2006[1], les ascendants avaient la qualité d'héritiers réservataires. La loi prévoyait alors une quotité disponible spéciale entre époux en cas de concours entre un ascendant et le conjoint. Celle-ci, prévue par l'ancien article 1094-1 du Code civil, était « *ce dont* [le *de cujus*] *pourrait disposer au profit d'un étranger, et en outre de la nue-propriété de la portion réservée aux ascendants par l'article 914 du même code* ». L'étendue de la quotité disponible spéciale entre époux dépendait donc de l'existence d'ascendants dans une ou dans les deux lignes ascendantes :

1. L. n° 2006-728, 23 juin 2006, portant réforme des successions et des libéralités, *JO* 24 juin, p. 9513.

ÉTENDUE DE LA QUOTITÉ DISPONIBLE SPÉCIALE ENTRE ÉPOUX, EN PRÉSENCE D'ASCENDANTS, AVANT LE 1ER JANVIER 2007

Lignes ascendants représentées	Quotité disponible spéciale entre époux
Les deux lignes, paternelle et maternelle	1/2 en pleine propriété et 1/2 en nue-propriété
Une seule ligne, paternelle ou maternelle	3/4 en pleine propriété et 1/4 en nue-propriété

L'article 914 du Code civil relatif à la réserve des ascendants ayant été abrogé par la loi du 23 juin 2006, la quotité disponible entre époux n'existe donc plus lorsque le conjoint est en concours avec des ascendants. L'article 1094 du Code civil énonce désormais que, dans cette hypothèse, le conjoint peut être gratifié de tout ce dont le défunt peut disposer au profit d'un étranger, c'est-à-dire de toute la succession puisqu'il n'y a alors plus aucune autre réserve que celle du conjoint survivant lui-même.

223.11 Domaine actuel. Conjoint gratifié en présence de descendants. Comme la quotité disponible ordinaire, la quotité disponible entre époux également appelée **quotité disponible spéciale,** est une **limite à la faculté de disposer.** C'est le maximum dont le *de cujus* peut disposer à titre gratuit entre vifs ou à cause de mort au profit de son conjoint en présence d'héritiers réservataires. Depuis l'entrée en vigueur de la loi du 23 juin 2006, il n'existe plus que deux catégories d'héritiers réservataires : les descendants et le conjoint survivant, la réserve des ascendants ayant été supprimée. Aussi la quotité disponible entre époux n'existe-t-elle plus que dans une seule hypothèse, visée par l'article 1094-1 du Code civil : lorsque le défunt laisse des descendants. Peu importe en revanche, la nature du lien de filiation des descendants, la loi ne distinguant pas selon le mode d'établissement de la filiation (C. civ., art. 733). Peu importe également que les enfants soient communs ou non communs, cette distinction n'étant faite que pour les droits légaux du conjoint[1] (C. civ., art. 757).

223.12 Libéralités visées. Sont limitées à la quotité disponible entre époux toutes les **libéralités que se sont consenties les époux soit par contrat de mariage, soit pendant le mariage.** Pour ces dernières, peu importe leur forme : donation par acte authentique ou don manuel, donation indirecte ou donation déguisée, institution contractuelle, testament. Peu importe également l'objet de la libéralité : libéralité universelle (donation de biens à venir ou legs de l'universalité de la succession) ou à titre universel (donation ou legs d'une quote-part de la succession, des immeubles ou des meubles), libéralité à titre particulier (donation ou legs d'un ou plusieurs biens déterminés).

Le seul critère déterminant est la **date de la libéralité** s'il s'agit d'une libéralité entre vifs. Ainsi les donations faites avant le mariage sont traitées comme des libéralités entre tiers. Seules celles faites après la célébration du mariage ou par contrat de mariage ont pour limite la quotité disponible entre époux.

En ce qui concerne les **avantages matrimoniaux,** en principe ils ne sont pas considérés comme des libéralités ; ils le sont toutefois par exception, lorsqu'un enfant non commun vient à la succession.

223.13 Avantages matrimoniaux. Principe. Par contrat de mariage initial ou à l'occasion d'un changement de régime matrimonial, les époux peuvent choisir un régime matrimonial dont la liquidation peut aboutir pour l'un des époux à un enrichissement net. Ces conventions matrimoniales ne sont pas regardées comme des donations (C. civ., art. 1527, al. 1er), lorsque le défunt laisse des enfants tous issus des deux époux (C. civ., art. 1527, al. 2, *a contrario*). Elles sont considérées comme des **conventions de mariage entre associés** (v. C. civ., art. 1525, al. 1er, pour la stipulation de parts inégales et la clause d'attribution intégrale ; C. civ., art. 1516, pour le préciput et C. civ., art. 1527, pour les avantages matrimoniaux en général). Quel que soit le régime matrimonial adopté, **la jurisprudence n'admet jamais la qualification de donation pour ces avantages matrimoniaux, en présence d'enfants tous communs**[2].

223.14 Conséquences liquidatives en présence d'enfants tous communs. Les avantages matrimoniaux n'étant pas des libéralités, ils **n'entrent pas dans la composition de la masse de calcul de la quotité disponible** et ne sont pas susceptibles d'être réduits pour atteinte à la réserve héréditaire. Le conjoint survivant en bénéficie en plus des libéralités qui ont pu lui être consenties.

223.15 Avantages matrimoniaux en présence d'enfants non communs. Exception. Dès lors que le défunt laisse au moins un enfant non commun, la loi présume que l'époux prédécédé a été animé d'une intention libérale lorsque les clauses du contrat de mariage permettent au conjoint survivant de recueillir au-delà de ce qu'il aurait reçu s'il n'avait pas été dérogé aux règles légales du régime matrimonial adopté. Cette présomption est irréfragable. **Les avan-**

1. V. CEP., Rapp. AN n° 2850, par S. Huyghe, 8 févr. 2006, p. 299, qui proposait de diminuer la quotité disponible spéciale entre époux en présence d'enfants non communs.

2. V. NOT., à propos de l'adoption d'une COMMUNAUTÉ UNIVERSELLE AVEC CLAUSE D'ATTRIBUTION INTÉGRALE : Civ. 1re, 14 mai 1996, n° 93-20.703, P I, n° 210 ; *D.* 1996. 537, rapp. Thierry ; *RTD civ.* 1997. 207 et 209, obs. B. Vareille ; *Defrénois* 1996. 36387, p. 1080, obs. G. Champenois.

tages matrimoniaux sont donc considérés comme des libéralités en présence d'enfants non communs[1].

La qualification de libéralité ne s'applique que si les enfants non communs sont effectivement appelés à la succession et ont la qualité d'enfant non commun au jour de l'ouverture de la succession[2].

223.16 Conséquences liquidatives de la qualification de libéralité. Les avantages matrimoniaux qualifiés de libéralités en présence d'enfants non communs sont traités comme des **libéralités entre époux**. Ils doivent être **réunis fictivement à la masse de calcul de la quotité disponible** et sont **réductibles** en cas d'atteinte à la réserve héréditaire. Ils ne peuvent excéder la quotité disponible spéciale entre époux telle que fixée par l'article 1094-1 du Code civil.

SECTION 2
TAUX DE LA QUOTITÉ DISPONIBLE ENTRE ÉPOUX

§ 1
Formes de la quotité disponible spéciale

223.21 Les trois formes de la quotité disponible spéciale. En présence de descendants, la quotité disponible entre époux est égale à l'une des trois quotités fixée par l'article 1094-1 du Code civil, savoir :

– la **quotité disponible ordinaire** telle que **déterminée par l'article 913 du Code civil en présence de descendants** (v. s[s] n° 222.11), soit : un quart en pleine propriété en présence de trois descendants ou plus, un tiers en pleine propriété en présence de deux descendants ou moitié de la succession en pleine propriété si le défunt ne laisse qu'un seul descendant (C. civ., art. 913) ;

– un quart de la succession en pleine propriété et les trois quarts en usufruit (« ***quotité disponible spéciale mixte*** ») ;

– l'usufruit de l'universalité de la succession (« ***quotité disponible spéciale en usufruit*** »).

223.22 Comparaison avec la quotité disponible au profit d'un tiers. En comparant la quotité disponible réservée aux libéralités faites à toute autre personne que le conjoint et la quotité disponible entre époux, il apparaît que le conjoint survivant bénéficie d'un **régime de faveur par rapport aux tiers**. Il peut en effet toujours recevoir le **disponible ordinaire**, comme un tiers, mais il peut également recevoir une **quotité qui lui permet d'avoir l'usufruit de la réserve héréditaire**, ce qu'aucun autre gratifié ne peut recevoir.

La quotité disponible spéciale permet donc au conjoint survivant d'être alloti comme un tiers ou de recevoir un autre allotissement qui peut parfois lui conférer des droits supérieurs à la quotité disponible, puisqu'en concours avec trois enfants ou plus, un tiers ne peut être alloti que d'un quart en pleine propriété de la succession tandis que le conjoint survivant peut recevoir un quart en pleine propriété et les trois quarts en usufruit.

TABLEAU COMPARATIF ENTRE LA QUOTITÉ DISPONIBLE SPÉCIALE ET LA QUOTITÉ DISPONIBLE ORDINAIRE

	Quotité disponible ordinaire	Quotité disponible spéciale mixte	Quotité disponible spéciale en usufruit
1 enfant	1/2 en pleine propriété	1/4 en pleine propriété et 3/4 en usufruit	100 % en usufruit
2 enfants	1/3 en pleine propriété	1/4 en pleine propriété et 3/4 en usufruit	100 % en usufruit
3 enfants et plus	1/4 en pleine propriété	1/4 en pleine propriété et 3/4 en usufruit	100 % en usufruit

Dans le cas de la quotité disponible spéciale mixte, si le conjoint survivant est en concours avec moins de trois enfants, ses droits en propriété limités à un quart sont inférieurs au disponible ordinaire mais il bénéficie en outre de l'usufruit des trois quarts de la succession.

Le conjoint survivant reçoit également autre chose que le disponible ordinaire lorsqu'il est alloti de l'usufruit de toute la succession, mais cet usufruit universel peut s'avérer plus avantageux pour lui qu'une quotité limitée en pleine propriété.

223.23 Impossibilité de dépasser l'une des quotités disponibles. Le disposant peut gratifier son conjoint au-delà de la quotité disponible ordinaire, en l'allotissant de l'usufruit de la réserve, à condition toutefois que la fraction en propriété n'excède pas un quart. Le conjoint survivant alloti d'un quart en pleine propriété et des trois quarts en usufruit ne peut recevoir plus de droits et notamment être déchargé de certaines obligations incombant normalement à l'usufruitier. Une telle stipulation porterait en effet atteinte à la réserve en nue-propriété des enfants. C'est ce qu'a décidé la Cour de cassation en présence d'une libéralité portant sur l'universalité des biens, alors que le conjoint, ayant opté pour un quart en pleine propriété et les trois quarts en usufruit, voulait invoquer la clause de la libéralité le dispensant des dépenses d'entretien d'un

1. J. Flour et G. Champenois, *Les régimes matrimoniaux*, 2e éd., « coll. U », A. Colin, 2001, n°s 721 et 722 – F. Terré et Ph. Simler, *Régimes matrimoniaux et statut patrimonial des couples non mariés*, 9e éd., « Précis », Dalloz, 2023, n°s 682 s. et spéc. 686 s. – M. Grimaldi, *Droit des successions*, 8e éd., « Manuels », LexisNexis, 2020, n° 358.
2. Civ. 1re, 9 juill. 2014, n° 13-19.013, P I, n° 130 ; *D.* 2014. 1590 ; *AJ fam.* 2014. 510, obs. N. Levillain ; *RTD civ.* 2014. 870, obs. J. Hauser ; *JCP N* 2014, n° 1385, note R. Le Guidec ; *ibid.* 2015, n° 1001, obs. A. Tisserand-Martin ; *LPA* 14 mai 2015, p. 11, note G. Yildirim (révocation d'une adoption simple postérieurement à l'ouverture de la succession).

immeuble successoral dont l'usufruit lui revenait. Cette clause demeure sans effet, selon la Haute autorité, car en limitant les obligations du conjoint survivant, elle accroît celles des héritiers réservataires, portant ainsi atteinte à l'intangibilité de la réserve héréditaire [1].

§ 2 Quotité disponible en propriété

223.31 Quotité disponible ordinaire. Lorsque le conjoint est gratifié de la quotité disponible ordinaire ou opte pour cette quotité disponible, alors celle-ci constitue **un maximum** tant pour les **libéralités en pleine propriété** que pour celles **en nue-propriété** dont il a pu être gratifié.

Il est donc impossible dans ce cas de combiner la quotité disponible ordinaire et l'une des autres quotités disponibles spéciales en procédant à la conversion en pleine propriété de la valeur de l'usufruit, ce qui aboutirait à allotir le conjoint au-delà de ce que la loi autorise. Cela a été confirmé par la Cour de cassation : **les libéralités démembrées doivent être imputées en assiette** et non pas par conversion de la valeur des droits démembrés – en l'espèce un usufruit – en une valeur en pleine propriété [2].

223.31-1 Conjoint gratifié : erreur liée à la conversion de l'usufruit.

EXEMPLE

La succession est dévolue au conjoint et à trois enfants issus d'une précédente union. Le défunt n'a consenti aucune donation. Il a légué à son conjoint la moitié de la succession en pleine propriété. Son patrimoine net est évalué à 600 000 €.

Supposons que l'usufruit du conjoint vaut 40 % de la pleine propriété compte tenu de son âge et de son état de santé.

Pour vérifier qu'il n'y a pas atteinte à la réserve, il faut déterminer la quotité disponible pour y imputer les libéralités (v. ss nos 311.11 s. et 321.11 s.).

Détermination de la masse de calcul de la quotité disponible (C. civ., art. 922) :

Actif net de succession au décès	600 000
Réunion fictive des donations	0
Masse de calcul	600 000
Dont le quart formant la quotité disponible	1/4
Est de	150 000
Montant du legs	1/2 × 600 000 = 300 000

Le conjoint ne peut exiger l'exécution totale de son legs sous prétexte que la quotité disponible spéciale d'un quart en propriété (150 000 €) et des trois quarts en usufruit, soit une valeur convertie de 3/4 × 600 000 × 40 % = 180 000 € a une valeur totale supérieure (150 000 + 180 000 = 330 000 €) aux biens légués (300 000 €).

223.32 Libéralités mixtes et dépassement du quart en pleine propriété. Le disposant peut souhaiter consentir à son conjoint des **libéralités en pleine propriété** excédant le quart de la succession lorsqu'il ne laisse qu'un ou deux enfants. Que ces libéralités soient toutes en pleine propriété ou que certaines soient en pleine propriété – mais excédant un quart de la succession – et **d'autres en usufruit**, le total des libéralités ne peut excéder la quotité disponible ordinaire, car c'est la seule quotité disponible qui permet au conjoint survivant de recevoir plus d'un quart en pleine propriété dès lors que le défunt n'a qu'un ou deux enfants. Les libéralités en usufruit ne peuvent alors porter que sur l'usufruit de la quotité disponible ordinaire et non pas sur l'usufruit de la réserve.

Ainsi si le défunt ne laisse qu'un enfant, il peut léguer à son conjoint, en l'absence d'autres libéralités : 1/3 en pleine propriété, correspondant par exemple au logement familial garni du mobilier et aux comptes bancaires, et 1/6e en usufruit (legs de l'usufruit d'un immeuble de rapport), le tout n'excédant pas le disponible ordinaire (1/2 en pleine propriété).

En présence de deux enfants, il lui est possible de léguer au conjoint survivant 5/18e (ce qui est légèrement supérieur au quart) en pleine propriété et 1/18e en usufruit, le tout restant dans les limites du disponible ordinaire de 1/3 soit 6/18e.

§ 3 Quotité disponible en propriété et en usufruit

223.41 Un quart en pleine propriété et les trois quarts en usufruit. La quotité disponible mixte en propriété et en usufruit permet de donner ou léguer au conjoint, en présence d'un ou plusieurs enfants, « *un quart en pleine propriété et trois autres quarts en usufruit* ». Elle est donc **invariable quel que soit le nombre d'enfants laissés par le défunt**. En particulier, la quote-part en propriété reste d'un quart, même si le défunt ne laisse qu'un ou deux enfants.

En présence d'au moins trois enfants, cette quotité disponible permet de gratifier le conjoint au-delà de ce que peut recevoir un tiers puisqu'il peut être alloti de l'usufruit de la réserve en plus du disponible ordinaire en pleine propriété qui est alors d'un quart.

1. Civ. 1re, 18 oct. 1994, no 93-11.384, P I, no 302 ; *JCP* 1994. IV, no 2552 ; *JCP N* 1995. II. 610 ; *RTD civ.* 1995. 414, obs. J. Patarin.
2. Civ. 1re, 22 juin 2022, no 20-23.215, P ; *D.* 2022. 1205 ; *AJ fam.* 2022. 450, obs. N. Levillain ; *RTD civ.* 2022. 682, obs. M. Grimaldi ; *JCP* 2022, no 1017, note F. Sauvage ; *JCP N* 2022, no 1209, note M. Nicod et A. Tani.

Par ailleurs, si l'on convertit l'usufruit recueilli par le conjoint en une valeur en propriété afin de comparer les valeurs reçues, on constate que, dès lors que cet usufruit représente une valeur supérieure à 33 % de la pleine propriété, ce qui suppose un donataire d'environ 80 ans (CGI, art. 669), alors la valeur des biens et droits recueillis par le conjoint survivant excède celle de la quotité disponible ordinaire.

Enfin, même lorsque par conversion la quotité disponible en propriété et en usufruit ne présente pas un **intérêt quantitatif**, elle présente toujours un **intérêt qualitatif.** Elle permet au conjoint de jouir de l'intégralité des biens de la succession, y compris ceux formant la réserve héréditaire, contrairement au principe selon lequel un héritier réservataire a droit à sa réserve en pleine propriété[1].

223.41-1 Comparaison par conversion de la quotité disponible spéciale en propriété et en usufruit et de la quotité disponible ordinaire.

EXEMPLE

Le défunt laisse un enfant. Il a légué à son conjoint un quart en pleine propriété et trois quarts en usufruit de sa succession. Il n'a consenti aucune autre libéralité. Son patrimoine net est évalué au décès à 600 000 €.

Le conjoint survivant est âgé de 70 ans. Son usufruit est évalué à 40 % de la valeur de la pleine propriété.

– Actif net de succession au décès (égal à la masse de calcul de la quotité disponible en l'absence de libéralités entre vifs) = 600 000 €

– Droits du conjoint = 1/4 × 600 000 + 3/4 × (40 % × 600 000) = 330 000 €

– Quotité disponible ordinaire = 300 000 €.

§ 4
Quotité disponible en usufruit seulement

223.51 Usufruit de l'universalité de la succession. Dernier choix possible pour le disposant ou pour le conjoint survivant, si le choix de la quotité disponible lui a été délégué, la quotité disponible en usufruit seulement. Une telle quotité disponible peut sembler redondante car elle est incluse dans la quotité disponible mixte en propriété et en usufruit. Elle s'explique toutefois par des raisons historiques[2].

Elle peut également sembler inutile lorsque le conjoint survivant en concours avec des enfants tous communs peut opter en vertu de ses droits légaux pour l'usufruit de la totalité des biens existants (C. civ., art. 757). La donation entre époux présente toutefois un avantage par rapport aux droits légaux lorsque tous deux portent sur l'usufruit de la succession : **seul l'usufruit donné ou légué peut être cantonné** (C. civ., art. 1094-1 - sur la faculté de cantonnement, v. s[s] n°s 141.183 et 421.61 s.).

1. Civ. 1re, 19 mars 1991, n° 89-17.094, P I, n° 100 ; *JCP* 1992. II. 21840, note P. Salvage ; *D.* 1992. 229, obs. B. Vareille ; *RTD civ.* 1992. 162, obs. J. Patarin ; *Defrénois* 1992. 35408, p. 1563, obs. G. Champenois – V. AUSSI, Civ. 1re, 18 oct. 1994, n° 93.11.384, P I, n° 302 ; *D.* 1995. 363, obs. B. Vareille ; *RTD civ.* 1995, obs. J. Patarin.

2. Sur ces raisons, v. *J.-Cl. Civ. Code*, art. 1091 à 1100, fasc. 30, spéc. n° 54, par J. Patarin.

CHAPITRE

224. Combinaison des quotités disponibles ordinaire et spéciale

SECTION 0 ORIENTEUR

224.00 Sommaire du chapitre.

224.01 Textes applicables.

• **C. civ.,** art. 913 et 1094-1

> Quotité disponible ordinaire

• **C. civ.,** art. 913

Les libéralités, soit par actes entre vifs, soit par testament, ne pourront excéder la moitié des biens du disposant, s'il ne laisse à son décès qu'un enfant ; le tiers, s'il laisse deux enfants ; le quart, s'il en laisse trois ou un plus grand nombre.

L'enfant qui renonce à la succession n'est compris dans le nombre d'enfants laissés par le défunt que s'il est représenté ou s'il est tenu au rapport d'une libéralité en application des dispositions de l'article 845.

Lorsque le défunt ou au moins l'un de ses enfants est, au moment du décès, ressortissant d'un État membre de l'Union européenne ou y réside habituellement et lorsque la loi étrangère applicable à la succession ne permet aucun mécanisme réservataire protecteur des enfants, chaque enfant ou ses héritiers ou ses ayants cause peuvent effectuer un prélèvement compensatoire sur les biens existants situés en France au jour du décès, de façon à être rétablis dans les droits réservataires que leur octroie la loi française, dans la limite de ceux-ci.

> Quotité disponible spéciale

• **C. civ.,** art. 1094-1

Pour le cas où l'époux laisserait des enfants ou descendants, issus ou non du mariage, il pourra disposer en faveur de l'autre époux, soit de la propriété de ce dont il pourrait disposer en faveur d'un étranger, soit d'un quart de ses biens en propriété et des trois autres quarts en usufruit, soit encore de la totalité de ses biens en usufruit seulement.

Sauf stipulation contraire du disposant, le conjoint survivant peut cantonner son émolument sur une partie des biens dont il a été disposé en sa faveur. Cette limitation ne peut être considérée comme une libéralité faite aux autres successibles.

224.02 Jurisprudence de référence.

> Combinaison du disponible spécial entre époux et du disponible ordinaire

• **Civ. 1re, 26 avr. 1984,** n° 83-11.839, P I, n° 140

* V. s^{s} n° 224.13

« Mais attendu qu'il était loisible à Pierre Y… de léguer à son épouse l'usufruit de la totalité des biens composant sa succession, par application de l'article 1094-1 du Code civil résultant de la loi du 3 janvier 1972 et que cette libéralité, en ce qu'elle n'affectait pas la nue-propriété des biens, lui laissait la faculté de disposer au profit d'un ou de plusieurs enfants, de la nue-propriété de la quotité disponible ordinaire fixée, en présence de trois enfants, au C… par l'article 913 du Code civil. »

> Le conjoint héritier légal peut conserver sa libéralité dans les limites de la quotité disponible spéciale

• **Civ. 1re, 25 oct. 2017,** n° 17-10.644, P I, n° 227

* V. s^{s} n° 224.24

« Vu les articles 757, 758-6 et 1094-1 du Code civil,

Attendu qu'il résulte de ces textes qu'en présence d'enfants ou de descendants, les libéralités reçues du défunt par le conjoint survivant s'imputent sur les droits de celui-ci dans la succession, de sorte qu'il ne peut recevoir une portion de biens supérieure, soit à la quotité disponible en faveur d'un étranger, soit au quart en pleine propriété et aux trois quarts en usufruit, soit encore à la totalité des biens en usufruit seulement », le conjoint peut bénéficier de sa vocation légale, augmentée de la portion de la libéralité excédant cette vocation, dans la limite de la quotité disponible spéciale entre époux. »

> L'imputation des libéralités démembrées se fait en assiette

• **Civ. 1re, 22 juin 2022,** n° 20-23.215, P

* V. ss n° 224.23

« Vu les articles 913 et 919-2 du Code civil :

8. Il résulte du premier de ces textes qu'aucune disposition testamentaire ne peut modifier les droits que les héritiers réservataires tiennent de la loi.

9. Aux termes du second, la libéralité faite hors part successorale s'impute sur la quotité disponible. L'excédent est sujet à réduction.

10. Il s'en déduit que les libéralités faites en usufruit s'imputent en assiette.

11. Pour rejeter la demande en réduction du legs formée par Mme [E] [U], l'arrêt retient que la valeur de l'usufruit du bien immobilier légué à Mme [V], estimé à soixante pour cent de sa valeur en pleine propriété, est inférieure au montant de la quotité disponible.

12. En statuant ainsi, alors que l'atteinte à la réserve devait s'apprécier en imputant le legs en usufruit sur la quotité disponible, non après conversion en valeur pleine propriété, mais en assiette, la cour d'appel a violé les textes susvisés. »

224.03 Bibliographie indicative.

Actualisables. *J.-Cl. Civ. Code*, art. 1091 à 1100, fasc. 30 et 40, par J. Patarin – *J.-Cl. Form. Not., v° Quotité disponible et réserve*, fasc. 80 et 90 par D. Epailly, et fasc. 95 par N. Levillain – Rép. civ., v° *Réserve héréditaire – Quotité disponible*, par E. Fongaro et M. Nicod, avr. 2022.

Ouvrages. M. Grimaldi, *Droit des successions*, 8e éd., « Manuels », LexisNexis, 2020 – Ph. Malaurie et C. Brenner, *Droit des successions et des libéralités*, 11e éd., « Droit civil », LGDJ, 2024 – F. Terré, Y. Lequette et S. Gaudemet, *Droit civil. Les successions. Les libéralités*, 5e éd., « Précis », Dalloz, 2024.

Articles. C. Brenner et F. Fruleux, « Les libéralités à la descendance et la protection du conjoint survivant », *Actes pratiques et stratégie patrimoniale* 2020. Dossier 27 – D. Epailly, « Quel cumul de droits pour le conjoint survivant ? Retour sur une jurisprudence ambiguë », *JCP N* 2018. 1245 – J. Hauser et P. Delmas Saint-Hilaire, « Les quotités disponibles et la loi du 3 décembre 2001 », *Defrénois* 2003, 739 – N. Levillain, « Le traitement liquidatif des libéralités faites au conjoint survivant en sept questions », *JCP N* 2009. 1315 ; « Famille recomposée : conjoint survivant héritier du quart légal et gratifié de l'universalité en usufruit », *AJ fam.* 2018. 326.

224.04 Questions essentielles.

> Comment combiner la quotité disponible ordinaire et la quotité disponible spéciale ?

* V. ss nos 224.21 s.

> Quelles sont les limites pour chaque libéralité lorsque le défunt a gratifié un tiers et le conjoint survivant ?

* V. ss nos 224.21 à 224.23

> Comment procéder à l'imputation des libéralités au conjoint sur le disponible spécial ?

* V. ss n° 224.41

SECTION 1
OBSERVATIONS PRÉLIMINAIRES

224.11 Domaine. Quotité disponible ordinaire et quotité disponible spéciale entre époux ne peuvent être combinées que dans une seule hypothèse : **lorsque le défunt gratifie son conjoint et un tiers et qu'il laisse à sa survivance des descendants.** La quotité disponible entre époux n'existe en effet qu'en présence de descendants (v. ss n° 223.11). Il s'agit alors de déterminer **sur quelle quotité s'impute chaque libéralité.** C'est le problème de la combinaison des quotités disponibles.

Trois conditions sont donc requises pour qu'il y ait combinaison des quotités disponibles :

– **la succession est dévolue à des descendants**, car sinon l'article 1094-1 est inapplicable (v. ss n° 223.11) ;

– le conjoint a reçu des libéralités ;

– le défunt a consenti **une ou plusieurs libéralités hors part successorale** à un tiers ou à un héritier, ou bien il a gratifié un héritier **en avancement de part successorale** mais cette libéralité excède la part de réserve du gratifié et doit s'imputer sur la quotité disponible.

224.12 Absence de cumul des deux quotités disponibles. En supposant les trois conditions requises satisfaites, il faut rechercher comment articuler les deux quotités disponibles. On pourrait être tenté de cumuler les deux en imputant les **libéralités au tiers sur le disponible ordinaire** et **celles faites au conjoint sur le disponible spécial**, tous deux calculés à partir de la masse de calcul de l'article 922 du Code civil (v. ss nos 311.21 s.). Mais cette solution n'est pas satisfaisante.

224.12-1 Pas de cumul des deux quotités disponibles.

EXEMPLE

Le défunt laisse à sa survivance trois enfants qui acceptent la succession et son conjoint à qui il a consenti une donation au dernier vivant. Il a par ailleurs légué la quotité disponible à un tiers tout en confirmant expressément le maintien de la donation entre époux.

Si on admettait le cumul :

– le conjoint a droit à l'une des trois quotités disponibles prévues par la loi. On suppose qu'il opte pour le quart en pleine propriété et les trois quarts en usufruit ;

– le tiers gratifié a vocation à recevoir la quotité disponible ordinaire soit un quart en pleine propriété, en présence de trois enfants.

Le cumul de ces deux quotités aboutirait à ce que le défunt ait disposé de 1/4 + 1/4 = 1/2 en pleine propriété et 3/4 en usufruit, soit 1/4 en usufruit de plus que le total de l'actif successoral.

Il faut donc nécessairement articuler la quotité disponible ordinaire avec la quotité disponible spéciale.

224.13 Origine jurisprudentielle et doctrinale des règles applicables. Les règles de combinaison des quotités disponibles ordinaire et spéciale ne sont pas codifiées. Elles résultent de la jurisprudence et sont au nombre de trois dont deux dégagées par l'arrêt rendu par la Cour de cassation le 26 avril 1984 [1]. C'est à partir de ces trois règles qu'a été élaborée une construction théorique nouvelle, à laquelle s'est ralliée la doctrine [2].

SECTION 2
PREMIÈRE RÈGLE : LIMITATION DES LIBÉRALITÉS À LA QUOTITÉ DISPONIBLE QUI LEUR EST PROPRE

224.21 Principe. La première règle relative à la combinaison des quotités disponibles a été dégagée par une jurisprudence ancienne [3], antérieure à la loi du 13 juillet 1963, mais qui n'a jamais été remise en cause. Selon cette règle : **chaque gratifié ne peut être gratifié que dans les limites de la quotité disponible qui lui est propre.** C'est ce que certains appellent le **principe du double plafond ou de spécialité** [4].

224.22 Mise en œuvre. La mise en œuvre du principe du double plafond conduit à limiter les libéralités faites à un tiers à la quotité disponible ordinaire et celle faites au conjoint survivant à l'une des quotités disponibles entre époux édictées par l'article 1094-1 du Code civil, selon le choix fait par le défunt ou à défaut par le conjoint.

1. Civ. 1re, 26 avr. 1984, n° 83-11.839, P I, n° 140 ; *D.* 1985. 133, note G. Morin ; *RTD civ.* 1985. 194, obs. J. Patarin ; *JCP N* 1986. II. 2, note J.-M. Arrault ; *GAJC*, 14e éd., Dalloz, 2024, t. 1, n° 160 – SUR CET ARRÊT, v. M. Grimaldi, « La combinaison de la quotité disponible ordinaire et de la quotité disponible entre époux : revirement de jurisprudence (après Civ. 1re, 26 avr. 1984) » ; *Defrénois* 1984. 33456, note G. Morin ; *Defrénois* 1985, art. 33565 ; *Gaz. Pal.* 1985. 2. 460, note E. Salle de la Marnierre ; *GAJC*, 14e éd., Dalloz, 2024, t. 1, n° 160.
2. M. Grimaldi, art. préc. ss prést n°, et *Droit des successions*, 8e éd., « Manuels », LexisNexis, 2020, nos 343 à 356 – F. Terré, Y. Lequette et S. Gaudemet, *Droit civil. Les successions. Les libéralités*, 5e éd., « Précis », Dalloz, 2024, nos 771 à 774 – G. Morin, note préc. ss prést n° – Ph. Malaurie et C. Brenner, *Droit des successions et des libéralités*, 11e éd., « Droit civil », LGDJ, 2024, nos 579 s. – J. Flour et H. Souleau, *Droit civil. Les successions*, 3e éd., « coll. U », A. Colin, 1991, nos 498 à 498-5.
3. Civ. 30 déc. 1902, *DP* 1903. 1. 151 ; *S.* 1904. 1. 303, note E. Naquet : « *Il est de principe que dans le concours de dispositions testamentaires en faveur du conjoint et d'un enfant, il y a lieu de combiner les deux quotités disponibles des articles 1034 et 913, de manière toutefois à renfermer chacun des gratifiés dans les limites de la quotité qui lui est propre, et à ne dépasser, dans aucun cas, la mesure de la quotité la plus étendue* ».
4. Ph. Malaurie et C. Brenner, *Droit des successions et des libéralités*, 11e éd., « Droit civil », LGDJ, 2024, n° 579.

Le **tiers** ou **l'héritier réservataire gratifié ne peut ainsi revendiquer des droits sur l'usufruit de la réserve,** au titre de sa libéralité.

Quant au **conjoint**, s'il opte pour la quotité disponible mixte en propriété et en usufruit, il **ne peut prétendre, en pleine propriété, à plus d'un quart,** quel que soit le nombre d'enfant laissé par le défunt.

224.23 1) Libéralités au profit d'un tiers portant sur des biens démembrés. Lorsqu'un tiers ou un héritier autre que le conjoint est gratifié en nue-propriété, il ne peut recevoir que la nue-propriété de la quotité disponible. De même, s'il est gratifié en usufruit, ses droits sont limités à l'usufruit de la quotité disponible.

Pour **comparer les droits démembrés à la quotité disponible en pleine propriété**, une jurisprudence ancienne prescrivait de **convertir ces droits en une valeur en pleine propriété** [5]. Une telle méthode peut aboutir à transmettre au tiers gratifié, par exemple en usufruit, une fraction de l'usufruit de la réserve. C'est pourquoi cette jurisprudence a été abandonnée : les libéralités démembrées doivent être imputées en assiette [6].

224.23-1 Conséquence de la conversion de l'usufruit pour l'imputation des libéralités faites à un tiers.

EXEMPLE

Le défunt laisse pour recueillir sa succession trois enfants non communs et son conjoint, bénéficiaire d'un legs portant sur l'usufruit de toute la succession. Le conjoint a par ailleurs été privé de ses droits en pleine propriété par le testament.

Le défunt a légué à titre préférentiel à son frère l'usufruit d'une maison de famille.

Son patrimoine comprend au décès :

– la maison de famille évaluée à 450 000 €

– un appartement évalué à 250 000 €

– des liquidités : 50 000 €.

On supposera qu'en raison de l'âge et de l'état de santé du légataire, l'usufruit est évalué à 20 % de la pleine propriété.

Masse de calcul de la quotité disponible. Biens existants :

Liquidités	50 000
Maison	450 000
Appartement	250 000
Ensemble	750 000
Dont le quart formant la quotité disponible	1/4
Est de	187 500
Dont les trois quarts formant la réserve globale	3/4
Sont de	562 500

5. Civ. 28 mars 1866, *DP* 1866. 1. 396.
6. Civ. 1re, 22 juin 2022, n° 20-23.215, P ; *D.* 2022. 1205 ; *AJ fam.* 2022. 450, obs. N. Levillain ; *RTD civ.* 2022. 682, obs. M. Grimaldi ; *JCP* 2022, n° 1017, note F. Sauvage ; *JCP N* 2022, n° 1209, note M. Nicod et A. Tani.

Si on procède **par conversion**, on constate que la valeur de l'usufruit légué au frère est de 20 % × 450 000 = 90 000 €, ce qui n'excède pas la valeur des biens formant la quotité disponible (187 500 €) et on en déduit que **le legs n'est pas réductible.**

En laissant s'exécuter le legs, on permet au frère de bénéficier d'un usufruit grevant non seulement la quotité disponible, composée de biens d'une valeur de 187 500 € mais également une fraction de la réserve à concurrence de 262 500 € (= 450 000 – 187 500), ce qui est contraire au principe selon lequel **les descendants doivent recueillir leur réserve libre de tout droit**, sauf l'usufruit dont est éventuellement gratifié le conjoint. Par ailleurs, cet usufruit empiète sur la quotité disponible spéciale du conjoint, laquelle porte sur l'usufruit de la réserve.

Les héritiers ou les tiers gratifiés ne peuvent prétendre à une quotité supérieure à la quotité disponible ordinaire au motif que la libéralité qui leur a été consentie porte sur des biens en nue-propriété ou en usufruit seulement, et ce même si la valeur des biens donnés ou légués n'excède pas la valeur de la quotité disponible ordinaire. La méthode de la conversion ne s'avère donc pas satisfaisante[1].

La quotité disponible se définit en effet non seulement par son taux mais également par la nature des droits dont la disposition est permise[2].

224.23-2 Imputation d'une libéralité faite à un tiers sur l'usufruit de la quotité disponible ordinaire.

EXEMPLE

MÊME HYPOTHÈSE QUE DANS L'EXEMPLE PRÉCÉDENT

Pour imputer l'usufruit dont a été gratifié le tiers, on change seulement la **méthode d'imputation : l'usufruit légué est imputé sur l'usufruit de la quotité disponible sans conversion.**

Le legs de l'usufruit de la maison porte sur des biens d'une valeur de 450 000 €, alors que l'usufruit de la quotité disponible ordinaire ne porte que sur des biens d'une valeur de 187 500 €. **Le legs consenti au frère du défunt est réductible,** bien que la valeur de l'usufruit légué : 20 % × 450 000 = 90 000 € soit inférieure à la quotité disponible ordinaire. Ce legs ne peut porter que sur 187 500/450 000 € de l'usufruit de la maison ; il est donc réductible à concurrence de 262 500/450 000 €. **La réduction se fait en valeur.** Le frère doit donc une indemnité de réduction égale à 262 500/450 000 € de la valeur de l'usufruit légué à l'époque du partage.

Conclusion : c'est la nature des droits qui compte et non leur valeur après conversion[3].

224.24 2) Libéralités consenties au conjoint survivant. Le conjoint survivant ne peut recevoir plus ou autre chose que l'une des trois quotités édictées par l'article 1094-1 du Code civil. Ainsi, lorsque le défunt ne laisse qu'un ou deux enfants, le conjoint survivant ne peut être gratifié du disponible ordinaire augmenté de l'usufruit de la réserve soit 1/2 en pleine propriété et 1/2 en usufruit si le défunt ne laisse qu'un enfant, 1/3 en pleine propriété et 2/3 en usufruit s'il en laisse deux. **L'ensemble de ses droits dans la succession reste limité à l'une des quotités disponibles entre époux.**

Par ailleurs les libéralités dont il est gratifié doivent être imputées sur ses **droits légaux (C. civ., art. 758-6), et** en cas de dépassement, le conjoint peut conserver la fraction de libéralité excédant ses droits légaux dans les limites de la quotité disponible spéciale[4]. Pour cette imputation qui intervient après le contrôle de l'intégrité de la réserve, la Cour de cassation a décidé qu'il fallait procéder par conversion[5] (v. s^s n°s 132.14 s.).

SECTION 3
DEUXIÈME RÈGLE : FIXATION D'UN MAXIMUM DISPONIBLE POUR L'ENSEMBLE DES LIBÉRALITÉS

224.31 Autonomie de chaque quotité disponible. Dans son arrêt rendu le 26 avril 1984[6], la Cour de cassation admet qu'un testateur peut disposer de l'usufruit de la totalité de sa succession au profit du conjoint et de la nue-propriété du quart de ses biens en faveur de deux de ses trois enfants. Elle reconnaît donc l'autonomie de chacun des disponibles, ce qui permet leur combinaison. Le défunt peut donc disposer de la **quotité disponible ordinaire au profit d'un tiers** et de la **quotité disponible spéciale au profit de son conjoint.** Cette solution a été confirmée par un arrêt également rendu par la première chambre civile de la Cour de cassation, le 12 mai 2010[7] : « *Un époux peut disposer en faveur de son conjoint de l'usufruit de la totalité des biens composant sa succession, par application de l'article 1094-1 du Code civil, et [...] cette libéralité, en ce qu'elle n'affecte pas la nue-propriété des biens, lui laisse la faculté de disposer au profit d'un tiers de la*

1. M. Grimaldi, *Droit des successions*, 8e éd., « Manuels », LexisNexis, 2020, n° 345.
2. M. Grimaldi, *Droit des successions*, 8e éd., « Manuels », LexisNexis, 2020, n° 345.
3. Confirmation du principe d'imputation en assiette par : Civ. 1re, 22 juin 2022, n° 20-23.215, P.
4. Civ. 1re, 25 oct. 2017, n° 17-10.644, P I, n° 227 ; *JCP N* 2017, n° 49, n° 1333, note F. Sauvage.
5. Civ. 1re, 17 janv. 2024, n° 21-20.520, P ; *D.* 2024. 110 ; *AJ fam.* 2024. 173, obs. N. Levillain ; *RTD civ.* 2024. 166, obs. M. Grimaldi.
6. Civ. 1re, 26 avr. 1984, n° 83-11.839, P I, n° 140 ; *D.* 1985. 133, note G. Morin ; *RTD civ.* 1985. 194, obs. J. Patarin ; *JCP N* 1986. II. 2, note J.-M. Arrault ; M. Grimaldi, « La combinaison de la quotité disponible ordinaire et de la quotité disponible entre époux : revirement de jurisprudence (après Civ. 1re, 26 avr. 1984) » ; *Defrénois* 1984. 33456, note G. Morin ; *Defrénois* 1985. 33565 ; *Gaz. Pal.* 1985. 2. 460, note E. Salle de la Marnierre ; *GAJC*, 13e éd., Dalloz, 2015, t. 1, n° 141.
7. Civ. 1re, 12 mai 2010, n° 09-11.133, P I, n° 111 ; *D.* 2010. 1346 ; *D.* 2010. 2392, note M. Nicod ; *AJ fam.* 2010. 331, obs. F. Bicheron.

nue-propriété de la quotité disponible, fixée par l'article 913 du Code civil ».

224.32 Maximum disponible pour toutes les libéralités. Il résulte de la jurisprudence ci-dessus citée que la quotité disponible ordinaire et la quotité disponible entre époux peuvent s'articuler, à condition qu'il ne soit pas porté atteinte à la nue-propriété de la réserve. Le **total des libéralités** faites au conjoint et à un tiers **ne peut donc excéder la quotité disponible ordinaire majorée de l'usufruit de la réserve**[1].

Concrètement, le disposant peut consentir des libéralités à d'autres personnes que le conjoint - tiers ou héritier - dans les limites de la quotité disponible ordinaire et gratifier son conjoint de l'usufruit de la réserve. Ainsi le maximum des libéralités s'établit comme suit :

MAXIMUM DES LIBÉRALITÉS

Nombre d'enfants	Quotité disponible ordinaire en pleine propriété	Usufruit de la réserve	Quotité disponible combinée = maximum des libéralités
1	1/2	1/2	1/2 PP + 1/2 usufruit
2	1/3	2/3	1/3 PP + 2/3 usufruit
3	1/4	3/4	1/4 PP + 3/4 usufruit

NB : PP = Pleine propriété.

La **règle** jurisprudentielle **permet d'éviter la remise en cause des libéralités en usufruit consenties au conjoint**. Auparavant en procédant à leur conversion en propriété pour les imputer sur la quotité disponible ordinaire, les libéralités en usufruit faites au conjoint étaient souvent réductibles lorsque le défunt avait consenti des libéralités en propriété à des tiers. Désormais, le **risque de réductibilité de ces libéralités en usufruit** n'existe que si elles **dépassent l'usufruit de la réserve**.

SECTION 4

TROISIÈME RÈGLE : IMPUTATION DES LIBÉRALITÉS AU CONJOINT SELON LEUR NATURE (PLEINE PROPRIÉTÉ OU USUFRUIT)

224.41 Méthode d'imputation dégagée par la doctrine. Les règles d'imputation des libéralités faites au conjoint, aujourd'hui applicables, résultent de l'arrêt rendu par la Cour de cassation le 26 avril 1984 et de l'interprétation qui en a été faite par la doctrine. La motivation de l'arrêt ne faisant plus référence aux notions antérieurement utilisées - disponible le plus fort et caractère simultané ou successif des libéralités - il en a été déduit que « *ceci revient à abandonner la règle classique d'imputation, selon laquelle, au cas de libéralités successives, celle qui est faite au conjoint s'impute principalement sur la quotité disponible ordinaire* »[2]. Il en résulte **deux règles d'imputation** :

- les **libéralités consenties aux tiers** ne s'imputent que sur la **quotité disponible ordinaire**, ainsi que cela était fait auparavant ;

- **l'imputation des libéralités au conjoint** dépend de la **nature de la libéralité** (pleine propriété ou usufruit), la conversion de l'usufruit en propriété étant définitivement abandonnée[3].

Ainsi, selon la méthode proposée par la doctrine dominante pour l'imputation des **libéralités faites au conjoint**[4] :

- les libéralités en usufruit s'imputent :

• principalement, sur l'usufruit de la réserve,

• et subsidiairement, sur l'usufruit de la quotité disponible ordinaire,

ce qui permet de laisser au disposant une plus grande liberté pour gratifier un tiers ;

- les libéralités en pleine propriété s'imputent :

• principalement, sur la quotité disponible ordinaire,

• et subsidiairement, sur l'usufruit de la réserve.

Elles sont alors **réduites en nue-propriété** pour la fraction de libéralité excédant le disponible ordinaire.

En conséquence, chaque libéralité doit être imputée sur la quotité disponible qui lui est propre : les libéralités faites aux tiers sur le disponible ordinaire, celles consenties au conjoint sur le disponible spécial, en respectant la nouvelle règle relative à la nature de ces libéralités (nue-propriété ou usufruit).

Après avoir procédé aux imputations, il convient de vérifier que chaque gratifié ne reçoit pas plus que le **maximum** que la loi l'autorise à recevoir ; sinon il faudra procéder à un nouvel **ajustement** de son émolument.

1. M. Grimaldi, *Droit des successions*, 8e éd., « Manuels », LexisNexis, 2020, no 346 ; *Defrénois* 1985. 33565, p. 881, no 32.

2. M. Grimaldi, *Droit des successions*, 8e éd., « Manuels », LexisNexis, 2020, no 354.

3. Civ. 1re, 26 avr. 1984, no 83-11.839, P I, no 140 ; *D.* 1985. 133, note G. Morin ; *Defrénois* 1984. 33456, note G. Morin ; *RTD civ.* 1985. 194, obs. J. Patarin ; *JCP N* 1986. II. 2, note J.-M. Arrault ; *Gaz. Pal.* 1985. 2. 460, note E. Salle de la Marnierre ; *GAJC*, 14e éd., Dalloz, 2024, t. 1, no 160.

4. M. Grimaldi, *Droit des successions*, 8e éd., « Manuels », LexisNexis, 2020, nos 354 à 356 – COMP. J. Patarin, *J.-Cl. Civ. Code*, art. 1091 à 1100, fasc. 30 ; *RTD civ.* 1985. 194 – Civ. 1re, 20 févr. 1996, no 93-17.115, P I, no 99 ; *RTD civ.* 1996. 452, obs. J. Patarin.

224.41-1 **Combinaison des quotités disponibles : legs en usufruit au conjoint et legs en pleine propriété à un tiers.**

EXEMPLE

Le défunt laisse pour recueillir sa succession trois enfants non communs et son conjoint. Par testament authentique, il a privé son conjoint de ses droits légaux dans sa succession, puis il lui a légué l'usufruit du logement de la famille. Il a par ailleurs légué à son petit-fils un studio. Il n'a consenti aucune autre libéralité.

Au décès, le patrimoine successoral comprend les biens suivants :

Maison servant de logement à la famille	300 000
Studio	90 000
Liquidités	60 000
Le passif successoral s'élève à :	10 000

Masse de calcul de la quotité disponible :

Actif :

Maison	300 000
Studio	90 000
Liquidités	60 000
Ensemble	450 000
Passif	– 10 000
Reste :	440 000
Dont le quart formant la quotité disponible	1/4
Est de :	110 000
Dont les trois quarts formant la réserve globale	3/4
Sont de :	330 000

Imputations :

Les deux legs consentis par le défunt s'imputent concurremment, le défunt n'ayant pas indiqué un ordre de préférence (C. civ., art. 926 et 927).

Le **legs au conjoint** a pour objet l'usufruit d'un bien. En application des règles qui viennent d'être exposées, il s'impute principalement sur l'usufruit de la réserve et subsidiairement sur celui de la quotité disponible, s'il y a lieu. En l'espèce, le legs portant sur l'usufruit de biens évalués à 300 000 € s'impute sur l'usufruit de la réserve globale (330 000 €) sans l'excéder. Il laisse le disponible ordinaire intact et n'est pas réductible.

Le **legs consenti au petit-fils** (90 000 € en pleine propriété) s'impute exclusivement sur la quotité disponible ordinaire (110 000 €), s'agissant d'un legs fait à un tiers, sans l'excéder. Il n'est donc pas non plus réductible.

224.41-2 **Combinaison des quotités disponibles. Libéralités en propriété et en usufruit au conjoint. Libéralité en propriété à un tiers. Réduction des libéralités.**

EXEMPLE

Le défunt laisse pour recueillir sa succession deux enfants non communs et son conjoint. Par testament authentique, il a privé son conjoint de ses droits légaux dans sa succession, puis il lui a légué l'usufruit du logement de la famille et la pleine propriété d'un portefeuille de valeurs mobilières. Il a par ailleurs légué à son petit-fils un studio. Il n'a consenti aucune autre libéralité.

On suppose que l'usufruit du conjoint est évalué à 30 % de la pleine propriété.

Au décès et au partage, le patrimoine successoral comprend les biens suivants :

Maison servant de logement à la famille	300 000
Portefeuille de valeurs mobilières	200 000
Studio	50 000
Liquidités	60 000
Le passif successoral s'élève à :	10 000

Masse de calcul de la quotité disponible :

Actif :

Maison	300 000
Portefeuille de valeurs mobilières	200 000
Studio	50 000
Liquidités	60 000
Ensemble	610 000
Passif	– 10 000
Reste	600 000
Dont le tiers formant la quotité disponible	1/3
Est de	200 000
Dont le quart formant la quotité disponible spéciale en propriété	1/4
Est de	150 000
Dont les deux tiers formant la réserve globale	2/3
Sont de	400 000

Imputations :

Les deux legs consentis par le défunt s'imputent concurremment, le défunt n'ayant pas indiqué un ordre de préférence (C. civ., art. 926 et 927).

Le **legs en usufruit fait au conjoint** s'impute, en application des règles qui viennent d'être exposées, principalement sur l'usufruit de la réserve et subsidiairement sur l'usufruit de la quotité disponible, s'il y a lieu. En l'espèce, le legs portant sur l'usufruit de biens évalués à 300 000 € s'impute sur l'usufruit de la réserve globale (450 000 €) sans l'excéder. Il laisse le disponible ordinaire intact et n'est pas réductible.

Les **legs en propriété consentis au petit-fils** (50 000 € en pleine propriété) et au conjoint (200 000 €) s'imputent sur la quotité disponible ordinaire (200 000 €). Le total légué (50 000 + 200 000 = 250 000 €) excédant la quotité disponible de 50 000 €, **les deux legs sont réductibles**.

La réduction se fait proportionnellement (C. civ., art. 926) :

– le **legs au conjoint** serait donc réductible à concurrence de 200 000/250 000 × 50 000 = 40 000 € et exécutable à concurrence de 200 000 – 40 000 = 160 000 €, les valeurs n'ayant pas changé entre le décès et le partage.

Toutefois, la quotité disponible spéciale entre époux en propriété n'est que de 150 000 € lorsque le conjoint a par ailleurs reçu des libéralités en usufruit (quotité disponible spéciale mixte d'un quart en pleine propriété et des trois quarts en usufruit). Aussi le legs en propriété fait au conjoint ne peut s'exécuter qu'à concurrence de 150 000 € et est réductible pour le surplus, les 10 000 € de différence retournent dans le disponible ordinaire.

La réduction ne porte toutefois que sur la nue-propriété, le legs s'imputant subsidiairement sur l'usufruit de la réserve. Le conjoint est donc débiteur d'une indemnité de réduction égale à 70 % (valeur de la nue-propriété) de la fraction réductible soit 70 % × (200 000 – 150 000) = 35 000 €, en supposant les valeurs constantes entre le décès et le partage.

Remarque : On procède à la conversion de la nue-propriété en une valeur en pleine propriété seulement au moment du partage, afin de déterminer le montant de l'indemnité de réduction à incorporer dans les restitutions. En revanche, la conversion ne doit pas être faite au stade des imputations.

– le **legs au petit-fils** devrait être réductible à concurrence de 50 000/250 000 × 50 000 = 10 000 €. Toutefois la réduction du legs au conjoint à la quotité disponible entre époux en propriété permet de libérer 10 000 € de disponible supplémentaire de sorte que le legs au petit-fils peut s'exécuter pleinement.

Masse à partager :

Biens existants :

	Nue-propriété	Usufruit	Pleine propriété
Maison			300 000
Portefeuille de valeurs mobilières			200 000
Studio			50 000
Liquidités			60 000
Ensemble			610 000
Passif			10 000
Reste			600 000
À déduire :			
Legs au petit-fils			50 000
Legs en propriété au conjoint			200 000
Reste			350 000
À déduire :			
Legs en usufruit au conjoint	–	300 000	–
Reste à partager	300 000	0	50 000
Restitutions			
Indemnité de réduction due par le conjoint	–	–	35 000
Ensemble	300 000	0	85 000
Dont moitié pour chaque héritier	1/2	–	1/2
Est de	150 000		42 500

224.42 Stratégie successorale. Dans les deux exemples qui précèdent, le conjoint avait été, par testament authentique, privé de ses droits légaux puis gratifié de diverses libéralités. Cette méthode permet au disposant de maîtriser ce qui est attribué au conjoint, en se plaçant sur le seul plan des libéralités, sans interférence de la quote-part successorale légale revenant au conjoint. La problématique de l'imputation des libéralités sur les droits légaux se trouve ainsi écartée.

CHAPITRE

225. Combinaison des quotités disponibles en cas de mariages successifs

SECTION 0 ORIENTEUR

225.01 Textes applicables.

• **C. civ.,** art. 265 et 1096

> Sort des donations entre époux

• **C. civ.,** art. 265

Le divorce est sans incidence sur les avantages matrimoniaux qui prennent effet au cours du mariage et sur les donations de biens présents quelle que soit leur forme.

Le divorce emporte révocation de plein droit des avantages matrimoniaux qui ne prennent effet qu'à la dissolution du régime matrimonial ou au décès de l'un des époux et des dispositions à cause de mort, accordés par un époux envers son conjoint par contrat de mariage ou pendant l'union, sauf volonté contraire de l'époux qui les a consentis. Cette volonté est exprimée dans la convention matrimoniale ou dans la convention signée par les époux et contresignée par les avocats ou par le juge au moment du prononcé du divorce et rend irrévocables l'avantage ou la disposition maintenus.

Toutefois, si le contrat de mariage le prévoit, les époux pourront toujours reprendre les biens qu'ils auront apportés à la communauté.

• **C. civ.,** art. 1096

La donation de biens à venir faite entre époux pendant le mariage est toujours révocable.

La donation de biens présents qui prend effet au cours du mariage faite entre époux n'est révocable que dans les conditions prévues par les articles 953 à 958.

Les donations faites entre époux de biens présents ou de biens à venir ne sont pas révoquées par la survenance d'enfants.

225.03 Bibliographie indicative.

Actualisable. *J.-Cl. Civ. Code*, art. 1091 à 1100, fasc. 30 et 40, par C.-M. Péglion-Zika.

Ouvrage. S. David et P.-J. Claux, Dalloz référence *Droit et pratique du divorce*, 2024/2025.

Articles. B. Beignier et M. Nicod, « Donations entre époux : d'un droit à l'autre », *Defrénois* 2005, art. 38100 – D. Epailly, « Le notaire et les donations entre ex-époux », *JCP N* 2008. Étude 27 – N. Levillain, « Trois mariages et un enterrement : le sort et le traitement liquidatif des libéralités consenties aux conjoints successifs », *Defrénois* 2009. 38961 – F. Sauvage, « Des conséquences du divorce sur les libéralités entre époux », *Defrénois* 2004, art. 38038.

225.04 Question essentielle.

> Les libéralités faites à l'ex-conjoint doivent-elles être traitées comme des libéralités entre époux ou comme des libéralités faites à des tiers ?

* V. s^s n°s 225.11 s.

SECTION UNIQUE

225.11 Difficultés liées aux libéralités consenties à l'ex-conjoint. Selon leur date et/ou leur objet ainsi que selon la volonté des parties, certaines libéralités entre époux ont pu être maintenues après le divorce [1]. Se pose alors la question de leur **traitement liquidatif au décès du disposant.** Faut-il traiter ces libéralités comme des **libéralités entre tiers,** l'ex-conjoint n'ayant plus la qualité de conjoint survivant au jour de l'ouverture de la succession ? Ou bien faut-il les traiter comme des **libéralités entre époux,** car à l'époque de la libéralité le gratifié avait la qualité de conjoint survivant ?

225.12 Application des règles de la quotité disponible entre époux. Le traitement liquidatif des libé-

1. Sur le sort des libéralités entre époux après divorce, v. Dalloz référence *Droit et pratique du divorce*, 2024/2025, n°s 222.11 à 222.207, par S. David et P.-J. Claux, .

ralités au(x) précédent(s) conjoint(s) dépend du **moment de la libéralité :**

– libéralité antérieure au mariage (entre concubins) ou postérieure au divorce : la libéralité est traitée comme une libéralité entre tiers et s'impute donc uniquement sur la quotité disponible ordinaire, à condition d'avoir pris effet avant le mariage ou après le divorce. Ainsi le legs fait à une concubine qui sera épouse au jour de l'ouverture de la succession, ne prenant effet qu'à cette date, doit être traité comme un legs au conjoint, le bénéficiaire ayant la qualité de conjoint survivant au jour du décès[1] ;

– **libéralité au cours d'un précédent mariage** : la libéralité faite alors que le gratifié avait la qualité de conjoint survivant est traitée comme une **libéralité entre époux** bien que le mariage ait été dissous. Ainsi, les libéralités faites au précédent conjoint pendant le mariage s'imputent-elles **sur la quotité disponible entre époux**[2]. Toutefois, il semblerait qu'il ne doive en être ainsi que si les époux en ont manifesté la **volonté certaine dans leur convention.**[3]

225.13 Mise en œuvre. Les libéralités consenties aux précédents conjoints au cours du mariage et **non révoquées par le divorce** sont en principe traitées comme des **libéralités entre époux.** Elles s'imputent donc **sur la quotité disponible spéciale,** en fonction des règles précédemment exposées (v. s[s] n° 225.12) :

– les **libéralités en propriété** s'imputent principalement sur la quotité disponible ordinaire et subsidiairement sur l'usufruit de la réserve,

– les **libéralités en usufruit** s'imputent principalement sur l'usufruit de la réserve et subsidiairement sur la quotité disponible ordinaire.

De telles imputations risquent de se rencontrer plus fréquemment car d'une part, **les donations de biens présents entre époux ne sont désormais plus librement révocables** (C. civ., art. 1096, al. 2) ; elles sont maintenues en cas de divorce (C. civ., art. 265, al. 1er). D'autre part, en cas de **maintien d'une disposition à cause de mort dans la convention de divorce** (donation entre époux ou clause de réversibilité d'usufruit, par exemple), celle-ci devient **irrévocable**[4].

1. Civ. 1re, 26 oct. 2011, n° 10-20.217, P I, n° 180 ; *AJ fam.* 2011. 609, obs. C. Vernières ; *RTD civ.* 2011. 793, obs. M. Grimaldi ; *Dr. fam.* 2011, n° 181, obs. B. Beignier ; *JCP N* 2012, n° 1114, note F. Sauvage.
2. *J.-Cl. Civ. Code*, art. 1091 à 1100, fasc. 40, spéc. n° 102, par J. Patarin.
3. *J.-Cl. Civ. Code*, art. 1091 à 1100, fasc. 30, spéc. n° 80, par J. Patarin, nuançant ses précédents propos.
4. POUR UN EX. DE MISE EN ŒUVRE, v. N. Levillain, « Trois mariages et un enterrement : le sort et le traitement liquidatif des libéralités consenties aux conjoints successifs », *Defrénois* 2009. 38961.

225.13-1 Traitement liquidatif d'une donation consentie au précédent conjoint.

EXEMPLE

Le défunt laisse pour recueillir sa succession trois enfants A, B et C d'une précédente union et son conjoint séparé de biens, bénéficiaire d'un legs de la quotité disponible en propriété seulement. En 1998, il avait consenti à ses enfants une donation portant sur la nue-propriété d'un appartement, à concurrence d'un tiers chacun. L'acte de donation stipulait une clause de réserve d'usufruit au profit du donateur et une clause de réversibilité d'usufruit au profit de son conjoint, qui était alors sa première épouse. Dans la convention de divorce, la clause de réversibilité d'usufruit a été expressément maintenue. Compte tenu de son âge au jour de la liquidation de la succession, le conjoint survivant voit son usufruit évalué à 20 % de la pleine propriété.

Patrimoine du défunt au décès :

– Maison évaluée à 300 000 €

– Liquidités pour un montant de 15 000 €

– Portefeuille de valeurs mobilières pour 50 000 €.

L'appartement donné en 1998 est évalué au décès comme au partage à 120 000 €.

Le passif de succession s'élève à 5 000 €.

Pour liquider la succession, il faut tout d'abord vérifier qu'il n'y a pas eu atteinte à la réserve.

I. *Contrôle de l'intégrité de la réserve*

A. Calcul de la quotité disponible et de la réserve :

1°) Biens existants

Maison	300 000
Liquidités	15 000
Portefeuille de valeurs mobilières	50 000
Ensemble	365 000

2°) Passif

Passif de succession	5 000
Reste	360 000

3°) Réunion fictive

Donations aux trois enfants et réversion d'usufruit	120 000
Masse de calcul	480 000
Dont le quart formant la quotité disponible ordinaire	1/4
Est de	120 000
Dont les trois quarts formant la réserve globale et l'assiette de la quotité disponible spéciale en usufruit	3/4
Sont de	360 000
Dont le tiers formant la réserve individuelle (en nue-propriété seulement)	1/3
Est de	120 000

B. *Imputations*

Les donations sont imputées avant les legs (C. civ., art. 923), en commençant par la plus ancienne.

La donation faite aux enfants s'impute donc la première, concurremment avec l'usufruit réversible, qualifié de donation de biens présents à terme par la jurisprudence[1].

Les **donations faites aux enfants** d'une valeur de 1/3 × 120 000 = 40 000 € en nue-propriété pour chacun s'imputent principalement sur la part de réserve de chaque enfant (120 000 €), sans l'excéder. Elles ne sont pas réductibles et laissent la quotité disponible en propriété intacte.

L'**usufruit réversible au profit de la première épouse** (usufruit de 120 000 €) s'impute principalement sur l'usufruit de la réserve (360 000 €) sans l'excéder. Cette libéralité n'est pas réductible et laisse intact le disponible en propriété.

Le **legs de la quotité disponible ordinaire fait au conjoint survivant** peut donc pleinement s'exécuter : le conjoint survivant peut ainsi recevoir 120 000/360 000 soit 1/3 de la valeur des biens existants au partage, en supposant qu'il opte pour une réduction en nature.

Le conjoint recueille ainsi un quart en pleine propriété et la première épouse une fraction de l'usufruit de la réserve, ce qui n'excède pas la quotité disponible spéciale mixte.

On notera qu'il ne reste plus de disponible pour l'exécution des droits légaux du conjoint, d'un quart en pleine propriété en présence d'enfants non communs (C. civ., art. 757). Il est donc inutile de calculer ces droits.

II. *Masse à partager*

1°) Biens existants

Maison	300 000
Liquidités	15 000
Portefeuille de valeurs mobilières	50 000
Ensemble	365 000

2°) Passif

Passif de succession	5 000
Reste	360 000

3°) Déduction des legs

Legs au conjoint survivant	120 000
Reste	240 000

4°) Restitutions

Rapport dû par les 3 enfants (80 % × 120 000 =)	96 000
Total à partager	336 000
Dont le tiers pour chaque enfant	1/3
Est de	112 000

Chaque enfant se voit attribuer son rapport (32 000 €) en moins prenant et une fraction des biens existants (80 000 €).

225.14 **Fiscalité.** Les **libéralités** consenties **aux précédents conjoints** sont en principe taxées comme des libéralités entre tiers. Toutefois il y a lieu d'appliquer le tarif entre époux aux donations à cause de mort consenties par contrat de mariage et aux donations éventuelles entre époux consenties pendant le mariage et non révoquées, dès lors qu'elles ont été expressément maintenues au moment du divorce ou qu'elles sont réputées irrévocables[2]. Ainsi, les donations entre époux et les usufruits successifs maintenus dans la convention de divorce sont exonérés de droits de succession en application de l'article 796-0 *bis* du Code général des impôts, bien que consentis à un précédent époux.

1. Civ. 1re, 21 oct. 1997, n° 95-19.759, P I, n° 291 ; *RTD civ.* 1998. 721, obs. J. Patarin ; *RTD civ.* 1998. 937, obs. F. Zénati ; *JCP* 1997. II. 22969, note I. Harel-Dutirou – Civ. 3e, 6 nov. 2002, n° 01-00.681, P III, n° 220 ; *AJ fam.* 2003. 32, obs. S. D.-B. ; *RTD civ.* 2003. 133, obs. J. Patarin – Cass., ch. mixte, 8 juin 2007, n° 05-10.727, P, n° 6 ; *Dr. fisc.* 2007, n° 761, note G. Rivière ; *AJ fam.* 2008. 434, obs. V. A.-R.

2. *BOI-ENR-DMTG*-10-20-10, n° 15.

LIVRE

3. LES OPÉRATIONS PRÉALABLES

SECTION 0

ORIENTEUR

3.00 Sommaire du livre.

TITRE

31. Le calcul de la quotité disponible

SECTION 0

ORIENTEUR

31.00 **Sommaire du titre.**

CHAPITRE

311. Notion et textes applicables

SECTION 0
ORIENTEUR

311.00 Sommaire du chapitre.

311.01 Textes applicables.

• **C. civ.,** art. 913, 914-1 et 922

> Taux de la réserve et de la quotité disponible en présence de descendant(s)

• **C. civ.,** art. 913

Les libéralités, soit par actes entre vifs, soit par testament, ne pourront excéder la moitié des biens du disposant, s'il ne laisse à son décès qu'un enfant ; le tiers, s'il laisse deux enfants ; le quart, s'il en laisse trois ou un plus grand nombre.

L'enfant qui renonce à la succession n'est compris dans le nombre d'enfants laissés par le défunt que s'il est représenté ou s'il est tenu au rapport d'une libéralité en application des dispositions de l'article 845.

Lorsque le défunt ou au moins l'un de ses enfants est, au moment du décès, ressortissant d'un État membre de l'Union européenne ou y réside habituellement et lorsque la loi étrangère applicable à la succession ne permet aucun mécanisme réservataire protecteur des enfants, chaque enfant ou ses héritiers ou ses ayants cause peuvent effectuer un prélèvement compensatoire sur les biens existants situés en France au jour du décès, de façon à être rétablis dans les droits réservataires que leur octroie la loi française, dans la limite de ceux-ci.

> Taux de la réserve et de la quotité disponible en présence de conjoint survivant non divorcé

• **C. civ.,** art. 914-1

Les libéralités, par actes entre vifs ou par testament, ne pourront excéder les trois quarts des biens si, à défaut de descendant, le défunt laisse un conjoint survivant, non divorcé.

> Constitution de la masse de calcul par réduction, déduction et réunion fictive

• **C. civ.,** art. 922

La réduction se détermine en formant une masse de tous les biens existant au décès du donateur ou testateur.

Les biens dont il a été disposé par donation entre vifs sont fictivement réunis à cette masse, d'après leur état à l'époque de la donation et leur valeur à l'ouverture de la succession, après qu'en ont été déduites les dettes ou les charges les grevant. Si les biens ont été aliénés, il est tenu compte de leur valeur à l'époque de l'aliénation. S'il y a eu subrogation, il est tenu compte de la valeur des nouveaux biens au jour de l'ouverture de la succession, d'après leur état à l'époque de l'acquisition. Toutefois, si la dépréciation des nouveaux biens était, en raison de leur nature, inéluctable au jour de leur acquisition, il n'est pas tenu compte de la subrogation.

On calcule sur tous ces biens, eu égard à la qualité des héritiers qu'il laisse, quelle est la quotité dont le défunt a pu disposer.

311.03 Bibliographie indicative.

Actualisables. *J.-Cl. Civ. Code*, v[is] *Libéralités, Réserve héréditaire, Quotité disponible, Masse de calcul*, art. 912 à 930-5, fasc. 20, 2022, par C. Brenner – Rép. civ., v° *Réserve héréditaire – Réduction des libéralités*, par S. Deville et M. Nicod, avr. 2020 [actu. juill. 2022].

Ouvrages. M. Grimaldi (dir.), Dalloz action *Droit patrimonial de la famille*, 2025/2026, 8e éd. – M. Grimaldi, *Droit des successions*, 8e éd., « Manuel », LexisNexis, 2020 – A.-M. Leroyer, *Droit des successions*, 4e éd., « Cours », Dalloz, 2020, n°s 538 s. – Ph. Malaurie et C. Brenner, *Droit des successions et des libéralités*, 10e éd., « Droit civil », LGDJ, 2022, n°s 538-553 – F. Terré, Y. Lequette et S. Gaudemet, *Droit civil. Les successions. Les libéralités*, 5e éd., « Précis », Dalloz, 2024, n°s 1196 s.

311.04 Questions essentielles.

> Dans quelles hypothèses doit-on calculer la quotité disponible ?

* V. s[s] n° 311.11

> Qu'est-ce que la quotité disponible ? Qu'est-ce que la réserve ?

* V. s[s] n° 311.12

SECTION 1
QUOTITÉ DISPONIBLE ET RÉSERVE

311.11 Contexte : succession volontaire, héritier(s) réservataire(s), libéralité(s). L'ensemble des développements à suivre ne concerne que les successions volontaires en présence d'héritiers réservataires. Si le défunt n'a consenti aucune libéralité ou s'il ne laisse pas d'héritier réservataire, l'étape des opérations préalables au partage est inutile. En l'absence de libéralité, il est certain que le défunt n'a pas porté atteinte à la réserve. En l'absence d'héritiers réservataires, le défunt a toute liberté pour disposer de ses biens. Aucun contrôle d'une éventuelle atteinte à la réserve n'est donc requis. La liquidation de la succession commence dans ces deux hypothèses à la masse à partager.

311.12 Notion. La **quotité disponible** et la **réserve** sont des **fractions complémentaires du patrimoine du défunt** : la somme des deux représente le **patrimoine total net** du défunt en supposant qu'il n'ait pas disposé de ses biens à titre gratuit. Ces fractions, dont le taux est déterminé selon les règles édictées par le Code civil aux articles 913 (descendants réservataires) et 914-1 (conjoint réservataire), sont calculées non pas d'après les biens laissés par le défunt mais à partir d'une masse permettant de reconstituer fictivement le patrimoine du défunt comme s'il n'avait consenti aucune libéralité : la **masse de calcul.** C'est à cette masse de calcul que sont appliqués les taux de la réserve et de la quotité disponible.

311.13 Composition : texte applicable. La formation de la masse de calcul comprend trois opérations édictées par l'article 922 du Code civil :

- *première opération : « La réduction se détermine en formant une masse de tous les biens existant au décès du donateur ou du testateur »* (C. civ., art. 922, al. 1er) ;

- *deuxième opération :* comme l'ancien article 922 du Code civil le prévoyait clairement en son deuxième alinéa, on déduit de la masse des biens existants les dettes de la succession.

Les rédacteurs de la réforme du 23 juin 2006 [1] ont modifié ce texte et mentionné désormais seulement, par erreur semble-t-il, la **déduction des dettes et charges grevant les biens donnés** et réunis fictivement à la masse de calcul : cependant on admettra, en vertu des principes « *les plus élémentaires* », qu'il faut continuer, comme par le passé, à déduire des biens existants les **dettes de la succession** [2] (v. s^s n°s 313.21 à 313.23) ;

- *troisième opération :* la « ***réunion fictive*** » : « *Les biens dont il a été disposé par donation entre vifs sont fictivement réunis à cette masse, après qu'en ont été déduites les dettes ou les charges les grevant* [...] » (C. civ., art. 922, al. 2).

« *On calcule sur tous ces biens, eu égard à la qualité des héritiers qu'il laisse, quelle est la quotité dont le défunt a pu disposer* » (C. civ., art. 922, *in fine*).

SECTION 2
MASSE DE CALCUL

311.21 Étapes de la formation de la masse de calcul. Ainsi, la formation de la masse de calcul se fait en trois étapes :

- la détermination des biens existants et leur évaluation (v. s^s n°s 312.01 s.) ;

- la déduction des dettes et charges (v. s^s n°s 313.01 s.) ;

- la détermination et l'évaluation des biens donnés entre vifs en vue de leur réunion fictive (v. s^s n°s 314.01 s.).

1. L. n° 2006-728, 23 juin 2006, portant réforme des successions et des libéralités, *JO* 24 juin, p. 9513.
2. *J.-Cl. Civ. Code, v^is Libéralités, réserve héréditaire, quotité disponible, masse de calcul*, art. 912 à 930-5, fasc. 20, spéc. n° 19, par C. Brenner.

CHAPITRE

312. Détermination et évaluation des biens existants

SECTION 0 ORIENTEUR

312.00 **Sommaire du chapitre.**

312.01 **Textes applicables.**

- **C. civ.,** art. 922
- **CGI,** art. 669

> Détermination et évaluation des biens existants entrant dans la masse de calcul

- **C. civ.,** art. 922

La réduction se détermine en formant une masse de tous les biens existant au décès du donateur ou testateur.

Les biens dont il a été disposé par donation entre vifs sont fictivement réunis à cette masse, d'après leur état à l'époque de la donation et leur valeur à l'ouverture de la succession, après qu'en ont été déduites les dettes ou les charges les grevant. Si les biens ont été aliénés, il est tenu compte de leur valeur à l'époque de l'aliénation. S'il y a eu subrogation, il est tenu compte de la valeur des nouveaux biens au jour de l'ouverture de la succession, d'après leur état à l'époque de l'acquisition. Toutefois, si la dépréciation des nouveaux biens était, en raison de leur nature, inéluctable au jour de leur acquisition, il n'est pas tenu compte de la subrogation.

On calcule sur tous ces biens, eu égard à la qualité des héritiers qu'il laisse, quelle est la quotité dont le défunt a pu disposer.

> Valorisation de l'usufruit par conversion en valeur en pleine propriété : évaluation forfaitaire

- **CGI,** art. 669

I. Pour la liquidation des droits d'enregistrement et de la taxe de publicité foncière, la valeur de la nue-propriété et de l'usufruit est déterminée par une quotité de la valeur de la propriété entière, conformément au barème ci-après :

ÂGE de l'usufruitier	VALEUR de l'usufruit	VALEUR de la nue-propriété
Moins de		
21 ans révolus	90 %	10 %
31 ans révolus	80 %	20 %
41 ans révolus	70 %	30 %
51 ans révolus	60 %	40 %
61 ans révolus	50 %	50 %
71 ans révolus	40 %	60 %
81 ans révolus	30 %	70 %
91 ans révolus	20 %	80 %
Plus de 91 ans révolus	10 %	90 %

Pour déterminer la valeur de la nue-propriété, il n'est tenu compte que des usufruits ouverts au jour de la mutation de cette nue-propriété.

II. L'usufruit constitué pour une durée fixe est estimé à 23 % de la valeur de la propriété entière pour chaque période de dix ans de la durée de l'usufruit, sans fraction et sans égard à l'âge de l'usufruitier.

312.02 **Jurisprudence de référence.**

> Évaluation des biens existants au jour de l'ouverture de la succession pour la détermination de la masse de calcul

- **Civ. 1re, 5 avr. 2005,** n° 01-12.810, P I, n° 175

* V. ss n° 312.61

« Vu l'article 922 du Code civil ; [...]

Qu'en statuant ainsi, alors que la masse de calcul prévue à l'article 922 du Code civil se compose des biens existant au décès **selon leur valeur à l'ouverture de la succession**, la cour d'appel a violé le texte susvisé, par refus d'application ; […]. »

> Réunion fictive d'une donation de somme d'argent ayant servi à acquérir une nue-propriété

• **Civ. 1re, 17 oct. 2019,** n° 18-22.810, P

* V. ss n° 312.32

« Vu l'article 922 du Code civil ;

Attendu que, selon ce texte, la réduction se détermine en formant une masse de tous les biens existant au décès du donateur ou du testateur ; que les biens dont il a été disposé par donation entre vifs sont fictivement réunis à cette masse, d'après leur état à l'époque de la donation et leur valeur à l'ouverture de la succession ; que s'il y a eu subrogation, il est tenu compte de la valeur des nouveaux biens au jour de l'ouverture de la succession, d'après leur état à l'époque de l'acquisition ; que la subrogation prévue par ce texte inclut toutes les donations, y compris celles de sommes d'argent ;

Qu'en statuant ainsi, alors qu'il ressortait de ses propres constatations que A… N… avait employé la somme d'argent donnée par sa mère à l'acquisition de la nue-propriété d'un bien immobilier, ce dont il résultait que c'est la valeur de ce bien au jour de l'ouverture de la succession, d'après son état à l'époque de son acquisition, qui devait être réunie fictivement à la masse de calcul de la réserve héréditaire et de la quotité disponible, en vue de déterminer une éventuelle réduction, la cour d'appel a violé le texte susvisé. »

> Assurance-vie incluse dans l'actif par la volonté du défunt

• **Civ. 1re, 10 oct. 2012,** n° 11-17.891, P I, n° 200

* V. ss n° 312.21

« Mais attendu qu'après avoir relevé que le testament énonce que le défunt déclare léguer le capital du contrat d'assurance-vie à sa fille Catherine et aux deux enfants de celle-ci, c'est par une appréciation souveraine de sa volonté que la cour d'appel a admis que le souscripteur avait entendu inclure ce capital dans sa succession et en gratifier les bénéficiaires désignés. »

> Assurance-vie incluse dans l'actif : caractère exagéré des primes en l'absence de jugement préalable

• **Com. 10 déc. 2013,** n° 12-22.424, NP

* V. ss n° 312.21

« Mais attendu qu'aucun texte n'impose qu'un jugement, constatant le caractère manifestement exagéré des sommes versées par le contractant à titre de primes, ait été préalablement rendu à la demande des héritiers. »

312.03 Bibliographie indicative.

Actualisables. *J.-Cl. Civ. Code*, Vis *Libéralités, Réserve héréditaire, Quotité disponible, Masse de calcul*, art. 912 à 930-5, fasc. 20, par C. Brenner – Rép. civ., v° *Réserve héréditaire – Réduction des libéralités*, par S. Deville et M. Nicod, avr. 2020 [actu. juill. 2022].

Ouvrages. P. Catala, *La réforme des liquidations successorales*, Defrénois, 1982 – M. Grimaldi (dir.), Dalloz action *Droit patrimonial de la famille*, 2025/2026, 8e éd. – M. Grimaldi *Droit des successions*, 8e éd., « Manuel », LexisNexis, 2020 – A.-M. Leroyer, *Droit des successions*, 4e éd., « Cours », Dalloz, 2020, nos 538 s. – Ph. Malaurie et C. Brenner, *Droit des successions et des libéralités*, 10e éd., « Droit civil », LGDJ, 2022, nos 559-567 – H., L. et J. Mazeaud, *Leçons de droit civil*, t. IV, vol. 2, *Successions et libéralités*, 5e éd., par S. et L. Leveneur, Montchrestien, 1999 – F. Terré, Y. Lequette et S. Gaudemet, *Droit civil. Les successions. Les libéralités*, 5e éd., « Précis », Dalloz, 2024, nos 1196 s.

Articles. J.-C. Brault, « La valeur d'un bien loué à un indivisaire », *Defrénois* 1988, art. 34144, p. 81 – P. Catala, « L'état du bien donné exploité sous forme sociale », *Mél. Rodières*, Dalloz, 1982, p. 55.

312.04 Questions essentielles.

> Quels biens figurent dans la masse de calcul de la quotité disponible et de la réserve ?

* V. ss nos 312.11 à 312.51

> Quelle est l'incidence d'un régime de communauté légale ou conventionnelle sur la détermination des biens existants ?

* V. ss nos 312.41 à 312.44-2

> À quelle date sont évalués les biens existants entrant dans la masse de calcul ?

* V. ss n° 312.61

> Comment évaluer des biens démembrés ?

* V. ss nos 312.81 à 312.83-1

SECTION 1
DÉTERMINATION DES BIENS EXISTANTS

§ 1
Définition

312.11 Notion de biens existants. Les biens existants sont **tous les biens laissés par le défunt à son décès,** en ce compris les biens dont il a disposé à cause de mort, soit par testament, soit par institution contractuelle (donation de biens à venir par contrat de mariage ou donation entre époux).

S'ajoutent à ces biens, les **contrats d'assurance-vie** que le défunt a expressément inclus dans sa succession notamment par des dispositions prises par testament [1].

§ 2
Biens exclus

312.21 Biens exclus. Sont donc exclus de la masse de calcul les biens et droits dont le défunt n'est plus ou n'est pas propriétaire au jour du décès.

1. Civ. 1re, 10 oct. 2012, n° 11-17.891, P I, n° 200 ; *JCP N* 2012. Actu. 903 ; *JCP N* 2012, n° 42, 1369, « Succession ou assurance-vie, il faut choisir ! », note P. Van Steenlandt.

Outre les biens donnés, qui ne font évidemment plus partie du patrimoine du défunt, on peut distinguer quatre catégories de biens exclus des biens existants :

- *d'une part*, les **droits viagers** - usufruit, droit d'usage et/ou d'habitation, rente, pension - qui s'éteignent par définition avec le titulaire ;

- *d'autre part*, les **droits qui sont résolus par le décès.** Cette seconde catégorie comprend les **droits assortis d'une clause d'accroissement** ainsi que les **biens grevés d'un droit de retour** conventionnel [1] ou légal.

En effet, la clause d'accroissement tout comme le droit de retour conventionnel anéantissent rétroactivement le droit de propriété du défunt.

Quant au **droit de retour légal**, il a en principe pour conséquence l'ouverture d'une **succession anomale**, laquelle est exclue de l'assiette de calcul de la réserve. Toutefois, si les biens compris dans la succession anomale ont été légués, la succession anomale ne peut s'ouvrir ; ces biens font par conséquent partie des biens existants composant la masse de calcul.

- Sont également exclus de la masse de calcul les biens qui ne font pas partie du patrimoine du défunt : **droits et créances** dont l'acquisition est subordonnée à une **condition suspensive**, fruits nés après le décès et également **capital d'un contrat d'assurance-vie souscrit au bénéfice d'un tiers** [2]. Les contrats d'assurance-vie peuvent toutefois être intégrés à l'actif successoral, et par conséquent à la masse de calcul, par la volonté du défunt. Cette volonté peut notamment être exprimée dans un testament aux termes duquel le disposant lègue le capital du contrat d'assurance-vie, manifestant ainsi sa volonté d'inclure ledit contrat dans la liquidation de sa succession [3]. Il a également été admis « *qu'aucun texte n'impose qu'un jugement, constatant le caractère manifestement exagéré des sommes versées par le contractant à titre de primes, ait été préalablement rendu à la demande des héritiers* », ce qui permet au bénéficiaire du contrat et aux héritiers de décider d'inclure dans l'actif successoral tout ou partie d'un contrat d'assurance-vie, à hauteur des primes qu'ils jugent manifestement exagérées [4].

- On ne tient pas non plus compte dans la masse de calcul des **biens sans valeur pécuniaire :** créances irrécouvrables sauf si le débiteur est un héritier [5], papiers de famille, décorations...

Enfin, les **souvenirs de famille** font l'objet d'une dévolution particulière [6] et sont en conséquence exclus de la masse de calcul.

312.22 **Fiscalité.** En principe les biens exclus civilement de la masse de calcul et de la masse à partager ne sont pas soumis aux droits de succession. Toutefois, certains biens, en raison de leur mode d'acquisition particulier, sont réintégrés à la part taxable de l'héritier propriétaire, bien qu'ils soient totalement exclus de la liquidation de la succession. Il s'agit notamment des **biens acquis en vertu d'une clause d'accroissement** (CGI, art. 754 A) à concurrence de la fraction acquise par le défunt. Il en va de même pour les biens dont le défunt était usufruitier et un présomptif héritier - ou ses descendants ou un légataire - étaient nus propriétaires. En application de la **présomption de propriété** édictée par l'article 751 du Code général des impôts, ces biens, bien qu'exclus de la liquidation de la succession, sont en principe soumis aux droits de succession au niveau de la part taxable de l'héritier nu-propriétaire. C'est alors la pleine propriété du bien qui est taxée, déduction faite des droits de mutation éventuellement payés lors de l'acquisition de la nue-propriété, si l'aliénation a été faite par le défunt (CGI, art. 751, al. 3).

Les biens soumis au **droit de mutation à titre gratuit** en application des règles fiscales doivent être inclus dans la base de calcul du **forfait mobilier**, dans la masse à partager figurant dans la déclaration de succession.

§ 3
Biens démembrés

312.31 **Cas particulier : biens démembrés.** Lorsque le défunt a disposé séparément de la nue-propriété et de l'usufruit d'un bien, la prise en compte de ce bien dans la masse de calcul de la quotité

1. POUR UNE ILLUSTRATION, v. Civ. 1re, 23 sept. 2015, n° 14-18.131, P I, n° 215 ; *D.* 2015. 1953 ; *AJ fam.* 2015. 618, obs. C. Vernières ; *LPA* 14 janv. 2016, n° 10, p. 18, obs. J.-G. Mahinga ; *Dr. fam.* 2015. Comm. 204, obs. M. Nicod ; *Defrénois* 2016. 180, obs. G. Champenois ; *RTD civ* 2016. 174, obs. B. Vareille : bien donné avec clause de retour conventionnel, décès du donataire sans postérité : le bien ne fait pas partie de la succession du donataire, il retourne dans le patrimoine du donateur (conséquence de l'arrêt : le conjoint ne peut exercer son droit viager sur le bien donné car ce bien ne fait pas partie de la succession).
2. Cass., ch. mixte, 23 nov. 2004, nos 01-13.592, 02-11.352, 02-17.507 et 03-13.673, P, n° 4 ; *GAJC*, 14e éd., Dalloz, 2024, n° 152 ; *GAJF*, 5e éd., Dalloz, 2009, n° 22 ; *RTD civ.* 2005. 88, obs. R. Encinas de Munagorri ; 434, obs. M. Grimaldi ; *RDI* 2005. 11, obs. L. Grynbaum ; *AJ fam.* 2005. 70, obs. F. Bicheron ; *AJDA* 2004. 2302, obs. M.-C. de Montecler et P. Seydoux.
3. Civ. 1re, 10 oct. 2012, n° 11-17.891, P I, n° 200 ; *AJ fam.* 2012. 627 ; obs. C. Vernières ; *JCP N* 2012. Actu. 903 ; Ph. Van Steenlandt, « Succession ou assurance-vie, il faut choisir ! », *JCP N* 2012. 1369.
4. Com. 10 déc. 2013, n° 12-22.424, NP ; *AJ fam.* 2014. 131 ; P. Murat, « Panorama de droit patrimonial de la famille », *Gaz. Pal.* 1er avr. 2014, p. 20.
5. Req. 28 juin 1910, *DP* 1914. 1. 219.
6. V. doctrine et jurisprudence citées ss C. civ., art. 721, *Code civil* Dalloz, 2020 art. 721 – M. Grimaldi, *Droit des successions*, 8e éd., « Manuel », LexisNexis, 2020, n° 275.

disponible et de la réserve dépend de la nature et de l'objet de l'acte en vertu duquel il a disposé de ces droits sur le bien. **Trois hypothèses** peuvent se rencontrer :

– **vente de la nue-propriété du bien avec réserve d'usufruit et clause de réversion d'usufruit au profit d'un tiers**, généralement le conjoint : seul l'usufruit du bien fait partie de la masse de calcul, s'il ne s'est pas éteint.

Cet usufruit n'entre alors pas dans les biens existants, puisqu'il a été donné, mais il y sera réuni fictivement, sauf à démontrer le caractère onéreux de l'opération. La clause de réversibilité d'usufruit s'analyse en effet comme une donation de biens présents à terme[1] (v. ss no 314.41) ;

– **vente de l'usufruit du bien seulement**, le défunt ayant conservé la nue-propriété : seule la **nue-propriété** du bien entre dans la **masse de calcul** qu'elle ait été léguée ou non. Mais si l'usufruit s'est éteint avant le décès, le bien figure dans les biens existants pour sa valeur en pleine propriété ;

– **legs de la nue-propriété du bien à un tiers** (généralement un descendant), legs de l'usufruit à un autre tiers (généralement le conjoint) : le bien doit être inscrit dans la masse de calcul pour sa valeur en pleine propriété.

312.32 Donation d'une somme d'argent pour acquérir une nue-propriété. Lorsque donateur et donataire ont pour projet d'acquérir ensemble un bien, le premier pour l'usufruit, le second pour la nue-propriété, l'article 751 du Code général des impôts propose une solution pour éviter tout risque de taxation de l'opération aux droits de successions au décès de l'usufruitier : ce dernier donne une somme d'argent permettant d'acquérir la nue-propriété et acquiert l'usufruit. Les droits de donation sont alors acquittés sur la somme d'argent donnée et tout risque de taxation aux droits de succession est écarté.

Fréquent en pratique en raison de son intérêt fiscal, le montage a posé problème au niveau civil dans le cadre de la liquidation de la succession du donateur/usufruitier, à propos d'une donation hors part successorale de somme d'argent : faut-il réunir fictivement le nominal de la somme d'argent donnée ou la valeur des biens acquis en emploi de ces deniers ?

L'article 922 du Code civil ne vise en effet pas les donations de sommes d'argent. Toutefois, les règles de liquidation et de partage des successions étant similaires – l'article 922 alinéa 2 du Code civil est la transposition de l'article 860 du Code civil en valeur décès –, la doctrine s'accorde à considérer qu'il est possible de raisonner par analogie avec les règles du rapport, l'absence de référence à la donation de somme d'argent à l'article 922 du Code civil étant considérée comme une omission du législateur[2]. C'est également la position prise par la Cour de cassation dans un arrêt de 2007 en application de l'ancien article 922 du Code civil[3] et confirmée par un arrêt du 17 octobre 2019[4]. Ainsi, en cas d'acquisition d'un bien au moyen de deniers donnés, la réunion fictive sera de la valeur des biens acquis en emploi de ces deniers, sauf si la dépréciation de ces biens est inéluctable au jour de leur acquisition (biens de consommation).

Une fois la subrogation admise, il faut ensuite déterminer si la réunion fictive porte sur la nue-propriété acquise uniquement ou sur la pleine propriété du bien dès lors que l'usufruit s'est éteint par le décès du donateur de somme d'argent.

L'article 922 alinéa 2 du Code civil énonce que la réunion fictive porte sur la valeur des biens subrogés au jour du décès compte tenu de leur état au jour de l'acquisition, les changements d'état imputables au donataire ne devant pas être pris en compte. Ainsi, en cas de donation d'une nue-propriété, la réunion fictive porte sur la pleine propriété des biens donnés si l'usufruit s'est éteint par le décès de l'usufruitier[5]. Il en va de même en cas d'extinction par décès de l'usufruit portant sur une nue-propriété acquise au moyen de deniers donnés, la reconstitution de la pleine propriété ne résultant pas du fait du donataire. *A contrario*, si le donataire a acquis à titre onéreux l'usufruit, la réunion fictive ne peut porter que sur la nue-propriété acquise en emploi des deniers donnés.

§ 4
Biens communs

312.41 Biens communs. Lorsque le défunt était marié sous un régime de communauté, deux hypothèses peuvent se rencontrer.

1. Civ. 1re, 21 oct. 1997, no 95-19.759, P I, no 291 ; *JCP* 1997. II. 22969 ; *JCP N* 1998. 397, note I. Harel-Dutirou ; *JCP* 1999. I. 132, no 5, obs. R. Le Guidec ; *RTD civ.* 1998. 721, obs. J. Patarin ; *RTD civ.* 1998. 937, obs. F. Zénati ; *LPA* 18 août 1999, note G. Teilliais.

2. F. Terré, Y. Lequette et S. Gaudemet, *Droit civil. Les successions. Les libéralités*, 5e éd., « Précis », Dalloz, 2024, no 1213 b – M. Grimaldi, *Droit des successions*, 8e éd., « Manuel », LexisNexis, 2020, no 813.
3. Civ. 1re, 4 juin 2007, no 06-14.473, NP : « *Vu l'article 922 dans sa rédaction alors applicable ; Attendu, d'une part, que la subrogation prévue par ce texte inclut toutes les donations, y compris celles de sommes d'argent sans distinguer entre l'emploi des deniers donnés et le remploi de deniers provenant de la vente du bien donné* [...] ».
4. Civ. 1re, 17 oct. 2019, no 18-22.810, P ; *D.* 2019. 2038 ; *AJ fam.* 2019. 661, obs. N. Levillain ; *Dr. fam.* 2019, no 245, note M. Nicod ; *JCP N* 2020, no 1067, note F. Sauvage ; *RDC* 2020/2. 102, note F. Danos.
5. Civ. 1re, 28 sept. 2011, no 10-20.354, NP : arrêt relatif au rapport, mais cité en doctrine également pour la réunion fictive.

312.42 **1) Communauté non liquidée au jour de la succession.** En premier lieu, cas le plus fréquent, la communauté n'a pas été liquidée au jour de l'ouverture de la succession. Il faut alors déterminer les **droits du conjoint dans la communauté** en tenant compte des éventuelles **clauses du contrat de mariage** dérogeant au partage par moitié (clause d'attribution intégrale, clause de préciput, clause de partage inégal...). Si la liquidation de la succession doit se faire dans le cadre d'une demande en justice, il est alors nécessaire d'assigner en liquidation du régime matrimonial et de la succession.

Ces droits **font partie des biens existants entrant dans la masse de calcul** de la quotité disponible et de la réserve. Ils s'ajoutent aux biens propres du défunt et doivent être **évalués au décès de ce dernier,** comme tous les biens existants faisant partie de cette masse de calcul. Une **double liquidation de la communauté** est donc nécessaire : **liquidation au décès** pour le calcul de la quotité disponible et **liquidation au partage**[1].

La composition de la communauté est en principe fixée au jour du décès. Toutefois, si les époux étaient séparés de fait depuis plusieurs années, les héritiers de l'époux prédécédé[2] ou le conjoint survivant peuvent demander sur le fondement de l'article 1442 alinéa 2 du Code civil que « *dans leurs rapports mutuels, l'effet de la dissolution soit reporté à la date où ils ont cessé de cohabiter et de collaborer.* » Dans ce cas, la composition de la commmunauté est fixée à cette date mais l'évaluation des biens a lieu au décès pour le calcul de la quotité disponible et au partage pour le partage de communauté et la succession.

Si le conjoint était marié sous le régime de la communauté de meubles et acquêts, tous les biens de nature mobilière font partie de la communauté quel que soit leur mode d'acquisition (C. civ., art. 1498, al. 1er). En particulier, des parts de société d'attribution reçues par succession font partie de l'actif commun en raison de leur nature mobilière[3].

312.42-1 **Détermination du boni de communauté à inclure dans la masse de calcul en présence d'une clause de préciput.**

EXEMPLE

Le défunt est marié sous le régime de la communauté légale mais son contrat de mariage contient une clause de préciput au profit du conjoint survivant portant sur le logement de la famille et le mobilier le garnissant.

Au décès, la communauté comprend les biens suivants :

Appartement servant de logement de la famille	200 000
Mobilier garnissant cet appartement	10 000
Immeuble de rapport	150 000
Diverses liquidités en banque	45 000
Le passif de communauté s'élève à	5 000

Actif de communauté :

Appartement	200 000
Mobilier garnissant l'appartement	10 000
Immeuble de rapport	150 000
Liquidités	45 000
Actif brut de communauté	405 000

Passif de communauté :

Passif	5 000
Actif net de communauté	400 000

À déduire :

Le préciput sur l'appartement	200 000	
Le préciput sur le mobilier	10 000	
Ensemble	210 000	– 210 000
Reste à partager entre les époux		190 000
Dont moitié revenant à chaque époux ou à sa succession		1/2
Est de :		95 000

La moitié du *boni* de communauté d'un montant de 95 000 € fait partie des biens existants composant la masse de calcul de la quotité disponible.

Le conjoint survivant a droit quant à lui à l'autre moitié du *boni* de communauté (95 000 €) ainsi qu'à l'appartement et au mobilier le garnissant, objets de la clause de préciput.

312.43 **2) Communauté partagée au jour de la succession.** Parfois, et c'est la seconde hypothèse, la communauté a déjà été partagée (après un changement de régime matrimonial par exemple). Alors, la masse de calcul comprendra non pas le *boni* de communauté mais les **biens attribués au défunt dans le partage, réévalués** pour les besoins de la liquidation **à la date du décès.**

312.44 **Solde du compte de récompenses du défunt.** La liquidation du régime de communauté peut faire apparaître un solde de compte de récompenses soit en faveur de la communauté, soit en faveur de la succession du défunt.

Si le **solde du compte de récompenses est en faveur de la communauté,** cela signifie que la succession est débitrice de la communauté. Cette **dette** doit être **inscrite au passif de succession** après avoir été **évaluée au décès,** ce qui nécessite une double liquidation de la communauté (v. ss no 312.42).

1. POUR UN EXEMPLE DE DOUBLE LIQUIDATION, v. H. Mazeron, « Questions pratiques », *Defrénois* 1998. 95 à 118.
2. Civ. 2e, 25 juin 1998, no 96-19.375, P ; *Defrénois* 1999. 430, obs. G. Champenois ; *Dr. fam.* 1998, no 156, note B. Beignier ; *RTD civ.* 1999. 175, obs. B. Vareille.
3. Civ. 1re, 12 juill. 2017, no 16-20.190, NP.

Si le **solde du compte de récompenses** est **en faveur de la succession,** alors c'est que la succession est créancière de la communauté. Cette **créance,** également **évaluée au décès,** fait partie des **biens existants** composant la masse de calcul.

312.44-1 Solde du compte de récompenses en faveur de la communauté.

EXEMPLE

Le défunt était marié sous le régime de la communauté légale.

L'actif net de communauté hors récompenses est évalué à 350 000 € au décès et à 400 000 € au partage.

Le solde du compte de récompenses du conjoint survivant est nul tandis que celui de la succession est débiteur. La succession doit en effet récompense à la communauté à raison de l'acquisition à titre de remploi faite par le défunt d'un bien évalué à 120 000 € au décès et 150 000 € au partage, la communauté ayant financé 40 % du coût total d'acquisition.

Pour la détermination de la masse de calcul, il faut calculer le *boni* de communauté et le solde du compte de récompenses de la succession en valeur décès.

	Valeur décès	Valeur partage
Actif net de communauté :	350 000	400 000
Solde du compte de récompenses de la succession en faveur de la communauté – Au décès : (120 000 × 40 %) = 48 000 – Au partage : (150 000 × 40 %) = 60 000	48 000	60 000
Actif de communauté à partager :	398 000	460 000
Dont moitié pour chaque époux	1/2	1/2
Est de	199 000	230 000

La moitié du *boni* de communauté calculé en valeur décès s'ajoute aux biens propres dans la masse de calcul de la quotité disponible.

Le solde du compte de récompenses, au décès, constitue un passif de succession qui doit être déduit des biens existants comme on le verra ci-dessous (v. s[s] n° 313.21).

Les valeurs au partage permettent de liquider le régime matrimonial et de déterminer le *boni* de communauté et le solde du compte de récompenses de la succession à prendre en compte dans la masse à partager de la succession.

312.44-2 Solde du compte de récompenses en faveur de la succession.

EXEMPLE

Le défunt était marié sous le régime de la communauté légale.

L'actif net de communauté hors récompenses est évalué à 350 000 € au décès et à 400 000 € au partage.

Le solde du compte de récompenses du conjoint survivant, évalué à 140 000 € au décès comme au partage, est en faveur du conjoint survivant. Le solde du compte de récompenses de la succession, évalué à 80 000 € au décès et 90 000 € au partage, est en faveur de la succession.

Comme précédemment, pour les besoins de la masse de calcul de la quotité disponible, il faut déterminer le *boni* de communauté et le solde du compte de récompenses de la succession en valeur décès.

Actif net de communauté :		350 000
À déduire		
solde du compte de récompenses du conjoint	140 000	
solde du compte de récompenses de la succession	80 000	
Ensemble	220 000	– 220 000
Actif net de communauté au décès :		130 000
Dont moitié pour chaque époux		1/2
Est de		65 000

Les biens existants entrant dans la masse de calcul de la quotité disponible comprennent, outre les éventuels biens propres du défunt, la moitié du *boni* de communauté (65 000 €) et le solde du compte de récompenses en faveur de la succession (80 000 €) évalués tous deux au décès.

Pour la détermination de la masse à partager, la communauté doit ensuite être liquidée en valeur partage.

§ 5 Biens indivis

312.51 Biens indivis. Lorsque le défunt se trouve en indivision sur un bien déterminé ou une masse de biens – peu importe l'origine de l'indivision : régime matrimonial, indivision conventionnelle, indivision résultant d'un PACS, indivision successorale... – **les droits indivis font partie des biens existants à inclure dans la masse de calcul, sauf** si le **partage** est intervenu avant le décès. Dans ce dernier cas, seuls les biens attribués au défunt font partie des biens existants.

SECTION 2 ÉVALUATION DES BIENS EXISTANTS

§ 1 Principe

312.61 Principe. L'évaluation des biens existants en pleine propriété ne soulève aucune difficulté : ils sont estimés d'après leur état et leur valeur au jour du décès[1]. Les plus ou moins-values advenues aux biens après l'ouverture de la succession ne doivent pas être prises en compte.

Doivent toutefois être respectées les règles d'évaluation résultant du **droit local,** notamment dans les

1. Civ. 1re, 5 avr. 2005, n° 01-12.810, P I, n° 175 ; *AJ fam.* 2005. 281, obs. F. Bicheron ; *RTD civ.* 2005. 441, obs. M. Grimaldi.

départements du Bas-Rhin, du Haut-Rhin et de la Moselle, où un texte spécifique énonce que les biens ruraux dépendant des successions liquidées dans ces départements doivent être évalués non pas d'après leur valeur vénale mais, **à dire d'experts**, et sur la base du **revenu net moyen de l'exploitation** à l'époque de l'ouverture de la succession (L. 1er juin 1924, art. 73). Cette règle dérogatoire d'évaluation a en effet été considérée comme conforme à la Constitution[1].

§ 2 Exception

312.71 Exception : bien antérieurement loué au légataire. L'immeuble légué par le défunt au preneur à bail doit être évalué libre de toute occupation[2] car, en acceptant le legs, le preneur devient rétroactivement propriétaire du bien loué au jour du décès du testateur, le bail s'éteignant à ce jour par la réunion sur la même tête des qualités de propriétaire et de locataire.

§ 3 Biens démembrés

312.81 Biens démembrés. Lorsque les biens existants comprennent des biens démembrés, se pose la question de leur prise en compte dans les calculs.

Deux méthodes sont envisageables.

312.82 Valorisation de l'usufruit par conversion en valeur en pleine propriété (première méthode). La première méthode consiste à convertir la valeur des droits démembrés - usufruit ou nue-propriété - en une valeur en pleine propriété qui pourra être aisément ajoutée à la valeur des autres biens existants. **L'évaluation** se fait alors **en fonction de l'espérance de vie de l'usufruitier.** Pour ce faire, il existe deux techniques d'évaluation :

- **l'évaluation forfaitaire**, en recourant par exemple au barème de l'article 669 du Code général des impôts. Cette méthode présente **l'avantage de la simplicité** et permet d'avoir une seule liquidation pour le règlement civil de la succession et pour l'établissement de la déclaration de succession. Elle est toutefois **imprécise** puisque les valeurs sont fixées par tranches de dix années et elle aboutit parfois à des solutions aberrantes en cas d'usufruit non viager[3] ;

- **l'évaluation personnalisée ou « *économique* » :** cette évaluation, plus difficile à calculer, tient compte, non seulement de l'âge et de l'état de santé de l'usufruitier, mais également des revenus du bien démembré et de son espérance de plus-value. Un calcul d'actualisation des flux financiers dégagés par les biens permet de déterminer la valeur de l'usufruit[4].

312.82-1 Valorisation de l'usufruit pour la masse de calcul.

EXEMPLE

Le défunt a reçu par donation la nue-propriété d'un immeuble évalué à 200 000 € en pleine propriété au jour du décès, le donateur, toujours en vie, s'en étant réservé l'usufruit.

On suppose que l'usufruit vaut 40 % de la valeur de la pleine propriété et que le défunt laisse par ailleurs des biens d'une valeur de 150 000 €.

Biens existants au décès :	
Nue-propriété de l'immeuble 200 000 × 60 % = 120 000	120 000
Autres biens existants :	150 000
Ensemble	270 000

312.83 Distinction entre la nue-propriété et l'usufruit en vue des imputations (deuxième méthode). La seconde méthode consiste à prendre en compte l'usufruit et/ou la nue-propriété du bien dans des colonnes différentes sans procéder à la conversion en une valeur en pleine propriété. Cette seconde méthode est préconisée par M. Grimaldi[5], et soutenue par une grande partie de la doctrine (MM. Mazeaud, Leveneur et Brenner)[6]. Ce raisonnement en assiette est confirmé par la jurisprudence[7].

312.83-1 Prise en compte de l'usufruit sans valorisation.

EXEMPLE

Si on reprend les données de l'exemple précédent, les biens existants doivent être comptabilisés comme suit :

	Nue-propriété	Usufruit	Pleine propriété
Immeuble reçu par donation	200 000	–	–
Autres biens existants	–	–	150 000
Total des biens existants	200 000	–	150 000

L'intérêt de cette seconde méthode apparaît pleinement au moment de l'imputation des libéralités (v. ss nos 322.33 s.).

1. Cons. const. 28 sept. 2012, n° 2012-274 QPC, *D.* 2012. 2242 ; *AJ fam.* 2012. 566.
2. Civ. 1re, 10 juill. 1984, n° 83-12.065, P I, n° 226 ; *JCP N* 1985, n° 9463, p. 359 ; *Gaz. Pal.* 1985. 1. Pan. jurispr., p. 13.
3. *J.-Cl. Civ. Code*, art. 578 à 581, fasc. unique, nos 92 et 93.
4. Rouen, 26 sept. 1972, *Journ. not. et av.* 1974. 587, note Raison.
5. M. Grimaldi, *Droit des successions*, 8e éd., « Manuel », LexisNexis, 2020, n° 815.
6. H., L. et J. Mazeaud, *Leçons de droit civil*, t. IV, vol. 2, *Successions et libéralités*, 5e éd., par S. et L. Leveneur, Montchrestien, 1999, n° 921 – *J.-Cl. Civ. Code*, art. 912 à 930-5, fasc. 20, spéc. n° 27, par C. Brenner.
7. Civ. 1re, 22 juin 2022, n° 20-23.215, B ; *D.* 2022. 1205 ; *AJ fam.* 2022. 450, obs. N. Levillain ; *RTD civ.* 2022. 682, obs. M. Grimaldi ; *JCP* 2022, n° 1017, note F. Sauvage ; *JCP N* 2022, n° 1209, note M. Nicod et A. Tani.

§ 4
Fiscalité

312.91 **Évaluation selon les règles civiles.** La déclaration de succession doit inclure les **opérations préalables**, car elles permettent de comprendre et déterminer la part taxable de chacun des héritiers. À ce stade, la liquidation présentée se fait selon les règles civiles, notamment pour l'évaluation des biens.

CHAPITRE

313. Déduction des dettes et charges de la succession

SECTION 0 ORIENTEUR

313.00 Sommaire du chapitre.

313.01 Textes applicables.

> Principe de déduction des dettes

• **C. civ.,** art. 922

La réduction se détermine en formant une masse de tous les biens existant au décès du donateur ou testateur.

Les biens dont il a été disposé par donation entre vifs sont fictivement réunis à cette masse, d'après leur état à l'époque de la donation et leur valeur à l'ouverture de la succession, après qu'en ont été déduites les dettes ou les charges les grevant. Si les biens ont été aliénés, il est tenu compte de leur valeur à l'époque de l'aliénation. S'il y a eu subrogation, il est tenu compte de la valeur des nouveaux biens au jour de l'ouverture de la succession, d'après leur état à l'époque de l'acquisition. Toutefois, si la dépréciation des nouveaux biens était, en raison de leur nature, inéluctable au jour de leur acquisition, il n'est pas tenu compte de la subrogation.

On calcule sur tous ces biens, eu égard à la qualité des héritiers qu'il laisse, quelle est la quotité dont le défunt a pu disposer.

313.02 Jurisprudence de référence.

> Déductibilité des charges successorales

• **Civ. 1re, 10 déc. 1968,** P I, no 318

* V. ss no 313.22

« Vu l'article 922 du Code civil ;

Attendu qu'au nombre des dettes, dont ce texte prescrit la déduction en vue du calcul de la quotité disponible et de la réserve doivent être compris les frais funéraires et les frais de liquidation et de partage de la succession ; [...]. »

> Lorsque le passif excède l'actif, la masse de calcul ne comprend que la réunion fictive des libéralités

• **Civ. 1re, 1er déc. 1964,** P I, no 536

* V. ss no 313.31

« Vu l'article 922 du Code civil ;

Attendu que pour fixer la consistance de la masse de calcul de la quotité disponible, la cour d'appel a déduit le passif du total formé par les biens existant au décès de A... et les biens par lui donnés à ses trois fils ;

Qu'en statuant ainsi, alors que le passif excédant l'actif, la déduction ne devait être opérée que sur les seuls biens existants au décès à l'exclusion de ceux qui avaient fait l'objet de la donation, la cour d'appel a violé par fausse application le texte susvisé ; [...]. »

313.03 Bibliographie indicative.

Actualisables. *J.-Cl. Civ. Code, Vis Libéralités, Réserve héréditaire, Quotité disponible, Masse de calcul*, art. 912 à 930-5, fasc. 20, par C. Brenner – Rép. civ., vo *Réserve héréditaire – Réduction des libéralités*, par S. Deville et M. Nicod, avr. 2020 [actu. juill. 2022].

Ouvrages. M. Grimaldi (dir.), Dalloz action *Droit patrimonial de la famille*, 2025/2026, 8e éd. – M. Grimaldi, *Droit des successions*, 8e éd., « Manuel », LexisNexis, 2020 – A.-M. Leroyer, *Droit des successions*, 4e éd., « Cours », Dalloz, 2020, nos 593 s. – Ph. Malaurie et C. Brenner, *Droit des successions et des libéralités*, 10e éd., « Droit civil », LGDJ, 2022, no 560 – F. Terré, Y. Lequette et S. Gaudemet, *Droit civil. Les successions. Les libéralités*, 5e éd., « Précis », Dalloz, 2024, nos 1172 s.

313.04 Questions essentielles.

> Quelles dettes peut-on déduire au titre du passif dans la masse de calcul de la quotité disponible ?

* V. ss nos 313.21 et 313.21-1

> Quelles sont les charges successorales déductibles de la masse de calcul ?

* V. ss nos 313.22 à 313.23

> Après avoir déduit des biens existants le passif, que faire si le solde est négatif ?

* V. ss no 313.31

SECTION 1
PRINCIPE DE LA DÉDUCTION ET CHAMP D'APPLICATION

313.11 Principe. La quotité disponible et la réserve constituent ensemble, on l'a vu, le patrimoine théorique du défunt en supposant qu'il n'a consenti aucune libéralité. Cette reconstitution du patrimoine permet de vérifier si le défunt n'a pas disposé à titre gratuit de ses biens au-delà de la quotité autorisée par la loi.

Pour calculer réserve et quotité disponible, il faut tenir compte de la situation réelle du patrimoine au décès, et en particulier du passif réel laissé par le défunt. Il serait par exemple erroné, de ne tenir compte que du passif fiscalement déductible - en prenant le forfait fiscal de frais funéraires par exemple au lieu du montant réellement payé - pour déterminer la masse de calcul de l'article 922 du Code civil. En effet, de même que les héritiers sont saisis de plein droit des biens, droits et actions du défunt (C. civ., art. 724, al. 1er), ils sont tenus des dettes et charges de la succession personnellement pour leur part successorale (C. civ., art. 873). Ils peuvent donc être poursuivis par les créanciers du défunt, qui ont le droit d'être payés sur l'ensemble des biens existants au décès, car ces biens constituent leur gage. Ces biens doivent donc être pris dans la masse de calcul pour leur valeur nette.

Des biens existants, il faut donc déduire les dettes laissées par le défunt, malgré les incertitudes du nouveau texte de l'article 922 alinéa 2 (sur ce point, v. ss n° 311.13).

313.12 Champ d'application et date d'évaluation. Toutes les dettes du défunt doivent être déduites, sans exception. Il s'agit non seulement des **dettes contractées par le défunt de son vivant**, évaluées à leur **montant au jour du décès**, mais aussi de certaines dettes, appelées **charges de la succession,** qui ont leur origine après le décès mais qui sont intimement liées à la succession, qu'il faudra évaluer au **montant effectivement dépensé par les ayants droit.**

SECTION 2
DETTES ET CHARGES DE LA SUCCESSION

313.21 Dettes successorales. Elles sont déductibles quelle que soit leur origine (contractuelle, délictuelle, quasi délictuelle ou légale) et quel que soit le créancier :

- **un tiers,** par exemple une banque qui aurait consenti un prêt au défunt, ou encore un établissement médical ayant accueilli le défunt en fin de vie[1] ;

- **un héritier** qui détiendrait une créance sur le défunt, quelle que soit la déductibilité fiscale de cette dette ; les conditions posées par l'article 773, 2° du Code général des impôts pour la déductibilité de ces dettes au regard du calcul des droits de mutation par décès ne s'appliquent évidemment pas à la liquidation civile ;

- **la communauté** et donc, à travers elle, le conjoint survivant pour partie, pour le solde de récompenses dû par la succession à la communauté.

Parmi les dettes déductibles, nous citerons, en raison de sa fréquence en pratique, la créance de restitution au titre du quasi-ususfruit dont un héritier légal - le conjoint survivant - ou institué - un légataire de l'usufruit d'une somme d'argent - se trouve débiteur au jour de l'ouverture de sa propre succession. En effet, en application de l'article 587 du Code civil, l'usufruitier de biens consomptibles, et en particulier de sommes d'argent[2], est tenu « *de rendre, à la fin de l'usufruit, soit des choses de même quantité et qualité soit leur valeur estimée à la date de la restitution* ». L'usufruit légal étant viager tout comme le plus souvent l'usufruit transmis par libéralité, la succession de l'usufruitier se trouve débitrice d'une créance de restitution au titre du quasi-usufruit sur les sommes d'argent[3].

Le montant de cette créance dont les bénéficiaires sont les nus-propriétaires des deniers est en principe égal au montant nominal des liquidités dont l'usufruitier avait la jouissance. Il peut également être stipulé, dans le cadre d'une convention de quasi-usufruit, une indexation de la créance ou des intérêts. Le montant de la créance de restitution, à inscrire au passif de la succession de l'usufruitier doit être alors calculé selon les termes de la convention.

313.21-1 Déduction à pratiquer sur les biens existants : solde du compte de récompenses.

EXEMPLE

Le défunt était marié sous le régime de la communauté légale et était propriétaire d'un bien propre évalué à 120 000 € au décès.

1. Com. 11 mars 2014, n° 13-12.153, P IV, n° 46 ; *AJ fam.* 2014. 257 obs. Briant ; *JCP N* 2014. 1200, note J.-D. Azincourt ; *Dr. fam.* 2014. Comm. 81, obs. S. Torricelli-Chrifi.
2. On rappellera que les valeurs mobilières ne sont pas des biens consomptibles et qu'une convention de quasi-usufruit est nécessaire pour que les nus-propriétaires puissent revendiquer une créance de restitution. À défaut, en cas de vente, le prix est réputé partagé entre nus-propriétaires et usufruitier (C. civ., art. 621).
3. POUR une application de l'obligation de rendre à propos d'un usufruit sur des pièces d'or ne se retrouvant pas dans la succession de l'usufruitier : Civ. 1re, 15 mai 2019, n° 18-16.846, NP ; *AJ fam.* 2019. 422, obs. N. Levillain – V. ÉGAL. Civ. 1re, 4 nov. 2020, n° 19-14.421, P ; *AJ fam.* 2021. 66, obs. J. Casey : à propos d'une créance de restitution au titre du quasi-usufruit due par les légataires universels de l'usufruitier aux ayants cause à titre gratuit de la nue-propriétaire prédécédée avant l'extinction de l'usufruit.

L'actif net de communauté hors récompenses est évalué à 350 000 € au décès et à 400 000 € au partage.

Le solde du compte de récompenses du conjoint survivant est nul tandis que celui de la succession est débiteur de 48 000 € (valeur décès), en faveur de la communauté.

Pour la détermination de la masse de calcul, on a ajouté au *boni* de communauté le solde du compte de récompenses de la succession, le tout en valeur décès.

Actif de communauté à partager : 350 000 + 48 000 =	398 000
Dont moitié pour chaque époux	1/2
Est de	**199 000**
Masse de calcul :	
Biens existants :	
Moitié du *boni* de communauté Bien propre Total	199 000 120 000 319 000
Déduction des dettes (sans tenir compte des autres dettes éventuelles de la succession) :	
Solde du compte de récompenses dû par la succession à la communauté : Biens existants nets (différence) :	48 000 271 000

On constate, en fin de compte, que la succession comprend en actif la moitié du solde du compte de récompenses (24 000 €), au titre de la part du défunt dans le *boni* de communauté, et est diminuée de la totalité du solde de ce compte (48 000 €), au titre de la déduction des dettes, de sorte qu'au total, les biens existants réels (hors moitié du solde du compte de récompense) sont diminués de la moitié de ce solde (24 000 €), ce qui correspond à la quote-part définitive de la succession : en effet, celle-ci a droit à la moitié de la créance au titre de sa part dans la communauté, mais elle doit, bien évidemment, supporter la totalité de la dette lui incombant.

313.22 Charges successorales. Cas général. Aux dettes de la succession sont assimilées les charges pesant sur celle-ci. Ce sont des dettes qui n'ont jamais incombé au défunt, puisqu'elles ne sont exigibles que par suite du décès, cependant elles sont **traitées comme les dettes du défunt et déduites des biens existants**, en raison de leur lien avec le règlement successoral.

Dans toutes les successions donnant lieu à liquidation, il existe diverses charges liées au décès : ce sont principalement les **frais funéraires et** les **frais de liquidation et de partage de la succession.** Bien qu'elles soient nées après le décès et incombent de fait aux ayants droit, elles sont déductibles des biens existants[1].

En revanche, les dettes incombant personnellement aux ayants droit, comme les droits de mutation par décès et les frais d'ouverture de testament, ne sont pas déductibles.

En ce qui concerne les **frais de la demande en délivrance des legs** « *ils seront à la charge de la succession, sans néanmoins qu'il puisse en résulter de réduction de la réserve légale* » (C. civ., art. 1016) ; de cette disposition, on peut déduire qu'ils ne sont pas déductibles des biens existants pour l'établissement de la masse de calcul.

313.22-1 Déduction à pratiquer sur les biens existants : frais funéraires et frais de liquidation et partage de la succession.

EXEMPLE

Reprenons les données de l'exemple ci-dessus (v. s[s] n° 313.21-1) :

Si l'on suppose que les frais funéraires se sont élevés à 10 000 € et les frais de liquidation et de partage de la succession sont évalués à 11 000 €, l'établissement de la masse de calcul est le suivant :

Masse de calcul :	
Biens existants :	
Moitié du *boni* de communauté Bien propre Total	199 000 120 000 319 000
Déduction des dettes (sans tenir compte des autres dettes éventuelles de la succession) :	
– Solde du compte de récompenses dû par la succession à la communauté : – Frais funéraires (selon facture) – Frais de liquidation et partage (évalués par le notaire) Total des dettes déductibles	48 000 10 000 11 000 69 000
Biens existants nets : (319 000 – 69 000)	250 000

313.23 Charges déductibles par détermination de la loi. Diverses dettes sont mises par la loi à la charge de la succession, bien qu'elles soient nées après le décès. Elles sont donc déductibles des biens existants. Nous en donnons quelques exemples non exhaustifs.

I. Créance du conjoint en vertu des effets directs du mariage.

Le **droit temporaire au logement** que l'article 763 du Code civil accorde au conjoint survivant pour un an, lorsque ce dernier occupe effectivement, à l'époque du décès, à titre d'habitation principale, un logement appartenant aux époux ou dépendant totalement de la succession, confère au conjoint survivant, sur la succession, au titre des effets directs du mariage, une **créance déductible des biens existants.** Cette créance porte sur la **jouissance gratuite du logement et du mobilier** compris dans la succession qui le garnit.

Si le **logement était loué par les époux ou le défunt,** la **succession rembourse ce loyer** au conjoint survivant, au fur et à mesure de son acquittement et il en est de même si le logement était en indivision avec un tiers, le remboursement portant alors sur **l'indem-**

1. Civ. 1re, 10 déc. 1968, P I, n° 318 ; *D.* 1969. 155, note A. Breton.

nité d'occupation (C. civ., art. 763, al. 2). Bien que la créance soit due non au moment du décès, mais dans l'année qui suit, au fur et à mesure du versement du loyer ou de l'indemnité d'occupation, elle doit être évaluée à l'avance, pour être déduite des biens existants. La doctrine admet par ailleurs que le conjoint puisse également se faire rembourser les charges de copropriété voire même la taxe d'habitation[1]. Le montant de ces charges s'ajoute alors au loyer pour être déduit des biens existants au décès.

II. Dettes successorales incombant aux héritiers et, en cas d'insuffisance de l'actif successoral, aux légataires.

– Il s'agit tout d'abord des dettes à caractère alimentaire[2] : ainsi, la pension due au conjoint survivant dans le besoin, prévue par l'article 767 du Code civil. Cette pension est « *prélevée sur la succession* », « *elle est supportée par tous les héritiers et en cas d'insuffisance par tous les légataires particuliers, proportionnellement à leur émolument* » ; il en est de même de la créance d'aliments prévue par l'article 758 du Code civil, au profit des ascendants du défunt dans le cas où le conjoint recueille la totalité ou les trois quarts des biens.

– La **prestation compensatoire** que le défunt pouvait devoir **à un précédent conjoint** est prélevée sur la succession : le paiement est supporté par tous les héritiers, dans la limite de l'actif successoral et, en cas d'insuffisance, par tous les légataires particuliers proportionnellement à leur émolument (C. civ., art. 280, al. 1er). Ce paiement porte toujours sur un **capital** : soit le solde du capital indexé dans les conditions de l'article 275 alinéa 1er du Code civil, mais immédiatement exigible ; soit, si la prestation compensatoire a été fixée sous forme de **rente**, un capital immédiatement exigible substitué à cette rente dans les conditions prévues par décret[3] (C. civ., art. 280, al. 2 et 3). Ce capital doit donc être déduit des biens existants.

Cependant, les héritiers peuvent décider ensemble, par dérogation à l'article 280, de maintenir les formes et modalités de règlement de la prestation compensatoire, en s'obligeant personnellement au paiement de cette prestation (C. civ., art. 280-1). Cet accord doit être constaté par acte notarié et notifié au conjoint créancier lorsque celui-ci n'est pas intervenu à l'acte.

III. Dettes successorales incombant aux seuls héritiers dans la limite de l'actif successoral.

– La **créance de salaire différé,** prévue par les articles L. 321-13 du Code rural et de la pêche maritime, fait partie de ces charges spéciales déductibles des biens existants, « *sans que la prise en compte de ce salaire pour la détermination des parts successorales puisse donner lieu au paiement d'une soulte à la charge des cohéritiers* », selon l'alinéa 1er de ce texte. Rappelons que cette créance existe **au profit de l'héritier qui a participé à l'exploitation agricole familiale sans être salarié**, dans les conditions prévues par ce texte. Notons qu'un arrêt a semblé remettre en cause la qualification de charge de la créance de salaire différé, en considérant que la créance naît du vivant de l'exploitant[4]. Cela ne change toutefois rien à son traitement liquidatif : cette créance doit figurer au passif de la succession de l'exploitant.

– La **créance de récupération des prestations d'aide sociale :** les sommes récupérables sur la succession, au titre des articles L. 132-8 et R. 132-10 et suivants du Code de l'action sociale et des familles, sont déductibles des biens existants. Rappelons que sont notamment récupérables :

– l'**allocation de solidarité aux personnes âgées** (ASPA) et l'**allocation supplémentaire invalidité** (ASI), si l'actif net est supérieur à 105 300 € en 2024 pour les décès en métropole. La cour d'appel de Paris a précisé que, pour l'appréciation du seuil, il fallait tenir compte de l'actif net déterminé selon les règles civiles de liquidation (évaluation des biens à leur valeur vénale et déduction de toutes les dettes et charges pour leur montant réel)[5].

– l'aide à l'hébergement des personnes âgées par le département (quel que soit le montant de l'actif successoral) ;

– l'**aide à domicile des personnes âgées fournie par le département** (aide ménagère, portage de repas), l'aide médicale à domicile, la prestation spécifique dépendance ou la prise en charge du forfait journalier prévu à l'article L. 174-4 du Code de la sécurité sociale, si l'actif net est supérieur à 46 000 €, après un abattement de 760 € (CASF, art. R. 132-12).

Ces charges successorales ne peuvent être récupérées que si l'organisme payeur de la prestation en

1. V. M. Grimaldi (dir.), Dalloz action *Droit patrimonial de la famille*, 2025/2026, 8e éd., no 233.45, par C. Vernières – V. CEP., faisant une interprétation littérale du texte sous réserve de l'interprétation souveraine des juges du fond : Rép. min. Morange, no 42589, *JOAN* 11 janv. 2005, p. 373.
2. POUR LA DISCUSSION DE CE POINT, V. *J.-Cl. Civ. Code, vis Libéralités, Réserve héréditaire, Quotité disponible, Masse de calcul*, art. 912 à 930-5, fasc. 20, spéc. no 23, par C. Brenner.
3. Décr. no 2004-1157, 29 oct. 2004, pris en application des articles 276-4 et 280 du Code civil et fixant les modalités de substitution d'un capital à une rente allouée au titre de la prestation compensatoire, *JO* 31 oct., p. 18486, art. 309 – V. AUSSI, Civ. 1re, 3 nov. 2004, no 03-12.508, P I, no 241 ; *RTD civ.* 2005. 112, obs. J. Hauser ; *AJ fam.* 2005. 22, obs. S. David.
4. Civ. 1re, 18 janv. 2012, no 10-24.892, P I, no 10 ; *D.* 2012. 853 ; *D.* 2012. 851, avis O. Falletti ; *D.* 2012. 854, note F. Roussel ; *AJ fam.* 2012. 153, obs. P. Hilt ; *JCP N* 2012. 1118, note R. Le Guidec et H. Bosse-Platière ; *RTD civ.* 2012. 350, note M. Grimaldi.
5. Paris, pôle 6, ch. 12, 9 févr. 2017, RG no 15/13376, *AJ fam.* 2017. 257, obs. N. Levillain.

demande le remboursement dans les cinq ans à compter du jour de l'enregistrement d'un écrit ou d'une déclaration mentionnant exactement la date et le lieu du décès ainsi que les coordonnées des ayants droit. Passé ce délai, l'obligation est prescrite[1].

Par ailleurs, pour que la créance soit récupérable et donc déductible de la masse de calcul, l'attestation délivrée par l'agent comptable doit mentionner, outre le montant total de la créance, le décompte précis des versements faits au défunt et justifiant la créance (date, périodicité, montant)[2].

313.24 **Dettes non déductibles.** Certaines dettes du défunt ne sont pas déductibles des biens existants.

On a vu plus haut (v. s[s] n° 312.21) que les biens constituant une succession anomale, par exemple les biens faisant l'objet d'un droit de retour légal, sont exclus des biens existants. La part des **dettes correspondant à la succession anomale** doit être exclue des dettes déductibles.

Cependant cette **exception** n'a qu'une **portée limitée.** Elle ne jouera que pour le droit de retour de l'article 757-3 du Code civil au profit des collatéraux privilégiés, car, dans cette hypothèse, le conjoint survivant est héritier réservataire. En revanche, le droit de retour légal que l'article 366 du Code civil prévoit au profit de l'adoptant, pour les biens donnés à l'adopté, dans la succession de l'adopté ne joue qu'en l'absence de descendant ou de conjoint. Or dans ces cas, comme il n'y a pas d'héritier réservataire de l'adopté, il n'y a pas lieu de calculer la quotité disponible.

D'autre part, **certaines dettes personnelles au défunt ne sont pas transmissibles à la succession. Il s'agit tout d'abord de** celles qui sont légalement intransmissibles, comme les **pensions alimentaires** (à l'exception des dettes alimentaires au profit du conjoint ou de l'ascendant exclu par le conjoint, mentionnées s[s] n° 313.23, II) ou diverses **obligations conclues *intuitu personae***[3]. Sont également intransmissibles les dettes pour lesquelles il avait été stipulé qu'elles s'éteindraient par le décès du débiteur.

On peut ajouter à ces dettes intransmissibles celle résultant d'une **obligation naturelle volontairement acquittée par le défunt** de son vivant (C. civ., art. 1302).

1. Civ. 2e, 7 mai 2014, n° 13-16.770, P II, n° 107 ; *AJ fam.* 2014. 440, obs. N. Levillain – Civ. 2e, 9 mars 2017, n° 15-19.601, NP ; *AJ fam.* 2017. 311, obs. N. Levillain.
2. Civ. 2e, 24 nov. 2016, n° 15-25.383, NP ; *AJ fam.* 2017. 149, obs. N. Levillain – Civ. 2e, 30 mars 2017, n° 15-25.385, NP ; *AJ fam.* 2017. 311, obs. N. Levillain.
3. M. Grimaldi, *Droit des successions*, 8e éd., « Manuel », LexisNexis, 2020, n° 80.

313.25 **Fiscalité.** Pour le calcul de la quotité disponible et de la réserve, on applique les règles civiles. Ce n'est qu'au niveau de la masse à partager que certains correctifs devront être opérés au niveau du passif.

SECTION 3
BALANCE

313.31 **Balance.** Une fois établi le montant des dettes déductibles (évaluées comme il est dit, v. s[s] n° 313.12), on déduit ce montant de la valeur des biens existants au jour du décès.

Si la **différence** est **positive**, on passe à la troisième étape qui consiste à **réunir fictivement à ce solde les biens donnés.**

Si la **différence** est **négative**, le montant des dettes étant supérieur aux biens existants, on considère que le **solde** est **nul** et la **masse de calcul de la quotité disponible sera constituée uniquement des biens donnés réunis fictivement**[4]. En effet, les biens donnés sont sortis du patrimoine du défunt et ne sauraient donc être affectés par les dettes existant lors du décès. Celles-ci ne peuvent donc être recouvrées que sur les biens existants, sauf les dettes que la loi met à la charge des héritiers et légataires lorsque les biens existants sont insuffisants (v. s[s] n° 313.23, II).

313.31-1 **Dettes supérieures aux biens existants.**

EXEMPLE

M. Dumas, époux divorcé en premières noces de Mme Hugo en 2008, et marié en secondes noces en 2009, sous le régime de la séparation de biens, avec Mme Zola, est décédé en 2020, laissant son conjoint et trois enfants nés de son premier mariage, auxquels il a consenti diverses donations.

Il était propriétaire d'une maison à Marly-le-Roi, évaluée à 500 000 € au décès et de divers biens meubles et liquidités pour un montant de 20 000 € au décès. Le passif successoral se compose de dettes fiscales, pour un montant de 150 000 €, des frais funéraires pour 20 000 €, des frais de liquidation de la succession pour 30 000 € et du solde d'un emprunt contracté auprès de la Banque X pour l'acquisition de la maison de Marly-le-Roi, s'élevant en capital et intérêts, au décès, à 350 000 €.

Biens existants :	Valeur au décès
Maison de Marly-le-Roi	500 000
Biens meubles et liquidités	20 000
Ensemble	520 000

4. Civ. 1re, 1er déc. 1964, P I, n° 536.

Déduction des dettes :	Évaluation au décès ou par provision
Dette fiscale	150 000
Frais funéraires	20 000
Frais de liquidation de la succession	30 000
Solde de l'emprunt à la Banque X	350 000
Total du passif	550 000
Excédent de passif : 550 000 – 520 000	30 000

Dans la liquidation, les biens existants seront comptés pour zéro et la masse de calcul de la quotité disponible et de la réserve sera composée uniquement de la réunion fictive des biens donnés.

CHAPITRE

314. Détermination et évaluation des biens donnés entre vifs en vue de leur réunion fictive

SECTION 0 ORIENTEUR

314.00 Sommaire du chapitre.

314.01 Textes applicables.

• **C. civ.,** art. 754, al. 2, 755, al. 2, 854, 918, 922, 1077-2, 1078-9 et 1527

> Principe de la réunion fictive des libéralités et règle d'évaluation des biens réunis fictivement

• **C. civ.,** art. 922

La réduction se détermine en formant une masse de tous les biens existant au décès du donateur ou testateur.

Les biens dont il a été disposé par donation entre vifs sont fictivement réunis à cette masse, d'après leur état à l'époque de la donation et leur valeur à l'ouverture de la succession, après qu'en ont été déduites les dettes ou les charges les grevant. Si les biens ont été aliénés, il est tenu compte de leur valeur à l'époque de l'aliénation. S'il y a eu subrogation, il est tenu compte de la valeur des nouveaux biens au jour de l'ouverture de la succession, d'après leur état à l'époque de l'acquisition. Toutefois, si la dépréciation des nouveaux biens était, en raison de leur nature, inéluctable au jour de leur acquisition, il n'est pas tenu compte de la subrogation.

On calcule sur tous ces biens, eu égard à la qualité des héritiers qu'il laisse, quelle est la quotité dont le défunt a pu disposer.

> En présence d'enfants conçus après l'ouverture de la succession, prise en compte dans la succession du renonçant des biens reçus par ses propres enfants par représentation

• **C. civ.,** art. 754, al. 2

[...] Les enfants du renonçant conçus avant l'ouverture de la succession dont le renonçant a été exclu rapportent à la succession de ce dernier les biens dont ils ont hérité en son lieu et place, s'ils viennent en concours avec d'autres enfants conçus après l'ouverture de la succession. Le rapport se fait selon les dispositions énoncées à la section 2 du chapitre VIII du présent titre. [...]

> En présence d'enfants conçus après l'ouverture de la succession, prise en compte dans la succession de l'indigne des biens reçus par ses propres enfants par représentation

• **C. civ.,** art. 755, al. 2

Les dispositions prévues au deuxième alinéa de l'article 754 sont applicables aux enfants de l'indigne de son vivant.

> Présomption irréfragable de donation hors part successorale en cas d'aliénation au profit d'un présomptif héritier en ligne directe soit à charge de rente viagère, soit à fonds perdu ou avec réserve d'usufruit

• **C. civ.,** art. 918

La valeur en pleine propriété des biens aliénés, soit à charge de rente viagère, soit à fonds perdu, ou avec réserve d'usufruit à l'un des successibles en ligne directe, est imputée sur la quotité disponible. L'éventuel excédent est sujet à réduction. Cette imputation et cette réduction ne peuvent être demandées que par ceux des autres successibles en ligne directe qui n'ont pas consenti à ces aliénations.

> Présomption de libéralité rapportable en cas de constitution d'une société civile par acte sous seing privé entre le défunt et un successible

• **C. civ.,** art. 854

Pareillement, il n'est pas dû de rapport pour les associations faites sans fraude entre le défunt et l'un de ses héritiers, lorsque les conditions en ont été réglées par un acte authentique.

> Réunion fictive des lots reçus par donation-partage

• **C. civ.,** art. 1077-2

Les donations-partages suivent les règles des donations entre vifs pour tout ce qui concerne l'imputation, le calcul de la réserve et la réduction.

L'action en réduction ne peut être introduite qu'après le décès du disposant qui a fait le partage. En cas de donation-partage faite conjointement par les deux époux, l'action en réduction ne peut être introduite qu'après le décès du survivant des disposants, sauf pour l'enfant non commun qui peut agir dès le décès de son auteur. L'action se prescrit par cinq ans à compter de ce décès.

L'héritier présomptif non encore conçu au moment de la donation-partage dispose d'une semblable action pour composer ou compléter sa part héréditaire.

> Traitement liquidatif des lots reçus par donation-partage transgénérationnelle par les petits-enfants dans la succession de l'enfant qui s'est effacé

• **C. civ.,** art. 1078-9

Dans la succession de l'enfant qui a consenti à ce que ses propres descendants soient allotis en son lieu et place, les biens reçus par eux de l'ascendant sont traités comme s'ils les tenaient de leur auteur direct.

Ces biens sont soumis aux règles dont relèvent les donations entre vifs pour la réunion fictive, l'imputation, le rapport et, le cas échéant, la réduction.

Toutefois, lorsque tous les descendants ont reçu et accepté un lot dans le partage anticipé et qu'il n'a pas été prévu d'usufruit portant sur une somme d'argent, les biens dont ont été allotis les gratifiés sont traités comme s'ils les avaient reçus de leur auteur par donation-partage.

> En présence d'enfants non communs, les avantages matrimoniaux dégénèrent en libéralité

• **C. civ.,** art. 1527

Les avantages que l'un ou l'autre des époux peut retirer des clauses d'une communauté conventionnelle, ainsi que ceux qui peuvent résulter de la confusion du mobilier ou des dettes, ne sont point regardés comme des donations.

Néanmoins, au cas où il y aurait des enfants qui ne seraient pas issus des deux époux, toute convention qui aurait pour conséquence de donner à l'un des époux au-delà de la portion réglée par l'article 1094-1, au titre « Des donations entre vifs et des testaments », sera sans effet pour tout l'excédent ; mais les simples bénéfices résultant des travaux communs et des économies faites sur les revenus respectifs quoique inégaux, des deux époux, ne sont pas considérés comme un avantage fait au préjudice des enfants d'un autre lit.

Toutefois, ces derniers peuvent, dans les formes prévues aux articles 929 à 930-1, renoncer à demander la réduction de l'avantage matrimonial excessif avant le décès de l'époux survivant. Dans ce cas, ils bénéficient de plein droit de l'hypothèque légale prévue au 4° de l'article 2402 et peuvent demander, nonobstant toute stipulation contraire, qu'il soit dressé inventaire des meubles ainsi qu'état des immeubles. Les avantages que l'un ou l'autre des époux peut retirer des clauses d'une communauté conventionnelle, ainsi que ceux qui peuvent résulter de la confusion du mobilier ou des dettes, ne sont point regardés comme des donations.

314.02 Jurisprudence de référence.

> La présomption irréfragable de donation hors part édictée par l'article 918 ne s'applique que si l'acquéreur a la qualité de présomptif héritier en ligne directe au jour de l'aliénation

• **Civ. 1re, 17 mars 1982,** n° 81-12.119, P I, n° 117

* V. ss n° 314.91

« Mais attendu que la présomption de gratuité édictée par l'article 918 du Code civil ne s'applique qu'aux héritiers présomptifs en ligne directe au moment au moment de l'acte d'aliénation ; [...]. »

> La présomption édictée par l'article 918 ne concerne pas la vente au profit d'une société civile immobilière ayant pour associé un successible en ligne directe du vendeur décédé

• **Civ. 1re, 30 sept. 2009,** n° 08-17.411, P I, n° 199

* V. ss n° 314.91

« Attendu que la présomption de gratuité édictée par l'article 918 du Code civil dans sa version antérieure à la loi n° 2006-728 du 23 juin 2006 ne s'applique qu'aux aliénations consenties à l'un des successibles en ligne directe ; qu'il s'ensuit que la cour d'appel a refusé à bon droit d'appliquer ce texte à la vente pour partie en viager d'un bien immobilier régulièrement consentie à une société civile immobilière, peu important que cette société ait pour associé un successible en ligne directe du vendeur décédé, dès lors que celle-ci ayant une personnalité juridique distincte, ladite opération n'avait pu avoir pour effet de rendre ce dernier propriétaire du bien. »

> La présomption édictée par l'article 918 ne concerne pas l'échange moyennant une soulte convertie en rente viagère

• **Civ. 1re, 25 sept. 2013,** n° 12-20.541, P I, n° 190

* V. ss n° 314.91

« Mais attendu que les dispositions de l'article 918 du Code civil, dans sa rédaction antérieure à celle issue de la loi du 23 juin 2006, applicable en la cause, ont un caractère limitatif ;

Qu'il s'ensuit qu'ayant relevé que le 29 juillet 1981 les époux X avaient échangé la nue-propriété de la moitié indivise de l'appartement de Nice dont ils étaient propriétaires contre l'usufruit de la moitié indivise dont leur fils Jean-Michel et son épouse étaient propriétaires, moyennant une soulte d'un montant de 240 000 francs (36 587,76 €), correspondant à la différence de valeur entre les biens cédés en nue-propriété et les biens cédés en usufruit, et que cette soulte avait été convertie en rente viagère, la cour d'appel n'avait pas à répondre à des conclusions qui étaient inopérantes dès lors que, pour solliciter l'application de l'article 918 du Code civil, elles prétendaient que l'échange s'analysait en une vente. »

> La mise à disposition gratuite d'un immeuble à un héritier ne constitue pas nécessairement une donation

• **Civ. 1re, 18 janv. 2012,** nos 11-12.863, 09-72.542 et 10-27.325, P I, n° 8

* V. ss n° 314.111

1er arrêt : Cassation de l'arrêt d'appel qui avait retenu la qualification de libéralité rapportable sans vérifier que si l'absence de paiement des loyers n'était pas la contrepartie d'autres frais supportés par le bénéficiaire de la mise à disposition gratuite du logement :

« Mais attendu que seule une libéralité, qui suppose un appauvrissement du disposant dans l'intention de gratifier son héritier, est rapportable à la succession ; que la cour d'appel ayant admis que l'intention libérale des époux X... n'était pas établie, sa décision se trouve légalement justifiée. »

2e arrêt : même attendu mais pour maintenir un arrêt d'appel qui avait exclu la qualification de donation faute d'appauvrissement des « prétendus donateurs ».

3e arrêt : « Qu'en statuant ainsi, après avoir constaté que Julie A... avait la pleine propriété de la moitié de l'appartement litigieux et qu'après le décès de son mari, donataire de la plus large quotité disponible entre époux, elle avait opté pour le quart de ses biens en pleine propriété et les trois quarts en usufruit, ce dont il résultait que, s'agissant de cet immeuble, il n'existait aucune indivision en jouissance entre elle et les enfants nés de son union avec Michel X..., de sorte que Julie X... avait seule qualité à percevoir les fruits de ce bien, la cour d'appel, à qui il incombait de rechercher si les avantages consentis par celle-ci à son fils constituaient des libéralités rapportables à sa succession dont la reconnaissance exige la preuve de l'intention libérale, a violé [...]. »

> Exclusion de la qualification de donation en cas de mise à disposition gratuite dans le cadre d'un prêt à usage

• **Civ. 1re, 11 oct. 2017,** n° 16-21.419, P I, n° 214

* V. ss n° 314.111

« Mais attendu que le prêt à usage constitue un contrat de service gratuit, qui confère seulement à son bénéficiaire un droit à l'usage de la chose prêtée mais n'opère aucun transfert d'un droit patrimonial à son profit, notamment de propriété sur la chose ou ses fruits et revenus, de sorte qu'il n'en résulte aucun appauvrissement du prêteur ;

Et attendu qu'ayant retenu que la mise à disposition par J... à son fils d'un appartement depuis l'année 2000, sans contrepartie financière, relevait d'un prêt à usage, la cour d'appel en a, à bon droit, déduit qu'un tel contrat est incompatible avec la qualification d'avantage indirect rapportable ; que le moyen n'est pas fondé. »

> Évaluation des biens donnés au décès compte tenu de leur état au jour de la donation pour la réunion fictive

• **Civ. 1re, 7 nov. 1979,** n° 78-11.387, P I, n° 273

* V. ss n° 314.141

« Mais attendu que si, dans les opérations de partage de la masse successorale, les biens dépendant de la succession doivent être comptés pour leur valeur au jour de la jouissance divise, ils doivent être estimés d'après leur valeur au jour du décès dans les opérations préalables au partage qui tendent à déterminer s'il y a lieu à réduction des dispositions à titre gratuit prises par le défunt ; que c'est donc à bon droit que la cour d'appel s'est référée à l'article 922 du Code civil pour évaluer tant les biens donnés que les biens existants d'après leur valeur au jour de l'ouverture de la succession [...]. »

• **Civ. 1re, 22 oct. 2014,** n° 13-24.034, P I, n° 173

* V. ss n° 314.141 et 314.141-1

« Vu l'article 922 du Code civil, dans sa rédaction antérieure à celle issue de la loi du 23 juin 2006 et applicable en la cause ; [...]

Qu'en se déterminant ainsi, alors que, s'agissant de donations dispensées de rapport, les immeubles doivent être appréciés d'après leur état à l'époque de la donation et leur valeur à l'ouverture de la succession, la cour d'appel a violé le texte susvisé, par refus d'application. »

> Les règles d'évaluation des biens réunis fictivement sont impératives. On ne peut y déroger conventionnellement

• **Civ. 1re, 27 mars 2007,** n° 05-15.855, NP

* V. ss n° 314.142

« Vu les articles 860, alinéa 4, et 922 du Code civil ;

Attendu qu'il résulte du premier de ces textes qu'en présence d'une donation stipulée rapportable pour un montant forfaitaire, le bien donné doit, pour la détermination de la masse de calcul de la quotité disponible, être estimé d'après son état à l'époque de la donation et sa valeur à l'ouverture de la succession [...]. »

> Prise en compte des plus-values non imputables au donataire pour la réunion fictive des donations

• **Civ. 1re, 11 mai 1977,** n° 75-14.144, P I, n° 225

* V. ss n° 314.145

« Vu l'article 922 du Code civil ;

« Attendu qu'il résulte de ce texte que pour apprécier si une donation préciputaire excède ou non la quotité disponible, il convient d'évaluer le bien donné compte tenu de son état au jour de la donation et de sa valeur au jour de l'ouverture de la succession ;

Que la destination des biens à l'époque de la donation n'entre pas en ligne de compte pour la détermination de son état ;

« Attendu que saisie d'une demande tendant à la réduction de l'avantage préciputaire correspondant à la différence entre la valeur au jour de l'ouverture de la succession de Gustave Y... d'un bien donné par celui-ci, en avancement d'hoirie à sa fille Dame X..., et la somme prévue à l'acte de donation comme devant faire l'objet d'un rapport, la cour énonce qu'il convient de regarder le domaine selon la destination agricole qui était la sienne à la date de la donation et qu'il n'y a pas lieu de considérer ce bien comme un terrain à bâtir ainsi que l'avait pensé un expert Z... par une précédente décision ;

Attendu qu'en statuant ainsi, la cour d'appel a violé le texte susvisé ; [...]. »

• **Civ. 1re, 24 oct. 2012,** n° 11-21.839, P I, n° 219

* V. ss n° 314.145

« Vu l'article 922 du Code civil, dans sa rédaction antérieure à celle issue de la loi du 23 juin 2006 ; [...]

Attendu que, pour décider que la valeur des parts sociales données à M. Rénald X... devait être déterminée en tenant compte de l'augmentation de leur valeur au jour du décès de Jeanne Z..., après avoir relevé que M. Rénald X... soutenait avoir eu un rôle décisif dans la création, le sauvetage de la faillite et le développement de la société, l'arrêt énonce qu'en vertu de l'autonomie de la personne morale, son co-gérant ne peut prétendre, quels que soient ses mérites et son implication personnelle, qu'à une rétribution par salaires, distribution de bénéfices, de primes, remboursements de comptes courants d'associé ou toute autre forme légale d'intéressement, la valorisation des parts profitant objectivement à tous les détenteurs du capital social, qui s'est trouvé peu à peu transféré par cessions de 1982 à 1985 au profit de M. Rénald X... et de ses enfants (441 parts sur 600), tandis que son épouse Michèle X..., devenue co-gérante en 1984, a perçu des salaires conséquents et une indemnité de mise à la retraite de 50 000 € en 2007, que, par conséquent, nonobstant les raisons personnelles ou comptables relevées par l'expert, il existe un obstacle de principe à modifier la valeur des parts sociales à la date du décès de Jeannine Z... ;

Qu'en statuant ainsi, la cour d'appel a, par refus d'application, violé le texte susvisé ».

> Réunion fictive de la pleine propriété en cas de donation d'un bien en nue-propriété avec réserve d'usufruit au profit du donateur

• **Civ. 1re, 14 oct. 1981,** n° 79-15.946, P I, n° 296

* V. ss n° 314.181

« Attendu que, en ce qui concerne les immeubles donnés à M. Jean Y... le 28 juin 1963, en avancement d'hoirie, avec réserve d'usufruit au profit du donateur, l'arrêt confirmatif attaqué a entériné la valeur admise par les experts et fixée à l'époque de la donation, mais en lui appliquant une majoration de 20 % pour tenir compte de ce que, à la date du décès de son père, M. Jean Y... avait ces immeubles libres de tout bail, la qualité de propriétaire excluant celle de preneur ;

Attendu qu'il lui est fait grief d'avoir ainsi statué, alors que, selon les termes du moyen, l'arrêt attaqué ne pouvait, sans entacher sa décision de contradiction, confirmer la décision des premiers juges relative à l'évaluation des biens donnés au jour de la donation, tout en se fondant sur la règle de l'évaluation de la récompense en fonction de la valeur du bien considéré à l'époque du partage ;

Mais attendu que, sous couvert d'un grief de contradiction qui, visant des motifs de droit, ne serait pas recevable, le moyen tend en réalité à soutenir que l'arrêt attaqué manque de base légale ; qu'à cet égard le moyen n'est pas fondé ; **qu'en effet si le bien donné doit, pour le calcul de la réserve et de la quotité disponible être évalué à la date de la donation, c'est en tenant compte des droits que le gratifié possède sur ces biens au jour où naîtra le droit à réserve héréditaire ;** que dès lors, c'est à bon droit que la cour d'appel a décidé que la valeur à estimer au jour de la donation était celle de la pleine propriété d'un bien libre de bail ; que le moyen n'est pas mieux fondé que le précédent. »

> Réunion fictive d'une donation de somme d'argent ayant servi à acquérir une nue-propriété

• **Civ. 1re, 17 oct. 2019,** n° 18-22.810, P

* V. ss n° 314.181

« Vu l'article 922 du Code civil ;

Attendu que, selon ce texte, la réduction se détermine en formant une masse de tous les biens existant au décès du donateur ou du testateur ; que les biens dont il a été disposé par donation entre vifs sont fictivement réunis à cette masse, d'après leur état à l'époque de la donation et leur valeur à l'ouverture de la succession ; que s'il y a eu subrogation, il est tenu compte de la valeur des nouveaux biens au jour de l'ouverture de la succession, d'après leur état à l'époque de l'acquisition ; que la subrogation prévue par ce texte inclut toutes les donations, y compris celles de sommes d'argent ;

Qu'en statuant ainsi, alors qu'il ressortait de ses propres constatations que Christian B... avait employé la somme d'argent donnée par sa mère à l'acquisition de la nue-propriété d'un bien immobilier, ce dont il résultait que c'est la valeur de ce bien au jour de l'ouverture de la succession, d'après son état à l'époque de son acquisition, qui devait être réunie fictivement à la masse de calcul de la réserve héréditaire et de la quotité disponible, en vue de déterminer une éventuelle réduction, la cour d'appel a violé le texte susvisé. »

> Évaluation d'une donation avec charge

• **Civ. 1re, 11 oct. 2017,** n° 16-21.692, P I, n° 210

* V. ss n° 314.171

« Mais attendu que, lorsqu'une donation est assortie, au profit du donateur, d'une obligation de soins, seul l'émolument net procuré par la libéralité doit être compris dans la masse de calcul de la réserve, le montant de la charge devant être déterminé en considération du manque à gagner ou des frais que son exécution a générés pour le donataire. »

• **Civ. 1re, 16 nov. 2022,** n° 21-11.837, B (arrêt relatif au rapport des donations, solution transposable à la réunion fictive)

* V. ss n° 314.171

« Il résulte de l'article 860 du Code civil que, lorsqu'une donation est assortie de la charge pour le donataire de régler une certaine somme, par versements périodiques ou en capital, le rapport n'est dû qu'à concurrence de l'émolument net procuré par la libéralité, calculé en déduisant de la valeur du bien donné à l'époque du partage, d'après son état à l'époque de la donation, le montant de la charge déterminé au jour de son exécution. »

> Évaluation de la récompense donnée en vue de sa réunion fictive

• **Civ. 1re, 6 févr. 2007,** n° 04-13.282, P I, n° 54

* V. ss n° 314.201

« La donation portant sur l'immeuble et sur la récompense due à la communauté au titre des travaux afférents au bien et financés par elle, la cour d'appel a jugé à bon droit, par motifs adoptés, que, pour procéder à la réunion fictive édictée par l'article 922 du Code civil, la récompense devait être calculée, en application de l'article 1469, alinéa 3, en fonction du profit subsistant évalué au jour de la donation s'analysant en une aliénation. »

314.03 Bibliographie indicative.

Actualisables. *J.-Cl. Civ. Code, vis Libéralités, Réserve héréditaire, Quotité disponible, Masse de calcul*, art. 912 à 930-5, fasc. 20, par C. Brenner – Rép. civ., v° *Réserve héréditaire – Réduction des libéralités*, par S. Deville et M. Nicod, avr. 2020 [actu. juill. 2022].

Ouvrages. J. Flour et G. Champenois, *Les régimes matrimoniaux*, 2e éd., par G. Champenois, « coll. U », A. Colin, 2001, n° 564 – J. Flour et H. Souleau, *Droit civil. Les successions*, 3e éd., « coll. U », A. Colin, 1991, n° 510 – M. Grimaldi (dir.), Dalloz action *Droit patrimonial de la famille*, 2025/2026, 8e éd. – M. Grimaldi, *Droit des successions*, 8e éd., « Manuel », LexisNexis, 2020 – A.-M. Leroyer, *Droit des successions*, 4e éd., « Cours », Dalloz, 2020, nos 587 s. – Ph. Malaurie et C. Brenner, *Droit des successions et des libéralités*, 10e éd., « Droit civil », LGDJ, 2022, nos 561-567 – F. Terré, Y. Lequette et S. Gaudemet, *Droit civil. Les successions. Les libéralités*, 5e éd., « Précis », Dalloz, 2024, nos 1199 s.

Articles. N. Bargue, « De quelques difficultés d'application de l'article 918 du Code civil », *Defrénois* 2010, art. 39055 – Depierrois, « Présomption de gratuité de la vente sous réserve d'usufruit ou à charge de rente viagère à un successible en ligne directe », *Defrénois* 1954, art. 27825 – M. Grimaldi, « La portée des clauses diminuant le rapport dû par le donataire », *Defrénois* 1990, art. 34638 – M. Mathieu, « Le champ d'application de l'article 918 du Code civil », *JCP N* 1984. I. 344 – H. Thuillier, « Imputation, réduction et rapport des donations en avancement d'hoirie », *JCP N* 1980. I. 239.

314.04 Questions essentielles.

> Quelles sont les libéralités concernées par la réunion fictive ?

* V. ss n° 314.11

> Comment réunir fictivement un avantage matrimonial faisant l'objet d'une action en retranchement ?

* V. ss nos 314.21 et 314.21-1

> Les lots reçus par donation-partage doivent-ils être réunis fictivement ?

* V. ss nos 314.31 et 314.31-1

> Faut-il, et dans l'affirmative comment, réunir fictivement les biens reçus par un enfant en lieu et place de son auteur ?

* V. ss nos 314.50 à 314.72-1

> Quelles sont les règles d'évaluation des biens réunis fictivement ?

* V. ss nos 314.130 à 314.153-2

> Pour quelle valeur réunir fictivement une donation avec charges ?

* V. ss nos 314.171 à 314.173

> En cas de donation portant sur des droits démembrés, faut-il réunir fictivement les droits donnés ou la pleine propriété ?

* V. ss nos 314.181 à 314.182

> Comment évaluer les avantages matrimoniaux faisant l'objet d'une action en retranchement ?

* V. ss nos 314.191 à 314.192-1

> Quelle valeur réunir fictivement en cas de donation de récompense ?

* V. ss nos 314.201 à 314.202-1

314.05 Division. La réunion fictive est une simple opération de compte destinée à permettre le calcul de la quotité disponible. Elle permet de reconstituer fictivement le patrimoine du défunt compte tenu des libéralités entre vifs qu'il a consenties. C'est pourquoi son domaine est très général : elle concerne en principe toutes les donations consenties par le défunt (sect. 1), lesquelles doivent être réunies fictivement à la masse de calcul de la quotité disponible compte tenu de la valeur des biens donnés déterminée selon les règles particulières énoncées par le second alinéa de l'article 922 du Code civil (sect. 2).

SECTION 1 DÉTERMINATION DES DONATIONS À RÉUNIR FICTIVEMENT

§ 1 Principe : réunion fictive des libéralités

314.11 Principe : réunion fictive de toutes les libéralités. La réunion fictive a un domaine très général. Elle concerne **toutes les donations quelle**

que soit leur forme : donation authentique, don manuel, donation indirecte ou déguisée et **quelle que soit la personne du donataire** – successible ou tiers. Lorsque le donataire est un successible, la réunion fictive concerne aussi bien les libéralités faites en avancement de part que celles consenties hors part successorale.

La **réunion fictive** est en effet une opération totalement **indépendante du rapport**, lequel ne concerne que les libéralités en avancement de part faites aux héritiers acceptants et a lieu non pas au décès mais à l'époque du partage.

§ 2
Cas particuliers

A.
Avantages matrimoniaux en présence d'enfants non communs

314.21 Cas particulier : avantages matrimoniaux en présence d'enfants non communs. Les avantages matrimoniaux « *ne sont point regardés comme des donations* » (C. civ., art. 1527, al. 1er). Toutefois, en présence d'enfants qui ne sont pas issus des deux époux, ils doivent **être traités comme des libéralités au regard de la réduction** (C. civ., art. 1527, al. 2). Ils sont par conséquent réunis fictivement à la masse de calcul de la quotité disponible.

La réunion fictive porte sur **l'avantage procuré** par le contrat de mariage en comparant les droits du conjoint survivant après liquidation du régime matrimonial avec ce qu'il aurait eu s'il avait été marié sous le régime légal[1]. Cette **liquidation se fait en valeur décès,** afin d'évaluer l'avantage matrimonial, comme toutes les libéralités, au jour de l'ouverture de la succession.

314.21-1 Réunion fictive des avantages matrimoniaux en cas d'action en retranchement.

EXEMPLE

M. et Mme Ledoux sont mariés sous le régime de la communauté légale en 1983 et ont ensuite adopté le régime de la communauté universelle avec exclusion de la reprise des biens propres et clause d'attribution intégrale au profit du survivant, par changement de régime matrimonial en 2010. M. Ledoux décède en 2021, laissant un enfant non commun et son épouse.

Le patrimoine successoral ne comprend aucun bien. Le patrimoine commun comprend les biens suivants :

– un appartement à Versailles acquis à titre onéreux pendant le mariage, évalué au décès à 180 000 € ;

– une maison à Saint-Malo, recueillie par M. Ledoux dans la succession de ses père et mère, en 1990, évaluée au décès à 200 000 € ;

– un studio à Rennes reçu par Mme Ledoux par donation de sa mère, évalué au décès à 80 000 € ;

– diverses liquidités pour un montant de 45 000 € au décès.

Le passif de communauté s'élève à 5 000 €.

On suppose qu'il n'existe aucune récompense.

En application des dispositions du contrat de mariage, Mme Ledoux recueille l'intégralité des biens communs, y compris les biens propres apportés par les époux à la communauté (studio de Rennes et maison de Saint-Malo) lors de l'adoption du régime de la communauté universelle, soit un total net de 500 000 €.

On suppose que l'enfant non commun exerce l'action en retranchement. Il faut alors déterminer ce qu'aurait été la part de Mme Ledoux si elle avait été mariée sous le régime légal de la communauté réduite aux acquêts.

Dans ce cas, Mme Ledoux aurait repris en nature le studio de Rennes à titre de bien propre et la succession de M. Ledoux aurait repris en nature la maison de Saint-Malo, également à titre de bien propre.

La communauté aurait alors été liquidée comme suit :

Actif de communauté :	
– appartement de Versailles	180 000
– liquidités	45 000
Actif brut de communauté	225 000
À déduire :	
passif de communauté	– 5 000
actif net de communauté	220 000
Dont moitié pour chaque époux	1/2
Est de	110 000

Au lieu de recueillir la totalité de l'actif commun d'une valeur de 500 000 €, Mme Ledoux aurait reçu des biens d'une valeur de 110 000 € (*boni* de communauté) auxquels se serait ajoutée la valeur du studio de Rennes, bien propre sur lequel elle aurait exercé une reprise (80 000 €), soit un total de 190 000 €.

Calcul de l'avantage matrimonial :

L'avantage matrimonial est donc de 500 000 – 190 000 = 310 000. C'est cette somme de 310 000 € qu'il convient de réunir fictivement à la masse de calcul de la quotité disponible.

B.
Donation-partage

314.31 Cas particulier : donation-partage ordinaire. Lorsque le défunt a consenti une donation-partage à ses présomptifs héritiers réservataires, les

1. Si le régime de base est un régime séparatiste, certains auteurs considèrent que les avantages matrimoniaux doivent être déterminés non pas par rapport au régime légal de communauté mais par rapport aux règles légales applicables au régime choisi (séparation de biens ou participation aux acquêts sans clause particulière) – V. N. Duchange, « Pour une approche pratique des avantages matrimoniaux », *JCP N* 2016. 1118.

lots reçus par les donataires copartagés doivent être **réunis fictivement à la masse de calcul de la quotité disponible,** comme pour toute libéralité. En effet, alors que le fait que les biens aient déjà été partagés dispense les gratifiés du rapport, « *les règles des donations entre vifs pour tout ce qui concerne l'imputation, le calcul de la réserve et la réduction* » sont applicables (C. civ., art. 1077-2, al. 1er).

314.31-1 Réunion fictive d'une donation-partage ordinaire.

EXEMPLE

M. X décède en 2018, laissant deux enfants, Jean et Pierre, à qui il avait consenti en 2008 une donation-partage portant sur des biens évalués au jour de l'acte à 100 000 € pour chaque donataire.

Les conditions posées par l'article 1078 du Code civil, pour que les biens donnés soient évalués dans la succession au jour de la donation-partage pour l'imputation et le calcul de la réserve, étaient remplies.

L'actif net de la succession de M. X, valeur décès, est de 300 000 €.

M. X a consenti un legs universel à sa concubine.

Pour déterminer l'étendue du legs universel, il est nécessaire de calculer la quotité disponible.

Masse de calcul de la quotité disponible :

Actif net de succession	300 000
Réunion fictive :	
Lot donné à Jean	100 000
Lot donné à Pierre	100 000
Masse de calcul	500 000

C. Libéralités en usufruit

314.41 Cas particulier : libéralités en usufruit. Lorsque le défunt a consenti une libéralité en usufruit et que cet usufruit ne s'est pas éteint au jour de l'ouverture de la succession, la **nue-propriété du bien démembré** fait partie des **biens existants** et son **usufruit** doit être **réuni fictivement.** Pour l'évaluation de cet usufruit, il existe deux méthodes (v. ss nos 312.82 et 312.83).

314.41-1 Libéralité en usufruit.

EXEMPLE

Le défunt a donné à son frère l'usufruit d'un bien immobilier estimé à 300 000 € au décès. À son décès, l'usufruit n'est pas éteint.

Pour la détermination de la masse de calcul :

– la nue-propriété du bien immobilier est inscrite dans les biens existants. Son montant est égal à la différence entre la valeur de la pleine propriété et celle de l'usufruit ;

– l'usufruit du bien immobilier doit figurer dans les biens réunis fictivement puisqu'il a été donné et qu'il n'est pas éteint. Il y est inscrit pour sa valeur économique ;

– ou bien, si on applique la seconde méthode préconisée par la doctrine majoritaire, il est fait deux colonnes, l'une pour l'usufruit et l'autre pour la nue-propriété, et on inscrit la valeur du bien démembré, dans la colonne nue-propriété au niveau des biens existants et dans la colonne usufruit au niveau de la réunion fictive des donations.

	Nue-propriété	Usufruit	Pleine propriété
Biens existants : Immeuble dont l'usufruit a été donné	300 000	–	–
Autres biens existants	–	–	150 000
Total des biens existants	300 000	–	150 000
Réunion fictive :			
Donation d'usufruit		300 000	
Masse de calcul			450 000

D. Biens reçus en lieu et place du défunt

314.50 Division. Cas particulier : biens reçus en lieu et place du défunt. En principe, seuls les biens reçus à titre gratuit du défunt sont réunis fictivement. Toutefois, dans deux hypothèses, la loi prévoit un traitement particulier : au cas de donation-partage transgénérationnelle (1°) ; au cas de biens reçus par les héritiers du vivant du défunt, par représentation de ce dernier (2°).

1° Première hypothèse : donation-partage transgénérationnelle

314.61 Donation-partage transgénérationnelle : principe de l'évaluation au décès. Aux termes de l'article 1078-9 alinéa 1er du Code civil : « *Dans la succession de l'enfant qui a consenti à ce que ses propres descendants soient allotis en son lieu et place, les biens reçus par eux de l'ascendant sont traités comme s'ils les tenaient de leur auteur direct.* »

Ainsi les biens reçus par les petits-enfants dans une donation-partage faite à des descendants de degrés différents sont traités comme s'ils avaient été reçus directement de l'enfant qui s'est effacé à leur profit, dans la succession de celui-ci. En particulier, ils doivent être réunis fictivement à la masse de calcul de la quotité disponible.

Le principe est que ces biens sont soumis aux **règles des donations entre vifs pour la réunion fictive** (C. civ., art. 1078-9, al. 2). Ainsi, comme toute donation rapportable, ils sont réunis fictivement pour la **valeur des biens au décès** compte tenu de leur **état au jour de la donation-partage transgénérationnelle** (C. civ., art. 922, al. 2).

314.61-1 Lots reçus par les enfants du défunt par donation-partage transgénérationnelle : allotissement de certains enfants seulement.

EXEMPLE

M. Max Allain décède laissant pour recueillir sa succession ses trois filles : Léa, Marion et Zoé. Il n'a consenti aucune libéralité entre vifs ou à cause de mort.

Léa et Marion ont toutefois reçu de leur grand-mère, Mme Berthe Allain, en lieu et place de leur père, dans le cadre d'une donation-partage transgénérationnelle, les biens suivants :

– Léa a reçu un appartement évalué au jour de l'acte à 60 000 € et au décès de M. Allain à 100 000 €. Cette variation est uniquement due à la hausse du marché immobilier.

– Marion a reçu une somme de 60 000 € qui lui a permis d'acquérir un appartement moyennant le prix de 80 000 € frais compris. Cet appartement est évalué à 120 000 € au décès de M. Allain. Cette variation est uniquement due à la hausse du marché immobilier.

Le patrimoine de M. Allain comprend des biens évalués à 250 000 € et le passif successoral s'élève à 10 000 €.

Les biens reçus par les enfants de M. Max Allain en ses lieu et place, dans la donation-partage faite par Mme Berthe Allain à des descendants de degrés différents, sont réunis fictivement comme des donations en avancement de part successorale faites par M. Max Allain lui-même.

Ainsi le lot reçu par Léa est réuni fictivement pour une valeur de 100 000 €, la variation de valeur entre la libéralité et le décès n'étant pas imputable à la donataire (sur les règles d'évaluation, v. ss nos 314.120 à 314.211).

Le lot reçu par Marion doit être réuni fictivement pour la valeur au décès des biens acquis en emploi de la somme d'argent donnée, la variation de valeur entre la libéralité et le décès n'étant pas imputable à la donataire.

Soit (60 000/80 000) × 120 000 = 90 000 €.

Masse de calcul de la quotité disponible :

Biens existants	250 000
Passif	10 000
Actif net de succession au décès	240 000
Réunion fictive :	
– lot reçu par Léa par donation-partage transgénérationnelle	100 000
– lot reçu par Marion par donation-partage transgénérationnelle	90 000
Masse de calcul :	430 000

314.62 Donation-partage transgénérationnelle : tempéraments au principe d'évaluation au décès. Le principe de l'évaluation au décès des biens donnés en cas de donation-partage transgénérationnelle (C. civ., art. 1078-9, al. 2), connaît **deux tempéraments :**

– *d'une part*, lorsque tous les descendants ont reçu et accepté un lot dans le partage anticipé et qu'il n'a pas été prévu de réserve d'usufruit sur une somme d'argent, les lots reçus par les petits-enfants en lieu et place de l'enfant ne sont pas traités comme des donations en avancement de part faites par le défunt mais comme une donation-partage consentie par ce dernier (C. civ., art. 1078-9, al. 3).

On applique alors les **règles d'évaluation** applicables à la **réunion fictive des lots reçus par donation-partage ordinaire** (v. ss nos 314.31 et 314.31-1) ;

– *d'autre part*, lorsque l'enfant qui s'est effacé au profit de ses propres enfants a **incorporé** les lots reçus par ces derniers de leur aïeul à une nouvelle donation-partage, il convient également d'appliquer les **règles d'évaluation relatives à la réunion fictive des lots reçus par donation-partage ordinaire** (C. civ., art. 1078-10 – V. ss nos 314.31 et 314.31-1).

314.62-1 Lots reçus par les enfants du défunt par donation-partage transgénérationnelle : allotissement de tous les enfants du défunt.

EXEMPLE

Mêmes données que l'exemple cité au n° 314.61-1, sauf que Zoé a également reçu un bien évalué à 60 000 € au jour de l'acte et à 80 000 € au décès de son père.

Tous les enfants de M. Max Allain ayant été allotis dans la donation-partage transgénérationnelle consentie par sa mère, Mme Berthe Allain, on fait comme si les enfants avaient reçu les lots directement de M. Max Allain par donation-partage. Les biens sont alors **évalués au jour de l'acte**, sauf s'il existe une réserve d'usufruit portant sur une somme d'argent ou sauf clause contraire (C. civ., art. 1078 – Pour les règles d'évaluation des biens, v. ss nos 314.120 à 314.211).

Masse de calcul de la quotité disponible :

Biens existants	250 000
Passif	– 10 000
Actif net de succession au décès	240 000
Réunion fictive :	
– lot reçu par Léa par donation-partage transgénérationnelle	60 000
– lot reçu par Marion par donation-partage transgénérationnelle	60 000
– lot reçu par Zoé par donation-partage transgénérationnelle	60 000
Masse de calcul :	420 000

314.62-2 Lots reçus par les enfants du défunt par donation-partage transgénérationnelle : incorporation à une donation-partage faite par le défunt.

EXEMPLE

Mêmes données que dans l'exemple cité au n° 314.61-1, sauf que M. Allain a incorporé les lots reçus par Léa et Marion à une donation-partage aux termes de laquelle il a également alloti Zoé.

Chacune des filles a reçu le lot suivant :

– Léa, l'appartement reçu dans la donation-partage transgénérationnelle consentie par Mme Berthe Allain. Cet appartement a été évalué à 80 000 € dans la nouvelle donation-partage ;

– Marion, la quote-part d'appartement que les deniers reçus dans la donation-partage transgénérationnelle consentie par Mme Berthe Allain a permis d'acquérir. Cette quote-part est également évaluée à 80 000 € ;

– Zoé, un appartement évalué à 80 000 €.

Dans cette hypothèse, on ne tient plus compte des lots reçus dans la donation-partage transgénérationnelle. Seule la donation-partage ordinaire consentie par M. Max Allain doit être réunie fictivement au décès de ce dernier.

Masse de calcul de la quotité disponible :

Biens existants	250 000
Passif	– 10 000
Actif net de succession au décès	240 000
Réunion fictive de la donation-partage ordinaire :	
– lot reçu par Léa 80 000	80 000
– lot reçu par Marion	80 000
– lot reçu par Zoé	80 000
Masse de calcul :	480 000

2°
Deuxième hypothèse : biens reçus par les héritiers du vivant du défunt, par représentation de ce dernier

314.71 Biens reçus par représentation d'un héritier renonçant ou indigne. Lorsque le défunt avait renoncé à une succession en faveur d'un ou plusieurs présomptifs héritiers, cette renonciation *in favorem* constitue une **libéralité indirecte** qui doit être **réunie fictivement à la masse de calcul**.

L'article 754 alinéa 2 du Code civil prévoit que, même lorsqu'un héritier renonce à une succession sans désigner de bénéficiaire à cette renonciation, ses enfants doivent rapporter à la succession de cet héritier les biens dont ils ont hérité en ses lieu et place, s'ils viennent en concours avec d'autres enfants conçus après l'ouverture de la première succession. **Le rapport permet de rétablir l'égalité entre les enfants du défunt**[1].

En cas de **représentation de l'indigne**, la même règle s'applique, l'article 755 alinéa 2 renvoyant aux dispositions du second alinéa de l'article 754 du Code civil.

314.72 Faut-il également prendre en compte les biens recueillis en lieu et place du défunt dans la masse de calcul ? La question est controversée :

– **Aucun texte ne prévoit l'intégration à la masse de calcul** des biens recueillis par certains des cohéritiers dans les conditions ci-dessus. Au surplus, ces biens n'ont pas fait l'objet, à proprement parler, d'une donation entre vifs au sens de l'article 922 du Code civil, mais seulement d'une **renonciation par le défunt profitant à certains de ses héritiers.**

Une telle intégration pourrait par ailleurs dans certains cas causer préjudice aux héritiers en limitant leurs droits légaux. Pour ces raisons, certains auteurs considèrent que de tels biens, soumis par la loi au rapport, ne doivent pas faire partie de la masse de calcul[2].

– On peut soutenir, en revanche, que l'absence de texte constitue une lacune plus qu'une interdiction et que le « *rapport* » à la succession prévu par les articles 754 et 755 du Code civil implique, si les mots ont un sens, que **ces biens sont considérés** comme **ayant fait l'objet d'une libéralité par le défunt aux héritiers** qui l'ont représenté, tout au moins en cas de représentation d'un renonçant.

Certains auteurs proposent une solution intermédiaire en distinguant selon que la renonciation procède ou non d'une intention libérale[3].

En cas de **représentation d'un indigne**, l'intention libérale est exclue, de sorte que les lots reçus en lieu et place de l'indigne ne sont pas pris en compte dans la masse de calcul de la quotité disponible[4].

En cas de **représentation d'un renonçant**, il faut distinguer selon la motivation du renonçant.

Si ce dernier renonce parce que la succession est déficitaire, le plus souvent ses héritiers renonceront également. Si les héritiers viennent néanmoins à la succession, par devoir moral par exemple, ils ne recevront rien et n'auront donc rien à rapporter. Dans ce cas la représentation du renonçant est sans incidence sur la succession de ce dernier.

En cas de **renonciation à une succession excédentaire**, il faut rechercher la cause de la renonciation. Si le renonçant est animé par une intention libérale, outre l'éventuel intérêt fiscal qu'il peut retirer de sa renonciation, alors les lots reçus par ses ayants droit en ses lieu et place constituent des libéralités indirectes dont il convient de tenir compte dans le contrôle de l'absence d'atteinte à la réserve.

En effet, le rapport est défini par l'article 843 du Code civil comme portant sur tout ce que chaque cohéritier « *a reçu du défunt par donation entre vifs, directement ou indirectement* ». Ainsi, si la loi utilise le mot « *rapport* » à l'article 754 du Code civil, en

1. *J.-Cl. Not. Form.*, *v° Renonciation*, fasc. 20, spéc. nos 36 s.

2. *J.-Cl. Not. Form.*, *v° Renonciation*, fasc. 20, spéc. nos 36 s. – *J.-Cl. Civ. Code*, art. 912 à 930-5, fasc. 20, spéc. n° 29, par C. Brenner.

3. Rép. civ., v° *Réserve héréditaire – Réduction des libéralités*, par S. Deville et M. Nicod, avr. 2020 [actu. juill. 2022], spéc. n° 43.

4. *Remarque :* en suivant ce raisonnement, nous modifions la position prise dans les première et deuxième éditions de cet ouvrage et écartons la prise en compte dans la masse de calcul des lots reçus en représentation d'un indigne, ou d'un renonçant non animé par une intention libérale.

renvoyant notamment aux dispositions de l'article 843, c'est, à notre avis, qu'elle considère, jusqu'à preuve du contraire, que les biens visés avaient fait l'objet d'une libéralité[1].

Cette pratique permet de préserver la faculté du futur défunt de disposer à titre gratuit, comme les exemples qui suivent vont le montrer.

314.72-1 Biens reçus en lieu et place du défunt dans une succession : comparaison des deux méthodes.

EXEMPLE

M. Leroux décède laissant à sa survivance ses deux enfants Henri et Paul ainsi que sa concubine Mme Rose à laquelle il a légué un bien d'une valeur de 300 000 €.

L'actif net existant au décès est évalué à 720 000 €.

Il est par ailleurs précisé qu'Henri a reçu les parts et droits de son père, renonçant, dans la succession de son grand-père, à une époque où son frère Paul n'était pas encore né. Les biens ainsi reçus sont évalués à 330 000 € nets, au décès de M. Leroux.

Méthode 1 : On ne tient pas compte des biens reçus en lieu et place du défunt dans la masse de calcul. Selon cette méthode, **les biens reçus en lieu et place du défunt sont seulement rapportables**.

Masse de calcul :

Actif net existant	720 000
Réunion fictive :	0
Ensemble	720 000
Dont le tiers formant la quotité disponible	1/3
Est de	240 000
Dont les deux tiers formant la réserve globale	2/3
Sont de	480 000
Dont la moitié formant la réserve individuelle	1/2
Est de	240 000

Imputation du legs à Mme Rose :

Consenti à un tiers, ce legs portant sur des biens d'une valeur de 300 000 € s'impute exclusivement sur la quotité disponible (240 000 €) qu'il excède de 60 000 €. Il est donc réductible à concurrence de 20 % (60 000/300 000 = 20 %) de la valeur des biens au partage.

Masse à partager :

En supposant que les biens n'ont pas changé de valeur entre le décès et le partage, la masse à partager s'établit comme suit :

Actif net existant	720 000
À déduire :	
legs à Mme Rose	– 300 000
Reste	420 000

Restitutions :

Rapport dû par Henri (art. 754, al. 2) :	330 000
Indemnité de réduction due par Mme Rose	60 000
Ensemble	810 000
Dont la moitié pour chaque héritier	1/2
Est de	405 000

Méthode 2 : Les biens reçus en lieu et place du renonçant sont inclus dans la masse de calcul.

Masse de calcul :

Actif net existant	720 000
Réunion fictive :	330 000
Ensemble	1 050 000
Dont le tiers formant la quotité disponible	1/3
Est de	350 000
Dont les deux tiers formant la réserve globale	2/3
Sont de	700 000
Dont la moitié formant la réserve individuelle	1/2
Est de	350 000

Imputations :

Les biens reçus par Henri en lieu et place de son père doivent être traités comme une donation en avancement de part faite à Henri pour les imputations. La succession ainsi reçue (330 000 €) s'impute à la date à laquelle elle a été recueillie, donc avant les legs. Elle s'impute principalement sur la part de réserve d'Henri (350 000 €), sans l'excéder. Elle laisse le disponible intact.

Le legs à Mme Rose (300 000 €) s'impute ensuite et ce exclusivement sur la quotité disponible (350 000 €) sans l'excéder, il n'est pas réductible.

Masse à partager :

En supposant que les biens n'ont pas changé de valeur entre le décès et le partage, la masse à partager s'établit comme suit :

Actif net existant	720 000
À déduire :	
legs à Mme Rose	– 300 000
Reste (à reporter)	420 000
Report	420 000

Restitutions :

Rapport dû par Henri (art. 754, al. 2)	330 000
Ensemble	750 000
Dont la moitié pour chaque héritier	1/2
Est de	375 000

314.73 Biens reçus en lieu et place du défunt dans une succession : conclusion sur les deux méthodes. La prise en compte dans la masse de calcul des biens reçus par un héritier en lieu et place du défunt **réduit les droits légaux des héritiers réservataires**

1. EN CE SENS, N. Levillain, « Le rapport de la succession reçue en lieu et place de l'indigne », *JCP N* 2006, n° 1099 – M.-C. Forgeard, R. Crône et B. Gelot, « Le nouveau droit des successions et des libéralités », éd. Defrénois, 2007, n° 17.

(405 000 € selon la première méthode contre 375 000 € selon la seconde). Ce résultat s'explique par le fait qu'en augmentant la masse de calcul, on accroît non seulement la réserve globale mais également la quotité disponible.

Ainsi, lorsque des libéralités hors part ont été consenties, elles peuvent s'exécuter pour un montant plus important, ce qui entraîne une diminution des droits légaux des héritiers réservataires.

E.
Donation portant sur des biens communs

314.81 Cas de la donation portant sur des biens communs : principe. En cas de donation de biens communs par deux époux, en principe chaque époux est réputé avoir donné la moitié des biens. Seule la **moitié des biens donnés** doit donc être **réunie fictivement à la masse de calcul** de la succession de chacun des époux. Si la donation d'un bien commun a été faite par un seul époux et que le donataire est un enfant commun, la donation est présumée être faite par les deux époux, sauf stipulation contraire, en application des articles 1438 et 1439 du Code civil [1]. Cette donation doit en principe se faire avec le consentement du conjoint (C. civ., art. 1422), sauf si elle porte sur les gains et salaires de l'époux donateur. Même en l'absence de consentement, la donation peut se trouver consolidée, notamment par prescription. La donation est alors prise en compte pour moitié à la succession de chacun des époux.

Il existe toutefois deux exceptions à ce principe.

314.82 1) Cas de la donation portant sur des biens communs : première exception au principe. En premier lieu, les époux peuvent avoir conventionnellement dérogé aux règles légales. Deux stipulations sont envisageables :

– *D'une part*, les époux peuvent avoir stipulé une **clause dérogeant au principe selon lequel les époux sont réputés avoir fait par moitié chacun la donation à l'enfant commun** (C. civ., art. 1439, al. 2). Dans ce cas, la donation est réunie fictivement pour la **quote-part effectivement donnée** par l'époux décédé.

– *D'autre part*, les époux peuvent stipuler une clause d'imputation intégrale sur la succession du prémourant ou du dernier mourant. La libéralité est alors prise en compte pour la totalité dans la masse de calcul de la quotité disponible et de la réserve de la succession du prémourant ou du dernier mourant, selon la stipulation prévue dans l'acte.

Dans ces différents cas, la libéralité donne lieu à récompense au profit de la communauté.

314.82-1 Réunion fictive en cas de donation d'un bien commun selon les proportions données par chaque époux.

EXEMPLE

M. et Mme Leblanc ont consenti en 2008 une donation à l'une de leurs filles, Jeanne, portant sur un immeuble évalué à 100 000 € au jour de l'acte, à 140 000 € au décès de M. Leblanc en 2009 et à 150 000 € au décès de Mme Leblanc, en 2020.

En l'absence de toute clause, ce bien est réuni fictivement :

– pour 70 000 € lors du règlement de la succession de M. Leblanc ;

– pour 75 000 € lors du règlement de la succession de Mme Leblanc.

Si l'on suppose que, dans l'acte de donation, M. Leblanc a déclaré supporter cette donation à concurrence de 75 %, les biens sont réunis fictivement :

– pour 105 000 € lors du règlement de la succession de M. Leblanc ;

– pour 37 500 € lors du règlement de la succession de Mme Leblanc.

S'il a été stipulé une clause d'imputation sur la succession du prémourant, les biens sont réunis fictivement pour 140 000 € lors du règlement de la succession de M. Leblanc. Il n'y a pas lieu de tenir compte de cette donation lors du règlement de la succession de Mme Leblanc.

Enfin, s'il a été stipulé une clause d'imputation sur la succession du dernier mourant, les biens sont réunis fictivement pour 150 000 € lors du règlement de la succession de Mme Leblanc. Il n'y a pas lieu de tenir compte de cette donation lors du règlement de la succession de M. Leblanc.

314.83 2) Cas de la donation portant sur des biens communs : deuxième exception au principe. Si un époux a donné un bien commun avec le consentement de l'autre époux, mais en prenant seul la qualité de donateur, l'autre époux n'intervenant que pour assurer la validité de l'acte au regard des dispositions de l'article 1422 du Code civil [2], la donation est réunie fictivement uniquement dans la succession de l'époux donateur.

Il en va de même lorsqu'un époux donne un bien commun en agissant seul et que son conjoint a ratifié l'acte ou n'en a pas demandé l'annulation dans le délai de deux ans prévu par l'article 1427 du Code

1. Civ. 1re, 1er févr. 2017, no 15-26.078, NP ; *AJ fam.* 2017. 209, obs. N. Levillain ; *RTD civ.* 2017. 460, obs. M. Grimaldi – V. ANTÉRIEUREMENT : Civ. 1re, 22 juin 2004, no 01-18.030, P I, no 173 ; *RTD civ.* 2005. 171, obs. B. Vareille : « *Mais attendu qu'il résulte des articles 1438 et 1439 du Code civil que, lorsque deux époux conjointement, ou l'un d'eux avec le consentement de l'autre, ont fait une donation à un enfant issu du mariage, à l'aide de biens communs, la charge définitive de la libéralité incombe à la communauté, sauf clause particulière stipulant que l'un des époux se chargerait personnellement de la libéralité ; qu'il s'ensuit qu'à défaut d'une telle stipulation, l'enfant doit rapporter cette libéralité pour moitié à la succession de son père et pour moitié à celle de sa mère* ».

2. J. Flour et G. Champenois, *Les régimes matrimoniaux*, 2e éd., « coll. U », A. Colin, 2001, no 564.

civil, à condition, si le donataire est un enfant commun, que la donation contienne une clause mettant la donation exclusivement à la charge de l'époux qui a réalisé la donation (v. s[s] n° 314.81).

Là encore, l'époux donateur est débiteur d'une récompense au profit de la communauté.

F. Présomption de l'article 918 du Code civil

314.91 **Cas particulier : portée de la présomption de l'article 918 du Code civil.** L'aliénation à titre onéreux faite avec réserve d'usufruit ou à fonds perdus, c'est-à-dire moyennant un avantage viager – rente viagère ou bail à nourriture – au profit d'un successible en ligne directe au jour de l'acte[1], est – de manière **irréfragable – présumée** être une **libéralité faite hors part successorale.** Cette présomption ne s'applique toutefois qu'au profit des **héritiers présomptifs en ligne directe au moment de l'acte.** Ainsi, dans l'arrêt rendu le 17 mars 1982, la Cour de cassation a décidé que la vente avec constitution de rente viagère faite par un grand-père à sa petite-fille du vivant de son fils échappait à la présomption de l'article 918 du Code civil, car ainsi que le constatent certains auteurs[2], le déguisement est alors peu vraisemblable.

Il faut préciser que, selon la jurisprudence, la vente avec réserve du droit d'usage et d'habitation n'entre pas dans le champ d'application de la présomption de l'article 918 du Code civil[3].

La Cour de cassation interprète de façon restrictive l'article 918 du Code civil, écartant toute opération n'entrant pas strictement dans les conditions de ce texte. Ainsi l'article 918 n'est-il par exemple pas applicable à la vente au profit d'une société civile immobilière ayant pour associé un successible en ligne directe du vendeur décédé, ni à l'échange moyennant une soulte convertie en rente viagère[4].

Cette présomption peut être écartée par le consentement des autres successibles en ligne directe ; ce consentement peut être express ou tacite[5]. Toutefois si un tel successible n'a pas donné son consentement, par exemple dans le cas d'un héritier né après l'aliénation, il pourra toujours invoquer la présomption, mais uniquement à son profit.

Lorsque la présomption joue, le bien prétendument vendu est **réuni fictivement à la masse de calcul pour sa valeur en pleine propriété au jour du décès**, sans tenir compte des sommes éventuellement versées par l'acquéreur, notamment en cas de vente moyennant rente viagère. Si certains héritiers sont intervenus à l'acte d'aliénation, une double liquidation doit être faite. La *première* sans tenir compte de l'aliénation litigieuse pour déterminer s'il y a atteinte à la réserve des héritiers ayant consenti à l'opération. La *seconde* en traitant l'aliénation comme une donation hors part successorale, afin de déterminer une éventuelle indemnité de réduction qui ne serait due qu'à l'héritier qui n'a pas concouru à l'acte, pour sa part dans cette indemnité.

Cependant si une partie du prix a été payée comptant, la présomption ne joue pas pour cette partie.

314.91-1 **Réunion fictive de biens vendus à un présomptif héritier moyennant un prix payé pour partie moyennant rente viagère.**

EXEMPLE

M. Rioux décède laissant à sa survivance deux enfants Paul et Marie. En 2002, il avait vendu à sa fille Marie un appartement moyennant le prix de 150 000 €, dont 50 000 € payés comptant et le surplus converti en rente viagère. Ce bien vaut 210 000 € au décès de M. Rioux.

Dans la masse de calcul, seule la fraction du bien acquise moyennant rente viagère doit être réunie fictivement. Marie ayant payé un tiers du bien comptant (50 000/150 000), la réunion fictive porte donc sur les deux tiers de la valeur au décès du bien vendu, soit 2/3 × 210 000 = 140 000 €.

G. Société civile créée entre le défunt et un successible

314.101 **Présomption de donation rapportable.** Lorsqu'une société civile a été formée entre le défunt et un successible, ce dernier doit le **rapport de tous les bénéfices sociaux tirés** si le contrat de société n'a pas été fait en la forme authentique ou s'il y a eu fraude[6] (C. civ., art. 854). La loi édicte en pareille hypothèse, une double présomption : une **présomption de donation indirecte** et une **présomption de dona-**

1. Civ. 1re, 17 mars 1982, n° 81-12.119, P I, n° 117 ; *D.* 1982. IR 356 ; *D.* 1982. IR 420 ; *RTD civ.* 1983. 175, obs. J. Patarin ; *Defrénois* 1982. 32944, p. 1383, obs. G. Champenois.
2. J. Flour et H. Souleau, *Droit civil. Les successions*, 3e éd., « coll. U », A. Colin, 1991, n° 510.
3. Civ. 1re, 16 juin 1992, n° 90-17.886, P I, n° 187 ; *JCP* 1993. I. 3713, n° 7, obs. F.-X. Testu ; *JCP* 1993. II. 22011, note P. Salvage ; *D.* 1993. Somm. 227, obs. M. Grimaldi ; *RTD civ.* 1993. 394, obs. J. Patarin – Civ. 1re, 10 juill. 1996, n° 94-13.301, P I, n° 315 ; *RTD civ.* 1997. 485 et 489, obs. J. Patarin – Civ. 1re, 5 févr. 2002, n° 99-19.875, P I, n° 42 ; *RJPF* 2002-5/51, obs. P. D. S.-H.
4. Civ. 1re, 30 sept. 2009, n° 08-17.411, P I, n° 199 ; *AJ fam.* 2009. 459, obs. F. Bicheron ; *Dr. fam.* 2009, n° 143, obs. B. Beignier ; *JCP N* 2009. 1340, note J.-P. Garçon ; *Defrénois* 2010. 165, étude N. Bargue – Civ. 1re, 25 sept. 2013, n° 12-20.541, P I, n° 190 ; *AJ fam.* 2013. 723, obs. A. de Guillenchmidt-Guignot – V. Ph. Malaurie et C. Brenner, *Droit des successions et des libéralités*, 9e éd., « Droit civil », LGDJ, 2020, n° 563.
5. Civ. 1re, 26 janv. 2022, n° 20-14.155, B ; *AJ fam.* 2022. 166, obs. J. Casey ; *RTD civ.* 2022. 443, obs. M. Grimaldi ; *Dr. fam.* 2022, n° 54, obs. M. Nicod.
6. POUR UN EXEMPLE DE FRAUDE : Paris 2e ch., sect. A, 4 mai 1999, RG n° 1997/24837.

tion rapportable[1]. Cette présomption joue quelle que soit la forme de la société : société civile ou commerciale, société en participation[2], société de fait[3].

Cette présomption n'est toutefois **pas irréfragable.** En l'absence d'acte notarié, la jurisprudence admet en effet que le successible puisse apporter la **preuve de l'absence d'intention libérale.** Plusieurs décisions ont ainsi admis que les bénéfices distribués constituent une juste indemnité du successible soit de son concours aux affaires sociales, soit des risques courus par ses capitaux[4]. En pareille hypothèse, il n'y a pas de libéralité et donc pas de réunion fictive.

Par ailleurs, lorsque l'acte constitutif est sous seing privé, la jurisprudence valide la **clause des statuts écartant l'obligation de rapport**[5]. En pareille hypothèse, la présomption d'avance de part est écartée mais pas celle de libéralité. Il faut donc réunir fictivement les bénéfices tirés du contrat de société par le présomptif héritier.

Enfin, si la société a été constituée en la forme authentique il est toujours possible d'invoquer l'existence d'une libéralité indirecte, mais c'est à celui qui l'invoque d'en apporter la preuve.

§ 3
Exceptions au principe

314.111 **Exceptions.** Le Code civil prévoit plusieurs exceptions aux dispositions de l'article 922. Il s'agit d'opérations qui ne sont pas qualifiées de libéralités et qui échappent au rapport et donc à la réunion fictive. Ainsi l'article 852 du Code civil écarte-t-il la qualification de libéralité pour les actes suivants :

– les **présents d'usage**, le second alinéa de cet article précisant désormais que « *le caractère de présent d'usage s'apprécie à la date où il est consenti et compte tenu de la fortune du disposant* ». Il faut par ailleurs que le présent soit fait à une occasion particulière[6] ;

– les frais de nourriture, d'entretien, d'éducation et d'apprentissage, ainsi que les frais d'équipement et ceux de noces.

Le législateur réserve toutefois la possibilité pour le disposant de prévoir le rapport de ces frais (C. civ., art. 852). Conformément à la jurisprudence antérieure à la loi n° 2006-728 du 23 juin 2006[7], la faculté pour le disposant d'exprimer une volonté contraire, « *ne s'applique qu'aux frais de nourriture, d'entretien* [...] *et non pas aux présents d'usage* »[8].

En présence d'une telle stipulation, il faudra également **réunir fictivement ces frais à la masse de calcul,** car la loi prévoyant le rapport (par exception) de telles dépenses donne à ces dépenses le caractère de libéralité, ce qui entraîne leur inclusion dans la masse de calcul de la quotité disponible.

Par ailleurs, échappent également à la réunion fictive les **fruits et revenus des biens rapportables,** l'article 856 du Code civil édictant qu'ils ne sont dus qu'à compter de l'ouverture de la succession.

En revanche, les **donations de fruits et revenus** sont **traitées comme de véritables libéralités** et entrent en conséquence dans la composition de la **masse de calcul** (C. civ., art. 851, al. 2). La principale difficulté, en pratique, sera d'évaluer ces donations. Toutefois pour qu'il y ait réunion fictive, il faut prouver qu'il y a bien eu **donation.** La question se pose souvent lorsqu'un immeuble a été mis gratuitement à la disposition d'un héritier. Pour que l'opération puisse être qualifiée de donation et donne lieu à la réunion fictive, il faut que les cohéritiers du bénéficiaire de la mise à disposition apportent une **double preuve :** la preuve de l'**appauvrissement des prétendus donateurs et** la preuve d'une **intention libérale**[9].

Si la mise à disposition se fait dans le cadre d'un prêt à usage, la qualification de donation doit être écartée, faute d'appauvrissement du prêteur[10].

Sont également en principe exclues de la masse de calcul les **primes d'assurance-vie** versées par le défunt et le **capital** versé au bénéficiaire. Toutefois, lorsque ces primes sont considérées comme manifestement excessives – ce qui en pratique est rare[11] – seule la

1. M. Grimaldi, *Droit des successions*, 8e éd., « Manuel », LexisNexis, 2020, n° 740 – V. Ph. Malaurie et C. Brenner, *Droit des successions et des libéralités*, 9e éd., « Droit civil », LGDJ, 2020, n° 563.
2. Req. 19 nov. 1861, *DP* 1862. 1. 139.
3. Civ. 1re, 22 nov. 1978, *D.* 1979. IR 258.
4. Req. 17 août 1864, *DP* 1865. 1. 304 – Douai, 21 juin 1906, *DP* 1908. 2. 225, note M. Planiol.
5. Req. 31 déc. 1855, *DP* 1856. 1. 358 – Req. 23 juin 1919, *DP* 1920. 2. 159.
6. Civ. 1re, 25 sept. 2013, n° 12-17.556, P I, n° 192 ; *D.* 2013. 2273 ; *AJ fam.* 2013. 652, obs. N. Levillain ; *RTD civ.* 2013, 875, obs. M. Grimaldi.
7. L. n° 2006-728, 23 juin 2006, portant réforme des successions et des libéralités, *JO* 24 juin, p. 9513.
8. EN CE SENS, *J.-Cl. Civ. Code*, art. 912 à 930-5, fasc. 20, note 11, n° 30, par C. Brenner.
9. Civ. 1re, 18 janv. 2012, n° 09-72.542, P I, n° 8 ; *D.* 2012. 283 ; *AJ fam.* 2012. 234, obs. A. Bonnet – Civ. 1re, 18 janv. 2012, n° 10-27.325, P I, n° 8 ; *D.* 2012. 283 – Civ. 1re, 18 janv. 2012, n° 11-12.863, P I, n° 8 ; *D.* 2012. 283 ; *AJ fam.* 2012. 235, obs. E. Buat-Ménard ; *RTD civ.* 2012. 307, obs. J. Hauser ; *RTD civ.* 2012. 353, note M. Grimaldi.
10. Civ. 1re, 11 oct. 2017, n° 16-21.419, P I, n° 214 ; *AJ fam.* 2017. 656, obs. N. Levillain.
11. V. Nicolas, « Versements de primes manifestement exagérées en assurances-vie : rares utilisations », *Dr. fam.* 2007, n° 176 – Le caractère manifestement exagéré s'apprécie par rapport à deux critères : le train de vie du souscripteur et l'utilité du contrat. Pour le premier critère, la Cour de cassation considère que les primes ne sont pas exagérées si les revenus du souscripteur lui permettent d'assurer son train de vie : Civ. 1re, 15 mai 2018, n° 17-17.303, NP ; *AJ fam.* 2018. 411 – Civ. 1re, 6 nov. 2019, n° 18-16.153, NP ; *AJ fam.* 2019. 663.

partie excessive des primes versées serait réductible[1] et entrerait donc dans la masse de calcul.

Pour déterminer cette partie excessive des primes versées, il convient de retenir le nominal des primes versées et non pas la valeur capitalisée[2].

Enfin, lorsqu'en raison de l'âge ou de l'état de santé du souscripteur, le contrat d'assurance-vie n'est plus un contrat aléatoire, la Haute juridiction considère que ce contrat est une **donation indirecte** qui doit être réunie fictivement. Cette donation porte alors non pas sur les primes versées mais sur la valeur de rachat du contrat au jour du décès[3].

SECTION 2
ÉVALUATION DES BIENS RÉUNIS FICTIVEMENT

314.120 **Plan.** Les règles d'évaluation des biens réunis fictivement sont fixées par l'article 922, alinéa 2 du Code civil : les biens donnés doivent être évalués au jour du décès compte tenu de leur état à l'époque de la donation. Ces règles prennent par ailleurs en compte l'éventuelle aliénation des biens donnés ainsi que leur subrogation (§ 1). Bien que concernant toutes les donations, les principes édictés par l'article 922 du Code civil doivent être adaptés voire partiellement écartés dans certaines hypothèses particulières (§ 2).

§ 1
Régime général

314.130 **Plan. Principe.** Les biens dont il a été disposé par donation entre vifs sont réunis fictivement à la masse de calcul de la quotité disponible « *d'après leur état à l'époque de la donation et leur valeur à l'ouverture de la succession* » (C. civ., art. 922, al. 2) (A). S'ils ont été aliénés, « *il est tenu compte de leur valeur à l'époque de l'aliénation* » (C. civ., art. 922, al. 2) (B). « *S'il y a eu subrogation, il est tenu compte de la valeur des nouveaux biens au jour de l'ouverture de la succession, d'après leur état à l'époque de l'acquisition* » (C. civ., art. 922, al. 2) (C).

1. M. Picard et A. Besson, *Traité général des assurances terrestres en droit français*, t. I et t. IV, LGDJ, 1945, n° 218 – M. Picard et A. Besson, *Traité général des assurances terrestres en droit français*, t. I, LGDJ, 1964, n° 520.
2. F. Leduc et P. Pierre, « Assurance-placement : une qualification déplacée (à propos des arrêts de chambre mixte du 23 novembre 2004) », *RCA* 2005. Étude 3, spéc. n° 35.
3. Cass., ch. mixte, 21 déc. 2007, n° 06-12.769, P, n° 13 ; *D.* 2008. 1314, note F. Douet ; *Dr. fam.* 2008, n° 30, note B. Beignier ; *D.* 2008. 218, obs. G. Bruguière-Fontenille ; *RTD civ.* 2008. 137, obs. M. Grimaldi ; *JCP N* 2009, n° 8-9, p. 25, note R. Le Guidec.

A.
Biens se retrouvant au décès dans le patrimoine du donataire

314.141 **Évaluation au jour du décès.** Comme les biens existants, les **biens donnés** qui se retrouvent dans le patrimoine du donataire au jour de l'ouverture de la succession sont **évalués au décès pour la réunion fictive** (C. civ., art. 922). Cette évaluation ne doit pas être confondue avec celle faite au partage, notamment pour le rapport des donations[4].

Ainsi **tous les changements de valeur** qu'ils soient à la hausse ou à la baisse **sont pris en compte dès lors qu'ils ne résultent pas de l'activité du donataire.**

Cette règle d'évaluation s'applique à tous les biens donnés, en principe quelle que soit la forme de la donation (v. toutefois les hypothèses particulières ci-après, s[s] n°s 314.160 à 314.211). Elle s'applique notamment aux avantages matrimoniaux réunis fictivement en raison de l'exercice de l'action en retranchement par les enfants non communs (v. s[s] n°s 314.21 et 314.21-1).

314.141-1 **Réunion fictive. Changement de valeur entre le jour de la donation et le décès.**

EXEMPLE

Le défunt avait consenti une donation à chacun de ses deux enfants :

– une donation portant sur un appartement évalué au jour de l'acte à 100 000 € et au décès à 150 000 € ;

– une donation portant sur un portefeuille de valeurs mobilières évalué à 100 000 € au jour de la donation et à 80 000 € au décès.

Les deux biens doivent être réunis fictivement pour leur valeur au décès compte tenu de leur état au jour de la donation (C. civ., art. 922). En supposant qu'il n'y ait eu aucun changement d'état imputable aux donataires, les valeurs à réunir fictivement sont les suivantes :

– 150 000 € pour l'appartement,

– 80 000 € pour le portefeuille de valeurs mobilières.

4. Civ. 1re, 4 mai 1976, n° 74-12.526, P I, n° 157 – Civ. 1re, 7 nov. 1979, n° 78-11.387, P I, n° 273 ; *JCP* 1981. II. 19553, note E. Sallé de La Marnierre : « *Mais attendu que si, dans les opérations de partage de la masse successorale, les biens dépendant de la succession doivent être comptés pour leur valeur au jour de la jouissance divise, ils doivent être estimés d'après leur valeur au jour du décès dans les opérations préalables au partage qui tendent à déterminer s'il y a lieu à réduction des dispositions à titre gratuit prises par le défunt ; que c'est donc à bon droit que la cour d'appel s'est référée à l'article 922 du Code civil pour évaluer tant les biens donnés que les biens existants d'après leur valeur au jour de l'ouverture de la succession* [...] » – V. AUSSI, Civ. 1re, 27 oct. 1993, n° 91-20.222, NP – Civ. 1re, 19 déc. 1995, n° 93-15.085, NP – Civ. 1re, 22 oct. 2014, n° 13-24.034, P I, n° 173 ; *AJ fam.* 2014. 712, obs. J. Casey ; *D.* 2014. 2175.

La masse de calcul est donc augmentée des plus-values advenues aux biens donnés, mais elle se trouve également diminuée à raison des moins-values.

314.142 Dérogation conventionnelle impossible. L'article 860 alinéa 3 du Code civil, relatif au rapport des donations, permet au disposant de déroger à la règle selon laquelle « *le rapport est dû de la valeur du bien donné à l'époque du partage, d'après son état à l'époque de la donation* ». Il peut ainsi être stipulé une **clause d'exclusion de rapport** ou une **clause de rapport forfaitaire.** Mais quel que soit le contenu de la stipulation, les biens donnés doivent être réunis fictivement selon les prescriptions de l'article 922 du Code civil : selon leur valeur au décès compte tenu de leur état à l'époque de la donation[1] (C. civ., art. 860, al. 4). La stipulation n'aura une incidence que sur les règles d'imputation de la libéralité (v. ss nº 322.75).

314.142-1 Réunion fictive d'une donation assortie d'une clause de rapport forfaitaire.

EXEMPLE

Le défunt a consenti une donation à chacun de ses deux enfants :

– donation à Alain d'un appartement évalué à 100 000 € au jour de l'acte avec clause de rapport pour la valeur du bien au jour de la donation. L'appartement vaut 150 000 € au décès ;

– donation à Bernard d'un fonds de commerce évalué à 110 000 € au jour de l'acte avec clause de rapport forfaitaire pour 100 000 €. Le fonds de commerce vaut 160 000 € au décès, compte tenu de son état au jour de la donation.

La réunion fictive de ces deux donations se fait pour la valeur des biens au décès compte tenu de leur état à l'époque de la donation, quelles que soient les stipulations de l'acte de donation, soit :

– 150 000 € pour l'appartement. Au-delà de 100 000 €, Alain a reçu un avantage indirect dont il ne doit pas le rapport. Cet avantage doit néanmoins être réuni fictivement comme toute donation ;

– 160 000 € pour le fonds de commerce. Bernard bénéficie également d'un avantage indirect au-delà de 100 000 €. Cet avantage n'est pas rapportable mais il doit être réuni fictivement.

314.143 Prise en compte des changements d'état des biens donnés. Comme pour le rapport (C. civ., art. 860), **l'évaluation** des biens donnés se fait compte tenu de leur **état au jour de la donation.** Il n'est donc tenu compte que des **changements de valeur imputables à l'activité du donataire**, ce qui nécessite de distinguer selon l'origine du changement de valeur du bien[2]. La ventilation selon l'origine de changement d'état risque d'être source de difficultés en pratique et nécessite le plus souvent l'intervention d'un expert.

Un **état descriptif des biens donnés** établi par huissier au jour de la donation ou avant toute réalisation de travaux permet de faciliter la constatation d'un éventuel changement d'état. Il est utile non seulement pour l'évaluation des biens à réunir fictivement mais également pour la détermination du rapport.

314.144 Changement d'état imputable au donataire. Si la plus ou moins-value résulte de l'activité du donataire, elle n'est pas prise en compte pour l'évaluation des biens réunis fictivement. Elle profite ou est supportée par le donataire seul, car si le bien était resté dans le patrimoine du défunt, ces changements de valeur ne seraient pas survenus.

En particulier, lorsque la donation porte sur un terrain nu, sur lequel le donataire a fait édifier des constructions, **la réunion fictive se fait de la valeur du terrain sans les constructions**[3]. Il en va de même lorsque le donataire change la destination de terres agricoles, générant ainsi une moins-value. Cette moins-value n'est pas prise en compte dans l'évaluation des biens donnés[4].

La Cour de cassation a récemment rappelé que le montant de la plus-value apportée par des travaux entrepris par le donataire se calculait, en valeur décès, en déduisant de la valeur vénale du bien la valeur qu'aurait eue ledit bien sans les travaux[5], le tout conformément aux dispositions de l'article 922 du Code civil[6].

La détermination de la plus-value apportée par le donateur est particulièrement difficile lorsque la donation porte sur une **entreprise** ou des **parts d'une société** dont le donataire est dirigeant.

1. Civ. 1re, 27 mars 2007, nº 05-15.855, NP : « *Vu les articles 860, alinéa 4 et 922 du Code civil : Attendu qu'il résulte du premier de ces textes qu'en présence d'une donation stipulée rapportable pour un montant forfaitaire, le bien donné doit, pour la détermination de la masse de calcul de la quotité disponible, être estimé d'après son état à l'époque de la donation et sa valeur à l'ouverture de la succession* [...] ».

2. V. l'évaluation de titres sociaux donnés et la distinction selon l'origine de la plus-value : Civ. 1re, 8 juill. 2009, nº 07-18.041, P I, nº 168 ; *RTD civ.* 2009. 762, obs. M. Grimaldi ; *AJ fam.* 2009. 407, obs. F. Bicheron ; 2173, note Stoclet ; *AJ fam.* 2010. 211, note A. Rabreau ; *RTD com.* 2009. 769, obs. P. Le Cannu et B. Dondero.
3. Paris, 26 sept. 1991, *Juris-Data* nº 024104 – Nancy, 18 janv. 1990, *Juris-Data* nº 045072.
4. Civ. 1re, 31 oct. 1989, nº 87-17.948, P I, nº 338 ; *D.* 1990. 359, note J. Maury ; *RTD civ.* 1990. 694, obs. J. Patarin [arrêt rendu à propos du rapport successoral].
5. Civ. 1re, 14 janv. 2015, nº 13-24.921, P I, nº 3 ; *AJ fam.* 2015. 111, obs. C. Vernières ; *Dr. fam.* 2015, nº 54, obs. M. Nicod (décision rendue au visa de l'art. 860 dans sa rédaction antérieure à la loi du 23 juin 2006).
6. Civ. 1re, 22 oct. 2014, nº 13-24.034, P I, nº 173 ; *AJ fam.* 2014. 712, obs. J. Casey ; *D.* 2014. 2175.

En pareille situation, la doctrine dès la réforme de 1972 a estimé qu'il il faut tenir compte uniquement de *« l'enrichissement réel que le donataire retire de l'acte gratuit »* [1] et en conséquence déduire les plus-values imputables au donataire. Si la donation porte sur des parts sociales, il est préconisé de faire abstraction de la personne morale, pour déduire ces plus-values imputables au donataire, à condition que ce dernier ait eu un pouvoir décisionnaire dans la société [2]. Cette modalité d'évaluation des titres de société détenues par un associé donataire dirigeant de la société a été confirmée par la Cour de cassation [3]. Analysant cette décision, le Professeur Grimaldi en arrive à la même conclusion que le Professeur Catala : lorsque le donataire exerce une fonction de dirigeant dans la société et est de surcroît associé majoritaire, il ne faut pas évaluer les parts sociales, mais le patrimoine de la société. Le rapport de la donation de titres sociaux doit donc tenir compte de la composition du patrimoine de la société au jour de la donation et évaluer ce patrimoine au jour du décès.

314.144-1 Donation d'un immeuble ayant fait l'objet de travaux.

EXEMPLE

L'immeuble donné valait 100 000 € au jour de la donation. Au décès, cet immeuble vaut 250 000 €. Cette plus-value résulte, d'une part, de travaux réalisés par le donataire, d'autre part, de l'évolution du marché immobilier. Après expertise, le bien est évalué à 180 000 €, si l'on ne tient pas compte des travaux réalisés par le donataire. C'est pour cette valeur de 180 000 € que la donation doit être réunie fictivement. La plus-value de 70 000 € apportée par les travaux ne profite qu'au donataire.

314.145 Plus ou moins-values fortuites.

Les plus ou moins-values indépendantes du fait du donataire doivent en revanche être **prises en compte dans l'évaluation des biens réunis fictivement**, quelle que soit l'origine du changement de valeur : variations de valeur dues à des facteurs économiques généraux (évolution des marchés...) ou locaux (développement des transports en communs, des commerces...), des décisions administratives (constructibilité d'un terrain, imposition d'une servitude...) par exemple. La plus-value résultant du fait d'un tiers doit également être prise en compte : plus-value résultant du congé donné par un locataire ou plus-value résultant des travaux effectués par le donateur postérieurement à la donation [4], par exemple.

Ainsi, lorsque le bien a péri par cas fortuit, il doit être réuni fictivement pour une valeur nulle, sauf si une indemnité d'assurance y a été subrogée (v. s[s] n° 314.152).

Par ailleurs, le fait qu'un terrain agricole devienne constructible constitue un changement non imputable à l'activité du donataire. La plus-value qui en résulte doit donc être prise en compte dans l'évaluation des biens à réunir fictivement [5]. De même pour la moins-value due au déclassement d'un terrain antérieurement constructible.

En toutes hypothèses, il incombe aux juges du fond de vérifier l'état du terrain au jour de la donation, si l'une des parties le demande [6].

Enfin, en cas de donation d'une entreprise dont le donataire est gérant, il doit être fait une distinction entre les plus-values résultant de l'activité du donataire et celles résultant d'une cause extérieure. Seules ces dernières doivent être prises en compte [7].

314.145-1 Donation d'un terrain agricole devenu constructible.

EXEMPLE

Le terrain donné valait 10 000 € au jour de la donation. Il est par la suite devenu constructible et le donataire y a fait édifier une maison.

La propriété – terrain et maison – est évaluée au décès à 180 000 €. Sans les constructions, le terrain vaudrait au décès 70 000 €.

1. P. Catala, *La réforme des liquidations successorales*, Defrénois, 1982, 3e éd., n° 35-1.
2. *Ibid.* : *« Seuls peuvent se réclamer de la transparence liquidative les associés donataires qui détenaient la faculté de décider et qui l'ont effectivement utilisée pour transformer l'état de l'entreprise sociale »*.
3. Civ. 1re, 8 juill. 2009, n° 07-18.041, P I, n° 168 ; *RTD civ.* 2009. 762, obs. M. Grimaldi : *« En se déterminant ainsi, sans rechercher, comme il lui était demandé, si les donataires n'avaient pas exercé une activité au sein de la société F. seulement parce que, devenus actionnaires majoritaires de cette société en raison de la donation des actions de la société B., ils représentaient cette dernière au sein des organes sociaux de la société F., dans le but d'accroître la valeur des droits sociaux de la société B., de sorte que la disparition du passif grevant cette société et la plus-value prise par les biens donnés résultaient indirectement du travail qu'ils avaient fourni au sein de la société F., la cour d'appel n'a pas donné de base légale à sa décision »*. – V. ég. : Civ. 1re, 24 oct. 2012, n° 11-21.839, P ; *D.* 2012. 2601 ; *AJ fam.* 2013. 64, obs. N. Levillain ; *Rev. sociétés* 2013. 235, note E. Naudin.
4. Civ. 1re, 30 juin 1992, n° 90-20.699, P I, n° 214 ; *RTD civ.* 1993. 631 et 634, obs. J. Patarin ; *Defrénois* 1992. 35408, obs. G. Champenois [arrêt rendu à propos du rapport mais sa solution peut être étendue à la réunion fictive, car les changements d'état des biens donnés doivent être pris en compte selon les mêmes critères].
5. Civ. 1re, 11 mai 1977, n° 75-14.144, P I, n° 225 ; *JCP* 1978. II. 18927, note M. Dagot ; *RTD civ.* 1979. 413, obs. J. Patarin ; *Defrénois* 1977. 1600, obs. G. Champenois – Civ. 1re, 13 oct. 1981, n° 79-17.973, P I, n° 288.
6. Civ. 1re, 7 déc. 2016, n° 15-29.090, NP ; *AJ fam.* 2017. 149, obs. N. Levillain : les juges du fond devaient vérifier si le terrain était totalement viabilisé au jour de la donation, comme le demandait le donataire.
7. Civ. 1re, 24 oct. 2012, n° 11-21.839, P I, n° 219 ; *AJ fam.* 2013. 64, obs. N. Levillain.

La donation est réunie fictivement pour une valeur de 70 000 €, car seule la plus-value résultant du changement de destination du bien doit être prise en compte. L'autre plus-value résulte de l'activité du donataire.

B.
Biens donnés aliénés par le donataire avant le décès

314.151 Absence de subrogation : évaluation au jour de l'aliénation. « *Si les biens donnés ont été aliénés, il est tenu compte de leur valeur à l'époque de l'aliénation* » (C. civ., art. 922, al. 2). Peu importe que l'aliénation ait été faite à titre onéreux ou à titre gratuit. Dans les deux hypothèses, c'est la valeur réelle du bien au jour de l'aliénation qu'il faut réunir fictivement, quelle que soit la valeur indiquée dans l'acte. Par ailleurs, cette évaluation doit être faite compte tenu de l'**état du bien au jour de la donation**. Les plus-values apportées par le donataire avant l'aliénation ne sont donc pas à prendre en compte (v. s[s] n° 314.144).

314.152 Subrogation d'un nouveau bien. Si le donataire a acquis un nouveau bien au moyen des deniers provenant de l'aliénation des biens donnés, la réunion fictive porte sur la **valeur du nouveau bien** compte tenu de son **état au jour de son acquisition** (C. civ., art. 922, al. 2).

Cette règle s'applique également en cas d'emploi de deniers donnés[1], à condition toutefois qu'il y ait eu **acquisition d'un nouveau bien et non amélioration**. Ainsi, si le donataire utilise les deniers donnés pour édifier une construction sur un terrain dont il a la propriété, il n'y a pas acquisition d'un nouveau bien, mais amélioration d'un bien du donataire et la réunion fictive ne porte que sur le nominal de la somme donnée[2]. Ce n'est que lorsqu'il y a acquisition d'un nouveau bien que la réunion fictive porte sur la **valeur du bien acquis en emploi** compte tenu de son **état au jour de l'acquisition** (C. civ., art. 922).

En cas de **subrogation partielle**, seule la fraction du nouveau bien acquis en emploi ou en remploi des deniers provenant de la donation doit être réunie fictivement[3]. Il faut alors procéder à un calcul proportionnel à partir de la valeur du bien subrogé au jour du décès mais compte tenu de son état au jour de son acquisition[4]. Les frais d'acquisition doivent être pris en compte dans le coût global d'acquisition du nouveau bien pour déterminer la proportion des deniers employés ou remployés dans ce coût global[5].

En application des principes généraux relatifs à la charge de la preuve, la preuve du remploi des deniers provenant de la vente d'un bien incombe aux demandeurs, c'est-à-dire aux héritiers créanciers du rapport et non pas aux donataires.

La **preuve du remploi** est celle d'un simple fait : le rapport peut être démontré par tous moyens[6] et notamment par témoignages ou simples présomptions.

Il a ainsi été admis la preuve du remploi par **simples présomptions** telles que le rapprochement des dates d'aliénation et d'acquisition, le fait que le donataire n'avait pas des revenus suffisants pour financer une acquisition[7] (ainsi, fils de 22 ans ayant acquis un bien immobilier en se déclarant sans profession et n'apportant pas la preuve qu'il ait eu à l'époque de l'acquisition des revenus. Ces éléments font présumer que ses parents lui ont donné les deniers nécessaires à l'acquisition. Le rapport se fait non pas du montant du don manuel mais de la valeur du bien acquis au moment du partage)... En revanche si le donataire prouve qu'il a des revenus ou des économies et/ou qu'il a recours partiellement à un prêt, il a été considéré que la preuve du remploi n'était pas apportée malgré la proximité dans le temps des opérations[8], ce simple critère n'étant ainsi pas suffisant pour démontrer le remploi.

1. Civ. 1re, 4 juin 2007, n° 06-14.473, NP : « *Vu l'article 922 du Code civil dans sa rédaction alors applicable : Attendu, d'une part, que la subrogation prévue par ce texte inclut toutes les donations, y compris celles de sommes d'argent sans distinguer entre l'emploi des deniers donnés et le remploi de deniers provenant de la vente du bien donné* [...] ».
2. Solution rendue à propos du rapport mais bien évidemment transposable pour la réunion fictive : Civ. 1re, 21 mai 1997, n° 95-19.121, P I, n° 167 ; *JCP* 1998. I. 133, n° 9, obs. R. Le Guidec ; *Defrénois* 1997. 1140, note P. Malaurie – Civ. 1re, 14 mai 2014, n° 12-25.735, P I, n° 94 ; *AJ fam.* 2014. 384, obs. N. Levillain.
3. Civ. 1re, 4 juin 2007, n° 06-14.473, NP (préc. s[s] prés[t] n°) : « [...] *d'autre part, que lorsque cette subrogation n'est que partielle, la valeur à réunir fictivement fait l'objet d'un calcul proportionnel* ».
4. P. Catala, *La réforme des liquidations successorales*, 3e éd., Defrénois, 1982, n° 72, p. 175-176 – F. Terré, Y. Lequette et S. Gaudemet, *Droit civil. Les successions. Les libéralités*, 5e éd., « Précis », Dalloz, 2024, nos 1106 et 1213-b – M. Grimaldi, *Droit des successions*, 8e éd., « Manuel », LexisNexis, 2020, nos 765 et 813 – *J.-Cl. Civ. Code*, art. 912 à 930-5, fasc. 20, spéc. n° 62, par C. Brenner.
5. Transposition de la règle de l'article 1436 du Code civil. EN CE SENS, M. Grimaldi, *Droit des successions*, 8e éd., « Manuel », LexisNexis, 2020, n° 765, note 214.
6. P. Catala, *La réforme des liquidations successorales*, Defrénois, 3e éd., 1982, n° 41. – M. Dagot, *Les règlements successoraux après la loi du 3 juillet 1971*, Librairies Techniques, 2e éd. 1979, n° 237. – A. Ponsard, *Liquidations successorales. Commentaire de la loi du 3 juillet 1971*, Sirey, 1977, n° 55 – M. Grimaldi, *Droit civil, Successions*, Litec, 6e éd., 2001, n° 693 – Rép. min. just., *JOAN* 15 juill. 1978, p. 4000 ; *JCP N* 1978, prat. 6986 – M. Matthieu, *J.-Cl. Form. Not.*, V° *Rapport à succession*, fasc. 100, n° 77.
7. Paris, 2e ch., sect. B, 6 juill. 2006, RG n° 06/04107.
8. Chambéry, 19 sept. 2023, RG n° 21/00834, vente des biens donnés le 6 octobre 2004 et achat le 24 juin 2005.

En cas de vente d'un bien puis d'acquisition d'un nouveau bien, la subrogation peut aussi être démontrée en établissant la vraisemblance **d'une corrélation entre l'aliénation du bien donné et l'acquisition par le donataire d'un nouveau bien**[1]. Parmi les éléments de corrélation, il peut y avoir l'équivalence entre le prix de vente du bien donné et celui du bien nouvellement acquis, la proximité dans le temps entre l'aliénation et l'acquisition. Une corrélation peut également être établie entre le prix d'aliénation, le montant des revenus du donataire et l'absence de prêt comme dans l'arrêt précité de la cour d'appel de Paris[2].

Notons enfin que lorsque le donataire est marié sous un régime communautaire, l'absence de clause de remploi est sans incidence sur le remploi prévu par l'article 922, le législateur n'ayant prévu aucun formalisme pour ce remploi[3]. Les règles du remploi ne concernent donc que les rapports entre époux communs en biens et permettent de déterminer si un bien est propre ou commun. L'absence de clause de remploi n'exclut pas la subrogation en matière de réunion fictive ou de rapport. La clause de remploi permet seulement de faciliter la preuve du remploi dans le cadre des liquidations successorales.

314.152-1 **Remplois successifs et plus-values apportées aux biens.**

EXEMPLE

Donation d'un studio évalué à 50 000 € au jour de la donation. Vente du studio moyennant le prix de 60 000 € pour acquérir un appartement plus grand pour un prix de 112 000 € augmenté de 8 000 € de frais d'acquisition. Puis revente de l'appartement moyennant le prix de 140 000 € pour acquérir un terrain pour un prix frais inclus de 150 000 €. Le donataire a édifié sur le terrain une maison. Au décès la propriété vaut 320 000 €. Le terrain nu est évalué à 165 000 €.

En supposant que les deux subrogations soient établies, la valeur à réunir fictivement à raison de la donation du studio est déterminée comme suit :

On retient tout d'abord la valeur du studio au jour de son aliénation soit 60 000 €.

Cette valeur de 60 000 € a permis d'acquérir un bien dont le coût global d'acquisition s'est élevé à 112 000 + 8 000 = 120 000 €. Elle a donc financé 50 % du coût global d'acquisition de l'appartement.

Le prix de vente de l'appartement (140 000 €) a permis d'acquérir un terrain pour un coût global de 150 000 €. L'appartement a permis de financer 14/15e de l'appartement. Or l'appartement a été financé à 50 % au moyen des deniers provenant de la vente des biens donnés. Ainsi la moitié des 14/15e du terrain soit 14/30e a été financée en remploi des deniers provenant de la donation.

On ne tient pas compte des travaux de construction financés par le donataire, car il s'agit d'une plus-value imputable à son activité.

En conséquence, la valeur à réunir fictivement est :

$$14/30 \times 165\,000 = 77\,000 \text{ €}.$$

314.153 **Exception : acquisition d'un bien de consommation.** Il n'est pas tenu compte de la subrogation en cas d'acquisition en emploi ou en remploi d'un bien dont la dépréciation, en raison de sa nature, est inéluctable au jour de son acquisition (C. civ., art. 922, al. 2). Mettant ainsi fin aux incertitudes antérieures, l'article 922, dans sa rédaction issue de la loi du 23 juin 2006[4], prévoit qu'en cas d'acquisition d'un bien de consommation, la **réunion fictive** porte non pas sur la valeur au décès des biens nouveaux mais sur **le nominal de la somme donnée.**

La même solution s'applique en cas d'acquisition de biens de consommation en remploi de deniers provenant de la vente de biens donnés : on tient compte pour la réunion fictive de la valeur nominale des deniers remployés et non de la valeur au décès des biens acquis.

314.153-1 **Donation d'une somme d'argent employée à l'acquisition d'un bien de consommation.**

EXEMPLE

Donation d'une somme de 50 000 €. Le donataire acquiert un véhicule automobile et divers équipements informatiques. Les biens acquis en emploi des deniers donnés étant des biens de consommation, la donation est réunie fictivement au décès du donateur pour le nominal de la somme donnée, soit 50 000 €.

314.153-2 **Évaluation des biens donnés après acquisition d'un bien de consommation.**

EXEMPLE

Donation d'un studio valant 50 000 €. Le donataire vend le studio moyennant un prix de 60 000 € puis utilise cette somme pour acquérir la voiture de ses rêves.

La réunion fictive porte sur la valeur nominale des deniers issus de l'aliénation du studio, soit 60 000 €. Il n'est pas tenu compte du remploi des deniers, donc de la valeur de la voiture au décès, car le donataire a acquis un bien de consommation dont la dépréciation était inéluctable en raison de sa nature.

§ 2
Hypothèses particulières

314.160 **Plan.** Bien que les règles d'évaluation de l'article 922 du Code civil s'appliquent en principe à toutes les

1. M. Dagot, *Les règlements successoraux après la loi du 3 juillet 1971*, Librairies Techniques, 2e éd., 1979, no 237 – A. Ponsard, *Liquidations successorales. Commentaire de la loi du 3 juillet 1971*, Sirey, 1977, no 55.
2. V. *supra* comm. note 1.
3. N. Perterka, *J.-Cl. Civ. Code*, art. 858 à 863, fasc. *Successions – Rapport des libéralités – Régime*, no 66.
4. L. no 2006-728, 23 juin 2006, portant réforme des successions et des libéralités, *JO* 24 juin, p. 9513.

donations, il existe des hypothèses dans lesquelles ces règles doivent être adaptées en raison de l'objet de la donation (A).

Par ailleurs, en cas de donation-partage, la règle de l'évaluation au jour du décès est le plus souvent écartée (B).

A. Règles particulières liées à l'objet de la libéralité

1° Donation avec charges

314.171 **Déduction de la charge.** En cas de donation avec charge, seul l'émolument net reçu par le donataire doit être réuni fictivement[1]. Le montant de la charge doit en principe être déduit de la valeur des biens reçus pour la réunion fictive.

Toutefois, si la charge a été **stipulée dans l'intérêt d'un tiers**, elle constitue un **avantage indirect** qui doit également être réuni fictivement[2]. Le bien est alors réuni fictivement sans tenir compte de la charge. La prise en compte de la charge sera faite au moment de l'imputation (v. s^s n°s 321.11 s.).

L'évaluation de la charge est aisée lorsque le donataire a l'obligation de verser une somme déterminée. Elle est plus délicate lorsque le donataire a une obligation périodique - versement d'une rente viagère ou obligation d'entretien. La Cour de cassation a mis fin aux divergences doctrinales relatives à **l'évaluation d'une charge périodique**, par un arrêt rendu le 24 novembre 1987, en décidant que le montant de la charge à déduire de la valeur des biens donnés devait être déterminé en tenant compte des revenus que le donataire a pu tirer de ces biens[3]. Elle a par ailleurs précisé qu'en cas de charge d'entretien et de soins du donateur, la charge doit être évaluée compte tenu du manque à gagner ou des frais effectivement engagés par le donataire pour l'exécution de la charge. En l'absence de ces éléments, aucune charge ne peut être déduite, surtout si le secours apporté au donateur n'est que ponctuel[4].

Par ailleurs, les sommes versées par le donataire n'ont pas à être revalorisées, qu'elles soient périodiques[5] ou non[6] : on déduit donc toujours le montant effectivement déboursé.

314.171-1 **Évaluation d'un bien donné à charge de verser une rente viagère.**

EXEMPLE

Donation d'un bien évalué à 100 000 €, à charge pour le donataire de verser une rente viagère de 500 € par mois au profit du donateur, soit 6 000 € par an. Le bien donné produit des revenus de 5 000 € par an effectivement perçus par le donataire. En supposant que la rente viagère ait été versée pendant 12 ans et que le bien donné soit évalué au décès du donateur à 160 000 €, la charge déductible est de :

$$12 \times (6\,000 - 5\,000) = 12\,000 \text{ €}$$

et la valeur du bien donné à réunir fictivement est de :

$$160\,000 - 12\,000 = 148\,000 \text{ €.}$$

314.172 **Limite.** Seules les **véritables charges** doivent être prises en compte. Ainsi, le bail consenti au donataire ne constitue pas une charge du fait de la confusion des qualités de propriétaire et de locataire, et il n'y a pas lieu à déduction. Il en est de même du bail consenti au conjoint du donataire[7].

314.173 **Monuments historiques.** Le Code du patrimoine contient une disposition spéciale relative à l'évaluation des monuments historiques en vue de la réunion fictive lorsque la donation est assortie d'une clause d'inaliénabilité. « *L'évaluation de l'immeuble est diminuée des charges, y compris d'entretien, nécessaires à sa préservation durant toute la durée de la clause* » (C. patr., art. L. 621-29-7).

2° Donation de droits démembrés

314.181 **Absence de démembrement au jour de l'ouverture de la succession.** En cas de donation en

1. Civ. 1re, 27 nov. 1877, *DP* 1878. 1. 16 – Versailles, 4 févr. 1980, *Juris-Data* n° 080441 – Civ. 1re, 11 oct. 2017, n° 16-21.692, P I, n° 210 ; *D.* 2017. 2097 ; *AJ fam.* 2017. 657, obs. N. Levillain.
2. EN CE SENS, P. Catala, *La réforme des liquidations successorales*, 3e éd., Defrénois, 1982, n° 72-b, p. 174 – F. Terré, Y. Lequette et S. Gaudemet, *Droit civil. Les successions. Les libéralités*, 5e éd., « Précis », Dalloz, 2024, n° 1205 – M. Grimaldi, *Droit des successions*, 8e éd., « Manuel », LexisNexis, 2020, n° 815 – *J.-Cl. Civ. Code*, art. 912 à 930-5, fasc. 20, spéc. n° 65, par C. Brenner.
3. Civ. 1re, 24 nov. 1987, n° 86-11.682, P I, n° 312 ; *JCP* 1989. II. 21193, note F.-X. Testu ; *D.* 1988. 260, note G. Morin – V. AUSSI : Civ. 1re, 23 mars 1994, n° 92-15.191, P I, n° 114 ; *D.* 1995. Somm. 333, obs. B. Vareille.
4. Civ. 1re, 11 oct. 2017, n° 16-21.692, P I, n° 210 ; *D.* 2017. 2097 ; *AJ fam.* 2017. 657, obs. N. Levillain.
5. Civ. 1re, 17 déc. 1991, n° 90-12.191, P I, n° 355 ; *JCP* 1992. I. 3604, n° 7, obs. F.-X. Testu ; *JCP N* 1992. II. 420, note J. Moreau ; *JCP* 1993. II. 21995, note P. Salvage ; *D.* 1993. Somm. 228, obs. B. Vareille ; *RTD civ.* 1992. 622, obs. J. Patarin.
6. F. Terré, Y. Lequette et S. Gaudemet, *Droit civil. Les successions. Les libéralités*, 5e éd., « Précis », Dalloz, 2024, n° 1205, note 4 – M. Grimaldi, *Droit des successions*, 8e éd., « Manuel », LexisNexis, 2020, n° 815, qui ne distinguent pas selon la nature de la charge – V. AUSSI, PLUS NUANCÉ : *J.-Cl. Civ. Code*, art. 912 à 930-5, fasc. 20, spéc. n° 67, par C. Brenner – Civ. 1re, 16 nov. 2022, n° 21-11.837, B ; *D.* 2022. 2037 ; *AJ fam.* 2022. 610, obs. N. Levillain ; *RTD civ.* 2023. 424, obs. M. Grimaldi ; *Dr. fam.* 2023, n° 24, obs. M. Nicod ; *JCP N* 2023, n° 1065, obs. F. Sauvage (arrêt rendu à propos du rapport mais solution transposable à la réunion fictive).
7. Toulouse, 17 mars 1992, *Juris-Data* n° 047042.

nue-propriété ou en usufruit, si le démembrement a disparu au jour de l'ouverture de la succession, alors les biens donnés sont réunis fictivement pour leur **valeur en pleine propriété.**

Il en est ainsi en cas de **donation de la nue-propriété d'un bien** dont le donateur se réserve l'usufruit, cet usufruit s'éteignant au décès [1]. La solution est identique lorsque le donataire a reçu une somme d'argent qu'il a employée à l'acquisition de la nue-propriété d'un bien dont la pleine propriété se trouve reconstituée au jour de l'ouverture de la succession du donateur. L'article 922 alinéa 2 du Code civil s'applique aux **biens acquis en emploi des deniers donnés** : la réunion fictive porte sur la valeur au décès du bien acquis en emploi des deniers donnés compte tenu de son état au jour de son acquisition, l'extinction de l'usufruit n'étant pas un changement d'état imputable au donataire [2].

Quant à la **donation d'usufruit**, en tant que donation de fruits, elle est désormais **présumée rapportable** sauf clause contraire (C. civ., art. 851, al. 2 [réd. L. n° 2006-728, 23 juin 2006]).

La principale difficulté pratique consiste à **évaluer la donation d'usufruit tant pour le rapport que pour la réunion fictive.** Sur ce point, il existe des divergences doctrinales exprimées à propos du rapport et transposables à la réunion fictive. Les difficultés d'évaluation apparaissent de façon plus marquée lorsque le donataire d'usufruit n'a fait que jouir personnellement du bien, n'en retirant aucun fruit. Les fruits sont alors uniquement virtuels. On peut toutefois constater un appauvrissement du donateur qui a renoncé à percevoir les fruits de son bien en en donnant l'usufruit.

Certains auteurs, s'appuyant sur l'article 860 du Code civil - le rapport est dû de la valeur des biens donnés au partage compte tenu de leur état au jour de la donation - estiment que, si l'usufruit donné est éteint au jour du partage de la succession, alors aucun rapport n'est dû, ce changement n'étant pas imputable au donataire [3]. Il en va de même, selon eux, lorsqu'il y a réunion de la pleine propriété sur la tête du donataire nu-propriétaire, car dans ce cas, ce dernier doit rapporter la pleine propriété du bien. Ainsi, en cas d'extinction de l'usufruit, la donation d'usufruit donne lieu à un rapport nul et donc à une réunion fictive nulle également.

D'autres auteurs [4] considèrent que la libéralité doit être estimée en capital, c'est-à-dire en une somme d'argent, pour un montant qui sera réuni fictivement à la masse de calcul de la quotité disponible et ensuite rapporté à la masse à partager.

Il est possible de conforter cette analyse sur l'évaluation du montant à réunir fictivement (ou à rapporter) en s'appuyant sur le deuxième alinéa de l'article 922 du Code civil (ou pour le rapport, le premier alinéa de l'article 860) : « *Les biens dont il a été disposé par donation entre vifs sont fictivement réunis à cette masse, d'après leur état à l'époque de la donation et leur valeur à l'ouverture de la succession* ». Au jour de la donation, les biens donnés consistaient en un usufruit constitué sur la tête du donateur et parfaitement valorisable compte tenu de l'âge de l'usufruitier et de la rentabilité du bien donné (valeur économique de l'usufruit). Bien qu'il ne s'agisse pas d'un bien de consommation, cet usufruit va subir une dépréciation inéluctable à compter de sa constitution.

Si le Code civil prend en compte le cas de biens dont la dépréciation est inéluctable au jour de leur acquisition, c'est uniquement dans l'hypothèse où le donataire subroge de tels biens à des biens donnés (C. civ., art. 922, al. 2 *in fine*). Dans un souci d'égalité entre les héritiers, le législateur écarte la subrogation pour ne retenir que le prix de vente des biens initialement donnés. Ainsi, si un donataire utilise le prix de vente d'un bien donné pour acquérir un usufruit temporaire, il sera tenu du rapport, non pas de cet usufruit dont la valeur ne fait que diminuer avec le temps, mais du prix de vente utilisé pour acquérir cet usufruit. Il n'existe en revanche aucune solution législative concernant la donation d'un bien dont la dépréciation est inéluctable au jour de son acquisition.

En jurisprudence, la Cour de cassation n'a pas eu l'occasion de se prononcer sur **le rapport ou la réunion fictive d'une donation d'usufruit.** Elle s'est en revanche prononcée sur le traitement liquidatif d'une donation d'un bien de consommation [5], cassant un arrêt d'appel ayant ordonné le rapport d'un véhicule automobile pour sa valeur à la date de son aliénation sans tenir compte de son état à l'époque de la donation. Comme au jour de la donation le véhicule était neuf, il aurait fallu prendre en compte la valeur d'une voiture neuve identique à celle donnée au jour du partage, pour le rapport, et au jour du décès pour la

1. Civ. 1re, 14 oct. 1981, n° 79-15.946, P I, n° 296 ; *RTD civ.* 1982. 641, obs. J. Patarin.
2. Civ. 1re, 17 oct. 2019, n° 18-22.810, P ; *AJ fam.* 2019. 661, obs. N. Levillain ; *Dr. fam.* 2019. Comm. 245, obs. M. Nicod.
3. M. Grimaldi, *Droit des successions*, 8e éd., « Manuel », LexisNexis, 2020, n° 766 – F. Douet, « Aspects civils et fiscaux des donations d'usufruit temporaire », *JCP N* 2013. 1077.
4. F. Terré, Y. Lequette et S. Gaudemet, *Droit civil. Les successions. Les libéralités*, 5e éd., « Précis », Dalloz, 2024, note 1, p. 1029
5. Civ. 1re, 27 juin 2000, n° 98-14.886, P I, n° 202 ; *JCP* 2001. I. 366, obs. R. Le Guidec ; *JCP N* 2001. 1554, obs. J.-F. Pillebout ; *Dr. fam.* 2000. Comm. 133, obs. B. Beignier ; *RJPF* 2000, I, n° 202 ; *D.* 2001. 2941, obs. B. Vareille ; *RJPF* 2000-12/25, note J. Casey.

réunion fictive. Il en aurait été de même si le bien avait été conservé et n'avait plus aucune valeur au décès du donateur. On aurait pris en compte pour la réunion fictive la valeur d'un véhicule neuf identique à celui donné, estimée au jour du décès.

Ce raisonnement conduit à écarter une évaluation nulle de l'usufruit même s'il est éteint au décès. **Mais comment valoriser cet usufruit ?** Un autre auteur propose deux méthodes d'évaluation [1]. La *première méthode* consiste à déterminer le flux de fruits virtuels abandonné par le donateur, ce qui en pratique n'est pas toujours aisé. Il nous semble qu'il faille déduire des fruits les charges ayant permis cette perception et supportées par le donataire. La valeur de l'usufruit serait alors la somme des fruits nets perçus par le donataire sur la période allant du jour de la donation jusqu'au jour de l'extinction de l'usufruit [2].

La *seconde méthode*, qui s'applique même lorsque le donataire n'a perçu aucun fruit notamment s'il a occupé le bien dont l'usufruit lui a été donné, consiste à retenir la valeur du droit donné, c'est-à-dire de l'usufruit, compte tenu de sa durée réelle, avec pour point de départ le jour de la donation. Comme pour la voiture, on doit tenir compte de la valeur du bien donné au jour du décès, puis évaluer l'usufruit non pas selon le barème fiscal, mais en fonction de sa valeur économique (valeur actualisée des flux de revenus dégagés par le bien, pendant la durée théorique de l'usufruit, compte tenu de l'espérance de vie du donateur).

314.181-1 **Réunion fictive d'une donation d'usufruit.**

EXEMPLE

Ainsi, par exemple, si la donation a porté sur l'usufruit viager d'un bien immobilier estimé à 300 000 € au jour de la donation et 400 000 € au jour du décès dans son état jour donation, dont la rentabilité est de 5 % et que l'usufruitier est âgé de 63 ans au jour de la donation et vit jusqu'à l'âge de 85 ans, la valeur économique de l'usufruit est d'environ 250 000 € [3] (160 000 € pour l'usufruit fiscal). C'est ce montant de 250 000 € qui doit être réuni fictivement.

314.182 **Maintien du démembrement au jour de l'ouverture de la succession.** Le démembrement de propriété est maintenu au décès du disposant dans deux hypothèses :

– double donation de la nue-propriété et de l'usufruit, lorsque l'usufruitier est toujours en vie au jour de l'ouverture de la succession du donateur ;

EXEMPLE : donation de la nue-propriété au petit-enfant et de l'usufruit à l'enfant.

– donation à un tiers, toujours en vie, de l'usufruit d'un bien, dont le disposant a conservé la nue-propriété.

Dans la première hypothèse, la réunion fictive porte sur la valeur de la pleine propriété des biens donnés. Une distinction entre les deux donations sera faite au moment de l'imputation, en fonction des modalités de chaque donation – avance de part ou donation hors part – et de la qualité du gratifié – héritier réservataire ou autre gratifié (v. s[s] n°s 321.11 s.).

Dans la seconde, seul l'usufruit est évalué en vue de la réunion fictive, la nue-propriété se trouvant dans les biens existants. Quelle que soit la méthode d'évaluation de l'usufruit utilisée (v. s[s] n°s 312.82 et 312.83), on veillera à ce que la somme des valeurs de la nue-propriété et de l'usufruit soit égale à la valeur de la pleine propriété des biens donnés.

3°
Avantages matrimoniaux

314.191 **Date d'évaluation.** Les avantages matrimoniaux faisant l'objet d'une action en retranchement dégénèrent en libéralités et doivent donc être réunis fictivement à la masse de calcul (v. s[s] n° 314.21). Conformément aux dispositions de l'article 922 du Code civil, les avantages matrimoniaux doivent être **évalués au décès de l'époux désavantagé** compte tenu de **l'état des biens au jour de la dissolution du régime matrimonial.** Si l'avantage matrimonial profite au conjoint survivant, la date de dissolution du régime matrimonial est celle du décès. Si en revanche, c'est un précédent époux qui a bénéficié de l'avantage, il est nécessaire de réévaluer au jour du décès les biens reçus au titre de l'avantage matrimonial.

314.192 **Cas particulier : clause de prélèvement moyennant indemnité.** Dans une hypothèse particulière, la Cour de cassation a suggéré d'adapter la méthode d'évaluation des avantages matrimoniaux [4]. Il s'agit du cas où il a été stipulé une clause de prélèvement moyennant le paiement d'une indemnité, soit forfaitaire, soit calculée à une date différente de celle du partage – la date du prélèvement par exemple, comme dans l'espèce soumise à la Cour de cassation. Le conjoint survivant bénéficie alors d'un avantage indirect dès lors que l'indemnité versée est inférieure à la valeur des biens prélevés au partage. Il peut toutefois sembler surprenant de prendre en compte dans la masse de calcul un avantage qui ne naîtra qu'après le décès.

1. M. Mathieu, *J.-Cl. Form. Not.*, *v° Rapport à succession*, fasc. 110, n°s 102 s.
2. En pratique ces informations sont difficiles à retrouver sauf si, dès le jour de la donation, le donataire a été informé de l'utilité de tenir des comptes.
3. Utilisation d'un simulateur de calcul de valeur économique : rentabilité de 5 %, soit 20 000 € de revenus annuels, taux de revalorisation annuelle des loyers de 0 et taux de revalorisation annuelle de l'immeuble de 0.
4. Civ. 1re, 19 nov. 1991, n° 90-14.216, NP ; *D.* 1992. Somm. 224, obs. M. Grimaldi ; *Defrénois* 1993. 35617, p. 1080, obs. G. Champenois.

La détermination de cet avantage, seulement potentiel au jour du décès, n'est pas aisée et la Cour de cassation ne se prononce pas sur la méthode de calcul. La doctrine[1] suggère de déterminer la fraction des biens prélevés, évalués à l'époque du partage, que l'indemnité versée a permis d'acquérir. Le surplus constitue l'avantage indirect.

314.192-1 **Évaluation de l'avantage procuré par une clause de prélèvement moyennant indemnité.**

EXEMPLE

Supposons un contrat de mariage au terme duquel le conjoint peut prélever moyennant indemnité un bien commun valant 100 000 € au décès mais 300 000 € au partage. La clause du contrat prévoit que les biens seront estimés à la date de leur prélèvement. L'indemnité versée par le conjoint survivant au jour du prélèvement est de 120 000 €.

En appliquant la méthode proposée par la doctrine[2], l'avantage indirect à réunir fictivement est réuni comme suit :

– fraction des biens prélevés, évalués au partage, que l'indemnité versée a permis d'acquérir : 120 000/300 000 € ;

– et fraction constituant un avantage indirect : 180 000/300 000 € ;

– avantage recalculé au décès : 180 000/300 000 × 100 000 = 60 000 €.

L'avantage indirect doit être réuni fictivement pour 60 000 €.

4°
Donation d'une récompense

314.201 **Évaluation au jour de la donation.** Validée par la jurisprudence[3], la donation de récompense nécessite une adaptation des règles d'évaluation de l'article 922 du Code civil. En effet, la Cour de cassation a décidé que la **créance de récompense donnée** devait être **évaluée à sa date** et **non pas au jour du décès**, car elle doit être calculée selon les règles de l'article 1469, alinéa 3 du Code civil, au jour de son aliénation, c'est-à-dire **au jour de la donation**[4].

314.201-1 **Évaluation d'une donation de récompense.**

EXEMPLE

Donation par une mère à un enfant d'un bien immobilier évalué à 100 000 € au jour de la donation et 160 000 € au décès de la mère, dont 90 000 € pour le terrain.

La mère donne le terrain propre sur lequel a été édifiée une maison financée par des deniers communs. Le terrain est évalué lors de la donation à 40 000 €, et la construction à 60 000 €. Les père et mère donnent la récompense due à raison du financement des constructions par des deniers communs, soit chacun une moitié de récompense, évaluée au jour de la donation de 30 000 €.

Au décès du père, quel que soit l'ordre des décès, la réunion fictive de la donation de récompense ne porte que sur 30 000 €.

314.202 **Adaptation de la solution selon l'ordre des décès.** Dans l'hypothèse de donation de récompense visée par l'exemple ci-dessus, le donataire a reçu la totalité du bien. Il semble par conséquent contraire aux dispositions de l'article 922 du Code civil de réunir fictivement une valeur différente. Aussi, certains auteurs proposent-ils de procéder à une réévaluation pour le calcul de la quotité disponible afin d'avoir une solution conforme à la réalité économique[5]. D'autres auteurs proposent d'appliquer la solution proposée par la Cour de cassation au décès du donateur de la récompense et de procéder à un réajustement dépendant de l'ordre des décès[6].

314.202-1 **Donation de récompense. Ajustement au décès du donateur du bien.**

EXEMPLE

Reprenons les données de l'exemple cité au n° 314.201-1. Au décès de l'époux donateur de la récompense, la réunion fictive a porté sur 30 000 €.

Au décès de la mère, donatrice du bien, on réunit fictivement la valeur du bien (160 000 €) déduction faite de la moitié de récompense réunie ou à réunir fictivement lors du règlement de la succession du père (30 000 €). La réunion fictive porte donc sur 130 000 € dans la succession de la mère. Au total, c'est toute la valeur du bien qui a été réunie fictivement.

B.
Donation-partage

314.211 **Évaluation dérogatoire au jour de l'acte.** Si en principe les biens compris dans une donation-

1. Civ. 1re, 19 nov. 1991, n° 90-14.216, NP (préc. ss prést n°) – V. AUSSI, PLUS NUANCÉ : *J.-Cl. Civ. Code*, art. 912 à 930-5, fasc. 20, spéc. n° 68, par C. Brenner.
2. V. M. Grimaldi, obs. ss Civ. 1re, 19 nov. 1991, n° 90-14.216, NP (préc., v. ss n° 314.192) – V. AUSSI, PLUS NUANCÉ : *J.-Cl. Civ. Code*, art. 912 à 930-5, fasc. 20, spéc. n° 68, par C. Brenner.
3. Civ. 1re, 6 févr. 2007, n° 04-13.282, P I, n° 54 ; *JCP N* 2007, n° 1147, note G. Rivière ; *JCP* 2007. II. 10113, note F. Sauvage ; *D.* 2007. 1476, obs. C. Delaporte-Carré et note V. Mikalef-Toudic ; *RTD civ.* 2007. 608, obs. M. Grimaldi ; 623 et 627, obs. B. Vareille ; *AJ fam.* 2007. 274, obs. P. Hilt ; *Defrénois* 2008. 38854, p. 2190, obs. G. Champenois.
4. Civ. 1re, 6 févr. 2007, n° 04-13.282, P (préc. ss prést n°) : « *La donation portant sur l'immeuble et sur la récompense due à la communauté au titre des travaux afférents au bien et financés par elle, la cour d'appel a jugé à bon droit, par motifs adoptés, que, pour procéder à la réunion fictive édictée par l'article 922 du Code civil, la récompense devait être calculée, en application de l'article 1469, alinéa 3, en fonction du profit subsistant évalué au jour de la donation s'analysant en une aliénation* ».
5. V. M. Grimaldi, obs. ss Civ. 1re, 6 févr. 2007, n° 04-13.282, P (préc., v. ss n° 314.201) ; *RTD civ.* 2007. 608.
6. V. G. Champenois, obs. ss Civ. 1re, 6 févr. 2007, n° 04-13.282, P (préc., v. ss n° 314.201) ; *Defrénois* 2008. 38854, p. 2190 ; *RTD civ.* 2007. 623, obs. B. Vareille.

partage suivent les règles des autres donations pour ce qui concerne le calcul de la réserve (C. civ., art. 1077-1, al. 1er), l'article 1078 du Code civil prévoit toutefois une dérogation à ces règles qui en pratique est largement utilisée. Ainsi, si tous les enfants vivants ou représentés au décès du disposant ont reçu un lot dans la donation-partage et qu'il n'existe pas de réserve d'usufruit sur une somme d'argent, les biens reçus sont **évalués au jour de la donation-partage pour le calcul de la réserve** (C. civ., art. 1078). La Cour de cassation a précisé que, pour la réunion fictive, la valeur à retenir est celle des biens au jour de l'acte de donation et non pas celle indiquée dans l'acte de donation, les valeurs inscrites dans l'acte pouvant donc être contestées [1].

L'évaluation dérogatoire de l'article 1078 du Code civil **n'est pas d'ordre public**, le disposant peut l'écarter par une clause de l'acte et revenir aux règles d'évaluation de l'article 922 du Code civil. Une telle clause présente un intérêt lorsque le disposant a consenti d'autres libéralités que la donation-partage. Elle évite une remise en cause de ces libéralités du fait de la non-réévaluation des biens compris dans la donation-partage : en effet, l'évaluation dérogatoire de l'article 1078 entraîne un décalage entre l'évaluation des autres biens donnés ou légués, faite au décès, et l'évaluation des biens donnés par donation-partage, faite au jour de l'acte, soit parfois de nombreuses années avant le décès.

314.211-1 Réunion fictive d'une donation-partage : évaluation dérogatoire de l'article 1078 C. civ.

EXEMPLE

Le défunt laisse à sa survivance trois enfants : A, B et C.

Son patrimoine comprend un actif net évalué à 150 000 € au décès.

En 2002, il avait consenti à ses trois enfants une donation-partage aux termes de laquelle A, B, et C s'étaient vu attribuer chacun un studio dans un même immeuble, évalué à 15 000 €. A, B et C ont conservé les studios. Chacun vaut aujourd'hui 60 000 €.

Pour la réunion fictive, on ne tient toutefois compte que de la valeur des studios au jour de la donation-partage.

Masse de calcul :

Actif net (biens existants – passif)	150 000
Réunion fictive :	
– lot reçu par A	15 000
– lot reçu par B	15 000
– lot reçu par C	15 000
Ensemble	195 000
dont le quart formant la quotité disponible	1/4
Est de	48 750
dont les trois quarts formant la réserve globale	3/4
sont de	146 250
dont le tiers formant la réserve individuelle	1/3
Est de	48 750

Sur la méthode liquidative complète en présence d'une donation-partage, v. ss nos 331.10 s.

1. Civ. 1re, 25 mai 2016, no 15-16.160, PI, no 117 ; *JCP N* 2016, no 1277, note M. Nicod.

TITRE

32. L'imputation des libéralités

SECTION 0

ORIENTEUR

32.00 **Sommaire du titre.**

32.05 **Notion.** Le calcul de la quotité disponible permet de déterminer la fraction de succession dont le défunt peut disposer librement. En cas de dépassement de la quotité, il y a atteinte à la réserve. Pour vérifier l'absence d'atteinte à la réserve, il faut comparer la **quotité disponible** à la **somme des libéralités** consenties par le défunt. Cette **comparaison**, appelée imputation des libéralités, permet donc, d'une part, de constater une éventuelle atteinte à la réserve et d'autre part de la mesurer.

32.06 **Ordre et secteur.** L'imputation des libéralités ne se fait ni globalement, ni de façon arbitraire. La loi édicte un **ordre d'imputation** (C. civ., art. 923 à 926) selon la **nature de la libéralité – donation ou legs – et sa date** ; cet ordre est ainsi fonction de la date de dessaisissement du disposant. Les règles relatives à l'ordre ne s'appliquent, bien évidemment, que si le défunt a consenti plus d'une libéralité.

La loi énonce également un **secteur d'imputation des libéralités**, en fonction des modalités de la libéralité : libéralité **hors part** ou **en avancement de part successorale** (C. civ., art. 919-1 et 919-2). En effet toutes les libéralités ne s'imputent pas sur la quotité disponible. Celles consenties en avancement de part successorale à un héritier réservataire ont vocation à former sa part successorale. Elles s'imputent donc en priorité sur sa part de réserve.

32.07 **Division.** L'imputation des libéralités se fait donc selon un ordre (chap. 321) et sur un secteur (chap. 322) légalement définis. Toutefois, dans certaines hypothèses complexes, ces règles d'imputation doivent être adaptées tant à la nature qu'à l'objet de la libéralité, ainsi qu'à la personne du gratifié. Les règles spécifiques de liquidation en présence d'une libéralité-partage font l'objet d'une étude particulière (titre 33).

CHAPITRE

321. Ordre d'imputation

SECTION 0
ORIENTEUR

321.00 **Sommaire du chapitre.**

321.01 **Textes applicables.**

• **C. civ.,** art. 923 à 927, et 1096

> Ordre d'imputation des libéralités

[C. civ., art. 923 à 927]

• **C. civ.,** art. 923

Il n'y aura jamais lieu à réduire les donations entre vifs, qu'après avoir épuisé la valeur de tous les biens compris dans les dispositions testamentaires ; et lorsqu'il y aura lieu à cette réduction, elle se fera en commençant par la dernière donation, et ainsi de suite en remontant des dernières aux plus anciennes.

• **C. civ.,** art. 924

Lorsque la libéralité excède la quotité disponible, le gratifié, successible ou non successible, doit indemniser les héritiers réservataires à concurrence de la portion excessive de la libéralité, quel que soit cet excédent.

Le paiement de l'indemnité par l'héritier réservataire se fait en moins prenant et en priorité par voie d'imputation sur ses droits dans la réserve.

• **C. civ.,** art. 924-1

Le gratifié peut exécuter la réduction en nature, par dérogation à l'article 924, lorsque le bien donné ou légué lui appartient encore et qu'il est libre de toute charge dont il n'aurait pas déjà été grevé à la date de la libéralité, ainsi que de toute occupation dont il n'aurait pas déjà fait l'objet à cette même date.

Cette faculté s'éteint s'il n'exprime pas son choix pour cette modalité de réduction dans un délai de trois mois à compter de la date à laquelle un héritier réservataire l'a mis en demeure de prendre parti.

• **C. civ.,** art. 924-2

Le montant de l'indemnité de réduction se calcule d'après la valeur des biens donnés ou légués à l'époque du partage ou de leur aliénation par le gratifié et en fonction de leur état au jour où la libéralité a pris effet. S'il y a eu subrogation, le calcul de l'indemnité de réduction tient compte de la valeur des nouveaux biens à l'époque du partage, d'après leur état à l'époque de l'acquisition. Toutefois, si la dépréciation des nouveaux biens était, en raison de leur nature, inéluctable au jour de leur acquisition, il n'est pas tenu compte de la subrogation.

• **C. civ.,** art. 924-3

L'indemnité de réduction est payable au moment du partage, sauf accord entre les cohéritiers. Toutefois, lorsque la libéralité a pour objet un des biens pouvant faire l'objet d'une attribution préférentielle, des délais peuvent être accordés par le tribunal, compte tenu des intérêts en présence, s'ils ne l'ont pas été par le disposant. L'octroi de ces délais ne peut, en aucun cas, avoir pour effet de différer le paiement de l'indemnité au-delà de dix années à compter de l'ouverture de la succession. Les dispositions de l'article 828 sont alors applicables au paiement des sommes dues.

À défaut de convention ou de stipulation contraire, ces sommes sont productives d'intérêt au taux légal à compter de la date à laquelle le montant de l'indemnité de réduction a été fixé. Les avantages résultant des délais et modalités de paiement accordés ne constituent pas une libéralité.

En cas de vente de la totalité du bien donné ou légué, les sommes restant dues deviennent immédiatement exigibles ; en cas de ventes partielles, le produit de ces ventes est versé aux cohéritiers et imputé sur les sommes encore dues.

• **C. civ.,** art. 924-4

Après discussion préalable des biens du débiteur de l'indemnité en réduction et en cas d'insolvabilité de ce dernier, les héritiers réservataires peuvent exercer l'action en réduction ou revendication contre les tiers détenteurs des immeubles faisant partie des libéralités et aliénés par le gratifié. L'action est exercée de la même manière que contre les gratifiés eux-mêmes et suivant l'ordre des dates des aliénations, en commençant par la plus récente. Elle peut être exercée contre les tiers détenteurs de meubles lorsque l'article 2276 ne peut être invoqué.

Lorsque, au jour de la donation ou postérieurement, le donateur et tous les héritiers réservataires présomptifs ont consenti à l'aliénation du bien donné, aucun héritier réservataire, même né après que le consentement de tous les héritiers intéressés a été recueilli, ne peut exercer l'action contre les tiers détenteurs. S'agissant des biens légués, cette action ne peut plus être exercée lorsque les héritiers réservataires ont consenti à l'aliénation.

• **C. civ.,** art. 926

Lorsque les dispositions testamentaires excéderont soit la quotité disponible, soit la portion de cette quotité qui resterait après avoir déduit la valeur des donations entre vifs, la réduction sera faite au marc le franc, sans aucune distinction entre les legs universels et les legs particuliers.

• **C. civ.,** art. 927

Néanmoins dans tous les cas où le testateur aura expressément déclaré qu'il entend que tel legs soit acquitté de préférence aux autres, cette préférence aura lieu ; et le legs qui en sera l'objet ne sera réduit qu'autant que la valeur des autres ne remplirait pas la réserve légale.

> Révocabilité des libéralités entre époux

• **C. civ.,** art. 1096

La donation de biens à venir faite entre époux pendant le mariage est toujours révocable.

La donation de biens présents qui prend effet au cours du mariage faite entre époux n'est révocable que dans les conditions prévues par les articles 953 à 958.

Les donations faites entre époux de biens présents ou de biens à venir ne sont pas révoquées par la survenance d'enfants.

321.02 Jurisprudence de référence.

> La donation dont la date n'est pas prouvée est imputée après toutes les donations mais avant les legs

• **Civ. 1re, 12 nov. 1998,** nº 96-19.814, P I, nº 314

* V. ss nos 321.31 et 321.41

« Vu les articles 894 et 923 du Code civil ;

Attendu qu'il résulte de ces textes qu'un legs, qui ne prend effet qu'au décès du testateur, doit être réduit avant une donation qui, même dépourvue de date certaine, a dessaisi le disposant de son vivant ; [...]. »

> Imputation concurrente des donations de même date sauf volonté contraire

• **Civ. 1re, 16 janv. 2019,** nº 18-10.552, NP

* V. ss nº 321.32

« Attendu que, pour rejeter sa demande, l'arrêt relève qu'il ne résulte pas des actes de donation du 26 août 2004 qu'Émile X... ait entendu donner une antériorité à l'une ou l'autre de ces donations datées du même jour ;

Qu'en statuant ainsi, alors qu'il ressortait, sans aucune ambiguïté, de l'acte de donation au profit de M. Vincent X... que la libéralité consentie aux petits-enfants était antérieure, dès lors, notamment, que la valeur des biens donnés à ces derniers était prise en compte pour le calcul de la quotité disponible, la cour d'appel a violé le principe susvisé. »

> Le legs de quotité disponible est un legs universel

• **Civ. 1re, 5 mai 1987,** nº 85-15.392, P I, nº 143

* V. ss nº 321.52-1

« Mais attendu, d'une part, que le donataire de l'universalité des biens à venir est assimilé à un légataire universel et que la donation ou le legs de la quotité disponible est une donation ou un legs universel ; qu'il s'ensuit que M. Y..., conjoint survivant, gratifié de la plus large quotité disponible entre époux et ayant opté pour que cette libéralité s'exécute pour un quart en propriété et pour trois quarts en usufruit, a vocation à recueillir les fruits et revenus de la totalité des biens composant la succession, en application de l'article 1005 du Code civil ; [...]. »

321.03 Bibliographie indicative.

Actualisables. *J.-Cl. Civ. Code, vis Libéralités, Réserve héréditaire, Quotité disponible, Masse de calcul*, art. 912 à 930-5, fasc. 30, par C. Brenner – Rép. civ., vº *Réserve héréditaire – Réduction des libéralités*, par S. Deville et M. Nicod, avr. 2020 [actu. juill. 2022].

Ouvrages. A. Delfosse et J.-F. Péniguel, *La réforme des successions et des libéralités*, Litec, 2006 – J. Flour et H. Souleau, *Droit civil. Les successions*, 3e éd., « coll. U », A. Colin, 1991 – M. Grimaldi (dir.), Dalloz action *Droit patrimonial de la famille*, 2025/2026, 8e éd. – M. Grimaldi, *Droit des successions*, 8e éd., « Manuel », LexisNexis, 2020 – Ph. Malaurie et C. Brenner, *Droit des successions et des libéralités*, 10e éd., « Droit civil », LGDJ, 2022 – F. Terré, Y. Lequette et S. Gaudemet, *Droit civil. Les successions. Les libéralités*, 5e éd., « Précis », Dalloz, 2024.

Articles. B. Beignier et M. Nicod « Donations entre époux : d'un droit à l'autre », *Defrénois* 2005, art. 38104, p. 265 – C. Brenner, « Brèves observations sur la révocation des donations entre époux après la loi du 26 mai 2004 relative au divorce », *Defrénois* 2005, art. 38083, p. 93 ; « Notion et évaluation des avantages matrimoniaux », *Actes pratiques et stratégies patrimoniales*, avr.-juin 2008, p. 51 – M. Iwanesko, « De la réductibilité des libéralités pour atteinte à la réserve », *Dr. et patr.* avr. 2001, p. 38 – J. Mazeaud, « L'imputation des libéralités en avancement d'hoirie à un héritier réservataire acceptant la succession », *Defrénois* 1964, art. 28556 – H. Thuillier, « L'aménagement conventionnel de l'imputation des donations en avancement d'hoirie », *JCP N* 1975. I. 2707 ; « Imputation, réduction et rapport des donations en avancement d'hoirie », *JCP N* 1980. I. 239 – B. Vareille « Nouveau rapport, nouvelle réduction », *D.* 2006. 2565 ; « Réflexions sur l'imputation en droit des successions », *RTD civ.* 2009. 1 s.

321.04 Questions essentielles.

> Quel est l'ordre légal d'imputation des libéralités ?

* V. ss nos 321.11 à 321.46

> Comment imputer deux donations de même date ?

* V. ss nº 321.32

> Comment procède-t-on à l'imputation concurrente des legs ?

* V. ss nos 321.43 à 321.45

> À quelle date s'imputent les libéralités entre époux et les avantages matrimoniaux retranchés ?

* V. ss nos 321.51 à 321.55

SECTION 1

LES TROIS RÈGLES LÉGALES

321.11 **Annonce.** Les articles 923 à 926 du Code civil énoncent **trois règles** permettant de déterminer l'ordre de réduction des libéralités pour vérifier une éventuelle atteinte à la réserve. Il n'est pas fait mention **de l'ordre d'imputation** car il **se déduit de l'ordre de réduction :** la libéralité réduite en premier est celle imputée la dernière. L'ordre d'imputation est donc **l'ordre de réduction inversé**[1].

§ 1

Imputation des donations avant les legs

321.21 **Imputation prioritaire des donations.** L'article 923 du Code civil énonce que les legs doivent être réduits avant les donations. On en déduit que **les donations sont à imputer avant les legs.** Elles présentent donc un risque moindre de réductibilité[2], justifié d'ailleurs par le dessaisissement immédiat du disposant. Quant aux legs, ils ne sont imputés qu'après toutes les donations, sur le reliquat de quotité disponible éventuellement laissé.

Les modalités de la donation sont sans incidence sur l'ordre légal d'imputation. En particulier, le fait qu'une donation soit stipulée rapportable en nature n'a aucune incidence sur son rang d'imputation[3].

321.21-1 **Imputation prioritaire des donations.**

EXEMPLE

Le défunt laisse à sa survivance deux fils A et B. Il avait consenti à C, fils de A, une donation portant sur un bien évalué au décès à 100. Il a légué à sa concubine un bien évalué au décès à 150. Au décès, l'actif net de sa succession, en ce compris le bien légué, est évalué à 560.

I. *La masse de calcul de la quotité disponible est la suivante :*

Actif net au décès	560
Réunion fictive :	
Donation à C	100
Ensemble	660
Dont le tiers formant la quotité disponible	1/3
Est de	220
Dont les deux tiers formant la réserve globale	2/3
Sont de	440

II. *Il faut ensuite procéder aux imputations :*

En application de l'article 923 du Code civil, la donation consentie à C s'impute avant le legs. Faite à un tiers, elle s'impute uniquement sur la quotité disponible (220 – 100 = 120), sans l'excéder. Elle n'est pas réductible et laisse un reliquat de disponible pour l'imputation du legs. Le legs (150) s'impute sur le reliquat de quotité disponible (120) et l'excède de 30. Il est donc réductible.

321.22 **Caractère impératif ou supplétif de la règle ?** La question s'est posée de savoir s'il était possible de déroger à l'ordre légal d'imputation par testament. Il n'est assurément pas possible de stipuler qu'un legs sera réductible avant une donation qui lui est antérieure. Qu'en est-il pour les donations postérieures au testament ? Peut-on stipuler que le legs sera imputé à sa date et non pas après toutes les donations quelle que soit leur date ?

Pour répondre à cette question, il faut rechercher le **fondement de l'ordre légal d'imputation.** La doctrine classique fonde cet ordre exclusivement sur le **principe d'irrévocabilité des donations**[4]. Plus récemment certains auteurs ont proposé un second fondement[5] : la **date de dessaisissement du disposant** ou **date de l'intention libérale.**

C'est sur ce second fondement que ces auteurs ont considéré qu'il était possible d'écarter l'ordre légal d'imputation dans un testament[6].

Le testateur pourrait ainsi déroger à l'ordre légal d'imputation si deux conditions sont réunies :

– le testament a une date certaine (testament authentique, mystique ou international) ;

– et il est antérieur à au moins une donation, la date d'acquisition des droits du légataire ou date de l'intention libérale devant être antérieure à celle de l'acquisition des droits du donataire.

1. M. Grimaldi, *Droit des successions*, 8e éd., « Manuel », LexisNexis, 2020, n° 818.
2. Sur le fondement de l'ordre légal de réduction, v. M. Grimaldi, *Droit des successions*, 8e éd., « Manuel », LexisNexis, 2020, nos 823 à 826.
3. Civ. 1re, 7 mars 2000, n° 97-18.483, NP ; *RJPF* 2000, p. 27, obs. J. Casey.
4. H., L. et J. Mazeaud, *Leçons de droit civil*, t. IV, vol. 2, *Successions et libéralités*, 5e éd., par S. et L. Leveneur, Montchrestien, 1999, nos 932 s. – G. Marty et P. Raynaud, *Droit civil. Les successions et les libéralités*, Sirey, 1983, n° 449 – J. Flour et H. Souleau, *Droit civil. Les successions*, 3e éd., « coll. U », A. Colin, 1991, n° 529 – Ph. Malaurie et C. Brenner, *Droit des successions et des libéralités*, 10e éd., « Droit civil », LGDJ, 2024, n° 594.
5. M. Grimaldi, *Droit des successions*, 8e éd., « Manuel », LexisNexis, 2020, nos 823 à 826 – F. Terré, Y. Lequette et S. Gaudemet, *Droit civil. Les successions. Les libéralités*, 5e éd., « Précis », Dalloz, 2024, n° 1228.
6. POUR LE CARACTÈRE D'ORDRE PUBLIC de l'article 923 du Code civil : M. Planiol et G. Ripert, *Traité pratique de droit civil français*, t. 5, *Donations et Testaments*, 2e éd., par A. Trasbot et Y. Loussouarn, LGDJ, 1957, n° 103 – *J.-Cl. Civ. Code*, art. 912 à 930-5, fasc. 30, spéc. n° 46, par C. Brenner, justifiant la solution comme une conséquence de l'irrévocabilité des donations – POUR LE CARACTÈRE SUPPLÉTIF, v. M. Grimaldi, *Droit des successions*, 8e éd., « Manuel », LexisNexis, 2020, n° 825, note 124 et n° 835 – F. Terré, Y. Lequette et S. Gaudemet, *Droit civil. Les successions. Les libéralités*, 5e éd., « Précis », Dalloz, 2024, n° 1228.

S'agissant de la jurisprudence, elle affirme le caractère impératif de l'ordre légal dans de rares arrêts, jugés toutefois peu probants[1]. Par prudence, on attendra une validation jurisprudentielle de la faculté de déroger à l'article 923 du Code civil par testament pour l'appliquer dans la liquidation.

§ 2
Imputation des donations par ordre chronologique croissant

321.31 Ordre chronologique croissant. La réduction « *se fera en commençant par la dernière donation, et ainsi de suite en remontant des dernières aux plus anciennes* » (C. civ., art. 923). Corrélativement, l'imputation des donations se fait **par ordre chronologique en commençant par la plus ancienne.** Cette règle s'applique à toutes les donations quels que soient leur bénéficiaire, leur objet ou leur forme[2]. La principale difficulté pour appliquer cette règle est de **déterminer la date de la donation.** La donation authentique ne pose pas de difficulté car elle a date certaine. Il n'en va pas de même du don manuel non enregistré ou déclaré dans un acte authentique ultérieur ainsi que des donations indirectes et déguisées. Leur date doit être prouvée selon les prescriptions de l'article 1377 du Code civil (ancien art. 1328)[3]. La **donation dont la date n'est pas prouvée** est **imputée après** toutes les **autres donations mais avant les legs**[4].

321.31-1 Ordre chronologique croissant.

EXEMPLE

Le défunt a consenti un don manuel de somme d'argent dont la date ne peut être prouvée, une donation en 1998, une donation en 2001, et un legs particulier.

L'ordre d'imputation des libéralités est le suivant :
- donation faite en 1998 ;
- donation faite en 2001 ;
- don manuel ;
- legs particulier.

Peu importe que le don manuel ait pu être fait avant les donations, dès lors que la preuve de sa date ne peut être apportée.

321.32 Donations de même date. Les donations de même date doivent en principe être **imputées concurremment.** La **réduction** des donations de même date se fait alors **proportionnellement**, comme les legs.

Le disposant peut toutefois stipuler un **ordre préférentiel de réduction**[5]. La jurisprudence admet même que la volonté du disposant de voir réduire l'une des donations de même date après les autres peut être implicite[6]. Cette volonté est alors appréciée souverainement par les juges du fond[7].

321.32-1 Donations de même date.

EXEMPLE

Le défunt laisse à sa survivance deux enfants, A et B. Le 25 mai 2003, il avait consenti à chacun de ses enfants une donation préciputaire portant sur des biens évalués au décès, compte tenu de leur état au jour de la donation, à 100 000 € pour A et 140 000 € pour B. Il a par ailleurs légué à son neveu un bien d'une valeur de 60 000 €. Au décès, son patrimoine net, en ce compris le bien légué, est évalué à 210 000 €.

Avant de procéder à l'imputation, il faut calculer la quotité disponible et la réserve.

I. *Masse de calcul :*

Actif net au décès	210 000
Réunion fictive :	
– donation à A	100 000
– donation à B	140 000
Ensemble	450 000
Dont le tiers formant la quotité disponible	1/3
Est de	150 000
Dont les deux tiers formant la réserve globale	2/3
Sont de	300 000

II. *Imputations :*

Les donations doivent être imputées avant les legs dans l'ordre chronologique en commençant par la plus ancienne (C. civ., art. 923). En l'espèce, les donations à A et B s'imputent avant le legs. Étant de même date, et à défaut de clause de préférence, elles s'imputent concurremment.

Le total donné (100 000 + 140 000 = 240 000) excède la quotité disponible de 240 000 – 150 000 = 90 000 €. Les deux donations sont donc partiellement réductibles.

1. Civ. 19 déc. 1882, *DP* 1883. 1. 343 [dans cette affaire, le testament était postérieur à la donation] – Paris, 5 nov. 1929, *Gaz. Pal.* 1930. 1. 16 – PLUS RÉCEMMENT : Civ. 1re, 24 nov. 1993, n° 91-21.724, P I, n° 343 ; *JCP* 1994. I. 3791, obs. R. Le Guidec ; *D.* 1995. Somm. 48, obs. M. Grimaldi ; *RTD civ.* 1994. 150, obs. J. Patarin ; *Defrénois* 1994. 35761, obs. G. Champenois [ce dernier arrêt ne concerne pas directement la question posée].
2. CARACTÈRE D'ORDRE PUBLIC DE LA RÈGLE : Civ. 1re, 24 nov. 1993, n° 91-21.724, P I, n° 343 ; *JCP* 1994. I. 3791, obs. R. Le Guidec ; *D.* 1995. Somm. 48, obs. M. Grimaldi ; *RTD civ.* 1994. 150, obs. J. Patarin ; *Defrénois* 1994. 35761, obs. G. Champenois.
3. Application de l'article 1377 du Code civil aux dons manuels : M. Grimaldi, *Droit des successions*, 8e éd., « Manuel », LexisNexis, 2020, n° 821, note 107 – *CONTRA*, J. Flour et H. Souleau, *Droit civil. Les successions*, 3e éd., « coll. U », A. Colin, 1991, n° 530 – *J.-Cl. Civ. Code*, art. 912 à 930-5, fasc. 30, spéc. n° 49, par C. Brenner.
4. Civ. 1re, 12 nov. 1998, n° 96-19.814, P I, n° 314 ; *D.* 1999. 325, note J.-P. Langlade-O'Sughrue ; *RTD civ.* 1999. 680, obs. J. Patarin ; *JCP* 1999. I. 189, n° 11, obs. R. Le Guidec ; *JCP N* 1999. 592, note N. Duchange ; *Dr. fam.* 1999, n° 30, obs. B. Beignier.
5. SUR LA FACULTÉ DE STIPULER UNE CLAUSE RELATIVE À L'ORDRE D'IMPUTATION DE DEUX DONATIONS DE MÊME DATE : Civ. 20 avr. 1915, *DP* 1920. 1. 154 – M. Grimaldi, *Droit des successions*, 8e éd., « Manuel », LexisNexis, 2020, n° 821 et note 110.
6. Civ. 1re, 16 janv. 2019, n° 18-10.552, NP ; *AJ fam.* 2019. 168, obs. N. Levillain.
7. Civ. 20 avr. 1915 (préc. ss prést n°).

Elles s'exécutent globalement à concurrence de 150 000/240 000 € soit 5/8e et sont donc réductibles à hauteur du surplus soit 3/8e.

Si les valeurs restent inchangées entre le décès et le partage, A supportera une réduction de 37 500 € (3/8 × 100 000) et B une réduction de 52 500 € (3/8 × 140 000).

Quant au legs, il est entièrement réductible car la quotité disponible est épuisée par les donations.

321.33 Donataire insolvable ou inconnu. Lorsque l'un des donataires est inconnu ou insolvable, on passe cette donation pour procéder à la réduction de la donation précédente[1].

§ 3
Imputation subsidiaire et concurrente des legs

321.41 Imputation après toutes les donations. Les legs doivent être réduits avant toutes les donations (C. civ., art. 923), et donc imputés après celles-ci. Lorsqu'une donation n'a pas date certaine, elle s'impute également après toutes les donations (v. ss no 321.31). Toutefois le dessaisissement du disposant ayant eu lieu de son vivant, **la donation qui n'a pas date certaine s'impute avant les legs** et non pas concurremment avec eux[2].

321.42 Imputation concurrente des legs. La réduction des legs excédant la quotité disponible ou le reliquat de disponible après imputation des libéralités entre vifs « *sera faite au marc le franc, sans distinction entre les legs universels et les legs particuliers* » (C. civ., art. 926).

321.43 Méthodologie : imputation concurrente de legs particuliers. En pratique pour procéder à l'imputation des legs, il faut donc procéder en trois étapes :

1) Déterminer le total légué. Ce total est facile à déterminer lorsqu'il n'existe que des legs particuliers. Il s'agit de la somme des biens légués (v. ss no 423.41-1).

2) Comparer le total légué à la quotité disponible ou au reliquat de quotité disponible après imputation des donations. Pour cela on procède par soustraction (quotité disponible - total légué).

3) Analyse du résultat :

- soit le total légué n'excède pas la quotité disponible, alors **les legs peuvent s'exécuter** pleinement ;

- soit le total légué excède la quotité disponible, alors il faut procéder à la **réduction proportionnelle des legs.** Pour cela il faut déterminer la **fraction réductible du total légué,** que l'on peut exprimer en une fraction ou un pourcentage[3].

Enfin il faut appliquer la fraction réductible à la valeur des chacun des legs particuliers à l'époque du partage. On obtient ainsi pour chaque légataire le montant de son **indemnité de réduction.**

Les étapes de la méthode d'imputation concurrente des legs peuvent être synthétisées dans le tableau suivant :

1) Détermination du total légué (TL)	TL = somme des legs particuliers
2) Comparaison entre le total légué (TL) et la quotité disponible (QD) par différence	Détermination du dépassement éventuel (D) = QD (ou reliquat de QD) – TL Si D> ou = 0 alors les legs ne sont pas réductibles Si D < 0 alors il y a réduction
3) Détermination de la fraction réductible applicable à tous les legs	Fraction réductible = dépassement de quotité disponible (D)/Total légué
4) Calcul de l'indemnité de réduction (à faire pour chacun des legs)	Indemnité de réduction = valeur des biens légués au partage × fraction réductible

321.43-1 Imputation concurrente des legs et réduction proportionnelle.

EXEMPLE

Le défunt laisse à sa survivance trois enfants A, B, et C. Il a consenti les legs suivants :

– legs à A : bien évalué à 80 au décès et 100 au partage ;

– legs à son neveu : bien évalué à 35 au décès et 45 au partage ;

– legs à une association : une somme d'argent d'un montant de 10.

L'actif net de sa succession, en ce compris les biens légués, est de 300.

Pour vérifier l'intégrité de la réserve, il faut procéder en deux étapes : d'une part calculer la quotité disponible, d'autre part procéder aux imputations. Enfin, s'il y a lieu, il convient de calculer les indemnités de réduction.

I. *Calcul de la quotité disponible :*

En présence de trois enfants, le taux de la quotité disponible est d'un quart. Par ailleurs à défaut de libéralités entre vifs, la masse de calcul de la quotité disponible est égale à l'actif net de succession au décès (300) de sorte que la quotité disponible est de 300/4 = 75.

II. *Imputations :*

En l'absence de donation, on procède directement à l'imputation des legs sur la quotité disponible. Ils s'imputent concurremment (C. civ., art. 926). Pour cette imputation concurrente, on détermine le total légué, soit en l'espèce : 80 + 35 + 10 =125.

Ce total est imputé sur la quotité disponible : 75 – 125 = – 50 et fait apparaître un dépassement de 50. Les legs peuvent ainsi s'exécuter à concurrence de 75/125e soit 3/5e et sont réductibles à concurrence du surplus soit 2/5e.

III. *Calcul des indemnités de réduction :*

1. Civ. 11 janv. 1882, *D.* 1882. 1. 313, concl. Desjardins.
2. Civ. 1re, 12 nov. 1998, no 96-19.814, P (préc., v. ss no 321.31).
3. Civ. 1re, 22 mars 2017, no 16-15.484, P ; *AJ fam.* 2017, 307, obs. N. Levillain : « *L'indemnité de réduction d'une libéralité préciputaire excédant la quotité disponible doit être fixée à la fraction excessive de la libéralité réductible* » (à propos de donations réductibles).

En tenant compte des changements de valeur entre le décès et le partage :

– A doit une indemnité de réduction de : 2/5 × 100 = 40.

– Le neveu doit une indemnité de réduction de : 2/5 × 45 = 18.

– L'association doit une indemnité de réduction de : 2/5 × 10 = 4.

321.44 Méthodologie : imputation concurrente d'un legs universel et de legs particuliers. Lorsque le défunt a consenti un legs universel et des legs particuliers, il faut tout d'abord vérifier, en présence de plusieurs testaments, que la dernière disposition de dernière volonté n'a pas révoqué les précédentes. Ensuite il faut adapter la méthode. En effet, le **légataire universel** a vocation à recueillir toute la succession en l'absence d'héritier réservataire acceptant, mais il **a la charge des legs particuliers.** On ne peut donc plus faire la somme de tous les legs, on dépasserait le total de l'actif net successoral.

Il faut par conséquent déterminer la valeur nette de ce que le légataire universel a vocation à recevoir. Cet émolument théorique correspond à **l'actif net existant de succession, diminué de la valeur des legs particuliers** que le légataire universel est tenu de délivrer.

321.44-1 Imputation concurrente d'un legs universel et de legs particuliers.

EXEMPLE

Le défunt laisse deux enfants, A et B. Il n'a consenti aucune libéralité entre vifs, et il a institué sa partenaire pacsée légataire universelle à charge pour elle de délivrer à A un legs particulier portant sur un bien évalué à 60 au décès et 66 à l'époque du partage.

L'actif net de succession est de 240 au décès et 261 au partage, en ce compris les biens légués.

Afin de vérifier l'absence d'atteinte à la réserve, il faut procéder en deux étapes : d'une part, calculer la quotité disponible, d'autre part procéder aux imputations. Enfin, s'il y a lieu, il convient de calculer les indemnités de réduction.

I. *Calcul de la quotité disponible :*

En présence de deux enfants, le taux de la quotité disponible est d'un tiers.

À défaut de libéralité entre vifs, la masse de calcul de la quotité disponible est égale à l'actif net de succession évalué au décès soit 240. La quotité disponible est égale à : 240 × 1/3 = 80.

II. *Imputations :*

Le défunt n'ayant consenti que des legs sans clause de préférence, ces legs s'imputent concurremment sur la quotité disponible sans distinction entre les legs universels et les legs particuliers (C. civ., art. 926).

Détermination du total légué :

Le légataire universel a vocation à recevoir toute la succession en l'absence d'héritier réservataire acceptant. Il a donc vocation à recevoir 240. Il doit toutefois supporter la charge des legs particuliers, de sorte que son émolument net n'est que de 180 (240 – 60). Le legs particulier est d'un montant de 60. Le total légué est donc de : 180 + 60 = 240.

Le total légué (240) est ensuite imputé sur la quotité disponible (80) et l'excède de 160. Les legs peuvent donc s'exécuter à concurrence de 80/240 soit 1/3 et sont réductibles à concurrence du surplus soit 2/3.

III. *Calcul des indemnités de réduction :*

En tenant compte des changements de valeur entre le décès et le partage :

– A doit une indemnité de réduction de : 2/3 × 66 = 44.

– La concubine doit une indemnité de réduction de : 2/3 × (261 – 66) = 130.

321.45 Imputation concurrente d'un legs à titre universel et de legs particuliers. En cas d'institution d'un légataire à titre universel et de légataires particuliers, il faut **vérifier si les legs particuliers sont inclus dans l'émolument du légataire à titre universel.**

S'ils n'y sont **pas inclus**, on procède comme en présence de plusieurs legs particuliers, en faisant **la somme de l'émolument de chacun** des légataires. Il en est ainsi en cas de legs à titre universel de tous les immeubles et de legs particuliers de certains meubles.

Toutefois si le légataire universel est également héritier réservataire, il faut opérer une distinction.

Soit il est **seul héritier réservataire**,alors il n'y a pas lieu à la réduction proportionnelle des legs particuliers et des legs universels prévue par l'article 926 du Code civil[1]. En pareil cas, les legs particuliers, réductibles ou non, s'exécuteront par priorité, même en l'absence de clause de préférence. Cette règle se justifie par le fait que le legs universel n'ajoute rien aux droits du réservataire et que celui-ci, à concurrence du disponible, doit donc supporter les legs particuliers comme il le ferait en qualité d'héritier légal.

Soit il existe **d'autres héritiers réservataires**, alors on en revient aux règles de la réduction proportionnelle des legs tant pour le legs universel, lequel dans cette hypothèse traduit une véritable intention libérale, que pour les legs particuliers.

Si les **legs particuliers sont inclus** dans l'émolument du légataire à titre universel, – legs de tous les immeubles et legs particulier de tel immeuble par exemple – on procède comme en cas de legs universel. En pareille hypothèse, l'émolument théorique du légataire à titre universel doit se **calculer en déduisant de son émolument théorique** – tous les immeubles dans notre exemple – **les legs particuliers** – l'immeuble légué, dans notre exemple.

321.45-1 Imputation concurrente d'un legs à titre universel et de legs particuliers.

EXEMPLE

Le défunt laisse à sa survivance deux enfants A et B. Il a institué sa partenaire pacsée légataire à titre universel de tous ses immeubles, son fils A légataire particulier d'un appartement évalué à 100 et son fils B légataire particulier d'un appartement évalué à 120.

Au décès son patrimoine comprend :

– des biens meubles pour une valeur totale de 150 ;

1. Civ. 5 févr. 1952, *JCP* 1952. II. 6906 ; *D.* 1953, jur. 129.

– divers immeubles pour une valeur totale de 780 en ce compris tous les biens légués ;

– le passif de succession s'élève à 30.

Afin de vérifier l'absence d'atteinte à la réserve, il faut procéder en deux étapes : d'une part calculer la quotité disponible, d'autre part procéder aux imputations. Enfin, s'il y a lieu, il convient de calculer les indemnités de réduction.

I. *Calcul de la quotité disponible :*

En présence de deux enfants, le taux de la quotité disponible est d'un tiers.

À défaut de libéralité entre vifs, la masse de calcul de la quotité disponible est égale à l'actif net de succession.

Masse de calcul :

Actif	
– Biens meubles	150
– Immeubles	780
Actif brut	930
Passif	30
Actif net	900
Réunion fictive	0
Masse de calcul	900
Dont le tiers formant la quotité disponible	1/3
Est de	300
Dont les deux tiers formant la réserve globale	2/3
Sont de	600

II. *Imputations :*

Le défunt n'ayant consenti que des legs sans clause de préférence, ces legs s'imputent concurremment sur la quotité disponible sans distinguer selon la nature des legs (C. civ., art. 926).

Détermination du total légué :

Le légataire à titre universel a vocation à recevoir tous les immeubles de la succession en l'absence d'héritier réservataire acceptant. Il a donc vocation à recevoir 780. Il doit toutefois supporter la charge des legs particuliers qui portent sur des immeubles (220 = 100 + 120), de sorte que son émolument net n'est que de 560 (780 – 220).

Total légué :

– legs universel (émolument théorique)	560
– legs à A	100
– legs à B	120
Ensemble	780

Le total légué (780) est ensuite imputé sur la quotité disponible (300) et l'excède de 480. Les legs peuvent donc s'exécuter à concurrence de 300/780 soit 5/13e et sont réductibles à concurrence du surplus soit 8/13e.

III. *Calcul des indemnités de réduction* :

En supposant qu'il n'y ait pas de changements de valeur entre le décès et le partage :

– A doit une indemnité de réduction de : 8/13 × 100 = 61.

– B doit une indemnité de réduction de : 8/13 × 120 = 74.

– La partenaire pacsée doit une indemnité de réduction de : 8/13 × 560 = 345.

Nombres arrondis.

IV. *Paiement :*

Le paiement des indemnités de réduction dues par A et B, héritiers réservataires, se fait en moins prenant et par imputation sur leurs droits dans la réserve (C. civ., art. 924, al. 2).

321.46 **Legs à exécution préférentielle.** L'article 927 du Code civil prévoit expressément la possibilité pour le testateur de déclarer qu'un legs sera exécuté par préférence aux autres. La **volonté** du testateur doit être **expresse :** toutefois, la Cour de cassation admet que les juges du fond disposent d'un pouvoir souverain pour interpréter les **clauses équivoques**[1].

Lors de la liquidation, le legs préférentiel sera réduit après les autres legs, mais avant les donations. Un tel legs doit donc être **imputé après toutes les donations mais avant les autres legs.** Il n'est donc pas imputé concurremment avec ces derniers.

321.46-1 Legs à exécution préférentielle.

EXEMPLE

Le défunt laisse à sa survivance deux enfants, A et B. En 2003, il avait consenti à A une donation portant sur des biens évalués au décès comme au partage à 110.

Par testament, il a légué à B un bien d'une valeur de 200 au décès et 220 au partage et à A un bien évalué à 100 au décès et 110 au partage. Le testament précisait que le legs fait à B devait s'exécuter par préférence à l'autre legs.

L'actif net de succession au décès est de 520, en ce compris les biens légués.

Afin de vérifier l'absence d'atteinte à la réserve, il faut procéder en deux étapes : d'une part calculer la quotité disponible, d'autre part procéder aux imputations. Enfin, s'il y a lieu, il convient de calculer les indemnités de réduction.

I. *Calcul de la quotité disponible :*

En présence de deux enfants, le taux de la quotité disponible est d'un tiers.

Masse de calcul :

Actif net de succession	520
Réunion fictive	110
Masse de calcul	630
Dont le tiers formant la quotité disponible	1/3
Est de	210
Dont les deux tiers formant la réserve globale	2/3
Sont de	420
Dont la moitié formant la réserve individuelle	1/2
Est de	210

1. Req. 14 mars 1933, *S.* 1934. 1. 121, note H. Batiffol – Civ. 1re, 4 juin 1962, P I, no 286.

II. *Imputations :*

Les donations sont imputées avant les legs (C. civ., art. 923).

La donation à A est donc imputée la première. Faite sans clause particulière à un présomptif héritier, elle est présumée rapportable (C. civ., art. 843, al. 1er). Elle s'impute donc principalement sur la part de réserve du gratifié et subsidiairement sur la quotité disponible (C. civ., art. 919-1, al. 1er). En l'espèce, elle s'impute intégralement sur la réserve de A.

Le legs à B s'impute ensuite car il est stipulé préférentiel. Il s'impute uniquement sur la quotité disponible.

Enfin, il convient d'imputer en dernier lieu le legs fait à A.

	Réserve de A : 210	Réserve de B : 210	Quotité disponible : 210
Donation à A	– 110 100		
Legs à B			– 200 10
Legs à A			– 100 – 90

Le legs fait à A est réductible à concurrence de : 90/100 (90 %) de la valeur des biens au partage.

III. *Calcul des indemnités de réduction :*

Indemnité de réduction due par A : 90 % × 110 = 99.

SECTION 2
LIBÉRALITÉS NON PRÉVUES PAR LA LOI

321.51 **Libéralités hybrides : notion.** Les libéralités hybrides sont des libéralités qui ont des caractéristiques à la fois des **legs** et des **donations**. Il s'agit uniquement de **libéralités à caractère matrimonial.**

L'ordre d'imputation de ces libéralités n'est pas fixé par la loi, mais on peut l'établir à partir des articles 923 à 926 du Code civil.

321.52 **Institution contractuelle par contrat de mariage.** L'institution contractuelle par contrat de mariage est une **libéralité portant sur des biens à venir, comme le legs,** et qui est **irrévocable, comme la donation.** En raison de son irrévocabilité, elle doit être imputée, sauf clause contraire, à sa date – date du mariage ou du changement de régime matrimonial –, comme une donation, c'est-à-dire avant tous les legs et avant les donations qui lui sont postérieures[1].

321.52-1 **Imputation d'une institution contractuelle par contrat de mariage.**

EXEMPLE

Le défunt laisse à sa survivance son conjoint, séparé de biens, et trois enfants d'une première union A, B et C. Par contrat de mariage en date du 10 juin 1986, il avait donné à son conjoint la quotité disponible en pleine propriété. En 1991, il a donné à son fils A un appartement à Montpellier évalué à 50 000 € au jour de la donation et à 80 000 € au jour du décès et du partage. En 1998, il a donné à sa fille B, un studio à Toulouse évalué à 50 000 € au jour de la donation et à 90 000 € au décès comme au partage. Il a enfin légué à titre particulier à son fils C un studio à Lyon évalué à 90 000 € au décès et au partage.

Au décès, le patrimoine successoral est le suivant :

– le studio légué à C ;

– un appartement à Lyon évalué à 220 000 €, servant de logement à la famille ;

– un immeuble de rapport dans la banlieue de Lyon évalué à 180 000 € ;

– un compte courant ouvert au nom du défunt dont le solde au décès est de 10 000 € ;

– un compte titre ouvert au nom du défunt dont le solde au décès est de 160 000 € ;

– le passif de succession s'élève à 10 000 €.

Pour vérifier l'absence d'atteinte à la réserve, il faut procéder en deux étapes : d'une part calculer la quotité disponible et la quotité disponible spéciale entre époux, d'autre part procéder aux imputations. Enfin, s'il y a lieu, il convient de calculer les indemnités de réduction.

I. *Calcul de la quotité disponible :*

En présence de trois enfants, le taux de la quotité disponible ordinaire est d'un quart en pleine propriété. Quant à la quotité disponible spéciale, elle est d'un quart en pleine propriété conformément au contrat de mariage.

Masse de calcul :

Actif :	
Studio sis à Lyon	90 000
Appartement sis à Lyon	220 000
Immeuble de rapport	180 000
Solde créditeur du compte courant	10 000
Compte titres	160 000
Actif brut	660 000
Passif	10 000
Reste	650 000
Réunion fictive :	
– donation à A	80 000
– donation à B	90 000
Ensemble	820 000
Dont le quart formant la quotité disponible ordinaire et la quotité disponible spéciale	1/4
Est de	205 000
Dont les trois quarts formant la réserve globale	3/4
Sont de	615 000
Dont le tiers formant la part de réserve individuelle	1/3
Est de	205 000

1. Sur la justification de cette solution, v. M. Grimaldi, *Droit des successions*, 8e éd., « Manuel », LexisNexis, 2020, no 829.

II. *Imputations :*

En application de l'article 923 du Code civil, les donations s'imputent avant les legs. L'institution contractuelle par contrat de mariage doit être imputée à sa date, donc la première, en raison de son irrévocabilité. On imputera ensuite les donations par ordre chronologique en commençant par la plus ancienne, puis le legs. L'institution contractuelle porte sur la quotité disponible en propriété. Comme le legs de la quotité disponible, elle donne vocation à recueillir toute la succession et est donc une libéralité universelle. En effet, si le défunt n'avait pas laissé d'héritier réservataire acceptant, le conjoint survivant aurait recueilli toute la succession[1]. L'institution contractuelle donne vocation à recevoir tout l'actif net successoral soit 650 000 €.

Les donations à A et B sont présumées en avancement de part à défaut de clause contraire (C. civ., art. 843, al. 1er). Elles s'imputent donc principalement sur la part de réserve du gratifié et subsidiairement sur la quotité disponible (C. civ., art. 919-1 – v. s[s] n°s 322.60 s.). Le legs, présumé hors part (C. civ., art. 843, al. 2), s'impute exclusivement sur la quotité disponible (C. civ., art. 919-2).

	RI de A 205 000	RI de B 205 000	RI de C 205 000	QD 205 000
Donation par contrat de mariage				– 650 000 – 445 000
Donation à A	– 80 000 125 000			
Donation à B		– 90 000 115 000		
Legs à C				QD épuisée

Avec RI = Réserve individuelle
QD = Quotité disponible

L'institution contractuelle est réductible à la quotité disponible ordinaire soit 205 000 €. Le conjoint peut demander l'exécution de toute sa libéralité et verser une indemnité de réduction égale à 445/650e de l'actif net successoral évalué au partage. Il peut également demander la réduction en nature de sa libéralité si les conditions de l'article 924-1 du Code civil sont réunies.

Le legs à C est entièrement réductible. C peut soit renoncer à son legs, soit verser une indemnité de réduction égale à la valeur du bien légué payée par imputation sur ses droits dans la réserve (C. civ., art. 924, al. 2).

321.53 Avantages matrimoniaux sujets à retranchement. Par l'effet de l'action en retranchement, les avantages matrimoniaux sont traités d'un point de vue liquidatif comme des libéralités (v. s[s] n°s 314.21 s.). Irrévocables car contenus dans une convention entre les époux, ils doivent être **imputés**, comme l'institution contractuelle par contrat de mariage, c'est-à-dire à la **date de la convention matrimoniale qui les stipule**, date du mariage pour le contrat de mariage initial ou date de l'acte contenant changement de régime matrimonial[2].

321.54 Institution contractuelle pendant le mariage. L'institution contractuelle pendant le mariage également appelée « *donation entre époux* » ou « *donation au dernier vivant* » est **proche du legs.** Comme lui, elle porte sur des **biens à venir** et est **librement révocable** (C. civ., art. 1096, al. 1er). C'est pourquoi elle s'impute comme un legs, après toutes les donations et concurremment avec les legs[3], sauf si le testament contenant les legs l'a révoquée.

321.54-1 Imputation d'une institution contractuelle consentie pendant le mariage.

EXEMPLE

Mêmes données que l'exemple précédent sauf que l'institution contractuelle a été consentie pendant le mariage.

Les calculs précédents de la quotité disponible et de la réserve restent inchangés. Seul l'ordre d'imputation est modifié puisque la donation entre époux s'impute comme un legs. Elle s'impute donc concurremment avec le legs consenti à C. Par ailleurs, le conjoint survivant ayant vocation à recueillir la totalité en pleine propriété de la succession en vertu de la libéralité qui lui a été consentie, il a la qualité de légataire universel. Il faut donc procéder aux imputations selon la méthode ci-dessus exposée (v. s[s] n° 321.44) lorsqu'on est en présence d'un legs universel et de legs particuliers.

Le total légué est égal à l'actif net de succession soit 650 000 €. Le legs particulier est de 90 000 € et l'émolument théorique du conjoint, institué contractuel, est de 650 000 – 90 000 = 560 000 €.

	RI de A 205 000	RI de B 205 000	RI de C 205 000	QD 205 000
Donation à A	– 80 000 125 000			
Donation à B		– 90 000 115 000		
Legs à C et donation entre époux				– 650 000 – 445 000

Avec RI = Réserve individuelle
QD = Quotité disponible

La réduction de la donation entre époux et du legs se fait au marc le franc (C. civ., art. 926). Le total légué peut s'exécuter à concurrence de 205/650e et est réductible pour le

1. Civ. 1re, 5 mai 1987, n° 85-15.392, P I, n° 143 ; *RTD civ.* 1988, obs. J. Patarin.

2. Pour une APPLICATION, v. M. Grimaldi, « Solution d'examen professionnel », *Defrénois* 1986. 33706, note 23 ; *Defrénois* 1987. 34014, note 29.

3. Civ. 1re, 10 févr. 1998, n° 96-12.501, P I, n° 52 ; *JCP* 1999. I. 132, n° 9, obs. R. Le Guidec ; *JCP N* 1998, p. 1049, note J. Casey ; *RTD civ.* 1998. 444, obs. J. Patarin ; *Dr. fam.* 1999, n° 103, obs. B. Beignier ; *Defrénois* 1998. 832, obs. G. Champenois.

surplus, soit 445/650e. C'est ce coefficient qu'il convient d'appliquer à la valeur des biens légués à l'époque du partage pour calculer l'indemnité de réduction.

Calcul des indemnités de réduction :

– Indemnité de réduction due par le conjoint survivant : 445/650 × 560 000 = 383 385 €

– Indemnité de réduction due par C : 445/650 × 90 000 = 61 615 €

Nombres arrondis.

321.55 Donation de biens présents entre époux. Le traitement liquidatif des donations de biens présents a changé depuis le **1er janvier 2005,** date d'entrée en vigueur de la loi du 26 mai 2004 [1]. **Antérieurement les donations de biens présents** étaient **révocables *ad nutum*.** D'un point de vue liquidatif, elles **s'imputaient** néanmoins **à leur date**, comme toute donation ordinaire. Le disposant avait cependant la faculté de stipuler que cette donation s'imputerait après toutes les libéralités entre vifs postérieures et même après les libéralités à cause de mort [2]. Ces règles continuent de s'appliquer aux donations de biens présents consenties avant le 1er janvier 2005 [3].

Les donations de biens présents entre époux consenties **après cette date** sont en revanche **irrévocables** (C. civ., art. 1096, al. 2). Elles doivent être traitées, d'un point de vue liquidatif, comme des **donations ordinaires** et **s'imputent** par conséquent **à leur date.**

Il existe toutefois **une exception :** les **donations de biens présents ne prenant pas effet pendant le mariage,** tel que l'usufruit réversible à titre gratuit, qualifié de donation de biens présents à terme par la jurisprudence [4]. Depuis la loi du 23 juin 2006 [5], ces donations sont **librement révocables** (C. civ., art. 1096, al. 2, rectifié par la loi du 23 juin 2006). Comme elles n'entraînent pas de dessaisissement immédiat du disposant, certains auteurs en ont déduit qu'il fallait les assimiler aux legs pour l'imputation [6].

Il semble toutefois qu'il faille suivre le même raisonnement que pour les donations de biens présents antérieures au 1er janvier 2005 : le **critère décisif pour déterminer le rang d'imputation de la donation** n'est pas son caractère révocable mais **son objet** (biens présents) [7]. Aussi, la réversion d'usufruit à titre gratuit portant sur des biens présents doit-elle être **imputée à sa date,** selon la jurisprudence [8].

1. L. n° 2004-439, 26 mai 2004, relative au divorce, *JO* 27 mai, p. 9319.
2. *J.-Cl. Civ. Code*, art. 912 à 930-5, fasc. 30, spéc. n° 63, par C. Brenner.
3. Civ. 1re, 13 sept. 2017, n° 17-13.389, P I, n° 189 : caractère révocable des donations antérieures au 1er janv. 2005.
4. Civ. 1re, 21 oct. 1997, n° 95-19.759, P I, n° 291 ; *JCP* 1997. II. 22969 ; *JCP* 1999. I. 132, n° 5, obs. R. Le Guidec ; *JCP N* 1998. 397, note I. Harel-Dutirou ; *RTD civ.* 1998. 721, obs. J. Patarin ; *RTD civ.* 1998. 937, obs. F. Zénati ; *LPA* 18 août 1999, note G. Teilliais.
5. L. n° 2006-728, 23 juin 2006, portant réforme des successions et des libéralités, *JO* 24 juin, p. 9513.
6. A. Delfosse et J.-F. Péniguel, *La réforme des successions et des libéralités*, Litec, 2006, n° 361, note 126.
7. M. Grimaldi, *Droit des successions*, 8e éd., « Manuel », LexisNexis, 2020, n° 831.
8. EN CE SENS, *J.-Cl. Civ. Code*, art. 912 à 930-5, fasc. 30, n° 63, par C. Brenner.

CHAPITRE

322. Secteur d'imputation

SECTION 0

ORIENTEUR

322.00 Sommaire du chapitre.

322.01 Textes applicables.

• **C. civ.,** art. 754, 805, 843, 845, 860, 914-1, 917, 918, 919, 919-1 et 919-2

> Héritier renonçant, représentation et rapport à succession

[C. civ., art. 754 et 805]

• **C. civ.,** art. 754

On représente les prédécédés, on ne représente les renonçants que dans les successions dévolues en ligne directe ou collatérale.

Les enfants du renonçant conçus avant l'ouverture de la succession dont le renonçant a été exclu rapportent à la succession de ce dernier les biens dont ils ont hérité en son lieu et place, s'ils viennent en concours avec d'autres enfants conçus après l'ouverture de la succession. Le rapport se fait selon les dispositions énoncées à la section 2 du chapitre VIII du présent titre.

Sauf volonté contraire du disposant, en cas de représentation d'un renonçant, les donations faites à ce dernier s'imputent, le cas échéant, sur la part de réserve qui aurait dû lui revenir s'il n'avait pas renoncé.

On peut représenter celui à la succession duquel on a renoncé.

• **C. civ.,** art. 805

L'héritier qui renonce est censé n'avoir jamais été héritier.

Sous réserve des dispositions de l'article 845, la part du renonçant échoit à ses représentants ; à défaut, elle accroît à ses cohéritiers ; s'il est seul, elle est dévolue au degré subséquent.

> Rapport des libéralités

[C. civ., art. 843, 845 et 860]

• **C. civ.,** art. 843

Tout héritier, même ayant accepté à concurrence de l'actif, venant à une succession, doit rapporter à ses cohéritiers tout ce qu'il a reçu du défunt, par donations entre vifs, directement ou indirectement ; il ne peut retenir les dons à lui faits par le défunt, à moins qu'ils ne lui aient été faits expressément hors part successorale.

Les legs faits à un héritier sont réputés faits hors part successorale, à moins que le testateur n'ait exprimé la volonté contraire, auquel cas le légataire ne peut réclamer son legs qu'en moins prenant.

• **C. civ.,** art. 845

L'héritier qui renonce à la succession peut cependant retenir le don entre vifs ou réclamer le legs à lui fait jusqu'à concurrence de la portion disponible à moins que le disposant ait expressément exigé le rapport en cas de renonciation.

Dans ce cas, le rapport se fait en valeur. Lorsque la valeur rapportée excède les droits qu'il aurait dû avoir dans le partage s'il y avait participé, l'héritier renonçant indemnise les héritiers acceptants à concurrence de cet excédent.

• **C. civ.,** art. 860

Le rapport est dû de la valeur du bien donné à l'époque du partage, d'après son état à l'époque de la donation.

Si le bien a été aliéné avant le partage, on tient compte de la valeur qu'il avait à l'époque de l'aliénation. Si un nouveau bien a été subrogé au bien aliéné, on tient compte de la valeur de ce nouveau bien à l'époque du partage, d'après son état à l'époque de l'acquisition. Toutefois, si la dépréciation du nouveau bien était, en raison de sa nature, inéluctable au jour de son acquisition, il n'est pas tenu compte de la subrogation.

Le tout sauf stipulation contraire dans l'acte de donation.

S'il résulte d'une telle stipulation que la valeur sujette à rapport est inférieure à la valeur du bien déterminé selon les règles d'évaluation prévues par l'article 922 ci-dessous, cette différence forme un avantage indirect acquis au donataire hors part successorale.

> Réserve héréditaire, quotité disponible et réduction des libéralités

[C. civ., art. 914-1 et 917]

• **C. civ.,** art. 914-1

Les libéralités, par actes entre vifs ou par testament, ne pourront excéder les trois quarts des biens si, à défaut de descendant, le défunt laisse un conjoint survivant, non divorcé.

• **C. civ.,** art. 917

Si la disposition par acte entre vifs ou par testament est d'un usufruit ou d'une rente viagère dont la valeur excède la quotité disponible, les héritiers au profit desquels la loi fait une réserve, auront l'option, ou d'exécuter cette disposition, ou de faire l'abandon de la propriété de la quotité disponible.

> Réduction des libéralités excessives : opérations préliminaires

[C. civ., art. 918, 919, 919-1 et 919-2]

• **C. civ.,** art. 918

La valeur en pleine propriété des biens aliénés, soit à charge de rente viagère, soit à fonds perdus, ou avec réserve d'usufruit à l'un des successibles en ligne directe, est imputée sur la quotité disponible. L'éventuel excédent est sujet à réduction. Cette imputation et cette réduction ne peuvent être demandées que par ceux des autres successibles en ligne directe qui n'ont pas consenti à ces aliénations.

• **C. civ.,** art. 919

La quotité disponible pourra être donnée en tout ou en partie soit par acte entre vifs, soit par testament, aux enfants ou autres successibles du donateur, sans être sujette au rapport par le donataire ou le légataire venant à la succession, pourvu qu'en ce qui touche les dons la disposition ait été faite expressément et hors part successorale.

La déclaration que la donation est hors part successorale pourra être faite, soit par l'acte qui contiendra la disposition, soit postérieurement, dans la forme des dispositions entre vifs ou testamentaires.

• **C. civ.,** art. 919-1

La donation faite en avancement de part successorale à un héritier réservataire qui accepte la succession s'impute sur sa part de réserve et, subsidiairement, sur la quotité disponible, s'il n'en a pas été autrement convenu dans l'acte de donation. L'excédent est sujet à réduction.

La donation faite en avancement de part successorale à un héritier réservataire qui renonce à la succession est traitée comme une donation faite hors part successorale. Toutefois, lorsqu'il est astreint au rapport en application des dispositions de l'article 845, l'héritier qui renonce est traité comme un héritier acceptant pour la réunion fictive l'imputation et, le cas échéant, la réduction de la libéralité qui lui a été consentie.

• **C. civ.,** art. 919-2

La libéralité faite hors part successorale s'impute sur la quotité disponible. L'excédent est sujet à réduction.

322.02 Jurisprudence de référence.

> Le caractère hors part d'une libéralité est souverainement apprécié par les juges du fond

• **Civ. 1re, 25 juin 1996,** n° 94-14.858, P I, n° 268

* V. s^s n° 322.12

« La cour d'appel a souverainement estimé que les circonstances de la cause ne démontraient pas de la part de l'ascendant la volonté de faire bénéficier son fils d'une donation préciputaire. »

> L'article 917 est inapplicable lorsque la libéralité n'est pas exclusivement en usufruit

• **Civ. 1re, 3 mars 1992,** n° 90-16.201, P I, n° 74

* V. s^s n° 322.36

« Vu l'article 917 du Code civil ;

Attendu, selon ce texte, qu'au cas où un legs porte sur un usufruit dont la valeur excède la quotité disponible, les héritiers réservataires peuvent opter soit pour l'exécution de la libéralité soit pour l'abandon de la quotité disponible ; que cette disposition étant inapplicable, hors les cas qu'elle prévoit, l'option qu'elle ouvre ne peut être exercée quand une libéralité porte à la fois sur des biens en toute propriété et sur un usufruit ; [...] ».

> Intangibilité de la réserve héréditaire : condamnation de la méthode d'imputation par conversion de l'usufruit

• **Civ. 1re, 19 mars 1991,** n° 89-17.094, P I, n° 100

* V. s^s n° 322.37

« Vu l'article 913 du Code civil ;

Attendu qu'il résulte de ce texte qu'aucune disposition testamentaire ne peut modifier les droits que les héritiers réservataires tiennent de la loi ;

Attendu que pour rejeter l'action en réduction, formée par M. Félix Y..., à l'encontre du legs en usufruit consenti par sa mère au profit de M. Didier X..., la cour d'appel a retenu qu'il ne pouvait y avoir de dépassement des revenus de la quotité disponible, se montant à la moitié des fermages en provenance du bien sur lequel porte l'usufruit, puisque du fait de la charge grevant le legs litigieux, le donataire était tenu de verser, à titre de rente viagère, le montant de l'intégralité des fermages, à l'héritier réservataire, de sorte que l'usufruit légué ne procurait aucun avantage au légataire ;

Attendu qu'en se déterminant ainsi, alors que le legs susvisé avait pour effet de priver l'héritier réservataire du droit de jouir et de disposer des biens compris dans sa réserve, la cour d'appel a violé le texte susvisé ; [...] ».

> Intangibilité de la réserve héréditaire : confirmation de l'imputation en assiette des libéralités démembrées

• **Civ. 1re, 22 juin 2022,** n° 20-23.215, B

* V. ss n° 322.37

« Vu les articles 913 et 919-2 du Code civil :

8. Il résulte du premier de ces textes qu'aucune disposition testamentaire ne peut modifier les droits que les héritiers réservataires tiennent de la loi.

9. Aux termes du second, la libéralité faite hors part successorale s'impute sur la quotité disponible. L'excédent est sujet à réduction.

10. Il s'en déduit que les libéralités faites en usufruit s'imputent en assiette. »

322.03 Bibliographie indicative.

Actualisables. *J.-Cl. Civ. Code, vis Libéralités, Réserve héréditaire, Quotité disponible, Masse de calcul*, art. 912 à 930-5, fasc. 30, par C. Brenner – *J.-Cl. Not. Form., v° Renonciation*, fasc. 20, par N. Levillain – Rép. civ., v° *Réserve héréditaire – Réduction des libéralités*, par S. Deville et M. Nicod, avr. 2020 [actu. juill. 2022].

Ouvrages. J. Flour et H. Souleau, *Droit civil. Les successions*, 3e éd., « coll. U », A. Colin, 1991 – M. Grimaldi (dir.), Dalloz action *Droit patrimonial de la famille*, 2025/2026, 8e éd. – M. Grimaldi, *Droit des successions*, 8e éd., « Manuel », LexisNexis, 2020 – Ph. Malaurie et C. Brenner, *Droit des successions et des libéralités*, 10e éd., « Droit civil », LGDJ, 2022 – H., L. et J. Mazeaud, *Leçons de droit civil*, t. IV, vol. 2, *Successions et libéralités*, 5e éd., par S. et L. Leveneur, Montchrestien, 1999 – F. Terré, Y. Lequette et S. Gaudemet, *Droit civil. Les successions. Les libéralités*, 5e éd., « Précis », Dalloz, 2024.

Articles. N. Duchange « La clause d'imputation sur la réserve globale et la protection des héritiers réservataires », *JCP N* 1991. I. 373 s. ; « Démembrements de propriété et libéralités : recherche d'un système cohérent d'imputation », *RTD civ.* 2001. 795 – M. Grimaldi « Réflexions sur la réduction des libéralités en usufruit et l'article 917 du Code civil », *Defrénois* 1984. 1441 s. ; « La représentation de l'héritier renonçant », *Defrénois* 2008, art. 38698, p. 25 – N. Levillain, « Nouvelles règles liquidatives en présence d'un héritier renonçant », *JCP N* 2007. Comm. 44 – N. Levillain et A. Chappert, « Rapport et réduction des donations : aspects fiscaux », *Defrénois* 2001. 739 – A. Précigout, « Le mode d'imputation des libéralités sur la réserve ou la quotité disponible au décès du disposant », *JCP* 1972. I. 2455 – D. Vigneau, « Le rapport d'une donation à un renonçant. Observations sur quelques aspects liquidatifs de la loi du 23 juin 2006 », *JCP N* 2006. 1327 ; « Un rapport de donation peut-il en cacher un autre ? », *JCP N* 2008. 1193.

322.04 Questions essentielles.

> Sur quel secteur s'imputent les libéralités aux tiers ?

* V. ss nos 322.31 à 322.32-1

> Comment imputer une libéralité portant sur des droits démembrés (nue-propriété ou usufruit) ?

* V. ss nos 322.33 à 322.38

> Sur quel secteur s'impute les libéralités faites à un héritier réservataire acceptant ?

* V. ss nos 322.40 à 322.75-2

> Comment imputer une libéralité assortie d'une clause d'imputation sur la réserve globale ?

* V. ss nos 322.81 à 322.83-1

> Comment imputer les libéralités faites à un renonçant, selon qu'il ait été ou non astreint au rapport en cas de renonciation ?

* V. ss nos 322.101 à 322.112-2

> Comment imputer les libéralités faites à un renonçant représenté ?

* V. ss nos 322.121 à 322.132-2

SECTION 1 NOTIONS ET TEXTES APPLICABLES

§ 1 Notions

322.11 Imputation. La succession se divise en deux parties ou « *secteurs d'imputation* » (v. ss n° 311.11) : la **quotité disponible**, qui représente la fraction de succession dont le disposant peut disposer librement et la **réserve**, fraction de succession réservée à certains héritiers protégés par la loi.

Ces deux parties représentent les secteurs d'imputation possibles pour les libéralités.

Pour les libéralités faites à des présomptifs héritiers réservataires, c'est la loi qui détermine sur quel secteur doit être imputée une libéralité. Pour cela, elle tient compte d'un **critère principal** de la libéralité : le caractère **hors part successorale** ou en **avancement de part successorale**.

322.12 Libéralités en avancement de part successorale et libéralités hors part successorale. Une libéralité en avancement de part successorale est une libéralité permettant à un héritier de recevoir par anticipation ses droits légaux dans la succession. Une libéralité hors part successorale est une libéralité reçue par un successible en plus de sa part successorale légale.

La loi édicte des règles permettant de déterminer le caractère hors part ou en avancement de part successorale d'une libéralité adressée à un successible. Les **donations adressées à un héritier** sont présumées faites en avancement de part successorale, sauf clause contraire écartant le rapport de la libéralité et lui donnant le caractère d'une donation « *hors part successorale* » (C. civ., art. 843, al. 1er), tandis que les **legs** sont, au contraire, réputés faits hors part successorale (C. civ., art. 843, al. 2).

Pour les **donations**, la jurisprudence n'exige aucune formule sacramentelle pour écarter le rapport et consacrer ainsi le caractère « *hors part* » de la donation. La volonté du disposant peut même être tacite[1]. Le Code civil énonce par ailleurs une **présomption irréfragable de donation hors part successorale** pour la **vente à fonds perdu**, à charge de **rente viagère** ou avec **réserve d'usufruit** faite à un **successible en ligne directe** dès lors que les autres successibles en ligne directe ne sont pas intervenus à l'acte (C. civ., art. 918).

Quant aux **libéralités** faites **à un non successible**, elles ne peuvent être que faites **hors part successorale**, le gratifié n'ayant aucun droit légal dans la succession.

§ 2
Textes applicables

322.21 Imputation des libéralités hors part successorale. « *La libéralité faite hors part successorale s'impute sur la quotité disponible* ». Si elle excède la quotité disponible, elle est sujette à **réduction** (C. civ., art. 919-2).

322.22 Imputation des libéralités en avancement de part successorale. Règle générale. L'article 919-1 alinéa 1er du Code civil énonce les règles d'imputation des libéralités en avancement de part successorale. Ce texte ne vise que les donations mais il s'applique également aux legs stipulés en avancement de part successorale. Aux termes de cet article : « *La donation faite en avancement de part successorale à un héritier réservataire qui accepte la succession s'impute sur sa part de réserve et, subsidiairement, sur la quotité disponible* ». Et ce n'est qu'après imputation subsidiaire sur la quotité disponible, que la libéralité est éventuellement sujette à réduction (C. civ., art. 919-1, al. 1er).

Ce texte ne concerne que les **libéralités faites à un héritier réservataire acceptant**, car lui seul a des droits dans la réserve. L'héritier réservataire qui renonce devient tiers à la succession (C. civ., art. 805) et n'a donc aucun droit à réserve. Les dispositions de l'alinéa 1er de l'article 919-1 du Code civil lui sont donc inapplicables. Les libéralités qu'il a reçues sont soumises à une disposition particulière : l'article 919-1, alinéas 2 et 3 du Code civil.

322.23 Libéralités faites à un héritier réservataire renonçant. Pour les successions ouvertes avant l'entrée en vigueur de la loi du 23 juin 2006[2], les libéralités faites à un héritier réservataire renonçant sont traitées comme des libéralités hors part successorale, ou « *préciputaires* » selon la terminologie en vigueur avant la réforme, qu'elles soient en avancement de part ou hors part successorale (en avancement d'hoirie ou préciputaires selon la terminologie ancienne).

La loi du 23 juin 2006 n'a pas modifié les règles d'imputation des libéralités hors part successorale faites à un renonçant.

En revanche, celles applicables aux libéralités rapportables sont devenues plus complexes (sur le secteur d'imputation des libéralités faites à un renonçant, v. ss nos 322.90 s.). Le principe reste toutefois inchangé « *la donation faite en avancement de part successorale à un héritier réservataire qui renonce à la succession est traitée comme une donation faite hors part successorale* » (C. civ., art. 919, al. 2). Mais il connaît deux exceptions :

- lorsque le gratifié renonçant est astreint au rapport en application des dispositions de l'article 845 (C. civ., art. 919, al. 3) ;
- lorsque le gratifié renonçant est représenté (C. civ., art. 754).

322.24 Libéralités portant sur des biens démembrés. L'imputation des libéralités portant sur des biens démembrés se fait en principe selon les règles précédemment édictées, en fonction du caractère hors part ou en avancement de part successorale de la libéralité.

Toutefois lorsque les conditions de l'article 917 du Code civil sont réunies, ces libéralités échappent à l'imputation pour être soumises aux règles particulières de ce texte : « *Si la disposition par acte entre vifs ou par testament est d'un usufruit ou d'une rente viagère dont la valeur excède la quotité disponible, les héritiers au profit desquels la loi fait une réserve, auront l'option, ou d'exécuter cette disposition, ou de faire l'abandon de la propriété de la quotité disponible* ».

322.25 Division. Le secteur d'imputation des libéralités dépend principalement de la qualité du gratifié : non réservataire (sect. 2), héritier réservataire acceptant (sect. 3) ou réservataire renonçant (sect. 4).

1. Req. 28 juin 1882, *DP* 1885. 1. 27 – Req. 23 juin 1919 – Civ. 1re, 24 oct. 1960, P I, no 454 ; *D.* 1961. Somm. 54 – Civ. 1re, 25 juin 1996, no 94-14.858, P I, no 268 ; *JCP* 1997. II. 22834, note P. Malaurie ; *JCP N* 1996, no 49, p. 1730 ; *D.* 1997. 275, obs. F. Dekeuwer-Défossez ; *D.* 1998. 453, note L. Brunet ; *RTD civ.* 1996. 873, obs. J. Hauser ; *RTD civ.* 1997. 542, obs. J.-P. Marguénaud.

2. L. no 2006-728, 23 juin 2006, portant réforme des successions et des libéralités, *JO* 24 juin, p. 9513.

SECTION 2
LIBÉRALITÉS FAITES À UN NON RÉSERVATAIRE

322.31 **Domaine.** Entrent dans la catégorie des libéralités faites à un non réservataire :

– les libéralités faites à **un non successible**, étranger ou parent ne venant pas en rang utile ;

– les libéralités consenties à **un successible non réservataire** en concours avec des héritiers réservataires. C'est le cas des père et mère en concours avec le conjoint survivant ou du conjoint survivant en concours avec des descendants. Dans cette dernière hypothèse, les libéralités s'imputent sur la quotité disponible spéciale et non pas sur la quotité disponible ordinaire (v. s^s n° 322.140).

322.32 **Imputation exclusive sur la quotité disponible.** Les libéralités adressées à des gratifiés dépourvus de tout droit à réserve ne peuvent s'imputer que sur la quotité disponible. La règle, bien que n'étant pas énoncée par le Code civil, va de soi : le gratifié n'a aucun droit à réserve, sa libéralité ne peut donc être prélevée sur cette fraction de succession. En cas de **dépassement de la quotité disponible,** la libéralité est sujette à **réduction.**

Pour les **donations,** la **valeur à imputer** est celle **réunie fictivement** (C. civ., art. 922) : **valeur** des biens donnés **au décès** compte tenu de leur **état au jour de la donation.**

Pour les **legs,** c'est la **valeur** des biens légués **au décès.**

322.32-1 **Imputation d'une donation consentie à un tiers.**

EXEMPLE

Le défunt laisse à sa survivance deux enfants A et B. De son vivant, il avait consenti à son neveu C une donation portant sur une exploitation agricole évaluée à 100 000 € au jour de la donation, 120 000 € au décès et 126 000 € à l'époque du partage. Il n'a consenti aucune autre libéralité.

Au décès, son patrimoine comprend les biens suivants :

– une petite maison évaluée à 80 000 € au décès et 82 000 € au partage ;

– un compte courant présentant un solde au décès et au partage de 14 000 €.

Le passif de succession s'élève à 4 000 €.

Pour liquider la succession, il est nécessaire de procéder au contrôle de l'intégrité de la réserve, le défunt ayant consenti une libéralité.

Ce contrôle se fait en deux étapes :

– le calcul de la réserve et de la quotité disponible ;

– l'imputation des libéralités.

I. *Calcul de la quotité disponible et de la réserve :*

Actif valeur décès :	
– Maison	80 000
– Compte courant	14 000
Ensemble	94 000
Passif successoral	4 000
Reste	90 000
Réunion fictive :	
Donation à C (valeur au décès)	120 000
Masse de calcul	210 000
Dont le tiers formant la quotité disponible	1/3
Est de	70 000
Dont les deux tiers formant la réserve globale	2/3
Sont de	140 000

II. *Imputation :*

C n'ayant pas la qualité de successible, sa libéralité s'impute exclusivement sur la quotité disponible :

70 000 – 120 000 = – 50 000 €

Elle excède la quotité disponible de 50 000 € et est donc réductible. La fraction réductible est de 50 000/120 000e soit 5/12e de la valeur des biens donnés.

III. *Calcul de l'indemnité de réduction :*

L'indemnité de réduction se calcule sur la valeur des biens donnés à l'époque du partage :

Indemnité due par C : 5/12 × 126 000 = 52 500 €

IV. *Masse à partager :*

Actif :

– Maison	82 000
– Compte courant	14 000
Ensemble	96 000
Passif successoral	4 000
Actif de succession	92 000
Restitutions :	
– Indemnité de réduction due par C	52 500
Masse de calcul	144 500
Dont moitié pour chaque héritier	1/2
Est de	72 250

322.33 **Libéralités portant sur des droits démembrés : problématique.** L'imputation d'une libéralité en usufruit ou en nue-propriété pose les mêmes difficultés que la réunion fictive des libéralités portant sur des droits démembrés. Deux méthodes d'imputation existent :

– La première méthode procède à la **conversion des droits démembrés en une valeur en pleine propriété** afin de l'imputer sur la quotité disponible en pleine propriété (v. s^s n° 312.82).

– La seconde méthode qui consiste à **prendre en compte l'usufruit et/ou la nue-propriété du bien dans des colonnes différentes** sans procéder à la conversion en une valeur en pleine propriété, semble préférable (v. s^s n° 312.83).

Pour l'imputation des libéralités, la même difficulté existe : faut-il ou non convertir les libéralités en nue-propriété ou en usufruit avant de les imputer sur la quotité disponible ?

Remarque : Cette difficulté se présente pour toutes les libéralités démembrées, quel que soit leur bénéficiaire – réservataire ou non – et leur objet – libéralité hors part ou en avancement de part successorale.

322.34 1) Libéralités en nue-propriété : imputation sur la nue-propriété du disponible. L'imputation des libéralités en nue-propriété n'a jamais été source de difficultés. En effet, la jurisprudence, écartant de façon constante l'application de l'article 917 du Code civil[1], décide que ces libéralités s'imputent sur la nue-propriété de la quotité disponible[2].

322.34-1 Imputation d'une libéralité en nue-propriété.

EXEMPLE

Le défunt laisse à sa survivance son conjoint, séparé de biens, et un neveu à qui il a légué la nue-propriété de son appartement à Paris.

Sa succession comprend les biens suivants :

– un appartement à Paris acquis à titre onéreux avant le mariage, servant de logement au couple, évalué au décès comme au partage à 400 000 € ;

– un compte bancaire ouvert au nom du défunt, dont le solde au décès et au partage est de 16 000 € ;

– un plan d'épargne en actions valorisé à 80 000 € au décès et 82 000 € au partage.

Le passif de succession s'élève à 6 000 €.

L'usufruit du conjoint est évalué à 20 % de la pleine propriété.

En application de l'article 757-2 du Code civil, le conjoint survivant recueille toute la succession en l'absence de descendants et de père et mère. Le défunt ne laissant pas de biens de famille, le neveu est exclu de la succession légale.

Il est en revanche légataire de la nue-propriété de l'appartement dépendant de la succession. Cette libéralité ne pourra s'exécuter que si elle ne porte pas atteinte à la réserve du conjoint survivant, laquelle est fixée à un quart de la succession par l'article 914-1 du Code civil.

Il faut donc préalablement au partage, vérifier si la libéralité excède la quotité disponible.

I. *Calcul de l'atteinte à la réserve :*

a) Calcul de la quotité disponible et de la réserve :

Actif :

– Appartement à Paris	400 000
– Solde créditeur du compte courant	16 000
– P.E.A.	80 000
Ensemble	496 000
À déduire :	
Passif successoral	6 000
Masse de calcul	490 000
Dont les trois quarts formant la quotité disponible	3/4
Sont de	367 500
Dont le quart formant la réserve	1/4
Est de	122 500

b) Imputations :

Le legs au neveu s'impute sur la quotité disponible. Conformément à la jurisprudence précitée[3], cette imputation se fait sans conversion. Il s'impute donc sur la nue-propriété de la quotité disponible.

	Réserve		Quotité disponible	
	Nue-propriété 122 500	Usufruit 122 500	Nue-propriété 367 500	Usufruit 367 500
Legs au neveu			– 400 000 – 32 500	

Le legs du neveu est réductible à concurrence de 32 500/400 000e ou 13/160e de la valeur en nue-propriété de l'appartement.

c) Calcul de l'indemnité de réduction :

La réduction se fait en valeur, sauf volonté contraire du gratifié (C. civ., art. 924 et 924 – 1). La valeur de l'appartement n'ayant pas changé entre le décès et le partage, l'indemnité de réduction se calcule comme suit :

Valeur de la nue-propriété compte tenu de l'âge de l'usufruitier : 80 % × 400 000 = 320 000 €.

Indemnité de réduction : 13/160 × 320 000 = 26 000 €.

II. *Masse à partager :*

	Nue-propriété	Usufruit	Pleine propriété
Actif :			
– Appartement à Paris			400 000
– Solde créditeur du compte courant			16 000
– P.E.A. (valeur partage)			82 000
Ensemble			498 000
À déduire :			
Passif successoral			6 000
Masse de calcul			492 000
À déduire :			
– legs au neveu	– 400 000	–	–
Reste	–	400 000	92 000
Restitutions : indemnité de réduction due par le neveu			26 000
Revenant pour le tout au conjoint		400 000	118 000

322.35 2) Imputation des libéralités en usufruit. L'imputation des libéralités en usufruit a longtemps

1. Civ. 1re, 7 juill. 1857, *DP* 1857. 1. 348 – Req. 6 mai 1878, *DP* 1880. 1. 345 – V. AUSSI, M. Grimaldi, « Réflexion sur la réduction des libéralités en usufruit et l'article 917 du Code civil », *Defrénois* 1984. 33430.
2. Civ. 6 mai 1878, *DP* 1880. 1. 345.

3. Civ. 6 mai 1878 (préc., v. ss no 322.34).

soulevé de nombreuses questions en pratique. Deux solutions avaient été proposées, comme pour l'évaluation des donations en usufruit en vue de la réunion fictive (v. s[s] n°s 312.82 s.). Elles sont toutes deux liées à l'interprétation de l'article 917 du Code civil.

322.36 **a) Article 917 du Code civil : principe et conditions.** L'article 917 du Code civil énonce une règle applicable aux libéralités portant sur un usufruit ou une rente viagère dont la valeur excède la quotité disponible : les héritiers réservataires doivent choisir entre exécuter la libéralité telle qu'elle avait été faite ou abandonner au gratifié la pleine propriété de la quotité disponible. L'application de cette disposition suppose la réunion de quatre conditions :

– *Première condition* :**la libéralité excède la quotité disponible,** c'est-à-dire que la valeur des biens soumis à l'usufruit est supérieure à celle de la quotité disponible. Il ne faut pour cette comparaison ni convertir l'usufruit en une valeur en pleine propriété ni comparer le flux de revenus du bien donné ou légué avec celui de la quotité disponible[1].

Ainsi PAR EXEMPLE, si un legs porte sur l'usufruit de biens évalués en pleine propriété à 200 et que la quotité disponible en propriété est de 100, alors l'article 917 est susceptible de s'appliquer. Si en revanche, l'usufruit porte sur des biens évalués en pleine propriété à 80, l'article 917 est inapplicable.

– *Seconde condition* :**la libéralité porte exclusivement sur des droits en usufruit.** Sont exclues du champ d'application de l'article 917 du Code civil, les libéralités en nue-propriété[2] et les libéralités en usufruit et en propriété[3].

– *La troisième condition* est discutée : la jurisprudence semble exiger qu'il n'y ait aucune autre libéralité que celle en usufruit[4]. Elle peut toutefois se justifier par le fait que si d'autres libéralités ont été consenties, les réservataires risquent de ne rien avoir à abandonner au gratifié, dans l'éventualité où ces autres libéralités épuisent le disponible.

– *Dernière condition :* le disposant ne doit pas avoir écarté l'application de l'article 917 du Code civil, lequel n'est pas d'ordre public.

Lorsque ces conditions sont réunies, l'article 917 du Code civil s'applique. La libéralité en usufruit n'a pas à être imputée. Les héritiers doivent choisir entre les **deux options** proposées par ce texte.

1. M. Grimaldi, *Droit des successions*, 8e éd., « Manuel », LexisNexis, 2020, n° 362, 2° – *J.-Cl. Civ. Code*, art. 912 à 930-5, fasc. 30, n° 34, par C. Brenner.
2. Civ. 1re, 7 juill. 1857, *DP* 1857. 1. 348 – Req. 6 mai 1878, *DP* 1880. 1. 345.
3. Civ. 1re, 11 juill. 1977, n° 75-10.977, P I, n° 323 – Civ. 1re, 3 mars 1992, n° 90-16.201, P I, n° 74.
4. Civ. 1re, 5 mai 1914, *S.* 1921. 2. 101 ; *DP* 1922. 2. 139 ; *RTD civ.* 1914. 667, obs. L. Hugueney.

322.36-1 **Libéralités portant sur un usufruit ou une rente viagère.**

EXEMPLE

Le défunt laisse pour recueillir sa succession un enfant d'une première union et sa partenaire pacsée à qui il a légué l'usufruit d'un bien immobilier sis à Paris et servant de logement au couple. Il n'a consenti aucune autre libéralité.

Le patrimoine successoral comprend :

– l'appartement sis à Paris évalué au décès à 530 000 € ;

– un compte courant ouvert au nom du défunt et présentant un solde au décès de 15 000 € ;

– un portefeuille de valeurs mobilières valorisé au décès à 60 000 €.

Le passif successoral s'élève à 7 000 €.

Pour vérifier si l'article 917 du Code civil est applicable, il faut calculer la quotité disponible afin de comparer l'assiette de l'usufruit des biens légués à celle de l'usufruit de la quotité disponible.

Calcul de la quotité disponible :

Actif :

– Appartement à Paris	530 000
– Solde créditeur du compte courant	15 000
– P.E.A.	60 000
Ensemble	605 000
À déduire :	
Passif successoral	7 000
Masse de calcul	598 000
Dont la moitié formant la quotité disponible	1/2
Est de	299 000
Dont l'autre moitié formant la réserve	1/2
Est de	299 000

L'usufruit légué porte sur des biens d'une valeur de 530 000 €, alors que la quotité disponible n'est que de 299 000 €. L'usufruit des biens légués excède donc l'usufruit de la quotité disponible. En l'absence d'autres libéralités et en supposant qu'il n'y ait pas de clause excluant son application, l'article 917 du Code civil s'applique. Il n'y a donc pas à imputer le legs.

L'enfant, héritier réservataire, doit choisir entre laisser s'exécuter le legs ou abandonner la pleine propriété de la quotité disponible à la partenaire de PACS.

322.37 **b) Libéralités en usufruit hors du champ d'application de l'article 917.** La méthode d'imputation à suivre pour l'imputation des libéralités en usufruit non soumises à l'article 917 du Code civil avait donné lieu à **deux courants doctrinaux :** la **conversion** et l'**imputation sur l'usufruit de la quotité disponible.**

– Selon le premier, fondé sur une analyse traditionnelle de l'article 917 du Code civil[5], l'imputation d'une libéralité en usufruit ne pouvait se faire que **par conversion**, dès lors que l'article 917 du Code

5. J. Flour et H. Souleau, *Droit civil. Les successions*, 3e éd., « coll. U », A. Colin, 1991, n° 519 – POUR UN EXPOSÉ DÉTAILLÉ DE LA DOCTRINE TRADITIONNELLE, v. *J.-Cl. Civ. Code*, art. 912 à 930-5, fasc. 30, n° 30, par C. Brenner.

civil était inapplicable. Cet article a en effet pour objectif d'éviter les difficultés liées à la conversion de l'usufruit. La jurisprudence a un temps retenu cette interprétation[1].

– Un auteur a proposé une autre interprétation de l'article 917 du Code civil, fondée non pas sur le souci d'éviter les difficultés de conversion, mais sur un **souci d'équité** : cet article permet d'éviter que les héritiers réservataires puissent à la fois demander la réduction d'une libéralité et recevoir une portion de disponible[2]. La méthode de la conversion perd ainsi sa justification[3]. C'est pourquoi, lorsque l'article 917 du Code civil est inapplicable, pour vérifier si une libéralité en usufruit excède ou pas la quotité disponible, il est préconisé non pas de procéder par conversion mais d'**imputer cette libéralité sur l'usufruit de la quotité disponible.** Cette méthode permet de **fournir aux héritiers leur réserve en pleine propriété**[4].

La majorité de la doctrine semble se rallier à cette interprétation[5]. La jurisprudence a évolué dans ce sens bien que son évolution ne soit pas encore achevée[6]. Elle considère en effet qu'« *une disposition testamentaire ne peut priver l'héritier réservataire du droit de jouir des biens compris dans sa réserve* »[7]. Or la méthode de la conversion peut aboutir à transmettre une partie de l'usufruit de la réserve au légataire dès lors qu'en raison de son âge la conversion de l'usufruit légué donne une valeur inférieure à la quotité disponible. Finalement dans son arrêt du 22 juin 2022, la Cour de cassation a validé **l'imputation en assiette des libéralités en usufruit**[8].

1. Civ. 10 mars 1873, *DP* 1874. 1. 9 ; *S.* 1874. 1. 17, note Demante – PLUS RÉCEMMENT, Rennes, 25 mars 1987, cité au *J.-Cl. Civ. Code*, art. 912 à 930-5, fasc. 30, n° 30, par C. Brenner : « *Considérant que l'article 917 du Code civil [...]. Que le but de ce texte est d'éviter la conversion difficile et incertaine d'un usufruit en capital pour en comparer la valeur à une quotité disponible en pleine propriété* [...] ».
2. M. Grimaldi, « Réflexions sur la réduction des libéralités en usufruit et l'article 917 du Code civil », *Defrénois* 1984. 33430, p. 1441 – M. Grimaldi, *Droit des successions*, 8e éd., « Manuel », LexisNexis, 2020, n° 362.
3. POUR UNE DÉMONSTRATION DES CONSÉQUENCES NÉGATIVES DE LA CONVERSION DE L'USUFRUIT, v. M. Grimaldi, *Droit des successions*, 8e éd., « Manuel », LexisNexis, 2020, n° 854 et les deux ex. chiffrés.
4. M. Grimaldi, *Droit des successions*, 8e éd., « Manuel », LexisNexis, 2020, n° 855 – *J.-Cl. Civ. Code*, art. 912 à 930-5, fasc. 30, n° 44, par C. Brenner.
5. H., L. et J. Mazeaud, *Leçons de droit civil*, t. IV, vol. 2, *Successions et libéralités*, 5e éd., par S. et L. Leveneur, Montchrestien, 1999, n° 921 – *J.-Cl. Civ. Code*, art. 912 à 930-5, fasc. 30, n° 44, par C. Brenner – Rép. civ., *Réserve héréditaire – Réduction des libéralités*, par S. Deville et M. Nicod, avr. 2020 [actu. févr. 2022], n° 58 – V. TOUTEFOIS, sur les limites de cette solution : N. Duchange, « Démembrement de propriété et libéralités : recherche d'un système cohérent d'imputation », *RTD civ.* 2001. 795.
6. Civ. 1re, 19 mars 1991, n° 89-17.094, P I, n° 100 ; *JCP* 1992. II. 21840, note P. Salvage ; *D.* 1992. Somm. 229, obs. B. Vareille ; *RTD civ.* 1992. 162, obs. J. Patarin ; *Defrénois* 1992. 35408, n° 168, obs. G. Champenois : « *Qu'il résulte de ce texte qu'aucune disposition testamentaire ne peut modifier les droits que les héritiers réservataires tiennent de la loi* ».
7. Civ. 1re, 19 mars 1991, n° 89-17.094, P (préc. s^s prés^t n°).

322.37-1 Libéralités en usufruit hors champs d'application de l'article 917.

EXEMPLE

Le défunt laisse pour recueillir sa succession deux enfants d'une précédente union, Pierre et Jeanne, et sa concubine, Marie, avec laquelle il avait conclu un PACS.

Il a consenti les libéralités suivantes :

– en 2002 : donation à Pierre d'un studio sis à Lyon, évalué au décès, compte tenu de son état au jour de la donation, à 80 000 € ;

– en 2006 : donation à Jeanne d'un appartement à Caen évalué à 100 000 € au décès, compte tenu de son état au jour de la donation.

Par testament, il a légué à Marie l'usufruit de l'appartement à Lyon servant de logement au couple et la pleine propriété du mobilier le garnissant.

Le patrimoine du défunt comprend les biens suivants :

– l'appartement de Lyon, évalué à 320 000 € au décès et à l'époque du partage ;

– le mobilier garnissant l'appartement de Lyon évalué à 20 000 € ;

– un petit chalet à Chamrousse évalué meublé à 150 000 € au décès comme au partage ;

– divers avoirs en banque d'un montant de 75 000 €.

Le passif de succession s'élève à 25 000 €.

L'usufruit de Marie est évalué à 20 % de la pleine propriété compte tenu de son âge.

SOLUTION PROPOSÉE

I. *Contrôle de l'absence d'atteinte à la réserve :*

a) Calcul de la quotité disponible et de la réserve :

Actif :

– Appartement à Lyon	320 000
– Mobilier garnissant l'appartement de Lyon	20 000
– Chalet de Chamrousse	150 000
– Avoirs bancaires	75 000
Ensemble	565 000
À déduire :	
Passif successoral	25 000
Ensemble	540 000
Réunion fictive :	
– Donation à Pierre	80 000
– Donation à Jeanne	100 000
Masse de calcul	720 000
Dont le tiers formant la quotité disponible	1/3
Est de	240 000

8. Civ. 1re, 22 juin 2022, n° 20-23.215, B ; *D.* 2022. 1205 ; *AJ fam.* 2022. 450, obs. N. Levillain ; *RTD civ.* 2022. 682, obs. M. Grimaldi ; *JCP* 2022, n° 1017, note F. Sauvage ; *JCP N* 2022, n° 1209, note M. Nicod et A. Tani.

Dont les deux tiers formant la réserve globale	2/3
Est de	480 000
Dont la moitié formant la réserve individuelle	1/2
Est de	240 000

b) Imputations :

Les donations doivent être imputées avant les legs, par ordre chronologique en commençant par la plus ancienne (C. civ., art. 923). La donation à Pierre s'impute la première, suivie de celle à Jeanne puis du legs à Marie.

Les donations à Pierre et Jeanne, consenties à des présomptifs héritiers sans clause excluant le rapport, s'imputent selon les règles édictées par l'article 919-1 du Code civil : principalement sur la part de réserve du gratifié et subsidiairement sur la quotité disponible.

Le legs s'impute exclusivement sur la quotité disponible.

L'article 917 du Code civil est inapplicable car (notamment) le legs n'a pas pour objet exclusif un usufruit. Le total légué est de 20 000 € en pleine propriété et 320 000 € en usufruit, soit encore 340 000 € en usufruit et 20 000 € en nue-propriété.

TABLEAU DES IMPUTATIONS

	Réserve de Pierre 240 000	Réserve de Jeanne 240 000	Quotité disponible 240 000		
			Usufruit	Nue-propriété	Pleine propriété
Donation à Pierre	– 80 000 160 000				
Donation à Jeanne		– 100 000 140 000			
Legs à Marie			– 340 000 – 100 000	– 20 000 220 000	

Il apparaît après imputation que le total légué excède la quotité disponible. Le legs à Marie est réductible à concurrence de 100 000/340 000e en usufruit soit 5/17e de la valeur des biens légués en usufruit.

c) Calcul de l'indemnité de réduction :

Indemnité due par Marie :

20 % × 340 000 × 5/17 = 20 000

II. *Masse à partager :*

	Usufruit	Nue-propriété	Pleine propriété
Actif :			
– Appartement à Lyon			320 000
– Mobilier garnissant l'appartement de Lyon			20 000
– Chalet de Chamrousse			150 000
– Avoirs bancaires			75 000
Actif brut			565 000
À déduire :			
Passif successoral			25 000
Actif net			540 000
Déduction du legs	– 320 000	–	– 20 000
Reste en NP et PP	–	320 000	200 000
Restitutions :			
Rapport dû par Pierre			80 000
Rapport dû par Jeanne			100 000
Indemnité de réduction due par Marie	–	–	20 000
Total à partager	0	320 000	400 000
Dont moitié pour chaque héritier	1/2	1/2	1/2
Est de	0	160 000	200 000

322.38 Récapitulatif. L'imputation des libéralités portant sur des biens démembrés dépend de leur **objet.**

Les **libéralités en nue-propriété**, s'imputent sur la **nue-propriété de la quotité disponible.** Elles n'entrent jamais dans le champ d'application de l'article 917 du Code civil.

Pour les **libéralités en usufruit**, il faut distinguer selon que **l'article 917 du Code civil s'applique** ou non.

Lorsque l'article 917 du Code civil est **applicable**, la libéralité en usufruit n'est pas imputée : soit **elle s'exécute pleinement,** soit le gratifié recueille la **pleine propriété de la quotité disponible.**

Lorsque l'article 917 du Code civil est **inapplicable**, conformément à la jurisprudence récente, **la libéralité en usufruit doit s'imputer sur l'usufruit de la quotité disponible.** Il ne faut ni procéder à une conversion ni comparer les revenus des biens donnés ou légués avec ceux du disponible.

SECTION 3

LIBÉRALITÉS FAITES À UN HÉRITIER RÉSERVATAIRE ACCEPTANT

322.40 Plan. L'imputation des libéralités faites à un héritier réservataire acceptant est régie par deux textes, les articles 919-1 et 919-2 du Code civil, qui distinguent selon l'objet de la libéralité : libéralité hors part successorale (§ 1) ou libéralité en avancement de part successorale (§ 2).

§ 1
Libéralités hors part successorale

322.51 Imputation exclusive sur la quotité disponible. Les libéralités hors part successorale faites à un héritier réservataire s'imputent exclusivement sur la quotité disponible (C. civ., art. 919-1).

La règle est conforme à la notion de libéralité hors part, laquelle sert à avantager : la libéralité est prise sur la quotité disponible, **le gratifié la recevant en plus de sa part de réserve.**

Une telle libéralité n'est toutefois pas sans conséquence pour le disposant : en entamant son disponible au profit d'un héritier réservataire, il limite sa faculté de gratifier des tiers.

322.52 Réduction en cas de dépassement de la quotité disponible. Lorsque, après imputation, les libéralités hors part successorale faites à un réservataire acceptant excèdent la quotité disponible, elles doivent être réduites. Une imputation subsidiaire sur la part de réserve du gratifié est exclue, elle serait contraire aux textes.

Il ne faut pas confondre l'imputation des libéralités hors part successorale faites à un héritier réservataire acceptant avec les modalités de règlement d'une éventuelle indemnité de réduction. L'imputation des libéralités hors part successorale ne se fait que sur la quotité disponible car une **telle libéralité a pour but d'avantager le gratifié, c'est-à-dire de lui donner en plus de sa part.** Si une libéralité hors part s'avère réductible, l'héritier réservataire devient débiteur d'une indemnité de réduction. Le règlement de cette indemnité se fait **en moins prenant** (C. civ., art. 924, al. 2) en priorité « *par voie d'imputation* » sur sa part de réserve. Le terme « *imputation* » utilisé par l'article 924 du Code civil n'a pas le même sens que celui relatif aux opérations de contrôle de l'intégrité de la réserve : il s'agit d'un mode de règlement de l'indemnité de réduction.

322.52-1 Imputation de libéralités hors part faites à des héritiers réservataires.

EXEMPLE

Le défunt laisse deux enfants, Alain et Robert. En 2005, il avait donné à Robert, avec clause d'exclusion de rapport, un appartement évalué à 120 000 € au décès et au partage compte tenu de son état au jour de la donation. Il a légué à Alain un terrain à bâtir sis à Meaux.

L'actif successoral comprend les biens suivants :

– un appartement à Paris évalué à 450 000 € ;

– un terrain à bâtir à Meaux, évalué à 130 000 € ;

– divers avoirs en banque d'un montant total de 132 000 €.

Le passif successoral est de 13 000 €.

SOLUTION PROPOSÉE

I. *Contrôle de l'intégrité de la réserve :*

a) Calcul de la quotité disponible et de la réserve :

Actif :

– Appartement à Paris	450 000
– Terrain à Meaux	130 000
– Avoirs bancaires	132 000
Ensemble	712 000
À déduire :	
Passif successoral	13 000
Reste	699 000
Réunion fictive :	
– Donation à Robert	120 000
Masse de calcul	819 000
Dont le tiers formant la quotité disponible	1/3
Est de	273 000
Dont les deux tiers formant la réserve globale	2/3
Sont de	546 000
Dont la moitié formant la part de réserve de chaque héritier	1/2
Est de	273 000

b) Imputations :

Conformément à l'article 923 du Code civil, la donation à Robert doit être imputée avant le legs. Faite hors part successorale, elle s'impute exclusivement sur la quotité disponible (C. civ., art. 919-2). Il en va de même du legs, présumé hors part successorale (C. civ., art. 843, al. 2).

	Réserve de Robert 273 000	Réserve d'Alain 273 000	Quotité disponible 273 000
Donation à Robert			– 120 000 153 000
Legs à Alain			– 130 000 23 000

Conclusion :

Les libéralités ne sont pas réductibles et il reste même un reliquat de disponible qui sera partagé entre les héritiers.

II. *Masse à partager :*

Actif :	
– Appartement à Paris	450 000
– Terrain à Meaux	130 000
– Avoirs bancaires	132 000
Actif brut de succession	712 000
À déduire :	
Passif successoral	13 000
Actif net de succession	699 000
À déduire :	
– Legs à Alain	130 000
Reste à partager	569 000
Dont moitié pour chaque héritier	1/2
Est de	284 500

§ 2
Libéralités en avancement de part successorale

322.60 **Plan.** L'article 919-1 alinéa 1er du Code civil énonce les règles d'imputation des donations rapportables faites à un héritier réservataire acceptant (A). Il édicte également la faculté de déroger à ces règles légales, par la formule « *s'il n'en a pas été autrement convenu dans l'acte de donation* », autorisant ainsi leur aménagement conventionnel (B).

A.
Règles légales d'imputation

322.71 **Secteur d'imputation principale : la part de réserve du gratifié.** « *La donation en avancement de part successorale faite à un héritier réservataire qui accepte la succession s'impute sur sa part de réserve* [...] » (C. civ., art. 919-1, al. 1er). La règle n'a jamais été contestée et est justifiée par la nature même de la donation rapportable : une avance sur la part héréditaire[1].

322.72 **Secteur d'imputation subsidiaire : la quotité disponible.** Sauf stipulation contraire, lorsque la donation rapportable excède la part du gratifié, l'excédent doit être imputé subsidiairement sur la quotité disponible. Et ce n'est que si cet excédent dépasse la quotité disponible que la libéralité est sujette à réduction (C. civ., art. 919-1, al. 1er). Ainsi, **trois situations** peuvent se présenter :

– la donation rapportable n'excède pas la part de réserve du gratifié. Elle n'est pas réductible et laisse la quotité disponible intacte ;

– la donation rapportable excède la part de réserve du gratifié mais pas la quotité disponible. Elle n'est pas réductible mais ne laisse qu'un reliquat de disponible pour les libéralités ultérieures ;

– la donation rapportable excède la part de réserve du gratifié et le disponible. Elle est réductible pour cet excédent et toutes les libéralités ultérieures s'imputant sur la quotité disponible seront réductibles pour la totalité.

322.72-1 **Imputation de donations rapportables.**

EXEMPLE

Imputation subsidiaire sur la quotité disponible et réduction d'un legs.

Le défunt laisse à sa survivance trois enfants, A, B et C à qui il a consenti les donations suivantes :

– en 2002 : donation à A d'une somme de 50 000 €, qu'il a entièrement dépensée ;

– en 2004 : donation à B d'un studio évalué à 50 000 € au jour de la donation et à 120 000 € au jour du décès ;

– en 2005 : donation à C d'un terrain évalué à 30 000 € au jour de la donation et 200 000 € au décès, le terrain étant devenu constructible.

Il a par ailleurs légué à un ami un tableau d'une valeur de 40 000 € au décès.

Le patrimoine du défunt comprend :

– le tableau ;

– divers comptes bancaires pour un montant total de 30 000 €.

On fera abstraction du passif. Les valeurs sont inchangées entre le décès et le partage.

SOLUTION PROPOSÉE

I. *Contrôle de l'intégrité de la réserve :*

a) Calcul de la réserve et de la quotité disponible :

Actif :

– Tableau	40 000
– Solde des comptes bancaires	30 000
Ensemble	70 000
Passif	0
Reste	70 000
Réunion fictive :	
– Donation à A – Donation à B – Donation à C	50 000 120 000 200 000
Masse de calcul	440 000
Dont le quart formant la quotité disponible	1/4
Est de	110 000
Dont les trois quart formant la réserve globale	3/4
Sont de	330 000
Dont le tiers formant la quotité disponible	1/3
Est de	110 000

b) Imputations :

Les donations faites à A, B et C s'imputent avant le legs et dans l'ordre chronologique en commençant par la plus ancienne (C. civ., art. 923). Faites sans stipulation particulière à des successibles, elles sont présumées rapportables (C. civ., art. 843). Elles s'imputent donc principalement sur la part de réserve du gratifié et subsidiairement sur la quotité disponible (C. civ., art. 919-1).

	RI de A 110 000	RI de B 110 000	RI de C 110 000	QD 110 000
Donation à A	– 50 000 60 000			
Donation à B		– 110 000 0		– 10 000 100 000
Donation à C			– 110 000 0	– 90 000 10 000
Legs à l'ami				– 40 000 – 30 000

Avec RI = Réserve individuelle
QD = Quotité disponible

En raison de l'imputation subsidiaire des donations de B et C sur la quotité disponible, le legs à l'ami se trouve réductible. Une clause d'imputation sur la réserve globale aurait pu limiter cette réductibilité (v. ss nos 322.81 à 322.83-1).

1. SUR LES JUSTIFICATIONS DE LA RÈGLE, v. M. Grimaldi, *Droit des successions*, 8e éd., « Manuel », LexisNexis, 2020, no 844 ; *J.-Cl. Civ. Code*, art. 912 à 930-5, fasc. 30, no 12, par C. Brenner.

c) Indemnité de réduction :

L'ami doit une indemnité de réduction de 30 000 €, la valeur des biens légués n'ayant pas changé entre le décès et le partage.

II. *Masse à partager :*

Actif :

– Tableau	40 000
– Solde des comptes bancaires	30 000
Ensemble	70 000
Passif	0
Actif net	70 000
Déduction du legs	40 000
Reste	30 000
Restitutions :	
Rapport dû par A	50 000
Rapport dû par B	120 000
Rapport dû par C	200 000
Indemnité de réduction due par l'ami	30 000
Total à partager	430 000
Dont le tiers pour chaque héritier	1/3
Est de	143 333

322.73 **Rapport et réductibilité.** Le fait qu'une donation en avancement de part successorale soit réductible ou non ne modifie pas son caractère rapportable.

Si elle n'est pas réductible, elle n'en demeure pas moins rapportable pour le tout.

Si elle est réductible, elle est réductible et rapportable à concurrence de la fraction réductible, et rapportable pour le surplus. Elle est donc incluse dans la masse à partager au titre des restitutions pour la totalité de sa valeur, mais il appartient aux héritiers de choisir à quel titre la fraction réductible est réincorporée : **au titre du rapport** ou **au titre de la réduction.**

322.73-1 **Rapport et réductibilité.**

EXEMPLE

Supposons qu'une donation consentie à un héritier réservataire acceptant soit réductible à concurrence de 20 % de la valeur des biens donnés. Au partage ces biens valent 100 000 €.

Si les cohéritiers du gratifié ne demandent pas la réduction, la donation sera rapportée pour la totalité de la valeur des biens donnés soit 100 000 €.

Si la réduction est demandée, la donation n'est rapportée qu'à concurrence de la fraction non réductible (80 %) soit 80 000 € et le gratifié doit une indemnité de réduction de 20 000 €.

Le total restitué par le donataire est donc égal à 100 000 €, que la réduction soit ou non demandée.

322.74 **Intérêt à demander la réduction d'une libéralité rapportable.** Avant l'entrée en vigueur de la loi du 23 juin 2006, les modalités de la réduction étaient parfois différentes de celles du rapport, qui se faisait en valeur sauf clause contraire. Les cohéritiers pouvaient alors préférer la réduction au rapport, lorsque celle-ci se faisait en nature.

Désormais, **la réduction se fait en valeur** (C. civ., art. 924), sauf volonté contraire du gratifié lorsque certaines conditions sont réunies (C. civ., art. 924-1).

L'intérêt civil de la réduction par comparaison avec le rapport a donc en grande partie disparu. Cependant, le choix de recourir à la réduction plutôt qu'au rapport a l'avantage de permettre de poursuivre le tiers acquéreur en cas d'insolvabilité du gratifié – à condition, toutefois, que les réservataires n'aient pas renoncé à cette faculté.

Toutefois si le bien donné est frugifère et que la réduction de la donation se fait en valeur, les cohéritiers du donataire ont intérêt à ne pas demander la réduction. En effet, l'article 928 du Code civil ne prévoit la restitution des fruits qu'en cas de réduction en nature et à concurrence de la fraction réductible alors que selon l'article 856 du même code, le donataire doit restituer les fruits des choses sujettes à rapport à compter du jour de l'ouverture de la succession, quelles que soient les modalités du rapport. Ainsi en ne demandant pas la réduction, les héritiers réservataires peuvent obtenir la totalité des fruits du bien à compter du décès sur le fondement de ce texte[1].

En matière fiscale, il n'y a pas de distinction entre la réduction et le rapport, l'administration fiscale appliquant un seul régime aux libéralités rapportables, qu'elles soient réductibles ou non[2].

322.74-1 **Calcul des droits de succession en cas de libéralité rapportable.**

EXEMPLE

Le défunt laisse trois enfants : A, B, C. L'actif net de succession est évalué, selon les règles fiscales, à 300 000 €. En 1996, A a reçu en avancement de part successorale une donation portant sur des biens évalués à 700 000 € au jour de la donation et 1 200 000 € au jour du décès et au jour du partage.

Lors de la donation de 1996, les droits de mutation à titre gratuit ont été régulièrement payés. La donation ayant plus de quinze ans, il n'en est pas fait le rappel fiscal lors de la liquidation. Elle demeure toutefois rapportable civilement.

1. Sur ce point, v. B. Vareille et A. Kroell, « La liquidation et le partage de la succession », *Defrénois* 2017, n° 1, p. 49, n° 28.
2. Pour une étude détaillée, v. N. Levillain et A. Chappert, « Rapport et réduction des donations : aspects fiscaux », *Defrénois* 2001. 739.

Par application des règles civiles, la donation est réductible à concurrence de 450 000/1 200 000e, ce qui met à la charge de A une indemnité de réduction de 450 000 € valeur décès. Les héritiers ne demandent pas la réduction, mais la solution serait inchangée s'ils la demandaient.

I. *Détermination des parts nettes taxables :*

Actif net de succession	300 000
Rapport de la donation consentie à A	1 200 000
Masse à partager	1 500 000
Dont le tiers, pour chaque héritier	1/3
Est de	500 000

II. *Attributions :*

Attributions à A :

– Fraction de son rapport par confusion sur lui-même	500 000
Égal à ses droits	500 000

Attributions à B (idem pour C) :

– Moitié de l'actif net de succession	150 000
– Fraction du rapport dû par A	350 000
Total, égal à ses droits	500 000

III. *Liquidation des droits :*

Droits dus par A :

Part héréditaire	500 000
À déduire :	
Fraction de son rapport	500 000
Assiette des droits	Néant

Droits à payer par A : 0 ce qui ne surprend pas car A n'est alloti que de son rapport. Il n'est pas alloti en biens existants.

Assiette des droits dus par B (ou C) :

Part héréditaire		500 000
À déduire :		
– Moitié de l'excédent de rapport de A	350 000	
– Abattement	100 000	
Ensemble	450 000	
Assiette des droits		50 000

Droits à payer par B (ou C) :

Assiette taxable		50 000
De 0 à 8 072 €	5 %	403,60
De 8 072 à 12 109 €	10 %	403,70
De 12 109 à 15 932 €	15 %	573,45
De 15 932 € à 50 000 €	20 %	6 813,60
Total des droits à payer	–	8 194,35

L'excédent de rapport de A est réparti proportionnellement entre les autres héritiers[1]. S'agissant d'une indemnité de rapport, elle ne supporte pas les droits de succession, lesquels ne s'appliquent qu'aux biens existants, après déduction des abattements.

322.75 Cas particulier : clause de rapport forfaitaire. L'article 860 alinéa 4 du Code civil, autorise les parties à déroger aux règles du rapport en stipulant que le rapport sera dû d'une valeur différente de celle du bien donné à l'époque du partage, d'après son état au jour de la donation. Plusieurs stipulations sont possibles :

– une **clause de rapport forfaitaire** : le rapport est dû pour telle valeur, quelle que soit la valeur des biens donnés à l'époque du partage ;

– une clause prévoyant le rapport des biens à une date différente de celle du partage : le plus souvent, date de la donation ou date du décès.

Lorsque le **rapport** a fait l'objet d'**aménagements conventionnels,** la **donation** a un caractère **mixte :**

– elle est en avancement de part successorale à concurrence de la valeur rapportable stipulée ;

– et considérée pour l'imputation comme hors part successorale à concurrence du surplus (C. civ., art. 860, al. 4).

Une telle **donation** est **réunie fictivement** pour la valeur des biens donnés au décès compte tenu de leur état au jour de la donation (C. civ., art. 922), mais son **imputation** se fait **sur les deux secteurs d'imputation.**

La fraction rapportable s'impute principalement sur la part de réserve du gratifié et subsidiairement sur la quotité disponible (C. civ., art. 919-1, al. 1er), celle hors part successorale s'impute exclusivement sur la quotité disponible (C. civ., art. 919-2).

Reste une **question non résolue par la jurisprudence** et qui laisse la **doctrine divisée :** si la fraction rapportable s'impute subsidiairement sur la quotité disponible, cette imputation subsidiaire doit-elle se faire avant, en même temps ou après celle de la fraction considérée comme hors part successorale[2] ?

On pourrait raisonner comme en présence de deux donations de même date et préconiser une imputation concurrente. Cette imputation concurrente se justifie alors par le fait que le donateur n'a pas fait mention d'une quelconque préférence pour l'une ou l'autre des donations. Or ce raisonnement ne peut

1. Doc. adm. de base, 7G 2322, § 3, non reprise au *Bofip*.
2. Pour L'IMPUTATION PRIORITAIRE DE LA FRACTION PRÉCIPUTAIRE : M. Grimaldi, « La portée des clauses diminuant le rapport dû par le donataire », *Defrénois* 1990. 34638 – M. Grimaldi, *Droit des successions*, 8e éd., « Manuel », LexisNexis, 2020, no 859, note 239 – P. Catala, *La réforme des liquidations successorales*, 3e éd., Defrénois, 1982, no 78-c, 2e ex. – POUR L'IMPUTATION PRIORITAIRE DE LA FRACTION RAPPORTABLE : G. Morin, *La loi du 3 juillet 1971 sur les rapports à succession et la réduction des libéralités et les partages d'ascendants*, 5e éd., Defrénois, 1984, no 8, 2e ex. – POUR UNE IMPUTATION CONCURRENTE : *J.-Cl. Not. Form., Vo Quotité disponible et réserve*, fasc. 160, no 19, par M. Mathieu.

être tenu en cas de donation mixte. On est en effet certain que **le disposant a voulu avantager le gratifié à hauteur de la fraction préciputaire.** C'est ce qui justifie, selon nous, que l'on doive **imputer prioritairement cette fraction sur la quotité disponible.**

322.75-1 Imputation d'une donation assortie d'une clause de rapport forfaitaire.

EXEMPLE

Le défunt laisse deux enfants, A et B. Il avait consenti à A une donation d'une somme de 100 000 € stipulée rapportable pour son nominal. A a acquis des biens immobiliers au moyen de ces 100 000 €. Ces biens sont évalués au décès à 300 000 €.

Au décès, l'actif net de succession est évalué à 420 000 €.

I. *Contrôle de l'absence d'atteinte à la réserve :*

Masse de calcul de la quotité disponible :

420 000 + 300 000 = 720 000 €

Quotité disponible : 1/3 × 720 000 = 240 000 €

Réserve globale : 2/3 × 720 000 = 480 000 €

Part de réserve individuelle : 1/2 × 480 000 = 240 000 €

Imputations :

Donation à A	Réserve de A : 240 000	Réserve de B : 240 000	Quotité disponible : 240 000
– fraction rapportable	– 100 000 140 000		
– fraction hors part successorale			– 200 000 40 000

La donation faite à A n'est pas réductible.

II. *Masse à partager :*

Actif net de succession	420 000
Restitution :	
Rapport dû par A	100 000
Ensemble	520 000
Dont moitié pour chaque héritier	260 000

322.75-2 Rapport forfaitaire excédant la part de réserve du gratifié.

EXEMPLE

Reprenons les données du précédent exemple et supposons maintenant que la somme d'argent soit de 300 000 € rapportable pour son nominal et que la valeur des biens acquis au moyen de cette somme est de 450 000 € au décès.

L'actif net de succession est toujours de 420 000 €.

I. *Contrôle de l'absence d'atteinte à la réserve :*

Masse de calcul de la quotité disponible :

420 000 + 450 000 = 870 000 €

Quotité disponible : 1/3 × 870 000 = 290 000 €

Réserve globale : 2/3 × 870 000 = 580 000 €

Part de réserve individuelle : 1/2 × 580 000 = 290 000 €

Imputations :

La fraction hors part successorale (différence entre la valeur au décès et le montant forfaitaire rapportable) s'impute sur la quotité disponible.

La fraction rapportable de la donation faite à A s'impute principalement sur sa part de réserve et l'excède de 10 000 €.

Elle s'impute subsidiairement pour cet excédent sur la quotité disponible. Cette imputation subsidiaire se fait après celle de la fraction hors part successorale.

Donation à A	Réserve de A : 290 000	Réserve de B : 290 000	Quotité disponible 290 000
– fraction hors part successorale			– 150 000 140 000
– fraction rapportable	– 290 000 0		– 10 000 130 000

La donation à A n'est pas réductible.

II. *Masse à partager :*

Actif net de succession	420 000
Restitution : Rapport dû par A	300 000
Ensemble	720 000
Dont moitié pour chaque héritier	1/2
Est de	360 000

B. Clause d'imputation sur la réserve globale

322.81 **Notion.** L'article 919-1 alinéa 1er du Code civil autorise expressément des dérogations aux règles d'imputation qu'il édicte. On rappellera tout préalablement que la succession se divise en deux parties : la réserve et la quotité disponible.

La libéralité rapportable s'impute principalement sur la part de réserve du gratifié. Le disposant ne peut modifier cette règle en conservant à la libéralité son caractère rapportable. Aussi la seule dérogation possible concerne-t-elle l'imputation subsidiaire de la libéralité excédant la part de réserve du gratifié. La loi prévoit que cet excédent s'impute subsidiairement sur la quotité disponible mais les parties peuvent déroger à cette règle en stipulant que l'excédent s'impute subsidiairement sur l'autre partie de la succession, à savoir la réserve des cohéritiers du gratifié[1]. Enfin, si la libéralité épuise la part de réserve des autres héritiers, elle s'impute sur la quotité disponible.

1. POUR UNE ÉTUDE DE LA CLAUSE D'IMPUTATION SUR LA RÉSERVE GLOBALE, V. N. Duchange « La clause d'imputation sur la réserve globale et la protection des héritiers réservataires », *JCP N* 1991. I. 373 s. – V. AUSSI, pour une mise en œuvre de cette clause, N. Levillain, « Stratégie patrimoniale : les ressources du Code civil », *JCP N* 2013. 1074.

322.82 **Intérêt.** La clause d'imputation sur la réserve globale permet au disposant de transmettre par anticipation son patrimoine à ses héritiers sans limiter sa liberté testamentaire. La donation assortie d'une clause d'imputation sur la réserve globale ne s'impute en effet sur la quotité disponible que si elle excède la réserve globale. Le risque de réduction des libéralités subséquentes est donc réduit.

322.83 **Conséquences liquidatives : risque accru de réduction.** La libéralité assortie d'une clause d'imputation sur la réserve globale est plus exposée au risque de réduction. En effet, en cas de dépassement de la part de réserve du gratifié, elle s'impute sur les parts de réserve des cohéritiers, lesquels peuvent alors en demander la réduction. La libéralité est alors rapportable à concurrence de la part de réserve du gratifié et rapportable et réductible au-delà.

L'imputation sur la réserve globale peut avoir pour conséquence qu'une donation soit réductible avant un legs et même s'il reste du disponible (v. s[s] n° 322.83-1).

322.83-1 **Clause d'imputation sur la réserve globale.**

EXEMPLE

Le défunt laisse trois enfants A, B et C. Il a consenti à A une donation avec clause d'imputation sur la réserve globale portant sur un immeuble évalué à 100 000 € au jour de la donation, 220 000 € au décès et 240 000 € au partage. Il laisse un appartement, qu'il a légué à sa concubine, valant 70 000 € au décès et 80 000 € au partage, ainsi que divers avoirs bancaires d'un montant de 90 000 €.

I. *Contrôle de l'absence d'atteinte à la réserve :*

a) Masse de calcul de la quotité disponible :

Actif :

– Appartement	70 000
– Avoirs bancaires	90 000
Actif brut	160 000
Passif	0
Actif net	160 000
Réunion fictive : Donation à A	220 000
Ensemble	380 000
Dont le quart formant la quotité disponible	1/4
Est de	95 000
Dont les trois quarts formant la réserve globale	3/4
Sont de	285 000
Dont le tiers formant la réserve individuelle	1/3
Est de	95 000

b) Imputations :

La donation à A s'impute avant le legs (C. civ., art. 923). Elle s'impute principalement sur la part de réserve de A (95 000) et l'excède de 220 000 – 95 000 = 125 000. Cet excédent s'impute, conformément aux stipulations de l'acte de donation, non pas sur le disponible mais sur la part de réserve de B et C. Les réserves de B et C forment un total de 95 000 × 2 = 190 000. L'excédent de 125 000 s'impute sur le total de la réserve des cohéritiers (190 000), sans l'excéder.

La donation faite à A est donc :

– rapportable à concurrence de la part de réserve de A soit 95 000/220 000e ;

– rapportable et réductible au-delà de la part de réserve de A, soit à concurrence de 125 000/220 000e de la valeur des biens donnés.

Le legs à la concubine s'impute sur la quotité disponible demeurée intacte grâce à la clause d'imputation sur la réserve globale : 95 000 – 70 000 = 25 000 €.

Ce legs n'est pas réductible et laisse même un excédent de disponible de 25 000 €.

En l'absence de clause d'imputation sur la réserve globale, le legs aurait été entièrement réduit.

II. *Masse à partager :*

La réduction se faisant en valeur comme le rapport, on supposera que les cohéritiers de A ne demandent pas la réduction.

Actif :

– Appartement	80 000
– Avoirs bancaires	90 000
Actif brut	170 000
Passif	0
Actif net	170 000
Déduction du legs	80 000
Reste	90 000
Restitutions :	
Rapport dû par A	240 000
Total à partager	330 000
Dont le tiers pour chaque héritier	1/3
Est de	110 000

SECTION 4
LIBÉRALITÉS FAITES À UN HÉRITIER RÉSERVATAIRE RENONÇANT

322.90 **Plan.** Lorsqu'un héritier réservataire renonce, s'il a reçu des libéralités rapportables, les règles d'imputation de sa libéralité dépendent désormais de deux critères : le fait que l'héritier en question soit ou non représenté et les modalités du rapport stipulées dans l'acte de donation.

Il est ainsi possible d'envisager quatre hypothèses :

– le renonçant n'est ni représenté, ni astreint au rapport en cas de renonciation dans les conditions de l'article 845 du Code civil ;

– le renonçant n'est pas représenté et il est astreint au rapport en cas de renonciation ;

– le renonçant est représenté et il n'est pas tenu au rapport en cas de renonciation ;

– enfin le renonçant est représenté et est tenu au rapport en cas de renonciation.

§ 1
En l'absence de représentation

A.
Renonçant non astreint au rapport en cas de renonciation

322.101 Imputation exclusive sur le disponible. L'article 919-1 alinéa 2 du Code civil consacre le résultat de l'évolution jurisprudentielle relative à l'imputation des libéralités rapportables faites à un héritier renonçant[1]. La donation rapportable faite à un héritier renonçant s'impute exclusivement sur la quotité disponible. En cas d'excédent, elle est sujette à réduction.

La libéralité rapportable faite à un renonçant est donc **traitée comme une libéralité hors part successorale.** On le verra (v. s^s^ n°s 322.111 à 322.112-2 et 422.211 à 422.214), comme cette dernière, elle n'est pas rapportable.

322.101-1 Imputation d'une donation rapportable faite à un renonçant.

EXEMPLE

Le défunt laisse deux enfants A et B. Il avait donné à B, sans clause particulière, des biens d'une valeur de 160 000 € au décès. Il a également légué à sa partenaire pacsée un immeuble évalué à 170 000 €. Au décès, l'actif net de succession est évalué à 380 000 €, en ce compris l'immeuble légué.

B renonce à la succession. Il n'a pas de descendant.

Les valeurs sont inchangées entre le décès et le partage.

SOLUTION PROPOSÉE

I. *Contrôle de l'intégrité de la réserve :*

a) *Calcul de la quotité disponible et de la réserve :*

Le taux de la quotité disponible est de 1/2 en présence d'un seul enfant acceptant. Il n'est en effet plus tenu compte du renonçant dans la détermination du taux de la quotité disponible sauf s'il est représenté ou astreint au rapport dans les conditions de l'article 845 du Code civil (C. civ., art. 913, al. 2).

Actif net de succession	380 000
Passif	0
Reste	380 000
Réunion fictive :	
Donation à B	160 000
Ensemble	540 000
Dont la moitié formant la quotité disponible	1/2
Est de	270 000
Dont l'autre formant la réserve de A	1/2
Est de	270 000

b) *Imputation :*

La donation s'impute avant le legs (C. civ., art. 923). Faite à un renonçant, elle s'impute uniquement sur la quotité disponible bien qu'étant en avancement de part successorale (C. civ., art. 919-1, al. 2).

La donation à B (160 000 €) s'impute donc sur la quotité disponible (270 000 €) sans l'excéder. Elle n'est pas réductible et laisse un reliquat de disponible de 270 000 – 160 000 = 110 000 €.

Le legs à la partenaire pacsée (170 000) s'impute sur le reliquat de disponible (110 000) et l'excède de 170 000 – 110 000 = 60 000. Il est donc réductible à concurrence de 60/170e soit 6/17e de la valeur des biens légués à l'époque du partage.

c) *Calcul de l'indemnité de réduction :*

En l'absence de changement de valeur entre le décès et le partage, l'indemnité de réduction est égale à 6/17 × 170 000 = 60 000 €.

II. *Masse à partager :*

Actif net de succession	380 000
Passif	0
Actif net de succession	380 000
Déduction du legs	170 000
Reste	210 000
Restitutions :	
Indemnité de réduction due par le légataire	60 000
Total revenant à A	270 000

Conclusion :

Si B n'avait pas renoncé, sa donation se serait imputée sur sa part de réserve et le legs aurait pu s'exécuter pleinement. Sa renonciation ne permet pas l'exécution des projets de transmission voulus par le défunt.

B.
Renonçant astreint au rapport en cas de renonciation

322.111 Dispositif prévu par l'article 845 du Code civil. Aux termes de l'article 845 du Code civil issu de la loi du 23 juin 2006 : « *L'héritier qui renonce à la succession peut cependant retenir le don entre vifs ou réclamer le legs à lui fait jusqu'à concurrence de la portion disponible à moins que le disposant ait expressément exigé le rapport en cas de renonciation* ». Il est donc possible, pour les **donations consenties à compter du 1er janvier 2007,** de prévoir une **clause obligeant le renonçant à rapporter ce qu'il a reçu en avancement de part successorale.**

Lors de la liquidation, le renonçant est traité comme s'il n'avait pas renoncé pour la réunion fictive, l'imputation et, le cas échéant, la réduction de la libéralité qui lui a été consentie (C. civ., art. 919-1, al. 2).

1. Sur cette évolution, v. *J.-Cl. Not. Form., V° Renonciation*, fasc. 20, spéc. n° 88, par N. Levillain – ARRÊT DE REVIREMENT adoptant cette solution : Cass., ch. réun., 27 nov. 1863, Lavialle, *DP* 1864. 1. 5, note Brésillion ; *S.* 1863. 1. 513, rapp. Faustin-Hélie, concl. Dupin – Y. Lequette et F. Chénedé, *GAJC*, t. 1, 14e éd., Dalloz, 2024, n° 157.

322.112 Imputation de la libéralité faite au renonçant. L'article 919-1 alinéa 2 du Code civil édicte qu'en présence d'un renonçant astreint au rapport, il faut **liquider comme si le gratifié n'avait pas renoncé.** Il est donc tenu compte du **renonçant** pour la détermination du **taux de la quotité disponible** (C. civ., art. 913, al. 2 – V. s[s] n° 222.24). Quant à l'imputation de la libéralité rapportable, elle se fait comme si le gratifié avait accepté la succession : principalement sur la part de réserve du gratifié et subsidiairement sur la quotité disponible, l'excédent étant sujet à réduction (C. civ., art. 919-1, al. 1er). (Pour les modalités et le calcul du rapport, v. s[s] n°s 322.111 à 322.112-2).

On distinguera dans les exemples à suivre, selon que le renonçant a été gratifié en deçà (v. s[s] n° 322.112-1) ou au-delà (v. s[s] n° 322.112-2) de ce qu'il aurait dû recevoir s'il n'avait pas renoncé. La mise en œuvre des dispositions légales est en effet différente selon ce critère.

322.112-1 Renonçant gratifié en deçà de ce qu'il aurait reçu en l'absence de renonciation.

EXEMPLE

Mêmes données que dans l'exemple précédent sauf que l'acte de donation contient une clause obligeant le renonçant au rapport.

SOLUTION PROPOSÉE

I. *Contrôle de l'intégrité de la réserve :*

a) Calcul de la quotité disponible et de la réserve :

Actif net de succession	380 000
Passif	0
Reste	380 000
Réunion fictive :	
Donation à B	160 000
Ensemble	540 000
Dont le tiers formant la quotité disponible	1/3
Est de	180 000
Dont les deux tiers formant la réserve globale	2/3
Sont de	360 000
Dont la moitié formant la réserve individuelle	1/2
Est de	180 000

b) Imputation :

La donation s'impute avant le legs (C. civ., art. 923). Faite à un renonçant astreint au rapport, elle s'impute comme une donation rapportable.

	Réserve de A 180 000	Réserve de B 180 000	Quotité disponible 180 000
Donation à B		– 160 000 20 000	
Legs			– 170 000 10 000

Le legs n'est pas réductible.

II. *Masse à partager :*

Quand le renonçant est astreint au rapport, l'article 845, alinéa 2 du Code civil énonce que « *lorsque la valeur rapportée excède les droits qu'il aurait dû avoir dans le partage s'il y avait participé, le renonçant indemnise les cohéritiers acceptant à concurrence de cet excédent* ».

Il faut donc en premier lieu déterminer ce qu'aurait eu le renonçant en l'absence de renonciation en calculant ses droits théoriques.

Masse à partager théorique :

Actif net de succession	380 000
Passif	0
Actif net de succession	380 000
Déduction du legs	170 000
Reste	210 000
Restitutions :	
Rapport dû par B	160 000
Total à partager	370 000
Dont moitié pour chaque héritier	1/2
Est de	185 000

En l'absence de renonciation, B aurait reçu 185 000 €, en renonçant il conserve seulement 160 000 €. Il ne doit donc aucune indemnité à A.

Masse à partager (réelle) :

Actif net de succession	380 000
Passif	0
Actif net de succession	380 000
Déduction du legs	170 000
Reste, revenant en totalité à A	210 000

Conclusion :

Dans cette première hypothèse, la clause obligeant le gratifié à rapporter même en cas de renonciation permet de libérer du disponible pour l'exécution du legs. Elle assure ainsi au disposant le respect de son projet d'organisation de transmission de sa succession.

322.112-2 Renonçant gratifié au-delà de ce qu'il aurait reçu en l'absence de renonciation.

EXEMPLE

Le défunt laisse deux enfants A et B. Il avait donné à B, avec clause l'obligeant au rapport en cas de renonciation, des biens d'une valeur de 400 000 €. Il a également légué à une association la somme de 15 000 €. Au décès, l'actif net de succession est évalué à 380 000 € en ce compris les biens légués.

B renonce à la succession. Il n'a pas de descendant.

Les valeurs sont inchangées entre le décès et le partage.

SOLUTION PROPOSÉE

I. *Contrôle de l'intégrité de la réserve :*

a) Calcul de la quotité disponible et de la réserve :

Actif net de succession	380 000
Passif	0
Reste	380 000
Réunion fictive :	
Donation à B	400 000
Ensemble	780 000
Dont le tiers formant la quotité disponible	1/3
Est de	260 000
Dont les deux tiers formant la réserve globale	2/3
Sont de	520 000
Dont la moitié formant la réserve individuelle	1/2
Est de	260 000

b) Imputation :

La donation s'impute avant le legs (C. civ., art. 923). Faite à un renonçant astreint au rapport, elle s'impute comme une donation rapportable.

	Réserve de A 260 000	Réserve de B 260 000	Quotité disponible 260 000
Donation à B		– 260 000 0	– 140 000 120 000
Legs			– 15 000 105 000

Le legs n'est pas réductible.

II. *Masse à partager :*

Il faut donc en premier lieu déterminer ce qu'aurait eu le renonçant en l'absence de renonciation en calculant ses droits théoriques.

Masse à partager théorique :

Actif net de succession	380 000
Passif	0
Actif net de succession	380 000
Déduction du legs	15 000
Reste	365 000
Restitutions :	
Rapport dû par B	400 000
Total à partager	765 000
Dont moitié pour chaque héritier	1/2
Est de	382 500

En l'absence de renonciation, B aurait reçu 382 500 € ; en renonçant il conserve 400 000 €. Conformément aux dispositions de l'article 845 du Code civil, il doit indemniser ses cohéritiers à hauteur de la différence entre ce qu'il aurait reçu s'il n'avait renoncé et ce qu'il a conservé : 400 000 – 382 500 = 17 500 €.

Masse à partager (réelle) :

Actif net de succession	380 000
Passif	0
Actif net de succession	380 000
Déduction du legs	15 000
Reste	365 000
Restitutions :	
Indemnité due par B	17 500
Total, revenant à A	382 500

Conclusion :

La clause obligeant le gratifié à rapporter même en cas de renonciation permet, d'une part, de libérer du disponible pour l'exécution du legs, d'autre part, d'éviter que le gratifié soit favorisé du fait de sa renonciation.

§ 2
En cas de représentation du renonçant

A.
Renonçant représenté mais non astreint au rapport en cas de renonciation

322.121 Taux de la quotité disponible : renvoi. Le gratifié renonçant est pris en compte dans le nombre d'enfants laissés par le défunt pour le calcul de la quotité disponible, lorsqu'il est représenté (C. civ., art. 913, al. 2). Le taux de la réserve est déterminé par souche, de sorte que les représentants du renonçant ne sont comptés que pour l'enfant dont ils tiennent la place dans la succession du disposant (C. civ., art. 913-1 – V. s[s] n°s 222.23 et 222.23-1).

322.122 Réunion fictive : rappel. Comme toutes les libéralités consenties par le défunt, les donations faites au renonçant, représenté ou non, entrent dans la masse de calcul de la réserve, où elles sont réunies fictivement pour leur valeur au décès (C. civ., art. 922, al. 2).

322.123 Imputation comme si le gratifié n'avait pas renoncé. Seules les règles d'imputation des libéralités faites au renonçant sont spécifiques. L'article 754 alinéa 3 du Code civil énonce à leur propos « *qu'en cas de représentation d'un renonçant, les donations faites à ce dernier s'imputent, le cas échéant, sur la part de réserve qui aurait dû lui revenir s'il n'avait pas renoncé* », sauf volonté contraire du disposant.

Cette disposition prescrit de distinguer selon les **modalités de la donation.**

– Si la libéralité a été faite hors part successorale, l'imputation se fait uniquement sur le disponible, l'excédent étant sujet à réduction (C. civ., art. 919-2).

– Si, en revanche, elle a été consentie **en avancement de part successorale,** elle doit être **traitée comme une libéralité rapportable faite à un héritier acceptant :**

imputation principale sur la part de réserve du gratifié et subsidiaire sur la quotité disponible, l'excédent éventuel étant sujet à réduction (C. civ., art. 919-1, al. 1er).

Comme le renonçant n'a aucun droit dans la succession et en particulier aucun droit à réserve, pour imputer les libéralités au renonçant sur la part de réserve qu'il aurait eue s'il n'avait renoncé, il est nécessaire de procéder à une **liquidation fictive**[1]. Cette fiction consiste à liquider en ignorant la renonciation afin de calculer une part de réserve pour imputer les libéralités rapportables reçues par le renonçant.

On notera que cette **part de réserve fictive** correspond à la **part de réserve réelle de la souche du renonçant.**

La liquidation fictive se poursuit jusqu'à la masse à partager. Elle permet de vérifier si, en l'absence de renonciation, le renonçant aurait eu des droits sur les biens existants. Dans l'affirmative, ce qu'il aurait pris revient à ses représentants, dans la négative, ses représentants n'auront rien dans la succession.

322.123-1 Renonçant représenté gratifié en deçà de sa part légale.

EXEMPLE

Le défunt laisse deux enfants, A et B. Il avait donné à B, sans clause particulière, des biens d'une valeur de 150 000 € au décès. Il a également légué à une association la somme de 100 000 €. Au décès, l'actif net de succession est évalué à 450 000 €, en ce compris les biens légués.

B renonce à la succession mais il a deux enfants b1 et b2 qui viennent à la succession par représentation.

Les valeurs sont inchangées entre le décès et le partage.

SOLUTION PROPOSÉE

I. *Contrôle de l'intégrité de la réserve :*

a) Calcul de la quotité disponible et de la réserve :

Actif net de succession	450 000
Passif	0
Reste	450 000
Réunion fictive :	
Donation à B	150 000
Ensemble	600 000
Dont le tiers formant la quotité disponible	1/3
Est de	200 000
Dont les deux tiers formant la réserve globale	2/3
Sont de	400 000
Dont la moitié formant la réserve individuelle	1/2
Est de	200 000

b) Imputation :

La donation s'impute avant le legs (C. civ., art. 923). Faite à un renonçant représenté, elle s'impute comme une donation rapportable, sur la part de réserve de la souche du renonçant.

	Réserve de A 200 000	Réserve de B 200 000	Quotité disponible 200 000
Donation à B		– 150 000 50 000	
Legs			– 100 000 100 000

Le legs n'est pas réductible.

c) Masse à partager :

Là encore, afin que la souche de B ne soit pas avantagée par la renonciation, B n'étant pas tenu au rapport, on calcule une masse à partager théorique.

Masse à partager théorique :

Actif net de succession	450 000
Passif	0
Actif net de succession	450 000
Déduction du legs	100 000
Reste	350 000
Restitutions :	
Rapport dû par B	150 000
Total à partager	500 000
Dont moitié pour chaque héritier	1/2
Est de	250 000

En l'absence de renonciation, B aurait reçu 250 000 €, en renonçant il conserve 150 000 €. Ses héritiers peuvent donc prélever un complément de 250 000 – 150 000 = 100 000 € sur les biens existants.

Masse à partager (réelle) :

Actif net de succession	450 000
Passif	0
Actif net de succession	450 000
Déduction du legs	100 000
Reste	350 000
Revenant à la souche de B pour	100 000
Dont moitié pour chaque représentant	1/2
Est de	50 000
Revenant pour le surplus à A	250 000

Conclusion :

Le legs peut s'exécuter pleinement et chaque souche est allotie en valeur de façon identique. La souche de B a en effet reçu du défunt, la donation faite à B (150 000 €) et 100 000 € de biens existants soit un total de 250 000 €.

322.123-2 Renonçant représenté gratifié au-delà de sa part légale.

EXEMPLE

Le défunt laisse deux enfants A et B. Il avait donné à B sans clause particulière, des biens d'une valeur de 450 000 €. Au décès, l'actif net de succession est évalué à 210 000 €.

1. Pour une étude détaillée, v. M. Grimaldi, « La représentation de l'héritier renonçant », *Defrénois* 2008. 38698 – N. Levillain, « Nouvelles règles liquidatives en présence d'un héritier renonçant », *JCP N* 2007, nº 22-23, p. 1187 – D. Vigneau, « Les rapports des articles 845 et 848 du Code civil en cas de représentation d'un donataire renonçant : un rapport de donation peut-il en cacher un autre ? », *JCP N* 2008. 1193.

B renonce à la succession. Il a deux enfants b1 et b2 qui viennent par représentation.

Les valeurs sont inchangées entre le décès et le partage.

SOLUTION PROPOSÉE

I. *Contrôle de l'intégrité de la réserve :*

a) Calcul de la quotité disponible et de la réserve :

Actif net de succession	210 000
Passif	0
Reste (à reporter)	210 000
Report	210 000
Réunion fictive :	
Donation à B	450 000
Ensemble	660 000
Dont le tiers formant la quotité disponible	1/3
Est de	220 000
Dont les deux tiers formant la réserve globale	2/3
Sont de	440 000
Dont la moitié formant la réserve individuelle	1/2
Est de	220 000

b) Imputation :

La donation, faite à un renonçant représenté, s'impute comme une donation rapportable.

	Réserve de A 220 000	Réserve de B 220 000	Quotité disponible 220 000
Donation à B		– 220 000 0	– 230 000 – 10 000

La donation faite à B est réductible à concurrence de 10/450e, soit 1/45e de la valeur des biens donnés à l'époque du partage.

c) Indemnité de réduction :

B doit une indemnité de réduction de 10 000 €, la valeur des biens n'ayant pas changé entre le décès et le partage.

II. *Masse à partager :*

Il faudrait calculer ce qu'aurait eu le renonçant en l'absence de renonciation pour savoir si ses représentants peuvent prélever sur les biens existants. Un tel calcul est toutefois inutile en l'espèce car le renonçant a été gratifié au-delà de sa part de réserve et de la quotité disponible. Il est donc certain que les représentants du renonçant ne peuvent rien prélever sur les biens existants dans la masse à partager.

En conséquence, tous les biens existants (210 000 €) augmentés de l'indemnité de réduction (10 000 €) reviennent à A qui reçoit ainsi sa part de réserve (220 000 €). Les enfants de B venant par représentation ne recueillent donc rien dans la succession. Quant à B, il est débiteur d'une indemnité de réduction d'un montant de 10 000 €.

Intérêt de la représentation :

Si B n'est pas représenté, ses enfants renonçant également à la succession, la masse de calcul de la quotité disponible demeure inchangée (660 000 €), mais en présence d'une seule souche, le taux de la réserve est de moitié. Ainsi la réserve de A est de 330 000 € tout comme la quotité disponible.

La donation à B, faite à un renonçant non représenté et non astreint au rapport, s'impute sur la quotité disponible : 330 000 – 450 000 = – 120 000, et est réductible à concurrence de 120/450e ou 4/15e. Si la valeur des biens ne change pas entre le décès et le partage, B doit une indemnité de réduction de 120 000 €, alors que, si ses enfants le représentent, il ne doit qu'une indemnité de 10 000 €.

Notons enfin que si B n'avait pas renoncé, ses droits dans la masse à partager auraient été de :

(210 000 + 450 000)/2 = 330 000.

On lui aurait attribué son rapport en moins prenant (450 000) à charge de verser une soulte de 120 000 € à A.

La représentation présente donc un intérêt pour le donataire renonçant, même lorsque celui-ci a été gratifié au-delà de sa part successorale.

B. Renonçant représenté et astreint au rapport en cas de renonciation

322.131 Taux de la quotité disponible : renvoi. Dans cette dernière hypothèse, le **gratifié renonçant est représenté** et a reçu une **donation** assortie d'une **clause l'astreignant au rapport.** Il est donc pris en compte dans le nombre d'enfants laissés par le défunt, pour la détermination du taux de la réserve (C. civ., art. 913, al. 2). Quant aux représentés, ils ne sont comptés que pour l'enfant dont ils tiennent la place dans la succession du disposant (C. civ., art. 913-1), le taux de réserve étant déterminé en fonction du nombre de souches (v. ss nos 222.22 s.).

322.132 Imputation en ignorant la renonciation. Les donations faites au renonçant sont réunies fictivement à la masse de calcul de la réserve et de la quotité disponible (C. civ., art. 922, al. 2).

Pour **l'imputation**, il faut appliquer cumulativement les règles de l'article 919-1 alinéa 3 du Code civil relatives au **renonçant astreint au rapport** et celles de l'article 754 alinéa 3 dudit code, relatives à la **représentation du renonçant**. Or ces deux règles prescrivent de procéder à l'imputation des libéralités consenties au renonçant comme si ce dernier n'avait pas renoncé.

Il faut à nouveau procéder à une **liquidation fictive** en ignorant la renonciation. Les différences liquidatives apparaîtront au niveau de la masse à partager. En effet, si le renonçant a reçu plus que ce qu'il aurait dû recevoir en l'absence de renonciation, il ne doit rien à ses cohéritiers s'il n'est pas astreint au rapport – sauf si sa libéralité est réductible – mais il leur doit une indemnité si la libéralité est assortie de la clause prévue par l'article 845 du Code civil. Dans les deux hypothèses, les représentants du renonçant ne reçoivent rien dans la succession, la souche du gratifié ayant été suffisamment allotie au moyen de la libéralité.

322.132-1 Renonçant représenté, astreint au rapport et gratifié en deçà de sa part successorale.

EXEMPLE

Le défunt, X, laisse à sa survivance deux enfants, A et B. B a reçu de son père une donation d'un immeuble évalué à 260 000 € au décès comme au partage, et la donation contenait une clause obligeant le donataire à rapporter les biens donnés même en cas de renonciation.

B renonce et b1 et b2, ses enfants, viennent à la succession de X par représentation de B.

Les biens existants sont évalués à 340 000 €.

X n'a consenti aucune autre libéralité.

SOLUTION PROPOSÉE

I. *Contrôle de l'intégrité de la réserve :*

a) Calcul de la quotité disponible et de la réserve :

Actif net de succession	340 000
Passif	0
Reste	340 000
Réunion fictive :	
Donation à B	260 000
Ensemble	600 000
Dont le tiers formant la quotité disponible	1/3
Est de	200 000
Dont les deux tiers formant la réserve globale	2/3
Sont de	400 000
Dont la moitié formant la réserve individuelle	1/2
Est de	200 000

b) Imputation :

La donation faite à un renonçant représenté et astreint au rapport s'impute comme une donation rapportable.

	Réserve de A 200 000	Réserve de B 200 000	Quotité disponible 200 000
Donation à B		– 200 000 0	– 60 000 140 000

La donation faite à B n'est pas réductible.

II. *Masse à partager :*

Il faut en premier lieu déterminer ce qu'aurait eu le renonçant en l'absence de renonciation en calculant ses droits théoriques.

Masse à partager théorique :

Actif net de succession	340 000
Passif	0
Actif net de succession	340 000
Restitutions :	
Rapport dû par B	260 000
Total à partager	600 000
Dont moitié pour chaque héritier	1/2
Est de	300 000

En l'absence de renonciation, B aurait reçu 300 000 €, en renonçant il ne conserve que 260 000 €. Il en résulte deux conséquences :

– bien qu'astreint au rapport en cas de renonciation, il ne doit aucune indemnité à ses cohéritiers ;

– ses représentants ont des droits sur les biens existants à hauteur de 300 000 – 260 000 = 40 000 €.

Masse à partager (réelle) :

Actif net de succession		340 000
Passif		0
Actif net de succession		340 000
Revenant à la souche de B pour	40 000	40 000
Dont moitié pour chaque représentant	1/2	
Est de	20 000	
Revenant pour le surplus à A		300 000

Conclusion :

La représentation ne permet pas d'avantager la souche de B : cette dernière ne reçoit que le complément entre ce qu'a retenu B (260 000 €) et ce qu'il aurait dû recevoir (300 000 €). Par ailleurs comme B a reçu moins que ce qu'il aurait reçu en acceptant la succession, il ne doit rien au titre de l'article 845 du Code civil.

322.132-2 Renonçant représenté, astreint au rapport et gratifié au-delà de sa part successorale.

EXEMPLE

Mêmes données que l'exemple précédent sauf que la donation à B est de 380 000 €.

SOLUTION PROPOSÉE

I. *Contrôle de l'intégrité de la réserve :*

a) Calcul de la quotité disponible et de la réserve :

Actif net de succession	340 000
Passif	0
Reste	340 000
Réunion fictive :	
Donation à B	380 000
Ensemble	720 000
Dont le tiers formant la quotité disponible	1/3
Est de	240 000
Dont les deux tiers formant la réserve globale	2/3
Sont de	480 000
Dont la moitié formant la réserve individuelle	1/2
Est de	240 000

b) Imputation :

La donation faite à un renonçant représenté et astreint au rapport s'impute comme une donation rapportable.

	Réserve de A 240 000	Réserve de B 240 000	Quotité disponible 240 000
Donation à B		– 240 000 0	– 140 000 100 000

La donation faite à B n'est pas réductible.

II. *Masse à partager :*

Il faut en premier lieu déterminer ce qu'aurait eu le renonçant en l'absence de renonciation en calculant ses droits théoriques.

Masse à partager théorique :

Actif net de succession	340 000
Passif	0
Actif net de succession	340 000
Restitutions :	
Rapport dû par B	380 000
Total à partager	720 000
Dont moitié pour chaque héritier	1/2
Est de	360 000

En l'absence de renonciation, B n'aurait reçu que 360 000 €, en renonçant il conserve 380 000 €. Il en résulte deux conséquences :

– B doit une indemnité à ses cohéritiers étant tenu au rapport même en cas de renonciation. Cette indemnité est égale à la différence entre ses droits théoriques (360 000 €) et le montant de sa donation (380 000 €) soit 20 000 €.

– les représentants de B ne peuvent rien prélever sur les biens existants.

Masse à partager (réelle) :

Actif net de succession	340 000
Passif	0
Actif net de succession	340 000
Restitutions :	
Indemnité due par B	20 000
Total, revenant pour le tout à A	360 000

Conclusion :

Les ayants cause de B n'ont aucun intérêt à venir à la succession. Par le mécanisme de l'article 845 du Code civil, A peut recevoir la totalité de sa part successorale comme si B n'avait pas renoncé.

SECTION 5

LIBÉRALITÉS FAITES AU CONJOINT SURVIVANT

322.140 **Renvoi.** Les règles spécifiques d'imputation des libéralités faites au conjoint ont été étudiées à propos de la combinaison des quotités disponibles (v. s^s n°s 223.01 s. à 225.01 s.). On rappellera seulement deux règles.

– D'une part, **ces libéralités s'imputent sur la quotité disponible spéciale** laquelle est soit la quotité disponible ordinaire, soit un quart en pleine propriété et les trois quarts en usufruit, soit encore l'usufruit de la succession.

– D'autre part, le secteur d'imputation de ces libéralités dépend de leur objet :

– les **libéralités en propriété** s'imputent principalement sur la quotité disponible ordinaire et subsidiairement sur l'usufruit de la réserve. Elles sont dans cette mesure réductibles en nue-propriété ;

– les **libéralités en usufruit** s'imputent principalement sur l'usufruit de la réserve et subsidiairement sur celui de la quotité disponible. Cette imputation subsidiaire se fait alors de façon concurrente avec celle des libéralités consenties aux autres gratifiés.

TITRE

33. La liquidation en présence d'une libéralité-partage

SECTION 0
ORIENTEUR

33.00 **Sommaire du titre.**

33.05 **Donation-partage et testament-partage : notions.** Une libéralité-partage est une libéralité qui permet au disposant de transmettre son patrimoine en le distribuant et partageant entre ses présomptifs héritiers (C. civ., art. 1075). Le plus souvent en pratique, cette libéralité prend la forme d'une donation-partage : le disposant, de son vivant, donne et partage tout ou partie de sa succession.

Mais elle peut également être faite à cause de mort, sous forme d'un testament-partage aux termes duquel le testateur décide la répartition de ses biens entre ses présomptifs héritiers.

33.06 **Donation-partage faite à des descendants de degrés différents.** La loi du 23 juin 2006[1] a introduit une nouvelle forme de donation-partage : la donation-partage faite à des descendants de degrés différents (C. civ., art. 1075-1), également appelée donation-partage transgénérationnelle. Cette libéralité permet d'allotir des descendants de degré subséquent du vivant de leur père ou mère en leur transmettant tout ou partie de la réserve héréditaire de ce dernier ou de cette dernière. Les gratifiés, alors qu'ils n'ont pas la qualité de présomptif héritier au jour de l'acte, recueillent la part de réserve de leur auteur en ses lieu et place. C'est pourquoi une telle libéralité requiert le consentement de l'enfant qui s'efface pour que ses propres enfants soient allotis. Cette faculté de transmettre à des descendants de degrés différents a été étendue par la jurisprudence aux testaments. La jurisprudence a en effet validé le testament consenti au profit d'enfants et de petits-enfants du testateur, sans toutefois préciser le régime et les conséquences d'un tel testament[2].

33.07 **Spécificités liquidatives en présence d'une libéralité-partage.** La libéralité-partage permet au défunt de décider, par anticipation en cas de donation-partage, ou à son décès en cas de testament-partage, de la répartition de ses biens entre ses présomptifs héritiers. Bien que transmis en avancement de part, sauf clause contraire, les biens reçus ne sont pas rapportables à la masse à partager, car ils ont déjà été partagés[3] (v. s^s n° 422.81).

En raison de cette particularité, la loi énonce des règles spécifiques de liquidation pour vérifier le res-

1. L. n° 2006-728, 23 juin 2006, portant réforme des successions et des libéralités, *JO* 24 juin, p. 9513.

2. Civ. 1re, 7 nov. 2012, n° 11-23.396, P I, n° 237 ; *AJ fam.* 2013. 58, obs. N. Levillain ; *JCP N* 2013. 1056, note J.-D. Azincourt.

3. Civ. 1re, 16 juill. 1997, n° 95-13.316, P I, n° 252 ; *D.* 1997. Somm. 370, obs. M. Grimaldi ; *JCP* 1997. IV. 2026, p. 315 ; *JCP N* 1997. II. 1509.

pect des droits à réserve des héritiers ainsi que pour sanctionner une éventuelle atteinte à leurs droits (pour la donation-partage : C. civ., art. 1077-1 ; pour le testament-partage : art. 1080 renvoyant à l'article 1077-2 mais qu'il faut considérer comme renvoyant également à l'article 1077-1 [1]). Ces règles sont identiques, qu'il y ait donation-partage ou testament-partage.

La donation-partage étant de loin la formule la plus utilisée, les raisonnements à suivre seront faits en considérant que le disposant a consenti une donation-partage. Des exemples illustreront toutefois l'hypothèse d'un testament-partage (chap. 331).

Notons enfin que l'application de ces règles spécifiques – absence de rapport, évaluation dérogatoire des biens donnés au jour de l'acte… – suppose que la libéralité constitue une véritable libéralité-partage. En particulier, selon la Cour de cassation, il ne peut y avoir donation-partage si les donataires, ou même seulement certains d'entre eux, ont reçu des droits indivis. C'est ce qu'a décidé la Haute juridiction dans deux arrêts en 2013 [2]. Lorsque certains donataires reçoivent des droits indivis, la Haute juridiction considère que pour la liquidation de la succession du disposant, l'acte doit être requalifié en **donation entre vifs.** Il en va de même lorsque le partage intervenu par acte séparé n'a pas été fait à l'initiative et sous la direction du disposant [3]. En conséquence, au décès du donateur, les donataires sont réputés avoir reçu des donations ordinaires soumises au rapport dans les conditions de l'article 860 du Code civil et à la réunion fictive dans les conditions de l'article 922 du Code civil.

Deux situations demeurent toutefois non tranchées :

– comment traiter les donations-partages aux termes desquelles le donateur allotit chacun des donataires au moyen d'un ou plusieurs biens divis et leur transmet en même temps à chacun des droits indivis sur un ou plusieurs autres biens. L'opération doit-elle est traitée, d'un point de vue liquidatif comme un ensemble de donations rapportables dès lors que demeure une indivision ? Ou faut-il considérer que l'acte contient deux libéralités : une donation-partage puisque chaque donataire a reçu au moins un bien divis et une donation simple pour les biens donnés en indivision ? Si les biens donnés indivisément sont inclus dans la masse à partager, **la qualification de donation-partage devrait être écartée.**

– quelle qualification donner à un acte aux termes duquel un seul des héritiers reçoit des droits indivis sur un bien, les autres étant allotis de droits divis ? En pareille situation, il n'y a pas indivision entre les donataires copartagés. Toutefois cette indivision risque d'exister au décès du donateur s'il a conservé dans son patrimoine le surplus du bien dont il n'a donné qu'une fraction indivise. Il nous semble qu'ici il faille faire une distinction :

– Soit effectivement le surplus du bien se trouve dans le patrimoine du disposant à son décès, alors le partage d'ascendant n'a été que partiel laissant les donataires en indivision sur ce bien. C'est pourquoi la donation-partage doit être traitée comme **un ensemble de donations ordinaires dans la liquidation de la succession du disposant.**

– Soit le surplus du bien ne s'y retrouve pas, par exemple parce que le donataire l'a racheté ou parce que le disposant n'a jamais plus que la quote-part donnée dans son patrimoine ; alors il n'y aura jamais d'indivision sur ce bien entre les donataires copartagés. L'opération doit donc être traitée comme une **véritable donation-partage dans le cadre du règlement de la succession du disposant.**

33.08 Particularités liquidatives en présence d'une donation-partage transgénérationnelle. La donation-partage transgénérationnelle permet de transmettre la part de réserve d'un présomptif héritier aux descendants de ce dernier, bien que ceux-ci n'aient pas la qualité de présomptif héritier au jour de l'acte. En raison de cette particularité, il est nécessaire d'adapter la méthode liquidative au décès du disposant.

Par ailleurs, le législateur a prévu la prise en compte de cette libéralité lors de la liquidation de la succession de l'enfant qui s'est effacé, pour éviter que la donation-partage transgénérationnelle soit utilisée pour léser un petit-enfant (chap. 332).

1. *J.-Cl. Civ. Code, v*[is] *Libéralités, réserve héréditaire, quotité disponible, masse de calcul*, art. 912 à 930-5, fasc. 30, spéc. n° 3, par C. Brenner.
2. Civ. 1re, 6 mars 2013, n° 11-21.892, P I, n° 34 ; *D.* 2013. 706 ; *AJ fam.* 2013. 301, obs. C. Vernières ; *Defrénois* 2013. 463, n° 1121, note F. Sauvage ; *RTD civ.* 2013. 424, obs. M. Grimaldi – Civ. 1re, 20 nov. 2013, n° 12-25.681, P I, n° 223 ; *Defrénois* 2013. 1259, n° 114n8, note M. Grimaldi ; *D.* 2013. 2772 ; *AJ fam.* 2014. 54, concl. P. Chevalier ; *JCP* 2014, n° 92, note F. Sauvage ; *Dr. fam.* 2014, n° 25, obs. M. Nicod ; *JCP N* 2014, n° 1002, obs. J.-P. Garçon.
3. Civ. 1re, 12 juill. 2023, n° 21-20.361, B ; *D.* 2023. Chron. C. cass. 1963, obs. E. Buat-Ménard ; *ibid.* 2023. 2060, obs. S. Godechot-Patris et C. Grare-Didier ; *ibid.* 2024. 203, note S. Hildenbrand ; *AJ fam.* 2023. 524, obs. N. Levillain ; *RTD civ.* 2023. 951, obs. M. Grimaldi ; *JCP N* 2023, n° 1154, note Le Bars ; *Dr. fam.* 2023, n° 146, obs. M. Nicod : donation-partage avec partage par acte séparé fait à l'initiative des donataires, le disposant n'intervenant que pour donner son accord. L'acte ne répond pas aux conditions de l'article 1076 du Code civil.

CHAPITRE

331. Liquidation en présence d'une libéralité-partage ordinaire

SECTION 0

ORIENTEUR

331.00 **Sommaire du chapitre.**

331.01 **Textes applicables.**

• **C. civ.,** art. 1076 à 1078-3

> Donation-partage faite aux héritiers présomptifs

• **C. civ.,** art. 1076

La donation-partage ne peut avoir pour objet que des biens présents.

La donation et le partage peuvent être faits par actes séparés pourvu que « le disposant » intervienne aux deux actes.

• **C. civ.,** art. 1076-1

En cas de donation-partage faite conjointement par deux époux, l'enfant non commun peut être alloti du chef de son auteur en biens propres de celui-ci ou en biens communs, sans que le conjoint puisse toutefois être codonateur des biens communs.

• **C. civ.,** art. 1077

Les biens reçus à titre de partage anticipé par un héritier réservataire présomptif s'imputent sur sa part de réserve, à moins qu'ils n'aient été donnés expressément hors part.

• **C. civ.,** art. 1077-1

L'héritier réservataire qui n'a pas concouru à la donation-partage, ou qui a reçu un lot inférieur à sa part de réserve, peut exercer l'action en réduction, s'il n'existe pas à l'ouverture de la succession des biens non compris dans le partage et suffisants pour composer ou compléter sa réserve, compte tenu des libéralités dont il a pu bénéficier.

• **C. civ.,** art. 1077-2

Les donations-partages suivent les règles des donations entre vifs pour tout ce qui concerne l'imputation, le calcul de la réserve et la réduction.

L'action en réduction ne peut être introduite qu'après le décès du disposant qui a fait le partage. En cas de donation-partage faite conjointement par les deux époux, l'action en réduction ne peut être introduite qu'après le décès du survivant des disposants, sauf pour l'enfant non commun qui peut agir dès le décès de son auteur. L'action se prescrit par cinq ans à compter de ce décès.

L'héritier présomptif non encore conçu au moment de la donation-partage dispose d'une semblable action pour composer ou compléter sa part héréditaire.

• **C. civ.,** art. 1078

Nonobstant les règles applicables aux donations entre vifs, les biens donnés seront, sauf convention contraire, évalués au jour de la donation-partage pour l'imputation et le calcul de la réserve, à condition que tous les héritiers réservataires vivants ou représentés au décès de l'ascendant aient reçu un lot dans le partage anticipé et l'aient expressément accepté, et qu'il n'ait pas été prévu de réserve d'usufruit portant sur une somme d'argent.

• **C. civ.,** art. 1078-1

Le lot de certains gratifiés pourra être formé, en totalité ou en partie, des donations, soit rapportables, soit faites hors part, déjà reçues par eux du disposant, eu égard éventuellement aux emplois et remplois qu'ils auront pu faire dans l'intervalle.

La date d'évaluation applicable au partage anticipé sera également applicable aux donations antérieures qui lui auront été ainsi incorporées. Toute stipulation contraire sera réputée non écrite.

• **C. civ.,** art. 1078-2

Les parties peuvent aussi convenir qu'une donation antérieure faite hors part sera incorporée au partage et imputée sur la part de réserve du donataire à titre d'avancement de part successorale.

• **C. civ.,** art. 1078-3

Les conventions dont il est parlé aux deux articles précédents peuvent avoir lieu même en l'absence de nouvelles donations du disposant. Elles ne sont pas regardées comme des libéralités entre les héritiers présomptifs, mais comme un partage fait par le disposant.

331.02 Jurisprudence de référence.

> Évaluation des biens donnés et valeurs indiquées dans l'acte

• **Civ. 1re, 25 mai 2016,** n° 15-16.160, P I, n° 117

* V. ss n° 331.31

« Vu l'article 1078 du Code civil, ensemble les articles 913, 920 et 922 du même code :

Attendu qu'il résulte du premier de ces textes que, si les conditions en sont réunies, les biens donnés seront, sauf convention contraire, évalués au jour de la donation-partage pour l'imputation et le calcul de la réserve ;

Attendu que, pour rejeter les demandes de Mme Mylène Y… et des consorts Y… tendant à la réduction de la donation-partage, l'arrêt retient qu'il résulte de l'acte qu'il n'a pas été prévu de réserve d'usufruit, que les évaluations et attributions ont été dûment acceptées par chaque héritier réservataire dans les conditions définies à l'article 1078 du Code civil, que chacun a été rempli de ses droits respectifs dans la masse à partager sans qu'il en résulte une atteinte à leur réserve dès lors que chacun a reçu un tiers constituant sa part ; qu'il ajoute, qu'ayant accepté les évaluations des biens à la date de la donation-partage, en visant expressément les dispositions du texte précité, aucun des co-partageants ne peut remettre en cause ces évaluations, notamment au prétexte que l'ensemble des biens immobiliers auraient été sous-évalués, la réévaluation de ces biens à la date de la donation-partage étant indifférente à la solution du litige ;

Qu'en statuant ainsi, alors que, pour le calcul de la réserve, les biens donnés doivent être estimés à leur valeur réelle au jour de la donation-partage, quelles qu'aient pu être celles énoncées à l'acte, la cour d'appel a violé les textes susvisés. »

> Évaluation des biens donnés au décès en cas de réserve d'usufruit sur une créance

• **Civ. 1re, 18 mai 1978,** n° 76-12.709, P I, n° 196

* V. ss n° 331.43

« Mais attendu que l'article 1078 ne prévoit l'évaluation des biens au jour de la donation-partage qu'à la condition qu'il n'ait pas été prévu de réserve d'usufruit portant sur une somme d'argent ;

Que cette condition n'est pas remplie lorsqu'un des lots comprend une créance ayant pour objet une somme d'argent dont l'ascendant donateur s'est réservé l'usufruit ;

Que dans ce cas, l'évaluation des biens doit se faire au jour de l'ouverture de la succession ; […]. »

> Détermination de l'indemnité de réduction en fonction de la valeur des biens donnés au partage

• **Civ. 1re, 17 déc. 1996,** n° 94-17.911, P I, n° 462

* V. ss n° 331.53

« Si, en application de l'article 1078 du Code civil, la fraction réductible est déterminée en fonction de la valeur des biens donnés au jour de la donation-partage, l'indemnité de réduction doit en revanche être calculée en fonction de la valeur de ces biens à l'époque du partage. »

> Report de la date d'évaluation au second décès en cas de donation-partage conjonctive

• **Civ. 1re, 16 juin 2011,** n° 10-17.499, P I, n° 114

* V. ss n° 331.64

« Que la quotité dont celui qui a survécu à l'autre pouvait disposer n'étant déterminable qu'à son décès, la valeur de l'ensemble des biens donnés doit être fixée à cette date […]. »

331.03 Bibliographie indicative.

Actualisables. *J.-Cl. Civ.*, art. 1078 à 1080, fasc. 40, par M. Grimaldi – Rép. civ., v° *Libéralités-partages*, par F. Sauvage, sept. 2009 [actu. sept. 2023].

Ouvrages généraux et monographies

> Antérieurs à la loi du n° 2006-728 du 23 juin 2006. P. Catala, *La réforme des liquidations successorales*, 3e éd., Defrénois, 1982 – J. Flour et H. Souleau, *Droit civil. Les successions*, « coll. U », 3e éd., A. Colin, 1991 – M. Grimaldi, *Libéralités. Partages d'ascendants*, Litec, 2000.

> Postérieurs à la loi n° 2006-728 du 23 juin 2006. A. Delfosse et J.-F. Peniguel, *La réforme des successions et des libéralités*, préf. M. Grimaldi, av.-prop. L. Dejoie, Litec, 2006 – M. Grimaldi (dir.), Dalloz action *Droit patrimonial de la famille*, 2025/2026, 8e éd., nos 411.01 s., 421.01 s., 422.01 s., 423.01 s. par M. Grimaldi – D. Guevel, *Droit des successions et des libéralités*, 3e éd., LGDJ, 2014 – A.-M. Leroyer, *Droit des successions*, 4e éd., « Cours », Dalloz, 2020 – Ph. Malaurie et C. Brenner, *Droit des successions et des libéralités*, 10e éd., « Droit civil », LGDJ, 2022 – L. Taudin, *Libéralités-partages*, LexisNexis, 2016 – F. Terré, Y. Lequette et S. Gaudemet, *Droit civil. Les successions. Les libéralités*, 5e éd., « Précis », Dalloz, 2024.

Articles

> Antérieurs à la loi n° 2006-728 du 23 juin 2006. C. Brenner, « Dévolution et répartition successorales dans les partages d'ascendant à la fin du XXe siècle », *Le droit privé français à la fin du XXe siècle. Études offertes à Pierre Catala*, Litec, 2001, p. 367 – G. Morin, « La clause de retour conventionnel dans les partages conjonctifs d'ascendants », *Defrénois* 1962. 28239, n°s 18 et 19 – R. Savatier, « Le partage conjonctif d'ascendant réalisé par voie de donation », *Defrénois* 1928. 21903.

> Postérieurs à la loi n° 2006-728 du 23 juin 2006. A. Bouquemont, « De l'utilité des incorporations transgénérationnelles », *JCP N* 2014. 1214 – G. Champenois et M. Klaa, « Les donations-partages conjonctives et cumulatives », *Defrénois* 2014. 374 – J.-P. Garçon, « Une donation-partage est-elle concevable sans attribution de droits divis à chaque donataire ? », *JCP N* 2014. 1002 – M. Grimaldi, « Des donations-partages et des testaments-partages au lendemain de la loi du 23 juin 2006 », *JCP N* 2006. 1320 ; *JCP* 2006. I. 179 ; « Que faire des arrêts de mars et novembre 2013 ? » *Defrénois* 2014. 353 ; « Que sont les partages d'ascendants devenus ? », *Defrénois* 2014. 343 ; « L'évolution de la pratique de la libéralité-partage », *Defrénois* 2017. 69 – M. Klaa, « Donation-partage conjonctive et enfants de lits différents », *JCP N* 2008. 1068 – R. Gentilhomme, « Donation-partage transgénérationnelle et usufruit successif », *Defrénois* 2015. 496 ; « L'anticipation du décès du disposant d'une donation-partage transgénérationnelle », *Defrénois* 2016. 1014 ; « Fiscalité de l'incorporation de donation(s) antérieure(s) à la masse d'une donation-partage transgénérationnelle », *Defrénois* 2016. 1033 – X. Guesdé, « Donations-partages transgénérationnelles : quelques aspects du régime juridique et fiscal », *JCP N* 2016. 1147 – D. Gutmann, « Les problématiques liquidatives à caractère fiscal de la donation-partage transgénérationnelle », *Defrénois* 2016. 1022 – R. Le Guidec, « Les libéralités-partages », *D.* 2006. 2584 ; « La donation-partage élargie et transgénérationnelle », *JCP N* 2016. 1194 – N. Levillain, « Contentieux de la donation-partage après décès », *AJ fam.* 2022. 16 – M. Mathieu, « Réduction en présence de biens laissés par le disposant », *JCP N* 2016. 1315 – E. Naudin et M. Iwanesko, « Donation-partage et transmission en nue-propriété. Égalité économique ou orthodoxie juridique ? » *JCP N* 2016. 1324 – J.-F. Sagaut, « La donation-partage transgénérationnelle », *JCP N* 2006. 1321 – F. Sauvage, « Les modalités de l'incorporation : la donation-partage transgénérationnelle », *Defrénois* 2014. 348 – B. Vareille, « Champ d'application de l'incorporation d'une libéralité antérieure dans une donation-partage », *Defrénois* 2016. 998 – B. Vareille et P. Sautjeau, « Mérites et maléfices de l'article 1078 du Code civil », *Defrénois* 2014. 356 – V. Zalewski, « Donation-partage conjonctive : des conséquences du report de l'action en réduction », *JCP N* 2011. 1237 – Dossier « Libéralités-partages », *Defrénois* 2014. 343 s. ; *Defrénois* 2016. 991 s. – C. Vernières, « Retour sur quelques difficultés civiles posées par les incorporations transgénérationnelles », *AJ fam.* 2022. 28.

331.04 Questions essentielles.

> Comment sont évalués les biens reçus par donation-partage pour la réunion fictive des libéralités ?

* V. s^{s} n°s 331.31 à 331.44

> À quelle date évaluer les biens à réunir fictivement en cas de donation-partage conjonctive ? Comment calculer la réserve et la quotité disponible ?

* V. s^{s} n°s 331.61 à 331.65-1

> Comment liquider les successions des deux parents après une donation-partage cumulative ?

* V. s^{s} n°s 331.71 à 331.75

> Comment liquider une succession en présence d'une donation-partage consentie à des héritiers non réservataires ?

* V. s^{s} n°s 331.91 à 331.91-1

> Quelle méthode liquidative adopter lorsque le défunt a consenti une donation-partage à des héritiers réservataires ?

* V. s^{s} n°s 331.100 à 331.134

> Comment s'exerce l'action de l'héritier non conçu au jour de la libéralité-partage pour obtenir sa part héréditaire ?

* V. s^{s} n°s 331.141 à 331.165

331.05 Division. Héritier conçu ou non conçu au jour de l'acte. En cas de donation-partage, la loi distingue deux hypothèses. Soit un présomptif héritier n'a pas reçu sa part de réserve parce que le disposant n'a pas voulu le gratifier ou l'a insuffisamment gratifié : dans ce cas, il ne peut réclamer au jour de l'ouverture de la succession que le complément pour former sa part de réserve, à condition d'être héritier réservataire (sect. 1). Les mêmes règles s'appliquent au gratifié qui n'a pas accepté son lot dans la donation-partage.

Soit l'héritier ne pouvait être alloti car il n'était pas conçu, alors il a le droit de demander sa part héréditaire et non pas sa seule part de réserve (sect. 2).

SECTION 1
HÉRITIER CONÇU AU MOMENT DE LA DONATION-PARTAGE

331.10 Plan. Avant d'exposer la méthode liquidative en présence d'une donation-partage (§ 2), il est nécessaire d'exposer les règles dérogatoires servant de fondement à cette méthode spécifique (§ 1).

§ 1
Règles légales

A.
Principe de l'action en réduction

331.21 Énoncé du principe. Le fait que le défunt ait consenti une donation-partage ne prive pas l'héritier réservataire de son **droit de réclamer sa part de réserve** s'il n'a pas été alloti ou s'il l'a été insuffisamment. L'article 1077-1 du Code civil énonce effet que : « *L'héritier réservataire qui n'a pas concouru à la donation-partage, ou qui a reçu un lot inférieur à sa part de réserve, peut exercer l'action en réduction, s'il n'existe pas à l'ouverture de la succession des biens non compris dans le partage et suffisants pour composer ou* *compléter sa réserve, compte tenu des libéralités dont il a pu bénéficier* ». Cette action est ouverte à **l'enfant adultérin** lorsque le décès est antérieur à l'entrée en vigueur de la loi du 3 décembre 2001, même lorsque la donation-partage distribue l'ensemble des biens du disposant, dès lors que le délai pour exercer l'action en réduction n'est pas prescrit[1].

Le principe de réduction est le même qu'en présence de toute autre libéralité, mais sa mise en œuvre est différente.

331.22 Atteinte à la réserve en l'absence de dépassement de quotité disponible. Dans la méthode liquidative applicable en l'absence de libéralité-partage, l'action en réduction peut être exercée par tous les héritiers réservataires lorsque les libéralités faites par le défunt dépassent la quotité disponible (v. s[s] n° 322.11). Le dépassement de quotité disponible est le signe d'une atteinte à la réserve.

En présence d'une libéralité-partage, un héritier peut ne pas avoir reçu sa part de réserve bien que la quotité disponible ne soit pas épuisée.

331.22-1 Atteinte à la réserve en l'absence de dépassement de quotité disponible.

EXEMPLE

Le défunt laisse à sa survivance ses deux fils, A et B à qui il avait consenti une donation-partage portant sur des biens évalués dans l'acte à 50 pour A et 150 pour B. Au décès, il laisse des biens d'une valeur de 220. Il a légué à une association un tableau d'une valeur de 120.

Toutes les valeurs sont inchangées entre le décès et le partage.

Pour vérifier l'absence d'atteinte à la réserve, il faut calculer tout d'abord la réserve et la quotité disponible.

Masse de calcul :

Actif :	
Biens existants	220
Passif	0
Reste	220
Réunion fictive :	
– lot reçu par A dans la donation-partage	50
– lot reçu par B dans la donation-partage	150
Masse de calcul	420
Dont le tiers formant la quotité disponible	1/3
Est de	140
Dont les deux tiers formant la réserve globale	2/3
Sont de	280
Dont la moitié formant la réserve individuelle	1/2
Est de	140

En procédant aux imputations selon la méthode applicable en l'absence de libéralité-partage, on obtient le tableau suivant :

	Réserve de A 140	Réserve de B 140	Quotité disponible 140
Donation-partage :			
– lot de A	– 50	– 140	– 10
– lot de B	90	0	130
Legs			– 120
			10

On constate ainsi qu'il n'y a pas dépassement de quotité disponible.

Cela signifie-t-il que les deux réservataires ont reçu leur part de réserve ?

Pour le vérifier, il faut déterminer leurs droits dans la masse à partager.

Masse à partager :

Actif :	
Biens existants	220
Passif	0
Reste	220
À déduire :	
le legs à l'association	120
Reste à partager	100
Dont moitié pour chaque héritier	1/2
Est de	50

En tenant compte du lot reçu dans la donation-partage :

– A a reçu un total de 50 + 50 = 100 €, inférieur à sa part de réserve ;

– B a reçu un total de 150 + 50 = 200 €, supérieur à sa part de réserve.

Conclusion :

Bien qu'il n'y ait pas dépassement de la quotité disponible, il y a atteinte à la réserve de l'un des héritiers. En présence d'une libéralité-partage, le fait que la quotité disponible ne soit pas épuisée ne signifie donc pas que l'intégrité de la réserve est préservée. Ce constat résulte du fait que les lots de donation-partage ne sont pas rapportables.

331.23 Modalités : contrôle de l'intégrité de la réserve héritier par héritier. L'article 1077-1 du Code civil vise « *l'héritier réservataire* » qui n'a pas reçu sa part de réserve et non pas tous les réservataires. En effet, la libéralité-partage peut avoir alloti seulement certains héritiers de leur part de réserve. Dans l'exemple cité s[s] n° 331.22, B a reçu sa part de réserve, A ne l'a pas reçue.

Alors qu'en l'absence de libéralité-partage, l'atteinte à la réserve se fait globalement pour tous les héritiers – il y a atteinte si la quotité disponible est dépassée – **en cas de libéralité-partage,** cette atteinte doit être **appréciée héritier par héritier,** en fonction de ce dont chacun a été alloti par donation-partage ou

1. CEDH 7 févr. 2013, req. n° 16574/08, *D.* 2013. 434, obs. I. Gallmeister ; *AJ fam.* 2013. 189, note N. Levillain.

testament-partage. Seul l'héritier non alloti ou insuffisamment alloti peut agir en réduction. Cependant, le fait que la libéralité-partage ne lui attribue pas entièrement sa part de réserve ne suffit pas à lui ouvrir cette action. Il faut préalablement vérifier qu'il n'a pas reçu de libéralités en avancement de part successorale permettant de compléter sa part de réserve puis, si cela n'est pas suffisant, vérifier que les biens existants non légués, ne permettent pas de fournir ce complément (C. civ., art. 1077-1). La méthode liquidative doit donc être adaptée aux spécificités de la libéralité-partage (v. s[s] n°s 331.80 à 331.134).

B. Évaluation dérogatoire des biens transmis par donation-partage

331.31 **Réunion fictive pour la valeur des biens au jour de l'acte.** L'article 1078 du Code civil énonce une règle dérogatoire pour l'évaluation des biens donnés en vue du calcul de la réserve et de l'imputation. Cette règle ne concerne pas les biens transmis par testament-partage, lesquels sont évalués au décès, n'étant pas sortis prématurément du patrimoine du défunt.

Applicable sous certaines conditions qu'il édicte, **l'article 1078 du Code civil prescrit l'évaluation des biens reçus** non pas au jour de l'ouverture de la succession, mais **au jour de l'acte de donation-partage.** La Cour de cassation a rappelé que les valeurs indiquées dans l'acte de donation constituent une présomption simple, et que les biens reçus doivent être pris en compte pour leur valeur vénale au jour de l'acte si cette valeur est différente de celle indiquée dans l'acte[1].

Cette règle a pour objectif d'assurer la **stabilité du partage anticipé, dès lors que les évaluations faites dans l'acte correspondent à la réalité :** elle permet d'éviter une remise en cause de la donation-partage dans l'éventualité où les biens formant les différents lots auraient évolué de façon différente entre la date de l'acte et celle du décès. C'est pourquoi, en pratique, l'évaluation dérogatoire n'est écartée que de façon exceptionnelle.

331.32 **Plan.** Après avoir exposé les conditions de l'évaluation dérogatoire (1°), on envisagera ses conséquences (2°).

1° Conditions de l'évaluation dérogatoire

331.41 **Trois conditions.** Les biens reçus par donation-partage sont **évalués au jour de l'acte** si **trois conditions,** prévues par l'article 1078 du Code civil, sont **cumulativement réunies :**

– tous les héritiers réservataires vivants ou représentés au décès du disposant ont reçu un lot dans le partage anticipé et l'ont expressément accepté ;

– l'acte ne contient pas de clause de réserve d'usufruit portant sur une somme d'argent ;

– l'acte de donation-partage n'écarte pas l'évaluation dérogatoire.

331.42 **1) Allotissement de tous les réservataires vivants ou représentés.** L'article 1078 du Code civil exige en premier lieu que tous les héritiers réservataires vivants ou représentés au décès du disposant aient reçu et accepté un lot dans le partage anticipé. Une simple intervention à l'acte ne suffit pas, il faut que le réservataire reçoive effectivement un lot.

Depuis l'entrée en vigueur de la loi du 23 juin 2006, la donation-partage permet au disposant de gratifier tous ses présomptifs héritiers et non plus seulement ses descendants (C. civ., art. 1075). Aussi, les « *héritiers réservataires* » allotis dans le partage anticipé ne sont-ils plus uniquement les descendants : il peut y avoir également le conjoint.

Deux situations peuvent se rencontrer :

a) La donation-partage est faite au profit de descendants :

Dans ce cas, tous les descendants vivants ou représentés au décès de l'ascendant doivent avoir reçu un lot. S'il existe un enfant non conçu au jour du partage anticipé, l'article 1078 du Code civil ne peut donc pas s'appliquer.

En revanche, si le conjoint, également héritier en concours avec les descendants, n'est pas alloti, cela n'a aucune incidence car en pareille hypothèse il n'a pas la qualité d'héritier réservataire.

Enfin, il n'est pas tenu compte de l'enfant omis dans le partage anticipé s'il n'est ni appelé à la succession (prédécédé, indigne ou renonçant) ni représenté.

b) La donation-partage est faite au conjoint et aux ascendants : dans ce cas, le fait que le conjoint survivant soit alloti suffit pour que l'article 1078 s'applique.

331.43 **2) Absence de réserve d'usufruit sur une somme d'argent.** Pour que l'évaluation dérogatoire de l'article 1078 du Code civil joue, il faut que l'acte de donation-partage ne comporte **aucune clause de réserve d'usufruit portant sur une somme d'argent.** La jurisprudence considère que l'évaluation dérogatoire est également inapplicable lorsqu'un donataire se voit attribuer la **nue-propriété d'une créance**[2]. La doctrine

1. Civ. 1re, 25 mai 2016, n° 15-16.160, P I, n° 117 ; *JCP N* 2016. 1277, note M. Nicod.

2. Civ. 1re, 18 mai 1978, n° 76-12.709, P I, n° 196 ; *Defrénois* 1979. 32038, obs. G. Champenois ; *D.* 1979. IR 6, obs. D. Martin ; *JCP* 1980. II. 19349, note M. Dagot.

est partagée quant à l'application de l'article 1078 du Code civil à la donation-partage aux termes de laquelle chaque donataire reçoit, outre des corps certains, la nue-propriété d'une même somme d'argent.[1]

Cette seconde condition vise à protéger l'héritier qui serait alloti de la nue-propriété de la somme d'argent, contre les risques d'érosion monétaire[2]. Par la réévaluation de l'ensemble des biens donnés au décès, le donataire de la somme d'argent, désormais en pleine propriété en raison du décès de l'usufruitier, profite de la réévaluation des autres biens depuis la date de la donation-partage.

L'article 1078 du Code civil s'applique en revanche en cas de soulte payable au décès du disposant, l'enfant alloti étant protégé par les dispositions de l'article 1075-4 du Code civil, relatives à l'indexation de la soulte.

331.44 3) Absence de clause contraire. L'article 1078 du Code civil s'applique « *sauf clause contraire* ». Il est donc permis aux parties d'y déroger et de revenir à l'évaluation de droit commun (C. civ., art. 922) : évaluation des biens donnés au décès pour le calcul de la réserve et l'imputation.

2°
Conséquences liquidatives

331.51 Évaluation au jour de l'acte. Lorsque les conditions de l'article 1078 du Code civil sont réunies, tous les biens attribués par donation-partage sont évalués au jour de l'acte pour le **calcul de la réserve** et les **imputations**. Il est à noter que cette **évaluation au jour de la donation-partage** concerne également les **biens** ayant fait l'objet de **donations antérieures incorporées à la donation-partage.** Ceux-ci doivent en effet en principe être réévalués à la date de la donation-partage **au moment de l'incorporation** (C. civ., art. 1078-1, al. 2).

331.52 Particularité des lots réincorporés à une donation-partage transgénérationnelle. L'incorporation de certains lots reçus par donation-partage à une donation-partage transgénérationnelle afin de les transmettre aux descendants du donataire initial présente toutefois une particularité. L'opération permet au donataire de transmettre son lot à ses propres enfants dans un cadre fiscal favorable (paiement du droit de partage uniquement, à condition que le lot incorporé ait été reçu depuis plus de quinze ans) tout en conservant le lot dans sa souche, les petits-enfants le recevant en lieu et place de l'enfant. L'incorporation réalise ainsi juste un saut de génération sans modifier l'allotissement par souche. Comme la réserve se calcule par souche, la doctrine considère que les lots incorporés à la donation-partage transgénérationnelle sans changement de souche doivent être évalués au jour de la donation-partage initiale[3].

331.53 Calcul de l'indemnité de réduction. Lorsque la donation-partage est réductible, la fraction réductible est calculée par rapport à la valeur des biens donnés au jour de l'acte. **L'indemnité de réduction** est en revanche déterminée selon la valeur des biens donnés **à l'époque du partage** (C. civ., art. 924-2), en appliquant la fraction réductible à cette valeur[4].

331.53-1 Calcul de l'indemnité de réduction après donation-partage.

EXEMPLE

Supposons que le défunt ait consenti une donation-partage inégalitaire et que le lot d'un réservataire (A) soit réductible.

A a reçu 200 000 € (valeur des biens au jour de l'acte) et doit fournir 50 000 € à ses cohéritiers pour parfaire leur part de réserve.

Son lot est réductible à concurrence de 50/200e soit 1/4.

À l'époque du partage les biens que A a reçus valent 300 000 €.

A doit une indemnité de réduction égale à 1/4 × 300 000 = 75 000 €.

331.54 Conséquence de l'évaluation dérogatoire sur les autres libéralités. L'article 1078 du Code civil conduit à établir une masse de calcul non homogène. Sont ainsi additionnés des biens évalués au décès – biens existants et biens donnés par donation ordinaire – et des biens évalués au jour de leur sortie du patrimoine du défunt – biens transmis par donation-partage. Pour ces derniers, il n'est tenu compte ni des éventuelles plus-values ni de l'érosion monétaire.

La masse de calcul et donc la quotité disponible se trouvent ainsi artificiellement minorées, ce qui augmente le risque de réductibilité de toutes les libéralités, entre vifs ou à cause de mort, sauf la donation-partage. C'est pour cela qu'on a pu considérer que l'évaluation dérogatoire porte atteinte à la liberté testamentaire, ce qui peut être une raison de l'écarter par une clause de la donation-partage[5].

1. POUR l'application de l'article 1078 du Code civil : M. Grimaldi (dir.), Dalloz action *Droit patrimonial de la famille*, 2025/2026, 8e éd., nos 423.81 et 423.82, par M. Grimaldi – CONTRE l'application de ce texte : P. Catala, *La réforme des liquidations successorales*, 3e éd., Defrénois, 1982, no 122-c.
2. Pour des développements sur ce point, v. M. Grimaldi (dir.), Dalloz action *Droit patrimonial de la famille*, 2025/2026, 8e éd., no 423.62, par M. Grimaldi.
3. C. Vernières, « Retour sur quelques difficultés civiles posées par les incorporations transgénérationnelles », *AJ fam.* 2022. 28.
4. Civ. 1re, 17 déc. 1996, no 94-17.911, P I, no 462 ; *D.* 1997. Somm. 367, obs. B. Vareille ; *JCP* 1998. I. 133, obs. R. Le Guidec.
5. M. Grimaldi (dir.), Dalloz action *Droit patrimonial de la famille*, 2025/2026, 8e éd., nos 423.81 et 423.82, par M. Grimaldi – B. Vareille et P. Sautjeau, « Mérites et maléfices de l'article 1078 du Code civil », *Defrénois* 2014. 356.

C. Donation-partage conjonctive : conséquences sur l'ouverture de l'action

331.61 **Principe.** En cas de donation-partage conjonctive, l'action en réduction ne peut être introduite qu'après le décès du survivant des disposants, et dans les cinq ans à compter de ce décès (C. civ., art. 1077-2, al. 2). Ainsi, lorsque les père et mère fondent dans une même masse leurs biens afin d'allotir leurs enfants dans un partage unique, il faut procéder au règlement de leurs successions confondues pour vérifier une éventuelle atteinte à la réserve. Un enfant peut en effet, dans ce cas, être pourvu de ses deux réserves au moyen de biens donnés par un seul de ses deux parents.

331.62 **Date d'évaluation des biens.** Pour calculer la part de réserve de chacun des héritiers, faut-il évaluer les biens à chaque décès ou reporter la date d'évaluation au second décès ?

La question divise les auteurs.

331.63 **1) Évaluation des biens à chaque décès.** Certains auteurs estiment que les évaluations doivent se faire à la date de chaque décès en tenant compte de ce que chacun des enfants a effectivement reçu de son père et de sa mère[1]. Cette solution présente des inconvénients illustrés par l'exemple ci-après.

331.63-1 **Liquidation en présence d'une donation-partage conjonctive, évaluation à chaque décès.**

EXEMPLE

M. et Mme X ont consenti à leurs deux enfants, A et B, une donation-partage conjonctive portant sur deux biens immobiliers strictement identiques et contenant une clause excluant l'application de l'article 1078 du Code civil.

A a été alloti d'un bien paternel, B d'un bien provenant du patrimoine de sa mère.

Chaque bien immobilier est évalué à 600 K € au décès du père et 1 800 K € au décès de la mère.

Supposons qu'on calcule la réserve à chacun des décès.

Au décès du père, la masse de calcul de la quotité disponible ne comprend que le lot donné par le père soit 600 K €. La part de réserve individuelle est donc de 600 × 1/3 = 200 K €.

Dans la succession de la mère, la masse de calcul de la quotité disponible ne comprend de même que le lot donné mais évalué au second décès soit 1 800 K €. La part de réserve individuelle est de 1 800 × 1/3 = 600 K €.

La part de réserve dans les deux successions est donc de 800 K €.

A, qui a été alloti de 600 K €, n'aurait pas reçu sa part de réserve, alors que les deux enfants ont reçu des biens totalement identiques. Le résultat semble absurde[2].

Conclusion :

On constate que le calcul de la quotité disponible à la date de chacun des décès, en ne tenant compte que des allotissements effectifs de chaque enfant, ne permet pas d'effectuer un contrôle efficace de l'intégrité de la réserve des héritiers, notamment quand l'application de l'article 1078 du Code civil a été écartée dans l'acte de donation-partage. L'absence de report des dates d'évaluation conduit à un résultat incohérent. Cette incohérence aurait pu être évitée si l'on n'avait pas écarté l'application de l'article 1078 du Code civil.

331.64 **2) Report de la date d'évaluation au second décès.** C'est pourquoi la doctrine majoritaire est favorable à un report de la date d'évaluation au second décès, dans un souci de logique - tous les calculs sont faits à la même date - et d'équité[3].

C'est également la solution retenue par la jurisprudence[4].

Cette solution nécessite en pratique une **nouvelle évaluation des biens laissés par le parent prédécédé.** Ces biens ont été évalués au premier décès pour l'établissement de la déclaration de succession. Ils doivent ensuite être réévalués au second décès pour vérifier l'absence d'atteinte à la réserve.

331.64-1 **Liquidation après une donation-partage conjonctive. Report de la date d'évaluation des biens.**

EXEMPLE

M. et Mme X ont consenti une donation-partage conjonctive à leurs deux enfants. Chaque donateur a alloti les donataires copartagés à concurrence de moitié. A a reçu des biens évalués à 100 au jour de l'acte, provenant du patrimoine de sa mère, B des biens d'une valeur de 100 au jour de l'acte provenant du patrimoine de son père. L'application de l'article 1078 du Code civil n'a pas été écartée.

M. X décède le premier, laissant à sa survivance ses deux enfants, A et B, et son épouse. Il laisse un actif net évalué à 107 à son décès, 125 au décès de son épouse.

Il a légué à son neveu la pleine propriété d'un bien valant 80 à son décès, 110 au décès de son épouse, bien dont la valeur est incluse de l'actif net ci-dessus évalué.

1. B. Vareille, *Volonté, rapport et réduction*, th. Limoges, PUF, 1988, nº 380.

2. M. Grimaldi, *Libéralités. Partages d'ascendants*, Litec, 2001, nº 1840, ex. 14.
3. M. Grimaldi (dir.), Dalloz action *Droit patrimonial de la famille*, 2025/2026, 8e éd., nº 423.94, par M. Grimaldi – V. la doctrine précitée pour l'arrêt permettant de justifier la solution retenue : Civ. 1re, 16 juill. 1997, nº 95-13.316, P (préc., v. ss nº 33.07) – Civ. 1re, 18 mai 1978, nº 76-12.709, P (préc., v. ss nº 331.43).
4. Civ. 1re, 16 juin 2011, nº 10-17.499, P I, nº 114 ; *D.* 2011. 1759 ; *AJ fam.* 2011. 443, obs. C. Vernières ; *JCP N* 2011. 1237, obs. V. Zalewski.

Quelques années plus tard, Mme X décède, laissant à sa survivance uniquement ses deux enfants, A et B. L'actif net de sa succession est évalué à 50 au décès. Mme X a légué à une association une somme de 30.

En présence d'une donation-partage conjonctive, il faut procéder à la liquidation des deux successions confondues. Pour ce faire, conformément à la doctrine majoritaire et à la jurisprudence, l'évaluation des biens est reportée au second décès pour le contrôle de l'intégrité de la réserve, sauf pour les biens transmis par une donation-partage n'écartant pas l'application de l'article 1078 du Code civil.

1) Succession du père

Masse de calcul (réévaluée au second décès) :

Actif net	125
Réunion fictive :	
Lot reçu par B	100
Ensemble	225
Dont le tiers formant la quotité disponible	1/3
Est de	75
Dont les deux tiers formant la réserve	2/3
Sont de	150
Dont la moitié formant la réserve individuelle	1/2
Est de	75

La part de réserve de chacun des enfants dans la succession du père est de 75.

2) Succession de la mère

Masse de calcul :

Actif net	50
Réunion fictive :	
Lot reçu par A	100
Ensemble	150
Dont le tiers formant la quotité disponible	1/3
Est de	50
Dont les deux tiers formant la réserve	2/3
Sont de	100
Dont la moitié formant la réserve individuelle	1/2
Est de	50

La part de réserve de chacun des enfants dans la succession de la mère est de 50.

Dans les deux successions confondues, chacun a une part de réserve de 75 + 50 = 125.

Chaque enfant n'ayant été alloti que de 100 par donation-partage, il lui manque 125 – 100 = 25 de part de réserve.

Pour trouver ce complément de 2 × 25 = 50, il faut prélever sur les biens existants non légués, les enfants n'ayant reçu aucune donation en avancement de part successorale susceptible de compléter leur part de réserve.

Biens existants susceptibles d'être prélevés :

– dans la succession du père :	
Biens existants :	125
À déduire :	
legs au neveu :	110
Reste à prélever	15
– dans la succession de la mère :	
Biens existants :	50
À déduire :	
legs à l'association	30
Reste à prélever	20

Le total de biens existants non légués (15 + 20 = 35) est insuffisant pour parfaire les réserves de A et B. Il est donc nécessaire de procéder à la réduction. Les legs particuliers seront donc réduits.

331.64-2 Liquidation après une donation-partage conjonctive. Évaluation des biens à la date de chaque décès.

EXEMPLE

Si l'évaluation avait été faite au décès du père :

Masse de calcul (réévaluée au premier décès) :

Actif net	107
Réunion fictive :	
Lot reçu par B	100
Ensemble	207
Dont le tiers formant la quotité disponible	1/3
Est de	69
Dont les deux tiers formant la réserve	2/3
Sont de	138
Dont la moitié formant la réserve individuelle	1/2
Est de	69

La part de réserve de chacun des enfants est de 69 dans la succession du père. Elle est inchangée dans celle de la mère. La réserve dans les deux successions est de 69 + 50 = 119.

Chaque enfant n'ayant reçu que 100 dans la donation-partage, il lui faut trouver un complément de 19 pour parfaire sa part de réserve. Ce complément ne peut être pris que sur les biens existants, faute de donation en avancement part faite aux enfants.

Le total à compléter est de 19 × 2 = 38, à prélever dans les deux successions.

Biens existants susceptibles d'être prélevés :

– dans la succession du père :	
Biens existants :	107
À déduire :	
legs au neveu :	80
Reste à prélever	27

– dans la succession de la mère :	
Biens existants :	50
À déduire :	
legs à l'association :	30
Reste à prélever	20

Le total de biens existants pouvant être prélevés (27 + 20 = 47) permet de fournir le complément de réserve aux deux enfants. Il n'y a pas lieu de procéder à la réduction.

Les legs ne sont pas réductibles.

Conclusion sur les deux exemples :

Le résultat est-il plus logique que selon la première méthode d'évaluation ? Il semble que non. Une libéralité, le legs au neveu, qui n'est pas réductible si on évalue les biens au décès du testateur, devient réductible lorsque la date d'évaluation est reportée au décès du dernier des disposants. L'anomalie choque tout autant que le résultat obtenu dans la thèse soutenue par la doctrine minoritaire.

Le legs au neveu est-il ou non réductible ? En application de l'article 922 du Code civil, le contrôle de la réserve se fait au décès du donateur ou testateur. C'est donc à cette date qu'il faut se placer pour vérifier si le legs est réductible. Les variations de valeur postérieures ne doivent pas être prises en compte. Cela explique l'anomalie constatée en comparant les exemples cités aux n°s 331.64-1 et s[s] prés[t] n° 331.64-2. Faut-il alors revenir à la première thèse ? Une troisième voie a été proposée[1] : elle permet de pallier les inconvénients des deux premières thèses.

331.65 Absence de report et liquidation sans tenir compte de l'origine des biens reçus par donation-partage. L'inconvénient de la première thèse vient du fait que **les biens reçus par donation-partage conjonctive sont réunis fictivement en fonction de leur origine** : les biens donnés par le père sont réunis fictivement à la succession du père et ceux donnés par la mère sont réunis fictivement à la succession de la mère. Or, dans la donation-partage conjonctive, les père et mère ont réuni leurs biens dans une masse unique, afin de pouvoir les répartir entre leurs enfants sans tenir compte de leur origine. Aussi plutôt que tenir compte de l'origine des biens, il faut considérer la **valeur de la fraction de biens donnés par chaque disposant.** Ainsi, si chaque parent a donné la moitié des biens, comme c'est le plus souvent le cas en pratique, la réunion fictive se fait de **la moitié de la valeur des biens à chaque succession.** Ces biens sont évalués soit au jour de l'acte, soit au décès de chaque disposant, selon que l'évaluation dérogatoire de l'article 1078 du Code civil s'applique ou non.

La réunion fictive se faisant ainsi indépendamment de l'origine des biens donnés, l'inconvénient principal de la première thèse disparaît. Les biens donnés sont évalués à chaque décès dans les proportions données par chaque disposant. **Cette méthode permet de contrôler l'intégrité de la réserve au décès de chacun des disposants** et donc d'échapper au principal inconvénient de la seconde thèse.

Toutefois, si l'acte de donation-partage ne prévoit pas ce mode de réévaluation, il conviendra **d'obtenir l'accord unanime des cohéritiers pour l'appliquer,** la Cour de cassation s'étant prononcée contre la première thèse, au profit de la seconde, par l'arrêt du 16 juin 2011 précité.

Remarquons que cet arrêt ne se prononce pas sur la troisième voie, qui ne lui avait pas été soumise.

331.65-1 Liquidation après une donation-partage conjonctive. Réunion fictive sans tenir compte de l'origine des biens. Évaluation à chaque décès.

EXEMPLE

M. et Mme X ont consenti une donation-partage conjonctive à leurs deux enfants, A et B. Chaque donateur a alloti les donataires copartagés à concurrence de moitié. A a reçu des biens évalués à 100 provenant du patrimoine de sa mère, B des biens d'une valeur de 100 au jour de l'acte provenant du patrimoine de son père. L'application de l'article 1078 du Code civil a été écartée.

Au décès du père, les biens paternels sont évalués à 170 et les biens maternels à 180. Au décès de la mère, les biens paternels sont évalués à 230 et les biens maternels à 240.

M. X décède le premier, laissant à sa survivance ses deux enfants, A et B et son épouse. Il laisse un actif net évalué à 107 à son décès.

Il a légué à son neveu la pleine propriété d'un bien valant 80 à son décès.

Quelques années plus tard, Mme X décède, laissant à sa survivance uniquement ses deux enfants A et B. L'actif net de sa succession est évalué à 50 au décès. Mme X a légué à une association une somme de 30.

La liquidation n'a lieu qu'au second décès en raison de la donation-partage conjonctive (C. civ., art. 1077-2, al. 2). Pour y procéder, il faut déterminer la quote-part de biens donnés par chaque parent dans cette donation-partage : or chaque parent a donné la moitié des biens. La réunion fictive porte donc sur la moitié de la valeur des biens.

1) Succession du père

Masse de calcul (évaluée au premier décès) :

Actif net	107
Réunion fictive :	
Fraction des biens donnés à A et B par donation-partage (1/2 × [170 + 180])	175
Ensemble	282
Dont le tiers formant la quotité disponible	1/3
Est de	94
Dont les deux tiers formant la réserve	2/3
Sont de	188
Dont la moitié formant la réserve individuelle	1/2
Est de	94

1. M. Grimaldi (dir.), Dalloz action *Droit patrimonial de la famille*, 2025/2026, 8e éd., n° 423.95, par M. Grimaldi.

2) Succession de la mère
Masse de calcul (évaluée au second décès) :

Actif net	50
Réunion fictive :	
Fraction des biens donnés à A et B par donation-partage [1/2 × (230+240)]	235
Ensemble	285
Dont le tiers formant la quotité disponible	1/3
Est de	95
Dont les deux tiers formant la réserve	2/3
Sont de	190
Dont la moitié formant la réserve individuelle	1/2
Est de	95

Dans les deux successions confondues, chaque enfant a une part de réserve de 94 + 95 = 189.

Dans le partage conjonctif, chaque enfant a reçu des biens d'une valeur de :

– A a reçu les biens maternels évalués moitié au décès du père (170/2 = 85) et moitié au décès de la mère (230/2 = 115) soit un total de 115 + 85 = 200. Il a reçu sa part de réserve.

– B a reçu les biens paternels évalués moitié au décès du père (180/2 = 90) et moitié au décès de la mère (240/2 = 120) soit un total de 120 + 90 = 210. Il a reçu sa part de réserve.

Les legs consentis par les père et mère ne sont pas réductibles.

D.
Donation-partage cumulative

331.71 Notion. La donation-partage cumulative est l'acte aux termes duquel le parent survivant consent une donation-partage à ses présomptifs héritiers sous la condition que ceux-ci réunissent aux biens donnés ceux qu'ils ont recueillis dans la succession du parent prédécédé[1].

L'objet de cet acte est de parvenir à **un partage global des biens des deux parents entre leurs présomptifs héritiers**, notamment lorsque la succession comprend des biens communs ou des biens indivis.

Il s'agit donc d'un acte hybride contenant à la fois **une donation-partage faite par le parent survivant** et **un partage de la succession du parent prédécédé**. De ce fait, la donation-partage cumulative est soumise à un régime juridique spécifique : absence d'action en complément de part (anciennement action en rescision pour lésion) bien qu'elle contienne un partage, mais nullité du partage en cas d'omission d'un héritier[2]... Toutefois, malgré cette nature hybride, la doctrine, approuvée par la Cour de cassation[3], considère que la donation-partage cumulative forme un tout indivisible[4] qui est pour l'essentiel soumis au régime des donations-partages[5].

331.72 Point de départ du délai de prescription de l'action en réduction. Une difficulté particulière apparaît en présence d'une donation-partage cumulative. On sait que lorsque les parents ont consenti une donation-partage conjonctive à leurs enfants, l'action en réduction, qui se prescrit par cinq ans, ne peut être introduite qu'après le décès du survivant des deux parents (C. civ., art. 1077-2, al. 2). Lorsque le partage de la succession de l'ascendant prédécédé est intégré à une donation-partage cumulative, quel est le point de départ du délai de la prescription de l'action en réduction dans la succession de cet ascendant ?

Il n'existe, à notre connaissance, qu'un arrêt d'appel sur ce point[6]. Dans cette affaire, les juges d'appel avaient décidé que « *l'action en réduction des donations des 10 juin 1986 (donation simple faite par le prémourant) et 30 avril 1998 (donation-partage cumulative) ne peut être introduite qu'après le décès de l'ascendant qui a fait le partage ou du survivant des ascendants en cas de partage conjonctif* ». Cet arrêt est cassé par la Cour de cassation[7] mais seulement pour requalifier la demande d'action en réduction en demande en revalorisation de la soulte stipulée dans la donation-partage cumulative et ainsi contourner l'impossibilité d'agir en réduction, impossibilité qui n'est pas rediscutée : « *Attendu qu'en statuant ainsi, alors que l'action en revalorisation d'une soulte ou d'une indemnité due à raison de la réduction d'une libéralité faite à un successible prévue par les premiers des textes susvisés est étrangère à l'action en réduction, la cour d'appel a violé par fausse application le dernier de ces textes* ».

Quant à la doctrine, elle est partagée sur la question.

Selon certains auteurs, la prescription de l'action en réduction dans la succession du prémourant commence à courir à compter du décès de ce dernier[8].

Au soutien de cette position plusieurs arguments sont avancés.

Des arguments de texte tout d'abord : l'exception du report prévue par l'article 1077-2 alinéa 2, deu-

1. Civ. 1re, 22 nov. 2005, no 02-17.708, P I, no 437 ; *JCP* 2008. I. 108, no 9, obs. R. Le Guidec ; *D.* 2006. 902, note J.-G. Mahinga ; *JCP* 2006. II. 10026, note F. Sauvage.
2. Civ. 1re, 22 nov. 2005, no 02-17.708, P (préc. ss prést no).
3. Civ. 1re, 11 juin 2008, no 07-14.795, NP ; *RTD civ.* 2008. 712, obs. M. Grimaldi.
4. M. Grimaldi, *J.-Cl. Civ. Code*, art. 1075 à 1080, fasc. 20, no 38 – P. Catala, *La réforme des liquidations successorales*, 3e éd., Defrénois, 1982, no 111.
5. F. Terré, Y. Lequette et S. Gaudemet, *Droit civil. Les successions. Les libéralités*, 5e éd., « Précis », Dalloz, 2024, no 1290 s.
6. Montpellier, 3 sept. 2009, RG no 08/00455.
7. Civ. 1re, 9 mars 2011, no 09-71.101, P I, no 53.
8. M. Dagot, *Les règlements successoraux après la loi du 3 juillet 1971*, 2e éd., Litec, 1979, no 801 – A. Ponsard, *Liquidations successorales*, Sirey, 1977, no 195 – M. Grimaldi, *J.-Cl. Civ. Code*, art. 1075 à 1080, fasc. 40, no 37.

xième phrase, du Code civil ne concerne que les donations-partages consenties par les père et mère et non pas par l'un d'eux seulement.

Des arguments pratiques ensuite. *D'une part*, la donation-partage cumulative peut intervenir bien après le premier décès et même après la prescription de l'action en réduction. Admettre que, parce qu'il y a eu postérieurement une donation-partage cumulative, l'action en réduction s'ouvre rétroactivement semble tout à fait contestable. *D'autre part*, il n'existe aucun obstacle technique à ce que l'action en réduction soit exercée dès le premier décès. La prescription de cette action commence alors à courir à compter du décès du parent prédécédé.

Selon d'autres auteurs[1], le point de départ du délai de prescription de l'action en réduction est reporté au décès du parent qui a procédé à la donation-partage cumulative dans un souci de cohérence, car les successions des deux parents ont été fondues en une seule masse qui doit être considérée dans son ensemble, comme dans le cas de la donation-partage conjonctive.

En pratique se pose la difficulté suivante : si la donation-partage cumulative intervient avant l'expiration du délai de prescription de l'action en réduction dans la succession du prémourant, les héritiers réservataires ne peuvent plus exercer l'action en réduction dans la succession de leur parent prédécédé car la donation-partage cumulative contenant le partage de la succession du prémourant ne peut être remise en cause du vivant du parent donateur[2]. Là est l'obstacle technique qui empêche d'agir.

Par ailleurs, l'article 1077-2 alinéa 2 énonce dans sa première phrase que « *l'action en réduction ne peut être introduite qu'après le décès du disposant qui a fait le partage* ». Ce texte vise le cas d'une donation-partage consentie par un seul parent. S'il s'applique assurément à la donation-partage ordinaire, on peut se demander s'il ne concerne pas aussi la donation-partage cumulative dans la mesure où cet acte forme un tout indivisible réalisant par un même acte le partage de la succession du prémourant et des biens du survivant.

Enfin, il est inconcevable que des héritiers se trouvent privés d'agir en réduction en raison de l'existence d'une donation-partage cumulative. Aussi, afin de préserver leur droit d'agir en réduction dans la succession du prémourant, deux solutions sont envisageables :

– considérer que le point de départ de la prescription de l'action en réduction est reporté au second décès. La donation-partage cumulative ayant bloqué toute possibilité d'agir, le délai de prescription de l'action en réduction est reporté au décès de l'ascendant qui a fait le partage[3] ;

– considérer que l'action en réduction ne sera ouverte que si elle n'était pas prescrite au jour de la donation-partage cumulative, afin de répondre à l'objection de la première thèse, selon laquelle l'action en réduction ne peut être exercée que si elle n'était pas prescrite au jour de la donation-partage cumulative. En effet, comme la donation-partage cumulative bloque toute action relative à la succession du prémourant, on peut considérer qu'elle suspend le délai de prescription jusqu'au décès de l'ascendant qui a fait le partage. Après ce décès, les héritiers réservataires retrouvent la possibilité d'agir en réduction dans la succession du premier mourant. Le délai de prescription est alors limité à cinq ans à compter du décès du second mourant, mais peut être moindre si la donation-partage est intervenue plusieurs années après le décès et que les héritiers avaient connaissance de l'atteinte portée à leur réserve dans la première succession.

331.73 Date d'évaluation des biens. Dans la succession du premier mourant, tous les calculs de contrôle de l'intégrité de la réserve se font conformément aux dispositions de l'article 922 du Code civil, c'est-à-dire compte tenu de la valeur des biens au jour du premier décès. S'agissant de la succession du second mourant, la doctrine considère qu'il faut appliquer les mêmes règles qu'en matière de donation-partage conjonctive[4] car l'acte contient le partage de deux successions confondues. En fait, il faut distinguer deux situations.

331.74 Réunion fictive d'une donation-partage cumulative – Application de l'article 1078 du Code civil. *Première situation*, l'acte de donation-partage cumulative est soumis aux dispositions de l'article 1078 du Code civil.

Dans ce cas, pour le calcul de la quotité disponible, dans la succession du second mourant, la réunion fictive se fait de la valeur des biens au jour de l'acte (C. civ., art. 1078). Sachant que les héritiers réservataires ont été allotis tant en biens du disposant qu'en biens provenant de la succession du parent prédécédé, il est nécessaire de déterminer les droits théoriques donnés par le parent survivant. C'est la valeur de ces droits théoriques qui sera réunie fictivement.

1. Rép. civ., v° *Libéralités-partages*, par F. Sauvage, sept. 2009 [actu. sept. 2023], n° 160 – Mais également M. Grimaldi, *Libéralités. Partage d'ascendants*, Litec, 2000, n° 1840, note 68, raisonnant alors par analogie entre la donation-partage conjonctive et la donation-partage cumulative.
2. Civ. 1re, 22 nov. 2005, n° 02-17.708, P (préc., v. ss n° 331.71) : exclusion d'une action en rescision pour lésion.
3. C. civ., art. 1077-2, al. 2 : « *L'action en réduction ne peut être introduite qu'après le décès du disposant qui a fait le partage* ». Ce texte concernerait non seulement la donation-partage simple mais également la donation-partage cumulative dans la mesure où cette libéralité contient le partage des successions confondues des père et mère. C'est ainsi que l'avait entendu la cour d'appel de Montpellier (Montpellier, 3 sept. 2009, RG n° 08/00455, préc. ss prést n°).
4. Rép. civ., v° *Libéralités-partages*, par F. Sauvage, sept. 2009 [actu. sept. 2023], n° 160 – M. Grimaldi, *J.-Cl. Civ. Code*, art. 1075 à 1080, fasc. 40, n° 37.

331.74-1 **Calcul de la quotité disponible en présence d'une donation-partage cumulative – Application de l'article 1078 du Code civil.**

EXEMPLE

M. et Mme X ont deux enfants, A et B. M. X décède laissant son épouse usufruitière de toute la succession et ses deux enfants. Il n'a consenti aucune libéralité.

L'actif de succession comprend :

– moitié indivise d'un appartement estimé à 200 000 € au décès de M. X (soit 100 000 € pour la moitié) et au jour de la donation-partage cumulative, 280 000 € au décès de l'épouse survivante ;

– une maison de campagne estimée à 90 000 €.

Mme X propose à ses enfants, qui acceptent, de faire une donation-partage cumulative portant sur tous les biens de la succession de son défunt époux et sur les biens suivants :

– l'autre moitié indivise de l'appartement ;

– un immeuble de rapport estimé à 110 000 € au jour de la donation-partage cumulative, et qui vaudra 160 000 € au décès de Mme X.

Mme X souhaite conserver l'usufruit de tous les biens objets de l'acte.

A est alloti de la nue-propriété de l'appartement (200 000 €) et B de la nue-propriété de la maison de campagne et de l'immeuble de rapport (200 000 €).

Mme X décède laissant à sa survivance ses deux enfants. L'actif net de sa succession exclusivement composée d'avoirs bancaires est de 120 000 €. Elle a consenti un legs particulier d'un montant de 70 000 € à une association.

Il n'est pas nécessaire de vérifier l'absence d'atteinte à la réserve dans la succession de M. X, celui-ci n'ayant consenti aucune libéralité. En revanche, il convient de vérifier si le legs consenti par Mme X n'est pas attentatoire à la réserve. Pour cela, il faut calculer la quotité disponible dans sa succession.

Les biens donnés par Mme X étaient de 100 000 + 110 000 = 210 000 € au jour de l'acte soit 105 000 € par enfant. Le surplus reçu, soit 190 000 € correspond aux droits des enfants dans la succession de M. X. C'est le montant des droits théoriques donnés (2 × 105 000 = 210 000 €) qui doit être réuni fictivement pour former la masse de calcul de l'article 922 du Code civil, sachant que, conformément à l'article 1078 du Code civil, les biens doivent être estimés au jour de l'acte, mais pour leur valeur en pleine propriété si l'usufruit s'est éteint.

La masse de calcul se présente ainsi comme suit :

Actif net	120 000
Réunion fictive de la donation-partage :	
Lot de A	105 000
Lot de B	105 000
Ensemble	330 000
Dont le tiers formant la quotité disponible	1/3
Est de	110 000
Dont les deux tiers formant la réserve	2/3
Sont de	220 000
Dont la moitié formant la réserve individuelle	1/2
Est de	110 000

331.75 **Réunion fictive d'une donation-partage cumulative – Exclusion de l'article 1078 du Code civil.** *Deuxième situation*, l'acte de donation-partage exclut l'application de l'article 1078 du Code civil. Dans cette hypothèse, les lots reçus par donation-partage cumulative doivent être estimés au décès du donateur. Or les lots des enfants peuvent comprendre tant des biens donnés que des biens dépendant de la succession du prémourant. Il ne serait pas cohérent d'évaluer ces derniers biens au jour du premier décès.

C'est pourquoi la doctrine préconise d'estimer l'ensemble des biens tant donnés que partagés au jour du second décès[1]. Cette évaluation unique est conforme à la réalité de l'acte qui réalise un partage unique des biens des deux parents réunis en une seule masse pour être répartis entre les copartagés sans distinction selon l'origine des biens. Elle permet alors de déterminer les droits théoriques donnés par donation-partage cumulative afin de calculer la quotité disponible.

331.75-1 **Calcul de la quotité disponible en présence d'une donation-partage cumulative – Exclusion de l'article 1078 du Code civil.**

EXEMPLE

M. et Mme X ont deux enfants, A et B. M. X décède laissant son épouse usufruitière de toute la succession et ses deux enfants. Il n'a consenti aucune libéralité.

L'actif de succession comprend :

– moitié indivise d'un appartement estimé à 200 000 € au décès de M. X (soit 100 000 € pour la moitié) et au jour de la donation-partage cumulative, 280 000 € au décès de l'épouse survivante ;

– une maison de campagne estimée à 90 000 € au décès de M. X et 120 000 € au décès de l'épouse survivante.

Mme X propose à ses enfants, qui acceptent, de faire une donation-partage cumulative portant sur tous les biens de la succession de son défunt époux et sur les biens suivants :

– l'autre moitié indivise de l'appartement ;

– un immeuble de rapport estimé à 110 000 € au jour de la donation-partage cumulative, et qui vaudra 160 000 € au décès de Mme X.

Mme X souhaite conserver l'usufruit de tous les biens objets de l'acte.

A est alloti de la nue-propriété de l'appartement (200 000) et B de la nue-propriété de la maison de campagne et de l'immeuble de rapport (200 000).

Mme X décède laissant à sa survivance ses deux enfants. L'actif net de sa succession exclusivement composée d'avoirs bancaires est de 120 000 €. Elle a consenti un legs particulier d'un montant de 70 000 € à une association.

Il n'est pas nécessaire de vérifier l'absence d'atteinte à la réserve dans la succession de M. X, celui-ci n'ayant consenti aucune libéralité. En revanche, il convient de vérifier si le legs

1. *Ibid.*

consenti par Mme X n'est pas attentatoire à la réserve. Pour cela, il faut calculer la quotité disponible dans sa succession.

Les biens donnés par Mme X sont estimés à son décès à 140 000 + 160 000 = 300 000 € au jour du décès soit 150 000 € par enfant. Le surplus reçu, soit 140 000 + 120 000 = 260 000 € correspond aux droits des enfants dans la succession du père. C'est le montant des droits théoriques donnés (2 × 150 000 = 300 000 €) qui doit être réuni fictivement pour former la masse de calcul de l'article 922 du Code civil, sachant que conformément à l'article 1078 du Code civil, les biens doivent être estimés au jour du décès, pour leur valeur en pleine propriété si l'usufruit s'est éteint.

La masse de calcul se présente ainsi comme suit :

Actif net	120 000
Réunion fictive de la donation-partage :	
Lot de A	150 000
Lot de B	150 000
Ensemble	420 000
Dont le tiers formant la quotité disponible	1/3
Est de	140 000
Dont les deux tiers formant la réserve	2/3
Sont de	280 000
Dont la moitié formant la réserve individuelle	1/2
Est de	140 000

§ 2
Méthode liquidative

331.80 **Plan.** La liquidation en présence d'une libéralité-partage dépend de l'absence (A) ou de la présence (B) d'héritiers réservataires.

A.
En l'absence de réservataire

331.91 **Liquidation sans tenir compte de la libéralité-partage.** Lorsque le défunt qui a consenti une libéralité-partage ne laisse pas d'héritier réservataire, sa succession est liquidée sans tenir compte de la libéralité-partage. Les lots reçus ne sont en effet pas rapportables et, faute de réservataire, il est inutile de vérifier une éventuelle atteinte à la réserve.

Il n'y a donc qu'à partager les biens non compris dans la libéralité-partage, augmentés des éventuels rapports dus à raison des donations ordinaires consenties par le défunt, et ce partage obéit aux règles de la dévolution légale.

331.91-1 **Liquidation de la succession après donation-partage au profit des frères et sœurs.**

EXEMPLE

Le défunt laisse à sa survivance un frère et deux sœurs. De son vivant, ne souhaitant pas allotir son frère, il avait consenti à ses deux sœurs une donation-partage portant sur divers biens immobiliers.

Au décès, il laisse un patrimoine net évalué à 270 000 €. Il n'a consenti aucune autre libéralité que la donation-partage.

En l'absence de réservataire, il n'y a qu'à partager les biens existants entre les héritiers selon les règles de la dévolution légale. Les lots reçus par donation-partage n'étant pas rapportables, il n'est pas tenu compte de cette libéralité.

Masse à partager

Actif net de succession	270 000
Dont le tiers pour chaque héritier	1/3
Est de	90 000

On procède ensuite aux attributions.

331.91-2 **Liquidation de la succession après donation-partage et donation rapportable au profit des frères et sœurs.**

EXEMPLE

Mêmes données que l'exemple précédent sauf que le défunt avait consenti à son frère un don manuel rapportable d'un montant de 60 000 €.

Masse à partager

Actif net de succession	270 000
Restitutions :	
Rapport dû par le frère	60 000
Ensemble	330 000
Dont le tiers pour chaque héritier	1/3
Est de	110 000

On procède ensuite aux attributions.

B.
En présence de réservataires

331.100 **Plan.** En présence de réservataires, il est nécessaire de contrôler si chacun a bien reçu sa part de réserve. Ainsi qu'on l'a vu précédemment, il n'est pas possible d'appliquer la méthode utilisée en cas de libéralité ordinaire pour effectuer ce contrôle (v. s^{s} n° 331.23). Il faut se référer aux termes de l'article 1077-1 du Code civil pour élaborer la **méthode à suivre**. Cette méthode, qui comprend **trois étapes**, a été suivie dans un jugement rendu par le tribunal de grande instance de Carpentras[1] (1°). Plus récemment, un jugement du tribunal de grande instance de Paris[2] a adopté une **nouvelle méthode liquidative** (2°). Une **comparaison** de ces

1. TGI Carpentras, 4 mai 1999, *BICC* 15 févr. 2000, n° 195 ; *JCP* 1999. II. 10380, note F. Sauvage ; *RTD civ.* 2001. 182, obs. Patarin – La méthode a été formalisée : v. M. Grimaldi, *Libéralités. Partage d'ascendants*, Litec, 2001, n°s 1823 s. – V. AUSSI, M. Grimaldi (dir.), Dalloz action *Droit patrimonial de la famille*, 2025/2026, 8e éd., n°s 423.32 s., par M. Grimaldi – *J.-Cl. Civ. Code*, art. 1075 à 1080, fasc. 40, par M. Grimaldi.
2. TGI Paris, 13 févr. 2008, RG n° 05/00598, inédit.

deux méthodes au moyen d'exemples chiffrés permet d'apprécier leurs conséquences liquidatives et de guider le liquidateur dans son choix entre les méthodes, en attendant que la jurisprudence soit fixée (3°).

1°
Première méthode

331.111 Première étape : calcul des parts de réserve individuelles et inventaire des libéralités rapportables. La première étape est identique à celle du contrôle de l'absence d'atteinte à la réserve dans une succession sans libéralité-partage. Il faut déterminer la **masse de calcul de la quotité disponible** selon les règles édictées par l'article 922 du Code civil, **en réunissant fictivement les lots reçus par donation-partage,** évalués selon le droit commun si l'article 1078 a été écarté, ou au jour de l'acte si l'article 1078 est applicable. À partir de cette masse de calcul sont calculées les parts de réserve individuelles.

Il faut également répertorier toutes les **libéralités rapportables reçues par chaque héritier réservataire,** afin, le cas échéant, de s'en servir pour compléter sa part de réserve (v. s[s] n°s 331.114 s.).

331.112 Deuxième étape : comparaison entre les parts de réserve individuelles et les lots reçus. Cette comparaison est prescrite par l'article 1077-1 du Code civil : « *L'héritier réservataire* [...] *qui a reçu un lot inférieur à sa part de réserve* ». Cette comparaison peut se faire par voie d'imputation des biens reçus par donation-partage sur la part de réserve du gratifié. L'imputation n'a alors pas pour objectif de détecter un éventuel dépassement de quotité disponible, mais de vérifier si chaque réservataire a bien reçu sa part de réserve. C'est pourquoi, au cours de cette étape, il n'est pas tenu compte des lots reçus hors part successorale[1].

Au terme de cette comparaison entre le lot reçu et la réserve, deux situations peuvent se présenter.

331.113 1) Les biens reçus par libéralité partage fournissent la part de réserve. *Première hypothèse :* on constate, après comparaison, que la valeur des biens reçus par libéralité-partage est supérieure ou égale à la part de réserve de chacun des héritiers réservataires (ce qui suppose qu'ils aient tous été allotis). Alors, l'action en réduction ne peut être exercée. Les donations ordinaires faites par le défunt ne sont pas réductibles et les dispositions testamentaires non plus. Il ne reste qu'à partager les biens existants, augmentés des éventuelles restitutions, après avoir délivré les legs. Ce partage se fait selon les règles légales de dévolution.

1. P. Catala, *La réforme des liquidations successorales*, 3e éd., Defrénois, 1982, n° 132.

331.113-1 Donation-partage allotissant les enfants de leur part de réserve.

EXEMPLE

Le défunt a trois enfants, A, B et C, à qui il a consenti une donation-partage portant sur des biens évalués à 150 000 € pour chacun d'eux. L'acte n'écarte pas l'application de l'article 1078 du Code civil.

Au décès, il laisse des biens d'une valeur nette de 100 000 €, qu'il lègue à sa concubine.

SOLUTION PROPOSÉE

En présence de réservataires et de libéralités, il faut vérifier que chacun a bien reçu sa part de réserve.

I. *Contrôle de l'intégrité de la réserve :*

a) Calcul de la quotité disponible et de la réserve

Actif net	100 000
Réunion fictive de la donation-partage :	
Lot de A	150 000
Lot de B	150 000
Lot de C	150 000
Ensemble	550 000
Dont le quart formant la quotité disponible	1/4
Est de	137 500
Dont les trois quarts formant la réserve	3/4
Sont de	412 500
Dont le tiers formant la réserve individuelle	1/3
Est de	137 500

b) Comparaison entre les lots reçus par donation-partage et les parts de réserve individuelles

Cette comparaison peut se faire au moyen d'un tableau similaire à celui des imputations, mais, rappelons-le, dont la finalité est différente.

	RI de A 137 500	RI de B 137 500	RI de C 137 500
Lot de A Complément à trouver	– 137 500 0		
Lot de B Complément à trouver		– 137 500 0	
Lot de C Complément à trouver			– 137 500 0

On constate ainsi que les lots reçus par A, B et C excèdent la part de réserve de chacun des gratifiés et utilisent ainsi une partie de la quotité disponible.

On en déduit alors :

– que les héritiers réservataires ne peuvent introduire une action en réduction, étant tous pourvus de leur réserve ;

– que le legs pourra pleinement s'exécuter, ce qui se vérifie en comparant le reliquat de quotité disponible (100 000 €) avec le montant du legs (100 000 €).

II. *Masse à partager :*

Actif net	100 000
A déduire : legs à la concubine	100 000
Reste à partager	0

331.114 **2) Les biens reçus par libéralité-partage sont inférieurs à la réserve.** *Deuxième hypothèse :* après comparaison, il s'avère que les biens reçus par libéralité-partage sont insuffisants pour fournir la part de réserve d'un ou plusieurs héritiers.

Dans ce cas, au lieu de procéder à la réduction des libéralités, il faut « *composer ou compléter* » la part de réserve de l'héritier insuffisamment alloti (C. civ., art. 1077-1). L'article 1077-1 du Code civil précise quels sont les **biens permettant de fournir ce complément à l'héritier :**

- *en premier lieu*, le complément est fourni par « *les libéralités dont il a pu bénéficier* ». Il faut entendre par là les **libéralités en avancement de part uniquement,** puisqu'elles seules ont vocation à former la part de réserve du gratifié. Dans la mesure où elles permettent de compléter la part de réserve, ces libéralités ne sont plus rapportables. Elles demeurent rapportables uniquement au-delà du complément utilisé ;

- *en second lieu, et* seulement si les libéralités en avancement de part reçues par l'héritier insuffisamment alloti, ne suffisent pas, le complément est fourni par « *les biens non compris dans le partage* ». Il s'agit ici des **biens existants au décès, exclus de la libéralité-partage et qui n'ont pas été légués.** S'ils avaient été légués, il y aurait lieu à réduction du legs[1].

Car si les avances de part reçues par le réservataire et les biens non légués ne suffisent pas à composer ou compléter sa part de réserve, ce réservataire peut introduire une **action en réduction.** La réduction se fait selon l'ordre prévu par l'article 923 du Code civil : réduction des legs avant les donations puis réduction des donations en commençant par la plus récente. S'agissant des legs, leur réduction se fait de façon proportionnelle sauf s'il existe une clause de préférence (C. civ., art. 926).

331.115 **Illustrations.** Les trois hypothèses envisagées : complément au moyen d'avance de parts, complément au moyen de biens existants et réduction des libéralités, sont illustrées au moyen des exemples qui suivent.

331.115-1 **Lots reçus par donation-partage insuffisants : complément au moyen de libéralités en avancement de part.**

EXEMPLE

Le défunt a trois enfants, A, B et C, à qui il a consenti une donation-partage en 2001, portant sur les biens suivants :

– un immeuble évalué à 150 000 € dans l'acte et attribué à A ;

– un fonds de commerce évalué à 150 000 € dans l'acte et attribué à B ;

– un immeuble évalué à 100 000 € dans l'acte et attribué à C.

L'évaluation dérogatoire de l'article 1078 n'a pas été écartée.

En 2008, le défunt a consenti à C un don manuel présumé rapportable de 50 000 €, somme que ce dernier a investie en bourse. Le portefeuille acquis au moyen de ces deniers est évalué à 60 000 € au décès et 54 000 € au partage.

À son décès, l'actif brut successoral comprend :

– un appartement évalué à 120 000 € au décès et 140 000 € à l'époque du partage ;

– divers avoirs bancaires pour un montant total de 30 000 € au décès et 37 000 € au partage.

Le passif successoral est estimé à 10 000 €.

Le défunt a légué l'appartement à sa concubine.

SOLUTION PROPOSÉE

I. *Contrôle de l'intégrité de la réserve :*

a) Calcul de la quotité disponible et de la réserve

Actif :	
– appartement	120 000
– avoirs bancaires	30 000
Actif brut	150 000
Passif	10 000
Reste	140 000
Réunion fictive :	
– Donation-partage	
Lot de A	150 000
Lot de B	150 000
Lot de C	100 000
– Don manuel à C	60 000
Ensemble	600 000
Dont le quart formant la quotité disponible	1/4
Est de	150 000
Dont les trois quarts formant la réserve	3/4
Sont de	450 000
Dont le tiers formant la réserve individuelle	1/3
Est de	150 000

Libéralités rapportables reçues par les réservataires :

– Don manuel à C : 60 000 €.

b) Comparaison entre les lots reçus par donation-partage et les parts de réserve individuelles

Cette comparaison peut se faire au moyen d'un tableau similaire à celui des imputations.

	RI de A 150 000	RI de B 150 000	RI de C 150 000
Lot de A	– 150 000 0		
Lot de B		– 150 000 0	
Lot de C			– 100 000 50 000

Avec RI = part de réserve individuelle
QD = quotité disponible

1. TGI Carpentras, 4 mai 1999 (préc., v. s[s] n° 331.100).

C doit compléter sa part de réserve à concurrence de 50 000. Ce complément doit être prélevé en priorité sur les avances de part reçues par l'héritier insuffisamment alloti. En l'espèce, C a reçu un don manuel, présumé rapportable, qui va permettre de compléter sa part de réserve. Si on poursuit le tableau ci-dessus :

	RI de A 150 000	RI de B 150 000	RI de C 150 000
Lot de A	– 150 000		
Complément à trouver	0		
Lot de B		– 150 000	
Complément à trouver		0	
Lot de C			– 100 000
Complément à trouver			50 000
Don manuel à C			– 50 000
Complément à trouver			0

Le don manuel permet de parfaire la réserve de C. Il n'est pas rapportable à concurrence de la fraction servant à fournir le complément de réserve soit 50 000 €/60 000 € ou 5/6e. Il n'est par conséquent rapportable que pour 1/6e, correspondant à la fraction excédant la part de réserve et s'imputant sur la quotité disponible.

Quant au legs, il n'est pas réductible car tous les héritiers réservataires ont reçu leur part de réserve. Dans le tableau ci-dessus, on constate qu'il peut s'imputer sur le reliquat de quotité disponible sans l'excéder (rappelons toutefois que l'absence de dépassement de quotité disponible ne garantit pas, en présence d'une donation-partage, que tous les réservataires ont bien reçu leur part de réserve).

II. *Masse à partager :*

Actif :	
– appartement	140 000
– avoirs bancaires	37 000
Actif brut	177 000
Passif	10 000
Actif net	167 000
Déduction du legs	140 000
Reste	27 000
Restitutions :	
– Fraction rapportable du don manuel à C 1/6 × 54 000 = 9 000	9 000
Ensemble	36 000
Dont le tiers pour chaque héritier	1/3
Est de	12 000

331.115-2 Lots reçus par donation-partage insuffisants : compléments au moyen de libéralités en avancement de part et des biens existants.

EXEMPLE

Le défunt a trois enfants, A, B et C, à qui il a consenti une donation-partage en 2001, portant sur les biens suivants :

– un immeuble évalué à 150 000 € dans l'acte et attribué à A ;

– un fonds de commerce évalué à 150 000 € dans l'acte et attribué à B ;

– un immeuble évalué à 100 000 € dans l'acte et attribué à C.

L'évaluation dérogatoire de l'article 1078 n'a pas été écartée.

En 2008, le défunt a consenti à C un don manuel présumé rapportable de 50 000 €, somme que ce dernier a investie en bourse. Le portefeuille acquis au moyen de ces deniers est évalué à 60 000 € au décès et 54 000 € au partage.

À son décès, l'actif brut successoral comprend :

– un appartement évalué à 120 000 € au décès et 140 000 € à l'époque du partage ;

– une maison de campagne évaluée à 100 000 € au décès et 108 000 € au partage ;

– divers avoirs bancaires pour un montant total de 30 000 € au décès et 37 000 € au partage.

Le passif successoral est de 10 000 € au décès comme au partage. Le défunt a légué l'appartement à sa concubine.

SOLUTION PROPOSÉE

I. *Contrôle de l'intégrité de la réserve :*

a) Calcul de la quotité disponible et de la réserve

Actif :	
– appartement	120 000
– maison de campagne	100 000
– avoirs bancaires	30 000
Actif brut	250 000
Passif	10 000
Reste	240 000
Réunion fictive :	
– Donation-partage	
Lot de A	150 000
Lot de B	150 000
Lot de C	100 000
– Don manuel à C	60 000
Ensemble	700 000
Dont le quart formant la quotité disponible	1/4
Est de	175 000
Dont les trois quarts formant la réserve	3/4
Sont de	525 000
Dont le tiers formant la réserve individuelle	1/3
Est de	175 000

Libéralités rapportables reçues par les réservataires :

– Don manuel à C : 60 000 €.

b) Comparaison entre les lots reçus par donation-partage et les parts de réserve individuelles

	RI de A 175 000	RI de B 175 000	RI de C 175 000
Lot de A	– 150 000		
Complément à trouver	25 000		
Lot de B		– 150 000	
Complément à trouver		25 000	
Lot de C			– 100 000
Complément à trouver			75 000

Avec RI = part de réserve individuelle
QD = quotité disponible

Aucun des trois enfants n'a reçu sa part de réserve :

– il manque 75 000 € à C, qu'il peut reconstituer à concurrence de 60 000 € sur le don manuel rapportable qu'il a reçu. Le don manuel ne doit alors plus être rapporté, car il sert à compléter la part de réserve du gratifié. Il manque encore un complément de 15 000 € à prélever sur les biens existants non légués ;

– il manque à A et B un complément pour chacun de 25 000 €. Ce complément ne peut être pris que sur les biens existants non légués, en l'absence de libéralité rapportable à leur profit.

Il faut donc prélever 15 000 € + (2 × 25 000 €) = 65 000 € sur les biens existants non légués, pour parfaire les parts de réserve de tous les réservataires.

Les biens existants nets non légués sont de 240 000 € – 120 000 € = 120 000 € : ils permettent de fournir ce complément. Les réservataires doivent prélever 65 000/120 000 € soit 13/24e de l'actif net existant non légué au partage dans les proportions suivantes :

A : 25/65e (ou 5/13e) du prélèvement

B : 25/65e (ou 5/13e) du prélèvement

C : 15/65e (ou 3/13e) du prélèvement

Les héritiers ne peuvent exercer l'action en réduction du legs contre le légataire, car ils sont pourvus de leur réserve. Le legs n'est donc pas réductible.

II. *Masse à partager :*

Actif :	
– appartement	140 000
– maison de campagne	108 000
– avoirs bancaires	37 000
Actif brut	285 000
Passif	10 000
Actif net	275 000
Déduction du legs	140 000
Reste	135 000
Déduction du complément pour parfaire les parts de réserves de A, B et C 13/24 × 135 000 =	73 125
Reste à partager	61 875
Dont le tiers pour chaque héritier	1/3
Est de	20 625

III. *Droits des parties et affectation à l'acquit du passif*

Enfant A :

– Droits dans la masse à partager	20 625	
– Complément de réserve : 5/13 × 73 125 = 28 125	28 125	
Total, égal à ses droits	48 750	48 750

Enfant B :

– Droits dans la masse à partager	20 625	
– Complément de réserve : 5/13 × 73 125 = 28 125	28 125	
Total, égal à ses droits	48 750	48 750

Enfant C :

– Droits dans la masse à partager	20 625	
– Complément de réserve : 3/13 × 73 125 = 16 875	16 875	
Total, égal à ses droits	37 500	37 500

Passif restant à acquitter :

– Passif successoral	10 000	10 000
Total		145 000

Vérification :

Ce total est égal à l'actif brut à partager non légué (145 000 €) à savoir : maison de campagne (108 000 €) et avoirs bancaires (37 000 €).

331.115-3 Lots reçus par donation-partage insuffisants : complément par réduction des libéralités.

EXEMPLE

Le défunt a trois enfants, A, B et C, à qui il a consenti une donation-partage en 2001, portant sur les biens suivants :

– un immeuble évalué à 150 000 € dans l'acte et attribué à A ;

– un fonds de commerce évalué à 150 000 € dans l'acte et attribué à B ;

– un immeuble évalué à 100 000 € dans l'acte et attribué à C.

L'évaluation dérogatoire de l'article 1078 n'a pas été écartée.

En 2008, le défunt a consenti à C un don manuel présumé rapportable de 50 000 €, somme que ce dernier a investie en bourse. Le portefeuille acquis au moyen de ces deniers est évalué à 60 000 € au décès et 54 000 € au partage.

À son décès, l'actif brut successoral comprend :

– un appartement évalué à 220 000 € au décès et 242 000 € à l'époque du partage. Le défunt a légué cet appartement à sa concubine ;

– divers avoirs bancaires pour un montant total de 30 000 € au décès et 37 000 € au partage.

Le passif successoral est de 10 000 € au décès comme au partage.

SOLUTION PROPOSÉE

I. *Contrôle de l'intégrité de la réserve :*

a) Calcul de la quotité disponible et de la réserve

Actif :	
– appartement	220 000
– avoirs bancaires	30 000
Actif brut	250 000
Passif	10 000
Reste	240 000
Réunion fictive :	
– Donation-partage	
Lot de A	150 000
Lot de B	150 000
Lot de C	100 000
– Don manuel à C	60 000

Ensemble	700 000
Dont le quart formant la quotité disponible	1/4
Est de	175 000
Dont les trois quarts formant la réserve	3/4
Sont de	525 000
Dont le tiers formant la réserve individuelle	1/3
Est de	175 000

Libéralités rapportables reçues par les réservataires :

– Don manuel à C : 60 000 €.

b) Comparaison entre les lots reçus par donation-partage et les parts de réserve individuelles

	RI de A 175 000	RI de B 175 000	RI de C 175 000
Lot de A	– 150 000 25 000		
Lot de B		– 150 000 25 000	
Lot de C			– 100 000 75 000

Avec RI = part de réserve individuelle
QD = quotité disponible

Aucun des trois enfants n'a reçu sa part de réserve.

Comme dans l'exemple précédent, C peut partiellement compléter sa part de réserve au moyen du don manuel qu'il a reçu (60 000 €). Il lui manque encore 15 000 €.

Quant à A et B, il leur faut trouver un complément de 25 000 € chacun.

Aussi manque-t-il au total :

(2 × 25 000 €) + 15 000 € = 65 000 €

Pour voir si ce complément peut être prélevé sur les biens existants non légués, il faut déterminer la valeur de ces biens.

L'appartement ayant été légué, il ne reste plus que les avoirs bancaires (30 000 €), déduction faite du passif successoral (10 000 €), soit 20 000 € pour compléter les parts de réserve de A, B, et C dans les proportions suivantes : 25 000/65 000 ou 5/13e, pour A et pour B et 15 000/65 000, soit 3/13e, pour C.

Les biens existants sont entièrement prélevés pour compléter les parts de réserve mais ils sont insuffisants, il manque encore :

65 000 – 20 000 = 45 000 €

Chacun des trois enfants peut demander la réduction du legs pour obtenir sa part de réserve.

Le legs est réductible à concurrence de 45 000/220 000e ou 9/44e de la valeur du bien légué au partage.

c) Calcul de l'indemnité de réduction

L'appartement légué est évalué à 242 000 € à l'époque du partage.

Indemnité de réduction :

9/44 × 242 000 = 49 500 €

Cette indemnité de réduction n'est pas partagée en trois selon les règles de dévolution légale mais est répartie comme les biens existants en fonction du complément de réserve à fournir à chaque réservataire.

II. *Masse à partager :*

Il n'y a aucun actif à partager selon les règles légales de dévolution. Les biens existants et l'indemnité de réduction sont répartis entre les réservataires dans les proportions ci-dessus indiquées afin de compléter leur part de réserve.

– Biens existants nets non légués (37 000 – 10 000)	27 000
– Indemnité de réduction due par la légataire	49 500
Ensemble	76 500
Revenant à A à concurrence de 5/13e, soit	29 423
Revenant à B à concurrence de 5/13e, soit	29 423
Revenant à C à concurrence de 3/13e, soit	17 654

2°
Deuxième méthode

331.121 **Exposé.** Une nouvelle méthode a été retenue par un jugement de première instance qui a été commenté par la doctrine[1]. La **première étape** de cette méthode est **identique** à celle de la méthode précédente : on calcule la quotité disponible, la réserve et les parts de réserve individuelles. On répertorie également les libéralités rapportables reçues par chaque réservataire.

La principale différence réside dans la seconde étape. Rappelons que dans la première méthode, on compare la réserve de chaque héritier au lot qu'il a reçu dans la donation-partage. Dans cette variante, la **part de réserve individuelle** est **comparée** à une **masse plus importante** formée des éléments suivants :

– **toutes les avances de part reçues par le réservataire :** lots reçus par libéralité-partage, donations et legs rapportables,

– la **part de l'héritier réservataire dans les biens existants au décès et non légués.** Ces biens sont alors **évalués au décès**, car il s'agit uniquement d'une opération de contrôle de l'absence d'atteinte à la réserve.

Puis on retrouve la **troisième étape** de la méthode précédente en fonction du résultat de la comparaison. Ainsi, s'il apparaît pour tous les réservataires que les avances de part successorales reçues et augmentées de leurs droits dans les biens existants non légués, permettent de former leur part de réserve, alors il n'y a pas réduction. Sinon, chaque héritier qui n'a pas reçu sa part de réserve peut la **compléter en priorité** sur les **avances de part qu'il a reçues**, puis sur les **biens existants non légués et** enfin en demandant la **réduction des libéralités.** Lorsque le complément est pris sur les biens existants non légués, ces biens ne peuvent plus, au moment du partage, être partagés par parts égales entre les réservataires. Comme dans la première méthode présentée, ils font l'objet d'un prélèvement prioritaire par l'héritier sous-alloti.

1. TGI Paris, 13 févr. 2008, RG n° 05/00598, NP – M. Grimaldi (dir.), Dalloz action *Droit patrimonial de la famille*, 2025/2026, 8e éd., nos 423.33 s., par M. Grimaldi – *J.-Cl. Civ. Code*, art. 1075 à 1080, fasc. 40, par M. Grimaldi.

331.121-1 Lots reçus par donation-partage insuffisants : compléments au moyen d'avance de parts – application de la seconde méthode.

EXEMPLE

Nous reproduisons l'exemple de la deuxième hypothèse ci-dessus, afin de le traiter selon cette seconde méthode.

Le défunt a trois enfants A, B et C, à qui il a consenti une donation-partage en 2001, portant sur les biens suivants :

– un immeuble évalué à 150 000 € dans l'acte et attribué à A ;

– un fonds de commerce évalué à 150 000 € dans l'acte et attribué à B ;

– un immeuble évalué à 100 000 € dans l'acte et attribué à C.

L'évaluation dérogatoire n'a pas été écartée.

En 2008, il a consenti à C un don manuel de 50 000 €, somme que ce dernier a investie en bourse. Le portefeuille acquis au moyen de ces deniers est évalué à 60 000 € au décès et 54 000 € au partage.

À son décès, l'actif net successoral comprend :

– un appartement évalué à 120 000 € au décès et 140 000 € à l'époque du partage ;

– une maison de campagne évaluée à 100 000 € au décès et 108 000 € au partage ;

– divers avoirs bancaires pour un montant total de 30 000 € au décès et 37 000 € au partage.

Le passif successoral est estimé à 10 000 €.

Le défunt a légué l'appartement à sa concubine.

SOLUTION PROPOSÉE

I. *Contrôle de l'intégrité de la réserve :*

a) Calcul de la quotité disponible et de la réserve

Actif :	
– appartement	120 000
– maison de campagne	100 000
– avoirs bancaires	30 000
Actif brut	250 000
Passif	10 000
Reste	240 000
Réunion fictive :	
– Donation-partage	
Lot de A	150 000
Lot de B	150 000
Lot de C	100 000
– Don manuel à C	60 000
Ensemble	700 000
Dont le quart formant la quotité disponible	1/4
Est de	175 000
Dont les trois quarts formant la réserve	3/4
Sont de	525 000
Dont le tiers formant la réserve individuelle	1/3
Est de	175 000

Libéralités rapportables reçues par les réservataires :

– Don manuel à C : 60 000 €

b) Droits théoriques de chacun des réservataires :

α. *Avances de part reçues par les héritiers :*

– A : 150 000 € (lot dans la donation-partage)

– B : 150 000 € (lot dans la donation-partage)

– C : 160 000 € (lot dans la donation-partage et don manuel)

β. *Droits des réservataires dans les biens existants non légués, évalués au décès :*

Actif non légué :	
– maison de campagne	100 000
– avoirs bancaires	30 000
Actif brut	130 000
Passif	10 000
Actif net	120 000
Dont le tiers pour chaque héritier	1/3
Est de	40 000

χ. *Total pour chacun des réservataires :*

	Avances de part	Droits dans les biens existants non légués	Total
A	150 000	40 000	190 000
B	150 000	40 000	190 000
C	160 000	40 000	200 000

II. Comparaison entre les lots reçus par donation-partage et les parts de réserve individuelles

	RI de A 175 000	RI de B 175 000	RI de C 175 000
Droits théoriques de A	– 190 000 – 15 000		
Droits théoriques de B		– 190 000 – 15 000	
Droits théoriques de C			– 200 000 – 25 000

Avec RI = part de réserve individuelle
QD = quotité disponible

On constate que chaque héritier a reçu au-delà de sa part de réserve, aucun d'eux ne peut demander la réduction. En particulier, le legs n'est pas réductible.

Le don manuel à C permet de former sa part de réserve en priorité par rapport aux biens existants. Il n'est donc pas rapportable.

III. *Masse à partager :*

Actif :	
– appartement	140 000
– maison de campagne	108 000
– avoir bancaire	37 000
Actif brut	285 000
Passif	10 000
Actif net	275 000
Déduction du legs	140 000
Reste	135 000
Dont le tiers pour chaque héritier	1/3
Est de	45 000

3°
Comparaison des deux méthodes

331.131 **Comparaison.** Afin de comparer les deux méthodes, nous les appliquons dans deux hypothèses : d'une part en cas de donation-partage égalitaire, d'autre part en cas de donation-partage inégalitaire.

331.131-1 **Donation-partage égalitaire : comparaison des deux méthodes.**

EXEMPLE

M. X a deux enfants, A et B, à qui il a consenti une donation-partage soumise à l'article 1078 du Code civil. A a reçu un appartement d'une valeur de 100 000 € et B a été gratifié d'une maison évaluée également à 100 000 €. À son décès, M. X laisse des biens d'une valeur de 400 000 € au décès et au partage. Il a légué à un ami des biens d'une valeur de 150 000 €, au décès et au partage.

SOLUTION PROPOSÉE

I. *Contrôle de l'intégrité de la réserve :*

a) Calcul de la quotité disponible et de la réserve

Actif net existant	400 000
Réunion fictive :	
– Donation-partage	
Lot de A	100 000
Lot de B	100 000
Ensemble	600 000
Dont le tiers formant la quotité disponible	1/3
Est de	200 000
Dont les deux tiers formant la réserve	2/3
Sont de	400 000
Dont la moitié formant la réserve individuelle	1/2
Est de	200 000

1re méthode :

b) Comparaison entre les lots reçus par donation-partage et les parts de réserve individuelles

	RI de A 200 000	RI de B 200 000
Lot de A Complément de réserve à trouver	– 100 000 100 000	
Lot de B Complément de réserve à trouver		– 100 000 100 000

Avec RI = part de réserve individuelle
QD = quotité disponible

Le défunt n'ayant consenti aucune autre libéralité, A et B doivent trouver un complément pour leur part de réserve dans les biens existants. Ce complément est prélevé sur les biens existants à concurrence de 100 000 € chacun soit un total de 200 000 €. Ce total peut être prélevé sur les biens existants non légués (400 000 € – 150 000 € = 250 000 €).

II. *Masse à partager :*

Actif net existant	400 000
À déduire :	
– Legs à l'ami	150 000
– Complément de part de réserve de A et B (100 000 + 100 000)	200 000
Ensemble	350 000 – 350 000
Reste à partager	50 000
Dont moitié pour chaque héritier	1/2
Est de	25 000

Chaque enfant a reçu un total de 225 000 € du défunt (100 000 € par donation-partage, 100 000 € pour compléter sa réserve par prélèvement prioritaire sur les biens existants et 25 000 € de droits légaux dans la masse à partager).

2e méthode :

La réserve individuelle est inchangée (200 000 €).

Il faut déterminer les droits des enfants, au décès, dans les biens existants non légués. Ces biens étant de 250 000 €, chacun a droit à la moitié soit 125 000 €.

Droits théoriques de chacun des réservataires :

	Avances de part	Droits dans les biens existants non légués	Total
A	100 000	125 000	225 000
B	100 000	125 000	225 000

On constate ainsi que chacun reçoit au-delà de sa part de réserve. Aucune action en réduction ne peut être demandée.

Masse à partager :

Actif net existant	400 000
À déduire :	
– Legs à l'ami	– 150 000
Reste à partager	250 000
Dont moitié pour chaque héritier	1/2
Est de	125 000

Après partage, chaque enfant a reçu du défunt un total de 225 000 € : 100 000 € par donation-partage et 125 000 € au titre des droits légaux dans la masse à partager.

Conclusion :

Lorsque la donation-partage est égalitaire et qu'il n'y a pas réduction des libéralités, les deux méthodes aboutissent au même résultat.

331.131-2 **Donation-partage inégalitaire : comparaison des deux méthodes.**

EXEMPLE

M. X a deux enfants A et B, à qui il a consenti une donation-partage soumise à l'article 1078 du Code civil. A a reçu un appartement d'une valeur de 150 000 € et B a été gratifié d'une maison évaluée à 400 000 €. À son décès, M. X laisse des biens d'une valeur de 500 000 € au décès et au partage.

Il a légué à un ami des biens d'une valeur de 50 000 € au décès et au partage.

SOLUTION PROPOSÉE

I. *Contrôle de l'intégrité de la réserve :*

a) Calcul de la quotité disponible et de la réserve

Actif net existant	500 000
Réunion fictive :	
– Donation-partage	
Lot de A	150 000
Lot de B	400 000
Ensemble	1 050 000
Dont le tiers formant la quotité disponible	1/3
Est de	350 000
Dont les deux tiers formant la réserve	2/3
Sont de	700 000
Dont la moitié formant la réserve individuelle	1/2
Est de	350 000

1re méthode :

b) Comparaison entre les lots reçus par donation-partage et les parts de réserve individuelles :

	RI de A 350 000	RI de B 350 000
Lot de A	– 150 000	
Complément de réserve à trouver	200 000	
Lot de B		– 400 000
Complément de réserve à trouver		Néant

Avec RI = part de réserve individuelle
QD = quotité disponible

Seul A a besoin de compléter sa part de réserve. Il peut le faire en prélevant les 200 000 € sur les biens existants non légués lesquels sont suffisants (500 000 – 50 000 = 450 000 €). Le legs n'est pas réductible.

II. *Masse à partager :*

Actif net	500 000
À déduire :	
– Legs à l'ami	50 000
– Complément pour parfaire la part de réserve de A	200 000
Reste à partager revenant à B	250 000

Comparaison de ce que chaque héritier a reçu du défunt :

– A : lot dans la donation-partage (150 000 €), complément prélevé sur les biens existants (200 000 €) soit un total de 475 000 € ;

– B : lot dans la donation-partage (400 000 €) et droits dans la masse à partager (125 000 €) soit un total de 525 000 €.

L'inégalité voulue est maintenue mais fortement atténuée : la différence entre A et B n'est plus que de 50 000 € au lieu de 250 000 €.

2e méthode :

On calcule les droits des réservataires, au décès, dans les biens existants non légués (450 000 €), soit 225 000 € chacun.

1) Droits théoriques de chacun des réservataires :

	Avances de part	Droits dans les biens existants non légués	Total
A	150 000	225 000	375 000
B	400 000	225 000	625 000

La réserve individuelle étant de 350 000 €, chacun a sa part. L'action en réduction ne peut être demandée.

II. *Masse à partager :*

Actif net existant	500 000
À déduire :	
– Legs à l'ami	50 000
Reste à partager	450 000
Dont moitié pour chaque héritier	1/2
Est de	225 000

Au total :

– A a reçu du défunt : 150 000 + 225 000 = 375 000 €, soit sa part de réserve plus 25 000 €.

– B a reçu du défunt : 400 000 + 225 000 = 625 000 €.

L'inégalité de la donation-partage est maintenue (250 000 € d'écart).

Conclusion :

La seconde méthode permet de maintenir l'inégalité voulue par le disposant au stade de la donation-partage tandis que la première méthode l'atténue, dans l'exemple ci-dessus.

331.131-3 Donation-partage inégalitaire et réduction des libéralités : comparaison des deux méthodes.

EXEMPLE

Mêmes données que l'exemple cité au nº 331.131-2 précédent sauf que le legs à l'ami porte sur des biens d'une valeur de 400 000 €.

SOLUTION PROPOSÉE

I. *Contrôle de l'intégrité de la réserve :*

a) Calcul de la quotité disponible et de la réserve

Actif net existant	500 000
Réunion fictive :	
– Donation-partage	
Lot de A	150 000
Lot de B	400 000
Ensemble	1 050 000
Dont le tiers formant la quotité disponible	1/3
Est de	350 000
Dont les deux tiers formant la réserve	2/3
Sont de	700 000
Dont la moitié formant la réserve individuelle	1/2
Est de	350 000

1re méthode :

b) Comparaison entre les lots reçus par donation-partage et les parts de réserve individuelles

	RI de A 350 000	RI de B 350 000
Lot de A	– 150 000	
Complément de réserve à trouver	200 000	
Lot de B		– 400 000
Complément de réserve à trouver		Néant

Avec RI = part de réserve individuelle
QD = quotité disponible

Seul A a besoin de compléter sa part de réserve. Il ne peut prélever que 100 000 € sur les biens existants non légués (500 000 € – 400 000 € = 100 000 €), il doit demander la réduction du legs.

Le legs est réductible à concurrence du complément à fournir à A (100 000 €), soit 1/4 de la valeur des biens légués au partage.

Au partage, A prélève tous les biens existants non légués pour compléter sa part de réserve (100 000 €, les valeurs n'ayant pas changé entre le décès et le partage) et a droit à l'indemnité de réduction due par le légataire (1/4 × 400 000 € = 100 000 €).

Comparaison de ce que chaque héritier a reçu du défunt :

– A : lot dans la donation-partage (150 000 €), complément prélevé sur les biens existants (100 000 €) et indemnité de réduction (100 000 €) soit un total de 350 000 € ;

– B : lot dans la donation-partage (400 000 €)

L'inégalité voulue au stade de la donation-partage est maintenue mais fortement atténuée : la différence entre A et B n'est plus que de 50 000 € au lieu de 250 000 €.

2e méthode :

On calcule les droits des réservataires, au décès, dans les biens existants non légués (100 000 €), soit 50 000 € chacun.

Droits théoriques de chacun des réservataires :

	Avances de part	Droits dans les biens existants non légués	Total
A	150 000	50 000	200 000
B	400 000	50 000	450 000

La réserve individuelle étant de 350 000 €, A doit compléter sa part de réserve ; les biens existants non légués ne peuvent donc être partagés par moitié. Comme dans la première méthode A complète sa part de réserve en prélevant tous les biens existants non légués (100 000 €). Cela étant insuffisant, il lui manque (350 000 – [150 000 + 100 000] = 100 000 €), il doit demander la réduction du legs pour parfaire sa part de réserve. Le legs est réductible à concurrence d'un quart (100 000 €/400 000 €) de la valeur des biens légués au partage. En cas de demande en réduction, le légataire est débiteur d'une indemnité de réduction de 100 000 €.

Comparaison de ce que chaque héritier a reçu du défunt :

– A : lot dans la donation-partage (150 000 €), complément prélevé sur les biens existants (100 000 €) et indemnité de réduction (100 000 €), soit un total de 350 000 € ;

– B : lot dans la donation-partage (400 000 €).

Conclusion :

Les deux méthodes aboutissent à des résultats identiques lorsque les biens existants ne suffisent pas à compléter la part de réserve des héritiers sous-allotis et que la réduction doit être demandée.

331.132 Synthèse. À partir des exemples ci-dessus, on constate que les deux méthodes aboutissent à des **résultats identiques** dans la majorité des hypothèses rencontrées en pratique, à savoir en cas de **donation-partage égalitaire**.

Lorsque la **donation-partage** est **inégalitaire**, les résultats sont également identiques lorsque les réservataires doivent demander la **réduction des libéralités** pour parfaire leur part de réserve.

Ce n'est donc que dans l'hypothèse particulière où la **donation-partage** est **inégalitaire** et que les **biens existants non légués suffisent à fournir aux réservataires le complément** pour former leur part de réserve, que les **résultats diffèrent**.

Une analyse comparative des deux méthodes permet de guider le praticien dans le choix d'une méthode en pareille hypothèse.

331.133 Analyse comparative des deux méthodes. La **seconde méthode** présente un **avantage certain :** elle **limite les hypothèses de réduction en augmentant l'assiette des droits des héritiers** qui doit être comparée à la part de réserve individuelle. Cette assiette comprend en effet en plus de la part recueillie dans la donation-partage les droits de chaque réservataire, au décès, dans les biens existants.

Elle ne semble pas contraire à l'article 1077-1 du Code civil qui énonce que l'enfant insuffisamment alloti ne peut demander la réduction que si les biens existants sont insuffisants. Cet article préconise donc seulement de compléter la part de réserve de l'enfant sous-alloti au moyen des biens existants non légués. Mais il ne précise pas si ce prélèvement sur les biens existants doit se faire prioritairement et donc avant partage ou dans le cadre du partage.

Dans la mesure, toutefois, où l'application des règles légales de dévolution permet de fournir à cet enfant sa part de réserve au moyen des biens existants non légués, rien ne permet de justifier un prélèvement prioritaire des biens existants par l'enfant sous-alloti, comme dans la première méthode. Une telle dérogation aux règles légales de dévolution ne devrait en effet être admise que si les droits légaux de cet enfant ne suffisent pas à compléter sa part de réserve[1].

On notera enfin que les **droits des réservataires dans les biens existants non légués** ne correspondent pas aux droits légaux des héritiers dans la masse à partager, ceux-ci étant calculés au partage et non pas au décès,

1. M. Grimaldi (dir.), Dalloz action *Droit patrimonial de la famille*, 2025/2026, 8e éd., n°s 423.35 s., par M. Grimaldi.

sur une masse pouvant être augmentée des rapports et indemnités de réduction. Il s'agit uniquement d'une répartition théorique au décès, des biens existants non légués, qui s'avère n'être envisagée par aucun texte.

Aucun argument de texte ne permet donc de trancher en faveur de l'une ou l'autre des deux méthodes. Il semble toutefois qu'en pratique, la **seconde méthode** soit **plus respectueuse de la volonté du disposant** : s'il a consenti une libéralité-partage inégalitaire, la première méthode aboutit le plus souvent à atténuer voire effacer l'inégalité – quoique les résultats soient assez aléatoires – tandis que la seconde semble maintenir l'inégalité voulue, chaque réservataire recevant du défunt, outre son lot dans la libéralité-partage, une part égale dans les biens existants.

331.134 **Quelle méthode choisir en pratique ?** Le choix n'est nécessaire, ainsi qu'on l'a démontré, qu'en présence d'une libéralité-partage inégalitaire obligeant les héritiers à prélever sur les biens existants pour compléter leur part de réserve.

En comparant les différents exemples, il apparaît que la seconde méthode semble plus respectueuse de la volonté du disposant quand l'inégalité dans la donation-partage est voulue[1]. Cela a conduit une cour d'appel[2] à **rechercher la volonté du disposant pour déterminer la méthode applicable.** Cette volonté peut résulter soit d'une mention expresse dans l'acte de donation-partage, soit de circonstances de fait comme dans l'affaire soumise à la cour d'appel de Versailles : donation-partage inégalitaire au profit d'une héritière par ailleurs gratifiée par donation en avancement de part successorale et hors part au moyen d'un legs.

Lorsque la volonté de créer une inégalité est démontrée, il convient donc d'appliquer la seconde méthode, qui de plus, a le mérite de la simplicité par rapport à la première. À défaut d'information sur la volonté du disposant, il a été préconisé d'utiliser la méthode dite du tribunal de grande instance de Carpentras[3].

SECTION 2
HÉRITIER NON CONÇU AU MOMENT DE LA LIBÉRALITÉ-PARTAGE

331.141 **Droits étendus à la part héréditaire.** L'article 1077-2 alinéa 3 du Code civil offre à l'enfant non conçu au jour de la libéralité-partage une **action en réduction spécifique** lui permettant de **former ou compléter** non pas sa part de réserve mais **sa part héréditaire.** Cette faveur faite à l'héritier non conçu est fondée sur l'idée selon laquelle le disposant n'a pas pu vouloir réduire les droits de cet enfant à sa part de réserve.

§ 1
Domaine de l'action en réduction

331.151 **Titulaire de l'action.** L'action offerte par l'article 1077-2 du Code civil appartient à l'enfant non conçu au jour de la libéralité-partage, auquel la doctrine assimile **l'héritier inconnu du disposant** à ce même jour. Il s'agit notamment de l'enfant dont le disposant ignorait la conception mais pas de celui dont la filiation n'est pas établie au moment de l'acte[4].

L'héritier dont l'acceptation a été annulée est également assimilé à l'enfant non conçu[5] contrairement à celui dont l'allotissement a été annulé pour ingratitude ou inexécution des charges.

Notons enfin que, la loi ne distinguant pas, l'action est offerte non seulement au **descendant,** mais également à **tout présomptif héritier non conçu au jour de la libéralité-partage** (neveu, cousin, par exemple, lorsque la donation-partage est faite en ligne collatérale).

331.152 **Libéralités-partages concernées.** L'article 1077-2 alinéa 3 du Code civil s'applique en cas de **donation-partage.** La doctrine est en revanche partagée quant à son application en cas de testament-partage dont la date est antérieure à la conception du présomptif héritier. Le testateur avait en effet la possibilité de modifier le testament s'il souhaitait allotir le nouvel héritier. Toutefois la doctrine dominante[6] admet l'application de ce texte au **testament-partage** au motif que l'article 1080 du Code civil renvoie à l'article 1077-2.

§ 2
Modalités d'exercice

331.161 **Deux étapes.** La liquidation en vue de reconstituer la part héréditaire de l'enfant non conçu

1. Sur la question de la volonté du disposant de créer une inégalité et sur l'analyse critique de la seconde méthode, v. M. Grimaldi (dir.), Dalloz action *Droit patrimonial de la famille*, 2025/2026, 8e éd., no 423.36, 3e argument, par M. Grimaldi.
2. Versailles, 1re ch., 1re sect., 15 juin 2018, RG no 15/08419.
3. Méthode préconisée lors du 116e Congrès des notaires à défaut de choix du disposant. V. *AJ fam.* 2020. 544.
4. M. Grimaldi (dir.), Dalloz action *Droit patrimonial de la famille*, 2025/2026, 8e éd., no 423.121, par M. Grimaldi.
5. F. Terré, Y. Lequette et S. Gaudemet, *Droit civil. Les successions. Les libéralités*, 5e éd., « Précis », Dalloz, 2024, no 1314 – M. Grimaldi, *Libéralités. Partage d'ascendants*, Litec, 2001, no 1844.
6. G. Morin, *La loi du 3 juillet 1971 sur les rapports à succession, la réduction des libéralités et les partages d'ascendants*, Defrénois, 5e éd., 1984, no 45 – J. Flour et H. Souleau, *Droit civil. Les successions*, « coll. U », 3e éd., A. Colin, 1991, no 582 – COMP., F. Terré, Y. Lequette et S. Gaudemet, *Droit civil. Les successions. Les libéralités*, 5e éd., « Précis », Dalloz, 2024, no 1327 – M. Grimaldi, *Libéralités, Partage d'ascendants*, Litec, 2001, no 1845.

se déroule en deux étapes. Dans un premier temps, on détermine la part héréditaire à laquelle cet enfant aurait eu droit en l'absence de libéralité-partage. Puis on compose cette part en suivant les mêmes modalités que pour la composition de la part de réserve de l'enfant omis dans la libéralité-partage.

331.162 Détermination de la part héréditaire. Pour déterminer ce à quoi aurait eu droit l'enfant non conçu en l'absence de libéralité-partage, il faut procéder à une **liquidation fictive** dans laquelle les avances de part reçues par les cohéritiers dans le partage anticipé sont traitées comme des donations rapportables. Cette liquidation fictive se fait selon les mêmes modalités qu'une liquidation en l'absence de libéralité-partage. Son contenu dépend donc de la qualité des héritiers : réservataires ou non réservataires.

331.163 1) Succession dévolue à des héritiers réservataires. En présence de réservataire, la liquidation fictive se déroule comme suit :

- contrôle, en valeur décès, d'une éventuelle atteinte à la réserve en procédant au calcul de la réserve et de la quotité disponible puis aux imputations ;
- le cas échéant, calcul des indemnités de réductions ;
- et enfin, détermination, en valeur partage, de la masse à partager et de la part héréditaire des héritiers.

Cette masse à partager comprend :

- les biens existant au décès et non légués ;
- le rapport des libéralités rapportables y compris les lots reçus par donation-partage ;
- les éventuelles indemnités de réductions.

La part héréditaire est calculée sur cette masse en fonction de la quotité correspondant à la vocation légale de l'héritier non conçu.

331.163-1 Héritier réservataire non conçu au jour de la donation-partage : détermination de la part héréditaire en présence d'héritiers réservataires.

EXEMPLE

M. X laisse trois enfants A, B, et C.

En 1990, il avait consenti une donation-partage à A et B, avant la naissance de C. Chacun avait reçu des biens d'une valeur de 50 000 € au jour de l'acte. Ces biens valent 120 000 € au décès et 160 000 € à l'époque du partage.

En 2006, C a reçu une donation portant sur des biens évalués à 50 000 €. Ces biens valent 60 000 € au décès et 70 000 € au partage.

En 2007, M. X avait donné à son frère une somme de 50 000 € afin de l'aider à rembourser des dettes.

Le patrimoine du défunt vaut 270 000 € au décès comme au partage.

SOLUTION PROPOSÉE

C. n'étant pas conçu au jour de la donation-partage, il peut exercer l'action de l'article 1077-2 alinéa 3 du Code civil. Cette action lui permet de réclamer sa part héréditaire, qu'il convient donc de calculer.

Pour cela on liquide la succession comme si A et B avaient été gratifiés non pas par donation-partage mais par donations ordinaires.

Détermination de la part héréditaire

I. *Contrôle de l'intégrité de la réserve :*

a) Calcul de la quotité disponible et de la réserve

Actif net existant	270 000
Réunion fictive :	
– Donation-partage	
Lot de A	120 000
Lot de B	120 000
– Donation à C	60 000
– Donation au frère	50 000
Ensemble	620 000
Dont le quart formant la quotité disponible	1/4
Est de	155 000
Dont les trois quarts formant la réserve	3/4
Sont de	465 000
Dont le tiers formant la réserve individuelle	1/3
Est de	155 000

b) Imputations

	Réserve de A 155 000	Réserve de B 155 000	Réserve de C 155 000	Quotité disponible 155 000
Lot de A	– 120 000 35 000			
Lot de B		– 120 000 35 000		
Donation à C			– 60 000 95 000	
Donation au frère				– 50 000 105 000

Aucune libéralité n'est réductible.

II. *Masse à partager :*

Actif net de succession	270 000
Restitutions :	
Rapport dû par A	160 000
Rapport dû par B	160 000
Rapport dû par C	70 000
Total à partager	660 000
Dont le tiers pour chaque héritier	1/3
Est de	220 000

La part héréditaire de C est de 220 000 €.

331.164 2) Succession dévolue à des héritiers non réservataires. Il s'agit des hypothèses où la libéralité-partage a été faite soit au profit des ascendants soit au profit des collatéraux. Dans ce cas, le calcul de la part héréditaire se fait plus simplement. Il suffit de calculer la masse à partager en considérant que les lots reçus par donation-partage sont des donations rapportables, puis de calculer la part héréditaire en fonction de la quotité auquel l'héritier non conçu a vocation.

331.164-1 Héritier non conçu au jour de la donation-partage : détermination de la part héréditaire en l'absence d'héritiers réservataires.

EXEMPLE

M. X laisse trois frères A, B et C.

En 2007, il avait donné son entreprise, évaluée à 500 000 € à l'époque du partage, à A et B, à titre de partage anticipé, à concurrence de moitié chacun.

En 2008, son père a eu un nouvel enfant C.

M. X décède brutalement dans un accident laissant un patrimoine de 400 000 €.

SOLUTION PROPOSÉE

C n'étant pas conçu au jour de la donation-partage, il peut exercer l'action de l'art. 1077-2 alinéa 3 du Code civil afin de réclamer sa part héréditaire.

Pour la calculer on liquide la succession comme si A et B avaient été gratifiés non pas par donation-partage mais par donations ordinaires.

La succession étant dévolue en ligne collatérale donc sans réservataires, il suffit de calculer la part héréditaire de C dans la masse à partager :

Masse à partager théorique :

Actif net de succession	400 000
Restitutions :	
Rapport dû par A	250 000
Rapport dû par B	250 000
Total à partager	900 000
Dont le tiers pour chaque héritier	1/3
Est de	300 000

La part héréditaire de C est de 300 000 €.

331.165 Formation de la part héréditaire. Pour former la part héréditaire de l'héritier non conçu, on prend tout d'abord les **avances de part** que celui-ci a reçues du défunt entre vifs, ainsi que les **legs d'attribution** (legs rapportables et lots reçus par testament-partage).

Si cela est insuffisant, l'héritier en question prélève ensuite les **biens existants non légués** ainsi que toutes les restitutions autres que les lots transmis par libéralité-partage : **rapports** dus au titre de **libéralités ordinaires et indemnités de réduction.**

Enfin, ce n'est que si ces prélèvements sont insuffisamment qu'on procède à la **réduction de la libéralité-partage.** Seuls seront réduits les lots excédant la part de réserve du gratifié.

331.165-1 Enfant non conçu au jour de la donation : formation de sa part au moyen de ses avances de part et des biens existants.

EXEMPLE

Cet exemple fait suite à l'exemple cité s^s^ n° 331.163-1.

La part héréditaire de C précédemment calculée est de 220 000 €. Pour la former, C utilise :

– la donation rapportable qu'il a reçue	70 000
– une fraction des biens existants	150 000
Ensemble	220 000

Le reliquat des biens existants (270 000 € – 150 000 € = 120 000 €) est partagé par moitié entre A et B, soit 60 000 €.

Par ailleurs, C ne doit pas le rapport de sa donation, car il sert à former sa part héréditaire.

331.165-2 Enfant non conçu au jour de la donation-partage : formation de la part héréditaire au moyen des biens existants.

EXEMPLE

Cet exemple fait suite à l'exemple cité s^s^ n° 331.164-1.

La part héréditaire de C est de 300 000 €. Pour la former, il doit la prélever sur les biens existants, car il n'a reçu aucune avance de part. Il prélève donc 300 000 € et laisse un reliquat de 100 000 € qui est partagé par moitié entre A et B soit 50 000 € chacun.

CHAPITRE

332. Liquidation en présence d'une donation-partage transgénérationnelle

SECTION 0 ORIENTEUR

332.00 Sommaire du chapitre.

332.01 Textes applicables.

• **C. civ.,** art. 1078-4 à 1078-10

> Donations-partages faites à des descendants de degrés différents

• **C. civ.,** art. 1078-4

Lorsque l'ascendant procède à une donation-partage, ses enfants peuvent consentir à ce que leurs propres descendants y soient allotis en leur lieu et place, en tout ou partie.

Les descendants d'un degré subséquent peuvent, dans le partage anticipé, être allotis séparément ou conjointement entre eux.

• **C. civ.,** art. 1078-5

Cette libéralité constitue une donation-partage alors même que l'ascendant donateur n'aurait qu'un enfant, que le partage se fasse entre celui-ci et ses descendants ou entre ses descendants seulement.

Elle requiert le consentement, dans l'acte, de l'enfant qui renonce à tout ou partie de ses droits, ainsi que de ses descendants qui en bénéficient. La libéralité est nulle lorsque le consentement du renonçant a été vicié par l'erreur, le dol ou la violence.

• **C. civ.,** art. 1078-6

Lorsque des descendants de degrés différents concourent à la même donation-partage, le partage s'opère par souche.

Des attributions peuvent être faites à des descendants de degrés différents dans certaines souches et non dans d'autres.

• **C. civ.,** art. 1078-7

Les donations-partages faites à des descendants de degrés différents peuvent comporter les conventions prévues par les articles 1078-1 à 1078-3.

• **C. civ.,** art. 1078-8

Dans la succession de l'ascendant donateur, les biens reçus par les enfants ou leurs descendants à titre de partage anticipé s'imputent sur la part de réserve revenant à leur souche et subsidiairement sur la quotité disponible.

Toutes les donations faites aux membres d'une même souche sont imputées ensemble, quel que soit le degré de parenté avec le défunt.

Lorsque tous les enfants de l'ascendant donateur ont donné leur consentement au partage anticipé et qu'il n'a pas été prévu de réserve d'usufruit portant sur une somme d'argent, les biens dont les gratifiés ont été allotis sont évalués selon la règle prévue à l'article 1078.

Si les descendants d'une souche n'ont pas reçu de lot dans la donation-partage ou n'y ont reçu qu'un lot inférieur à leur part de réserve, ils sont remplis de leurs droits selon les règles prévues par les articles 1077-1 et 1077-2.

• **C. civ.,** art. 1078-9

Dans la succession de l'enfant qui a consenti à ce que ses propres descendants soient allotis en son lieu et place, les biens reçus par eux de l'ascendant sont traités comme s'ils les tenaient de leur auteur direct.

Ces biens sont soumis aux règles dont relèvent les donations entre vifs pour la réunion fictive, l'imputation, le rapport et, le cas échéant, la réduction.

Toutefois, lorsque tous les descendants ont reçu et accepté un lot dans le partage anticipé et qu'il n'a pas été prévu d'usufruit portant sur une somme d'argent, les biens dont ont été allotis les gratifiés sont traités comme s'ils les avaient reçus de leur auteur par donation-partage.

• **C. civ.,** art. 1078-10

Les règles édictées à l'article 1078-9 ne s'appliquent pas lorsque l'enfant qui a consenti à ce que ses propres descendants soient allotis en son lieu et place procède ensuite lui-même, avec ces derniers, à une donation-partage à laquelle sont incorporés les biens antérieurement reçus dans les conditions prévues à l'article 1078-4.

Cette nouvelle donation-partage peut comporter les conventions prévues par les articles 1078-1 et 1078-2.

332.03 Bibliographie indicative.

Actualisable. Rép. civ., v° *Libéralités-partages*, par F. Sauvage, sept. 2009 [actu. sept. 2023] – *J.-Cl. civ.*, art. 1078 à 1080, fasc. 40, par M. Grimaldi – *J.-Cl. Not. Form.*, v° *Donation-partage*, fasc. 90, par N. Levillain.

Ouvrages généraux et monographies. A. Delfosse et J.-F. Peniguel, *La réforme des successions et des libéralités* (préf. M. Grimaldi, avant-propos L. Dejoie), Litec, 2006 – M. Grimaldi (dir.), Dalloz action *Droit patrimonial de la famille*, 2025/2026, 8e éd., nos 411.01 s., 421.01 s., 422.01 s., 422.01 s., 423.01 s. par M. Grimaldi – D. Guével, *Droit des successions et des libéralités*, 3e éd., « Systèmes », LGDJ, 2014 – A.-M. Leroyer, *Droit des successions*, 4e éd., « Cours », Dalloz, 2020 – Ph. Malaurie et C. Brenner, *Droit des successions et des libéralités*, 10e éd., « Droit civil », LGDJ, 2024, nos 841 et 842 s. – L. Taudin, *Libéralités-partages*, « Pratique notariale », LexisNexis, 2016.

Articles. R. Gentilhomme, « Donation-partage transgénérationnelle et usufruit successif », *Defrénois* 2015. 496 ; « L'anticipation du décès du disposant d'une donation-partage transgénérationnelle », *Defrénois* 2016. 1014 ; « Fiscalité de l'incorporation de donation(s) antérieure(s) à la masse d'une donation-partage transgénérationnelle », *Defrénois* 2016. 1033 – M. Grimaldi, « Des donations-partages et des testaments-partages au lendemain de la loi du 23 juin 2006 », *JCP N* 2006. 1320 ; *JCP* 2006. I. 179 – M. Grimaldi et C. Vernières, « De quelques clauses des donations-partages », *Defrénois* 2014. 390 – X. Guesdé, « Donations-partages transgénérationnelles : quelques aspects du régime juridique et fiscal », *JCP N* 2016. 1147 – D. Gutmann, « Les problématiques liquidatives à caractère fiscal de la donation-partage transgénérationnelle », *Defrénois* 2016. 1022 – R. Le Guidec, « Les libéralités-partages », *D.* 2006. 2584 ; « Le redéploiement des donations-partages », *JCP N* 2008. 1250 – N. Levillain, « Donation-partage transgénérationnelle, conseils rédactionnels », *JCP N* 2010. 1295 ; « Préparation d'une donation-partage transgénérationnelle : onze questions à se poser », *JCP N* 2010. 1268 – J.-F. Sagaut, « La donation-partage transgénérationnelle », *JCP N* 2006. 1321 – F. Sauvage, « Les modalités de l'incorporation : la donation-partage transgénérationnelle », *Defrénois* 2014. 348 – C. Vernières, « Retour sur quelques difficultés civiles posées par les incorporations transgénérationnelles », *AJ fam.* 2022. 28.

332.04 Questions essentielles.

> Comment liquider la succession du disposant qui a consenti une donation-partage transgénérationnelle ? Comment traiter les lots reçus par les petits-enfants ?

* V. ss nos 332.11 à 332.15-1

> Quelles sont les conséquences liquidatives d'une donation-partage transgénérationnelle sur la liquidation de la succession de l'enfant qui s'est effacé au profit de ses propres enfants ?

* V. ss nos 332.20 à 332.52-1

332.05 Division. Comme toute libéralité, la donation-partage faite à des descendants de degrés différents ou donation-partage transgénérationnelle est prise en compte dans la succession du disposant. Cette prise en compte se fait toutefois selon des règles spécifiques édictées par l'article 1078-8 alinéa 1er du Code civil (sect. 1). Elle est également prise en compte dans la succession de l'enfant qui a consenti à ce que ses descendants soient allotis en ses lieu et place car, ce faisant, cet enfant a consenti une renonciation à leur profit (renonciation « *in favorem* ») (sect. 2).

SECTION 1
LIQUIDATION DE LA SUCCESSION DU DISPOSANT

332.11 Liquidation par souche. Les parts reçues par les petits-enfants dans le cadre d'une donation-partage transgénérationnelle constituent des **avances de part prises sur la réserve de l'enfant qui s'est effacé.** Les biens attribués ont en effet été reçus par les donataires en lieu et place de cet enfant (C. civ., art. 1078-4). C'est pourquoi, lors du règlement de la succession du disposant, les lots reçus par les petits-enfants sont traités comme si l'enfant les avait lui-même reçus. La **liquidation de la succession du disposant** se fait ainsi **par souche**, une souche étant constituée d'un enfant et de ses descendants. On traite l'allotissement de chaque souche dans le partage anticipé comme s'il avait été fait uniquement à l'enfant auteur de la souche et non à ses descendants.

332.12 Imputations. Considérés comme des avances de part faite à l'enfant qui s'est effacé, les lots reçus par les petits-enfants s'imputent sur la part de réserve de leur auteur (C. civ., art. 1078-8, al. 1er). Cette imputation se fait sans ordre de priorité au sein de la souche, l'article 1078-8, alinéa 2 du Code civil prescrivant d'imputer « *ensemble* » « *toutes les donations faites aux membres d'une même souche* ». En pratique, il faut donc faire la somme de la valeur de tous les biens donnés à la souche dans le cadre de la donation-partage pour ensuite imputer ce total principalement sur la part de réserve de la souche.

En cas de dépassement de cette part de réserve, l'imputation se fait subsidiairement sur la quotité disponible (C. civ., art. 1078, al. 1er).

332.13 Méthode liquidative. La **méthode liquidative** applicable lors du règlement de la succession du disposant en cas de **donation-partage transgénérationnelle** est la **même** que celle utilisée lorsque le défunt a consenti une **donation-partage ordinaire.** La seule différence est qu'au lieu de procéder à une liquidation par tête, **la liquidation se fait par souche,** car c'est la souche qui a reçu un lot en avancement de part successorale.

Ainsi pour déterminer s'il y a lieu de réduire la donation-partage, il faut vérifier :

1) si **chaque souche a reçu un lot dans la donation-partage :** cela permet de déterminer la date d'évaluation des biens pour le contrôle de l'intégrité de la réserve : au jour de l'acte ou au décès (sur les règles d'évaluation, v. ss no 332.15) ;

2) si le **lot reçu par chaque souche est inférieur ou non à la part de réserve de la souche** (C. civ., art. 1078-8, al. 4).

La réduction n'aura lieu, comme selon le droit commun des donations-partages, que s'il n'existe pas, à l'ouverture de la succession, des biens non compris dans le partage et suffisants pour composer ou compléter la part de réserve de la souche insuffisamment allotie, compte tenu des libéralités en avancement de part reçues par l'enfant (C. civ., art. 1077-1).

332.14 Réduction de l'allotissement de la souche. Lorsqu'après avoir réalisé les opérations préalables, il apparaît que la donation-partage est réductible, il faut procéder à la réduction du lot de la souche qui a été allotie au-delà de sa part de réserve. Cette réduction se fait-elle proportionnellement aux biens reçus par l'enfant et chacun des petits-enfants ou bien doit-on réduire prioritairement le lot de l'enfant ou encore celui des petits-enfants ?

Aucun texte ne permet de répondre à cette question, probablement parce que la question devrait rarement se présenter en pratique. Elle n'est pourtant pas que théorique.

332.14-1 Réduction de l'allotissement de la souche.

EXEMPLE

Un grand-père, qui a deux enfants et six petits-enfants, allotit par donation-partage transgénérationnelle, d'une part, ses enfants de biens valant 100 000 € pour chacun et, d'autre part, ses petits-enfants, d'une somme de 50 000 € chacun. Si l'une des souches comprend un seul petit-enfant et l'autre cinq petits-enfants, alors une souche aura reçu 150 000 € et l'autre 350 000 €. Le lot de la seconde souche risque d'être réductible si le disposant laisse peu de biens existants à son décès.

Il semble qu'il faille procéder à une réduction proportionnelle, car là où le texte ne distingue pas, il n'y a pas lieu de distinguer.

332.15 Évaluation des biens reçus. Les biens reçus sont évalués selon le droit commun des donations-partages : sauf convention contraire, leur évaluation se fait à la **date de l'acte** pour **l'imputation** et pour **le calcul de la réserve,** à la double condition qu'il n'ait pas été prévu de réserve d'usufruit portant sur une somme d'argent et que tous les enfants de l'ascendant donateur aient donné leur consentement au partage anticipé (C. civ., art. 1078-8, al. 3, renvoyant à C. civ., art. 1078). Cette dernière expression présente une certaine ambiguïté. Il ne suffit pas que l'enfant donne son consentement à l'acte, il faut également que sa souche soit allotie, même si l'enfant ne reçoit personnellement aucun bien [1].

Ainsi, les biens sont évalués au jour de l'acte si au moins un descendant de chaque souche a reçu un lot et s'il n'existe pas de réserve d'usufruit sur une somme d'argent.

Si l'une de ces deux conditions n'est pas satisfaite, les biens reçus sont évalués **au jour du décès** pour le calcul de la **quotité disponible** et de la **réserve** ainsi que pour les **imputations.**

Enfin, l'acte peut écarter conventionnellement l'évaluation dérogatoire de l'article 1078 du Code civil.

332.15-1 Donation-partage transgénérationnelle : liquidation de la succession du disposant.

EXEMPLE

M. Dupuis a consenti une donation-partage au profit de ses deux enfants, Louis et Marie, et de ses trois petits enfants, Léo et Maxime, fils de Louis, Nina, fille de Marie. Il a ainsi donné des biens d'une valeur globale de 220 000 € au jour de l'acte à chacune des souches :

– Souche de Louis : Louis a reçu un immeuble d'une valeur de 100 000 € et Léo et Maxime ont reçu chacun une somme de 60 000 €.

– Souche de Marie : Marie a reçu un immeuble d'une valeur de 160 000 € et sa fille Nina une somme de 60 000 €.

Le donateur décède, il laisse à sa survivance ses deux enfants Louis et Marie ainsi que ses trois petits-enfants. L'actif net de sa succession est évalué à 310 000 € en ce compris une collection de livres évaluée à 60 000 € et léguée à un neveu.

SOLUTION PROPOSÉE

La liquidation de la succession se fait selon la méthode applicable au règlement d'une succession en présence d'une donation-partage ordinaire. Les deux souches ayant été alloties, les biens reçus sont évalués à la date de l'acte, sauf stipulation contraire, car il n'existe pas de réserve d'usufruit sur une somme d'argent (C. civ., art. 1078-8, al. 3, et 1078).

1. M. Grimaldi, « Des donations-partages et des testaments-partages au lendemain de la loi du 23 juin 2006 », *JCP N* 2006. 1320, no 8.

Quant au choix de la méthode, il est indifférent car les deux souches ont reçu des biens de même valeur. On choisira donc la seconde méthode, plus simple.

I. *Contrôle de l'intégrité de la réserve :*

a) Calcul de la quotité disponible et de la réserve

Actif net existant	310 000
Réunion fictive :	
– Donation-partage	
Allotissement de la souche de Louis	220 000
Allotissement de la souche de Marie	220 000
Ensemble	750 000
Dont le tiers formant la quotité disponible	1/3
Est de	250 000
Dont les deux tiers formant la réserve	2/3
Sont de	500 000
Dont la moitié formant la réserve individuelle	1/2
Est de	250 000

Il faut déterminer les droits de chaque souche, au décès, dans les biens existants non légués. Ces biens étant de 310 000 – 60 000 = 250 000 €, chacune souche a droit à la moitié soit 125 000 €.

b) Droits théoriques de chacun des réservataires :

	Avances de part	Droits dans les biens existants non légués	Total
Souche de Louis	220 000	125 000	345 000
Souche de Marie	220 000	125 000	345 000

La part de réserve de chaque souche étant de 250 000 €, chacun reçoit au-delà de sa part de réserve. Le legs n'est donc pas réductible.

II. *Masse à partager :*

Actif net existant	310 000
À déduire :	
– Legs au neveu	60 000
Reste à partager	250 000
Dont moitié pour chaque héritier	1/2
Est de	125 000

SECTION 2
LIQUIDATION DE LA SUCCESSION DE L'ENFANT QUI S'EST EFFACÉ

332.20 **Plan.** La donation-partage transgénérationnelle n'est pas seulement prise en compte dans la succession du donateur, elle l'est également dans la succession de l'enfant qui s'est effacé au profit de ses descendants. Pour ce faire, l'article 1078-9 du Code civil énonce un principe (A) et deux tempéraments (B et C).

§ 1
Principe : traitement comme des avances de parts faites par l'enfant

332.31 **Énoncé du principe**[1]. Les parts reçues de l'aïeul par les petits-enfants sont traitées comme des **avances de part faites par l'enfant qui s'est effacé dans la succession de ce dernier** (C. civ., art. 1078-9, al. 2). On ignore donc la transmission par l'aïeul et on fait comme si l'enfant avait lui-même donné en avancement de part successorale les lots reçus par ses propres enfants dans la donation-partage transgénérationnelle. D'un point de vue liquidatif, il en résulte deux conséquences.

332.32 **Rapport à la succession de l'enfant qui s'est effacé.** Traités comme des donations ordinaires en avancement de part successorale, les lots reçus par les petits-enfants sont rapportables à la succession de l'enfant, selon les règles de droit commun. On applique donc les dispositions de l'article 860 du Code civil pour chaque lot : les **biens reçus sont rapportables pour leur valeur à l'époque du partage,** d'après leur **état au jour de la donation.** En cas de subrogation, c'est la valeur du nouveau bien qui sera retenue, sauf si la dépréciation de ce bien est, en raison de sa nature, inéluctable au jour de son acquisition (v. s^s n° 422.172).

332.33 **Réunion fictive selon le droit commun des donations.** Par ailleurs, pour le calcul de la réserve et de la quotité disponible, les lots reçus sont également traités comme des donations ordinaires rapportables. Ils doivent donc être **réunis fictivement à la masse de calcul de la réserve dans la succession de l'enfant** pour leur **valeur au jour du décès,** conformément aux dispositions de l'article 922 du Code civil (v. s^s n° 314.50).

332.34 **Imputation.** Enfin, les lots reçus par les petits-enfants par donation-partage transgénérationnelle s'imputent comme des avances de part successorales : principalement sur la part de réserve du gratifié, subsidiairement sur la quotité disponible et en cas de dépassement l'excédent est sujet à réduction (C. civ., art. 919-1). Elles s'imputent à la **date de la donation-partage transgénérationnelle.** Si plusieurs petits-enfants ont été allotis, l'imputation se fait selon les mêmes règles que l'imputation des donations de même date (v. s^s n° 321.32), c'est-à-dire **concurremment.**

1. Sur le fondement de ce principe, v. M. Grimaldi, « Des donations-partages et des testaments-partages au lendemain de la loi du 23 juin 2006 », *JCP N* 2006. 1320, n° 8 – M. Grimaldi (dir.), Dalloz action *Droit patrimonial de la famille*, 2025/2026, 8e éd., n° 423.143, par M. Grimaldi.

332.34-1 Donation-partage transgénérationnelle : allotissement de certains petits-enfants seulement. Liquidation de la succession de l'enfant de la génération intermédiaire.

EXEMPLE

M. Martin, veuf, a deux enfants, Alexandre et Valérie. Alexandre n'a pas d'enfant. Valérie est divorcée et a deux filles, Manon et Léa, au jour de la donation-partage transgénérationnelle.

En janvier 2015, M. Martin a consenti une donation-partage transgénérationnelle au profit de son fils Alexandre et de ses deux petites-filles.

Alexandre a reçu une somme de 150 000 €, Manon et Léa ont reçu chacune une somme de 60 000 €.

Valérie a eu, après la donation-partage transgénérationnelle, un troisième enfant, Marin.

En 2020, Valérie décède dans un accident laissant à sa survivance ses trois enfants et son concubin. Son patrimoine au décès est évalué à 360 000 € en ce compris un appartement d'une valeur de 100 000 €, légué au concubin.

Les sommes d'argent reçues par Manon et Léa ont été déposées sur un compte afin de financer leurs études.

Les valeurs des biens sont inchangées entre le décès et le partage.

SOLUTION PROPOSÉE

La liquidation de la succession se fait selon les règles applicables en l'absence de donation-partage. On considère en effet que les lots reçus par Manon et Léa de leur grand-père sont des avances de part faites par leur mère.

I. *Contrôle de l'intégrité de la réserve :*

a) Calcul de la quotité disponible et de la réserve

Actif net existant	360 000
Réunion fictive :	
– Donation-partage Lot reçu par Léa	
Lot reçu par Manon	60 000
Lot reçu par Léa	60 000
Ensemble	480 000
Dont le quart formant la quotité disponible	1/4
Est de	120 000
Dont les trois quarts formant la réserve	3/4
Sont de	360 000
Dont le tiers formant la réserve individuelle	1/3
Est de	120 000

b) Imputations

	Réserve de Manon 120 000	Réserve de Léa 120 000	Réserve de Marin 120 000	Quotité disponible 120 000
Lot de Manon	– 60 000 60 000			
Lot de Léa		– 60 000 60 000		
Legs				– 100 000 20 000

Conclusion :

Le legs n'est pas réductible et il reste un reliquat de quotité disponible.

II. *Masse à partager :*

Actif net de succession	360 000
Déduction du legs	100 000
Reste	260 000
Restitutions :	
Rapport dû par Manon	60 000
Rapport dû par Léa	60 000
Total à partager	380 000
Dont le tiers pour chaque héritier	1/3
Est de	126 667

§ 2
Tempérament : allotissement de tous les petits-enfants d'une souche

332.41 Traitement comme une donation-partage. Si tous les enfants du défunt ont été allotis par leur aïeul, les lots reçus par les petits-enfants de leur aïeul sont **réputés avoir été transmis par donation-partage ordinaire par l'enfant qui s'est effacé** (C. civ., art. 1078-9, al. 3).

La liquidation de la succession de l'enfant se fait donc selon les règles liquidatives applicables aux successions en présence d'une donation-partage ordinaire.

332.42 Absence de rapport. Ainsi, d'une part, les lots reçus par les petits-enfants ne sont pas rapportables, car une donation-partage n'est jamais rapportable à la succession du donateur. Dans la situation visée par l'article 1078-9, alinéa 3 du Code civil, cela est sans incidence car le rapport a pour but de rétablir l'égalité entre les petits-enfants lorsque certains n'ont pas été allotis par leur aïeul. Or, tous les petits-enfants ont été allotis par hypothèse.

332.43 Évaluation dérogatoire pour le contrôle de l'intégrité de la réserve. D'autre part, en l'absence de réserve d'usufruit portant sur une somme d'argent stipulée dans la donation-partage transgénérationnelle ou de clause contraire, les **lots reçus** par les petits-enfants sont **évalués** pour le calcul de la réserve et de la quotité disponible, dans la succession de l'enfant prédécédé, non pas à la **date** du décès mais à celle **de la donation-partage transgénérationnelle** (C. civ., art. 1078).

332.43-1 Donation-partage transgénérationnelle : allotissement de tous les petits-enfants d'une souche. Liquidation de la succession de l'enfant de la génération intermédiaire.

EXEMPLE

Mêmes données que l'exemple s[s] n° 332.34-1 sauf que Marin était né au jour de la donation-partage et a reçu également une somme de 60 000 €.

SOLUTION PROPOSÉE

Tous les petits-enfants de la souche de Valérie ont été allotis dans la donation-partage transgénérationnelle. Pour liquider la succession de Valérie, on fait comme si les biens reçus par les petits-enfants de leur grand-père avaient été transmis par donation-partage ordinaire par leur mère.

Il faut donc appliquer la méthode de liquidation en présence d'une donation-partage ordinaire.

I. *Contrôle de l'intégrité de la réserve :*

a) Calcul de la quotité disponible et de la réserve

Actif net existant	360 000
Réunion fictive :	
– Donation-partage	
Lot reçu par Manon	60 000
Lot reçu par Léa	60 000
Lot reçu par Marin	60 000
Ensemble	540 000
Dont le quart formant la quotité disponible	1/4
Est de	135 000
Dont les trois quarts formant la réserve	3/4
Sont de	405 000
Dont le tiers formant la réserve individuelle	1/3
Est de	135 000

Les allotissements des enfants étant identiques on peut utiliser indifféremment les deux méthodes. On choisira la seconde plus simple à mettre en œuvre.

Il faut déterminer les droits de chaque enfant, au décès, dans les biens existants non légués. Ces biens étant de 360 000 € – 100 000 € = 260 000 €, chacun a droit au tiers, soit 86 667 €.

b) Droits théoriques de chacun des réservataires :

	Avances de part	Droits dans les biens existants non légués	Total
Manon	60 000	86 667	146 667
Léa	60 000	86 667	146 667
Marin	60 000	86 667	146 667

La part de réserve de chaque souche étant de 135 000 €, chacun reçoit au-delà de sa part de réserve. Le legs n'est donc pas réductible.

II. *Masse à partager :*

Actif net existant	360 000
À déduire :	
– Legs au concubin	
– Legs au concubin	100 000
Reste à partager	260 000
Dont un tiers pour chaque héritier	1/3
Est de	86 667

§ 3
Tempérament : incorporation des lots à une donation-partage faite par l'enfant de la génération intermédiaire

332.51 La donation-partage transgénérationnelle est ignorée. Lorsque l'enfant de la génération intermédiaire a lui-même procédé entre ses enfants à une nouvelle donation-partage, à laquelle ont été incorporés les biens transmis par l'aïeul lors la donation-partage transgénérationnelle, les dispositions de l'article 1078-9 du Code civil sont tenues en échec (C. civ., art. 1078-10). Les petits-enfants sont réputés avoir reçu de l'enfant représenté, à l'occasion de la donation-partage ordinaire, les biens dont ils ont été allotis par leur aïeul.

Pour liquider la succession de l'enfant de la génération intermédiaire, on fait comme si les biens reçus dans la donation-partage transgénérationnelle et incorporés à la donation-partage ordinaire avaient été transmis uniquement par cet enfant, à l'occasion de la donation-partage ordinaire.

332.52 Conséquences liquidatives. Comme pour le tempérament précédent, il résulte de cette **fiction liquidative** deux conséquences :

– d'une part, **aucun rapport n'est dû** à la succession de l'enfant qui s'est effacé, car les biens sont réputés avoir été transmis par donation-partage ;

– d'autre part, pour le contrôle de l'intégrité de la réserve, on applique les **règles relatives à la liquidation en présence d'une donation-partage ordinaire :** évaluation dérogatoire des biens si les conditions de l'article 1078 du Code civil sont réunies et contrôle d'une éventuelle atteinte à la réserve selon les règles édictées par l'article 1077-1 du Code civil.

332.52-1 Liquidation après incorporation des lots reçus par les petits-enfants à une donation-partage ordinaire.

EXEMPLE

M. Ledoux a consenti une donation-partage transgénérationnelle à ses enfants et petits-enfants en 2007. Il a notamment alloti dans la souche de son fils Paul deux des enfants de ce dernier : Clément et Zoé qui ont chacun reçu un studio évalué à 50 000 € au jour de l'acte.

En 2008, Paul consent une donation-partage à ses trois enfants Clément, Zoé et Jules. Clément et Zoé ont consenti à ce que les lots reçus de leur grand-père soient incorporés à la donation-partage. Les studios valent alors 80 000 € chacun. Les allotissements sont les suivants :

– Clément : le lot incorporé (80 000 €) et une somme de 20 000 € ;

– Zoé : le lot incorporé (80 000 €) et une somme de 20 000 € ;

– Jules : un appartement évalué à 100 000 €.

Paul décède laissant à sa survivance ses trois enfants et sa partenaire pacsée Jeanne. L'actif net de sa succession est évalué à 420 000 €, en ce compris un appartement légué à Jeanne et évalué à 180 000 €.

SOLUTION PROPOSÉE

Les lots reçus par donation-partage transgénérationnelle par les enfants de Paul ont été incorporés à une donation-partage consentie par Paul.

Pour liquider la succession de Paul, on ignore la donation-partage transgénérationnelle, et on ne tient compte que de la donation-partage ordinaire.

Il faut donc appliquer la méthode de liquidation en présence d'une donation-partage ordinaire.

I. *Contrôle de l'intégrité de la réserve :*

a) Calcul de la quotité disponible et de la réserve

Actif net existant	420 000
Réunion fictive :	
– Donation-partage	
Lot reçu par Clément	100 000
Lot reçu par Zoé	100 000
Lot reçu par Jules	100 000
Ensemble	720 000
Dont le quart formant la quotité disponible	1/4
Est de	180 000
Dont les trois quarts formant la réserve	3/4
Sont de	540 000
Dont le tiers formant la réserve individuelle	1/3
Est de	180 000

Les allotissements des enfants étant identiques on peut utiliser indifféremment les deux méthodes. Par simplicité, on prendra la seconde méthode exposée.

Il faut préalablement déterminer les droits de chaque enfant, au décès, dans les biens existants non légués. Ces biens étant de 420 000 – 180 000 = 240 000 €, chacune des souches a droit au tiers, soit 80 000 €.

b) Droits théoriques de chacun des réservataires :

	Avances de part	Droits dans les biens existants non légués	Total
Clément	100 000	80 000	180 000
Zoé	100 000	80 000	180 000
Jules	100 000	80 000	180 000

La part de réserve de chaque souche étant de 180 000 €, chacun reçoit juste sa part de réserve. Le legs n'est donc pas réductible.

II. *Masse à partager :*

Actif net existant	420 000
À déduire :	
– Legs à Jeanne	180 000
Reste à partager	240 000
Dont un tiers pour chaque héritier	1/3
Est de	80 000

TITRE
34. La réduction

SECTION 0
ORIENTEUR

34.00 **Sommaire du titre.**

34.05 **Nécessité d'une demande.** Contrairement au rapport qui s'opère de plein droit, la réduction nécessite une demande de la part d'au moins un héritier réservataire. L'action en réduction, qui n'est soumise à aucun formalisme particulier, appartient aux héritiers réservataires acceptants ainsi qu'à leurs héritiers et leurs ayants cause à titre gratuit (légataires ou institués contractuels) (C. civ., art. 921, al. 1er). La demande par les héritiers de l'ouverture des opérations de compte, liquidation et partage des successions de leurs parents manifeste la volonté de ces héritiers de voir procéder à la réduction des libéralités, sans qu'il soit nécessaire d'exercer une action distincte aux fins de réduction [1].

Les créanciers des réservataires peuvent également demander la réduction en agissant par la voie oblique (C. civ., art. 1341-1).

34.06 **Action individuelle.** Il n'est pas nécessaire que l'action en réduction soit exercée par tous les héritiers réservataires. Chaque réservataire dispose d'une action qui lui est propre et qu'il choisit ou non d'exercer. Si certains héritiers réservataires seulement demandent la réduction, la libéralité sera réduite uniquement dans la mesure nécessaire pour parfaire leur réserve.

34.07 **Prescription.** Autrefois trentenaire, le délai de prescription de l'action en réduction est, depuis le 1er janvier 2007, de cinq ans à compter de l'ouverture de la succession ou de deux ans à compter du jour où les héritiers ont eu connaissance de l'atteinte portée à leur réserve, sans jamais pouvoir excéder dix ans à compter du décès (C. civ., art. 921, al. 2). Le délai de deux ans ne joue que passé le délai de cinq ans : autrement dit l'héritier a en toutes hypothèses cinq ans à compter du décès pour demander la réduction mais passé ce délai, il n'a que deux ans à compter de la connaissance de l'atteinte à sa réserve pour formuler sa demande, laquelle ne peut intervenir plus de dix ans après le décès [2].

La Cour de cassation a précisé que le nouveau délai de prescription de l'action en réduction était inapplicable aux successions ouvertes avant le 1er janvier 2007 [3], sans dans un premier temps indiquer quel délai s'appliquait, ce qui a conduit certains auteurs à considérer que le délai de prescription de l'action en réduction est de cinq années à compter de l'entrée en vigueur de la loi n° 2008-561 du 17 juin 2008 [4], loi qui a ramené le délai de prescription de droit commun,

1. Civ. 1re, 10 janv. 2018, n° 16-27.894, P I, n° 5 (rejet).

2. Civ. 1re, 7 févr. 2024, n° 22-13.665, B ; *D.* 2024. 716, note P. Bouathong ; *AJ fam.* 2024. 172, obs. N. Levillain ; *Dr. fam.* 2024, n° 55, obs. M. Nicod ; *JCP N* 2024, n° 1077, note D. Autem ; *ibid.*, n° 1090, obs. A. Auriol-Ballarotta.
3. Civ. 1re, 22 févr. 2017, n° 16-11.961, P I, n° 45 ; *AJ fam.* 2017. 256, obs. S. Ferré-André ; *RTD civ.* 2017. 463, obs. M. Grimaldi ; *Dr. fam.* 2017. 105, note M. Nicod.
4. L. n° 2008-561, 17 juin 2008, portant réforme de la prescription en matière civile, *JO* 18 juin, p. 9856.

antérieurement applicable à l'action en réduction, de trente ans à cinq ans[1] (C. civ., art. 2224). Les cours d'appel étaient quant à elles partagées, certaines appliquant le délai trentenaire, d'autres estimant que l'action en réduction devait avoir été introduite avant le 19 juin 2013[2].

La Cour de cassation avait par ailleurs tranché la question de la prescription de l'option successorale, cassant un arrêt d'appel qui avait considéré que l'option successorale et l'action en recel introduites après le 19 juin 2013 étaient prescrites, au visa des articles 789, dans sa rédaction antérieure à celle issue de la loi n° 2006-728 du 23 juin 2006[3], 2222, dans sa rédaction antérieure à celle issue de la loi du 17 juin 2008, 2224 et 2227 du Code civil : « *En statuant ainsi, alors que celle-ci disposait d'un délai de trente ans pour accepter la succession de son père et agir en recel successoral, la cour d'appel a violé les textes susvisés* »[4]. La solution donnée ne pouvait toutefois pas être étendue à l'action en réduction, dont la prescription n'était régie par aucun texte spécifique.

Le délai applicable à l'action en réduction dans les successions ouvertes avant le 1er janvier 2007 dépend de la qualification donnée à cette action. Or dans son arrêt rendu le 23 octobre 2024[5] la Cour de cassation qualifie l'action en réduction d'action personnelle « *quand bien même elle aurait pour effet de résoudre la question de l'existence d'un droit réel sur les biens donnés ou légués* », pour en déduire par application des articles 2224 du Code civil et 26, II de la loi du 23 juin 2006 combinées, que pour les successions ouvertes avant le 1er janvier 2007, la prescription de l'action en réduction s'est prescrite par cinq ans à compter de l'entrée en vigueur de la loi du 17 juin 2008, soit depuis le 19 juin 2013. En conséquence, si aucune action n'a été introduite avant cette date du 19 juin 2013, la prescription extinctive est acquise.

Notons enfin que lorsque le défunt avait consenti une donation-partage l'action en réduction se prescrit par cinq ans (C. civ, art. 1077-2). Ce délai commence à courir à compter du décès du disposant ou à compter du décès du survivant des disposants lorsque la donation-partage est conjonctive (C. civ., art. 1077-2, al. 2). Cette solution s'applique pour les successions ouvertes tant avant le 1er janvier 2007 qu'après, la règle n'ayant pas été modifiée.

34.08 **Division.** Lorsque la liquidation successorale fait apparaître une atteinte à la réserve, les héritiers disposent d'une option : demander ou non la réduction de la libéralité, à moins qu'ils aient renoncé par anticipation à demander la réduction. Selon le parti adopté, les conséquences liquidatives sont différentes. Ainsi, en cas de demande en réduction, il faut déterminer les modalités de cette réduction (chap. 341). En cas de renonciation à demander la réduction, il faut rechercher les conséquences liquidatives de cette renonciation (chap. 342).

1. M. Grimaldi, note ss Civ. 1re, 22 févr. 2017, n° 16-11.961 (préc. ss prést n°) ; *RTD civ.* 2017. 463.
2. Pour la limitation du délai de prescription au 20 juin 2013 : Rennes, 1re ch., 25 juin 2019, RG n° 17/04394 ; Toulouse, 1re ch., 2e sect., 14 mai 2019, RG n° 17/04957 – Pour l'application du délai trentenaire à compter de l'ouverture de la succession : Nancy, 10 déc. 2019, RG n° 18/02577 ; Riom, 1re ch., 11 mars 2019, RG n° 17/02374.
3. L. n° 2006-728, 23 juin 2006, portant réforme des successions et des libéralités, *JO* 24 juin, p. 9513.
4. Civ. 1re, 12 févr. 2020, n° 19-11.668, NP.
5. Civ. 1re, 23 oct. 2024, n° 22-19.365, B ; *D.* 2024. 1863.

CHAPITRE

341. Modalités de la réduction

SECTION 0 ORIENTEUR

341.00 Sommaire du chapitre.

341.01 Textes applicables.

• **C. civ.,** art. 921 à 928

• **C. civ.,** anc. art. 866, 867, 924 et 1075

> Réduction (ancien régime)

[C. civ., anc. art. 866, 867, 924 et 1075]

• **C. civ.,** anc. art. 866

Les dons faits à un successible, ou à des successibles conjointement, qui excèdent la portion disponible, peuvent être retenus en totalité par les gratifiés, quel que soit l'excédent, sauf à récompenser les cohéritiers en argent.

• **C. civ.,** anc. art. 867

Lorsque le legs fait à un successible, ou à des successibles conjointement, porte sur un bien ou sur plusieurs biens composant un ensemble, dont la valeur excède la portion disponible, le ou les légataires peuvent, quel que soit cet excédent, réclamer en totalité l'objet de la libéralité, sauf à récompenser les cohéritiers en argent. Il en est de même si la libéralité porte sur des objets mobiliers ayant été à l'usage commun du défunt et du légataire.

• **C. civ.,** anc. art. 924

L'héritier réservataire gratifié par préciput au-delà de la quotité disponible et qui accepte la succession supporte la réduction en valeur, comme il est dit à l'article 866 ; à concurrence de ses droits dans la réserve, cette réduction se fera en moins prenant.

Il peut réclamer la totalité des objets légués, lorsque la portion réductible n'excède pas sa part de réserve.

• **C. civ.,** anc. art. 1075

Les père et mère et autres ascendants peuvent faire, entre leurs enfants et descendants, la distribution et le partage de leurs biens.

Cet acte peut se faire sous forme de donation-partage ou de testament-partage. Il est soumis aux formalités, conditions et règles prescrites pour les donations entre vifs dans le premier cas et des testaments dans le second, sous réserve de l'application des dispositions qui suivent.

Si leurs biens comprennent une entreprise individuelle à caractère industriel, commercial, artisanal, agricole ou libéral, les père et mère et autres ascendants peuvent, dans les mêmes conditions et avec les mêmes effets, en faire sous forme de donation-partage, la distribution et le partage entre leurs enfants et descendants et d'autres personnes, sous réserve que les biens corporels et incorporels affectés à l'exploitation de l'entreprise entrent dans cette distribution et ce partage et que cette distribution et ce partage aient pour effet de n'attribuer à ces autres personnes que la propriété de tout ou partie de ces biens ou leur jouissance.

> Action en réduction des libéralités

• **C. civ.,** art. 921

La réduction des dispositions entre vifs ne pourra être demandée que par ceux au profit desquels la loi fait la réserve, par leurs héritiers ou ayants cause : les donataires, les légataires, ni les créanciers du défunt ne pourront demander cette réduction, ni en profiter.

Le délai de prescription de l'action en réduction est fixé à cinq ans à compter de l'ouverture de la succession, ou à deux ans à compter du jour où les héritiers ont eu connaissance de l'atteinte portée à leur réserve, sans jamais pouvoir excéder dix ans à compter du décès.

Lorsque le notaire constate, lors du règlement de la succession, que les droits réservataires d'un héritier sont susceptibles d'être atteints par les libéralités effectuées par le défunt, il informe chaque héritier concerné et connu, individuellement et, le cas échéant, avant tout partage, de son droit de demander la réduction des libéralités qui excèdent la quotité disponible.

> Exercice de l'action en réduction : règles de calcul

[C. civ., art. 922 à 924]

• **C. civ.,** art. 922

La réduction se détermine en formant une masse de tous les biens existant au décès du donateur ou testateur.

Les biens dont il a été disposé par donation entre vifs sont fictivement réunis à cette masse, d'après leur état à l'époque de la donation et leur valeur à l'ouverture de la succession, après qu'en ont été déduites les dettes ou les charges les grevant. Si les biens ont été aliénés, il est tenu compte de leur valeur à l'époque de l'aliénation. S'il y a eu subrogation, il est tenu compte de la valeur des nouveaux biens au jour de l'ouverture de la succession, d'après leur état à l'époque de l'acquisition. Toutefois, si la dépréciation des nouveaux biens était, en raison de leur nature, inéluctable au jour de leur acquisition, il n'est pas tenu compte de la subrogation.

On calcule sur tous ces biens, eu égard à la qualité des héritiers qu'il laisse, quelle est la quotité dont le défunt a pu disposer.

• **C. civ.,** art. 923

Il n'y aura jamais lieu à réduire les donations entre vifs, qu'après avoir épuisé la valeur de tous les biens compris dans les dispositions testamentaires ; et lorsqu'il y aura lieu à cette réduction, elle se fera en commençant par la dernière donation, et ainsi de suite en remontant des dernières aux plus anciennes.

• **C. civ.,** art. 924

Lorsque la libéralité excède la quotité disponible, le gratifié, successible ou non successible, doit indemniser les héritiers réservataires à concurrence de la portion excessive de la libéralité, quel que soit cet excédent.

Le paiement de l'indemnité par l'héritier réservataire se fait en moins prenant et en priorité par voie d'imputation sur ses droits dans la réserve.

> Exécution de la réduction en nature

[C. civ., art. 924-1 et 928]

• **C. civ.,** art. 924-1

Le gratifié peut exécuter la réduction en nature, par dérogation à l'article 924, lorsque le bien donné ou légué lui appartient encore et qu'il est libre de toute charge dont il n'aurait pas déjà été grevé à la date de la libéralité, ainsi que de toute occupation dont il n'aurait pas déjà fait l'objet à cette même date.

Cette faculté s'éteint s'il n'exprime pas son choix pour cette modalité de réduction dans un délai de trois mois à compter de la date à laquelle un héritier réservataire l'a mis en demeure de prendre parti.

• **C. civ.,** art. 928

Lorsque la réduction s'exécute en nature, le donataire restitue les fruits de ce qui excède la portion disponible, à compter du jour du décès du donateur, si la demande en réduction est faite dans l'année ; sinon, du jour de la demande.

> Indemnité de réduction : calcul et paiement

[C. civ., art. 924-2 à 927]

• **C. civ.,** art. 924-2

Le montant de l'indemnité de réduction se calcule d'après la valeur des biens donnés ou légués à l'époque du partage ou de leur aliénation par le gratifié et en fonction de leur état au jour où la libéralité a pris effet. S'il y a eu subrogation, le calcul de l'indemnité de réduction tient compte de la valeur des nouveaux biens à l'époque du partage, d'après leur état à l'époque de l'acquisition. Toutefois, si la dépréciation des nouveaux biens était, en raison de leur nature, inéluctable au jour de leur acquisition, il n'est pas tenu compte de la subrogation.

• **C. civ.,** art. 924-3

L'indemnité de réduction est payable au moment du partage, sauf accord entre les cohéritiers. Toutefois, lorsque la libéralité a pour objet un des biens pouvant faire l'objet d'une attribution préférentielle, des délais peuvent être accordés par le tribunal, compte tenu des intérêts en présence, s'ils ne l'ont pas été par le disposant. L'octroi de ces délais ne peut, en aucun cas, avoir pour effet de différer le paiement de l'indemnité au-delà de dix années à compter de l'ouverture de la succession. Les dispositions de l'article 828 sont alors applicables au paiement des sommes dues.

À défaut de convention ou de stipulation contraire, ces sommes sont productives d'intérêt au taux légal à compter de la date à laquelle le montant de l'indemnité de réduction a été fixé. Les avantages résultant des délais et modalités de paiement accordés ne constituent pas une libéralité.

En cas de vente de la totalité du bien donné ou légué, les sommes restant dues deviennent immédiatement exigibles ; en cas de ventes partielles, le produit de ces ventes est versé aux cohéritiers et imputé sur les sommes encore dues.

• **C. civ.,** art. 924-4

Après discussion préalable des biens du débiteur de l'indemnité en réduction et en cas d'insolvabilité de ce dernier, les héritiers réservataires peuvent exercer l'action en réduction ou revendication contre les tiers détenteurs des immeubles faisant partie des libéralités et aliénés par le gratifié. L'action est exercée de la même manière que contre les gratifiés eux-mêmes et suivant l'ordre des dates des aliénations, en commençant par la plus récente. Elle peut être exercée contre les tiers détenteurs de meubles lorsque l'article 2276 ne peut être invoqué.

Lorsque, au jour de la donation ou postérieurement, le donateur et tous les héritiers réservataires présomptifs ont consenti à l'aliénation du bien donné, aucun héritier réservataire, même né après que le consentement de tous les héritiers intéressés a été recueilli, ne peut exercer l'action contre les tiers détenteurs. S'agissant des biens légués, cette action ne peut plus être exercée lorsque les héritiers réservataires ont consenti à l'aliénation.

• **C. civ.,** art. 926

Lorsque les dispositions testamentaires excéderont soit la quotité disponible, soit la portion de cette quotité qui resterait après avoir déduit la valeur des donations entre vifs, la réduction sera faite au marc le franc, sans aucune distinction entre les legs universels et les legs particuliers.

• **C. civ.,** art. 927

Néanmoins dans tous les cas où le testateur aura expressément déclaré qu'il entend que tel legs soit acquitté de préférence aux autres, cette préférence aura lieu ; et le legs qui en sera l'objet ne sera réduit qu'autant que la valeur des autres ne remplirait pas la réserve légale.

341.02 Jurisprudence de référence.

> Prescription de l'action en réduction

• **Civ. 1re, 7 févr. 2024,** n° 22-13.665, B

* V. ss n° 34.07

« 6. L'article 921, alinéa 2, du Code civil, dans sa rédaction issue de la loi n° 2006-728 du 23 juin 2006, applicable au litige, dispose :

Le délai de prescription de l'action en réduction est fixé à cinq ans à compter de l'ouverture de la succession, ou à deux ans à compter du jour où les héritiers ont eu connaissance de l'atteinte portée à leur réserve, sans jamais pouvoir excéder dix ans à compter du décès.

7. Il résulte de ce texte que, pour être recevable, l'action en réduction doit être intentée dans les cinq ans à compter du décès ou, au-delà, jusqu'à dix ans après le décès à condition d'être exercée dans les deux ans qui ont suivi la découverte de l'atteinte à la réserve. »

> Prescription de l'action en réduction : application de la loi dans le temps

• **Civ. 1re, 22 févr. 2017,** n° 16-11.961, P I, n° 45

* V. ss n° 34.07

« Vu l'article 921, alinéa 2, du Code civil, dans sa rédaction issue de la loi du 23 juin 2006, ensemble l'article 47, II, de cette loi ;

Attendu que le premier de ces textes n'est applicable, aux termes du second, qu'aux successions ouvertes à compter de l'entrée en vigueur, le 1er janvier 2007, de la loi précitée. »

• **Civ. 1re, 23 oct. 2024,** n° 22-19.365, B

* V. ss n° 34.07

« Vu les articles 2262, dans sa rédaction antérieure à celle issue de la loi n° 2008-561 du 17 juin 2008 portant réforme de la prescription, et 2224, dans sa rédaction issue de ladite loi, du code civil et l'article 26, II, de la loi du 17 juin 2008 :

8. Il résulte du premier de ces textes, applicable aux successions ouvertes avant le 1er janvier 2007, que l'action en réduction d'une donation de nature à porter atteinte à la réserve se prescrit par trente ans à compter de l'ouverture de la succession.

9. Aux termes du deuxième, les actions personnelles ou mobilières se prescrivent par cinq ans à compter du jour où le titulaire d'un droit a connu ou aurait dû connaître les faits lui permettant de l'exercer.

10. Le troisième dispose :

Les dispositions de la présente loi qui réduisent la durée de la prescription s'appliquent aux prescriptions à compter du jour de l'entrée en vigueur de la présente loi, sans que la durée totale puisse excéder la durée prévue par la loi antérieure.

11. L'action en réduction, que l'article 921, alinéa 1er, du Code civil reconnaît à ceux au profit desquels la loi fait la réserve et à leurs héritiers ou ayants cause, présente le caractère d'une action personnelle soumise à la prescription quinquennale prévue à l'article 2224 du même code, quand bien même elle aurait pour effet de résoudre la question de l'existence d'un droit réel sur les biens donnés ou légués.

12. Il en résulte que le délai de prescription de l'action en réduction relative à une succession ouverte avant le 1er janvier 2007, ramené de trente à cinq ans par la loi du 17 juin 2008, entrée en vigueur le 19 juin 2008, a expiré au plus tard le 18 juin 2013 à 24 heures.

13. Pour dire recevable l'action en réduction de Mmes [J] et [A] [E], l'arrêt, après avoir énoncé que les dispositions transitoires de la loi du 23 juin 2006 prévoient que la prescription quinquennale de l'action en réduction des libéralités excessives n'est applicable qu'aux successions ouvertes à compter du 1er janvier 2007, retient qu'à la date du décès de [V] [E], le 18 avril 2001, la prescription en vigueur était trentenaire, que les nouvelles dispositions de l'article 2224 du Code civil n'étaient pas applicables et que l'action en réduction des libéralités excessives de l'un ou l'autre des héritiers n'était pas prescrite à la date de la saisine du tribunal.

14. En statuant ainsi, alors que l'action en réduction de Mme [J] et [A] [E], formée le 6 septembre 2016, était prescrite depuis le 19 juin 2013, la cour d'appel a violé les textes susvisés. »

> Le principe de réduction en valeur et ses conséquences

• **Civ. 1re, 11 mai 2016,** n° 14-16.967, P I, n° 104

* V. ss n° 341.08

« Attendu qu'il résulte des articles 924 et suivants du Code civil qu'en principe, le legs est réductible en valeur et non en nature, de sorte qu'il n'existe aucune indivision entre le légataire universel et l'héritier réservataire ; qu'après avoir constaté que M. A… avait été institué légataire universel, la cour d'appel en a déduit, à bon droit, que, le patrimoine de la testatrice lui ayant été transmis au décès de celle-ci, Mme Z… ne pouvait prétendre ni à l'attribution préférentielle ni à la licitation des parcelles dépendant de la succession. »

> Absence de restitution des fruits en cas de réduction en valeur

• **Civ. 1re, 5 mars 2008,** n° 06-18.043, P I, n° 68

• **Civ. 1re, 24 sept. 2008,** n° 06-21.445, P I, n° 214

* V. ss n° 341.54

« En cas de réduction en valeur d'un legs particulier, le légataire n'est débiteur d'aucune indemnité d'occupation à raison de l'occupation de l'immeuble légué, ce bien n'étant pas en indivision entre le légataire et l'héritier réservataire. »

> Date de détermination de l'indemnité de réduction en l'absence de partage

• **Civ. 1re, 1er déc. 2021,** n° 20-12.923, B

* V. ss n° 341.42

« 4. Aux termes de l'article 924-2 du Code civil, le montant de l'indemnité de réduction se calcule d'après la valeur des biens donnés ou légués à l'époque du partage ou de leur aliénation par le gratifié et en fonction de leur état au jour où la libéralité a pris effet.

5. En l'absence d'indivision entre le bénéficiaire de la libéralité et l'héritier réservataire et, par conséquent, en l'absence de partage, le montant de l'indemnité de réduction se calcule d'après la valeur des biens donnés ou légués à l'époque de sa liquidation ou de leur aliénation par le gratifié. »

> Réduction en nature et restitution des fruits

• **Civ. 1re, 30 sept. 2020,** n° 19-12.296, P

* V. ss n° 341.62

« L'obligation imposée au donataire par l'article 928 du Code civil, dans sa rédaction antérieure à celle issue de la loi du 23 juin 2006, de restituer les fruits de ce qui excède la portion disponible, à compter du jour du décès du donateur, suppose que le bien donné soit, au jour de la donation, dans un état lui permettant de produire un revenu. Il en résulte que la valeur du travail effectué par celui-ci, qui a permis leur production, doit être déduite des fruits qu'il doit restituer sur le fondement de ce texte. »

> Pour le calcul de l'indemnité, on ne tient pas compte des changements d'état imputables au donataire

• **Civ. 1re, 6 nov. 2013,** n° 12-16.625, P I, n° 214

* V. ss n° 341.42

« Alors qu'il lui incombait (à la cour d'appel) de rechercher la valeur que le bien aurait eue à l'ouverture de la succession, dans l'état où il se trouvait au moment de la donation, sans qu'il y ait lieu de s'attacher aux travaux réalisés par le donataire. »

• **Civ. 1re, 14 janv. 2015,** n° 13-24.921, P I, n° 1

* V. ss n° 341.42

« La valeur de l'immeuble donné au jour du partage devait être déterminée en recherchant la valeur que ce bien aurait eue sans les travaux d'amélioration réalisés par le donataire […]. »

341.03 Bibliographie indicative.

Actualisables. *J.-Cl. civ.*, fasc. 10 à 30, art. 912 à 930-5, par C. Brenner – Rép. civ., *vis Réserve héréditaire – Quotité disponible*, par E. Fongaro et M. Nicod, avr. 2022 ; *Réserve héréditaire – Réduction des libéralités*, par S. Deville et M. Nicod, avr. 2020 [actu. juill. 2022].

Ouvrages. A. Delfosse et J.-F. Péniguel, *La réforme des successions et libéralités*, Litec, 2006 – *Les successions et les libéralités après la réforme : loi du 23 juin 2006*, « Dossiers pratiques », Francis Lefèbvre, 2013 – J. Flour et H. Souleau, *Droit civil. Les successions. Les libéralités*, 3e éd., « coll. U », A. Colin, 1991 – M.-C. Forgeard, R. Crône et B. Gelot, *Le nouveau droit des successions et des libéralités, Loi du 23 juin 2006, commentaires et formules*, Defrénois, 2007 – M. Grimaldi (dir.), Dalloz action *Droit patrimonial de la famille*, 2025/2026, 8e éd. – M. Grimaldi, *Droit des successions*, 8e éd., « Manuel », LexisNexis, 2020 – A.-M. Leroyer, *Droit des successions*, 4e éd., « Cours », Dalloz, 2022 – Ph. Malaurie et C. Brenner, *Droit des successions et des libéralités*, 10e éd., « Droit civil », LGDJ, 2020, nos 570-603 – H., L. et J. Mazeaud, *Leçons de droit civil*, t. IV, vol. 2, *Successions et libéralités*, 5e éd., par S. et L. Leveneur, Montchrestien, 1999 – G. Marty et P. Raynaud, *Droit civil. Les successions et les libéralités*, Sirey, 1983 – F. Terré, Y. Lequette et S. Gaudemet, *Droit civil. Les successions. Les libéralités*, 5e éd., « Précis », Dalloz, 2024.

341.04 Questions essentielles.

> Selon quelles modalités se fait la réduction des libéralités ?

* V. ss nos 341.05 à 341.08

> En cas de réduction en valeur, comment se calcule l'indemnité de réduction ?

* V. ss nos 341.20 à 341.44-2

> Comment procède-t-on au règlement de l'indemnité de réduction ?

* V. ss nos 341.51 à 341.55

> Quelles sont les conséquences liquidatives d'une réduction en nature ?

* V. ss nos 341.61 à 341.62-2

341.05 Dispositif antérieur au 1er janvier 2007. Avant le 1er janvier 2007, date d'entrée en vigueur de la loi du 23 juin 2006[1], les modalités de la réduction dépendaient de deux critères : la qualité du gratifié, successible ou non successible, et la nature de la libéralité, donation ou legs.

341.06 Libéralités à un successible. Ainsi, les donations faites à un successible étaient en principe réductibles en valeur (C. civ., anc. art. 866) sauf clause contraire stipulée dans l'acte, volonté contraire du donataire à condition que la situation juridique du bien n'ait pas changé, ou insolvabilité du donataire.

Les legs et institutions contractuelles faits aux successibles étaient quant à eux réductibles en nature sauf dans trois cas :

– le legs avait été consenti à un réservataire et sa portion réductible n'excédait pas la part de réserve du gratifié (C. civ., anc. art. 924, al. 2) ;

– le legs portait sur un ou plusieurs biens formant un ensemble malaisément divisible (C. civ., anc. art. 867) ;

– le legs portait sur des objets mobiliers ayant été à l'usage commun du défunt et du légataire (C. civ., anc. art. 867).

341.07 Libéralités à un non-successible. Les libéralités faites à un non-successible étaient en principe réductibles en nature, qu'il s'agisse de donations ou de legs.

Toutefois dans deux hypothèses, la réduction des donations se faisait en valeur :

– lorsqu'il y avait impossibilité matérielle de restituer le bien en nature parce qu'il avait péri ou avait été aliéné ;

– lorsque le tiers avait été alloti d'une entreprise par donation-partage à son profit et au profit de tous ou partie des présomptifs héritiers (C. civ., anc. art. 1075, al. 3).

Les legs faits aux tiers étaient également réductibles en nature sauf dans trois cas :

– impossibilité matérielle de restituer le bien légué ;

1. L. n° 2006-728, 23 juin 2006, portant réforme des successions et des libéralités, *JO* 24 juin, p. 9513.

– legs à l'État d'un bien présentant un intérêt pour le patrimoine historique, artistique ou culturel (L. n° 87-571, 23 juill. 1987, art. 23 [1]) ;

– legs de parts sociales lorsque les statuts prévoyaient la poursuite de la société avec tel associé ou telle personne désignée par testament.

341.08 **Division. Dispositif actuel.** La loi du 23 juin 2006 a simplifié les règles de détermination des modalités de la réduction. Ainsi, en principe, toutes les libéralités sont réductibles en valeur (sect. 1), quels que soient leur bénéficiaire ou leur nature [2] (C. civ., art. 924). La réduction en nature (sect. 2) n'a lieu que dans deux hypothèses :

– sur option du gratifié, à condition qu'il soit encore propriétaire du bien donné ou légué et qu'il n'en ait pas modifié l'état juridique (C. civ., art. 924-1, al. 1er) ;

– lorsque le bien donné ou légué a été aliéné sans le consentement du donateur et des réservataires et que le gratifié est insolvable. La réduction en nature est demandée à l'encontre du tiers détenteur (C. civ., art. 924-4).

SECTION 1
RÉDUCTION EN VALEUR

341.10 **Plan.** En cas de réduction en valeur, le gratifié conserve la propriété des biens donnés ou acquiert celle des biens légués, sans que son droit de propriété puisse être remis en cause. Il est seulement tenu de verser aux héritiers réservataires une indemnité de réduction, dont il convient de déterminer le montant (§ 1) et les modalités de règlement (§ 2).

§ 1
Calcul de l'indemnité de réduction

341.20 **Plan.** L'indemnité de réduction se calcule en deux temps. À l'issue des opérations de contrôle de l'intégrité de la réserve est déterminée la « *portion excessive de la libéralité* » (C. civ., art. 924, al. 1er) ou **portion réductible** (A). Cette portion réductible, **calculée en valeur décès**, doit ensuite être **réévaluée en valeur partage** pour obtenir **l'indemnité de réduction** (B).

A.
Détermination des portion et fraction réductibles

341.31 **Portion et fraction réductibles.** La portion réductible correspond au dépassement de quotité disponible après imputation des libéralités.

Lorsqu'au moment de l'imputation, la quotité disponible est totalement épuisée, la portion réductible correspond à la totalité de la valeur des biens donnés ou légués. La réduction est alors totale.

Si lors de l'imputation, seule une fraction de la libéralité excède la quotité disponible, la réduction n'est que partielle. La portion réductible, qui correspond au dépassement de quotité disponible (D) se détermine en imputant la quotité disponible ou son reliquat (QD) sur la valeur des biens objets de la libéralité au décès (VLD).

$$D = VLD - QD$$

À partir de cette portion réductible, il est possible de déterminer la fraction réductible (FR) qui servira à calculer l'indemnité de réduction en valeur partage :

$$FR = D/VLD$$

Cette fraction peut également être exprimée en pourcentage [3], mais compte tenu des conséquences des arrondis, il est préférable de conserver la fraction.

341.32 **Évaluation des biens au décès.** Pour calculer la portion réductible, il faut déterminer la **valeur des biens donnés ou légués au décès.**

Pour les biens légués, cela se fait sans difficulté.

Pour les biens donnés, il faut prendre la valeur des biens retenue pour la réunion fictive (C. civ., art. 922 – V. ss nos 314.120 à 314.211), c'est-à-dire :

– en règle générale, la valeur des biens donnés au décès compte tenu de leur état au jour de la donation ;

– en cas d'aliénation, la **valeur des biens** donnés **au jour de l'aliénation** (VA) ;

– en cas de subrogation, la **valeur, au décès, des biens subrogés** ou de la fraction des nouveaux biens que les biens donnés ont permis d'acquérir (VS).

Rappelons qu'il n'est cependant pas tenu compte de la subrogation en cas d'acquisition de biens dont la dépréciation est inéluctable au jour de leur acquisition.

Enfin, en cas de donation-partage, si l'article 1078 du Code civil s'applique, on prend la valeur des biens au jour de l'acte.

341.32-1 **Détermination de la fraction réductible. Biens donnés.**

EXEMPLE

Supposons une donation portant sur des biens évalués à 40 000 € au jour de la donation et 60 000 € au décès (VLD).

Le reliquat de quotité disponible (QD) est de 45 000 €.

Portion réductible : D = VLD – QD

1. L. n° 87-571, 23 juill. 1987, sur le développement du mécénat, *JO* 24 juill., p. 8255.
2. POUR UN RAPPEL DU PRINCIPE et d'une de ses conséquences : Civ. 1re, 11 mai 2016, n° 14-16.967, P I, n° 104 ; *D.* 2016. 1078 ; *AJ fam.* 2016. 350, obs. N. Levillain ; *RTD civ.* 2016. 673, obs. M. Grimaldi ; *Dr. fam.* 2016. Comm. 151, obs. M. Nicod.
3. POUR UNE MISE EN ŒUVRE : Civ. 1re, 22 mars 2017, n° 16-15.484, P I, n° 68 ; *D.* 2017. 817, *AJ fam.* 2017. 307, obs. N. Levillain.

60 000– 45 000 = 15 000

Fraction réductible : FR = D/VLD

15 000/60 000 = 1/4

Exprimée en pourcentage, la fraction réductible est de 25 %.

341.32-2 Détermination de la fraction réductible. Biens aliénés.

EXEMPLE

Supposons une donation portant sur des biens évalués à 40 000 € au jour de la donation. Ces biens ont été donnés par le donataire à son fils. À l'époque de l'aliénation, ils valaient 50 000 €.

Le reliquat de quotité disponible est de 45 000 €.

Portion réductible : D = VA – QD

50 000 – 45 000 = 5 000

Fraction réductible : FR = D/VA :

5 000/50 000 = 1/10

Exprimée en pourcentage, la fraction réductible est de 10 %.

341.32-3 Détermination de la fraction réductible. Subrogation.

EXEMPLE

Supposons une donation portant sur des biens évalués à 40 000 € au jour de la donation. Les biens donnés ont été vendus pour un prix de 50 000 €. Ce prix de vente a ensuite été employé pour acquérir un appartement dont le coût global d'acquisition (prix de vente et frais) était de 80 000 €. Cet appartement vaut au décès 100 000 €.

Le reliquat de quotité disponible (QD) est de 45 000 €.

Détermination de la portion d'appartement que les biens donnés ont permis d'acquérir (VS) :

50 000/80 000 × 100 000 = 62 500 €.

Portion réductible : D = VS – QD

62500 – 45 000 = 17 500 €.

Fraction réductible : FR = D/VS

17 500/62 500 = 7/25

Exprimée en pourcentage, la fraction réductible est de 28 %.

B. Évaluation en valeur partage

341.41 Calcul de l'indemnité : principe. La fraction réductible (FR) donne le **taux de réductibilité de la libéralité.** Ce taux doit être appliqué à la **valeur des biens donnés ou légués à l'époque du partage** (VLP) (C. civ., art. 924-2) pour obtenir **l'indemnité de réduction**[1] (IR).

IR = FR × VLP

Notons que cette règle s'applique même pour les biens reçus par donation-partage : l'évaluation dérogatoire de l'article 1078 du Code civil ne concerne que les opérations préalables, pas le partage.

341.41-1 Calcul de l'indemnité de réduction.

EXEMPLE

Reprenons les données de l'exemple cité s[s] n° 341.32-1

en supposant qu'à l'époque du partage les biens donnés sont évalués à 70 000 €.

On avait déterminé la fraction réductible :

1/4 ou 25 %

L'indemnité de réduction se calcule comme suit :

IR = FR × VLP

1/4 × 70 000 ou 25 % × 70 000 = 17 500 €.

341.42 Prise en compte des changements d'état du bien. L'indemnité de réduction se calcule d'après la **valeur des biens** donnés ou légués **à l'époque du partage,** compte tenu de leur **état au jour où la libéralité** a pris effet (C. civ., art. 924-2).

Pour les biens donnés, il est tenu compte de l'état du bien au jour de la donation.

Pour les legs, on considère l'état du bien au jour de l'ouverture de la succession, c'est-à-dire au décès. Ainsi, les plus ou moins-values advenues par le fait du gratifié ne profitent pas aux réservataires.

Il faut par conséquent **corriger la valeur des biens au partage,** à la hausse si le gratifié a dégradé les biens, à la baisse s'il les a améliorés[2].

L'indemnité de réduction due par le légataire universel non héritier et en concours avec des héritiers réservataires se calcule d'après la valeur des biens légués à la date de la liquidation[3], faute de partage, et en « *fonction de leur état au jour où la libéralité a pris effet* », c'est-à-dire à la date de la délivrance de legs[4].

Les changements d'état ayant une cause indépendante des agissements du gratifié ne constituent pas des changements d'état au sens de l'article 924-2 du Code civil, ils profitent donc aux réservataires[5].

1. Pour un rappel de la nécessité de réévaluer l'indemnité de réduction à l'époque du partage : Civ. 1re, 4 nov. 2020, n° 19-10.179, P ; *AJ fam.* 2020. 680, obs. J. Casey (décision rendue en application de l'article 868 dans sa rédaction antérieure à la loi du 23 juin 2006).

2. Travaux réalisés par le donataire, qui ne doivent pas être pris en compte pour le calcul de l'indemnité de réduction : Civ. 1re, 6 nov. 2013, n° 12-16.625, P I, n° 214 ; *D.* 2013. 2642 ; *AJ fam.* 2014. 63, obs. C. Vernières ; *Dr. fam.* 2014, n° 8, obs. S. Deville – Civ. 1re, 14 janv. 2015, n° 13-24.921, P I, n° 3 ; *AJ fam.* 2015. 111, obs. C. Vernières.

3. Civ. 1re, 1er déc. 2021, n° 20-12.923, B ; *D.* 2021. 2233 ; *AJ fam.* 2022. 102, obs. N. Levillain ; *Dr. fam.* 2022, n° 17, obs. M. Nicod ; *Defrénois* 2022/18. 24, obs. B. Vareille.

4. Civ. 1re, 28 mai 2015, n° 14-15.115, P I, n° 125 ; *D.* 2015. 1207 ; *AJ fam.* 2015. 419, obs. C. Vernières ; *RTD civ.* 2015. 673, obs. M. Grimaldi ; *JCP N* 2015, n° 1170, note F. Sauvage ; *Dr. fam.* 2015, n° 150, obs. M. Nicod.

5. CESSATION D'UN BAIL qui existait au jour de la donation : Civ. 1re, 14 févr. 1990, n° 88-16.193, P I, n° 50 ; *JCP* 1991. II. 21767 ; *D.* 1990. 359, 2e esp., note J. Maury ; *RTD civ.* 1990. 694, obs. J. Patarin ; *Defrénois* 1990. 34744, obs. G. Champenois – CHANGEMENT DE DESTINATION D'UN TERRAIN : Civ. 1re, 13 oct. 1981, n° 79-17.973, P I, n° 288 ; *JCP* 1982. IV. 8 – Civ. 1re, 6 mai 1997, n° 95-12.480, NP ; *Dr. et patr.* 1997, n° 1805, obs. A. Bénabent.

Notons enfin qu'en cas de partage judiciaire, le principe demeure le même : l'indemnité de réduction due par un donataire est déterminée par rapport à la valeur des biens donnés à la date la plus proche du partage compte tenu de leur état au jour de la donation. Cette date n'est pas celle du jugement ayant ordonné le partage mais la date du partage effectif[1], le juge ne devant déterminer que la fraction réductible et non pas l'indemnité de réduction.

341.42-1 Calcul de l'indemnité de réduction : changement d'état des biens entre le décès et le partage.

EXEMPLE

Le défunt a consenti un legs portant sur un appartement évalué à 100 000 € au décès. Après délivrance de son legs, le légataire entreprend d'importants travaux de rénovation apportant ainsi une importante plus-value au bien. Sans ces travaux, le bien vaudrait 110 000 € à l'époque du partage, compte tenu des travaux, il en vaut 160 000 €.

Les héritiers réservataires demandent la réduction du legs.

Après imputation, il apparaît que la valeur au décès du legs (VLD) excède la quotité disponible (QD) de 20 000 €.

La portion réductible D (VLD-QD) est de 20 000 €.

La fraction réductible est donc de FR = D/VLD, soit : 20 000/100 000 = 1/5 = 20 %

L'indemnité de réduction se calcule par rapport à la valeur des biens légués compte tenu de leur état au jour du décès.

Ces biens ont augmenté de valeur. La plus-value a deux origines :

– l'activité du légataire pour :

160 000 – 110 000 = 50 000 €

– et l'évolution du marché immobilier pour :

110 000 – 100 000 = 10 000 €

Seule la seconde plus-value, indépendante des agissements du légataire, profite aux réservataires.

Indemnité de réduction IR = FR × VLP

1/5 × 110 000 (ou 20 % de 110 000) = 22 000 €

341.43 Perte du bien. En cas de perte du bien donné ou légué, il faut en rechercher la **cause.**

Si la perte est **imputable au gratifié**, l'indemnité de réduction doit être calculée compte tenu de la **valeur du bien avant sa perte.**

Si le bien a péri par **cas fortuit**, alors le gratifié ne doit rien, sauf si une indemnité a été subrogée au bien.

341.44 Aliénation des biens donnés ou légués. Lorsque le gratifié a aliéné les biens avant le partage, l'indemnité de réduction se calcule en fonction de la **valeur du bien à l'époque de l'aliénation.**

Toutefois, en cas d'**emploi des fonds** provenant de la vente des biens reçus à titre gratuit, l'indemnité de réduction est calculée en fonction des **biens subrogés** ou de la **fraction de biens subrogés** que le prix de vente a permis d'acquérir.

Comme pour la réunion fictive ou le rapport, la subrogation n'est pas prise en compte en cas d'acquisition de biens dont la dépréciation était inéluctable au jour de leur acquisition (C. civ., art. 924-2).

341.44-1 Calcul de l'indemnité de réduction : aliénation du bien donné.

EXEMPLE

Le défunt a consenti une donation portant sur un appartement évalué à 50 000 € au jour de la donation. La donataire a vendu ce bien moyennant un prix de 60 000 € et n'a fait aucun emploi particulier du prix de vente.

Au décès du donateur, après imputation, il apparaît que la donation excède la quotité disponible de 15 000 €.

Portion réductible :

D = VA – QD = 15 000 €

Fraction réductible = FR = D/VA :

15 000/60 000 = 1/4 = 25 %

L'indemnité de réduction se calcule par rapport à la valeur du bien donné au jour de son aliénation, soit 60 000 € (VA).

Indemnité de réduction

IR = FR × VA

25% × 60 000 = 15 000 €

341.44-2 Calcul de l'indemnité de réduction : subrogation.

EXEMPLE

Le défunt a consenti un legs d'un studio évalué à 60 000 € au décès. Après délivrance de son legs, le légataire a vendu le studio moyennant un prix de 60 000 € qu'il emploie dans l'acquisition d'un appartement pour un prix clés en main de 100 000 €. À l'époque du partage, l'appartement vaut 110 000 €.

Les héritiers réservataires exercent tardivement l'action en réduction.

Au décès, la quotité disponible est évaluée à 50 000 €.

Portion réductible :

D = VS – QD

60 000 – 50 000 = 10 000 €

Fraction réductible :

FR = D/VS

10 000/60 000 = 1/6 = 16,67 %

L'indemnité de réduction se calcule par rapport à la valeur des biens légués à l'époque du partage. En cas de subrogation, elle est déterminée par rapport à la quote-part de biens nouveaux que les biens légués ont permis d'acquérir.

Les biens légués ont permis d'acquérir 60 000/100 000 soit 3/5e de l'appartement. L'indemnité de réduction se calcule donc par rapport à 3/5e de la valeur de l'appartement à l'époque du partage soit :

3/5 × 110 000 = 66 000 €

Indemnité de réduction :

IR = FR × 3/5 VLP = 1/6 × 66 000 = 11 000 €

1. Civ. 1re, 3 oct. 2018, no 17-26.587, NP – V. ÉGAL. : Civ. 1re, 4 nov. 2020, no 19-10.179, P ; *AJ fam.* 2020. 680, obs. J. Casey (décision rendue en application de l'article 868 dans sa rédaction antérieure à la loi du 23 juin 2006).

§ 2
Règlement de l'indemnité de réduction

341.51 Modes de règlement. L'indemnité de réduction peut être réglée de deux façons : **en moins prenant** ou **en argent**, le règlement en argent n'étant utilisé que lorsque les conditions du règlement en moins prenant ne sont pas satisfaites.

341.52 Règlement en moins prenant. Le règlement en moins prenant consiste à attribuer l'indemnité de réduction à son débiteur lors de son allotissement dans le partage successoral. **L'indemnité s'éteint alors par confusion** (C. civ., art. 924, al. 2). Ce mode de règlement n'est possible que si **trois conditions** sont réunies :

– le débiteur de l'indemnité a des droits dans la succession : il doit donc être un **héritier acceptant** ;

– le gratifié doit être un **héritier réservataire** afin que son indemnité lui soit attribuée dans le cadre de ses droits à réserve, la quotité disponible étant, par hypothèse, épuisée ;

– enfin, la libéralité réductible dont il a été gratifié est soit une libéralité hors part successorale, soit une libéralité en avancement de part successorale qui excède sa part de réserve.

Lorsque ces conditions sont réunies, le règlement en moins prenant s'impose.

341.53 Règlement en argent. Ce n'est que lorsque le règlement en moins prenant est impossible – part de réserve insuffisante, gratifié non réservataire ou renonçant – que l'on procède au règlement en argent de l'indemnité de réduction.

Le paiement se fait alors selon les règles édictées par l'article 924-3 du Code civil.

Le paiement se fait en principe **au moment du partage**, mais il est possible d'obtenir des **délais** soit auprès des héritiers, par accord entre les cohéritiers, soit auprès du juge mais, dans ce cas, seulement si la libéralité porte sur un bien susceptible d'attribution préférentielle (C. civ., art. 924-3, al. 1er).

Par ailleurs, le disposant peut avoir prévu un délai pour le règlement des éventuelles indemnités de réduction.

Ces délais ne sont applicables que **tant que le gratifié conserve les biens donnés ou légués.** S'il les aliène, la loi prévoit une exigibilité immédiate des sommes dues (C. civ., art. 924-3, al. 3).

341.54 Restitution des fruits. L'article 928 du Code civil, issu de la loi du 23 juin 2006, ne prévoit la restitution des fruits qu'en cas de réduction en nature, contrairement à l'ancien article 928 qui ne distinguait pas entre réduction en nature et réduction en valeur. On peut se demander si le gratifié doit restituer les fruits en cas de réduction en valeur, comme avant la réforme. La doctrine est partagée. Pour certains auteurs, la solution ancienne doit prévaloir et le gratifié doit restituer les fruits quelles que soient les modalités de la réduction[1]. Pour d'autres[2], la nouvelle rédaction de l'article 928 du Code civil résulte de la volonté du législateur de remettre en cause la solution jurisprudentielle antérieure et d'écarter ainsi la restitution des fruits en cas de réduction en valeur.

Aussi doit-on en déduire, selon ces auteurs, qu'en cas de réduction en valeur, le gratifié conserve les fruits des biens donnés et légués et que, tant qu'il n'a pas opté pour les modalités de la réduction, aucune indemnité d'occupation ne peut être mise à sa charge à raison de l'occupation du bien légué[3]. Ce n'est qu'en cas d'option pour la réduction en valeur que le légataire est tenu de verser une telle indemnité[4].

341.55 Intérêts. En cas de réduction en valeur, l'indemnité de réduction est une dette de valeur. Elle ne produit donc des intérêts qu'à compter de la date à laquelle son montant est liquidé, c'est-à-dire au jour du partage. Sauf convention contraire, le taux d'intérêt applicable est le taux légal (C. civ., art. 924-3, al. 2).

SECTION 2
RÉDUCTION EN NATURE

341.61 Principe. La réduction en nature fait retourner tout ou partie des biens donnés ou légués dans la masse à partager.

En cas de **legs réduit en nature**, les biens légués sont maintenus dans la masse à partager dans la mesure de la portion réductible. Si la réduction est totale, le legs est caduc. Les biens légués n'apparaissent toutefois pas dans les biens existants, car la réduction ne profite qu'aux héritiers réservataires. La fraction réductible des legs réduits en nature fait par conséquent partie des **restitutions.**

En cas de **donation réduite en nature**, les biens donnés sont restitués aux héritiers réservataires dans le cadre des restitutions. Lorsque la réduction est partielle, le donataire se trouve en indivision avec les héritiers réservataires.

341.62 Conséquences de la réduction en nature d'une donation. La réduction en nature des dona-

1. M. Grimaldi, *RTD civ.* 2008. 709, obs. ss Civ. 1re, 5 mars 2008, no 06-18.043, P I, no 68 ; *AJ fam.* 2008. 171, obs. F. Bicheron.
2. F. Terré, Y. Lequette et S. Gaudemet, *Droit civil. Les successions. Les libéralités*, 5e éd., « Précis », Dalloz, 2024, no 1254.
3. Civ. 1re, 5 mars 2008, no 06-18.043, P I, no 68 ; *AJ fam.* 2008. 171, obs. F. Bicheron ; *RTD civ.* 2008. 709, obs. M. Grimaldi – Civ. 1re, 24 sept. 2008, no 06-21.445, P I, no 214 ; *D.* 2008. 2431, obs. V. Egéa ; *AJ fam.* 2008. 439, obs. F. Bicheron ; *Dr. fam.* 2008, no 175, obs. B. Beignier ; *RTD civ.* 2008. 709, obs. M. Grimaldi.
4. V. les deux arrêts cités note précédente.

tions nécessite l'ouverture d'un **compte entre le gratifié et la succession,** où sont comptabilisés deux types d'opérations.

En premier lieu, **les changements d'état du bien** entre la donation et le partage donnent lieu à **indemnisation.** Ainsi en cas d'amélioration faite par le donataire, ce dernier a droit à une indemnité correspondant au montant des améliorations qu'il a apportées aux biens. En cas de détérioration, il doit indemniser les réservataires du montant des détériorations qu'il a causées au bien.

En second lieu, le donataire doit **restituer les fruits échus entre le décès et le partage,** à condition toutefois que la réduction soit demandée dans l'année du décès (C. civ., art. 928). Si la demande est plus tardive, le donataire ne doit les fruits qu'à compter de la demande en réduction (C. civ., art. 928, *in fine*).

La restitution ne porte toutefois que sur la fraction de fruits correspondant à la fraction réductible. Ainsi si par exemple la libéralité est réductible à concurrence de 2/3, le gratifié dont la libéralité est réductible en nature doit restituer 2/3 des fruits perçus depuis le décès. Cette restitution n'a lieu que si, compte tenu de son état au jour de la donation, le bien peut être productif de fruits [1]. Ainsi si au jour de la donation le bien n'était pas susceptible de produire des fruits compte tenu de son état, alors le donataire ne sera pas tenu de restituer les fruits perçus depuis le décès, car ces fruits résultent de son industrie personnelle. Par ailleurs, la Cour de cassation précise que la restitution porte sur les fruits nets, c'est-à-dire déduction faite de la valeur du travail effectué par le gratifié pour les produire [2].

341.62-1 Réduction en nature d'un legs.

EXEMPLE

Le défunt laisse à sa survivance deux enfants A et B.

En 2001, il avait donné à A, en avancement de part successorale, un immeuble, évalué à 80 000 € au décès et 90 000 € à l'époque du partage, compte tenu de son état au jour de la donation.

En 2004, il avait donné à B, également en avancement de part, un immeuble, évalué à 100 000 € au décès et au partage, compte tenu de son état au jour de la donation.

Il a légué à titre particulier à C, sa partenaire pacsée, un portefeuille de titres évalués à 150 000 € au décès et 180 000 € à l'époque du partage.

L'actif net de succession est évalué à 210 000 € au décès et 250 000 € au partage, en ce compris le portefeuille légué.

1. Civ. 1re, 30 sept. 2020, n° 19-12.296, P ; *D.* 2020. 1954 ; *AJ fam.* 2021. 137, obs. N. Levillain ; *RTD civ.* 2020. 939, obs. M. Grimaldi ; *Defrénois* 2021, n° 14, p. 21, obs. A. Chamoulaud-Trapiers.
2. *Ibid.*

SOLUTION PROPOSÉE

I. *Contrôle de l'intégrité de la réserve :*

a) Calcul de la quotité disponible et de la réserve :

Actif net de succession	210 000
Réunion fictive :	
Donation à A	80 000
Donation à B	100 000
Ensemble	390 000
Dont le tiers formant la quotité disponible	1/3
Est de	130 000
Dont les deux tiers formant la réserve globale	2/3
Sont de	260 000
Dont la moitié formant la réserve individuelle	1/2
Sont de	130 000

b) Imputations :

	Réserve de A 130 000	Réserve de B 130 000	Quotité disponible 130 000
Donation à A	– 80 000 50 000		
Donation à B		– 100 000 30 000	
Legs			– 150 000 – 20 000

Le legs est réductible à concurrence de 20 000/150 000 soit 2/15e de la valeur des biens légués.

c) Réduction :

Le légataire opte pour la réduction en nature. Il faut alors déterminer non pas l'indemnité de réduction, mais la fraction exécutable du legs, le surplus (portion réductible) devant figurer dans les restitutions au profit des réservataires.

Les biens légués excèdent la quotité disponible de 20 000 €, ce qui signifie que le legs s'exécute à concurrence de (150 000 – 20 000) = 130 000. La fraction exécutable du legs est donc de 130 000/150 000e soit 13/15e de la valeur des biens légués au partage. Le legs est en conséquence réductible à hauteur de 2/15e de la valeur des biens légués au partage. Le légataire devra donc restituer au partage une indemnité de réduction correspondant à ces 2/15e, soit 2/15 × 180 000 = 24 000 €.

II. *Masse à partager :*

Actif net de succession au partage	250 000
À déduire :	
Legs	180 000
Reste	70 000
Restitutions :	
Rapport dû par A	90 000
Rapport dû par B	100 000
Fraction réductible du legs 2/15 × 180 000	24 000
Ensemble	284 000
Dont moitié pour chaque héritier	1/2
Est de	142 000

341.62-2 Réduction en nature d'une donation.

EXEMPLE

Mêmes données que l'exemple précédent sauf que le partenaire pacsé a reçu le portefeuille par donation en 2009 et non pas par testament. Les biens existants sont de 60 000 € au décès et de 70 000 € à l'époque du partage.

I. *Contrôle de l'intégrité de la réserve :*

a) Calcul de la quotité disponible et de la réserve :

Actif net de succession	60 000
Réunion fictive :	
Donation à A	80 000
Donation à B	100 000
Donation au partenaire	150 000
Ensemble	390 000
Dont le tiers formant la quotité disponible	1/3
Est de	130 000
Dont les deux tiers formant la réserve globale	2/3
Sont de	260 000
Dont la moitié formant la réserve individuelle	1/2
Sont de	130 000

b) Imputations :

	Réserve de A 130 000	Réserve de B 130 000	Quotité disponible 130 000
Donation à A	– 80 000 / 50 000		
Donation à B		– 100 000 / 30 000	
Donation au partenaire			– 150 000 / – 20 000

La donation au partenaire pacsé est réductible à concurrence de 20 000/150 000 soit 2/15e de la valeur des biens légués.

c) Réduction :

On suppose que le partenaire pacsé demande la réduction en nature.

Comme précédemment, le portefeuille devient indivis entre le gratifié et les réservataires, à concurrence de 13/15es pour le premier et de 2/15es pour les seconds.

On suppose que le gratifié n'a ni amélioré ni dégradé les biens donnés et que la demande en réduction est intervenue dans l'année du décès.

Les fruits produits par le portefeuille entre le décès et le partage sont de 4 500 €.

Le donataire qui opte pour la réduction en nature doit restituer les fruits correspondant à la portion réductible soit 2/15es du portefeuille, ce qui correspond à 2/15 × 4 500 = 600 €. Ces fruits ne sont dus qu'aux héritiers réservataires, co-indivisaires du gratifié. Ils doivent donc être inscrits dans la masse à partager (après déduction des legs et des droits du conjoint, inexistants dans notre exemple).

II. *Masse à partager :*

Actif net de succession au partage	70 000
Solde du compte entre le gratifié et la succession	600
Ensemble	70 600
Restitutions :	
Rapport dû par A	90 000
Rapport dû par B	100 000
Droits indivis sur le portefeuille correspondant à la fraction réductible en nature : 2/15 × 180 000	24 000
Ensemble	284 600
Dont moitié pour chaque héritier	1/2
Est de	142 300

Conclusion :

Si l'on considère que les fruits n'ont plus à être restitués en cas de réduction en valeur, le gratifié est désavantagé lorsqu'il opte pour la réduction en nature avec restitution des fruits. Certes, en cas de réduction en valeur, les intérêts sont dus sur l'indemnité de réduction, mais seulement à compter de sa détermination. Ainsi, pour les dettes de valeur déterminées au moment du partage, les intérêts ne commencent à courir qu'après le partage. C'est pourquoi, en pratique, la réduction en nature devrait se limiter aux seules hypothèses dans lesquelles la réduction en valeur n'est pas possible (insolvabilité du gratifié ou stipulation dans l'acte de donation).

CHAPITRE

342. Conséquences liquidatives de la renonciation à demander la réduction

SECTION 0 ORIENTEUR

342.00 **Sommaire du chapitre.**

342.01 **Textes applicables.**

• **C. civ.,** art. 919-2, 921, 929 à 930-5

> Libéralité faite hors part successorale : imputation et réduction

• **C. civ.,** art. 919-2

La libéralité faite hors part successorale s'impute sur la quotité disponible. L'excédent est sujet à réduction.

> Renonciation postérieure à l'ouverture de la succession

• **C. civ.,** art. 921

La réduction des dispositions entre vifs ne pourra être demandée que par ceux au profit desquels la loi fait la réserve, par leurs héritiers ou ayants cause : les donataires, les légataires, ni les créanciers du défunt ne pourront demander cette réduction, ni en profiter.

Le délai de prescription de l'action en réduction est fixé à cinq ans à compter de l'ouverture de la succession, ou à deux ans à compter du jour où les héritiers ont eu connaissance de l'atteinte portée à leur réserve, sans jamais pouvoir excéder dix ans à compter du décès.

Lorsque le notaire constate, lors du règlement de la succession, que les droits réservataires d'un héritier sont susceptibles d'être atteints par les libéralités effectuées par le défunt, il informe chaque héritier concerné et connu, individuellement et, le cas échéant, avant tout partage, de son droit de demander la réduction des libéralités qui excèdent la quotité disponible.

> Renonciation anticipée à l'action en réduction (RAAR)

[C. civ., 929 à 930-5]

• **C. civ.,** art. 929

Tout héritier réservataire présomptif peut renoncer à exercer une action en réduction dans une succession non ouverte. Cette renonciation doit être faite au profit d'une ou de plusieurs personnes déterminées. La renonciation n'engage le renonçant que du jour où elle a été acceptée par celui dont il a vocation à hériter.

La renonciation peut viser une atteinte portant sur la totalité de la réserve ou sur une fraction seulement. Elle peut également ne viser que la réduction d'une libéralité portant sur un bien déterminé.

L'acte de renonciation ne peut créer d'obligations à la charge de celui dont on a vocation à hériter ou être conditionné à un acte émanant de ce dernier.

• **C. civ.,** art. 930

La renonciation est établie par acte authentique spécifique reçu par deux notaires. Elle est signée séparément par chaque renonçant en présence des seuls notaires. Elle mentionne précisément ses conséquences juridiques futures pour chaque renonçant.

La renonciation est nulle lorsqu'elle n'a pas été établie dans les conditions fixées au précédent alinéa, ou lorsque le consentement du renonçant a été vicié par l'erreur, le dol ou la violence.

La renonciation peut être faite dans le même acte par plusieurs héritiers réservataires.

• **C. civ.,** art. 930-1

La capacité requise du renonçant est celle exigée pour consentir une donation entre vifs. Toutefois, le mineur émancipé ne peut renoncer par anticipation à l'action en réduction.

La renonciation, quelles que soient ses modalités, ne constitue pas une libéralité.

• **C. civ.,** art. 930-2

La renonciation ne produit aucun effet s'il n'a pas été porté atteinte à la réserve héréditaire du renonçant. Si l'atteinte à la réserve héréditaire n'a été exercée que partiellement, la renonciation ne produit d'effets qu'à hauteur de l'atteinte à la réserve du renonçant résultant de la libéralité consentie. Si l'atteinte à la réserve porte sur une fraction supérieure à celle prévue dans la renonciation, l'excédent est sujet à réduction.

La renonciation relative à la réduction d'une libéralité portant sur un bien déterminé est caduque si la libéralité attentatoire à la réserve ne porte pas sur ce bien. Il en va de même si la libéralité n'a pas été faite au profit de la ou des personnes déterminées.

• **C. civ.,** art. 930-3

Le renonçant ne peut demander la révocation de sa renonciation que si :

1° Celui dont il a vocation à hériter ne remplit pas ses obligations alimentaires envers lui ;

2° Au jour de l'ouverture de la succession, il est dans un état de besoin qui disparaîtrait s'il n'avait pas renoncé à ses droits réservataires ;

3° Le bénéficiaire de la renonciation s'est rendu coupable d'un crime ou d'un délit contre sa personne.

• **C. civ.,** art. 930-4

La révocation n'a jamais lieu de plein droit.

La demande en révocation est formée dans l'année, à compter du jour de l'ouverture de la succession, si elle est fondée sur l'état de besoin. Elle est formée dans l'année, à compter du jour du fait imputé par le renonçant ou du jour où le fait a pu être connu par ses héritiers, si elle est fondée sur le manquement aux obligations alimentaires ou sur l'un des faits visés au 3° de l'article 930-3.

La révocation en application du 2° de l'article 930-3 n'est prononcée qu'à concurrence des besoins de celui qui avait renoncé.

• **C. civ.,** art. 930-5

La renonciation est opposable aux représentants du renonçant.

342.03 **Bibliographie indicative.**

Actualisables. *J.-Cl. civ.*, fasc. 10 à 30, art. 912 à 930-5, par C. Brenner – *J.-Cl. Not. Form.*, *v° Succession*, fasc. 340, par N. Levillain – Rép. civ., *v^is Réserve héréditaire – Quotité disponible*, par E. Fongaro et M. Nicod, avr. 2022 ; *Réserve héréditaire – Réduction des libéralités*, par S. Deville et M. Nicod, avr. 2020 [actu. juill. 2022].

Ouvrages. * V. les ouvrages cités s^s n° 341.03 et spéc^t M. Grimaldi, *Droit des successions*, 8e éd., « Manuel », LexisNexis, 2020, n°s 907-910.

Articles. B. Beignier et S. Torricelli-Chrifi, « La renonciation anticipée à l'action en réduction : l'audace récompensée » *JCP N* 2016, n° 24, 1199 – I. Dauriac, « La renonciation anticipée à l'action en réduction », *D.* 2006. Chron. 2574 – G. Delavaquerie, « Renonciation anticipée à l'action en réduction et rapport : une rime impossible ? (des relations entre la renonciation anticipée à l'action en réduction et le principe d'égalité entre les héritiers) », *LPA* 11 sept. 2012, n° 182, p. 35 – N. Levillain, « La renonciation anticipée à l'action en réduction », *JCP N* 2006, n° 1349 – H. Leyrat, « Quelques difficultés persistantes autour de la renonciation anticipée à l'action en réduction », *DEF* 2022, n° 9, p. 21 – B. Vareille, « Portée liquidative de la renonciation anticipée à l'action en réduction : attention, danger ! », *Defrénois* 2008. 38710 ; « Réflexions sur l'imputation en droit des successions », *RTD civ.* 2009. 1 – D. Vigneau, « Précision ministérielle sur la portée liquidative de la renonciation anticipée à l'action en réduction : fin du danger ? », *JCP N* 2009, n° 1106.

342.04 **Questions essentielles.**

> Comment liquider et partager la succession lorsqu'un héritier a renoncé à demander la réduction d'une libéralité après l'ouverture de la succession ?

* V. s^s n°s 342.11 à 342.12-1

> À quoi renonce l'héritier réservataire qui a consenti une renonciation anticipée à l'action en réduction ? Selon l'interprétation retenue, comment liquider la succession du disposant ?

* V. s^s n°s 342.31 à 342.34-2

342.05 **Division.** Depuis l'entrée en vigueur de la loi du 23 juin 2006[1], il est possible pour un héritier réservataire de renoncer par anticipation à l'action en réduction. Aussi doit-on désormais distinguer entre les conséquences liquidatives d'une renonciation postérieure à l'ouverture de la succession (sect. 1) et celles d'une renonciation anticipée (sect. 2).

SECTION 1
RENONCIATION POSTÉRIEURE AU DÉCÈS

342.11 **Caractère individuel de la renonciation.** En raison du caractère facultatif de la demande en réduction, la renonciation à demander la réduction après l'ouverture de la succession a toujours été admise. Elle ne nécessite **aucun formalisme particulier** et peut même être **tacite**[2]. **L'action en réduction étant une action personnelle et individuelle,** il en va de même pour la renonciation à cette action : chaque héritier peut renoncer à demander la réduction des libéralités empiétant sur sa part de réserve. Il renonce alors à sa part dans l'indemnité de réduction. Lorsqu'il existe plusieurs libéralités réductibles, l'héritier réservataire peut renoncer à demander la réduction de l'une des libéralités seulement[3].

342.12 **Conséquences sur la liquidation.** La renonciation à demander la réduction d'une libéralité excédant la réserve n'a **aucune conséquence sur les opérations préalables** qui ont pour but de vérifier un éventuel dépassement de quotité disponible. Ce

1. L. n° 2006-728, 23 juin 2006, portant réforme des successions et des libéralités, *JO* 24 juin, p. 9513.
2. Sur les CONDITIONS D'UNE TELLE RENONCIATION, v. M. Grimaldi, *Droit des successions*, 8e éd., « Manuel », LexisNexis, 2020, n° 906.
3. M. Grimaldi (dir.), Dalloz action *Droit patrimonial de la famille*, 2025/2026, 8e éd., n° 264.211, par C. Farge.

n'est qu'après calcul de l'indemnité de réduction que l'on fait apparaître ce à quoi les réservataires ont renoncé. La **masse à partager** s'en trouve alors diminuée au niveau des restitutions et si tous les héritiers n'ont pas renoncé à demander la réduction des mêmes libéralités, elle ne peut plus être répartie par parts égales selon les règles de dévolution.

342.12-1 Demande en réduction émanant d'un seul réservataire.

EXEMPLE

Le défunt laisse trois enfants A, B, et C. Il a consenti à un ami un legs portant sur un bien évalué à 110 000 €. Les biens existants au décès sont de 200 000 €, en ce compris les biens légués.

Les valeurs sont inchangées entre le décès et le partage. A renonce à demander la réduction du legs.

SOLUTION PROPOSÉE

En l'absence de libéralités entre vifs, la masse de calcul de la quotité disponible ne comprend que les biens existants, soit 200 000 €.

En présence de trois enfants, la quotité disponible est de 200 000/4 = 50 000, la réserve globale de 200 000 × 3/4 = 150 000 et les parts de réserve individuelles de 150 000/3 = 50 000 €.

Il n'y a qu'une libéralité à imputer : le legs qui s'impute exclusivement sur la quotité disponible. En cas de dépassement, l'excédent est sujet à réduction (C. civ., art. 919-2).

Le legs dépasse la quotité disponible de 110 000 – 50 000 = 60 000 €. Il est réductible à concurrence de 60 000/110 000. La réduction se fait en valeur.

A ayant renoncé à demander la réduction, le légataire n'est plus débiteur que des 2/3 de son indemnité de réduction soit 2/3 × 60 000 = 40 000 €, les biens n'ayant pas changé de valeur entre le décès et le partage.

Au partage, la masse à partager se présente comme suit :

Biens existants	200 000
À déduire :	
le legs	110 000
Reste	90 000
Restitutions : Indemnité de réduction	40 000
Ensemble	130 000

Droits des parties :

A.

Droits légaux : 1/3 des biens existants	30 000

B.

Droits légaux : 1/3 des biens existants et 1/2 de l'indemnité de réduction (30 000 + 20 000)	50 000

C.

Droits légaux : 1/3 des biens existants et 1/2 de l'indemnité de réduction (30 000 + 20 000)	50 000
Total :	130 000

SECTION 2

RENONCIATION ANTICIPÉE À L'ACTION EN RÉDUCTION

§ 1 Généralités

342.21 Pacte sur succession future autorisé. La renonciation anticipée à l'action en réduction est une innovation de la loi du 23 juin 2006. Antérieurement toute renonciation avant le décès constituait un pacte sur succession future non autorisé, frappé de nullité.

Les articles 929 à 930-5 du Code civil autorisent désormais ce pacte sur succession future à condition de respecter les règles strictes qu'ils édictent[1].

Chaque héritier peut ainsi renoncer à demander la réduction de tout ou partie des libéralités qui empiètent sur sa réserve individuelle.

La renonciation anticipée à l'action en réduction est un **acte unilatéral**, bien que le législateur lui ait donné un **caractère contractuel** en exigeant **l'acceptation de la renonciation** par celui dont le renonçant a vocation à hériter (C. civ., art. 929, al. 1er). Elle est en effet faite sans contrepartie (C. civ., art. 929, al. 2), l'acceptation ne servant qu'à valider l'acte.

342.22 Étendue de la renonciation. Il n'est pas possible de renoncer à demander la réduction de toutes les libéralités faites par celui dont on a vocation à hériter, quel qu'en soit le bénéficiaire. La renonciation est toujours **spéciale quant au bénéficiaire**, lequel doit être désigné dans l'acte (C. civ., art. 929, al. 1er).

La renonciation peut en revanche être **générale ou spéciale quant aux libéralités** faites au bénéficiaire : renonciation à demander la réduction de toutes les libéralités faites au bénéficiaire ou renonciation à demander la réduction d'une ou plusieurs libéralités expressément précisées dans l'acte. Plus ciblée encore, la renonciation peut viser une libéralité portant sur un bien déterminé.

Enfin, le renonçant peut accepter de renoncer à demander la réduction quelle que soit l'atteinte à sa réserve ou bien limiter sa renonciation à une fraction de sa part de réserve (1/2, 1/3, ...).

342.23 Absence d'incidence sur l'option successorale. La renonciation anticipée à l'action en réduc-

1. POUR UNE ÉTUDE DÉTAILLÉE, v. N. Levillain, « La renonciation anticipée à l'action en réduction », *JCP N* 2006, nº 1349 – *J.-Cl. Civ. Code*, art. 929 à 930-5, fasc. unique, par C. Brenner – F. Sauvage, « La renonciation anticipée à l'action en réduction », *AJ fam.* 2006. 355 – AVEC EXEMPLES CHIFFRÉS : M.-C. Forgeard, R. Crône et B. Gelot, *Le nouveau droit des successions et des libéralités, Loi du 23 juin 2006, commentaires et formules*, Defrénois, 2007, nos 279 s.

tion est sans incidence sur l'option successorale. L'héritier renonce seulement à demander la réduction d'une ou plusieurs libéralités faites à un gratifié désigné, dans l'éventualité où ces libéralités empiètent sur sa réserve. **Il ne renonce donc pas à la succession,** même si parfois sa renonciation peut aboutir à le priver de tout droit dans la succession. Le **renonçant** a donc la **qualité d'héritier** et il est **pris en compte dans la détermination du taux de la réserve.**

§ 2
Aspects liquidatifs

342.31 Discussion relative à l'objet de la renonciation. La doctrine est divisée quant à l'objet de la renonciation. Deux interprétations sont proposées.

342.32 1) Renonciation à l'indemnité de réduction. Pour certains, l'héritier réservataire renonce seulement à demander la part d'indemnité de réduction qu'il aurait dû recevoir s'il n'avait pas renoncé. Il conserve en revanche les mêmes droits que les autres réservataires dans les biens existants. **La renonciation anticipée à l'action en réduction ne produirait ainsi des effets qu'au partage,** tout comme la renonciation postérieure au décès[1] (v. s[s] n° 342.12).

Lors de la liquidation de la succession, on ne tient pas compte des renonciations anticipées pour les calculs de contrôle de l'intégrité de la réserve. S'il apparaît que la libéralité consentie au bénéficiaire est réductible, on détermine le montant de l'indemnité de réduction qui serait due en l'absence de renonciation. Cette indemnité est ensuite partagée entre les héritiers réservataires, mais ceux qui ont renoncé ne reçoivent pas leur part d'indemnité dans la mesure de leur renonciation. Les **héritiers** ont ainsi tous les **mêmes droits dans les biens existants mais pas dans l'indemnité de réduction** éventuellement due par le bénéficiaire de la renonciation.

342.33 2) Renonciation à invoquer une atteinte à la réserve. Selon un second courant doctrinal[2], **l'héritier renonce,** non pas à demander sa part dans l'indemnité de réduction, mais **à invoquer une atteinte à sa réserve.** Il renonce totalement ou partiellement à ses droits réservataires et accepte en conséquence que la libéralité consentie au bénéficiaire de la renonciation s'impute sur sa part de réserve dans les proportions stipulées dans l'acte de renonciation. Ce faisant, il consent à recevoir une part moindre de biens existants. En cas de **pluralité de renonçants,** il semble que la **fraction réductible de la libéralité** doive **s'imputer globalement sur les parts de réserve** auxquelles les héritiers ont renoncé[3].

342.34 Comparaison des deux interprétations. Des exemples chiffrés permettent de comparer les deux interprétations.

342.34-1 Renonciation anticipée par tous les réservataires dans les mêmes proportions.

EXEMPLE

M. X, divorcé, a deux enfants A et B. Il exploite avec sa concubine un fonds de commerce qu'il souhaite léguer à cette dernière. Afin d'assurer la transmission du fonds, il demande à ses deux enfants de renoncer par anticipation à demander la réduction du legs. A et B y renoncent par anticipation, mais uniquement si le legs porte sur le fonds de commerce.

M. X décède, laissant ses deux enfants et sa concubine à qui il n'a légué que le fonds de commerce. Son patrimoine au décès comprend les biens suivants :

– un appartement évalué à 200 000 € ;
– deux studios loués d'une valeur totale de 100 000 € ;
– un fonds de commerce évalué à 300 000 €.

Les valeurs n'ont pas changé entre le décès et le partage.

SOLUTION PROPOSÉE

Quelle que soit l'interprétation retenue, il faut dans un premier temps, calculer la quotité disponible. Son taux est de 1/3 en présence de deux enfants.

En l'absence de libéralité entre vifs, la masse de calcul ne comprend que les biens existants :

200 000 + 100 000 + 300 000 = 600 000 €

La quotité disponible est d'un tiers de la masse de calcul soit 1/3 × 600 000 = 200 000 €.

La réserve est de 400 000 €, soit 200 000 € pour chacun des héritiers.

1re interprétation : renonciation à l'indemnité de réduction

Selon cette interprétation, les héritiers renoncent seulement à demander leur part dans l'indemnité de réduction. Il faut donc déterminer cette indemnité.

Après imputation, il apparaît que le legs (300 000 €) excède la quotité disponible (200 000 €) de 100 000 €.

L'indemnité de réduction est de 100 000 €.

1. *J.-Cl. Civ. Code*, art. 929 à 930-5, fasc. unique, par C. Brenner, n°s 15 s. – B. Vareille, « Portée liquidative de la renonciation anticipée à l'action en réduction : attention, danger ! », *Defrénois* 2008. 38710 – F. Sauvage, « La renonciation anticipée à l'action en réduction », *AJ fam.* 2006. 355 – Une réponse ministérielle semble également retenir cette interprétation : Rép. min. n° 22306, *JOAN Q* 12 août 2008, p. 699 – Pour une analyse critique de cette réponse ministérielle, v. D. Vigneau, « Précision ministérielle sur la portée liquidative de la renonciation anticipée à l'action en réduction : fin du danger ? », *JCP N* 2009, n° 1106.
2. N. Levillain, « La renonciation anticipée à l'action en réduction », *JCP N* 2006, n° 1349 – M.-C. Forgeard, R. Crône et B. Gelot, *Le nouveau droit des successions et des libéralités*, Éd. Defrénois, 2007, n°s 285 s.
3. N. Levillain, « La renonciation anticipée à l'action en réduction », *JCP N* 2006, n° 1349.

Les deux héritiers réservataires y ayant renoncé, ils n'ont plus droits qu'aux biens existants, car le défunt n'a consenti aucune autre libéralité.

Masse à partager :

Biens existants :	
– appartement	200 000
– deux studios	100 000
– fonds de commerce	300 000
Actif brut	600 000
Passif	Mémoire
Actif net	600 000
À déduire :	
legs	300 000
Reste à partager	300 000
Dont moitié pour chaque héritier	1/2
Est de	150 000

2e interprétation : renonciation à la part de réserve

Les héritiers, selon cette seconde interprétation, acceptent que la fraction réductible du legs s'impute sur leur part de réserve individuelle, afin d'éviter la réduction de ce legs.

Après imputation du legs sur la quotité disponible, on avait constaté un excédent de 100 000 €.

Les deux héritiers ayant accepté une imputation subsidiaire sur leur part de réserve, cet excédent peut s'imputer sur un total de 200 000 (réserve de A) + 200 000 (réserve de B) = 400 000 €.

Après imputation, il reste une réserve globale de 400 000 – 100 000 = 300 000, se partageant par moitié entre A et B, soit 150 000 €, les deux réservataires ayant renoncé à demander la réduction dans les mêmes proportions.

La masse à partager, comme selon la première méthode, ne comprend que les biens existants déduction faite du legs soit un total de 300 000 €. Elle se partage par moitié entre A et B qui reçoivent ainsi 150 000 € chacun.

Conclusion :

Les deux interprétations aboutissent à des résultats identiques lorsque les héritiers réservataires ont, tous et dans les mêmes proportions, renoncé par anticipation à demander la réduction.

342.34-2 Renonciation anticipée par certains réservataires seulement.

EXEMPLE

M. X, divorcé, a deux enfants :

– A issu de sa première union ;

– et B issu de son union avec Mlle Y, sa partenaire pacsée.

M. X envisage de léguer à Mlle Y la maison servant de logement de la famille. Pour assurer l'exécution du legs, il demande à ses deux enfants de renoncer par anticipation à demander la réduction de cette libéralité. Seul B accepte.

M. X décède, laissant ses deux enfants et sa partenaire. Au décès, son patrimoine comprend les biens suivants :

– maison servant de logement à la famille : 300 000 € ;

– villa à la mer : 200 000 € ;

– liquidités 100 000 €.

Par testament, M. X a légué à Mlle Y la maison. Il n'a consenti aucune autre libéralité.

Les valeurs des biens sont les mêmes au décès et au partage.

SOLUTION PROPOSÉE

Comme dans l'exemple précédent, il faut dans un premier temps, calculer la quotité disponible. Son taux est de 1/3 en présence de deux enfants.

En l'absence de libéralité entre vifs, la masse de calcul ne comprend que les biens existants :

300 000 + 200 000 + 100 000 = 600 000 €.

La quotité disponible est d'un tiers de la masse de calcul soit 1/3 × 600 000 = 200 000 €.

La réserve est de 400 000 €, soit 200 000 € pour chacun des héritiers.

1re interprétation : renonciation à l'indemnité de réduction

Cette première méthode ne prend en compte la renonciation anticipée à l'action en réduction qu'au niveau du partage.

Il faut donc préalablement déterminer la fraction réductible du legs, laquelle est de 300 000 (legs) – 200 000 (quotité disponible) = 100 000 €.

Le légataire devrait une indemnité de 100 000 € si aucun héritier n'avait renoncé à demander la réduction. Or B a renoncé à sa part dans l'indemnité de réduction, laquelle est de moitié en présence de deux réservataires. Le légataire ne doit donc plus qu'une indemnité de 50 000 €.

Masse à partager :

Biens existants :	
– maison	300 000
– villa à la mer	200 000
– liquidités	100 000
Actif brut	600 000
Passif	Mémoire
Actif net	600 000
À déduire :	
Legs	300 000
Reste	300 000
Restitutions :	
Indemnité de réduction (moitié)	50 000
Total à partager	350 000

Droits des parties :

A.

Droits légaux : 1/2 des biens existants (150 000) et 1/2 de l'indemnité de réduction (50 000)	200 000

B.

Droits légaux : 1/2 des biens existants	150 000

2e interprétation : renonciation à la part de réserve

Selon cette seconde interprétation, après avoir constaté que le legs excède la quotité disponible à concurrence de

100 000 €, on peut imputer cet excédent sur la part de réserve des héritiers qui ont renoncé par anticipation à demander la réduction.

B étant le seul à avoir renoncé, l'imputation de l'excédent (100 000 €) ne peut se faire que sur sa part de réserve (200 000 €). Cette imputation lui laisse un reliquat de réserve de 100 000 €.

Le legs n'est ainsi pas réductible grâce à la renonciation anticipée de B, lequel ne recevra qu'une part de réserve diminuée.

Masse à partager :

Actif net	600 000
À déduire :	
legs	300 000
Reste	300 000

Droits des parties :

A.

Droits légaux : sa part de réserve	200 000

B.

Droits légaux : le reliquat de sa part de réserve	100 000

Conclusion :

Dans la mesure où tous les héritiers réservataires ne renoncent pas à la réduction dans les mêmes proportions, les deux interprétations aboutissent à des résultats différents.

La *première interprétation* ne permet pas au légataire de recevoir l'intégralité de son legs dès lors qu'un héritier n'a pas renoncé à demander la réduction, ce qui semble contraire à la volonté du législateur qui était d'assurer la pleine exécution d'une libéralité potentiellement attentatoire à la réserve, grâce à ce pacte sur succession future autorisé.

La *seconde interprétation* est plus protectrice pour les gratifiés car elle permet à un réservataire d'abandonner tout ou partie de sa réserve afin que la libéralité s'exécute. Elle semble par ailleurs plus conforme à la lettre des articles 929 et 930-2 du Code civil, qui admettent une « atteinte à la réserve ». Enfin, l'article 930-3, 2° prévoit la possibilité pour le renonçant de révoquer sa renonciation si « au jour de l'ouverture de la succession, il est dans un état de besoin qui disparaîtrait s'il n'avait pas renoncé à ses droits réservataires » et non pas à sa fraction d'indemnité de réduction [1].

342.35 **Effets de la renonciation anticipée.** La renonciation anticipée à l'action en réduction ne produit ses effets qu'à l'ouverture de la succession et à condition que le défunt ait consenti les libéralités pour lesquelles elle a été consentie. Ainsi s'il ne consent pas de libéralité au bénéficiaire de la renonciation, la renonciation est caduque ; il en est de même, s'il donne ou lègue un bien différent de celui prévu dans le pacte initial, en cas de renonciation portant sur un bien déterminé.

Par ailleurs la renonciation peut ne produire aucun effet, même si le défunt a respecté le pacte initial, si les libéralités faites au bénéficiaire ne sont pas réductibles.

Enfin si ces libéralités sont réductibles, l'atteinte à la réserve du gratifié peut être totale ou partielle, selon l'importance de la fraction réductible et l'étendue de sa renonciation.

1. EN CE SENS, N. Levillain, « La renonciation anticipée à l'action en réduction », *JCP N* 2006, n° 1349 – M.-C. Forgeard, R. Crône et B. Gelot, *Le nouveau droit des successions et des libéralités*, Éd. Defrénois, 2007, n°s 285 s. – PLUS HÉSITANT, D. Vigneau, « Précision ministérielle sur la portée liquidative de la renonciation anticipée à l'action en réduction : fin du danger ? », *JCP N* 2009, n° 1106 – *CONTRA*, B. Vareille, « Portée liquidative de la renonciation anticipée à l'action en réduction : attention, danger ! », *Defrénois* 2008. 38710.

LIVRE

4. LE PARTAGE SUCCESSORAL

SECTION 0
ORIENTEUR

4.00 Sommaire du livre.

4.05 **Division.** Le partage d'une succession est soumis à un ensemble de règles de fond, de forme et de fiscalité, qui sera exposé en premier lieu (titre 41). Ensuite, les opérations de partage se déroulent en deux temps : dans un premier temps, le liquidateur effectue une synthèse : la constitution de la masse à partager (titre 42), et dans un second temps, il procède à la transmission, qui doit être réalisée selon les étapes définies dans le schéma liquidatif, dont il conviendra de décrire les étapes et de justifier la nécessité (titre 43).

Mais au préalable, il convient d'examiner la situation temporaire qui précède le partage, à savoir l'indivision successorale, sous l'angle des comptes qui peuvent être à établir entre les indivisaires (titre 40).

TITRE

40. L'indivision successorale

SECTION 0
ORIENTEUR

40.00 Sommaire du titre.

40.05 Indivision et liquidation successorale. Avant d'envisager les règles du partage, il nous faut examiner la période qui s'écoule du jour du décès, date d'ouverture de la succession, au jour du partage : pendant cette période existe une indivision successorale. Le terme d'indivision désigne à la fois l'ensemble des **ayants droit du défunt**, universels ou à titre universel, et **l'universalité de biens**, composée des biens existant au décès et des biens nés pendant la période envisagée. Les indivisaires ont des droits de deux natures sur ces biens : tout d'abord, des **droits constants,** fixés par leur quote-part successorale et, en second lieu, des **droits variables** résultant du fonctionnement de l'indivision. L'établissement de ces deux sortes de droits au moyen de « *comptes d'indivision* » fait partie de la liquidation successorale : ces comptes seront ensuite réglés, soit pendant l'indivision, soit par le partage.

40.06 Plan. Introduction. L'indivision n'a pas la personnalité morale, cependant, pour les besoins de la liquidation, il est nécessaire de lui supposer une certaine autonomie, qui se manifeste par l'existence d'un actif et d'un passif. Dans le présent titre, qui se compose d'un seul chapitre (chap. 401), nous rappellerons les règles de l'indivision uniquement sous l'angle des comptes à établir entre les indivisaires, en vertu de l'existence de cet actif et de ce passif. Ces comptes résultent soit du fonctionnement collectif de l'indivision, soit des droits individuels de chacun des indivisaires dans l'indivision. Nous limiterons notre propos aux comptes de l'indivision successorale, dont les règles s'appliquent, sauf exception, à toutes les autres indivisions.

CHAPITRE

401. Comptes dans l'indivision successorale

SECTION 0 ORIENTEUR

401.00 **Sommaire du chapitre.**

401.01 **Textes applicables.**

• **C. civ.,** art. 815-1 à 815-3, 815-5, 815-5-1, 815-8 à 815-18, 825, al. 1er, 1476, al. 1er, 1873-11

> Masse des biens indivis

[C. civ., art. 815-10 et 825]

• **C. civ.,** art. 815-10, al. 1er, 2 et 3

Sont de plein droit indivis, par l'effet d'une subrogation réelle, les créances et indemnités qui remplacent des biens indivis, ainsi que les biens acquis, avec le consentement de l'ensemble des indivisaires, en emploi ou remploi des biens indivis.

Les fruits et les revenus des biens indivis accroissent à l'indivision, à défaut de partage provisionnel ou de tout autre accord établissant la jouissance divise.

Aucune recherche relative aux fruits et revenus ne sera, toutefois, recevable plus de cinq ans après la date à laquelle ils ont été perçus ou auraient pu l'être. [...]

• **C. civ.,** art. 825, al. 1er

La masse partageable comprend les biens existant à l'ouverture de la succession, ou ceux qui leur ont été subrogés, et dont le défunt n'a pas disposé à cause de mort, ainsi que les fruits y afférents. [...]

> Comptes issus du fonctionnement collectif de l'indivision

[C. civ., art. 815-2, 815-3, 815-5, 815-5-1, 815-8, 815-9, 815-12, 815-13]

• **C. civ.,** art. 815-2

Tout indivisaire peut prendre les mesures nécessaires à la conservation des biens indivis même si elles ne présentent pas un caractère d'urgence.

Il peut employer à cet effet les fonds de l'indivision détenus par lui et il est réputé en avoir la libre disposition à l'égard des tiers.

À défaut de fonds de l'indivision, il peut obliger ses coïndivisaires à faire avec lui les dépenses nécessaires.

Lorsque des biens indivis sont grevés d'un usufruit, ces pouvoirs sont opposables à l'usufruitier dans la mesure où celui-ci est tenu des réparations.

• **C. civ.,** art. 815-3

Le ou les indivisaires titulaires d'au moins deux tiers des droits indivis peuvent, à cette majorité :

1° Effectuer les actes d'administration relatifs aux biens indivis ;

2° Donner à l'un ou plusieurs des indivisaires ou à un tiers un mandat général d'administration ;

3° Vendre les meubles indivis pour payer les dettes et charges de l'indivision ;

4° Conclure et renouveler les baux autres que ceux portant sur un immeuble à usage agricole, commercial, industriel ou artisanal.

Ils sont tenus d'en informer les autres indivisaires. À défaut, les décisions prises sont inopposables à ces derniers.

Toutefois, le consentement de tous les indivisaires est requis pour effectuer tout acte qui ne ressortit pas à l'exploitation normale des biens indivis et pour effectuer tout acte de disposition autre que ceux visés au 3°.

Si un indivisaire prend en main la gestion des biens indivis, au su des autres et néanmoins sans opposition de leur part, il est censé avoir reçu un mandat tacite, couvrant les actes d'administration mais non les actes de disposition ni la conclusion ou le renouvellement des baux.

• **C. civ.,** art. 815-5

Un indivisaire peut être autorisé par justice à passer seul un acte pour lequel le consentement d'un coïndivisaire serait nécessaire, si le refus de celui-ci met en péril l'intérêt commun.

Le juge ne peut, à la demande d'un nu-propriétaire, ordonner la vente de la pleine propriété d'un bien grevé d'usufruit contre la volonté de l'usufruitier.

L'acte passé dans les conditions fixées par l'autorisation de justice est opposable à l'indivisaire dont le consentement a fait défaut.

• **C. civ.,** art. 815-5-1 *(mod. par Ord. n° 2019-964, 18 sept. 2019, art. 35)*

Sauf en cas de démembrement de la propriété du bien ou si l'un des indivisaires se trouve dans l'un des cas prévus à l'article 836, l'aliénation d'un bien indivis peut être autorisée par le tribunal judiciaire, à la demande de l'un ou des indivisaires titulaires d'au moins deux tiers des droits indivis, suivant les conditions et modalités définies aux alinéas suivants.

Le ou les indivisaires titulaires d'au moins deux tiers des droits indivis expriment devant un notaire, à cette majorité, leur intention de procéder à l'aliénation du bien indivis.

Dans le délai d'un mois suivant son recueil, le notaire fait signifier cette intention aux autres indivisaires.

Si l'un ou plusieurs des indivisaires s'opposent à l'aliénation du bien indivis ou ne se manifestent pas dans un délai de trois mois à compter de la signification, le notaire le constate par procès-verbal.

Dans ce cas, le tribunal judiciaire peut autoriser l'aliénation du bien indivis si celle-ci ne porte pas une atteinte excessive aux droits des autres indivisaires.

Cette aliénation s'effectue par licitation. Les sommes qui en sont retirées ne peuvent faire l'objet d'un remploi sauf pour payer les dettes et charges de l'indivision.

L'aliénation effectuée dans les conditions fixées par l'autorisation du tribunal judiciaire est opposable à l'indivisaire dont le consentement a fait défaut, sauf si l'intention d'aliéner le bien du ou des indivisaires titulaires d'au moins deux tiers des droits indivis ne lui avait pas été signifiée selon les modalités prévues au troisième alinéa.

• **C. civ.,** art. 815-8

Quiconque perçoit des revenus ou expose des frais pour le compte de l'indivision doit en tenir un état qui est à la disposition des indivisaires.

• **C. civ.,** art. 815-9

Chaque indivisaire peut user et jouir des biens indivis conformément à leur destination, dans la mesure compatible avec le droit des autres indivisaires et avec l'effet des actes régulièrement passés au cours de l'indivision. À défaut d'accord entre les intéressés, l'exercice de ce droit est réglé, à titre provisoire, par le président du tribunal.

L'indivisaire qui use ou jouit privativement de la chose indivise est, sauf convention contraire, redevable d'une indemnité.

• **C. civ.,** art. 815-12

L'indivisaire qui gère un ou plusieurs biens indivis est redevable des produits nets de sa gestion. Il a droit à la rémunération de son activité dans les conditions fixées à l'amiable ou, à défaut, par décision de justice.

• **C. civ.,** art. 815-13

Lorsqu'un indivisaire a amélioré à ses frais l'état d'un bien indivis, il doit lui en être tenu compte selon l'équité, eu égard à ce dont la valeur du bien se trouve augmentée au temps du partage ou de l'aliénation. Il doit lui être pareillement tenu compte des dépenses nécessaires qu'il a faites de ses deniers personnels pour la conservation desdits biens, encore qu'elles ne les aient point améliorés.

Inversement, l'indivisaire répond des dégradations et détériorations qui ont diminué la valeur des biens indivis par son fait ou par sa faute.

> Comptes fondés sur les droits individuels des indivisaires

[C. civ., art. 815-10, 815-11, 815-14 à 815-17]

• **C. civ.,** art. 815-10, al. 4

[...] Chaque indivisaire a droit aux bénéfices provenant des biens indivis et supporte les pertes proportionnellement à ses droits dans l'indivision.

• **C. civ.,** art. 815-11 *(mod. par Ord. n° 2019-964, 18 sept. 2019, art. 35)*

Tout indivisaire peut demander sa part annuelle dans les bénéfices, déduction faite des dépenses entraînées par les actes auxquels il a consenti ou qui lui sont opposables.

À défaut d'autre titre, l'étendue des droits de chacun dans l'indivision résulte de l'acte de notoriété ou de l'intitulé d'inventaire établi par le notaire.

En cas de contestation, le président du tribunal judiciaire peut ordonner une répartition provisionnelle des bénéfices sous réserve d'un compte à établir lors de la liquidation définitive.

À concurrence des fonds disponibles, il peut semblablement ordonner une avance en capital sur les droits de l'indivisaire dans le partage à intervenir.

• **C. civ.,** art. 815-14

L'indivisaire qui entend céder, à titre onéreux, à une personne étrangère à l'indivision, tout ou partie de ses droits dans les biens indivis ou dans un ou plusieurs de ces biens est tenu de notifier par acte extrajudiciaire aux autres indivisaires le prix et les conditions de la cession projetée ainsi que les nom, domicile et profession de la personne qui se propose d'acquérir.

Tout indivisaire peut, dans le délai d'un mois qui suit cette notification, faire connaître au cédant, par acte extrajudiciaire, qu'il exerce un droit de préemption aux prix et conditions qui lui ont été notifiés.

En cas de préemption, celui qui l'exerce dispose pour la réalisation de l'acte de vente d'un délai de deux mois à compter de la date d'envoi de sa réponse au vendeur. Passé ce délai, sa déclaration de préemption est nulle de plein droit, quinze jours après une mise en demeure restée sans effet, et sans préjudice des dommages-intérêts qui peuvent lui être demandés par le vendeur.

Si plusieurs indivisaires exercent leur droit de préemption, ils sont réputés, sauf convention contraire, acquérir ensemble la portion mise en vente en proportion de leur part respective dans l'indivision.

Lorsque des délais de paiement ont été consentis par le cédant, l'article 828 est applicable.

• **C. civ.,** art. 815-15

S'il y a lieu à l'adjudication de tout ou partie des droits d'un indivisaire dans les biens indivis ou dans un ou plusieurs de ces biens, l'avocat ou le notaire doit en informer les indivisaires par notification un mois avant la date prévue pour la vente. Chaque indivisaire peut se substituer à l'acquéreur dans un délai d'un mois à compter de l'adjudication, par déclaration au greffe ou auprès du notaire.

Le cahier des conditions de vente établi en vue de la vente doit faire mention des droits de substitution.

• **C. civ.,** art. 815-16

Est nulle toute cession ou toute licitation opérée au mépris des dispositions des articles 815-14 et 815-15. L'action en nullité se prescrit par cinq ans. Elle ne peut être exercée que par ceux à qui les notifications devaient être faites ou par leurs héritiers.

• **C. civ.,** art. 815-17

Les créanciers qui auraient pu agir sur les biens indivis avant qu'il y eût indivision, et ceux dont la créance résulte de la conservation ou de la gestion des biens indivis, seront payés par prélèvement sur l'actif avant le partage. Ils peuvent en outre poursuivre la saisie et la vente des biens indivis.

Les créanciers personnels d'un indivisaire ne peuvent saisir sa part dans les biens indivis, meubles ou immeubles.

Ils ont toutefois la faculté de provoquer le partage au nom de leur débiteur ou d'intervenir dans le partage provoqué par lui. Les coïndivisaires peuvent arrêter le cours de l'action en partage en acquittant l'obligation au nom et en l'acquit du débiteur. Ceux qui exerceront cette faculté se rembourseront par prélèvement sur les biens indivis.

> Comptes d'indivisions hors indivision successorale

[C. civ., art. 815-1, 815-18, 1476 et 1873-11]

• **C. civ.,** art. 815-1

Les indivisaires peuvent passer des conventions relatives à l'exercice de leurs droits indivis, conformément aux articles 1873-1 à 1873-18.

• **C. civ.,** art. 815-18

Les dispositions des articles 815 à 815-17 sont applicables aux indivisions en usufruit en tant qu'elles sont compatibles avec les règles de l'usufruit.

Les notifications prévues par les articles 815-14, 815-15 et 815-16 doivent être adressées à tout nu-propriétaire et à tout usufruitier. Mais un usufruitier ne peut acquérir une part en nue-propriété que si aucun nu-propriétaire ne s'en porte acquéreur ; un nu-propriétaire ne peut acquérir une part en usufruit que si aucun usufruitier ne s'en porte acquéreur.

• **C. civ.,** art. 1476, al. 1er

Le partage de la communauté, pour tout ce qui concerne ses formes, le maintien de l'indivision et l'attribution préférentielle, la licitation des biens, les effets du partage, la garantie et les soultes, est soumis à toutes les règles qui sont établies au titre « Des successions » pour les partages entre cohéritiers. [...]

• **C. civ.,** art. 1873-11

Chaque indivisaire peut exiger la communication de tous les documents relatifs à la gestion. Le gérant doit, une fois par an, rendre compte de sa gestion aux indivisaires. À cette occasion, il indique par écrit les bénéfices réalisés et les pertes encourues ou prévisibles.

Chaque indivisaire est tenu de participer aux dépenses de conservation des biens indivis. À défaut d'accord particulier, les articles 815-9, 815-10 et 815-11 du présent code sont applicables à l'exercice du droit d'usage et de jouissance, ainsi qu'à la répartition des bénéfices et des pertes.

401.02 Jurisprudence de référence.

> Composition de la masse indivise

• **Cass., ch. réun., 5 déc. 1907,** *Chollet c/Dumoulin, DP* 1908. 1. 113, note A. Colin ; *S.* 1908. 1. 5, concl. M.-A. Baudouin, note C. Lyon-Caen

* V. s[s] n° 401.21

« Attendu que si l'adjudication sur licitation d'un immeuble dépendant d'une hérédité doit, au regard de l'adjudicataire, quand il est un tiers étranger à l'indivision, être considérée comme une vente, elle constitue, dans les relations des cohéritiers entre eux une opération préliminaire du partage ; que la vente ainsi faite l'est, en réalité, pour le compte de la masse successorale, et que la créance du prix entre dans l'actif à partager [...]. »

> Actes de conservation

• **Civ. 1re, 9 juill. 2014,** n° 13-21.463, P I, n° 131

* V. s[s] n° 401.51

« Mais attendu que le commandement de payer visant la clause résolutoire constitue un acte conservatoire qui n'implique donc pas le consentement d'indivisaires titulaires d'au moins deux tiers des droits indivis ; que le moyen est sans fondement [...] » (rejet).

• **Civ. 1re, 4 juill. 2012,** n° 10-21.967, P I, n° 153.

* V. s[s] n° 401.51

« Mais attendu que la cour d'appel a retenu que ni les consorts X..., ni M. X..., n'avaient qualité pour consentir une promesse de vente ou un bail et relevé que les époux A... convenaient que l'autorisation de prendre possession des lieux qui leur avait été donnée par M. X... était "dépourvue de cadre juridique" ; que, dès lors, l'action engagée par le mandataire-liquidateur tendant à l'expulsion d'occupants sans droit ni titre et au paiement d'une indemnité d'occupation, qui avait pour objet la conservation des droits des coïndivisaires, entrait dans la catégorie des actes conservatoires que tout indivisaire peut accomplir seul, sans avoir à justifier d'un péril imminent [...]. »

> Passif de l'indivision et créances des indivisaires

• **Civ. 1re, 23 juin 2010,** n° 09-13.250, P I, n° 145

* V. s^s n° 401.63

« Attendu, ensuite, que l'impôt sur le revenu, que chacun des co-partageants doit supporter sur la part lui revenant dans les bénéfices nets réalisés par un fonds de commerce indivis, constitue une dette personnelle et non une dette de l'indivision ; que, dès lors, si les bénéfices nets du fonds de commerce indivis perçus par le mari pendant la durée de l'indivision post-communautaire entraient dans l'actif de l'indivision, la fraction de l'impôt sur le revenu payé par ce dernier sur la part revenant à son épouse n'avait pas à être inscrite à son crédit au compte d'indivision [...]. »

401.03 **Bibliographie indicative.**

Actualisable. Rép. civ., v° *Indivision : régime légal*, par C. Albiges, avr. 2023 [actu. sept. 2023].

Ouvrages. S. David et A. Jault, Dalloz référence *Liquidation des régimes matrimoniaux*, 2024/2025 – A. Delfosse et J.-F. Peniguel, *La réforme des successions et des libéralités*, Litec, 2006, n°s 177 à 189 – M. Grimaldi (dir.), Dalloz action *Droit patrimonial de la famille*, 2025/2026, n°s 251.00 s. à 254.00 s., par C. Vernières ; *Droit des successions*, 8e éd., « Manuels », LexisNexis, 2020, n°s 913 s., 964 et 965 – A.-M. Leroyer, *Droit des successions*, 4e éd., « Cours », Dalloz, 2020, n°s 410 s. et 658 s. – P. Malaurie et C. Brenner, *Droit des successions et des libéralités*, 11e éd., « Droit civil », LGDJ, 2024, n°s 606 s – F. Terré, Y. Lequette et S. Gaudemet, *Droit civil, Les successions, les libéralités*, 5e éd., « Précis », Dalloz, 2024, n°s 850 s.

Articles. C. Albiges, « L'achat en indivision d'un bien », *in Études en l'honneur du professeur M.-L. Mathieu, Comprendre : des mathématiques au droit*, Bruylant, 2019, p. 27 s. – C. Brenner, « La gestion de la succession », *D.* 2006. 2559 – J. Casey, « Le nouvel article 815-5-1 du Code civil : indivision accélérée ou indigestion avérée ? », *RJPF* 2009-9/11 – P. Catala, « L'indivision », *Defrénois* 1979, art. 31874 et 31886 – A. Chamoulaud-Trapiers, « Liquidation d'indivision : du bon règlement du passif et des comptes », *Defrénois* 2010, art. 39176, p. 2269 – M. Dagot, « L'indivision (commentaire de la loi du 31 décembre 1976) », *JCP N* 1977. I. 205 – W. Dross, « L'hypothèque consentie par un indivisaire : proposition de réécriture des articles 815-17 et 2414 du Code civil », *in Études en la mémoire de Ph. Neau-Leduc*, LGDJ, 2018, p. 393 – O. Gazeau, « Les comptes de l'indivision, principes et applications », *Defrénois* 2018. 17 – C. Goldie-Genicon, « Donation-partage et indivision », *JCP N* 2022. 1281 – C. Grare-Didier, « La classification des actes de disposition, d'administration et conservatoire à l'épreuve de la constitution d'une sûreté réelle sur un bien indivis », *JCP N* 2017. 1149 – A. Jault, « Indivision post-communautaire, le remboursement des dépenses relatives aux biens », *AJ fam.* 2010. 211 – J. Lafond, « L'autorisation judiciaire de vendre un bien indivis », *JCP N* 2009. 1180 – N. Leblond, « La crise dans l'indivision », *Defrénois* 2010, art. 39171, p. 2173 – N. Pierre, « La vente d'un bien indivis contre la volonté d'un indivisaire », *LPA* 2009, n° 189, p. 3 – F. Sauvage, « Le rôle du notaire dans la mise en œuvre de la vente des biens indivis à la demande des indivisaires majoritaires », *AJ fam.* 2010. 309 – S. Thouret, « Les différents modes de conjugalité à l'épreuve de la liquidation et du partage », *AJ fam.* 2015. 436 et 443.

401.04 **Questions essentielles.**

> Les éléments actifs et passifs de la masse indivise

* V. s^s n° 401.21

> La rémunération de l'indivisaire gérant

* V. s^s n° 401.61

> L'indemnité d'occupation privative d'un bien indivis

* V. s^s n° 401.81

> Les indemnités dues à l'indivisaire pour l'acquisition, l'amélioration ou la conservation d'un bien indivis

* V. s^s n° 401.91

401.05 **Introduction et nature des comptes d'indivision étudiés.** Les droits des indivisaires s'exercent sur la masse des biens indivis. Cette masse n'a pas la personnalité juridique[1] ni la personnalité morale[2] ; cependant elle fonctionne comme une **universalité autonome**, avec un **actif** et un **passif**, qui font l'objet de comptes, pour les besoins de sa gestion et de sa liquidation[3].

Les comptes d'indivision étudiés dans le présent chapitre sont les règlements pécuniaires à effectuer dans les indivisions successorales régies par les articles 815-1 à 815-18 du Code civil.

Nous excluons les comptes de l'indivision post-communautaire proprement dite, dans les cas où cette indivision ne s'articule pas avec l'indivision successorale, ainsi que l'indivision en usufruit visée par l'article 815-18 du Code civil. Rappelons toutefois que ces deux formes d'indivision sont régies par les mêmes textes que l'indivision successorale (C. civ., art. 815-18, pour l'indivision en usufruit, et C. civ., art. 1476, al. 1er, pour l'indivision post-communautaire).

Nous ne traiterons pas non plus spécialement des comptes à établir dans les indivisions conventionnelles régies par les articles 815-18 et 1873-1 à 1873-18 du Code civil : ces comptes sont établis sous la responsabilité du gérant et, sauf accord particulier, suivent les règles de l'indivision successorale (C. civ., art. 1873-11).

401.06 **Division.** Nous rappellerons d'abord les éléments constants de la situation des indivisaires, en l'absence de toute cause de règlements pécuniaires (sect. 1). En second

1. JURISPRUDENCE CONSTANTE : Civ. 3e, 16 mars 2017, n° 16-13.063, P III, n° 37 – Civ. 2e, 9 juin 2011, n° 10-19.241, P II, n° 129 ; *D.* 2011. 2188, note F. Julienne ; *JCP* 2011. 1298, obs. H. Périnet-Marquet – Civ. 1re, 25 oct. 2005, n° 03-20.382, P I, n° 388 ; *D.* 2005. 2873, obs. A. Lienhard ; *AJ fam.* 2006. 34, obs. P. Hilt.
2. Civ. 3e, 3 oct. 2007, n° 06-16.716, P III, n° 165 ; *D.* 2008. Pan. 2250, obs. V. Brémond ; *JCP* 2008. I. 127, n° 8, obs. H. Périnet-Marquet.
3. Sur les différentes conceptions de la nature juridique de l'indivision, v. Rép. civ., v° *Indivision : généralités*, par C. Albiges, avr. 2023, n°s 29 s.

lieu, nous étudierons les comptes résultant du fonctionnement collectif de l'indivision (sect. 2), puis nous examinerons les comptes à faire en cas d'événements mettant en jeu les droits individuels des indivisaires (sect. 3). Nous donnerons enfin un aperçu pratique de ces divers règlements pécuniaires (sect. 4).

SECTION 1
CONSTANTES DE L'INDIVISION

401.10 **Plan.** Avant d'examiner les conséquences des événements qui affectent l'indivision sur les règlements pécuniaires entre les indivisaires, il nous faut dresser un tableau de la situation de départ de l'indivision. Cette situation est constante pour les indivisaires pendant la durée de l'indivision ; elle repose, d'une part, sur la consistance de la masse indivise (§ 1), d'autre part, sur la quote-part des droits indivis de chacun (§ 2).

§ 1
Consistance de la masse indivise

401.21 **Éléments de la masse indivise. Actif.** La masse indivise constitue la première partie de la masse partageable, récapitulée par l'article 825 alinéa 1er du Code civil.

Son actif se compose de trois éléments :

– les **biens existant à l'ouverture de la succession,** à l'exception des biens dont le défunt a disposé à cause de mort et qu'il a ainsi exclus de l'indivision (C. civ., art. 825, al. 1er) ;

– les **biens subrogés aux biens existants** par l'effet d'une subrogation réelle : ainsi les créances et indemnités qui remplacent des biens indivis, et les biens acquis en emploi ou remploi des biens indivis (C. civ., art. 825, al. 1er et 815-10, al. 1er) [1] ;

– les **fruits et revenus des biens indivis,** sous réserve d'une prescription de cinq ans pour leur recherche (C. civ., art. 825, al. 1er et 815-10, al. 2 et 3) [2]. Cette prescription s'applique en l'absence d'accord contraire [3].

Par **fruits et revenus,** on entend tous les biens produits par les biens existants dépendant de la succession, déduction faite des dépenses relatives à ces biens : ainsi, l'indemnité d'occupation due par un indivisaire en raison de l'occupation privative d'un bien (v. ss no 401.81) est considérée comme un revenu [4], même lorsque l'occupant est sans droit ou titre [5]. Lorsqu'il s'agit des revenus d'une entreprise indivise, l'indivision a droit aux revenus nets et l'indivisaire gérant a par ailleurs droit à une indemnité pour sa gestion (C. civ., art. 815-12 – V. ss no 401.62).

Aux fruits et revenus, la Cour de cassation assimile les **plus-values :** « *Les fruits et revenus des biens indivis, ainsi que les plus-values procurées à ceux-ci* [...], *profitent à l'indivision* » [6]. Toutefois, cette assimilation a ses limites : elle n'est pas étendue aux avantages personnels à l'indivisaire. Ainsi, l'avantage de défiscalisation lié à un investissement locatif n'est pas qualifié de « *fruit* » par la Cour de cassation, cet avantage étant accordé à l'indivisaire « *en proportion de ses droits indivis et en fonction de ses revenus déclarés* » [7].

401.21-1 **Actif de la masse indivise.**

EXEMPLE

M. X., veuf, est décédé le 1er janvier 2020 à Lyon, laissant pour recueillir sa succession ses deux enfants, A et B.

Par testament, il a légué à l'œuvre d'Auteuil une maison à Dinard.

Son patrimoine se composait au jour du décès : d'un portefeuille de valeurs mobilières, de la maison de Dinard, d'un hôtel particulier à Lyon, et de divers meubles meublant ce bien.

L'hôtel particulier de Lyon a été vendu en 2018 pour 1 000 000 € et le prix de vente a été employé par A et B ensemble à l'achat d'un chalet à St Sorlin pour le même montant.

Au cours du déménagement, les meubles ont été détruits par un incendie et l'assurance a versé au notaire chargé de la succession une indemnité de 20 000 €.

De 2019 à 2022, A a donné à bail à des amis un étage de l'hôtel particulier de Lyon. Il a perçu des loyers s'élevant à 12 000 € pour chaque année. B était au courant mais il n'a jamais effectué aucune recherche à ce sujet.

Aucun partage n'a été effectué au 1er janvier 2025.

Composition de la masse indivise au 1er janvier 2025 :

La maison de Dinard, qui a fait l'objet d'un legs, qu'on suppose délivré, est exclue de la masse indivise.

La masse indivise se compose :

– du portefeuille de valeurs mobilières, bien existant à l'ouverture de la succession ;

1. JURISPRUDENCE ANCIENNE ET CONSTANTE : Cass., ch. réun., 5 déc. 1907, Chollet c/Dumoulin, *GAJC*, 14e éd., Dalloz, 2024, no 139 ; *DP* 1908. 1. 113, note A. Colin ; *S.* 1908. 1. 5, concl. M.-A. Baudouin, note C. Lyon-Caen – Civ. 1re, 26 oct. 1976, no 74-12.930, P I, no 307.
2. Civ. 1re, 10 févr. 1998, no 96-16.735, P I, no 7 ; *Defrénois* 1998. 119, art. 36866, note O. Milhac ; *RTD civ.* 1998. 435, obs. J. Patarin ; *Gaz. Pal.* 1999. 1. Somm. 124, obs. S. Piedelièvre.
3. Civ. 1re, 4 oct. 2005, no 03-19.459, P I, no 358 ; *D.* 2005. IR 2705 ; *JCP* 2006. I. 127, no 2, obs. H. Périnet-Marquet.
4. Civ. 1re, 5 févr. 1991, no 89-11.136, P I, no 54 ; *Defrénois* 1991. 494, obs. G. Champenois ; *RTD civ.* 1992. 615, obs. J. Patarin.
5. Civ. 1re, 4 juill. 2012, no 10-21.967, P I, no 153 ; *D.* 2012. 1886.
6. JURISPRUDENCE CONSTANTE : Civ. 1re, 20 févr. 1996, no 93-21.141, P I, no 95 ; *RTD civ.* 1996. 961, obs. J. Patarin.
7. Civ. 1re, 14 nov. 2007, no 06-17.086, P I, no 357 ; *D.* 2007, AJ 3076 ; *JCP* 2008. I. 127, no 12, obs. H. Périnet-Marquet.

– du chalet de St Sorlin, bien acquis avec le consentement de l'ensemble des indivisaires en emploi du bien indivis sis à Lyon ;

– de l'indemnité d'assurance de 20 000 €, subrogée aux meubles indivis détruits ;

– des loyers perçus par A depuis moins de cinq ans au 1er janvier 2025, soit les loyers de 2020 à 2022 (36 000 €).

401.22 Éléments de la masse indivise : passif. Le passif indivis comprend : outre les **dettes** et **charges** de la succession, les **créances** nées du fonctionnement de l'indivision, résultant de la conservation et de la gestion des biens indivis.

EN PRATIQUE, toute dette née du fonctionnement de l'indivision permet à son créancier de se faire payer sur les biens indivis même si la dette est personnelle à un indivisaire quant à la contribution (par ex., en raison de sa faute). Contractée dans le cadre du fonctionnement de l'indivision, la dette est indivise quant à l'obligation.

Les **créanciers de la succession** et les **créanciers de l'indivision** sont payés par prélèvement sur l'actif avant le partage : ils peuvent également poursuivre la saisie et la vente des biens indivis (C. civ., art. 815-17, al. 1er).

Il en résulte que, si le créancier est lui-même un indivisaire, il dispose d'une **option** :

- exercer immédiatement ses poursuites sur les biens indivis comme tout créancier de l'indivision ;

- attendre le partage pour être réglé : sa créance sera alors inscrite dans son compte d'indivision et réglée après compensation avec les éventuelles créances de la succession contre lui (C. civ., art. 867).

§ 2
Droits des indivisaires

401.31 Fixation des quotes-parts indivises. L'étendue des droits de chacun des indivisaires dans l'indivision résulte de la **dévolution successorale légale**, éventuellement modifiée par les dispositions prises par le défunt ou par la renonciation d'un héritier.

Ces droits sont constatés, « *à défaut d'autre titre* », par l'acte notarié de notoriété ou d'intitulé d'inventaire (C. civ., art. 815-11, al. 2). Une fois établie et sauf renonciations, cessions ou conventions ultérieures, cette **quote-part est intangible** : en cas de décès d'un indivisaire, elle se répartit entre ses ayants droit.

401.32 Répartition des bénéfices et pertes. Les bénéfices provenant des biens indivis et les pertes qui affectent ces biens sont répartis entre les indivisaires proportionnellement à leurs droits dans l'indivision, établis comme il est dit ci-dessus (C. civ., art. 815-10, al. 4). Ainsi, les revenus tirés de la location d'un bien immobilier profitent à chaque indivisaire suivant cette répartition, tandis que les impôts locaux et fonciers incombent à chacun selon la même proportion [1]. Cette répartition est imposée aux indivisaires, leurs quotes-parts indivises étant fixées dès l'ouverture de la succession.

401.33 Application en cas d'exercice collectif du droit de préemption. Rappelons que, lorsqu'un indivisaire a l'intention de céder, à titre onéreux, à une personne étrangère à l'indivision, tout ou partie de ses droits dans les biens indivis, il est tenu de notifier son projet aux autres indivisaires, qui peuvent exercer un **droit de préemption** (C. civ., art. 815-14).

Si plusieurs indivisaires exercent ensemble ce droit de préemption, ils sont réputés acquérir les droits indivis mis en vente en proportion de leur part respective dans l'indivision (C. civ., art. 815-14, al. 4). En l'absence de convention contraire, cette quote-part indivise s'applique donc, par le biais de la proportion, aux accroissements des parts de chacun dans l'indivision : ceci afin qu'à l'occasion de cette acquisition, un indivisaire ne puisse imposer à ses coacquéreurs une modification de l'équilibre initial de l'indivision.

401.33-1 Mise en œuvre de l'exercice collectif du droit de préemption.

EXEMPLE

M. X., veuf, est décédé le 1er janvier 2020 à Paris, sans avoir fait de testament, laissant pour recueillir sa succession ses trois enfants, A, B et C et ses deux petits-enfants, E et F, fils et fille de D, prédécédé.

Son patrimoine se compose au jour du décès : d'un portefeuille de valeurs mobilières, d'un appartement à Paris, d'une villa à Cannes et d'un chalet à Méribel.

A notifie à B, C, E et F son projet de céder ses droits indivis dans le chalet. Le chalet est évalué à 1 200 000 €.

1° B et F décident d'acquérir ensemble les droits de A, sans autre convention entre eux.

2° B et C décident d'acquérir ensemble les droits de A, sans autre convention entre eux.

Application des quotes-parts indivises à l'acquisition :

1° Première hypothèse

Quotes-parts de A, B, C, E et F dans l'indivision, à défaut de disposition libérale du cédant :

– A, B et C : un quart ;

– E et F venant par représentation de D qui aurait eu droit à un quart : un huitième.

Proportion : B ayant le double de la part de F doit acquérir deux fois plus de droits que lui dans les biens cédés par A.

1. Impôts locaux : Civ. 1re, 16 avr. 2008, no 07-12.224, P I, no 122 ; *JCP N* 2008. 1328, no 7, obs. H. Périnet-Marquet – Taxe d'habitation : Civ. 1re, 5 déc. 2018, no 17-31.189, P ; *D.* 2018. 2415 ; *AJ fam.* 2019. 157, obs. J. Casey ; *RTD civ.* 2019. 362, obs. W. Dross ; *Dr. fam.* 2019, no 52, note A. Tani – Taxe foncière : Civ. 1re, 27 janv. 2016, no 15-11.151, P ; *AJ fam.* 2016. 207, obs. S. Thouret ; *RTD civ.* 2016. 327, obs. J. Hauser.

Soit 2/3 pour B et 1/3 pour F, du quart cédé par A.

Soit pour B : ¼ × 2/3 = 2/12e

Et pour F : ¼ × 1/3 = 1/12e

Soit un montant de :

B : 1 200 000 × 2/12 = 200 000 €

F : 1 200 000 × 1/12 = 100 000 €

TABLEAU RÉCAPITULATIF

Titulaires	Quote-part initiale	Quote-part acquise de A	Total	Valeur
B	6/24	4/24	10/24	500 000
C	6/24		6/24	300 000
E	3/24		3/24	150 000
F	3/24	2/24	5/24	250 000
TOTAL	18/24	6/24	24/24	1 200 000

2° Seconde hypothèse

B et C ayant des droits égaux acquièrent les droits de A à proportion de moitié chacun.

Soit pour chacun d'eux : ¼ × ½ = 1/8

Soit un montant de : 1 200 000 × 1/8 = 150 000 €

TABLEAU RÉCAPITULATIF

Titulaires	Quote-part initiale	Quote-part acquise de A	Total	Valeur
B	2/8	1/8	3/8	450 000
C	2/8	1/8	3/8	450 000
E	1/8		1/8	150 000
F	1/8		1/8	150 000
TOTAL	6/8	2/8	8/8	1 200 000

SECTION 2
FONCTIONNEMENT COLLECTIF DE L'INDIVISION

401.40 **Plan.** Pendant la durée de l'indivision, les relations pécuniaires entre les indivisaires sont régies non seulement par les éléments constants qui viennent d'être définis, mais également par les règles s'appliquant au fonctionnement de l'indivision en tant que groupe, chacun des indivisaires pouvant être amené par les événements – ou par sa volonté propre – à accomplir divers actes (§ 1) sous le contrôle des autres indivisaires (§ 2).

§ 1
Actes accomplis par les indivisaires

A.
Nature des actes accomplis

401.51 **Actes de conservation.** Tout indivisaire peut prendre les mesures nécessaires à la conservation des biens indivis et, depuis la loi du 23 juin 2006, « *même si elles ne présentent pas un caractère d'urgence* » (C. civ., art. 815-2).

La jurisprudence a ainsi admis comme acte conservatoire, en l'absence de péril imminent, l'action tendant à l'expulsion d'un immeuble d'occupants sans droit ni titre et au paiement d'une indemnité d'occupation : tout indivisaire peut accomplir seul une telle action, sans avoir à justifier d'un péril imminent[1]. Dans ce cas, si l'indivisaire qui agit utilise à cet effet les fonds de l'indivision détenus par lui, comme la loi l'y autorise, il n'a pas à établir de comptes avec ses coïndivisaires. Mais, à défaut de fonds de l'indivision, il peut obliger ses coïndivisaires à faire avec lui les dépenses nécessaires et, dans ce cas, il y aura lieu d'établir des comptes pour le remboursement des sommes avancées.

Un commandement de payer visant la clause résolutoire d'un contrat de bail commercial a été reconnu par la jurisprudence comme un acte conservatoire au sens de l'article 815-2 du Code civil. Cet acte n'implique pas le consentement d'indivisaires titulaires d'au moins deux tiers des droits indivis et pouvait donc être émis par des indivisaires représentant, en l'espèce, 50 % des droits indivis[2].

401.52 **Actes de disposition.** La loi permet à tout indivisaire titulaire d'au moins **deux tiers des droits indivis** à cette majorité, de **vendre les meubles indivis** pour payer les **dettes et charges de l'indivision** (C. civ., art. 815-3, al. 1er, 3°). Cette faculté engendrera des comptes, l'indivisaire devant justifier ensuite des sommes retirées de la vente et des remboursements effectués.

Quant aux actes de disposition des **biens indivis autres que les meubles,** ils sont régis par deux textes :

1° L'article 815-5 du Code civil, selon lequel un indivisaire peut être **autorisé par justice à passer seul un acte** pour lequel le consentement d'un coïndivisaire serait nécessaire, si le refus de celui-ci met en péril l'intérêt commun. C'est le cas, par exemple, du refus de l'un des indivisaires de consentir à l'aliénation des biens indivis pour assurer le paiement des droits de succession[3]. L'appréciation de la mise en péril du bien commun est faite souverainement par les juges du fond[4]. Cette vente par un indivisaire

1. Civ. 1re, 4 juill. 2012, n° 10-21.967, P (préc., v. ss n° 401.21) ; *D.* 2012. 1886.
2. Civ. 1re, 9 juill. 2014, n° 13-21.463, P I, n° 131 ; *D.* 2014. 1715, chron. I. Guyon-Renard ; *D.* 2015. 529, obs. S. Amrani-Mekki et M. Mekki ; *RDI* 2014. 558, note J.-L. Bergel ; *AJ fam.* 2014. 503, obs. N. Levillain.
3. Civ. 1re, 14 févr. 1984, n° 82-16.526, P I, n° 62 ; *D.* 1984. 453, note A. Breton ; *JCP* 1985. II. 20381, note E. S. de La Marnierre ; *RTD civ.* 1985. 189, obs. J. Patarin.
4. Civ. 1re, 6 nov. 1990, n° 89-13.220, P I, n° 236 ; *D.* 1990. IR 276 ; *JCP* 1991. IV. 5 ; *RDI* 1991. 33, obs. J.-L. Bergel.

seul, en général pour payer des dettes, justifie des comptes, mais le prix de vente reste subrogé au bien vendu et fait partie de la masse indivise.

2° L'article 815-5-1 du Code civil, issu de la loi n° 2009-526 du 12 mai 2009 de simplification et de clarification du droit et d'allègement des procédures [1], qui autorise la **vente judiciaire d'un bien indivis, à la demande de la majorité des deux tiers** des indivisaires [2]. À la demande d'une telle majorité, le tribunal judiciaire peut autoriser l'aliénation du bien indivis « *si celle-ci ne porte pas une atteinte excessive aux droits des autres indivisaires* ».

L'aliénation prend la forme d'une **licitation**. Les sommes qui en sont retirées doivent être consacrées à payer les dettes et charges de l'indivision et ne peuvent être remployées dans l'achat d'un autre bien indivis.

À la suite de l'aliénation, de l'encaissement du prix de vente par l'indivision et du règlement des dettes et charges, il faut évidemment établir des comptes d'indivision.

Ce texte est applicable, selon la jurisprudence, aux indivisions légales qui existent au jour de l'entrée en vigueur de l'article 6 de la loi du 12 mai 2009 [3].

401.53 Actes d'administration et de gestion. C'est à l'occasion des actes d'administration et de gestion qu'il y a principalement lieu d'établir des comptes d'indivision. L'article 815-3 du Code civil dispose en effet notamment que : « *Le ou les indivisaires titulaires d'au moins deux tiers des droits indivis peuvent, à cette majorité : 1° Effectuer les actes d'administration relatifs aux biens indivis* [...] » ; et l'article 815-12, que : « *L'indivisaire qui gère un ou plusieurs biens indivis est redevable des produits nets de sa gestion. Il a droit à la rémunération de son activité dans les conditions fixées à l'amiable ou, à défaut, par décision de justice* ».

Il résulte de ces textes que l'administration et la gestion des biens indivis entraînent l'établissement d'un compte d'indivision pour l'indivisaire administrateur ou gestionnaire : au débit de ce compte (sommes dues à l'indivision) figurent la restitution des fruits et revenus perçus pour le compte de l'indivision (actes d'administration) et la restitution par le gérant des produits nets de la gestion (compte de gestion) ; au crédit (sommes dues par l'indivision), la rémunération du gérant [4].

B. Conséquences comptables

401.61 Notion de produits à restituer. L'indivisaire « *est redevable des produits nets de sa gestion* » (C. civ., art. 815-12, al. 1er). La déduction des charges de l'exploitation est admise et détaillée par la Cour de cassation [5].

Lorsque **le gérant** est dans une position de **subordonné** par rapport à l'indivision, comme pourrait l'être un salarié, il doit reverser à l'indivision l'intégralité des produits nets perçus : loyers, dividendes, déduction faite des frais.

Cependant, lorsque l'indivisaire encourt une responsabilité propre, par exemple lorsqu'il exerce une **activité libérale pour le compte d'une entreprise indivise**, il doit certes restituer à l'indivision les revenus du capital, mais qu'en est-il des revenus du travail ? (par ex., de la part des bénéfices distribués à chaque associé en contrepartie de son industrie). Il semble, selon certains auteurs qui font la distinction, que l'indivision n'a droit dans ce cas qu'aux revenus du capital : dans ce cas, l'indivisaire gérant qui conserve les revenus du travail ne peut prétendre en plus à une indemnité pour sa gestion [6].

401.62 Caractères de la rémunération de l'indivisaire gérant. Lorsque cette rémunération est due, comme le prévoit l'article 815-12 du Code civil, elle relève pour son montant, en cas de désaccord entre les indivisaires, du pouvoir souverain des juges du fond [7].

Elle est liée au **travail de l'indivisaire** et non à ses résultats : elle est « *la contrepartie objective de l'acti-*

1. L. n° 2009-526, 12 mai 2009, de simplification et de clarification du droit et d'allègement des procédures, *JO* 13 mai 2009, p. 7920, art. 6.
2. J. Casey, « Le nouvel article 815-5-1 du Code civil : indivision accélérée ou indigestion avérée ? », *RJPF* 2009-9/11 – J. Lafond, « L'autorisation judiciaire de vendre un bien indivis », *JCP N* 2009. 1180 – N. Leblond, « La crise dans l'indivision », *Defrénois* 2010, art. 39171, p. 2173 – N. Pierre, « La vente d'un bien indivis contre la volonté d'un indivisaire », *LPA* 2009, n° 189, p. 3 – F. Sauvage, « Le rôle du notaire dans la mise en œuvre de la vente des biens indivis à la demande des indivisaires majoritaires », *AJ fam.* 2010. 309.
3. Civ. 1re, 15 janv. 2014, n° 12-28.378, P I, n° 3 ; *AJ fam.* 2014. 186, note S. Ferré-André.
4. Civ. 1re, 20 nov. 1984, n° 83-15.657, P I, n° 314 ; *D.* 1985. 557, note A. Breton.
5. Civ. 1re, 26 juin 1985, *D.* 1985. 194, note A. B.
6. S. David et A. Jault, Dalloz référence *Liquidation des régimes matrimoniaux*, 2024/2025, nos 113.94 s. – A. Chamoulaud-Trapiers, *Les fruits et revenus en droit patrimonial de la famille*, th. Limoges, 1997, nos 825 s.
7. Civ. 1re, 28 févr. 1984, n° 82-15.270, P I, n° 75 ; *R.* 1984. 60 ; *D.* 1984. 549, note A. Breton ; *JCP* 1986. II. 20558, note D. Fiorina ; *RTD civ.* 1985. 430, obs. J. Patarin – Civ. 1re, 15 nov. 1994, n° 93-10.039, P I, n° 331 ; *D.* 1995. Somm. 333, obs. M. Grimaldi – Civ. 1re, 29 mai 1996, n° 94-14.632, P I, n° 222 ; *JCP N* 1997. II. 702, note S. Piedelièvre ; *JCP N* 1996. I. 3968, n° 4, obs. R. Le Guidec ; *JCP N* 1996. I. 3972, n° 11, obs. H. Périnet-Marquet ; *JCP* 1997. I. 4008, n° 17, obs. A. Tisserand ; *RDI* 1996. 535, obs. J.-L. Bergel ; *RTD civ.* 1997. 713, obs. J. Patarin – Civ. 1re, 25 oct. 2005, n° 02-13.787, P I, n° 386 ; *Dr. fam.* 2006, n° 16, note B. Beignier (3e esp.).

vité fournie »[1], de sorte qu'elle peut être due même si l'entreprise indivise est déficitaire[2].

Elle est calculée par **référence à la rémunération d'un salarié pour les mêmes fonctions,** lorsque l'indivisaire n'accomplit que des actes de gestion ; en revanche, lorsque l'indivisaire gère en son nom propre une entreprise indivise dans laquelle il engage sa responsabilité, la Cour de cassation a admis qu'il soit fixé une rémunération supérieure à celle d'un salarié[3].

401.62-1 Compte d'indivision en présence d'un indivisaire gérant.

EXEMPLE

Pour une activité sans prise de risque :

Indivision entre A et B portant notamment sur un immeuble de rapport. B étant éloigné, A se charge de la gestion de l'immeuble : il encaisse les loyers, paie les charges de copropriété, se charge de la recherche de locataires…

Point de départ de l'indivision : mars 2023

Fin de l'indivision : mars 2024

Montant des loyers perçus : 36 000 €

Montant des charges acquittées (copropriété, frais d'annonces…) : 7 340 €

D'un commun accord, A et B décident de fixer la rémunération de A à 6 % des loyers encaissés, par référence au tarif pratiqué par les agences immobilières, soit 2 160 €.

COMPTE D'INDIVISION DE A

Créances de l'indivision sur A :		
– à raison de l'encaissement des loyers	36 000	
Dettes de l'indivision envers A :		
– à raison du paiement des charges relatives à l'immeuble		7 340
– rémunération		2 160
Ensemble	9 500	9 500
Solde, en faveur de l'indivision	26 500	

Ce solde est à porter à l'actif de l'indivision.

401.63 Sommes personnellement dues par les indivisaires. En tout état de cause, il faut distinguer des comptes d'indivision les sommes personnellement dues par chacun des indivisaires : ainsi, chaque indivisaire doit supporter l'impôt sur le revenu sur la part lui revenant dans les bénéfices nets réalisés par le bien indivis, sans en déduire l'impôt qu'il a payé sur ces bénéfices[4]. De même, les créances entre indivisaires, qui ne font pas partie du passif de l'indivision, n'entrent pas dans ce compte[5].

§ 2
Contrôle et correctifs

A.
Obligation d'information

401.71 Obligation d'information à l'égard des autres indivisaires. Tout indivisaire qui effectue, à la majorité des deux tiers indivis, les actes prévus par l'article 815-3 du Code civil – actes d'administration ou assimilés – est tenu d'en informer les autres indivisaires (C. civ., art. 815-3, al. 2). Par ailleurs, « *quiconque perçoit des revenus ou expose des frais pour le compte de l'indivision doit en tenir un état qui est à la disposition des indivisaires* » (C. civ., art. 815-8). Cette obligation d'information permet aux indivisaires de surveiller ceux d'entre eux qui agissent pour le compte de l'indivision, et de veiller ainsi à la prise en compte de certains agissements qui entraîneront des correctifs dans les comptes de l'indivision.

B.
Indemnité de jouissance privative

401.81 Obligation de verser une indemnité en cas de jouissance privative. Dans la mesure où cette jouissance est compatible avec le droit des autres indivisaires, tout indivisaire peut user et jouir des biens indivis. Cependant, cette jouissance a pour contrepartie le versement d'une indemnité à l'indivision (C. civ., art. 815-9).

Cette indemnité n'est due qu'en cas de **jouissance exclusive du bien par un indivisaire :** elle est due si l'occupation de l'immeuble par un indivisaire exclut la même utilisation par les autres[6]. Par ailleurs, elle est due même en l'absence d'occupation effective des lieux[7]. Il

1. S. David et A. Jault, Dalloz référence *Liquidation des régimes matrimoniaux*, 2024/2025, n°s 113.80 s.
2. Civ. 1re, 28 févr. 1984, n° 82-15.270, P (préc., v. s^{s} n° 401.62).
3. Civ. 1re, 16 mars 1982, n° 80-17.244, P I, n° 109 ; *JCP* 1983. II. 20076, note E. S. de La Marnierre ; *RTD civ.* 1983. 167, obs. J. Patarin.
4. Civ. 1re, 26 juin 1985, *D.* 1985. 194, note A. B. – Civ. 1re, 10 mai 2006, n° 04-12.473, P I, n° 233.
5. Civ. 1re, 23 juin 2010, n° 09-13.250, P I, n° 145 ; *D. actu.* 27 juill. 2010, obs. C. Le Douaron ; *JCP* 2010, n° 1220, note M. Storck ; *Defrénois* 2010. 2269, note A. Chamoulaud-Trapiers ; *JCP N* 2011, n° 1001, note A. Tisserand-Martin – A. Chamoulaud-Trapiers, « Liquidation d'indivision : du bon règlement du passif et des comptes », *Defrénois* 2010, art. 39176, p. 2269.
6. Civ. 1re, 13 janv. 1998, n° 95-12.471, P I, n° 12 ; *JCP* 1998. I. 171, n° 11, obs. H. Périnet-Marquet ; *RTD civ.* 1999. 167, obs. J. Patarin.
7. jurisprudence constante : Civ. 1re, 22 avr. 1997, n° 95-15.830, NP ; *RTD civ.* 1999. 167, obs. J. Patarin – Civ. 1re, 26 mai 1999, n° 97-11.904 NP ; *Dr. fam.* 1999, n° 87, note B. Beignier – Civ. 1re, 14 juin 2000, n° 98-19.255, P I, n° 186 ; *JCP* ▶

suffit que les autres indivisaires soient dans l'impossibilité d'user de la chose[1].

Elle n'est pas due lorsque l'héritier, institué légataire universel, a la saisine en raison de sa qualité d'héritier légal, dès lors que le bien qu'il occupe privativement lui a été attribué par legs[2].

401.82 Fixation et calcul de l'indemnité d'occupation. L'indemnité est fixée **conventionnellement** par les indivisaires mais, à défaut d'accord, seul **le juge** est compétent. Il a en effet été jugé que le juge ne saurait déléguer cette mission au notaire liquidateur[3].

Le calcul de l'indemnité est **indépendant du rendement du bien.** Peu importe que le bien soit ou non productif de revenus, il suffit qu'un indivisaire en jouisse privativement pour que l'indemnité soit due[4].

Ce calcul doit tenir compte de la **perte des fruits et revenus** subie par l'indivision pendant la durée de la jouissance privative[5], ainsi que de la valeur locative du bien[6], quoique les juges ne soient pas tenus de se référer exclusivement à cette valeur locative[7].

L'indemnité ne peut d'ailleurs pas être du même montant qu'un loyer, en raison de la **précarité du droit de l'indivisaire** par rapport à celui d'un locataire ; les juges appliquent en général une réfaction de 15 à 30 % par rapport à un loyer normal[8].

401.83 Particularités du paiement de l'indemnité d'occupation. L'indemnité d'occupation, on l'a vu *supra* (v. s[s] n°s 401.81 et 401.82), est assimilée à un revenu indivis. Chaque indivisaire peut réclamer annuellement sa part dans ce revenu : en effet, contrairement aux autres indemnités nées pendant l'indivision, l'indemnité d'occupation doit faire l'objet de **paiements périodiques.**

À défaut, l'indemnité serait comptabilisée au débit du compte de l'indivisaire occupant pour la totalité de la période, mais dans la limite de la **prescription quinquennale** de l'article 815-10 alinéa 3 du Code civil[9].

C. Prise en compte des améliorations et des dépenses nécessaires

401.91 Principe. Tout indivisaire a droit à la prise en compte des améliorations qu'il a apportées aux biens indivis et des « *dépenses nécessaires* », qu'il a faites pour la conservation des biens indivis ; en contrepartie, il répond « *des dégradations et détériorations qui ont diminué la valeur des biens indivis par son fait ou par sa faute* » (C. civ., art. 815-13). Ces droits et obligations entraînent évidemment l'établissement de comptes d'indivision[10].

En principe, selon la jurisprudence, l'indivisaire a droit au **remboursement de la plus forte des deux sommes que représentent la dépense faite et le profit subsistant**[11].

L'établissement de ces comptes se fait de toute façon « *selon l'équité* », qu'il s'agisse de la prise en compte des améliorations ou « *pareillement* », de celle des dépenses nécessaires (C. civ., art. 815-13, al. 1er).

Cette indemnité peut se compenser avec l'indemnité d'occupation dont l'indivisaire serait éventuellement redevable en vertu de l'article 815-9[12].

▶ 2001. I. 305, n° 6, obs. H. Périnet-Marquet ; *Defrénois* 2000. 1308, obs. J. Massip ; *Dr. fam.* 2000, n° 117 ; *RJPF* 2000-10/48, obs. J. Casey ; *LPA* 21 nov. 2000, note Belloir – Civ. 1re, 30 juin 2004, n° 02-20.085, P I, n° 194 – Civ. 1re, 23 juin 2010, n° 09-13.250, P I, n° 145 ; *D. actu.* 27 juill. 2010, obs. C. Le Douaron ; *JCP* 2010 n° 1220, note M. Storck ; *Defrénois* 2010. 2269, note A. Chamoulaud-Trapiers ; *JCP N* 2011, n° 1001, note A. Tisserand-Martin.

1. Indivisaire détenant seul les clés d'un immeuble indivis : Civ. 1re, 8 juill. 2009, n° 07-19.465, P I, n° 160 ; *JCP N* 2009. Actu. 567, obs. H. Bosse-Platière.
2. JURISPRUDENCE CONSTANTE : Civ. 1re, 2 juin 1987, n° 85-16.269, P I, n° 181 ; *R.*, p. 149 ; *D.* 1988. 137, note A. Breton – Civ. 1re, 6 déc. 2005, n° 03-10.211, P I, n° 483 ; *LPA* 4 mai 2006, note B. Vareille – Civ. 1re, 24 sept. 2014, n° 12-26.486, P I, n° 155 ; *AJ fam.* 2014. 643, obs. C. Vernières ; *Dr. fam.* 2014, n° 164, obs. M. Nicod – Civ. 1re, 16 mars 2016, n° 14-28.865, NP ; *Dr. fam.* 2016. Comm. 114, note A. Tani ; *RJPF* 2016-6/35, note F. Sauvage ; *RTD civ.* 2016, 427, obs. M. Grimaldi.
3. Civ. 1re, 2 avr. 1996, n° 94-14.310, P I, n° 162.
4. Civ. 1re, 12 mai 2010, n° 09-65.362, P I, n° 116 ; *Defrénois* 2010, art. 39184, n° 6, obs. A. Chamoulaud-Trapiers – *Adde :* N. Pierre, « Construction sur un terrain indivis par un indivisaire : conditions et fondements de l'action en démolition », *Defrénois* 2010, art. 39164.
5. Civ. 1re, 26 avr. 1988, n° 86-14.864, P I, n° 117 ; *D.* 1988. IR 133.
6. Civ. 1re, 17 févr. 2004, n° 01-17.789, *Dr. fam.* 2004, n° 86, note B. Beignier – Civ. 1re, 27 oct. 1992, n° 91-10.773, P I, n° 265 ; *JCP* 1993. I. 3713, n° 3, obs. F.-X. Testu ; *RTD civ.* 1993. 630, obs. J. Patarin.
7. Civ. 1re, 13 déc. 1994, n° 92-20.780, P I, n° 369 ; *D.* 1995. 496 ; *JCP* 1995. I. 3878, n° 16, obs. H. Périnet-Marquet ; *RTD civ.* 1995. 659, obs. J. Patarin.
8. S. David et A. Jault, Dalloz référence *Liquidation des régimes matrimoniaux*, 2024/2025, n° 113.151 – Civ. 1re, 4 mai 1994, n° 91-21.822, NP ; *Defrénois* 1995. 563, note M.-C. Forgeard.
9. Civ. 1re, 5 févr. 1991, n° 89-11.136, P I, n° 54 ; *Defrénois* 1991. 494, note G. Champenois ; *RTD civ.* 1992. 615, obs. J. Patarin – Civ. 1re, 4 mai 1994, n° 91-21.822, NP (préc., v. s[s] n° 401.82) – Civ. 1re, 13 déc. 1994, n° 92-20.780, P I, n° 369 ; *RTD civ.* 1995. 659, obs. J. Patarin ; *RTD civ.* 1997. 168, obs. F. Zénati.
10. A. Jault, « Indivision post communautaire, le remboursement des dépenses relatives aux biens », *AJ fam.* 2010. 211.
11. Civ. 1re, 4 mars 1986, n° 84-15.071, P I, n° 51 ; *RTD civ.* 1987. 386, obs. J. Patarin – Civ. 1re, 9 juill. 1991, n° 89-11.341, P I, n° 234.
12. Civ. 1re, 27 oct. 1992, n° 91-10.773, P I, n° 265 ; *JCP* 1993. I. 3713, n° 3, obs. F.-X. Testu ; *RTD civ.* 1993. 630, obs. J. Patarin.

La jurisprudence a précisé la notion de « dépense nécessaire » : les redevances de télésurveillance d'un immeuble indivis ne constituent pas des dépenses nécessaires à sa conservation. En revanche, l'assurance-habitation, qui tend à la conservation de l'immeuble indivis, incombe à l'indivision, en l'espèce post-communautaire, jusqu'au jour du partage, en dépit de l'occupation privative du bien par l'un des coïndivisaires, et constitue donc une dépense « nécessaire », à la charge de l'indivision [1].

401.92 **Amélioration des biens indivis.** En matière d'améliorations apportées aux biens, le montant de l'indemnité due à l'indivisaire est fixé « *eu égard à ce dont la valeur du bien se trouve augmentée au temps du partage ou de l'aliénation* » (C. civ., art. 815-13) ; la plus-value prise par le bien accroît à l'indivision, mais l'indivisaire a droit à **une indemnité égale au profit subsistant**, c'est-à-dire à ce dont la valeur du bien se trouve augmentée au jour du partage.

Cette indemnisation est due même si l'amélioration a été faite dans l'intérêt exclusif d'un seul des indivisaires car les charges afférentes aux biens indivis dont un indivisaire a joui privativement sont à la charge de tous les indivisaires [2].

401.93 **Conservation des biens indivis.** Pour les dépenses nécessaires, la jurisprudence a admis que lorsqu'un indivisaire a avancé de ses deniers les sommes nécessaires à la conservation d'un bien indivis, il doit lui en être tenu compte « *selon l'équité* », eu égard à la **dépense faite si cette dépense n'a pas amélioré le bien** [3] ou à **l'importance de la plus-value prise par ce bien au jour du partage** [4]. Il en résulte que l'indemnité s'élève à la **plus forte des deux sommes** que représentent le profit subsistant et la dépense faite.

Ce principe s'applique, par exemple, au paiement de l'assurance habitation [5], des impôts locaux [6], ainsi qu'au remboursement de l'emprunt souscrit pour l'acquisition d'un immeuble indivis [7] (v. s^s^ n° 401.94). En pratique, le liquidateur doit faire la distinction entre les dépenses ayant apporté une plus-value au bien, réévaluées d'après le profit subsistant, et celles qui étaient nécessaires mais qui n'ont pas amélioré le bien, prises en compte pour leur montant nominal (v. s^s^ n° 8.05).

401.94 **Cas particulier du remboursement de l'emprunt souscrit pour l'acquisition d'un immeuble indivis.** Dans ce dernier cas, la Cour de cassation avait rappelé, en matière d'indivision post-communautaire après divorce, que les règlements des échéances des emprunts immobiliers effectués par le mari au cours de l'indivision donnent lieu à une indemnité calculée selon les modalités prévues par l'article 815-13 et non selon celles résultant de l'article 1469 du Code civil relatif aux récompenses [8]. L'indemnité s'élevant à la plus forte des deux sommes que représentent le profit subsistant et la dépense faite, devait ainsi, dans le cas d'un remboursement d'emprunt, couvrir le montant de la dépense effectuée, qui est plus élevé que le profit subsistant.

Dans ce cas, pour le calcul de l'indemnité, il fallait prendre la totalité des mensualités, et non le capital seulement comme en matière de récompense (C. civ., art. 1469, al. 3). On déterminait le profit subsistant comme pour une dépense d'acquisition, ce qu'un auteur a mis sous forme d'équation en matière d'indivision post-communautaire [9] :

C (Profit subsistant)

S (Sommes remboursées par l'indivisaire)

Z (Valeur du bien au jour de la naissance de l'indivision)

V (Valeur actuelle du bien dans son état au jour de la naissance de l'indivision)

$$C = (S/Z) \times V$$

Comme pour les dépenses de conservation, l'indemnité est fixée à la plus forte des deux sommes entre le profit subsistant ainsi calculé et la dépense faite.

Mais selon une jurisprudence récente de la Cour de cassation, pour le calcul du profit subsistant, en matière

1. Civ. 1re, 20 janv. 2004, n° 01-17.124, P I, n° 20 ; *JCP* 2005. I. 128, n° 15, obs. A. Tisserand-Martin ; *AJ fam.* 2004. 103, obs. S. Deis-Beauquesne ; *RTD civ.* 2004. 765, obs. B. Vareille ; *Dr. fam.* 2004, n° 85, note B. Vareille – Civ. 1re, 5 mars 2008, n° 07-14.729, P I, n° 65 ; *AJ fam.* 2008. 215, obs. P. Hilt.
2. Civ. 1re, 29 nov. 1994, n° 92-21.151, P I, n° 346 – Civ. 1re, 14 janv. 1997, n° 94-19.102, P I, n° 12 – Civ. 1re, 6 déc. 2005, n° 03-11.489, P I, n° 479.
3. Civ. 1re, 8 déc. 1993, n° 91-22.165, NP ; *Defrénois* 1994. 434, obs. L. Aynès.
4. Civ. 1re, 18 oct. 1983, *D.* 1984. 289, note Rambure ; *JCP* 1984. II. 20245, note E. S. de La Marnierre ; *RTD civ.* 1984. 750, obs. J. Patarin – Civ. 1re, 22 oct. 1985, n° 84-10.983, P I, n° 266 – Civ. 1re, 7 juin 1988, n° 86-15.090, P I, n° 174 ; *D.* 1989. 141, note A. Breton ; *JCP N* 1989. II. 89, note C. Philippe ; *Defrénois* 1988. 1079, note G. Morin ; *RTD civ.* 1989. 120, obs. J. Patarin.
5. Civ. 1re, 20 janv. 2004, n° 01-17.124, P I, n° 20 ; *JCP* 2005. I. 128, n° 15, obs. A. Tisserand-Martin ; *AJ fam.* 2004. 103, note S. Deis-Beauquesne.
6. Civ. 1re, 16 avr. 2008, n° 07-12.224, P I, n° 122 – Civ. 1re, 1er juill. 2003, n° 02-20.305, NP ; *D.* 2004. Somm. 2342, obs. V. Brémond – Civ. 1re, 7 juin 2006, n° 04-11.524, P I, n° 284 ; *D.* 2006. IR 1913 ; *JCP* 2006. I. 193, n° 23, obs. A. Tisserand-Martin ; *JCP N* 2008. 1328, n° 7, obs. H. Périnet-Marquet ; *RTD civ.* 2009. 768, note B. Vareille.
7. Civ. 1re, 1er juill. 2003, n° 02-20.305, NP ; *D.* 2004. Somm. 2342, obs. V. Brémond – Civ. 1re, 7 juin 2006, n° 04-11.524, P (préc. s^s^ prés^t^ n°).
8. Civ. 1re, 11 mai 2012, n° 11-17.497, P I, n° 106 ; *D.* 2012. 1330 ; *AJ fam.* 2012. 414, obs. P. Hilt ; *RTD civ.* 2012. 561, obs. B. Vareille ; *Defrénois* 2014. 120, obs. A. Chamoulaud-Trapiers.
9. A. Jault, « Indivision post communautaire, le remboursement des dépenses relatives aux biens », *AJ fam.* 2010. 211 – V. ÉGAL. : S. David et A. Jault, Dalloz référence, *Liquidation des régimes matrimoniaux*, 2022/2023, n°s 113.54 s.

d'indivision post-communautaire après divorce, on se réfère à la valeur du bien au jour de l'acquisition à titre de bien commun et non plus au jour de la naissance de l'indivision[1].

Un auteur approuve cette solution et préconise alors, vu l'importance de la revalorisation, de ne pas tenir compte des intérêts payés par l'indivisaire pour la revalorisation, ces intérêts pouvant donner lieu à une créance au nominal : « *C'est là une question non pas de droit, mais de cohérence intellectuelle : on ne peut comparer et mettre en rapport que ce qui est comparable, fraction de capital remboursé sur investissement global nécessaire à l'achat du bien* »[2].

401.94-1 Calcul du profit subsistant dans une indivision post-communautaire.

EXEMPLE

M. et Mme X, époux communs en biens, ont acquis au cours du mariage, en 2019, un appartement pour le prix de 300 00 €, au moyen d'un emprunt de 200 000 €.

M. X. décède en 2024, laissant son épouse et deux enfants, et à la date de son décès, il reste dû 100 000 € en capital sur cet emprunt. L'appartement vaut 400 000 € au décès et au partage. Mme X rembourse seule les 100 000 € en capital, plus les intérêts.

La créance de Mme X sur l'indivision est fixée à la plus forte des deux sommes entre le profit subsistant et la dépense faite.

Pour le calcul du profit subsistant, il faut appliquer à la valeur actuelle de l'appartement (400 000 €) le rapport entre le capital remboursé et la valeur d'acquisition de l'appartement, soit 100 000/300 000.

Soit 400 000 × 1/3 = 133 333 €.

Ce montant est à comparer avec la dépense faite par l'indivisaire pour le remboursement du capital et la plus forte des deux sommes sera retenue comme montant de la créance de l'indivisaire qui a remboursé le prêt. Selon l'avis de l'auteur précité, il ne sera pas tenu compte des intérêts, compte tenu de l'importance de la revalorisation.

401.95 Autres indivisions et indivision successorale. Pour les autres indivisions, dont l'indivision successorale, en pratique, on applique l'article 815-13 alinéa 1er du Code civil : l'indivisaire a droit à une indemnité calculée « *eu égard à ce dont la valeur du bien se trouve augmentée au temps du partage* [...], *ainsi qu'au remboursement de la dépense faite, même en l'absence d'amélioration* », soit la plus forte des deux sommes que représentent le profit subsistant et la dépense faite.

Le profit subsistant est calculé selon la méthode indiquée *supra* n° 401.94, étant précisé que seul le capital doit être revalorisé, les intérêts réglés n'entrant dans le calcul que pour leur montant nominal[3].

EN PRATIQUE, les juges du fond ont tendance à fixer l'indemnité au **montant du remboursement, c'est-à-dire à la dépense faite,** en raison des difficultés à déterminer le profit subsistant.

401.96 Exclusion des améliorations dues à l'activité personnelle d'un indivisaire. En revanche, l'activité personnelle déployée par un indivisaire pour améliorer un bien indivis n'est pas indemnisée comme une dépense d'amélioration. La **plus-value de l'immeuble amélioré accroît à l'indivision** et l'indivisaire peut prétendre à la **rémunération de son activité**, conformément à l'article 815-12 du Code civil[4].

401.96-1 Établissement des comptes d'indivision : dépenses d'amélioration, d'entretien et dépenses nécessaires faites par un indivisaire.

EXEMPLE

A et B sont en indivision sur une maison dépendant de la succession de leur père, ouverte en 2021. Depuis janvier 2022, A occupe la maison avec sa famille, avec l'accord de B. Le montant de l'indemnité d'occupation est fixé à 1 500 € par mois. La maison n'ayant pas été entretenue correctement avant le décès, A a dû entreprendre d'importants travaux :

– Réfection de la toiture pour un coût de 70 000 €.

– Réfection des sanitaires et de la cuisine : 50 000 €.

A a par ailleurs refait lui-même les peintures de la maison.

Au décès, la maison est estimée à 300 000 €. Au partage, elle vaut 420 000 €. Selon un expert, la plus-value apportée par la réfection de la toiture est de 50 000 € et celle apportée par la réfection des sanitaires et de la cuisine de 60 000 €.

Le partage intervient en avril 2024.

La réfection de la toiture est une **dépense nécessaire** : A a droit à une indemnité égale à la plus forte des deux sommes que représentent la dépense faite et la plus-value apportée au bien, soit en l'espèce 70 000 €, montant de la dépense faite.

La réfection des sanitaires et de la cuisine est une **dépense d'amélioration.** L'indemnité due à A est égale au profit subsistant, soit 60 000 €, montant de la plus-value.

A peut par ailleurs demander une **indemnisation** sur le fondement de l'article 815-12 du Code civil à raison des travaux de peinture qu'il a effectués. Cette indemnité est fixée amiablement ou, à défaut, en justice. On supposera que les indivisaires se mettent d'accord pour un montant de 10 000 €.

1. Civ. 1re, 1er févr. 2017, n° 16-11.599, P I, n° 36 ; *D.* 2017. 351 ; *ibid.* 1213, obs. Ph. Pierre ; *AJ fam.* 2017. 305, obs. P. Hilt ; *RTD civ.* 2017. 371, obs. J. Hauser ; *RTD civ.* 2017. 715 et 717, obs. B. Vareille.
2. B. Vareille, obs. préc., *RTD civ.* 2017. 717.
3. S. Thouret, « Les différents modes de conjugalité à l'épreuve de la liquidation et du partage », *AJ fam.* 2015. 436 et 443.
4. Civ. 1re, 23 juin 2010, n° 09-13.688, P I, n° 146 ; *D. actu.* 12 juill. 2010, obs. D. Chenu ; *D.* 2010. 1708 ; *Defrénois* 2010. 2380, obs. D. Fiorina ; *JCP N* 2011, n° 1001, obs. A. Tisserand-Martin ; *RLDC* 2010/74, n° 3945, obs. E. Pouliquen.

COMPTE D'INDIVISION DE A

Créances de l'indivision sur A :		
– indemnité d'occupation : 28 × 1 500 =	42 000	
Dettes de l'indivision envers A :		
– à raison de la réfection de la toiture		70 000
– à raison de la réfection des sanitaires et de la cuisine		60 000
– indemnité due à raison des travaux de peinture		10 000
Ensemble	42 000	140 000
Solde, en faveur de A (différence)		98 000

Ce solde est à porter au passif de l'indivision.

La maison est inscrite à l'actif de la succession pour 420 000 €.

Le partage portera donc sur :

Masse active :	420 000
Masse passive :	98 000
Actif net :	322 000
Droits des parties :	
– A :	
moitié de l'actif net :	161 000
sa créance :	98 000
total :	259 000
– B :	
moitié de l'actif net :	161 000
Total des droits :	420 000
égal à l'actif à partager.	

D. Compensation des dégradations des biens indivis

401.101 **Indemnités pour dégradations ou détériorations.** Inversement, il est établi des comptes pour les dégradations et détériorations diminuant la valeur des biens indivis du fait ou de la faute d'un indivisaire (C. civ., art. 815-13, al. 2). L'indemnité due par l'indivisaire doit compenser cette diminution de valeur :

- qu'elle soit matérielle et imputable à l'indivisaire ;
- ou qu'elle résulte de fautes de gestion entraînant une baisse de valeur économique ;
- ou de la négligence de cet indivisaire, par exemple dans l'encaissement des revenus dus à l'indivision[1].

L'indemnité peut être perçue sans délai et elle profite à l'ensemble de l'indivision[2]. Elle ne peut être demandée que jusqu'au partage[3]. Son montant, à la charge de l'indivisaire qui en est responsable, n'est pas précisé par le texte : on peut supposer qu'il devrait être égal à la **somme nécessaire à la remise en état des biens détériorés** par cet indivisaire, ou à la **baisse de valeur de ces biens** due aux fautes de gestion de l'indivisaire en question, ou au **manque à gagner** engendré par la négligence de cet indivisaire.

1. Civ. 1re, 15 mai 2008, n° 07-17.645, P I, n° 131 ; *RTD civ.* 2008. 515, note T. Revet.

SECTION 3 Droits individuels des indivisaires

401.110 **Plan.** Parmi les droits individuels des indivisaires, susceptibles d'entraîner l'établissement de règlements pécuniaires, nous distinguerons des droits « *négatifs* », consistant en refus ou oppositions (§ 1), et des droits « *positifs* », résultant d'initiatives de l'indivisaire (§ 2).

§ 1 Droits négatifs

401.121 **Contestation des comptes.** Il résulte de l'article 815-11 alinéa 3 du Code civil que tout indivisaire peut contester les comptes annuels de l'indivision, nécessairement établis à l'occasion de la répartition annuelle que tout indivisaire a le droit de demander[4]. La contestation est portée devant le **président du tribunal judiciaire**, qui peut ordonner une répartition provisionnelle des bénéfices sous réserve d'un compte à établir lors de la liquidation définitive[5].

401.122 **Inopposabilité des actes d'administration aux indivisaires non informés.** Lorsque les indivisaires n'ont pas été informés des actes d'administration décidés à la majorité des deux tiers des droits indivis par les autres indivisaires, les décisions prises leur sont **inopposables** (C. civ., art. 815-3, al. 2). Ces actes sont, outre les actes d'administration proprement dits : le fait de conférer à un tiers un mandat général d'administration, la vente des meubles indivis pour payer les dettes de l'indivision et la conclusion ou le renouvellement des baux autres que les baux portant sur un immeuble à usage agricole, commercial, industriel ou artisanal. Leur inopposabilité aux indivisaires non informés apporte des **modifications aux comptes d'indivision.**

2. V. M. Grimaldi (dir.), Dalloz action *Droit patrimonial de la famille*, 2025/2026, n° 251.449, par C. Vernières.
3. Civ. 1re, 10 mai 2006, n° 03-13.537, P I, n° 234.
4. Civ. 1re, 27 oct. 1993, n° 91-15.476, NP ; *Defrénois* 1994. 433, obs. L. Aynès.
5. Civ. 1re, 16 mars 1999, n° 97-11.972, P I, n° 99 ; *JCP* 1999. I. 175, n° 10, obs. H. Périnet-Marquet ; *RTD civ.* 1999. 887, obs. J. Patarin.

401.123 Défaut de consentement aux actes de disposition. À la demande de l'un ou des indivisaires titulaires d'au moins deux tiers des droits indivis, on l'a vu, l'aliénation d'un bien indivis peut être autorisée par le tribunal judiciaire, sous forme de licitation (C. civ., art. 815-5-1).

L'aliénation effectuée dans les conditions prévues par ce texte est opposable à l'indivisaire dont le consentement a fait défaut, sauf si ce dernier n'a pas été averti de l'intention des autres indivisaires d'aliéner le bien. Le texte prévoit en effet que les indivisaires désireux de vendre le bien doivent exprimer cette intention devant un notaire, et que le notaire doit signifier ce projet aux indivisaires dont le consentement fait défaut.

Ce n'est que dans cette dernière hypothèse que la vente est inopposable à ces indivisaires, ce qui aurait des incidences sur les comptes de l'indivision.

401.124 Échec à l'action des créanciers personnels d'un indivisaire. Les indivisaires ont le droit de faire échec à l'action en partage des créanciers personnels d'un indivisaire (C. civ., art. 815-17, al. 3). En effet, ces créanciers ne peuvent saisir la part de leur débiteur dans les biens indivis ; ils ont toutefois la faculté de provoquer le partage au nom de leur débiteur ou d'intervenir dans le partage provoqué par lui.

Pour arrêter le cours de l'action en partage, les cohéritiers doivent acquitter l'obligation au nom et en l'acquit du débiteur. Le remboursement se fait par prélèvement sur les biens indivis, c'est-à-dire préalablement au partage. Le compte à établir est spécial et ne se confond pas avec le compte d'indivision proprement dit.

La **question prioritaire de constitutionnalité** qui avait été posée relativement à ce texte n'a pas été renvoyée au Conseil constitutionnel par la Cour de cassation : en effet, selon la Cour, cette question « *ne présente pas un caractère sérieux en ce que le droit des créanciers d'un indivisaire de demander le partage du bien indivis, qui suppose, s'il y a lieu, la licitation de celui-ci, assure la protection du droit de propriété de ces créanciers en leur permettant de passer outre au caractère indivis du bien dont leur débiteur est propriétaire à concurrence de sa part seulement, et ne porte pas une atteinte disproportionnée aux droits du coïndivisaire, qui se voit reconnaître la faculté d'arrêter le cours de l'action en partage et qui, par ailleurs, bénéficie d'un droit d'attribution préférentielle du bien s'il en remplit les conditions, notamment s'il s'agit de son logement* »[1].

1. Civ. 1re, 28 mars 2012, n° 12-40.002, P I, n° 78 ; *AJ fam.* 2012. 281, obs. N. Levillain.

§ 2 Droits positifs

A. Droits provisionnels

401.131 Demande de part annuelle des bénéfices. Tout indivisaire peut demander sa part annuelle dans les bénéfices (C. civ., art. 815-11, al. 1er).

Cette part est calculée déduction faite des dépenses entraînées par les actes auxquels il a consenti ou qui lui sont opposables[2] et compte tenu de sa quote-part indivise (C. civ., art. 815-11, al. 2 et 3).

Chaque année, pour répondre à cette demande de tout indivisaire, il est nécessaire d'établir ainsi un **compte temporaire d'indivision.**

401.132 Demande d'avance en capital. À concurrence des fonds disponibles, tout indivisaire peut demander une avance en capital (C. civ., art. 815-11, al. 4). Si les autres indivisaires n'y consentent pas unanimement, cette avance peut être ordonnée par le président du tribunal judiciaire qui en fixe le montant[3]. L'avance en capital figurera au **débit du compte d'indivision du bénéficiaire.**

B. Aliénation de biens indivis

401.141 Cession de droits indivis. Tout indivisaire a le droit de céder ses droits indivis dans les biens de l'indivision : cette cession peut être **totale ou partielle**, elle peut porter sur ses droits dans un ou plusieurs biens de l'indivision, ou dans la totalité de ces biens (C. civ., art. 815-14).

- Si la licitation est faite au profit d'un indivisaire, la jurisprudence a précisé qu'en vertu de l'article 883 du Code civil (effet déclaratif du partage), cette licitation constitue un partage partiel revêtant « *un caractère définitif à l'égard du bien licité qui est sorti de l'indivision en contrepartie d'un prix, lequel* [...] *est assimilable à une soulte devant revenir divisément aux autres coïndivisaires* »[4].

- Si la cession doit être consentie à titre onéreux, à une personne étrangère à l'indivision, l'indivisaire est tenu de notifier ce projet par acte extrajudiciaire aux autres indivisaires car ceux-ci ont un **droit de préemption** sur les droits indivis dont la cession est projetée.

2. Civ. 1re, 25 oct. 2005, n° 03-12.579, P I, n° 389 ; *JCP* 2006. I. 127, n° 4, obs. H. Périnet-Marquet ; *Dr. fam.* 2006, n° 16, note B. Beignier (2e esp.) ; *AJDI* 2006. 273, note S. Beaugendre.
3. Civ. 1re, 3 nov. 2004, n° 01-16.031, P I, n° 245.
4. Civ. 1re, 14 mai 2014, n° 13-10.830, P I, n° 91 ; *D.* 2014. 1152 ; *AJ fam.* 2014. 374, obs. S. Ferré-André ; *RTD civ.* 2014. 925, obs. M. Grimaldi ; *JCP* 2014, n° 890, note F. Sauvage.

Tout indivisaire peut, dans le délai d'un mois qui suit cette notification, faire connaître à l'indivisaire cédant, par acte extrajudiciaire, qu'il exerce un droit de préemption, aux prix et conditions qui lui ont été notifiés.

La licitation doit avoir lieu dans le délai de deux mois de cette réponse. Passé ce délai, la déclaration de préemption est nulle de plein droit, quinze jours après une mise en demeure restée sans effet.

Ces dispositions s'appliquent également, avec des modalités particulières, en cas d'adjudication (C. civ., art. 815-15). Elles sont impératives, à peine de nullité. L'action en nullité de la licitation opérée au mépris de ce droit se prescrit par cinq ans ; elle est réservée à ceux à qui les notifications devaient être faites, ou à leurs héritiers (C. civ., art. 815-16). Selon la jurisprudence, la prescription de cette action court à compter du jour où le titulaire du droit de préemption a eu connaissance de la cession et lorsque l'acte est soumis à la publicité foncière, le délai court à partir de la date de publication de cette cession [1].

Ces dispositions sont applicables à toutes les indivisions, qu'elles soient ou non d'origine successorale [2].

L'exercice de ce droit de préemption engendre des **règlements pécuniaires entre vendeurs et acquéreurs**, distincts des comptes d'indivision.

SECTION 4
ASPECTS PRATIQUES

401.151 **Comptes individuels.** Que ce soit pour les comptes annuels ou pour les comptes définitifs avant le partage, les comptes d'indivision se présentent de la même façon et reposent sur l'établissement de comptes individuels recensant les sommes dues à l'indivision et par l'indivision, à l'occasion des événements que nous venons de récapituler.

Il est donc tout d'abord établi **un compte pour chaque indivisaire,** présentant au débit les sommes dues à l'indivision par cet indivisaire, et au crédit, les sommes dues par l'indivision à cet indivisaire.

Il est ensuite également établi **un compte pour chaque mandataire de l'indivision**, présentant au débit les sommes reçues pour le compte de l'indivision et au crédit, les sommes déboursées par le mandataire pour le compte de l'indivision. C'est le cas du « *compte étude* » tenu par le notaire.

Seul le solde de ces comptes est retenu pour l'établissement du compte général de l'indivision [3].

401.152 **Compte général.** Un compte général d'indivision est établi : son actif se compose du solde des comptes d'indivision et des comptes des mandataires, lorsque ce solde est débiteur de sommes envers l'indivision. Ces soldes sont des créances de l'indivision sur l'indivisaire ou le mandataire. Le passif de ce compte se compose des soldes créditeurs des comptes d'indivision et des comptes des mandataires, qui sont des dettes de l'indivision envers l'indivisaire ou le mandataire.

401.153 **Comptes annuels.** Lorsqu'il s'agit des comptes annuels, on fait la différence entre l'actif et le passif et on attribue à chaque indivisaire une quote-part de cette différence – si elle est positive. Cette quote-part, sauf accord unanime contraire, correspond aux droits de chaque indivisaire dans l'indivision.

Les mandataires peuvent avoir à cette occasion l'obligation de verser aux indivisaires les sommes dont ils seraient débiteurs envers l'indivision au titre du solde de leur compte. Inversement, ils peuvent également récupérer les sommes que l'indivision leur devrait au titre de ce solde.

401.154 **Compte définitif.** Le compte général définitif de l'indivision est établi **au moment du partage**. Il est d'abord procédé aux **prélèvements** en faveur des indivisaires qui auraient payé la dette de l'un d'entre eux, ou en faveur des créanciers de la succession et de l'indivision (C. civ., art. 815-17). Ensuite est composée la **masse à partager** dans laquelle est inclus, soit à l'actif, soit au passif, le **solde du compte général de l'indivision** [4].

Cependant, dans la pratique, il est d'usage de faire figurer dans le partage les **soldes des comptes individuels** de chacun des indivisaires, lorsqu'ils sont débiteurs envers l'indivision, afin de les leur **attribuer en moins prenant.** C'est la méthode qui est désormais confirmée par l'article 864 alinéa 1er du Code civil (v. ss nos 424.31 s.).

401.154-1 **Exemple d'établissement de compte d'indivision établi en vue du partage : renvoi.**

* V. cas pratique ss no 8.05.

1. Civ. 1re, 5 mars 2014, no 12-28.348, P I, no 29 ; *D.* 2014. 1259, note J. Traullé ; *AJDI* 2014. 392 ; *AJ fam.* 2014. 247, obs. N. Levillain ; *JCP N* 2014, no 1151, obs. R. Le Guidec.
2. Civ. 1re, 23 avr. 1985, no 83-16.703, P I, no 124 ; *D.* 1985. 437, note A. Breton.
3. O. Gazeau, « Les comptes de l'indivision, principes et applications », *Defrénois* 2018. 17.
4. Sur l'établissement de ces comptes, v. A. Chamoulaud-Trapiers, « Liquidation d'indivision : du bon règlement du passif et des comptes », *Defrénois* 2010, art. 39176, p. 2269.

TITRE

41. Les règles générales du partage successoral

SECTION 0
ORIENTEUR

41.00 **Sommaire du titre.**

41.05 **Place du partage dans la liquidation.** La liquidation des successions n'est que préparée par les opérations préalables que nous avons étudiées (v. s[s] n°s 311.11 à 341.62-2) et que le liquidateur rappelle, en première partie de l'acte de partage, sous le titre : « Observations préalables ».

La liquidation proprement dite est effectuée par le partage, qui vient en deuxième partie de l'acte à établir. Ce partage, résultat des opérations qui précèdent, a pour but d'établir la répartition des biens entre les ayants droit du défunt, conformément à leurs droits dans la masse à partager.

41.06 **Division. Introduction.** Dans le présent titre, seront étudiées les règles générales s'appliquant à tout partage, dans une perspective pratique, celle du liquidateur qui prépare l'acte qui met fin au travail de règlement de la succession.

Le liquidateur doit d'abord vérifier que les conditions du partage sont réunies (chap. 411) ; il est tributaire de la forme que la loi impose à l'acte à établir (chap. 412) et il doit maîtriser la fiscalité qui s'applique à cet acte afin d'en avertir les parties, d'en prévoir le provisionnement et de prendre en compte ce provisionnement dans le passif (chap. 413).

CHAPITRE

411. Conditions du partage

SECTION 0 ORIENTEUR

411.00 Sommaire du chapitre.

411.01 Textes applicables.

• **C. civ.,** art. 507, 815, 815-3, 816 à 824, 835 à 839

> Droit au partage

• **C. civ.,** art. 815

Nul ne peut être contraint à demeurer dans l'indivision et le partage peut toujours être provoqué, à moins qu'il n'y ait été sursis par jugement ou convention.

> Unanimité requise pour le partage amiable

• **C. civ.,** art. 815-3

Le ou les indivisaires titulaires d'au moins deux tiers des droits indivis peuvent, à cette majorité :

1° Effectuer les actes d'administration relatifs aux biens indivis ;

2° Donner à l'un ou plusieurs des indivisaires ou à un tiers un mandat général d'administration ;

3° Vendre les meubles indivis pour payer les dettes et charges de l'indivision ;

4° Conclure et renouveler les baux autres que ceux portant sur un immeuble à usage agricole, commercial, industriel ou artisanal.

Ils sont tenus d'en informer les autres indivisaires. À défaut, les décisions prises sont inopposables à ces derniers.

Toutefois, le consentement de tous les indivisaires est requis pour effectuer tout acte qui ne ressortit pas à l'exploitation normale des biens indivis et pour effectuer tout acte de disposition autre que ceux visés au 3°.

Si un indivisaire prend en main la gestion des biens indivis, au su des autres et néanmoins sans opposition de leur part, il est censé avoir reçu un mandat tacite, couvrant les actes d'administration mais non les actes de disposition ni la conclusion ou le renouvellement des baux.

> Demandes en partage et maintien judiciaire de l'indivision

[C. civ., art. 816 à 824]

• **C. civ.,** art. 816

Le partage peut être demandé, même quand l'un des indivisaires a joui séparément de tout ou partie des biens indivis, s'il n'y a pas eu d'acte de partage ou une possession suffisante pour acquérir la prescription.

• **C. civ.,** art. 817

Celui qui est en indivision pour la jouissance peut demander le partage de l'usufruit indivis par voie de cantonnement sur un bien ou, en cas d'impossibilité, par voie de licitation de l'usufruit. Lorsqu'elle apparaît seule protectrice de l'intérêt de tous les titulaires de droits sur le bien indivis, la licitation peut porter sur la pleine propriété.

• **C. civ.,** art. 818

La même faculté appartient à l'indivisaire en nue-propriété pour la nue-propriété indivise. En cas de licitation de la pleine propriété, le deuxième alinéa de l'article 815-5 est applicable.

• **C. civ.,** art. 819

Celui qui est pour partie plein propriétaire et qui se trouve en indivision avec des usufruitiers et des nus-propriétaires peut user des facultés prévues aux articles 817 et 818.

Le deuxième alinéa de l'article 815-5 n'est pas applicable en cas de licitation en pleine propriété.

• **C. civ.,** art. 820

À la demande d'un indivisaire, le tribunal peut surseoir au partage pour deux années au plus si sa réalisation immédiate risque de porter atteinte à la valeur des biens indivis ou si l'un des indivisaires ne peut reprendre l'entreprise agricole, commerciale, industrielle, artisanale ou libérale dépendant de la succession qu'à l'expiration de ce délai. Ce sursis peut s'appliquer à l'ensemble des biens indivis ou à certains d'entre eux seulement.

S'il y a lieu, la demande de sursis au partage peut porter sur des droits sociaux.

• **C. civ.,** art. 821

À défaut d'accord amiable, l'indivision de toute entreprise agricole, commerciale, industrielle, artisanale ou libérale, dont l'exploitation était assurée par le défunt ou par son conjoint, peut être maintenue dans les conditions fixées par le tribunal à la demande des personnes mentionnées à l'article 822.

S'il y a lieu, la demande de maintien de l'indivision peut porter sur des droits sociaux.

Le tribunal statue en fonction des intérêts en présence et des moyens d'existence que la famille peut tirer des biens indivis.

Le maintien de l'indivision demeure possible lors même que l'entreprise comprend des éléments dont l'héritier ou le conjoint était déjà propriétaire ou copropriétaire avant l'ouverture de la succession.

• **C. civ.,** art. 821-1

L'indivision peut également être maintenue, à la demande des mêmes personnes et dans les conditions fixées par le tribunal, en ce qui concerne la propriété du local d'habitation ou à usage professionnel qui, à l'époque du décès, était effectivement utilisé pour cette habitation ou à cet usage par le défunt ou son conjoint. Il en est de même des objets mobiliers garnissant le local d'habitation ou servant à l'exercice de la profession.

• **C. civ.,** art. 822

Si le défunt laisse un ou plusieurs descendants mineurs, le maintien de l'indivision peut être demandé soit par le conjoint survivant, soit par tout héritier, soit par le représentant légal des mineurs.

À défaut de descendants mineurs, le maintien de l'indivision ne peut être demandé que par le conjoint survivant et à la condition qu'il ait été, avant le décès, ou soit devenu du fait du décès, copropriétaire de l'entreprise ou des locaux d'habitation ou à usage professionnel.

S'il s'agit d'un local d'habitation, le conjoint doit avoir résidé dans les lieux à l'époque du décès.

• **C. civ.,** art. 823

Le maintien dans l'indivision ne peut être prescrit pour une durée supérieure à cinq ans. Il peut être renouvelé, dans le cas prévu au premier alinéa de l'article 822, jusqu'à la majorité du plus jeune des descendants et, dans le cas prévu au deuxième alinéa du même article, jusqu'au décès du conjoint survivant.

• **C. civ.,** art. 824

Si des indivisaires entendent demeurer dans l'indivision, le tribunal peut, à la demande de l'un ou de plusieurs d'entre eux, en fonction des intérêts en présence et sans préjudice de l'application des articles 831 à 832-3, attribuer sa part à celui qui a demandé le partage.

S'il n'existe pas dans l'indivision une somme suffisante, le complément est versé par ceux des indivisaires qui ont concouru à la demande, sans préjudice de la possibilité pour les autres indivisaires d'y participer, s'ils en expriment la volonté. La part de chacun dans l'indivision est augmentée à proportion de son versement.

> Partage amiable

[C. civ., art. 835 à 839]

• **C. civ.,** art. 835

Si tous les indivisaires sont présents et capables, le partage peut intervenir dans la forme et selon les modalités choisies par les parties.

Lorsque l'indivision porte sur des biens soumis à la publicité foncière, l'acte de partage est passé par acte notarié.

• **C. civ.,** art. 836 *(mod. par L. n° 2019-222, 23 mars 2019, art. 9)*

Si un indivisaire est présumé absent ou, par suite d'éloignement, se trouve hors d'état de manifester sa volonté, un partage amiable peut intervenir dans les conditions prévues à l'article 116.

De même, si un indivisaire fait l'objet d'un régime de protection, un partage amiable peut intervenir dans les conditions prévues aux titres X, XI et XII du livre Ier.

• **C. civ.,** art. 837

Si un indivisaire est défaillant, sans qu'il soit néanmoins dans l'un des cas prévus à l'article 836, il peut, à la diligence d'un copartageant, être mis en demeure, par acte extrajudiciaire, de se faire représenter au partage amiable.

Faute pour cet indivisaire d'avoir constitué mandataire dans les trois mois de la mise en demeure, un copartageant peut demander au juge de désigner toute personne qualifiée qui représentera le défaillant jusqu'à la réalisation complète du partage. Cette personne ne peut consentir au partage qu'avec l'autorisation du juge.

• **C. civ.,** art. 838

Le partage amiable peut être total ou partiel. Il est partiel lorsqu'il laisse subsister l'indivision à l'égard de certains biens ou de certaines personnes.

• **C. civ.,** art. 839

Lorsque plusieurs indivisions existent exclusivement entre les mêmes personnes, qu'elles portent sur les mêmes biens ou sur des biens différents, un partage amiable unique peut intervenir.

> Partage en présence de personnes protégées

• **C. civ.,** art. 507

En cas d'opposition d'intérêts avec la personne chargée de la mesure de protection, le partage à l'égard d'une personne protégée peut être fait à l'amiable sur autorisation du conseil de famille ou, à défaut, du juge. Il peut n'être que partiel.

Dans tous les cas, l'état liquidatif est soumis à l'approbation du conseil de famille ou, à défaut, du juge.

Le partage peut également être fait en justice conformément aux articles 840 et 842.

Tout autre partage est considéré comme provisionnel.

411.02 Jurisprudence de référence.

> Le consentement de l'usufruitier au partage n'est pas requis lorsqu'il est en indivision avec le nu-propriétaire

• **Civ. 1re, 6 févr. 1996,** n° 94-12.085, P I, n° 64

* V. s^s n° 411.52

« Attendu que, pour débouter Mme X... de sa demande de compte, liquidation et partage des biens dépendants de la communauté conjugale et de la succession de sa mère, l'arrêt attaqué énonce que l'indivision suppose l'exercice sur un même bien de droits de même nature, que l'usufruitier et le nu-propriétaire exercent sur la même chose des droits de nature différente et qu'en l'espèce il n'existe aucune indivision entre M. Y..., usufruitier de l'ensemble des biens de la communauté et détenteur de la pleine propriété d'une moitié de ceux-ci, et Mme X..., nue-propriétaire de l'autre moitié, sur laquelle M. Y... n'a qu'un droit d'usufruit ;

Attendu qu'en statuant ainsi, après avoir constaté que le droit de M. Y... en pleine propriété ne portait que sur une quote-part de l'universalité des biens de la communauté et que Mme X... était nue-propriétaire du surplus, en sorte qu'il existait une indivision entre les intéressés quant à la nue-propriété, et que Mme X... était en droit de provoquer le partage pour faire déterminer les biens composant sa part en nue-propriété dans la communauté et dans la succession, la cour d'appel, qui n'a pas tiré les conséquences légales de ses propres constatations, a violé le texte susvisé. »

411.03 Bibliographie indicative.

Actualisables. Rép. civ., v^is *Indivision : régime légal*, par C. Albiges, avr. 2023 [actu. sept. 2023] ; *Partage : droit commun*, par C. Brenner, oct. 2020 [actu. sept. 2023] ; *Tutelle des mineurs* par I. Corpart, janv. 2023 – *J.-Cl. Not. Form., v° Partage (Partage de succession)*, fasc. 10 à 450 – *J.-Cl. Not. Form., v° Partage (Partage de succession – Successions confondues)*, fasc. 270 et 275.

Ouvrages. A. Delfosse et J.-F. Peniguel, *La réforme des successions et des libéralités*, Litec, 2006, n°s 190 à 217 – M. Grimaldi (dir.), Dalloz action *Droit patrimonial de la famille*, 2025/2026, n°s 271.01 s., par C. Farge ; *Droit des successions*, 8e éd., « Manuels », LexisNexis, 2020, n°s 911 s. – A.-M. Leroyer, *Droit des successions*, 4e éd., « Cours », Dalloz, 2020, n°s 629 s. – P. Malaurie et C. Brenner, *Droit des successions et des libéralités*, 11e éd., « Droit civil », LGDJ, 2024, n°s 704 s. – J. Massip, *Tutelle des mineurs et protection juridique des majeurs*, Defrénois, 2009, n°s 269, 537 à 602, 650 et 672 – F. Terré, Y. Lequette et S. Gaudemet, *Droit civil, Les successions, les libéralités*, 5e éd., « Précis », Dalloz, 2024, n°s 1125 s.

Articles. J.-F. Barbiéri, « Les souvenirs de famille, mythe ou réalité juridique ? », *JCP N* 1985. I. 285 – P. Catala, « L'indivision », *Defrénois* 1979, art. 31874 et 31886 – M. Dagot, « L'indivision (commentaire de la loi du 31 décembre 1976) », *JCP N* 1977. I. 205 – M.-C. Forgeard, « Le droit au partage et ses limites après la réforme du 23 juin 2006 », *JCP N* 2008. 1146 – M.-C. Forgeard et N. Levillain, « Mandat de protection future et pratique notariale », *Defrénois* 2008, art. 38730 et 38737 – C. Golhen, « La déjudiciarisation du partage et la protection des héritiers incapables, présumés absents ou défaillants », *Defrénois* 2007, art. 38663, p. 1413 – M. Grimaldi, « Le mandat à effet posthume », *Defrénois* 2007, art. 38509 – J. Julien, « Les nouvelles règles en matière de partage, à propos de la loi du 23 juin 2006 », *Dr. fam.* 2006. Étude 58, n°s 7 à 12 – Th. Le Bars, « Les nouvelles règles du partage », *JCP N* 2007. 1205 – N. Peterka, « La loi du 23 mars 2019 et la réforme du droit des personnes vulnérables : quelles conséquences pour la pratique notariale », *JCP N* 2019. 1157 – M. Reynaud-Canon, « Les souvenirs de famille, une étape vers la reconnaissance de la personnalité morale de la famille », *D.* 1987. Chron. 46 – B. Vareille et A. Kroell, « La liquidation et le partage de la succession », *Defrénois* 2017. 49 – G. Yildirim, « La modernisation des opérations de partage », *D.* 2006. 2570.

411.04 Questions essentielles.

> Quels biens ne peuvent être partagés ?

* V. s^s n°s 411.22 et 411.23

> Comment faire obstacle, amiablement ou judiciairement, au partage d'une indivision ?

* V. s^s n°s 411.61 à 411.74

> Quelles précautions prendre lorsque des mineurs ou des majeurs protégés sont au nombre des copartageants ?

* V. s^s n°s 411.121 à 411.124

411.05 **Division.** Avant de se lancer dans la réalisation du partage, il faut se poser deux questions : les biens se prêtent-ils à un partage (sect. 1) ; les parties remplissent-elles les conditions pour procéder au partage (sect. 2).

SECTION 1
CONDITIONS RELATIVES AUX BIENS À PARTAGER

411.10 **Plan.** Les biens à inclure dans le partage doivent se prêter à un partage d'une part, à raison de leur nature (§ 1), d'autre part, en fonction de leur statut juridique (§ 2).

§ 1
Biens partageables par nature

411.21 **Le principe du partage.** En principe, tout bien indivis peut faire l'objet d'un partage : « *Nul ne peut être contraint à demeurer dans l'indivision et le partage peut toujours être provoqué, à moins qu'il n'y* *ait été sursis par jugement ou convention* » (C. civ., art. 815).

411.22 Exceptions : biens à valeur strictement morale. Certains biens ne peuvent entrer dans le partage en raison de leur valeur purement morale, et leurs propriétaires doivent rester dans l'indivision ; nous en citons quelques exemples non exhaustifs [1] :

– les tombeaux et sépultures de famille et concessions funéraires ;

– les justificatifs des titres de noblesse ;

– les archives de famille, sans valeur patrimoniale [2] ;

– les souvenirs de famille, correspondances, tableaux, manuscrits, qui constituent l'histoire de la famille ; ces biens peuvent être confiés, à titre de dépôt, à celui des membres de la famille que les tribunaux estiment le plus qualifié [3].

411.23 Exceptions : biens impartageables de par leur affectation. D'autres biens sont par nature en indivision forcée et ne peuvent être partagés en raison de leur affectation, ainsi par exemple :

• **Les murs mitoyens.** La présomption de mitoyenneté s'applique à tout mur servant de séparation entre bâtiments, entre cours et jardins ou entre enclos dans les champs (C. civ., art. 653 s.). Ces clôtures mitoyennes sont l'objet d'« *un droit de propriété dont deux personnes jouissent en commun* » [4], et ce droit peut faire l'objet d'un abandon par l'un des copropriétaires (C. civ., art. 656), mais non d'un partage entre eux, s'agissant d'une indivision forcée.

• **Les parties communes dans la copropriété par appartements.** Aux termes de l'article 4 de la loi du 10 juillet 1965, « *les parties communes sont l'objet d'une propriété indivise entre l'ensemble des copropriétaires ou certains d'entre eux seulement* » et selon l'article 6, « *les parties communes et les droits qui leur sont accessoires ne peuvent faire l'objet, séparément des parties privatives, d'une action en partage ni d'une licitation forcée* ».

• **Les équipements collectifs constitués dans le cadre des lotissements.** Ces équipements peuvent faire l'objet d'une propriété indivise impartageable entre les propriétaires des lots. La Cour de cassation a ainsi précisé que les articles 815 à 815-18 du Code civil ne s'appliquent pas à une indivision forcée et perpétuelle, telle l'ensemble des espaces verts et de loisirs d'un lotissement, au sein duquel avait été édifié un ensemble immobilier organisé en copropriété [5].

Par ailleurs, l'impossibilité du partage peut résulter de circonstances de fait : la Cour de cassation a confirmé que le caractère peu commodément partageable d'une succession, constaté par la cour d'appel, justifiait la vente par licitation des immeubles [6].

§ 2 Biens juridiquement partageables

A. Cas général

1° Condition nécessaire

411.31 Nécessité d'une indivision. Le partage ne peut porter que sur des biens indivis. Il y a indivision lorsque sur le même objet coexistent des droits de même nature au profit de plusieurs personnes. Le régime légal de l'indivision est défini par le Code civil (C. civ., art. 815-1 à 815-17).

Lorsque le défunt ne laisse qu'un héritier et qu'il n'a consenti aucune libéralité entre vifs ou à cause de mort, il n'y a lieu ni à liquidation ni à partage de la succession, faute d'indivision.

2° Modalités de partage

411.41 Partage unique d'une pluralité d'indivisions. Un seul partage peut mettre fin à plusieurs indivisions, à condition que ces indivisions existent exclusivement entre les mêmes personnes et que l'accord des indivisaires soit unanime, permettant un partage amiable (C. civ., art. 839) [7]. Cette disposition permet d'établir un partage unique portant à la fois sur une communauté entre époux et sur une succession, ainsi que le partage des successions confondues de deux époux [8].

411.41-1 Partage unique d'une pluralité d'indivisions.

EXEMPLE

1. M. X. décède, laissant comme seuls ayants droit :

– son épouse commune en biens,

– et leurs quatre enfants, A, B, C et D.

1. V. *J.-Cl. Not. Form.*, *v^is Partage, Partage de succession*, fasc. 10, n°s 52 s., et v° *Adjudication judiciaire*, fasc. 40.
2. Montpellier, 1re ch., 10 sept. 2002, RG n° 00/04475, *Dr. fam.* 2003, n° 4, p. 38, note B. Beignier.
3. V. J.-F. Barbiéri, « Les souvenirs de famille, mythe ou réalité juridique ? », *JCP N* 1985. I. 285 – M. Reynaud-Canon, « Les souvenirs de famille, une étape vers la reconnaissance de la personnalité morale de la famille », *D.* 1987. Chron. 46.
4. Civ. 3e, 20 juill. 1989, n° 88-12.883, P III, n° 173 ; *JCP* 1989. IV. 359 ; *RTD civ.* 1990. 685, obs. F. Zénati.
5. Civ. 3e, 13 sept. 2018, n° 15-24.655, NP – V. ÉGAL. : Civ. 3e, 26 nov. 2013, n° 12-11.885, NP.
6. Civ. 1re, 19 sept. 2018, n° 17-24.202, NP.
7. CONFIRMATION par la loi du 23 juin 2006 de la jurisprudence : Civ. 1re, 21 oct. 1981, n° 80-15.342, P I, n° 305 – POUR UN EXEMPLE, v. Civ. 1re, 4 mai 2017, n° 16-20.025, PI, n° 105.
8. V. *J.-Cl. Not. Form.*, *v° Partage (Partage de succession – Successions confondues)*, fasc. 270 et 275.

Mme X. et ses enfants peuvent effectuer en un partage unique le partage de la communauté ayant existé entre les époux et celui de la succession de M. X.

2. Mme Y., veuve en premières noces non remariée de M. X., décède, laissant comme seuls ayants droit ses deux enfants, A et B.

Aucun partage n'a été effectué après le décès de M. X., avec lequel la défunte était mariée sous le régime de la communauté légale.

A et B peuvent procéder en un partage unique au partage de la communauté ayant existé entre leurs parents, les époux X.-Y., et de leurs successions confondues.

411.42 Pluralité de partages pour une même indivision. Une même indivision peut faire l'objet de plusieurs **partages partiels successifs**, laissant subsister l'indivision à l'égard de certains biens ou de certaines personnes (C. civ., art. 838).

Ce partage partiel est ordonné par le juge dans le cas de l'**attribution éliminatoire** prévue par l'article 824 du Code civil (v. ss no 411.64).

411.42-1 Pluralité de partages pour une même indivision.

EXEMPLE

M. X., veuf, décède, laissant comme seuls ayants droit ses quatre enfants, A, B, C et D.

Les biens existants sont : un immeuble de rapport et un portefeuille de valeurs mobilières.

L'immeuble peut être conservé en indivision et le portefeuille de valeurs mobilières peut faire l'objet d'un partage entre les quatre enfants.

La succession peut aussi faire l'objet d'un partage partiel entre A et B, alors que C et D restent en indivision. Ce partage partiel peut être fait amiablement ; cependant, faute du consentement de A et de B, C et D pourront demander au tribunal de leur attribuer leur part dans les biens indivis.

3°
Particularités du partage de droits démembrés

411.51 Cantonnement ou licitation. Lorsque l'indivision porte sur un droit de propriété démembré, usufruit ou nue-propriété, le partage peut être demandé comme pour la pleine propriété.

Cependant, dans ce cas, le partage peut également être demandé par voie de cantonnement sur un bien[1] ou, en cas d'impossibilité, par voie de licitation du droit de propriété démembré (C. civ., art. 817 et 818).

Cette possibilité est également ouverte lorsqu'un indivisaire détient une quote-part en pleine propriété, en présence d'indivisaires en usufruit et en nue-propriété (C. civ., art. 819). Par exemple, c'est le cas du conjoint survivant qui a opté pour un quart en pleine propriété et trois quarts en usufruit, face aux enfants titulaires de la nue-propriété.

Dans ces cas, la licitation peut porter sur la pleine propriété, lorsque cette solution « *apparaît seule protectrice de l'intérêt de tous les titulaires de droits sur le bien indivis* » (C. civ., art. 817, 818 et 819).

411.52 Consentement de l'usufruitier à la licitation. En cas d'indivision en nue-propriété, la licitation de la pleine propriété est soumise à la condition, que l'usufruitier ait donné son accord (C. civ., art. 815-5, al. 2 et art. 818, *in fine*).

Il en va de même pour l'aliénation de la pleine propriété de biens indivis objets d'une convention entre usufruitier et nus-propriétaires (C. civ., art. 1873-18, dern. al.).

Cette condition n'est toutefois pas exigée en cas de licitation en pleine propriété en présence d'un indivisaire titulaire d'une quote-part en pleine propriété, et d'indivisaires en usufruit et en nue-propriété (C. civ., art. 819)[2].

411.53 Répartition du prix de la licitation. La répartition du prix entre l'usufruit et la nue-propriété se fait selon la valeur respective de ces droits, sauf accord des parties pour reporter l'usufruit sur le prix (C. civ., art. 621). Ce texte, issu de la loi du 23 juin 2006, confirme une jurisprudence constante[3].

B.
Indivisions maintenues judiciairement

411.61 Obstacles judiciaires au partage de biens indivis. Cette condition d'indivision est nécessaire, mais non suffisante : il faut encore que l'indivision n'ait pas fait l'objet d'un maintien « *par jugement ou convention* » (C. civ., art. 815, *in fine*).

Le partage des biens indivis peut être différé par le maintien judiciaire de certains biens dans l'indivision, par le sursis judiciaire au partage et par l'attribution éliminatoire.

411.62 1) Maintien judiciaire de l'indivision. L'indivision peut être maintenue judiciairement en faveur de l'entreprise familiale, ainsi que du local

1. V. P. Murat, « Le choix des héritiers quant à l'objet reçu : l'exemple du cantonnement », *Defrénois* 2017. 17.

2. CONFIRMATION par la loi d'une jurisprudence constante : Civ. 1re, 6 févr. 1996, no 94-12.085, P I, no 64 ; *JCP N* 1997. II. 425, note J. Hérail ; *Defrénois* 1996. 1425, note C. Atias ; *RTD civ.* 1996. 683, obs. J. Patarin ; *RTD civ.* 1997. 172, obs. F. Zénati ; *RDI* 1997. 205, obs. J.-L. Bergel – Civ. 1re, 20 sept. 2006, no 04-13.126, NP.

3. Civ. 1re, 20 oct. 1987, no 86-13.197, P I, no 276 ; *D.* 1988. 85, note G. Morin ; *RTD civ.* 1988. 370, obs. P. Rémy ; *RTD civ.* 1989. 580, obs. F. Zénati ; *GAJC*, 14e éd., Dalloz, 2024, no 91 – Rép. civ., vo *Partage : droit commun*, par C. Brenner, oct. 2020, no 66 – Civ. 1re, 7 juin 1988, no 86-14.809, P I, no 181 ; *RDI* 1990. 239, obs. P. Delebecque et P. Simler ; *Defrénois* 1988. 1381, note G. Morin.

d'habitation du conjoint, par décision du tribunal prise « *en fonction des intérêts en présence et des moyens d'existence que la famille peut tirer des biens indivis* » (C. civ., art. 821 à 823).

En effet, toute **entreprise** « *agricole, commerciale, industrielle, artisanale ou libérale* », ainsi que les **droits sociaux correspondant** à de telles entreprises, peuvent faire l'objet d'une demande de maintien judiciaire dans l'indivision, même si l'entreprise comprend des éléments dont l'héritier ou le conjoint était déjà propriétaire ou copropriétaire avant l'ouverture de la succession (C. civ., art. 821).

Il en est de même de la propriété du **local d'habitation ou à usage professionnel** « *qui, à l'époque du décès, était effectivement utilisé pour cette habitation ou à cet usage par le défunt ou son conjoint* », ainsi que du mobilier garnissant ces locaux (C. civ., art. 821-1).

S'il s'agit du local d'habitation, le conjoint doit avoir résidé dans les lieux à l'époque du décès (C. civ., art. 822, al. 3).

À **défaut de descendants mineurs**, le maintien ne peut être demandé que par le conjoint survivant, à la condition qu'il ait été avant le décès, ou soit devenu du fait du décès, copropriétaire desdits biens (C. civ., art. 822, al. 2).

Si le défunt laisse **un ou plusieurs descendants mineurs**, le maintien peut être demandé, soit par le conjoint survivant, soit par tout héritier, soit par le représentant légal des mineurs (C. civ., art. 822, al. 1er).

Ce maintien dans l'indivision est **temporaire** : il ne peut être ordonné par le tribunal pour une durée supérieure à cinq ans. Toutefois, si certains indivisaires sont mineurs, ce délai peut être renouvelé jusqu'à la majorité du plus jeune des descendants ; en l'absence de descendants mineurs, ce maintien peut être prorogé jusqu'au décès du conjoint survivant, à la condition que ce dernier ait été avant le décès, ou soit devenu du fait du décès, copropriétaire des biens indivis concernés (C. civ., art. 823).

411.63 **2) Sursis au partage.** À la demande d'un indivisaire, le tribunal peut surseoir au partage pour **deux années au plus** si la réalisation immédiate risque de porter atteinte à la valeur des biens indivis ou si l'un des indivisaires ne peut reprendre l'entreprise agricole, commerciale, industrielle ou libérale dépendant de la succession qu'à l'expiration de ce délai. Ce sursis peut s'appliquer à l'ensemble des biens indivis ou à certains d'entre eux seulement (C. civ., art. 820).

411.64 **3) Attribution éliminatoire.** Par l'attribution éliminatoire, le juge accorde sa part à celui qui a demandé le partage, ce qui maintient l'indivision entre les autres indivisaires – à la demande de ceux-ci. Le partage est donc temporairement exclu sur les biens maintenus dans l'indivision, mais c'est à la demande des indivisaires, qui peuvent ultérieurement changer d'avis (C. civ., art. 824) (v. s^{s} n° 411.42 et l'exemple s^{s} n° 411.42-1).

C. Indivisions maintenues conventionnellement

411.71 **Obstacles au partage résultant de conventions.** Diverses conventions peuvent faire obstacle au partage : la convention d'indivision conclue entre les indivisaires ; le mandat à effet posthume ; la clause d'accroissement portant sur un bien. Seule cette dernière clause est un obstacle absolu au partage.

411.72 **1) Convention d'indivision.** Par convention, l'indivision peut être maintenue pour une durée déterminée, de cinq ans au plus, renouvelable par décision expresse des parties (C. civ., art. 1873-1 s.).

Toutefois, cet empêchement est temporaire : le partage peut être provoqué avant le terme convenu « *autant qu'il y en a de justes motifs* » (C. civ., art. 1873-3, al. 1er).

Si la convention est conclue pour une durée indéterminée, « *le partage peut* [...] *être provoqué à tout moment, pourvu que ce ne soit pas de mauvaise foi ou à contretemps* » (C. civ., art. 1873-3, al. 2).

La convention d'indivision est donc toujours temporaire et n'exclut jamais absolument le droit de demander le partage.

411.73 **2) Mandat posthume.** Par l'institution du mandat à effet posthume, créée par la loi du 23 juin 2006 (C. civ., art. 812 à 812-7) [1], le mandant « *peut donner à une ou plusieurs autres personnes, physiques ou morales, mandat d'administrer ou de gérer* [...] *tout ou partie de sa succession, pour le compte et dans l'intérêt d'un ou plusieurs héritiers identifiés* » (C. civ., art. 812).

Ce mandat, obligatoirement **donné et accepté par acte authentique,** doit être justifié par un « *intérêt sérieux et légitime au regard de la personne de l'héritier ou du patrimoine successoral, précisément motivé* » (C. civ., art. 812-1-1, al. 1er et 3).

Cette convention exclut théoriquement le partage des biens objets du mandat mais, en droit, le partage reste cependant possible, dans tous les cas, à la fin du mandat ; en effet, **la durée du mandat est limitée :**

– en règle générale, à **deux ans**, avec **prorogation possible** une ou plusieurs fois par décision judiciaire ;

– ou par exception, « *en raison de l'inaptitude, de l'âge du ou des héritiers, ou de la nécessité de gérer des biens professionnels* » (C. civ., art. 812-1-1, al. 2) à **cinq ans**, avec **prorogation possible** dans les mêmes conditions.

1. M. Grimaldi, « Le mandat à effet posthume », *Defrénois* 2007. 38509.

De plus, on a pu soutenir que le partage était possible à tout moment, malgré le mandat, car le mandat à effet posthume prend fin notamment « *par l'aliénation par les héritiers des biens mentionnés dans le mandat* » (C. civ., art. 812-4, 5°). Par aliénation, le texte vise certainement la vente, mais peut-être aussi le partage[1]. Le partage ne serait donc exclu que si les ayants droit sont d'accord pour s'en abstenir.

411.74 **3) Clause d'accroissement : pas d'indivision et pas de partage.** La clause d'accroissement, ou de « *tontine* », figurant dans l'acquisition d'un bien par une pluralité d'acquéreur, ne fait pas naître une indivision en propriété, ce qui exclut absolument pour les coacquéreurs le droit de demander le partage[2].

SECTION 2
CONDITIONS RELATIVES AUX PARTIES DANS LE PARTAGE AMIABLE

411.80 **Plan.** En ce qui concerne le partage amiable (pour le partage judiciaire, v. s^s n°s 412.01 s.), les parties au partage doivent remplir des conditions générales relatives à leurs qualités et à leur capacité (A) et à leur consentement (B). En outre, dans certains partages, en présence de parties incapables ou en l'absence de certains des indivisaires, des conditions spécifiques sont requises (C).

§ 1
Conditions générales

411.91 **Qualités et capacité.** Tout d'abord, les parties doivent avoir les qualités requises pour succéder, c'est-à-dire l'existence et l'absence d'indignité (v. s^s n°s 111.40 à 111.68).

Elles sont également soumises aux conditions générales de capacité requises pour tout acte, ce qui exclut le mineur non émancipé et le majeur protégé (C. civ., art. 1145 et 1146).

Pour les **mineurs et majeurs sous régime de protection,** la loi a prévu un régime spécial de partage amiable que nous examinerons ci-dessous.

§ 2
Condition relative au consentement des parties

411.101 **Unanimité.** Le partage amiable de la succession ne peut être réalisé qu'à l'unanimité des copartageants. En effet, « *le consentement de tous les indivisaires est requis pour effectuer tout acte qui ne ressortit pas à l'exploitation normale des biens indivis et pour effectuer tout acte de disposition autre que* » [...] « *la vente des meubles indivis pour payer les dettes et charges de l'indivision* » (C. civ., art. 815-3).

Bien entendu, ce consentement doit être **exempt de vice**, faute de quoi le partage pourrait être remis en cause (v. s^s n° 43.06).

Cette disposition n'est pas en contradiction avec le principe édicté par l'article 815 et rappelé plus haut : « *Nul ne peut être contraint à demeurer dans l'indivision et le partage peut toujours être provoqué* [...] ». En cas de désaccord entre les indivisaires, **le partage peut être provoqué par recours au juge :** ce droit de demander le partage est imprescriptible[3].

Ce principe a été réaffirmé par la jurisprudence dans une espèce portant sur un partage complémentaire après divorce, en application de l'article 892 du Code civil[4].

Le refus par un indivisaire de consentir au partage amiable oblige tous les indivisaires à faire le partage en justice (C. civ., art. 840 - V. s^s n°s 412.01 s.).

§ 3
Conditions spécifiques à certains partages

411.111 **Exigences légales.** Lorsque les parties ne sont pas toutes présentes et pleinement capables, la forme et les modalités du partage doivent respecter certaines exigences légales (C. civ., art. 835, *a contrario*).

A.
Indivisaire sous régime de protection

411.121 **Mineurs.** Le **mineur émancipé** a la **pleine capacité pour les actes de la vie civile** (C. civ., art. 413-6) et peut donc participer au partage, sous réserve de ne pas y recueillir un fonds de commerce car il ne peut avoir la qualité de commerçant, sauf sur autorisation du juge des tutelles au moment de la décision d'émancipation et du président du tribu-

1. M. Grimaldi, « Le mandat à effet posthume » (IV, 5°), art. préc. s^s prés^t n° – *CONTRA* : Rép. civ., v° *Partage : droit commun*, par C. Brenner, oct. 2020, n° 27 – POUR : G. Wicker, *J.-Cl. Civ. Code*, art. 812 à 812-7, fasc. 70, spéc. n° 123 – M.-C. Forgeard, « Le droit au partage et ses limites après la réforme du 23 juin 2006 », *JCP N* 2008. I. 1146, n° 19.
2. Civ. 1re, 27 mai 1986, *D.* 1987. 139, note G. Morin ; *RTD civ.* 1987. 382, obs. J. Patarin ; *JCP N* 1987. II. 166, obs. J.-G. Raffray et J.-P. Sénéchal ; *JCP N* 1988. II. 45, obs. M. Dagot.
3. Civ. 1re, 12 déc. 2007, n° 06-20.830, P I, n° 387 – Rép. civ., v° *Partage : droit commun*, par C. Brenner, oct. 2020, n° 19.
4. Civ. 1re, 20 nov. 2013, n° 12-21.621, P I, n° 227 ; *AJ fam.* 2014. 49, obs. S. Thouret ; *RTD civ.* 2014. 346, note J. Hauser.

nal judiciaire si le mineur formule cette demande après avoir été émancipé (C. civ., art. 413-8).

Pour le mineur placé sous le régime de l'**administration légale** : si ses père et mère exercent conjointement l'autorité parentale, ils sollicitent ensemble l'autorisation du juge des tutelles pour demander le partage (C. civ., art. 387-1). En cas d'exercice exclusif par l'un des parents de l'autorité parentale, c'est ce parent seul qui demande l'autorisation au juge des tutelles (C. civ., art. 382, 387-1 et 387-2) [1].

Enfin, la situation du mineur sous tutelle, comme celle du majeur protégé, a été simplifiée (C. civ., art. 507) [2] : c'est seulement en cas **d'opposition d'intérêts** entre la personne protégée et son représentant que le partage amiable, total ou partiel, est soumis à autorisation du conseil de famille ou, à défaut, du juge.

Mais « *dans tous les cas* », l'état liquidatif doit être soumis à l'approbation du conseil de famille ou, à défaut, du juge (C. civ., art. 507, al. 2).

Le partage n'a plus à être homologué par le tribunal judiciaire, comme avant la réforme du 23 juin 2006.

411.122 Majeurs protégés. Si l'indivisaire est un **majeur sous tutelle**, comme pour le mineur dans cette situation, le droit de demander le partage est exercé par son tuteur, avec l'autorisation du conseil de famille, dans les conditions indiquées ci-dessus pour le mineur (C. civ., art. 507).

Comme pour les mineurs non émancipés, l'état liquidatif doit dans tous les cas être approuvé par le conseil de famille ou à défaut par le juge.

Toutefois, **le majeur protégé est parfois autorisé à procéder à un partage amiable**, soit seul, soit en présence de son tuteur, selon la décision du juge des tutelles prise à cet effet (C. civ., art. 473, al. 2).

– L'indivisaire sous **curatelle** est en principe assisté par son curateur pour procéder à un partage amiable (C. civ., art. 467), mais le juge des tutelles peut modifier l'étendue de l'incapacité du majeur (C. civ., art. 471) et autoriser celui-ci à agir seul.

– Le majeur sous **sauvegarde de justice** peut demander seul le partage d'une succession (C. civ., art. 435, al. 1er).

Cependant, dans ce cas, le partage pourrait être **rescindé pour simple lésion** ou **réduit en cas d'excès**, alors même qu'il pourrait être annulé en vertu de l'article 414-1 du Code civil qui dispose que « *pour faire un acte valable, il faut être sain d'esprit* ».

411.123 Personne protégée par un mandat de protection future. Toute personne peut charger un mandataire, soit de la représenter elle-même (mandat donné « *pour soi-même* »), soit de représenter un enfant dont elle assume actuellement la charge matérielle et affective (mandat donné « *pour autrui* »), pour le cas où elle serait dans l'incapacité de pourvoir seule à ses intérêts ou à ceux de l'enfant bénéficiaire du mandat.

Cette incapacité doit résulter d'une **altération médicalement constatée**, soit de ses facultés mentales, soit de ses facultés corporelles de nature à empêcher l'expression de sa volonté (C. civ., art. 477 à 494).

Un tel mandat peut être donné par **acte notarié** (seule forme admise pour le « *mandat pour* autrui ») ou par **acte sous seing privé**.

Lorsqu'il est établi que le mandant ne peut plus pourvoir seul à ses intérêts ou à ceux de l'enfant bénéficiaire du « *mandat pour autrui* », le mandat peut prendre effet à condition que le mandataire accomplisse les formalités prévues par l'article 481 du Code civil.

Après la **prise d'effet du mandat**, lorsque le mandat est **sous seing privé**, le mandataire ne peut accomplir que les actes de gestion du patrimoine qu'un tuteur peut faire sans autorisation (C. civ., art. 493, al. 1er). Pour représenter au partage la personne protégée, il doit donc obtenir **l'autorisation du juge des tutelles**, auquel il devra soumettre pour approbation l'état liquidatif (C. civ., art. 507, al. 2).

Quant au **mandataire notarié, il peut agir seul au partage**, pour le compte du mandant, si le mandat ne l'exclut pas, et à condition que le partage ne comporte pas de disposition transactionnelle pouvant avoir un caractère gratuit : en effet, le mandataire ne peut accomplir d'acte de disposition à titre gratuit qu'avec l'autorisation du juge des tutelles (C. civ., art. 490, al. 2).

Si le mandant participe au partage sans intervention de son mandataire, ce qui ne lui est pas impossible, le partage peut être **rescindé pour simple lésion** ou **réduit en cas d'excès**, dans les mêmes conditions que pour le majeur sous sauvegarde de justice (C. civ., art. 488).

411.124 Personne protégée par un parent habilité (« habilitation familiale »). Dans le cas de la procédure de l'« habilitation familiale » instaurée par l'ordonnance du 15 octobre 2015 à compter du 1er janvier 2016 (C. civ., art. 494-1 à 494-12) [3], la personne

1. Pour les administrations légales en cours au 1er janvier 2016, le régime de l'administration légale des mineurs est unifié par la suppression de la distinction entre administration légale pure et simple et administration légale sous contrôle judiciaire (L. n° 2015-177, 16 févr. 2015, relative à la modernisation et à la simplification du droit et des procédures dans les domaines de la justice et des affaires intérieures, *JO* 17 févr., p. 2961, et Ord. n° 2015-1288, 15 oct. 2015, portant simplification et modernisation du droit de la famille, *JO* 16 oct., p. 19304 – C. civ., art. 382 s.).
2. L. n° 2019-222, 23 mars 2019, de programmation 2018-2022 et de réforme pour la justice, *JO* 24 mars, texte 2.
3. L. n° 2015-177, 16 févr. 2015, relative à la modernisation et à la simplification du droit et des procédures dans les domaines de la justice et des affaires intérieures, *JO* 17 févr., p. 2961 – Ord. n° 2015-1288, 15 oct. 2015, portant simplification et modernisation du droit de la famille, *JO* 16 oct., p. 19304.

habilitée agit dans les limites de l'habilitation qui lui a été conférée par le juge. L'habilitation peut être générale ou spéciale (C. civ., art. 494-6).

La personne habilitée dans le cadre d'une habilitation générale ne peut accomplir un acte pour lequel elle serait en opposition d'intérêts avec la personne protégée, ce qui sera souvent le cas du partage.

Toutefois, à titre exceptionnel et lorsque l'intérêt de la personne protégée l'impose, le juge peut autoriser la personne habilitée à accomplir cet acte.

Par ailleurs, une **habilitation spéciale** est requise pour effectuer des actes de disposition à titre gratuit au nom de la personne protégée.

En conséquence, pour demander le partage au nom de la personne ainsi protégée, la personne habilitée devra dans la plupart des cas demander une habilitation spéciale.

B.
Indivisaire non présent

411.131 **Indivisaire absent.** À compter de la transcription du **jugement déclaratif d'absence**, la personne qui est déclarée absente est tenue pour décédée (C. civ., art. 128). Le droit de demander le partage passe alors à ses héritiers.

En revanche, **le présumé absent est réputé en vie.** « *Si le présumé absent est appelé à un partage, celui-ci peut être fait à l'amiable* ». « *En ce cas, le juge des tutelles peut autoriser le partage, même partiel ; il désigne, s'il y a lieu, un notaire pour y procéder, en présence du représentant du présumé absent ou de son remplaçant désigné conformément à l'article 115, si le représentant initial est lui-même intéressé au partage* » (C. civ., art. 116 et 836).

L'état liquidatif est « *soumis à l'approbation du juge des tutelles* » et non plus à l'homologation du tribunal judiciaire.

Le **partage** doit cependant être **fait en justice** conformément aux dispositions des articles 840 à 842 du Code civil, si le partage amiable n'a pas été approuvé par le juge, ou si l'un des indivisaires a refusé d'y consentir, ou enfin, s'il s'élève des contestations sur la manière d'y procéder (v. ss nos 412.01 s.).

411.132 **Indivisaire empêché par l'éloignement de manifester sa volonté.** Le régime applicable en cas d'absence présumée est étendu aux personnes « *qui par suite d'éloignement se trouvent empêchées de manifester leur volonté* » (C. civ., art. 120). Le régime du partage est donc pour ces personnes le même que ci-dessus (C. civ., art. 836).

C.
Indivisaire défaillant

411.141 **Circonstances.** Lorsqu'un indivisaire n'est ni présumé absent, ni empêché de manifester sa volonté par l'éloignement, ni soumis à un régime de protection juridique, et qu'il refuse, explicitement ou implicitement, de participer au partage, la loi permet de faire représenter cet indivisaire par une « ***personne qualifiée*** » désignée par le juge à la demande d'un copartageant (C. civ., art. 837).

411.142 **Procédure.** L'indivisaire défaillant doit être **mis en demeure,** à la diligence d'un copartageant, de se faire représenter au partage. Cette mise en demeure doit être faite par **acte extrajudiciaire** (C. civ., art. 837, al. 1er).

– Cet indivisaire dispose alors d'un **délai de trois mois** pour se manifester en constituant un mandataire, ou pour décider de participer lui-même au partage.

– « *Faute pour cet indivisaire d'avoir constitué mandataire dans les trois mois de la mise en demeure, un copartageant peut demander au juge de désigner toute personne qualifiée qui représentera le défaillant jusqu'à la réalisation complète du partage* » (C. civ., art. 837, al. 2).

La « personne qualifiée » transmet le projet de partage au juge puis, après **approbation** de celui-ci, représente l'indivisaire défaillant pour la signature : « *La personne qualifiée désignée en application de l'article 837 du Code civil pour représenter l'héritier défaillant sollicite l'autorisation de consentir au partage amiable en transmettant le projet de partage, approuvé par le reste des copartageants, au juge qui l'a désignée* » (C. pr. civ., art. 1358, al. 1er).

Dès réception de cette autorisation, le partage peut donc être signé par l'ensemble des parties, dont la « *personne qualifiée* ».

Le partage est alors **définitif** : « *L'autorisation de consentir au partage est rendue en dernier ressort* » (C. pr. civ., art. 1358, al. 2).

CHAPITRE

412. Forme du partage

SECTION 0 ORIENTEUR

412.00 Sommaire du chapitre.

412.01 Textes applicables.

• **C. civ.,** art. 835 à 842

• **C. pr. civ.,** art. 1358 à 1381

> Partage amiable : conditions et formes

[C. civ., art. 835 à 837 et C. pr. civ., art. 1358]

• **C. civ.,** art. 835

Si tous les indivisaires sont présents et capables, le partage peut intervenir dans la forme et selon les modalités choisies par les parties.

Lorsque l'indivision porte sur des biens soumis à la publicité foncière, l'acte de partage est passé par acte notarié.

• **C. civ.,** art. 836 *(mod. par L. n° 2019-222, 23 mars 2019, art. 9)*

Si un indivisaire est présumé absent ou, par suite d'éloignement, se trouve hors d'état de manifester sa volonté, un partage amiable peut intervenir dans les conditions prévues à l'article 116.

De même, si un indivisaire fait l'objet d'un régime de protection, un partage amiable peut intervenir dans les conditions prévues aux titres X, XI et XII du livre Ier.

• **C. civ.,** art. 837

Si un indivisaire est défaillant, sans qu'il soit néanmoins dans l'un des cas prévus à l'article 836, il peut, à la diligence d'un copartageant, être mis en demeure, par acte extrajudiciaire, de se faire représenter au partage amiable.

Faute pour cet indivisaire d'avoir constitué mandataire dans les trois mois de la mise en demeure, un copartageant peut demander au juge de désigner toute personne qualifiée qui représentera le défaillant jusqu'à la réalisation complète du partage. Cette personne ne peut consentir au partage qu'avec l'autorisation du juge.

• **C. pr. civ.,** art. 1358

La personne qualifiée désignée en application de l'article 837 du Code civil pour représenter l'héritier défaillant sollicite l'autorisation de consentir au partage amiable en transmettant le projet de partage, approuvé par le reste des copartageants, au juge qui l'a désignée.

L'autorisation de consentir au partage est rendue en dernier ressort.

> Partage amiable : portée

[C. civ., art. 838 et 839]

• **C. civ.,** art. 838

Le partage amiable peut être total ou partiel. Il est partiel lorsqu'il laisse subsister l'indivision à l'égard de certains biens ou de certaines personnes.

• **C. civ.,** art. 839

Lorsque plusieurs indivisions existent exclusivement entre les mêmes personnes, qu'elles portent sur les mêmes biens ou sur des biens différents, un partage amiable unique peut intervenir.

> Partage judiciaire : définition et portée

[C. civ., art. 840 et 840-1]

• **C. civ.,** art. 840

Le partage est fait en justice lorsque l'un des indivisaires refuse de consentir au partage amiable ou s'il s'élève des contestations sur la manière d'y procéder ou de le terminer ou lorsque le partage amiable n'a pas été autorisé ou approuvé dans l'un des cas prévus aux articles 836 et 837.

• **C. civ.,** art. 840-1

Lorsque plusieurs indivisions existent exclusivement entre les mêmes personnes, qu'elles portent sur les mêmes biens ou sur des biens différents, un partage unique peut intervenir.

> Partage judiciaire : compétence et procédure

[C. civ., art. 841 et 841-1 et C. pr. civ., art. 1359 et 1360]

• **C. civ.,** art. 841

Le tribunal du lieu d'ouverture de la succession est exclusivement compétent pour connaître de l'action en partage et des contestations qui s'élèvent soit à l'occasion du maintien de l'indivision soit au cours des opérations de partage. Il ordonne les licitations et statue sur les demandes relatives à la garantie des lots entre les copartageants et sur celles en nullité de partage ou en complément de part.

• **C. civ.,** art. 841-1

Si le notaire commis pour établir l'état liquidatif se heurte à l'inertie d'un indivisaire, il peut le mettre en demeure, par acte extrajudiciaire, de se faire représenter.

Faute pour l'indivisaire d'avoir constitué mandataire dans les trois mois de la mise en demeure, le notaire peut demander au juge de désigner toute personne qualifiée qui représentera le défaillant jusqu'à la réalisation complète des opérations.

• **C. pr. civ.,** art. 1359

En cas de pluralité d'assignations, le demandeur au partage est celui qui a fait en premier enrôler son assignation au greffe du tribunal judiciaire.

• **C. pr. civ.,** art. 1360

À peine d'irrecevabilité, l'assignation en partage contient un descriptif sommaire du patrimoine à partager et précise les intentions du demandeur quant à la répartition des biens ainsi que les diligences entreprises en vue de parvenir à un partage amiable.

> Partage judiciaire : rôle du notaire dans le déroulement de la procédure

[C. pr. civ., art. 1361 à 1367]

• **C. pr. civ.,** art. 1361

Le tribunal ordonne le partage, s'il peut avoir lieu, ou la vente par licitation si les conditions prévues à l'article 1378 sont réunies.

Lorsque le partage est ordonné, le tribunal peut désigner un notaire chargé de dresser l'acte constatant le partage.

• **C. pr. civ.,** art. 1362

Sans préjudice des dispositions de l'article 145, un expert peut être désigné en cours d'instance pour procéder à l'estimation des biens ou proposer la composition des lots à répartir.

• **C. pr. civ.,** art. 1363

S'il y a lieu au tirage au sort des lots, celui-ci est réalisé devant le notaire commis en application du second alinéa de l'article 1361 et, à défaut, devant le président du tribunal judiciaire ou son délégué.

Si un héritier est défaillant, le président du tribunal judiciaire ou son délégué peut, d'office, lorsque le tirage au sort a lieu devant lui ou sur transmission du procès-verbal dressé par le notaire, désigner un représentant à l'héritier défaillant.

• **C. pr. civ.,** art. 1364

Si la complexité des opérations le justifie, le tribunal désigne un notaire pour procéder aux opérations de partage et commet un juge pour surveiller ces opérations.

Le notaire est choisi par les copartageants et, à défaut d'accord, par le tribunal.

• **C. pr. civ.,** art. 1365

Le notaire convoque les parties et demande la production de tout document utile à l'accomplissement de sa mission.

Il rend compte au juge commis des difficultés rencontrées et peut solliciter de lui toute mesure de nature à en faciliter le déroulement.

Il peut, si la valeur ou la consistance des biens le justifie, s'adjoindre un expert, choisi d'un commun accord entre les parties ou, à défaut, désigné par le juge commis.

• **C. pr. civ.,** art. 1366

Le notaire peut demander au juge commis de convoquer les parties ou leurs représentants, en sa présence, pour tenter une conciliation entre elles.

À défaut de conciliation, le juge commis renvoie les parties devant le notaire, qui établit un procès-verbal reprenant les dires respectifs des parties ainsi qu'un projet d'état liquidatif.

• **C. pr. civ.,** art. 1367

La mise en demeure prévue à l'article 841-1 du Code civil est signifiée à l'héritier défaillant. Elle mentionne la date prévue pour réaliser les opérations de partage.

À défaut de présentation de l'héritier ou de son mandataire à la date fixée dans la mise en demeure, le notaire dresse un procès-verbal et le transmet au juge commis afin que soit désigné un représentant à l'héritier défaillant.

> Partage judiciaire : état liquidatif et délai accordé au notaire

[C. pr. civ., art. 1368 à 1370]

• **C. pr. civ.,** art. 1368

Dans le délai d'un an suivant sa désignation, le notaire dresse un état liquidatif qui établit les comptes entre copartageants, la masse partageable, les droits des parties et la composition des lots à répartir.

• **C. pr. civ.,** art. 1369

Le délai prévu à l'article 1368 est suspendu :

1° En cas de désignation d'un expert et jusqu'à la remise du rapport ;

2° En cas d'adjudication ordonnée en application de l'article 1377 et jusqu'au jour de réalisation définitive de celle-ci ;

3° En cas de demande de désignation d'une personne qualifiée en application de l'article 841-1 du Code civil et jusqu'au jour de sa désignation ;

4° En cas de renvoi des parties devant le juge commis en application de l'article 1366 et jusqu'à l'accomplissement de l'opération en cause.

• **C. pr. civ.,** art. 1370

En raison de la complexité des opérations, une prorogation du délai, ne pouvant excéder un an, peut être accordée par le juge commis saisi sur demande du notaire ou sur requête d'un copartageant.

> Partage judiciaire : rôles respectifs du juge commis et du notaire

[C. pr. civ., art. 1371 et 1373]

• **C. pr. civ.,** art. 1371

Le juge commis veille au bon déroulement des opérations de partage et au respect du délai prévu à l'article 1369.

À cette fin il peut, même d'office, adresser des injonctions aux parties ou au notaire commis, prononcer des astreintes et procéder au remplacement du notaire commis par le tribunal.

Il statue sur les demandes relatives à la succession pour laquelle il a été commis.

• **C. pr. civ.,** art. 1373

En cas de désaccord des copartageants sur le projet d'état liquidatif dressé par le notaire, ce dernier transmet au juge commis un procès-verbal reprenant les dires respectifs des parties ainsi que le projet d'état liquidatif.

Le greffe invite les parties non représentées à constituer avocat.

Le juge commis peut entendre les parties ou leurs représentants et le notaire et tenter une conciliation.

Il fait rapport au tribunal des points de désaccord subsistants.

Il est, le cas échéant, juge de la mise en état.

> Partage judiciaire : phase finale

[C. pr. civ., art. 1375 à 1377]

• **C. pr. civ.,** art. 1375

Le tribunal statue sur les points de désaccord.

Il homologue l'état liquidatif ou renvoie les parties devant le notaire pour établir l'acte constatant le partage.

En cas d'homologation, il ordonne s'il y a lieu le tirage au sort des lots par la même décision, soit devant le juge commis, soit devant le notaire commis.

• **C. pr. civ.,** art. 1376

Lorsque le tirage au sort des lots a été ordonné, si un héritier fait défaut, le juge commis dispose des pouvoirs reconnus au président du tribunal judiciaire au deuxième alinéa de l'article 1363.

• **C. pr. civ.,** art. 1377

Le tribunal ordonne, dans les conditions qu'il détermine, la vente par adjudication des biens qui ne peuvent être facilement partagés ou attribués.

La vente est faite, pour les immeubles, selon les règles prévues aux articles 1271 à 1281 et, pour les meubles, dans les formes prévues aux articles R. 221-33 à R. 221-38 et R. 221-39 du Code des procédures civiles d'exécution.

> Abandon des voies judiciaires

[C. civ., art. 842 et C. pr. civ., art. 1372 et 1378]

• **C. civ.,** art. 842

À tout moment, les copartageants peuvent abandonner les voies judiciaires et poursuivre le partage à l'amiable si les conditions prévues pour un partage de cette nature sont réunies.

• **C. pr. civ.,** art. 1372

Si un acte de partage amiable est établi, en application des dispositions de l'article 842 du Code civil, le notaire en informe le juge qui constate la clôture de la procédure.

• **C. pr. civ.,** art. 1378

Si tous les indivisaires sont capables et présents ou représentés, ils peuvent décider à l'unanimité que l'adjudication se déroulera entre eux. À défaut, les tiers à l'indivision y sont toujours admis.

> Partage amiable et partage judiciaire : dispositions communes

[C. pr. civ., art. 1379 à 1381]

• **C. pr. civ.,** art. 1379

Les demandes formées en application des articles 784, 790, 809-1, 810-8, 812-1-1, 813, 813-4, 814-1, 837, 841-1 et 1031 du Code civil sont portées devant le président du tribunal judiciaire qui statue dans les formes prévues aux articles 493 à 498 et 846 du présent code.

Il en va de même des demandes formées en application de l'article 829 du Code civil dans le cadre d'un partage amiable.

• **C. pr. civ.,** art. 1380

Les demandes formées en application des articles 772, 794, 810-5, 812-3, 813-1, 813-7, 813-9 et du deuxième alinéa de l'article 814, des articles 815-6, 815-7, 815-9 et 815-11 du Code civil sont portées devant le président du tribunal judiciaire qui statue selon la procédure accélérée au fond.

• **C. pr. civ.,** art. 1381

Les demandes formées en application des articles 811, 820, 821, 821-1, 824, 832-1, 832-2, 832-3, 887, 1026 du même code sont portées devant le tribunal judiciaire, sous réserve de la compétence dévolue au juge aux affaires familiales par le 1° de l'article L. 213-3 du Code de l'organisation judiciaire.

412.02 Jurisprudence de référence.

> Le partage amiable peut résulter d'un accord tacite

• **Civ. 1re, 13 oct. 1993,** n° 91-20.511, P I, n° 283

* V. ss n° 412.11

« Attendu cependant qu'en relevant que le projet de partage établi en 1972 par le notaire avait été tacitement accepté par les deux parties, la cour d'appel a caractérisé l'existence d'un partage définitif dont le seul comportement d'une partie n'avait pu entraîner la résolution et qu'en refusant de reconnaître à M. X... la propriété de l'immeuble dont il avait été alloti, elle n'a pas tiré les conséquences légales de ses propres constatations. »

412.03 Bibliographie indicative.

Actualisables. Rép. civ., vis *Partage : droit commun*, par C. Brenner, oct. 2020 [actu. sept. 2023], nos 161 à 211 ; *Partage : modes d'attribution spécifiques*, par C. Brenner, oct. 2020 [actu. oct. 2021], nos 3 s. ; *Partage judiciaire*, par C. Brenner, oct. 2020 [actu. mai 2024] – *J.-Cl. Not. Form., vis Partage, Partage de succession*, fasc. 50, par M.-C. Forgeard, 2021 (actu. déc. 2022) ; *Partage judiciaire*, fasc. 10, par M. Gaget, 2014 (actu. oct. 2024), fasc. 25 à 45, par N. Baillon-Wirtz et J. Combret, 2020 ; fasc. 55 à 65, par D. Montoux, 2021 et 2022 ; *Adjudication judiciaire*, fasc. 40, par M.-C. Forgeard, mars 2018 [actu. juin. 2024].

Ouvrages. A. Delfosse et J.-F. Peniguel, *La réforme des successions et des libéralités*, Litec, 2006, nos 218 à 235 – M. Grimaldi (dir.), Dalloz action *Droit patrimonial de la famille*, 2025/2026, nos 271.10 à 271.85, par C. Farge ; *Droit des successions*, 8e éd., « Manuels », LexisNexis, 2020, nos 951 s. – A.-M. Leroyer, *Droit des successions*, 4e éd., « Cours », Dalloz, 2020, nos 647 s. – P. Malaurie et C. Brenner, *Droit des successions et des libéralités*, 11e éd., « Droit civil », LGDJ, 2024, nos 754 s. – F. Terré, Y. Lequette et S. Gaudemet, *Droit civil, Les successions, les libéralités*, 5e éd., « Précis », Dalloz, 2024, nos 1135 s.

Articles. C. Fressenon, « Le notaire commis dans le cadre d'un partage judiciaire », *JCP* 2009. 1326 – C. Golhen, « La déjudiciarisation du partage et la protection des héritiers incapables, présumés absents ou défaillants », *Defrénois* 2007, art. 38663, p. 1413 – F. Meesemaecker, « Partage judiciaire : le notaire commis face à l'inertie d'un indivisaire », *Defrénois* 2011. 1031 – B. Vareille et A. Kroell, « La liquidation et le partage de la succession », *Defrénois* 2017. 49.

412.04 **Questions essentielles.**
> Le partage amiable doit-il être obligatoirement notarié ?
* V. s[s] n° 412.11
> Dans quels cas doit-on avoir recours au partage judiciaire ?
* V. s[s] n° 412.31
> Comment le notaire intervient-il dans le partage judiciaire ?
* V. s[s] n°s 412.51 à 412.53
> Quel délai est imparti au notaire pour rédiger l'état liquidatif ?
* V. s[s] n° 412.53

412.05 **Division.** L'ancien chapitre du Code civil intitulé « Du partage et des rapports » ne faisait pas de distinction entre partage amiable et partage judiciaire et fixait les règles générales du partage, obligatoires en cas de partage judiciaire et facultatives en cas d'accord amiable des indivisaires.

Depuis la réforme du 23 juin 2006, c'est désormais le partage amiable qui est la règle (sect. 1) ; le partage en justice ne s'impose que dans des circonstances exceptionnelles bien précises.

C'est seulement dans ces cas exceptionnels de recours à la justice que le partage fait l'objet de dispositions spécifiques obligatoires (C. civ., art. 840 à 842) (sect. 2).

SECTION 1
PARTAGE AMIABLE

412.11 **Forme du partage amiable.** Le partage amiable est un **acte consensuel :** il peut « *intervenir dans la forme et selon les modalités choisies par les parties* » (C. civ., art. 835). À la limite, il pourrait être purement verbal malgré les difficultés de preuve qui s'ensuivraient ; un partage peut être réalisé par accord tacite[1].

Cependant, pour éviter le contentieux, un **écrit** est dressé dans la plupart des cas. Le choix entre l'**acte sous seing privé et** l'**acte notarié** est laissé aux indivisaires, s'ils sont tous présents et capables.

Lorsque le partage porte sur des biens soumis à la **publicité foncière,** la **forme notariée est obligatoire** (C. civ., art. 835). Ce partage notarié, s'il est publié dans les dix mois du décès, dispense les ayants droit de l'établissement d'une attestation immobilière de propriété, à condition de porter sur tous les immeubles dépendant de la succession[2]. L'attestation reste obligatoire pour les immeubles non compris dans le partage, à moins que ces immeubles ne fassent l'objet d'un partage complémentaire dans le même délai de dix mois à compter du décès.

Cependant, en cas de partage portant sur plusieurs immeubles dépendant de deux ou plusieurs services de publicité foncière, ce délai de dix mois peut être prorogé d'un mois pour chaque bureau[3].

SECTION 2
PARTAGE JUDICIAIRE

412.20 **Renvoi.** La présente section présente succinctement les règles du partage judiciaire. Pour de plus amples développements, v. s[s] n°s 612.00 s.

§ 1
Cas de partage judiciaire

412.31 **Hypothèses.** Il y a lieu à partage judiciaire dans les hypothèses suivantes :

– un indivisaire refuse de consentir au partage amiable ;

– des contestations s'élèvent sur la manière de procéder au partage ou de le terminer ;

– un partage amiable, soumis à un régime spécial d'autorisation ou approbation (v. s[s] n°s 411.121 à 411.142) n'a pas été autorisé ou approuvé (C. civ., art. 840).

Dans tous ces cas, un partage judiciaire unique peut intervenir lorsque plusieurs indivisions existent exclusivement entre les mêmes personnes (C. civ., art. 840-1).

§ 2
Compétence et procédure

412.41 **Compétence.** Le **tribunal judiciaire du lieu d'ouverture de la succession** est exclusivement compétent « *pour connaître de l'action en partage et des contestations qui s'élèvent soit à l'occasion du maintien de l'indivision, soit au cours des opérations de partage* » (C. civ., art. 841).

1. JURISPRUDENCE ANCIENNE ET CONSTANTE : Req. 21 janv. 1867, *DP* 1867. 1. 97 – Civ. 1re, 29 avr. 1968, *JCP* 1968. II. 15667, note M. D. – Civ. 1re, 13 oct. 1993, n° 91-20.511, P I, n° 283 ; *Defrénois* 1994. 902, obs. G. Champenois – Civ. 1re, 24 oct. 2012, n° 11-19.855, P I, n° 218 ; *D.* 2012. 2599 ; *RTD civ.* 2013. 160, obs. M. Grimaldi ; *JCP N* 2013, n° 1008, note C. Brenner ; *Defrénois* 2013. 71, obs. J. Massip – M. Grimaldi, *Droit des successions*, 8e éd., « Manuels », LexisNexis, 2020, n° 952, note 131 – F. Terré, Y. Lequette et S. Gaudemet, *Droit civil. Les successions, les libéralités*, « Précis », 5e éd., Dalloz, 2024, n° 1132, b.

2. Décr. n° 55-22, 4 janv. 1955, portant réforme de la publicité foncière, *JO* 7 janv., p. 346, art. 29, al. 4.
3. Décr. 4 janv. 1955, art. 33, dern. al.

412.42 **Assignation.** La procédure est lancée par une assignation, le demandeur au partage est celui qui a fait en premier enrôler cette assignation au greffe du tribunal judiciaire (C. pr. civ., art. 1359). Le contenu de cette assignation est précisé par l'article 1360 du Code de procédure civile : **descriptif sommaire du patrimoine** à partager, **intentions du demandeur** quant à la répartition des biens et **diligences** entreprises **en vue de parvenir à un partage amiable.**

412.43 **Décision du tribunal.** Le tribunal a le choix entre : ordonner le partage (C. pr. civ., art. 1361) ou la vente par licitation (C. pr. civ., art. 1361, 1377 et 1378).

§ 3
Rôles respectifs du notaire et du juge dans l'élaboration du partage

412.51 **Principe : le notaire au service de la justice.** Dans le partage judiciaire, le travail de liquidation et de partage est le même qu'en matière de partage amiable, mais **le rôle du notaire est de seconder le juge**, son travail est soumis au **contrôle du tribunal** ; le notaire peut également, sur demande du juge, avoir un **rôle consultatif, à titre d'expert.**

Ainsi, le tribunal peut désigner un notaire pour dresser l'acte de partage, et, en cours d'instance, il peut désigner un expert pour procéder à l'estimation des biens ou proposer la composition des lots à répartir (C. pr. civ., art. 1361, al. 2, et art. 1362). Cet expert peut être un notaire.

412.52 **Application : diligences du notaire et surveillance du juge.** Si la complexité des opérations le justifie, le tribunal désigne un notaire, choisi par les copartageants ou, à défaut, par le tribunal, pour procéder aux opérations de partage et commet un juge pour surveiller ces opérations (C. pr. civ., art. 1364).

Le notaire accomplit les démarches préalables à l'élaboration du partage – **convocation des parties** et **réunion des documents** (C. pr. civ., art. 1365, al. 1er).

Il peut demander au juge d'organiser une **tentative de conciliation** (C. pr. civ., art. 1366), il met en demeure l'indivisaire défaillant de se faire représenter (C. civ., art. 841-1, et C. pr. civ., art. 1367).

Le juge surveille les opérations, prend éventuellement les mesures demandées par le notaire et veille au respect du délai imparti à ce dernier (C. pr. civ., art. 1365, al. 2, et 1371).

Les experts sont choisis par les parties ou désignés par le juge à l'initiative du notaire (C. pr. civ. art. 1365, al. 3).

S'il y a lieu à **tirage au sort**, celui-ci est réalisé devant le notaire commis, ou à défaut devant le président du tribunal judiciaire (C. pr. civ., art. 1363).

412.53 **Rôle du notaire en cas d'échec de la conciliation.** En cas d'échec de la conciliation demandée, le notaire dresse un **procès-verbal** reprenant les **dires respectifs** des parties ainsi qu'un projet d'état liquidatif (C. pr. civ., art. 1366, al. 2) ; ce **projet d'état liquidatif** contient les comptes entre copartageants, la masse partageable, les droits des parties et la composition des lots à répartir. Le notaire doit établir ce projet dans le **délai d'un an de sa désignation** (C. pr. civ., art. 1368).

Toutefois, ce **délai** peut être **suspendu** dans les **quatre cas** cités par l'article 1369 du Code de procédure civile :

- désignation d'un expert et jusqu'à la remise du rapport ;
- adjudication ;
- demande de désignation d'une personne qualifiée pour représenter un indivisaire défaillant ;
- tentative de conciliation.

Il peut également être **prorogé** d'un an « *en raison de la complexité des opérations* » (C. pr. civ., art. 1370).

En cas de désaccord des copartageants sur l'état liquidatif, le notaire transmet au juge commis un procès-verbal reprenant les dires des parties et l'état liquidatif contesté et, après une éventuelle tentative de conciliation, le juge fait rapport au tribunal des points de désaccord, sur lesquels le tribunal statue (C. pr. civ., art. 1373 à 1376).

§ 4
Sort du partage et licitation

412.61 **Issues du partage judiciaire.** Le partage judiciaire peut prendre fin de deux façons :

- soit par la **décision du tribunal** qui homologue l'état liquidatif en ordonnant, s'il y a lieu, le tirage au sort, ou qui renvoie les parties devant le notaire pour établir l'acte constatant le partage (C. pr. civ., art. 1375) ;
- soit par la **conclusion d'un partage amiable** lorsque les copartageants abandonnent les voies judiciaires, ce qui est possible à tout moment de la procédure (C. civ., art. 842 et C. pr. civ., art. 1372).

412.62 **Licitation.** Lorsque le tribunal n'a pu ordonner le partage, en raison de la nature des biens, il ordonne leur licitation, selon les formes prévues par les articles 1271 à 1281 du Code de procédure civile, pour les ventes judiciaires d'immeubles appartenant à des mineurs ou majeurs en tutelle, et selon les formes prévues par les articles R. 221-33 à R. 221-38 et R. 221-39 du Code des procédures civiles d'exécution, pour les ventes forcées de meubles aux enchères publiques (C. pr. civ., art. 1377).

Les indivisaires, s'ils sont tous capables et présents ou représentés, peuvent décider, à condition que ce soit à l'unanimité, que l'adjudication se déroulera exclusivement entre eux, sans intervention de tiers (C. pr. civ., art. 1378).

CHAPITRE

413. Fiscalité du partage

SECTION 0

ORIENTEUR

413.00 Sommaire du chapitre.

413.01 Textes applicables.

• **CGI,** art. 647, 657, 746, 748 et 750, I et II

• ***Bulletin officiel des Finances publiques – Impôts – BOFiP***, *BOI-ENR-PTG*-10-10-20

> Partage : formalités, compétence, délai et tarif

[CGI, art. 647, 657 et 746]

• **CGI,** art. 647

I. Les formalités de l'enregistrement et de la publicité foncière sont fusionnées pour les actes publiés au fichier immobilier et les actes portant sur des droits inscrits sur le livre foncier de Mayotte, à l'exclusion des privilèges et hypothèques mentionnés au i du 1° de l'article 2521 du Code civil. La nouvelle formalité prend nom de « formalité fusionnée ».

Sont exclus de ce régime : les décisions judiciaires et les actes pour lesquels il est impossible de procéder à la formalité fusionnée.

II. L'enregistrement des actes soumis à cette formalité et assujettis obligatoirement à la publicité foncière ou de ceux portant sur des droits devant être inscrits sur le livre foncier de Mayotte résulte de leur publicité ou de leur inscription. Il en est de même pour les actes admis à la publicité foncière ou pour ceux portant sur des droits inscrits à titre facultatif lorsque la publicité ou l'inscription est requise en même temps que l'enregistrement.

III. La formalité fusionnée doit être requise dans le délai d'un mois à compter de la date de l'acte. Toutefois, en cas d'adjudication, ce délai est porté à deux mois. En ce qui concerne les actes dont la publication ou ceux portant sur des droits dont l'inscription est facultative, les formalités de l'enregistrement et de la publicité foncière ou de l'inscription demeurent distinctes si la formalité fusionnée n'a pas été requise dans le délai prévu à l'article 635 pour la formalité de l'enregistrement.

IV. En cas de rejet de la formalité de publicité foncière ou de refus avec inscription provisoire conservatoire l'acte est néanmoins réputé enregistré à la date du dépôt.

• **CGI,** art. 657

La formalité fusionnée a lieu au service chargé de la publicité foncière de la situation de l'immeuble. À Mayotte, la formalité fusionnée a lieu au service de la conservation de la propriété immobilière.

• **CGI,** art. 746 *(mod. par L. n° 2019-1479, 28 déc. 2019, art. 108)*

Les partages de biens meubles et immeubles entre copropriétaires, cohéritiers et coassociés, à quelque titre que ce soit, pourvu qu'il en soit justifié, sont assujettis à un droit d'enregistrement ou à une taxe de publicité foncière de 2,50 %. Ce taux est ramené à 1,80 % à compter du 1er janvier 2021 et à 1,10 % à compter du 1er janvier 2022, pour les partages des intérêts patrimoniaux consécutifs à une séparation de corps, à un divorce ou à une rupture d'un pacte civil de solidarité.

Nota : Conformément au II de l'article 108 de la loi n° 2019-1479 du 29 décembre 2019, ces dispositions entrent en vigueur le 1er janvier 2021.

> Partages familiaux : définition, régime spécial

• **CGI,** art. 748

Les partages qui portent sur des biens meubles ou immeubles dépendant d'une succession ou d'une communauté conjugale et qui interviennent uniquement entre les membres originaires de l'indivision, leur conjoint, des ascendants, des descendants ou des ayants droit à titre universel de l'un ou de plusieurs d'entre eux, ne sont pas considérés comme translatifs de propriété dans la mesure des soultes ou plus-values. Il en est de même des partages portant sur des biens indivis issus d'une donation-partage et des partages portant sur des biens indivis acquis par des partenaires ayant conclu un pacte civil de solidarité ou par des époux, avant ou pendant le pacte ou le mariage. En ce qui les concerne, l'imposition est liquidée sur la valeur nette de l'actif partagé déterminée sans déduction de ces soultes ou plus-values.

> Licitations : régime normal et régime spécial

• **CGI,** art. 750, I et II

I. Les parts et portions indivises de biens immeubles acquises par licitation sont assujetties à l'impôt aux taux prévus pour les ventes des mêmes biens.

II. Toutefois, les licitations de biens mobiliers ou immobiliers dépendant d'une succession ou d'une communauté conjugale ainsi que les cessions de droits successifs mobiliers ou immobiliers sont assujetties à un droit d'enregistrement ou à une taxe de publicité foncière de 2,5 % lorsqu'elles interviennent au profit de membres originaires de l'indivision, de leur conjoint, de leurs ascendants ou descendants ou des ayants droit à titre universel de l'un ou de plusieurs d'entre eux. Il en est de même des licitations portant sur des biens indivis issus d'une donation-partage et des licitations portant sur des biens indivis acquis par des partenaires ayant conclu un pacte civil de solidarité ou par des époux, avant ou pendant le pacte ou le mariage.

En ce qui concerne les licitations et cessions mettant fin à l'indivision, l'imposition est liquidée sur la valeur des biens, sans soustraction de la part de l'acquéreur.

413.02 **Jurisprudence de référence.**

> Portée du régime fiscal de faveur des partages familiaux

• **Com. 21 avr. 1992,** n° 90-14.371, P IV, n° 172

* V. s[s] n° 413.31

« Attendu qu'à défaut d'une convention écrite d'indivision, régie par les articles 1873-1 et suivants du Code civil, tout bien indivis entre époux se trouve soumis aux règles relatives à l'administration et à la liquidation des biens dépendant d'une indivision successorale, telles qu'elles sont édictées aux articles 815 et suivants du même Code ; que, le principe de cette assimilation ayant été légalement consacré par l'article 1542 du Code civil pour le partage des biens indivis consécutif à la dissolution du mariage entre époux séparés de biens, il s'ensuit que sont applicables à ce partage les dispositions de l'article 748 du Code général des impôts relatives aux partages successoraux ; […]. »

413.03 **Bibliographie indicative.**

Actualisables. *J.-Cl. Not. Form., V° Partage (Enreg)* – *J.-Cl. Fiscal, ENR 7750 à ENR 7756*, par F. Collard et G. Laval, 2016 et 2018 (actu. oct. 2017 et janv. 2020) – *Dict. enreg.*, n°s 2777 s. – *Documentation pratique* Francis Lefebvre, ENR II 200 s.

Articles. A. Chappert, « Variations fiscales sur le partage », *Defrénois* 1999. 577.

413.04 **Division.** Les partages successoraux bénéficient d'un régime spécial de faveur dont nous examinerons d'abord le champ d'application (sect. 1), avant d'en préciser les particularités, du point de vue des droits d'enregistrement (sect. 2) et de la plus-value (sect. 3).

SECTION 1
CHAMP D'APPLICATION

413.10 **Plan. Définition.** Les partages successoraux bénéficient d'un régime fiscal de faveur défini à l'article 748 du Code général des impôts, en fonction de l'origine de l'indivision et de la qualité des attributaires (§ 1). Ce régime est étendu aux actes assimilés à ces partages (§ 2).

§ 1
Partages visés

413.20 **Plan. Conditions à remplir.** Deux conditions sont à remplir simultanément par le partage, relativement à l'origine de l'indivision (A) et à la qualité des copartageants (B).

A.
Origine de l'indivision

413.31 **Biens dépendant d'une succession ou d'une communauté ou indivision conjugale.** Le régime de l'article 748 du Code général des impôts s'applique aux partages de succession et de communauté conjugale, quelle que soit la cause de la dissolution de cette dernière, principalement par le décès, mais aussi par les causes visées par l'article 1441 du Code civil : divorce, absence, séparation de corps ou de biens, changement de régime matrimonial.

À ces partages sont assimilés :

– les partages de biens acquis conjointement par des époux séparés de biens pendant la durée du mariage et effectués après décès, divorce ou séparation de corps ;

– les partages portant à la fois sur des biens provenant d'une communauté dissoute par le décès d'un époux et sur des biens dépendant de la succession de ce dernier ;

– les partages portant sur des biens indivis issus d'une donation-partage et les partages portant sur des biens indivis acquis par des partenaires ayant conclu un pacte civil de solidarité ou par des époux, avant ou pendant le pacte ou le mariage [1].

B.
Qualité des copartageants

413.41 **Copartageants.** Pour bénéficier du régime spécial, le partage doit intervenir « *uniquement entre les membres originaires de l'indivision, leur conjoint, des ascendants, des descendants ou des ayants droit à titre universel de l'un ou de plusieurs d'entre eux* » (CGI, art. 748).

Les **membres originaires de l'indivision** sont les **héritiers**, pour les partages de succession, et les **époux,**

1. CGI, art. 748, et *BOI-ENR-PTG*-10-10-20150903 (anc. DB 7 F132), confirmant : Com. 21 avr. 1992, n° 90-14.371, P IV, n° 172 ; *JCP N* 1993. II. 1, note J. Lafond ; *JCP* 1993. I. 3656, n° 12, obs. M. Storck ; *Defrénois* 1992. 1269, obs. A. Chappert ; *Gaz. Pal.* 1993. 1. Doctr. 840, étude Depondt.

pour les partages de communauté ou d'indivision conjugale ; les ayants droit à titre universel des membres originaires de l'indivision sont les **héritiers légaux,** les **légataires universels** ou **à titre universel** de ces membres originaires de l'indivision.

La participation d'une autre personne au partage, par exemple un cessionnaire de droits successifs, met obstacle à l'application du régime de faveur. Le partage est alors taxé selon les règles de droit commun (CGI, art. 746 et 747).

§ 2
Actes assimilés au partage

413.51 **Licitation.** La licitation est l'opération qui met fin à l'indivision sur un bien, elle peut avoir lieu **par adjudication** ou **à l'amiable** ; en principe, elle est assujettie à l'impôt aux taux prévus pour les ventes des mêmes biens (CGI, art. 750, I).

Toutefois, les licitations de biens mobiliers ou immobiliers dépendant d'une succession ou d'une communauté conjugale bénéficient **du régime de faveur des partages successoraux,** aux mêmes conditions que ces partages :

- l'indivision doit provenir d'une **succession** ou d'une **communauté conjugale** ; les licitations portant sur des biens indivis issus d'une donation-partage, ou acquis par des partenaires ayant conclu un pacte civil de solidarité ou par des époux, avant ou pendant le pacte ou le mariage, bénéficient également de ce régime ;
- la licitation doit être faite au profit de membres originaires de l'indivision, de leur conjoint, de leurs ascendants ou descendants ou des ayants droit à titre universel de l'un ou de plusieurs d'entre eux (CGI, art. 750, II).

413.52 **Cession de droits successifs.** La cession de droits successifs est « *la convention en vertu de laquelle un héritier appelé cède à titre gratuit ou onéreux (vente d'hérédité) ses droits successifs, soit à un cohéritier soit à un étranger à la succession* »[1]. À condition que l'origine de l'indivision soit successorale et que le cessionnaire soit un cohéritier ou assimilé, cet acte peut bénéficier du régime de faveur, du moins lorsqu'il est conclu à titre onéreux (CGI, art. 750, II).

SECTION 2
DROITS D'ENREGISTREMENT

413.61 **Assiette du droit de partage.** Le droit d'enregistrement est assis sur l'actif (français et étranger) net partagé, c'est-à-dire sur l'actif brut à partager, déduction faite du passif.

Le droit de partage est dû sur les rapports de libéralités effectués en nature ou en moins prenant (libéralités faites en avancement de part successorale) et également sur les rétablissements pour droits de succession (c'est-à-dire sur les sommes payées par la masse en l'acquit des successibles avant la date fixée de jouissance divise et rapportées par eux à cette masse).

Les récompenses dues par les époux à la communauté conjugale sont également soumises à l'impôt de partage mais on ne peut taxer que les excédents de récompenses sur les reprises.

Enfin, lorsque les copropriétaires déclarent avoir partagé certains biens antérieurement à l'amiable et sans qu'il ait été dressé d'acte, l'impôt de partage est exigible sur ces biens.

Le droit de partage n'est pas dû sur les rapports fictifs effectués en vertu de l'article 922 du Code civil pour le calcul de la quotité disponible, à raison soit des libéralités faites à des héritiers renonçants ou à des étrangers, soit des libéralités faites hors part successorale aux successibles. Mais si la libéralité excède la quotité disponible, le rapport de l'excédent, après réduction, fait par un étranger ou un successible, entre effectivement dans la masse à partager et doit supporter l'impôt de partage.

Le **passif** se compose notamment des **dettes,** y compris celles envers les héritiers, des **droits de succession,** des **frais d'acte de partage** (y compris les droits d'enregistrement), et des **legs** faits par le défunt[2].

Dans le régime spécial, les **soultes** et **plus-values** ne sont pas déduites de l'actif brut.

Elles le sont dans le régime normal, car elles sont considérées alors comme translatives, au sens fiscal et subissent une taxation au taux prévu pour les ventes, au prorata de la valeur respective des différents biens compris dans le lot grevé de soulte ou de plus-value (CGI, art. 746).

Par plus-value, on entend ici le cas où un copartageant reçoit plus que sa part sans qu'il y ait stipulation de soulte. La plus-value est la différence positive entre le montant des biens attribués au copartageant et le montant des droits de ce copartageant dans la masse à partager, non compensée par une soulte[3].

413.61-1 **Assiette du droit de partage.**

EXEMPLE

M. X décède, laissant deux enfants, A et B.

Il n'a pas fait de testament et n'avait consenti aucune libéralité à ses enfants de son vivant.

1. G. Cornu, *Vocabulaire juridique*, 14e éd., PUF, 2022.
2. *Dict. enreg.* n° 2794.
3. *Dict. enreg.* n° 2849.

Son patrimoine se compose d'un bien immobilier valant 160 000 € au partage et d'une collection de tableaux valant 80 000 € au partage.

Le passif se compose du solde d'un emprunt, pour 40 000 € et de diverses dettes pour 20 000 €.

Les frais de partage (y compris les droits) sont évalués à 8 000 €.

Premier cas :

A demande à recueillir l'appartement et B, la collection de tableaux.

L'actif brut est de :	160 000 + 80 000 = 240 000
Le passif s'élève à :	40 000 + 20 000 + 8 000 = 68 000
Différence (actif net)	240 000 – 68 000 = 172 000
Droits de chacun : moitié	172 000 × 1/2 = 86 000
Attributions : A :	
L'immeuble	160 000, à charge de :
1° régler le passif	68 000
2° verser à B une soulte de	6 000
Total à verser	68 000 + 6 000 = 74 000
Reste égal au montant de ses droits	160 000 – 74 000 = 86 000
B : Les tableaux	80 000
La soulte à recevoir de A	6 000
Total égal au montant de ses droits	80 000 + 6 000 = 86 000

Assiette du droit d'enregistrement :

S'agissant du partage d'une indivision successorale entre membres originaires de l'indivision, le droit de partage est assis sur l'actif net partagé, soit 172 000 €.

Second cas :

A demande à recueillir l'appartement ;

B a cédé ses droits successifs à un tiers, C, marchand de tableaux.

Assiette du droit d'enregistrement :

Le régime de faveur ne s'applique pas en présence d'un tiers à l'indivision originaire.

Le droit d'enregistrement est assis sur l'actif net moins la soulte, soit :

172 000 – 6 000 = 166 000 €

La soulte de 6 000 € sera taxée au tarif des ventes en matière de meubles pour la totalité, le lot attribué à C n'étant composé que de tableaux.

413.62 Assiette du droit sur les licitations et cessions de droits successifs. En ce qui concerne les licitations et cessions mettant fin à l'indivision, l'imposition est assise sur la valeur des biens, sans soustraction de la part de l'acquéreur.

413.62-1 Assiette du droit sur les licitations et cessions de droits successifs.

EXEMPLE

M. X décède, laissant deux enfants, A et B.

Il n'a pas fait de testament et n'avait consenti aucune libéralité à ses enfants de son vivant.

Son patrimoine se compose d'un bien immobilier valant 160 000 € au partage et d'une collection de tableaux valant 80 000 € au partage.

Il n'existe pas de passif.

A et B entendent conserver les tableaux en indivision.

A veut faire cesser l'indivision sur l'immeuble à son profit, en rachetant à B ses droits indivis de moitié.

L'assiette du droit d'enregistrement est la valeur du bien acquis par A (160 000 €), sans soustraction de sa part dans le bien (moitié, soit 80 000 €). A versera 80 000 € à B, mais il paiera le droit d'enregistrement sur 160 000 €. Si le partage ne bénéficiait pas du régime de faveur, A paierait le droit de vente sur la part acquise, soit 80 000 € (CGI, art. 750, I et II).

413.63 Tarif. Le tarif du droit d'enregistrement auquel étaient soumis les partages et actes assimilés était de 2,5 % depuis le 1er janvier 2012.

Ce taux a été ramené à 1,80 % au 1er janvier 2021 et à 1,10 % depuis le 1er janvier 2022, mais uniquement pour les partages des intérêts patrimoniaux consécutifs à une séparation de corps, à un divorce ou à une rupture d'un pacte civil de solidarité. Les partages successoraux demeurent soumis au taux de 2,5 %.

Ce tarif était de 1,1 % du 1er janvier 2006 au 31 décembre 2011, et de 1 % auparavant.

413.63-1 Tarif.

EXEMPLE

Reprise des données de l'exemple cité s^s n° 413.61-1.

– dans le premier cas : 172 000 × 2,5 % = 4 300 €

– dans le second cas :

1° Droit d'enregistrement :

166 000 × 2,5 % = 4 150 €

2° Droit de vente sur la soulte :

Droit fixe de 125 € sur la cession amiable de meubles, qui ne sera pas perçu en présence d'une autre disposition donnant lieu à un droit proportionnel plus élevé (CGI, art. 672).

On constate que, du fait du tarif des droits d'enregistrement, le régime dit « de faveur » entraîne ici une taxation supérieure à celle qui résulte du régime dit « normal ».

413.64 Règlement. Le droit d'enregistrement est perçu lors de la formalité fusionnée au service chargé de la publicité foncière de la situation de l'immeuble (CGI, art. 657).

Ce droit doit être versé dans le **délai d'un mois du partage** (CGI, art. 647, III) [1].

En présence d'immeuble, il s'y ajoute la contribution de sécurité immobilière d'un montant de 0,10 % assis sur la valeur des immeubles partagés (CGI, art. 881 K).

1. L. n° 2011-1117, 19 sept. 2011, de finances rectificative pour 2011, *JO* 20 sept., p. 15688, applicable au 1er nov. 2011.

SECTION 3
PLUS-VALUES

413.71 **Plus-values mobilières.** Lorsque le partage bénéficie du **régime fiscal de faveur**, la soulte que peut verser l'attributaire de valeurs mobilières à ses copartageants n'est pas considérée comme translative de propriété. En conséquence, les **plus-values** éventuellement réalisées par les copartageants sur la **cession de ces valeurs mobilières** ne sont **pas imposées** (CGI, art. 150-0 A, IV) [1].

413.72 **Plus-values immobilières.** Dans les mêmes conditions, la soulte que peut verser l'attributaire de biens immobiliers à ses copartageants n'est pas considérée comme translative de propriété. En conséquence, les **plus-values** éventuellement réalisées par les copartageants sur la **cession de ces biens immobiliers** ne sont **pas imposées** (CGI, art. 150-U, IV) [2].

413.73 **Plus-values professionnelles.** Lorsque des biens professionnels figurent dans l'actif à partager et sont attribués à un héritier qui n'exploite pas le bien, ce bien est transféré dans le patrimoine privé de cet héritier, ce qui entraîne la taxation d'une plus-value professionnelle.

Tel n'est pas le cas lorsque l'indivisaire qui reçoit les biens professionnels poursuit l'activité car il peut alors être exonéré de la taxation de la plus-value professionnelle [3].

1. V. *BOFiP, BOI-ENR-PTG*-10-20-20.
2. V. *BOFiP, BOI-RFPI-PVI*-10-40-100-20.
3. Marseille, 3 avr. 2008, RG n° 05-688, *RJF* 2008, n° 1346.

TITRE

42. La masse à partager

SECTION 0 ORIENTEUR

42.00 Sommaire du titre.

42.05 Division. La première partie du partage est une phase de synthèse. Soit le défunt avait consenti des libéralités entre vifs ou à cause de mort et, dans ce cas, cette phase consiste à réunir les biens existants et toutes les données résultant des opérations liquidatives préalables. Soit le défunt n'avait consenti aucune libéralité entre vifs ou à cause de mort et il n'y a donc pas de liquidation : on rassemble alors les biens existants en vue de leur répartition selon les règles légales.

L'établissement de la masse à partager obéit à des règles communes, dans ces deux cas, pour la détermination des biens existants (chap. 421) et celle des restitutions au titre d'éventuelles dettes des copartageants envers le défunt ou envers l'indivision (chap. 424).

Lorsqu'il y a lieu à liquidation, la masse à partager est augmentée des restitutions au titre du rapport (chap. 422) et de la réduction (chap. 423).

CHAPITRE

421. Biens existants

SECTION 0
ORIENTEUR

421.00 Sommaire du chapitre.

421.01 Textes applicables.

• **C. civ.,** art. 815-10, 825, 829, 870, 1002-1 et 1094-1

> Composition de l'indivision

• **C. civ.,** art. 815-10

Sont de plein droit indivis, par l'effet d'une subrogation réelle, les créances et indemnités qui remplacent des biens indivis, ainsi que les biens acquis, avec le consentement de l'ensemble des indivisaires, en emploi ou remploi des biens indivis.

Les fruits et les revenus des biens indivis accroissent à l'indivision, à défaut de partage provisionnel ou de tout autre accord établissant la jouissance divise.

Aucune recherche relative aux fruits et revenus ne sera, toutefois, recevable plus de cinq ans après la date à laquelle ils ont été perçus ou auraient pu l'être.

Chaque indivisaire a droit aux bénéfices provenant des biens indivis et supporte les pertes proportionnellement à ses droits dans l'indivision.

> Composition de la masse partageable

• **C. civ.,** art. 825

La masse partageable comprend les biens existant à l'ouverture de la succession, ou ceux qui leur ont été subrogés, et dont le défunt n'a pas disposé à cause de mort, ainsi que les fruits y afférents.

Elle est augmentée des valeurs soumises à rapport ou à réduction, ainsi que des dettes des copartageants envers le défunt ou envers l'indivision.

> Évaluation des biens

• **C. civ.,** art. 829

En vue de leur répartition, les biens sont estimés à leur valeur à la date de la jouissance divise telle qu'elle est fixée par l'acte de partage, en tenant compte, s'il y a lieu, des charges les grevant.

Cette date est la plus proche possible du partage.

Cependant, le juge peut fixer la jouissance divise à une date plus ancienne si le choix de cette date apparaît plus favorable à la réalisation de l'égalité.

> Passif

• **C. civ.,** art. 870

Les cohéritiers contribuent entre eux au paiement des dettes et charges de la succession, chacun dans la proportion de ce qu'il y prend.

> Cantonnement des legs

[C. civ., art. 1002-1 et 1094-1]

• **C. civ.,** art. 1002-1

Sauf volonté contraire du disposant, lorsque la succession a été acceptée par au moins un héritier désigné par la loi, le légataire peut cantonner son émolument sur une partie des biens dont il a été disposé en sa faveur. Ce cantonnement ne constitue pas une libéralité faite par le légataire aux autres successibles.

• **C. civ.,** art. 1094-1

Pour le cas où l'époux laisserait des enfants ou descendants, issus ou non du mariage, il pourra disposer en faveur de l'autre époux, soit de la propriété de ce dont il pourrait disposer en faveur d'un étranger, soit d'un quart de ses biens en propriété et des trois autres quarts en usufruit, soit encore de la totalité de ses biens en usufruit seulement.

Sauf stipulation contraire du disposant, le conjoint survivant peut cantonner son émolument sur une partie des biens dont il a été disposé en sa faveur. Cette limitation ne peut être considérée comme une libéralité faite aux autres successibles.

421.02 Jurisprudence de référence.

> Les créances et indemnités qui remplacent des biens indivis accroissent à l'indivision

• **Cass., ch. réun., 5 déc. 1907,** Chollet/Dumoulin, *DP* 1908. 1. 113, note A. Colin ; *S.* 1908. 1. 5, note C. Lyon-Caen et concl. M.-A. Baudouin ; *GAJC*, 14e éd., Dalloz, 2024, no 139

* V. ss no 421.31

« Attendu que si l'adjudication sur licitation d'un immeuble dépendant d'une hérédité doit, au regard de l'adjudicataire, quand il est un tiers étranger à l'indivision, être considérée comme une vente, elle constitue, dans les relations des cohéritiers entre eux une opération préliminaire du partage ; que la vente ainsi faite l'est, en réalité, pour le compte de la masse successorale, et que la créance du prix entre dans l'actif à partager [...]. »

> État et date d'évaluation des biens partagés

• **Civ. 11 janv. 1937,** Mulle, *DH* 1937. 101 ; *GAJC*, 14e éd., Dalloz, 2024, no 134

* V. ss nos 421.21 et 421.102

« La plus-value acquise ou la moins-value soufferte par les biens de la succession pendant le cours de l'indivision profite ou préjudicie à tous les héritiers indivisaires, les divers lots proportionnels à la vocation héréditaire de ceux-ci devant être composés [...] en considération de la valeur de leurs éléments au jour du partage et non au jour du décès [...]. »

> Liberté d'évaluation en matière de partage amiable

• **Cass., ass. plén., 22 avr. 2005,** no 02-15.180, P, no 5

* V. ss no 421.104

« Mais attendu que, si la valeur des biens à partager doit être fixée au jour le plus proche du partage, les copartageants peuvent convenir d'en évaluer certains à une date différente [...]. »

421.03 Bibliographie indicative.

Actualisables. Rép. civ., vis *Indivision : régime légal*, par C. Albiges, avr. 2023 [actu. sept. 2023], nos 76 s. ; *Partage : droit commun*, par C. Brenner, oct. 2020 [actu. nov. 2023], nos 47 s. – *J.-Cl. Civ. Code*, art. 825 à 830, par J.-B. Donnier ; art. 870 à 877, par C. Brenner.

Ouvrages. A. Delfosse et J.-F. Peniguel, *La réforme des successions et des libéralités*, Litec, 2006, nos 209 s. – M. Grimaldi (dir), Dalloz action *Droit patrimonial de la famille*, 2025/2026, nos 262.00 s. à 264.00 s., par C. Farge ; *Droit des successions*, 8e éd., « Manuels », LexisNexis, 2020, nos 959 s. – A.-M. Leroyer, *Droit des successions*, 4e éd., « Cours », Dalloz, 2020, nos 642 s. – P. Malaurie et C. Brenner, *Droit des successions et des libéralités*, 11e éd., « Droit civil », LGDJ, 2024, nos 644 s. – F. Terré, Y. Lequette et S. Gaudemet, *Droit civil. Les successions, les libéralités*, 5e éd., « Précis », Dalloz, 2024, nos 927 s., 1052 s.

Articles. M. Grimaldi, « Sur la liberté des copartageants de convenir de la date d'évaluation des biens » (Cass., ass. plén., 22 avr. 2005, P, no 5), *RTD civ.* 2005. 810 – P. Murat, « Le choix des héritiers quant à l'objet reçu : l'exemple du cantonnement », *Defrénois* 2017. 17 – F. Petit, « Le cantonnement par le conjoint : aspects pratiques et stratégiques », *JCP N* 2013. 1107 – F. Sauvage, « Le cantonnement des libéralités », *Defrénois* 2010. 1027.

421.04 Questions essentielles.

> En quoi consistent les « biens existants » ?

* V. ss nos 421.21 à 421.41

> À quelle date sont estimés les biens existants ?

* V. ss nos 421.101 et 421.102

> Comment les améliorations apportées par un indivisaire aux biens indivis sont-elles prises en compte dans le partage ?

* V. ss no 421.103

421.05 Division. Introduction. Ce qui était la pratique des techniciens de la liquidation figure désormais dans la loi[1] : la composition traditionnelle de la masse partageable, en premier lieu en ce qui concerne « les biens existants à l'ouverture de la succession », est confirmée par le Code civil (C. civ., art. 825, al. 1er) (sect. 1).

Il en est de même pour les règles de l'estimation de ces biens (C. civ., art. 829) (sect. 2).

Enfin, les dettes et charges de la succession, évoquées par l'article 870 du Code civil, viennent en déduction de la masse partageable (sect. 3).

Nous examinerons ces caractéristiques de la masse partageable en les comparant à celles de la masse de calcul de la quotité disponible, étudiées ci-dessus (v. ss nos 312.11 à 312.82, et 313.11 à 313.31).

SECTION 1
COMPOSITION DES BIENS EXISTANTS

421.10 Plan. Définition des biens existants. La masse partageable comprend en premier lieu les biens corporels et incorporels à partager entre les coïndivisaires, par opposition aux « *valeurs* » objets de restitutions, énoncées en second lieu par l'alinéa 2 de l'article 825 du Code civil.

Ces biens sont à la fois les biens existant à l'ouverture de la succession (§ 1) et les biens nés pendant l'indivision : d'une part, les biens qui auraient été subrogés aux biens existants (§ 2), d'autre part, les fruits produits pendant l'indivision par ces deux catégories de biens (§ 3).

Quelques-uns des biens existants, notamment les biens légués, ne sont pas pris en compte dans la masse partageable

1. L. no 2006-728, 23 juin 2006, portant réforme des successions et des libéralités, *JO* 24 juin, p. 9513.

(§ 4). Parmi les biens légués, certains sont toutefois réintégrés dans la masse partageable, avec les biens existants, par l'effet du cantonnement (§ 5).

§ 1
Biens existants proprement dits

421.21 Biens indivis existant au jour du décès. L'actif à partager se compose, en principe, de l'ensemble des biens indivis, meubles et immeubles, corporels et incorporels et notamment des créances[1], qui existaient au jour où s'est produit le fait générateur de l'indivision, c'est-à-dire au jour du décès.

Ces biens forment la **masse de calcul de la quotité disponible** et ont été détaillés ci-dessus (v. s[s] n°s 312.11 à 312.51).

Il existe toutefois une différence : dans la masse de calcul de la quotité disponible sont compris les **biens dont le défunt a disposé à cause de mort,** soit par testament, soit par institution contractuelle (donation de biens à venir par contrat de mariage ou donation entre époux). Ces biens sont **exclus de la masse partageable** telle que la définit l'article 825 du Code civil même si cette exclusion est théorique (v. s[s] n° 421.51).

Les biens existants figurent dans la masse partageable **dans leur état à l'époque du partage,** c'est-à-dire en tenant compte de leur évolution au cours de la période plus ou moins longue de l'indivision et donc des plus ou moins-values constatées pendant le cours de l'indivision, sous réserve d'indemniser l'indivisaire qui aurait amélioré les biens à ses frais[2].

§ 2
Biens subrogés aux biens existants

421.31 Principe. Ces biens ne figurent pas dans la masse de calcul de la quotité disponible, qui ne comprend que les biens existant au décès. Cependant, ils **font partie de l'indivision et donc de la masse à partager**.

En effet, les biens subrogés aux biens existant au décès sont de plein droit **indivis** par l'effet de la **subrogation réelle** (C. civ., art. 815-10, al. 1er) : « *Sont de plein droit indivis, par l'effet d'une subrogation réelle, les créances et indemnités qui remplacent des biens indivis*[3]*, ainsi que les biens acquis, avec le consentement de l'ensemble des indivisaires, en emploi ou remploi des biens indivis* ».

Toutefois en cas de remploi de deniers indivis, y compris ceux provenant de la vente d'un bien indivis, les nouveaux biens acquis ne sont pas indivis si au moins un des indivisaires ne consent pas au remploi. Le nouveau bien est alors personnel à son acquéreur qui devient alors débiteur de l'indivision à raison des fonds indivis utilisés pour l'acquisition de ce bien personnel.

421.31-1 Principe des biens subrogés aux biens existants.

EXEMPLES

I. X décède, laissant plusieurs ayants droit.

Au décès existait un immeuble qui a fait l'objet d'une expropriation pendant la période de l'indivision.

L'indemnité d'expropriation, en tant qu'indemnité qui remplace un bien indivis, entre dans la masse partageable au titre de bien subrogé à un bien existant.

II. X décède laissant son épouse et ses trois enfants.

Au décès existait une maison qui a été vendue par l'indivision. Le prix de vente a été intégralement remployé dans l'achat d'un appartement par la veuve et les trois enfants.

L'appartement, en tant que bien acquis avec le consentement de l'ensemble des indivisaires, en remploi des biens indivis, entre dans la masse partageable au titre de bien subrogé à un bien existant.

§ 3
Fruits produits par ces biens

421.41 Fruits et revenus des biens indivis. De même que les biens subrogés aux biens existants, les **fruits et revenus** des biens indivis **accroissent à l'indivision** et font partie de la **masse à partager** (C. civ., art. 815-10, al. 2, et 825, al. 1er). Il en est ainsi, spécialement :

– des revenus de parts de société civile professionnelle, qui sont à inclure dans la masse à partager[4] ;

– également, de l'indemnité d'occupation privative due par l'occupant d'un immeuble indivis[5].

1. Req. 13 janv. 1909, *S.* 1911. 1. 441, note E. Naquet.
2. SOL. ANCIENNE, v. Civ. 11 janv. 1937, Mulle, *DH* 1937. 101 ; *S.* 1938. 1. 377, note H. Batiffol ; *GAJC*, 14e éd., Dalloz, 2024, n° 134 : « *La plus-value acquise ou la moins-value soufferte par les biens de la succession pendant le cours de l'indivision profite ou préjudicie à tous les héritiers indivisaires* […] » – REVIREMENT : Civ. 1re, 25 mai 1987, n° 85-16.995, P I, n° 166 ; *RTD civ.* 1988. 374, obs. J. Patarin ; *RTD civ.* 1989. 354, obs. F. Zénati ; *D.* 1988. 28, note A. Breton – RETOUR À SOL. ANCIENNE : Civ. 1re, 29 mai 1996, n° 94-14.632, P I, n° 222 – Civ. 1re, 11 mars 1997, n° 95-13.673, NP ; *RTD civ.* 1997. 713, obs. J. Patarin.
3. CONFIRMATION LÉGALE D'UNE JURISPRUDENCE ANCIENNE : Cass., ch. réun., 5 déc. 1907, Chollet c/Dumoulin, *DP* 1908. 1. 113, note A. Colin ; *S.* 1908. 1. 5, note C. Lyon-Caen et concl. M.-A. Baudouin ; *GAJC*, 14e éd., Dalloz, 2024, n° 139 – V. Civ. 1re, 7 juin 2006, n° 03-12.021, NP.
4. Civ. 1re, 10 févr. 1998, n° 96-16.735, P I, n° 47 ; *RTD civ.* 1998. 435, obs. J. Patarin ; *Defrénois* 1998. 1119, note O. Milhac.
5. Civ. 1re, 5 févr. 1991, n° 89-11.136, P I, n° 54 ; *Defrénois* 1991. 494, note G. Champenois ; *RTD civ.* 1992. 615 – Civ. 1re, 19 janv. 1999, n° 96-18.303, P I, n° 24 ; *JCP N* 1999. 682.

421.42 **Limites.** Les fruits et revenus des biens indivis ne sont inclus dans la masse à partager que dans certaines limites :

– après un **délai de cinq ans** après la date où ils ont été perçus, ou auraient dû l'être, aucune recherche n'est plus recevable (C. civ., art. 815-10, al. 3), sauf convention contraire des indivisaires [1] ;

– si les indivisaires ont établi un **accord relatif à la jouissance divise**, par exemple un partage provisionnel de l'usufruit, chaque indivisaire conserve les fruits du bien dont il a recueilli la jouissance (C. civ., art. 815-10, al. 3) ;

– les **comptes annuels** prévus par l'alinéa 1er de l'article 815-11 du Code civil peuvent régler le sort des fruits avant le partage ;

– enfin, lorsqu'un indivisaire gère un ou plusieurs biens indivis, il est redevable du produit net de sa gestion et a droit à la rémunération de son activité (C. civ., art. 815-12). Viennent donc en déduction des fruits les **frais engagés par l'indivisaire** et sa **rémunération**, sous réserve du consentement des autres indivisaires.

§ 4
Biens exclus des biens existants

421.51 **Biens exclus.** D'une part, sont exclus de la masse à partager les **biens non pris en compte dans la masse de calcul de la quotité disponible.** Sont en effet exclus de la masse de calcul les biens et droits dont le défunt n'était plus ou n'était pas propriétaire au jour du décès (v. ss no 312.21).

On ne pourra pas non plus partager les **biens qui ont disparu entre le décès et le partage.**

D'autre part, la masse à partager, selon l'alinéa 1er de l'article 825, ne comprendrait pas **les biens dont le défunt a disposé à cause de mort.** Cette **exclusion** est **théorique** : il est vrai que les biens légués n'ont pas vocation à être partagés entre les indivisaires : cependant, sur le plan liquidatif, ils doivent être inclus dans l'actif partageable et ils ne seront délivrés au légataire qu'après vérification de l'existence d'un actif net suffisant, c'est-à-dire après établissement de l'actif et du passif (v. ss nos 431.13 et 431.21-1).

Lorsque la succession est acceptée à concurrence de l'actif net, cette règle est explicitement imposée par le Code civil pour les legs de sommes d'argent : « *Les legs de sommes d'argent sont délivrés après paiement des créanciers* » (C. civ., art. 796, al. 3).

Les créanciers successoraux sont en effet préférés aux légataires, selon la maxime « *nemo liberalis nisi liberatus* » : nul ne peut consentir de libéralité s'il n'a au préalable payé ses dettes.

1. Civ. 1re, 4 oct. 2005, no 03-19.459, P I, no 358 ; *D.* 2005. IR 2705 ; *JCP* 2006. I. 127, no 2, obs. H. Périnet-Marquet.

§ 5
Biens réintégrés dans les biens existants après cantonnement

421.61 **Définition du cantonnement.** Certains des biens légués, exclus en principe de la masse partageable, peuvent réintégrer cette masse, si le gratifié exerce la faculté de cantonnement que lui reconnaît la loi.

Le cantonnement est la faculté offerte au gratifié, conjoint ou légataire, de décider de ne recevoir qu'une partie de la disposition en sa faveur. Le gratifié a accepté la libéralité mais il choisit de la limiter (C. civ., art. 1094-1, pour le conjoint, et 1002-1, pour le légataire) [2].

Cette faculté est ouverte dans les successions ouvertes à compter du 1er janvier 2007, les textes l'instituant étant issus de la loi du 23 juin 2006 [3].

A.
Domaine du cantonnement

421.71 **Cantonnement et conjoint survivant.** Le cantonnement prévu par l'article 1094-1 du Code civil n'est ouvert qu'au **conjoint survivant gratifié au moyen d'une libéralité à cause de mort** : institution contractuelle par contrat de mariage ou au cours du mariage, ou legs.

Le cantonnement d'une donation de biens présents n'est en revanche pas possible : un tel cantonnement serait contraire au principe d'irrévocabilité des donations.

Il est en ainsi notamment en cas de donation à terme et spécialement pour les clauses de réversibilité de l'usufruit. L'usufruit réversible sur la tête du conjoint survivant ne peut faire l'objet du cantonnement car, selon la jurisprudence, la clause de réversibilité d'usufruit constitue une donation de biens présents à terme [4].

2. V. F. Sauvage, « Le cantonnement des libéralités », *Defrénois* 2010. 1027 – P. Murat, « Le choix des héritiers quant à l'objet reçu : l'exemple du cantonnement », *Defrénois* 2017. 17 – F. Petit, « Le cantonnement par le conjoint : aspects pratiques et stratégiques », *JCP N* 2013. 1107 – M. Grimaldi (dir), Dalloz action *Droit patrimonial de la famille*, 2025/2026, nos 323.81 s., par M. Grimaldi.
3. L. no 2006-728, 23 juin 2006, portant réforme des successions et des libéralités, *JO* 24 juin, p. 9513.
4. Civ. 1re, 21 oct. 1997, no 95-19.759, P I, no 291 ; *JCP* 1997. II. 22969 ; *JCP N* 1998. 397, note I. Harel-Dutirou ; *RTD civ.* 1998. 721, obs. J. Patarin ; *RTD civ.* 1998. 937, obs. F. Zénati ; *JCP* 1999. I. 132, no 5, obs. R. Le Guidec – CONFIRMATION : Cass., ch. mixte, 8 juin 2007, no 05-10.727, P, no 6 ; *Dr. fam.* 2007, no 151, note B. Beignier ; *AJ fam.* 2007. 353, obs. F. Bicheron ; *Defrénois* 2007. 1688, note A. Chappert ; *JCP* 2007. II. 10130, obs. G. Goubeaux.

421.72 **Cantonnement et légataire.** Le cantonnement prévu par l'article 1002-1 du Code civil est possible pour tout **légataire, tiers** ou **héritier**, qu'il ait été institué légataire universel, à titre universel ou **à titre particulier.**

Mais le cantonnement ne peut pas jouer sur une donation entre vifs, même si cette donation ne prend effet qu'au décès : en effet, d'une part, le texte ne vise que les legs et, d'autre part, le cantonnement d'une donation serait contraire au principe d'irrévocabilité des donations.

B.
Conditions du cantonnement

421.81 **Condition commune : absence de clause contraire.** La faculté de procéder au cantonnement d'un legs n'est pas d'ordre public et le disposant peut l'interdire (C. civ., art. 1094-1, al. 2 et 1002-1). En présence d'une stipulation contraire du disposant, le gratifié ne peut plus cantonner son émolument : il a seulement le choix d'accepter la libéralité pour le tout ou d'y renoncer.

421.82 **Conditions spécifiques au conjoint.** Le conjoint survivant gratifié dans les limites de l'article 1094-1 du Code civil peut cantonner son émolument dans le cas où le disposant laisse des enfants ou descendants, « *issus ou non du mariage* » (C. civ., art. 1094, al. 1er). Peu importe que les enfants laissés soient communs ou non. Le conjoint survivant peut donc cantonner son émolument en présence de ses beaux-enfants.

Mais il faut que **le cantonnement porte sur une libéralité et non sur des droits légaux**. Le conjoint survivant qui recueille l'usufruit de la succession en vertu de la loi ne peut cantonner ses droits. S'il limite son usufruit légal à certains biens, il ne s'agit pas d'un cantonnement, mais d'une **renonciation** qui constitue une libéralité, à la différence du cantonnement.

Enfin, si tous les descendants du disposant renoncent à la succession, le cantonnement ne peut être exercé, faute de bénéficiaire.

421.83 **Conditions spécifiques au légataire.** Aux termes de l'article 1002-1 du Code civil, le cantonnement n'est possible que « *lorsque la succession a été acceptée par au moins un héritier désigné par la loi* ». Le légataire ne peut donc cantonner son émolument que si le défunt laisse **au moins un successible en rang utile** et que ce successible accepte la succession.

En conséquence, le cantonnement n'est pas possible lorsque le défunt ne laisse aucun héritier venant en rang utile, ni lorsque le défunt laisse un ou plusieurs héritiers désignés par la loi mais que ces héritiers renoncent à la succession ou sont déclarés indignes.

Le fait que le testateur ait institué d'autres légataires qui pourraient bénéficier du cantonnement est sans incidence.

C.
Effets du cantonnement

421.91 **Renonciation partielle.** Lorsqu'un gratifié cantonne son émolument, il renonce à une partie de la libéralité qui lui est consentie.

Il y a ainsi une atteinte à l'indivisibilité de l'option (v. ss no 141.183).

421.92 **Réintégration des biens dans la masse partageable.** La fraction de libéralité à laquelle le gratifié a renoncé retourne dans la masse partageable où elle figure au même titre que les autres biens existants.

Le cantonnement ne peut donc profiter qu'aux autres héritiers : il ne peut profiter à un autre légataire. C'est pourquoi la loi exige qu'il y ait au moins un héritier acceptant.

421.92-1 **Effets du cantonnement.**

EXEMPLE

X décède, laissant comme héritier son père, A, qui renonce à sa succession.

Par testament, X a instauré légataires universels conjoints sa compagne B et une association C.

B désire cantonner le legs et ne recevoir que le logement dépendant de la succession, pour augmenter la part de C.

En l'absence d'héritier acceptant la succession, ce cantonnement n'est pas possible.

421.93 **Absence de libéralité.** Cette absence de libéralité résulte du Code civil :

C. civ., art. 1002-1 : « *Ce cantonnement ne constitue par une libéralité faite par le légataire aux autres successibles* ».

C. civ., art. 1094-1 : « *Cette limitation ne peut être considérée comme une libéralité faite aux autres successibles* ».

De ce fait, d'une part, **le cantonnement échappe aux règles du rapport et de la réduction** dans la succession du gratifié ; d'autre part, les biens recueillis en vertu du cantonnement sont réputés être transmis directement par le défunt. Ils font partie de la succession légale au même titre que les biens existants.

421.94 **Fiscalité.** L'administration fiscale a suivi le raisonnement civil :

– le gratifié n'est taxé aux **droits de mutation à titre gratuit** que sur la part qu'il prend effectivement dans son legs ;

– les biens réintégrés dans les biens existants et recueillis par les successibles sont soumis aux **droits de succession** en fonction du lien de parenté entre le défunt et le successible, et non aux droits de mutation à titre gratuit selon la filiation entre celui qui cantonne et le bénéficiaire du cantonnement.

SECTION 2
ÉVALUATION DES BIENS EXISTANTS

421.101 **Éléments de l'évaluation.** L'estimation de tous les biens existants doit être faite à la date choisie par les parties pour la jouissance divise et selon l'état du bien au jour du partage.

Rappelons que, pour le calcul de la quotité disponible, les biens sont évalués au jour du décès (C. civ., art. 922 - V. s[s] n° 312.61).

421.102 **Date de jouissance divise.** La date de jouissance divise, à laquelle sont estimés les biens, est fixée librement par les parties (C. civ., art. 829, al. 1er) en principe, à la date « *la plus proche possible du partage* » (C. civ., art. 829, al. 2) [1], sous réserve de l'appréciation du juge en cas de désaccord entre les parties.

Celui-ci, en effet, « *peut fixer la jouissance divise à une date plus ancienne, si le choix de cette date apparaît plus favorable à la réalisation de l'égalité* » (C. civ., art. 829, al. 3) [2].

La demande est portée devant le président du tribunal judiciaire (C. pr. civ., art. 1379, al. 2).

421.103 **État du bien.** L'estimation est effectuée selon **l'état du bien au jour du partage,** compte tenu des **modifications effectuées au cours de l'indivision** : la valeur de l'immeuble à partager doit être déterminée en fonction de l'état de ce bien au jour du partage, sauf à ce qu'il soit tenu compte, par ailleurs, de l'indemnité due à l'indivisaire ayant amélioré ou conservé à ses frais le bien indivis [3].

Ce principe confirme la **prise en compte des plus ou moins-values** ayant affecté les biens indivis (v. s[s] n° 421.21).

421.104 **Modalités d'évaluation.** Les copartageants sont libres d'évaluer les biens selon le procédé de leur choix, du moment que le procédé choisi n'entraîne pas d'inégalité entre les lots ; notamment, ils peuvent convenir d'évaluer certains biens à une date différente de celle convenue pour les autres biens [4], sous réserve de la sanction de la lésion.

SECTION 3
DETTES ET CHARGES DE LA SUCCESSION ET DE L'INDIVISION

421.111 **Dettes et charges de la succession.** Les dettes et charges de la succession pour leur montant au jour du décès ou, pour les charges, au jour de la dépense, sont déductibles des biens existants composant la masse à partager, dès lors qu'elles n'ont pas été acquittées pendant l'indivision (C. civ., art. 870). En cas d'acquittement par un indivisaire, ce dernier devient créancier de l'indivision. Ces dettes et charges ont été étudiées ci-dessus, dans la composition de la masse de calcul de la quotité disponible (v. s[s] n°s 313.21 à 313.31-1).

421.112 **Dettes de l'indivision.** Les dettes de l'indivision incombent aux indivisaires et font l'objet de comptes entre eux (C. civ., art. 815-10, al. 4, et 815-11) ; elles se compensent avec les bénéfices provenant des biens indivis. Ces comptes seront examinés à propos des restitutions au titre des dettes et créances des copartageants (v. s[s] n°s 424.31 s.).

1. JURISPRUDENCE CONSTANTE : Civ. 11 janv. 1937, Mulle, *DH* 1937. 101 ; *S.* 1938. 1. 377, note H. Batiffol ; *GAJC*, 14e éd., Dalloz, 2024, n° 134 : « *Les divers lots* [...] *devant être composés* [...] *en considération de la valeur de leurs éléments au jour du partage et non au jour du décès* ».
2. Civ. 1re, 18 sept. 2002, n° 00-17.555, P I, n° 211 ; *Dr. fam.* 2002. 151, obs. B. Beignier ; *Defrénois* 2003. 1363, note G. Champenois : « *Mais attendu, d'une part, que si les biens doivent être estimés à la date la plus proche du partage, rien n'interdit aux juges de fixer immuablement, en considération des circonstances de la cause, la date du partage au jour où ils statuent...* ».
3. Civ. 1re, 7 avr. 1998, n°s 96-15.015 et 96-15.358, P I, n°s 149 et 138 ; *RTD civ.* 1998. 712, obs. J. Patarin ; *RTD civ.* 1999. 174, obs. B. Vareille ; *JCP N* 1998. 1507, note Schaeffer ; *Defrénois* 1998. 1469, obs. G. Champenois.
4. Cass., ass. plén., 22 avr. 2005, n° 02-15.180, P, n° 5 ; *JCP* 2005. II. 10089, note P. Simler ; *Dr. fam.* 2005. 140, obs. B. Beignier ; *D.* 2005. IR 1250 ; *D.* 2006. 336, obs. G. Serra et L. Williatte-Pellitteri ; *RTD civ.* 2005. 810, obs. M. Grimaldi.

CHAPITRE

422. Restitutions en cas de libéralités soumises au rapport

SECTION 0
ORIENTEUR

422.00 **Sommaire du chapitre.**

422.01 **Textes applicables.**

• **C. civ.,** art. 825, 843 à 863, 754, 755 et 1078-9

> Intégration des rapports dans la masse à partager

• **C. civ.,** art. 825

La masse partageable comprend les biens existant à l'ouverture de la succession, ou ceux qui leur ont été subrogés, et dont le défunt n'a pas disposé à cause de mort, ainsi que les fruits y afférents.

Elle est augmentée des valeurs soumises à rapport ou à réduction, ainsi que des dettes des copartageants envers le défunt ou envers l'indivision.

> Rapport des libéralités

[C. civ., art. 843 à 863]

• **C. civ.,** art. 843

Tout héritier, même ayant accepté à concurrence de l'actif, venant à une succession, doit rapporter à ses cohéritiers tout ce qu'il a reçu du défunt, par donations entre vifs, directement ou indirectement ; il ne peut retenir les dons à lui faits par le défunt, à moins qu'ils ne lui aient été faits expressément hors part successorale.

Les legs faits à un héritier sont réputés faits hors part successorale, à moins que le testateur n'ait exprimé la volonté contraire, auquel cas le légataire ne peut réclamer son legs qu'en moins prenant.

• **C. civ.,** art. 844

Les dons faits hors part successorale ne peuvent être retenus ni les legs réclamés par l'héritier venant à partage que jusqu'à concurrence de la quotité disponible : l'excédent est sujet à réduction.

• **C. civ.,** art. 845

L'héritier qui renonce à la succession peut cependant retenir le don entre vifs ou réclamer le legs à lui fait jusqu'à concurrence de la portion disponible à moins que le disposant ait expressément exigé le rapport en cas de renonciation.

Dans ce cas, le rapport se fait en valeur. Lorsque la valeur rapportée excède les droits qu'il aurait dû avoir dans le partage s'il y avait participé, l'héritier renonçant indemnise les héritiers acceptants à concurrence de cet excédent.

• **C. civ.,** art. 846

Le donataire qui n'était pas héritier présomptif lors de la donation, mais qui se trouve successible au jour de l'ouverture de la succession, ne doit pas le rapport, à moins que le donateur ne l'ait expressément exigé.

• **C. civ.,** art. 847

Les dons et legs faits au fils de celui qui se trouve successible à l'époque de l'ouverture de la succession sont toujours réputés faits avec dispense du rapport.

Le père venant à la succession du donateur n'est pas tenu de les rapporter.

• **C. civ.,** art. 848

Pareillement, le fils venant de son chef à la succession du donateur n'est pas tenu de rapporter le don fait à son père, même quand il aurait accepté la succession de celui-ci ; mais si le fils ne vient que par représentation, il doit rapporter ce qui avait été donné à son père, même dans le cas où il aurait répudié sa succession.

• **C. civ.,** art. 849

Les dons et legs faits au conjoint d'un époux successible sont réputés faits avec dispense du rapport.

Si les dons et legs sont faits conjointement à deux époux, dont l'un seulement est successible, celui-ci en rapporte la moitié ; si les dons sont faits à l'époux successible, il les rapporte en entier.

• **C. civ.,** art. 850

Le rapport ne se fait qu'à la succession du donateur.

• **C. civ.,** art. 851

Le rapport est dû de ce qui a été employé pour l'établissement d'un des cohéritiers ou pour le paiement de ses dettes.

Il est également dû en cas de donation de fruits ou de revenus, à moins que la libéralité n'ait été faite expressément hors part successorale.

• **C. civ.,** art. 852

Les frais de nourriture, d'entretien, d'éducation, d'apprentissage, les frais ordinaires d'équipement, ceux de noces et les présents d'usage ne doivent pas être rapportés, sauf volonté contraire du disposant.

Le caractère de présent d'usage s'apprécie à la date où il est consenti et compte tenu de la fortune du disposant.

• **C. civ.,** art. 853

Il en est de même des profits que l'héritier a pu retirer des conventions passées avec le défunt, si ces conventions ne présentaient aucun avantage indirect, lorsqu'elles ont été faites.

• **C. civ.,** art. 854

Pareillement, il n'est pas dû de rapport pour les associations faites sans fraude entre le défunt et l'un de ses héritiers, lorsque les conditions en ont été réglées par un acte authentique.

• **C. civ.,** art. 855

Le bien qui a péri par cas fortuit et sans la faute du donataire n'est pas sujet à rapport.

Toutefois, si ce bien a été reconstitué au moyen d'une indemnité perçue en raison de sa perte, le donataire doit le rapporter dans la proportion où l'indemnité a servi à sa reconstitution.

Si l'indemnité n'a pas été utilisée à cette fin, elle est elle-même sujette à rapport.

• **C. civ.,** art. 856

Les fruits des choses sujettes à rapport sont dus à compter du jour de l'ouverture de la succession.

Les intérêts ne sont dus qu'à compter du jour où le montant du rapport est déterminé.

• **C. civ.,** art. 857

Le rapport n'est dû que par le cohéritier à son cohéritier ; il n'est pas dû aux légataires ni aux créanciers de la succession.

• **C. civ.,** art. 858

Le rapport se fait en moins prenant, sauf dans le cas du deuxième alinéa de l'article 845.

Il ne peut être exigé en nature, sauf stipulation contraire de l'acte de donation.

Dans le cas d'une telle stipulation, les aliénations et constitutions de droits réels consenties par le donataire s'éteindront par l'effet du rapport à moins que le donateur n'y ait consenti.

• **C. civ.,** art. 859

L'héritier a aussi la faculté de rapporter en nature le bien donné qui lui appartient encore à condition que ce bien soit libre de toute charge ou occupation dont il n'aurait pas déjà été grevé à l'époque de la donation.

• **C. civ.,** art. 860

Le rapport est dû de la valeur du bien donné à l'époque du partage, d'après son état à l'époque de la donation.

Si le bien a été aliéné avant le partage, on tient compte de la valeur qu'il avait à l'époque de l'aliénation. Si un nouveau bien a été subrogé au bien aliéné, on tient compte de la valeur de ce nouveau bien à l'époque du partage, d'après son état à l'époque de l'acquisition. Toutefois, si la dépréciation du nouveau bien était, en raison de sa nature, inéluctable au jour de son acquisition, il n'est pas tenu compte de la subrogation.

Le tout sauf stipulation contraire dans l'acte de donation.

S'il résulte d'une telle stipulation que la valeur sujette à rapport est inférieure à la valeur du bien déterminé selon les règles d'évaluation prévues par l'article 922 ci-dessous, cette différence forme un avantage indirect acquis au donataire hors part successorale.

• **C. civ.,** art. 860-1

Le rapport d'une somme d'argent est égal à son montant. Toutefois, si elle a servi à acquérir un bien, le rapport est dû de la valeur de ce bien, dans les conditions prévues à l'article 860.

• **C. civ.,** art. 861

Lorsque le rapport se fait en nature et que l'état des objets donnés a été amélioré par le fait du donataire, il doit lui en être tenu compte, eu égard à ce dont leur valeur se trouve augmentée au temps du partage ou de l'aliénation.

Il doit être pareillement tenu compte au donataire des dépenses nécessaires qu'il a faites pour la conservation du bien, encore qu'elles ne l'aient point amélioré.

• **C. civ.,** art. 862

Le cohéritier qui fait le rapport en nature peut retenir la possession du bien donné jusqu'au remboursement effectif des sommes qui lui sont dues pour dépenses ou améliorations.

• **C. civ.,** art. 863

Le donataire, de son côté, doit, en cas de rapport en nature, tenir compte des dégradations et détériorations qui ont diminué la valeur du bien donné par son fait ou par sa faute.

> Rapport des représentants de l'héritier renonçant ou indigne

[C. civ., art. 754 et 755]

• **C. civ.,** art. 754

On représente les prédécédés, on ne représente les renonçants que dans les successions dévolues en ligne directe ou collatérale.

Les enfants du renonçant conçus avant l'ouverture de la succession dont le renonçant a été exclu rapportent à la succession de ce dernier les biens dont ils ont hérité en son lieu et place, s'ils viennent en concours avec d'autres enfants conçus après l'ouverture de la succession. Le rapport se fait selon les dispositions énoncées à la section 2 du chapitre VIII du présent titre.

Sauf volonté contraire du disposant, en cas de représentation d'un renonçant, les donations faites à ce dernier s'imputent, le cas échéant, sur la part de réserve qui aurait dû lui revenir s'il n'avait pas renoncé.

On peut représenter celui à la succession duquel on a renoncé.

• **C. civ.,** art. 755

La représentation est admise en faveur des enfants et descendants de l'indigne, encore que celui-ci soit vivant à l'ouverture de la succession.

Les dispositions prévues au deuxième alinéa de l'article 754 sont applicables aux enfants de l'indigne de son vivant.

> Rapport après donation-partage transgénérationnelle

• **C. civ.,** art. 1078-9

Dans la succession de l'enfant qui a consenti à ce que ses propres descendants soient allotis en son lieu et place, les biens reçus par eux de l'ascendant sont traités comme s'ils les tenaient de leur auteur direct.

Ces biens sont soumis aux règles dont relèvent les donations entre vifs pour la réunion fictive, l'imputation, le rapport et, le cas échéant, la réduction.

Toutefois, lorsque tous les descendants ont reçu et accepté un lot dans le partage anticipé et qu'il n'a pas été prévu d'usufruit portant sur une somme d'argent, les biens dont ont été allotis les gratifiés sont traités comme s'ils les avaient reçus de leur auteur par donation-partage.

422.02 Jurisprudence de référence.

> Le rapport n'est dû par un héritier qu'à son cohéritier

• **Civ. 1re, 1er juill. 2003,** no 00-19.710, P I, no 155

* V. ss nos 422.31 et 422.51

« Attendu que Célestine X... est décédée le 30 avril 1994, laissant pour lui succéder son fils unique, M. Jack Y..., après avoir, par testament authentique du 19 août 1985, légué la quotité disponible de ses biens à sa petite-fille Mme Dominique Y... ; qu'en 1986, elle avait consenti à son fils la donation des 5/8es lui appartenant d'un fonds de commerce ; que Mme Dominique Y... a assigné son père en délivrance de son legs ;

Attendu que l'arrêt attaqué a infirmé le jugement entrepris en ce qu'il avait exclu du legs le fonds de commerce donné et a prononcé le rapport de ce bien à la succession au motif que dès lors qu'il n'avait pas été stipulé à l'acte de donation que cette donation était préciputaire, de sorte qu'elle est rapportable et qu'elle s'imputera sur la réserve, seul l'excédent s'imputant sur la quotité disponible ;

Attendu qu'en statuant ainsi, alors que M. Jack Y..., seul héritier, n'était pas tenu de rapporter à la succession le bien donné, la cour d'appel a violé le texte susvisé ; [...]. »

• **Civ. 1re, 6 mars 2019,** no 18-13.236, P I, no 225

* V. ss no 422.42

« Vu l'article 847 du Code civil ;

Attendu que les dons et legs faits au fils de celui qui se trouve successible à l'époque de l'ouverture de la succession sont toujours réputés faits avec dispense du rapport et que le père, venant à la succession du donateur, n'est pas tenu de les rapporter ; [...]

Qu'en statuant ainsi, alors qu'elle avait constaté que les défunts avaient gratifié le fils et la fille de M. M. C., la cour d'appel a violé le texte susvisé. »

• **Civ. 1re, 4 juill. 2018,** no 17-22.269, P I, no 727

* V. ss no 422.41

« Attendu que le rapport des libéralités à la succession n'est dû que par les héritiers *ab intestat* ; [...]

Qu'en statuant ainsi, alors que seule Mme B. était héritière de Paul O. et pouvait à ce titre être tenue envers son cohéritier du rapport de la valeur de la prétendue donation déguisée de sorte que la mise en cause de son époux, fût-il commun en biens, n'était pas nécessaire, la cour d'appel a violé les textes susvisés. »

> Les dons manuels sont présumés rapportables

• **Civ. 1re, 22 nov. 2005,** no 03-17.512, P I, no 443

* V. ss no 422.71

« Attendu que sauf dispense expresse de rapport, les donations indirectes et les dons manuels sont présumés rapportables ; qu'ayant souverainement relevé l'intention libérale de Victorien X…, la cour d'appel a légalement justifié sa décision d'ordonner le rapport des donations indirectes ou dons manuels dont avaient bénéficié les consorts X… »

> Les donations de fruits sont en principe rapportables

• **Civ. 1re, 14 janv. 1997,** nº 94-16.813, P I, nº 22

* V. ss nº 422.71

« […] Vu l'article 843 du Code civil ;

Attendu que ce texte n'opère aucune distinction selon que le défunt a donné un bien ou seulement les fruits de celui-ci ;

Attendu que, pour décider que ne devait pas être rapporté à la succession de S… K…, au titre de libéralité, l'avantage dont avaient bénéficié certains héritiers, tiré de l'occupation gratuite d'immeubles pendant une période pouvant atteindre une quinzaine d'années avant le décès du père de famille, l'arrêt attaqué énonce que S… K… était libre de disposer à son gré de fruits qu'il avait la liberté de percevoir ou de ne pas percevoir ;

Attendu cependant qu'en statuant ainsi la cour d'appel, qui s'est fondée uniquement sur la circonstance inopérante que le défunt avait disposé de fruits en abandonnant gratuitement l'usage d'immeubles à certains de ses enfants, a violé le texte susvisé […]. »

> Les biens reçus par donation-partage ne sont pas soumis au rapport

• **Civ. 1re, 16 juill. 1997,** nº 95-13.316, P I, nº 252

* V. ss nº 422.81

« Les biens qui ont fait l'objet d'une donation-partage ne sont pas soumis au rapport qui n'est qu'une opération préliminaire au partage en ce qu'il tend à constituer la masse partageable. »

> Le donateur peut exclure le rapport en nature par une clause expresse de l'acte de donation

• **Civ. 1re, 12 janv. 2011,** nº 09-15.298, P I, nº 8

* V. ss nº 422.121

« Si en vertu de l'article 859 du Code civil, l'héritier bénéficiaire d'une libéralité en avancement d'hoirie a la faculté de rapporter en nature le bien donné libre de toute charge ou occupation jusqu'à la concrétisation du partage, c'est à la condition évidente que l'acte de donation n'impose pas au donataire acceptant sans réserve la libéralité un rapport en moins prenant en son principe et en ses modalités […]. »

> Le rapport est dû de la valeur vénale du bien donné au jour du partage

• **Civ. 1re, 4 oct. 2005,** nº 02-16.576, P I, nº 362

* V. ss nº 422.161

« […] Vu l'article 860 du Code civil ;

Attendu que le rapport est dû de la valeur du bien donné à l'époque du partage, d'après son état à l'époque de la donation ;

Attendu que […], l'arrêt attaqué a dit que la valeur de la ferme devait être fixée au jour le plus proche des opérations de partage, en appliquant à la valeur retenue en 1992 par l'expert judiciaire pour les bâtiments la variation de l'indice Insee du coût de la construction et à celle retenue pour les terres la variation du barème indicatif de la valeur vénale moyenne des terres agricoles labourables d'au moins un hectare libre ;

Qu'en statuant ainsi en retenant des éléments impropres à établir la valeur vénale des biens au jour du partage, laquelle était constituée par le prix qui pourrait en être obtenu par le jeu de l'offre et de la demande, dans un marché réel, compte tenu de l'état des biens avant la mutation et des clauses de l'acte le constatant, la cour d'appel a violé les clauses susvisées […]. »

> Prise en compte de l'état du bien au jour de la donation

• **Civ. 1re, 31 mai 2005,** nº 03-11.133, P I, nº 237

* V. ss nº 422.171

« […] Vu l'article 860 alinéa 1er du Code civil ;

Attendu, selon ce texte, que le rapport est dû de la valeur du bien donné à l'époque du partage, d'après son état à l'époque de la donation ; […]

Attendu, pour fixer à un certain montant, en vue de leur rapport, la valeur d'un terrain donné le 20 octobre 1971 à J.-C. E… et celle d'une maison donnée le 9 mai 1986 à M. E… par leurs parents, l'arrêt attaqué a pratiqué un abattement de 25 % sur la valeur actuelle du terrain pour tenir compte du fait que le donataire l'avait viabilisé depuis la date de la donation et a déduit de la valeur actuelle de la maison le montant de factures correspondant à des travaux d'amélioration réalisés par le donataire depuis la date de la donation ;

Qu'en se déterminant ainsi, sans rechercher la valeur des biens à l'époque du partage sur la base de leur état à la date de la donation, la cour d'appel a violé le texte susvisé par fausse application […]. »

> Donation indirecte et par société interposée et obligation au rapport

• **Civ. 1re, 24 janv. 2018,** nºs 17-13.017 et 17-13.400, P I, nº 10

* V. ss nº 422.72

« Et attendu qu'ayant relevé que le contrat par lequel Henri A… avait confié la location-gérance de son fonds de commerce à la société E., créée et gérée par M. A…, avait été résilié le 29 septembre 1991 et qu'Henri A… indiquait dans son codicille du 13 septembre 2004 n'avoir pas obtenu restitution du fonds, du matériel et des marchandises, et estimé que M. A… ne rapportait pas la preuve de la restitution du fonds, lequel avait été incorporé à celui exploité par la société E…, personne interposée à M. A…, c'est dans l'exercice de son pouvoir souverain que la cour d'appel en a déduit, sans inverser la charge de la preuve, que celui-ci était tenu de rapporter à la succession la donation indirecte dont il avait ainsi bénéficié de son père ; que le moyen ne peut être accueilli ; […]

Vu les articles 843 et 857 du Code civil ;

Attendu que, pour fixer à 75 000 euros la somme que M. A… doit rapporter à la succession au titre du fonds de commerce de son père, l'arrêt retient que cette somme correspond à la valeur du fonds de commerce donné en location-gérance à la société E… ;

Qu'en statuant ainsi, alors qu'en cas de donation faite par le défunt à l'héritier par interposition d'une société dont ce dernier est associé, le rapport est dû à la succession en proportion du capital qu'il détient, la cour d'appel a violé les textes susvisés […] ».

> Les intérêts de l'indemnité de rapport ne sont dus qu'à compter du jour où cette indemnité est déterminée

• **Civ. 1re, 27 janv. 1987,** n° 85-15.336, P I, n° 36

* V. ss n° 422.162

« Et attendu ensuite que, lorsque le rapport se fait en valeur sous forme d'une indemnité, celle-ci n'est productive d'intérêts qu'à compter du jour où elle est déterminée [...]. »

422.03 Bibliographie indicative.

Actualisables. Rép. civ., v° *Rapport des dons et legs*, par J. Boisson et D. Guével, févr. 2020 [actu. févr. 2022] – *J.-Cl. Civ. Code*, art. 843 à 857 et art. 858 à 863, par N. Peterka, juill. 2015 et janv. 2022 – *J.-Cl. Not. Form.*, *vis Rapport à succession, rapport des libéralités*, fasc. 40, par F. Collard, mai 2020 (actu. juin 2021) et fasc. 55, par M. Mathieu, mars 2017 ; *Renonciation à succession*, fasc. 20, nos 83 à 121, par N. Levillain avr. 2017 (actu. juin 2021).

Ouvrages. P. Catala, *La réforme des liquidations successorales*, 3e éd., Defrénois, 1982, nos 19 s. – A. Delfosse et J.-F. Peniguel, *La réforme des successions et des libéralités*, Litec, 2006, nos 236 s. – M. Grimaldi (dir.), Dalloz action *Droit patrimonial de la famille*, 2025/2026, nos 263.00 s., par C. Farge ; *Droit des successions*, 8e éd., « Manuels », LexisNexis, 2020, nos 724 s. – A.-M. Leroyer, *Droit des successions*, 4e éd., « Cours », Dalloz, 2020, nos 507 s. – P. Malaurie et C. Brenner, *Droit des successions et des libéralités*, 11e éd., « Droit civil », LGDJ, 2024, nos 666 s. – G. Morin, *La loi du 3 juillet 1971 sur les rapports à succession, la réduction des libéralités et les partages d'ascendants*, 5e éd., Defrénois, 1984, nos 2 s. – F. Terré, Y. Lequette et S. Gaudemet, *Droit civil. Les successions, les libéralités*, 5e éd., « Précis », Dalloz, 2024, nos 1077 s.

Articles. M. Grimaldi, « La représentation de l'héritier renonçant », *Defrénois* 2008. 25 – N. Levillain, « Nouvelles règles liquidatives en présence d'un héritier renonçant », *JCP N* 2007. 1187 ; « Le rapport de la succession reçue en lieu et place de l'indigne », *JCP N* 2006. 1099 et 1138 ; « Loi du 23 juin 2006, principales nouveautés relatives aux successions, aperçu rapide », *JCP N* 2006. Actu. 446 – B. Vareille, « Nouveau rapport, nouvelle réduction », *D.* 2006. 2565 – B. Vareille et A. Kroell, « La liquidation et le partage de la succession », *Defrénois* 2017. 49 – D. Vigneau, « Le rapport d'une donation à un renonçant », *JCP N* 2006. 1327.

422.04 Questions essentielles.

> Quels héritiers peuvent être dispensés de rapport ?

* V. ss n° 422.41

> Existe-t-il des libéralités non soumises au rapport ?

* V. ss n° 422.81

> Comment calculer l'indemnité de rapport ?

* V. ss nos 422.161 et 422.171

> Comment empêcher un héritier de se soustraire au rapport en renonçant à la succession ?

* V. ss n° 422.211

422.05 Introduction. Successions concernées. Les règles étudiées au chapitre précédent s'appliquent à tout partage. Le présent chapitre et celui qui suit, consacrés aux restitutions au titre du rapport et de la réduction, ne s'appliquent qu'aux successions affectées par des libéralités antérieures du défunt ou des dispositions à cause de mort, successions qui donnent lieu à liquidation.

Nous examinons ici les restitutions au titre du rapport des libéralités entre vifs ou à cause de mort.

422.06 Division. Après avoir examiné le champ d'application du rapport (sect. 1), nous étudierons ses modes d'exécution (sect. 2), puis nous envisagerons les nouveaux cas de rapport créés par la loi du 23 juin 2006[1] (sect. 3).

SECTION 1
CHAMP D'APPLICATION DU RAPPORT

422.10 Plan. Définition. Le rapport est une opération de partage, destinée à rétablir la masse partageable lorsque le défunt a consenti des libéralités en avancement de part successorale. Il faut rappeler le principe du rapport (§ 1), avant de préciser les débiteurs et les bénéficiaires du rapport (§ 2), puis les libéralités concernées (§ 3).

§ 1
Principe du rapport

422.21 Exigibilité du rapport. Tout héritier venant à une succession doit rapporter à ses cohéritiers tout ce qu'il a reçu du défunt par donation entre vifs, directement ou indirectement « *à moins que ces donations lui aient été faites expressément hors part successorale* » (C. civ., art. 843, al. 1er).

Il s'agit d'une obligation fondée sur la **volonté présumée du donateur de maintenir l'égalité entre ses héritiers.**

Pour les legs, le principe est inversé : **les legs faits à un héritier sont réputés faits hors part successorale,** à moins que le testateur n'ait exprimé la volonté contraire (C. civ., art. 843, al. 2). Les legs ne sont donc pas rapportables, sauf exception tenant à la volonté du disposant.

422.21-1 Exigibilité du rapport.

EXEMPLE

X décède en 2020, laissant deux enfants, A et B.

En 2018, il a fait donation à A d'une somme de 200 000 €, par don manuel, sans préciser si cette somme était donnée en avancement de part ou hors part successorale. Cette somme n'a pas été employée par A.

En 2019, pensant rétablir l'égalité, il a établi un testament par lequel il a légué à B une somme de 200 000 €, à titre de legs particulier, mais sans préciser non plus si cette somme était léguée en avancement de part ou hors part successorale.

1. L. n° 2006-728, 23 juin 2006, portant réforme des successions et des libéralités, *JO* 24 juin, p. 9513.

Au décès et au partage, les biens existants sont évalués à 400 000 €.

Liquidation de la succession de X :

A est tenu au rapport, s'agissant d'une donation ; B n'est pas tenu au rapport, ayant été gratifié par legs (C. civ., art. 843).

1. Calcul de la quotité disponible :

La masse de calcul de la quotité disponible (biens existants et donation de 2010 à A) s'élève à :

400 000 + 200 000 = 600 000 €

La quotité disponible, en présence de deux enfants, est d'un tiers de la masse, soit de 200 000 € (C. civ., art. 913).

La réserve globale est des deux tiers de la masse, soit 400 000 € et la réserve individuelle est de 200 000 €.

2. Imputation des libéralités :

La donation en avancement de part s'impute sur la réserve de A, qu'elle absorbe en totalité, laissant la quotité disponible intacte (C. civ., art. 919-1, al. 1er).

Le legs à B, présumé fait hors part successorale, s'impute sur la quotité disponible (C. civ., art. 919-2) et l'absorbe en totalité, sans qu'il y ait lieu à réduction.

3. Délivrance de legs :

Le legs fait à B peut lui être délivré sur les biens existants. Reste à partager sur les biens existants :

400 000 – 200 000 = 200 000 €

4. Partage :

Biens existants	200 000
Rapport de A	200 000
Total	400 000
Dont moitié pour chaque héritier	1/2
Est de	200 000

5. Attributions :

A recevra en moins prenant son rapport, d'une valeur de 200 000 €.

B se verra attribuer le solde des biens existants d'une valeur de 200 000 €.

Au total, alors que X voulait rétablir l'égalité, A aura reçu 200 000 € et B :

(200 000 + 200 000) = 400 000 €

§ 2
Débiteurs et bénéficiaires du rapport

A.
Le débiteur du rapport

1°
Héritiers tenus au rapport

422.31 Conditions de l'obligation au rapport.

• **Pluralité d'héritiers.** Le rapport, visant à rétablir l'égalité entre les héritiers, s'impose à « *tout héritier* » venant à la succession du disposant, à condition qu'il y ait une pluralité d'héritiers, le rapport n'étant dû par un héritier qu'à son cohéritier (C. civ., art. 857) : la Cour de cassation a ainsi cassé un arrêt d'appel qui ordonnait à un fils unique de rapporter une donation à la succession de sa mère, à la demande de la petite-fille de la défunte, légataire de la quotité disponible[1].

• **Ordres d'héritiers.** Cette disposition s'applique en premier lieu aux **descendants**, entre lesquels s'impose évidemment l'exigence d'égalité.

Mais les héritiers **ascendants** sont également tenus au rapport. Peu importe qu'ils ne soient pas réservataires (pour un exemple, v. ss nº 132.83-1). Dans ce cas particulier, il semble que le conjoint puisse bénéficier du rapport.

Il en est de même des **collatéraux gratifiés en avancement de part** par le défunt, lorsqu'ils viennent à la succession.

• **Option.** L'héritier qui a accepté à concurrence de l'actif net est également tenu au rapport (C. civ., art. 843, al. 1er).

• **Représentation.** Enfin l'héritier qui vient à la succession par représentation doit rapporter ce qui avait été donné au représenté, même dans le cas où il aurait renoncé à la succession de ce représenté (C. civ., art. 848, *in fine*).

Les auteurs s'accordent à limiter la portée de ce texte au cas où le représenté est prédécédé : en effet, à l'origine, c'est la seule hypothèse que visait l'article 848 du Code civil : or ce texte n'a pas été modifié par la loi du 23 juin 2006, qui a étendu la représentation au cas de l'héritier renonçant (v. ss nº 122.103)[2]. (Sur le cas particulier du rapport du représentant de l'héritier renonçant à la succession de ce dernier, v. ss nº 422.231).

2°
Héritiers dispensés du rapport

422.41 Cas de dispense de rapport. Outre le cas de l'héritier unique, qui n'a pas de cohéritier (v. ss nº 422.31), et outre le cas des libéralités que leur nature exclut du rapport (v. ss nº 422.81), les cas de dispense de rapport sont les suivants :

• **Renonciation. L'héritier renonçant** est en principe dispensé du rapport, sauf si le disposant lui a imposé ce rapport dans l'acte de donation, pour les

1. Civ. 1re, 1er juill. 2003, nº 00-19.710, P I, nº 155 ; *D.* 2004. 2239, obs. B. Vareille ; *JCP* 2004. I. 155, nº 6, obs. R. Le Guidec – Rép. civ., vº *Rapport des dons et legs*, par J. Boisson et D. Guével, févr. 2022, nº 27.
2. M. Grimaldi, « La représentation de l'héritier renonçant », *Defrénois* 2008. 25, spéc. nº 12 – N. Levillain, « Nouvelles règles liquidatives en présence d'un héritier renonçant », *JCP N* 2007. 1187, nº 44.

donations postérieures au 1er janvier 2007 (C. civ., art. 845 - V. ss no 422.221) [1].

• **Donataire qui n'était pas héritier présomptif lors de la donation.** Le donataire qui n'était pas héritier présomptif lors de la donation et qui se trouve successible à l'ouverture de la succession ne doit pas le rapport, à moins que le donateur ne l'ait expressément exigé, à l'inverse de ce que prévoyait l'ancien article 846 du Code civil (C. civ., art. 846) [2].

• **Successible non gratifié personnellement par le défunt.** Le Code civil donne trois exemples du principe qu'il n'y a pas de rapport pour autrui : ce sont les cas prévus par les articles 847, 848 et 849 du Code civil.

• **Conjoint du présomptif héritier.** Le conjoint d'un présomptif héritier, même commun en biens, est un tiers à la succession et ne peut donc être tenu au rapport [3].

422.42 Absence de rapport pour autrui : premier exemple. Les dons et legs faits au fils de celui qui se trouve successible à l'ouverture de la succession du disposant sont dispensés du rapport à la succession de ce disposant. Autrement dit, le donataire, héritier du successible, n'est pas présumé personne interposée (C. civ., art. 847) [4].

422.42-1 Donataire héritier du successible.

EXEMPLE

X décède en 2020, laissant deux enfants, A et B.

B a un fils, C.

En 2016, X a donné à C une somme de 100 000 € à titre de don manuel.

B ne doit pas le rapport de cette somme à la succession de X.

422.43 Absence de rapport pour autrui : deuxième exemple. De même, les dons faits au père de l'héritier qui vient de son chef (mais non par représentation) à la succession du donateur ne sont pas rapportables (C. civ., art. 848) [5].

1. Date d'entrée en vigueur de la loi du 23 juin 2006.
2. V. UN EXEMPLE : M. Grimaldi (dir.), Dalloz action *Droit patrimonial de la famille*, 2025/2026, no 263.34, par C. Farge.
3. Civ. 1re, 4 juill. 2018, no 17-22.269, P ; *D.* 2018. 2384, obs. S. Godechot-Patris et C. Grare-Didier ; *AJ fam.* 2018. 483, obs. N. Levillain ; *Dr. fam.* 2018, no 245, obs. A. Tani.
4. Civ. 1re, 10 oct. 1995, no 93-17.610, P I, no 359 ; *RTD civ.* 1996. 448, obs. J. Patarin (C. civ., art. 847) – CONFIRMATION : Civ. 1re, 8 mars 2017, no 16-10.384, P I, no 60 ; *D.* 2017. 646 ; *AJ fam.* 2017. 306, obs. N. Levillain – Civ. 1re, 6 mars 2019, no 18-13.236, P ; *D.* 2019. 2216, obs. S. Godechot-Patris et C. Grare-Didier ; *AJ fam.* 2019. 223, obs. N. Levillain ; *D. actu.* 22 mars 2019, obs. J. Boisson ; *Dr. fam.* 2019. 109, note M. Nicod.
5. Civ. 1re, 25 sept. 2013, no 12-17.556, P I, no 192 ; *AJ fam.* 2013. 652, note N. Levillain ; *D.* 2014. 1905, obs. V. Brémond ; *RTD civ.* 2013. 875, obs. M. Grimaldi.

422.43-1 Don fait au père de l'héritier qui vient de son chef.

EXEMPLE

X décède en 2020, laissant son conjoint et ses deux petits-enfants, B et C, issus de son fils A, prédécédé en 2013.

En 2016, X avait donné à A une somme de 100 000 € à titre de don manuel.

B et C venant de leur chef à la succession de A sont dispensés de rapporter le don manuel.

422.44 Absence de rapport pour autrui : troisième exemple. Enfin, les dons et legs faits au conjoint d'un époux successible sont réputés faits avec dispense de rapport : la loi précise que « *si les dons et legs sont faits conjointement à deux époux, dont l'un seulement est successible, celui-ci en rapporte la moitié ; si les dons sont faits à l'époux successible, il les rapporte en entier* » (C. civ., art. 849) [6].

• **Héritier non réservataire implicitement exhérédé.**

Lorsqu'un héritier non réservataire a été gratifié par le défunt d'une libéralité rapportable, il en doit en principe le rapport à ses cohéritiers. Cependant, si le disposant l'a explicitement exhérédé, il ne vient pas à la succession et ne doit donc pas le rapport.

Si l'exhérédation est implicite, parce qu'elle résulte de l'institution d'un légataire universel, la solution est discutée un auteur étant partisan de distinguer selon la volonté présumée de l'auteur du testament [7].

Dans ce cas, en pratique, le gratifié renoncera à la succession et ne devra donc pas le rapport, sauf si le disposant l'a exigé en application de l'article 845 du Code civil, dans une donation postérieure au 1er janvier 2007.

422.44-1 Héritier non réservataire implicitement exhérédé.

EXEMPLE

X décède en 2020, laissant pour héritiers ses parents, A et B, et son frère, C.

En 2016, il a fait une donation rapportable à son frère, C, d'un bien immobilier, sans clause de rapport à la succession en cas de renonciation.

En 2017, il a institué par testament sa compagne et partenaire de PACS, Z, légataire universelle.

Question :

C. doit-il le rapport à ses cohéritiers, A et B, alors que tous trois sont exhérédés par le legs universel en faveur de Z ?

6. Civ. 1re, 10 oct. 1995, no 93-17.610, P I, no 359 ; *RTD civ.* 1996. 448, obs. J. Patarin (C. civ., art. 849, al. 2).
7. Pour la DISPENSE DE RAPPORT : F. Terré, Y. Lequette et S. Gaudemet, *Droit civil. Les successions, les libéralités*, 5e éd., Dalloz, 2024, no 1080, p. 1007, note 4 – Pour la DISTINCTION D'APRÈS LA VOLONTÉ DU TESTATEUR : M. Grimaldi, *Droit des successions*, 8e éd., « Manuels », LexisNexis, 2020, no 731, 3o et note 31 (nuancés par deux objections).

Solution pratique :

En l'absence de réponse certaine à la question, C doit renoncer à la succession de X pour être dispensé de rapport.

B. Le bénéficiaire du rapport

1° Personnes auxquelles est dû le rapport

422.51 Collectivité des héritiers. À la succession du donateur, moment où se fait le rapport (C. civ., art. 850), seule la collectivité des héritiers est concernée : « *Le rapport n'est dû que par le cohéritier au cohéritier* » (C. civ., art. 857) [1].

C'est ce qui explique que, dans le schéma liquidatif (v. s[s] n° 431.21-1), le rapport est ajouté à la masse à partager après déduction du passif et des legs.

422.52 Lien avec le partage de la succession. Pour être recevable à demander le rapport d'une libéralité, l'héritier doit saisir le juge d'une demande en liquidation et partage de la succession. En effet, le rapport étant une opération de partage, l'héritier ne peut faire une demande de rapport indépendamment de l'action en partage [2]. « *L'action en rapport n'a de sens que dans le cadre d'une action en partage, puisque le rapport a précisément comme fonction de reconstituer la masse à partager. Demander à rapporter une libéralité sans demander le partage serait donc totalement illogique* » [3].

D'ailleurs le rapport est évalué d'après la valeur du bien au partage, ce qui suppose qu'il ne peut y avoir de rapport sans lien avec un partage en gestation.

Inversement, lorsque le partage est régularisé, la demande de rapport d'une libéralité n'est plus recevable. La Cour de cassation a rappelé qu'une telle action ne peut être engagée lorsque les parties ne sont plus en indivision. Seule peut alors être efficace une action dirigée contre le partage, en nullité, en complément de part, ou en partage complémentaire (v. s[s] n° 43.06) [4].

422.53 Imprescriptibilité. La demande de rapport n'est pas prescrite tant que le partage n'est pas clôturé. Dans une espèce où le rapport de donations était demandé plus de trente ans après le décès des parents donateurs, la Cour de cassation a estimé que le rapport ne pouvait se prescrire avant la clôture des opérations de partage [5].

422.54 Cohéritiers d'un héritier en liquidation judiciaire. Les héritiers auquel le rapport est dû par un cohéritier en liquidation judiciaire ne sont pas tenus de déclarer une créance, au titre du rapport, au passif de la liquidation judiciaire. Le rapport ne constitue une créance au profit des cohéritiers du débiteur soumis à une procédure collective qu'au moment du partage [6].

2° Personnes n'ayant pas droit au rapport [7]

422.61 Exclusion des créanciers et légataires. Le rapport « *n'est pas dû aux légataires ni aux créanciers de la succession* » (C. civ., art. 857, *in fine*). Une fois les créanciers réglés et les legs délivrés, dans cet ordre, les restitutions au titre du rapport sont ajoutées à la masse et partagées entre les seuls cohéritiers.

Cependant, **l'exclusion des créanciers de la succession n'est pas totale** : d'abord, ils pourraient remettre en cause les donations par **l'action paulienne** (C. civ., art. 1341-2) ; ensuite, lorsque les héritiers ont accepté la succession, ils sont tenus d'une **obligation indéfinie aux dettes de la succession** (v. s[s] n°s 142.05 et 142.22) ; les créanciers de la succession deviennent leurs créanciers personnels et ils peuvent à ce titre saisir les biens recueillis par l'héritier au titre du rapport.

422.62 Conjoint en présence de descendants du défunt. Lorsque le conjoint est en concours avec des descendants du défunt, il n'a pas droit au rapport effectué par ces descendants à la succession du donateur. En effet, alors que les donations rapportables consenties par le défunt sont comprises dans la masse de calcul des droits légaux du conjoint, elles sont ensuite déduites de la masse sur laquelle il peut exercer ses droits (C. civ., art. 758-5 – V. s[s] n°s 132.51 et 132.82) [8].

C'est pourquoi, dans le schéma liquidatif (v. s[s] n° 431.21-1), les droits du conjoint sont déduits après le passif et les legs et avant les restitutions au titre du rapport.

1. Civ. 1re, 1er juill. 2003, n° 00-19.710, P I, n° 155 ; *D.* 2004. 2239, obs. B. Vareille ; *JCP* 2004. I. 155, n° 6, obs. R. Le Guidec – Rép. civ., v° *Rapport des dons et legs*, par J. Boisson et D. Guével, févr. 2020 [actu. févr. 2022], n°s 27 à 33.
2. Civ. 1re, 4 janv. 2017, n° 15-26.827, P I, n° 10 ; *D.* 2017. 599, note I. Guyon-Renard ; *AJ fam.* 2017. 205, note J. Casey.
3. J. Casey, obs. préc. s[s] prés[t] n°.
4. Civ. 1re, 6 nov. 2019, n° 18-24.332, P ; *D.* 2019. 2135 ; *AJ fam.* 2019. 658, obs. J. Casey ; *Dr. fam.* 2020, n° 14, note M. Nicod.
5. Civ. 1re, 22 mars 2017, n° 16-16.894, P I, n° 72 ; *D.* 2017. 817 et 2119, obs. V. Brémond ; *AJ fam.* 2017. 309, note N. Levillain ; *RTD civ.* 2017. 461, obs. M. Grimaldi.
6. Com. 21 nov. 2018, n° 17-17.559, P ; *AJ fam.* 2019. 165, obs. J. Casey ; *Dr. fam.* 2019. 34, note M. Nicod.
7. V. EX. : M. Grimaldi (dir.), Dalloz action *Droit patrimonial de la famille*, 2025/2026, chap. 263, par C. Farge, spéc. n° 263.32.
8. V. P. Catala, *J.-Cl. Civ. Code*, 2007, art. 756 à 767, actu. par L. Leveneur, n° 80.

Réciproquement, le conjoint ne doit pas le rapport des libéralités qui lui ont été consenties par le défunt, mais il est soumis à un rapport spécial de toutes ses libéralités qui se fait par **imputation des libéralités reçues sur ses droits légaux.** Cette imputation permet de calculer ses droits légaux dans la masse à partager (C. civ., art. 758-6).

Le conjoint peut ainsi être rempli de ses droits légaux par les libéralités reçues. Le résultat a pu être rapproché de celui qui est atteint lorsque l'héritier est rempli de ses droits légaux au moyen de son rapport, mais la procédure de l'imputation des libéralités reçues par le conjoint sur ses droits légaux est tout à fait spécifique, ce qui reflète le statut du conjoint au sein du droit successoral[1] (sur cette procédure, v. s[s] n°s 132.111 s.).

§ 3
Libéralités donnant lieu au rapport

A.
Libéralités soumises au rapport

422.71 Portée générale de l'obligation au rapport. Toutes les libéralités sont visées par l'expression employée par la loi : « *tout ce qu'il a reçu du défunt, par donation entre vifs, directement ou indirectement* », ainsi que les legs stipulés rapportables (C. civ., art. 843).

Par application de ce texte, la jurisprudence a précisé que les **dons manuels** sont soumis au rapport[2].

Les **frais d'établissement** d'un des cohéritiers et les **sommes employées pour le paiement de ses dettes** sont soumis au rapport (C. civ., art. 851, al. 1er), de même que, désormais, les **donations de fruits et revenus** « *à moins que la libéralité n'ait été faite expressément hors part successorale* » (C. civ., art. 851, al. 2, issu de L. 23 juin 2006)[3].

422.72 Notion de libéralité. Le rapport ne peut porter que sur un acte constituant une libéralité. Le seul constat d'un avantage indirect est insuffisant. Le demandeur doit apporter la preuve à la fois d'une intention libérale et d'un appauvrissement du disposant, comme la Cour de cassation l'a précisé par trois arrêts rendus en matière de mise à disposition gratuite d'un logement[4] : « *Seule une libéralité, qui suppose un appauvrissement du disposant dans l'intention de gratifier son héritier, est rapportable à la succession* ».

En revanche, les donations indirectes ou faites par société interposée, ou cumulant ces deux caractères, sont rapportables à la succession du disposant, comme la Cour de cassation a eu l'occasion de le rappeler dans une espèce où coexistaient les deux types de donations[5].

B.
Libéralités dispensées du rapport

422.81 Exceptions. Certaines libéralités particulières échappent toutefois à l'obligation au rapport :

– les **donations-partages** ne sont pas rapportables : en effet, il n'y a pas lieu de rapporter ce qui a déjà été partagé[6] (v. s[s] n°s 33.07, 331.91 et 332.42). Il en va de même des donations incorporées à une donation-partage[7] ;

– sauf volonté contraire du disposant, « *les frais de nourriture, d'entretien, d'éducation, d'apprentissage, les frais ordinaires d'équipement, ceux de noces et les présents d'usage* » ne sont pas soumis au rapport (C. civ., art. 852, al. 1er). Le critère d'appréciation des présents d'usage est ainsi défini : « *le caractère de présent d'usage s'apprécie à la date où il est consenti et compte tenu de la fortune du disposant* » (C. civ., art. 852, al. 2). Selon la jurisprudence, la qualification de « présent d'usage » doit être justifiée par le rappel des événements et de l'usage ayant donné lieu à la libéralité (ainsi, cassation d'un arrêt d'appel qui n'avait pas précisé les circonstances permettant de qualifier les dons de « présents d'usage »[8]).

1. V. P. Catala, *J.-Cl. Civ. Code*, 2007, art. 756 à 767, actu. par L. Leveneur, n° 86 – B. Vareille, « Réflexions sur l'imputation en droit des successions », *RTD civ.* 2009. 1, spéc. n° 21.
2. Civ. 1re, 22 nov. 2005, n° 03-17.512, P I, n° 443 ; *JCP* 2005. IV. 3717 – Rép. civ., v° *Rapport des dons et legs*, par J. Boisson et D. Guével, févr. 2020 [actu. févr. 2022], n° 34.
3. CONFIRMATION : Civ. 1re, 14 janv. 1997, n° 94-16.813, P I, n° 22 ; *D.* 1997. 607, note V. Barabé-Bouchard ; *D.* 1999. Chron. 155, obs. I. Najjar ; *JCP N* 1998. 356, note D. Barthe ; *Defrénois* 1997. 1136, note P. Malaurie ; *RTD civ.* 1997. 480, obs. J. Patarin ; *RTD civ.* 1998. 414, obs. F. Zénati.
4. Civ. 1re, 18 janv. 2012, n° 11-12.863, P I, n° 8 ; *D.* 2012. 2476, obs. V. Brémond, M. Nicod et J. Revel ; *AJ fam.* 2012. 235, obs. E. Buat-Ménard ; *RTD civ.* 2012. 307, obs. J. Hauser, et 353, obs. M. Grimaldi – Civ. 1re, 18 janv. 2012, n° 09-72.542, P I, n° 8 – V. ÉGAL. sur la nécessité d'établir une intention libérale : Civ. 1re, 18 janv. 2012, n° 10-27.325, P I, n° 9 – Civ. 1re, 18 janv. 2012, n° 10-25.685, P I, n° 7 ; *D.* 2012. 2476, obs. V. Brémond, M. Nicod et J. Revel ; *AJ fam.* 2012. 156, obs. Régis – CONFIRMATION : Civ. 1re, 22 févr. 2017, n° 16-14.720, NP ; *AJ fam.* 2017. 257, obs. N. Levillain.
5. Civ. 1re, 24 janv. 2018, n°s 17-13.017 et 17-13.400, P I, n° 10 (*cassation*).
6. Civ. 1re, 16 juill. 1997, n° 95-13.316, P I, n° 252 ; *D.* 1997. 370, obs. M. Grimaldi ; *JCP* 1997. IV. 2026 ; *JCP N* 1997. II. 1509.
7. Civ. 1re, 4 juill. 2018, n° 16-15.915, P ; *D.* 2018. 1491 ; *AJ fam.* 2018. 556, obs. N. Levillain ; *Gaz. Pal.* 2018. 2468, obs. Valory ; *Dr. fam.* 2018, n° 264, note A. Tani.
8. Civ. 1re, 25 sept. 2013, n° 12-17.556, P I, n° 192 ; *D.* 2013. 2273 ; *AJ fam.* 2013. 652, obs. N. Levillain ; *RTD civ.* 2013. 875, note M. Grimaldi ; *JCP N* 2013. 1279, obs. M. Nicod.

SECTION 2
MODES D'EXÉCUTION DU RAPPORT

422.91 **Rapport en nature et en valeur.** Dans les successions donnant lieu à liquidation, la masse partageable peut comprendre, en plus des biens existants, des biens qui n'appartenaient plus au défunt au jour de son décès, à la suite d'une donation entre vifs ou d'une disposition de dernière volonté, consenties sans dispense de rapport.

Ces biens peuvent se trouver réunis aux biens existants, par le rapport en nature (§ 1).

Cependant, l'égalité dans le partage étant une **égalité en valeur** (C. civ., art. 826), les restitutions en nature sont l'exception ; les restitutions se font en principe en valeur, pour le montant déterminé par la liquidation, montant fixé par référence à la valeur du bien s'il était rapporté en nature.

Le rapport en valeur est l'une des « *valeurs* » qui augmentent la masse partageable (C. civ., art. 825, al. 3) (§ 2).

§ 1
Rapport en nature

422.100 **Plan.** Nous étudierons d'abord les hypothèses ou le rapport peut être effectué en nature (A) et le traitement du rapport en nature dans le partage (B). Ces observations ne concernent que les **donations**, car un legs qui serait rapportable en nature serait caduc par définition.

A.
Cas de rapport en nature

422.110 **Plan.** Le rapport en nature, à l'origine le principe pour les donations immobilières, au fil des réformes est devenu l'exception[1]. En effet, le retour du bien donné dans le patrimoine du défunt présente des inconvénients pour la sécurité juridique.

Ce mode de rapport survit cependant dans deux cas :

– lorsque le rapport en nature est imposé par le donateur (1°) ;

– lorsque le gratifié demande à rapporter la libéralité en nature (2°).

1°
Rapport en nature imposé par le donateur

422.121 **Volonté du donateur.** Le rapport « *ne peut être exigé en nature, sauf stipulation contraire de l'acte de donation* » (C. civ., art. 858, al. 2). Le donateur peut donc toujours imposer un rapport en nature par une **stipulation de l'acte de donation**.

Inversement, le donateur peut exclure le rapport en nature par une clause de l'acte de donation. Mais à défaut de clause l'interdisant, le gratifié peut rapporter le bien donné en nature, même si l'acte reproduit les dispositions relatives au rapport en valeur. La Cour de cassation a estimé, en effet, que cette reproduction est une clause de style[2].

2°
Rapport en nature à la demande du donataire

422.131 **Volonté du donataire.** Lorsque le donateur n'a pas exclu le rapport en nature, « *l'héritier a aussi la faculté de rapporter en nature le bien donné qui lui appartient encore, à condition que ce bien soit libre de toute charge ou occupation dont il n'aurait pas déjà été grevé à l'époque de la donation* » (C. civ., art. 859).

Cette règle, posée par la loi du 3 juillet 1971[3], préserve les intérêts de l'héritier, dans le cas où la restitution en valeur est impossible ou non souhaitée par lui[4].

B.
Traitement du rapport en nature dans le partage

422.141 **Modalités.** Par le rapport en nature, **la donation est résolue rétroactivement** et le bien retourne dans le patrimoine du donateur. Il se trouve donc en indivision entre les héritiers. Il est incorporé dans la masse partageable, où il est inclus après la déduction du passif, les délivrances de legs et la déduction des droits du conjoint, les créanciers, les légataires et le conjoint n'ayant pas droit au rapport (v. s[s] n° 431.21-1).

422.142 **Effets.** Ce retour se fait comme si le bien donné n'avait jamais quitté le patrimoine du disposant. Ainsi :

- les **aliénations et constitutions de droits réels** consenties par le donataire s'éteignent par l'effet du rapport, « *à moins que le donateur n'y ait consenti* » (C. civ., art. 858, al. 2) ;

- l'héritier ne peut demander le rapport en nature du bien donné qu'« *à condition que ce bien soit* ***libre de***

1. *J.-Cl. Not. Form.*, *v° Rapport à succession, Rapport des libéralités*, fasc. 22, n° 102 s., par N. Peterka – F. Terré, Y. Lequette et S. Gaudemet, *Droit civil. Les successions, les libéralités*, 5e éd., Dalloz, 2024, n° 1099.
2. Civ. 1re, 12 janv. 2011, n° 09-15.298, P I, n° 8 ; *AJ fam.* 2011. 164, obs. C. Vernières ; *Dr. fam.* 2011, n° 40, obs. B. Beignier ; *Defrénois* 2011. 773, obs. D. Autem.
3. L. n° 1971-523, 3 juill. 1971, sur les rapports à succession, la réduction des libéralités et les partages d'ascendants, *JO* 4 juill., p. 6515.
4. M. Grimaldi, *Droit des successions*, 8e éd., « Manuels », LexisNexis, 2020, nos 780 s. – *J.-Cl. Not. Form.*, *v° Rapport à succession, Rapport des libéralités*, fasc. 22, n° 135, par N. Peterka.

***toute charge ou occupation** dont il n'aurait pas déjà été grevé à l'époque de la donation* » (C. civ., art. 859) ;

– il doit être tenu compte au donataire des **améliorations apportées au bien** rapporté en nature, « *eu égard à ce dont leur valeur se trouve augmentée au temps du partage ou de l'aliénation* », ainsi que « *des dépenses nécessaires qu'il a faites pour la conservation du bien, encore qu'elles ne l'aient point amélioré* » (C. civ., art. 861) ;

– jusqu'au **remboursement effectif** des sommes qui lui sont dues pour ces améliorations et dépenses, le cohéritier qui fait le rapport en nature peut retenir la possession du bien donné (C. civ., art. 862) ;

– inversement, le donataire, en cas de rapport en nature, « *doit tenir compte des **dégradations et détériorations** qui ont diminué la valeur du bien donné par son fait ou par sa faute* » (C. civ., art. 863).

Des **comptes** doivent donc être établis entre le donataire et la succession, comptes distincts des comptes d'indivision étudiés plus loin (v. s[s] n° 424.81). Ces comptes permettent que le rapport soit effectué dans le respect des droits du donataire, par le remboursement des plus-values financées par ce dernier, et dans le respect des droits de ses cohéritiers, par les indemnités exigées du donataire lorsque le bien a subi des moins-values de son fait. Après compensation de ces indemnités, le solde devient une dette ou une créance du donataire vis-à-vis de l'indivision (v. s[s] n°s 424.31 s.).

Quant aux fruits et revenus produits par le bien sujet à rapport, ils sont dus à compter de l'ouverture de la succession (C. civ., art. 856), sous déduction des charges ; le solde est également inclus dans le compte d'indivision du cohéritier qui a perçu les fruits et supporté les charges (C. civ., art. 815-10, al. 2 et 4, et art. 815-12).

422.142-1 Rapport en nature.

EXEMPLE

M. X décède en 2020, laissant deux enfants, A et B.

En 2016, il a donné à A un immeuble, d'une valeur de 200 000 €, avec une clause stipulant le rapport en nature de la donation.

Par testament, il a légué 100 000 € à une association.

Au décès et au partage, l'immeuble donné vaut 250 000 €, les biens existants s'élèvent à 900 000 €, et le passif à 200 000 €.

L'immeuble ne vaudrait que 200 000 € si le donataire n'y avait pas fait à ses frais des travaux d'aménagement et de surélévation.

I. Observation préalable :

Il y a lieu de restituer au donataire la plus-value provenant des améliorations qu'il a effectuées.

Cette plus-value s'élève à :

250 000 – 200 000 = 50 000 €

Le donataire a une créance de ce montant sur l'indivision, créance qui vient au passif de la masse à partager.

II. Liquidation de la succession :

1. Calcul de la quotité disponible :

Biens existants	900 000
À déduire :	
passif	– 200 000
Reste : différence	700 000
Réunion fictive :	
l'immeuble donné	200 000
Total de la masse de calcul	900 000
Quotité disponible en présence de deux enfants : un tiers, soit	300 000
Réserve globale	2/3 soit 600 000
Réserve individuelle	1/3 soit 300 000

2. Imputation des libéralités :

La donation à A (250 000 €) s'impute sur la réserve de celui-ci, qu'elle n'excède pas, laissant intact le disponible pour l'exécution du legs.

Le legs de 100 000 € s'impute sur la quotité disponible (300 000 €) sans l'excéder.

3. Masse à partager :

Biens existants		900 000
À déduire :		
le passif	200 000	
Créance de A	50 000	
Le legs	100 000	
Total à déduire	350 000	
Reste (différence)		550 000
À ajouter : l'immeuble rapporté en nature, d'une valeur de		250 000
Actif net		550 000 + 250 000 = 800 000

4. Droits des parties :

Sur les biens existants et l'immeuble, A et B ont chacun des droits indivis de moitié, pour une valeur de :

800 000/2 = 400 000 €

A a de plus une créance de 50 000 € pour les améliorations apportées au bien rapporté.

Droits de A : 450 000 €

Droits de B : 400 000 €

5. Proposition d'attributions :

A :

L'immeuble objet du rapport en nature	250 000
Une somme à prendre sur les biens existants	200 000
Total égal au montant de ses droits	450 000

B :

Le solde des biens existants, s'élevant à		700 000
À charge d'acquitter le passif de	200 000	
Et de délivrer le legs de	100 000	
Total venant en déduction	300 000	
Reste		400 000

6. Vérification :

Total des droits des parties, du passif à acquitter et du legs :

450 000 + 400 000 + 200 000 + 100 000 = 1 150 000 €

Montant égal à la valeur des biens existants et de l'immeuble rapporté en nature :

900 000 + 250 000 = 1 150 000 €.

§ 2
Rapport en valeur

422.150 **Plan. Principes.** Le rapport en nature est une survivance : cependant c'est à partir de ce modèle qu'a été conçu le rapport en valeur : au lieu d'intégrer dans la masse partageable le bien qui a été donné, on restitue à cette masse une **indemnité représentative de ce bien, l'indemnité de rapport.** Cette indemnité, substituée au bien, doit être économiquement équivalente à ce bien.

C'est pourquoi elle est calculée en principe en fonction de deux éléments : la valeur du bien au jour du partage (A) et l'état du bien au jour de la donation (B). L'acte de donation peut contenir de stipulations dérogeant à ces principes (C). Enfin, on examinera les modalités de paiement du rapport (D).

A.
Valeur du bien au jour du partage

422.161 **Montant de l'indemnité de rapport.** La valeur à retenir pour le rapport est ainsi fixée : « *Le rapport est dû de la valeur du bien donné à l'époque du partage, d'après son état à l'époque de la donation* » [...] « *le tout sauf stipulation contraire dans l'acte de donation* » (C. civ., art. 860, al. 1er et al. 3). C'est donc pour la **valeur du bien donné au jour du partage** que le rapport figure dans la masse partageable, en l'absence de stipulation contraire.

La prise en compte de la valeur du bien à l'époque du partage correspond à la **date d'estimation des biens en vue de la constitution de la masse partageable** (C. civ., art. 829 – V. ss n° 421.101).

La jurisprudence a précisé que l'application de l'indice Insee du coût de la construction et celle du barème indicatif de la valeur vénale moyenne des terres agricoles labourables étaient des « *éléments impropres à établir la valeur vénale des biens au jour du partage* », « *laquelle était constituée par le prix qui pourrait en être obtenu par le jeu de l'offre et de la demande, dans un marché réel* [...] »[1].

422.162 **Intérêts.** À l'indemnité de rapport s'ajoutent les intérêts.

En principe, les fruits des biens sujets à rapport sont dus à compter du jour de l'ouverture de la succession (C. civ., art. 856, al. 1er). Cependant, en ce qui concerne l'indemnité de rapport, la jurisprudence a fixé le **point de départ du versement des intérêts** au **jour où l'indemnité a été déterminée,** c'est-à-dire au **jour du partage**[2]. La réforme du 23 juin 2006 a confirmé cette jurisprudence (C. civ., art. 856, al. 2).

En cas d'aliénation du bien donné, les intérêts courent à compter du jour du décès si le bien a été aliéné avant et à compter du jour de l'aliénation ; si le bien a été aliéné entre le décès et le partage, par application des règles relatives aux intérêts des dettes de valeur, définies par la jurisprudence à propos d'une créance entre époux[3].

B.
État du bien au jour de la donation

422.171 **Prise en compte de l'état du bien.** On a vu que, lorsque le bien est rapporté en nature, le donataire est indemnisé des améliorations et dépenses nécessaires qu'il a effectuées, sous déduction des dégradations et détériorations survenues par sa faute (v. ss n° 422.142).

De même, pour le rapport en valeur, l'état du bien est apprécié au **jour de la donation,** avec des correctifs selon l'origine de la **variation de la valeur du bien entre la donation et le partage** (C. civ., art. 860, al. 1er)[4].

L'indemnité de rapport doit être équivalente économiquement à la valeur du bien lui-même au partage, diminuée si le bien a fait l'objet d'améliorations par le donataire, étant fixée par équivalence avec la valeur du bien s'il n'avait pas été amélioré.

Si au contraire le bien a été dégradé par la faute du donataire, la valeur au jour du partage sera augmen-

1. Civ. 1re, 4 oct. 2005, n° 02-16.576, P I, n° 362 ; *AJ fam.* 2005. 454, obs. F. Bicheron ; *RTD civ.* 2005. 811, obs. M. Grimaldi.
2. Civ. 1re, 27 janv. 1987, n° 85-15.336, P I, n° 36 ; *GAJC*, 14e éd., Dalloz, 2024, n° 133 ; *D.* 1987. 253, note G. Morin ; *RTD civ.* 578, obs. J. Patarin.
3. Civ. 1re, 23 sept. 2015, n° 14-15.428, P I, n° 251 ; *D.* 2015. 1952 ; *AJ fam.* 2015. 621, note P. Hilt ; *RTD civ.* 2015. 923, note M. Grimaldi, et 928, note B. Vareille.
4. POUR UN EXEMPLE, v. Civ. 1re, 29 mai 2013, n° 12-11.821, P I, n° 118 ; *AJ fam.* 2013. 447, obs. N. Levillain – V. *J.-Cl. Civ. Code*, art. 858 à 863, fasc. unique, *vis Successions. Rapport des libéralités. Régime*, nos 33 s., par N. Peterka.

tée et portée à la valeur qu'aurait eue le bien sans les dégradations.

Ainsi, le fait de pratiquer un abattement forfaitaire sur la valeur d'un terrain pour tenir compte des travaux de viabilisation effectués par le donataire ne répond pas aux exigences légales, selon la jurisprudence : le donataire du terrain est redevable d'une indemnité égale à la valeur qu'aurait eue le terrain au jour du partage s'il n'avait pas été viabilisé ; de même, la déduction des factures de travaux d'embellissement d'une maison ne satisfait pas aux exigences de la prise en compte de l'état du bien : il faut évaluer l'indemnité due par le donataire à la valeur qu'aurait eue la maison si elle n'avait pas été embellie [1].

422.172 Biens aliénés et biens subrogés aux biens aliénés. En cas d'aliénation du bien avant le partage, on tient compte de la **valeur** qu'il avait **à l'époque de l'aliénation**, toujours dans **l'état au jour de la donation**.

Cependant, « *si un nouveau bien a été subrogé au bien aliéné, on tient compte de la valeur de ce nouveau bien à l'époque du partage, d'après son état à l'époque de l'acquisition* ».

Pour les **biens subrogés** dont la **dépréciation** est **inéluctable** en raison de leur nature, cette subrogation n'est pas prise en compte et le **rapport** est de la **valeur du bien primitivement donné** (C. civ., art. 860, al. 2). Cette disposition a pour but d'empêcher le donataire de se soustraire au rapport en vendant le bien donné pour en acquérir un autre qui ne vaudra plus rien au jour du partage.

422.172-1 Biens aliénés et biens subrogés aux biens aliénés.

EXEMPLE

M. X décède en 2020, laissant trois enfants, A, B et C.

En 2008, il a donné à A un immeuble, d'une valeur de 100 000 €. En 2011, A a vendu cet immeuble pour 150 000 € – hausse due à la hausse du marché immobilier – et n'a pas remployé le prix.

En 2009, il a donné à B un tableau de maître ancien, d'une valeur de 100 000 € également. En 2012, B a vendu ce tableau pour 100 000 € et il a acheté, pour le même montant, un tableau moderne qui vaut 200 000 € au jour du partage.

En 2010, il a donné à C un portefeuille de valeurs mobilières valant 100 000 €. En 2013, C a liquidé le portefeuille qui valait alors 90 000 €, et il a utilisé le prix pour acheter une automobile pour le même montant. Au jour du partage, l'automobile ne vaut plus que 10 000 €.

Évaluation des rapports

1° Rapport de A

Le bien donné ayant été aliéné, on tient compte pour le rapport de la valeur qu'il avait à l'époque de l'aliénation, soit 150 000 €.

2° Rapport de B

Le bien donné a été aliéné et un nouveau bien lui a été subrogé. On tient compte de la valeur du nouveau bien à l'époque du partage et le rapport s'élève donc à 200 000 €.

3° Rapport de C

Le bien donné a été aliéné et un nouveau bien lui a été subrogé. La dépréciation de ce nouveau bien était inéluctable en raison de sa nature : il n'est donc pas tenu compte de la subrogation et on retient pour le rapport, comme dans le premier cas, la valeur du bien donné à l'époque de l'aliénation, soit 90 000 €.

422.173 Donation de somme d'argent. Le rapport d'une somme d'argent est égal à son montant (v. exemple n° 422.21-1), sauf si la somme donnée a servi à acquérir un bien : dans ce cas, le rapport est dû de la valeur de ce bien, selon les règles de l'article 860 du Code civil.

La jurisprudence considère que le financement de constructions sur un terrain appartenant au donataire, au moyen d'une somme d'argent donnée à celui-ci, ne constitue pas une acquisition. Le rapport reste alors du nominal de la somme donnée et non de la valeur des constructions [2].

C.
Stipulations contraires

422.181 Clauses dérogatoires – Renvoi. Les règles d'évaluation du rapport, fixées par l'article 860, ne s'appliquent qu'à défaut de stipulation contraire dans l'acte de donation.

L'article 860 alinéa 4 du Code civil, autorise les parties à déroger aux règles du rapport en stipulant que le rapport sera dû d'une valeur différente de celle du bien donné à l'époque du partage, d'après son état au jour de la donation.

(Sur ces clauses dérogatoires, v. s[s] n° 322.75 – et pour la liquidation, v. exemples n°s 322.75-1 et 322.75-2).

D.
Paiement

422.191 Rapport en moins prenant. Le paiement de l'indemnité de rapport aurait pu faire l'objet d'un prélèvement avant partage par les cohéritiers créanciers du rapport.

1. Civ. 1re, 31 mai 2005, n° 03-11.133, P I, n° 237 ; *AJ fam.* 2005. 327, obs. F. Bicheron ; *RJPF* 2005-9/36, note J. Casey ; *RTD civ.* 2005. 813, obs. M. Grimaldi – Civ. 1re, 14 janv. 2015, n° 13-24.921, P I, n° 3 ; *AJ fam.* 2015. 111, obs. C. Vernières ; *Dr. fam.* 2015, n° 54, obs. M. Nicod.

2. Civ. 1re, 21 mai 1997, n° 95-19.121, P I, n° 167 ; *JCP* 1998. I. 133, n° 9, note R. Le Guidec ; *Defrénois* 1997. 1140, note P. Malaurie – CONFIRMATION : Civ. 1re, 14 mai 2014, n° 12-25.735, P I, n° 94 ; *AJ fam.* 2014. 384, obs. N. Levillain.

Toutefois, les praticiens préféraient faire effectuer ce paiement par le débiteur du rapport selon une autre technique, employée également pour le paiement des dettes des copartageants (v. s^s^ n° 424.51).

L'indemnité de rapport est attribuée à l'héritier comme un élément de la masse partageable, ce qui diminue les droits de cet héritier sur les autres biens (v. s^s^ n° 431.101). C'est ce qui constitue le « *rapport en moins prenant* » (C. civ., art. 843, al. 2, pour les legs - C. civ., art. 858, al. 1er, pour les donations).

422.192 **Exception.** Le rapport du renonçant, lorsqu'il est stipulé par l'acte de donation (C. civ., art. 845 - V. s^s^ n° 422.211), est effectué par le versement d'une indemnité par le renonçant aux autres héritiers, indemnité qui est incluse dans la masse partageable (C. civ., art. 858, al. 1er - V. s^s^ n°s 322.112 s.).

SECTION 3
RAPPORTS SPÉCIAUX

422.200 **Plan. Nouveaux cas de rapport.** La loi du 23 juin 2006 a institué de nouveaux cas de rapport en valeur. Certains de ces cas de rapport s'appliquent à la succession du donateur (§ 1) :

– le rapport exigé du donataire en cas de renonciation (C. civ., art. 845) (A) ;

– le rapport du renonçant en cas de représentation (B).

Dans les autres cas, le rapport se fait à la succession de l'héritier du donateur (§ 2) :

– le rapport à la succession du renonçant ou de l'indigne des biens reçus du donateur en leur lieu et place par représentation (C. civ., art. 754 et 755) (A) ;

– le rapport des biens reçus de l'ascendant par donation-partage transgénérationnelle à la succession de l'enfant de la génération intermédiaire (C. civ., art. 1078-9) (B).

§ 1
Rapports à la succession du donateur

A.
Rapport exigé du donataire en cas de renonciation

422.211 **Principe.** L'article 845 du Code civil prévoit que, lorsqu'il renonce à la succession, l'héritier gratifié en avancement de part successorale est dispensé de rapporter la libéralité qui lui a été consentie, jusqu'à concurrence de la quotité disponible (v. s^s^ n° 322.101 et exemple chiffré s^s^ n° 322.101-1).

Cette disposition a été critiquée, car elle permet au renonçant de conserver la libéralité, du moins dans la mesure de la quotité disponible, sans avoir à tenir compte des prévisions du disposant ou du préjudice causé aux autres héritiers.

De ce fait, la loi du 23 juin 2006 a prévu la possibilité, pour le disposant, d'exiger expressément le rapport en cas de renonciation (C. civ., art. 845, al. 1er, *in fine*)[1].

422.212 **Montant du rapport.** Contrairement à la règle de l'article 860 du Code civil, ce rapport n'est pas fixé à la valeur du bien au partage, car il n'est pas destiné à remplacer le bien par son équivalent en valeur. Ce rapport a une **finalité spécifique** : il est censé **dédommager les cohéritiers des conséquences de la renonciation du donataire**. Il ne porte donc que sur l'avantage apporté au renonçant par la renonciation : « *Lorsque la valeur rapportée excède les droits qu'il aurait dû avoir dans le partage s'il y avait participé, l'héritier renonçant indemnise les héritiers acceptants à concurrence de cet excédent* » (C. civ., art. 845, al. 2).

422.213 **Forme du rapport.** Ce « *rapport* » se fait en principe **en valeur** (C. civ., art. 845, al. 2) : il semble toutefois qu'il ne soit pas possible d'exclure le rapport en nature, si le donateur l'exige ou si l'héritier le demande, en vertu des textes applicables au rapport en nature (C. civ., art. 858 et 859 - V. s^s^ n°s 422.121 et 422.131)[2].

422.214 **Aspects liquidatifs - Renvoi.** Pour une étude de ce cas particulier de rapport, et de ses aspects liquidatifs, v. s^s^ n°s 322.111 à 322.112-2[3].

B.
Rapport du renonçant en cas de représentation

422.221 **Principe.** Lorsqu'un héritier renonçant a reçu des libéralités rapportables et qu'il est représenté, il faut distinguer selon qu'il est - ou non - astreint au rapport en vertu de l'article 845 du Code civil.

S'il n'est pas tenu au rapport, et sauf volonté contraire du disposant, des règles spéciales s'appliquent à l'imputation de la libéralité : « *En cas de représentation d'un renonçant, les donations faites à ce dernier s'imputent, le cas échéant, sur la part de réserve qui aurait dû lui revenir s'il n'avait pas renoncé* », sauf volonté contraire du disposant (C. civ., art. 754, al. 3).

On est donc conduit à effectuer une **liquidation fictive**, jusqu'au partage contenant le rapport des donations (v. s^s^ n° 322.123).

1. V. D. Vigneau, « Le rapport d'une donation à un renonçant », *JCP N* 2006. 1327.
2. V. *J.-Cl. Not. Form., v° Rapport à succession, Rapport des libéralités, Régime*, fasc. 22, n°s 111 et 136, par N. Peterka.
3. V. N. Levillain, « Famille recomposée, liquidation en présence d'un héritier gratifié qui renonce », *JCP N* 2010. 1229.

Si le renonçant est astreint au rapport, il faut également procéder à une **liquidation fictive, en ignorant la renonciation**, cette fois pour calculer l'éventuel excédent dont le renonçant doit indemniser ses cohéritiers (v. s[s] n°s 422.211 et 322.132 à 322.132-2).

422.222 Modalités liquidatives – Renvoi. Ce cas a été étudié ci-dessus à propos des règles d'imputation, en distinguant selon que le renonçant est - ou non - assujetti au rapport (v. les développements et exemples chiffrés, s[s] n°s 322.121 à 322.132-2).

§ 2
Rapport à la succession de l'héritier du donateur

A.
Rapport à la succession du renonçant et de l'indigne

422.231 Rapport à la succession du renonçant. Ce cas particulier de rapport a été créé par la loi du 23 juin 2006, pour rétablir l'égalité entre les enfants d'une personne ayant renoncé à la succession de son ascendant (C. civ., art. 754, al. 2).

Il s'applique pour le cas où les enfants du renonçant conçus avant l'ouverture de la succession à laquelle il a été renoncé par leur auteur, viendraient à la succession du renonçant en concours avec d'autres enfants conçus, eux, après l'ouverture de la succession à laquelle leur auteur a renoncé.

Dans ce cas, le rapport se fait comme pour une donation en avancement de part successorale[1].

422.231-1 Rapport à la succession du renonçant.

EXEMPLE

X décède le 1er janvier 2019, sans avoir consenti de libéralité entre vifs ni de testament

Il laisse deux enfants, A et B.

A a lui-même deux enfants, C et D.

A renonce à la succession de son père.

Les biens existants ont une valeur de 360 000 € au décès de X, au partage de sa succession, au décès de A et au partage de sa succession.

Le 30 septembre 2020, A a un troisième enfant, E.

A décède le 2 novembre 2020, sans avoir consenti de libéralité entre vifs ni de testament.

Il laisse ses trois enfants, C, D et E pour seuls héritiers.

Les biens existants s'élèvent à 60 000 € au décès et au partage.

1° Succession de X :

B accepte la succession de X.

Ayant renoncé, A est exclu de la succession.

C et D, ses enfants, viennent à la succession de X, par représentation de A.

La succession revient pour moitié indivise à B et pour l'autre moitié indivise à C et D, qui recueillent donc ensemble 180 000 €, ou 90 000 € chacun.

2° Succession de A :

C, D et E viennent tous trois à la succession de A.

E ayant été conçu après l'ouverture de la succession de X, C et D doivent rapporter à la succession de A les biens recueillis dans la succession de X comme si ces biens leur avaient été donnés en avancement de part successorale (C. civ., art. 754, al. 2).

Dans la masse à partager de la succession de A figureront, outre les biens existants (60 000 €), les rapports de C et D portant sur les biens reçus de X décédé avant la conception de E (180 000 €).

Masse partageable :	
Biens existants	60 000
Rapport de C	90 000
Rapport de D	90 000
Total	240 000
Droits de chacun des héritiers	240 000/3 = 80 000

Par ailleurs, si A avait consenti lui-même des libéralités, comme par exemple un legs – ce qui était exclu dans notre exemple –, il aurait fallu calculer la quotité disponible de la succession de A et les biens reçus dans la succession de X auraient dû être réunis fictivement aux biens existants pour composer la masse de calcul.

422.232 Rapport à la succession de l'indigne. Les mêmes dispositions sont applicables aux enfants de l'indigne.

Les enfants de l'indigne, conçus avant l'ouverture de la succession pour laquelle leur auteur a été déclaré indigne de succéder, doivent rapporter à la succession de cet auteur les biens dont ils ont hérité en ses lieu et place, pour le cas où ils viendraient en concours avec d'autres enfants conçus après l'ouverture de la succession pour laquelle leur auteur a été déclaré indigne de succéder (C. civ., art. 755, al. 2, issu de L. 23 juin 2006).

Dans ce cas, comme pour le rapport à la succession du renonçant, le rapport se fait comme pour une donation en avancement de part successorale[2].

1. V. *J.-Cl. Not. Form., v° Renonciation à succession – Conséquences*, fasc. 20, par N. Levillain – CRITIQUE : M. Grimaldi, « La représentation de l'héritier renonçant », *Defrénois* 2008, art. 38698, spéc. p. 30, n° 8.

2. V. N. Levillain, « Le rapport de la succession reçue en lieu et place de l'indigne », *JCP N* 2006. 1099 ; *JCP N* 2006. 1138 ; « La loi du 23 juin 2006. Principales nouveautés relatives aux successions, aperçu rapide », *JCP N* 2006. Actu. 446.

L'exemple ci-dessus s'applique, à la différence que A n'est pas renonçant, mais exclu de la succession de X pour cause d'indignité.

B.

Rapport des biens reçus par donation-partage transgénérationnelle

422.241 **Principe.** Les parts reçues de l'ascendant par les petits-enfants sont traitées dans la succession de l'enfant de la génération intermédiaire comme des **donations en avancement de part** faites par cet enfant (C. civ., art. 1078-9, al. 2).

On ignore donc la transmission par l'ascendant et on fait comme si l'enfant de la génération intermédiaire, qui s'est effacé lors de la donation-partage, avait lui-même donné en avancement de part successorale les lots reçus par ses propres enfants dans la donation-partage.

Toutefois, il n'y a pas lieu à ce rapport :

- lorsque **tous les descendants du donateur** ont reçu et accepté un lot dans la donation-partage transgénérationnelle (C. civ., art. 1078-9, al. 3) ;
- lorsque l'enfant de la génération intermédiaire a **incorporé** les biens donnés par l'ascendant à une donation-partage faite à ses propres enfants (C. civ., art. 1078-10).

422.242 **Modalités liquidatives – Renvoi.** Sur ce cas de rapport, v. s^{s} n°s 332.31 à 332.34, avec un exemple chiffré s^{s} n° 332.34-1.

Pour l'application des exceptions et leurs illustrations, v. s^{s} n°s 332.41 à 332.52-1.

CHAPITRE

423. Restitutions en cas de libéralités soumises à réduction

SECTION 0
ORIENTEUR

423.00 **Sommaire du chapitre.**

423.01 **Textes applicables.**

• **C. civ.,** art. 825, 921 à 930-5

> Intégration de la réduction dans la masse à partager

• **C. civ.,** art. 825

La masse partageable comprend les biens existant à l'ouverture de la succession, ou ceux qui leur ont été subrogés, et dont le défunt n'a pas disposé à cause de mort, ainsi que les fruits y afférents.

Elle est augmentée des valeurs soumises à rapport ou à réduction, ainsi que des dettes des copartageants envers le défunt ou envers l'indivision.

> Exercice de la réduction

[C. civ., art. 921 à 928]

• **C. civ.,** art. 921

La réduction des dispositions entre vifs ne pourra être demandée que par ceux au profit desquels la loi fait la réserve, par leurs héritiers ou ayants cause : les donataires, les légataires, ni les créanciers du défunt ne pourront demander cette réduction, ni en profiter.

Le délai de prescription de l'action en réduction est fixé à cinq ans à compter de l'ouverture de la succession, ou à deux ans à compter du jour où les héritiers ont eu connaissance de l'atteinte portée à leur réserve, sans jamais pouvoir excéder dix ans à compter du décès.

Lorsque le notaire constate, lors du règlement de la succession, que les droits réservataires d'un héritier sont susceptibles d'être atteints par les libéralités effectuées par le défunt, il informe chaque héritier concerné et connu, individuellement et, le cas échéant, avant tout partage, de son droit de demander la réduction des libéralités qui excèdent la quotité disponible.

• **C. civ.,** art. 922

La réduction se détermine en formant une masse de tous les biens existant au décès du donateur ou testateur.

Les biens dont il a été disposé par donation entre vifs sont fictivement réunis à cette masse, d'après leur état à l'époque de la donation et leur valeur à l'ouverture de la succession, après qu'en ont été déduites les dettes ou les charges les grevant. Si les biens ont été aliénés, il est tenu compte de leur valeur à l'époque de l'aliénation. S'il y a eu subrogation, il est tenu compte de la valeur des nouveaux biens au jour de l'ouverture de la succession, d'après leur état à l'époque de l'acquisition. Toutefois, si la dépréciation des nouveaux biens était, en raison de leur nature, inéluctable au jour de leur acquisition, il n'est pas tenu compte de la subrogation.

On calcule sur tous ces biens, eu égard à la qualité des héritiers qu'il laisse, quelle est la quotité dont le défunt a pu disposer.

• **C. civ.,** art. 923

Il n'y aura jamais lieu à réduire les donations entre vifs, qu'après avoir épuisé la valeur de tous les biens compris dans les dispositions testamentaires ; et lorsqu'il y aura lieu à cette réduction, elle se fera en commençant par la dernière donation, et ainsi de suite en remontant des dernières aux plus anciennes.

• **C. civ.,** art. 924

Lorsque la libéralité excède la quotité disponible, le gratifié, successible ou non successible, doit indemniser les héritiers réservataires à concurrence de la portion excessive de la libéralité, quel que soit cet excédent.

Le paiement de l'indemnité par l'héritier réservataire se fait en moins prenant et en priorité par voie d'imputation sur ses droits dans la réserve.

• **C. civ.,** art. 924-1

Le gratifié peut exécuter la réduction en nature, par dérogation à l'article 924, lorsque le bien donné ou légué lui appartient encore et qu'il est libre de toute charge dont il n'aurait pas déjà été grevé à la date de la libéralité, ainsi que de toute occupation dont il n'aurait pas déjà fait l'objet à cette même date.

Cette faculté s'éteint s'il n'exprime pas son choix pour cette modalité de réduction dans un délai de trois mois à compter de la date à laquelle un héritier réservataire l'a mis en demeure de prendre parti.

• **C. civ.,** art. 924-2

Le montant de l'indemnité de réduction se calcule d'après la valeur des biens donnés ou légués à l'époque du partage ou de leur aliénation par le gratifié et en fonction de leur état au jour où la libéralité a pris effet. S'il y a eu subrogation, le calcul de l'indemnité de réduction tient compte de la valeur des nouveaux biens à l'époque du partage, d'après leur état à l'époque de l'acquisition. Toutefois, si la dépréciation des nouveaux biens était, en raison de leur nature, inéluctable au jour de leur acquisition, il n'est pas tenu compte de la subrogation.

• **C. civ.,** art. 924-3

L'indemnité de réduction est payable au moment du partage, sauf accord entre les cohéritiers. Toutefois, lorsque la libéralité a pour objet un des biens pouvant faire l'objet d'une attribution préférentielle, des délais peuvent être accordés par le tribunal, compte tenu des intérêts en présence, s'ils ne l'ont pas été par le disposant. L'octroi de ces délais ne peut, en aucun cas, avoir pour effet de différer le paiement de l'indemnité au-delà de dix années à compter de l'ouverture de la succession. Les dispositions de l'article 828 sont alors applicables au paiement des sommes dues.

À défaut de convention ou de stipulation contraire, ces sommes sont productives d'intérêt au taux légal à compter de la date à laquelle le montant de l'indemnité de réduction a été fixé. Les avantages résultant des délais et modalités de paiement accordés ne constituent pas une libéralité.

En cas de vente de la totalité du bien donné ou légué, les sommes restant dues deviennent immédiatement exigibles ; en cas de ventes partielles, le produit de ces ventes est versé aux cohéritiers et imputé sur les sommes encore dues.

• **C. civ.,** art. 924-4

Après discussion préalable des biens du débiteur de l'indemnité en réduction et en cas d'insolvabilité de ce dernier, les héritiers réservataires peuvent exercer l'action en réduction ou revendication contre les tiers détenteurs des immeubles faisant partie des libéralités et aliénés par le gratifié. L'action est exercée de la même manière que contre les gratifiés eux-mêmes et suivant l'ordre des dates des aliénations, en commençant par la plus récente. Elle peut être exercée contre les tiers détenteurs de meubles lorsque l'article 2276 ne peut être invoqué.

Lorsque, au jour de la donation ou postérieurement, le donateur et tous les héritiers réservataires présomptifs ont consenti à l'aliénation du bien donné, aucun héritier réservataire, même né après que le consentement de tous les héritiers intéressés a été recueilli, ne peut exercer l'action contre les tiers détenteurs. S'agissant des biens légués, cette action ne peut plus être exercée lorsque les héritiers réservataires ont consenti à l'aliénation.

• **C. civ.,** art. 926

Lorsque les dispositions testamentaires excéderont soit la quotité disponible, soit la portion de cette quotité qui resterait après avoir déduit la valeur des donations entre vifs, la réduction sera faite au marc le franc, sans aucune distinction entre les legs universels et les legs particuliers.

• **C. civ.,** art. 927

Néanmoins dans tous les cas où le testateur aura expressément déclaré qu'il entend que tel legs soit acquitté de préférence aux autres, cette préférence aura lieu ; et le legs qui en sera l'objet ne sera réduit qu'autant que la valeur des autres ne remplirait pas la réserve légale.

• **C. civ.,** art. 928

Lorsque la réduction s'exécute en nature, le donataire restitue les fruits de ce qui excède la portion disponible, à compter du jour du décès du donateur, si la demande en réduction est faite dans l'année ; sinon, du jour de la demande.

> Renonciation anticipée à l'action en réduction

[C. civ., art. 929 à 930-5]

• **C. civ.,** art. 929

Tout héritier réservataire présomptif peut renoncer à exercer une action en réduction dans une succession non ouverte. Cette renonciation doit être faite au profit d'une ou de plusieurs personnes déterminées. La renonciation n'engage le renonçant que du jour où elle a été acceptée par celui dont il a vocation à hériter.

La renonciation peut viser une atteinte portant sur la totalité de la réserve ou sur une fraction seulement. Elle peut également ne viser que la réduction d'une libéralité portant sur un bien déterminé.

L'acte de renonciation ne peut créer d'obligations à la charge de celui dont on a vocation à hériter ou être conditionné à un acte émanant de ce dernier.

• **C. civ.,** art. 930

La renonciation est établie par acte authentique spécifique reçu par deux notaires. Elle est signée séparément par chaque renonçant en présence des seuls notaires. Elle mentionne précisément ses conséquences juridiques futures pour chaque renonçant.

La renonciation est nulle lorsqu'elle n'a pas été établie dans les conditions fixées au précédent alinéa, ou lorsque le consentement du renonçant a été vicié par l'erreur, le dol ou la violence.

La renonciation peut être faite dans le même acte par plusieurs héritiers réservataires.

• **C. civ.,** art. 930-1

La capacité requise du renonçant est celle exigée pour consentir une donation entre vifs. Toutefois, le mineur émancipé ne peut renoncer par anticipation à l'action en réduction.

La renonciation, quelles que soient ses modalités, ne constitue pas une libéralité.

• **C. civ.,** art. 930-2

La renonciation ne produit aucun effet s'il n'a pas été porté atteinte à la réserve héréditaire du renonçant. Si l'atteinte à la réserve héréditaire n'a été exercée que partiellement, la renonciation ne produit d'effets qu'à hauteur de l'atteinte à la réserve du renonçant résultant de la libéralité consentie. Si l'atteinte à la réserve porte sur une fraction supérieure à celle prévue dans la renonciation, l'excédent est sujet à réduction.

La renonciation relative à la réduction d'une libéralité portant sur un bien déterminé est caduque si la libéralité attentatoire à la réserve ne porte pas sur ce bien. Il en va de même si la libéralité n'a pas été faite au profit de la ou des personnes déterminées.

• **C. civ.,** art. 930-3

Le renonçant ne peut demander la révocation de sa renonciation que si :

1° Celui dont il a vocation à hériter ne remplit pas ses obligations alimentaires envers lui ;

2° Au jour de l'ouverture de la succession, il est dans un état de besoin qui disparaîtrait s'il n'avait pas renoncé à ses droits réservataires ;

3° Le bénéficiaire de la renonciation s'est rendu coupable d'un crime ou d'un délit contre sa personne.

• **C. civ.,** art. 930-4

La révocation n'a jamais lieu de plein droit.

La demande en révocation est formée dans l'année, à compter du jour de l'ouverture de la succession, si elle est fondée sur l'état de besoin. Elle est formée dans l'année, à compter du jour du fait imputé par le renonçant ou du jour où le fait a pu être connu par ses héritiers, si elle est fondée sur le manquement aux obligations alimentaires ou sur l'un des faits visés au 3° de l'article 930-3.

La révocation en application du 2° de l'article 930-3 n'est prononcée qu'à concurrence des besoins de celui qui avait renoncé.

• **C. civ.,** art. 930-5

La renonciation est opposable aux représentants du renonçant.

423.02 Jurisprudence de référence.

> La réduction doit faire l'objet d'une demande qui peut résulter de la demande de l'ouverture des opérations de compte et liquidation, sans qu'il soit nécessaire d'exercer une action distincte aux fins de réduction.

• **Civ. 1re, 10 janv. 2018,** n° 16-27.894, P I, n° 5 *(rejet)*

* V. s[s] n° 423.21

« Mais attendu que la demande en réduction d'une libéralité excessive n'est soumise à aucun formalisme particulier ; que, dès lors, la cour d'appel [...] a souverainement estimé qu'en demandant l'ouverture des opérations de comptes, liquidation et partage des successions de leurs père et mère ainsi que le rapport des donations, les consorts X... avaient manifesté leur volonté de voir procéder à la réduction des libéralités [...]. »

> La réduction doit faire l'objet d'une demande ; les créanciers ont la possibilité de demander la réduction par l'action oblique

• **Civ. 1re, 20 oct. 1982,** n° 81-16.092, P I, n° 299

* V. s[s] n° 423.21

« Attendu, ensuite, que si le pourvoi relève justement que les libéralités excessives produisent effet tant qu'elles n'ont pas été réduites, l'action en réduction peut être exercée par la voie oblique par les créanciers de l'héritier ; [...]. »

> La renonciation à réduction postérieure au décès peut constituer une libéralité

• **Civ. 1re, 24 nov. 1982,** n° 81-13.426, P I, n° 340

* V. s[s] n° 423.91

« Attendu que MM. B... et Honoré Y... font grief à la cour d'appel de s'être contredite en affirmant d'une part que les dispositions testamentaires prises en 1936 par les époux Y... ne peuvent être remises en cause et en ordonnant d'autre part la prise en compte des biens compris dans ces mêmes dispositions testamentaires pour le calcul de la quotité disponible de la succession de M. Fernand Y. ;

Mais attendu que c'est sans se contredire que les juges du second degré, après avoir constaté que les dispositions testamentaires prises en 1936 par les époux Y... ne pouvaient plus être remises en cause, ont déduit de cette constatation que ces dispositions avaient réalisé par le fait de M. Fernand Y... qui les a laissées devenir irrévocables une libéralité consentie par celui-ci à ses fils et dont il convenait de tenir compte pour le calcul de la quotité disponible de sa propre succession [...]. »

423.03 Bibliographie indicative.

Actualisables. Rép. civ., v[is] *Réserve héréditaire – Quotité disponible*, par E. Fongaro et M. Nicod, avr. 2022 ; *Réserve héréditaire – Réduction des libéralités*, par S. Deville et M. Nicod, avr. 2020 [actu. juill. 2022] – *J.-Cl. Civ. Code*, art. 912 à 930-5, fasc. 40, par J.-B. Donnier, juin 2022 ; fasc. 50, par C. Brenner, sept. 2022 – *J.-Cl. Not. Form.*, *v° Succession*, fasc. 340, par N. Levillain, oct. 2024.

Ouvrages. P. Catala, *La réforme des liquidations successorales*, 3e éd., Defrénois, 1982, n°s 63 s. – A. Delfosse et J.-F. Peniguel, *La réforme des successions et des libéralités*, Litec, 2006, n°s 384 s. et 417 s. – M.-C. Forgeard, R. Crône et B. Gelot, *Le nouveau droit des successions et des libéralités, loi du 23 juin 2006, commentaires et formules*, Defrénois, 2007, n°s 274 s. – M. Grimaldi (dir.), Dalloz action *Droit patrimonial de la famille*, 2025/2026, n°s 264.01 s., par C. Farge ; *Droit des successions*, 8e éd., « Manuels », LexisNexis, 2020, n°s 793 s. – A.-M. Leroyer, *Droit des successions*, « Cours », 4e éd., Dalloz, 2020, n°s 585 s. – P. Malaurie et C. Brenner, *Droit des successions et des libéralités*, 11e éd., « Droit civil », LGDJ, 2024, n°s 600 s. – G. Morin, *La loi du 3 juillet 1971 sur les rapports à succession, la réduction des libéralités et les* *partages d'ascendants*, 5e éd., Defrénois, 1984, nos 29 s. – F. Terré, Y. Lequette et S. Gaudemet, *Droit civil. Les successions, les libéralités*, 5e éd., « Précis », Dalloz, 2024, nos 1196 s.

Articles. I. Dauriac, « La renonciation anticipée à l'action en réduction », *D.* 2006. Chron. 2574 – N. Levillain, « La renonciation anticipée à l'action en réduction », *JCP N* 2006, no 1349 – B. Vareille, « Portée liquidative de la renonciation anticipée à l'action en réduction : attention, danger ! », *Defrénois* 2008. 38710 ; « Réflexions sur l'imputation en droit des successions », *RTD civ.* 2009. 1 – B. Vareille et A. Kroell, « La liquidation et le partage de la succession », *Defrénois* 2017. 49 – D. Vigneau, « Précision ministérielle sur la portée liquidative de la renonciation anticipée à l'action en réduction : fin du danger ? », *JCP N* 2009, no 1106.

423.04 **Questions essentielles.**

> L'exercice de l'action en réduction est-il une obligation ?

* V. ss nos 423.10 et 423.21

> Dans quel cas la renonciation à l'action en réduction est-elle considérée comme une libéralité ?

* V. ss nos 423.91 et 423.102

> Faut-il liquider la succession lorsque les héritiers réservataires renoncent à leur action en réduction ?

* V. ss no 423.72

423.05 **Introduction. Successions concernées.** Le présent chapitre, consacré aux restitutions au titre de la réduction des libéralités, ne s'applique qu'aux successions recueillies par des héritiers réservataires et affectées par des libéralités antérieures du défunt ou des dispositions à cause de mort.

Sera étudié l'exercice de l'action en réduction au moment du partage, après avoir vu précédemment les modalités de la réduction (v. ss nos 341.05 s.) et les conséquences liquidatives de la renonciation à l'action en réduction (v. ss nos 342.21 s.).

423.06 **Division.** L'exercice de l'action en réduction (sect. 1) entraîne l'intégration d'un actif dans la masse à partager, à moins que le ou les bénéficiaires de la réduction aient renoncé à leur action (sect. 2).

SECTION 1
EXERCICE DE L'ACTION EN RÉDUCTION

423.10 **Plan.** La réduction, à la différence du rapport, n'est pas automatiquement prise en compte dans le partage : il faut qu'elle soit demandée (§ 1). Elle est intégrée à la masse à partager (§ 2) et fait l'objet d'un paiement (§ 3).

§ 1
Demande de réduction

423.21 **Qui peut demander la réduction et selon quelle forme ?** L'action en réduction, qui a pour **but de rétablir la réserve**, n'appartient qu'aux **héritiers réservataires** ; elle est étendue aux **héritiers et ayants cause de ces héritiers réservataires** : l'héritier lui-même[1], ou le créancier par l'action oblique, le cessionnaire de droits successifs étant compris dans les ayants cause, selon la jurisprudence[2] (C. civ., art. 921, al. 1er).

En revanche, elle ne peut être exercée par le donataire ou le légataire non réservataire, ni par le conjoint, même commun en biens avec l'héritier réservataire[3]. C'est seulement lorsque le conjoint est réservataire, le défunt ne laissant pas de descendant (C. civ., art. 914-1), qu'il peut exercer l'action en réduction. Les créanciers sont également exclus, sauf lorsque les conditions de l'action oblique sont réunies.

La demande de réduction d'une libéralité n'est soumise à aucun formalisme particulier ; la Cour de cassation a approuvé une cour d'appel d'avoir souverainement estimé qu'en demandant l'ouverture des opérations de comptes, liquidation et partage des successions de leurs parents ainsi que le rapport des donations, des héritiers avaient manifesté leur volonté de voir procéder à la réduction des libéralités, de sorte que leur action en réduction n'était pas prescrite[4].

423.22 **Délai.** Le délai de prescription de l'action en réduction, que la jurisprudence avait fixé à trente ans à compter de l'ouverture de la succession[5], est désormais fixé à **cinq ans à compter de l'ouverture de la succession** ; mais par exception, il est fixé à **deux ans** à compter du jour où les héritiers ont eu connaissance de l'atteinte portée à leur réserve sans jamais pouvoir excéder dix ans à compter du décès (C. civ., art. 921, al. 2, issu de la loi du 23 juin 2006[6]), le délai de deux ans ne s'appliquant que passé le délai de cinq ans[7].

1. Civ. 1re, 17 déc. 1968, *D.* 1969. 149, note A. Breton ; *RTD civ.* 1969. 369, obs. J. Savatier.
2. Civ. 1re, 20 oct. 1982, no 81-16.092, P I, no 299 ; *D.* 1983. 120, note P. Rémy ; *Defrénois* 1983. 627, note A. Breton ; *RTD civ.* 1983. 771, obs. J. Patarin – CONFIRMATION en ce qui concerne le cessionnaire de droits successifs : Civ. 1re, 25 oct. 2017, no 16-20.156, P ; *AJ fam.* 2017, 659, note N. Levillain ; *JCP N* 2018. 1046, étude N. Randoux.
3. Civ. 1re, 10 juin 1975, no 73-11.265, P I, no 193 ; *JCP* 1975. II. 18141, obs. J. Savatier ; *Defrénois* 1975. 1185, note G. Morin.
4. Civ. 1re, 10 janv. 2018, no 16-27.894, P I, no 5 (*rejet*) – Civ. 1re, 3 oct. 2019, no 18-19.783, NP (*cassation*).
5. Civ. 1re, 24 nov. 1987, no 86-10.635, P I, no 309 ; *JCP* 1989. II. 21214, note F.-X. Testu ; *RTD civ.* 1989. 803, obs. J. Patarin.
6. L. no 2006-728, 23 juin 2006, portant réforme des successions et des libéralités, *JO* 24 juin, p. 9513 – POUR LA COMPARAISON ENTRE L'IMPRESCRIPTIBILITÉ DU RAPPORT AVANT LA CLÔTURE DU PARTAGE ET LA PRESCRIPTION DE L'ACTION EN RÉDUCTION, v. M. Grimaldi, note ss Civ. 1re, 22 mars 2017, no 16-16.894, P I, no 72 ; *D.* 2017. 817 et 2119, obs. V. Brémond ; *AJ fam.* 2017. 309, note N. Levillain ; *RTD civ.* 2017. 461, obs. M. Grimaldi.
7. Civ. 1re, 7 févr. 2024, no 22-13.665, P ; *D.* 2024. 716, note P. Bouathong ; *AJ fam.* 2024. 172, obs. N. Levillain ; *Dr. fam.* 2024, no 55, obs. M. Nicod ; *JCP N* 2024, no 1077, note D. Autem ; *ibid.*, no 1090, obs. A. Auriol-Ballarotta.

La Cour de cassation a précisé que ce délai ne s'applique qu'aux successions ouvertes à compter de l'entrée en vigueur de la loi, le 1er janvier 2007. Pour les successions ouvertes avant cette date, il semble que le délai de droit commun continue de s'appliquer[1]. Pour les difficultés d'application de ce principe, dans le cas des successions ouvertes avant le 1er janvier 2007, v. *supra*, n° 34.07.

423.22-1 **Action en réduction : délai de prescription.**

EXEMPLE

X décède le 30 septembre 2020, sans parenté connue, laissant une association légataire universelle. Sa succession a été réglée en 2021, au profit de l'association.

Cependant, X avait un enfant naturel reconnu, A, avec lequel il n'avait plus de relation.

Si A a eu connaissance du testament dès l'ouverture de la succession, il dispose d'un délai de cinq ans à compter du décès pour exercer son action en réduction, délai qui expire donc le 1er octobre 2025.

Si A a été informé de l'existence de ce testament entre le 1er octobre 2020 et le 1er octobre 2025, le même délai s'applique (1er octobre 2025), le délai de deux ans prévu par le texte étant inférieur.

Enfin, si A a eu connaissance de l'atteinte portée à sa réserve après le 1er octobre 2025, il a deux ans à compter de la date à laquelle il a été informé pour agir, sans pouvoir dépasser dix ans après le décès, soit le 1er octobre 2029.

§ 2 Restitution à la masse à partager

A. Réduction en nature

423.31 **Réduction en nature – Renvoi.** Le principe et les conséquences de la réduction en nature ont été étudiés (v. ss nos 341.61 et 341.62), avec des exemples chiffrés allant jusqu'à l'établissement de la masse à partager, pour la réduction en nature des legs (v. ss n° 341.62-1) et des donations (v. ss n° 341.62-2). Il est donc renvoyé à ces développements.

B. Réduction en valeur

423.41 **Principe.** Depuis l'entrée en vigueur de la loi du 23 juin 2006, la réduction, lorsqu'elle est demandée, s'effectue en principe en valeur (v. ss nos 341.05 à 341.08) : le gratifié doit indemniser les héritiers réservataires à concurrence de la portion excessive de la libéralité réductible, portion qui est déterminée par comparaison avec la quotité disponible (C. civ., art. 922 et 924). C'est donc **l'indemnité de réduction** qui **figure dans la masse partageable.**

La **portion excessive** de la libéralité réductible est calculée d'après la **valeur des biens au décès** (C. civ., art. 922), mais **l'indemnité de réduction** est fixée d'après la **valeur des biens** donnés ou légués **à l'époque du partage** (C. civ., art. 924-2 – V. ss nos 341.20 à 341.44-1)[2].

Lorsque la réduction porte sur des legs dont le total est supérieur à la quotité disponible, elle est faite « *au marc-le-franc* », c'est-à-dire que **les legs sont réduits ensemble, chacun proportionnellement à son montant**, sans aucune distinction entre les legs universels et les legs particuliers. (C. civ., art. 926), sauf si l'un des legs est assorti d'une clause de préférence (C. civ., art. 927).

Toutefois **si le légataire universel est également héritier réservataire**, il faut opérer une distinction.

Soit il est **seul héritier réservataire**, alors il n'y a pas lieu à la réduction proportionnelle des legs particuliers et des legs universels prévue par l'article 926 du Code civil[3]. En pareil cas, les legs particuliers, réductibles ou non, s'exécuteront par priorité, même en l'absence de clause de préférence. En effet, comme le legs universel n'ajoute rien aux droits du réservataire et que ce dernier, à concurrence du disponible, doit donc supporter les legs particuliers comme il le ferait en qualité d'héritier légal, il n'y a pas lieu procéder à la réduction proportionnelle.

Soit **il existe d'autres héritiers réservataires**, alors on en revient aux règles de la réduction proportionnelle des legs tant pour le legs universel lequel dans cette hypothèse traduit une véritable intention libérale, que pour les legs particuliers.

423.41-1 **Imputation concurrente de deux legs particuliers.**

EXEMPLE

X décède, laissant deux enfants, A et B.

Par testament, il a légué à titre particulier à sa compagne et partenaire de PACS, Y, un immeuble valant 240 000 € et à l'association Z une somme de 120 000 €.

Les biens existants se composent au décès de deux immeubles valant chacun 240 000 €, et de valeurs mobilières, d'un montant de 260 000 € ; par ailleurs, il existe un passif de 20 000 €. À la date du partage, les valeurs sont restées les mêmes.

A et B demandent la réduction des legs particuliers.

1. Civ. 1re, 22 févr. 2017, n° 16-11.961, P ; *AJ fam.* 2017. 256, obs. S. Ferré-André ; *RTD civ.* 2017. 463, note crit. M. Grimaldi.

2. POUR UN RAPPEL : Civ. 1re, 22 mars 2017, n° 16-15.484, P I, n° 68 ; *Dr. fam.* 2017. Comm. 139, par A. Tani.

3. Civ. 5 févr. 1952, *JCP* 1952. II. 6906 ; *D.* 1953, jurispr. p. 129.

Liquidation de la succession

1. Calcul de la quotité disponible et de la réserve

Biens existants :	
Immeubles	480 000
Valeurs mobilières	260 000
Total actif brut	740 000
Déduction du passif	20 000
Reste	720 000
Dont le tiers, formant la quotité disponible et la réserve de chaque enfant, est de	240 000

2. Imputation des legs

Legs particulier à Y	240 000
Legs particulier à Z	120 000
Total des legs	360 000

Ce total s'impute sur la quotité disponible, qu'il excède de : 360 000 – 240 000 = 120 000 €.

Les legs doivent donc être réduits, proportionnellement à leurs montants.

3. Calcul de l'indemnité de réduction

L'indemnité de réduction sera supportée à concurrence de 240 000/360 000, soit 2/3 par Y et 120 000/360 000, soit 1/3 par Z.

Les biens n'ayant pas changé de valeur entre le décès et le partage, cette indemnité est de 120 000 €, ainsi répartie :

120 000 × 2/3 soit 80 000 € à la charge de Y.

120 000 × 1/3 soit 40 000 € à la charge de Z.

4. Masse à partager

Biens existants :		740 000
Déduction du passif	20 000	
Déduction des legs	360 000	
Total à déduire	380 000	
Reste		360 000
Indemnité de réduction		120 000
Total		480 000

Revenant à A et à B pour moitié chacun, soit 240 000 € (montant de leur réserve, les valeurs n'ayant pas changé depuis le décès).

423.41-2 Imputation concurrente d'un legs universel et d'un legs particulier.

EXEMPLE

X décède, laissant deux enfants, A et B.

Par testament, il a institué sa compagne et partenaire de PACS, Y, légataire universelle à charge pour elle de délivrer un legs à l'association Z d'une somme de 120 000 €.

Les biens existants se composent au décès de deux immeubles valant chacun 240 000 €, et de valeurs mobilières, d'un montant de 260 000 € ; par ailleurs, il existe un passif de 20 000 €. À la date du partage, les valeurs sont restées les mêmes.

A et B demandent la réduction des legs…

Liquidation de la succession

1. Calcul de la quotité disponible et de la réserve

Biens existants :	
Immeuble	480 000
Valeurs mobilières	260 000
Total actif brut	740 000
Déduction du passif	20 000
Reste	720 000
Dont le tiers, formant la quotité disponible et la réserve de chaque enfant, est de	240 000

2. Imputation des legs

Legs universel à Y : le légataire universel a vocation à recueillir toute la succession à charge d'acquitter le passif et de délivrer le legs particulier. Il a donc vocation à recevoir l'actif net déduction faite du legs particulier soit 720 000 – 120 000 = 600 000 €.

Legs à Y	600 000
Legs particulier à Z	120 000
Total des legs	720 000
Ce total s'impute sur la quotité disponible, qu'il excède de	720 000 – 240 000 = 480 000

Les legs doivent donc être réduits, proportionnellement à leurs montants.

3. Calcul de l'indemnité de réduction

L'indemnité de réduction sera supportée à concurrence de 600 000/720 000, soit 5/6 par Y et 120 000/720 000, soit 1/6 par Z.

Les biens n'ayant pas changé de valeur entre le décès et le partage, cette indemnité est de 480 000 €, ainsi répartie :

480 000 × 5/6 soit 400 000 € à la charge de Y.

480 000 × 1/6 soit 80 000 € à la charge de Z.

On suppose que l'association demande la réduction en nature mais que la légataire universelle souhaite une réduction en valeur.

4. Masse à partager

Biens existants	740 000
Déduction du passif	20 000
Actif net	720 000
À déduire :	
Le legs particulier	120 000
Reste	600 000
Droits du légataire universel	600 000
Reste pour les héritiers légaux	0
Restitutions :	
Fraction de la somme d'argent léguée à l'association	80 000
Indemnité de réduction due par Y	400 000
Total	480 000

Revenant à A et à B pour moitié chacun, soit 240 000 € (montant de leur réserve, les valeurs n'ayant pas changé depuis le décès).

423.42 Absence d'indivision entre le légataire universel et les héritiers réservataires. La réduction se faisant en valeur, en présence d'un legs universel le légataire recueille la succession à charge d'indemniser les héritiers réservataires qui exercent la réduction. Il n'y a pas d'indivision entre le légataire universel et les héritiers réservataires et en conséquence, ceux-ci ne peuvent pas demander l'attribution préférentielle[1]. Ce principe s'applique également dans le cas particulier d'action en réduction que constitue l'action en retranchement prévue par les alinéas 2 et 3 de l'article 1527 du Code civil[2].

§ 3
Modalités de paiement de l'indemnité de réduction

423.51 Intérêts. Les intérêts de l'indemnité de réduction sont exigibles à compter du jour où le montant de l'indemnité est déterminé, c'est-à-dire, en pratique, à compter du partage : (C. civ., art. 924-3, al. 2 - V. s^{s} n° 341.55)[3]. En l'absence de partage, en particulier en présence d'un légataire universel et en l'absence d'autres libéralités, l'indemnité de réduction est déterminée à la date de la liquidation[4] et c'est à compter de cette date que commencent à courir les intérêts.

423.52 Modes de règlement – Renvoi. Dans les exemples ci-dessus (v. s^{s} n°s 423.41-1 et 423.41-2), le débiteur n'étant pas un successible, le règlement de l'indemnité est fait par versement d'une somme d'argent.

L'indemnité peut être payée **en moins prenant** lorsque le débiteur est un **héritier réservataire acceptant**, gratifié d'une libéralité réductible hors part successorale ou d'une libéralité en avancement de part excédant sa réserve.

Le paiement se fait alors en priorité par voie d'imputation sur les droits de l'héritier réservataire dans la réserve (C. civ., art. 924, al. 2 - V. s^{s} n°s 341.51 à 341.55).

SECTION 2
RENONCIATIONS À RÉDUCTION

423.60 Plan. Nous examinerons d'abord les renonciations postérieures au décès (§ 1), ensuite la renonciation anticipée à l'action en réduction (§ 2), en nous limitant aux conséquences de ces renonciations pour le partage.

§ 1
Renonciations postérieures au décès

A.
Formes de la renonciation

423.71 Renonciation tacite. La réduction devant faire l'objet d'une demande, la renonciation peut résulter de l'inaction des héritiers réservataires. Lorsque cette inaction dure jusqu'à l'expiration du délai de prescription (v. s^{s} n° 423.22), la renonciation est définitive. L'inconvénient est que, pendant cette période, les droits des indivisaires ne sont pas fixés. En cas de vente des biens ou de décès de l'un des indivisaires, le caractère tacite de la renonciation ne pourra être maintenu.

423.72 Renonciation expresse. Lorsque les indivisaires envisagent un partage, ils doivent nécessairement faire connaître expressément leurs positions respectives, relativement à l'action en réduction, par exemple dans le consentement à exécution du testament, ou dans la délivrance de legs, ou dans le partage lui-même. Même s'ils renoncent tous à l'action en réduction, la succession doit être liquidée pour établir le montant auquel il est renoncé.

B.
Caractères et conséquences liquidatives

423.81 Caractères – Renvoi. Sur le caractère individuel de la renonciation postérieure au décès (v. s^{s} n° 342.11).

423.81-1 Conséquences liquidatives.

EXEMPLE

Les données sont les mêmes que l'exemple cité au n° 423.41-1.

Les réservataires auraient pu renoncer à leur action en réduction :

– soit tous les deux : dans ce cas, ils auraient reçu une part inférieure à leur part de réserve (180 000 € chacun) ;

– soit individuellement : si A renonce seul, les légataires ne verseront que 60 000 € (40 000 de Y et 20 000 de Z),

1. Civ. 1re, 11 mai 2016, n° 14-16.967, P I, n° 104 ; *AJ fam.* 2016. 350, note N. Levillain ; *RTD civ.* 2016. 673, obs M. Grimaldi – Civ. 1re, 23 nov. 2016, n° 15-28.931, NP ; *AJ fam.* 2017. 80, note N. Levillain.
2. Civ. 1re, 7 déc. 2016, n° 16-12.216, P I, n° 246 ; *AJ fam.* 2017. 78, note J. Casey.
3. CONFIRMATION PAR : L. n° 2006-728, 23 juin 2006, portant réforme des successions et des libéralités, *JO* 24 juin, p. 9513, DE : Civ. 1re, 21 mai 1985, n° 83-16.590, P I, n° 157 ; *D.* 1987. 65, note G. Morin ; *RTD civ.* 1986. 394, obs. J. Patarin.
4. Civ. 1re, 1er déc. 2021, n° 20-12.923, P ; *D.* 2021. 2233 ; *AJ fam.* 2022. 102, obs. N. Levillain ; *Dr. fam.* 2022, n° 17, obs. M. Nicod ; *Defrénois* 2022/18. 24, obs. B. Vareille.

somme qui ira à B. Celui-ci aura alors droit à 240 000 € ; du fait de la renonciation, A ne recevra que 180 000 €.

C.
Incidences liquidatives et fiscales

423.91 Donation indirecte. Si la renonciation est faite dans une intention libérale, elle peut constituer une **donation indirecte**, qui pourrait être théoriquement taxable si la libéralité est constatée dans un acte ou dans une décision de justice : il en est ainsi par exemple lorsque la réduction de la libéralité constituée par cette renonciation est demandée lors du partage de la succession du renonçant, par les héritiers réservataires de ce dernier, si l'ensemble des libéralités consenties par le renonçant dépasse la quotité disponible [1].

§ 2
Renonciation anticipée à l'action en réduction

423.101 Principe, forme et conséquences liquidatives – Renvoi. Ces points ont été traités précédemment (v. s^s^ n°s 342.21 à 342.35).

423.102 Caractère non libéral – Incidences fiscales. La renonciation anticipée à l'action en réduction, dans les formes et conditions prévues par le Code civil (C. civ., art. 929 à 930-5), ne constitue pas une libéralité (C. civ., art. 930-1, al. 2).

Les incertitudes qui existent en matière de renonciation postérieure au décès (v. s^s^ n° 423.91) ont été écartées par cette disposition légale dans le cas de la renonciation anticipée (v. CGI, art. 756 *bis* [2]).

1. Civ. 1re, 24 nov. 1982, n° 81-13.426, P I, n° 340 ; *RTD civ.* 1983. 574, obs. J. Patarin – M. Grimaldi, *Droit des successions*, 8e éd., « Manuels », LexisNexis, 2020, n° 906 et note 402 – *Successions et libéralités, régime juridique et fiscal*, 4e éd., « Dossiers pratiques », Francis Lefebvre, 2013, n° 1580.

2. *BOI-ENR-DMTG*-10-20-50-20-20120912.

CHAPITRE

424. Restitutions au titre des dettes des copartageants

SECTION 0 ORIENTEUR

424.00 Sommaire du chapitre.

424.01 Textes applicables.

> Ancien rapport de dettes

• **C. civ.**, anc. art. 829

Chaque cohéritier fait rapport à la masse, suivant les règles qui seront ci-après établies, des dons qui lui ont été faits, et des sommes dont il est débiteur.

> Dettes envers l'indivision

[C. civ., art. 815-8, 815-9, 815-10, 815-11, 815-12 et 815-13]

• **C. civ.**, art. 815-8

Quiconque perçoit des revenus ou expose des frais pour le compte de l'indivision doit en tenir un état qui est à la disposition des indivisaires.

• **C. civ.**, art. 815-9

Chaque indivisaire peut user et jouir des biens indivis conformément à leur destination, dans la mesure compatible avec le droit des autres indivisaires et avec l'effet des actes régulièrement passés au cours de l'indivision. À défaut d'accord entre les intéressés, l'exercice de ce droit est réglé, à titre provisoire, par le président du tribunal.

L'indivisaire qui use ou jouit privativement de la chose indivise est, sauf convention contraire, redevable d'une indemnité.

• **C. civ.**, art. 815-10

Sont de plein droit indivis, par l'effet d'une subrogation réelle, les créances et indemnités qui remplacent des biens indivis, ainsi que les biens acquis, avec le consentement de l'ensemble des indivisaires, en emploi ou remploi des biens indivis.

Les fruits et les revenus des biens indivis accroissent à l'indivision, à défaut de partage provisionnel ou de tout autre accord établissant la jouissance divise.

Aucune recherche relative aux fruits et revenus ne sera, toutefois, recevable plus de cinq ans après la date à laquelle ils ont été perçus ou auraient pu l'être.

Chaque indivisaire a droit aux bénéfices provenant des biens indivis et supporte les pertes proportionnellement à ses droits dans l'indivision.

• **C. civ.**, art. 815-11

Tout indivisaire peut demander sa part annuelle dans les bénéfices, déduction faite des dépenses entraînées par les actes auxquels il a consenti ou qui lui sont opposables.

À défaut d'autre titre, l'étendue des droits de chacun dans l'indivision résulte de l'acte de notoriété ou de l'intitulé d'inventaire établi par le notaire.

En cas de contestation, le président du tribunal judiciaire peut ordonner une répartition provisionnelle des bénéfices sous réserve d'un compte à établir lors de la liquidation définitive.

À concurrence des fonds disponibles, il peut semblablement ordonner une avance en capital sur les droits de l'indivisaire dans le partage à intervenir.

• **C. civ.**, art. 815-12

L'indivisaire qui gère un ou plusieurs biens indivis est redevable des produits nets de sa gestion. Il a droit à la rémunération de son activité dans les conditions fixées à l'amiable ou, à défaut, par décision de justice.

• **C. civ.**, art. 815-13

Lorsqu'un indivisaire a amélioré à ses frais l'état d'un bien indivis, il doit lui en être tenu compte selon l'équité, eu égard à ce dont la valeur du bien se trouve augmentée au temps du partage ou de l'aliénation. Il doit lui être pareillement tenu compte des dépenses nécessaires qu'il a faites de ses deniers personnels pour la conservation desdits biens, encore qu'elles ne les aient point améliorés.

Inversement, l'indivisaire répond des dégradations et détériorations qui ont diminué la valeur des biens indivis par son fait ou par sa faute.

> Intégration des dettes des copartageants dans la masse à partager

• **C. civ.,** art. 825

La masse partageable comprend les biens existant à l'ouverture de la succession, ou ceux qui leur ont été subrogés, et dont le défunt n'a pas disposé à cause de mort, ainsi que les fruits y afférents.

Elle est augmentée des valeurs soumises à rapport ou à réduction, ainsi que des dettes des copartageants envers le défunt ou envers l'indivision.

> Traitement des dettes des copartageants

[C. civ., art. 864 à 867]

• **C. civ.,** art. 864

Lorsque la masse partageable comprend une créance à l'encontre de l'un des copartageants, exigible ou non, ce dernier en est alloti dans le partage à concurrence de ses droits dans la masse.

À due concurrence, la dette s'éteint par confusion. Si son montant excède les droits du débiteur dans cette masse, il doit le paiement du solde sous les conditions et délais qui affectaient l'obligation.

• **C. civ.,** art. 865

Sauf lorsqu'elle est relative aux biens indivis, la créance n'est pas exigible avant la clôture des opérations de partage. Toutefois, l'héritier débiteur peut décider à tout moment de s'en acquitter volontairement.

• **C. civ.,** art. 866

Les sommes rapportables produisent intérêt au taux légal, sauf stipulation contraire.

Ces intérêts courent depuis l'ouverture de la succession lorsque l'héritier en était débiteur envers le défunt et à compter du jour où la dette est exigible, lorsque celle-ci est survenue durant l'indivision.

• **C. civ.,** art. 867

Lorsque le copartageant a lui-même une créance à faire valoir, il n'est alloti de sa dette que si, balance faite, le compte présente un solde en faveur de la masse indivise.

424.02 Jurisprudence de référence.

> Distinction entre le rapport de libéralités et le rapport de dettes et principe du paiement de la dette en moins prenant

• **Civ. 1re, 29 juin 1994,** n° 92-15.253, P I, n° 233

* V. s^s n° 424.11

« Attendu que si le rapport de dettes prévu par l'article 829 du Code civil n'est qu'une technique de règlement qui n'obéit pas aux règles de l'article 869 du même Code, lequel concerne exclusivement le rapport de dons, le cohéritier débiteur n'en doit pas moins réaliser le rapport de sa dette en moins prenant, par imputation sur sa part, et non en effectuer le paiement. »

> L'absence d'intention libérale du défunt commande le régime du remboursement de la dette envers sa succession

• **Civ. 1re, 17 nov. 2010,** n° 09-12.931, NP

* V. s^s n°s 424.11 et 424.21

« Attendu que Pierre X... et son épouse, Simone Y..., sont décédés respectivement en 2003 et 1996, laissant pour leur succéder leurs six enfants ; que le notaire en charge de la liquidation et du partage a dressé un procès-verbal de difficulté suite à la revendication, par quatre des héritiers, d'une somme de 36 103,10 € correspondant à des donations indirectes reçues par leur frère, M. Guy X... ; que le tribunal de grande instance de Lyon, par jugement du 3 mai 2007, a limité le rapport à la succession de M. Guy X... à une certaine somme, estimant, s'agissant des arriérés de pension alimentaire dus par ce dernier à ses parents pour la garde de ses deux enfants, que la créance n'était ni certaine ni liquide et n'était, en outre, pas soumise à rapport en application de l'article 852 du Code civil ;

Attendu qu'ayant relevé, d'une part que M. Guy X... avait été condamné à verser à ses parents une pension alimentaire pour l'entretien de ses deux enfants, cette obligation constituant une dette, et, d'autre part, constaté que les défunts n'avaient pas eu l'intention d'avantager leur fils en assumant à sa place l'entretien de ses enfants, c'est sans inverser la charge de la preuve, au vu des seules pièces communiquées et en l'état d'une absence totale d'élément fourni par M. Guy X..., que la cour d'appel, sans se contredire, a souverainement fixé à une certaine somme le montant du rapport [...]. »

> Prescription de la créance de l'indivisaire sur l'indivision

• **Civ. 1re, 14 avr. 2021,** n° 19-21.313, P

* V. s^s n° 424.82

« Vu les articles 815-13, 815-17, alinéa 1er, et 2224 du Code civil :

7. Il résulte des deux premiers textes qu'un indivisaire qui a conservé à ses frais un bien indivis peut revendiquer une créance sur l'indivision et être payé par prélèvement sur l'actif indivis, avant le partage.

8. Cette créance, immédiatement exigible, se prescrit selon les règles de droit commun édictées par le dernier. »

424.03 Bibliographie indicative.

Actualisables. Rép. civ., v° *Succession : liquidation et règlement du passif héréditaire*, par R. Le Guidec et G. Chabot, juill. 2022 [actu. févr. 2023], n°s 282 à 333 – *J.-Cl. Civ. Code*, art. 864 à 867, par I. Dauriac, avr. 2023 – *J.-Cl. Not. Form.*, *v° Indivision*, fasc. 80, par J. Lafond et F. Collard, févr. 2017 [actu. janv. 2024].

Ouvrages. A. Delfosse et J.-F. Peniguel, *La réforme des successions et des libéralités*, Litec, 2006, n°s 273 à 278 – M.-C. Forgeard, R. Crône et B. Gelot, *Le nouveau droit des successions et des libéralités. La loi du 23 juin 2006, commentaires et formules*, Defrénois, 2007, n° 232 – M. Grimaldi (dir.), Dalloz action *Droit patrimonial de la famille*, 2025/2026, n°s 271.151 à 271.156, par C. Farge ; *Droit des successions*, 8e éd., « Manuels », LexisNexis, 2020, n°s 965, 972 et 981 s. – A.-M. Leroyer, *Droit des successions*, 4e éd., « Cours », Dalloz, 2020, n°s 644 s. – P. Malaurie et C. Brenner, *Droit des successions et des libéralités*, 11e éd., « Droit civil », LGDJ, 2024, n°s 656 s. – F. Terré, Y. Lequette et S. Gaudemet, *Droit civil. Les successions, les libéralités*, 5e éd., « Précis », Dalloz, 2024, n°s 1070 s.

424.04 Questions essentielles.

> Distinction entre le rapport d'une donation et le remboursement d'une dette à la succession

* V. s^{s} n° 424.12

> Modalités du remboursement des dettes des copartageants

* V. s^{s} n° 424.81

424.05 Introduction. La masse partageable est augmentée des dettes des copartageants envers le défunt et envers l'indivision (C. civ., art. 825, al. 2). Le Code civil place cette restitution après celles résultant du rapport et de la réduction, cependant la restitution des dettes des copartageants prend place dans les biens existants, avant déduction du passif, des legs et des droits du conjoint, et non après ces déductions, comme celles résultant du rapport et de la réduction.

Elle s'applique à toutes les successions, même lorsque, en l'absence de libéralités, il n'y a pas lieu à liquidation.

424.06 Division. Les dettes des copartageants peuvent être classées en deux catégories : dettes contractées par le copartageant envers le défunt (sect. 1) et dettes résultant du fonctionnement de l'indivision (sect. 2). Le traitement de ces deux catégories de dettes est le même (sect. 3).

SECTION 1 Dettes envers le défunt

§ 1 Caractère spécifique des dettes des copartageants

424.11 Rappel du « rapport de dette ». Le remboursement des dettes des copartageants envers le défunt faisait autrefois l'objet d'un « *rapport de dette* » que le Code civil traitait dans le même texte que le rapport de dons : « *Chaque cohéritier fait rapport à la masse [...] des dons qui lui ont été faits et des sommes dont il est débiteur* » (C. civ., anc. art. 829). Ce texte avait prêté à des hésitations, depuis dissipées par la jurisprudence[1], qui a bien fait la différence - que les intéressés ne voyaient pas toujours - entre les dettes et les dons. Le remboursement des dettes des copartageants envers le défunt est désormais organisé par la loi (C. civ., art. 864 à 867).

424.12 Distinction avec le rapport de dons. La loi du 23 juin 2006 consacre la distinction établie par la jurisprudence et la pratique notariale entre le « *rapport de dette* », désormais intitulé : « *remboursement des dettes des copartageants envers le défunt* » et le rapport des dons.

Les deux institutions ont une finalité commune : **rétablir l'égalité entre les cohéritiers.**

Cependant, leur nature est différente, puisque la dette n'a pas, par définition, de caractère de libéralité.

Il en résulte que leur place dans le partage est différente : alors que le **rapport des dons** ne concerne que les **cohéritiers** et ne s'ajoute donc à la masse à partager qu'après déduction du passif, des legs et des droits du conjoint, le **remboursement des dettes** constitue un **élément à part entière de la masse partageable**, qui s'intègre dans les biens existants ou dans le passif, selon que le solde du compte du copartageant constitue une dette de celui-ci ou une créance en sa faveur (v. s^{s} n° 424.81).

Ensuite, la **fixation de la somme à restituer ne suit pas les mêmes règles.** L'indemnité de rapport des donations est fixée à la valeur du bien donné au jour du partage, dans son état à l'époque de la donation (C. civ., art. 860, al. 1er – V. s^{s} n°s 422.161 et 422.171), alors que la dette est remboursée pour le montant dû au défunt à l'ouverture de la succession, augmenté des intérêts courus depuis l'ouverture de la succession (C. civ., art. 866, al. 2).

C'est seulement en cas de donation de somme d'argent non employée que le montant du rapport est le même que celui du remboursement d'une dette : le rapport d'une somme d'argent est égal à son montant (C. civ., art. 860-1) : de même, le montant du remboursement d'un prêt est fixé au montant de la somme énoncée au contrat (C. civ., art. 1895).

§ 2 Exemples

424.21 Exemples. Dans la plupart des cas, ces dettes sont des **prêts** consentis par le défunt à son héritier, souvent pour acquérir un bien immobilier. Il peut s'agir également de **loyers**, de **dettes pour financement de travaux.** Dans l'arrêt du 17 novembre 2010, cité précédemment, un héritier devait aux

1. POUR L'ASSIMILATION DES DEUX RAPPORTS : Civ. 1re, 18 janv. 1989, n° 87-11.331, P I, n° 35 ; *D.* 1989. 305, note G. Morin ; *JCP* 1990. II. 21465, note D. Vigneau ; *JCP N* 1989. II. 149, note J.-F. Montredon ; *Defrénois* 1989. 300, obs. G. Morin ; *RTD civ.* 1989. 794, obs. J. Patarin – POUR LA DISTINCTION DES DEUX RAPPORTS : Civ. 1re, 29 juin 1994, n° 92-15.253, P I, n° 233 ; *D.* 1995. 88, note M. Grimaldi ; *RTD civ.* 1995. 161, obs. J. Patarin ; *Defrénois* 1995. 100, note M. Grimaldi ; *JCP* 1995. I. 3876, n° 5, obs. R. Le Guidec ; *JCP N* 1995. II. 1745, note J.-F. Pillebout – SUR LES DEUX ARRÊTS : *GAJC*, 14e éd., Dalloz, 2024, n°s 129 et 130 – V. M. Grimaldi, *Droit des successions*, 8e éd., « Manuels », LexisNexis, 2020, n°s 981 s. – Rép. civ., v° *Succession : liquidation et règlement du passif héréditaire*, par R. Le Guidec et G. Chabot, janv. 2010 [actu. févr. 2021], n°s 312, 320 et 323 – V. CONFIRMATION DE LA SOLUTION LÉGALE : Civ. 1re, 17 nov. 2010, n° 09-12.931, NP ; *Defrénois* 2011. 727, obs. B. Vareille ; *RTD civ.* 2011. 117, obs. J. Hauser.

successions de ses parents des pensions alimentaires qu'il n'avait jamais réglées pour l'entretien de ses propres enfants, qu'il avait confiés à ses parents [1].

SECTION 2
DETTES ENVERS L'INDIVISION

424.31 **Nature des dettes envers l'indivision.** Les dettes dont il est ici question résultent du fonctionnement de l'indivision et sont définies par le Code civil, aux articles 815-8 à 815-13 (v. s^{s} n°s 401.40 s.).

Ces dettes sont consignées dans l'état tenu par « *quiconque perçoit des revenus et expose des frais pour le compte de l'indivision* » (C. civ., art. 815-8).

Elles font partie des « *pertes* » que chacun des indivisaires supporte proportionnellement à ses droits dans l'indivision (C. civ., art. 815-10, al. 4).

Elles font l'objet d'une **compensation** avec les revenus de l'indivision, le solde pouvant être distribué chaque année aux indivisaires, sur leur demande, lorsqu'il n'y a pas de partage (C. civ., art. 815-11).

424.32 **Exemples du Code civil.** Le Code civil donne pour exemples : **l'indemnité d'occupation due par l'indivisaire** qui « *use ou jouit privativement de la chose indivise* » (C. civ., art. 815-9) ; la **rémunération due à l'indivisaire qui gère** un ou plusieurs bien indivis (C. civ., art. 815-12) ; le **remboursement des améliorations et des dépenses nécessaires** faites par un indivisaire de ses deniers personnels sur les biens indivis (C. civ., art. 815-13) [2].

SECTION 3
DISPOSITIONS COMMUNES

424.40 **Plan. Régime commun.** La loi ne distingue pas entre ces deux catégories de dettes et leur applique un régime commun, pour le traitement de la dette dans le partage (§ 1), les intérêts (§ 2), l'exigibilité de la créance (§ 3) et la compensation (§ 4).

§ 1
Traitement dans le partage

424.51 **Principe.** Lorsqu'un copartageant a une dette envers le défunt ou l'indivision, il en est alloti dans le partage à concurrence de ses droits dans la masse.

Si la dette est inférieure ou égale au montant des droits de ce copartageant, elle s'éteint par confusion. Dans le cas contraire, si la dette excède les droits du copartageant dans la masse partageable, il doit le paiement du solde, dont il s'acquitte « *sous les conditions et délais qui affectaient l'obligation* » (C. civ., art. 864) [3].

§ 2
Exigibilité

424.61 **Exigibilité de la créance.** La créance n'est pas exigible avant la clôture des opérations de partage, sauf si elle est relative aux biens indivis. Cependant, l'héritier débiteur peut s'en acquitter à tout moment, s'il le souhaite (C. civ., art. 865).

§ 3
Intérêts

424.71 **Montant des intérêts.** Les sommes rapportables produisent intérêt au taux légal, sauf stipulation contraire des coïndivisaires (C. civ., art. 866, al. 1er).

424.72 **Point de départ du cours des intérêts.** Les intérêts courent à compter du **jour de l'ouverture de la succession**, pour les dettes envers le défunt, et à compter du **jour où la dette est exigible,** lorsque celle-ci est survenue durant l'indivision (C. civ., art. 866, al. 2).

§ 4
Compensation

424.81 **Cohéritier à la fois créancier et débiteur de la succession.** Le copartageant débiteur envers la succession ou l'indivision, qui a lui-même une créance à faire valoir contre la succession ou l'indivision, n'est alloti de sa dette que pour la part qui n'est pas compensée par sa créance.

Autrement dit, **on procède à la compensation de la créance et de la dette** : si le solde est en faveur du

1. Civ. 1re, 17 nov. 2010, n° 09-12.931, NP ; *Defrénois* 2011. 727, obs. B. Vareille ; *RTD civ.* 2011. 117, obs. J. Hauser – AUTRES EX. : v. M. Grimaldi, *Droit des successions*, « Manuels », 8e éd., LexisNexis, 2020, n° 965 – *J.-Cl. Not. Form., v° Indivision (Comptes de l'indivision)*, fasc. 80, n° 33, par J. Lafond.
2. V. *J.-Cl. Not. Form., v° Indivision (Comptes de l'indivision)*, fasc. 80, n° 33, 2009, par J. Lafond.
3. CONFIRMATION PAR L. n° 2006-728, 23 juin 2006, portant réforme des successions et des libéralités, *JO* 24 juin, p. 9513, DE : Civ. 1re, 29 juin 1994, n° 92-15.253, P I, n° 233 ; *D.* 1995. 88, note M. Grimaldi ; *GAJC*, 14e éd., Dalloz, 2024, n°s 129 ; *RTD civ.* 1995. 161, obs. J. Patarin ; *Defrénois* 1995. 100, note M. Grimaldi ; *JCP* 1995. I. 3876, n° 5, obs. R. Le Guidec ; *JCP N* 1995. II. 1745, note J.-F. Pillebout – Rép. civ., v° *Succession : liquidation et règlement du passif héréditaire*, par R. Le Guidec et G. Chabot, janv. 2010 [actu. févr. 2021], n°s 311, 312 et 323.

copartageant, il vient au passif de la masse à partager ; si, en revanche, le solde est en faveur de la succession ou de l'indivision, il constitue un actif de la masse partageable dont le copartageant sera alloti : cette dette constitue un article de la masse à partager, en pratique souvent désigné par le terme de « rétablissement ». (C. civ., art. 867) [1].

424.81-1 Excédent de la dette d'un copartageant sur sa créance.

EXEMPLE

En 2020, X, veuf, décède, laissant ses quatre enfants, A, B, C, D.

Il n'a pas fait de testament ni de libéralité entre vifs.

En 2015, il avait prêté à B sans intérêts une somme de 140 000 € non remboursée, mais stipulée exigible en 2025 ou au décès de X.

Par ailleurs, en 2019, B a réalisé des travaux pour son père et ses cohéritiers lui reconnaissent une créance sur la succession à ce titre, évaluée à 100 000 €.

Les biens existants, au décès et au partage, ont une valeur de 280 000 €.

Liquidation de la succession

(En l'absence de libéralité, il n'y a pas lieu de calculer la quotité disponible)

1. Compensation de la créance et de la dette de B :

B est créancier de 100 000 € et débiteur de 140 000 €.

Après compensation, il reste débiteur de 40 000 €, somme qui figure dans l'actif partageable.

2. Masse à partager

Biens existants valeur partage	280 000
Solde de la dette de B après compensation (ou « rétablissement de B »)	40 000
Total	320 000

3. Droits des parties

1/4 de l'actif net, soit pour chacun : 80 000 €.

4. Attributions

A : 80 000 à prendre sur les biens existants	80 000
C : 80 000 à prendre sur les biens existants	80 000
D : 80 000 à prendre sur les biens existants	80 000
B : – 40 000 à prendre sur les biens existants – 40 000 par attribution en moins prenant de sa dette envers la succession	80 000
Total (égal au total des biens existants et de la créance)	320 000

424.81-2 Excédent de la créance d'un copartageant sur sa dette.

EXEMPLE

En 2020, X, veuf, décède, laissant ses quatre enfants, A, B, C, D.

Il n'a pas fait de testament ni de libéralité entre vifs.

En 2015, il avait prêté à B sans intérêts une somme de 100 000 € non remboursée, mais stipulée exigible en 2025 ou au décès de X.

Par ailleurs, en 2019, B a réalisé des travaux pour son père et ses cohéritiers lui reconnaissent une créance sur la succession à ce titre, évaluée à 140 000 €.

Les biens existants, au décès et au partage, ont une valeur de 280 000 €.

Liquidation de la succession

(En l'absence de libéralité, il n'y a pas lieu de calculer la quotité disponible).

1. Compensation de la créance et de la dette de B

B est créancier de 140 000 € et débiteur de 100 000 €.

Après compensation, il reste créancier de 40 000 €, somme qui figure dans le passif de la masse à partager.

2. Masse à partager

Biens existants valeur partage (actif brut de succession)	280 000
Passif à déduire : Solde de la créance de B après compensation	40 000
Reste : actif net	240 000

3. Droits des parties

A, C et D : 1/4 de l'actif net, soit pour chacun	60 000
B : 1/4 de l'actif net, soit	60 000
Le remboursement du solde de sa créance, soit	40 000
Total des droits de B	100 000

4. Attributions

A : 60 000 à prendre sur les biens existants	60 000
C : 60 000 à prendre sur les biens existants	60 000
D : 60 000 à prendre sur les biens existants	60 000
B : 100 000 à prendre sur les biens existants	100 000
Total des attributions, égal à l'actif brut de succession	280 000

424.82 Prescription de la créance d'un copartageant contre l'indivision. L'article 867 du Code civil mentionne les créances que le copartageant a à faire valoir contre l'indivision, pour édicter le principe de la compensation de cette créance avec les dettes que le copartageant doit à l'indivision.

La Cour de cassation a rappelé que ces dernières créances ne sont pas régies par les articles 864 et 865 du Code civil, qui disposent que les créances de la masse partageable à l'encontre d'un copartageant ne sont pas exigibles avant la clôture des opérations de partage.

La Cour rappelle que les créances détenues par l'un des copartageants sur la succession relèvent de la prescription de droit commun édictée à l'article 2224 du Code civil [2] : *« Les actions personnelles ou*

1. CONFIRMATION DE : Civ. 5 déc. 1933, *DP* 1934. 1. 25, note H. Capitant ; *S.* 1934. 1. 281, note E. P. ; *RTD civ.* 1934. 194, obs. J. Savatier.

2. Civ. 1re, 28 mars 2018, n° 17-14.104, P I, n° 62 ; *D. actu.* 18 avr. 2018, obs. Q. Guiguet-Schielé ; *AJ fam.* 2018. 355, obs. J. Casey.

mobilières se prescrivent par cinq ans à compter du jour où le titulaire d'un droit a connu ou aurait dû connaître les faits lui permettant de l'exercer [...] ». Cette solution a été confirmée par un arrêt rendu par la Cour de cassation le 14 avril 2021 à propos du remboursement des échéances d'un prêt : la prescription commence à courir pour chaque échéance à compter de son paiement. Pour les autres dettes, la prescription commence à courir à compter du paiement par l'indivisaire des sommes engagées pour l'indivision et lorsqu'il n'y a pas paiement – ce qui est le cas par exemple de la rémunération de l'indivisaire gérant sur le fondement de l'article 815-12 du Code civil – à compter du jour où la créance de l'indivisaire était exigible [1].

1. Civ. 1re, 14 avr. 2021, nº 19-21.313, P ; *D.* 2021. 1059, note F. Rouvière ; *D.* 2021. 1509, obs. Y. Strickler et N. Reboul-Maupin ; *D.* 2022. 528, obs. M. Douchy-Oudot ; *AJ fam.* 2021. 372, obs. N. Levillain ; *RTD civ.* 2021. 669, obs. W. Dross ; *RDI* 2021. 421, obs. L. Tranchant ; *Dr. fam.* 2021, nº 93, obs. A. Tani ; *JCP N* 2021, nº 1290, note A. Tani.

TITRE

43. La répartition

SECTION 0

Orienteur

43.00 Sommaire du titre.

43.05 Phase de la répartition. Après avoir rassemblé les biens à partager en une masse, il faut passer au partage proprement dit et opérer la répartition des biens entre tous les copartageants, pour une valeur égale à celle de leurs droits dans l'indivision (C. civ., art. 826, al. 2).

Dans cette phase finale du partage, il n'y a plus de difficultés techniques : celles-ci ont été résolues en amont. Le liquidateur n'a plus qu'à tirer les conséquences du travail accompli dans les opérations qui précèdent, pour arriver à la formation des parts (chapitre unique).

Cette conclusion du partage, qui met fin à une période d'indivision parfois longue et qui réalise la séparation entre les indivisaires, doit toutefois recueillir l'accord unanime des copartagés et c'est là que peuvent surgir de nouvelles difficultés, d'ordre pratique cette fois, pour lesquelles le droit n'a pas toujours de solution.

43.06 Une séparation définitive mais parfois remise en question. Une fois le partage réalisé, par l'effet de ce partage « *chaque cohéritier est censé avoir succédé seul et immédiatement à tous les effets compris dans son lot, ou à lui échus sur licitation, et n'avoir jamais eu la propriété des autres effets de la succession* » (C. civ., art. 883, al. 1er). En vertu de cet effet déclaratif du partage, la séparation entre les anciens indivisaires est rétroactive et, en principe, définitive.

Toutefois, les cohéritiers se doivent mutuellement pendant deux ans la garantie des troubles et évictions qui procèdent d'une cause antérieure au partage (C. civ., art. 884 à 886).

En outre, le partage peut être annulé pour vice du consentement : violence, dol, et erreur sous certaines restrictions (C. civ., art. 887). Notamment, la Cour de cassation a rappelé que l'erreur n'est admise comme cause d'annulation que si elle porte sur la quotité des droits des copartageants ou sur la propriété des biens compris dans la masse partageable, et non sur l'évaluation des biens à partager[1].

L'omission d'un héritier est également une cause de nullité (C. civ., art. 887-1).

Dans ces deux cas, l'annulation peut être évitée par un acte complémentaire au partage.

Enfin, lorsque l'un des copartageants établit avoir subi une lésion de plus du quart, la loi prévoit à son profit une « *action en complément de part* », ouverte pendant deux ans à compter du partage (C. civ., art. 889 à 892). La lésion doit résulter de l'évaluation des biens, et non des modalités du partage[2].

Nous ne détaillons pas ces suites du partage, qui dépassent le cadre de la liquidation amiable des successions.

1. Civ. 1re, 7 févr. 2018, no 17-12.480, P I, no 24 (*cassation*) ; *D.* 2018. 350 ; *AJ fam.* 2018. 242, obs. J. Casey – Civ. 1re, 17 oct. 2018, no 17-26.945, P ; *AJ fam.* 2019, 96, obs. J. Casey.
2. Civ. 1re, 6 juin 2012, no 11-20.062, P I, no 122 ; *D.* 2012, 1611 ; *AJ fam.* 2012. 469, note C. Vernières.

CHAPITRE

431. Formation des parts

SECTION 0
ORIENTEUR

431.00 **Sommaire du chapitre.**

431.01 **Textes applicables.**

• **C. civ.,** art. 759 à 762, 826, 828, 830 à 834, 870, 871 et 873

> Principe de l'égalité en valeur

• **C. civ.,** art. 826

L'égalité dans le partage est une égalité en valeur.

Chaque copartageant reçoit des biens pour une valeur égale à celle de ses droits dans l'indivision.

S'il y a lieu à tirage au sort, il est constitué autant de lots qu'il est nécessaire.

Si la consistance de la masse ne permet pas de former des lots d'égale valeur, leur inégalité se compense par une soulte.

> Soultes

• **C. civ.,** art. 828

Lorsque le débiteur d'une soulte a obtenu des délais de paiement et que, par suite des circonstances économiques, la valeur des biens qui lui sont échus a augmenté ou diminué de plus du quart depuis le partage, les sommes restant dues augmentent ou diminuent dans la même proportion, sauf exclusion de cette variation par les parties.

> Règlement du passif

[C. civ., art. 870, 871 et 873]

• **C. civ.,** art. 870

Les cohéritiers contribuent entre eux au paiement des dettes et charges de la succession, chacun dans la proportion de ce qu'il y prend.

• **C. civ.,** art. 871

Le légataire à titre universel contribue avec les héritiers, au prorata de son émolument ; mais le légataire particulier n'est pas tenu des dettes et charges, sauf toutefois l'action hypothécaire sur l'immeuble légué.

• **C. civ.,** art. 873

Les héritiers sont tenus des dettes et charges de la succession, personnellement pour leur part successorale, et hypothécairement pour le tout ; sauf leur recours soit contre leurs cohéritiers, soit contre les légataires universels, à raison de la part pour laquelle ils doivent y contribuer.

> Attributions et attributions préférentielles

[C. civ., art. 830 à 834]

• **C. civ.,** art. 830

Dans la formation et la composition des lots, on s'efforce d'éviter de diviser les unités économiques et autres ensembles de biens dont le fractionnement entraînerait la dépréciation.

• **C. civ.,** art. 831

Le conjoint survivant ou tout héritier copropriétaire peut demander l'attribution préférentielle par voie de partage, à charge de soulte s'il y a lieu, de toute entreprise, ou partie d'entreprise agricole, commerciale, industrielle, artisanale ou libérale ou quote-part indivise d'une telle entreprise, même formée pour une part de biens dont il était déjà propriétaire ou copropriétaire avant le décès, à l'exploitation de laquelle il participe ou a participé effectivement. Dans le cas de l'héritier, la condition de participation peut être ou avoir été remplie par son conjoint ou ses descendants.

S'il y a lieu, la demande d'attribution préférentielle peut porter sur des droits sociaux, sans préjudice de l'application des dispositions légales ou des clauses statutaires sur la continuation d'une société avec le conjoint survivant ou un ou plusieurs héritiers.

• **C. civ.,** art. 831-1

Au cas où ni le conjoint survivant, ni aucun héritier copropriétaire ne demande l'application des dispositions prévues à l'article 831 ou de celles des articles 832 ou 832-1, l'attribution préférentielle prévue en matière agricole peut être accordée à tout copartageant sous la condition qu'il s'oblige à donner à bail dans un délai de six mois le bien considéré dans les conditions fixées au chapitre VI du titre Ier du livre IV du Code rural et de la pêche maritime à un ou plusieurs des cohéritiers remplissant les conditions personnelles prévues à l'article 831 ou à un ou plusieurs descendants de ces cohéritiers remplissant ces mêmes conditions.

• **C. civ.,** art. 831-2

Le conjoint survivant ou tout héritier copropriétaire peut également demander l'attribution préférentielle :

1° De la propriété ou du droit au bail du local qui lui sert effectivement d'habitation, s'il y avait sa résidence à l'époque du décès, et du mobilier le garnissant, ainsi que du véhicule du défunt dès lors que ce véhicule lui est nécessaire pour les besoins de la vie courante ;

2° De la propriété ou du droit au bail du local à usage professionnel servant effectivement à l'exercice de sa profession et des objets mobiliers nécessaires à l'exercice de sa profession ;

3° De l'ensemble des éléments mobiliers nécessaires à l'exploitation d'un bien rural cultivé par le défunt à titre de fermier ou de métayer lorsque le bail continue au profit du demandeur ou lorsqu'un nouveau bail est consenti à ce dernier.

• **C. civ.,** art. 831-3

L'attribution préférentielle visée au 1° de l'article 831-2 est de droit pour le conjoint survivant.

Les droits résultant de l'attribution préférentielle ne préjudicient pas aux droits viagers d'habitation et d'usage que le conjoint peut exercer en vertu de l'article 764.

• **C. civ.,** art. 832

L'attribution préférentielle visée à l'article 831 est de droit pour toute exploitation agricole qui ne dépasse pas les limites de superficie fixées par décret en Conseil d'État, si le maintien dans l'indivision n'a pas été ordonné.

• **C. civ.,** art. 832-1

Si le maintien dans l'indivision n'a pas été ordonné et à défaut d'attribution préférentielle en propriété dans les conditions prévues à l'article 831 ou à l'article 832, le conjoint survivant ou tout héritier copropriétaire peut demander l'attribution préférentielle de tout ou partie des biens et droits immobiliers à destination agricole dépendant de la succession en vue de constituer avec un ou plusieurs cohéritiers et, le cas échéant, un ou plusieurs tiers, un groupement foncier agricole.

Cette attribution est de droit si le conjoint survivant ou un ou plusieurs des cohéritiers remplissant les conditions personnelles prévues à l'article 831, ou leurs descendants participant effectivement à l'exploitation, exigent que leur soit donné à bail, dans les conditions fixées au chapitre VI du titre Ier du livre IV du Code rural et de la pêche maritime, tout ou partie des biens du groupement.

En cas de pluralité de demandes, les biens du groupement peuvent, si leur consistance le permet, faire l'objet de plusieurs baux bénéficiant à des cohéritiers différents.

Si les clauses et conditions de ce bail ou de ces baux n'ont pas fait l'objet d'un accord, elles sont fixées par le tribunal.

Les biens et droits immobiliers que les demandeurs n'envisagent pas d'apporter au groupement foncier agricole, ainsi que les autres biens de la succession, sont attribués par priorité, dans les limites de leurs droits successoraux respectifs, aux indivisaires qui n'ont pas consenti à la formation du groupement. Si ces indivisaires ne sont pas remplis de leurs droits par l'attribution ainsi faite, une soulte doit leur être versée. Sauf accord amiable entre les copartageants, la soulte éventuellement due est payable dans l'année suivant le partage. Elle peut faire l'objet d'une dation en paiement sous la forme de parts du groupement foncier agricole, à moins que les intéressés, dans le mois suivant la proposition qui leur en est faite, n'aient fait connaître leur opposition à ce mode de règlement.

Le partage n'est parfait qu'après la signature de l'acte constitutif du groupement foncier agricole et, s'il y a lieu, du ou des baux à long terme.

• **C. civ.,** art. 832-2

Si une exploitation agricole constituant une unité économique et non exploitée sous forme sociale n'est pas maintenue dans l'indivision et n'a pas fait l'objet d'une attribution préférentielle dans les conditions prévues aux articles 831, 832 ou 832-1, le conjoint survivant ou tout héritier copropriétaire qui désire poursuivre l'exploitation à laquelle il participe ou a participé effectivement peut exiger, nonobstant toute demande de licitation, que le partage soit conclu sous la condition que ses copartageants lui consentent un bail à long terme dans les conditions fixées au chapitre VI du titre Ier du livre IV du Code rural, sur les terres de l'exploitation qui leur échoient. Dans le cas de l'héritier, la condition de participation peut avoir été remplie par son conjoint ou ses descendants. Sauf accord amiable entre les parties, celui qui demande à bénéficier de ces dispositions reçoit par priorité dans sa part les bâtiments d'exploitation et d'habitation.

Les dispositions qui précèdent sont applicables à une partie de l'exploitation agricole pouvant constituer une unité économique. Cette unité économique peut être formée, pour une part, de biens dont le conjoint survivant ou l'héritier était déjà propriétaire ou copropriétaire avant le décès.

Il est tenu compte, s'il y a lieu, de la dépréciation due à l'existence du bail dans l'évaluation des terres incluses dans les différents lots.

Les articles L. 412-14 et L. 412-15 du Code rural et de la pêche maritime déterminent les règles spécifiques au bail mentionné au premier alinéa du présent article.

Si, en raison de l'inaptitude manifeste du ou des demandeurs à gérer tout ou partie de l'exploitation, les intérêts des cohéritiers risquent d'être compromis, le tribunal peut décider qu'il n'y a pas lieu d'appliquer les trois premiers alinéas du présent article.

• **C. civ.,** art. 832-3

L'attribution préférentielle peut être demandée conjointement par plusieurs successibles afin de conserver ensemble le bien indivis.

À défaut d'accord amiable, la demande d'attribution préférentielle est portée devant le tribunal qui se prononce en fonction des intérêts en présence.

En cas de demandes concurrentes, le tribunal tient compte de l'aptitude des différents postulants à gérer les biens en cause et à s'y maintenir. Pour l'entreprise, le tribunal tient compte en particulier de la durée de la participation personnelle à l'activité.

• **C. civ.,** art. 832-4

Les biens faisant l'objet de l'attribution sont estimés à leur valeur à la date fixée conformément à l'article 829.

Sauf accord amiable entre les copartageants, la soulte éventuellement due est payable comptant. Toutefois, dans les cas prévus aux articles 831-3 et 832, l'attributaire peut exiger de ses copartageants, pour le paiement d'une fraction de la soulte, égale au plus à la moitié, des délais ne pouvant excéder dix ans. Sauf convention contraire, les sommes restant dues portent intérêt au taux légal.

En cas de vente de la totalité des biens attribués, la fraction de la soulte y afférente devient immédiatement exigible ; en cas de ventes partielles, le produit de ces ventes est versé aux copartageants et imputé sur la fraction de la soulte encore due.

• **C. civ.,** art. 833

Les dispositions des articles 831 à 832-4 profitent au conjoint ou à tout héritier appelé à succéder en vertu de la loi, qu'il soit copropriétaire en pleine propriété ou en nue-propriété.

Ces dispositions, à l'exception de celles de l'article 832, profitent aussi à l'héritier ayant une vocation universelle ou à titre universel à la succession en vertu d'un testament ou d'une institution contractuelle.

• **C. civ.,** art. 834

Le bénéficiaire de l'attribution préférentielle ne devient propriétaire exclusif du bien attribué qu'au jour du partage définitif.

Jusqu'à cette date, il ne peut renoncer à l'attribution que lorsque la valeur du bien, telle que déterminée au jour de cette attribution, a augmenté de plus du quart au jour du partage indépendamment de son fait personnel.

> Conversion de l'usufruit du conjoint survivant

[C. civ., art. 759 à 762]

• **C. civ.,** art. 759

Tout usufruit appartenant au conjoint sur les biens du prédécédé, qu'il résulte de la loi, d'un testament ou d'une donation de biens à venir, donne ouverture à une faculté de conversion en rente viagère, à la demande de l'un des héritiers nus-propriétaires ou du conjoint successible lui-même.

• **C. civ.,** art. 759-1

La faculté de conversion n'est pas susceptible de renonciation. Les cohéritiers ne peuvent en être privés par la volonté du prédécédé.

• **C. civ.,** art. 760

La faculté de conversion n'est pas susceptible de renonciation. Les cohéritiers ne peuvent en être privés par la volonté du prédécédé.

• **C. civ.,** art. 761

Par accord entre les héritiers et le conjoint, il peut être procédé à la conversion de l'usufruit du conjoint en un capital.

• **C. civ.,** art. 762

La conversion de l'usufruit est comprise dans les opérations de partage. Elle ne produit pas d'effet rétroactif, sauf stipulation contraire des parties.

431.02 Jurisprudence de référence.

> Paiement du passif de succession par prélèvement sur l'actif avant partage

• **Req. 24 déc. 1912,** Frécon, *DP* 1915. 1. 45 ; *GAJC*, 14e éd., Dalloz, 2024, nº 127

* V. ss nº 431.13

« Attendu, au surplus, que les demandeurs en cassation font vainement grief à l'arrêt de n'avoir pas appliqué le principe que les dettes se divisent de plein droit entre les héritiers ; qu'en effet, malgré la division légale entre les héritiers des dettes de la succession, le gage dont les créanciers du défunt jouissaient de son vivant continue, même après son décès, et ce jusqu'au partage, de subsister d'une manière indivisible sur l'hérédité tout entière ; [...]. »

> Partage par souches : nombre de parts égal au nombre de souches

• **Civ. 1re, 26 oct. 1982,** nº 81-13.346, P I, nº 304

* V. ss nº 431.91

« Attendu que l'arrêt attaqué a ordonné la vente sur licitation aux enchères publiques de l'immeuble successoral aux motifs que par l'effet du testament, au 6 décembre 1969, de Mme Z..., qui avait privé l'une de ses deux petites filles de sa part de quotité disponible dans sa succession, les droits des héritiers étaient de trois sixièmes pour Hervé A..., seule dans sa souche, et de deux parts inégales : l'une de deux sixièmes et l'autre d'un sixième, dans l'autre souche, et que le partage en nature de l'immeuble, demandé par les époux X..., n'aurait été possible que si ce bien avait pu être divisé en six lots de valeur égale ou sensiblement égale en vue de leur tirage au sort ;

Attendu qu'en statuant ainsi, alors que le partage devant se faire par souche n'impliquait que la division de l'immeuble en deux lots seulement, la subdivision entre les différents membres de l'une des souches ne devant être envisagée qu'ultérieurement, la cour d'appel a violé le texte susvisé ; […]. »

> La conversion de l'usufruit du conjoint en capital ne peut se faire que de l'accord unanime des parties

• **Civ. 1re, 6 juin 1990,** n° 88-20.458, P I, n° 146

* V. ss n° 431.151

« Attendu, cependant, qu'en l'absence d'accord des parties sur le prix de cession de l'usufruit, il n'appartenait pas à la cour d'appel de convertir en capital le droit d'usufruit sur la moitié de la succession de Raymond Y… dont bénéficiait son conjoint survivant en présence d'une sœur de celui-ci, cette dernière ne pouvant que demander la conversion de l'usufruit en rente viagère, de sorte qu'en statuant comme elle a fait, la cour d'appel a violé le texte susvisé ; […]. »

431.03 Bibliographie indicative.

Actualisables. Rép. civ., *vis Partage : modes d'attribution spécifiques*, par C. Brenner, oct. 2020 [actu. oct. 2021] ; *Succession : liquidation et règlement du passif héréditaire*, par R. Le Guidec et G. Chabot, juill. 2022 [actu. févr. 2023], nos 30 à 80 – *J.-Cl. Civ. Code, v° Successions*, art. 825 à 830, par J.-B. Donnier, juin 2022 ; art. 831 à 834, fasc 10, 20 et 30, 2015, par P. Catala, J. Combret et S. Deville, 2023 ; art. 870 à 877, par C. Brenner, fasc. 10 et 20, 2018 – *J.-Cl. not. Form., v° Partage*, fasc. 44, 48, 120, 390 et 450, par M.-C. Forgeard, avr. 2012 [actu. août 2023], juin 2012 [actu. juill. 2023], juill. 2015 [actu. mars 2020], juill. 2014 [actu. mars 2017], juill. 2015 [actu. nov. 2023].

Ouvrages. A. Delfosse et J.-F. Peniguel, *La réforme des successions et des libéralités*, Litec, 2006, nos 210 s. – M. Grimaldi (dir.), Dalloz action *Droit patrimonial de la famille*, 2025/2026, nos 271.160 s., par C. Farge ; *Droit des successions*, 8e éd., « Manuels », LexisNexis, 2020, nos 974 s. ; *Droit civil. Libéralités, partages d'ascendants*, 2e éd., Litec, 2000 (Annexe, Aperçu d'une méthode liquidative), p. 601.

Article. N. Levillain, « Conversion de l'usufruit du conjoint survivant, un outil pour sortir d'un démembrement non souhaité, étude et formules », *JCP N* 2010. 1104.

431.04 Questions essentielles.

> Pourquoi faut-il respecter l'ordre des étapes de la liquidation ?

* V. ss nos 431.11 à 431.13

> Quelles contreparties donner au conjoint lorsque son usufruit n'est pas souhaité ?

* V. ss n° 431.141

431.05 Division. Introduction. Pour répartir les biens composant l'actif brut entre les copartageants et pour prévoir le règlement du passif, ce qui constitue la dernière phase du partage, il faut d'abord calculer les droits des parties et le montant du passif à acquitter (sect. 2). Le total de ces chiffres doit correspondre à l'actif brut de succession, y compris les restitutions au titre du rapport et de la réduction (sect. 3). Mais, avant d'entamer ce dernier travail qui conclut la liquidation, il faut revenir sur les étapes antérieures pour vérifier que rien n'a été omis et que l'ordre des opérations a bien été respecté (sect. 1).

SECTION 1
RÉCAPITULATION DE LA LIQUIDATION

§ 1
Fondement de l'ordre des opérations

431.11 Fondement légal de l'ordre des étapes de la liquidation. L'ordre des opérations est commandé par le fait que les parties au partage n'ont pas les mêmes droits sur les différents éléments qui constituent la masse partageable.

431.12 À l'actif. Les biens existants et les restitutions des dettes des copartageants sont partagés entre tous les ayants droit à proportion de leurs droits, sauf en ce qui concerne les légataires particuliers dont le legs est fixé par le testament.

Les **restitutions** au titre du **rapport** ne se font qu'entre **cohéritiers** (v. ss nos 422.51 s.) ; au titre de la **réduction**, elles reviennent aux seuls **héritiers réservataires** (v. ss n° 423.21).

431.13 Au passif. Les cohéritiers contribuent entre eux au paiement des dettes et charges de la succession, dans la proportion de leurs droits (C. civ., art. 870) ; il en est de même du conjoint qui reçoit des droits légaux en propriété - si ses droits sont en usufruit, il n'est tenu qu'aux intérêts du passif –, notamment en présence de descendants (v. ss nos 132.13 et 132.44), ainsi que du légataire universel (C. civ., art. 871).

En déduisant le passif avant de délivrer les legs et de déduire les droits du conjoint, et en calculant les droits des héritiers sur l'actif net, on applique la technique de **paiement des créanciers par prélèvement sur l'actif avant le partage**, et non celle de la division du passif entre les héritiers, ordonnée par l'article 1309 du Code civil.

Cette pratique, codifiée par l'article 815-17 du Code civil[1], confirme une jurisprudence ancienne et constante[2].

Quant au légataire particulier, il n'est pas tenu du passif, sauf par exception de l'action hypothécaire sur l'immeuble légué (C. civ., art. 871, *in fine*).

431.14 Conclusion. En conséquence, il faut veiller, dans les opérations liquidatives, à respecter ces **vocations différentes** aux divers **éléments de la masse partageable**, qui commandent l'ordre des opérations.

1. C. civ., art. 815-17 (issu de L. n° 76-1286, 31 déc. 1976, relative à l'organisation de l'indivision, *JO* 1er janv., p. 19).
2. Req. 24 déc. 1912, Frécon, *DP* 1915. 1. 45 ; *S.* 1914. 1. 201 ; *GAJC*, 14e éd., Dalloz, 2024, n° 127.

§ 2
Ordre des opérations

431.21 Étapes de la liquidation – Renvoi. Ces étapes sont synthétisées sous forme de tableau (v. s[s] nº 431.21-1), avec renvois aux développements qui leur sont consacrés ci-dessus.

Ce tableau est réalisé dans l'hypothèse de la liquidation d'une succession avec **légataires particuliers, légataire universel, conjoint** titulaire de droits légaux en propriété et **héritiers réservataires.**

431.21-1

TABLEAU SYNTHÉTISANT LES DIVERSES ÉTAPES DE LA LIQUIDATION D'UNE SUCCESSION.

Étapes dans l'ordre chronologique	Actif	Déductions	*Opérations à réaliser*	Éléments pris en compte	Remarques	Renvois
Constitution de la masse à partager – Première partie			*Établissement des différents articles de l'actif*			v. s[s] n°s 421.10 s.
	X			Biens existants		v. s[s] n°s 421.21 à 421.61
	X			Rétablissement des dettes des copartageants envers la succession ou l'indivision (solde du compte d'indivision)		v. s[s] n°s 401.151, 424.11, 424.31, 424.51 et 424.81
			Établissement des différents articles du passif			v. s[s] nº 421.111
		X		Dettes et charges de la succession	Passif	v. s[s] n°s 313.21 s., 421.111
		X		Dettes de l'indivision non réglées par un indivisaire	Passif	v. s[s] nº 421.112
		X		Créances des copartageants sur la succession ou l'indivision (solde)	Passif	v. s[s] n°s 401.151, 424.81
Déduction des legs		X	*Délivrance des legs*		En pratique, on délivre d'abord les legs particuliers, puis le legs universel[a]	v. s[s] nº 431.13
Déduction des droits du conjoint		X	*Déduction des droits légaux du conjoint (calculés avant l'établissement de la passe à partager)*		Droits légaux en pleine propriété du conjoint en présence de descendants	v. s[s] n°s 132.20 à 132.92-1
Constitution de la masse à partager – Deuxième partie	X		*Restitution de l'indemnité de rapport ou réintégration du rapport en nature*		Concerne tous les cohéritiers	v. s[s] n°s 422.141 et 422.150
	X		*Restitution de l'indemnité de réduction ou réintégration de la réduction en nature*		Concerne tous les cohéritiers réservataires	v. s[s] n°s 341.61 et 341.62 ; 423.31 et 423.41 s.
Totaux	X	X				
Différence (actif net à partager)						

a M. Grimaldi, *Droit civil. Libéralités, partages d'ascendants*, 2e éd., Litec, 2000 (Annexe, Aperçu d'une méthode liquidative), p. 607.

SECTION 2
DROITS DES PARTIES ET PASSIF RESTANT À ACQUITTER

§ 1
Calcul des droits des parties

431.31 Parties en présence.

– Les **légataires particuliers** sont écartés, puisque leur legs leur a été délivré immédiatement après déduction du passif.

– Le **légataire universel** est également écarté, car ses droits ont été calculés immédiatement après l'établissement du passif et déduits de la masse à partager.

– Le **conjoint**, dont les droits sont déduits de la masse à partager après ceux des légataires, n'intervient plus non plus.

Restent les **cohéritiers**, dont la valeur des droits est calculée à proportion de leurs droits légaux dans l'actif net.

§ 2
Passif restant à acquitter

431.41 Nature du passif à acquitter – Renvois. Il s'agit des **dettes et charges de la succession** et des **dettes de l'indivision** non réglées par un copartageant ; elles sont regroupées par le Code civil sous le paragraphe 2 du chapitre « Des autres dettes » (C. civ., art. 870 à 882), après le premier paragraphe de ce chapitre, consacré aux dettes des copartageants (v. s[s] n° 313.31).

Ce passif est destiné à être acquitté, de la manière qui sera précisée dans les attributions, soit par **affectation** à ce paiement d'une partie de l'actif, soit par **prise en charge par un cohéritier** en contrepartie de son attribution.

Le Code civil précise :

– les droits des créanciers de la succession en cas de difficulté de paiement (C. civ., art. 876) ;

– les droits respectifs des créanciers de la succession et des créanciers personnels des héritiers (C. civ., art. 878) ;

– ainsi que la possibilité de s'opposer au partage ou d'y intervenir, reconnue aux créanciers personnels des héritiers (C. civ., art. 882). Ces questions complexes, qui peuvent interférer dans le déroulement du partage, n'entrent pas dans le cadre de notre étude, et nous renvoyons pour leur étude à la bibliographie citée (v. s[s] n° 431.03).

§ 3
Total des droits des parties et du passif à acquitter

431.51 Nécessité d'additionner les droits des parties et le passif à acquitter. Les droits des parties et le passif à acquitter doivent être additionnés car leur total donne la valeur abstraite de ce qui est dû aux copartageants et aux créanciers.

Ce total doit correspondre exactement au montant de **l'actif brut de la masse à partager** (sur la masse à partager, v. 1re partie dans le tableau présenté s[s] n° 431.21-1), **augmenté des restitutions au titre du rapport et de la réduction** (sur cette masse à partager, v. 2e partie dans le tableau présenté s[s] n° 431.21-1), qui représente **l'actif réel que l'on va utiliser** pour, d'une part, remplir les copartageants de leurs droits, d'autre part, payer les dettes constituant le passif.

Cette vérification doit être faite avant les propositions d'attributions. Elle constitue la conclusion de la liquidation.

SECTION 3
ATTRIBUTIONS ET AFFECTATIONS À L'ACQUIT DU PASSIF

431.60 Plan. Après avoir rappelé les principes qui régissent les attributions (§ 1) et leur application à la composition des attributions (§ 2), nous examinerons leur mise en œuvre (§ 3), ainsi que le cas particulier de la conversion de l'attribution en usufruit du conjoint survivant (§ 4).

§ 1
Principes

431.71 Trois principes directeurs. Pour établir les attributions, trois principes sont à respecter :

– la **liberté des indivisaires** de convenir des attributions comme ils l'entendent, du moins dans le partage amiable ; c'est pourquoi le liquidateur présente ce chapitre sous le titre : « Propositions d'attributions » ;

– **l'unanimité nécessaire** pour la réalisation de ces attributions ;

– enfin, la nécessité de **respecter l'égalité en valeur** dans la composition des parts.

Les deux premiers principes n'ont pas évolué depuis la rédaction du Code civil. En revanche, le principe de l'égalité en valeur a été affirmé par la loi du 23 juin 2006[1], alors qu'il était jusque-là absent de la lettre de la loi.

1. L. n° 2006-728, 23 juin 2006, portant réforme des successions et des libéralités, *JO* 24 juin, p. 9513, entrée en vigueur le 1er janvier 2007.

431.72 Principe de l'égalité en valeur : fondement. En vertu de ce principe, chaque indivisaire a droit à une portion de la masse indivise, qui constitue sa « *part* » - ou son « *lot* », - le terme de « *lot* » étant utilisé en cas de tirage au sort - part ou lot composé de manière à réaliser une égalité en valeur entre les cohéritiers (C. civ., art. 826, al. 1er).

Le principe d'égalité en valeur dans la composition des parts s'applique également à la formation des lots soumis à tirage au sort, en cas de désaccord entre les copartageants.

L'ancien principe d'égalité en nature, déjà très ébranlé (C. civ., anc. art. 832, al. 1er et 2), est officiellement passé au second rang depuis l'entrée en vigueur de la loi du 23 juin 2006.

431.73 Principe de l'égalité en valeur : portée. Les modalités de composition des parts sont subordonnées à la nécessité que chaque copartageant reçoive des biens « *pour une valeur égale à celle de ses droits dans l'indivision* » (C. civ., art. 826, al. 2).

L'égalité entre les copartageants n'implique pas que ceux-ci soient allotis de parts d'une valeur identique : en effet, il arrive que les copartageants aient des droits inégaux, soit en cas de représentation, soit par la volonté du défunt lorsque certains cohéritiers sont favorisés par des libéralités hors part successorale. Dans ce cas, il faut seulement qu'il y ait **adéquation** entre la valeur des biens attribués à chaque copartageant et le montant des droits de celui-ci dans le partage.

En cas de représentation, l'égalité en valeur résulte de la correspondance entre la valeur des biens attribués à chaque souche et le montant des droits théoriques de celle-ci dans la valeur globale de l'indivision (C. civ., art. 826 et 827 - V. ss no 431.91-1).

Mais il n'y a pas d'obligation que tous les copartageants soient allotis de biens pris dans toutes les catégories de biens qui figurent dans la masse partageable.

§ 2
Applications

431.81 Application à la composition des attributions – Attributions préférentielles – Renvoi. Le principe d'égalité en valeur est mis au service de considérations économiques : « *Dans la formation et la composition des lots, on s'efforce d'éviter de diviser les unités économiques et autres ensembles de biens dont le fractionnement entraînerait la dépréciation* » (C. civ., art. 830).

Si les héritiers ne parviennent pas à un accord amiable, l'un d'eux peut demander l'**attribution préférentielle de certains biens,** dans le même souci de préserver les unités économiques. Lorsque les conditions en sont réunies, les attributions préférentielles orientent la formation des parts et des lots, en ce qui concerne certains biens pouvant figurer dans la masse partageable, pour favoriser un **indivisaire qui mérite protection (conjoint, partenaire de pacte civil de solidarité ou héritier mineur)** et pour atténuer les conséquences du décès de l'entrepreneur **pour l'entreprise** (C. civ., art. 831 à 834).

Nous renvoyons pour leur étude aux ouvrages précités (v. ss no 431.03), car elles ne s'appliquent pas en cas de partage amiable ; cependant, les règles qui les régissent peuvent inspirer les propositions d'attributions émises par le liquidateur.

§ 3
Mise en œuvre

A.
Nombre de parts ou de lots

431.91 Nombre de parts ou de lots. En principe, dans un partage amiable, on compose autant de parts qu'il y a d'attributaires.

Dans un partage judiciaire, qui est soumis au tirage au sort, en présence de copartageants dont les droits ne sont pas de même montant, « *il est constitué autant de lots qu'il est nécessaire* » (C. civ., art. 826, al. 3) : sous l'empire du droit antérieur à la loi du 23 juin 2006, la jurisprudence a précisé que le nombre de lots est déterminé, dans ce cas, en considération de la part la plus faible, afin que le copartageant dont les droits théoriques sont les plus faibles reçoive un lot dans le partage [1].

Cependant, en cas de représentation, hypothèse dans laquelle le partage se fait par souche, on compose autant de lots égaux qu'il y a de souches, la subdivision des lots entre les copartageants de chaque souche se faisant au stade suivant du partage, selon une jurisprudence antérieure à la loi du 23 juin 2006, qui a été confirmée par cette loi (C. civ., art. 827) [2].

431.91-1 Nombre de parts ou de lots.

EXEMPLE

X décède sans avoir fait de libéralités entre vifs ou à cause de mort.

Il laisse :

1° Ses deux enfants, A et B ;

2° Deux petits-enfants, E et F venant par représentation de son fils C, prédécédé ;

3° Trois petits-enfants, G, H et I, venant par représentation de sa fille D, qui renonce à la succession.

1. Civ. 1re, 12 nov. 1987, no 86-12.616, P I, no 292 ; *JCP N* 1988. II. 309, note P. Salvage ; *RTD civ.* 1989. 123, obs. J. Patarin – M. Grimaldi, *Droit des successions*, 8e éd., « Manuels », LexisNexis, 2020, no 958.
2. Civ. 1re, 26 oct. 1982, no 81-13.346, P I, no 304 ; *Defrénois* 1983. 33033, note G. Champenois ; *RTD civ.* 1983. 767, obs. J. Patarin – M. Grimaldi, *Droit des successions*, 8e éd., « Manuels », LexisNexis, 2020, no 958.

On compose quatre parts ou lots, revenant à A, à B, à la souche de C et à la souche de D.

A et B ont droit chacun au quart de la succession ; le partage se fait par tête.

Pour C et D, le partage se fait par souche et chaque souche recueille un quart de la succession.

À l'intérieur de la souche de C, la répartition se fait ultérieurement par moitié entre E et F, soit un huitième chacun.

À l'intérieur de la souche de D, la répartition se fera ultérieurement par tiers entre les trois enfants de D, soit pour chacun un douzième.

Schéma :

Attributaire	Nombre de lots	Droits indivis	Subdivision ultérieure des lots des souches représentées	Total
A	1	1/4 ou 6/24		6/24
B	1	1/4 ou 6/24		6/24
Souche de C	1	1/4 ou 6/24		
E			1/8 ou 3/24	3/24
F			1/8 ou 3/24	3/24
Souche de D	1	1/4 ou 6/24		
G			1/12 ou 2/24	2/24
H			1/12 ou 2/24	2/24
I			1/12 ou 2/24	2/24
Total	4	4/4 ou 24/24		24/24

B. Attributions particulières

431.101 Attributions en moins prenant. Parmi les cas particuliers d'attributions, il faut signaler les attributions en moins prenant, par lesquelles un copartageant est attributaire de ce qu'il doit à la succession :

– le rétablissement, technique par laquelle les copartageants se voient attribuer le montant de leur dette envers la succession, ce qui diminue d'autant leurs droits sur les autres biens (C. civ., art. 864 – V. s[s] n° 424.51)[1] ;

– le paiement en moins prenant des indemnités de rapport et de réduction, pratique confirmée par la loi du 23 juin 2006 pour les rapports (C. civ., art. 858 – V. s[s] n° 422.191) et pour l'indemnité de réduction due par l'héritier réservataire (C. civ., art. 924, al. 2 – V. s[s] n° 423.52).

C. Soultes

1° Principe des soultes

431.111 Compensation. Lorsque la composition des parts fait apparaître une différence entre la valeur attribuée à un copartageant et le montant des droits de celui-ci dans l'indivision, cette différence est compensée par une soulte (C. civ., art. 826, al. 4).

Ce texte ne prévoit que le cas où « *la consistance de la masse ne permet pas de former des lots d'égale valeur* », mais il s'applique plus généralement lorsque la consistance de la masse ne permet pas de former des lots correspondant aux droits de chaque copartageant, droits qui peuvent être inégaux.

2° Modalités de fixation

431.121 Variation. La variation de la soulte, en cas de délais de paiement, est ainsi fixée : « *Lorsque le débiteur d'une soulte a obtenu des délais de paiement et que, par suite des circonstances économiques, la valeur des biens qui lui sont échus a augmenté ou diminué de plus du quart depuis le partage, les sommes restant dues augmentent ou diminuent dans la même proportion, sauf exclusion de cette variation par les parties* » (C. civ., art. 828)[2].

La faculté d'exclure la variation de la soulte n'existe qu'en matière de partage successoral : elle n'est pas admise pour les donations-partages : en matière de donation-partage, les dispositions de l'article 828 sont applicables aux soultes « nonobstant toute convention contraire » (C. civ., art. 1075-4).

431.122 Date d'exigibilité. La soulte n'est due qu'au **moment du partage**, elle ne peut pas être réclamée avant le partage, même à titre de provision : le juge ne peut pas ordonner le versement d'une provision sur soulte[3].

D. Affectation à l'acquit du passif

431.131 Mode de règlement du passif. Les copartageants ont le choix :

– soit de prendre en charge le passif en contrepartie de leurs attributions et de le régler personnellement : il leur est alors attribué des biens pour une valeur qui excède leurs droits du montant de ce passif ;

1. Civ. 1re, 29 juin 1994, n° 92-15.253, P I, n° 233 ; *D.* 1995. 88, note M. Grimaldi ; *RTD civ.* 1995. 161, obs. J. Patarin ; *Defrénois* 1995. 100, note M. Grimaldi ; *JCP* 1995. I. 3876, n° 5, obs. R. Le Guidec ; *JCP N* 1995. II. 1745, note J.-F. Pillebout – Rép. civ., v° *Succession : liquidation et règlement du passif héréditaire*, par R. Le Guidec et G. Chabot, janv. 2010 [actu. févr. 2021], n°s 312, 320 et 323 – *J.-Cl. Not. Form., v° Partage*, fasc. 120, « Rétablissements », par M.-C. Forgeard.

2. CONFIRMATION DE LA JURISPRUDENCE ANTÉRIEURE PAR L. 23 juin 2006 : Civ. 1re, 30 mars 2004, n° 01-14.542, P I, n° 104 ; *JCP* 2005. I. 187, n° 5, obs. R. Le Guidec ; *Dr. fam.* 2004, n° 110, note B. Beignier.

3. Civ. 1re, 13 oct. 1998, n°s 96-18.140 et 96-18.384, P I, n° 302 ; *JCP* 1998. IV. 2090 ; *JCP N* 1998. 1834 ; *RTD civ.* 1999. 447, obs. J. Patarin.

– soit d'affecter directement certains biens, tels que des comptes bancaires ou des valeurs mobilières, au règlement du passif.

§ 4
Attributions en usufruit au conjoint – Conversion

A.
Nature de l'opération

431.141 **Opération de partage.** Lorsque le conjoint est usufruitier de tout ou partie de la succession, surtout en présence d'enfants non communs, il peut souhaiter que l'attribution de cet usufruit à son profit soit convertie en une rente viagère ou un capital. La loi du 3 décembre 2001 a modifié en les simplifiant les règles de cette conversion (C. civ., art. 759 à 762) [1].

Cette conversion est définie par le Code civil comme une opération de partage.

« *La conversion de l'usufruit est comprise dans les opérations de partage* » (C. civ., art. 762), car par cette opération, le conjoint se voit attribuer une **créance contre ses cohéritiers, en contrepartie de ses droits dans les biens successoraux**. C'est pourquoi la demande peut être introduite jusqu'au partage définitif (C. civ., art. 760, al. 1er).

Pour éviter que le conjoint ait à restituer les revenus perçus alors qu'il était usufruitier, entre le jour du décès et celui du partage, la loi précise que la conversion ne produit **pas d'effet rétroactif,** sauf stipulation contraire des parties (C. civ., art. 762, *in fine*).

431.142 **Origine de l'usufruit.** Jusqu'à l'entrée en vigueur de la loi du 3 décembre 2001, les dispositions relatives à la **conversion de l'usufruit en rente viagère** étaient différentes pour l'usufruit légal (C. civ., anc. art. 767, al. 5) et pour l'usufruit recueilli par libéralité (C. civ., anc. art. 1094-2, aujourd'hui abrogé).

Désormais, la faculté de conversion de l'usufruit s'applique de la même manière quelle que soit l'origine de l'usufruit du conjoint : « *Tout usufruit appartenant au conjoint sur les biens du prédécédé, qu'il résulte de la loi, d'un testament ou d'une donation de biens à venir, donne ouverture à une faculté de conversion en rente viagère* [...] » (C. civ., art. 759) ; il en est de même à plus forte raison pour la **conversion de l'usufruit en capital** qui n'est assortie d'aucune condition (C. civ., art. 761 et 762).

B.
Modalités

431.151 **Conversion en capital.** La loi distingue la conversion de l'usufruit en capital (C. civ., art. 761 et 762), qui suppose seulement un accord entre les héritiers et le conjoint, et la conversion de l'usufruit en rente viagère, plus précisément réglementée (C. civ., art. 759, 759-1, 760 et 762).

Pour la conversion de l'usufruit en capital, **il faut et il suffit que les parties soient d'accord** (C. civ., art. 761) : en l'absence d'accord des parties, le juge ne peut se substituer à elles pour ordonner la conversion de l'usufruit d'un prix de vente en capital [2] et la jurisprudence précise qu'aucune disposition légale ne prévoit la faculté de conversion en capital de l'usufruit du conjoint survivant, « *fût-ce à la demande de celui-ci* » [3].

431.152 **Conversion en rente viagère. • Droit de nature successorale.** La faculté de demander la conversion de l'usufruit du conjoint en rente viagère est un droit de nature successorale : **ce droit n'est pas susceptible de renonciation**, avant l'ouverture de la succession, et le défunt ne peut en priver ses héritiers par des dispositions de dernières volontés (C. civ., art. 759-1).

• Personnes pouvant demander la conversion. Avant la réforme de 2001, la conversion de l'usufruit en rente viagère était conçue comme une mesure au profit des nus-propriétaires, qui avaient seuls la faculté de la demander. Cette faculté est maintenue au profit de **chaque héritier nu-propriétaire,** mais la loi autorise désormais également **le conjoint** à demander la conversion (C. civ., art. 759, *in fine*).

• Biens visés. Lorsqu'elle est **judiciaire**, la conversion est **globale** et doit porter sur l'ensemble des biens de la succession ; c'est pourquoi, à défaut d'accord entre les parties, la loi prévoit que le juge en fixera les conditions. Néanmoins, dans ce cas, le juge ne peut « *ordonner contre la volonté du conjoint la conversion de l'usufruit portant sur le logement qu'il occupe à titre de résidence principale, ainsi que sur le mobilier le garnissant* » (C. civ., art. 760, al. 3).

• Caractère amiable ou judiciaire. En cas d'accord unanime sur son principe et ses conditions, la conversion de l'usufruit en rente viagère peut intervenir amiablement.

Ce n'est qu'à défaut d'accord entre les parties que l'intervention du juge sera nécessaire (C. civ., art. 760, al. 1er) : le juge doit se prononcer sur le **principe** même de la conversion ; s'il y fait droit, il en détermine les **conditions**, c'est-à-dire le montant de la rente et les garanties du crédirentier, ainsi que le type d'indexation propre à maintenir l'équivalence initiale de la rente à l'usufruit (C. civ., art. 760, al. 2).

1. L. nº 2001-1135, 3 déc. 2001, relative aux droits du conjoint survivant et des enfants adultérins et modifiant diverses dispositions de droit successoral, *JO* 4 déc., p. 19279, entrée en vigueur le 4 déc. 2001.

2. Civ. 1re, 6 juin 1990, nº 88-20.458, P I, nº 146 ; *RTD civ.* 1991. 364, obs. F. Zénati ; *JCP* 1991. II. 21686, note J.-F. Pillebout ; *Defrénois* 1991. 229, note J. Savatier.
3. Civ. 1re, 20 nov. 2001, nº 00-10.136, P I, nº 287 ; *JCP* 2002. I. 178, nº 5, obs. R. Le Guidec ; *Dr. fam.* 2002, nº 11, obs. B. B.

LIVRE

5. LA DÉCLARATION DE SUCCESSION

SECTION 0 ORIENTEUR

5.00 Sommaire du livre.

5.05 Division. La déclaration de succession est reliée à la liquidation civile, qui en est le socle. Dans cette cinquième partie, nous nous intéressons aux conséquences fiscales des principes dégagés dans les précédentes parties de l'ouvrage. Cette étude apporte donc un complément fiscal en matière de liquidation des successions, en donnant des exemples de l'application des règles édictées par le Code général des impôts, mais elle n'a pas un caractère exhaustif et renvoie aux ouvrages et bases de données spécialisés en fiscalité des successions pour approfondir les questions traitées ici sous l'angle pratique.

Nous examinerons les obligations fiscales des héritiers (titre 50), puis le contenu de la déclaration de succession (titre 51) ; nous opposerons ensuite le régime de droit commun (titre 52) aux régimes particuliers (titre 53).

TITRE

50. Les aspects fiscaux de la liquidation

SECTION 0
ORIENTEUR

50.00 **Sommaire du titre.**

50.05 **Introduction.** L'ouverture de la succession par le décès est le fait générateur, pour les ayants droit du défunt, d'une obligation de déposer une déclaration de succession.

Alors que les ayants droit peuvent régulariser la liquidation civile à la date qui leur convient, ils sont obligés d'anticiper cette liquidation pour établir la déclaration de succession dans le délai fixé par le législateur.

L'obligation de déposer une déclaration de succession est l'objet du présent chapitre.

CHAPITRE

501. Obligations des héritiers

SECTION 0
ORIENTEUR

501.00 Sommaire du chapitre.

501.01 Textes applicables

• **CGI,** art. 4 B, 641, 656, 796-0, 796-0 *bis*, 800, 801, 802, 1709, 1727, 1728, 1729 B

• ***Bulletin officiel des Finances publiques-Impôts (BOFiP)*** : *BOI-ENR-DMTG-10-60, BOI-ENR-DMTG-10-60-50 et BOI-CF-INF-10-20-10*

> Obligations déclaratives et dispenses

[CGI, art. 796-0, 796-0 *bis*, 800]

• **CGI,** art. 796-0

Sont exonérées de droits de mutation par décès les personnes dispensées de dépôt de déclaration de succession en application des dispositions de l'article 800.

• **CGI,** art. 796-0 *bis*

Sont exonérés de droits de mutation par décès le conjoint survivant et le partenaire lié au défunt par un pacte civil de solidarité.

• **CGI,** art. 800 *(mod. par L. n° 2019-1479, 28 déc. 2019, art. 150)*

I. – Les héritiers, légataires ou donataires, leurs tuteurs ou curateurs, sont tenus de souscrire une déclaration détaillée.

En sont dispensés :

1° Les ayants cause en ligne directe, le conjoint survivant et le partenaire lié par un pacte civil de solidarité lorsque l'actif brut successoral est inférieur à 50 000 euros et à la condition que ces personnes n'aient pas bénéficié antérieurement, de la part du défunt, d'une donation ou d'un don manuel non enregistré ou non déclaré ;

2° Les personnes autres que celles visées au 1° lorsque l'actif brut successoral est inférieur à 3 000 euros.

II. – (*Abrogé*)

> Solidarité

• **CGI,** art. 1709

Les droits des déclarations des mutations par décès sont payés par les héritiers, donataires ou légataires.

Les cohéritiers, à l'exception de ceux exonérés de droits de mutation par décès, sont solidaires.

> Mentions obligatoires

[CGI, art. 801 et 802]

• **CGI,** art. 801

La déclaration prévue à l'article 800 doit mentionner les nom, prénoms, date et lieu de naissance de chacun des héritiers, légataires ou donataires.

Si la naissance est arrivée hors de France, il est, en outre, justifié de cette date avant l'enregistrement de la déclaration, à défaut de quoi il est perçu les droits les plus élevés qui pourraient être dus au Trésor sauf restitution du trop-perçu comme il est dit à l'article 1965 C.

• **CGI,** art. 802

Toute déclaration de mutation par décès, souscrite par les héritiers, donataires et légataires, leurs tuteurs, curateurs ou administrateurs légaux est terminée par une mention ainsi conçue :

« [...] Le déclarant affirme sincère et véritable la présente déclaration ; il affirme, en outre, sous les peines édictées par l'article 1837 du Code général des impôts, que cette déclaration comprend l'argent comptant, les créances et toutes autres valeurs mobilières françaises ou étrangères qui, à sa connaissance, appartenaient au défunt, soit en totalité, soit en partie ».

Lorsque le déclarant affirme ne savoir ou ne pouvoir signer, lecture de la mention prescrite au premier alinéa lui est donnée, ainsi que de l'article 1837 précité et des articles L. 230 et L. 231 du Livre des procédures fiscales relatifs à l'exercice des poursuites pénales en cas d'affirmation frauduleuse. Certification est faite, au pied de la déclaration, que cette formalité a été accomplie et que le déclarant a affirmé l'exactitude complète de sa déclaration.

> Lieu de dépôt

[CGI, art. 656 et 4 B]

• **CGI,** art. 656

Les mutations par décès sont enregistrées au service des impôts du domicile du décédé quelle que soit la situation des valeurs mobilières ou immobilières à déclarer.

Les déclarations de succession de personnes non domiciliées en France sont déposées auprès du service désigné par le ministre chargé du Budget.

• **CGI,** art. 4 B *(mod. par L. nº 2019-1479, 28 déc. 2019, art. 13 et 4)*

1. Sont considérées comme ayant leur domicile fiscal en France au sens de l'article 4 A :

a. Les personnes qui ont en France leur foyer ou le lieu de leur séjour principal ;

b. Celles qui exercent en France une activité professionnelle, salariée ou non, à moins qu'elles ne justifient que cette activité y est exercée à titre accessoire ;

Les dirigeants des entreprises dont le siège est situé en France et qui y réalisent un chiffre d'affaires annuel supérieur à 250 millions d'euros sont considérés comme exerçant en France leur activité professionnelle à titre principal, à moins qu'ils ne rapportent la preuve contraire. Pour les entreprises qui contrôlent d'autres entreprises dans les conditions définies à l'article L. 233-16 du Code de commerce, le chiffre d'affaires s'entend de la somme de leur chiffre d'affaires et de celui des entreprises qu'elles contrôlent.

Les dirigeants mentionnés au deuxième alinéa du présent b s'entendent du président du conseil d'administration lorsqu'il assume la direction générale de la société, du directeur général, des directeurs généraux délégués, du président et des membres du directoire, des gérants et des autres dirigeants ayant des fonctions analogues ;

c. Celles qui ont en France le centre de leurs intérêts économiques.

2. Sont également considérés comme ayant leur domicile fiscal en France les agents de l'État, des collectivités territoriales et de la fonction publique hospitalière qui exercent leurs fonctions ou sont chargés de mission dans un pays étranger et qui ne sont pas soumis dans ce pays à un impôt personnel sur l'ensemble de leurs revenus.

> Délai

• **CGI,** art. 641

Les délais pour l'enregistrement des déclarations que les héritiers, donataires ou légataires ont à souscrire des biens à eux échus ou transmis par décès sont :

De six mois, à compter du jour du décès, lorsque celui dont on recueille la succession est décédé en France métropolitaine ;

D'une année, dans tous les autres cas.

> Pénalités

[CGI, art. 1727, 1728 et 1729 B]

• **CGI,** art. 1727

I. – Toute créance de nature fiscale, dont l'établissement ou le recouvrement incombe aux administrations fiscales, qui n'a pas été acquittée dans le délai légal donne lieu au versement d'un intérêt de retard. À cet intérêt s'ajoutent, le cas échéant, les sanctions prévues au présent code […].

III. – Le taux de l'intérêt de retard est de 0,20 % par mois. Il s'applique sur le montant des créances de nature fiscale mises à la charge du contribuable ou dont le versement a été différé.

IV. – 1. L'intérêt de retard est calculé à compter du premier jour du mois suivant celui au cours duquel l'impôt devait être acquitté jusqu'au dernier jour du mois du paiement […].

3. Lorsqu'il est fait application de l'article 1728, le décompte de l'intérêt de retard est arrêté au dernier jour du mois de la proposition de rectification ou du mois au cours duquel la déclaration ou l'acte a été déposé […].

• **CGI,** art. 1728

1. Le défaut de production dans les délais prescrits d'une déclaration ou d'un acte comportant l'indication d'éléments à retenir pour l'assiette ou la liquidation de l'impôt entraîne l'application, sur le montant des droits mis à la charge du contribuable ou résultant de la déclaration ou de l'acte déposé tardivement, d'une majoration de :

a. 10 % en l'absence de mise en demeure ou en cas de dépôt de la déclaration ou de l'acte dans les trente jours suivant la réception d'une mise en demeure, notifiée par pli recommandé, d'avoir à le produire dans ce délai ;

b. 40 % lorsque la déclaration ou l'acte n'a pas été déposé dans les trente jours suivant la réception d'une mise en demeure, notifiée par pli recommandé, d'avoir à le produire dans ce délai ;

c. 80 % en cas de découverte d'une activité occulte […].

2. Pour les déclarations prévues à l'article 800, la majoration de 10 % est applicable à partir du premier jour du septième mois suivant celui de l'expiration des délais de six mois et de vingt-quatre mois prévus respectivement aux articles 641 et 641 *bis*.

La majoration de 40 % s'applique lorsque cette déclaration n'a pas été déposée dans les quatre-vingt-dix jours suivant la réception d'une mise en demeure, notifiée par pli recommandé d'avoir, à la produire dans ce délai […].

• **CGI,** art. 1729 B *(mod. par L. nº 2021-1109, 24 août 2021, art. 19, V)*

1. Le défaut de production dans les délais prescrits d'un document qui doit être remis à l'administration fiscale, autre que ceux mentionnés aux articles 1728 et 1729, entraîne l'application d'une amende de 150 euros.

L'amende est portée à 1 500 € s'agissant de la déclaration prévue à l'article 238 *bis*, de la déclaration prévue à l'article 242 *sexies* et de l'état prévu au premier alinéa du III *bis* de l'article 244 *quater* B. Elle est également portée à 1 500 € en cas d'infraction pour la deuxième année consécutive à l'obligation de dépôt de la déclaration prévue à l'article 222 *bis*.

2. Sauf cas de force majeure, les omissions ou inexactitudes constatées dans un document mentionné au 1 entraînent

l'application d'une amende de 15 euros par omission ou inexactitude, sans que le total des amendes applicables aux documents devant être produits simultanément puisse être inférieur à 60 euros ni supérieur à 10 000 euros.

L'amende est portée à 150 euros s'agissant de la déclaration prévue à l'article 242 *sexies*.

3. Les amendes prévues aux 1 et 2 ne sont pas applicables, en cas de première infraction commise au cours de l'année civile en cours et des trois années précédentes, lorsque l'intéressé a réparé l'infraction, soit spontanément, soit dans les trente jours suivant une demande de l'administration.

4. Les amendes prévues aux 1 et 2 du présent article ne sont pas applicables aux déclarations de changement de situation mentionnées au 2 de l'article 204, I.

501.02 Jurisprudence de référence.

> Critères du domicile fiscal

• **Com. 15 oct. 1996,** n° 94-19.120, P IV, n° 236 (*rejet*)

* V. s[s] n° 501.92

« Mais attendu que le foyer du contribuable, qui détermine le domicile fiscal, s'entend du lieu où l'intéressé habite normalement et a le centre de ses intérêts familiaux, sans qu'il soit tenu compte de séjours effectués temporairement ailleurs, en raison notamment des nécessités de sa profession ; qu'appréciant souverainement les éléments de preuve produits devant lui à ce sujet par les deux parties, le Tribunal, après avoir examiné les liens de l'épouse avec ce foyer, a relevé, en ce qui concerne M. Y, son conjoint, que s'il séjournait effectivement pendant les dernières années de sa vie plus fréquemment au Venezuela qu'en France, sa résidence du Vésinet n'en était pas moins restée "le point d'attache du couple et de la famille" et son foyer au sens du texte fiscal ; [...]

Mais attendu qu'ayant justement retenu d'un côté que, sur les trois critères légaux, "il suffit qu'un seul soit démontré pour entraîner la domiciliation en France", et, de l'autre, que le critère dominant était le foyer et le lieu du séjour principal, le jugement a décidé que ce foyer se trouvait au Vésinet, Yvelines [...]. »

• **Com. 16 déc. 1997,** n° 95-20.365, P IV, n° 343 (*rejet*)

* V. s[s] n° 501.92

« Mais attendu, d'une part, qu'ayant énoncé que tous les biens transmis par décès sont soumis aux droits de mutation à titre gratuit lorsque le défunt avait son domicile fiscal en France, notamment du fait qu'il y avait son foyer ou son lieu de séjour principal, et constaté que M. André X, qui dirigeait une société dont le siège social est situé à Nouméa et dont l'activité se situe essentiellement en Nouvelle-Calédonie depuis 1948, est décédé à Villenave-d'Ornon en mars 1981 après avoir séjourné plus de six mois en France au cours de l'année précédente, ces séjours résultant non de convenances personnelles ou professionnelles mais seulement des nécessités du traitement d'une maladie qui ne pouvait pas être soignée en Nouvelle-Calédonie, le jugement a estimé qu'un tel transfert de son lieu de séjour principal qui ne manifestait nullement son intention de fixer sur le territoire métropolitain de la France son principal établissement n'établissait pas qu'il y avait son domicile fiscal [...]. »

> Report du délai de déclaration en faveur du légataire universel en cas de contestation judiciaire

• **Com. 1er avr. 1997,** n° 95-13.181, NP (*cassation*)

* V. s[s] n° 501.104

« Attendu que pour rejeter la demande de Mme Z, le tribunal retient qu'elle ne justifie pas de sa dépossession du fait de l'instance judiciaire ;

Attendu qu'en statuant ainsi, alors que, indépendamment de toute dépossession, la contestation de ses droits reporte au jour où ils sont définitivement reconnus par une décision de justice le point de départ du délai légal au cours duquel le légataire universel doit faire sa déclaration de succession, le Tribunal a violé le texte susvisé ; [...]. »

501.03 Bibliographie indicative.

Actualisables. *Dict. enreg. (F. Lefebvre)*, nos 3614 s. – « Documentation pratique fiscale Francis Lefebvre », ENR-X-200 s. – *J.-Cl. fiscal, fasc. 7674 : ENR – SUCCESSIONS – Souscription de la déclaration – Personnes tenues de souscrire la déclaration. Délais et service compétent*, par F. Fruleux, avr. 2015 (actu. mai 2024).

Ouvrages. *Successions et libéralités*, « Mémento », Francis Lefebvre, 2024/2025 – S. Ferré-André et S. Berre, *Successions et libéralités*, 11e éd., « HyperCours », Dalloz, 2025.

501.04 Questions essentielles.

> En dessous de quel montant d'actif est-on dispensé de déposer une déclaration de succession ?

* V. s[s] n° 501.21

> Quels ayants droit sont solidaires pour la déclaration et le paiement des droits ?

* V. s[s] n° 501.41

> Où doit être déposée la déclaration ?

* V. s[s] n° 501.91

> Dans quel délai doit être souscrite la déclaration ?

* V. s[s] n° 501.101

> Comment se calculent les pénalités de retard ?

* V. s[s] n° 501.114

501.05 Division. Nous examinerons le principe de cette obligation et ses exceptions (sect. 1), puis son champ d'application quant aux personnes (sect. 2) et les modalités de la déclaration : la forme, les mentions, le lieu de dépôt et les délais de souscription (sect. 3). Enfin, nous indiquerons les sanctions de ces obligations (sect. 4).

SECTION 1
PRINCIPES

§ 1
Obligations déclaratives

501.11 Déclaration obligatoire. La déclaration de succession est obligatoire. Les ayants droit de la personne décédée sont tenus de souscrire une déclaration détaillée (CGI, art. 800, I).

Peu importe qu'aucun droit ne soit dû, du fait de l'application des abattements ou du fait que le passif est supérieur à l'actif.

La déclaration de succession est une formalité de rigueur à laquelle il ne peut être suppléé ni par des offres, ni par aucun acte équivalent [1].

Le fait que le partage de la succession n'ait pas été effectué ne permet pas aux héritiers de se soustraire à l'obligation de souscrire une déclaration [2], de même que le fait qu'il y ait des contestations entre les héritiers [3].

§ 2 Exceptions

501.21 Dispense. Toutefois, les ayants droit sont dispensés de déposer une déclaration (CGI, art. 800, I) dans les cas suivants :

- en l'absence d'actif ;
- lorsque l'actif **brut** successoral est inférieur à 50 000 euros et que les déclarants sont les ayants cause en ligne directe, le conjoint survivant et le partenaire lié par un pacte civil de solidarité, à la condition que ces ayants droit n'aient pas bénéficié antérieurement, de la part du défunt, d'une donation ou d'un don manuel non enregistré ou non déclaré ;
- pour les autres ayants droit, lorsque l'actif **brut** successoral est inférieur à 3 000 euros.

Lorsque l'actif **brut** successoral dépasse 50 000 euros, le conjoint survivant et le partenaire lié au défunt par un pacte civil de solidarité ne sont pas dispensés du dépôt d'une déclaration de succession, bien qu'ils soient exonérés de droits de succession en application de l'article 796-0 *bis* du Code général des impôts [4].

Lorsque la succession est négative, le passif étant supérieur à l'actif, si l'actif brut dépasse les plafonds ci-dessus, les ayants droit sont tenus de souscrire une déclaration, pour permettre à l'administration de vérifier si le passif est ou non justifié [5].

501.22 Notion d'actif brut successoral. L'actif brut successoral se compose de l'ensemble des biens du défunt, sans déduction du passif et y compris les biens légués.

Il en résulte que, pour le dépôt d'une déclaration de succession par un légataire ou un donataire alors qu'il existe d'autres ayants droit, les plafonds ci-dessus ne s'appliquent pas au montant du legs ou du don déclaré isolément, mais à l'ensemble des biens du défunt, sans déduction du passif et y compris les biens légués [6].

1. Civ. 3 févr. 1869, *JE* art. 18632, *Dict. enreg.*, n° 3614.
2. Pont Audemer, 13 juin 1934, *RE* 10325, *Ind.* 2949, *Dict. enreg.*, n° 3614.
3. Rodez, 17 mai 1960, *Ind* 10094, *Dict. enreg.*, n° 3614.
4. *BOI-ENR-DMTG*-10-60-10-20120912, n° 20.
5. *Dict. enreg.*, n° 3615.
6. *BOI-ENR-DMTG*-10-60-10-20120912, n° 20.

501.22-1 Obligation et dispense de déclaration de succession.

TABLEAU RÉCAPITULATIF

Ayants droit	En ligne directe	Conjoint	Partenaire de PACS	Légataire et autres
Actif brut successoral (y compris biens légués)				
Inférieur à 3 000 €	Dispense	Dispense	Dispense	Dispense
Supérieur à 3 000 € et inférieur à 50.000 €	Dispense	Dispense	Dispense	Obligation
Supérieur à 50 000 €	Obligation	Obligation	Obligation	Obligation

501.22-2 Actif successoral supérieur à 50 000 euros.

EXEMPLE

M. X décède laissant son conjoint et deux enfants. Par testament, il a légué 2 000 € à son neveu. Les biens existants à son décès ont une valeur de 152 000 €, et le passif (arriérés d'impôts et dettes) à 100 000 €.

L'actif brut successoral y compris les biens légués étant supérieur à 50 000 €, tous les ayants droit, même le conjoint qui est exonéré de droits de succession, même les enfants qui bénéficient chacun d'un abattement de 100 000 €, et même le neveu qui a droit à un abattement de 7 967 €, sont tenus de déposer une déclaration de succession.

501.22-3 Actif successoral inférieur à 50 000 euros.

EXEMPLE

M. X décède laissant son conjoint et deux enfants. Par testament, il a légué 1 000 € à son neveu. Les biens existants à son décès ont une valeur de 42 000 €, et le passif (arriérés d'impôts et dettes) à 20 000 €.

L'actif brut successoral y compris les biens légués s'élevant à 42 000 €, le conjoint et les enfants sont dispensés de déposer une déclaration de succession. En revanche, le légataire doit en déposer une, même si, en application de l'abattement de 7 967 €, il ne paiera aucun droit.

501.23 Portée de la dispense. Malgré la dispense dont les ayants droit peuvent bénéficier, s'ils déposent néanmoins une déclaration de succession, celle-ci doit être acceptée par l'administration et aucun droit n'est dû.

Par ailleurs, le dépôt d'une déclaration peut être exigé même dans les cas de dispense ci-dessus, lorsque les ayants droit demandent la délivrance de certificats constatant la non-exigibilité de l'impôt de mutation par décès, notamment en cas de vente de biens successoraux lorsqu'un ayant droit est domicilié à l'étranger, ou de délivrance de capitaux provenant d'une assurance vie[1].

Enfin, lorsque le défunt a perçu des aides sociales, le dépôt d'une déclaration suivi de son enregistrement fait courir le délai de prescription de cinq ans à compter de l'enregistrement de la déclaration de succession, délai prévu par le dernier alinéa de l'article L. 815-12 du Code de la sécurité sociale pour la récupération de l'aide sociale[2].

SECTION 2
PERSONNES

501.31 **Successeurs.** La déclaration de succession doit être souscrite par les ayants droit du défunt : héritiers, conjoint, légataires, donataires (en cas de donation entre époux à cause de mort), tuteurs et curateurs des ayants droit bénéficiant d'un régime de protection ; elle peut également être souscrite par mandataire.

§ 1
Ayants droit

501.41 **Héritiers, légataires et donataires.** Chacun des héritiers a qualité pour souscrire la déclaration au nom de tous, en vertu de la solidarité qui les lie (CGI, art. 1709).

En revanche, les légataires et donataires (sauf lorsqu'ils sont également héritiers) ne sont solidaires ni entre eux, ni avec les héritiers et souscrivent chacun une déclaration.

501.42 **Conjoint survivant et partenaire de PACS du défunt.** Le conjoint survivant et le partenaire de PACS du défunt, lorsqu'il vient à la succession, sont tenus de déposer une déclaration de succession lorsque l'actif brut successoral dépasse 50 000 euros.

Toutefois, étant exonérés de droits de mutation par décès, ils ne sont pas solidaires des héritiers (CGI, art. 1709, al. 2). Ils ne peuvent donc déposer une déclaration de succession au nom des héritiers.

501.43 **Ayants droit mariés.**

• **Époux communs en biens.** Chacun des époux a qualité pour souscrire la déclaration de succession pour ce qui le concerne, les biens hérités ayant le caractère de biens propres (C. civ., art. 1428).

Pour les époux mariés sous le régime de la communauté universelle, la déclaration peut être souscrite par l'un ou l'autre d'entre eux[3].

• **Époux séparés de biens.** Chaque époux souscrit personnellement la déclaration de succession.

§ 2
Personnes protégées

501.51 **Représentation.**

• **Mineurs.** Les successions ou legs dévolus à un mineur non émancipé sont déclarées par son administrateur légal, c'est-à-dire le parent qui exerce l'autorité parentale, ou l'un des deux parents si l'autorité parentale est exercée conjointement (C. civ., art. 382 et 388-1-1).

Le mineur émancipé peut souscrire lui-même la déclaration de succession ou de legs.

• **Majeurs.** Les successeurs en tutelle ou en curatelle sont représentés par le tuteur ou le curateur pour le dépôt de la déclaration de succession ou de legs (CGI, art. 800, I, al. 1er).

En cas d'habilitation familiale, le juge statue sur l'étendue de l'habilitation et peut faire porter l'habilitation sur « *un ou plusieurs des actes que le tuteur a le pouvoir d'accomplir, seul ou avec une autorisation sur les biens de l'intéressé* » (C. civ., art. 494-5 et 494-6, al. 1er). Si le contenu de l'habilitation ne prévoit pas de tels actes, il faut demander une habilitation spéciale.

§ 3
Cas particuliers

501.61 **Légataire verbal.** En présence d'un legs verbal, reconnu et délivré par acte notarié par le légataire universel du défunt, le légataire verbal est tenu de souscrire une déclaration pour les sommes qu'il recueille, à titre de legs particulier du défunt et non à titre de créancier du légataire universel[4]. Malgré son statut particulier, il a les mêmes obligations fiscales qu'un légataire « classique »

501.62 **Bénéficiaire d'un contrat d'assurance dans certains cas.** Une déclaration doit être effectuée par les bénéficiaires des capitaux décès issus d'un contrat d'assurance-vie dénoué par le décès de l'assuré :

– pour les contrats souscrits à compter du 20 novembre 1991 (et assimilés), au titre des primes versées par l'assuré après son 70e anniversaire ;

1. CGI, art. 803, 06, III, et 859 – *BOI-ENR-DMTG*-10-60-10-20120912, n° 20.
2. Civ. 2e, 9 mars 2017, n° 15-19.601, NP ; *AJ fam.* 2017. 311, obs. N. Levillain.
3. *BOI-ENR-DMTG*-10-60-20-20120912, n° 10.
4. *BOI-ENR-DMTG*-10-60-20-20120912, n° 40 – Civ. 26 juin 1961, *Dict. enreg.*, n° 4151.

- pour les PER (plans épargne retraite) non dénoués au décès du titulaire, lorsque ce décès intervient après son 70e anniversaire.

(CGI, art. 757 B et ann. II, art. 292 A - v. s^{s} n°s 533.01 s.).

Cette déclaration doit préciser pour chaque contrat, le montant des primes versées après le 70e anniversaire de l'assuré, ainsi que la quote-part de l'abattement de 30 500 € auquel il a droit. Cette quote-part se calcule au prorata.

La déclaration peut être partielle et ne porter que sur le contrat d'assurance vie : elle doit alors être complétée par la déclaration de l'ensemble des biens transmis, avant l'expiration du délai.

Lorsqu'une déclaration est déposée, deux solutions sont envisageables :

- si les droits sont payés au moment du dépôt, le contribuable reçoit un certificat d'acquittement (sur le formulaire lui-même) à remettre impérativement à l'organisme d'assurance, afin d'obtenir le versement du capital ;

- si les droits ne sont pas réglés au moment du dépot, le contribuable peut obtenir le versement du capital en demandant par écrit à l'assureur de verser directement au service chargé de l'enregistrement compétent en l'acquit des droits de mutation à titre gratuit.

Le dépôt d'une déclaration n'est pas requis lorsque le bénéficiaire est exonéré :

- organismes exonérés de droits de mutation à titre gratuit en application des dispositions de l'article 795 du CGI ;

- pour le conjoint survivant ou le partenaire lié au défunt par un PACS, ayant leur domicile en France [1].

501.63 **Succession vacante.** C'est le curateur de la succession vacante qui doit souscrire la déclaration de succession (C. civ., art. 810 s. - CGI, art. 800 et 1705, 6°) [2].

501.64 **Mandataire.** La déclaration peut être souscrite par mandataire, en vertu d'une procuration sous seing privé, certifiée par le mandataire, ou notariée, donnée par tout héritier, légataire ou donataire.

Les noms, prénoms et qualités des mandants sont indiqués dans la déclaration.

Plusieurs ayants droit non solidaires peuvent donner pouvoir à un mandataire unique dans la même procuration [3].

501.64-1 **Solidarité.**

EXEMPLE

M. X décède laissant son conjoint, deux enfants et deux légataires particuliers.

Les enfants sont solidaires, le conjoint et les légataires particuliers ne le sont ni entre eux, ni avec les enfants (CGI, art. 1709).

Toutefois, les cinq ayants droit peuvent être représentés par le même mandataire, aux termes d'une unique procuration signée de tous.

SECTION 3
MODALITÉS

§ 1
Forme

501.71 **Différentes sortes de déclaration de succession.** La déclaration de succession prend différentes formes selon sa portée.

La **déclaration principale** porte sur l'ensemble du patrimoine : elle est signée de tous les ayants droit solidaires et du conjoint, le cas échéant.

Une **déclaration relative aux legs** doit normalement être établie séparément par les légataires et signée d'eux seuls : elle ne porte alors que sur le legs. Une déclaration unique peut aussi être rédigée par l'ensemble des redevables, portant alors sur l'intégralité de la succession.

La **déclaration autrefois dite « foraine »** portait sur les immeubles qui ne dépendent pas du service des impôts du domicile du défunt. Elle était signée de tous les ayants droit, sauf si l'immeuble était légué : dans ce cas, c'est le légataire seul qui la signait. En pratique, elle avait disparu, les éléments concernant les immeubles situés hors du ressort du domicile du défunt étant directement transmis aux services compétents par le bureau qui reçoit la déclaration principale. L'obligation de souscrire cette déclaration a été supprimée par la loi de finances pour 2020 [4].

La déclaration partielle de succession, relative aux primes versées après 70 ans sur les contrats d'assurance vie et soumises aux droits de succession en application de l'article 757 B du Code général des impôts. Elle sert à obtenir le certificat constatant le paiement des droits de succession ou leur non-exigibilité, certificat qui doit être remis à la compagnie d'assurance pour obtenir le règlement des capitaux décès, sauf pour les personnes exonérées.

Une **déclaration complémentaire** peut être souscrite après la déclaration initiale si le déclarant a connaissance tardivement d'événements modifiant la consistance du patrimoine au décès, tels que la découverte de biens ou de dettes inconnus jusque-là.

Enfin, une **déclaration rectificative** peut encore être établie postérieurement lorsque la déclaration

1. *BOI-ENR-DMTG*-10-70-20.
2. *BOI-ENR-DMTG*-10-60-20-20120912, n° 70.
3. *BOI-ENR-DMTG*-10-60-20-20120912, n° 80.
4. L. n° 2019-1479, 28 déc. 2019, de finances pour 2020, *JO* 29 déc., texte 1, art. 150, supprimant le dernier paragraphe de l'article 800, I du CGI.

principale contenait des erreurs ou inexactitudes, par exemple, à la suite de la découverte d'ayants droit ou de dispositions testamentaires du défunt.

501.72 Imprimés à utiliser. Les trois formulaires de déclaration dans le cadre d'une succession sont disponibles sur le site www.impots.gouv.fr (n°s 2705-SD pour la déclaration de succession, 2705-S-SD pour les feuilles de suite et 2705-A-SD pour la déclaration partielle relative à l'assurance-vie), ainsi que les notices (2705-NOT-SD pour les déclaration de succession et 2705-A-NOT-SD pour l'assurance-vie).

Les notaires sont autorisés à substituer aux imprimés fournis par l'administration des documents établis et mis à jour par des concepteurs de logiciels choisis par eux[1].

Ces imprimés (2705-SD, 2705-S-SD, 2705-A-SD, 2706) sont récapitulés dans le tableau ci-après (v. s^s n° 501.85).

501.73 Nombre d'exemplaires. L'obligation de déposer la déclaration en deux exemplaires, l'une pour le service de l'enregistrement et l'autre pour le dossier fiscal (impôts directs), a été abrogée par la loi de finances pour 2020[2], mais elle reste la pratique notariale, le *BOFiP* n'ayant pas été mis à jour sur ce point[3].

L'Administration admettait déjà que cette règle ne s'appliquait que lorsque l'actif brut, imposable ou non, était supérieur à 15 000 euros, sans qu'il y ait lieu de distinguer si la dévolution est faite en ligne directe ou au profit de collatéraux ou de non-parents.

Un service d'enregistrement en ligne est annoncé pour les déclarations de succession transmises par les notaires, mais n'est pas encore mis en place. En revanche, le dépôt dématérialisé par courriel de la déclaration 2705-A est accepté[4].

§ 2
Mentions

501.80 Plan. Le contenu proprement dit de la déclaration, relativement aux biens à déclarer, fait l'objet du titre suivant (v. s^s n°s 51.00 s.). Nous indiquons ici seulement la forme de la déclaration : énonciations obligatoires, ordre de classement des biens à déclarer, affirmation de sincérité.

501.81 Identité du déclarant et dévolution successorale. La déclaration doit indiquer, sur les premières pages (formule n° 2705 SD) :

- l'identité du déclarant ;
- la dévolution successorale, qui reproduit, en pratique, les énonciations de l'acte de notoriété : les nom, prénoms, date et lieu de naissance, qualité, nationalité et domicile du défunt, ainsi que la date et le lieu du décès ; les nom, prénoms, domicile, date et lieu de naissance et degré de parenté avec le défunt, des héritiers, donataires et légataires ;
- le cas échéant, les dispositions testamentaires du défunt ;
- les dispositions de son contrat de mariage ou la mention qu'il n'a pas été passé de contrat.

501.82 Justifications diverses. Dans les éventualités ci-après, le déclarant doit effectuer les indications suivantes, le cas échéant :

- **Donations antérieures :** au titre du rappel fiscal doivent être déclarés les donations antérieures ou dons manuels consentis par le défunt depuis moins de quinze ans. Cependant, la notice 2075-NOT-SD invite à mentionner toutes les donations y compris celles effectuées depuis plus de quinze ans. S'il n'en existe pas, le déclarant doit mentionner que le défunt n'avait consenti aucune donation antérieure ni aucun don manuel[5].
- **Contrats d'assurance contre le vol ou l'incendie :** S'il existait un contrat d'assurance contre le vol ou l'incendie en cours au jour du décès, portant sur des bijoux, pierreries, objets d'art ou de collection, la date de ce contrat, le nom ou la raison sociale et le domicile de l'assureur, ainsi que le montant des risques assurés, doivent être déclarés (CGI, art. 798).
- **Éléments permettant d'évaluer l'usufruit :** en cas de transmission en nue-propriété ou en usufruit[6], la date et le lieu de naissance de l'usufruitier doivent être justifiés.

501.83 Ordre d'énumération du patrimoine successoral. Bien que les ayants droit soient libres de rédiger la déclaration comme ils l'entendent, l'administration préconise d'énumérer ces biens dans l'ordre suivant[7] :

- rentes françaises et autres valeurs du Trésor ;
- rentes et effets publics des gouvernements étrangers ;
- actions des sociétés françaises et étrangères ;
- obligations négociables et non négociables des sociétés françaises et étrangères ;
- parts d'intérêts et commandites simples françaises et étrangères ;
- numéraire ;
- assurances sur la vie ;
- dépôts dans les banques et comptes courants ;
- livrets de caisse d'épargne ;

1. *BOI-ENR-DMTG*-10-60-30-20170213, n° 10.
2. L. n° 2019-1479, 28 déc. 2019, art. 150, abrogeant le II de l'article 800 du CGI.
3. *BOI-ENR-DMTG*-10-60-30-20170213, n° 30.
4. https://www.impots.gouv.fr/actualite/renovation-du-regime-declaratif-des-declarations-partielles-de-succession-assurance-vie
5. *BOI-ENR-DMTG*-10-60-30-20170213, n° 50 et *BOI-ENR-DMTG*-10-50-50-20230711.
6. *BOI-ENR-DMTG*-10-40-10-50-20131223.
7. *BOI-ENR-DMTG*-10-60-30-20170213, n° 100.

- créances chirographaires et hypothécaires ;
- rentes sur particuliers ;
- prix d'offices ;
- fonds de commerce et marchandises ;
- meubles corporels ;
- immeubles de toute nature.

501.84 **Affirmation de sincérité.** Les déclarants doivent apposer au pied de la déclaration de succession, au bas du formulaire 2706, la formule suivante : « *Le déclarant affirme sincère et véritable la présente déclaration ; il affirme, en outre, sous les peines édictées par l'article 1837 du Code général des impôts, que cette déclaration comprend l'argent comptant, les créances et toutes autres valeurs mobilières françaises ou étrangères qui, à sa connaissance, appartenaient au défunt soit en totalité, soit en partie* »[1].

Autrefois obligatoirement manuscrite, cette déclaration peut désormais être imprimée ou apposée par un cachet.

Lorsque le déclarant affirme ne savoir ou ne pouvoir signer, il est suppléé à sa signature par la lecture de la mention ci-dessus et des textes relatifs à l'exercice des poursuites pénales en cas d'affirmation frauduleuse et par l'affirmation par le déclarant de l'exactitude complète de sa déclaration, ce qui est certifié au pied de la déclaration (CGI, art. 802, al. 3).

Il doit y avoir autant de mentions que de déclarants non solidaires ; en revanche, lorsqu'une succession est échue à plusieurs héritiers solidaires et qu'elle est déclarée par un seul d'entre eux, seul le déclarant est tenu de l'affirmation de sincérité.

Ni le légataire particulier ni le mandataire ne sont tenus de cette obligation. Le mandant n'a pas non plus à mentionner l'affirmation de sincérité dans la procuration donnée au mandataire pour déclarer la succession.

Lorsque la déclaration est partielle, l'affirmation de sincérité n'est pas requise, mais elle devra figurer dans la déclaration complète déposée ultérieurement.

Après l'affirmation de sincérité, les déclarants doivent mentionner le nombre de pages de leur déclaration ainsi que le nombre de mots rayés nuls qui doivent être approuvés. Ils doivent également approuver séparément chacun des renvois portés en marge de chaque feuille.

501.85 **Forme de la déclaration de succession.** Les déclarations de succession doivent être établies en double exemplaire. Si le double n'est pas déposé, le comptable des finances publiques est en droit de refuser la déclaration.

TABLEAU RÉCAPITULATIF

N° du modèle	Contenu	Nombre d'exemplaires (en pratique, v. s[s] n° 501.73)	Affirmation de sincérité Héritier et légataire universel	Affirmation de sincérité Légataire particulier et mandataire
2705 SD	Déclaration principale et déclaration de legs (défunt, dévolution successorale, héritiers, testament) ; déclaration complémentaire ou rectificative	2	Oui	Non
2705 S-SD	Déclaration principale et de legs, suite (déclarant, bénéficiaires, patrimoine, calcul des parts taxables) ; déclaration complémentaire ou rectificative	2	Oui	Non
2705 A-SD	Déclaration partielle (contrats d'assurance vie)	2 si dépôt papier. Dépôt dématérialisé par courriel possible.	Non	Non
2706	Feuillet intercalaire	2		

§ 3 Lieu de dépôt

501.91 **Service compétent.** La déclaration doit être déposée[2] :

- si le défunt était domicilié en France : au service des impôts dont dépend son domicile, quel que soit le lieu de situation des biens à déclarer ;

- si le défunt n'était pas domicilié en France : auprès de la recette des non-résidents qui dépend de la Direction des résidents à l'étranger et des services généraux (DRESG), 10, rue du Centre, TSA 50014, 93465 Noisy le Grand Cedex ;

- si le défunt était domicilié à Monaco, au service des impôts de Nice (Alpes-Maritimes)[3].

Ces règles s'imposent quelle que soit la nationalité du défunt.

501.92 **Notion de domicile fiscal.** Aux termes de l'article 4 B du Code général des impôts, auquel renvoie, en matière de droits de mutation à titre gratuit,

1. CGI, art. 802 – *BOI-ENR-DMTG*-10-60-30-20170213, n° 270 – *Dict. enreg.*, n° 3623.
2. CGI, art. 656 – *BOI-ENR-DMTG*-10-60-40-20120912, n° 1.
3. CGI, ann. IV, art. 121 Z *quinquies*.

l'article 750 *ter* du Code général des impôts, doivent être considérées comme ayant leur domicile fiscal en France :

– « *les personnes qui ont en France leur foyer ou le lieu de leur séjour principal* » ;

– « *celles qui exercent en France une activité professionnelle, salariée ou non, à moins qu'elles ne justifient que cette activité y est exercée à titre accessoire* » ;

– « *celles qui ont en France le centre de leurs intérêts économiques* [...] ».

Il suffit qu'un seul de ces critères – personnel, professionnel ou économique – soit rempli pour qu'un redevable soit considéré fiscalement comme domicilié en France, ces critères étant considérés par la jurisprudence comme alternatifs et indépendants les uns des autres. L'appréciation du faisceau d'indices établissant la localisation du domicile fiscal relève du pouvoir souverain des juges du fond [1].

501.93 Domicile fiscal des dirigeants des grandes entreprises françaises. La loi de finances pour 2020 a complété l'article 4 B du Code général des impôts pour préciser les règles de domiciliation fiscale des dirigeants des entreprises dont le siège est situé en France et qui y réalisent un chiffre d'affaires annuel supérieur à 250 millions d'euros [2] : ils « *sont considérés comme exerçant en France leur activité professionnelle à titre principal, à moins qu'ils ne rapportent la preuve contraire* ».

Quant au **chiffre d'affaires**, il est précisé que : « *Pour les entreprises qui contrôlent d'autres entreprises dans les conditions définies à l'article L. 233-16 du Code de commerce, le chiffre d'affaires s'entend de la somme de leur chiffre d'affaires et de celui des entreprises qu'elles contrôlent* ».

Quant aux **dirigeants visés**, il s'agit : « *Du président du conseil d'administration lorsqu'il assume la direction générale de la société, du directeur général, des directeurs généraux délégués, du président et des membres du directoire, des gérants et des autres dirigeants ayant des fonctions analogues* » (CGI, art. 4 B, 1, b).

501.94 Domicile fiscal de certains professionnels. Les autres professionnels qui sont également considérés comme ayant leur domicile fiscal en France sont : « *Les agents de l'État, des collectivités territoriales et de la fonction publique hospitalière qui exercent leurs fonctions ou sont chargés de mission dans un pays étranger et qui ne sont pas soumis dans ce pays à un impôt personnel sur l'ensemble de leurs revenus* » (CGI, art. 4 B, 2).

1. Com. 15 oct. 1996, n° 94-19.120, P IV, n° 236 – Com. 16 déc. 1997, n° 95-20.365, P IV, n° 343 – *BOI-ENR-DMTG*-10-10-30-20120912, n°s 30 s. – *Dict. enreg.*, n° 3631.
2. L. n° 2019-1479, 28 déc. 2019, art. 4 et 13, modifiant l'article 4 B du CGI.

§ 4
Délais

501.101 Principe. Le délai pour souscrire la déclaration de succession est de six mois, à compter du jour du décès, lorsque le défunt est décédé en France métropolitaine [3] et d'une année, dans tous les autres cas [4], à l'exception des successions comportant des droits immobiliers pour lesquels le titre de propriété du défunt n'a pas été constaté par un acte régulièrement publié pour lesquelles le délai est porté à vingt-quatre mois, à condition qu'une attestation notariée constatant le droit de propriété du défunt soit publiée dans les deux ans suivant le décès [5]. En outre, il existe des délais spécifiques lorsque le défunt était domicilié dans un département d'Outre-mer et que son décès est survenu en dehors de son département. [6]

Le délai se calcule par mois et se décompte de quantième à quantième, sans tenir compte du nombre de jours du mois.

Le jour du décès ne compte pas mais le dernier jour du délai est compris dans celui-ci sauf s'il se trouve être un dimanche, un jour de fête légale ou assimilé ou un jour de fermeture totale ou partielle du service des impôts. Dans ce dernier cas, le délai est prorogé jusqu'au premier jour ouvrable qui suit [7].

501.101-1 Délais de dépôt d'une déclaration de succession.

EXEMPLES

1. Mme X, domiciliée à Paris, décède le 31 août 2019 à Versailles. Le délai de dépôt de la déclaration de succession expire le lundi 2 mars 2020, en supposant que le samedi 29 février 2020 était un jour de fermeture totale ou partielle du service des impôts.

2. M. Y, domicilié à Paris, décède le 25 juin 2019 à Tours. Le délai de dépôt de la déclaration de succession expire le vendredi 25 décembre 2020, jour de fête légale. Le délai est prorogé jusqu'au samedi 26 décembre 2020 ou, en cas de fermeture totale ou partielle du service des impôts le 26 décembre 2020, ce qui est probable un samedi, le premier jour ouvrable qui suit (lundi 28 décembre 2020).

En pratique, l'Administration admet que la déclaration soit déposée jusqu'à la fin du mois de l'expiration du délai (ici, le jeudi 31 décembre 2020), l'intérêt de retard n'étant dû qu'à compter du premier jour du septième mois suivant le décès (dans notre cas, le 1er janvier 2021) (v. s^s^ n° 501.113, « Pénalités »).

3. Pour les départements de la Guadeloupe, la Martinique, la Guyane, Mayotte et de La Réunion, v. *BOI-ENR-DMTG*-10-60-50-20141030, n°s 20 et 30.
4. CGI, art. 641 – *BOI-ENR-DMTG*-10-60-50-20141030 – *Dict. enreg.*, n°s 3634 s.
5. *BOI-ENR-DMTG*-10-60-50-20141030, n°s 222 s.
6. CGI, art.642 – BOI-ENR-DMTG-10-60-50-20141030, n°s 10 et 20.
7. CGI, art. 648, al. 2.

3. Mlle Z, domiciliée à Bordeaux, décède le 2 octobre 2019 à New York (États-Unis). Le délai de dépôt de la déclaration de succession expire le vendredi 2 octobre 2020.

501.102 **Caractères du délai.** Ce délai est un délai de rigueur qui, en dehors des cas expressément prévus par la loi, ne peut être prorogé.

Il a le caractère d'un terme : pendant la durée du délai, les successibles ne peuvent être contraints au paiement de l'impôt[1].

501.103 **Point de départ.** Le délai court en principe du jour du décès et s'impose à tous les ayants droit.

Ainsi, il s'impose à l'héritier saisi sans condition, de plein droit, de la succession (C. civ., art. 724), même lorsque ses droits sont contestés par des tiers se prétendant légataires de tout ou partie de la succession, ou lorsque la dévolution successorale est contestée[2].

Il s'impose également aux légataires n'ayant pas demandé ou pas obtenu la délivrance de leur legs, aux héritiers mineurs, aux héritiers ayant accepté la succession à concurrence de l'actif net, aux héritiers n'ayant pas pris parti qui sont considérés par l'administration comme acceptants jusqu'à ce qu'ils aient renoncé, aux héritiers ou légataires d'une nue-propriété ou d'un usufruit[3].

501.104 **Exceptions.** La jurisprudence a reconnu des exceptions à ce principe :

• **Contestation judiciaire des droits du légataire.**

D'après un arrêt de la Cour de cassation, ce délai peut être reporté en cas de contestation judiciaire de la dévolution successorale à l'encontre d'un légataire universel, si la contestation remplit les conditions suivantes :

- être une contestation judiciaire ;
- porter sur la dévolution successorale ;
- avoir été introduite dans les six mois du décès ;
- entraîner pour le légataire une dépossession des biens compris dans le legs[4].

Cependant, à propos de la condition de dépossession, il a été jugé ultérieurement que le report du délai « *n'est pas subordonné à la condition que l'intéressé ait été dépossédé, pendant la durée de l'instance, des biens compris dans le legs* »[5].

Lorsque les trois premières conditions sont réunies, le point de départ du délai est reporté à la date de la décision tranchant la contestation de manière définitive[6].

• **Absence d'héritier connu au jour du décès :** lorsqu'aucun héritier n'est connu à la date du décès, il est admis que le délai ne commence à courir que du jour de la révélation qui est faite aux ayants droit de l'ouverture de la succession[7].

• **Biens rentrés dans l'hérédité ou changement dans la dévolution successorale :** dans ces deux cas, le point de départ du délai est reporté au jour de l'acte ou de l'événement qui a opéré la rentrée des biens, ou du fait qui a entraîné la modification de la dévolution successorale[8].

SECTION 4
SANCTIONS

501.111 **Nature des sanctions.** Le défaut de production dans les délais prescrits d'une déclaration de succession ne donnant lieu à aucun droit – du fait des abattements ou des exonérations par exemple – entraîne en principe l'application d'une amende de 150 euros, sous réserve de remise, en cas de dépôt de la déclaration, soit spontanément, soit dans les trente jours d'une demande de l'administration[9].

Lorsque des droits sont dus, l'absence de dépôt de déclaration de succession est sanctionnée par la taxation d'office ; le retard dans le dépôt de la déclaration est sanctionné par l'application de pénalités (intérêts de retard et majorations).

501.112 **Taxation d'office.** En l'absence de déclaration principale ou en l'absence de déclaration complémentaire constatant la rentrée de biens dans l'hérédité, dans le délai légal, ou en cas de présentation d'une déclaration irrégulière ou incomplète et sauf régularisation de la situation dans les quatre-vingt-dix jours de la notification d'une mise en demeure, les redevables encourent une taxation d'office[10].

501.113 **Pénalités.** Les redevables qui n'ont pas déposé la déclaration de succession dans le délai légal s'exposent aux pénalités suivantes (calculées après le dépôt) :

– **un intérêt de retard au taux de 0,20 % par mois,** depuis le 1er janvier 2018, est dû à compter du premier jour du mois suivant celui au cours duquel le délai a expiré et jusqu'au dernier jour du mois au cours duquel la déclaration est déposée[11] ; l'intérêt de

1. *BOI-ENR-DMTG*-10-60-50-20141030, n° 80.
2. Com. 17 oct. 1995, n° 93-19.043, P IV, n° 239 – Com. 26 mars 2008, n° 07-11.703, P IV, n° 67 – *BOI-ENR-DMTG*-10-60-50-20141030, n°s 60 et 70.
3. *Dict. enreg.*, n° 3637.
4. Com. 5 mars 1991, n° 89-18.298, P IV, n° 97.
5. Com. 1er avr. 1997, n° 95-13.181, NP – *BOI-ENR-DMTG*-10-60-50-20141030, n° 60.
6. *BOI-ENR-DMTG*-10-60-50-20141030, n° 50.
7. *BOI-ENR-DMTG*-10-60-50-20141030, n° 75.
8. *BOI-ENR-DMTG*-10-60-50-20141030, n° 110 – *Dict. enreg.*, n° 3724 a.
9. CGI, art. 1729 B – *BOI-CF-INF*-10-40-10-201712010, n°s 10 et 80.
10. *BOI-ENR-DMTG*-10-60-50-20141030, n° 230 – LPF, art. L. 66, 4° – *BOI-CF-IOR*-50-10-20-20-20160728.
11. CGI, art. 1727 – *BOI-CF-INF*-10-10-10-20211215.

retard est donc dû à compter du premier jour du septième mois suivant le décès, ce qui explique qu'il soit toléré que la déclaration soit déposée jusqu'au dernier jour du mois au cours duquel le délai a expiré ;

– **une majoration de 10 % est due passé le délai de six mois après la date d'expiration du délai de six mois et de vingt-quatre mois prévus respectivement aux articles 641 et 641 *bis* du CGI,** soit un an après le décès pour les personnes décédées en France métropolitaine [1]. Dans tous les autres cas, la majoration de 10 % est due dès que le délai pour déposer la déclaration de succession est expiré [2] ;

– **cette majoration est portée à 40 %** si la déclaration n'est pas déposée quatre-vingt-dix jours après réception d'une mise en demeure notifiée par pli recommandé [3].

501.114 Incidence du versement d'acomptes.

• **Intérêts de retard.** Par mesure de tempérament, il est admis que la pénalité de retard ne soit liquidée qu'après déduction des acomptes versés dans le délai légal et ensuite, distinctement, sur le montant de chaque acompte versé hors délai – sous réserve de la production d'une déclaration définitive régulière [4].

• **Majoration de 10 %.** Les acomptes versés dans les douze mois suivant le décès (en cas d'application du délai de six mois) sont déduits de l'impôt dû pour déterminer la base de calcul de la majoration de 10 % [5].

• **Majoration de 40 %.** Lorsque la majoration de 40 % est applicable, elle est due sur la totalité des droits [6].

Cependant, en cas de bonne foi, la pénalité correspondant aux sommes acquittées dans le délai légal fait l'objet, en principe, d'une remise entière prononcée à titre gracieux.

Dans ce cas, les acomptes exclus de la base de calcul de la majoration au taux de 40 % sont ceux versés dans le délai légal de dépôt de la déclaration de succession [7].

501.114-1 Calcul des pénalités pour dépôt hors délai de déclaration de succession.

EXEMPLES

1. Mme X est décédée à Paris, en son domicile, le 1er janvier 2022.

La déclaration de succession est déposée le lundi 14 septembre 2022. Les droits s'élèvent à 250 000 €. Aucun acompte n'a été versé.

Le délai expire le 1er juillet 2022.

L'intérêt de retard de 0,20 % par mois est dû du 1er août 2020 au 30 septembre 2020.

Il s'élève à : 2 × (250 000 × 0,20 %) = 1 000 €.

2. M. Y, demeurant à Lille, est décédé à Bruxelles (Belgique), le 4 février 2021.

La déclaration de succession est déposée le lundi 21 septembre 2022, sans qu'il y ait eu de mise en demeure. Les droits s'élèvent à 400 000 €. Aucun acompte n'a été versé.

Le délai d'un an expire le 4 février 2022. L'intérêt de retard de 0,20 % est dû du 1er mars 2022 au 30 septembre 2022

Il s'élève à : 7 × (400 000 × 0,20 %) = 5 600 €.

Le délai de douze mois ayant expiré le mardi 4 février 2022, les héritiers sont passibles d'une majoration de 10 %, soit 40 000 €.

Total des pénalités : 5 600 + 40 000 = 45 600 €.

3. Mlle Z, demeurant à Bordeaux, est décédée à Poitiers le 2 novembre 2020.

La déclaration de succession est déposée le mardi 14 avril 2022, après une mise en demeure notifiée par pli recommandé aux héritiers le lundi 30 décembre 2021.

Les droits s'élèvent à 300 000 €. Un acompte de 200 000 € a été versé le lundi 29 avril 2020.

Le délai de six mois expire le jeudi 2 mai 2020

• Intérêt de retard

L'intérêt de retard de 0,20 % est dû du 1er juin 2020 au 30 avril 2021, sur le montant des droits, déduction faite de l'acompte versé dans les délais.

Soit sur : 300 000 – 200 000 = 100 000

Il s'élève à : 11 × (100 000 × 0,20 %) = 2 200 €.

• Majoration

Le délai d'un an ayant expiré le lundi 4 novembre 2021, les héritiers sont passibles d'une majoration. La déclaration ayant été déposée plus de quatre-vingt-dix jours après la notification d'une mise en demeure, cette majoration est de 40 %, soit :

300 000 × 40 % = 120 000 €.

Si la bonne foi des héritiers est reconnue, la majoration ne s'applique pas à l'acompte versé dans les délais. La majoration s'élèverait dans ce cas à :

100 000 × 40 % = 40 000 €.

Total des droits et pénalités :

Si la bonne foi n'est pas reconnue :

100 000 + 2 200 + 120 000 = 222 200 €.

Si la bonne foi est retenue :

100 000 + 2 200 + 40 000 = 142 200 €.

1. CGI, art. 1728, 2.
2. Rép. min. Mazeaud *JOAN* 26 juill. 1993, p. 2207, n° 251.
3. CGI, art. 1728, 2.
4. *Dict. enreg.*, n° 4092.
5. *BOI-CF-INF*-10-20-10-20170308, n° 60.
6. *BOI-ENR-DMTG*-10-60-50-20141030, n° 230.
7. Rép. min. n° 39810, J. Valleix, *JOAN* 17 juin 1991, p. 2382 – *BOI-CF-INF*-10-20-10-20170308, n° 60.

TITRE

51. Les éléments de la déclaration

SECTION 0 ORIENTEUR

51.00 Sommaire du titre.

51.05 Division. Le but de la déclaration de succession est d'établir l'actif taxable, sur lequel sont calculées les parts des ayants droit. L'actif taxable se compose des biens à déclarer, déduction faite du passif. La déclaration de succession contient donc, d'une part, l'énumération des biens à déclarer (chap. 512) et d'autre part, celle du passif (chap. 513). Avant d'entrer dans le détail de l'actif et du passif, il nous faut examiner la combinaison des deux catégories de règles applicables à l'établissement de la déclaration : le droit civil et le droit fiscal (chap. 511).

CHAPITRE

511. Principes généraux

SECTION 0 ORIENTEUR

511.00 Sommaire du chapitre.

511.01 Textes applicables.

• **CGI,** art. 751, 752, 753, 754, 754 A, 763 *bis* et 786

• **C. civ.,** art. 752-2

• ***Bulletin officiel des Finances publiques-Impôts (BOFiP) :*** *BOI-ENR-DMTG-10-10-10-10 – BOI-ENR-DMTG 10-10-40-50– BOI-ENR-DMTG-10-50-20- – BOI-ENR-DMTG 10-60-30 – BOI-ENR-DMTG 20-30-20-60*

> Droit de retour légal

• **CGI,** art. 763 *bis*

Le droit de retour prévu à l'article 738-2 du Code civil ne donne pas lieu à perception de droits de mutation à titre gratuit.

> Présomptions fiscales

[CGI, art. 751, 752, 753, 754 et 754 A]

• **CGI,** art. 751

Est réputé, au point de vue fiscal, faire partie, jusqu'à preuve contraire, de la succession de l'usufruitier, toute valeur mobilière, tout bien meuble ou immeuble appartenant, pour l'usufruit, au défunt et, pour la nue-propriété, à l'un de ses présomptifs héritiers ou descendants d'eux, même exclu par testament ou à ses donataires ou légataires institués, même par testament postérieur, ou à des personnes interposées, à moins qu'il y ait eu donation régulière et que cette donation, si elle n'est pas constatée dans un contrat de mariage, ait été consentie plus de trois mois avant le décès ou qu'il y ait eu démembrement de propriété effectué à titre gratuit, réalisé plus de trois mois avant le décès, constaté par acte authentique et pour lequel la valeur de la nue-propriété a été déterminée selon le barème prévu à l'article 669.

La preuve contraire peut notamment résulter d'une donation des deniers constatée par un acte ayant date certaine, quel qu'en soit l'auteur, en vue de financer, plus de trois mois avant le décès, l'acquisition de tout ou partie de la nue-propriété d'un bien, sous réserve de justifier de l'origine des deniers dans l'acte en constatant l'emploi.

Sont réputées personnes interposées les personnes désignées dans l'article 911, deuxième alinéa, du Code civil.

Toutefois, si la nue-propriété provient à l'héritier, au donataire, au légataire ou à la personne interposée d'une vente ou d'une donation à lui consentie par le défunt, les droits de mutation acquittés par le nu-propriétaire et dont il est justifié sont imputés sur l'impôt de transmission par décès exigible à raison de l'incorporation des biens dans la succession.

• **CGI,** art. 752

Sont présumées, jusqu'à preuve contraire, faire partie de la succession, pour la liquidation et le paiement des droits de mutation par décès, les actions, obligations, parts de fondateur ou bénéficiaires, biens ou droits placés dans un trust défini à l'article 792-0 *bis*, parts sociales et toutes autres créances dont le défunt a eu la propriété ou a perçu les revenus ou à raison desquelles il a effectué une opération quelconque moins d'un an avant son décès.

La preuve contraire ne peut résulter de la cession à titre onéreux consentie à l'un des héritiers présomptifs ou descendants d'eux, même exclu par testament, ou à des donataires ou légataires institués, même par testament postérieur, ou à des personnes interposées, telles qu'elles sont désignées par le deuxième alinéa de l'article 911 du Code civil, à moins que cette cession ait acquis date certaine avant l'ouverture de la succession.

La présomption du premier alinéa n'est pas appliquée aux biens ayant fait l'objet d'une libéralité graduelle ou résiduelle, telle que visée aux articles 1048 à 1061 du Code civil.

• **CGI,** art. 753

Tous les titres, sommes ou valeurs existant chez les dépositaires désignés à l'article 806 I, et faisant l'objet de comptes indivis ou collectifs avec solidarité sont considérés, pour la perception des droits de mutation par décès, comme appartenant conjointement aux déposants et dépendant de la succession de chacun d'eux, pour une part virile, sauf preuve contraire réservée tant à l'administration qu'aux redevables, et résultant pour ces derniers soit des énonciations du contrat de dépôt, soit des titres prévus par le 2° de l'article 773.

• **CGI,** art. 754

Les sommes, titres ou objets trouvés dans un coffre-fort loué conjointement à plusieurs personnes sont réputés, à défaut de preuve contraire et seulement pour la perception des droits, être la propriété conjointe de ces personnes et dépendre pour une part virile de la succession. Cette disposition est applicable aux plis cachetés et cassettes fermées, remis en dépôt aux banquiers, changeurs, escompteurs et à toute personne recevant habituellement des plis de même nature.

• **CGI,** art. 754 A

Les biens recueillis en vertu d'une clause insérée dans un contrat d'acquisition en commun selon laquelle la part du ou des premiers décédés reviendra aux survivants de telle sorte que le dernier vivant sera considéré comme seul propriétaire de la totalité des biens sont, au point de vue fiscal, réputés transmis à titre gratuit à chacun des bénéficiaires de l'accroissement.

Cette disposition ne s'applique pas à l'habitation principale commune à deux acquéreurs lorsque celle-ci a une valeur globale inférieure à 76 000 €, sauf si le bénéficiaire opte pour l'application des droits de mutation par décès.

> Régime fiscal de l'adoption simple

• **CGI,** art. 786

Pour la perception des droits de mutation à titre gratuit, il n'est pas tenu compte du lien de parenté résultant de l'adoption simple.

Cette disposition n'est pas applicable aux transmissions entrant dans les prévisions du premier alinéa de l'article 366 du Code civil, ainsi qu'à celles faites en faveur :

1° D'enfants issus d'un premier mariage du conjoint de l'adoptant ;

2° De pupilles de l'État ou de la Nation ainsi que d'orphelins d'un père mort pour la France ;

3° D'adoptés mineurs au moment du décès de l'adoptant ou d'adoptés mineurs au moment de la donation consentie par l'adoptant qui, pendant cinq ans au moins, ont reçu de celui-ci des secours et des soins non interrompus au titre d'une prise en charge continue et principale ;

3° *bis* D'adoptés majeurs qui, soit dans leur minorité et pendant cinq ans au moins, soit dans leur minorité et leur majorité et pendant dix ans au moins, auront reçu de l'adoptant des secours et des soins non interrompus au titre d'une prise en charge continue et principale ;

4° D'adoptés dont le ou les adoptants ont perdu, morts pour la France, tous leurs descendants en ligne directe ;

5° D'adoptés dont les liens de parenté avec la famille naturelle ont été déclarés rompus par le tribunal saisi de la requête en adoption, sous le régime antérieur à l'entrée en vigueur de la loi n° 66-500 du 11 juillet 1966 ;

6° Des successibles en ligne directe descendante des personnes visées aux 1° à 5° ;

7° D'adoptés, anciens déportés politiques ou enfants de déportés n'ayant pas de famille naturelle en ligne directe.

> Représentation en ligne collatérale

• **C. civ.,** art. 752-2

En ligne collatérale, la représentation est admise en faveur des enfants et descendants de frères ou sœurs du défunt, soit qu'ils viennent à sa succession concurremment avec des oncles ou tantes, soit que tous les frères et sœurs du défunt étant prédécédés, la succession se trouve dévolue à leurs descendants en degrés égaux ou inégaux.

511.02 Jurisprudence de référence.

> En présence d'une seule souche, la représentation ne joue pas en ligne collatérale. Les héritiers ne peuvent revendiquer l'application de l'abattement et du tarif applicable à leur auteur prédécédé

• **Civ. 1re, 14 mars 2018,** n° 17-14.583, P I, n° 51

* V. s^s n° 511.22

« Mais attendu qu'il résulte de l'article 752-2 du Code civil qu'il ne peut y avoir représentation, en ligne collatérale, en présence d'une seule souche ; qu'ayant constaté que Bruno et Didier C., enfants de l'unique sœur de Claude B., prédécédée, ne venaient pas à la succession en concours avec des frères ou sœurs du défunt ou leurs descendants, la cour d'appel en a exactement déduit que les conditions de la représentation prévues par ce texte n'étaient pas remplies, de sorte que ceux ci, qui faisaient valoir leurs droits propres d'héritiers, étaient soumis au taux d'imposition de 55 % applicable aux parents jusqu'au quatrième degré inclusivement. »

> Origine du démembrement de propriété donnant lieu à l'application de la présomption de l'article 751 du Code général des impôts

• **Com. 12 déc. 1995,** n° 94-11.491, NP (*rejet*)

* V. s^{s} n° 511.133

« Mais attendu [...] que pour l'application de l'article 751 du Code général des Impôts il n'y a pas lieu de distinguer selon que le démembrement de la propriété provient d'une vente consentie par le défunt à son héritier avec réserve d'usufruit ou d'une acquisition conjointe de l'usufruit par le défunt et de la nue-propriété par l'héritier [...]. »

> Réintégration dans l'actif des droits de mutation pris en charge par le donateur lorsque la donation est fiscalement inexistante

• **Com. 13 nov. 2003,** n° 01-16.358, P IV, n° 168 (*rejet*)

* V. s^{s} n° 511.137

« Mais attendu qu'après avoir exactement retenu que la donation était devenue, du fait du décès prématuré de la donatrice, fiscalement inexistante et que la succession, dont l'actif avait été amputé sans cause du montant des droits de mutation à titre gratuit payés par la donatrice, était en conséquence créancière de ce montant, la cour d'appel en a déduit à bon droit que ces droits devaient être réintégrés dans l'actif successoral [...] »

511.03 **Bibliographie indicative.**

Actualisables. *Dict. enreg. (F. Lefebvre)* – « Documentation pratique fiscale Francis Lefebvre », ENR-X-200 s. – *J.-Cl. fiscal, V°* Successions (enreg.), fasc. 7670, 7672, 7674, 60, par F. Fruleux, juin 2017, mars 2015, juin 2022, avril 2015 (actu. janv. 2020, mai 2024, mai 2024)

Ouvrages. *Successions et libéralités*, « Mémento », Francis Lefebvre, 2024/2025 – S. Ferré-André et S. Berre, *Successions et libéralités*, 11e éd., « Hypercours », Dalloz, 2025.

511.04 **Questions essentielles.**

> Faut-il faire le calcul de la quotité disponible dans la déclaration de succession ?

* V. s^{s} n° 511.51

> Doit-on tenir compte du partage dans la déclaration de succession ?

* V. s^{s} n° 511.61

> Quelles peuvent être les conséquences fiscales, au décès, d'une cession de nue-propriété ?

* V. s^{s} n° 511.131

> Quel est le tarif des droits de mutation entre adoptant et adopté simple ?

* V. s^{s} n° 511.175

511.05 **Division. Introduction.** Les règles de droit civil étudiées *supra* (livres 1 à 4) s'appliquent en principe à la déclaration de succession (sect. 1). Cependant, ces règles sont supplantées dans certains cas par des règles fiscales spéciales, sous forme de présomptions ou de dispositions particulières (sect. 2).

SECTION 1
APPLICATION DU DROIT CIVIL

511.10 **Plan.** Le contenu de la déclaration de succession est soumis au droit civil de manière générale, tant qu'aucune règle fiscale spéciale ne s'impose. Il en est ainsi en matière de dévolution (§ 1), de liquidation et de partage (§ 2) et d'application de présomptions de propriété du droit civil (§ 3).

§ 1
Dévolution

A.
Succession légale

511.21 **Héritiers.** Le droit civil de la dévolution successorale est applicable en matière fiscale. Les ayants droit redevables des droits de mutation sont ceux qui succèdent selon les règles définies *supra* (livre 1er), sous les conditions d'existence et d'absence d'indignité, et le point de départ du délai de déclaration de succession est le jour de l'ouverture de la succession, soit celui du décès ou celui de la transcription du jugement déclaratif d'absence (C. civ., art. 720 et 128, al. 1er).

511.22 **Représentation.** En cas d'indignité ou de renonciation de l'héritier, la succession est dévolue aux représentants de cet héritier qui se partagent son abattement (v. s^{s} n°s 122.61 s.).

En ligne directe, l'application de l'abattement personnel des descendants se fait ainsi « *sur la part de chacun des enfants vivants ou représentés* » (CGI, art. 779, I).

En ligne collatérale, dans le cas de représentation prévu par l'article 752-2 du Code civil, l'administration applique les règles civiles de la représentation pour déterminer si les neveux bénéficient ou non de l'abattement entre frères et sœurs.

Ainsi, en présence d'une seule souche, la représentation ne jouant pas, le tarif appliqué est fonction du lien de parenté entre l'héritier et le défunt[1].

Il en est de même, selon la Cour de cassation, pour les ayants droit de l'héritier exhérédé par testament, qui viennent de leur chef et ne bénéficient donc pas de l'abattement ni du tarif de leur auteur[2].

1. Civ. 1re, 14 mars 2018, n° 17-14.583, P I, n° 51 ; *AJ fam.* 2018. 304, obs. J. Casey ; *RTD civ.* 2018. 716, obs. M. Grimaldi ; *Dr. fam.* 2018, n° 155, note M. Nicod.
2. Civ. 1re, 17 avr. 2019, n° 17-11.508, P ; *D.* 2019. 888 ; *AJ fam.* 2019. 418, obs. Chr. Vernières ; *AJ fam.* 2019. 361, obs. S. Paillard ; *RTD civ.* 2019. 383, obs. M. Grimaldi ; *Dr. fam.* 2019, n° 154, obs. M. Nicod – V. ÉGAL., Civ. 1re, 17 avr. 2019, n°s 17-11.509, 17-11.511, et 17-11.512, NP.

En effet, selon la Cour, l'extension de la représentation aux héritiers de l'indigne et du renonçant est d'interprétation stricte et ne s'applique pas au cas des héritiers de l'héritier exhérédé par testament.

511.22-1 **Abattement et représentation en ligne collatérale.**

EXEMPLE

Ainsi, s'il existe plusieurs souches, les neveux et nièces se partagent l'abattement de leur père ou mère, soit 15 932 €, et bénéficient du tarif entre frères et sœurs (35 % et 45 %).

Mais si les neveux viennent « de leur chef », en présence d'une seule souche, comme il n'y a pas de représentation, ils ne peuvent bénéficier que de l'abattement entre oncle et neveu soit 7 967 €, et du tarif correspondant, soit 55 %.

511.23 **Limite.** Toutefois, en ligne directe, l'administration, par mesure de tempérament, n'applique pas strictement les règles de la représentation, dans l'hypothèse du prédécès d'un enfant unique formant une seule souche ; il est admis, dans ce cas où il n'y a pas de représentation, que les petits-enfants venant « de leur chef » peuvent bénéficier par parts égales de l'abattement de leur auteur prédécédé[1].

B. Droits de retour

511.31 **Droit de retour légal. Rappel.** Le droit fiscal tient compte des droits de retour légaux institués par le droit civil, et les assujettit à des taxations différentes selon les cas :

– **le droit de retour légal des père et mère** (C. civ., art. 738-2) ne donne pas lieu à la perception des droits de mutation à titre gratuit et ce, que le retour s'exerce en nature ou en valeur, en vertu d'un texte spécial (CGI, art. 763 *bis*)[2] ;

– **les biens objets du droit de retour légal des familles adoptives et par le sang au décès de l'adopté simple** (C. civ., art. 366, al. 1er) sont soumis aux droits de mutation à titre gratuit[3] en effet, ce droit de retour est consenti « *à charge de contribuer aux dettes et sous réserve des droits acquis par des tiers* », ce qui le distingue du droit de retour conventionnel, qui anéantit les droits des tiers : le droit de retour légal n'opère pas ici une véritable résolution de la donation.

– Enfin, **le droit de retour légal prévu en faveur des frères et sœurs du défunt** ou de leurs descendants, en présence d'un conjoint (C. civ., art. 757-3), est soumis aux droits de mutation à titre gratuit au tarif applicable entre frères et sœurs : en effet, le retour s'effectue au profit des frères et sœurs, qui sont des tiers à la donation initiale[4] et il y a donc taxation, car la donation initiale n'est pas rétroactivement anéantie.

511.32 **Droit de retour conventionnel.** La donation avec stipulation par le donateur d'un droit de retour à son profit en cas de décès du donataire (C. civ., art. 951) est une donation faite sous condition résolutoire, la condition résolutoire étant réalisée par le décès du donataire.

Toutes les aliénations des biens donnés sont résolues et ces biens reviennent au donateur, libres de toutes charges et hypothèques (C. civ., art. 952). Il résulte de ce texte de droit civil que le retour des biens dans le patrimoine du donateur n'est pas soumis aux droits de mutation par décès[5].

C. Succession testamentaire

511.41 **Analyse civile des legs.** L'administration fiscale traite les legs selon l'analyse du droit civil, comme en attestent les exemples suivants[6].

• **Legs sous condition suspensive** : le montant du legs n'est pas déduit de l'actif recueilli par les héritiers ou légataires universels.

Les droits sont exigibles lors de la délivrance du legs, d'après la valeur du legs et selon les tarifs en vigueur au jour de la réalisation de la condition. En contrepartie, les droits versés en excédent par les héritiers ou légataires universels sont restituables après l'accomplissement de la condition.

• **Legs sous condition résolutoire** : le legs reçoit son exécution dès le décès, et les droits sont immédiatement exigibles.

• **Legs à terme** : les droits sont immédiatement perçus.

• **Legs supérieur à l'actif successoral** : les legs particuliers d'une valeur totale supérieure à celle des biens composant l'actif successoral doivent être réduits à cette valeur pour la perception de l'impôt. Dans ce cas, il est procédé à une répartition proportionnelle de l'actif entre les différents legs.

• **Legs excédant la quotité disponible** : l'exercice de l'action en réduction est une faculté ouverte seulement aux héritiers non remplis de leur réserve (C. civ., art. 921, al. 1er) : l'administration ne doit pas considérer d'effectuer la réduction d'office, elle doit se conformer à la volonté exprimée par les parties dans la déclaration (v. s^s^ n° 511.51-1)[7].

1. *BOI-ENR-DMTG*-10-50-20-20230524, n° 50.
2. *BOI-ENR-DMTG*-20-30-20-60-20160722, n° 20 – *Dict. enreg.*, n° 3814.
3. *BOI-ENR-DMTG*-20-30-20-60-20160722, n° 60 – *Dict. enreg.*, n° 3814.
4. *BOI-ENR-DMTG*-20-30-20-60-20160722, n° 70 – *Dict. enreg.*, n° 3814.
5. *BOI-ENR-DMTG*-20-30-20-60-20160722, n° 1 – *Dict. enreg.*, n° 3815.
6. *BOI-ENR-DMTG*-10-10-10-10-20120912, n°s 30 s.
7. *BOI-ENR-DMTG*-10-10-10-10-20120912, n° 220.

§ 2
Liquidation et partage

A.
Liquidations

511.51 **Principe.** La liquidation fiscale doit respecter les étapes de la liquidation civile, mais toutes les évaluations doivent être fixées au décès (v. les différents schémas, s[s] n°s 8.00 s.).

511.51-1 **Liquidation de succession avec calcul de la quotité disponible.**

EXEMPLE

M. X., célibataire, est décédé à… le…, laissant pour recueillir sa succession son fils unique, A.

Par testament, il a légué un immeuble à son cousin germain, B.

Les biens existants ont une valeur de 1 000 000 €, en ce compris les meubles et l'immeuble légué, qui est évalué à 600 000 €.

Le passif s'élève à 200 000 €.

Il n'existe pas de donation antérieure.

Les valeurs indiquées sont celles au décès.

La déclaration de succession doit être présentée comme le serait une liquidation civile, mais en valeur décès (v. s[s] n° 8.02).

1. Calcul de la quotité disponible et de la réserve :

Opération à effectuer	Biens	Déduction	Valeur
Masse de calcul			
Biens existants			1 000 000
Passif		200 000	
Actif net			800 000
Taux de la quotité disponible	1/2		400 000
Taux de la réserve	1/2		400 000

2. Imputation de la libéralité :

Secteur d'imputation	Réserve de A	Quotité disponible 400 000
Legs à B		600 000
Fraction réductible		600 000 – 400 000 = 200 000 € Soit 200 000/600 000 ou 1/3
Fraction exécutable		400 000/600 000 ou 2/3

3. Déclaration de succession de A

Premier cas : A demande la réduction du legs, qui s'exécute en valeur (ce qui sera indiqué dans les déclarations préliminaires)

Actif	À déduire	Valeur
Biens existants		1 000 000
Passif	200 000	
Legs	600 000	
Total à déduire	800 000	
Reste		200 000
À ajouter		
Indemnité de réduction valeur décès		200 000
Part taxable		400 000

Second cas : A ne demande pas la réduction

Actif	À déduire	Valeur
Biens existants		1 000 000
Passif	200 000	
Legs	600 000	
Total à déduire	800 000	
Part taxable : différence		200 000

4. Déclaration de legs particulier de B

Premier cas : A demande la réduction

Actif	À déduire	Valeur
Legs		600 000
À déduire : indemnité de réduction	200 000	
Part taxable : différence		400 000

Second cas : A ne demande pas la réduction :

Actif	Valeur
Legs	600 000
Part taxable :	600 000

5. Remarque

Dans les deux cas, il est recommandé de reproduire dans la déclaration de succession la liquidation civile, avec calcul de la quotité disponible et imputation des libéralités, afin d'éclairer la décision de A de demander ou non la réduction, et de justifier que A a bien été averti de ses droits avant éventuellement d'y renoncer. Le choix de A ne peut être remis en question par l'administration fiscale.

511.51-2 **Liquidation de communauté et de succession – Schéma.**

EXEMPLE

Selon le même principe, la liquidation fiscale devra comprendre les éléments suivants, issus de la liquidation civile (v. s[s] n° 8.03), évalués au décès[1] :

1. *BOI-ENR-DMTG*-10-60-30-201702113, n° 90.

1. Liquidation des reprises et récompenses
– du conjoint survivant.
– de la succession
2. Liquidation de la communauté
A. Actif
– Biens composant la communauté au jour du décès
– le cas échéant, ajouter le solde des récompenses dues à la communauté par le conjoint survivant et par la succession
B. Passif
– déduire le passif commun
– déduire le solde des récompenses éventuellement dues par la communauté au conjoint survivant ou à la succession
C. Actif net
Différence = boni de communauté
3. Liquidation de la succession
A. Contrôle de l'absence d'atteinte à la réserve (s'il existe des héritiers réservataires et des libéralités)
– calcul de la quotité disponible et de la réserve
– imputations
– éventuelle détermination des indemnités de réduction
B. Droits du conjoint survivant
C. Actif de succession
– 1/2 *boni* de communauté
– biens propres au défunt
– le cas échéant, ajouter le solde des récompenses dues par la communauté à la succession.
D. Passif de succession
– passif propre
– le cas échéant, solde des récompenses dues par la succession à la communauté
E. Déduction des legs et des droits légaux du conjoint survivant
F. Ajout des restitutions : rapports et indemnités de réduction
G. Actif net taxable
C – D – E + F = G
H. Part de chacun des ayants droit
Sous déduction, pour chacun, le cas échéant, de son rapport et des indemnités de réduction, pour le calcul des droits de mutation.

B.
Partages

511.61 Partage pur et simple. Si le partage ne comporte ni soulte, ni plus-value (attribution à un copartageant d'une quote-part supérieure à ses droits sans contrepartie), ni répartition inégale du passif, c'est-à-dire si les attributions reflètent exactement les droits des parties, sans règlements ni déséquilibre entre elles, ce partage est considéré par l'administration comme « pur et simple ».

Après un tel partage, la liquidation fiscale est effectuée en prenant pour base les attributions du partage, par application du principe civil de l'effet déclaratif du partage (C. civ., art. 883), en vertu duquel chaque héritier est censé avoir reçu directement du défunt les biens mis dans son lot et n'avoir jamais eu de droit sur les autres biens [1].

511.62 Limites. Toutefois, alors que l'on tient compte du partage pur et simple sur le plan civil pour la détermination des parts taxables, c'est le droit fiscal qui est appliqué pour l'évaluation des biens [2] et le passif n'est déduit que s'il est déductible fiscalement [3].

511.63 Partage pur et simple postérieur au dépôt de la déclaration de succession. Lorsque le partage pur et simple intervient après le dépôt de la déclaration de succession, il y a lieu de rectifier la liquidation des droits. Si la nouvelle liquidation entraîne un supplément de droits, une déclaration complémentaire doit être souscrite dans le délai de six mois du partage. Inversement, le trop-perçu éventuel est restituable sur réclamation [4].

§ 3
Présomptions civiles

511.70 Plan. Présomptions civiles de propriété. Dans la déclaration de succession, certains biens figurent en vertu de présomptions de propriété édictées par le droit civil et attachées notamment à la propriété apparente (A), à l'accession (B) et à la possession (C).

Nous en donnons quelques exemples, non exhaustifs [5].

A.
Biens dont le défunt était propriétaire apparent

511.81 Définition. « *L'Administration est fondée à tenir pour propriétaire véritable d'un bien celui qui apparaît comme tel aux yeux des tiers, en vertu de clauses formelles de titres, de la loi ou de situations de fait résultant de ses agissements* » [6].

Il faut donc faire figurer dans la déclaration de succession tous les biens dont le défunt était propriétaire en vertu de titres apparents.

1. *BOI-ENR-DMTG*-10-50-10-20160411, n° 30.
2. *BOI-ENR-DMTG*-10-40-10-10-20171229 (v. s^s n°s 512.01 s.).
3. *BOI-ENR-DMTG*-10-40-20-10-20141030 (v. s^s n°s 513.01 s.).
4. *BOI-ENR-DMTG*-10-50-10-20160411, n° 40.
5. *BOI-ENR-DMTG*-10-10-40-50-20120912.
6. *BOI-ENR-DG*-20-20-50-20120912, n°s 80 s.

511.82 **Exemples.**

• **Convention de prête-nom (C. civ., art. 1201).** Les biens acquis par une convention de prête-nom sont censés appartenir à l'acquéreur et doivent être compris dans la déclaration de sa succession même si avant son décès, le défunt a déclaré avoir acquis pour le compte d'un tiers, alors que celui-ci n'a pas accepté cette déclaration.

Il y a en effet une simulation qui est sans effet vis-à-vis des tiers.

Il est précisé que si l'acceptation intervient après le décès, elle n'a pas d'effet rétroactif au regard de l'actif successoral[1].

• **Promesse de porte-fort (C. civ., art. 1204).** Les biens acquis par le porte-fort appartiennent à ce dernier tant que l'acquisition n'a pas été ratifiée par le tiers pour le compte duquel le porte-fort a opéré. Ils doivent donc être alors compris dans la succession du porte-fort.

Corrélativement, en l'absence de ratification avant le décès, ces biens ne doivent pas figurer dans la succession du tiers pour le compte duquel le porte-fort a opéré.

Les biens vendus par un porte-fort dépendent de la succession de l'acquéreur[2].

• **Titres nominatifs – Créances.** La déclaration de succession doit mentionner, en application de la théorie de la propriété apparente, tous les titres nominatifs immatriculés au nom du défunt et « *toutes les créances dont les titres constitutifs le désignent comme titulaire* »[3], telles que les sommes inscrites sur un livret de caisse d'épargne et à un compte bancaire ou postal.

B.
Biens dont le défunt était propriétaire par accession

511.91 **Texte.** Le droit d'accession est défini par l'article 546 du Code civil : « *La propriété d'une chose, soit mobilière, soit immobilière, donne droit sur tout ce qu'elle produit, et sur ce qui s'y unit accessoirement, soit naturellement, soit artificiellement* ».

511.92 **Application : constructions.** Aux termes de l'article 553 du Code civil, « *toutes constructions, plantations et ouvrages sur un terrain ou dans l'intérieur sont présumés faits par le propriétaire à ses frais et lui appartenir, si le contraire n'est prouvé* ».

En application de ce texte, les constructions existant sur un terrain sont légalement présumées faire partie de la succession du propriétaire du terrain, à moins qu'il ne soit prouvé que celui-ci ait renoncé à son droit d'accession. Elles doivent donc figurer dans la déclaration de succession[4].

511.93 **Cas particulier du bail à construction.** Dans le cas du bail à construction, il faut comprendre dans la déclaration de succession du propriétaire du sol les constructions qui doivent lui rester en fin de bail.

Dépendent en revanche de la succession du locataire constructeur les ouvrages pour lesquels le bailleur a renoncé expressément à son droit d'accession[5].

C.
Biens dont le défunt avait la possession

511.101 **Principe.** La possession permet l'acquisition par prescription, lorsqu'elle est continue et non interrompue, paisible, publique, non équivoque et à titre de propriétaire (C. civ., art. 2261). Lorsqu'elle s'exerce sur des meubles, elle vaut titre (C. civ., art. 2276).

Il en résulte que le possesseur est considéré comme propriétaire et que ses ayants droit doivent déclarer les biens ainsi possédés dans sa succession.

511.102 **Exemples.**

• **Meubles corporels.** Sont présumés appartenir au défunt les meubles corporels et, notamment, les meubles meublants qui garnissent son appartement. L'Administration est donc dispensée de faire la preuve que les biens qui se trouvaient en la possession d'une personne décédée lui appartenaient. Mais les ayants droit peuvent apporter la preuve contraire[6].

• **Valeurs trouvées dans un coffre.** Les valeurs placées dans un coffre sont présumées appartenir au locataire du coffre. Ainsi, les sommes et valeurs déposées dans le coffre loué au nom d'un époux marié sous le régime de la séparation de biens sont présumées dépendre en totalité de sa succession[7].

SECTION 2
RÈGLES SPÉCIFIQUES À LA LIQUIDATION FISCALE

511.110 **Plan.** On a vu que la liquidation fiscale est guidée par les principes du droit civil des successions. Cependant, pour des raisons d'efficacité et de prévention de la

1. *BOI-ENR-DG*-20-20-50-20120912, n°s 100 s. – *Dict. enreg.*, n° 3801.
2. *BOI-ENR-DG*-20-20-50-20120912, n° 130 – *Dict. enreg.*, n° 3799.
3. *BOI-ENR-DMTG*-10-50-10-20160411, n° 50.
4. *BOI-ENR-DMTG*-10-10-40-50-20120912, n° 240.
5. *BOI-ENR-DMTG*-10-10-40-50-20120912, n°s 260 et 270.
6. *BOI-ENR-DMTG*-10-10-40-50-20120912, n° 300 – *Dict. enreg.*, n° 3784.
7. *BOI-ENR-DMTG*-10-10-40-50-20120912, n°s 310 et 320 – *Dict. enreg.*, n° 1123.

fraude, il arrive que le droit fiscal s'écarte du droit civil et édicte des règles spéciales dont nous présentons quelques exemples en matière de déclaration de succession[1] : ce sont principalement les présomptions de propriété en matière fiscale (§ 1) et la taxation de situations particulières (§ 2).

§ 1
Présomptions de propriété en matière fiscale

511.120 **Plan.** Afin de déjouer des montages ayant pour but d'éluder les droits de succession, le législateur a édicté des présomptions de propriété dont la portée est purement fiscale : ces présomptions s'appliquent aux biens appartenant au défunt pour l'usufruit et aux ayants droit pour la nue-propriété (A), aux valeurs mobilières, parts sociales et créances (B) et aux comptes joints et coffres-forts loués conjointement (C)[2].

A.
Biens appartenant au défunt pour l'usufruit et aux ayants droit pour la nue-propriété

511.131 **Texte.** Les biens appartenant au défunt pour l'usufruit et aux ayants droit pour la nue-propriété sont présumés appartenir au défunt (CGI, art. 751), dans les conditions suivantes :

« *Est réputé, au point de vue fiscal, faire partie, jusqu'à preuve contraire, de la succession de l'usufruitier, toute valeur mobilière, tout bien meuble ou immeuble appartenant, pour l'usufruit, au défunt et, pour la nue-propriété, à l'un de ses présomptifs héritiers ou descendants d'eux, même exclu par testament ou à ses donataires ou légataires institués, même par testament postérieur, ou à des personnes interposées, à moins qu'il y ait eu donation régulière et que cette donation, si elle n'est pas constatée dans un contrat de mariage, ait été consentie plus de trois mois avant le décès ou qu'il y ait eu démembrement de propriété effectué à titre gratuit, réalisé plus de trois mois avant le décès, constaté par acte authentique et pour lequel la valeur de la nue-propriété a été déterminée selon le barème prévu à l'article 669* [...] ».

511.132 **Raison d'être et caractère de la présomption.** On sait que la réunion de l'usufruit à la nue-propriété par le décès de l'usufruitier ne donne ouverture à aucun droit[3]. La présomption a pour raison d'être d'empêcher l'utilisation frauduleuse de cette disposition pour éluder les droits de mutation par décès, par l'acquisition conjointe de l'usufruit d'un bien par une personne et de la nue-propriété de ce bien par ses ayants droit.

Cependant cette présomption est une **présomption simple** qui peut être écartée par la « preuve contraire » prévue par le texte, preuve de la sincérité de l'opération emportant démembrement de propriété et notamment de la sincérité des donations survenues moins de trois mois avant le décès.

511.133 **Champ d'application.**

• **Actes d'acquisition visés.** Le démembrement de propriété peut provenir d'une vente consentie par le défunt à son héritier avec réserve d'usufruit ou d'une acquisition conjointe de l'usufruit par le défunt et de la nue-propriété par l'héritier[4].

• **Nus propriétaires auxquels s'applique la présomption.** La présomption s'applique :

– aux héritiers présomptifs de l'usufruitier et à leurs descendants, même exclus par testament ; peu importe qu'ils aient ou non renoncé à la succession ;

– aux donataires ou légataires même institués par testament postérieur au démembrement de propriété, même s'ils ont renoncé à la succession ;

– aux « personnes interposées ».

Par personnes interposées entre le défunt et ses ayants droit, on entend : leurs pères et mère, leur époux et, pour les donataires et légataires, leurs enfants et descendants (C. civ., art. 911, al. 2 – CGI, art. 751, al. 3).

511.134 **Exceptions.**

• **Donation régulière.** Il résulte du texte précité que la présomption ne joue pas lorsque le démembrement de propriété résulte d'une donation régulière de la nue-propriété consentie plus de trois mois avant le décès, constatée par acte authentique et pour laquelle la valeur de la nue-propriété a été déterminée selon le barème prévu à l'article 669 du Code général des impôts.

Cette donation peut également être une donation-partage[5], ou un don manuel enregistré plus de trois mois avant le décès de l'usufruitier[6].

Si la donation a été constatée dans un contrat de mariage, il n'y a pas de condition de délai.

• **Démembrement de propriété effectué à titre gratuit.** Lorsque le démembrement de propriété a été réalisé plus de trois mois avant le décès, et constaté par acte authentique, la valeur de la nue-propriété ayant été déterminée selon le barème prévu à l'article 669 du Code général des impôts, la présomption ne s'applique pas.

• **Démembrement de propriété portant sur un bien ayant fait l'objet d'une libéralité graduelle ou résiduelle** (CGI, art. 752, al. 3). Au décès du pre-

1. *D. adm.* 7 G-1, n° 9, 20-12-1996, *BOI-ENR-DMTG*-10-22-10-2012.
2. *BOI-ENR-DMTG*-10-10-40-10-20140929.
3. *BOI-ENR-DMTG*-10-10-10-20-20130708, n° 20.
4. Com. 12 déc. 1995, n° 94-11.491, NP.
5. *BOI-ENR-DMTG*-10-10-40-10-20140929, n° 70.
6. Rép. min. J. Kerguéris, *JO Sénat Q* 14 févr. 2002, p. 465 – *Dict. enreg.*, n° 3708.

mier gratifié, le bien (donation graduelle) ou ce qu'il en reste (donation résiduelle) est transféré au second gratifié et les héritiers du premier gratifié n'ont pas à apporter la preuve que le bien ne dépendait pas de la succession de leur auteur, bien que ce dernier ait pu, de son vivant, en percevoir les revenus ou même en disposer en partie (donation résiduelle) [1].

• **Biens transmis par succession en usufruit au défunt et en nue-propriété à ses ayants droit.** La présomption est également écartée dans le cas où le bien a été transmis par legs, du vivant du défunt, au défunt et à ses présomptifs héritiers, le défunt ayant recueilli l'usufruit et les héritiers la nue-propriété [2].

• **Biens appartenant en usufruit au conjoint survivant et en nue-propriété à ses héritiers.** Ainsi, lorsque le conjoint survivant a été gratifié par le défunt de l'usufruit de la totalité de la succession, la présomption n'est pas applicable, lors du décès du conjoint survivant, aux biens appartenant à ce titre pour l'usufruit à ce dernier et pour la nue-propriété à ses héritiers [3].

• **Droit d'usage ou d'habitation.** La présomption ne s'applique pas aux biens immobiliers grevés d'un droit d'usage et d'habitation au profit du défunt, à condition qu'il s'agisse d'un véritable droit d'usage et d'habitation et non d'un usufruit [4].

511.135 **Preuve contraire.** La preuve contraire prévue par le texte « *peut notamment résulter d'une donation des deniers constatée par un acte ayant date certaine, quel qu'en soit l'auteur, en vue de financer, plus de trois mois avant le décès, l'acquisition de tout ou partie de la nue-propriété d'un bien, sous réserve de justifier de l'origine des deniers dans l'acte en constatant l'emploi* » (CGI, art. 751, al. 2).

Ce texte donne un exemple de la preuve contraire admise par le premier alinéa du texte : les ayants droit peuvent écarter la présomption lorsqu'ils ont acquis la nue-propriété du bien au moyen de deniers donnés par acte de donation de deniers daté de plus trois mois avant le décès, lorsque le remploi est constaté dans l'acquisition.

Les ayants droit peuvent apporter toute autre preuve pour écarter la présomption : la question de savoir si la preuve contraire est rapportée est une question de fait sur laquelle la jurisprudence a eu de nombreuses occasions de se prononcer.

En particulier, le fait que le démembrement a été effectué par acte notarié ne constitue pas en soit une preuve contraire.

511.136 **Jurisprudence.** Pour des exemples d'application de l'article 751 du Code civil, où la preuve contraire a été tantôt admise, tantôt refusée par les tribunaux, compte tenu des faits de chaque espèce, nous renvoyons à la documentation fiscale précitée [5].

511.137 **Modalités de la taxation.** Lorsque la nue-propriété provient d'une vente ou d'une donation consentie par le défunt, les droits acquittés par le nu-propriétaire lors de cette mutation sont imputés sur les droits de mutation par décès auxquels l'application de la présomption donne lieu (CGI, art. 751, al. 4) [6].

Il en est de même si la nue-propriété provient d'une donation dont le donateur a pris en charge les droits de mutation.

Dans ce cas, les droits de donation réglés par le donateur sont considérés comme une créance de la succession de ce dernier et sont donc compris dans l'actif déclaré [7].

En revanche, aucune imputation n'est admise lorsque le nu-propriétaire a acquis sa nue-propriété d'une autre personne que le défunt.

511.137-1 **Bien vendu par le défunt pour la nue-propriété à son ayant droit.**

EXEMPLE

X, célibataire, est décédé le 12 février 2020 âgé de 78 ans, laissant pour recueillir sa succession un légataire universel, non parent, A.

Les biens existants ne comprennent que des liquidités, pour un montant de 200 000 €.

I. En 2012, X avait vendu la nue-propriété de son appartement à A, en s'en réservant l'usufruit. Les droits de mutation à titre onéreux s'étaient élevés à 15 000 €.

Au décès de X, l'appartement est évalué à 300 000 €.

En application de la présomption de l'article 751 du Code général des impôts, la déclaration de succession doit comprendre, outre les liquidités, l'appartement pour sa valeur en pleine propriété au décès, si la preuve contraire n'est pas apportée.

Les droits de mutation par décès sont dus sur 200 000 + 300 000 = 500 000 €.

Soit, au tarif entre non parents, après abattement de 1 594 € :

(500 000 – 1 594) × 60 % = 299 044 €

Sur ces droits sont imputés les droits de mutation à titre onéreux réglés en 2010, soit : 15 000 €

Total des droits de mutation par décès :

299 044 – 15 000 = 284 044 €

1. *Dict. enreg.*, n° 3708.
2. *BOI-ENR-DMTG*-10-10-40-20-20130617, spéc[t] n° 40. – *Dict. enreg.*, n° 3708.
3. *BOI-ENR-DMTG*-10-10-40-10-20140929, n° 70.
4. *BOI-ENR-DMTG*-10-10-40-10-20140929, n° 80 – *Dict. enreg.*, n° 3713.
5. *BOI-ENR-DMTG*-10-10-40-10-20140929, n°s 270 à 310 – *Dict. enreg.*, n°s 3701 s.
6. *BOI-ENR-DMTG*-10-10-40-10-20140929, n°s 100 à 130, et les cas pratiques n°s 140 à 160 – *Dict. enreg.*, n°s 3719 et 3720.
7. Com. 13 nov. 2003, n° 01-16.358, P IV, n° 168 – *BOI-ENR-DMTG*-10-10-40-10-20140929, n° 100.

II. Si X, en 2012, au lieu de se réserver l'usufruit, s'était réservé un droit d'usage et d'habitation, la présomption n'aurait pas joué.

La déclaration de succession ne comprendrait que les liquidités, soit 200 000 €.

Droits de mutation par décès à la charge de A :

(200 000 – 1 594) × 60 % = 119 044 €

511.137-2 Bien donné pour la nue-propriété par le défunt à son ayant droit.

EXEMPLE

X, célibataire, né le 6 juin 1946, est décédé le 12 février 2020, laissant pour recueillir sa succession son fils, A.

Les biens existants ne comprennent que des liquidités, pour un montant de 200 000 €.

I. Le 15 janvier 2020, par acte notarié, X avait donné la nue-propriété de son appartement à A, en s'en réservant l'usufruit. Les droits de mutation à titre gratuit (sur la nue-propriété) ont été pris en charge par le donateur et se sont élevés à 20 194 €.

Au jour de la donation et au décès de X, l'appartement est évalué en pleine propriété à 300 000 €.

En application de la présomption de l'article 751 du Code général des impôts, la donation est inexistante sur le plan fiscal, ayant été consentie moins de trois mois avant le décès.

La déclaration de succession doit comprendre, outre les liquidités, l'appartement pour sa valeur au décès et les droits de donation pris en charge par le donateur, soit 20 194 €.

Les droits de mutation par décès sont dus sur :

200 000 + 300 000 + 20 194 = 520 194 €.

Soit, au tarif en ligne directe, après abattement de 100 000 € :

82 233 €

Sur ces droits sont imputés les droits de mutation à titre gratuit réglés par le donateur lors de la donation, soit : 20 194 €.

Total après imputation : 82 233 – 20 194 = **62 039 €**

II. Si la donation avait été consentie le 31 octobre 2019, soit plus de trois mois avant le décès, la présomption aurait été écartée.

La déclaration de succession n'aurait porté que sur 200 000 €.

Droits dus au tarif en ligne directe (l'abattement de 100 000 € et les tranches basses du tarif ayant déjà été utilisés) :

200 000 × 20 % = 40 000 €

Total des droits versés : 20 194 + 40 000 = 60 194 €

B.
Valeurs mobilières, parts sociales et créances

511.141 Texte. Selon l'article 752 du Code général des impôts : « *Sont présumées, jusqu'à preuve contraire, faire partie de la succession, pour la liquidation et le paiement des droits de mutation par décès, les actions, obligations, parts de fondateur ou bénéficiaires, biens ou droits placés dans un trust défini à l'article 792-0* bis, *parts sociales et toutes autres créances dont le défunt a eu la propriété ou a perçu les revenus ou à raison desquelles il a effectué une opération quelconque moins d'un an avant son décès* [...] ».

511.142 Champ d'application. La présomption légale s'applique non seulement aux valeurs mobilières, aux biens ou droits placés dans un trust et aux parts sociales, mais aussi aux créances.

Le solde créditeur d'un compte bancaire ou assimilé constitue une créance présumée, sauf preuve contraire, faire partie de l'actif successoral en vertu de l'article 752 du Code général des impôts.

511.143 Application. La présomption peut être invoquée dès lors que le défunt a touché, une fois pendant l'année de son décès, tout ou partie des revenus de titres ou valeurs ou qu'il a effectué, durant la même période, une opération quelconque se rattachant à ces titres et valeurs telle que représentation à une assemblée générale[1], exercice du droit de souscription, dépôt ou retrait des titres d'une banque, nantissement.

511.144 Limites. La présomption de propriété ne s'applique pas aux biens ayant fait l'objet d'une libéralité graduelle ou résiduelle (CGI, art. 752, al. 3). Ainsi, les héritiers du premier gratifié n'ont pas à apporter la preuve que le bien ne dépendait pas de la succession de leur auteur, bien que ce dernier ait pu, de son vivant, en percevoir les revenus ou même en disposer en partie (donation résiduelle)[2].

511.145 Preuve contraire. Cette présomption est une présomption simple, qui peut être combattue si les héritiers apportent la preuve contraire par tous les moyens compatibles avec la procédure écrite[3].

Toutefois, « *la preuve contraire ne peut résulter de la cession à titre onéreux consentie à l'un des héritiers présomptifs ou descendants d'eux, même exclu par testament, ou à des donataires ou légataires institués, même par testament postérieur, ou à des personnes interposées* [...], *à moins que cette cession ait acquis date certaine avant l'ouverture de la succession* » (CGI, art. 752, al. 2).

Les personnes interposées visées ici sont les père et mère, le conjoint et, pour les donataires et légataires, leurs enfants et descendants (C. civ., art. 911, al. 2).

Pour tenir lieu de preuve contraire, la cession doit être établie par acte authentique ou par acte sous-seing privé enregistré avant le décès ou ayant acquis date certaine par le décès du cessionnaire[4].

1. Com. 6 mars 1984, n° 82-12.751, P IV, n° 89 – *BOI-ENR-DMTG*-10-10-40-20-20130617, n° 20 – *Dict. enreg.*, n° 3823.
2. *BOI-ENR-DMTG*-10-10-40-20-20130617, n° 40.
3. *BOI-ENR-DMTG*-10-10-40-20-20130617, n° 50.
4. C. civ., art. 1328 – Com. 22 janv. 1985, n° 83-14.388, P IV, n° 33 – Com. 30 janv. 1979, n° 77-13.852, NP – *BOI-ENR-DMTG*-10-10-40-20-20130617, n° 60.

C. Comptes joints et coffres-forts loués conjointement

511.151 Textes. Les articles 753 et 754 du Code général des impôts édictent deux présomptions qui se substituent aux règles civiles sauf preuve contraire :

– *d'une part*, relativement aux comptes joints (CGI, art. 753) [1] ;

– *d'autre part*, pour les coffres-forts loués conjointement (CGI, art. 754) [2].

511.152 Comptes joints. Les comptes indivis ou collectifs avec solidarité, ou comptes joints, confèrent à chacun des titulaires la faculté de retirer, seul et sans l'assistance de son co-titulaire, la totalité des sommes ou valeurs existant au crédit du compte.

Pour la perception des droits de mutation par décès, ces sommes ou valeurs sont présumées appartenir conjointement aux déposants et dépendre de la succession de chacun d'eux « pour une part virile », c'est-à-dire par parts égales.

511.153 Coffres-forts loués conjointement. Les sommes, titres ou objets trouvés dans un coffre-fort loué conjointement à plusieurs personnes sont présumés, pour la perception des droits, être la propriété conjointe de ces personnes et dépendre pour une part virile de la succession, c'est-à-dire par parts égales.

511.154 Nature de ces présomptions. Dans les deux cas, il s'agit d'une **présomption simple** qui peut être mise en échec par la preuve contraire. En ce qui concerne les comptes joints, il est précisé que cette preuve peut être apportée tant par l'administration que par les redevables.

511.155 Preuve contraire. Il est précisé, pour les comptes joints, que la preuve contraire doit résulter, soit des énonciations du contrat de dépôt, soit des titres prévus par l'article 773-2° du Code général des impôts : actes authentiques et actes sous seing privé ayant acquis date certaine avant l'ouverture de la succession autrement que par le décès d'une des parties contractantes.

§ 2 Taxation de situations particulières

511.160 Plan. À titre d'exemples de cas dans lesquels le droit fiscal substitue ses règles à celles du droit civil, nous examinerons le sort des biens acquis avec clause d'accroissement dans la succession du ou des prémourants [3] (A) et les transmissions par décès en faveur de l'adopté simple (B) [4].

A. Biens acquis avec clause d'accroissement

511.171 Définition. La clause d'accroissement, également appelée **clause de réversion, de condition de survie ou de tontine**, insérée dans un contrat d'acquisition, prévoit qu'au décès du ou des prémourants, la part de ceux-ci reviendra, sans indemnité, aux survivants, de telle sorte que le dernier vivant sera réputé seul propriétaire de la totalité du bien.

Le bien acquis est alors réputé appartenir dès la date d'acquisition au survivant des acquéreurs. L'acte d'acquisition est ainsi conclu sous une double condition : une condition suspensive de survie et une condition résolutoire de décès. Il s'agit d'un **contrat d'acquisition à titre onéreux aléatoire.**

511.172 Dissociation du droit civil et du droit fiscal. Il résulte de cette analyse civile qu'au décès de chacun des prémourants, la part transmise devrait être taxée au droit de mutation à titre onéreux. Cependant, pour limiter des tentatives d'évasion fiscale par ce moyen, pour les acquisitions postérieures au 5 septembre 1979 [5], les biens recueillis en vertu d'une clause de tontine sont assujettis aux droits de mutation par décès (CGI, art. 754 A, al. 1er).

511.173 Régime fiscal. Les biens recueillis en vertu d'une clause de tontine insérée dans un contrat d'acquisition en commun sont, au point de vue fiscal, réputés transmis, à titre gratuit, à chacun des bénéficiaires de l'accroissement, à deux conditions de droit transitoire :

– d'abord, la condition que la succession du ou des coacquéreurs se soit ouverte postérieurement à l'entrée en vigueur de la loi de finances pour 1980 ;

– ensuite, que le contrat contenant la clause de tontine ait été conclu après le 5 septembre 1979.

511.174 Application. Les droits sur la valeur des biens objets de la clause d'accroissement sont liquidés au tarif en vigueur au jour du décès et en fonction du lien de parenté existant entre le défunt et le ou les bénéficiaires de la clause de tontine.

Si le bénéficiaire de la clause est appelé à la succession à un autre titre, la valeur des biens qu'il recueille en vertu de la clause de tontine est ajoutée à sa part pour la liquidation des droits.

1. *BOI-ENR-DMTG*-10-10-40-30-20120912 – *Dict. enreg.*, n° 3733.
2. *BOI-ENR-DMTG*-10-10-40-40-20120912 – *Dict. enreg.*, n° 1124.
3. *BOI-ENR-DMTG*-10-10-10-10-20120912, n° 260 – *Dict. enreg.*, n° 3401.
4. *BOI-ENR-DMTG*- -10-50-80-20220630 nos 10 s. – *Dict. enreg.*, n° 4012.
5. L. n° 80-30, 18 janv. 1980, art. 69, mod. par L. n° 2009-1673, 30 déc. 2009, art. 33, et Rép. min. Budget, 21 juill. 1980, *BOGDI* n° 7-G-7-81, *BOI-ENR-DMTG*-10-10-10-10-20120912, n° 270.

Dans le cas contraire, il doit souscrire une déclaration de succession dans les conditions de droit commun.

511.175 **Exception.** Le régime des droits de mutation à titre onéreux est maintenu en faveur des acquisitions de résidences principales communes à deux acquéreurs, lorsque la résidence en question a une valeur globale inférieure à 76 000 euros (CGI, art. 754 A, al. 2).

Cependant, le survivant a dans ce cas la faculté d'opter pour le régime des droits de mutation par décès, comme c'est son intérêt lorsqu'il est exonéré de ces droits (conjoint survivant, partenaire lié au défunt par un pacte civil de solidarité, frères et sœurs vivant sous le même toit).

Rappelons que les biens recueillis en vertu d'une clause d'accroissement soumise aux droits de mutation par décès entrent dans l'assiette du forfait mobilier de 5 %, même lorsque le bénéficiaire de la clause n'est pas appelé à la succession à un autre titre et souscrit une déclaration à titre individuel[1].

B. Transmissions par décès en faveur de l'adopté simple

511.181 **Droit civil.** En droit civil, l'adopté et ses descendants ont dans la famille de l'adoptant les droits successoraux prévus aux articles 731 à 767 du Code civil, au chapitre « Des héritiers » (C. civ., art. 365). Cette disposition ne distingue pas selon que l'adoption est simple ou plénière.

511.182 **Régime fiscal.**

• **Adoption plénière.** Les transmissions entre adoptants et adoptés ayant fait l'objet d'une adoption plénière bénéficient de plein droit du régime fiscal des transmissions à titre gratuit en ligne directe, en application des dispositions civiles ci-dessus rappelées.

• **Adoption simple.** En revanche, en raison des possibilités d'évasion fiscale par le recours à l'adoption simple, le droit fiscal distingue les deux formes d'adoption et établit un régime particulier pour les transmissions par décès en faveur de l'adopté simple[2].

511.183 **Texte et principe.** « *Pour la perception des droits de mutation à titre gratuit, il n'est pas tenu compte du lien de parenté résultant de l'adoption simple* [...] » (CGI, art. 786, al. 1er).

En principe, la succession de l'adoptant donne ouverture, pour l'adopté simple, aux droits de mutation par décès au tarif prévu pour le lien de parenté existant, le cas échéant, entre l'adoptant et l'adopté simple ou, en l'absence de lien de parenté, au tarif applicable aux transmissions entre personnes non-parentes.

511.184 **Portée du texte.** Ce texte ne s'applique ni aux transmissions aux personnes ayant fait l'objet d'une adoption plénière, ni aux transmissions par droit de retour en faveur des adoptants visées par l'article 366, alinéa 1er, du Code civil (CGI, art. 786, al. 1er et 2).

511.185 **Exceptions.** Dans un certain nombre de cas, définis par la loi (CGI, art. 786, 1° à 7°), les transmissions par décès en faveur de l'adopté simple sont imposées selon le régime applicable aux transmissions en ligne directe, en conformité avec les règles du droit civil[3].

Nous distinguerons les cas les plus fréquents, tenant à la situation familiale et personnelle de l'adopté simple, les cas relevant de circonstances exceptionnelles et les situations de droit transitoire.

511.186 **Situation familiale et personnelle de l'adopté simple.**

• **Enfant issu d'un premier mariage du conjoint de l'adoptant.** Les transmissions en faveur des enfants issus d'un premier mariage ou d'un précédent mariage du conjoint de l'adoptant, ou en faveur de leurs successibles en ligne directe, sont par exception imposées selon le régime applicable aux transmissions en ligne directe (CGI, art. 786, 1° et 6°). L'application de cette disposition a donné lieu à de nombreuses précisions de l'administration par réponses ministérielles[4].

• **Adoptés qui ont reçu de l'adoptant des secours et des soins non interrompus.** Lorsque l'adopté simple a reçu de l'adoptant « *des secours et des soins non interrompus au titre d'une prise en charge continue et principale* » soit dans sa minorité et pendant cinq ans au moins, soit dans sa minorité et sa majorité et pendant dix ans au moins, il peut par exception bénéficier du régime des transmissions en ligne directe, bénéfice également accordé à ses successibles en ligne directe (CGI, art. 786, 3°, 3° *bis* et 6°).

Il appartient à l'adopté d'apporter la preuve que les conditions de cette exception sont remplies.

Cette disposition, longtemps interprétée de manière stricte, a donné lieu à de nombreuses précisions administratives et jurisprudentielles[5]. La Cour de cassation a assoupli sa position dans un arrêt rendu le 6 mai 2014, en précisant que « *la notion de secours et*

1. Rép. min. J.-L. Préel, *JOAN CR*, 31 juill. 1995, p. 3344.
2. *BOI-ENR-DMTG*-10-50-80-20220630, nos 30 s. – *Dict. enreg.*, n° 4012.
3. *BOI-ENR-DMTG*-10-50-80-20220630, nos 40 à 240 – *Dict. enreg.*, n° 4012.
4. *BOI-ENR-DMTG*-10-50-80-20220630, n° 60 – *Dict. enreg.*, n° 4012, 2e exception.
5. *BOI-ENR-DMTG*-10-50-80-20220630, n° 80 – *Dict. enreg.*, n° 4012, 4e exception.

de soins ininterrompus n'impose pas une prise en charge exclusive, mais seulement continue et principale, de l'adopté simple par l'adoptant » et en se prononçant contre l'exigence que les soins et secours non interrompus apportés à l'adopté aient été exclusivement pris en charge par l'adoptant [1].

Cette jurisprudence a été prise en compte par la loi, par la modification de l'article 786 du Code général des impôts, pour ajouter au 3° et au 3° *bis* de ce texte les termes : « *au titre d'une prise en charge continue et principale* » (CGI, art. 786, texte en vigueur au 1er janvier 2017).

La loi du 14 mars 2016 relative à la protection de l'enfant avait modifié le 3° de l'article 786 du Code général des impôts en supprimant totalement la condition de secours et de soins non interrompus pour les adoptés mineurs au moment du décès de l'adoptant. Cette condition a été rétablie, pour ces adoptés, par la loi de finances pour 2017 [2].

511.187 Circonstances exceptionnelles. Certains adoptés simples ainsi que leurs successibles en ligne directe sont admis au bénéfice de la taxation des transmissions en ligne directe par faveur pour leur situation résultant de circonstances historiques exceptionnelles :

– il s'agit des pupilles de la Nation ou de l'État ainsi que des orphelins d'un père mort pour la France (CGI, art. 786, 2° et 6°), des adoptés dont le ou les adoptants ont perdu, morts pour la France, tous leurs descendants en ligne directe (CGI, art. 786, 4° et 6°) et des adoptés anciens déportés politiques ou enfants de déportés n'ayant pas de famille naturelle en ligne directe (CGI, art. 786, 7°).

511.188 Situations de droit transitoire. Les transmissions en faveur d'adoptés dont les liens de parenté avec la famille naturelle ont été déclarés rompus par le tribunal saisi de la requête en adoption, sous le régime antérieur à l'entrée en vigueur de la loi n° 66-500 du 11 juillet 1966, bénéficient du régime des transmissions en ligne directe, ainsi que les transmissions en faveur des successibles en ligne directe de ces adoptés (CGI, art. 786, 5° et 6°).

511.189 Remarque : transmission des biens de l'adopté à l'adoptant (autres que celles soumises au droit de retour légal). Lorsque la situation de l'adopté prédécédé correspond à l'une des exceptions visées à l'article 786 du Code général des impôts, l'administration admet que la transmission des biens de cet adopté simple à l'adoptant est soumise au régime fiscal des mutations à titre gratuit en ligne directe, et que la transmission des biens de l'adopté à l'enfant légitime de l'adoptant peut bénéficier du tarif prévu entre frères et sœurs [3].

1. Com. 6 mai 2014, n° 12-21.835, P IV, n° 78.
2. L. n° 2016-297, 14 mars 2016, relative à la protection de l'enfant, *JO* 15 mars, texte n° 1, art. 36, et L. n° 2016-1917, 29 déc. 2016, de finances pour 2017, *JO* 30 déc., texte n° 1, art. 9.
3. *BOI-ENR-DMTG*-10-50-80-20220630, n° 160 – *Dict. enreg.*, n° 4012, 1re exception, B.

CHAPITRE

512. Actif taxable et biens exonérés

SECTION 0 ORIENTEUR

512.00 Sommaire du chapitre.

512.01 Textes applicables.

• **CGI,** art. 759, 760, 761, 764, 764 A, 764 *bis*, 787 B, 787 C, 793, 793 *bis*, 848 *bis*.

• ***Bulletin officiel des Finances publiques-Impôts* (*BOFiP*) :** *BOI-ENR-DMTG* 10-10-10 ; 10-10-20 ; 10-20-30 ; 10-20-40 ; 10-40-10

> Évaluation des immeubles

[CGI, art. 761, 764 *bis*]

• **CGI,** art. 761

Pour la liquidation des droits de mutations à titre gratuit, les immeubles, quelle que soit leur nature, sont estimés d'après leur valeur vénale réelle à la date de la transmission, d'après la déclaration détaillée et estimative des parties, sans distraction des charges, sauf, en ce qui concerne celles-ci, ce qui est dit aux articles 767 et suivants.

Pour les immeubles dont le propriétaire a l'usage à la date de la transmission, la valeur vénale réelle mentionnée au premier alinéa est réputée égale à la valeur libre de toute occupation.

Néanmoins, si, dans les deux années qui ont précédé ou suivi, soit l'acte de donation, soit le point de départ des délais pour souscrire la déclaration de succession, les immeubles transmis ont fait l'objet d'une adjudication, soit par autorité de justice, soit volontaire, avec admission des étrangers, les droits exigibles ne peuvent être calculés sur une somme inférieure au prix de l'adjudication, en y ajoutant toutes les charges en capital, à moins qu'il ne soit justifié que la consistance des immeubles a subi, dans l'intervalle, des transformations susceptibles d'en modifier la valeur.

• **CGI,** art. 764 *bis*

Par dérogation aux dispositions du deuxième alinéa de l'article 761, il est effectué un abattement de 20 % sur la valeur vénale réelle de l'immeuble constituant au jour du décès la résidence principale du défunt lorsque, à la même date, cet immeuble est également occupé à titre de résidence principale par le conjoint survivant, par le partenaire lié au défunt par un pacte civil de solidarité ou par un ou plusieurs enfants mineurs ou majeurs protégés du défunt, de son conjoint ou de son partenaire.

Ces dispositions s'appliquent dans les mêmes conditions lorsque les enfants majeurs du défunt, de son conjoint ou de son partenaire sont incapables de travailler dans des conditions normales de rentabilité, en raison d'une infirmité physique ou mentale, congénitale ou acquise au sens du II de l'article 779.

> Évaluation des biens meubles

[CGI, art. 759, 760, 764, 764 A]

• **CGI,** art. 759

Pour les valeurs mobilières françaises et étrangères de toute nature admises aux négociations sur un marché réglementé le capital servant de base à la liquidation et au paiement des droits de mutation à titre gratuit est déterminé par le cours moyen au jour de la transmission ou, pour les successions, par la moyenne des trente derniers cours qui précèdent la transmission.

• **CGI,** art. 760

Pour les créances à terme, le droit est perçu sur le capital exprimé dans l'acte et qui en fait l'objet [...].

• **CGI,** art. 764

I. Pour la liquidation des droits de mutation par décès, la valeur de la propriété des biens meubles est déterminée, sauf preuve contraire :

1° Par le prix exprimé dans les actes de vente, lorsque cette vente a lieu publiquement dans les deux années du décès ;

2° À défaut d'actes de vente, par l'estimation contenue dans les inventaires, s'il en est dressé dans les formes prescrites par l'article 789 du Code civil, et dans les cinq années du décès, pour les meubles meublants, et par l'estimation contenue dans les inventaires et autres actes, s'il en est passé, dans le même délai, pour les autres biens meubles, sauf les dispositions du II ;

3° À défaut des bases d'évaluation établies aux 1° et 2°, par la déclaration détaillée et estimative des parties ; toutefois, pour les meubles meublants, et sans que l'administration ait à en justifier l'existence, la valeur imposable ne peut être inférieure à 5 % de l'ensemble des autres valeurs mobilières et immobilières de la succession, la preuve contraire étant aussi réservée.

II. En ce qui concerne les bijoux, pierreries, objets d'art ou de collection, la valeur imposable ne peut, sous réserve de ce qui est dit au I, être inférieure à l'évaluation faite dans les contrats ou conventions d'assurances contre le vol ou contre l'incendie en cours au jour du décès et conclus par le défunt, son conjoint ou ses auteurs, moins de dix ans avant l'ouverture de la succession, sauf preuve contraire.

S'il existe plusieurs polices susceptibles d'être retenues, la valeur imposable est égale à la moyenne des évaluations figurant dans ces polices.

III. Les dispositions du présent article ne sont applicables ni aux créances, ni aux rentes, actions, obligations, effets publics et autres biens meubles dont la valeur et le mode d'évaluation sont déterminés par des dispositions spéciales.

• **CGI,** art. 764 A

En cas de décès :

a. – du gérant d'une société à responsabilité limitée ou d'une société en commandite par actions non cotée,

b. – de l'un des associés en nom d'une société de personnes,

c. – de l'une des personnes qui assument la direction générale d'une société par actions non cotée,

d. – de l'exploitant d'un fonds de commerce ou d'une clientèle,

e. – du titulaire d'un office public ou ministériel,

il est tenu compte, pour la liquidation des droits de mutation par décès dus par ses héritiers, légataires ou donataires, de la dépréciation éventuelle résultant dudit décès et affectant la valeur des titres non cotés ou des actifs incorporels ainsi transmis.

> Exonérations et régimes spéciaux

[CGI, art. 787 B, 787 C, 793, 793 *bis*, 848 *bis*]

• **CGI,** art. 787 B *(mod. par L. n° 2023-1322, 29 déc. 2023, art. 23)*

Sont exonérées de droits de mutation à titre gratuit, à concurrence de 75 % de leur valeur, les parts ou les actions d'une société dont l'activité principale est industrielle, commerciale, au sens des articles 34 et 35, artisanale, agricole ou libérale transmises par décès, entre vifs ou, en pleine propriété, à un fonds de pérennité mentionné à l'article 177 de la loi n° 2019-486 du 22 mai 2019 relative à la croissance et la transformation des entreprises.

Pour l'application du premier alinéa du présent article, n'est pas considérée comme une activité industrielle, commerciale, artisanale, agricole ou libérale l'exercice par une société d'une activité de gestion de son propre patrimoine mobilier ou immobilier. Est néanmoins considérée comme exerçant une activité commerciale la société qui, outre la gestion d'un portefeuille de participations, a pour activité principale la participation active à la conduite de la politique de son groupe constitué de sociétés contrôlées directement ou indirectement, exerçant une activité industrielle, commerciale, artisanale, agricole ou libérale, et auxquelles elle rend, le cas échéant et à titre purement interne, des services spécifiques, administratifs, juridiques, comptables, financiers et immobiliers.

L'exonération s'applique si les conditions suivantes sont réunies :

a. Les parts ou les actions mentionnées au premier alinéa du présent article doivent faire l'objet d'un engagement collectif de conservation d'une durée minimale de deux ans en cours au jour de la transmission, qui a été pris par le défunt ou le donateur, pour lui et ses ayants cause à titre gratuit, avec d'autres associés. Le présent engagement peut être pris par une personne seule, pour elle et ses ayants cause à titre gratuit, sous les mêmes conditions ;

Lorsque les parts ou actions transmises par décès n'ont pas fait l'objet d'un engagement collectif de conservation, un ou des héritiers ou légataires peuvent entre eux ou avec d'autres associés conclure dans les six mois qui suivent la transmission l'engagement prévu au premier alinéa ;

b. 1. L'engagement collectif de conservation doit porter sur au moins 10 % des droits financiers et 20 % des droits de vote attachés aux titres émis par la société s'ils sont admis à la négociation sur un marché réglementé ou, à défaut, sur au moins 17 % des droits financiers et 34 % des droits de vote, y compris les parts ou actions transmises.

Ces pourcentages doivent être respectés tout au long de la durée de l'engagement collectif de conservation. Les associés de l'engagement collectif de conservation peuvent effectuer entre eux des cessions ou donations des titres soumis à l'engagement. Ils peuvent également admettre un nouvel associé dans l'engagement collectif à condition que cet engagement collectif soit reconduit pour une durée minimale de deux ans.

L'engagement collectif de conservation est opposable à l'administration à compter de la date de l'enregistrement de l'acte qui le constate. Dans le cas de titres admis à la négociation sur un marché réglementé, l'engagement collectif de conservation est soumis aux dispositions de l'article L. 233-11 du code de commerce.

2. L'engagement collectif de conservation est réputé acquis lorsque les parts ou actions détenues depuis deux ans au moins, directement ou indirectement dans les conditions prévues au 3 du présent b, par une personne physique seule ou avec son conjoint, le partenaire avec lequel elle est liée par un pacte civil de solidarité ou son concubin notoire atteignent les seuils prévus au premier alinéa du 1, sous réserve que cette personne ou son conjoint, le partenaire lié à elle par un pacte civil de solidarité ou son concubin notoire exerce depuis deux ans au moins dans la société concernée son activité professionnelle principale ou l'une des fonctions énumérées au 1° du 1 du III de l'article 975 lorsque la société est soumise à l'impôt sur les sociétés. En cas de détention indirecte, l'exonération partielle est accordée dans les proportions et sous les conditions prévues au 3 du présent b.

3. Pour le calcul des pourcentages prévus au premier alinéa du 1, il est tenu compte des titres détenus par une société possédant directement une participation dans la société dont les parts ou actions font l'objet de l'engagement collectif de conservation visé au a et auquel elle a souscrit.

La valeur des titres de cette société qui sont transmis bénéficie de l'exonération partielle à proportion de la valeur réelle de son actif brut qui correspond à la participation ayant fait l'objet de l'engagement collectif de conservation ;

L'exonération s'applique également lorsque la société détenue directement par le redevable possède une participation dans une société qui détient les titres de la société dont les parts ou actions font l'objet de l'engagement de conservation.

Dans cette hypothèse, l'exonération partielle est appliquée à la valeur des titres de la société détenus directement par le redevable, dans la limite de la fraction de la valeur réelle de l'actif brut de celle-ci représentative de la valeur de la participation indirecte ayant fait l'objet d'un engagement de conservation.

Le bénéfice de l'exonération partielle est subordonné à la condition que les participations soient conservées inchangées à chaque niveau d'interposition pendant toute la durée de l'engagement collectif. Toutefois, le bénéfice du régime de faveur n'est pas remis en cause en cas d'augmentation de la participation détenue par les sociétés interposées.

c. Chacun des héritiers, donataires ou légataires prend l'engagement dans la déclaration de succession ou l'acte de donation, pour lui et ses ayants cause à titre gratuit, de conserver les parts ou les actions transmises pendant une durée de quatre ans à compter de la date d'expiration du délai visé au a.

Le cas échéant, la société dont les titres sont transmis, qui possède directement ou indirectement dans les conditions prévues au 3 du b une participation dans la société dont les parts ou actions font l'objet de l'engagement collectif de conservation mentionné au a, doit conserver cette participation durant cette même période ;

c *bis*. La condition d'exercice par la société d'une activité industrielle, commerciale, artisanale, agricole ou libérale, prévue au premier alinéa du présent article, doit être satisfaite à compter de la conclusion de l'engagement de conservation prévu au premier alinéa du a et jusqu'au terme de l'engagement de conservation prévu au c. Par dérogation, cette condition doit être satisfaite, dans le cas prévu au second alinéa du a, à compter de la transmission des titres et, dans le cas prévu au 2 du b, depuis deux ans au moins à la date de cette transmission ;

d. L'un des associés mentionnés au a ou l'un des héritiers, donataires ou légataires mentionnés au c exerce effectivement dans la société dont les parts ou actions font l'objet de l'engagement collectif de conservation, pendant la durée de l'engagement prévu au a et pendant les trois années qui suivent la date de la transmission, son activité professionnelle principale si celle-ci est une société de personnes visée aux articles 8 et 8 *ter*, ou l'une des fonctions énumérées au 1° du 1 du III de l'article 975 lorsque celle-ci est soumise à l'impôt sur les sociétés, de plein droit ou sur option ;

d *bis*. Les parts ou actions ne sont pas inscrites sur un compte PME innovation mentionné à l'article L. 221-32-4 du code monétaire et financier. Le non-respect de cette condition par l'un des signataires jusqu'au terme du délai mentionné au c entraîne la remise en cause de l'exonération partielle dont il a bénéficié ;

e. La déclaration de succession ou l'acte de donation doit être appuyée d'une attestation de la société dont les parts ou actions font l'objet de l'engagement collectif de conservation certifiant que les conditions prévues aux a et b ont été remplies jusqu'au jour de la transmission.

L'héritier, le donataire ou le légataire adresse, sur demande de l'administration et dans un délai de trois mois à compter de cette demande, une attestation, que la société dont les parts ou actions font l'objet des engagements de conservation mentionnés aux a et c lui transmet, certifiant que les conditions prévues aux a à d ont été respectées de manière continue depuis la date de la transmission.

Dans un délai de trois mois à compter du terme de l'engagement de conservation mentionné au c, l'héritier, le donataire ou le légataire adresse à l'administration une attestation, que la société lui transmet, certifiant que les conditions prévues aux a à d ont été respectées jusqu'à leur terme.

En cas de détention indirecte des parts ou actions faisant l'objet des engagements de conservation mentionnés aux a et c, chacune des sociétés composant la chaîne de participation transmet aux personnes soumises à ces engagements, dans les cas prévus aux deuxième et troisième alinéas du présent e, une attestation certifiant du respect, à son niveau, des obligations de conservation prévues aux a et c ;

e *bis*. En cas de non-respect de la condition prévue au a par l'un des signataires, l'exonération partielle n'est pas remise en cause à l'égard des signataires autres que le cédant si :

1° Soit les titres que ces autres signataires détiennent ensemble respectent la condition prévue au b et ceux-ci les conservent jusqu'au terme initialement prévu ;

2° Soit le cessionnaire s'associe à l'engagement collectif à raison des titres cédés afin que le pourcentage prévu au b demeure respecté. Dans ce cas, l'engagement collectif est reconduit pour une durée minimale de deux ans pour l'ensemble des signataires.

e *ter*. En cas de non-respect de la condition de conservation prévue au a, par l'un des héritiers, donataires ou légataires à la suite de la cession ou de la donation, à un autre associé de l'engagement mentionné au a d'une partie des parts ou actions qui lui ont été transmises à titre gratuit, l'exonération partielle n'est remise en cause pour le cédant ou le donateur qu'à hauteur des seules parts ou actions cédées ou données ;

f. En cas de non-respect des conditions prévues aux a et c par suite d'un apport partiellement rémunéré par la prise en charge d'une soulte consécutive à un partage ou d'un apport pur et simple de titres d'une société ayant une activité industrielle, commerciale, artisanale, agricole ou libérale à une société dont la valeur réelle de l'actif brut est, à l'issue de l'apport et jusqu'au terme des engagements de conservation mentionnés aux a et c, composée à plus de 50 % de participations dans la société soumises à ces engagements, l'exonération partielle n'est pas remise en cause si les conditions suivantes sont réunies :

1° Les trois-quarts au moins du capital et des droits de vote y afférents de la société bénéficiaire de l'apport sont, à l'issue de l'apport, détenus par les personnes soumises aux obligations de conservation prévues aux a et c. Cette société est dirigée directement par une ou plusieurs de ces personnes. Les conditions tenant à la composition de l'actif de la société, à la détention de son capital et à sa direction doivent être respectées à l'issue de l'opération d'apport et jusqu'au terme des engagements mentionnés aux a et c ;

2° La société bénéficiaire de l'apport prend l'engagement de conserver les titres apportés jusqu'au terme des engagements mentionnés aux a et c ;

3° Les personnes mentionnées au 1°, associées de la société bénéficiaire des apports, doivent conserver, pendant la durée mentionnée au 2°, les titres reçus en contrepartie de l'opération d'apport.

Le présent f s'applique également, sous les mêmes conditions, à l'apport de titres d'une société possédant directement une participation dans la société dont les parts ou actions font l'objet de l'engagement de conservation mentionné aux a ou c. Dans ce cas, à l'issue de l'apport et jusqu'au terme des engagements de conservation mentionnés aux a et c, la valeur réelle de l'actif brut de la société bénéficiaire de l'apport est composée à plus de 50 % de participations indirectes dans la société soumises aux obligations de conservation prévues aux a et c ;

g) En cas de non-respect des conditions prévues aux a ou b, par suite d'une fusion ou d'une scission au sens de l'article 817 A, d'une augmentation de capital ou d'une offre publique d'échange préalable à une fusion ou une scission dès lors que cette fusion ou cette scission est opérée dans l'année qui suit la clôture de l'offre publique d'échange, l'exonération partielle accordée lors d'une mutation à titre gratuit avant l'une de ces opérations n'est pas remise en cause si les signataires respectent l'engagement prévu au a jusqu'à son terme. Les titres reçus en contrepartie de ces opérations doivent être conservés jusqu'au même terme. De même, cette exonération n'est pas non plus remise en cause lorsque la condition prévue au b n'est pas respectée par suite d'une annulation des titres pour cause de pertes ou de liquidation judiciaire ;

h) En cas de non-respect de la condition prévue au c par suite d'une fusion ou d'une scission au sens de l'article 817 A, d'une augmentation de capital, ou d'une offre publique d'échange préalable à une fusion ou une scission dès lors que cette fusion ou cette scission est opérée dans l'année qui suit la clôture de l'offre publique d'échange, l'exonération partielle accordée lors de la mutation à titre gratuit n'est pas remise en cause si les titres reçus en contrepartie de ces opérations sont conservés par le signataire de l'engagement jusqu'à son terme.

De même, cette exonération n'est pas remise en cause lorsque la condition prévue aux b ou c n'est pas respectée par suite d'une annulation des titres pour cause de pertes ou de liquidation judiciaire ;

i) En cas de non-respect de la condition prévue au c par suite d'une donation, l'exonération partielle accordée au titre de la mutation à titre gratuit n'est pas remise en cause, à condition que le ou les donataires soient le ou les descendants du donateur et que le ou les donataires poursuivent l'engagement prévu au c jusqu'à son terme.

Les dispositions du présent article s'appliquent en cas de donation avec réserve d'usufruit à la condition que les droits de vote de l'usufruitier soient statutairement limités aux décisions concernant l'affectation des bénéfices.

Un décret en Conseil d'État détermine les modalités d'application du présent article, notamment les obligations déclaratives incombant aux redevables et aux sociétés.

• **CGI,** art. 787 C (*mod. par L. n° 2023-1322, 29 déc. 2023, art. 23 (V)*)

Sont exonérés de droits de mutation à titre gratuit, à concurrence de 75 % de leur valeur, la totalité ou une quote-part indivise de l'ensemble des biens meubles et immeubles, corporels ou incorporels affectés à l'exploitation d'une entreprise individuelle dont l'activité principale est industrielle, commerciale, au sens des articles 34 et 35, artisanale, agricole ou libérale, à l'exclusion de toute activité de gestion de son propre patrimoine mobilier ou immobilier, transmis par décès ou entre vifs si les conditions suivantes sont réunies :

a. L'entreprise individuelle mentionnée ci-dessus a été détenue depuis plus de deux ans par le défunt ou le donateur lorsqu'elle a été acquise à titre onéreux ;

b. Chacun des héritiers, donataires ou légataires prend l'engagement dans la déclaration de succession ou l'acte de donation, pour lui et ses ayants cause à titre gratuit, de conserver l'ensemble des biens affectés à l'exploitation de l'entreprise pendant une durée de quatre ans à compter de la date de la transmission.

c. L'un des héritiers, donataires ou légataires mentionnés au b poursuit effectivement pendant les trois années qui suivent la date de la transmission l'exploitation de l'entreprise.

d) En cas de non-respect de la condition prévue au b par suite d'une donation, l'exonération partielle accordée au titre de la mutation à titre gratuit n'est pas remise en cause, à condition que le ou les donataires soient le ou les descendants du donateur et que le ou les donataires poursuivent l'engagement prévu au b jusqu'à son terme.

• **CGI,** art. 793

Sont exonérés des droits de mutation à titre gratuit :

1.1° (*Périmé*) ;

2° (*Abrogé*) ;

3° les parts d'intérêts détenues dans un groupement forestier à concurrence des trois-quarts de la fraction de la valeur nette correspondant aux biens visés au a ci-après et les sommes déposées sur un compte d'investissement forestier et d'assurance prévu au chapitre II du titre V du livre III du code forestier, à condition :

a. que l'acte constatant la donation ou la déclaration de la succession soit appuyé d'un certificat délivré sans frais par le directeur départemental des territoires ou le directeur départemental des territoires et de la mer attestant que :

les bois et forêts du groupement sont susceptibles de présenter une des garanties de gestion durable prévues aux articles L. 124-1 et L. 124-3 et à l'article L. 313-2 du code forestier ;

les friches et landes appartenant au groupement sont susceptibles de reboisement et présentent une vocation forestière ;

les terrains pastoraux appartenant au groupement sont susceptibles d'un régime d'exploitation normale ;

b. que le groupement forestier prenne, selon le cas, l'un des engagements prévus au b du 2° du 2 et au b du 3° ;

Ce groupement doit s'engager en outre :

à reboiser ses friches et landes dans un délai de cinq ans à compter de la délivrance du certificat et à les soumettre ensuite au régime défini au b du 2° du 2 ;

à soumettre pendant trente ans ses terrains pastoraux à un régime d'exploitation normale ou, à défaut, à les reboiser ;

c. que les parts aient été détenues depuis plus de deux ans par le donateur ou le défunt, lorsqu'elles ont été acquises à titre onéreux à compter du 5 septembre 1979.

4° Les parts des groupements fonciers agricoles et celles des groupements agricoles fonciers, créés conformément à la loi n° 62-933 du 8 août 1962 et répondant aux diverses caractéristiques des articles L. 322-1 à L. 322-21 et L. 322-23 du code rural et de la pêche maritime, à concurrence des trois-quarts de la fraction de la valeur nette des biens donnés à bail à long terme ou à bail cessible, sous réserve des dispositions de l'article 793 *bis*, à condition :

a) Que les statuts du groupement lui interdisent l'exploitation en faire-valoir direct ;

b) Que les immeubles à destination agricole constituant le patrimoine du groupement aient été donnés à bail à long terme dans les conditions prévues par les articles L. 416-1 à L. 416-6, L. 416-8 et L. 416-9 du code rural et de la pêche maritime ou à bail cessible dans les conditions prévues par les articles L. 418-1 à L. 418-5 du code rural et de la pêche maritime ;

c) Que les parts aient été détenues depuis deux ans au moins par le donateur ou le défunt.

Ce délai n'est pas exigé lorsque le donateur ou le défunt ont été parties au contrat de constitution du groupement foncier agricole et, à ce titre, ont effectué des apports constitués exclusivement par des immeubles ou des droits immobiliers à destination agricole.

L'exonération ne s'applique pas aux parts de groupements fonciers agricoles qui sont détenues par une société civile régie par la section 3 du chapitre IV du titre premier du livre II du code monétaire et financier ou par une entreprise d'assurance ou de capitalisation ;

Conformément aux dispositions de l'article L. 322-18 du code rural et de la pêche maritime, le remboursement des avantages fiscaux prévus aux articles L. 322-1 à L. 322-23 du même code n'est pas dû lorsque la condition de parenté prévue à l'article L. 322-11 du code précité cesse d'être respectée à la suite de transmissions à titre gratuit ;

Peuvent être étendues aux départements d'outre-mer dans des conditions fixées par décret en Conseil d'État, après avis des conseils départementaux desdits départements, les dispositions des articles L. 322-1 à L. 322-21 et L. 322-23 du code rural et de la pêche maritime ;

5° les reversions de rentes viagères entre parents en ligne directe ;

6° la transmission par décès du bénéfice du contrat de travail à salaire différé dont la dévolution est régie par l'article L. 321-14 du code rural et de la pêche maritime ;

2.1° (*Abrogé*) ;

2° les successions et donations entre vifs, à concurrence des trois-quarts de leur montant, intéressant les propriétés en nature de bois et forêts, à la condition ;

a. que l'acte constatant la donation ou la déclaration de succession soit appuyé d'un certificat délivré sans frais par le directeur départemental des territoires ou le directeur départemental des territoires et de la mer attestant que les bois et forêts sont susceptibles de présenter une des garanties de gestion durable prévues aux articles L. 124-1 à L. 124-4 et à l'article L. 313-2 du code forestier ;

b. qu'il contienne l'engagement par l'héritier, le légataire ou le donataire, pris pour lui et ses ayants cause :

– soit d'appliquer pendant trente ans aux bois et forêts objets de la mutation l'une des garanties de gestion durable prévues aux articles L. 124-1 à L. 124-4 et à l'article L. 313-2 dudit code ;

– soit lorsque, au moment de la mutation, aucune garantie de gestion durable n'est appliquée aux bois et forêts en cause, de présenter dans le délai de trois ans à compter de la mutation et d'appliquer jusqu'à l'expiration du délai de trente ans précité une telle garantie. Dans cette situation, le bénéficiaire s'engage en outre à appliquer le régime d'exploitation normale prévu au décret du 28 juin 1930 aux bois et forêts pendant le délai nécessaire à la présentation de l'une des garanties de gestion durable.

En cas de transmission de bois et forêts à l'État ou aux collectivités et organismes mentionnés aux I et II de l'article 1042, l'engagement est réputé définitivement satisfait à concurrence d'une fraction de la valeur des biens exonérée déterminée par le rapport entre la superficie des biens objets de la transmission et la superficie totale des biens sur lesquels l'engagement a été souscrit. La même règle s'applique aux mutations de jouissance ou de propriété au profit d'établissements ou de sociétés, en vue de la réalisation d'équipements, aménagements ou constructions d'intérêt public, qui pourraient donner lieu à l'établissement d'une servitude d'utilité publique au titre de ladite mutation, ainsi qu'aux bois et forêts faisant l'objet d'une interdiction de reconstituer les boisements après coupe rase en application des deuxième à neuvième alinéas de l'article L. 126-1 du code rural et de la pêche maritime ;

3° Les biens donnés à bail dans les conditions prévues aux articles L. 416-1 à L. 416-6, L. 416-8 et L. 416-9 ainsi qu'aux articles L. 418-1 à L. 418-5 du code rural et de la pêche maritime, à concurrence des trois quarts de leur valeur, sous réserve des dispositions de l'article 793 *bis* ;

4° Lors de leur première transmission à titre gratuit, les immeubles acquis neufs ou en état futur d'achèvement dont la déclaration de l'achèvement des travaux prévue par la réglementation de l'urbanisme est déposée avant le 1er juillet 1994 à la mairie de la commune sur le territoire de laquelle l'immeuble concerné a été édifié et dont l'acquisition par le donateur ou le défunt est constatée par un acte authentique signé entre le 1er juin 1993 et le 31 décembre 1994.

L'exonération est subordonnée à la condition que les immeubles aient été exclusivement affectés de manière continue à l'habitation principale pendant une durée minimale de cinq ans à compter de l'acquisition ou de l'achèvement s'il est postérieur. En cas de donation, le délai s'impose au donataire si la durée de cinq ans à compter de la date de l'acquisition ou de l'achèvement, s'il est postérieur, n'est pas expirée.

La condition de cinq ans n'est pas opposable en cas de décès de l'acquéreur durant ce délai.

Les dispositions qui précèdent ne s'appliquent pas aux immeubles dont l'acquéreur a bénéficié des réductions d'impôt prévues aux articles 199 *undecies* et 199 *undecies* A.

Un décret en Conseil d'État détermine les modalités d'application des dispositions du présent 4°, notamment les obligations déclaratives incombant aux redevables et les pièces justificatives à fournir lors de l'enregistrement de la transmission mentionnée au premier alinéa ;

5° lors de leur première transmission à titre gratuit, les immeubles acquis neufs dont la déclaration de l'achèvement des travaux prévue par la réglementation de l'urbanisme a été déposée avant le 31 décembre 1994 à la mairie de la commune sur le territoire de laquelle l'immeuble concerné a été édifié et dont l'acquisition par le donateur ou le défunt est constatée par un acte authentique signé entre le 1er août 1995 et le 31 décembre 1995.

L'exonération est subordonnée à la condition que les immeubles aient été exclusivement affectés de manière continue à l'habitation principale pendant une durée minimale de deux ans à compter de l'acquisition et que le donataire, l'héritier ou le légataire ou leurs ayants cause prennent l'engagement de ne pas affecter les immeubles à un autre usage que l'habitation pendant une durée minimale de trois ans à compter de la transmission à titre gratuit.

La condition de deux ans n'est pas opposable en cas de décès de l'acquéreur durant ce délai.

Les dispositions qui précèdent ne s'appliquent pas aux immeubles dont l'acquéreur a bénéficié des réductions d'impôt prévues aux articles 199 *undecies* et 199 *undecies* A.

Un décret en Conseil d'État détermine les modalités d'application des dispositions du présent 5° ;

6° lors de leur première transmission à titre gratuit, les immeubles ou fractions d'immeubles mentionnés aux articles 710 et 711, à concurrence des trois-quarts de leur valeur, lorsque l'acquisition par le donateur ou le défunt est constatée par un acte authentique signé entre le 1er août 1995 et le 31 décembre 1996 et qu'elle n'a pas donné lieu au paiement de la taxe sur la valeur ajoutée.

L'exonération est subordonnée à la condition que les immeubles aient été donnés en location par le propriétaire dans les conditions prévues aux 3° et 4° de l'article 199 *decies* B, pendant une durée minimale de neuf ans, à une personne qui les affecte de manière exclusive et continue à son habitation principale.

La location doit avoir pris effet dans les six mois de l'acquisition de l'immeuble.

Lorsqu'au jour de la transmission à titre gratuit, le délai de neuf ans n'est pas expiré, le bénéfice de l'exonération partielle est subordonné à l'engagement des donataires, héritiers ou légataires pour eux et leurs ayants cause de maintenir en location, dans les mêmes conditions, les biens transmis jusqu'à l'expiration de ce délai.

Un décret en Conseil d'État détermine les modalités d'application des dispositions du présent 6°, notamment les obligations déclaratives incombant aux redevables et pièces justificatives à fournir lors de l'enregistrement de la transmission mentionnée au premier alinéa.

7° Les successions et donations entre vifs, à concurrence des trois quarts de leur montant, intéressant les propriétés non bâties qui ne sont pas en nature de bois et forêts et qui sont incluses dans les espaces naturels délimités en application des articles L. 331-2, L. 332-2 à L. 332-2-2, L. 341-2 et L. 414-1 du code de l'environnement et de leurs textes d'application, ou délimités en application des articles L. 121-23 et L. 121-50 du code de l'urbanisme, à la condition :

a) Que l'acte constatant la donation ou la déclaration de succession soit appuyé d'un certificat délivré sans frais par le directeur départemental des territoires ou le directeur départemental des territoires et de la mer attestant que les propriétés concernées font l'objet d'un engagement de gestion conforme aux objectifs de conservation de ces espaces ;

b) Qu'il contienne l'engagement par l'héritier, le légataire ou le donataire, pris pour lui et ses ayants cause, d'appliquer pendant dix-huit ans aux espaces naturels objets de la mutation des garanties de gestion conformes aux objectifs de conservation de ces espaces et dont le contenu est défini par décret.

Cette exonération n'est pas cumulable avec une autre exonération applicable en matière de droits de mutation à titre gratuit.

En cas de transmission de propriétés non bâties, qui sont incluses dans les espaces naturels délimités en application des articles L. 331-2, L. 332-2 à L. 332-2-2, L. 341-2 et L. 414-1 du code de l'environnement et de leurs textes d'application, ou délimités en application des articles L. 121-23 et L. 121-50 du code de l'urbanisme, à l'État ou aux collectivités et organismes mentionnés aux I et II de l'article 1042 du présent code, l'engagement est réputé définitivement satisfait à concurrence d'une fraction de la valeur des biens exonérée, celle-ci étant déterminée par le rapport entre la superficie des biens objets de la transmission et la superficie totale des biens sur lesquels l'engagement a été souscrit. La même règle s'applique aux mutations de jouissance ou de propriété au profit d'établissements ou de sociétés, en vue de la réalisation d'équipements, aménagements ou constructions d'intérêt public, qui pourraient donner lieu à l'établissement d'une servitude d'utilité publique au titre de ladite mutation.

8° Les immeubles et droits immobiliers, à concurrence de 50 % de leur valeur, lors de la première mutation postérieure à la reconstitution des titres de propriété y afférents, sous réserve que ces titres de propriété aient été constatés par un acte régulièrement transcrit ou publié entre le 1er octobre 2014 et le 31 décembre 2027.

Cette exonération est exclusive de l'application au même bien, au titre de la même mutation ou d'une mutation antérieure, de toute autre exonération de droits de mutation à titre gratuit.

3. Les sommes, à concurrence des trois quarts de leur montant, déposées sur le compte d'investissement forestier et d'assurance mentionné aux articles L. 352-1 à L. 352-5 du code forestier, à condition :

a) Que l'acte constatant la donation ou la déclaration de succession soit appuyé d'un certificat délivré par le directeur départemental des territoires ou le directeur départemental des territoires et de la mer attestant que les bois et forêts du titulaire du compte sont susceptibles de présenter une des garanties de gestion durable prévues à l'article L. 124-1 du code forestier ;

b) Qu'il contienne l'engagement par l'héritier, le légataire ou le donataire, pris pour lui et ses ayants cause, d'employer les sommes objets de la mutation conformément à l'article L. 352-3 du même code pendant trente ans.

• **CGI,** art. 793 *bis (mod. par L. n° 2022-1726, 30 déc. 2022, art. 24)*

L'exonération partielle prévue au 4° du 1 et au 3° du 2 de l'article 793 est subordonnée à la condition que le bien reste la propriété du donataire, héritier et légataire pendant cinq ans à compter de la date de la transmission à titre gratuit. Lorsque cette condition n'est pas respectée, les droits sont rappelés, majorés de l'intérêt de retard visé à l'article 1727.

Lorsque la valeur totale des biens susceptibles de bénéficier de l'exonération partielle visée au premier alinéa, transmis par le donateur ou le défunt à chaque donataire, héritier ou légataire, excède 300 000 € l'exonération partielle de droits de mutation à titre gratuit est ramenée à 50 % au-delà de cette limite.

La limite mentionnée au deuxième alinéa du présent article est portée à 500 000 € à condition que le donataire, héritier et légataire conserve le bien pendant une durée supplémentaire de cinq ans par rapport à la durée de conservation mentionnée au premier alinéa. Lorsque cette condition n'est pas respectée, les droits sont rappelés, majorés de l'intérêt de retard mentionné à l'article 1727.

Pour l'appréciation des limites mentionnées aux deuxième et troisième alinéas du présent article, il est tenu compte de l'ensemble des donations consenties par la même personne à un titre, à une date et sous une forme quelconques à l'exception des donations passées depuis plus de quinze ans.

L'exonération partielle visée au premier alinéa ne s'applique pas lorsque le bail a été consenti depuis moins de deux ans au donataire de la transmission, à son conjoint, à un de leurs descendants ou à une société contrôlée par une ou plusieurs de ces personnes.

512.02 Jurisprudence de référence.

> Définition de la valeur vénale d'un immeuble

• **Com. 23 oct. 1984,** n° 83-12.568, P IV, n° 276 (*rejet*)

* V. ss n° 512.23

« Mais attendu que la valeur vénale réelle, d'après laquelle les immeubles sont estimés pour la liquidation des droits de mutation à titre onéreux en vertu de l'article 667-1 du Code général des impôts applicable en la cause, est constituée par le prix qui pourrait en être obtenu par le jeu de l'offre et de la demande dans un marché réel compte tenu de l'état dans lequel se trouve l'immeuble avant la mutation et des clauses de l'acte de vente [...]. »

> La présence du notaire sur les lieux de l'inventaire est obligatoire

• **Com. 22 nov. 1988,** n° 87-15.612, NP (*rejet*)

* V. ss n° 512.44

« Mais attendu que le tribunal a relevé à bon droit qu'il résultait de l'article 943 du Code de procédure civile que le notaire auquel se sont adressés les consorts Y... pour établir la valeur des biens mobiliers de la succession doit décrire et estimer les biens sur les lieux où l'inventaire en est fait et qu'il résulte de la combinaison des 2e et 3e de l'article précité que la présence du notaire sur les lieux est donc indispensable à la validité de l'acte ; qu'il a pu en déduire que l'administration était fondée à retenir le forfait mobilier de 5 % initialement retenu ; [...]. »

[*En l'occurrence, l'inventaire avait été effectué en l'étude d'un notaire sur déclaration sous serment d'un mandataire des héritiers.*]

512.03 Bibliographie indicative.

Actualisables. *Dict. enreg. (F. Lefebvre)*, nos 4025 s. – « Documentation pratique fiscale Francis Lefebvre », ENR-X-10 000 s., 34000 s., 4200 s. – *J.-Cl. fiscal*, fasc. 7693 : ENR – SUCCESSIONS. – Meubles corporels, janv. 2010 (actu. mai 2024)) ; fasc. 7691 : ENR – SUCCESSIONS. – Immeubles, mars 2016 (actu. janv. 2020) ; fasc. 7710 : ENR – SUCCESSIONS. – Biens exonérés. – Exonérations concernant les biens ruraux, juill. 2018 (actu mai 2024) ; fasc. 7712 : ENR – SUCCESSIONS. – Biens exonérés. – Monuments historiques. Œuvres d'art données à l'État, sept. 2018 (actu. déc. 2023) ; fasc. 7715 à 7720 : ENR – SUCCESSIONS. – Biens exonérés. – Transmissions d'entreprises – Exonération " Dutreil ", janv., avr., sept. 2024.

Ouvrages. *Successions et libéralités*, « Mémento », Francis Lefebvre, 2024/2025 – S. Ferré-André et S. Berre, *Successions et libéralités*, 11e éd., « Hypercours », Dalloz, 2025.

512.04 Questions essentielles.

> Dans quel cas peut-on évaluer forfaitairement le mobilier à 5 % de l'actif ?

* V. ss nos 512.42 et 512.45

> Faut-il inclure les récompenses dans l'assiette du forfait de 5 % ?

* V. ss n° 512.47

> Comment présenter une déclaration de succession comprenant des biens exonérés partiellement ?

* V. ss n° 512.140

512.05 **Division.** La déclaration de succession doit comprendre « *tous les biens dont la propriété apparente reposait sur la tête du défunt au jour de son décès, que ces biens soient ou non imposables* »[1], et en donner une estimation, d'après leur valeur vénale ou d'après des bases légales d'évaluation. Nous étudierons sous ces angles d'abord l'actif taxable (sect. 1), puis les biens exonérés (sect. 2).

SECTION 1
ACTIF TAXABLE

512.10 **Plan. Biens à déclarer.** Tous les biens composant le patrimoine du défunt doivent être déclarés. Pour une liste de tous les biens pouvant être déclarés, établie à titre indicatif par l'administration, nous renvoyons à la documentation administrative[2]. Seront successivement examinés les biens immeubles (§ 1) puis les biens meubles corporels (§ 2) et enfin, les autres biens mobiliers (§ 3).

§ 1
Immeubles

512.21 **Nature.** Les immeubles à déclarer sont énumérés dans le *Bulletin officiel des Finances publiques (BOFiP)*, qui distingue et détaille les immeubles non bâtis, les immeubles bâtis, quelles que soient leur affectation et leur situation locative, les immeubles en cours de construction et les droits réels immobiliers[3].

512.22 **Modalités.** La déclaration doit donner toutes les précisions nécessaires à l'identification des immeubles : **situation** et **contenance** notamment. Des exemples sont donnés par le *BOFiP* pour les exploitations formant un tout, les parcelles isolées, le cheptel immeuble par destination[4].

La production de l'attestation notariée portant sur les immeubles dispense les héritiers de détailler la désignation des immeubles dans la déclaration de succession[5].

512.23 **Évaluation.** Les droits proportionnels d'enregistrement étant assis sur les valeurs des biens (CGI, art. 666), le principe de l'évaluation des biens transmis est la prise en compte de la valeur vénale du bien[6]. Les immeubles doivent être évalués pour leur **valeur vénale réelle**, qui est réputée égale à la valeur libre de toute occupation (CGI, art. 761).

Selon la jurisprudence, la valeur vénale est constituée par « *le prix qui pourrait être obtenu du bien par le jeu de l'offre et de la demande dans un marché réel compte tenu de l'état dans lequel se trouve l'immeuble avant la mutation* »[7]. Il s'agit d'une notion objective, établie compte tenu d'éléments réels d'appréciation et abstraction faite de la situation personnelle des parties.

Selon ce même principe d'objectivité, d'après la Cour de cassation, l'état d'indivision dans lequel se trouvent les héritiers sur la pleine propriété d'un bien reçu par succession est sans incidence sur la valeur vénale de ce bien au jour de sa transmission[8].

512.24 **Exceptions.** Citons deux exceptions à ce principe :

• **Adjudications publiques.** Si, dans les deux années qui ont précédé ou suivi le décès, les immeubles ont fait l'objet d'une adjudication publique, soit par autorité de justice, soit volontaire avec admission des étrangers, c'est le prix de l'adjudication qui doit être retenu – sauf prise en compte d'éventuelles transformations du bien (CGI, art. 761, al. 3)[9].

• **Résidence principale du défunt.** Il est effectué un abattement de 20 % sur la valeur vénale réelle de l'immeuble constituant au jour du décès la résidence principale du défunt, sous condition d'occupation du bien à titre de résidence principale par le conjoint survivant, par le partenaire lié au défunt par un pacte civil de solidarité ou par un ou plusieurs enfants mineurs ou majeurs protégés du défunt, de son conjoint ou de son partenaire (CGI, art. 764 *bis*)[10].

§ 2
Biens meubles corporels

512.30 **Plan. Catégories.** Les meubles corporels comprennent les meubles meublants (A), les bijoux, pierreries et objets d'art ou de collection (B), et les autres biens meubles (C).

A.
Meubles meublants

512.41 **Définition.** L'expression « meubles meublants » désigne les meubles « *destinés à l'usage et à l'ornement des appartements* » (C. civ., art. 534). Ces meubles doivent être distingués des objets d'art ou de collection qui n'ont pas de fonction utilitaire : le

1. *BOI-ENR-DMTG*-10-10-20-10-20140711, n° 1.
2. *BOI-ENR-DMTG*-10-10-20-10-20140711, n° 10.
3. *BOI-ENR-DMTG*-10-40-10-30-20120912 – *Dict. enreg*, n°s 3761 s.
4. *BOI-ENR-DMTG*-10-60-30-20170213, n°s 110 s.
5. *BOI-ENR-DMTG*-10-60-30-20170213, n° 130.
6. *BOI-ENR-DMTG*-10-40-10-10-20171229.
7. Com. 23 oct. 1984, n° 83-12.568, P IV, n° 276 – *BOI-ENR-DMTG*-10-40-10-10-20171229, n° 30.
8. Com. 28 janv. 2003, n° 01-12.373, NP – Com. 20 mars 2007, n° 05-17.139, NP – *BOI-ENR-DMTG*-10-40-10-10-20171229, n° 30.
9. *BOI-ENR-DMTG*-10-40-10-30-20120912, n° 80.
10. *BOI-ENR-DMTG*-10-40-10-30-20120912, n°s 10 à 70.

Code civil distingue ainsi « *les tableaux et les statues qui font partie du meuble d'un appartement* », qui sont compris dans les meubles meublants, des collections de tableaux « *qui peuvent être dans les galeries ou pièces particulières* » et qui font partie des objets d'art ou de collection. La même distinction est faite pour les porcelaines : les meubles meublants ne comprennent que celles qui ont un rôle décoratif, les autres sont des objets d'art ou de collection.

512.42 **Évaluation.** Les modalités d'évaluation des meubles meublants sont énoncées dans cet ordre à l'article 764, I du Code général des impôts [1] : la vente publique, l'inventaire établi conformément à l'article 789 du Code civil et la déclaration estimative des parties pour un montant qui ne peut être inférieur à 5 % de l'ensemble des autres biens.

Chacun de ces procédés exclut ceux qui sont cités après lui : l'existence d'une vente publique exclut l'estimation contenue dans un inventaire et le forfait de 5 %. L'existence d'un inventaire effectué dans les formes et les délais exclut l'évaluation forfaitaire de 5 %.

512.43 **Vente publique.** La valeur de la propriété des meubles meublants est déterminée, sauf preuve contraire, par le prix exprimé dans les actes de vente, lorsque cette vente a lieu publiquement dans les deux ans du décès (CGI, art. 764, I, 1°).

512.44 **Inventaire.** À défaut de vente publique, la valeur des meubles meublants est déterminée par l'estimation contenue dans les inventaires, dressés dans les formes prescrites par l'article 789 du Code civil et dans les cinq ans du décès (CGI, art. 764, I, 2°).

Selon l'article 789 du Code civil, l'inventaire exigé pour accepter une succession à concurrence de l'actif net comporte une estimation, article par article, des éléments de l'actif et du passif. Il doit aussi porter sur tous les objets mobiliers présents dans le logement.

Il doit être conforme aux exigences du Code de procédure civile (C. pr. civ., art. 1328 à 1333 [ACPC, art. 943]) et reproduire les mentions prévues par ces textes ; il doit être dressé par un notaire [2], contenir le serment des parties et être clos. Un inventaire non conforme peut constituer un élément de preuve que la valeur des meubles meublants est inférieure à 5 % de l'actif, mais si cet élément est insuffisant, l'administration est fondée à retenir le forfait de 5 % [3].

L'administration peut critiquer l'évaluation résultant d'un inventaire en apportant la preuve contraire.

512.45 **Déclaration estimative ne pouvant être inférieure à 5 % de l'actif.** À défaut de vente publique ou d'inventaire répondant aux conditions ci-dessus, la valeur imposable des meubles meublants est déterminée par la déclaration détaillée et estimative des parties ; mais cette estimation ne peut être inférieure à 5 % de la valeur des autres biens de la succession, la preuve contraire étant admise (CGI, art. 764-I, 3°).

Ce forfait est ajouté d'office aux successions qui ne mentionnent pas de meubles meublants, si la preuve de la non-existence de meubles meublants n'est pas apportée.

Les ayants droit sont en pratique dispensés de souscrire la déclaration détaillée et estimative des meubles s'ils mentionnent dans la déclaration s'en tenir, sous leur responsabilité, au forfait de 5 %.

Le forfait de 5 % pour la valeur des meubles meublants constitue une présomption simple qui peut être contestée par l'héritier – en apportant par exemple la preuve de l'absence de mobilier – ou par l'administration fiscale lorsqu'elle estime que la valeur réelle de ces meubles est supérieure à 5 % de l'actif brut de succession [4].

Inversement, l'administration peut écarter l'inventaire pour faire application du forfait légal de 5 %, si elle apporte la preuve que l'inventaire comprend des sous-évaluations ou des omissions [5].

512.46 **Calcul du forfait de 5 %.** Le forfait est calculé sur l'actif brut taxable existant au jour du décès.

Il y a lieu de comprendre dans cet actif :

– les biens soumis au retour légal [6] ;

– les biens appartenant pour l'usufruit au défunt et entrant dans le champ d'application de l'article 751 du Code général des impôts [7] ;

– les biens recueillis en vertu d'une clause d'accroissement soumise aux droits de mutation par décès [8] ;

– les biens exonérés partiellement pour leur part taxable [9].

En revanche, les rapports des donations en avancement de part successorale ne sont pas compris dans l'assiette du forfait [10] ; en effet, ils figurent dans l'actif de succession comme opération préalable au partage entre les héritiers, mais ils ne constituent pas un actif réel, les biens donnés étant sortis du patrimoine du défunt.

512.47 **Défunt commun en biens.** Pour le calcul du forfait mobilier dans la succession d'un défunt

1. *BOI-ENR-DMTG*-10-40-10-20-20160530 – *Dict. enreg.*, n°s 3784 s.
2. Com. 22 nov. 1988, n° 87-15.612, NP.
3. Com. 27 mars 2019, n° 17-23.699, NP.
4. *BOI-ENR-DMTG*-10-40-10-20-20160530, n° 110.
5. Com. 8 févr. 2000, n° 97-19.000, NP ; repris au *BOFiP : BOI-ENR-DMTG*-10-40-10-20-20160530, n° 70.
6. *BOI-ENR-DMTG*-10-10-10-10-20120912.
7. *BOI-ENR-DMTG*-10-10-40-10-20140929.
8. Rép. min. J.-L. Préel, *JOAN CR* 31 juill. 1995, p. 3344.
9. *BOI-ENR-DMTG*-10-20-30-20-20230711, n° 270 – *Dict. enreg.*, n° 3785 f.
10. *Dict. enreg.*, n° 3785 f.

marié sous un régime de communauté, il faut tenir compte du principe que le forfait est calculé sur l'actif brut matériellement existant, diminué des valeurs fictives résultant des comptes entre époux.

Le schéma du calcul du forfait mobilier, dans la succession de l'époux commun en biens, est le suivant :

*** Première hypothèse : un solde de récompenses est dû par la communauté à la succession.**

1° Le *boni* de communauté est pris en compte pour moitié, avec réintégration de la moitié du passif de communauté, pour obtenir la moitié de l'actif brut commun.

Les récompenses – au contraire du reste du passif de communauté – ne sont pas réintégrées au *boni* de communauté pour le calcul du forfait de 5 %.

En effet, les récompenses dues par la communauté ne constituent pas des dettes de celle-ci : elles sont le résultat d'une opération comptable aboutissant à l'établissement d'un passif fictif pour les besoins des comptes entre les époux. Ces récompenses sont comprises dans le *boni* de communauté, sous forme de plus-values apportées aux biens communs par des deniers propres ; elles sont déduites du *boni* de communauté afin de rétablir la valeur réelle de la communauté.

2° Les récompenses dues par la communauté à la succession sont prises en compte, dans l'actif de succession dont elles font partie à titre d'actif propre. Il s'agit de sommes réellement dues à la succession.

3° Les biens propres du défunt sont ensuite ajoutés, sans déduction des dettes.

*** Seconde hypothèse : un solde de récompenses est dû par la succession à la communauté.**

1° Le *boni* de communauté est pris en compte pour moitié, avec réintégration de la moitié du passif commun.

2° La récompense due par la succession à la communauté est déduite de la moitié du *boni* de communauté, car elle ne constitue pas une dette de la succession ; sa valeur est déjà prise en compte dans l'actif brut de succession auquel elle est intégrée, sous forme, par exemple, de la plus-value apportée au bien propre amélioré avec des fonds communs : si on ne la déduisait pas, à ce stade, de l'assiette du forfait mobilier, elle y serait prise en compte deux fois.

Pour le cas où la récompense due par la succession à la communauté est supérieure à la moitié du *boni* de communauté, v. s[s] n° 512.48.

3° Les biens propres du défunt sont ensuite ajoutés, sans déduction des dettes.

Remarque : Ces calculs peuvent être résumés dans le schéma suivant :

Assiette du forfait mobilier =

(Actif brut de communauté +/– soldes de récompenses de chaque époux)/2 + Biens propres +/– solde de récompenses de la succession

512.47-1 Calcul du forfait mobilier : récompense due par la communauté à la succession.

EXEMPLE

X décède, sans avoir fait de testament ni de libéralité entre vifs, laissant son conjoint commun en biens et quatre enfants.

Les biens communs sont des comptes bancaires pour 200 000 € et un immeuble à Poitiers, évalué à 200 000 €.

Le passif de communauté se compose de dettes, d'un montant de 60 000 €.

Le passif de succession s'élève à 10 000 €.

Au cours de la communauté, X a hérité de son père un appartement à Lyon, évalué à 100 000 € au jour du décès.

Il a également hérité d'une tante une somme de 15 000 €. Cette somme a été utilisée pour refaire la toiture de l'immeuble de Poitiers.

Au jour du décès, cet immeuble ne vaudrait que 180 000 € sans les travaux.

La récompense due par la communauté à la succession est de 20 000 €, montant du profit subsistant (200 000 – 180 000) (C. civ., art. 1469, al. 3).

I. Liquidation

	Nature	Déductions	Montant
Conjoint survivant	Néant		
Succession			
Reprise en nature	Appartement de Lyon		
Récompense due par la communauté	Profit subsistant	20 000	
Actif de communauté	Comptes bancaires		200 000
	Immeuble de Poitiers		200 000
Total actif brut			400 000
Passif de communauté	Dettes	60 000	
	Récompense due par la communauté à la succession	20 000	
Total à déduire		80 000	
Actif net			320 000
Moitié du *boni* de communauté	320 000/2		160 000
Bien propre	Appartement de Lyon		100 000
Récompense due par la communauté			20 000
Total de l'actif			280 000
Passif		10 000	
Actif net			270 000

II. Calcul du forfait mobilier

Moitié du *boni* de communauté	160 000
Moitié du passif commun sans la récompense	30 000
Biens propres sans déduction du passif	100 000
Récompense due par la communauté	20 000
Total	310 000
Forfait mobilier : 310 000 × 5 %	15 500

512.47-2 **Calcul du forfait mobilier : récompense due à la communauté par la succession.**

EXEMPLE

X décède, sans avoir fait de testament ni de libéralité entre vifs, laissant son conjoint commun en biens et quatre enfants.

Les biens communs ont une valeur de 400 000 €.

Le passif de communauté s'élève à 60 000 € (dettes communes).

Le passif de succession s'élève à 10 000 €.

Au cours de la communauté, X a recueilli dans la succession de sa tante un appartement à Paris dont la valeur au décès est de 100 000 €.

La communauté a financé les travaux de rénovation de cet appartement, lesquels se sont élevés à 15 000 €.

En l'absence de ces travaux, on peut fixer la valeur au décès de l'appartement à 80 000 €.

La récompense due à la communauté par la succession est de 20 000 €, montant du profit subsistant (100 000 – 80 000) (C. civ., art. 1469, al. 3).

I. Liquidation

	Nature	Déductions	Montant
Conjoint survivant	Néant		
Reprise en nature	Appartement de Paris		
Récompense due à la communauté	Profit subsistant		20 000
Actif de communauté	Biens communs		400 000
	Récompense due à la communauté par la succession		20 000
Total de l'actif brut			420 000
Passif de communauté	Dettes	60 000	
Actif net			360 000
Moitié du *boni* de communauté	360 000/2		180 000
Bien propre :	Appartement de Paris		100 000
Total de l'actif			280 000
Passif	Passif de succession	10 000	
	Récompense due à la communauté	20 000	
Total du passif		30 000	
Actif net			250 000

II. Calcul du forfait mobilier

Moitié du *boni* de communauté		180 000
Moitié du passif commun		30 000
Biens propres		100 000
Total		310 000
À déduire : récompense due par la succession à la communauté	20 000	
Total		290 000
Forfait mobilier : 290 000 × 5 %		14 500

512.48 **Difficulté particulière.** Dans l'hypothèse qui fait l'objet de l'exemple précédent (récompense due à la communauté par la succession, v. s[s] n° 512.47-2), dans le cas où la récompense serait supérieure à la moitié du *boni* de communauté, cette récompense ne serait déduite de l'assiette du forfait mobilier qu'à hauteur du *boni* (brut) de communauté.

Au-delà, le surplus de récompenses doit s'imputer sur les biens propres du défunt : il s'agit alors d'un véritable passif de succession, qui, de ce fait, n'est pas déduit de l'assiette du forfait de 5 %, car ce dernier se calcule, par principe, avant toute déduction du passif. L'assiette du forfait mobilier est alors composée uniquement de la valeur des biens propres du défunt[1].

512.49 **Récompenses du conjoint survivant.** Les récompenses dues par la communauté au conjoint survivant sont exclues de l'assiette du forfait mobilier.

Les récompenses dues par le conjoint à la communauté sont comprises dans l'actif brut commun et, à ce titre, dans l'assiette du forfait mobilier.

B. Bijoux, pierreries, objets d'art ou de collection

512.51 **Définition.** Les bijoux, pierreries, objets d'art ou de collection se distinguent des meubles meublants par leur caractère non utilitaire, même en matière de parure ou de décoration. Ils sont destinés uniquement à l'exposition et ne doivent pas servir (C. civ., art. 534). La qualité d'objet d'art ou de meuble meublant est appréciée par les tribunaux.

Ainsi, dans une espèce où un objet de collection a été considéré par les juges comme faisant partie des meubles meublants au sens de l'article 534 du Code civil, il a été admis qu'il entre dans l'assiette du

1. Pour d'autres exemples chiffrés, v. *BOI-ENR-DMTG*-10-40-10-20-20160530, n° 100 – *Dict. enreg.*, n° 3785 f.

forfait mobilier et qu'il ne fasse pas l'objet de l'estimation séparée demandée par l'administration [1].

512.52 Évaluation. À défaut de vente publique, leur évaluation ne peut être inférieure à l'évaluation faite dans les contrats d'assurance contre le vol ou contre l'incendie en cours au jour du décès et conclus moins de dix ans avant l'ouverture de la succession, sauf preuve contraire (CGI, art. 764, II) [2].

Si, dans un acte contenant estimation de la valeur des biens à la date du décès, notamment un inventaire, dressé dans les cinq ans du décès, la valeur indiquée est supérieure à celle figurant dans le contrat, c'est cette dernière valeur qui doit être retenue.

S'il existe plusieurs polices susceptibles d'être retenues, la valeur imposable est égale à la moyenne des évaluations figurant dans ces polices (CGI, art. 754, II, al. 2).

En l'absence de ces bases d'évaluation, c'est la déclaration détaillée estimative faite par les parties qui indique l'évaluation à retenir.

512.53 Preuve contraire. Les redevables sont admis à établir que la valeur réelle des biens considérés est inférieure à la valeur assurée.

C. Autres biens meubles corporels

512.61 Définition. Il s'agit de biens meubles corporels autres que les meubles meublants et objets d'art ou de collection : par exemple, le cheptel et les récoltes ne revêtant pas le caractère d'immeubles par destination, les voitures automobiles, le matériel médical mobilier [3].

512.62 Mode d'évaluation. Les meubles corporels, autres que les meubles et les bijoux, pierreries et œuvres d'art ou de collection ne peuvent être compris dans le forfait de 5 % et ne peuvent être évalués à la valeur indiquée dans les contrats d'assurance.

En conséquence, la valeur de ces biens est déterminée, à défaut de vente publique, par l'estimation contenue dans les inventaires et autres actes passés dans un délai de cinq ans et, à défaut, par la déclaration détaillée et estimative des parties (CGI, art. 764, I) [4].

§ 3 Biens meubles incorporels

512.71 Définition. Les biens meubles incorporels – « *créances, rentes, actions, obligations, effets publics et autres biens meubles* » – sont exclus du champ d'application de l'article 764 du Code général des impôts et soumis à des dispositions spéciales (CGI, art. 764, III).

Il s'agit notamment des valeurs mobilières, des créances à terme, des parts ou actions d'organisme de placements collectifs en valeurs mobilières, de divers actifs incorporels et des titres non cotés.

512.72 Évaluation. Chacune de ces catégories de biens est soumise à des règles particulières d'évaluation [5], que nous résumons ici :

• **Valeurs mobilières françaises ou étrangères cotées.** Le capital imposable est déterminé par la moyenne des trente derniers cours qui précèdent la transmission (CGI, art. 759). En cas de démembrement de propriété, il est fait application du barème de l'article 669 du Code général des impôts pour déterminer le montant imposable [6].

• **Créances à terme.** Les créances dues au défunt au jour du décès sont imposables quelle que soit leur date d'échéance, sur leur montant nominal en ajoutant tous les intérêts échus et non encore payés au décès ainsi que ceux courus à la même date (CGI, art. 760).

Si la créance, non contestée dans son principe, est indéterminée dans son montant, elle doit être estimée, sous réserve de révision de la perception, lorsque son montant exact est connu [7].

• **Parts ou actions d'organismes de placement collectif en valeurs mobilières.** Les actions de SICAV et les parts de FCP sont évaluées sur la base de la dernière valeur de rachat connue à la date du décès (CGI, art. 799) [8].

• **Actifs incorporels et titres non cotés.** Les actifs incorporels visés sont notamment : le fonds de commerce, les clientèles civiles, les offices publics ou ministériels. Leur évaluation est faite par les parties, selon les barèmes des diverses professions.

Pour les titres non cotés, « *leur valeur est établie par une pondération des méthodes qui tient compte de la nature, de la taille de la société, et du pouvoir de décision attaché aux titres* » [9].

Pour ces deux types d'actifs, il est tenu compte de la dépréciation éventuelle liée au décès du dirigeant (CGI, art. 754 A) [10].

1. Com. 17 oct. 1995, n° 94-10.196, cité au *BOFiP : BOI-ENR-DMTG*-10-40-10-20-20160530, n° 70.
2. *BOI-ENR-DMTG*-10-40-10-20-20160530, n°s 140 s. – *Dict. enreg.*, n° 3785 e.
3. *Dict. enreg.*, n° 3785 d, 2°.
4. *BOI-ENR-DMTG*-10-40-10-20-20160530, n° 120 – *Dict. enreg.*, n° 3785 d, 2°.
5. *BOI-ENR-DMTG*-10-40-10-40-20190502 – *Dict. enreg.*, n°s 3821 à 3825 a.
6. Com. 23 févr. 1999, n° 96-19-507, P IV, n° 48 – *BOI-ENR-DMTG*-10-40-10-40-20171229, n° 10.
7. *BOI-ENR-DMTG*-10-40-10-40-20190502, n° 60.
8. *BOI-ENR-DMTG*-10-40-10-40-20190502, n° 140.
9. *BOI-ENR-DMTG*-10-40-10-40-20190502, n° 240.
10. *BOI-ENR-DMTG*-10-40-10-40-20190502, n°s 160 s.

SECTION 2
BIENS EXONÉRÉS

512.80 **Plan. Méthode d'exposition.** Afin de favoriser certains investissements, le législateur a créé de nombreux régimes d'exonération, qui figurent dans le Code général des impôts, dans les articles cités en tête de ce chapitre.

Nous examinerons les principales exonérations liées à la nature des biens transmis, sans toutefois en faire une étude exhaustive, pour laquelle nous renvoyons aux textes et commentaires administratifs[1]. Nous nous bornerons à les résumer sous forme de tableaux (§ 1), puis à en donner des exemples d'application (§ 2).

§ 1
Tableaux

512.90 **Plan. Catégories d'exonérations.** Distinguons les exonérations relatives aux biens forestiers et agricoles (A), les exonérations portant sur les monuments historiques, les œuvres d'art et objets de collection (B) les exonérations lors de la première transmission à titre gratuit de constructions (C) et les exonérations portant sur les entreprises (D).

A.
Biens forestiers et agricoles

512.101 TABLEAU 1 : EXONÉRATIONS RELATIVES AUX BIENS FORESTIERS ET AGRICOLES

CGI (articles)	*BOI-ENR-DMTG-*	Biens	Conditions	Exonération	Déchéance
793, 2. 2°	10-20-30-10	Bois et forêts	Certificat et engagement sur 30 ans et bilan tous les 10 ans	3/4	Non-respect de l'engagement
793, 3.	10-20-30-10	Compte d'investissement forestier et assurance (CIFA)	C. for., art. L. 352-1 à L. 352-6	3/4	Manquement à l'engagement
793, 1. 3°	10-20-30-10	Parts de groupement forestier	– Détention **2 ans** avant le décès – Certificat et engagement sur **30 ans**	3/4 sur la fraction de la valeur des parts correspondant aux biens exonérés	Non-respect de l'engagement
793, 2. 3° et 793 *bis*	10-20-30-20	Biens ruraux loués par bail à long terme C. rur., art. L. 416-1, L. 416-6, L. 416-8, L. 416-9, L. 418-1, L. 418-5. *Remarque :* Cette exonération est applicable indépendamment de celle ci-dessous (parts de GFA). Elle peut s'appliquer concomitamment aux deux catégories de biens.	Conservation pendant **5 ans**	3/4 jusqu'à **300 000 € et 50 %** au-delà, sur l'ensemble des transmissions exonérées recueillies d'une même personne, à l'exception des donations consenties depuis **plus de 15 ans**	Aliénation dans le délai de **5 ans** (sauf décès ou force majeure)
793, 1. 4° et 793 *bis*	10-20-30-30	Parts de GFA C. rur., art. L. 322-1, L. 322-21, L. 322-23 *Remarque :* Cette exonération est applicable indépendamment de celle ci-dessus (biens ruraux loués par bail à long terme). Elle peut s'appliquer concomitamment aux deux catégories de biens.	– Détention **2 ans** avant décès – Statuts du GFA interdisant l'exploitation en faire valoir direct – Conservation pendant **5 ans**	3/4 jusqu'à **300 000 € et 50 %** au-delà, sur la fraction de la valeur des parts correspondant aux biens exonérés, sur l'ensemble des transmissions exonérées recueillies d'une même personne, à l'exception des donations consenties depuis **plus de 15 ans**	– Infraction art. L 322-1 et L. 322-23 C. rur. – Aliénation des parts dans le délai de **5 ans** (sauf décès ou force majeure)
848 *bis*	10-20-30-40	Parts de GFR C. rur., art. L. 322-22, L. 322-23 pour la fraction représentative de biens forestiers	– Détention **2 ans** avant décès – Certificat et engagement sur **30 ans**	3/4 sur la fraction de la valeur des parts correspondant aux biens exonérés	Non-respect de l'engagement
848 *bis*	10-20-30-40	Fraction représentative de biens agricoles	– Détention **2 ans** avant décès – Statuts du GFA interdisant l'exploitation en faire valoir direct – Conservation pendant 5 ans	3/4 jusqu'à **300 000 € et 50 %** au-delà, sur la fraction de la valeur des parts correspondant aux biens exonérés, sur l'ensemble des transmissions exonérées recueillies d'une même personne, à l'exception des donations consenties **depuis plus de 15 ans**	– Infraction art. L 322-1 et L 322-23 C. rur. – Aliénation des parts dans le délai de 5 ans (sauf décès ou force majeure)

1 *BOI-ENR-DMTG*-10-20-30-20-20230711 – *BOI-ENR-DMTG*-10-20-30-30-20230711 – *BOI-ENR-DMTG*-10-20-40-20240530.

B. Monuments historiques, objets d'art ou de collection

512.111 TABLEAU 2 : EXONÉRATIONS RELATIVES AUX MONUMENTS HISTORIQUES, OBJETS D'ART OU DE COLLECTION

CGI (articles)	*BOI-ENR-DMTG-*	Biens	Conditions	Exonération	Déchéance
795 A, al. 1er et 2	10-20-30-60	Immeubles classés ou inscrits sur l'inventaire supplémentaire des monuments historiques et meubles, détenus par personnes physiques	Souscription d'une convention à durée indéterminée avec l'État	Totale sur les biens visés par la convention	– Non respect de la convention – Mutation à titre onéreux – Mutation à titre gratuit si l'un des ayants droit n'adhère pas à la convention
795 A, al. 3 à 8	10-20-30-70	Parts de société civile familiale détenant des Immeubles classés ou inscrits sur l'inventaire supplémentaire des monuments historiques et meubles	– Souscription par la société d'une convention à durée indéterminée avec l'État – Parts acquises à titre onéreux : détention depuis plus de **2 ans** par le défunt – Obligation de conservation des parts pendant **5 ans**	Totale sur la fraction des parts correspondant aux biens visés par la convention	– Non-respect de la convention par la société – Aliénation des parts avant expiration du délai de **5 ans**
1131	10-20-30-80	Œuvres d'art, livres, objets de collection et documents	Offre présentée dans le délai de dépôt de la déclaration et agréée par le ministre des Finances	Totale	

C. Première transmission à titre gratuit de constructions

512.121 TABLEAU 3 : EXONÉRATIONS RELATIVES À LA PREMIÈRE TRANSMISSION À TITRE GRATUIT DE CONSTRUCTIONS

CGI (articles)	*BOI-ENR-DMTG-*	Biens	Condition	Exonération
793, 2. 4° et 793 *ter*	10-20-30-90	Immeuble acquis : – neuf, – ou en état futur d'achèvement (déclaration d'achèvement déposée avant le 1er juill. 1994), **entre le 1er juin 1993 et le 31 déc. 1994**	– Affectation à l'habitation principale – Non-cumul avec réductions d'impôt sur le revenu	Plafonnement à **46 000 €** par part sur l'ensemble des transmissions exonérées recueillies d'une même personne, à l'exception des donations consenties depuis plus de **15 ans**
793, 2. 5° et 793 *ter*	10-20-30-100	Immeuble acquis neuf (déclaration d'achèvement déposée avant le 31 déc. 1994), **entre le 1er août et le 31 déc. 1995**	– Affectation à l'habitation principale – Non-cumul avec réductions d'impôt sur le revenu	Plafonnement à **46 000 €** par part sur l'ensemble des transmissions exonérées recueillies d'une même personne, à l'exception des donations consenties depuis plus de **15 ans**
793, 2. 6° et 793 *ter*	10-20-30-110	Immeubles anciens objets d'un engagement d'affectation à l'habitation (CGI, anc. art. 711 et 712) acquis **entre le 1er août 1995 et le 31 déc. 1996**	– Bail de **9 ans** minimum – Affectation à résidence principale du locataire – Conditions de ressources du locataire	Exonération des **3/4** avec plafonnement à **46 000 €** par part sur l'ensemble des transmissions exonérées recueillies d'une même personne, à l'exception des donations consenties depuis plus de **15 ans**

D.
Transmission d'entreprises

512.131 TABLEAU 4 : EXONÉRATIONS RELATIVES À LA TRANSMISSION D'ENTREPRISE

CGI (articles)	*BOI-ENR-DMTG-*	Biens	Conditions	Exonération	Déchéance
787 B	10-20-40-10 10-20-40-20 10-20-40-30	Parts ou actions de société ayant une activité industrielle, commerciale, artisanale, agricole ou libérale, y compris sociétés unipersonnelles, dont le donateur ou le défunt détient depuis 2 ans au moins 17 % des droits financiers et 34 % des droits de vote pour les titres de sociétés non cotées et 10 % des droits financiers et 20 % des droits de vote pour les titres de sociétés cotées	– Engagement collectif (sauf société unipersonnelle) de conservation de **2 ans,** préexistant au décès, poursuivi par les ayants droit – Engagement individuel de conservation par les ayants droit, de **4 ans** à compter de l'expiration de l'engagement collectif de conservation de 2 ans – Exercice d'une fonction de direction par un ayant droit, ou un associé ayant pris l'engagement collectif préexistant, pendant **3 ans** à compter de la transmission	75 %	– Cession ou apport des titres en cours d'engagement collectif – Cession ou apport des titres en cours d'engagement individuel – Absence d'exercice de fonctions de direction L'exonération partielle n'est remise en cause qu'à hauteur des titres cédés ou donnés si la cession est faite au profit d'un autre bénéficiaire. Si la cession est faite au profit d'un tiers au pacte, la remise en cause est totale.
787 C	10-20-40-40	Entreprise individuelle	– Détention depuis **plus de 2 ans** par le défunt en cas d'acquisition à titre onéreux – Engagement individuel de conservation pendant **4 ans** par les ayants droit – Poursuite de l'exploitation par l'un des ayants droit pendant **3 ans** après la transmission	75 %	– Rupture de l'engagement individuel de conservation – Absence de poursuite de l'exploitation par l'un des ayants droit

§ 2
Exemples d'application

512.140 **Plan. Distinction selon la portée de l'exonération.** Pour l'établissement de la déclaration de succession, il est nécessaire de distinguer selon que l'exonération s'applique globalement à un pourcentage des biens visés (biens forestiers : 75 %, monuments historiques et objets d'art : 100 %, entreprises : 75 %) (v. s[s] n° 512.140-1) – et selon qu'elle s'applique à la part de chaque héritier dans les biens exonérés, avec plafonnement et rappel fiscal des donations de tels biens datant de moins de quinze ans (biens agricoles loués par bail à long terme, 75 % jusqu'à 300 000 € et 50 % au-delà, et première transmission de construction, exonération limitée à 46 000 € par personne) (v. s[s] n° 512.140-2).

Dans ce dernier cas, on peut proposer le schéma suivant pour établir les parts taxables de chacun des ayants droit :

1° Établir l'actif brut de succession, hors biens exonérés partiellement et y compris le forfait mobilier ;

2° Calculer les parts taxables (A) de chaque ayant droit sur cet actif brut, après en avoir déduit le passif relatif aux biens imposables ;

3° Établir pour chaque ayant droit sa part taxable (B) des biens exonérés partiellement, y compris le forfait mobilier sur cette part ;

4° Additionner (A) et (B) pour chaque ayant droit, pour obtenir la part taxable totale (C).

Pour une application, v. *infra* s[s] n° 512.140-2.

512.140-1 **Exonération de parts de groupement forestier.**

EXEMPLE

M. X décède, veuf de Mme Y, laissant pour recueillir sa succession deux enfants, E1 et E2, et deux petits-enfants, P1 et P2, venant par représentation de son fils E3, prédécédé.

La succession se compose d'un immeuble d'habitation d'une valeur de 800 000 € et de parts d'un groupement forestier évaluées à 1 000 000 €, sachant que 60 % de la valeur des parts correspond à des biens exonérés, pour lesquels toutes les conditions de l'exonération sont remplies.

Le passif s'élève à 9 500 € et est relatif à l'immeuble d'habitation.

Il n'a pas été dressé d'inventaire.

Déclaration de succession

Biens déclarés	À déduire	Biens imposables
Actif de succession		
Immeuble d'habitation		800 000
Fraction de la valeur des parts du groupement forestier admise à exonération des 3/4 1 000 000 × 60 % = 600 000		
dont 3/4 exonérés	450 000	
et 1/4 taxable		150 000
Fraction de la valeur des parts exclue de l'exonération (1 000 000 × 40 %)		400 000
Total		1 350 000
Forfait mobilier sur l'actif brut imposable, déduction faite des biens exonérés : 1 350 000 × 5 % =		67 500
Total actif brut		1 417 500
À déduire : passif	9 500	
Actif taxable		1 408 000
Revenant à E1 et E2 pour 1/3 chacun, soit 469 333 €		
Et à P1 et P2 pour 1/6 chacun, soit 234 667 €.		

512.140-2 **Exonération de biens ruraux loués par bail à long terme.**

EXEMPLE

Mme X décède, veuve de M. Y, laissant pour recueillir sa succession deux enfants, E1 et E2, et deux petits-enfants, P1 et P2, venant par représentation de son fils E3, prédécédé.

La succession se compose d'un immeuble d'habitation d'une valeur de 800 000 € et d'une ferme de 80 ha, louée par bail à long terme, d'une valeur de 960 000 €, remplissant toutes les conditions de l'exonération partielle des droits de mutation à titre gratuit, et destinée à demeurer dans l'indivision entre les ayants droit.

Le passif, relatif à l'immeuble d'habitation, s'élève à 30 000 €.

Il n'a pas été dressé d'inventaire.

Mme X n'a consenti aucune donation antérieure.

A. Parts taxables de chaque ayant droit (hors biens exonérés partiellement)

	À déduire	Biens imposables
1° Actif brut hors biens exonérés partiellement		
Immeuble d'habitation		800 000
Forfait mobilier 5 % × 800 000		40 000
Total actif brut (hors biens partiellement exonérés)		840 000
Passif relatif aux biens imposables	30 000	
Actif net		810 000
2° Parts taxables des ayants droit		
E1 : 1/3 biens imposables		270 000
E2 : 1/3 biens imposables		270 000
P1 : 1/6 biens imposables		135 000
P2 : 1/6 biens imposables		135 000

B. Part taxable de chaque ayant droit sur les biens exonérés partiellement

Biens exonérés partiellement	Montant	Exonéré	Imposable	Part taxable
Ferme de 960 000 €				
Part de E1 : 1/3	320 000			
Application de l'exonération				
300 000 × 3/4		225 000	75 000	
(320 000 – 300 000)/2		10 000	10 000	
Total		235 000	85 000	
Forfait mobilier : 85 000 × 5 %			4 250	
Part taxable				89 250
Part de E2 (même calcul)	320 000	235 000		89 250
Part de P1 : 1/6	160 000			
Application de l'exonération				
160 000 × 3/4		120 000	40 000	
Forfait mobilier : 40 000 × 5 %			2 000	
Part taxable				42 000
Part de P2 (même calcul)	160 000	120 000		42 000

C. Total des parts taxables

Ayant droit	Part taxable (A)	Part taxable (B)	Total (C)
E1	270 000	89 250	359 250
E2	270 000	89 250	359 250
P1	135 000	42 000	177 000
P2	135 000	42 000	177 000
Total	810 000	262 500	1 072 500

CHAPITRE

513. Passif déductible

SECTION 0
ORIENTEUR

513.00 **Sommaire du chapitre.**

513.01 **Textes applicables.**

• ***Bulletin officiel des Finances publiques-Impôts (BOFiP)*** : *BOI-ENR-DMTG*-10-40-20-10 ; *BOI-ENR-DMTG*-10-40-20-20

• **CGI,** art. 768, 769, 770, 773, 774, 774 *bis*, 775, 775 *bis*, 775 *quater*, 775 *quinquies*, 775 *sexies*

> Principe de déduction des dettes et preuve des dettes déductibles

[CGI, art. 768, 770]

• **CGI,** art. 768

Pour la liquidation des droits de mutation par décès, les dettes à la charge du défunt sont déduites lorsque leur existence au jour de l'ouverture de la succession est dûment justifiée par tous modes de preuve compatibles avec la procédure écrite.

• **CGI,** art. 770

Les dettes dont la déduction est demandée sont détaillées, article par article, dans un inventaire certifié par le déposant et annexé à la déclaration de la succession.

À l'appui de leur demande, les héritiers ou leurs représentants doivent indiquer, soit la date de l'acte, le nom et la résidence de l'officier public qui l'a reçu, soit la date de la décision judiciaire et la juridiction dont elle émane.

Ils doivent représenter les autres titres, actes ou écrits que le créancier ne peut, sous peine de dommages-intérêts, se refuser à communiquer sous récépissé.

> Charges exceptionnellement déductibles

[CGI, art. 774, 775, 775 *bis*, 775 *quater*, 775 *quinquies*, 775 *sexies*]

• **CGI,** art. 774

Par dérogation aux dispositions du 2° de l'article 773, l'existence et la sincérité des dettes résultant de l'application des articles L. 321-13 et suivants du Code rural et de la pêche maritime sont suffisamment prouvées à l'égard de l'administration par tous actes et écrits, même postérieurs au décès d'un exploitant agricole, susceptibles de faire preuve en justice entre les cohéritiers ou représentants de l'exploitant. L'héritier créancier de la succession est toutefois tenu de fournir, dans les formes et suivant les règles déterminées par l'article L. 20 du Livre des procédures fiscales, une attestation, datée et signée par lui, mentionnant le montant de sa créance sur la succession de l'exploitant.

• **CGI,** art. 775

Les frais funéraires sont déduits de l'actif de la succession pour un montant de 1 500 euros, et pour la totalité de l'actif si celui-ci est inférieur à ce montant.

• **CGI,** art. 775 *bis*

Sont déductibles, pour leur valeur nominale, de l'actif de succession les rentes et indemnités versées ou dues au défunt en réparation de dommages corporels liés à un accident ou à une maladie.

• **CGI,** art. 775 *quater*

Le montant des loyers ou indemnités d'occupation effectivement remboursé par la succession au conjoint survivant ou au partenaire lié au défunt par un pacte civil de solidarité en application des articles 515-6 et 763 du Code civil est déduit de l'actif de succession.

• **CGI,** art. 775 *quinquies*

La rémunération du mandataire à titre posthume, déterminée de manière définitive dans les six mois suivant le décès, est déductible de l'actif de la succession dans la limite de 0,5 % de l'actif successoral géré.

Cette déduction ne peut excéder 10 000 euros.

• **CGI,** art. 775 *sexies*

Les frais de reconstitution des titres de propriété d'immeubles ou de droits immobiliers pour lesquels le droit de propriété du défunt n'a pas été constaté avant son décès par un acte régulièrement transcrit ou publié, mis à la charge des héritiers par le notaire, sont admis, sur justificatifs, en déduction de l'actif successoral dans la limite de la valeur déclarée de ces biens, à la condition que les attestations notariées mentionnées au 3° de l'article 28 du décret n° 55-22 du 4 janvier 1955 portant réforme de la publicité foncière, relatives à ces biens, soient publiées dans un délai de vingt-quatre mois à compter du décès.

> Dettes soumises à imputation spéciale

• **CGI,** art. 769

Les dettes à la charge du défunt, qui ont été contractées pour l'achat de biens compris dans la succession et exonérés des droits de mutation par décès ou dans l'intérêt de tels biens, sont imputées par priorité sur la valeur desdits biens.

Il en est de même des dettes garanties par des biens exonérés des droits de mutation par décès, lorsqu'il est établi que le ou les emprunts ont été contractés par le *de cujus* ou son conjoint en vue de soustraire tout ou partie de son patrimoine à l'application de ces droits.

> Dettes non déductibles

[CGI, art. 773 et 774 *bis*]

• **CGI,** art. 773

Toutefois ne sont pas déductibles :

1° Les dettes échues depuis plus de trois mois avant l'ouverture de la succession, à moins qu'il ne soit produit une attestation du créancier en certifiant l'existence à cette époque, dans la forme et suivant les règles déterminées à l'article L. 20 du Livre des procédures fiscales ;

2° Les dettes consenties par le défunt au profit de ses héritiers ou de personnes interposées. Sont réputées personnes interposées les personnes désignées dans l'article 911, dernier alinéa, du Code civil.

Néanmoins, lorsque la dette a été consentie par un acte authentique ou par un acte sous-seing privé ayant date certaine avant l'ouverture de la succession autrement que par le décès d'une des parties contractantes, les héritiers, donataires et légataires, et les personnes réputées interposées ont le droit de prouver la sincérité de cette dette et son existence au jour de l'ouverture de la succession ;

3° Les dettes reconnues par testament ;

4° Les dettes hypothécaires garanties par une inscription périmée depuis plus de trois mois, à moins qu'il ne s'agisse d'une dette non échue et que l'existence n'en soit attestée par le créancier dans les formes prévues à l'article L. 20 du Livre des procédures fiscales ; si l'inscription n'est pas périmée, mais si le chiffre en a été réduit, l'excédent est seul déduit, s'il y a lieu ;

5° Les dettes en capital et intérêts pour lesquelles le délai de prescription est accompli, à moins qu'il ne soit justifié que la prescription a été interrompue.

• **CGI,** art. 774 *bis (créé par L. n° 2023-1322, 29 déc. 2023, art. 26 (V))*

I. – Ne sont pas déductibles de l'actif successoral les dettes de restitution exigibles qui portent sur une somme d'argent dont le défunt s'était réservé l'usufruit.

Le présent I ne s'applique ni aux dettes de restitution contractées sur le prix de cession d'un bien dont le défunt s'était réservé l'usufruit, sous réserve qu'il soit justifié que ces dettes n'ont pas été contractées dans un objectif principalement fiscal, ni aux usufruits qui résultent de l'application des articles 757 ou 1094-1 du code civil.

II. – Par dérogation à l'article 1133 du présent code, la valeur correspondant à la dette de restitution non-déductible de l'actif successoral mentionnée au I du présent article donne lieu à la perception de droits de mutation par décès dus par le nu-propriétaire et calculés d'après le degré de parenté existant entre ce dernier et l'usufruitier, au moment de la succession ou de la constitution de l'usufruit, si les droits dus sont inférieurs.

Pour la liquidation des droits dus lors de la succession, en application du présent II, l'article 784 ne s'applique ni sur la valeur des sommes d'argent dont le défunt s'était réservé l'usufruit ni sur celle des biens dont le défunt s'était réservé l'usufruit du prix de cession.

Les droits acquittés lors de la constitution de l'usufruit sont imputés sur les droits dus par le nu-propriétaire, sans pouvoir donner lieu à restitution.

Nota : *Conformément au II de l'article 26 de la loi n° 2023-1322 du 29 décembre 2023, ces dispositions s'appliquent aux successions ouvertes à compter de la promulgation de ladite loi, à savoir du 29 décembre 2023.*

513.02 Jurisprudence de référence.

> Existence de la dette

• **Com. 2 déc. 1986,** n° 84-17.833, P I, n° 229

* V. s^s n° 513.12

« Mais attendu qu'aux termes de l'article 768 du Code général des impôts, pour la liquidation des droits de mutation par décès, les dettes à la charge du défunt sont déduites lorsque leur existence au jour de l'ouverture de la succession est dûment justifiée ;

Attendu que le tribunal a retenu que M. L avait contracté l'obligation de payer le prix des ouvrages convenus à forfait ; que cette dette, née dès la conclusion du contrat, existait au jour de l'ouverture de la succession, encore qu'elle ne fût pas exigible à cette date en raison de l'inachèvement des travaux, le contrat n'étant pas affecté d'une condition suspensive ; que le tribunal en décidant que le montant des devis litigieux pouvait être déduit de l'actif successoral a fait une exacte application de l'article 768 du Code général des impôts ; […]. »

> Diminution de la dette après transaction. Montant déductible

• **Com. 3 déc. 1991,** n° 89-20-533, P IV, n° 374

* V. s^{s} n° 513.12

« Vu l'article 768 du Code général des impôts ;

Attendu que seules sont admises au titre du passif successoral les dettes certaines, à la charge personnelle du défunt à la date du décès et dont l'existence est prouvée ; que s'agissant de dettes successorales définitivement arrêtées par voie de transaction postérieurement au décès, seule doit être déduite de l'actif imposable la somme contradictoirement et définitivement arrêtée avec le créancier par voie transactionnelle […]. »

> Non-déductibilité des dettes remboursées par un tiers (assureur)

• **Com. 14 févr. 1972,** n° 69-12.736, P IV, n° 57

* V. s^{s} n° 513.12

« Attendu que M. B D héritier de son frère M. P D, décédé le 11 octobre 1964, a demandé a ne pas être imposé, au titre de droits de mutation par décès, pour diverses sommes qui lui ont été réclamées à la suite d'un redressement opéré par l'administration et que le tribunal a fait droit à cette requête en ce qui concerne une somme de 72 945 francs 75, montant d'un emprunt hypothécaire du défunt, remboursable au porteur de la grosse, garanti par une assurance-vie et remboursé au moyen du capital-décès ;

Attendu que pour statuer ainsi le tribunal a considéré que le contrat avait été souscrit au profit d'un bénéficiaire indéterminé, alors que la désignation comme bénéficiaire du capital-décès du porteur de la grosse comportait désignation d'un bénéficiaire déterminé, au sens de la loi. »

> Déductibilité des dettes d'origine légale : créance de restitution de l'usufruitier de titres ayant reçu des dividendes provenant de la distribution de réserves sociales

• **Com. 27 mai 2015,** n° 14-16.246, P IV, n° 91

* V. s^{s} n° 513.26

« Vu les articles 587 et 1842 du Code civil, 768 et 773-2 du Code général des impôts ; […]

Attendu que pour rejeter cette demande, l'arrêt retient que le droit de quasi-usufruit constitué au profit de Léon X sur les dividendes des parts sociales démembrées résulte d'un accord de volontés entre tous les titulaires de parts sociales lors de l'assemblée des associés du 27 septembre 2006, de sorte que la dette de restitution, dont la déduction est sollicitée au passif successoral, trouve son origine, non dans la loi, mais dans la convention intervenue entre les nus-propriétaires et l'usufruitier de parts sociales pour verser les réserves distribuées sous forme de dividendes entre les mains de l'usufruitier, à charge pour lui de les restituer aux nus-propriétaires ; qu'il ajoute que l'accord intervenu le 27 septembre 2006 entre les associés est constitutif d'une convention entre nus-propriétaires et usufruitier de parts sociales permettant la création conventionnelle d'un quasi-usufruit sur les réserves distribuées et que la dette résultant du fait que les héritiers avaient autorisé le défunt à percevoir et utiliser ces dividendes n'était pas déductible sauf pour les héritiers, si la dette avait été consentie par acte authentique ou par acte sous seing privé ayant date certaine avant l'ouverture de la succession autrement que par décès, à prouver la sincérité de cette dette et son existence au jour de l'ouverture de la succession ;

Attendu qu'en statuant ainsi, la cour d'appel a violé les textes susvisés ; […]. »

> Dettes incertaines

• **Com. 4 mai 1993,** n° 91-11.488, NP

* V. s^{s} n° 513.13

« Attendu, en troisième lieu, qu'aux termes de l'article 768 du Code général des impôts, pour la liquidation des droits de mutation par décès, les dettes à la charge du défunt sont déduites lorsque leur existence au jour du décès est dûment justifiée ; qu'en décidant que ne remplissait pas ces conditions le montant d'un cautionnement solidaire consenti par le défunt, cautionnement qui n'avait pas perdu son caractère d'obligation éventuelle au moment où ont été liquidés les droits de succession à l'ouverture de la succession et en excluant du passif successoral la fraction de la dette solidaire incombant à l'héritier, le tribunal, loin d'avoir méconnu les textes invoqués aux première et deuxième branches du moyen, en a fait l'exacte application ; […]. »

> Preuve de la dette

• **Com. 10 juin 1997,** n° 95-14.543, P IV, n° 180

* V. s^{s} n° 513.33

« Vu l'article 773.2° du Code général des impôts ; […]

Attendu qu'en statuant ainsi, alors qu'il n'était pas contesté que la dette n'ait été consentie ni par acte authentique, ni par acte sous seing privé ayant date certaine autrement que par le décès d'une des parties contractantes, le Tribunal a violé le texte susvisé. »

> Déductibilité des indemnités dues aux employés de maison

• **Rép. min. n° 12826, J. Baudot,*JO Sénat*, 8 juin 2000,** p. 2067

* V. s^{s} n° 513.47

« Il résulte des dispositions de l'article 768 du Code général des impôts que pour être déduites de l'actif héréditaire pour la liquidation des droits de mutation par décès les dettes doivent être à la charge du défunt le jour de son décès. Or, les indemnités évoquées par l'auteur de la question dues à raison de la rupture du contrat de travail du fait même du décès de l'employeur ne répondent pas à ces conditions dès lors que ces dettes n'ont pris naissance qu'après le décès et incombent aux successibles. Toutefois, il est admis, à titre dérogatoire, que ces indemnités soient retenues au passif de la succession de l'employeur à la condition que celles-ci ne soient pas prises en compte comme une charge déductible d'une exploitation industrielle, commerciale, artisanale, agricole ou libérale. En ce qui concerne la réduction d'impôt prévue à l'article 199 *sexdecies* du Code général des impôts, cet avantage fiscal est assis sur les sommes rémunérant des services rendus par un salarié travaillant pour le contribuable à son domicile. Dès lors que le dernier salaire et l'indemnité de congés payés sont exigibles au titre d'une activité exercée pendant une période antérieure au décès de l'employeur, les dépenses payées à ce titre par les ayants droit du défunt entrent dans l'assiette de la réduction d'impôt imputable sur la cotisation d'impôt sur le revenu due au nom du défunt pour la période du 1er janvier à la date du décès. Tel n'est pas le cas, en revanche, comme le souligne le parlementaire, des indemnités de préavis et de licenciement qui sont destinées à réparer le préjudice résultant de la rupture du contrat de travail consécutive au décès de l'employeur. »

513.03 **Bibliographie indicative.**

Actualisables. *Dict. enreg. (F. Lefebvre)*, nos 3850 s. – « Documentation pratique fiscale Francis Lefebvre », ENR-X-15300 s. – *J.-Cl. fiscal*, fasc. 7720 et 7721, août 2018 (actu mai 2024 et janv. 2019).

Ouvrages. *Successions et libéralités*, « Mémento », Francis Lefebvre, 2024/2025 – S. Ferré-André et S. Berre, *Successions et libéralités*, 11e éd., « HyperCours », Dalloz, 2025.

Articles. A. Chappert, « Le passif successoral et le fisc », *Defrénois* 1992, art. 35197, p. 193 ; art. 35218, p. 337 ; art. 35234, p. 417 ; « À propos de la déductibilité fiscale du passif successoral », *Defrénois* 1992, art. 35391, p. 1411 – B. Beignier et S. Plé, « Les aides sociales et leur récupération sur la succession – Méthodes à suivre, conseils à donner », *Dr. fam.* 2006. Étude 21, spéc. no 21 – F. Fruleux et S. Le Chuiton, « Recours en récupération d'aides sociales : analyse fiscale et civile », *JCP N* 2016. 1320 – G. Hublot, « Développements sur le quasi-usufruit : pour une plus grande vigilance », *RFN* 2014. Étude 26.

513.04 **Questions essentielles.**

> Quelles dettes peut-on déduire de l'actif taxable ?

* V. ss nos 513.11 s.

> Comment évaluer la créance de restitution due au décès du quasi-usufruitier ?

* V. ss no 513.24

> Quelles sont les charges successorales dont l'administration fiscale admet la déduction ?

* V. ss nos 513.41 s.

> Quelle partie des dettes relatives à des biens exonérés peut-on déduire de l'actif taxable ?

* V. ss nos 513.51 s.

> Quelles sont les dettes dont l'administration fiscale n'admet pas la déduction ?

* V. ss nos 513.31 s.

> Dans quels cas la créance de restitution au titre du quasi-usufruit est-elle déductible ?

* V. ss nos 513.80 à 513.102

513.05 **Division.** Le droit fiscal admet la déduction des dettes successorales sous certaines conditions (sect. 1). Les charges successorales ne sont en principe pas déductibles car elles naissent postérieurement à l'ouverture de la succession. Toutefois, à titre exceptionnel, certaines charges successorales sont admises en déduction de l'actif taxable (sect. 2). Parmi les dettes déductibles, celles relatives à des biens partiellement exonérés subissent un traitement liquidatif particulier (sect. 3). Enfin, le droit fiscal admet des déductions qui ne sont ni des dettes ni des charges (sect. 4).

SECTION 1
DETTES DÉDUCTIBLES

§ 1
Principe de déductibilité des dettes du défunt

513.11 **Énoncé du principe.** Toute dette contractée par le défunt est déductible de l'actif taxable à condition de pouvoir être prouvée par tous modes de preuve compatibles avec la procédure écrite (CGI, art. 768), c'est-à-dire au moyen d'un écrit pour les dettes supérieures à 1 500 euros. Ce texte ne concerne que les obligations de payer.

Lorsque la déclaration de succession concerne des biens dépendant d'une succession d'une personne domiciliée hors de France, seules les dettes grevant l'actif taxable en France peuvent être déduites.

513.12 **Existence de la dette.** Ne sont déductibles de l'actif successoral taxable que les dettes certaines dans leur principe au jour de l'ouverture de la succession, qu'elles soient ou non liquides. Il suffit que l'engagement du défunt soit définitif. Il en est ainsi notamment lorsque le défunt a accepté un devis sans condition suspensive même si la facturation et la réalisation des travaux ne sont pas encore intervenues au jour du décès[1].

Si le montant de la dette, certaine dans son principe, demeure inconnu lors du dépôt de la déclaration de succession, cette dette doit être indiquée pour mémoire dans la déclaration de succession. Lorsque son montant est définitivement arrêté, elle peut être déduite par voie de réclamation en vue d'obtenir la restitution du trop-perçu de droits.

Remarques : Si le montant de la dette se trouve réduit en raison notamment d'une transaction intervenue entre les héritiers et le créancier, seul le montant effectivement dû au créancier à l'issue de la transaction peut être déduit de la déclaration de succession[2].

Si la dette a été remboursée par un tiers – remboursement du solde d'un emprunt au moyen d'une assurance-décès – elle n'est pas déductible[3].

513.13 **Dettes incertaines.** Les dettes incertaines au jour de l'ouverture de la succession ne peuvent

1. Com. 2 déc. 1986, no 84-17.833, P I, no 229.
2. Com. 3 déc. 1991, no 89-20-533, P IV, no 374 – Com. 16 mai 1995, no 92-20.658, NP.
3. Com. 14 févr. 1972, no 69-12.736, P IV, no 57.

être déduites. Il en est ainsi du cautionnement solidaire, consenti par le défunt et qui n'a pas perdu son caractère d'obligation éventuelle au jour de l'ouverture de la succession[1]. Toutefois, pour les dettes soumises à une condition suspensive ou faisant l'objet d'une procédure, l'administration fiscale admet la restitution du trop-perçu d'impôt après réalisation de la condition ou reconnaissance judiciaire de l'existence de la dette[2].

§ 2
Dettes déductibles

513.21 **Dettes de communauté.** Si le défunt était marié sous un régime de communauté, les dettes de communauté ne sont pas directement déductibles de l'actif taxable. Il convient de liquider le régime matrimonial conformément aux dispositions du contrat de mariage. Le passif de communauté ne sera déductible qu'à concurrence des droits de l'époux prédécédé dans la communauté.

513.21-1 **Époux mariés sous un régime de communauté.**

EXEMPLES

Époux mariés sous le régime de la communauté légale : la moitié du passif de communauté est déductible.

Époux mariés sous le régime de la communauté légale avec clause de partage inégal, un quart en pleine propriété revenant à la succession : seul un quart du passif de communauté peut être déduit de l'actif taxable.

Époux mariés sous le régime de la communauté légale avec clause d'attribution intégrale de la communauté au survivant : aucun passif de communauté n'est déductible de l'actif taxable.

513.22 **Récompenses et créance de participation.** Le solde de récompenses dû par la succession à la communauté constitue une dette successorale déductible de l'actif taxable. Il en va de même de la créance de participation due par la succession à l'époux survivant, lorsque les époux avaient adopté le régime de la participation aux acquêts[3].

513.23 **Prestation compensatoire.** En cas de décès de l'époux divorcé, débiteur d'une prestation compensatoire, le paiement de cette prestation compensatoire, quelle que soit sa forme (capital ou rente) est prélevé sur la succession, dans la limite de l'actif successoral.

Lorsque la prestation compensatoire a été fixée sous forme d'un capital, le solde de ce capital (indexé) devient immédiatement exigible. Lorsqu'elle a été fixée sous forme de rente, il lui est substitué un capital immédiatement exigible (C. civ., art. 280)[4]. Ce capital constitue un passif déductible de l'actif taxable[5].

513.24 **Créance de restitution au décès du quasi-usufruitier.** Lorsque le défunt était usufruitier de biens consomptibles, il se trouve débiteur, à son décès, d'une créance de restitution en application de l'article 587 du Code civil. Cette créance, qui résulte de la loi et non de la volonté du défunt, n'entre pas dans le champ d'application de l'article 773, 2° du Code général des impôts[6]. Elle est donc déductible de la succession de l'usufruitier, sauf si elle entre dans le champ d'application de l'article 774 *bis* du Code général des impots (v. s[s] n°s 513.80 s.).

Le montant de la créance correspond aux liquidités dépendant de la succession soumise effectivement à l'usufruit du conjoint survivant. Ainsi si ce dernier a dû acquitter au moyen des liquidités des dettes ou charges incombant à la succession – frais de dernière maladie, frais funéraires par exemple – ou des dettes personnelles des héritiers – droits de succession notamment – la créance sera diminuée de ces sommes. Il est alors recommandé en pratique de faire une convention de quasi-usufruit pour constater l'assiette effective du quasi-usufruit.

La question qui se pose est de savoir si le montant de la créance de restitution correspond au nominal des sommes sur lesquelles portait l'usufruit ou sur la valeur revalorisée de ces sommes au jour de la restitution, c'est-à-dire au décès de l'usufruitier ainsi que le prescrit l'article 587 du Code civil. En pratique, seul le nominal des sommes grevées du quasi-usufruit est déduit même si un auteur averti considère que la créance de restitution devrait porter sur la valeur revalorisée de ces sommes compte tenu de l'inflation[7]. Toutefois, s'il existe une convention de quasi-usufruit, elle peut prévoir une indexation de la créance de restitution, en lien avec la convention, ce qui

1. Com. 4 mai 1993, n° 91-11.488, NP ; *BOI* 7 G-3-94 ; *Dr. fisc.* 1994, n° 12, instr. 11088 ; *JCP N* 1994. Prat. 2963.
2. À propos de la reconnaissance judiciaire d'une dette fiscale : Com. 16 nov. 1999, n° 97-10.072, P I, n° 198.
3. *BOI-ENR-DMTG*-10-40-20-10-20141030, n°s 370 et 380.
4. L. n° 2004-439, 26 mai 2004, relative au divorce, *JO* 27 mai, p. 9319, art. 18, VIII.
5. « *Au regard des droits de mutation par décès, la prestation compensatoire versée sous forme de capital et due par l'époux débiteur au jour de son décès constitue un passif de succession déductible dans les conditions de droit commun en application de l'article 768 du Code général des impôts* », Instr. n° 119, 17 juill. 2006, n° 5 B-21-06, n° 55, non reprise au *BOFiP*.
6. Com. 4 déc. 1984, Bruzzaud-Grille c/ DGI, *Juris-Data* n° 701964 – V. *BOI-ENR-DMTG*-10-40-20-20-20240926, n° 60.
7. A. Chappert, « Le passif successoral et le fisc », *Defrénois* 1992, art. 35234, p. 417, spéc. n°s 93 et 94 – V. AUSSI, G. Hublot, « Développements sur le quasi-usufruit : pour une plus grande vigilance », *RFN* 2014. Étude 26, n°s 22 s.

serait le cas par exemple si l'indice était retenu en fonction de l'emploi prévu des fonds. La possibilité de déduire fiscalement le montant indexé est admise par certains auteurs en doctrine mais non confirmée au *BOFiP* ni en jurisprudence.

513.25 Valeurs mobilières et créance de restitution. Les valeurs mobilières ne sont pas des biens consomptibles au sens de l'article 587 du Code civil. Aussi, en cas de vente du portefeuille, à défaut de convention de quasi-usufruit, aucune dette de déduction au titre d'un quasi-usufruit ne peut être portée au passif de la succession lors du décès de l'usufruitier du portefeuille de valeurs mobilières, le prix de vente étant réputé partagé entre le nu-propriétaire et l'usufruitier (C. civ., art. 621).

Toutefois si les époux étaient mariés **sous un régime communautaire et en l'absence de clause d'attribution intégrale** portant notamment sur les acquêts, une déduction est envisageable lorsque le portefeuille de valeurs mobilières dépendait de la communauté. En effet, ce portefeuille faisait partie de l'indivision post-communautaire - indivision en nue-propriété seulement si le conjoint est usufruitier de toute la succession - et il est possible de faire jouer les règles de l'indivision et d'appliquer l'article 815-13 alinéa 2 du Code civil : « *L'indivisaire répond des dégradations et détériorations qui ont diminué la valeur des biens indivis par son fait ou par sa faute* ». En vendant tout ou partie du portefeuille, le conjoint survivant a diminué la valeur des biens indivis par son fait, dès lors qu'il a encaissé le prix - tel ne serait pas le cas s'il a uniquement fait des arbitrages au sein du portefeuille, le portefeuille étant considéré par la Cour de cassation comme une universalité de fait[1]. Au décès du conjoint survivant, sa succession se trouve alors débitrice d'une créance au profit de l'indivision en principe égale au prix de vente encaissé.

Si les époux n'étaient **pas mariés sous un régime de communauté**, une déduction est également possible à hauteur de la valeur des titres soumise aux droits de mutation à titre gratuit dans la succession de l'époux prédécédé, si ces titres ont disparu au second décès[2].

Si une partie du prix de vente a été utilisée pour acquitter des dettes de communauté ou de succession ou des dettes personnelles aux héritiers telles que les droits de succession, un compte d'administration devra être établi et seule la fraction de prix de vente effectivement encaissée par le conjoint survivant pourra être déduite.

1. Civ. 1re, 12 nov. 1998, n° 96-18.041, Baylet, P I, n° 315 ; *GAJC*, t. 1, 13e éd., Dalloz, 2015, n° 79 ; *D.* 1999. 167, note L. Aynès ; *D.* 1999. 633, note D. Fiorina ; *RTD civ.* 1999. 422, obs. F. Zenati ; *RTD com.* 1999. 459, obs. M. Storck ; *JCP N* 1999. 351, note H. Hovasse.
2. Com. 10 déc. 1996, n° 94-17.595, NP ; *Ind. enreg.*, n° 16947.

513.26 Distribution de réserves et titres démembrés. Lorsque les associés décident en assemblée générale de distribuer un dividende par prélèvement sur les réserves, le droit de jouissance de l'usufruitier de droits sociaux s'exerce, sauf convention contraire entre celui-ci et le nu-propriétaire, sous la forme d'un quasi-usufruit. Au décès de l'usufruitier, la succession de ce dernier est débitrice d'une dette de restitution déductible de l'actif successoral, la présomption de fictivité de l'article 773, 2° du Code général des impôts étant inapplicable en raison de l'origine légale de la dette[3].

513.27 Emprunt. Lorsque le défunt avait contracté un emprunt, font partie du passif déductible le capital restant dû au décès augmenté des intérêts échus mais non payés et les intérêts courus jusqu'au jour du décès. La déduction n'est admise qu'à condition que ces sommes n'aient pas été remboursées au prêteur au moyen d'un contrat décès (v. ss n° 513.12).

513.28 Chèque émis par le défunt peu avant son décès. Deux situations peuvent se présenter.

En premier lieu, le chèque peut ne pas avoir été encaissé par le porteur. Dans cette hypothèse, comme le porteur du chèque en acquiert la provision le jour où le chèque lui est remis, l'administration fiscale opère une distinction :

- soit il peut être prouvé que la remise du chèque était antérieure au décès, alors la provision est acquise au porteur et peut être déduite des sommes en banque à déclarer[4] ;

- soit cette preuve ne peut être apportée, alors il est possible de déduire la dette au profit du porteur du chèque à condition de fournir une attestation de créancier.

En second lieu, le chèque peut avoir été encaissé avant le décès. Sa provision ne fait alors plus partie de l'actif successoral, mais l'administration fiscale peut la réintégrer si elle démontre l'existence d'un don manuel[5].

Cette seconde hypothèse concerne la consistance de l'actif successoral à déclarer et non le passif déductible.

513.29 Capital social non libéré. Lorsque le défunt, associé d'une société, n'a pas libéré tout ou partie de son apport au jour de son décès, sa succes-

3. Com. 27 mai 2015, n° 14-16.246, P IV, n° 91 ; *Dr. fisc.* 2015. Actu. 349 ; *JCP N* 2015. Actu. 645 ; *RTD civ.* 2015. 658, obs. W. Dross ; *AJ fam.* 2015. 416, obs. C. Vernières ; *JCP* 2015. 1279, note A. Tadros.
4. Rép. min. éco. et fin. n° 18780 à J.-H. Maujoüan du Gasset, *JOAN* 21 avr. 1971, p. 3941.
5. Pour une illustration, v. Com. 30 nov. 1999, n° 97-16.775, NP ; *Dr. fisc.* 2000. Comm. 485 – Et plus récemment : Riom, 7 avr. 2014, RG n° 13/01311, *RFN* juin 2014. 100, obs. D. Faucher.

sion se trouve débitrice du montant du capital non libéré. Cette dette peut être inscrite au passif successoral. Corrélativement, les titres de la société doivent être évalués à l'actif compte tenu de la créance de la société sur la succession de l'associé.

513.29-1 Capital social non libéré – Montant de la dette déductible.

EXEMPLE

Le défunt était associé d'une SCI au capital de 60 000 € divisé en 600 parts d'un nominal de 100 €. Il détenait 1/3 des parts.

À son décès, il n'a pas libéré le capital. Il est donc débiteur d'une somme de 20 000 €. L'immeuble acquis par la SCI vaut au décès 400 000 €.

BILAN SCI

Actif		Passif	
		Capital social libéré	40 000
Immeubles	300 000	Emprunt	290 000
Compte courant du défunt	20 000	Bénéfice année écoulée	20 000
Disponibilités	30 000		
TOTAL	350 000	TOTAL	350 000

L'actif net comptable est de 350 000 (total actif) – 330 000 (total passif sans le bénéfice) = 20 000.

Cet actif net comptable doit être revalorisé compte tenu de la plus-value prise par l'immeuble.

La plus-value latente est de

400 000 – 300 000 = 100 000 €.

En conséquence la valeur de la société est de

100 000 + 20 000 = 120 000 €.

La valeur d'une part est de 120 000/600 = 200 €.

En raison des difficultés de cession des parts de SCI, il est admis que l'on puisse appliquer une décote d'environ 20 % sur les parts sociales.

Ainsi, la valeur des parts dépendant de la succession est de 200 × 200 × 80 % = 32 000 €.

Dans la déclaration de succession, les parts de la SCI seront inscrites pour un montant de 32 000 € à l'actif. Par ailleurs on inscrira au passif de succession une somme de 20 000 € correspondant à la créance de la société sur la succession à raison de la non-libération du capital social.

§ 3 Dettes non déductibles

513.31 Dettes présumées remboursées. Les dettes présumées remboursées par l'article 773 du Code général des impôts ne peuvent être déduites de l'actif taxable. Ce texte vise quatre catégories de dettes :

- dettes échues depuis plus de trois mois avant l'ouverture de la succession : ces dettes sont présumées remboursées. Il s'agit d'une présomption simple qui peut être combattue par les héritiers en apportant la preuve contraire au moyen de l'attestation du créancier visée à l'article L. 20 du Livre des procédures fiscales (CGI, art. 773, 1°) ;
- dettes reconnues par testament (CGI, art. 773, 3°) ;
- dettes hypothécaires garanties par une inscription périmée depuis plus de trois mois au jour du décès. Seules les dettes non échues peuvent être déduites à condition de produire une attestation de créancier (CGI, art. 773, 4°) ;
- dettes prescrites, en capital et intérêts, selon les règles de prescription du droit civil. Les héritiers peuvent toutefois démontrer que la prescription a été interrompue (CGI, art. 773, 5°).

513.32 Dettes présumées fictives : dettes « *consenties par le défunt aux héritiers* ». Les dettes consenties par le défunt au profit d'héritiers – héritier légal, légataire universel, à titre universel ou particulier – ou de personnes interposées – conjoint, descendants ou père et mère des héritiers ainsi que les enfants du conjoint survivant et les personnes dont ce dernier a vocation à héritier en cas de mutation entre époux – ne sont pas déductibles de l'actif taxable (CGI, art. 773, 2°). Cette règle ne concerne que les dettes que le défunt a consenties. Sont donc exclues les dettes consenties par un tiers telles que les dettes consenties par le conjoint survivant même commun en biens à un présomptif héritier de son époux prédécédé. Elle ne s'applique pas non plus aux dettes résultant d'une décision de justice, d'un délit ou d'un quasi-délit, ou ayant une origine légale (v. ss nos 513.24 et 513.26).

Enfin, pour l'application des dispositions de l'article 773, 2° du Code général des impôts, la qualité d'héritier ou de personne interposée s'apprécie au décès.

513.32-1 Déductibilité des dettes et interposition de personnes.

EXEMPLE

M. X a emprunté une somme d'argent au fils de Mme Y, sa concubine. Cette dette est en principe déductible de la succession.

Mais si Mme Y a été instituée légataire universelle par M. X, la dette de M. X n'est plus déductible car le fils de Mme Y est au jour de l'ouverture de la succession une personne interposée, en tant que descendant de la légataire universelle.

513.33 Dettes présumées fictives – Preuve contraire. En présence d'une dette présumée fictive, les héritiers ne peuvent apporter la preuve contraire qu'au moyen d'un acte authentique ou d'un acte sous seing privé ayant acquis date certaine avant l'ouverture de la succession et autrement que par le décès de l'une des parties (CGI, art. 773, 2°, al. 2). Il a ainsi été jugé que la preuve de la dette au profit d'un héritier ne pouvait être apportée par des documents comptables auxquels se référait un acte de constitution de société enregistré avant le décès [1], ou par tout autre document ne répondant pas aux conditions de forme édictées par l'article 773, 2° du Code général des impôts.

Selon la Cour de cassation, ces dispositions sont d'interprétation stricte [2]. Par ailleurs, l'existence d'un acte authentique de prêt n'exclut pas la requalification de l'opération en donation [3].

Ce mode de preuve ne s'applique pas à la créance de salaire différé (v. s^s n° 513.45).

SECTION 2
DÉDUCTIBILITÉ EXCEPTIONNELLE DES CHARGES SUCCESSORALES

513.41 **Notion.** Les charges sont des dettes nées postérieurement au décès (sur la distinction entre charges et dettes, v. s^s n°s 313.21 à 313.25). Elles peuvent être contractées par les héritiers (frais funéraires par exemple) ou résulter d'un texte de loi (droit temporaire au logement, créance de salaire différé, récupération de l'aide sociale...). En principe, les charges ne sont pas déductibles de l'actif taxable, mais l'administration fiscale admet par exception la déduction de certaines d'entre elles.

513.42 **Frais funéraires.** En application de l'article 775 du Code général des impôts, les frais funéraires sont déductibles de l'actif taxable sans justification et pour un montant de 1 500 euros, quel que soit leur montant réel.

513.43 **Impôts dus par le défunt.** Sont déductibles tous les impôts dus par le défunt au jour du décès, même s'ils n'ont pas été mis en recouvrement à ce jour : impôt sur le revenu, taxe foncière et taxe d'habitation, prélèvements sociaux (CSG, CRDS), impôt de solidarité sur la fortune. Il s'agit en fait d'une fausse exception, car la dette d'impôt naît au 1er janvier, donc elle existe dans le patrimoine du défunt au jour du décès, bien que son recouvrement soit retardé.

Si le défunt était marié sous un régime de communauté, ces impôts sont à inscrire au passif commun.

1. Com. 15 avr. 1986, n° 84-15.539, P IV, n° 63 ; *BOI-ENR-DMTG*-10-40-20-20-20240926, n° 70.
2. Com. 10 juin 1997, n° 95-14.543, P IV, n° 180 ; *BOI* 7 G-10-98, 26 juin 1998, repris par *BOI-ENR-DMTG*-10-40-20-20-20240926, n° 80 ; *Dr. fisc.* 1998, n° 29, instr. 12042 ; *Dr. fisc.* 1997. Comm. 936.
3. Com. 8 févr. 2017, n° 15-21.366, NP ; *AJ fam.* 2017. 219, obs. S. Paillard : prêt consenti par une mère à son fils et dont le premier terme de remboursement devait intervenir au 99e anniversaire du prêteur.

513.44 **Droit temporaire au logement.** Le droit temporaire au logement accordé par la loi au conjoint survivant pour une année (C. civ., art. 763) est une charge successorale. L'article 775 du Code général des impôts admet toutefois sa déduction de l'actif successoral mais seulement pour les loyers ou indemnités d'occupation effectivement remboursés par la succession. Toutes autres sommes, et en particulier les charges locatives, ne sont pas admises en déduction [4].

La déduction fiscale du droit temporaire au logement suppose donc une exécution effective de ce droit. Elle est par conséquent exclue lorsque le logement occupé effectivement à titre d'habitation principale au jour du décès est un bien dépendant en totalité de la succession ou un bien appartenant aux deux époux [5].

513.44-1 **Détermination de la dette au titre du droit temporaire au logement.**

EXEMPLE

Le défunt, en instance de divorce, laisse pour recueillir sa succession son conjoint et ses trois enfants.

Par testament, il a privé son conjoint de tous droits dans sa succession. Le conjoint survivant a sa résidence principale dans un bien loué par bail à usage d'habitation. Le loyer mensuel est de 1 000 € auquel s'ajoutent 200 € de charges.

La déclaration de succession est déposée à la fin du 6e mois suivant le jour de l'ouverture de la succession.

À ce jour, le conjoint a réclamé à la succession le remboursement de six mois de loyers soit 6 000 €.

Pour établir la déclaration de succession, il existe deux possibilités :

– déduire en tant que passif successoral les 6 000 € effectivement remboursés et faire une déclaration rectificative si le conjoint demeure dans son logement et que la succession doit lui rembourser les six autres mois de loyers,

– déduire la totalité des loyers remboursés et à rembourser par la succession soit douze mois de loyers (12 000 €).

Dans ce cas, dans l'éventualité où le conjoint quitte le logement avant l'extinction de son droit, il faudra faire une déclaration de succession rectificative et payer le complément de droit auquel s'ajoutent les intérêts et pénalités de retard, sauf si une demande de remise des pénalités et intérêts de retard a pu aboutir.

513.45 **Créance de salaire différé.** La créance de salaire différée peut être déduite de l'actif successoral (CGI, art. 774). L'existence et la sincérité de cette créance sont suffisamment prouvées, à l'égard de l'administration, par tous actes et écrits, même postérieurs au décès de l'exploitant, susceptibles de faire preuve en justice contre les cohéritiers ou représentants de l'exploitant (inventaire, acte de partage, recon-

4. *BOI-ENR-DMTG*-10-40-20-10-20141030, n° 140 : « *À l'exclusion de toutes autres sommes* ».
5. *BOI-ENR-DMTG*-10-40-20-10-20141030, n° 140.

naissance dette souscrite par les cohéritiers ou tout acte ou écrit portant une telle reconnaissance de la créance de salaire différé par les cohéritiers).

Si l'exploitant était marié sous le régime de la séparation de biens, la créance de salaire différé fait partie du passif de succession.

Si l'exploitant était marié sous le régime de la communauté légale, la solution est identique même si l'exploitation est un bien commun et si le conjoint survivant était co-exploitant. Dans cette hypothèse, si la créance n'a pas été réclamée lors du règlement de la succession du prémourant, elle peut l'être à la succession du second mourant, la Cour de cassation admettant que l'enfant créancier est bénéficiaire d'un unique contrat de travail à salaire différé mais qu'il peut exercer son droit de créance sur l'une ou l'autre des successions dès lors qu'il a travaillé sous l'autorité de ses deux parents ensemble ou successivement[1]. Dans cette hypothèse, la créance est déductible de l'actif taxable de la succession de celui des parents à laquelle elle est réclamée.

513.46 Rémunération du mandataire posthume. La rémunération du mandataire à titre posthume est, sous certaines conditions, déductible de l'actif successoral pour le calcul des droits de succession. Ces conditions sont prévues par l'article 775 *quinquies* du Code général des impôts : la rémunération doit avoir été déterminée de manière définitive dans les six mois du décès, ce qui suppose une détermination définitive au jour du dépôt de la déclaration de succession.

En pratique, cette condition sera facile à satisfaire lorsque la rémunération est fixée en capital, ce qui devrait être exceptionnel car l'article 812-2 du Code civil ne prévoit cette modalité de rémunération que si la rémunération ne peut être fournie au moyen des fruits et revenus de l'actif géré.

Si cette condition est satisfaite, la rémunération du mandataire posthume peut être déduite dans la limite de 0,5 % de l'actif successoral géré, sans que le montant déductible puisse excéder 10 000 euros. Le plafond trouve ainsi à s'appliquer lorsque l'actif successoral géré excède 2 000 000 d'euros.

En cas de révision (C. civ., art. 812-3) ou de restitution de la rémunération (C. civ., art. 812-5), les héritiers doivent déposer une déclaration rectificative.

513.47 Indemnités dues aux employés de maison. Les indemnités de préavis et de licenciement dues à raison de la rupture du contrat de travail du fait même du décès de l'employeur n'entrent pas dans le champ d'application de l'article 768 du Code général des impôts, car ces dettes naissent après le décès. Toutefois, à titre dérogatoire, l'administration fiscale admet la déduction de ces indemnités de l'actif de la succession de l'employeur, à la condition que celles-ci ne soient pas prises en compte comme une charge déductible d'une exploitation industrielle, commerciale, artisanale, agricole ou libérale[2].

513.48 Récupération de l'aide sociale. L'aide sociale récupérée sur succession est une charge successorale dont la déductibilité a été contestée par l'administration fiscale. Il semble toutefois qu'elle puisse être déduite sous certaines conditions et limites[3].

Selon l'administration, l'article 768 du Code général des impôts n'autorisant que la déduction des dettes qui existent au jour du décès, la déduction des charges de succession, par hypothèse nées postérieurement au décès, telle la récupération des aides sociales, n'est pas permise.

Toutefois, la déduction de sommes soumises à récupération est admise à hauteur du montant effectivement reversé sur la part successorale de l'héritier ou du légataire qui a effectué ce reversement, sur justification par une attestation du comptable constatant le reversement ou de l'huissier en charge du recouvrement[4].

513.49 Frais de reconstitution des titres de propriété. Afin d'inciter les héritiers à procéder au partage, l'article 775 *sexies* du Code général des impôts, issu de la loi de finances pour 2014, admet la déduction des frais de reconstitution des titres de propriété d'immeubles ou de droits immobiliers pour lesquels le droit de propriété du défunt n'a pas été constaté avant son décès par un acte régulièrement transcrit ou publié.

Cette déduction est admise à la condition que la publication des titres de propriété intervienne dans les vingt-quatre mois suivant le décès et que les héritiers fournissent à l'administration fiscale les justificatifs des frais engagés. Son montant est par ailleurs limité à la valeur déclarée des biens concernés.

SECTION 3
DETTES SOUMISES À IMPUTATION SPÉCIALE

513.51 Principe. Les dettes contractées par le défunt pour l'acquisition ou dans l'intérêt de biens compris dans la succession et exonérés de droits de

1. Civ. 1re, 23 janv. 2008, n° 06-21.301, P I, n° 29 ; *RD rur.* 2008, n° 30, note F. Roussel.

2. Rép. min. n° 12826, J. Baudot, *JO Sénat* 8 juin 2000, p. 2067.
3. V. B. Beignier et S. Plé, « Les aides sociales et leur récupération sur la succession – Méthodes à suivre, conseils à donner », *Dr. fam.* 2006. Étude 21, spéc. n° 21 – *Revue fiduciaire*, HS 2008-5, déc. 2008, nos 1496 et 1497.
4. *BOI-ENR-DMTG*-10-40-20-20-20240926, nos 160 à 190 – V. L'HISTORIQUE : F. Fruleux et S. Le Chuiton, « Recours en récupération d'aides sociales : analyse fiscale et civile », *JCP N* 2016. 1320.

mutation par décès s'imputent prioritairement sur lesdits biens exonérés. Il en va de même des dettes contractées par le défunt ou son conjoint et garanties par des biens exonérés de droits de succession (CGI, art. 769).

§ 1 Dettes contractées pour l'acquisition ou dans l'intérêt de biens exonérés

513.61 **Principe.** Les dettes contractées pour l'acquisition ou dans l'intérêt de biens exonérés doivent être imputées en priorité sur la valeur de ces biens (CGI, art. 769). Nous donnons quelques exemples - non exhaustifs - de l'application de cette règle.

513.61-1 **Dette afférente à un immeuble totalement exonéré.**

EXEMPLE

Dette contractée par le défunt afin de financer des travaux de rénovation sur un immeuble inscrit sur l'inventaire supplémentaire des monuments historiques. Cet immeuble est exonéré de droits de succession en application de l'article 1131 du Code général des impôts sous certaines conditions.

Montant de la dette au décès : 200 000 €.

Si la valeur de l'immeuble est supérieure à 200 000 €, la dette s'impute en totalité sur le bien exonéré. Elle n'apparaît alors pas dans le passif déductible.

Si la valeur de l'immeuble est inférieure à 200 000 €, la dette s'impute partiellement sur l'immeuble. Pour le surplus, elle fait partie du passif déductible. Ainsi, si l'immeuble vaut 150 000 €, il est possible d'inscrire 200 000 − 150 000 = 50 000 € au passif de succession.

513.62 **Dettes contractées pour l'acquisition ou dans l'intérêt de biens partiellement exonérés.** Si une dette est afférente à un bien partiellement exonéré, elle s'impute prioritairement sur ce bien. Elle est alors déductible de l'actif successoral selon une proportion identique à celle correspondant à la fraction taxable du bien concerné (CGI, art. 769, al. 1er) [1].

513.62-1 **Passif afférent à des bois et forêts.**

EXEMPLE

Supposons une succession comprenant des bois et forêts répondant aux conditions d'exonération partielle de l'article 793, 2, 2° du Code générall des impôts. Le défunt a contracté un emprunt de 30 000 € pour acquérir ces biens, lesquels sont évalués à 80 000 €.

Les bois et forêts sont exonérés à concurrence des trois quarts de leur valeur. Ils ne sont donc taxés qu'à hauteur d'un quart, soit en l'espèce 80 000 × ¼ = 20 000 €.

La dette ne peut donc être déduite qu'à hauteur d'un quart de son montant soit 30 000 × ¼ = 7 500 €.

Si la valeur des biens partiellement exonérés a baissé au jour du décès et est de 20 000 €, la dette ne peut s'imputer sur ces biens qu'à concurrence de 20 000 €. Pour cette fraction, elle n'est déductible que pour un quart de son montant, soit 5 000 €. Pour la différence, soit 10 000 €, elle est entièrement déductible.

513.62-2 **Passif afférent à des biens ruraux loués par bail rural à long terme.**

EXEMPLE

Supposons une succession comprenant des biens ruraux loués par bail rural à long terme estimés au décès à 500 000 €. Le défunt, veuf, laisse un enfant qui accepte sa succession.

Pour l'acquisition de ces biens, le défunt avait contracté un emprunt dont le solde au décès est de 160 000 €.

Détermination de la fraction imposable des biens ruraux :

Les biens ruraux loués par bail rural à long terme sont exonérés à concurrence des ¾ de leur valeur jusqu'à 300 000 € et moitié de leur valeur au-delà (CGI, art. 793, 2, 3°, et 793 *bis*, al. 2).

Montant taxable :

De 0 à 300 000 € :	25 % × 300 000 =	75 000
De 300 000 à 500 000 € :	50 % × 200 000 =	100 000
Total imposable		175 000 €

Le passif est déductible à concurrence de 175 000/500 000e ou 35 % de son montant, soit 35 % × 160 000 = 56 000 €.

513.63 **Dette afférente à un bien exonéré donné ou légué à titre particulier.** Si le bien exonéré a été donné, il ne fait plus partie de la succession, les dispositions de l'article 769 du Code général des impôts ne sont donc pas applicables. En pareille situation, la partie de la dette non remboursée au jour du décès peut être intégralement déduite de l'actif taxable [2].

Si le bien exonéré a été légué à titre particulier, il y a lieu d'appliquer les dispositions de l'article 769 du Code général des impôts : la dette afférente au bien exonéré s'impute en priorité sur la valeur de ce bien. Peu importe que le légataire soit ou non un successible tenu au passif successoral [3].

§ 2 Dettes garanties par des biens exonérés

513.71 **Principe.** De même que pour les dettes afférentes à des biens exonérés, les dettes garanties

1. *BOI-ENR-DMTG*-10-20-30-20-20230711, nos 240 s. et l'exemple n° 260.

2. Rép. min. budget n° 28218 à P. Séramy, *JO Sénat* 28 avr. 1979, p. 1059 – *Dr. fisc.* 1979. Comm. 1320 ; *JCP N* 1980. Prat. 7513-7 – *BOI-ENR-DMTG*-10-40-20-40-20120912, n° 1.
3. Rép. min. éco. et fin. n° 18318 à A. Tirefort, *JOAN* 8 oct. 1966, p. 3250 ; *BODGI* 1966-9879 ; *BOI-ENR-DMTG*-10-40-20-40-20120912, n° 30.

par des biens exonérés s'imputent en priorité sur la valeur desdits biens, lorsqu'il est établi que ces dettes ont été contractées par le défunt ou son conjoint en vue de soustraire tout ou partie de son patrimoine à l'application des droits de succession. Cette preuve incombe à l'administration fiscale (CGI, art. 769, al. 2)[1].

SECTION 4
DETTES DE RESTITUTION PORTANT SUR UNE SOMME D'ARGENT DONT LE DÉFUNT S'ÉTAIT RÉSERVÉ L'USUFRUIT

513.80 **Plan. Règle applicable aux successions ouvertes à compter du 29 décembre 2023.** Pour les successions ouvertes à compter du 29 décembre 2023 et par dérogation aux dispositions de l'article 1133 du Code général des impôts, la créance exigible par le nu-propriétaire au titre de la restitution d'une somme d'argent dont le défunt s'était réservé l'usufruit donne lieu à la perception des droits de mutation par décès par le nu-propriétaire.

On examinera donc le champ d'application de cette règle (§ 1) et la liquidation des droits de mutation par défaut (§ 2).

§ 1
Champ d'application

513.91 **Principe de non-déductibilité de certaines dettes de quasi-usufruit (CGI, art. 774 *bis*, I, al. 1er).** Le **principe de non-déductibilité** introduit par l'article 774 *bis* du Code général des impôts concerne les dettes de restitution résultant :

- du don de la nue-propriété de somme d'argent dont le défunt s'était directement réservé l'usufruit,
- de la cession d'un bien dont le défunt s'était préalablement réservé l'usufruit,
- ou de toute autre opération assimilable aboutissant à une liquidation sous forme d'une somme d'argent remise à l'usufruitier (remboursement d'une créance, rachat d'un contrat de capitalisation), sauf exception (v. ss nos 513.93 à 513.96).

En revanche, lorsque qu'après la cession d'un actif démembré, le quasi-usufruit est écarté au profit d'une subrogation réelle, légale ou conventionnelle, sur des actifs démembrés, la réunion de l'usufruit à la nue-propriété à l'expiration du temps fixé pour l'usufruit ou par le décès de l'usufruitier ne donne ouverture à aucun impôt ou taxe.

513.92 **Dettes de quasi-usufruit déductibles sous réserve (CGI, art. 774 *bis*, I, al. 2).** Par dérogation au principe exposé ci-dessus, les dettes de restitution contractées **sur le prix de cession d'un bien** (ou opérations assimilées) dont le défunt s'était réservé l'usufruit **peuvent être déductibles si le redevable est en mesure de justifier que la dette n'a pas été contractée dans un objectif principalement fiscal.**

La preuve de l'absence de but principalement fiscal est caractérisée par un faisceau d'indices tenant compte notamment :

- du temps écoulé entre le démembrement de propriété et la cession du bien démembré et du risque de la variation à la baisse de la valeur des biens démembrés pendant le temps de conservation ;
- des motivations patrimoniales de la cession du bien et du quasi-usufruit sur le prix de cession. L'exemple cité est celui d'une insuffisance de liquidités nécessaires pour s'acquitter de dépenses d'hébergement de l'usufruitier ;
- du degré de latitude de l'usufruitier à décider de la cession ultérieure du bien démembré et du report de l'usufruit sur le produit de la cession.

Si la cession est qualifiée d'abusive au sens de l'article L64 du Livre des procédures fiscales, le contribuable ne sera pas admis à apporter la preuve que la dette n'a pas été contractée dans un objectif principalement fiscal.

513.93 **Dettes de quasi-usufruit non concernées par la non-déductibilité.** Elles sont au nombre de trois :

513.94 **1) L'usufruit du conjoint survivant.** Le quasi-usufruit issu de l'usufruit reçu par le défunt sur une somme d'argent en exerçant le choix qu'il tient de la loi en qualité de conjoint survivant (C. civ., art. 757) ou d'une disposition entre époux (C. civ., art. 1094-1) mais aussi en exerçant un avantage matrimonial ou un préciput (C. civ., art. 1515) convenu dans le contrat de mariage est considéré comme un usufruit réservé. Cependant, la créance de restitution qui en est issue demeure déductible de plein droit, l'article 774 *bis* du Code général des impôts ne s'appliquant pas à cette situation.

513.95 **2) Lorsque le défunt n'est pas à l'initiative de la cession ou de l'opération assimilable donnant naissance au quasi-usufruit.** Tel est le cas en cas de versement à son profit d'une indemnité d'expropriation d'un bien démembré, d'une indemnité d'assurance faisant suite à la destruction du bien démembré, de la distribution de dividendes prélevés sur les réserves.

513.96 **3) Lorsque le défunt ne s'est pas réservé l'usufruit mais devient quasi-usufruitier pour avoir été institué :**

- bénéficiaire en usufruit des sommes dues au titre du dénouement d'un contrat d'assurance-vie ;
- légataire ou donataire à cause de mort en usufruit de son partenaire de PACS ou de son concubin prédécédé.

1. *BOI-ENR-DMTG*-10-40-20-40-20120912, n° 20.

§ 2
Liquidation des droits de mutation par décès

513.101 La somme correspondant à la dette de restitution est imposable entre les mains du nu-propriétaire qui en est créancier. Qu'il vienne ou non à la succession du quasi-usufruitier, le nu-propriétaire titulaire de la créance de restitution est soumis aux droits de mutation par décès dus calculés d'après le degré de parenté existant entre ce dernier et l'usufruitier au moment de la succession, ou de la constitution de l'usufruit, si les droits dus sont inférieurs.

Le changement de lien de parenté peut résulter par exemple d'un divorce, ou d'une adoption ou encore, dans l'hypothèse où les ayants cause du nu-propriétaire prédécédé ne viennent pas en représentation de ce dernier à la succession de l'usufruitier.

La réintégration de la dette de restitution à l'actif successoral ne pèse que sur le nu-propriétaire et non sur les éventuels autres héritiers.

Dans l'hypothèse où l'actif successoral ne permet pas au nu-propriétaire de recouvrer totalement sa créance celle-ci ne sera pas imposable à concurrence du montant irrécouvrable.

Les droits déjà acquittés lors de la donation avec réserve d'usufruit sont imputés sur les droits de mutation par décès auxquels le nu-propriétaire est assujetti. Cette imputation est applicable même si les droits de donation ont été acquittés par le donateur. Toutefois, dans la cas où les droits déjà acquittés lors de la donation seraient supérieurs aux droits dus à raison du décès de l'usufruitier, le surplus ne fait l'objet d'aucune restitution.

Si le nu-propriétaire est aussi héritier, l'obligation de rapport fiscal prévue à l'article 784 du Code général des impôts ne s'applique pas sur la donation ayant généré la dette de restitution taxable entre ses mains.

513.101-1 Le nu-propriétaire titulaire de la créance de restitution non déductible est aussi héritier de la succession, la donation a moins de quinze ans.

EXEMPLE

Le 1er janvier 2015, M. Gall, alors âgé de 75 ans, a consenti à sa fille Anne une donation avec réserve d'usufruit, hors part successorale, d'une somme d'argent de 150 000 €.

Liquidation des droits de donation :

– valeur de la nue-propriété de la somme d'argent donnée : 70 % × 150 000 € = 105 000 €
– abattement personnel : 100 000 €
– masse taxable : 5 000 €
– montant des droits à payer : 5 000 € × 5 % = 250 €

M. Gall décède le 1er janvier 2024, soit moins de 15 ans après la donation, laissant pour lui succéder ses deux enfants, Anne et Pierre, héritiers de la succession chacun pour moitié.

L'actif brut s'élève à 500 000 €. Le passif comprend uniquement la dette de restitution due à Anne, d'un montant de 150 000 € soit un actif net sur le plan civil de 350 000 €. Ce passif étant non déductible, l'actif brut imposable s'établit donc à 500 000 €. Sur cette masse, le montant de la créance de restitution de 150 000 € sera imposée aux droits de mutation par décès entre les mains d'Anne et viendra s'ajouter à ses droits légaux dans la succession.

Le solde de l'actif successoral taxable s'élève à 350 000 € (500 000 € – 150 000 €) et se répartit pour moitié entre les deux enfants de M. Gall.

La liquidation des droits de mutation par décès s'effectue comme suit :

Pour Anne :

– part successorale taxable : 175 000 €
– dette de restitution : 150 000 €
– total taxable : 325 000 €
– abattement personnel : 100 000 €
– masse taxable : 225 000 €
– montant des droits à payer : 43 194 €
– imputation des droits de donation acquittés en 2015 : 250 €

Net à payer : 42 944 €

Pour Pierre :

– part successorale taxable : 175 000 €
– abattement personnel : 100 000 €
– masse taxable : 75 000 €

Montant des droits à payer : 13 194 €

Conclusion : La non-déductibilité de la dette n'a pas de conséquence sur le montant des droits à payer par Pierre. Le montant correspondant à la dette de restitution est uniquement imposé entre les mains de la nue-propriétaire, à savoir Anne.

513.101-2 Le nu-propriétaire titulaire de la créance de restitution non déductible est seul héritier de la succession et a reçu une autre donation de moins de quinze ans.

EXEMPLE

Le 1er janvier 2015, M. Gesti âgé de 75 ans, consent à sa fille unique, Laurence une donation de la nue-propriété d'une somme d'argent de 170 000 € en s'en réservant l'usufruit.

Liquidation des droits de donation :

– valeur de la nue-propriété de la somme d'argent donnée : 70 % × 170 000 € = 119 000 €
– abattement personnel : 100 000 €
– masse taxable : 19 000 €

Montant des droits à payer : 1 994 €

(les tranches taxables à 5 %, 10 % et 15 % sont épuisées, la tranche à 20 % est entamée à hauteur de **3 068 €**)

Le 1er janvier 2016, M. Gesti consent à sa fille Laurence une nouvelle donation, portant sur la pleine propriété d'un immeuble d'une valeur de 200 000 €.

Liquidation des droits de donation :

– valeur de la pleine propriété donnée : 200 000 €
– abattement personnel : néant
– masse taxable : 200 000 €

Montant des droits à payer : 40 000 €

(**200 000 €** dans la tranche à 20 %).

M. Gesti décède le 1er janvier 2024, moins de 15 ans après les donations, laissant pour lui succéder sa fille unique. Son actif successoral s'élève à 500 000 €. Le passif comprend uniquement la dette de restitution due à Laurence, d'un montant de 170 000 € soit un actif net sur le plan civil de 330 000 €. Ce passif étant non déductible, l'actif brut imposable s'établit donc à 500 000 €. Sur cette masse, le montant de la créance de restitution de 170 000 € sera imposé aux droits de mutation par décès entre les mains d'Anne et viendra s'ajouter à ses droits légaux dans la succession.

La liquidation des droits de mutation par décès s'effectue comme suit :

– part successorale taxable :	330 000 €
– dette de restitution :	170 000 €
– total taxable :	500 000 €
– abattement personnel :	100 000 €
– masse taxable :	400 000 €

Les tranches de 5 à 15 % sont épuisées. Il reste (536 392 € – **3 068 € – 200 000 €**) = 333 324 € dans la tranche à 20 % puis on utilise 400 000 – 333 324 = 66 676 € dans la tranche à 30 %. Soit 333 324 × 20 % + 66 676 × 30 %

– montant des droits à payer :	86 668 €
– imputation des droits de donation acquittés en 2015 :	1 994 €
Net à payer :	84 674€

(86 668 € – 1 994 €)

Si la créance de restitution avait été déductible de l'actif successoral (par exemple, en cas de donation avec réserve d'usufruit portant sur un bien immobilier, puis cession de l'actif et constitution d'un quasi-usufruit sur le prix de vente, sans objectif principalement fiscal, v. s[s] n° 513.92), la liquidation des droits de mutation par décès pour Laurence s'effectuerait comme suit :

– actif net de succession : (500 000 – 170 000)	330 000 €
– part successorale taxable :	330 000 €
– abattement personnel :	néant
– masse taxable :	330 000 €
– montant des droits à payer : 330 000 × 20 % =	66 000 € (*)
Net à payer :	66 000 €

(*) Il reste 333 324 € dans la tranche à 20 %

*(536 392 € – **3 068 € – 200 000 €**)*

513.102 **Le créancier nu-propriétaire est héritier de la succession et la donation à l'origine d'un quasi-usufruit non déductible a plus de quinze ans.** Lorsque la donation à l'origine du quasi-usufruit a été consentie depuis plus de quinze ans, les dispositions de l'article 784 du Code général des impôts ne sont pas applicables du fait du délai écoulé entre la donation et le décès. Le montant de l'impôt final pour le créancier nu-propriétaire qui est aussi héritier est le même que si la donation à l'origine du quasi-usufruit non déductible avait eu moins de quinze ans. En effet l'obligation de rapport fiscal prévue à l'article 784 ne s'applique ni sur la valeur des sommes d'argent dont le défunt s'était réservé l'usufruit, ni sur celle des biens dont le défunt s'était réservé l'usufruit du prix de cession.

SECTION 5
DÉDUCTIONS AUTRES QUE LES DETTES ET CHARGES

513.111 **Rentes et indemnités.** L'article 775 *bis* du Code général des impôts énonce que « *sont déductibles, pour leur valeur nominale, de l'actif de succession les rentes et indemnités versées ou dues au défunt en réparation de dommages corporels liés à un accident ou à une maladie* ».

Ce texte concerne, d'une part, les indemnités versées ou dues aux personnes dans un cadre réglementé : indemnités versées aux personnes contaminées par le VIH à la suite d'une transfusion sanguine ou dans l'exercice de leur profession, aux personnes contaminées par la maladie de Creutzfeldt-Jakob à la suite d'un traitement, aux personnes atteintes d'une pathologie liées à une exposition à l'amiante.

Il concerne également toutes les indemnités versées ou dues à une personne en réparation d'un préjudice corporel résultant d'un accident ou d'une maladie, que leur origine soit délictuelle ou contractuelle. L'article 775 *bis* du Code général des impôts vise ainsi les sommes obtenues par une victime en exécution d'un contrat d'assurance. Il s'applique même aux sommes à caractère indemnitaire perçues par les ayants droit de la victime en réparation de leur préjudice moral et économique mais il ne s'applique pas, toutefois, aux sommes versées à ces derniers en exécution d'un contrat d'assurance dénoué par le décès [1].

513.112 **Mise en œuvre.** La déduction prévue par l'article 775 *bis* du Code général des impôts ne concerne que le nominal des sommes versées au défunt ou le nominal de sa créance si l'indemnité n'a pas encore été versée au jour du décès. En cas de perception des sommes du vivant du défunt, il n'est pas tenu compte de la valeur des biens acquis en emploi de l'indemnité [2].

513.112-1 **Déduction d'une indemnité perçue en réparation d'un préjudice corporel.**

EXEMPLE

Au décès de M. X, son patrimoine comprend : un appartement estimé à 150 000 € et divers avoirs bancaires et mobiliers inventoriés, d'un montant de 50 000 €.

M. X avait reçu de son vivant une indemnité de 120 000 € en réparation d'un préjudice corporel. Cette somme avait financé en totalité son appartement.

Au passif successoral, on ne peut indiquer que le nominal de l'indemnité soit 120 000 €.

À l'actif de la succession, figureront l'appartement pour 150 000 €, les avoirs bancaires et les meubles inventoriés, soit un total de 200 000 €.

1. *BOI-ENR-DMTG*-10-20-10-20220630, n°s 200 s. et spéc. n° 210.
2. V. *BOI-ENR-DMTG*-10-20-10-20220630, n°s 200 s.

TITRE

52. Le régime de droit commun

SECTION 0

ORIENTEUR

52.00 **Sommaire du titre.**

CHAPITRE

521. Calcul des droits de mutation par décès

SECTION 0 ORIENTEUR

521.00 **Sommaire du chapitre.**

521.01 **Textes applicables.**

• **Bulletin officiel des Finances publiques-Impôts (*BOFiP*), Enregistrement : BOI-ENR-DMTG,** *titre 1er, chap. 5* : « Tarif et liquidation des droits » [CGI, art. 777, 779, 782, 786,788, 796 0 *bis*, 796 0 *ter*, 796 et 1043 A]

> Abattements applicables

[CGI, art. 779, 786, 788]

• **CGI,** art. 779

I. Pour la perception des droits de mutation à titre gratuit, il est effectué un abattement de 100 000 euros sur la part de chacun des ascendants et sur la part de chacun des enfants vivants ou représentés par suite de prédécès ou de renonciation.

Entre les représentants des enfants prédécédés ou renonçants, cet abattement se divise d'après les règles de la dévolution légale.

En cas de donation, les enfants décédés du donateur sont, pour l'application de l'abattement, représentés par leurs descendants donataires dans les conditions prévues par le Code civil en matière de représentation successorale.

II. Pour la perception des droits de mutation à titre gratuit, il est effectué un abattement de 159 325 euros sur la part de tout héritier, légataire ou donataire, incapable de travailler dans des conditions normales de rentabilité, en raison d'une infirmité physique ou mentale, congénitale ou acquise.

Un décret en Conseil d'État détermine les modalités d'application du premier alinéa.

III. (*Abrogé*)

IV. Pour la perception des droits de mutation à titre gratuit, il est effectué en cas de donation ou, lorsque les dispositions de l'article 796-0 *ter* ne sont pas applicables, en cas de succession, un abattement de 15 932 euros sur la part de chacun des frères ou sœurs vivants ou représentés par suite de prédécès ou de renonciation.

Entre les représentants des frères et sœurs prédécédés ou renonçants, cet abattement se divise d'après les règles de dévolution légale.

V. Pour la perception des droits de mutation à titre gratuit, il est effectué un abattement de 7 967 euros sur la part de chacun des neveux et nièces.

VI. (*Abrogé*)

• **CGI, art. 786**

Pour la perception des droits de mutation à titre gratuit, il n'est pas tenu compte du lien de parenté résultant de l'adoption simple.

Cette disposition n'est pas applicable aux transmissions entrant dans les prévisions du premier alinéa de l'article 366 du code civil, ainsi qu'à celles faites en faveur :

1° D'enfants issus d'un premier mariage du conjoint de l'adoptant ;

2° De pupilles de l'État, de la Nation ou de la République ainsi que d'orphelins d'un parent mort pour la France ;

3° D'adoptés mineurs au moment du décès de l'adoptant ou d'adoptés mineurs au moment de la donation consentie par l'adoptant qui, pendant cinq ans au moins, ont reçu de celui-ci des secours et des soins non interrompus au titre d'une prise en charge continue et principale ;

3° *bis* D'adoptés majeurs qui, soit dans leur minorité et pendant cinq ans au moins, soit dans leur minorité et leur majorité et pendant dix ans au moins, auront reçu de l'adoptant des secours et des soins non interrompus au titre d'une prise en charge continue et principale ;

4° D'adoptés dont le ou les adoptants ont perdu, morts pour la France, tous leurs descendants en ligne directe ;

5° D'adoptés dont les liens de parenté avec la famille naturelle ont été déclarés rompus par le tribunal saisi de la requête en adoption, sous le régime antérieur à l'entrée en vigueur de la loi n° 66-500 du 11 juillet 1966 ;

6° Des successibles en ligne directe descendante des personnes visées aux 1° à 5° ;

7° D'adoptés, anciens déportés politiques ou enfants de déportés n'ayant pas de famille naturelle en ligne directe.

• **CGI,** art. 788

I. – (*Abrogé*)

II. – (*Abrogé*)

III. – Pour la perception des droits de mutation par décès, il est effectué un abattement sur la part nette de tout héritier, donataire ou légataire correspondant à la valeur des biens reçus du défunt, évalués au jour du décès et remis par celui-ci à une fondation reconnue d'utilité publique répondant aux conditions fixées au b du 1 de l'article 200, à une association reconnue d'utilité publique répondant aux conditions fixées au b du 1 de l'article 200, à l'État, à ses établissements publics ou à un organisme mentionné à l'article 794. Cet abattement s'applique à la double condition :

1° Que la libéralité soit effectuée, à titre définitif et en pleine propriété, dans les douze mois suivant le décès ;

2° Que soient jointes à la déclaration de succession des pièces justificatives répondant à un modèle fixé par un arrêté du ministre chargé du budget attestant du montant et de la date de la libéralité ainsi que de l'identité des bénéficiaires.

L'application de cet abattement n'est pas cumulable avec le bénéfice de la réduction d'impôt sur le revenu prévue à l'article 200.

IV. – À défaut d'autre abattement, à l'exception de celui mentionné au III, un abattement de 1 594 € est opéré sur chaque part successorale.

> Tarifs des droits de mutation à titre gratuit

• **CGI,** art. 777

Les droits de mutation à titre gratuit sont fixés aux taux indiqués dans les tableaux ci-après, pour la part nette revenant à chaque ayant droit :

TABLEAU I
TARIF DES DROITS APPLICABLES
EN LIGNE DIRECTE

Fraction de part nette taxable	Tarif applicable (%)
N'excédant pas 8 072 €	5
Comprise entre 8 072 € et 12 109 €	10
Comprise entre 12 109 € et 15 932 €	15
Comprise entre 15 932 € et 552 324 €	20
Comprise entre 552 324 € et 902 838 €	30
Comprise entre 902 838 € et 1 805 677 €	40
Au-delà de 1 805 677 €	45

TABLEAU II
TARIF DES DROITS APPLICABLES
ENTRE ÉPOUX ET ENTRE PARTENAIRES LIÉS
PAR UN PACTE CIVIL DE SOLIDARITÉ

Fraction de part nette taxable	Tarif applicable (%)
N'excédant pas 8 072 €	5
Comprise entre 8 072 € et 15 932 €	10
Comprise entre 15 932 € et 31 865 €	15
Comprise entre 31 865 € et 552 324 €	20
Comprise entre 552 324 € et 902 838 €	30
Comprise entre 902 838 € et 1 805 677 €	40
Au-delà de 1 805 677 €	45

TABLEAU III
TARIF DES DROITS APPLICABLES EN LIGNE
COLLATÉRALE ET ENTRE NON-PARENTS

Fraction de part nette taxable	Tarif applicable (%)
Entre frères et sœurs vivants ou représentés :	
N'excédant pas 24 430 €	35
Supérieure à 24 430 €	45
Entre parents jusqu'au 4e degré inclusivement	55
Entre parents au-delà du 4e degré et entre personnes non-parentes	60

Sous réserve des exceptions prévues au I de l'article 794 et aux articles 795 et 795-0 A, les dons et legs faits aux établissements publics ou d'utilité publique sont soumis aux tarifs fixés pour les successions entre frères et sœurs.

> Réductions de droit

[CGI, art. 782 et 1043 A]

• **CGI,** art. 782

Les droits de mutation à titre gratuit dus par les mutilés de guerre frappés d'une invalidité de 50 % au minimum sont réduits de moitié sans que la réduction puisse excéder 305 euros.

• **CGI,** art. 1043 A

Dans le département de la Guyane, les tarifs des droits de timbre prévus par le présent code sont réduits de moitié.

La même réduction est applicable aux tarifs des droits d'enregistrement et de la taxe de publicité foncière, sauf lorsque ces droits et taxe sont perçus au taux prévu à l'article 1594 D.

> Exonérations liées à la personne de l'héritier ou du gratifié à cause de mort

[CGI, art. 796-0 *bis*, 796-0 *ter*]

• **CGI,** art. 796-0 *bis*

Sont exonérés de droits de mutation par décès le conjoint survivant et le partenaire lié au défunt par un pacte civil de solidarité.

• **CGI,** art. 796-0 *ter*

Est exonérée de droits de mutation par décès la part de chaque frère ou sœur, célibataire, veuf, divorcé ou séparé de corps, à la double condition :

1° qu'il soit, au moment de l'ouverture de la succession, âgé de plus de cinquante ans ou atteint d'une infirmité le mettant dans l'impossibilité de subvenir par son travail aux nécessités de l'existence ;

2° qu'il ait été constamment domicilié avec le défunt pendant les cinq années ayant précédé le décès.

• **CGI,** art. 796

I. – Sont exonérées de l'impôt de mutation par décès les successions :

1° des militaires des armées françaises et alliées, morts sous les drapeaux pendant la durée de la guerre ;

2° des militaires qui, soit sous les drapeaux, soit après renvoi dans leurs foyers, seront morts, dans les trois années à compter de la cessation des hostilités, de blessures reçues ou de maladies contractées pendant la guerre ;

2° *bis* Des militaires décédés lors de leur participation à une opération extérieure ou à une opération de sécurité intérieure mentionnée au deuxième alinéa de l'article L. 4138-3-1 du Code de la défense ou, dans les trois années suivant la fin de celles-ci, des blessures reçues ou des maladies contractées pendant ces opérations ;

2° *ter* Des militaires décédés dans l'accomplissement de leur mission ou des blessures reçues dans les mêmes circonstances, attributaires de la mention « Mort pour la France » prévue à l'article L. 511-1 du Code des pensions militaires d'invalidité et des victimes de guerre ou de la mention « Mort pour le service de la Nation » prévue à l'article L. 513-1 du même code ;

3° de toute personne ayant la nationalité française ou celle d'un pays allié dont le décès aura été provoqué, soit au cours des hostilités, soit dans les trois années à compter de la cessation des hostilités, par faits de guerre suivant la définition qui en est donnée pour les réparations à accorder aux victimes civiles de la guerre ;

4° des personnes décédées en captivité ou des conséquences immédiates et directes de leur captivité dans le délai prévu au 2°, après avoir été internées pour faits de résistance ;

5° des personnes décédées au cours de leur déportation ou des conséquences immédiates et directes de leur déportation, dans le délai prévu au 3° ;

6° des militaires et civils décédés en Afrique du Nord, victimes d'opérations militaires ou d'attentats terroristes ;

7° des personnes décédées du fait d'actes de terrorisme visés à l'article L. 113-13 du Code des pensions militaires d'invalidité et des victimes de guerre ou des conséquences directes de ces actes dans un délai de trois ans à compter de leur réalisation ;

8° Des sapeurs-pompiers professionnels ou volontaires décédés en opération de secours ou des blessures reçues dans cette opération, cités à l'ordre de la Nation ;

9° Des policiers et des gendarmes décédés dans l'accomplissement de leur mission ou des blessures reçues dans les mêmes circonstances, cités à l'ordre de la Nation ;

10° Des agents des douanes décédés dans l'accomplissement de leur mission ou des blessures reçues dans les mêmes circonstances, cités à l'ordre de la Nation.

11° Des personnes attributaires de la mention " Mort pour le service de la République " prévue à l'article 30 de la loi n° 2021-1520 du 25 novembre 2021 visant à consolider notre modèle de sécurité civile et valoriser le volontariat des sapeurs-pompiers et les sapeurs-pompiers professionnels.

II. – *Abrogé.*

III. – L'exonération de l'impôt n'entraîne pas la dispense de la déclaration des successions. Elle est subordonnée à la condition que cette déclaration soit accompagnée :

1° Dans les cas visés aux 1°, 2° et 2° *bis* du I, d'un certificat de l'autorité militaire constatant que la mort a été causée par une blessure reçue ou une maladie contractée pendant, selon le cas, la guerre ou l'opération extérieure ou de sécurité intérieure mentionnée au deuxième alinéa de l'article L. 4138-3-1 du Code de la défense ;

2° Dans les cas visés aux 3°, 4°, 5° et 6° du I, d'un certificat de l'autorité militaire ou civile compétente établissant les circonstances du décès.

521.02 Jurisprudence de référence et réponses ministérielles reprises au *BOFiP*.

> Domaine de l'exonération des frères et sœurs

• **Aix-en-Provence, 1re ch. A, 23 juin 2015,** RG n° 14/11066

* V. ss n° 521.83

« Attendu que la question soumise à la cour est contenue dans l'article 796-0 *ter* du Code général des impôts qui exonère de droits de mutation par décès le frère du défunt, célibataire, veuf, divorcé ou séparé de corps à une double condition, à savoir :

– qu'il soit au moment de l'ouverture de succession, âgé de plus de 50 ans ou atteint d'une infirmité le mettant dans l'impossibilité de subvenir par son travail aux nécessités de l'existence ;

– qu'il était constamment domicilié avec le défunt pendant les cinq années ayant précédé le décès ;

Attendu qu'il n'est pas contesté par l'administration fiscale que la première condition est remplie ;

Attendu que s'agissant de la seconde condition, il appartient à M. S, appelant, de démontrer qu'il était constamment domicilié chez sa sœur, à [...], depuis le 26 octobre 2004, puisque cette dernière est décédée le 26 octobre 2009 ;

Attendu que la notion de domicile commun s'entend, au sens de l'article 102 du Code civil, comme le lieu où l'intéressé avait son principal établissement ; [...]. »

• **Paris, 14 mai 2018,** RG n° 16/20843

* V. s[s] n° 521.83

« L'administration admet la notion civile du domicile qui n'implique pas une cohabitation constante mais il doit être démontré que le domicile est au lieu du principal établissement. Les éléments retenus sont constitués par la résidence, une installation durable et également le paiement des impôts, la réception de la correspondance. »

> Abattement en faveur des personnes incapables de travailler dans des conditions normales de rentabilité, en raison d'une infirmité physique ou mentale, congénitale ou acquise

• **Aix-en-Provence, 1re ch., 27 juin 2017,** RG n° 15/21441

* V. s[s] n° 521.132

« Attendu que l'héritier en retraite, ayant subi une infirmité au cours de sa vie active, lorsque cette infirmité l'a empêché de se livrer dans des conditions normales de rentabilité à une activité professionnelle et par conséquent lorsqu'elle a une incidence sur le montant de la retraite qu'il percevait au jour de l'ouverture de la succession, peut bénéficier de l'abattement susvisé ;

Que les personnes ayant dû prendre leur retraite de façon anticipée pour cause d'inaptitude au travail, peuvent également bénéficier de l'abattement prévu par l'article 779-II du Code général des impôts si le montant de la pension a été réduit de ce fait ;

Qu'il n'est pas possible d'ajouter aux exigences édictées par ce texte lequel ne prévoit pas que l'incapacité de travailler doit avoir été reconnue par le médecin-conseil de la caisse de retraite, dans les conditions définies par l'article L. 351-7 du Code de la sécurité sociale. »

> Abattement applicable aux petits-enfants issu d'un fils unique renonçant

• **Rép. min. n° 86052, J. Le Nay, *JOAN* 23 nov. 2010,** p. 12822, reprise au *BOFiP : BOI-ENR-DMTG*-10-50-80-20220630, n° 280.

* V. s[s] n° 521.107

Le I de l'article 779 du Code général des impôts prévoit que, pour la perception des droits de mutation à titre gratuit, un abattement, dont le montant, actualisé chaque année, s'établit à 156 974 euros en 2010, est effectué sur la part de chacun des ascendants et sur celle de chacun des enfants vivants ou représentés par suite de prédécès ou de renonciation. En cas de prédécès ou de renonciation de l'un des enfants, il est prévu que cet abattement se divise entre les descendants de ce dernier d'après les règles de la dévolution légale. Cette dernière règle résulte du mécanisme civil de la représentation, qui permet à certaines personnes de venir à une succession en lieu et place de leur père ou mère prédécédé ou renonçant et confère aux représentants le degré de parenté et les droits du représenté. Au-delà, il est également admis, par une mesure de tempérament qui figure au n° 3 de la documentation administrative 7 G 2421, que l'abattement précité s'applique au petit-enfant qui succède à son aïeul par suite du prédécès ou de l'indignité de son auteur, enfant unique du défunt, bien que dans ces situations l'intéressé vienne à la succession du défunt de son propre chef et non par représentation. Cette solution s'applique également lorsque le petit-enfant succède à son aïeul par suite de la renonciation de son auteur, enfant unique du défunt, et cela en cohérence avec la reconnaissance sur le plan fiscal des effets civils de la renonciation par l'article 51 de la loi de finances rectificative pour 2006 (n° 2006-1771 du 30 décembre 2006). Ces précisions répondent pleinement aux préoccupations exprimées.

> En présence d'une seule souche, la représentation ne joue pas en ligne collatérale. Les héritiers ne peuvent revendiquer l'application de l'abattement et du tarif applicable à leur auteur prédécédé

• **Civ. 1re, 14 mars 2018,** n° 17-14.583, P I, n° 51

* V. s[s] n° 521.112

« Mais attendu qu'il résulte de l'article 752-2 du Code civil qu'il ne peut y avoir représentation, en ligne collatérale, en présence d'une seule souche ; qu'ayant constaté que Bruno et Didier C., enfants de l'unique sœur de Claude B., prédécédée, ne venaient pas à la succession en concours avec des frères ou sœurs du défunt ou leurs descendants, la cour d'appel en a exactement déduit que les conditions de la représentation prévues par ce texte n'étaient pas remplies, de sorte que ceux-ci, qui faisaient valoir leurs droits propres d'héritiers, étaient soumis au taux d'imposition de 55 % applicable aux parents jusqu'au quatrième degré inclusivement. »

521.03 Bibliographie indicative.

Actualisables. *Dict. enreg. (F. Lefebvre)*, n°s 3986-1 s. (abattement) ; n°s 3995-a s. (taux) – « Documentation pratique fiscale », Francis Lefebvre, ENR-X-22000 s. – *J.-Cl. fiscal*, fasc. 7725 à 7730, sept. 2016, sept. 2018, sept. 2017, juin 2006, sept. 2017 (actu. mai 2024, mai 2024, déc. 2023, sept. 2007, janv. 2019).

Ouvrages. *Successions et libéralités*, « Mémento », Francis Lefebvre, 2024/2025 – S. Ferré-André et S. Berre, *Successions et libéralités*, 8e éd., « HyperCours », Dalloz, 2025.

Articles. A. Chappert, « Évaluation des rapports à succession et droits de mutation par décès : une réponse incomplète à un problème réel », *Defrénois* 1996, art. 36274 – A. Delfosse, « Comment calculer les droits de succession », *Conseils par des Notaires*, mai 2002, p. 18. – F. Douet « Exonération de droits de succession entre frères et sœurs : quelles conditions d'application ? », *Dr. fam.* 2015. 1172 ; « Liquidation des droits de succession dus par les neveux et nièces succédant par représentation », *Defrénois* 2009. 57 ; « Succession : neveux et nièces succédant par représentation, liquidation des droits », *Defrénois* 2010. 1060 – F. Fruleux, « La taxation des successions collatérales », *RFN* 2010. 4 ; « Abattement en faveur des neveux et nièces : ou comment l'administration contredit sa propre doctrine », *JCP N* 2008. 1319 ; « Neveux et nièces succédant par représentation : changement de doctrine administrative et restitution des droits » *JCP N* 2009. 1272 ; « Neveux et nièces succédant par représentation : retour à l'orthodoxie juridique ou hostilité envers les successions collatérales ? », *JCP N* 2010. 1285 – N. Levillain, « Déclaration de succession : rapport civil et rappel fiscal », *JCP N* 2013. 1054 – N. Levillain et A. Chappert, « Rapport et réduction des donations », *Defrénois* 2001. 739.

521.04 Questions essentielles.

> Comment déterminer la part nette taxable en présence de libéralités rapportables ?

* V. s[s] n°s 521.20 s.

> Quelle est la fiscalité applicable à l'indemnité de réduction ?

* V. s[s] n°s 521.51 s.

> Quelles sont les personnes exonérées de droits de succession ?

* V. s[s] n°s 521.81 s.

> Quels sont les abattements applicables en matière de succession ?

* V. s[s] n°s 521.90 s.

> Quel est le tarif applicable à une mutation par décès ?

* V. s[s] n°s 521.161 s.

> Dans quelles conditions peut-on bénéficier d'une réduction de droits ?

* V. s[s] n°s 521.201 s.

521.05 Division. Les droits de succession sont calculés sur la part nette taxable revenant à chaque héritier (sect. 1) de laquelle on déduit le ou les abattements applicables en fonction du lien de parenté entre le défunt et son ayant droit (sect. 2) pour enfin appliquer le tarif lui-même fonction de ce lien de parenté (sect. 3). Certaines situations personnelles peuvent donner lieu à des réductions de droits (sect. 4).

SECTION 1 ASSIETTE DES DROITS

§ 1 En l'absence de libéralités aux héritiers

521.11 Détermination de la part nette taxable. La part nette taxable de chaque héritier est calculée à partir de l'actif net taxable déduction faite des libéralités à cause de mort. On y applique la quote-part obtenue d'après les règles légales de dévolution.

521.11-1 Succession dévolue à trois enfants.

EXEMPLE

Le défunt n'a consenti aucune libéralité. L'actif net taxable est de 600 000 €. La part nette taxable de chaque héritier est d'un tiers de 600 000 € soit 200 000 €.

521.11-2 Succession dévolue à trois enfants avec legs particulier à un tiers.

EXEMPLE

Le défunt a légué à titre particulier à sa partenaire de PACS des biens d'une valeur de 150 000 €. L'actif net, y compris les biens légués (legs non réductible), est de 600 000 €. La part nette taxable de chaque héritier est d'un tiers de (600 000 – 150 000) = 450 000, soit 150 000 €.

521.11-3 Succession dévolue aux père et mère et à un frère.

EXEMPLE

Le défunt n'a pas consenti de libéralités. L'actif net taxable est de 320 000 €. Cet actif se répartit conformément à l'article 738 alinéa 1er du Code civil (v. s[s] n° 121.41), soit un quart pour chaque parent (80 000 €) et la moitié pour le frère (160 000 €).

§ 2 En présence de libéralités rapportables

521.20 Plan. La détermination de la part nette taxable en présence de libéralités rapportables se fait selon les règles civiles c'est-à-dire en tenant compte des rapports dus par les héritiers gratifiés (A). Elle présente toutefois des particularités lorsque le rapport excède la part du gratifié, en cas de clause d'imputation sur la succession du prémourant ou encore dans l'hypothèse d'un legs net de frais et droits (B).

A. Principe

521.31 Existence de libéralités rapportables. Les libéralités rapportables doivent être prises en compte pour la détermination de la part taxable des héritiers, conformément aux règles civiles de liquidation[1]. Ainsi, en présence de libéralités rapportables, la part taxable de chaque héritier se calcule en tenant compte des rapports, selon les modalités prévues dans l'acte de donation : rapport en valeur ou en nature, rapport selon les règles des articles 860 et 860-1 du Code civil ou rapport forfaitaire (v. s[s] n°s 422.01 s.).

L'application des règles du rapport a en effet une incidence sur la répartition de l'actif successoral[2]. L'héritier débiteur du rapport se voit attribuer son rapport en moins prenant et a des droits d'autant réduits dans l'actif net existant. Or seule sa part dans les biens existants transmis par décès est soumise aux droits de succession, car le rapport n'est pas taxé, en application de la règle *non bis in idem*, selon laquelle une même mutation ne peut être taxée deux fois[3].

1. *BOI-ENR-DMTG*-10-50-10-20160411, n° 70.
2. *BOI-ENR-DMTG*-10-50-10-20160411, n° 80.
3. *BOI-ENR-DMTG*-10-50-10-20160411, n° 80, spéc. la remarque.

Remarque : Toutes les donations faites en avancement de part à un héritier acceptant doivent être rapportées à l'actif taxable quelle que soit leur date. La date n'est prise en compte que dans le cadre du rappel fiscal de l'article 784 du Code général des impôts (v. ss nos 531.01 s.), au moment de la détermination de l'assiette de la part nette taxable de l'héritier donataire.

521.31-1 Détermination de la part nette taxable de deux héritiers dont l'un est tenu au rapport.

EXEMPLE

Le défunt laisse à sa survivance ses deux enfants A et B. Il avait consenti à A une donation en avancement de part portant sur une somme d'argent d'un montant de 100 000 €, laquelle n'a fait l'objet d'aucun emploi particulier.

L'actif net de succession, déterminé selon les règles fiscales, s'élève à 420 000 €.

Détermination de la part taxable de chaque héritier :

Actif net successoral	420 000
Rapport dû par A	100 000
Actif net	520 000
Dont moitié par héritier	½
Est de	**260 000**
Part taxable de A : 260 000	
Part taxable de B : 260 000	

Les droits de succession de A sont calculés sur sa part (260 000) déduction faite du montant de son rapport (100 000) soit 160 000 €.

Les droits de succession de B sont calculés sur sa part soit 260 000 €.

521.32 Évaluation du rapport. Alors que l'administration fiscale impose de tenir compte du rapport, elle ne fixe aucune règle concernant l'évaluation de ce rapport. Il est en effet indiqué dans sa documentation en ligne : « *Au plan fiscal, quel que soit le mode d'évaluation adopté pour le rapport des donations, seul l'actif successoral net est, en toute hypothèse, susceptible d'être taxé* » [1].

Il semble donc que soit laissé au contribuable le choix entre :

– évaluer les biens donnés au jour de la donation ;

– ou les évaluer selon les règles édictées par les articles 860 et 860-1 du Code civil (v. ss nos 422.01 s.) en l'absence de clause dérogeant aux règles d'évaluation du rapport [2].

Si les héritiers retiennent une évaluation conforme aux règles civiles, le rapport doit être déterminé non pas à l'époque du partage mais au jour du décès, pour les besoins de la déclaration de succession. En cas de variation du montant du rapport entre le décès et le partage, il n'y a pas lieu de déposer une déclaration de succession rectificative [3].

Le choix retenu par les héritiers n'est pas sans conséquence : il modifie la répartition des biens existants entre les héritiers et donc le montant des droits à payer par chacun sur ces biens.

521.32-1 Comparaison entre une évaluation du rapport en valeur donation et en valeur décès.

EXEMPLE

M. X décède, laissant pour recueillir sa succession trois enfants : A, B et C.

En 2010, il avait consenti une donation en avancement de part successorale à A, sans clause particulière concernant le rapport. Les biens donnés étaient estimés à 90 000 € au jour de la donation et ils valent 180 000 € au décès.

L'actif net de succession est estimé à 600 000 € au décès.

Hypothèse 1 :
Évaluation du rapport en valeur des biens donnés au décès

Actif net existant au décès		600 000
Restitutions		
Rapport dû par A		180 000
Masse à partager		780 000
Dont le tiers pour chaque héritier		1/3
Est de		**260 000**
Part taxable de A :		
Droits légaux		260 000
À déduire :		
– son rapport	180 000	
– son abattement personnel	100 000	
Ensemble	280 000	280 000
Assiette des droits		Néant
Part taxable de B (ou C) :		
Droits légaux		260 000
À déduire : son abattement personnel		100 000
Assiette des droits		160 000

Droits à payer :

De 0 à 8 072 €	5 %	403,60
De 8 072 à 12 109 €	10 %	403,70
De 12 109 à 15 932 €	15 %	573,45
De 15 932 € à 160 000 €	20 %	28 813,60
Total des droits à payer par B (ou C)	–	**30 194,35**

Total des droits à payer par les héritiers : 60 388,70 € arrondi à 60 389 €.

1. *BOI-ENR-DMTG*-10-50-10-20160411, n° 80.
2. EN CE SENS, « Documentation pratique fiscale », Francis Lefebvre, ENR-X 20600.
3. A. Chappert, « Évaluation des rapports à succession et droits de mutation par décès : une réponse incomplète à un problème réel », *Defrénois* 1996, art. 36274.

Hypothèse 2 :
Évaluation du rapport en valeur des biens donnés au jour de la donation

Actif net existant au décès		600 000
Restitutions		
Rapport dû par A		90 000
Masse à partager		690 000
Dont le tiers pour chaque héritier		1/3
Est de		**230 000**
Part taxable de A :		
Droits légaux		230 000
À déduire :		
– son rapport		90 000
– son abattement personnel		100 000
Ensemble	190 000	190 000
Assiette des droits		40 000

Droits à payer :

De 0 à 8 072 €	5 %	403,60
De 8 072 à 12 109 €	10 %	403,70
De 12 109 à 15 932 €	15 %	573,45
De 15 932 € à 40 000 €	20 %	4 813,60
Total des droits à payer par A	–	**6 194,35**

Part taxable de B (ou C) :	
Droits légaux	230 000
À déduire : son abattement personnel	100 000
Assiette des droits	130 000

Droits à payer :

De 0 à 8 072 €	5 %	403,60
De 8 072 à 12 109 €	10 %	403,70
De 12 109 à 15 932 €	15 %	573,45
De 15 932 € à 130 000 €	20 %	22 813,60
Total des droits à payer par B (ou C)	–	**24 194,35**

Total des droits à payer par les héritiers : 6 194,35 + 24 194,35 + 24 194,35 = 54 583,05 arrondi à 54 583 €.

B. Cas particuliers

521.41 Cas particulier : rapport excédant les droits légaux du gratifié. Il arrive exceptionnellement qu'un héritier acceptant soit gratifié au-delà de ses droits légaux. Dans cette hypothèse, l'administration fiscale indiquait, dans sa documentation de base, comment procéder pour éviter une double taxation de la donation : l'excédent est réparti proportionnellement entre les autres héritiers pour déterminer leur part, avant d'en être déduit pour le calcul des droits de mutation à titre gratuit[1]. Cette solution s'appliquait également au legs rapportable. Elle était en revanche écartée en cas de partage pur et simple (v. s[s] n° 521.71), c'est-à-dire de partage sans soulte ni plus-value : dans cette hypothèse, l'assiette des droits était déterminée en fonction des attributions des héritiers, lesquelles correspondaient exactement à leurs droits dans la masse à partager.

Ainsi, en pratique, en l'absence de partage pur et simple répartissant différemment l'excédent de rapport, on considère que chacun des cohéritiers a dans sa part taxable une fraction de l'excédent de rapport proportionnelle à ses droits successoraux[2].

521.41-1 Détermination des parts nettes taxables en cas de rapport supérieur aux droits du gratifié. Partage pur et simple.

EXEMPLE

M. X laisse trois enfants : A, B, C.

L'actif net de succession est évalué, selon les règles fiscales, à 450 000 €.

En 2014, A a reçu une donation en avancement de part successorale portant sur des biens évalués à 600 000 € au jour de la donation et au décès.

La donation étant rapportable et en l'absence de toute autre libéralité, il n'est pas nécessaire de vérifier une éventuelle atteinte à la réserve, l'égalité entre les héritiers étant assurée par la technique du rapport.

Détermination des droits des héritiers dans la masse successorale :

Actif net de succession	450 000
Rapport de la donation consentie à A	600 000
Masse à partager	1 050 000
Dont le tiers, pour chaque héritier	1/3
Est de	350 000

Détermination des parts nettes taxables :

De A :

Part héréditaire	350 000
Fraction de son rapport à déduire	350 000
Part imposable	0

Dans le partage, A se voit attribuer une fraction de son rapport en moins prenant à hauteur de ses droit et acquitter le surplus de son indemnité de rappport (250 000 €) à ses cohéritiers soit 125 000 € chacun. C'est cette fraction d'excédent de rapport qu'il convient d'imputer sur la part taxable de chaque héritier.

A n'a aucun droit dans les biens existants et ne paiera pas de droits.

1. *BOI-ENR-DMTG*-10-50-10-20160411, II-A-1-a § 80, 20160411.
2. Pour une illustration chiffrée donnée par l'administration fiscale, v. *BOI-ENR-DMTG*-10-50-50-20230711, n° 310, exemple 2.

Quant à B et C, ils se verront attribuer chacun la moitié de l'actif net existant soit 225 000 € et la moitié de l'excédent de rapport soit 125 000 € mais ils ne seront taxés que sur leurs droits dans l'actif net existant :

De B (et C) :

Part héréditaire		350 000
À déduire : Moitié de l'excédent de rapport de A		125 000
À déduire : son abattement		100 000
Total à déduire	225 000	225 000
Part taxable (assiette des droits)		125 000

521.42 Cas particulier : clause d'imputation sur la succession du prémourant. En cas de donation en avancement de part consentie par des époux communs en biens à leurs héritiers, contenant une clause d'imputation sur la succession du prémourant et subsidiairement sur celle du conjoint survivant, le gratifié doit rapporter la totalité de la donation à la succession du prémourant.

Si cette libéralité dépasse ses droits légaux, deux possibilités de liquidation sont admises :

– La première possibilité consiste, pour le donataire, à demander au conjoint survivant de lui verser l'excédent à rapporter, puis à rapporter cet excédent à la succession de ce dernier. Le conjoint survivant lui consent ainsi une donation rapportable correspondant à l'excédent de rapport. Dans cette hypothèse, l'administration fiscale considère, lors de l'ouverture de la première succession, que le premier mourant est seul donateur et recalcule les droits dus à raison de la donation en conséquence. Un complément de droits de donation peut être exigé en raison du jeu des abattements – seul l'abattement du chef du prédécédé est applicable à la donation – et de la progressivité du tarif. Quant à la part des cohéritiers du donataire, elle est déterminée compte tenu de l'excédent de rapport, c'est-à-dire diminuée de la fraction d'excédent de rapport leur revenant (v. s^s n° 521.41).

– Dans la seconde possibilité, solution la plus employée en pratique, le donataire limite le montant de son rapport à ses droits légaux dans la succession de son parent prédécédé, le surplus devant être rapporté à la succession de son parent survivant. Les droits de donation peuvent également être recalculés dans ce cas, car il doit être tenu compte des proportions effectivement données par chacun des donateurs, mais le supplément de droits est plus faible car le donataire conserve l'abattement et la progressivité du tarif du chef de ses deux parents. En revanche ses cohéritiers risquent d'avoir plus de droits à payer car ils n'ont plus d'excédent de rapport à imputer sur leur part taxable[1].

1. *BOI-ENR-DMTG*-10-50-10-20160411, n° 90 – « Documentation pratique fiscale », Francis Lefebvre, ENR-X-24860.

521.42-1 Calcul des parts taxables en présence d'une donation avec clause d'imputation sur la succession du prémourant.

EXEMPLE

M. et Mme X ont consenti en 2015 une donation à leur fille A, portant sur un bien commun, estimé au jour de la donation et au décès à 300 000 €.

La donation contient une clause d'imputation sur la succession du prémourant.

M. X décède, laissant pour recueillir sa succession son épouse et deux filles, A et B.

L'actif brut de communauté est de 250 000 €, le passif commun s'élève à 10 000 €.

M. X a des biens propres pour un montant de 90 000 €.

Il n'y a pas de passif de succession ni de récompenses hormis celle due à raison de la donation.

Le mobilier est inclus dans l'actif de communauté et a été inventorié.

Mme X renonce à la succession.

Hypothèse 1 :
Rapport de toute la donation et remboursement de l'excédent de rapport par le survivant

1. Liquidation de la communauté et de la succession

Reprises et récompenses :		
Récompense due par M. X à raison de la donation	300 000[2]	
Actif de communauté		
Biens existants	250 000	
Récompense due par M. X à raison de la donation	300 000	
Actif brut	550 000	
Passif de communauté	10 000	
Actif net de communauté	540 000	
Dont ½ pour la succession	½	
Est de	270 000	
Succession :		
½ du *boni* de communauté	270 000	
Biens propres	90 000	
Actif brut	360 000	
À déduire :		
Passif propre	0	
Solde du compte de récompenses de la succession	300 000	
Ensemble	300 000	300 000
Actif net de succession		60 000
Détermination des parts taxables :		
Actif net de succession		60 000
Rapport dû par A		300 000
Ensemble		360 000
Dont moitié par héritière	½	
Est de		180 000

2. Avec la clause d'imputation sur la succession du prémourant, M. X est réputé avoir donné la totalité du bien, il doit donc récompense à la communauté pour la valeur de la totalité du bien au jour de la donation.

2. Liquidation des droits de succession

Part de A : 180 000

La donation faite à A excède sa part de 300 000 – 180 000 = 120 000.

L'excédent de rapport (180 000 – 120 000 = 60 000) est déduit de la part de B.

Quant à B :

Ses droits sont de		180 000
À déduire :		
– l'excédent de rapport dû par A	60 000	
– son abattement	100 000	
Ensemble	160 000	160 000
Assiette des droits de succession		20 000

Par ailleurs A doit payer un important complément de droits de donation, les droits étant recalculés comme si la donation avait été faite en totalité par M. X. Enfin au décès de Mme X, A devra rapporter les 60 000 € donnés.

Hypothèse 2 :
Imputation limitée aux droits du donataire dans la succession du prémourant

Dans cette hypothèse, il faut faire une liquidation provisoire afin de déterminer les droits légaux de chaque héritière. Le but de cette liquidation est de déterminer la quote-part de donation imputable sur la succession du prémourant, telle qu'aucune indemnité de rapport ne soit due aux cohéritiers.

1. Liquidation provisoire

Reprises et récompenses	
Récompenses dues par M. X à raison de la donation	150 000
Récompenses dues par M. X à raison de la donation	150 000
Actif de communauté	
Biens existants	250 000
Récompenses dues par M. et Mme X à raison de la donation	300 000
Actif brut	550 000
Passif de communauté	10 000
Actif net de communauté	540 000
Dont ½ pour la succession	½
Est de	270 000
Succession :	
½ du boni de communauté	270 000
Biens propres	90 000
Actif brut	360 000
À déduire :	
Passif propre	0
Actif net de succession	360 000
Dont ½ par héritière	½
Est de	180 000

La récompense est due par la succession à concurrence de 180 000 € et pour Mme X à concurrence de 120 000 €, afin que la quote-part donnée par le prémourant corresponde aux droits légaux de A et qu'aucune indemnité de rapport ne soit versée par A à ses cohéritiers.

2. Liquidation définitive

Actif de communauté		250 000
Récompense due par M. X à raison de la donation		180 000
Récompense due par Mme X à raison de la donation		120 000
Actif brut		550 000
Passif de communauté		10 000
Actif net de communauté		540 000
Dont ½ pour la succession		½
Est de		270 000
Succession :		
½ du *boni* de communauté		270 000
Biens propres		90 000
Actif brut		360 000
Passif propre		0
Solde du compte de récompenses de la succession		180 000
Ensemble	180 000	180 000
Actif net de succession		180 000
Rapport dû par A		180 000
Ensemble		360 000
Dont ½ par héritière		½
Est de		180 000

3. Assiette des droits de succession

A se voit attribuer son rapport et ne paie aucun droit.

Droits dus par B :

Droits légaux	180 000
À déduire : son abattement	100 000
Assiette des droits de succession	80 000

Par ailleurs les droits de donation doivent être recalculés en fonction de la quote-part effectivement donnée par chaque parent, savoir 180 000 € par M. X et 120 000 € par Mme X. Un léger complément de droit doit être versé et une restitution peut être demandée car les biens donnés par Mme X sont en réalité de 120 000 € et non de 150 000 €.

521.43 Cas particulier : legs net de frais et droits. En cas de legs net de frais et droits, le montant des frais et droits supportés par les héritiers ou les légataires universels ou à titre universel ne constitue pas un complément de libéralité. Les droits de succession dus par le légataire sont donc calculés sur le montant légué[1], les frais et droits pris en charge par les héritiers légaux ou institués n'étant pas considérés comme un complément de libéralité, ils ne sont pas taxés.

1. Rép. min. nº 3718, J.-P. Delalande, *JOAN* 15 sept. 1986, p. 3121.

521.43-1 **Assiette des droits de succession en présence d'un legs net de frais et droits.**

EXEMPLE

Legs particulier net de frais et droits portant sur une somme de 100 000 €. Le bénéficiaire est un tiers à la succession.

Les frais relatifs au legs s'élèvent à 1 500 €.

L'assiette des droits de succession est de 100 000 €, somme de laquelle on déduit l'abattement résiduel de 1 594 €.

Les droits de succession sont d'un montant de (100 000 – 1 594) × 60 % = 59 043,60

Soit un total de frais et droits de 60 543,60 €.

Cette somme est supportée par les héritiers.

§ 3
En présence de libéralités réductibles

A.
Régime antérieur

521.51 **Solutions antérieures.** Avant la mise en place du *BOFiP*, la documentation de base traitait du sort des libéralités réductibles, ou plus précisément des donations réductibles. Cette doctrine datait d'avant la réforme du 23 juin 2006 et n'avait pas été actualisée lorsque le nouvel article 924 du Code civil posa le principe de réduction en valeur de toutes les libéralités.

521.52 **Donation préciputaire.** Il était ainsi prévu qu'en cas de réduction d'une donation préciputaire, la portion réductible était ajoutée à l'actif net taxable, répartie entre les héritiers et soumise aux droits de succession. La solution était justifiée par le fait que la réduction opérait résolution de la donation et donc un retour des biens dans le patrimoine successoral[1]. Cette règle était également appliquée, en pratique, dans les cas de réduction en valeur de la donation préciputaire exceptionnellement prévus par la loi.

Par ailleurs, la résolution – partielle ou totale – de la donation préciputaire ayant une cause légale, il était admis que le donataire puisse obtenir la restitution des droits payés sur la fraction réduite de sa libéralité. Les droits restitués étaient alors calculés en appliquant la fraction réductible à la valeur des biens donnés au jour de la donation.

521.53 **Donation rapportable et réductible.** Lorsque la donation réductible était également rapportable et que la réduction en était demandée, l'administration fiscale estimait qu'il n'y avait pas lieu de distinguer selon qu'elle était réductible ou non : l'indemnité de réduction n'était pas soumise aux droits de mutation à titre gratuit[2]. La justification avancée était qu'en cas de réduction d'une donation préciputaire, « *l'acte de donation est annulé* [à concurrence de la portion réductible] et *la rentrée dans la succession du donateur des biens rapportés n'est pas l'exécution de la donation antérieure (contrairement à ce qui a lieu pour les donations en avancement d'hoirie)* ». L'administration fiscale considérait ainsi que la fiscalité de l'indemnité de réduction dépendait de la nature de la libéralité – libéralité en avancement d'hoirie ou préciputaire – alors que son critère déterminant était en fait le mode de réduction de cette libéralité : seule la réduction en nature avait pour conséquence l'annulation de la libéralité[3].

521.54 **Legs.** Avant l'entrée en vigueur de la loi du 23 juin 2006, les legs étaient en principe réductibles en nature. Ainsi en cas d'action en réduction, tout ou partie des biens légués retournait dans l'actif successoral, ce qui justifiait la taxation de la fraction réductible entre les mains des héritiers.

B.
Régime actuel

521.61 **Absence de règles relatives aux libéralités réductibles.** Les règles relatives aux donations réductibles n'ont pas été reprises sur le site *bofip.impots.gouv.fr*. Les libéralités réductibles ne sont mentionnées que dans le titre 5 de la partie « Enregistrement » consacré au paiement des droits. Il est ainsi prévu que les héritiers peuvent demander le paiement différé des droits de succession correspondant à l'indemnité de réduction de libéralités portant sur l'un des biens susceptibles de donner lieu à une attribution préférentielle, tels qu'énumérés à l'article 831 du Code civil. Cette règle résulte du 2° de l'article 397 de l'annexe III du Code général des impôts dont le contenu n'a pas été modifié depuis la réforme du 23 juin 2006, si ce n'est une mise à jour des textes du Code civil visés.

521.62 **Discussion doctrinale.** La taxation de la fraction réductible des libéralités hors part successorale – donation et legs – était justifiée par le mode de réduction des libéralités avant la réforme de 2006. En effet, la réduction se faisait alors dans la plupart des cas en nature lorsque la réduction en était demandée, ce qui aboutissait à une résolution partielle voire totale de la donation et à un retour partiel ou total des biens donnés ou légués dans l'actif successoral à partager. Cette résolution qui fondait, la taxation de la libéralité réductible, dans la documentation de

1. DB 7 G 2322, § 3.

2. DB 7 G 2322, § 3, dern. al.
3. EN CE SENS, v. N. Levillain et A. Chappert, « Rapport et réduction des donations, Aspects fiscaux », *Defrénois* 2001. 739.

base, permettait au donataire d'obtenir une restitution des droits de donation initialement payés à concurrence de la fraction réductible.

Or, depuis l'entrée en vigueur de la loi du 23 juin 2006, toutes les libéralités sont en principe réductibles en valeur. La réduction n'a plus pour conséquence une résolution partielle ou totale de la libéralité mais une indemnisation des cohéritiers. L'administration fiscale devrait en tirer les conséquences suivantes en matière de donation : faute de résolution de la donation, le donataire ne peut plus réclamer le remboursement des droits de donation à concurrence de la fraction réductible. En conséquence, par application de la règle *non bis in idem*, l'indemnité de réduction ne devrait pas être soumise aux droits de succession.

521.63 Solution pratique. L'administration fiscale n'a pas pris position sur cette question jusqu'à présent. La doctrine a hésité[1] et préconise actuellement une solution de sécurité : taxer l'indemnité de réduction. Au soutien de cette position, on peut constater le maintien du paiement différé pour les droits afférents à l'indemnité de réduction[2], mais il n'est pas certain que ce maintien ne soit pas simplement un défaut de mise à jour de la partie relative aux modalités de paiement des droits. La pratique actuelle semble donc de soumettre aux droits de succession entre les mains des héritiers le produit de la réduction, que la réduction se fasse en nature ou en valeur[3].

§ 4
Cas particulier : détermination de la part nette taxable en cas de partage pur et simple

521.71 Notion : partage pur et simple. Un partage pur et simple est un partage qui ne comporte ni soulte ni plus-value. Il y a ainsi partage pur et simple lorsque chaque copartageant reçoit en nature dans son lot l'équivalent de ses droits dans la masse à partager.

Un partage est fait avec soulte lorsque l'un ou plusieurs des copartageants reçoivent dans leur lot des biens indivis pour une valeur supérieure à leurs droits et pour rétablir l'égalité, versent aux autres copartageants une somme d'argent ou bien prennent en charge une part de passif supérieure à celle leur incombant normalement (C. civ., art. 828).

Un partage est avec plus-value lorsqu'un copartageant reçoit des biens d'une valeur supérieure à ses droits et ne verse aucune contrepartie[4].

521.72 Rectification de la déclaration de succession. En cas de partage pur et simple, les droits de succession doivent être calculés en fonction des attributions réelles des copartageants. Si le partage intervient avant le dépôt de la déclaration de succession, il sert de base au calcul des droits, sauf à réévaluer les éléments d'actif et de passif selon les règles fiscales.

Si le partage intervient après le dépôt de la déclaration de succession, il y a lieu de recalculer les droits de succession en fonction des attributions faites dans le partage. Dans l'éventualité où la nouvelle liquidation fait apparaître un supplément de droits, une déclaration de succession complémentaire doit être souscrite dans les six mois du partage. Inversement, s'il apparaît qu'il a été payé trop de droits, le trop-perçu est restituable sur réclamation présentée dans le délai fixé par l'article R. 196-1 du Livre des procédures fiscales, qui prend cours à compter de la date du partage[5].

SECTION 2
PERSONNES EXONÉRÉES

521.81 Plusieurs catégories de personnes exonérées. Il existe deux catégories de personnes exonérées de droits de succession : le conjoint et le partenaire de PACS d'une part, les frères et sœurs satisfaisant à certaines conditions d'autre part. À ces personnes s'ajoutent celles dispensées de déposer une déclaration de succession en raison de la faiblesse de l'actif successoral[6] et celles bénéficiant d'une exonération spécifique (victimes de guerre ou d'acte de terrorisme, association reconnue d'utilité publique...)[7], pour lesquelles nous renvoyons à la documentation fiscale en ligne.

1. Solution suggérée dans les *Successions et libéralités. Nouveau régime juridique et fiscal*, « Dossiers pratiques », F. Lefebvre, 2007, n° 5264 : « *La fraction réductible de la donation ne devrait donc plus être taxée aux droits de succession, la solution étant selon nous la même qu'en présence d'une donation rapportable excédant la part successorale de son bénéficiaire* », mais retirée dans la dernière édition (4e éd., 2013), n° 5264 et dans le « Mémento », *Successions et libéralités*, Francis Lefebvre, 2022, n° 50025 : « *En présence d'une donation hors part successorale réduite à raison d'un empiètement sur la réserve, l'indemnité de réduction est à notre avis soumise aux droits de succession, même si la donation réduite a déjà été taxée aux droits de donation* ».
2. *BOI-ENR-DG*-50-20-30-20171206, n° 180.
3. « Mémento », *Successions et libéralités*, Francis Lefebvre, 2022, n° 50025 : Incidences fiscales de la réduction : « *En présence d'une donation hors part successorale réduite à raison d'un empiètement sur la réserve, l'indemnité de réduction est à notre avis soumise aux droits de succession, même si la donation réduite a déjà été taxée aux droits de donation* ».
4. *BOI-ENR-PTG*-10-20120912.
5. *BOI-ENR-DMTG*-10-50-10-20160411, nos 20 à 40.
6. *BOI-ENR-DMTG*-10-60-10-20120912, n° 20 : parmi eux figurent également le conjoint et le partenaire de PACS.
7. *BOI-ENR-DMTG*-10-20-10-20220630.

521.82 **Conjoint et partenaire de PACS.** Pour les successions ouvertes à compter du 21 août 2007, le conjoint et le partenaire de PACS sont totalement exonérés de droit de succession (CGI, art. 796-0 *bis*). Aucune autre condition que la qualité du bénéficiaire de la mutation par décès n'est requise.

521.83 **Frères et sœurs satisfaisant aux conditions de l'article 796-0 *ter* du Code général des impôts.** Pour les successions ouvertes à compter du 22 août 2007, date d'entrée en vigueur de la loi du 21 août 2007, les frères et sœurs peuvent être totalement exonérés de droits de succession s'ils satisfont aux trois conditions édictées par l'article 796-0 *ter* du Code général des impôts, à savoir :

- l'héritier, frère ou sœur du défunt, est célibataire, veuf, divorcé ou séparé de corps au jour de l'ouverture de la succession ;
- il ou elle a plus de 50 ans au jour de l'ouverture de la succession ou est atteint d'une infirmité le mettant dans l'impossibilité de subvenir par son travail aux nécessités de l'existence. Aucun taux d'invalidité n'est précisé et l'administration fiscale décide au cas par cas ;
- il ou elle a été domicilié avec le défunt pendant les cinq années ayant précédé le décès. Cette domiciliation doit être constante, même si dans les faits la cohabitation n'est pas constante [1].

Cette disposition ne s'applique pas aux neveux et nièces venant en représentation d'un frère ou d'une sœur susceptible de bénéficier de cette exonération [2].

Notons enfin que les sommes recueillies par le frère ou la sœur remplissant les conditions de l'article 796-0 *ter* du Code général des impôts en vertu d'un contrat d'assurance-vie sont exonérées de tous droits : exonération de plein droit pour les contrats entrant dans le champ d'application de l'article 787 B du Code général des impôts puisqu'elles relèvent des droits de succession, exonération expresse pour autres contrats en application de l'alinéa 3 de l'article 990, I du Code général des impôts.

521.84 **Autres personnes exonérées.** Sont totalement exonérées de droits de mutation par décès en application de l'article 796 du Code général des impôts, les successions des militaires, victimes de la guerre ou d'actes de terrorisme, des militaires décédés en opérations extérieures (OPEX), des sapeurs-pompiers décédés en opérations de secours, des policiers, gendarmes et agents des douanes, dans la mesure où l'actif héréditaire, quel qu'en soit le montant, est dévolu aux ascendants, aux descendants, au conjoint ou aux collatéraux privilégiés du défunt.

1. La détermination du domicile commun, v. *BOI-ENR-DMTG*-10-20-10-20220630, n° 50 – « Documentation pratique fiscale », Francis Lefebvre », ENR-X-34167 à 34190 – Aix-en-Provence, 1re ch. A, 23 juin 2015, RG n° 14/11066, *BF* 10/15, inf. 865 : des attestations de voisins peuvent servir à apporter la preuve du domicile commun entre l'héritier et sa sœur – Paris, 14 mai 2018, RG n° 16/20843.
2. Décision de rescrit n° 2010/58, 28 sept. 2010 – *BOI-ENR-DMTG*-20-30-20-10-20140920, n° 40.

SECTION 3 ABATTEMENTS

521.90 **Plan.** Avant d'appliquer le tarif des droits de succession en vigueur au jour de l'ouverture de la succession, il y a lieu de déduire de la part nette taxable de chaque héritier, quelle que soit sa nationalité, un abattement qui dépend de son lien de parenté avec le défunt : abattement en ligne directe (§ 1), entre frères et sœurs (§ 2), en faveur des neveux et nièces (§ 3) et abattement résiduel applicable aux parents les plus éloignés et aux tiers (§ 5). Il existe par ailleurs un abattement spécifique aux personnes handicapées (§ 4), et un abattement pour les dons faits à certains organismes (§ 6).

§ 1 Abattement en ligne directe

521.101 **Personnes concernées.** L'abattement prévu par l'article 779, I du Code général des impôts est applicable en ligne directe ascendante sans limitation de degré. Ainsi chaque ascendant, père, mère, grand-père, grand-mère... bénéficie d'un abattement de 100 000 euros.

Il s'applique également en ligne descendante au profit des enfants vivants ou représentés par suite de prédécès ou de renonciation (CGI, art. 779, I). Bien que le texte ne le précise pas, cet abattement s'applique également en cas de représentation de l'enfant par suite d'indignité [3]. L'abattement ne joue donc qu'au profit des descendants au premier degré, sauf s'ils ne viennent pas à la succession et qu'ils sont représentés. Ainsi, en cas de legs fait à un petit-enfant du vivant de son auteur, le petit-enfant ne bénéficie pas de l'abattement de 100 000 euros, mais de l'abattement résiduel de 1 594 euros.

521.102 **Montant de l'abattement.** Pendant un temps revalorisé annuellement, cet abattement a été fixé de façon pérenne à 100 000 euros par l'article 5, I, C, 1° de la loi n° 2012-958 du 16 août 2012 [4]. Pour le rappel fiscal des donations (v. ss nos 531.01 s.), il est toutefois nécessaire de connaître l'abattement qui a été appliqué pour les libéralités antérieures de moins de quinze ans. C'est pourquoi nous proposons un tableau rappelant le montant de cet abattement sur les quinze dernières années.

3. *BOI-ENR-DMTG*-10-50-20-20230524, n° 50.
4. L. n° 2012-958, 16 août 2012, de finances rectificative pour 2012, *JO* 17 août, p. 13479.

Période	Abattement
Depuis le 18 août 2012	100 000 €
Du 1er janv. 2011 au 17 août 2012	159 325 €
Du 1er janv. 2010 au 31 déc. 2010	156 974 €
Du 1er janv. 2009 au 31 déc. 2009	156 359 €
Du 1er janv. 2008 au 31 déc. 2008	151 950 €
Du 22 août 2007 au 31 déc. 2007	150 000 €
Du 1er janv. 2005 au 21 août 2007	50 000 €
Du 1er janv. 2002 au 31 déc. 2004	46 000 €
Du 1er janv. 1992 au 31 déc. 2001	300 000 F

521.103 Caractère personnel de l'abattement. L'abattement est personnel. S'il n'est pas totalement utilisé par l'héritier, le surplus ne peut profiter aux autres héritiers ou aux légataires.

521.104 Cumul avec l'abattement en faveur des handicapés. L'abattement personnel en ligne directe peut se cumuler le cas échéant avec celui prévu en faveur des handicapés (v. ss nos 521.131 s.).

521.105 Représentation d'un enfant. Le petit-enfant venant par représentation de son père prédécédé bénéficie de l'abattement de ce dernier. Les lois du 3 décembre 2001 et du 23 juin 2006 ayant étendu la représentation aux cas d'indignité et de renonciation de l'enfant, l'administration fiscale admet l'application de l'abattement en ligne directe aux petits-enfants venant par représentation d'un enfant frappé d'indignité pour les successions ouvertes à compter du 1er juillet 2002 [1] ou par représentation d'un enfant renonçant pour celle ouverte à compter du 1er janvier 2007 [2].

521.106 Pluralité de représentants. En cas de pluralité de petits-enfants dans une souche, l'abattement en ligne directe se répartit par parts viriles entre tous les petits-enfants acceptants de la souche.

521.106-1 Répartition de l'abattement en ligne directe entre les petits-enfants venant par représentation.

EXEMPLE

M. X décède laissant pour recueillir sa succession :

– un fils A ;

– deux petits enfants B1 et B2 venant par représentation d'un fils B prédécédé ;

– une fille C qui renonce et qui est représentée par ses quatre enfants C1, C2, C3 et C4.

Il n'a consenti aucune libéralité de son vivant.

L'enfant A bénéficie de son abattement de 100 000 €.

Les petits-enfants B1 et B2 viennent par représentation de leur père prédécédé dont ils se partagent l'abattement à concurrence de moitié chacun soit 50 000 € chacun.

Les petits-enfants C1, C2, C3 et C4 viennent par représentation de leur mère renonçante. Ils se partagent également l'abattement de celle-ci à concurrence d'un quart chacun, soit 25 000 €.

521.107 Cas particulier : succession dévolue aux petits-enfants sans représentation. En présence d'une seule souche, la représentation ne joue pas (v. ss no 122.91) : les petits-enfants sont appelés de leur chef à la succession. Ils ne devraient en principe pas bénéficier de l'abattement en ligne directe mais l'administration fiscale écarte une interprétation stricte de l'article 779 du Code général des impôts pour admettre que le petit-enfant venant de son chef à la succession de son grand-père en raison du prédécès de son père bénéficie de l'abattement en ligne directe de 100 000 euros [3]. En cas de pluralité de petits-enfants venant de leur chef, cet abattement se partage par parts viriles entre eux.

Cette mesure de tempérament s'applique également lorsque le petit-enfant descendant d'un enfant unique vient à la succession de son aïeul en raison de l'indignité [4] de son auteur ou par suite de sa renonciation [5].

521.108 Cas particulier : enfant adoptif. L'abattement en ligne directe s'applique également à la part de l'enfant adoptif en cas d'adoption plénière [6].

En cas d'adoption simple, l'enfant adoptif est en principe considéré comme un tiers et se voit appliquer le tarif entre personnes non parentes. L'article 786 du Code général des impôts prévoit toutefois des exceptions permettant à cet enfant de bénéficier de l'abattement en ligne directe.

Ainsi, l'enfant du conjoint survivant adopté simplement par le défunt bénéficie-t-il du tarif en ligne directe et en particulier de l'abattement de 100 000 euros dans la succession de l'adoptant (CGI, art. 786, 1°). Peu importe que le conjoint de l'adoptant soit décédé au moment de l'adoption [7]. Peu importe également que le mariage entre l'adoptant et le parent de l'adopté soit antérieur ou postérieur à l'adoption [8]. Peu importe enfin que le mariage ait été rompu par divorce dès lors que l'adoption est intervenue pendant le mariage [9].

1. *BOI-ENR-DMTG*-10-50-20-20230524, no 50.
2. *BOI-ENR-DMTG*-10-50-80-20220630, no 280.
3. Rép. min. no 11903, P. Boulet, *JOAN* 13 déc. 1961, p. 5545 – *BOE* 1962-8469 – DB 7 G-2424, no 2, 20 déc. 1996.
4. DB 7 G-2421, no 3, 20 déc. 1996 – Rép. min. no 86052, J. Le Nay, *JOAN* 23 nov. 2010, p. 12822 – *BOI-ENR-DMTG*-10-50-20-20230524, no 50 – Rép. min. no 826, A. Grommerch, *JOAN* 15 janv. 2013, p. 416.
5. Rép. min. no 86052, J. Le Nay, *JOAN* 23 nov. 2010, p. 12822 – *BOI-ENR-DMTG*-10-50-20-20230524, no 50, 12 sept. 2012 – *BOI-ENR-DMTG*-10-50-80-20220630, no 280– V. TOUTEFOIS, *contra* rescrit DGFiP no 2011/22 (ENR), 26 juill. 2011.
6. *BOI-ENR-DMTG*-10-50-80-20220630, no 20.
7. Rép. min. no 47494, X. Bertrand, *JOAN* 23 sept. 2014, p. 8056.
8. *BOI-ENR-DMTG*-10-50-80-20220630, no 60.
9. *BOI-ENR-DMTG*-10-50-80-20220630, no 60.

L'enfant, pupille de la Nation ou de l'État, adopté par voie d'adoption simple bénéficie également de l'abattement en ligne directe (CGI, art. 786, 2°).

Enfin, le tarif en ligne directe et en particulier l'abattement de 100 000 euros s'appliquent à l'enfant adopté par voie d'adoption simple et qui a bénéficié d'une prise en charge continue et principale par l'adoptant soit au moins pendant cinq ans au cours de sa minorité ou pendant au moins dix ans au cours de sa minorité et de sa majorité (CGI, art. 786, 3° et 3 *bis*). L'administration fiscale, approuvée par la Cour de cassation, se montrait stricte quant au respect des conditions exigées dans cette hypothèse. Pendant longtemps, elle exigeait que l'adoptant ait supporté la totalité des frais relatifs à l'enfant adopté. Mais la Cour de cassation a infléchi sa position en décidant que les soins n'avaient pas à être exclusivement apportés par l'adoptant, dès lors qu'il est démontré que ces soins étaient continus et à titre principal, ce qui a donné lieu à une modification de l'article 786 du Code général des impôts [1].

§ 2
Abattement entre frères et sœurs

521.111 **Principe.** Les mutations à titre gratuit au profit des frères et sœurs, et en particulier les mutations par décès, sont en principe soumises aux dispositions de l'article 779, IV du Code général des impôts. Ainsi, la part reçue par chacun des frères ou sœurs vivants ou représentés, non soumis aux dispositions de l'article 796-0 *ter* du Code général des impôts, se voit appliquer un abattement de 15 932 euros. Comme pour le rappel fiscal des donations (v. s^s^ n° 531.11), il est nécessaire de connaître l'abattement appliqué pour les libéralités antérieures de moins de quinze ans. Le montant de cet abattement sur les quinze dernières années est indiqué dans le tableau ci-après.

Période	Abattement
Depuis le 1er janvier 2011	15 932 €
Du 1er janvier 2010 au 31 décembre 2010	15 697 €
Du 1er janvier 2009 au 31 décembre 2009	15 636 €
Du 1er janvier 2008 au 31 décembre 2008	15 195 €
Du 22 août 2007 au 31 décembre 2007	15 000 €
Du 1er janvier 2006 au 21 août 2007	5 000 €
Avant	Pas d'abattement

1. Com. 6 mai 2014, n° 12-21.835, P IV, n° 78 ; *D.* 2014. 1157 ; *AJ fam.* 2014. 370, obs. P. Salvage-Gerest ; *Dr. fam.* 2014. Comm. 125, note F. Douet ; *ibid.* Comm. 112, note Cl. Neirinck ; *RTD civ.* 2014. 871, obs. J. Hauser.

Cet abattement se cumule le cas échéant avec celui en faveur des personnes handicapées.

521.112 **Représentation des frères et sœurs.** Pour les successions ouvertes avant le 1er janvier 2006 (L. n° 2005-1719, 30 déc. 2005 [2], art. 10), l'abattement prévu par l'article 779, IV du Code général des impôts ne s'appliquait qu'aux frères et sœurs vivants et ayant accepté la succession, il était écarté en cas de représentation. Depuis le 1er janvier 2006, cet abattement s'applique également aux descendants des frères et sœurs venant par représentation par suite du prédécès ou de la représentation de leur auteur (L. n° 2006-1771, 30 déc. 2006 [3], art. 51, applicable aux successions ouvertes depuis le 1er janv. 2007). Bien que ce ne soit pas expressément précisé, il s'applique également en cas de renonciation d'un indigne.

L'administration fiscale n'applique l'abattement entre frères et sœurs aux neveux et nièces que s'ils viennent effectivement par représentation ce qui suppose qu'il existe au moins deux souches (sur les conditions de la représentation et la nécessité d'une pluralité de souches, v. s^s^ n° 122.91). Dans ce cas, l'abattement est réparti par tête entre les neveux et nièces. Si après répartition de l'abattement ces derniers ont un abattement inférieur à l'abattement résiduel de 1 594 euros prévu par l'article 788, IV du Code général des impôts, c'est cet abattement résiduel qu'il convient d'appliquer à la part de chacun.

L'abattement entre frères et sœurs applicables aux neveux et nièces venant par représentation ne se cumule pas avec l'abattement au profit des neveux et nièces venant de leur chef, prévu par l'article 779, V du Code général des impôts.

Si les neveux et nièces viennent à la succession de leur chef, ils ne bénéficient pas de cet abattement mais de celui entre oncle et neveu, d'un montant de 7 967 euros [4]. Cette solution s'applique également lorsqu'il existe plusieurs souches mais qu'une seule est appelée à la succession en raison de la renonciation des héritiers des autres souches [5], ou encore lorsque les neveux et nièces viennent de leur chef du fait de l'exhérédation de leur père ou de leur mère [6].

2. L. n° 2005-1719, 30 déc. 2005, de finances pour 2006, *JO* 31 déc., p. 20597.
3. L. n° 2006-1771, 30 déc. 2006, de finances rectificative pour 2006, *JO* 31 déc., p. 20228.
4. Rép. min. n° 54899, J.-J. Candelier, *JOAN* 26 janv. 2010, p. 845 – Rép. min. n° 826, A. Grommerch, *JOAN* 15 janv. 2013, p. 416 – V. *BOI-ENR-DMTG*-10-50-80, n° 330 – Civ. 1re, 14 mars 2018, n° 17-14.583, P I, n° 51.
5. Décision de rescrit n° 2010/58, 28 sept. 2010 – *BOI-ENR-DMTG*-10-50-80, n° 330.
6. Civ. 1re, 17 avr. 2019, n° 17-11.508, P ; *AJ fam.* 2019. 418, note crit. Chr. Vernières ; *RTD civ.* 2019. 383, note crit. M. Grimaldi – V. ÉGAL., Civ. 1re, 17 avr. 2019, n°s 17-11.509, 17-11.510, 17-11.511 et 17-11.512, NP.

521.112-1 Répartition de l'abattement des frères et sœurs entre les neveux.

EXEMPLE

M. X décède laissant à sa survivance sa sœur et quatre neveux qui viennent en représentation de son autre sœur, leur mère prédécédée.

L'actif net successoral s'élève à 100 000 €.

Part taxable de la sœur	50 000 €
Abattement personnel (CGI, art. 779, IV)	15 932 €
Part nette taxable :	34 068 €
Application du tarif entre frères et sœurs (CGI, art. 777) : 24 430 × 35 % =	8 550,50 €
et 9 638 × 45 % =	4 337,10 €
Droits dus : 12 887,60 €, arrondis	12 888 €
Part revenant à chaque neveu (50 000 € / 4)	12 500 €
Abattement applicable (fraction de l'abattement personnel de leur mère prévu à CGI, art. 779, IV) (15 932 € / 4)	3 983 €
Part nette taxable	8 517 €

Application du tarif (CGI, art. 777) :

8 517 × 35 % = 2 980,95 €

Droits dus par chacun des neveux : 2 981 €

521.112-2 Abattement applicable aux neveux et nièces venant de leur chef.

EXEMPLE

M. X décède laissant à sa survivance quatre neveux issus d'une sœur prédécédée.

L'actif net successoral s'élève à 50 000 €.

En présence d'une seule souche, les neveux viennent à la succession de leur chef.

Part revenant à chaque neveu (50 000 € / 4)	12 500 €
Abattement applicable (CGI, art. 779, V)	7 967 €
Part nette taxable	4 533 €

Application du tarif (CGI, art. 777) :

4 533 × 55 % = 2 493,15 €

Droits dus par chacun des neveux : 2 493 €

521.112-3 Abattement applicable aux neveux et nièces venant de leur chef après exhérédation de leur auteur.

EXEMPLE

Mme X. décède, laissant pour lui succéder, d'une part, les cinq enfants de son frère, Y prédécédé, d'autre part, le fils de sa sœur Z. Par testament, elle a exhérédé sa sœur Z. L'actif net de succession est de 300 000 €. La succession légale se répartit par parts égales entre les six neveux venant de leur chef.

En effet, la souche de Z est éteinte par l'exhérédation de Z. Le fils de Z vient donc de son chef.

La souche de Y n'est pas éteinte, mais elle est seule, il n'y a donc pas représentation et les cinq enfants de Y viennent également de leur chef.

Part revenant à chaque neveu	300 000 € / 6	50 000 €
Abattement applicable (CGI, art. 779, V)		– 7 967
Part nette taxable	Différence	42 033

Application du tarif (CGI, art. 777) :

42 033 × 55 % = 23 101,65 €

Droits dus par chacun des neveux : 23 102 €

521.113 Cas particulier : application de l'article 796-0 *ter* du Code général des impôts. Renvoi (v. s^{s} n° 521.83).

§ 3
Abattement en faveur des neveux et nièces

521.121 Domaine et montant. Les neveux et nièces issus du frère ou de la sœur du défunt bénéficient d'un abattement de 7 967 euros en cas de mutation par décès à leur profit (CGI, art. 779, V). Cet abattement ne s'applique pas aux enfants du conjoint du frère ou de la sœur du défunt, lesquels sont considérés comme des tiers [1].

L'abattement de 7 967 euros est appliqué à la part taxable de chaque neveu ou nièce venant de son chef à la succession, soit en vertu d'un testament, soit en vertu des règles légales de dévolution dans les cas où la représentation ne joue pas c'est-à-dire lorsque le défunt ne laisse des héritiers acceptants que dans une souche (v. s^{s} n° 521.101).

Afin de permettre le rappel fiscal des donations de moins de quinze ans (v. s^{s} n° 531.01), il est rappelé dans le tableau ci-après le montant de cet abattement sur les quinze dernières années.

Période	Abattement
Depuis le 1er janvier 2011	7 967 €
Du 1er janvier 2010 au 31 décembre 2010	7 849 €
Du 1er janvier 2009 au 31 décembre 2009	7 818 €
Du 1er janvier 2008 au 31 décembre 2008	7 598 €
Du 22 août 2007 au 31 décembre 2007	7 500 €
Du 1er janv. 2005 au 21 août 2007	5 000 €
Avant le 1er janvier 2005	Pas d'abattement

L'abattement au profit des neveux et nièces se cumule, le cas échéant, avec l'abattement en faveur des personnes handicapées ci-après étudié.

1. Rép. min. n° 63950, J.-Y. Le Déaut, *JOAN* 30 juin 2015, p. 5033 – BF 10/15, inf. 864.

§ 4
Abattement en faveur des personnes handicapées

521.131 Principe et montant. L'article 779, II du Code général des impôts prévoit l'application d'un abattement de 159 325 euros sur la part nette taxable de tout héritier, légataire ou donataire, incapable de travailler dans des conditions normales de rentabilité, en raison d'une infirmité physique ou mentale, congénitale ou acquise. Peu importe qu'il existe ou non un lien de parenté entre le défunt et l'héritier légal ou institué. S'agissant d'un abattement personnel, il ne s'applique pas aux héritiers venant par représentation d'un héritier répondant aux conditions de l'article 779, II du Code général des impôts[1]. Il se cumule en revanche avec l'abattement personnel dont bénéficie l'héritier ou le légataire - abattement en ligne directe, entre frères et sœurs ou au profit des neveux et nièces - à l'exclusion de l'abattement résiduel.

Il est rappelé ici le montant de cet abattement sur les quinze années précédentes afin de permettre le rappel fiscal des donations (v. s[s] n° 531.01).

Période	Abattement
Depuis le 1er janvier 2011	159 325 €
Du 1er janvier 2010 au 31 décembre 2010	156 974 €
Du 1er janvier 2009 au 31 décembre 2009	156 359 €
Du 1er janvier 2008 au 31 décembre 2008	151 950 €
Du 22 août 2007 au 31 décembre 2007	150 000 €
Du 1er janvier 2005 au 21 août 2007	50 000 €
Du 1er janvier 2002 au 31 décembre 2004	46 000 €
Du 1er janvier 1992 au 31 décembre 2001	300 000 F

521.132 Conditions d'application. Pour bénéficier de l'abattement en faveur des personnes handicapées, il faut souffrir d'une infirmité, congénitale ou acquise, existant au jour de l'ouverture de la succession et empêchant l'héritier ou le légataire d'exercer une activité dans des conditions normales de rentabilité (CGI, ann. II, art. 293). Le texte n'exige ni la production d'une carte d'invalidité ni qu'un pourcentage d'invalidité ait été fixé. Inversement, le fait d'avoir une invalidité de travail à 100 % n'est pas suffisant pour justifier que les conditions pour bénéficier de l'abattement de 159 325 euros sont remplies[2].

Comme l'infirmité doit empêcher le bénéficiaire soit de se livrer dans des conditions normales de rentabilité à toute activité professionnelle, soit, s'il est âgé de moins de dix-huit ans, d'acquérir une instruction ou une formation professionnelle d'un niveau normal, l'abattement spécifique ne peut être demandé par une personne ayant eu une existence « normale » et qui se trouve atteinte d'une infirmité à un âge avancé. Cela suppose donc que l'infirmité soit intervenue pendant la jeunesse ou la vie active de l'héritier ou du légataire[3].

L'héritier qui bénéficie de l'abattement spécifique peut être à la retraite, mais il doit justifier que son infirmité l'a empêché de se livrer dans des conditions normales de rentabilité à toute activité professionnelle et notamment l'a contraint à prendre une retraite anticipée, et que le montant de sa pension de retraite a été réduit de ce fait[4].

521.133 Justificatifs à produire. L'héritier ou le légataire peut justifier de son infirmité par tous moyens et en particulier par un certificat médical circonstancié ou certificat d'un établissement scolaire spécialisé.

§ 5
Abattement applicable à défaut d'autres abattements

521.141 Principe. À défaut d'autre abattement applicable, le IV de l'article 788 du Code général des impôts prévoit l'application d'un abattement dit abattement résiduel de 1 594 euros sur chaque part successorale. Cet abattement ne s'applique qu'aux mutations par décès. Il concerne tous les héritiers ou légataires ne bénéficiant d'aucun abattement, dont notamment le petit-enfant appelé à la succession de son grand-père en vertu d'un testament. Il ne s'applique en revanche pas à l'héritier qui a épuisé son abattement par des donations antérieurement consenties par le défunt.

521.142 Cas particulier : division de l'abattement en cas de représentation. En cas de représentation d'un héritier, ses ayants cause se partagent son abattement. Si ce partage de l'abattement aboutit à ce que la fraction d'abattement revenant à chacun soit inférieure à l'abattement résiduel, il convient d'appliquer l'abattement résiduel.

1. Décision de rescrit n° 2010/58, 28 sept. 2010 – *BOI-ENR-DMTG*-10-50-80, n° 380.
2. Com. 2 mai 1990, n° 88-18.590, NP : le contribuable exerçait une activité de négoce lui permettant de réaliser un chiffre d'affaires en constante augmentation depuis la survenue de son infirmité ; arrêt cité au *BOFiP, BOI-ENR-DMTG*-10-50-20, n° 160.
3. *BOI-ENR-DMTG*-10-50-20-20230524, n° 160.
4. Aix-en-Provence, 1re ch., 27 juin 2017, RG n° 15/21441.

§ 6
Abattement applicable en cas de dons faits par les héritiers à certains organismes

521.151 **Énoncé de la règle.** En cas de don par un héritier ou un légataire de biens reçus du défunt à une fondation ou association reconnue d'utilité publique, répondant aux conditions du b du 1 de l'article 200 du Code général des impôts, à l'État ou à un organisme mentionné à l'article 794 du Code général des impôts, le donataire est exonéré de droits de succession sur la part correspondant à la valeur nominale du don, dans l'hypothèse de don de somme d'argent, ou à la valeur des biens remis à l'organisme bénéficiaire évalués à la date du décès dans l'hypothèse d'un don en nature (CGI, art. 788, III). Cet abattement ne comporte aucun plafond. Il ne s'applique toutefois qu'en cas de remise à titre définitif de la pleine propriété des biens au bénéficiaire du don dans les six mois du décès.

L'abattement prévu par l'article 788 du Code général des impôts se cumule avec les abattements prévus du I au V de l'article 779 du Code général des impôts et même avec l'abattement résiduel prévu au IV de l'article 788 du Code général des impôts [1].

SECTION 4
TARIFS

521.161 **Introduction.** Le tarif s'applique sur la part nette taxable revenant à chaque héritier ou légataire, déduction faite des abattements qui lui sont applicables. Ce tarif dépendant du lien de parenté entre le défunt et son ayant cause à titre gratuit.

§ 1
Successions en ligne directe

521.171 **Personnes concernées.** Pour les successions dévolues en ligne directe, l'article 777 du Code général des impôts prévoit un barème progressif par tranches allant de 0 à 45 %. Ce barème s'applique en ligne ascendante et descendante, quel que soit le degré de parenté du successible (père et mère, grands-parents... ou enfant, petit-enfant, arrière-petit-enfant...). Il s'applique également à l'adopté simple qui remplit les conditions prévues par l'article 786 du Code général des impôts pour bénéficier du tarif en ligne directe (v. s[s] n° 521.108).

521.172 **Cas particulier : legs avec clause d'entrée en communauté.** Le legs avec clause d'entrée en communauté fait à un descendant bénéficie pour la totalité des biens légués du tarif en ligne directe. En revanche, le legs fait conjointement à deux époux, seule solution possible pour transmettre la moitié des biens légués au conjoint marié sous un régime séparatiste, ne se voit appliquer le tarif en ligne directe que pour la part revenant au descendant du testateur. La part revenant au conjoint de ce dernier est soumise aux droits de mutation à titre gratuit entre tiers [2].

521.173 **Barème progressif par tranche.** Le barème prévu par l'article 777 du Code général des impôts, tableau I, pour les mutations à titre gratuit en ligne directe est un barème progressif par tranches. Nous proposons ci-après deux tableaux : le premier permet un calcul rapide des droits de succession à partir de l'émolument de l'héritier ou du légataire, le second rappelle les anciennes tranches du tarif afin de procéder à la récupération des reliquats de tranches – récupération rendue possible par l'actualisation des seuils de tranches – lors du rappel fiscal des donations.

CALCUL RAPIDE DES DROITS DE SUCCESSION

Fraction de part nette taxable	Tarif applicable	Formule de calcul des droits P = Part nette taxable
N'excédant pas : 8 072 €	5 %	P x 5 %
Comprise entre :		
8 072 € et 12 109 €	10 %	(P x 0,10) – 404 €
12 109 € et 15 932 €	15 %	(P x 0,15) – 1 009 €
15 932 € et 552 324 €	20 %	(P x 0,20) – 1 806 €
552 324 € et 902 838 €	30 %	(P x 0,30) – 57 038 €
902 838 € et 1 805 677 €	40 %	(P x 0,40) – 147 322 €
Au-delà de : 1 805 677 €	45 %	(P x 0,45) – 237 606 €

1. Pour les détails de mise en œuvre de cet abattement, v. *BOI-ENR-DMTG*-10-50-20, n°s 240 s.

2. *BOI-ENR-DMTG*-10-50-30-20140929, n° 80, 29 sept. 2014.

TARIFS SUR LES QUINZE DERNIÈRES ANNÉES

Fraction part taxable nette depuis le 12/06/2011 En €	Du 01/05/2010 au 11/06/2010 En €	Du 10/04/2009 au 01/05/2010 En €	Du 29/12/ 2008 au 10/04/2009 En €	Du 03/04/ 2008 au 29/12/2009 En €	Du 31/03/ 2002 au 03/08/2008 En €	Taux
< 8 072	< 7 953	< 7 922	< 7 922	< 7 699	< 7 600	5 %
De 8 072 à 12 109	De 7 953 à 11 930	De 7 922 à 11 883	De 7 922 à 11 883	De 7 699 à 11 548	De 7 600 à 11 400	10 %
De 12 109 à 15 932	De 11 930 à 15 697	De 11 883 à 15 636	De 11 883 à 15 636	De 11 548 à 15 195	De 11 400 à 15 000	15 %
De 15 932 à 552 324	De 15 697 à 544 173	De 15 636 à 542 043	De 15 636 à 542 036	De 15 195 à 526 760	De 15 000 à 520 000	20 %
De 552 324 à 902 839	De 544 173 à 889 514	De 542 043 à 886 032	De 542 036 à 886 020	De 526 760 à 861 050	De 520 000 à 850 000	30 %
De 902 839 à 1 805 677	De 889 514 à 1 779 029	De 886 032 à 1 772 064	De 886 020 à 1 772 041	De 861 050 à 1 722 100	De 850 000 à 1 700 000	(35 %) puis 40 %
> 1 805 677	> 1 779 029	> 1 772 064	> 1 772 041	> 1 722 100	> 1 700 000	(40 %) puis 45 %

§ 2
Successions en ligne collatérale et entre personnes non parentes

521.181 Collatéraux privilégiés. Le tableau III de l'article 777 du Code général des impôts fixe les taux applicables aux mutations à titre gratuit entre frères et sœurs si ces derniers ne peuvent bénéficier de l'exonération prévue par l'article 796-0 *ter* du Code général des impôts. Ce tarif s'applique également aux neveux et nièces venant par représentation d'un frère ou d'une sœur prédécédé, indigne ou renonçant. Le tarif est progressif mais ne comprend que deux tranches :

Fraction de part nette taxable	Tarif applicable
N'excédant pas 24 430 €	35 %
Supérieure à 24 430 €	45 %

Pour le calcul rapide des droits de successions, il est possible d'appliquer la formule suivante (avec P représentant la part nette taxable) :

Droits à payer = (P × 45 %) – 2 443.

521.182 Autres parents et tiers. La fin du tableau III de l'article 777 du Code général des impôts prévoit un taux unique de 55 % pour les mutations à titre gratuit entre parents jusqu'au quatrième degré inclusivement. Ce taux s'applique donc aux neveux et nièces venant de leur chef à la succession de leur oncle ou tante (3e degré), aux petits-neveux et petites-nièces (4e degré) ainsi qu'aux cousins germains (4e degré).

Il prévoit enfin un taux de 60 % pour les mutations à titre gratuit entre parents au-delà du quatrième degré et entre personnes non parentes.

SECTION 5
RÉDUCTIONS DE DROITS

521.190 Plan. Le montant des droits de mutation par décès calculé en appliquant le tarif à la part nette taxable peut être réduit dans deux cas : en faveur des mutilés de guerre (§ 1) ou pour les biens situés en Guyane (§ 2).

§ 1
Réduction de droits en faveur des mutilés de guerre

521.201 Réduction de 50 % plafonnée à 305 euros. Les héritiers ou légataires mutilés de guerre frappés d'une invalidité de 50 % minimum bénéficient d'une réduction de droits de moitié, plafonnée à 305 euros (CGI, art. 782).

§ 2
Réduction en faveur de la Guyane

521.211 Réduction de 50 % pour les biens situés en Guyane. En application de l'article 1043 A du Code général des impôts, les tarifs des droits de timbre et des droits d'enregistrement sont réduits de moitié dans le département de la Guyane (CGI, art. 1043 A). Cette règle s'applique notamment aux droits de mutation par décès portant sur des biens ayant en Guyane leur assiette matérielle (immeubles, meubles corporels) ou fictive (valeurs incorporelles), quel que soit le dernier domicile du défunt[1].

1. *BOI-ENR-DMTG*-10-50-40-20170213, n° 130, 20170213.

CHAPITRE

522. Modalités de paiement des droits et prescription

SECTION 0
ORIENTEUR

522.00 **Sommaire du chapitre.**

522.01 **Textes applicables.**

- **CGI,** art. 1701, 1709, 1710, 1715, 1716 A, 1716 *bis*, 1717
- **CGI,** ann. III, art. 396 à 404 B et 404 GA
- **LPF,** art. L. 21 B, L. 180, L. 181 et L. 186
- ***Bulletin officiel des Finances publiques-Impôts (BOFiP) : Enregistrement, Dispositions générales***, titre 5, « Paiement des droits », *BOI-ENR-DG*-50-10-10 ; *BOI-ENR-DG*-50-10-20 ; *BOI-ENR-DG*-50-10-30 ; *BOI-ENR-DG*-50-20-10 ; *BOI-ENR-DG*-50-20-20 ; *BOI-ENR-DG*-50-20-30

> Débiteur des droits de mutation par décès et solidarité des héritiers

[CGI, art. 1709 et 1710]

• **CGI,** art. 1709

Les droits des déclarations des mutations par décès sont payés par les héritiers, donataires ou légataires.

Les cohéritiers, à l'exception de ceux exonérés de droits de mutation par décès, sont solidaires.

• **CGI,** art. 1710

L'action solidaire pour le recouvrement des droits de mutation par décès, conférée au Trésor par l'article 1709, ne peut être exercée à l'encontre des cohéritiers auxquels profite l'exemption prévue par l'article 796.

> Principe de paiement immédiat

• **CGI,** art. 1701

Les droits des actes et ceux des mutations par décès sont payés avant l'exécution de l'enregistrement, de la publicité foncière ou de la formalité fusionnée, aux taux et quotités réglés par le présent code.

Nul ne peut en atténuer ni différer le paiement sous le prétexte de contestation sur la quotité, ni pour quelque autre motif que ce soit, sauf à se pourvoir en restitution s'il y a lieu.

À défaut de paiement préalable de la taxe de publicité foncière, le dépôt est refusé.

> Exceptions au principe de paiement immédiat : paiement fractionné ou différé

[CGI, art. 1717, CGI ann. III, art. 396 à 404 B, 404 GA]

• **CGI,** art. 1717

I. Par dérogation aux dispositions de l'article 1701, le paiement des droits d'enregistrement et de la taxe de publicité foncière peut être fractionné ou différé selon des modalités fixées par décret.

• **CGI, ann. III,** art. 396

Le crédit de paiement fractionné prévu à l'article 1717 du Code général des impôts est applicable aux droits d'enregistrement à la taxe de publicité foncière et aux taxes additionnelles exigibles en raison :

1° des mutations par décès ; [...]

• **CGI, ann. III,** art. 397

Le crédit de paiement différé prévu par l'article 1717 du Code général des impôts est applicable aux droits d'enregistrement exigibles en raison des mutations par décès :

1° qui comportent dévolution de biens en nue-propriété ;

2° qui donnent lieu à l'attribution préférentielle prévue à l'article 832 du Code civil ou à la réduction prévue à l'article 924-3 du même code, dans les conditions fixées par l'article 1722 *bis* du Code général des impôts ;

3° pour lesquelles le conjoint successible a manifesté sa volonté de bénéficier des droits viagers d'habitation et d'usage prévus à l'article 764 du Code civil, dans la limite de la fraction des droits correspondant à la valeur imposable de l'immeuble grevé du droit viager d'habitation.

• **CGI, ann. III,** art. 397 A

Le paiement des droits de mutation à titre gratuit peut être différé pendant cinq ans à compter de la date d'exigibilité des droits et, à l'expiration de ce délai, fractionné pendant dix ans lorsque les mutations portent :

a) Sur l'ensemble des biens meubles et immeubles, corporels ou incorporels affectés à l'exploitation d'une entreprise individuelle ayant une activité industrielle, commerciale, artisanale, agricole ou libérale et exploitée par le donateur ou le défunt ;

b) Sur les parts sociales ou les actions d'une société ayant une activité industrielle, commerciale, artisanale, agricole ou libérale, non cotée en bourse, à condition que le bénéficiaire reçoive au moins 5 % du capital social.

• **CGI, ann. III,** art. 398

Le crédit de paiement fractionné ou différé des impositions exigibles en raison des opérations mentionnées aux articles 396, 397 et 397 A porte sur le principal des droits à l'exclusion des pénalités qui peuvent être encourues ainsi que de tous droits et pénalités susceptibles d'être réclamés du fait d'insuffisances ou d'omissions.

• **CGI, ann. III,** art. 399

La demande de crédit doit être soit formulée au pied de l'acte ou de la déclaration soumis à formalité soit jointe à l'un ou l'autre de ces documents, soit formulée au moyen d'un téléservice mis à disposition par l'administration depuis une plateforme dédiée.

Elle doit contenir une offre de garanties suffisantes que le débiteur de l'impôt s'engage à constituer à ses frais et dans les conditions et délais fixés à l'article 400.

Le comptable public compétent statue sur la demande de crédit et l'offre de garanties dans un délai de deux mois à compter de la date de réception de la demande.

Les garanties doivent être constituées par le débiteur dans un délai de quatre mois à compter de l'accord du comptable public.

• **CGI, ann. III,** art. 400

Les garanties peuvent notamment consister en des sûretés réelles d'une valeur au moins égale au montant des sommes au paiement desquelles il est sursis ou en un engagement solidaire souscrit par une ou plusieurs personnes physiques ou morales agréées comme caution par le comptable public.

Les biens qui servent à la liquidation des droits de mutation à titre gratuit sont admis en garantie, à la condition que le débiteur fournisse au comptable public en même temps que sa demande de crédit tous les éléments que l'administration juge nécessaire à la mise à jour de l'évaluation des biens.

Les éléments mentionnés au deuxième alinéa sont mis à jour et adressés au comptable public, pour lui permettre d'apprécier la consistance de la garantie, chaque année dans le mois de la date anniversaire de la demande de crédit.

Le comptable public peut, à tout moment, si cela lui paraît nécessaire, exiger un complément de garanties. Ces garanties complémentaires doivent être constituées par le bénéficiaire du crédit dans un délai d'un mois compté de la demande qui lui est adressée à cet effet.

• **CGI, ann. III,** art. 401

Sous réserve des dispositions de l'article 404 GC, les droits et taxes dont le paiement est fractionné ou différé donnent lieu au versement d'intérêts dont le taux est égal à celui du taux effectif moyen pratiqué par les établissements de crédit pour des prêts à taux fixe aux particuliers entrant dans le champ d'application des articles L. 312-1 à L. 312-36 du Code de la consommation, au cours du quatrième trimestre de l'année précédant celle de la demande de paiement fractionné ou différé, réduit d'un tiers. Toutefois, seule la première décimale est retenue. Ce taux est applicable pendant toute la durée du crédit.

Les intérêts sont acquittés :

– s'il s'agit d'un paiement fractionné, lors du versement de chaque fraction, à laquelle ils s'ajoutent ;

– s'il s'agit d'un paiement différé, annuellement, le premier terme venant à échéance un an après l'expiration du délai imparti pour souscrire la déclaration de succession.

• **CGI, ann. III,** art. 402

Sous réserve des dispositions de l'article 404 GB, le premier versement des droits dont le paiement fractionné est autorisé doit être effectué au moment de l'accomplissement de la formalité fusionnée ou de l'enregistrement.

Les fractions suivantes sont exigibles selon un échéancier établi pour chacun des droits concernés dans les conditions fixées aux articles 404 A à 404 F.

Leur paiement doit intervenir dans le mois suivant chaque échéance.

• **CGI, ann. III,** art. 403

Le redevable est déchu du bénéfice du crédit :

– en cas de défaut de constitution des garanties ou du complément de garanties dans les délais respectivement prévus au dernier alinéa de l'article 399 et au dernier alinéa de l'article 400 ;

– en cas de défaut de transmission au comptable des éléments mentionnés au troisième alinéa de l'article 400 ;

– en cas de retard dans le paiement de l'un quelconque des termes échus.

La déchéance entraîne l'exigibilité immédiate des droits en suspens, majorés de l'intérêt de retard prévu à l'article 1727 du Code général des impôts et de la pénalité prévue à l'article 1731 du même code. Cet intérêt de retard et cette pénalité sont exclusifs de l'intérêt prévu à l'article 401.

• **CGI, ann. III,** art. 404

Les droits ayant fait l'objet de l'octroi du crédit peuvent être acquittés par anticipation. Dans cette hypothèse, les intérêts ne sont dus que jusqu'au jour du paiement des droits.

• **CGI, ann. III,** art. 404 A

I. Les garanties fournies en contrepartie du fractionnement prévu au 1° de l'article 396 peuvent outre les formes énumérées à l'article 400, revêtir celle de l'hypothèque légale prévue au II de l'article L. 269 du Livre des procédures fiscales.

Les droits sont acquittés en plusieurs versements égaux dont le premier a lieu dans les conditions fixées à l'article 402 et le dernier au plus tard un an après l'expiration du délai imparti pour souscrire la déclaration de succession.

Les versements, à intervalle de six mois au plus, ne peuvent être supérieurs à trois.

Le délai maximal prévu au deuxième alinéa est porté à trois ans et le nombre des versements ne peut dépasser sept lorsque l'actif héréditaire comprend à concurrence de 50 % au moins des biens non liquides énumérés ci-après :

– Brevets d'invention ;

– Clientèles ;

– Créances non exigibles au décès ;

– Droits d'auteur ;

– Fonds de commerce y compris le matériel et les marchandises qui en dépendent ;

– Immeubles ;

– Matériels agricoles, bestiaux et récoltes ;

– Offices ministériels ;

– Parts sociales dans des sociétés dont le capital n'est pas divisé en actions ;

– Valeurs mobilières non cotées en Bourse ;

– Objets d'antiquité, d'art ou de collection.

II. (*Abrogé*).

• **CGI, ann. III,** art. 404 B

Le paiement différé prévu à l'article 397 est limité à la fraction des droits correspondants :

– soit à la valeur imposable de la nue-propriété s'il s'agit du cas prévu au 1° de cet article ;

– soit au montant des soultes ou récompenses payables à terme s'il s'agit des cas prévus au 2° du même article.

Les dispositions du premier alinéa de l'article 404 A sont applicables.

Par dérogation à l'article 401, le bénéficiaire du paiement différé peut, dans le cas prévu au 1° de l'article 397 être dispensé du paiement des intérêts à la condition que les droits de mutation par décès soient assis sur la valeur imposable au jour de l'ouverture de la succession de la propriété entière des biens qu'il a recueillis.

Le paiement des droits peut être différé jusqu'à l'expiration d'un délai qui ne peut excéder six mois comptés :

– soit de la date de la réunion de l'usufruit à la nue-propriété ou de la cession totale ou partielle de cette dernière ;

– soit du terme du délai imparti à l'attributaire, légataire ou au donataire pour le paiement des sommes dont il est débiteur envers ses cohéritiers.

Dans le cas prévu au 2° de l'article 397, la cession totale ou partielle par le légataire, le donataire ou l'attributaire du bien qui lui a été légué, donné ou attribué entraîne l'exigibilité immédiate des droits en suspens.

Dans le cas prévu au 3° de l'article 397, le paiement des droits peut être différé au maximum jusqu'à l'expiration d'un délai de six mois à compter soit du décès du conjoint successible, soit de la conversion des droits d'habitation et d'usage en une rente viagère ou en un capital.

• **CGI, ann. III,** art. 404 GA

Les garanties fournies en contrepartie du paiement différé et fractionné des droits d'enregistrement prévu à l'article 397 A, lorsqu'ils sont exigibles en raison de mutation par décès, peuvent, outre les formes énumérées à l'article 400, revêtir celle de l'hypothèque légale prévue au II de l'article L. 269 du livre des procédures fiscales.

> Moyens de paiement

[CGI, art. 1715, 1716 A, 1716 *bis*]

• **CGI,** art. 1715

Le paiement des droits de mutation par décès peut être effectué en valeurs du Trésor dans la proportion fixée respectivement par le conseil d'administration de la caisse autonome de gestion des bons de la défense nationale, d'exploitation industrielle des tabacs et d'amortissement de la dette publique et par arrêté du ministre de l'Économie et des Finances.

La valeur de reprise de ces divers titres est fixée par décret.

La liste des valeurs susceptibles d'être ainsi reçues en paiement est établie par arrêté du ministre de l'Économie et des Finances, après avis du conseil d'administration de la caisse susvisée.

• **CGI,** art. 1716 A

Lorsque leur auteur a acquis, en application de la loi n° 78-1 du 2 janvier 1978 relative à l'indemnisation des rapatriés d'outre-mer dépossédés de leurs biens et de la loi n° 87-549 du 16 juillet 1987 modifiée relative au règlement de l'indemnisation des rapatriés, une créance sur l'État, les droits de mutation par décès exigibles sur la créance revenant à chaque ayant droit peuvent être acquittés par imputation sur cette créance.

Disposition applicable aux titres remis aux créanciers mentionnés au chapitre Ier du titre IV de la loi du 15 juillet 1970 qui ont formé opposition conformément aux prescriptions de l'article 50 de la même loi et dont l'opposition a été validée dans les conditions prévues par le décret n° 70-813 du 11 septembre 1970 (voir décret n° 78-231 du 2 mars 1978, article 3).

• **CGI,** art. 1716 *bis*

I. Les droits de mutation à titre gratuit, l'impôt sur la fortune immobilière et le droit de partage peuvent être acquittés par la remise d'œuvres d'art, de livres, d'objets de collection, de documents, de haute valeur artistique ou historique, ou d'immeubles situés dans les zones d'intervention du Conservatoire de l'espace littoral et des rivages lacustres définies à l'article L. 322-1 du Code de l'environnement dont la situation ainsi que l'intérêt écologique ou paysager justifient la conservation à l'état naturel ou d'immeubles en nature de bois, forêts ou espaces naturels pouvant être incorporés au domaine forestier de l'État.

Le premier alinéa est applicable lorsque le montant des droits que l'intéressé propose d'acquitter par dation est au moins égal à 10 000 €, au titre de chaque imposition considérée.

L'offre de dation ne peut être retirée dans le délai de six mois suivant la date de son dépôt. Ce délai peut être prorogé de trois mois par décision motivée de l'autorité administrative, notifiée à l'intéressé.

Cette procédure exceptionnelle de règlement des droits est subordonnée à un agrément donné dans des conditions fixées par décret en Conseil d'État.

La décision d'agrément fixe la valeur libératoire qu'elle reconnaît aux biens offerts en paiement. La dation en paiement n'est parfaite que par l'acceptation par l'intéressé de ladite valeur.

Si l'intéressé ne donne pas son acceptation à l'agrément des biens offerts en paiement pour la valeur proposée dans l'offre de dation ou s'il retire son offre de dation avant la notification de la décision d'agrément, les droits dus sont assortis de l'intérêt de retard prévu à l'article 1727, calculé à compter du premier jour du mois suivant celui au cours duquel les droits devaient être acquittés jusqu'au dernier jour du mois du paiement.

Lorsque l'État accepte les biens offerts en paiement pour une valeur libératoire différente de celle proposée par l'intéressé dans son offre, ce dernier dispose de trente jours pour confirmer son offre à cette nouvelle valeur ou pour y renoncer. S'il renonce, l'intérêt de retard est calculé à compter du premier jour du mois suivant l'expiration du délai de trente jours précité, jusqu'au dernier jour du mois du paiement.

L'offre de dation n'est pas recevable :

1° Si les biens offerts en paiement ont précédemment donné lieu à deux refus d'agrément ;

2° Lorsqu'ils sont détenus depuis moins de cinq ans par l'intéressé. Cette condition ne s'applique pas s'ils sont entrés en sa possession par mutation à titre gratuit.

II. (*Abrogé à compter du 1er janvier 1996*).

> Prescription

[LPF, art. L. 21 B, L. 180, L. 181 et L. 186]

• **LPF,** art. L. 21 B

I. – Les signataires de la déclaration prévue à l'article 800 du Code général des impôts et les donataires mentionnés dans un acte de mutation à titre gratuit entre vifs peuvent demander à l'administration de contrôler la déclaration dont ils sont signataires ou l'acte auquel ils sont parties. Cette demande, pour être recevable, doit être signée par les bénéficiaires d'au moins un tiers de l'actif net déclaré et transmis lors de la mutation.

La demande de contrôle doit être :

1° Relative à une déclaration ou un acte enregistré avant la réception d'un avis de mise en recouvrement ou de la mise en demeure mentionnée à l'article L. 67 ;

2° Et présentée au plus tard dans le délai de trois mois suivant l'enregistrement de la déclaration ou de l'acte sans pouvoir être antérieure à la date de cet enregistrement.

II. – Lorsque les conditions mentionnées au I sont satisfaites, aucun rehaussement d'imposition ne peut être proposé postérieurement au délai d'un an suivant la date de réception de la demande de contrôle. Cette période d'un an est prorogée, le cas échéant, du délai de réponse du contribuable aux demandes de renseignements, justifications ou éclaircissements de l'administration, pour la partie excédant le délai prévu à l'article L. 11, ainsi que du délai nécessaire à l'administration pour recevoir les renseignements demandés aux autorités étrangères lorsque des biens situés à l'étranger figurent sur la déclaration ou l'acte mentionné au I du présent article.

III. – La garantie mentionnée au II ne s'applique pas aux rehaussements d'imposition :

1° Découlant de l'omission, dans l'acte ou la déclaration, de la mention de biens, droits, valeurs ou donations antérieures qui auraient dû y figurer ;

2° Ou procédant de la remise en cause d'une exonération ou d'un régime de taxation favorable en raison du non-respect d'un engagement ou d'une condition prévus pour en bénéficier ;

3° Ou proposés dans le cadre de la procédure prévue à l'article L. 64.

IV. – (*Abrogé*)

• **LPF,** art. L. 180

Pour les droits d'enregistrement, la taxe de publicité foncière, les droits de timbre, ainsi que les taxes, redevances et autres impositions assimilées, le droit de reprise de l'administration s'exerce jusqu'à l'expiration de la troisième année suivant celle de l'enregistrement d'un acte ou d'une déclaration ou de l'accomplissement de la formalité fusionnée définie à l'article 647 du Code général des impôts ou, ou, pour l'impôt sur la fortune immobilière des redevables ayant respecté l'obligation prévue à l'article 982 du même code, jusqu'à l'expiration de la troisième année suivant celle au titre de laquelle l'imposition est due.

Toutefois, ce délai n'est opposable à l'administration que si l'exigibilité des droits et taxes a été suffisamment révélée par le document enregistré ou présenté à la formalité ou, pour l'impôt sur la fortune immobilière, par le dépôt de la déclaration et des annexes mentionnées au même article 982, sans qu'il soit nécessaire de procéder à des recherches ultérieures.

• **LPF,** art. L. 181

Lorsqu'une succession n'a pas été déclarée ou lorsque des biens n'ont pas été mentionnés dans une déclaration de succession, le délai de reprise prévu à l'article L. 180 est décompté à partir du jour, soit de la publicité d'un acte soumis à la formalité fusionnée et qui mentionne exactement la date et le lieu du décès ainsi que le nom et l'adresse de l'un au moins des héritiers et autres ayants droit, soit de l'enregistrement d'un écrit ou d'une déclaration portant les mêmes mentions. En aucun cas il ne peut en résulter une prolongation du délai fixé par l'article L. 186.

Le délai de reprise ainsi déterminé ne concerne que les droits d'enregistrement exigibles sur des biens, sommes ou valeurs expressément mentionnés dans l'écrit ou la déclaration comme dépendant de la succession.

• **LPF,** art. L. 186

Lorsqu'il n'est pas expressément prévu de délai de prescription plus court ou plus long, le droit de reprise de l'administration s'exerce jusqu'à l'expiration de la sixième année suivant celle du fait générateur de l'impôt.

522.02 Jurisprudence de référence.

> Application du délai de prescription de droit commun en cas de nécessité pour l'administration fiscale d'effectuer des recherches complémentaires

• **Com. 23 oct. 1979,** n° 78-10.044, P IV, n° 264

* V. ss n° 522.53

« Mais attendu, en premier lieu, que le tribunal, faisant référence a l'alinéa 2 de l'article 1971 du Code général des impôts, a relevé que les indications mentionnées dans les quatre testaments des 4 et 11 septembre 1961, enregistrés le 11 octobre 1961, ne permettraient pas à elles seules de déterminer la situation exacte et la consistance des biens dépendant de l'hérédité ; qu'il a fait ressortir exactement qu'en raison des investigations complémentaires et des rapprochements avec d'autres actes auxquels devait procéder l'administration des impôts l'exigibilité des droits d'enregistrement sur des biens expressément énoncés n'était pas révélée par les écrits en cause de façon immédiate et certaine ; attendu, en second lieu qu'il ne résulte ni de leurs écritures, ni du jugement que les consorts Z… aient soutenu, d'une part que la maison de Saint-Vallerin et l'appartement de la rue Sébastien Mercier étaient expressément énoncés dans l'inventaire notarié du 23 octobre 1964 et, d'autre part, qu'il n'y avait pas lieu de tenir compte de biens peut-être insuffisamment déterminés dans les testaments en cause mais légués à d'autres héritiers ; que le moyen, sans fondement dans ses deux premières branches, est nouveau, mélange de fait et de droit et, dès lors, irrecevable dans sa troisième branche. »

> Délai pour payer les droits et point de départ du délai de prescription en cas de retour d'un bien dans le patrimoine successoral postérieurement au décès

• **Com. 18 nov. 1997,** n° 96-10.824, NP

* V. s^s n° 522.62

« Mais attendu qu'ayant relevé que les biens, qui avaient été vendus par Mme Y… sont définitivement rentrés dans la succession le 18 avril 1989 par l'effet d'une décision judiciaire prononçant la résolution de la vente, le jugement en déduit qu'il appartenait à Mme X… de procéder, dans les six mois de cette décision, à une déclaration complémentaire de succession, puis, ayant constaté que la publication de cette décision, effectuée le 8 septembre 1989, a révélé à l'administration l'exigibilité des droits de succession sur ces biens, l'arrêt retient que la notification du redressement intervenue le 3 décembre 1992, soit avant le terme de la troisième année suivant la publication, n'était pas tardive ;

Qu'ayant estimé que le retour, par suite d'un événement qui ne pouvait être prévu avec certitude, de biens qui étaient sortis du patrimoine du défunt dans celui de son successeur, constitue le fait générateur des droits de succession sur ces biens, le Tribunal a fait une exacte application des textes susvisés ; […] ».

522.03 Bibliographie indicative.

Actualisables. *Dict. enreg. (F. Lefebvre)*, n°s 4044 s. – « Documentation pratique fiscale » Francis Lefebvre, Enregistrement ENR-X-30000 – *J.-Cl. fiscal.*, fasc. 7740 et 7741, sept. 2017 et juin 2017 (actu mai 2024 et mai 2024).

Ouvrages. *Successions et libéralités*, « Mémento », Francis Lefebvre, 2024/2025 – S. Ferré-André et S. Berre, *Successions et Libéralités*, 11e éd., « HyperCours », Dalloz, 2025.

Articles. F. Douet, « Droit viager au logement et paiement différé des droits de succession », *Defrénois* 2003. 1140 – F. Fruleux, « Crédits d'impôts : une nouvelle occasion manquée », *JCP N* 2015. 1189 ; « Le paiement différé des droits de succession afférents aux biens grevés du droit viager au logement », *JCP N* 2003. 1612 ; « Réforme *in extremis* des crédits de paiement des droits d'enregistrement », *RFP* 2015. Étude 14 – C. Kleitz, « Intérêt légal : la fin du "crédit cadeau" », *Gaz. Pal.* 2014, n° 247, p. 3 – S. Lerond, « La fin du crédit gratuit », *Gaz. Pal.* 2014, n° 273, p. 3.

522.04 Questions essentielles.

> Qui sont les débiteurs des droits de succession ?

* V. s^s n°s 522.11 s.

> Le défunt peut-il modifier le débiteur des droits de succession ?

* V. s^s n° 522.13

> À quel moment intervient le paiement des droits de succession ?

* V. s^s n°s 522.21 s.

> Quelles sont les exceptions au principe du paiement immédiat des droits de succession ?

* V. s^s n°s 522.31 s.

> Peut-on acquitter les droits de succession autrement qu'en numéraire ?

* V. s^s n°s 522.41 s.

> Sous quels délais l'administration peut-elle exercer un contrôle ?

* V. s^s n°s 522.51 s.

522.05 Division. Le paiement des droits de succession est à la charge du bénéficiaire de la transmission à cause de mort, héritier, donataire ou légataire, sauf volonté contraire du défunt (sect. 1). En principe, ce paiement est immédiat, mais il existe des exceptions (sect. 2). Le paiement des droits se fait en numéraire mais il est possible de s'acquitter des droits de succession avec d'autres moyens de paiement (sect. 3). Le délai de reprise de l'administration fiscale est, selon les situations, d'un an à six ans (sect. 4).

SECTION 1
DÉBITEUR DES DROITS DE SUCCESSION

522.11 Ayants droit du défunt. Aux termes de l'article 1709 du Code général des impôts, les débiteurs des droits de mutation par décès sont les ayants droit du défunt : héritiers légaux, donataires à cause de mort et légataires. Ce texte opère une distinction entre l'obligation à la dette et la contribution.

522.12 Obligation à la dette. Les héritiers légaux sont tenus solidairement au paiement des droits à l'égard de l'administration fiscale.

La solidarité prévue par l'article 1709 alinéa 2 du Code général des impôts permet à l'administration fiscale de réclamer le paiement de la totalité des droits à tout héritier légal acceptant. En cas de recours contre un héritier, ce dernier dispose d'un recours contre ses cohéritiers pour la dette de droits de succession.

Cependant, la solidarité ne s'applique pas aux héritiers exonérés des droits de succession et ne concerne donc pas le conjoint survivant, ni le partenaire de PACS (CGI, art. 796-0 *bis*), ni les frères et sœurs remplissant les conditions de l'article 796-0 *ter*, ni les personnes visées par l'article 796 du Code général des impôts (CGI, art. 1710).

Les légataires et les donataires à cause de mort ne sont pas non plus tenus solidairement au paiement des droits de mutation par décès, la solidarité ne s'appliquant qu'aux cohéritiers.

522.13 **Contribution à la dette.** Chaque héritier, légataire ou donataire est tenu, quant à la contribution, au paiement des droits de succession en fonction de sa part dans l'actif net de succession taxable.

Les droits de succession sont des dettes personnelles et non des charges de la succession, le débiteur des droits en est donc tenu sur son patrimoine personnel quelle que soit son option successorale (acceptation pure et simple ou à concurrence de l'actif net).

Par ailleurs, si un héritier payait les droits de succession d'un cohéritier ou d'un gratifié à cause de mort, soit au moyen de sa part dans la succession soit au moyen de deniers personnels, l'administration fiscale pourrait considérer qu'il y a donation indirecte ou déguisée. Il n'en irait autrement que si le défunt avait mis à la charge d'un gratifié ou des héritiers légaux le paiement des droits de succession.

Ainsi, le legs net de frais et droits met à la charge des héritiers légaux le paiement des droits de succession incombant au légataire. Il en va de même du legs d'usufruit au conjoint survivant à charge de payer les droits de succession incombant aux enfants nus-propriétaires.

Remarque : Les frais et droits supportés par les héritiers ou le conjoint ne constituent pas un passif déductible pour ces derniers. En effet, selon une jurisprudence constante, la clause d'un testament prévoyant, en application des dispositions de l'article 1016 du Code civil, que le legs sera payé net de frais et droits, n'a d'effet qu'entre les parties. Elle n'est pas opposable à l'administration[1].

522.13-1 **Legs particulier net de frais et droits.**

EXEMPLE

Le défunt laisse un enfant et une concubine à qui il a consenti un legs net de frais et droits d'un montant de 100 000 €.

Montant du legs :	100 000
Abattement	1 594
Assiette des droits	98 406

Droits à payer (arrondis) : 98 406 × 60 % = 59 044 €.

Ces droits sont à la charge des héritiers. Le légataire reçoit 100 000 € et ne supporte aucun droit.

522.13-2 **Legs d'usufruit à charge de payer les droits de succession incombant au nu-propriétaire.**

EXEMPLE

Le défunt laisse un enfant et son conjoint. L'actif net taxable de sa succession est de 500 000 €.

Par testament, le défunt a institué son épouse légataire de l'usufruit de toute sa succession, à charge pour elle d'acquitter les droits de succession incombant à son enfant.

L'usufruit du conjoint, compte tenu de son âge et en application du tableau de l'article 669 du Code général des impôts, est de 30 %.

Montant des droits légaux de l'enfant 70 % × 500 000 = 350 000	350 000
Abattement	100 000
Assiette des droits	250 000

Calcul des droits :

De 0 € à 8 072 €	5 %	403,60
De 8 072 € à 12 109 €	10 %	403,70
De 12 109 € à 15 932 €	15 %	573,45
De 15 932 € à 250 000 €	20 %	46 813,60
Total des droits à payer		48 194,35

L'enfant recueille la nue-propriété de 500 000 € sans payer de droit. Le conjoint, usufruitier de toute la succession, recueille l'usufruit de la succession à charge de payer 48 194,35 € au titre des droits dus par l'enfant.

SECTION 2
PRINCIPE DE PAIEMENT IMMÉDIAT ET SES EXCEPTIONS

§ 1
Principe de paiement immédiat

522.21 **Énonciation de la règle.** Les droits de mutation par décès doivent être payés au moment du dépôt de la déclaration de succession (CGI, art. 1701), soit en principe dans les six mois du décès. À défaut, des pénalités et intérêts de retard sont appliqués.

522.22 **Tolérance.** L'Administration fiscale accepte toutefois en pratique que l'on puisse procéder par versements d'acompte. Dans ce cas, les pénalités et intérêts de retard ne sont dus que sur le solde de droits de succession restant à acquitter.

§ 2
Exceptions : paiement fractionné ou différé

522.31 **Les différents régimes.** Il existe trois régimes faisant exception au principe de paiement immédiat : le paiement différé, le paiement fractionné et le paiement différé et fractionné. Chacun de ces régimes a un domaine différent.

1. *BOI-ENR-DMTG*-10-40-20-10-20141030, n° 240.

522.32 **Paiement différé : biens démembrés.** Le paiement différé est prévu, tout d'abord, pour les mutations par décès comportant des biens dévolus en nue-propriété (CGI, ann. III, art. 397, 1°) et des biens grevés du droit d'usage et d'habitation du conjoint [1].

Dans ce second cas, le paiement différé ne concerne que la fraction des droits correspondant à la valeur imposable de l'immeuble grevé du droit viager. Le crédit d'impôt est alors accordé jusqu'à l'expiration d'un délai de six mois à compter de la reconstitution de la pleine propriété sur la tête du nu-propriétaire.

Toutefois, en cas de conversion du droit viager en rente viagère ou en capital, les droits de succession devront être acquittés dans les six mois de la conversion [2].

Il devrait en être de même en cas de conversion de l'usufruit du conjoint en capital ou en rente viagère, dans les conditions des articles 759 et suivants du Code civil.

Dans ces deux hypothèses, les droits de succession sont en principe calculés sur la valeur de la nue-propriété des biens transmis au jour du décès et les intérêts au taux légal commencent à courir à compter de ce même jour.

Mais, sur option, l'ayant droit peut demander que le calcul des droits de succession se fasse sur la valeur en pleine propriété des biens transmis au jour de l'ouverture de la succession (CGI, ann. III, art. 404 B). Dans ce cas, le redevable n'a pas à acquitter les intérêts. L'option pour ce régime est irrévocable [3].

522.32-1 **Paiement différé à raison des droits relatifs à des biens recueillis en nue-propriété.**

EXEMPLE

Le défunt laisse deux enfants et un conjoint usufruitier de toute la succession. L'usufruit du conjoint est de 20 %.

La part nette taxable de chaque enfant (déduction faite de l'abattement), compte tenu de l'usufruit du conjoint, est de 175 000 €.

Chaque enfant peut :

– soit demander le paiement différé des droits de succession sur la valeur en nue-propriété (175 000 €), avec paiement des intérêts à compter du décès ;

– soit demander le paiement différé des droits, sans intérêts, sur la valeur en pleine propriété (175 000/80 % = 218 750 €).

522.33 **Paiement différé : autres cas.** Le paiement différé peut être demandé dans deux autres situations (CGI, ann. III, art. 397, 2°) :

– lorsque des délais de paiement sont accordés en cas d'attribution préférentielle de biens agricoles dans les conditions de l'article 832 du Code civil ;

– en cas de réduction des libéralités, s'il est accordé des délais de paiement pour l'indemnité de réduction dans les conditions de l'article 924-3 du Code civil, c'est-à-dire en cas d'attribution préférentielle portant sur un ou plusieurs biens énumérés par l'article 831 dudit code [4].

Le crédit d'impôt ne porte alors que sur le montant des soultes ou indemnités de réduction qui sont dues. Les droits de mutation doivent être acquittés dans les six mois suivant l'expiration du délai accordé pour le paiement de la soulte ou de l'indemnité payable à terme.

En cas de cession totale ou partielle du bien attribué ou légué, les droits de mutation à titre gratuit doivent être acquittés dans le mois suivant la cession [5].

522.34 **Paiement fractionné : régime général.** Depuis le 1er janvier 2015, le paiement des droits de mutation par décès ne peut plus être fractionné qu'en trois versements, dont le premier a lieu en même temps que le dépôt de la déclaration de succession, dans les conditions fixées à l'article 402 de l'annexe III au CGI, et le dernier au plus tard un an après l'expiration du délai légal imparti pour souscrire cette déclaration. L'intervalle entre deux versements ne peut excéder six mois.

En cas de dépôt tardif, la dernière échéance ne peut être postérieure à celle qui aurait été calculée si le dépôt de la déclaration de succession avait été fait dans les délais. Par ailleurs, l'administration fiscale peut exiger la majoration de 10 % prévue à l'article 1728 du Code général des impôts et l'intérêt de retard prévu à l'article 1727 du Code général des impôts pour la période comprise entre la date légale de dépôt et sa date effective.

522.35 **Paiement fractionné : délai spécial.** Le délai maximal de dix-huit mois est porté à trois ans et le nombre des versements est égal à sept lorsque l'actif successoral comprend au moins 50 % de biens non liquides énumérés au quatrième alinéa de l'article 404 A de l'annexe III du Code général des impôts : brevets d'invention, clientèles, créances non exigibles au décès, droits d'auteur, fonds de commerce, immeubles, matériels agricoles, offices ministériels, parts sociales dans des sociétés dont le capital n'est pas divisé en actions, valeurs mobilières non cotées en Bourse, objets d'antiquité, d'art ou de collection [6].

522.36 **Paiement différé et fractionné.** En cas de mutation par décès d'une entreprise, le paiement

1. *BOI-ENR-DG*-50-20-20-20160406, n° 135.
2. *BOI-ENR-DG*-50-20-20-20160406, n° 135.
3. Rép. min. n° 39432, G. Mesmin, *JOAN* 29 juill. 1991, p. 3005 – Rép. min. n° 35786, P. Hellier, *JOAN* 2 sept. 1996, p. 4705, reprise au *BOFiP* : *BOI-ENR-DG*-50-20-30-20171206, n° 150.
4. *BOI-ENR-DG*-50-20-30-20160604, n° 180.
5. *BOI-ENR-DG*-50-20-30-20160604, n° 190.
6. *BOI-ENR-DG*-50-20-30-20171206, nos 60 s.

des droits de succession peut être différé pendant cinq ans à compter du décès puis fractionné sur dix années. Les droits sont à verser tous les six mois avec un premier versement à l'expiration du délai de cinq ans. Ce régime concerne les transmissions d'entreprises exerçant une activité industrielle, commerciale, artisanale, agricole ou libérale ou la transmission d'au moins 5 % des parts sociales ou des actions d'une société non cotée en Bourse (CGI, ann. III, art. 397 A)[1].

522.37 Demande de paiement différé ou fractionné. La demande de paiement différé ou fractionné doit être formulée au pied ou à l'appui des déclarations de succession. Il est alors établi un échéancier unique pour tous les héritiers tenus solidairement au paiement des droits de succession (héritiers légaux).

En théorie, en cas de pluralité d'héritiers chacun peut prendre un parti différent quant aux modalités de paiement des droits de mutation par décès. L'un peut opter pour le paiement comptant, les autres pour le paiement différé.

Toutefois, l'administration fiscale exige, à peine d'irrecevabilité de la demande de paiement différé, que tous les héritiers tenus solidairement au paiement de droits déclarent maintenir la solidarité entre eux. Concrètement, les héritiers qui ont effectué un paiement comptant doivent donner leur consentement exprès à la demande de crédit d'impôt formulée par les autres et déclarer être informés qu'en application de l'article 1709 du Code général des impôts, le paiement de la part des droits de succession leur incombant ne les libère pas définitivement à l'égard du Trésor. Ils doivent enfin reconnaître être tenus des droits objets du paiement différé.

En l'absence de cette autorisation, qui doit être donnée par tous les héritiers tenus solidairement, le comptable rejettera la demande de crédit d'impôt[2].

522.38 Garantie offerte. Toute demande de crédit d'impôt doit être assortie d'une offre de garantie. Cette garantie peut être réelle – hypothèque sur un bien par exemple – ou personnelle – cautionnement solidaire donné par un tiers par exemple. La garantie offerte doit être constituée dans les quatre mois à compter de l'accord du comptable public sous peine déchéance du crédit (CGI, ann. III, art. 403).

522.39 Intérêts au taux légal. Le crédit d'impôt accordé pour une demande de paiement différé ou fractionné donne lieu au paiement d'intérêts à un taux égal aux deux tiers du taux légal, arrondi au dixième : ce taux correspond au taux effectif moyen pratiqué par les établissements de crédit pour des prêts à taux fixe aux particuliers entrant dans le champ d'application des articles L. 312-1 à L. 312-36 du Code de la consommation, au cours du quatrième trimestre de l'année précédant celle de la demande de paiement fractionné ou différé, réduit d'un tiers. Ce taux demeure inchangé pendant toute la durée du crédit d'impôt (CGI, ann. III, art. 401). En cas de transmission d'entreprise, le taux applicable peut être réduit des deux tiers lorsque la valeur de l'entreprise ou la valeur nominale des titres comprise dans la part taxable de chaque héritier, donataire ou légataire est supérieure à 10 % de la valeur de l'entreprise ou du capital social ou lorsque, globalement, plus du tiers du capital social est transmis (CGI, ann. III, art. 404 GC).

En cas de paiement fractionné, les intérêts sont versés à chaque échéance. En cas de paiement différé, ils sont acquittés annuellement, le premier terme venant à échéance un an après l'expiration du délai imparti pour souscrire la déclaration de succession.

SECTION 3
MOYENS DE PAIEMENT

522.41 Paiement en numéraire. En principe, les droits de mutation par décès doivent être acquittés en numéraire. Il existe des dérogations soumises à des conditions strictes.

522.42 Paiement en nature. Les droits de succession peuvent être acquittés au moyen de certaines valeurs du Trésor, et également, sous réserve d'un agrément préalable, par la remise de certains biens énoncés par l'article 1716 *bis* du Code général des impôts :

– œuvres d'art, livres, objets de collection, documents, de haute valeur artistique ou historique ;

– immeubles situés dans les zones d'intervention du Conservatoire de l'espace littoral et des rivages lacustres définies à l'article L. 322-1 du Code de l'environnement, dont la situation ainsi que l'intérêt écologique ou paysager justifient la conservation à l'état naturel ;

– immeubles en nature de bois, forêts ou espaces naturels pouvant être incorporés au domaine forestier de l'État.

Ce mode de paiement en nature n'est admis que si le montant des droits dus par l'ayant droit est au moins égal à 10 000 euros. Ce dernier fait alors une offre de dation en paiement qui fait l'objet d'une procédure d'agrément par l'État et la décision d'agrément fixe la valeur libératoire des biens offerts (CGI, art. 1716 *bis*). Les droits de succession ne sont pas exigibles tant que la décision d'agrément, qu'elle soit positive ou négative, n'a pas été donnée. Une fois la décision notifiée, les héritiers peuvent soit accepter

1. *BOI-ENR-DG*-50-20-50-20161203 – *Dict. enreg.*, n° 4066.
2. *BOI-ENR-DG*-50-20-40-20161203, n° 120.

expressément l'offre pour la valeur libératoire qui y est indiquée et ce dans le délai de trente jours à compter de la réception de la notification, soit la refuser ou la laisser se prescrire. Dans ces deux derniers cas, les droits de succession doivent être payés en numéraires et l'intérêt de retard est calculé, le cas échéant, à compter du premier jour du mois suivant l'expiration du délai de trente jours, et jusqu'au dernier jour du mois du paiement (CGI, art. 1716 *bis*, I).

SECTION 4 PRESCRIPTION

§ 1 Prescription abrégée

522.51 **Énoncé de la règle.** En application de l'article L. 180 du Livre des procédures fiscales, l'administration fiscale peut exercer son droit de reprise jusqu'à l'expiration de la troisième année suivant celle au cours de laquelle l'exigibilité des droits a été suffisamment révélée par l'enregistrement de la déclaration de succession sans qu'il soit nécessaire de recourir à des recherches ultérieures (prescription dite « abrégée »)[1].

522.52 **Point de départ.** La prescription abrégée court à compter de la date d'exigibilité des droits de succession, soit à l'expiration du délai de six mois à compter du décès, même si la déclaration de succession a été enregistrée avant[2].

En cas de déclaration tardive, elle commence à courir à compter de la date d'enregistrement de la déclaration de succession.

En cas d'omission totale ou partielle de biens, le délai ne court que pour les biens déclarés.

522.52-1 **Délai de la prescription abrégée.**

EXEMPLE

Décès le 10 février 2022.

Date limite de dépôt de la déclaration de succession : le 10 août 2022.

Enregistrement de la déclaration de succession : le 27 juillet 2022.

Extinction du délai de reprise (prescription abrégée) : 31 décembre 2025.

522.53 **Cas particulier – Biens omis.** Pour les successions, l'article L. 181 du Livre des procédures fiscales précise que, lorsqu'une succession n'a pas été déclarée ou lorsque des biens n'ont pas été mentionnés dans la déclaration de succession, le délai de reprise prévu à l'article L. 180 court à compter du jour, soit de la publication d'un acte soumis à la formalité fusionnée mentionnant exactement la date et le lieu de décès du défunt, ainsi que le nom et l'adresse de l'un au moins des héritiers et autres ayants droit, soit de l'enregistrement d'un écrit ou d'une déclaration portant les mêmes mentions.

L'application de la prescription abrégée est alors soumise à deux conditions :

– *En premier lieu*, le délai abrégé commence à courir lorsque l'administration fiscale a pris connaissance des droits omis à l'occasion de l'enregistrement de la déclaration de succession. La connaissance par un autre moyen (découverte à l'occasion de la vérification de la comptabilité d'une société), ou l'envoi d'un avertissement au redevable, ne font pas courir le délai[3].

– *En second lieu*, la déclaration de succession doit établir d'une manière complète l'exigibilité certaine des droits omis de façon à ce que l'administration soit mise à même de constater immédiatement, au seul vu du document enregistré ou publié, l'existence du fait juridique imposable. Ainsi, pour que la prescription abrégée s'applique, l'administration ne doit pas avoir à apporter la preuve des droits exigibles ou à procéder à des recherches quelconques[4].

En particulier, lorsque la déclaration est relative à la succession d'une personne mariée sous le régime de la communauté, elle doit préciser la nature propre ou commune des biens déclarés et non contenir une simple énumération des biens du défunt[5].

De même, la prescription abrégée ne joue, lorsque des biens ou des donations ont été omis, que pour les biens déclarés[6].

522.54 **Limite.** En cas de déclaration de succession tardive, le délai de prescription abrégée peut se trouver limité, car le délai de reprise de l'administration fiscale ne peut aller au-delà du délai de prescription de droit commun de six ans prévu par l'article L. 186 du Livre des procédures fiscales, lequel court à compter du décès[7] (v. s^s^ n°s 522.61 s.).

522.54-1 **Limitation du délai de prescription à six ans à compter du décès.**

EXEMPLE

Décès le 1er mars 2016.

Enregistrement de la déclaration de succession le 2 janvier 2021.

1. *BOI-CF-PGR*-10-40-20150812.
2. *BOI-CF-PGR*-10-40-20150812, n° 70.
3. *BOI-CF-PGR*-10-40-20150812, n° 100.
4. Com. 23 oct. 1979, n° 78-10.044, P IV, n° 264.
5. Com. 14 févr. 2012, n° 11-10.765, P IV, n° 34 ; *AJ fam.* 2012. 291, obs. N. Levillain.
6. Omission de sommes d'argent sur les comptes bancaires mentionnés dans la déclaration de succession : Paris, 1re ch. B, 12 mai 2000, RG n° 98-21 745, Cts Lenormand, *Dr. fisc.* 2001. Comm. 480.
7. *BOI-ANNX*-000269.

Extinction du délai de reprise (prescription de droit commun) : 31 décembre 2022, soit moins d'un an après la déclaration de succession.

522.55 Prescription abrégée d'un an. Un ou plusieurs ayants droit bénéficiaires d'au moins un tiers de l'actif net successoral déclaré et transmis ont la possibilité de demander à l'administration fiscale de contrôler la déclaration de succession. La demande qui doit être écrite et en termes exprès, ne peut être faite que dans les trois mois qui suivent l'enregistrement de la déclaration de succession, déclaration qui doit être spontanée et accompagnée du paiement intégral des droits de succession (LPF, art. L. 21, B, I).

Dans ce cas, le délai de prescription se trouve encore plus abrégé puisque « *aucun rehaussement d'imposition ne peut être proposé postérieurement au délai d'un an suivant la date de réception de la demande de contrôle* ». Cependant, cette période d'un an peut être prorogée du délai de réponse du contribuable aux demandes de renseignements de l'administration, ainsi que « *du délai nécessaire à l'administration pour recevoir les renseignements demandés aux autorités étrangères lorsque des biens situés à l'étranger figurent sur la déclaration* » (LPF, art. L. 21, B, II).

Ce délai d'un an ne s'applique qu'aux biens effectivement déclarés, il ne concerne pas les biens omis.

§ 2
Prescription de droit commun

522.61 Prescription sexennale. En application de l'article L. 186 du Livre de procédures fiscales, « *lorsqu'il n'est pas expressément prévu de délai de prescription plus court ou plus long, le droit de reprise de l'administration s'exerce jusqu'à l'expiration de la sixième année suivant celle du fait générateur de l'impôt* ». Ce délai commence à courir à compter du fait générateur de l'impôt, c'est-à-dire à compter du décès. Il se termine le 31 décembre de la sixième année suivant le fait générateur.

522.61-1 Date d'expiration du délai de reprise en l'absence de déclaration de succession.

EXEMPLE

Décès le 10 février 2022.

Date limite de dépôt de la déclaration de succession : 10 août 2022.

Expiration du délai de reprise (Prescription de droit commun) : 31 décembre 2028.

522.62 Domaine. Le délai de prescription de six ans s'applique chaque fois que le délai de prescription abrégée ne peut être invoqué. C'est le cas notamment en cas d'absence de déclaration de succession ou d'omission de biens ou encore lorsque les droits n'ont pas été perçus en raison d'une indication inexacte du lien de parenté des héritiers. En revanche, lorsque des biens sont entrés dans la succession postérieurement au décès, le délai de prescription sexennal commence à courir non pas à la date du décès mais à compter de la réalisation de l'événement faisant entrer le bien dans le patrimoine successoral.

Si cet événement donne lieu à publication au fichier immobilier, le délai de prescription abrégé trouve à s'appliquer à compter du jour de publication[1].

1. Com. 18 nov. 1997, n° 96-10.824, Mme Orset, NP ; *Dr. fisc.* 1998. Comm. 492 : résolution judiciaire d'une vente consentie par la défunte et décision publiée à la conservation des hypothèques. La prescription abrégée s'applique à compter de la date de publication.

TITRE

53. Les régimes particuliers

SECTION 0

ORIENTEUR

53.00 **Sommaire du titre.**

CHAPITRE

531. Rappel fiscal des donations entre vifs

SECTION 0 ORIENTEUR

531.00 **Sommaire du chapitre.**

531.01 **Textes applicables.**

- **CGI,** art. 784
- **LPF,** art. L. 181 B
- ***Bulletin officiel des Finances publiques-Impôts (BOFiP) :*** *BOI-ENR-DMTG-10-50-50, 11 juill. 2023*

> Principe de rappel des donations de moins de quinze ans

- **CGI,** art. 784

Les parties sont tenues de faire connaître, dans tout acte constatant une transmission entre vifs à titre gratuit et dans toute déclaration de succession, s'il existe ou non des donations antérieures consenties à un titre et sous une forme quelconque par le donateur ou le défunt aux donataires, héritiers ou légataires et, dans l'affirmative, le montant de ces donations ainsi que, le cas échéant, les noms, qualités et résidences des officiers ministériels qui ont reçu les actes de donation, et la date de l'enregistrement de ces actes.

La perception est effectuée en ajoutant à la valeur des biens compris dans la donation ou la déclaration de succession celle des biens qui ont fait l'objet de donations antérieures, à l'exception de celles passées depuis plus de quinze ans, et, lorsqu'il y a lieu à application d'un tarif progressif, en considérant ceux de ces biens dont la transmission n'a pas encore été assujettie au droit de mutation à titre gratuit comme inclus dans les tranches les plus élevées de l'actif imposable.

Pour le calcul des abattements et réductions édictés par les articles 779, 790 B, 790 D, 790 E et 790 F il est tenu compte des abattements et des réductions effectués sur les donations antérieures visées au deuxième alinéa consenties par la même personne.

> Droit à rectification de la valeur des biens compris dans la donation soumise au rappel fiscal

- **LPF,** art. L. 181 B

La valeur des biens faisant l'objet des donations antérieures ajoutée à la valeur des biens compris dans une donation ou une déclaration de succession en vertu du deuxième alinéa de l'article 784 du Code général des impôts peut, pour l'application de ce même alinéa seulement, être rectifiée.

La valeur des biens ayant fait l'objet des donations antérieures dont il est tenu compte pour l'application du quatrième alinéa de l'article 793 *bis* du même code peut, pour la seule appréciation de la limite mentionnée au deuxième et troisième alinéa du même article, être rectifiée.

531.03 **Bibliographie indicative.**

Actualisables. *Dict. enreg. (F. Lefebvre)*, n°s 1727 a, 1727 c, 1727 d, 3981 a, 3986 et 4004 – « Documentation pratique fiscale », Francis Lefebvre, ENR-X-24100 s. – *J.-Cl. fiscal*, fasc. 7725, sept. 2016 (actu. mai 2024).

Ouvrages. *Successions et libéralités*, « Memento pratique », Francis Lefebvre, 2024/2025 – S. Ferré-André et S. Berre, *Successions et libéralités*, 11e éd., « Hypercours », Dalloz, 2025.

Articles. F. Fruleux, « Portée et mise en œuvre du nouveau durcissement des droits de mutation à titre gratuit », *JCP N* 2012. 1320 – C. Guillot, « Rapport civil et rappel fiscal : deux notions à ne pas confondre », *RFP* 2004. Prat. 12 – W. Hannecart-Weyth, « Rapport fiscal : conformité avec réserve de la méthode de calcul de l'administration », *RD fisc.* avr. 2017. 6 – N. Levillain, « Déclaration de succession : rapport civil et rappel fiscal », *JCP N* 2013. 1054 – B. Savouré, « La planification confrontée à la mobilité des personnes : le rapport des donations dans un contexte international », *JCP N* 2014. 1181.

531.04 **Questions essentielles.**

> Quelles libéralités sont visées par le rappel fiscal des donations ?

* V. s[s] n°s 531.11 s.

> Quelles sont les incidences du rappel fiscal sur le calcul des droits de succession ?

* V. s[s] n°s 531.31 s.

> En particulier, comment calculer le reliquat d'abattement ?

* V. s[s] n°s 531.31 à 531.34

531.05 **Notion de rappel fiscal.** Aux termes de l'article 784 du Code général des impôts, les parties sont tenues de faire connaître, notamment dans toute déclaration de succession, s'il existe ou non des donations antérieures consenties à un titre et sous une forme quelconque par le défunt aux héritiers ou légataires. C'est cette déclaration que l'on qualifie de rappel fiscal des donations ou parfois, mais cela prête à confusion, rapport fiscal. Ce mécanisme permet, en cas de transmissions à titre gratuit successives entre les mêmes personnes, de taxer la transmission progressive du patrimoine de la même manière que la transmission de l'ensemble du patrimoine au décès du disposant.

Le rappel peut être négatif, dans ce cas les ayants droit déclarent que le défunt n'a consenti aucune donation antérieure. S'il est positif, ils doivent indiquer le montant de ces donations ainsi que, le cas échéant, les noms, qualités et résidences des officiers ministériels qui ont reçu les actes de donation, et la date de l'enregistrement de ces actes (CGI, art. 784, al. 1er).

531.06 **Distinction entre rapport civil et rappel fiscal.** Le rapport civil permet de déterminer la part successorale revenant à chaque héritier compte tenu des donations en avancement de part qu'il a reçues avant l'ouverture de la succession. D'un point de vue fiscal, il sert à calculer la part nette taxable des héritiers (v. s[s] n°s 521.20 s.) et ne concerne que les donations faites en avancement de part, quelle que soit leur date.

Le rappel fiscal des donations concerne toutes les libéralités entre vifs, quel que soit leur bénéficiaire et quelles qu'en soient les modalités, dès lors que ces libéralités ont été faites à une personne appelée à la succession par l'effet de la loi ou d'une libéralité à cause de mort et qu'elles ont été consenties moins de quinze ans avant le décès (CGI, art. 784, al. 2).

531.07 **Division.** Le rappel fiscal a un domaine large mais limité dans le temps (sect. 1). Il a des conséquences sur le calcul des droits de succession du bénéficiaire de la libéralité entre vifs ainsi que sur les règles de contrôle de l'administration fiscale (sect. 2).

SECTION 1
DOMAINE DU RAPPEL FISCAL

531.11 **Libéralités visées.** Le rappel fiscal porte sur toute mutation entre vifs entre le défunt et l'un de ses ayants droit héritier légal ou institué. Peu importe la forme de la libéralité : donation par acte notarié, donation indirecte ou déguisée, ou encore don manuel. Peu importent également ses modalités : donation en avancement de part ou hors part successorale, donation ordinaire ou donation-partage.

531.12 **Cas particulier : donation-partage transgénérationnelle.** En droit civil, en cas de donation-partage transgénérationnelle, les lots reçus par les petits-enfants sont traités comme des avances de part faites à l'enfant de la génération intermédiaire qui s'est effacé au profit de son descendant (C. civ., art. 1078-8, al. 1er).

En droit fiscal, ces lots sont taxés en fonction du lien de parenté entre le donateur et le gratifié. Au décès du donateur, ils ne donnent lieu au rappel fiscal que si le petit-enfant est appelé à la succession, soit en vertu de la loi, soit en vertu d'un testament.

Par ailleurs, les articles 1078-9 et 1078-10 du Code civil prévoient que les lots reçus par les petits-enfants en lieu et place de l'enfant dit « intermédiaire » seront traités comme des avances de parts - donation rapportable ou lot de donation-partage selon les situations (v. s[s] n°s 332.41 s. et 332.51 s.) - dans la succession de l'enfant qui s'est effacé (v. s[s] n°s 332.20 s.). Cette règle est sans incidence sur la liquidation fiscale de la succession de l'enfant qui s'est effacé, l'article 776 *ter* du Code général des impôts prévoyant que la donation faite par l'aïeul à un petit-enfant n'est pas fiscalement rapportable dans la succession du parent ayant consenti que son enfant soit alloti en son lieu et place.

531.13 **Cas particulier : prise en charge des droits de donation par le donateur.** D'un point de vue civil, la prise en charge des frais et droits de donation par le donateur est considérée comme une donation[1]. D'un point de vue fiscal, ce paiement n'est pas regardé comme un supplément de donation. Il ne donne pas lieu à paiement de droits de donation et n'est pas soumis au rappel fiscal des donations[2].

531.14 **Condition d'antériorité.** Depuis le 1er janvier 1992 et afin d'encourager la transmission progressive et anticipée du patrimoine, le législateur a prévu que, passé un certain délai, les libéralités entre vifs ne seraient plus prises en compte pour le calcul des droits de succession. Ce délai a varié au cours des temps, passant de dix ans à six ans pour revenir à dix ans avant d'être aujourd'hui fixé à quinze ans pour les successions ouvertes à compter du 17 août 2012. Ainsi, toutes les donations consenties plus de

1. Civ. 1re, 25 févr. 2009, n° 07-20.010, P I, n° 40.
2. « Documentation pratique fiscale Francis Lefebvre », ENR-X-48310 et ENR-X-48320.

quinze ans avant le décès sont exclues du dispositif du rappel fiscal des libéralités entre vifs.

531.15 Enregistrement de la donation. Pour ne pas entrer dans le champ d'application du rappel fiscal, les donations de plus de quinze ans doivent avoir été régulièrement enregistrées – la date d'enregistrement constituant le point de départ du délai de quinze ans pour les actes sous seing privé, le point de départ de ce délai étant la date de la signature de l'acte si la donation a été passée devant notaire[1] – et avoir donné lieu à la perception des droits de mutation à titre gratuit.

Toutefois si, par le jeu des abattements et réductions de droit, la donation ne donne lieu à aucune perception, elle est exclue du domaine du rappel fiscal dès lors qu'elle a été enregistrée depuis plus de quinze ans.

Le décompte des quinze années se fait de quantième à quantième[2].

531.15-1 Date d'exclusion d'un don manuel du dispositif du rappel fiscal.

Le point de départ du délai de quinze ans est la date d'enregistrement du don manuel.

EXEMPLE

Don manuel consenti le 7 janvier 2007 et enregistré le 6 mai 2007.

Le délai de quinze ans commence à courir le 6 mai 2005 et se termine le 6 mai 2022.

Si le décès du donateur a lieu le 10 février 2022, le don manuel est soumis au rappel fiscal, bien que la donation ait eu lieu plus de quinze ans avant le décès car c'est la date d'enregistrement qui est prise en compte.

Le don manuel aurait été exclu du rappel fiscal, si le décès avait eu lieu après le 6 mai 2022.

SECTION 2 CONSÉQUENCES DU RAPPEL FISCAL

531.21 Présentation. Le rappel fiscal a des conséquences sur le calcul des droits de succession car le législateur considère que les donations de moins de quinze ans font partie d'une transmission unique mais progressive du patrimoine.

En conséquence, il est tenu compte des abattements et – si un barème progressif est applicable – des tranches du tarif utilisé lors des mutations à titre gratuit entre vifs pour calculer les droits de succession.

§ 1 Conséquences sur l'abattement

531.31 Abattement. Lorsqu'un héritier ou légataire a été gratifié entre vifs par le défunt et que sa libéralité a été enregistrée moins de quinze avant le décès, il est tenu compte de l'abattement ou de la fraction d'abattement utilisé(e) lors de cette mutation pour le calcul des droits de succession (CGI, art. 784, 3°). Ainsi, l'abattement applicable à la succession est calculé par différence entre l'abattement en vigueur au jour du décès compte tenu du lien de parenté entre le défunt et son ayant droit, et l'abattement utilisé lors de la libéralité entre vifs.

531.32 Majoration de l'abattement entre la donation et le décès. En cas de majoration de l'abattement entre le jour de la donation et le jour du décès, l'ayant droit qui avait épuisé l'abattement auquel il pouvait prétendre au jour de la donation, peut bénéficier d'un complément d'abattement lors du règlement de la succession[3].

531.32-1 Majoration de l'abattement en ligne directe entre la donation et le décès.

EXEMPLE

Donation à un enfant en 2006 portant sur une somme de 50 000 €, ce qui correspond à la totalité de l'abattement alors applicable.

Décès du donateur en 2020.

L'enfant bénéficie d'un reliquat d'abattement de 100 000 – 50 000 = 50 000 €, ce qui correspond à la majoration d'abattement entre 2006 et 2020.

531.33 Diminution de l'abattement entre la donation et le décès. En cas de diminution de l'abattement, comme cela a été le cas à compter du 17 août 2012, date où l'abattement en ligne directe est passé de 159 325 euros à 100 000 euros, si l'ayant droit a utilisé une fraction de son abattement supérieure à 100 000 euros, on considère, pour le règlement de la succession, qu'il a utilisé la totalité de son abattement. Il n'est pas tenu compte du supplément d'abattement utilisé lors de la donation[4].

531.33-1 Diminution de l'abattement en ligne directe entre la donation et le décès.

EXEMPLE

Donation à un enfant en 2011 portant sur un bien estimé à 200 000 €. Utilisation de la totalité de l'abattement applicable en 2011, soit 159 325 €.

1. *BOI-ENR-DMTG*-10-50-50-20230711 n° 200.
2. *BOI-ENR-DMTG*-10-50-50-20230711 n° 210.
3. *BOI-ENR-DMTG*-10-50-50-20230711, n° 90.
4. SOLUTION CONFIRMÉE par Cons. const. 9 déc. 2016, n° 2016-603 QPC, *Juris-Data* n° 026587, note W. Hannecart-Weyth.

Décès du donateur en 2022.

L'enfant a utilisé un abattement supérieur à celui en vigueur au jour du décès. Il ne dispose plus d'abattement mais ne doit rien restituer.

531.34 Abattements pris en compte. Le rappel fiscal des donations concerne les abattements suivants :

- l'abattement en ligne directe (CGI, art. 779, I) ;
- l'abattement en faveur des handicapés (CGI, art. 779, II) ;
- l'abattement entre frères et sœurs (CGI, art. 779, IV) ;
- l'abattement en faveur des neveux et nièces (CGI, art. 779, V).

531.35 Héritier venant par représentation. Lorsqu'un héritier vient par représentation, il bénéficie de l'abattement de son auteur (v. s^{s} n°s 521.101 et 521.112). Le rappel fiscal des donations se fait alors en tenant compte des libéralités entre vifs reçues du défunt par cet auteur[1].

531.36 Biens ruraux partiellement exonérés. Certains biens ruraux - parts de groupements fonciers agricoles, biens ruraux loués par bail rural à long terme ou bail cessible hors du cadre familial - bénéficient d'un régime de faveur en cas de transmission à titre gratuit en application de l'article 793, 1, 4° et 2, 3° du Code général des impôts. Pour la détermination de la limite d'exonération prévue à l'article 793 *bis* du Code général des impôts, il convient de prendre en compte toutes les donations de biens bénéficiant du régime de faveur déjà effectuées dans les quinze ans précédant l'ouverture de la succession.

531.36-1 Transmissions successives de biens ruraux partiellement exonérés.

EXEMPLE

M. X a consenti à son fils unique une donation portant sur des biens ruraux loués par bail rural à long terme en 2010. Les biens étaient évalués à 60 000 €.

Il décède en 2020 laissant pour seul héritier son fils. Son patrimoine comprend notamment des terres louées par bail rural à long terme et estimées à 380 000 €.

Lors de la donation, intervenue moins de quinze ans avant le décès, il a été utilisé une fraction du seuil, à l'époque, de 101 897 €. En conséquence, dans la succession de M. X, le fils ne peut plus bénéficier que du reliquat de seuil revalorisé soit 300 000 – 60 000 = 240 000 €. Jusqu'à ce montant, les terres bénéficieront d'une exonération des trois quarts, au-delà, soit à concurrence de 380 000 – 240 000 = 140 000 €, l'exonération ne sera plus que de moitié.

1. *BOI-ENR-DMTG*-10-50-50-20230711 n° 110.

§ 2
Conséquences sur le tarif

531.41 Tarif proportionnel : aucune incidence. Si le tarif des droits de mutation applicable est un tarif proportionnel - 55 % entre parents jusqu'au 4e degré inclus ou 60 % entre tiers - le rappel fiscal des donations antérieures est sans incidence sur le tarif des droits.

531.42 Tarif progressif : prise en compte des tranches antérieurement utilisées. Lorsque le tarif applicable est un tarif progressif par tranches - tarif en ligne directe ou au profit des frères et sœurs - il faut tenir compte, pour le calcul des droits de succession, des tranches antérieurement utilisées par les libéralités entre vifs. Pour cela, l'article 784, alinéa 2, du Code général des impôts préconise d'ajouter à la valeur des biens compris dans la déclaration de succession celle des biens qui ont fait l'objet de donations antérieures remontant à moins de quinze ans, en considérant comme inclus dans les tranches d'imposition les plus élevées les biens dont la transmission n'a pas encore été assujettie aux droits de mutation à titre gratuit (CGI, art. 784, al. 2). Les tranches les plus basses, telles qu'existant au jour de la donation, sont utilisées en priorité pour les biens donnés. Si ces tranches n'ont été que partiellement utilisées - situation fréquente en raison de la revalorisation du tarif entre 2008 et 2012 - il convient de reprendre ces tranches pour leur solde avant de poursuivre dans l'applicable du tarif.

531.43 Méthodologie. Le calcul des droits de succession en présence de donations antérieures entrant dans le domaine du rappel fiscal peut se faire selon deux méthodes : celle proposée par le second alinéa de l'article 784 du Code général des impôts, ou une méthode consistant à repartir de la situation fiscale existant après taxation des donations et à appliquer les tranches restantes du tarif.

531.44 Méthode préconisée par l'article 784 alinéa 2 du Code général des impôts. Cette méthode consiste à ajouter à la part taxable de l'ayant droit gratifié toutes les libéralités entre vifs qu'il a reçues du défunt dans les quinze années précédant le décès. On applique ensuite sur ce montant global l'abattement en vigueur au jour du décès puis le tarif progressif par tranches.

Cette méthode est applicable à toutes les situations dans lesquelles l'abattement n'a pas évolué ou a augmenté entre le jour de la donation et celui du décès. Elle ne peut être appliquée lorsque l'abattement a diminué car cela reviendrait à ne pas tenir compte du supplément d'abattement qui existait au jour de la donation.

531.44-1 Calcul des droits de succession selon la méthode de l'article 784 alinéa 2 du Code général des impôts.

EXEMPLE

M. X décède laissant pour recueillir sa succession deux enfants, A et B. Le 26 mars 2007, alors âgé de 68 ans, il avait consenti une donation en avancement de part à A portant sur des biens en pleine propriété estimés à 80 000 € au jour de la donation, 100 000 € au jour du décès, compte tenu de leur état au jour de la donation.

L'actif net de succession déterminé selon les règles fiscales est de 360 000 €.

Liquidation des droits de donation

Part taxable	80 000	
Abattement (en 2007)	50 000	
Reste	30 000	
Calcul des droits :		
5 % sur 7 600 €		380
10 % sur 3 800 €		380
15 % sur 3 600 €		540
20 % sur le reliquat soit 15 000 €		3 000
Ensemble		4 300
Réduction de droit liée à l'âge du donateur (50 % pour les donations en pleine propriété, CGI, anc. art. 790, II) :	2 150	
Droits à payer :	2 150	

Calcul des droits de mutation par décès

1. Détermination de la part nette taxable des héritiers

Actif net	360 000
Rapport dû par A	100 000
Ensemble	460 000
Dont moitié par héritier	½
Est de	230 000

2. Calcul des droits

a) Pour A :

Part nette taxable		230 000
Donation de 2007 (rappel fiscal)		80 000
Ensemble		310 000
À déduire :		
– abattement	100 000	
– son rapport civil	100 000	
Ensemble	200 000	– 200 000
Reste taxable		110 000

Calcul des droits de succession :

5 % sur 8 072 €	403,60
10 % sur 4 037 €	403,70
15 % sur 3 823 €	573,45
20 % sur le reliquat soit 94 068 €	18 813,60
Ensemble	20 194,35
Arrondi à 0	194
Déduction des droits de donation avant réductions de droits	4 300
Reste à payer	15 894

Droits à payer par A : 15 894 €

b) Pour B :

Part nette taxable		230 000
À déduire :		
– abattement	100 000	
Reste taxable		130 000

Calcul des droits de succession :

5 % sur 8 072 €	403,60
10 % sur 4 037 €	403,70
15 % sur 3 823 €	573,45
20 % sur le reliquat soit 114 068 €	22 813,60
Ensemble	24 194,35
Arrondi à	24 194

Droits à payer par B : 24 194 €

531.45 Deuxième méthode. La deuxième méthode consiste à repartir de la situation fiscale existant après les donations. On utilise alors les reliquats de tranches et tranches non utilisées par les donations antérieures. La part successorale est en priorité taxée dans les tranches non utilisées les plus basses. Si ces tranches n'ont été que partiellement utilisées, ce qui est le cas lorsque les tranches ont été revalorisées entre le jour de la donation et celui du décès, on récupère le reliquat de tranche résultant de la revalorisation. Cette méthode doit être utilisée lorsque l'abattement applicable au jour de la donation était supérieur à celui applicable au jour du décès[1].

531.45-1 Calcul des droits de succession en partant de la situation fiscale après donations.

EXEMPLE

M. X décède laissant pour recueillir sa succession deux enfants A et B. Le 26 mars 2007, alors âgé de 68 ans, il avait consenti une donation en avancement de part à A portant sur des biens en pleine propriété estimés à 80 000 € au jour de la donation, 100 000 € au jour du décès, compte tenu de leur état au jour de la donation.

L'actif net de succession déterminé selon les règles fiscales est de 360 000 €.

Liquidation des droits de donation

Les droits de donation ont été calculés dans l'exemple précédent (v. s^s^ n° 531.44-1), ils sont de 2 150 €. On constate que A a utilisé la totalité de son abattement de 50 000 € ainsi

1. SOLUTION CONFIRMÉE par Cons. const. 9 déc. 2016, n° 2016-603 QPC, *Juris-Data* n° 026587, note W. Hannecart-Weyth.

que la totalité des tranches de 5 % à 15 %. La tranche à 20 % a été utilisée à concurrence de 15 000 €, il reste 552 324 – 15 000 = 537 324 € dans cette tranche.

Liquidation des droits de succession

Il a été déterminé précédemment (v. s[s] n° 531.44-1) que la part de chaque héritier était de 230 000 €. Il ne reste plus qu'à calculer les droits de mutation par décès à payer par chacun.

a) Pour A :

Part nette taxable		230 000
À déduire :		
– la fraction d'abattement non utilisée par la donation (100 000 – 50 000)	50 000	
– son rapport civil	100 000	
Ensemble	150 000	150 000
Reste taxable		80 000

Calcul des droits de succession :

Tranches	Tranches applicables au décès	Fraction utilisée en 2007	Reliquat disponible	Montant des droits
55 %	8 072	7 600	472	23,60
10 %	4037	3 800	237	23,70
15 %	3 823	3 600	223	33,45
220 %	536 392	15 000	521 392 utilisé jusqu'à hauteur de la part reçue par A soit [80 000 – (472 + 237 + 223) = 79 068]	79 068 × 20 % = 15 813,60

Total des droits à payer par A : 23,60 + 23,70 + 33,45 + 15 813,60 = 15 894,35 arrondis à **15 894 €**.

Droits à payer par A : 15 894 €.

b) Pour B :

Inchangés (v. s[s] n° 531.44-1).

§ 3
Conséquences en matière de contrôle de l'administration fiscale

531.51 Rectification de la valeur des biens donnés. Le rappel fiscal des donations a des conséquences, d'une part, comme on l'a vu, sur le calcul des droits de succession, et d'autre part, il permet à l'administration fiscale de rectifier la valeur des biens compris dans la donation soumise à ce dispositif, ainsi que le prévoit l'article L. 181 B du Livre des procédures fiscales.

Ce contrôle est sans conséquence sur le calcul des droits effectués lors de la donation objet du rappel.

La rectification opérée par l'administration fiscale ne doit être faite que pour les seuls besoins du rappel fiscal. La rectification porte sur la valeur des biens donnés et a des conséquences sur le montant de l'abattement et le tarif réputés utilisés lors de la donation. Elle modifie donc les droits de succession à payer.

531.51-1 Rectification ayant une incidence sur l'abattement.

EXEMPLE

Donation à un enfant en 2018 portant sur un bien estimé dans l'acte de donation à 50 000 €.

Décès du donateur en 2022.

L'administration fiscale rectifie la valeur du bien donné qu'elle estime à 90 000 € en 2018.

Au lieu d'avoir un reliquat d'abattement de 100 000 – 50 000 = 50 000 €, le donataire appelé à la succession n'a plus qu'un reliquat d'abattement de 100 000 – 90 000 = 10 000 €.

531.51-2 Rectification ayant une incidence sur le tarif.

EXEMPLE

Donation à un enfant en 2016, portant sur un bien estimé dans l'acte de donation à 400 000 €.

Décès du donateur en 2022.

L'Administration fiscale rectifie la valeur du bien donné qu'elle estime à 600 000 € au jour de la donation.

La tranche à 20 % dont il restait un reliquat compte tenu de l'évaluation retenue dans l'acte de donation, se trouve épuisée après rectification de l'administration fiscale.

L'enfant sera taxé aux taux de 30 %, 40 %, voire 45 % pour les biens reçus par succession.

CHAPITRE

532. Fiscalité du cantonnement des libéralités

SECTION 0 ORIENTEUR

532.00 **Sommaire du chapitre.**

532.01 **Textes applicables.**

• **CGI,** art. 788 *bis*

Les biens recueillis par un héritier ou un légataire en application de l'article 1002-1 ou du deuxième alinéa de l'article 1094-1 du Code civil sont réputés transmis à titre gratuit par le défunt.

• ***Bulletin officiel des Finances publiques-Impôts (BOFiP),*** *BOI-ENR-DMTG-10-20-50-30-20120912*

532.03 **Bibliographie indicative.**

Actualisables. *Dict. enreg. (F. Lefebvre)*, n° 4149 b – *J.-Cl. fiscal*, fasc. 7733, mars 2015.

Ouvrages. *Successions et libéralités*, « Memento pratique », Francis Lefebvre, 2024/2025 – S. Ferré-André et S. Berre, *Successions et libéralités*, 11e éd., « HyperCours », Dalloz, 2025, n°s 1041 s.

Articles. E. Galhaud, « Utiliser les techniques nouvelles. Stratégie du cantonnement », *JCP N* 2010, n° 1061 – M. Giray, « Le cantonnement de l'émolument du conjoint survivant par le nouvel article 1094-1, alinéa 2, du Code civil », *RFN* 2006, étude 15 – P. Murat, « Le choix des héritiers quant à l'objet reçu : l'exemple du cantonnement », *Defrénois* 2017. 17 – F. Sauvage, « Le cantonnement des libéralités », *Defrénois* 2010. 1027.

532.04 **Questions essentielles.**

> À qui peut profiter le cantonnement ?

* V. s^{s} n° 532.21

> Quel est le sort de la fraction du legs à laquelle il est renoncé par le cantonnement ?

* V. s^{s} n° 532.24

532.05 **Division. Transmissions étudiées.** Dans le cadre des régimes particuliers éventuellement applicables lors de l'établissement d'une déclaration de succession, nous choisissons d'exposer ici un type de transmission par décès relevant de dispositions dont la nature juridique commande le régime d'imposition. Il s'agit du cantonnement des libéralités.

Après avoir rappelé les aspects civils et les incidences fiscales du cantonnement des libéralités (sect. 1), nous en proposerons un exemple (sect. 2).

SECTION 1 CANTONNEMENT DES LIBÉRALITÉS

§ 1 Aspects civils

532.10 **Rappel.** Nous avons présenté les aspects civils du cantonnement (v. s^{s} n°s 421.61 s.). Rappelons que le cantonnement, institué par la loi du 23 juin 2006[1], est la faculté offerte au gratifié, conjoint (C. civ., art. 1094-1) ou légataire (C. civ., art. 1002-1), de limiter la disposition prise en sa faveur par le défunt, au profit de l'ensemble des héritiers.

La fraction de libéralité à laquelle le gratifié a renoncé retourne dans la masse partageable où elle figure parmi les biens existants.

§ 2 Incidences fiscales

532.21 **Transmissions engendrées par le cantonnement.** Le cantonnement suppose l'existence, d'abord, d'une libéralité au profit du conjoint ou d'un légataire, et ensuite, d'héritiers légaux suscepti-

1. L. n° 2006-728, 23 juin 2006, portant réforme des successions et des libéralités, *JO* 24 juin, p. 9513, entrée en vigueur à compter du 1er janv. 2007.

bles de recueillir le surplus de la libéralité après limitation, par le conjoint ou le légataire, de leur émolument : en effet, le cantonnement n'est possible, pour le légataire, que « *lorsque la succession a été acceptée par au moins un héritier désigné par la loi* » (C. civ., art. 1002-1) ; pour le conjoint, le cantonnement est autorisé dans le cadre de l'article 1094-1 du Code civil, prévu « *pour le cas où l'époux laisserait des enfants ou descendants, issus ou non du mariage* ».

Deux transmissions sont donc à étudier : la première est la libéralité initiale, la seconde, le retour dans la masse partageable de la fraction à laquelle il a été renoncé.

532.22 Taxation de la libéralité initiale. L'époux ou le légataire est imposé sur la part de la libéralité qu'il conserve. En conséquence, il est taxé sur cette part, qu'il a fixée lui-même, aux droits de mutation à titre gratuit, aux conditions qui lui sont personnellement applicables - exonération pour le conjoint ou le partenaire de PACS, abattement, tarif et réductions applicables pour les autres légataires selon leur lien de parenté avec le défunt.

532.23 Taxation de la fraction à laquelle il a été renoncé. Le cantonnement ne constitue une libéralité, d'après le Code civil :

- ni pour le légataire : « *Ce cantonnement ne constitue pas une libéralité faite par le légataire aux autres successibles* » (C. civ., art. 1002-1) ;

- ni pour le conjoint survivant : « *Cette limitation ne peut être considérée comme une libéralité faite aux autres successibles* » (C. civ., art. 1094-1).

Il résulte de la nature juridique du cantonnement que, en droit fiscal, les biens recueillis en vertu du cantonnement sont réputés être transmis directement par le défunt aux successibles qui en bénéficient (CGI, art. 788 *bis*).

532.24 Application. La part de l'ensemble des successibles (y compris celle de l'auteur du cantonnement s'il est également successible) est augmentée des biens revenus dans la succession par l'effet du cantonnement.

Les droits sont liquidés sur l'ensemble de chaque part successorale, sans distinction selon que les biens recueillis proviennent ou non du cantonnement, selon le tarif et les abattements applicables en fonction du lien de parenté du successible avec le défunt, ou selon l'exonération dont le successible peut bénéficier.

532.25 Remarque. Ce régime fiscal peut permettre au conjoint d'avantager les enfants d'une précédente union du disposant, qui peuvent ainsi hériter au tarif en ligne directe d'une partie des biens légués au conjoint. N'ayant pas de lien de parenté avec ce dernier, les enfants d'une précédente union seraient taxés à 60 % sur la valeur de ces biens, si le conjoint survivant les leur transmettait à titre gratuit.

SECTION 2
EXEMPLE

532.30-1 Cantonnement de l'émolument du légataire – Effets fiscaux.

EXEMPLE

M. X décède aujourd'hui, laissant pour recueillir sa succession : sa mère, Mme A, son demi-frère, M. B, né d'un précédent mariage de son père, prédécédé, et sa compagne, Mlle C, avec laquelle il était lié par un pacte civil de solidarité.

Il dépend de la succession :

– une maison d'habitation, résidence principale du défunt et de sa compagne, évaluée à 288 000 € compte tenu de l'abattement fiscalement applicable ;

– le mobilier, évalué à 12 000 € par un inventaire conforme aux exigences de l'article 789 du Code civil ;

– un compte bancaire d'un montant de 60 000 € ;

– un portefeuille de titres, évalué à 140 000 € ;

– un appartement donné à bail, évalué à 360 000 €.

Le passif s'élève à 20 000 €.

Par testament, le défunt a légué à sa compagne la résidence principale et le mobilier et à sa mère, le portefeuille et l'appartement.

Mme A ne souhaite pas recevoir l'appartement et désire que son legs ne porte que sur le portefeuille de titres.

Dévolution de la succession : dévolution légale

En l'absence de descendant, la succession est dévolue aux successibles du second ordre : la mère et le frère du défunt (C. civ., art. 734, 2°) dans les proportions suivantes : pour un quart à la mère et pour trois quarts au frère (C. civ., art. 738, al. 2).

Testament

En l'absence d'héritier réservataire, les legs particuliers peuvent s'exécuter pleinement.

Cantonnement

Mme A peut cantonner son legs sur le portefeuille, et renoncer à l'appartement. Celui-ci figure donc dans les biens existants.

Liquidation fiscale de la succession

Actif de succession	À déduire	Évaluation
Résidence principale		288 000
Mobilier		12 000
Compte bancaire		60 000
Portefeuille		140 000
Appartement		360 000
Total – Actif brut		860 000
À déduire : passif	20 000	
Actif net		840 000
Déduction du legs à Mlle C	300 000	
Déduction du legs à Mme A	140 000	
Total à déduire	440 000	
Reste taxable		400 000
Dont ¼ pour Mme A	100 000	
Et ¾ pour M. B	300 000	

Droits

Mme A :

Part taxable 100 000 + 140 000 = 240 000

À déduire : abattement : 100 000

Reste : 140 000 €

Droits au tarif en ligne directe : 26 194 €

M. B :

Part taxable : 300 000

Abattement : 15 932

Reste : 284 068 €

Droits au tarif entre frères et sœurs : 125 388 €

Mlle C :

Exonération.

Remarque : Par l'effet du cantonnement, l'appartement figure dans la masse partageable indivise entre Mme A et M. B.

M. B est donc avantagé, sans que Mme A lui ait consenti de libéralité.

Si Mme A lui avait donné ou légué ses droits indivis sur l'appartement, la transmission aurait été taxée aux droits de mutation à titre gratuit entre non parents.

CHAPITRE

533. Fraction taxable des primes d'assurance-vie

SECTION 0 ORIENTEUR

533.00 Sommaire du chapitre.

533.01 Textes applicables.

• **CGI,** art. 757 B

• ***Bulletin officiel des Finances publiques-Impôts (BOFiP) :*** *BOI-ENR-DMTG-10-10-20-20, 30 mars 2023.*

> Principe de taxation des primes versées après 70 ans

• **CGI,** art. 757 B *(mod. par Ord. n° 2019-766, 24 juill. 2019, art. 3)*

I. – Les sommes, rentes ou valeurs quelconques dues directement ou indirectement par un assureur, à raison du décès de l'assuré, donnent ouverture aux droits de mutation par décès suivant le degré de parenté existant entre le bénéficiaire à titre gratuit et l'assuré à concurrence de la fraction des primes versées après l'âge de soixante-dix ans.

Par exception, les sommes, rentes ou valeurs quelconques dues directement ou indirectement par un assureur, à raison du décès après l'âge de soixante-dix ans du titulaire d'un plan d'épargne retraite mentionné à l'article L. 224-1 du Code monétaire et financier ou d'un sous-compte français du produit paneuropéen d'épargne-retraite individuelle mentionné à l'article L. 225-1 du même code, donnent ouverture aux droits de mutation par décès suivant le degré de parenté existant entre le bénéficiaire à titre gratuit et l'assuré pour leur montant total.

II. – L'ensemble des sommes, rentes ou valeurs visées au I dues à raison du ou des contrats conclus sur la tête d'un même assuré fait l'objet d'un abattement global de 30 500 €.

II *bis*. – *(Abrogé)*.

III. – Les conditions d'application du présent article et notamment les obligations concernant les informations à fournir par les contribuables et les assureurs sont déterminées par décret en Conseil d'État (1).

NB : (1) Voir les articles 292 A et 292 B de l'annexe II.

533.02 Jurisprudence de référence : réponses ministérielles reprises au *BOFiP*.

> Notion de modification substantielle du contrat d'assurance-vie

• **Rép. min. n° 26186, R. Dutreil, *JOAN* 20 nov. 1995,** p. 4926 ; *BOI-ENR-DMTG*-10-10-20-20, 1er juill. 2016, nos 90 et 100

* V. ss n° 533.38

« Les décrets et arrêtés des 19 mars 1993, 28 mars et 12 avril 1995 ont transposé en droit français les directives européennes sur l'assurance-vie : ces règles ne traitent pas les personnes âgées de manière distincte des autres assurés. Par ailleurs, l'administration fiscale ne s'oppose pas à la prorogation des contrats d'assurance sur la vie ; elle ne fait que tirer les conséquences fiscales des opérations effectivement réalisées sur ces contrats par les souscripteurs. Ainsi, sur le plan fiscal et en application du I de l'article 26 de la loi de finances rectificative pour 1991, codifié a l'article 757 B du Code général des impôts, qui a modifié le régime fiscal applicable aux sommes dues par un assureur à raison du décès d'un assuré, seules les primes versées après le soixante-dixième anniversaire de ce dernier dans le cadre de contrats d'assurance sur la vie, souscrits à compter du 20 novembre 1991, sont assujetties aux droits de mutation par décès, pour la fraction qui excède 200 000 francs (30 500 euros actuellement). La simple prorogation de la durée d'un contrat est sans incidence sur le régime applicable qui est fonction de la date de souscription du contrat et, pour ceux souscrits à compter du 20 novembre 1991, de l'âge de l'assuré lors du versement des primes. Par suite, les sommes versées à raison du décès d'un assuré intervenu après l'entrée en vigueur du nouveau dispositif à un bénéficiaire désigné en vertu d'un contrat souscrit avant le 20 novembre 1991, même prorogé après cette date, ne donnent plus ouverture aux droits de mutation à titre gratuit à la condition, toutefois, que ce contrat n'ait pas fait l'objet, depuis le 20 novembre 1991, de modifications essentielles tel que le versement de nouvelles primes non prévues dans le contrat originel ou disproportionnées par rapport à celles versées avant le 20 novembre 1991. De la même manière, en matière d'impôt sur le revenu, le régime fiscal des produits capitalisés qui dépend de la durée du contrat est fonction de l'importance des modifications apportées aux stipulations du contrat d'assurance sur la vie. »

> Notion de modification substantielle du contrat d'assurance-vie

• **Rép. min. n° 22518, P. Briand,** ***JOAN*** **12 avr. 1999,** p. 2208 ; *BOI-ENR-DMTG*-10-10-20-20, 1er juill. 2016, n° 230

* V. ss n° 533.54

« L'assujettissement aux droits de mutation par décès, en application des dispositions de l'article 757 B du Code général des impôts, des sommes dues par un assureur dans le cadre de contrats souscrits à compter du 20 novembre 1991 à un bénéficiaire déterminé, est indépendant du fait que ce dernier a ou non la qualité d'héritier, de légataire ou de donataire de l'assuré décédé. Ces sommes donnent donc, à concurrence de la fraction qui excède 200 000 francs des primes versées après le soixante-dixième anniversaire de l'assuré, ouverture aux droits de mutation par décès dans les conditions de droit commun suivant le lien de parenté existant entre le bénéficiaire à titre gratuit et l'assuré. Par suite, il y a lieu d'appliquer les abattements prévus aux articles 779 et 788 du Code général des impôts qui constituent un élément du tarif des droits de mutation par décès. Dès lors, l'abattement de 300 000 francs prévu au II de l'article 779 du Code général des impôts est susceptible de s'appliquer aux sommes reçues par un bénéficiaire non héritier, légataire ou donataire de l'assuré décédé, dès lors qu'il est incapable de travailler dans des conditions normales de rentabilité, en raison d'une infirmité physique ou mentale, congénitale ou acquise. »

• **Rép. min. n° 26231, J.-P. Bacquet,** ***JOAN*** **29 juin 2010,** p. 728, désormais rapportée pour les successions ouvertes à compter du 1er janvier 2016, *BOI-ENR-DMTG*-10-10-20-20, 1er juill. 2016, n° 380

* V. ss n° 533.35

« [...] La mise hors de communauté, du strict point de vue fiscal, de la valeur de rachat des contrats d'assurance-vie constitués par un époux au moyen de deniers communs n'a plus lieu d'être, la législation fiscale actuelle répondant pleinement au souci de neutralité fiscale entre les conjoints. Par conséquent, conformément à l'article 1401 du Code civil, et sous réserve de l'appréciation souveraine des juges du fond, la valeur de rachat des contrats d'assurance-vie souscrits avec des fonds communs fait partie de l'actif de communauté soumis aux droits de succession dans les conditions de droit commun. »

• **Rép. min. n° 78192, J.-D. Ciot,** ***JOAN*** **23 févr. 2016,** p. 1648, *BOI-ENR-DMTG*-10-10-20-20, 1er juill. 2016, n° 380.

* V. ss n° 533.35

Les droits de mutation par décès s'appliquent en principe à tous les biens qui faisaient partie du patrimoine du défunt au jour de son décès, et qui, par le fait de son décès, sont transmis à ses héritiers, donataires ou légataires. Conformément à l'article 1401 du Code civil, et sous réserve de l'appréciation souveraine des juges du fond, la valeur de rachat des contrats d'assurance-vie souscrits avec des fonds communs et non dénoués lors de la liquidation d'une communauté conjugale à la suite du décès de l'époux bénéficiaire du contrat, fait partie de l'actif de communauté. En vertu de l'article 1475 du Code civil, l'actif de communauté se partage ensuite par moitié entre les époux. La réponse ministérielle dite « Bacquet » n° 26231 du 29 juin 2010 a tiré les conséquences en matière de droit fiscal des règles civiles, en considérant qu'il convenait d'intégrer à l'actif successoral du défunt soumis aux droits de mutation par décès la valeur de rachat des contrats d'assurance-vie souscrits avec des fonds communs et non dénoués lors de la liquidation de la communauté conjugale à la suite du décès de l'époux bénéficiaire du contrat. Cela étant, il est apparu que le strict alignement de la règle fiscale sur la règle civile, sans prise en compte des spécificités juridiques du contrat d'assurance-vie, conduisait à d'importantes difficultés pratiques, notamment en présence d'héritiers autres que le conjoint survivant, lesquels peuvent se retrouver à payer des droits de mutation calculés sur un actif successoral augmenté du fait de l'augmentation, par le jeu des règles civiles, de l'actif de communauté. Aussi, afin de garantir la neutralité fiscale pour l'ensemble des héritiers lors du décès du premier époux, il est admis, pour les successions ouvertes à compter du 1er janvier 2016, qu'au plan fiscal la valeur de rachat d'un contrat d'assurance-vie souscrit avec des fonds communs et non dénoué à la date du décès de l'époux bénéficiaire de ce contrat, ne soit pas intégrée à l'actif de la communauté conjugale lors de sa liquidation, et ne constitue donc pas un élément de l'actif successoral pour le calcul des droits de mutation dus par les héritiers de l'époux prédécédé. Lors du dénouement du contrat suite au décès du second conjoint, les sommes versées aux bénéficiaires de l'assurance-vie resteront bien évidemment soumises aux prélèvements prévus, suivant les cas, aux articles 757 B et 990, I du Code général des impôts dans les conditions de droit commun. La position exprimée dans la réponse ministérielle n° 26231 dite « Bacquet » du 29 juin 2010 est donc rapportée pour les successions ouvertes à compter du 1er janvier 2016.

533.03 Bibliographie indicative.

Actualisables. *Dict. enreg. (F. Lefebvre)*, n° 3672 – « Documentation pratique fiscale Francis Lefebvre », ENR-X-9300 s. – *J.-Cl. fiscal*, fasc. 7697 et 7698, sept. 2017 (actu mai 2024).

Ouvrages. *Successions et libéralités*, « Mémento pratique », Francis Lefebvre, 2024/2025 – S. Ferré-André et S. Berre, *Successions et Libéralités*, 11e éd., « HyperCours », Dalloz, 2025.

Article. F. Fruleux, « Quelle est la portée de la remise en cause de la doctrine Bacquet annoncée par le ministre des Finances ? », *JCP N* 2016. Actu. 169 ; « Assurance-vie. Le point sur les valeurs de rachat des contrats d'assurance-vie non dénoués », *Actes pratiques et stratégie patrimoniale* 2016, 3 – M. Leroy, « Des stratégies patrimoniales après la réponse ministérielle Ciot », *RFN* 2017. Étude 5.

533.04 Questions essentielles.

> Quels contrats d'assurance-vie entrent dans le champ des droits de succession ?

* V. ss nos 533.10 s.

> Dans quelles conditions les primes versées sur un contrat d'assurance-vie supportent-elles les droits de succession ?

* V. s[s] n°s 533.33 s.

> Comment calculer la fraction taxable des primes ?

* V. s[s] n°s 533.51

> Comment calculer les droits de mutation par décès sur les primes versées après 70 ans ?

* V. s[s] n°s 533.52 s.

533.05 **Division.** Après avoir déterminé les conditions de soumission des contrats d'assurance-vie aux droits de succession (sect. 1), seront envisagées les modalités de taxation (sect. 2).

SECTION 1
CHAMP D'APPLICATION : CONTRATS SOUMIS AUX DROITS DE SUCCESSION

533.10 **Plan. Contrats visés.** Deux catégories de contrats d'assurance-vie sont soumises aux droits de mutation par décès : les contrats sans désignation de bénéficiaire (§ 1) et les contrats entrant dans le domaine d'application de l'article 757 B du Code général des impôts (§ 2).

§ 1
Contrat d'assurance-vie sans désignation de bénéficiaire

533.21 **Principe.** Les contrats d'assurance-vie conclus sans désignation de bénéficiaire sont considérés comme des biens existants et entrent donc dans l'actif taxable au même titre que les autres biens successoraux. Sont assimilés à des contrats sans bénéficiaire désigné ceux dont les bénéficiaires renoncent au bénéfice du contrat ou sont prédécédés, dès lors qu'aucun bénéficiaire en second n'a été désigné[1].

§ 2
Contrat d'assurance-vie soumis à l'article 757 B du Code général des impôts

533.31 **Régime des primes selon la date de souscription du contrat.** Sans détailler la fiscalité des contrats d'assurance-vie, il convient de rappeler que le droit fiscal opère une distinction entre ces contrats selon leur date de souscription – avant ou après le 20 novembre 1991 (v. tableau *infra* et s[s] n° 533.38) – et la date de versement des primes. N'entrent dans le champ d'application des droits de succession que les primes versées après soixante-dix ans sur des contrats souscrits après le 20 novembre 1991.

Si les contrats ont été souscrits avant le 20 novembre 1991, en l'absence de modification de l'économie du contrat, les primes versées avant le 13 octobre 1998 ne sont pas taxées. Celles versées après cette date sont soumises, quel que soit l'âge de l'assuré au moment du versement, à un prélèvement de 20 % jusqu'à 700 000 euros, 31,25 % au-delà, après application d'un abattement de 152 500 euros par bénéficiaire, cet abattement s'appliquant pour l'ensemble des contrats reçus par chaque bénéficiaire.

Le même régime s'applique aux primes versées avant le soixante-dixième anniversaire de l'assuré sur les contrats d'assurance-vie souscrits à compter du 20 novembre 1991 (CGI, art. 990, I).

Le tableau suivant résume les régimes applicables selon les dates de souscription du contrat et celles de versement des primes :

Date de souscription du contrat	Prime versée	
	Avant le 13 octobre 1998	À compter du 13 octobre 1998
Contrat souscrit avant le 20 novembre 1991	Aucune taxation (sauf « modification de l'économie du contrat » après le 20 novembre 1991)	– Prélèvement de 20 % après application de l'abattement de 152 500 € (sans prise en compte de l'âge de l'assuré lors du versement des primes) – Taux porté à 31,25 % pour la fraction de part nette reçue par chaque bénéficiaire et excédant 700 000 € (depuis le 30 juin 2014)
Contrat souscrit à compter du 20 novembre 1991 – Primes versées avant le 70e anniversaire de l'assuré – Primes versées à compter du 70e anniversaire de l'assuré	– Aucune taxation –Droits de succession sur la fraction des primes qui excède 30 500 €	– Prélèvement de 20 % (après application de l'abattement de 152 500 €). Taux porté à 31,25 % à compter de 700 000 €. – Droits de succession sur la fraction des primes versées qui excède 30 500 €
Contrat d'assurance « vie génération » ouvert ou converti à compter du 1er janvier 2014		Pour les primes versées avant 70 ans : – Abattement de 20 %, puis abattement de 152 500 €. – Prélèvement de 20 %, puis 31,25 %.

1 *BOI-ENR-DMTG*-10-10-20-20-20230330, n°s 30 et 35.

533.32 Remarque sur les plans épargne retraite populaires (PERP). Le PERP n'est plus commercialisé depuis 2020. S'agissant d'un produit retraite et en raison de sa finalité il est rare qu'il comporte des primes après 70 ans. En cas de décès du titulaire du PERP avant son dénouement, le PERP est soumis aux mêmes règles fiscales que les contrats d'assurance-vie. Généralement le bénéficiaire est le souscripteur/assuré de sorte que le PERP se trouve le plus souvent hors du champ d'application des dispositions relatives à l'assurance-vie. Si toutefois, le contrat de PERP est dénoué par le décès de son titulaire, le bénéficiaire du contrat en cas de décès est exonéré de droits de succession sauf pour les primes versées après 70 ans et supérieures à 30 500 €. L'abattement global de 30 500 € est alors réparti entre les bénéficiaires des contrats d'assurance-vie et le bénéficiaire du PERP.

533.33 Domaine. Entrent dans le domaine de l'article 757 B du Code général des impôts les contrats d'assurance-vie répondant aux conditions ci-après, et les sommes versées par un assureur en raison d'un plan d'épargne retraite populaire dénoué par le décès du souscripteur après l'âge de 70 ans.

533.34 Désignation d'un bénéficiaire qui accepte. Le contrat d'assurance-vie doit désigner un bénéficiaire qui accepte. À défaut, ainsi qu'il a été vu précédemment, le capital versé par l'assureur fait partie des biens existants (v. s[s] n° 533.21).

533.35 Le contrat doit être dénoué par le décès (rép. min. *Bacquet et Ciot*). L'article 757 B du Code général des impôts ne s'applique qu'aux contrats dénoués par le décès.

Sont donc exclus, lorsque le défunt était marié sous un régime de communauté, les contrats souscrits par le conjoint survivant ainsi que les contrats souscrits par les deux époux contenant une clause de dénouement au second décès. Ces contrats, qui font partie de l'actif de communauté, entrent pour moitié dans l'actif successoral en droit civil si les époux sont mariés sous le régime légal[1].

Jusqu'au 12 janvier 2016, le droit fiscal s'appuyait strictement sur la liquidation civile, en application de la réponse ministérielle Bacquet[2]. La valeur de rachat du contrat non dénoué entrait donc dans l'actif de communauté et se retrouvait pour moitié dans l'actif successoral pour être soumis aux droits de succession.

Par un communiqué de presse n° 594 publié le 12 janvier 2016, le ministre des Finances a annoncé que les héritiers « *ne seront imposés sur le contrat d'assurance-vie qu'au décès du second époux et n'auront donc pas à payer de droits de succession dès le décès du premier époux sur un contrat non dénoué* ». Cette position a été reprise par une réponse ministérielle en date du 23 février 2016[3]. La valeur de rachat du contrat d'assurance-vie incluse dans la succession – soit moitié de cette valeur si les époux étaient mariés sous le régime légal – doit être déduite de l'actif taxable. Elle n'est désormais plus soumise aux droits de succession au premier décès (pour une illustration, v. s[s] n° 533.42-1).

Au second décès, le contrat d'assurance-vie sera soumis au régime fiscal de droit commun des contrats d'assurance-vie : application des droits de succession s'ils entrent dans le champ d'application de l'article 757 B du Code général des impôts, prélèvement spécifique de l'article 990-I du Code général des impôts dans le cas contraire[4].

Les primes versées par l'assureur au bénéficiaire au titre d'un PERP après les 70 ans de l'assuré sont soumises aux droits de succession après abattement de 30 500 € (CGI, art. 757 B, mod. par Ord. n° 2019-766, 24 juill. 2019, art. 3). Elles s'ajoutent donc aux primes versées sur les contrats d'assurance-vie pour une application unique de cet abattement global de 30 500 euros.

533.36 Le contrat peut être requalifié en donation indirecte. Dans certaines circonstances, l'administration fiscale requalifie le contrat d'assurance-vie en donation. Il en est ainsi notamment lorsque le défunt s'est dépouillé de façon irrévocable au profit du bénéficiaire, les sommes versées ne pouvant profiter, dès la signature du contrat, qu'au bénéficiaire par ailleurs institué légataire universel[5]. Dans une autre affaire, l'administration fiscale a obtenu la requalification d'un contrat souscrit quatre mois avant le décès, au profit d'une légataire universelle instituée peu avant la souscription[6]. L'institution du bénéfi-

1. Civ. 1re, 31 mars 1992, n° 90-16.343, Praslicka, P I, n° 95 ; *Defrénois* 1993, art. 31348, obs. G. Champenois ; *RTD civ.* 1992. 632, obs. F. Lucet et B. Vareille ; *JCP N* 1992. II. 376, obs. P. Simler.
2. Solution civile adoptée par l'administration fiscale : Rép. min. n° 26231, J.-P. Bacquet, *JOAN* 29 juin 2010, p. 728.
3. Rép. min. J.-D. Ciot n° 78192, *JOAN Q*, 23 févr. 2016, p. 1648, act. 339 – F. Fruleux, « Pour une bonne lecture de la remise en cause de la "doctrine Bacquet" », *JCP N* 2016. 1093 – S. Lerond et G. Dumont, « Assurance-vie : la réponse ministérielle Bacquet appartient au passé », *FR Francis Lefebvre* n° 12, 10 mars 2016.
4. Rép. min n° 78192, *JOAN Q*, 23 févr. 2016, p. 1648, act. 339 – F. Fruleux, « Pour une bonne lecture de la remise en cause de la "doctrine Bacquet" », *JCP N* 2016. 1093 – S. Lerond et G. Dumont, « Assurance-vie : la réponse ministérielle Bacquet appartient au passé », *FR Francis Lefebvre* n° 12, 10 mars 2016.
5. Com. 1er déc. 1998, n° 96-16.010, Cts Lassale, NP ; *Dr. fisc.* 1999. Comm. 198 ; *BOI* 7 G-3-70 ; *Dr. fisc.* 2000, n° 12, instr. 12427.
6. Angers, 22 juin 2004, RG n° 03/1101, Mlle Le Barillec ; *Dr. fisc.* 2004. Comm. 938.

ciaire comme légataire universel n'est pas suffisante, il faut d'autres circonstances telles que l'âge, l'état de santé, l'acceptation du contrat par le bénéficiaire... pour démontrer l'intention libérale.

Lorsque la qualification de donation indirecte est retenue, les sommes versées au titre du contrat d'assurance-vie doivent être réintégrées à l'actif successoral pour être soumises aux droits de mutation à titre gratuit, sans application de l'abattement prévu par l'article 757 B du Code général des impôts. L'opération étant qualifiée de donation cette réintégration se fait civilement par voie de réunion fictive et, si le bénéficiaire est un héritier acceptant, par voie de rapport civil. Fiscalement, la taxation n'a lieu qu'au niveau de la part taxable du bénéficiaire.

533.37 Champ d'application : souscription postérieure au 20 novembre 1991. L'article 757 B du Code général des impôts est entré en vigueur le 20 novembre 1991, il ne s'applique donc qu'aux contrats souscrits après cette date. Ainsi, les sommes versées à un bénéficiaire au décès de l'assuré en vertu d'un contrat souscrit avant le 20 novembre 1991, ne donnent pas ouverture aux droits de succession, quel que soit l'âge de l'assuré à la date de conclusion du contrat ou du versement des primes. Rappelons que si des primes ont été versées sur ces contrats après le 13 octobre 1998, elles sont soumises au régime de l'article 990, I du Code général des impôts (v. s^s^ n° 533.31).

La modification du texte relative à la taxation des sommes reçues au titre d'un PERP dénoué par le décès du souscripteur après l'âge de 70 ans s'applique à compter du 1er octobre 2019 (Décr. n° 2019-807, 30 juill. 2019, art. 9, II).

533.38 Absence de modification de l'économie du contrat. La réponse ministérielle Dutreil du 20 novembre 1995 a par ailleurs précisé que le contrat ne doit pas avoir fait l'objet, depuis le 20 novembre 1991, de modifications essentielles résultant de clauses ayant une incidence sur l'économie du contrat[1]. À défaut, les droits de succession trouveraient à s'appliquer si les autres conditions prévues à l'article 757 B du Code général des impôts sont satisfaites. Ne constituent pas une modification substantielle la simple prorogation du contrat tout comme sa tacite reconduction aux conditions antérieures[2]. Il en va de même du versement de primes non prévues au contrat ou disproportionnées par rapport à celles payées avant le 20 novembre 1991, dès lors que le contrat ne subit aucune modification[3].

1. Rép. min. n° 26186, R. Dutreil, *JOAN* 20 nov. 1995, p. 4926 ; *BOI-ENR-DMTG*-10-10-20-20-20230330, n° 90.
2. Rép. min. n° 26186, R. Dutreil, préc.
3. *BOI-ENR-DMTG*-10-10-20-20-20230330, n° 110.

533.39 Primes versées après soixante-dix ans. Le régime fiscal de l'article 757 B du Code général des impôts ne s'applique qu'aux primes versées après le soixante-dixième anniversaire de l'assuré. Dans l'éventualité, rare en pratique, où le souscripteur n'est pas l'assuré, l'âge du souscripteur au jour du versement est sans incidence. Si, sur un même contrat, des primes ont été versées avant et après les soixante-dix ans de l'assuré, il y a lieu de distinguer selon la date de versement des primes afin de ne soumettre au régime de l'article 757 B que les primes versées après soixante-dix ans.

SECTION 2 MODALITÉS DE TAXATION

§ 1 Contrats soumis aux droits de succession hors du champ d'application de l'article 757 B du Code général des impôts

533.41 Contrats visés. Deux catégories de contrats d'assurance-vie sont soumises aux droits de mutation par décès :

– les contrats d'assurance-vie sans bénéficiaire désigné ou avec un bénéficiaire décédé ou renonçant (v. s^s^ n°s 533.21 et 533.34) ;

– les contrats d'assurance-vie requalifiés en donation indirecte (v. s^s^ n° 533.36).

533.42 Capital imposable. En principe, le capital imposable, pour les contrats dénoués, est le montant effectivement versé à la succession par la compagnie d'assurances en vertu du contrat, quelle que soit la date de versement des primes. Les contrats non dénoués doivent être déduits de la quote-part du *boni* de communauté revenant à la succession.

533.42-1 Contrats d'assurance-vie réintégrés à l'actif net taxable.

EXEMPLE

M. X décède laissant à sa survivance son épouse commune en biens et deux enfants A et B.

L'actif de communauté comprend :

– un immeuble de rapport estimé à 200 000 € ;

– divers avoirs bancaires pour un montant de 120 000 €.

Le passif de communauté est de 20 000 €.

M. X n'a pas de biens propres. Il avait souscrit un contrat d'assurance-vie au moyen du remploi de deniers provenant de la succession d'un parent. Ce contrat n'a pas de bénéficiaire désigné. Le montant de la prime versé était de 120 000 €, le capital versé par l'assureur est de 170 000 €.

Mme X a également souscrit un contrat d'assurance-vie alimenté par des économies sur ses revenus. La valeur de rachat de ce contrat au jour de l'ouverture de la succession est de 60 000 €. Le logement de la famille se situe dans une maison, bien propre à Mme X.

Liquidation du régime matrimonial

Font partie de l'actif commun l'immeuble de rapport et les avoirs bancaires en leur qualité d'acquêts, ainsi que le contrat d'assurance vie de Mme X, car il n'est pas dénoué et les primes versées proviennent de deniers communs (revenus de Mme X). Le contrat d'assurance-vie de M. X, alimenté au moyen de deniers propres, n'a aucune incidence sur la liquidation de la communauté.

Actif : Appartement	200 000
Avoirs bancaires	120 000
Contrat d'assurance-vie de Mme X (valeur de rachat)	60 000
Actif brut de communauté	380 000
Passif : Passif commun	20 000
Actif net de communauté	360 000
Dont moitié pour chaque époux ou sa succession	1/2
Est de	180 000

Liquidation de la succession

M. X n'ayant pas de biens propres, l'actif de succession comprend :

– 1° la moitié du *boni* de communauté (180 000 €) lequel inclut 50 % du contrat d'assurance-vie de Mme X. Il convient de déduire de la moitié de ce *boni* de communauté, 50 % de la valeur de rachat du contrat d'assurance-vie non dénoué : (60 000/2 = 30 000 €) ;

– 2° le contrat d'assurance-vie souscrit par M. X (bien propre) car aucun bénéficiaire n'a été désigné.

Actif brut de succession	
Moitié du *boni* de communauté hors contrat d'assurance-vie non dénoué	150 000
Capital versé par l'assureur au titre du contrat d'assurance-vie de M. X	170 000
Actif brut	320 000

Sur cet actif brut seront calculés le forfait mobilier, puis après déduction du passif, les droits de succession.

§ 2
Contrats soumis à l'article 757 B du Code général des impôts

533.51 Détermination de la base taxable. La base taxable est égale à la somme des primes versées après les soixante-dix ans de l'assuré, déduction faite du seuil fixé par l'article 757 B du Code général des impôts.

Ne sont pas soumis aux droits de succession les primes versées avant les soixante-dix ans de l'assuré ainsi que les produits attachés aux contrats (intérêts, participation aux bénéfices) et les plus-values, afférents aux primes versées après soixante-dix ans.

Ainsi ce n'est pas le capital versé par l'assureur au moment du décès mais la prime versée par le souscripteur, sans déduction des frais de gestion[1], qui est taxée.

Il n'est pas non plus tenu compte des rachats partiels et des avances non remboursées au décès de l'assuré.

Toutefois dans l'hypothèse où les capitaux versés par l'assureur sont inférieurs aux primes versées après soixante-dix ans, l'assiette des droits est limitée aux capitaux effectivement versés aux bénéficiaires, qu'il y ait eu rachats partiels par le souscripteur ou baisse de la valeur des unités de compte de référence, pour les contrats dont la garantie est exprimée en unités de compte[2].

533.51-1 Base taxable – Primes versées après soixante-dix ans.

EXEMPLE

M. X vient de décéder. Il avait souscrit un contrat d'assurance-vie à l'âge de 72 ans, sur lequel il a versé un total de primes s'élevant à 70 000 €.

Hypothèse 1 : À son décès, l'assureur verse une somme de 85 000 € au bénéficiaire désigné.

La base taxable est de 70 000 €.

Hypothèse 2 : À son décès, l'assureur verse une somme de 65 000 €.

La base taxable est de 65 000 €.

533.52 Abattement de 30 500 euros. Un abattement de 30 500 euros est appliqué sur la base taxable. Cet abattement est global : il s'applique à la somme des primes versées après 70 ans sur tous les contrats souscrits après le 20 novembre 1991.

S'il existe plusieurs bénéficiaires, il y a lieu de répartir cet abattement entre eux en fonction de la part leur revenant dans les primes taxables.

En cas de clause de démembrement, l'abattement est réparti entre l'usufruitier et le nu-propriétaire, tous deux considérés comme bénéficiaires, au prorata de la part leur revenant dans les primes taxables, part déterminée selon le barème prévu à l'article 669 du Code général des impôts[3].

533.52-1 Répartition de l'abattement entre les bénéficiaires des contrats d'assurance-vie.

EXEMPLE

M. X décède. Il avait souscrit trois contrats d'assurance-vie.

Contrat 1 :

Montant brut des primes versées après 70 ans : 30 000 €

Bénéficiaire : son fils A.

1. *BOI-ENR-DMTG*-10-10-20-20-20230330, n° 140.
2. *BOI-ENR-DMTG*-10-10-20-20-20230330, n° 190.
3. *BOI-ENR-DMTG*-10-10-20-20-20230330, n° 225.

Contrat 2 :

Montant brut des primes versées après 70 ans : 30 000 €

Bénéficiaire : sa fille B.

Contrat 3 :

Montant brut des primes versées après 70 ans : 45 000 €

Bénéficiaire : ses trois petits-enfants à concurrence d'un tiers chacun.

Total des primes versées après 70 ans : 105 000 €

Répartition de l'abattement entre des bénéficiaires en pleine propriété

Fraction d'abattement profitant à A :

30 000/105 000 × 30 500 = 8 714

Fraction d'abattement profitant à B :

30 000/105 000 × 30 500 = 8 714

Fraction d'abattement profitant à chaque petit-enfant :

15 000/105 000 × 30 500 = 4 357

533.52-2 Répartition de l'abattement entre un usufruitier et un nu-propriétaire.

EXEMPLE

M. X décède. Il avait souscrit un seul contrat d'assurance-vie sur lequel il a versé 100 000 € de primes après 70 ans. Les bénéficiaires du contrat sont son fils pour l'usufruit et son petit-fils pour la nue-propriété. Au décès de M. X, son fils est âgé de 58 ans.

En applicable de l'article 669 du CGI, l'usufruit du fils est estimé à 60 % de la valeur de la pleine propriété. Le fils a donc droit à 60 % de l'abattement de 30 500 € soit 18 300 €, le petit-fils à 40 %, soit 12 200 €.

533.53 Répartition de l'abattement : présence d'un bénéficiaire exonéré de droit de succession. Les personnes exonérées de droits de mutation par décès (conjoint survivant, partenaire de PACS et sous certaines conditions les frères et sœurs vivant ensemble), sont également exonérées de droits de mutation par décès sur les sommes reçues en vertu d'un contrat d'assurance-vie. Ainsi, en cas de pluralité de bénéficiaires, dont certains sont exonérés, il n'est pas tenu compte de la part revenant aux personnes exonérées de droits de succession pour répartir l'abattement de 30 500 euros entre les différents bénéficiaires[1].

533.53-1 Répartition de l'abattement entre les bénéficiaires des contrats d'assurance-vie, dont l'un est exonéré de droits de succession.

EXEMPLE

M. X décède. Il avait souscrit deux contrats d'assurance-vie.

Contrat 1 :

Montant brut des primes versées après 70 ans : 80 000 €

Bénéficiaire : son fils A et sa fille B, à concurrence de moitié chacun.

Contrat 2 :

Montant brut des primes versées après 70 ans : 50 000 €

Bénéficiaire son conjoint.

Total des primes versées après 70 ans relatives à des contrats dont les bénéficiaires ne sont pas exonérés de droits de succession : 80 000 €, dont moitié pour A et moitié pour B.

Chaque enfant a droit à la moitié de l'abattement de 30 500 € soit 15 250 € chacun.

533.54 Calcul des droits de mutation par décès. Après application de l'abattement de 30 500 euros à la fraction de prime correspondant à chaque bénéficiaire, les droits de succession sont calculés dans les conditions de droit commun en fonction du lien de parenté existant entre le défunt et le bénéficiaire.

Il y a donc lieu d'appliquer les abattements prévus aux articles 779 du Code général des impôts et 788 du Code général des impôts ainsi que celui de l'article 779, II du Code général des impôts – abattement en faveur des personnes handicapées – si les conditions en sont satisfaites, puis le tarif prévu par l'article 777 du Code général des impôts[2].

533.54-1 Contrat d'assurance-vie au profit d'un neveu.

EXEMPLE

M. X décède laissant à sa survivance son épouse, instituée légataire universelle.

Il avait souscrit un contrat d'assurance-vie au profit de son neveu. La compagnie d'assurance précise que le montant des primes versées après 70 ans s'élève à 60 000 €.

Base taxable	60 000
Abattement	30 500
Part taxable	29 500

Calcul des droits de mutation par décès pour le neveu, bénéficiaire du contrat d'assurance-vie :

Part taxable	29 500
Abattement	7 967
Assiette des droits	21 533
Montant des droits : 21 533 × 55 % =	11 843,15
Arrondi à	11 843

533.55 Bénéficiaire appelé à la succession de l'assuré. Lorsque le bénéficiaire du contrat d'assurance-vie est appelé à la succession de l'assuré soit en vertu de la loi soit en vertu d'une libéralité – testament ou donation entre époux – les droits de succession doivent être calculés en tenant compte de la part lui revenant dans la succession. En pratique, on ajoute à sa part taxable dans la succession la part lui revenant dans les primes taxables, déduction faite de la fraction de l'abattement de 30 500 euros dont il peut bénéficier.

1. *BOI-ENR-DMTG*-10-10-20-20-20233003, n° 220.

2. Rép. min. n° 22518, P. Briand, *JOAN* 12 avr. 1999, p. 2208.

533.55-1 **Contrat d'assurance-vie au profit d'un enfant.**

EXEMPLE

M. X décède laissant à sa survivance trois enfants A, B, et C. La part taxable de chaque enfant, déterminée après liquidation de sa succession, est de 220 000 €. A est par ailleurs bénéficiaire d'un contrat d'assurance-vie dont 60 000 € de primes ont été versées après 70 ans. Le défunt n'était l'assuré d'aucun autre contrat d'assurance-vie et n'a consenti aucune libéralité.

Calcul des droits de mutation par décès dus par A

Part taxable dans la succession	220 000
Part taxable du contrat d'assurance-vie (60 000 – 30 500)	29 500
Ensemble	249 500
À déduire : son abattement	100 000
Reste taxable	149 500

Calcul des droits :

5 % sur 8 072 €	403,60
10 % sur 4 037 €	403,70
15 % sur 3 823 €	573,45
20 % sur le reliquat soit 133 568 €	26 713,60
Ensemble	28 094,35
Arrondi à	28 094

533.56 **Contrat d'assurance-vie au profit d'un bénéficiaire venant à la succession de l'assuré par représentation.** Le caractère hors succession de l'assurance-vie implique que la représentation ne s'applique pas aux sommes transmises dans le cadre d'un contrat d'assurance-vie. Les droits de mutation par décès sont calculés suivant le degré de parenté existant entre le bénéficiaire et l'assuré décédé, ce lien étant analysé « à titre personnel », en excluant tout mécanisme de représentation [1].

Il en découle que, lorsque le bénéficiaire d'un contrat d'assurance-vie vient aussi à la succession de l'assuré défunt en représentation de son auteur prédécédé, il y a lieu de procéder à une « double liquidation ».

Ainsi par EXEMPLE, si un petit-fils vient à la succession de son grand-père par représentation de son père prédécédé et qu'il est par ailleurs également bénéficiaire d'un contrat d'assurance-vie souscrit par son grand-père, il bénéficiera dans la succession de l'abattement de son auteur prédécédé qu'il vienne par représentation ou de son chef, la succession étant dévolue en ligne directe (v. s[s] n° 511.22) et de l'abattement prévu au IV de l'article 788 du Code général des impôts (à défaut d'un autre abattement applicable), soit 1 594 €, sur les sommes versées en raison d'un contrat d'assurance-vie et imposées en vertu des dispositions de l'article 757 B du article 788 du Code général des impôts.

De même, si un neveu vient à la succession de son oncle par représentation du frère prédécédé et qu'il est également bénéficiaire d'un contrat d'assurance-vie souscrit par son oncle, il bénéficiera dans la succession d'un abattement au titre de la succession – abattement applicable entre frères et sœurs s'il vient par représentation, ou abattement au profit des neveux et nièces s'il vient de son chef (v. s[s] n° 511.22) et de l'abattement prévu au IV de l'article 788 du Code général des impôts (à défaut d'un autre abattement applicable) sur les sommes versées en raison d'un contrat d'assurance-vie et imposées en vertu des dispositions de l'article 757 B du Code général des impôts.

Le principe de cette double liquidation a comme conséquence de ne pas permettre au représentant bénéficiaire d'un contrat d'assurance-vie de reporter la fraction d'abattement non utilisée pour la taxation de la part successorale sur les sommes reçues en vertu du contrat d'assurance-vie ou des biens reçus en vertu du legs.

1. *BOI-ENR-DMTG*-10-10-20-20-20230330, n°s 240 s.

LIVRE

6. SUCCESSION ET RÈGLES DE PROCÉDURE CIVILE

SECTION 0 ORIENTEUR

6.00 **Sommaire du livre.**

6.01 **Introduction.** Le livre 3 du Code de procédure civile consacre près de 90 articles insérés dans un chapitre II du titre 3 relatif aux successions et libéralités.

6.02 **Division.** Nous envisagerons successivement la répartition des compétences au sein du tribunal judiciaire (chap. 611) puis les règles qui régissent spécifiquement la procédure de partage judiciaire (chap. 612).

CHAPITRE

611. Répartition des compétences au sein du tribunal judiciaire

SECTION 0 ORIENTEUR

611.00 Sommaire du chapitre.

611.01 Textes applicables.

MESURES PROVISOIRES POUVANT ÊTRE ORDONNÉES PAR LE PRÉSIDENT DU TRIBUNAL JUDICIAIRE APRÈS L'OUVERTURE D'UNE SUCCESSION

[C. pr. civ., art. 1304 à 1326]

• **C. pr. civ.,** art. 1304

Un huissier de justice peut accomplir les mesures conservatoires qui s'imposent après le décès d'une personne. Ces mesures conservatoires sont, selon la valeur des biens trouvés sur place, l'apposition des scellés ou l'état descriptif.

Si les meubles sur place sont manifestement dénués de valeur marchande, l'huissier de justice dresse un procès-verbal de carence.

Lorsqu'un inventaire a été dressé, aucune mesure conservatoire prévue par la présente section ne peut être ordonnée, à moins que celui-ci ne soit attaqué.

• **C. pr. civ.,** art. 1305

Les mesures conservatoires peuvent être demandées :

1° Par le conjoint ou le partenaire d'un pacte civil de solidarité ;

2° Par tous ceux qui prétendent avoir une vocation successorale ;

3° Par l'exécuteur testamentaire ou le mandataire désigné pour l'administration de la succession ;

4° Par le ministère public ;

5° Par le propriétaire des lieux ;

6° Par tout créancier muni d'un titre exécutoire ou justifiant d'une créance apparaissant fondée en son principe ;

7° En cas d'absence du conjoint ou des héritiers, ou s'il y a parmi les héritiers des mineurs non pourvus d'un représentant légal, par les personnes qui demeuraient avec le défunt, par le maire, le commissaire de police ou le commandant de la brigade de gendarmerie.

• **C. pr. civ.,** art. 1306

La demande est portée devant le président du tribunal judiciaire dans le ressort duquel est ouverte la succession qui statue par ordonnance sur requête. Le ministère d'avocat n'est pas obligatoire.

La décision qui fait droit à la demande désigne un huissier de justice pour accomplir les diligences prévues à la présente section. Sous réserve des dispositions particulières en matière de frais de justice, le coût de la mesure est avancé par le demandeur.

> Apposition des scellés

[C. pr. civ., art. 1307 à 1315]

• **C. pr. civ.,** art. 1307

Le demandeur à la mesure est invité par l'huissier de justice à assister à l'apposition des scellés ou, s'il n'entend pas s'y rendre, à lui remettre les clés s'il les détient.

• **C. pr. civ.,** art. 1308

L'huissier de justice peut prendre toutes les dispositions nécessaires à l'apposition des scellés. Il appose les scellés au moyen de son sceau.

• **C. pr. civ.,** art. 1309

Lorsque les locaux sont fermés, l'huissier de justice peut apposer les scellés sur la porte si le requérant n'en demande pas l'ouverture.

Dans le cas contraire, il peut y pénétrer par tous moyens, en présence du maire de la commune, d'un conseiller municipal ou d'un fonctionnaire municipal délégué par le maire à cette fin, d'une autorité de police ou de gendarmerie, requis pour assister au déroulement des opérations ou, à défaut, de deux témoins majeurs qui ne sont pas au service de l'huissier de justice et qui déclarent ne pas avoir de lien avec les personnes ayant une vocation successorale.

• **C. pr. civ.,** art. 1310

L'huissier de justice désigne un gardien des scellés si la consistance et la valeur apparente des biens le justifient.

Lorsque des personnes demeurent dans les lieux où est faite l'apposition, l'huissier de justice désigne le gardien parmi ces personnes.

L'huissier de justice doit recueillir l'acceptation de la personne qu'il établit gardien.

• **C. pr. civ.,** art. 1311

S'il est découvert un testament, l'huissier de justice le paraphe avec les personnes présentes. Il le dépose ensuite entre les mains d'un notaire.

• **C. pr. civ.,** art. 1312

S'il est trouvé des documents, ils sont placés, si nécessaire, dans un meuble sur lequel les scellés sont apposés.

• **C. pr. civ.,** art. 1313

L'huissier de justice dépose entre les mains du notaire chargé du règlement de la succession, ou, s'il n'y en a pas, soit en son étude, soit entre les mains d'un établissement bancaire, les titres, sommes, valeurs, bijoux ou autres objets précieux pour lesquels l'apposition des scellés ne paraîtrait pas être une précaution suffisante. Il peut également consigner auprès de la Caisse des dépôts et consignations les valeurs en numéraire.

• **C. pr. civ.,** art. 1314

Si des documents ou paquets fermés paraissent, par leur suscription ou quelque autre preuve écrite, appartenir à des tiers, l'huissier de justice les dépose en son étude et convoque ces tiers dans un délai qu'il fixe pour qu'ils puissent assister à l'ouverture.

Si, lors de l'ouverture, il se révèle que les documents ou paquets sont étrangers à la succession, l'huissier les remet aux intéressés. Si ceux-ci ne se présentent pas ou si les documents ou paquets se rapportent à la succession, l'huissier de justice les dépose entre les mains du notaire chargé du règlement de la succession, ou, s'il n'y en a pas, les conserve.

• **C. pr. civ.,** art. 1315

Le procès-verbal d'apposition des scellés est signé et daté par l'huissier de justice. Il comprend :

1° Le rappel de la décision en vertu de laquelle l'huissier de justice opère ;

2° Une relation sommaire des déclarations des personnes présentes et des suites qui, le cas échéant, leur ont été réservées ;

3° La désignation des lieux et des meubles meublants sur lesquels les scellés ont été apposés ;

4° Une description sommaire des objets qui ne sont pas mis sous scellés ;

5° L'indication des dispositions prises pour assurer la conservation des locaux et des biens et la sauvegarde des animaux domestiques ;

6° La mention des formalités accomplies, s'il y a lieu, en application des articles 1311 à 1314 ;

7° L'indication des nom, prénom et qualité des personnes qui ont assisté aux opérations, lesquelles doivent apposer leur signature sur l'original ; en cas de refus, il en est fait mention dans l'acte ;

8° Le cas échéant, la désignation du gardien établi et la mention de son acceptation.

> Levée des scellés

[C. pr. civ., art. 1316 à 1322]

• **C. pr. civ.,** art. 1316

La levée des scellés peut être requise par les personnes ayant qualité pour en demander l'apposition, et par l'administration chargée des domaines lorsqu'elle a été chargée de gérer la succession.

• **C. pr. civ.,** art. 1317

Le requérant présente à l'huissier de justice une liste des personnes qui doivent être appelées à la levée des scellés, comprenant celles qui avaient requis l'apposition et les personnes devant être appelées à l'inventaire en application de l'article 1329, ainsi que, le cas échéant, l'administration chargée des domaines.

L'huissier de justice fixe le jour et l'heure où il sera procédé à la levée des scellés.

Les personnes concernées sont appelées à assister à la levée des scellés par l'huissier de justice, dans les conditions prévues au dernier alinéa de l'article 1329.

• **C. pr. civ.,** art. 1318

L'huissier de justice donne avis de la levée des scellés aux personnes qui par déclaration écrite et motivée en son étude ou au greffe ont demandé à y assister.

• **C. pr. civ.,** art. 1319

Les scellés peuvent être levés sans inventaire lorsque toutes les parties appelées sont présentes ou représentées et ne s'opposent pas à ce qu'il soit ainsi procédé.

Dans le cas contraire, il est dressé un inventaire par l'huissier de justice, dans les conditions prévues à la section 2, à moins que les personnes ayant qualité pour être appelées à l'inventaire conviennent de choisir un autre officier public et ministériel ou que la désignation en soit faite conformément à l'article 1333.

• **C. pr. civ.,** art. 1320

Le procès-verbal de levée des scellés est daté et signé par l'huissier de justice. Il comprend :

1° La mention de la demande de levée et de la fixation par l'huissier de justice du jour et de l'heure de la levée ;

2° Les nom et adresse du ou des requérants ;

3° Les nom et adresse des parties présentes, représentées ou appelées ;

4° La reconnaissance des scellés s'ils sont sains et entiers ou, s'ils ne le sont pas, l'état des altérations ;

5° Les observations des requérants et des comparants et les suites qui, le cas échéant, leur ont été réservées ;

6° L'indication de l'auteur de l'inventaire.

• **C. pr. civ.,** art. 1321

Les scellés sont levés successivement et au fur et à mesure de la confection de l'inventaire ; ils sont réapposés à la fin de chaque vacation.

• **C. pr. civ.,** art. 1322

En cas de nécessité, l'huissier de justice peut procéder à une levée provisoire des scellés, lesquels devront être ensuite réapposés aussitôt qu'aura été accomplie l'opération qui avait rendu cette levée nécessaire.

L'huissier de justice dresse procès-verbal de ses diligences.

La levée provisoire suivie de réapposition immédiate n'est pas soumise aux dispositions des articles 1316 à 1321.

> État descriptif

• **C. pr. civ.,** art. 1323

Lorsqu'il apparaît que la consistance des biens laissés sur place après distraction des objets précieux en application des dispositions de l'article 1313 ne justifie pas une apposition des scellés, l'huissier de justice compétent pour celle-ci dresse un état descriptif du mobilier ; à défaut d'héritier présent, il assure la clôture des lieux si ceux-ci sont inoccupés et conserve les clés. Les dispositions des articles 1309, 1311, 1313 et 1314 sont applicables.

S'il y a des effets nécessaires à l'usage des personnes qui restent dans les lieux, ou sur lesquels les scellés ne peuvent être apposés, l'huissier de justice en dresse un état descriptif.

Tout héritier peut obtenir la remise des clés en donnant décharge des meubles sur l'état descriptif, après en avoir reconnu la consistance en présence de l'huissier de justice. Dans les mêmes conditions, les clés peuvent être remises, sur permission du président du tribunal judiciaire, à un légataire universel ayant la saisine et la possession de la succession.

L'administration chargée des domaines peut également demander la remise des clés, dans les cas où elle a été désignée pour administrer la succession.

> Dispositions communes

[C. pr. civ., art. 1324 à 1326]

• **C. pr. civ.,** art. 1324

Lorsqu'il n'y a pas de successible connu et si le contrat de location a pris fin, le président du tribunal judiciaire ou son délégué peut autoriser, dans les conditions prévues au premier alinéa de l'article 1325, le propriétaire des locaux à faire enlever les meubles et à les faire soit déposer dans un autre lieu, soit cantonner dans une partie du local qui était occupé par le défunt. Les frais d'enlèvement et de conservation des meubles sont avancés par le propriétaire.

L'huissier de justice assiste au déplacement des meubles et dresse procès-verbal des opérations.

Si des scellés avaient été apposés, il les lève puis les réappose sur les lieux dans lesquels les meubles sont déposés ou cantonnés, dans les conditions prévues à l'article 1322.

Lorsqu'il avait été dressé un état descriptif, l'huissier de justice assure la clôture des lieux où sont déposés ou cantonnés les meubles et il conserve les clés.

• **C. pr. civ.,** art. 1325

S'il survient des difficultés relatives aux mesures prévues à la présente section, les parties ou l'huissier de justice peuvent en saisir le président du tribunal judiciaire par simple requête. Le ministère d'avocat n'est pas obligatoire.

Si une contestation oppose les parties entre elles, le président du tribunal judiciaire est saisi par la partie la plus diligente. La contestation est formée, instruite et jugée selon la procédure accélérée au fond.

• **C. pr. civ.,** art. 1326

Les dispositions de la présente section s'appliquent à l'apposition des scellés ordonnée en matière civile en application d'une disposition particulière, sauf incompatibilité avec la matière considérée ou disposition contraire.

RÈGLES DE RÉPARTITION DE COMPÉTENCE ENTRE LE TRIBUNAL JUDICIAIRE ET SON PRÉSIDENT EN MATIÈRE DE SUCCESSION

[C. pr. civ., art. 1379 à 1381]

• **C. pr. civ.,** art. 1379

Les demandes formées en application des articles 784, 790, 809-1, 810-8, 812-1-1, 813, 813-4, 814-1, 837, 841-1 et 1031 du Code civil sont portées devant le président du tribunal judiciaire qui statue dans les formes prévues aux articles 493 à 498 et 846 du présent code.

Il en va de même des demandes formées en application de l'article 829 du Code civil dans le cadre d'un partage amiable.

• **C. pr. civ.,** art. 1380

Les demandes formées en application des articles 772, 794, 810-5, 812-3, 813-1, 813-7, 813-9 et du deuxième alinéa de l'article 814, des articles 815-6, 815-7, 815-9 et 815-11 du code civil sont portées devant le président du tribunal judiciaire qui statue selon la procédure accélérée au fond.

• **C. pr. civ.,** art. 1381

Les demandes formées en application des articles 811, 820, 821, 821-1, 824, 832-1, 832-2, 832-3, 887, 1026 du même code sont portées devant le tribunal judiciaire, sous réserve de la compétence dévolue au juge aux affaires familiales par le 1° de l'article L. 213-3 du Code de l'organisation judiciaire.

COMPÉTENCE EXCLUSIVE DU TRIBUNAL JUDICIAIRE EN MATIÈRE DE SUCCESSION

• **COJ, art. R. 211-3-26,** 3°

Le tribunal judiciaire a compétence exclusive dans les matières déterminées par les lois et règlements, au nombre desquelles figurent les matières suivantes :

[...]

3° Successions ;

[...]

RÈGLES DE POSTULATION TERRITORIALE

• **L. n° 71-1130, 31 déc. 1971, portant réforme de certaines professions judiciaires et juridiques,** art. 5

Les avocats exercent leur ministère et peuvent plaider sans limitation territoriale devant toutes les juridictions et organismes juridictionnels ou disciplinaires, sous les réserves prévues à l'article 4.

Ils peuvent postuler devant l'ensemble des tribunaux judiciaires du ressort de cour d'appel dans lequel ils ont établi leur résidence professionnelle et devant ladite cour d'appel.

Par dérogation au deuxième alinéa, les avocats ne peuvent postuler devant un autre tribunal que celui auprès duquel est établie leur résidence professionnelle ni dans le cadre des procédures de saisie immobilière, de partage et de licitation, ni au titre de l'aide juridictionnelle, ni dans des instances dans lesquelles ils ne seraient pas maîtres de l'affaire chargés également d'assurer la plaidoirie.

DEMANDE EN JUSTICE

[C. pr. civ., art. 54 à 59]

• **C. pr. civ.,** art. 54

La demande initiale est formée par assignation ou par requête remise ou adressée au greffe de la juridiction. La requête peut être formée conjointement par les parties.

À peine de nullité, la demande initiale mentionne :

1° L'indication de la juridiction devant laquelle la demande est portée ;

2° L'objet de la demande ;

3° a) Pour les personnes physiques, les nom, prénoms, profession, domicile, nationalité, date et lieu de naissance de chacun des demandeurs ;

b) Pour les personnes morales, leur forme, leur dénomination, leur siège social et l'organe qui les représente légalement ;

4° Le cas échéant, les mentions relatives à la désignation des immeubles exigées pour la publication au fichier immobilier ;

5° Lorsqu'elle doit être précédée d'une tentative de conciliation, de médiation ou de procédure participative, les diligences entreprises en vue d'une résolution amiable du litige ou la justification de la dispense d'une telle tentative.

• **C. pr. civ.,** art. 55

L'assignation est l'acte d'huissier de justice par lequel le demandeur cite son adversaire à comparaître devant le juge.

• **C. pr. civ.,** art. 56

L'assignation contient à peine de nullité, outre les mentions prescrites pour les actes d'huissier de justice et celles énoncées à l'article 54 :

1° Les lieu, jour et heure de l'audience à laquelle l'affaire sera appelée ;

2° Un exposé des moyens en fait et en droit ;

3° La liste des pièces sur lesquelles la demande est fondée dans un bordereau qui lui est annexé ;

4° L'indication des modalités de comparution devant la juridiction et la précision que, faute pour le défendeur de comparaître, il s'expose à ce qu'un jugement soit rendu contre lui sur les seuls éléments fournis par son adversaire.

L'assignation précise également, le cas échéant, la chambre désignée.

Elle vaut conclusions.

• **C. pr. civ.,** art. 57

Lorsqu'elle est formée par le demandeur, la requête saisit la juridiction sans que son adversaire en ait été préalablement informé. Lorsqu'elle est remise ou adressée conjointement par les parties, elle soumet au juge leurs prétentions respectives, les points sur lesquels elles sont en désaccord ainsi que leurs moyens respectifs.

Elle contient, outre les mentions énoncées à l'article 54, également à peine de nullité :

– lorsqu'elle est formée par une seule partie, l'indication des nom, prénoms et domicile de la personne contre laquelle la demande est formée ou s'il s'agit d'une personne morale, de sa dénomination et de son siège social ;

– dans tous les cas, l'indication des pièces sur lesquelles la demande est fondée.

Elle est datée et signée.

JUGEMENTS SUR LE FOND

• **C. pr. civ.,** art. 481-1

À moins qu'il en soit disposé autrement, lorsqu'il est prévu par la loi ou le règlement qu'il est statué selon la procédure accélérée au fond, la demande est formée, instruite et jugée dans les conditions suivantes :

1° La demande est portée par voie d'assignation à une audience tenue aux jour et heure prévus à cet effet ;

2° Le juge est saisi par la remise d'une copie de l'assignation au greffe avant la date fixée pour l'audience, sous peine de caducité de l'assignation constatée d'office par ordonnance du juge, ou, à défaut, à la requête d'une partie ;

3° Le jour de l'audience, le juge s'assure qu'il s'est écoulé un temps suffisant depuis l'assignation pour que la partie assignée ait pu préparer sa défense. La procédure est orale ;

4° Le juge a la faculté de renvoyer l'affaire devant la formation collégiale, à une audience dont il fixe la date, qui statuera selon la procédure accélérée au fond ;

5° À titre exceptionnel, en cas d'urgence manifeste à raison notamment d'un délai imposé par la loi ou le règlement, le président du tribunal, statuant sur requête, peut autoriser à assigner à une heure qu'il indique, même les jours fériés ou chômés ;

6° Le jugement est exécutoire de droit à titre provisoire dans les conditions prévues aux articles 514-1 à 514-6 ;

7° La décision du juge peut être frappée d'appel à moins qu'elle n'émane du premier président de la cour d'appel ou qu'elle n'ait été rendue en dernier ressort en raison du montant ou de l'objet de la demande.

Le délai d'appel ou d'opposition est de quinze jours.

Ordonnances de référé

[C. pr. civ., art. 484 à 490]

• **C. pr. civ.,** art. 484

L'ordonnance de référé est une décision provisoire rendue à la demande d'une partie, l'autre présente ou appelée, dans les cas où la loi confère à un juge qui n'est pas saisi du principal le pouvoir d'ordonner immédiatement les mesures nécessaires.

• **C. pr. civ.,** art. 485

La demande est portée par voie d'assignation à une audience tenue à cet effet aux jour et heure habituels des référés.

Si, néanmoins, le cas requiert célérité, le juge des référés peut permettre d'assigner, à heure indiquée, même les jours fériés ou chômés.

• **C. pr. civ.,** art. 486

Le juge s'assure qu'il s'est écoulé un temps suffisant entre l'assignation et l'audience pour que la partie assignée ait pu préparer sa défense.

• **C. pr. civ.,** art. 487

Le juge des référés a la faculté de renvoyer l'affaire en état de référé devant la formation collégiale de la juridiction à une audience dont il fixe la date.

• **C. pr. civ.,** art. 488

L'ordonnance de référé n'a pas, au principal, l'autorité de la chose jugée.

Elle ne peut être modifiée ou rapportée en référé qu'en cas de circonstances nouvelles.

• **C. pr. civ.,** art. 490

L'ordonnance de référé peut être frappée d'appel à moins qu'elle n'émane du premier président de la cour d'appel ou qu'elle n'ait été rendue en dernier ressort en raison du montant ou de l'objet de la demande.

L'ordonnance rendue en dernier ressort par défaut est susceptible d'opposition.

Le délai d'appel ou d'opposition est de quinze jours.

Ordonnances sur requête

[C. pr. civ., art. 493 à 497]

• **C. pr. civ.,** art. 493

L'ordonnance sur requête est une décision provisoire rendue non contradictoirement dans les cas où le requérant est fondé à ne pas appeler de partie adverse.

• **C. pr. civ.,** art. 494

La requête est présentée en double exemplaire. Elle doit être motivée. Elle doit comporter l'indication précise des pièces invoquées.

Si elle est présentée à l'occasion d'une instance, elle doit indiquer la juridiction saisie.

En cas d'urgence, la requête peut être présentée au domicile du juge.

• **C. pr. civ.,** art. 495

L'ordonnance sur requête est motivée.

Elle est exécutoire au seul vu de la minute.

Copie de la requête et de l'ordonnance est laissée à la personne à laquelle elle est opposée.

• **C. pr. civ.,** art. 496

S'il n'est pas fait droit à la requête, appel peut être interjeté à moins que l'ordonnance n'émane du premier président de la cour d'appel. Le délai d'appel est de quinze jours. L'appel est formé, instruit et jugé comme en matière gracieuse.

S'il est fait droit à la requête, tout intéressé peut en référer au juge qui a rendu l'ordonnance.

• **C. pr. civ.,** art. 497

Le juge a la faculté de modifier ou de rétracter son ordonnance, même si le juge du fond est saisi de l'affaire.

Introduction de l'instance devant le tribunal judiciaire par assignation

[C. pr. civ. art. 751 à 755]

• **C. pr. civ.,** art. 751

La demande formée par assignation est portée à une audience dont la date est communiquée par le greffe au demandeur sur présentation du projet d'assignation. Un arrêté du garde des sceaux détermine les modalités d'application du présent article.

Conformément à l'article 12 du décret n° 2020-1452 du 27 novembre 2020, ces dispositions entrent en vigueur le 1er janvier 2021. Elles s'appliquent aux instances en cours à cette date.

• **C. pr. civ.,** art. 752

Lorsque la représentation par avocat est obligatoire, outre les mentions prescrites aux articles 54 et 56, l'assignation contient à peine de nullité :

1° la constitution de l'avocat du demandeur ;

2° Le délai dans lequel le défendeur est tenu de constituer avocat.

Le cas échéant, l'assignation mentionne l'accord du demandeur pour que la procédure se déroule sans audience en application de l'article L. 212-5-1 du code de l'organisation judiciaire.

• **C. pr. civ.,** art. 754

La juridiction est saisie, à la diligence de l'une ou l'autre partie, par la remise au greffe d'une copie de l'assignation.

Sous réserve que la date de l'audience soit communiquée plus de quinze jours à l'avance, la remise doit être effectuée au moins quinze jours avant cette date.

La remise doit avoir lieu dans ce délai sous peine de caducité de l'assignation constatée d'office par ordonnance du juge, ou, à défaut, à la requête d'une partie.

• **C. pr. civ.,** art. 755

En cas d'urgence, les délais de comparution et de remise de l'assignation peuvent être réduits par autorisation du juge.

Ces délais peuvent également être réduits en application de la loi ou du règlement.

Constitution d'avocat et conclusions devant le tribunal judiciaire

[C. pr. civ., art. 760 à 768]

• **C. pr. civ.,** art. 760

Les parties sont, sauf disposition contraire, tenues de constituer avocat devant le tribunal judiciaire.

La constitution de l'avocat emporte élection de domicile.

• **C. pr. civ.,** art. 763

Lorsque la représentation par avocat est obligatoire, le défendeur est tenu de constituer avocat dans le délai de quinze jours, à compter de l'assignation. Toutefois, si l'assignation lui est délivrée dans un délai inférieur ou égal à quinze jours avant la date de l'audience, il peut constituer avocat jusqu'à l'audience.

• **C. pr. civ.,** art. 765

La constitution de l'avocat par le défendeur ou par toute personne qui devient partie en cours d'instance est dénoncée aux autres parties par notification entre avocats.

Cet acte indique :

a) Si le défendeur est une personne physique, ses nom, prénoms, profession, domicile, nationalité, date et lieu de naissance ;

b) Si le défendeur est une personne morale, sa forme, sa dénomination, son siège social et l'organe qui le représente légalement.

• **C. pr. civ.,** art. 766

Les conclusions des parties sont signées par leur avocat et notifiées dans la forme des notifications entre avocats. En cas de pluralité de demandeurs ou de défendeurs, elles doivent être notifiées à tous les avocats constitués. Elles ne sont pas recevables tant que les indications mentionnées à l'alinéa 2 de l'article 765 n'auront pas été fournies.

La communication des pièces produites est valablement attestée par la signature de l'avocat destinataire apposée sur le bordereau établi par l'avocat qui procède à la communication.

• **C. pr. civ.,** art. 768

Les conclusions doivent formuler expressément les prétentions des parties ainsi que les moyens en fait et en droit sur lesquels chacune de ces prétentions est fondée avec indication pour chaque prétention des pièces invoquées et de leur numérotation. Un bordereau énumérant les pièces justifiant ces prétentions est annexé aux conclusions.

Les conclusions comprennent distinctement un exposé des faits et de la procédure, une discussion des prétentions et des moyens ainsi qu'un dispositif récapitulant les prétentions. Les moyens qui n'auraient pas été formulés dans les conclusions précédentes doivent être présentés de manière formellement distincte. Le tribunal ne statue que sur les prétentions énoncées au dispositif et n'examine les moyens au soutien de ces prétentions que s'ils sont invoqués dans la discussion.

Les parties doivent reprendre dans leurs dernières conclusions les prétentions et moyens présentés ou invoqués dans leurs conclusions antérieures. A défaut, elles sont réputées les avoir abandonnés et le tribunal ne statue que sur les dernières conclusions déposées.

L'INSTRUCTION DEVANT LE JUGE DE LA MISE EN ÉTAT

[C. pr. civ., art. 789 à 797]

• **C. pr. civ.,** art. 789

Le juge de la mise en état est, à compter de sa désignation et, jusqu'à son dessaisissement, seul compétent, à l'exclusion de toute autre formation du tribunal, pour :

1° Statuer sur les exceptions de procédure, les demandes formées en application de l'article 47 et les incidents mettant fin à l'instance ;

2° Allouer une provision pour le procès ;

3° Accorder une provision au créancier lorsque l'existence de l'obligation n'est pas sérieusement contestable. Le juge de la mise en état peut subordonner l'exécution de sa décision à la constitution d'une garantie dans les conditions prévues aux articles 514-5, 517 et 518 à 522 ;

4° Ordonner toutes autres mesures provisoires, même conservatoires, à l'exception des saisies conservatoires et des hypothèques et nantissements provisoires, ainsi que modifier ou compléter, en cas de survenance d'un fait nouveau, les mesures qui auraient déjà été ordonnées ;

5° Ordonner, même d'office, toute mesure d'instruction ;

6° Statuer sur les fins de non-recevoir.

Par dérogation au premier alinéa, s'il estime que la complexité du moyen soulevé ou l'état d'avancement de l'instruction le justifie, le juge de la mise en état peut décider que la fin de non-recevoir sera examinée à l'issue de l'instruction par la formation de jugement appelée à statuer sur le fond.

Dans le cas visé au précédent alinéa, la décision du juge de la mise en état, qui constitue une mesure d'administration judiciaire, est prise par mention au dossier. Avis en est donné aux avocats. Les parties sont alors tenues de reprendre la fin de non-recevoir dans les conclusions adressées à la formation de jugement.

• **C. pr. civ.,** art. 790

Le juge de la mise en état peut statuer sur les dépens et les demandes formées en application de l'article 700.

• **C. pr. civ.,** art. 791

Le juge de la mise en état est saisi par des conclusions qui lui sont spécialement adressées distinctes des conclusions au sens de l'article 768, sous réserve des dispositions de l'article 1117.

• **C. pr. civ.,** art. 792

Les mesures prises par le juge de la mise en état sont l'objet d'une simple mention au dossier ; avis en est donné aux avocats.

Toutefois, dans les cas prévus aux articles 787 à 790, le juge de la mise en état statue par ordonnance motivée sous réserve des règles particulières aux mesures d'instruction.

• **C. pr. civ.,** art. 793

L'ordonnance est rendue, immédiatement s'il y a lieu, les avocats entendus ou appelés.

Les avocats sont convoqués à l'audience par le juge de la mise en état.

En cas d'urgence, une partie peut, par notification entre avocats, inviter l'autre à se présenter devant le juge aux jour, heure et lieu fixés par celui-ci.

• **C. pr. civ.,** art. 794

Les ordonnances du juge de la mise en état n'ont pas, au principal, l'autorité de la chose jugée à l'exception de celles statuant sur les exceptions de procédure, sur les fins de non-recevoir et sur les incidents mettant fin à l'instance.

• **C. pr. civ.,** art. 795

Les ordonnances du juge de la mise en état ne sont pas susceptibles d'opposition.

Elles ne peuvent être frappées d'appel ou de pourvoi en cassation qu'avec le jugement statuant sur le fond.

Toutefois, elles sont susceptibles d'appel dans les cas et conditions prévus en matière d'expertise ou de sursis à statuer.

Elles le sont également, dans les quinze jours à compter de leur signification, lorsque :

1° Elles statuent sur une exception d'incompétence, une exception de connexité, une exception de litispendance ou une exception dilatoire ;

2° En statuant sur une exception de nullité, une fin de non-recevoir ou un incident d'instance, elles mettent fin à l'instance ;

3° Elles ont trait aux mesures provisoires ordonnées en matière de divorce ou de séparation de corps ;

4° Dans le cas où le montant de la demande est supérieur au taux de compétence en dernier ressort, elles ont trait aux provisions qui peuvent être accordées au créancier au cas où l'existence de l'obligation n'est pas sérieusement contestable.

611.02 Jurisprudences de référence.

> En matière d'ordonnance sur requête, la copie de la requête et celle de la décision faisant droit à la requête sont laissées à la personne à laquelle elle est opposée ; y compris lorsque la mesure a été ordonnée par l'arrêt de la cour saisie de l'appel d'une ordonnance de rejet.

• **Civ. 2e, 12 janv. 2023,** n° 21-10.469, B

* V. ss n° 611.72

« Selon l'article 495, alinéa 3, du Code de procédure civile, la copie de la requête et celle de la décision faisant droit à la requête sont laissées à la personne à laquelle elle est opposée.

Il en résulte que lorsqu'une cour d'appel infirme une ordonnance ayant rejeté la requête, seule la copie de cette requête et celle de l'arrêt tenant lieu d'ordonnance sur requête, à l'exclusion de la copie de l'ordonnance ayant rejeté la requête, sont laissées à la personne à laquelle cette décision est opposée. Cette exigence qui est fondée sur le respect du principe de la contradiction implique que cette remise ait lieu antérieurement à l'exécution des mesures d'instruction qu'elle ordonne, sauf si le juge des requêtes en a disposé autrement. »

> L'absence de présentation par l'huissier d'une copie de la requête entraîne la nullité de la mesure qu'il a réalisée

• **Civ. 2e, 1er sept. 2016,** n° 15-23.326, P

* V. ss n° 611.72

« Attendu que, pour débouter M. X... et la société A & P Textile Management de leur demande de nullité du constat, l'arrêt retient que, sauf le manquement au principe de la contradiction qu'il déduit de l'inobservation formelle de l'article 495, alinéa 3, du code de procédure civile, M. X... n'allègue aucun dommage spécifique qui serait résulté pour lui de l'absence de présentation par l'huissier d'une copie de la requête et que l'irrégularité de procédure qu'il critique n'a donc pas affecté la régularité du procès-verbal de constat ni porté une atteinte illicite au respect de sa vie privée ;

Qu'en statuant ainsi, alors que les exigences de l'article 495 du code de procédure civile, destinées à faire respecter le principe de la contradiction, n'avaient pas été satisfaites, la cour d'appel a violé les textes susvisés ; »

> Le point de départ du délai de recours d'une ordonnance sur requête court à compter de la date de délivrance de la minute. Il est présumé qu'il s'agit de la date de son prononcé. La deuxième chambre précise qu'il s'agit d'une présomption simple.

• **Civ. 2e, 28 mars 2024,** n° 22-11.631, B

* V. ss n° 611.73

« Vu l'article 496 du code de procédure civile :

S'il n'est pas fait droit à la requête, appel peut être interjeté à moins que l'ordonnance n'émane du premier président de la cour d'appel.

Le délai d'appel est de quinze jours.

L'appel est formé, instruit et jugé comme en matière gracieuse.

Il résulte de ce texte que le délai de recours d'une ordonnance rejetant une requête commence à courir à la date de son prononcé. Il est présumé que la minute est délivrée au requérant le jour de son prononcé. S'agissant d'une présomption simple, elle peut être combattue par tout moyen. »

> La jurisprudence de la deuxième chambre civile est extrêmement stricte quant à la structuration des écritures dans le cadre des procédures écrites dont le formalisme est similaire devant la cour d'appel (C. pr. civ., art. 954, al. 2) et devant le tribunal judiciaire (C. pr. civ., art. 768, al. 2).

• **Civ. 2e, 9 janv. 2025,** n° 22-13.911, B

* V. ss n° 611.157

« Selon l'article 954 alinéa 3 du même code, dans sa rédaction issue du décret n° 2017-891 du 6 mai 2017, la cour d'appel ne statue que sur les prétentions énoncées au dispositif et n'examine les moyens au soutien de ces prétentions que s'ils sont invoqués dans la discussion.

Cette disposition, qui consacre un principe de structuration des écritures des parties et tend à un objectif de bonne administration de la justice, délimite l'étendue des prétentions sur lesquelles la cour d'appel est tenue de statuer et les moyens qu'elle doit prendre en considération.

Dès lors, en n'examinant que les moyens invoqués dans la partie discussion à l'appui des prétentions énoncées au dispositif, la cour d'appel, qui ne fonde pas sa décision sur un moyen de droit qu'elle aurait soulevé d'office, n'a pas à solliciter les observations préalables des parties. »

611.03 Bibliographie indicative.

Actualisables. Rép. pr. civ., v° *Succession*, par V. Egéa, déc. 2011 [actu. mars 2024] ; v° *Requête*, par G. Maugain, févr. 2024 [actu. oct. 2024] ; v° *Procédure accélérée au fond*, par Y. Strickler, févr. 2021 [actu. nov. 2024] ; v° *Référé civil* par N. Cayrol, instance : nos 497-697, nov. 2021 [actu. nov. 2024] ; v° *Tribunal judiciaire : procédure écrite ordinaire*, par N. Cayrol, nov. 2020 [actu. nov. 2024].

Ouvrage. S. Guinchard (dir.), Dalloz action, *Droit et pratique de la procédure civile* 2024/2025, procédures de référé, n°s 433.00 s., par A. Lacabarats ; procédures accélérées au fond, n°s 434.00 s., par A. Lacabarats ; ordonnances sur requête, n°s 435.00 s., par Ph. Hoonakker ; procédure écrite devant le tribunal judiciaire, n°s 441.00 s., par F. Mélin.

Article. N. Cayrol, « Pourquoi les formalités de signification de la requête et de l'ordonnance sont sanctionnées par la nullité des mesures effectuées, nullité qui peut être demandée en tout état de cause et sans démonstration d'un grief », *RTD civ.* 2017. 484.

611.04 Questions essentielles.

> Le président du tribunal judiciaire ordonne, selon la procédure sur requête, les mesures conservatoires après l'ouverture de la succession

* V. s[s] n°s 611.10 à 611.74

> S'agissant du règlement de la succession, il se voit attribuer des compétences exclusives qu'il tranche selon la procédure accélérée au fond

* V. s[s] n°s 611.81 à 611.101

> Les compétences qui lui sont attribuées selon la procédure de référé sont très résiduelles

* V. s[s] n°s 611.111 à 611.123

> D'autant plus que les pouvoirs juridictionnels du tribunal judiciaire sont eux-mêmes conséquents

* V. s[s] n°s 611.130 à 611.158

611.05 Division. Introduction. Le Code de procédure civile opère une répartition de compétences entre le tribunal judiciaire (sect. 4) et son président et, pour ce dernier, une distinction entre les matières relevant de la procédure sur requête (sect. 1), de la procédure accélérée au fond (sect. 2) ou de la procédure en référé (sect. 3).

SECTION 1
LES POUVOIRS DU PRÉSIDENT SAISI PAR VOIE DE REQUÊTE

611.10 Plan. Introduction. Le président du tribunal judiciaire connaît, par voie de requête, des mesures conservatoires prises après l'ouverture d'une succession (§ 1) et d'autres demandes visées à l'article 1379 du Code de procédure civile (§ 2). Cette procédure relève, en majeure partie, du droit commun (§ 3).

§ 1
Les mesures conservatoires prises après l'ouverture d'une succession

A.
Les mesures envisagées

611.21 Apposition des scellés. Cette procédure, envisagée aux articles 1307 à 1326 du Code de procédure civile, peut être mise en œuvre lorsqu'aucun inventaire n'a été dressé ou qu'il est attaqué ainsi que le précise l'article 1304 du même code. Cette mesure est exécutée par le commissaire de justice qui se déplace seul, ou accompagné du demandeur (v. s[s] n° 611.31). Si les locaux sont fermés il peut apposer les scellés sur la porte si le requérant n'en demande pas l'ouverture. Dans le cas contraire il peut y pénétrer par tout moyen s'il est assisté.

Le commissaire de justice peut désigner, après avoir recueilli son acceptation, un gardien des scellés si la consistance et la valeur apparente des biens le justifient.

611.22 Découverte d'un testament. Selon l'article 1311 du Code de procédure civile, s'il est découvert, lors de l'exécution de la mesure, un testament, le commissaire de justice le paraphe avec les personnes présentes.

611.23 Sort des éléments mobiliers de valeur. L'article 1313 du Code de procédure civile précise que le commissaire de justice dépose entre les mains du notaire chargé du règlement de la succession, ou, s'il n'y en a pas, soit en son étude, soit entre les mains d'un établissement bancaire, les titres, sommes, valeurs, bijoux ou autres objets précieux pour lesquels l'apposition des scellés ne paraîtrait pas être une précaution suffisante. Il peut également consigner auprès de la Caisse des dépôts et consignations les valeurs en numéraire.

611.24 Levée des scellés. Les articles 1316 à 1322 du Code de procédure civile régissent la procédure de levée des scellés qu'elle soit définitive ou intervienne provisoirement ; auquel cas ils sont réapposés à la fin de chaque vacation.

L'article 1319 du même code envisage l'hypothèse d'une levée des scellés, sans inventaire, lorsque toutes les parties appelées sont présentes ou représentées et ne s'opposent pas à ce qu'il soit ainsi procédé. À défaut un inventaire est en principe dressé par le commissaire de justice. Les personnes ayant qualité pour être appelées à l'inventaire peuvent cependant faire le choix d'un autre officier public et ministériel.

Hors le cas où la levée des scellés n'est accompagnée d'aucun inventaire, le commissaire de justice devra établir un procés verbal de levée des scellés conformément aux dispositions de l'article 1320.

611.25 Établissement d'un état descriptif. Cette autre mesure conservatoire, procédure décrite à l'article 1323 du Code de procédure civile, peut être mise en œuvre lorsqu'aucun inventaire n'a été dressé ou qu'il est attaqué.

S'il apparaît que la consistance des biens laissés sur place, après distraction des objets précieux en application des dispositions de l'article 1313 dudit code, ne justifie pas une apposition des scellés, le commissaire de justice dresse un état descriptif du mobilier ; à défaut d'héritier présent, il assure la clôture des lieux si ceux-ci sont inoccupés et, sauf exceptions, conserve les clés.

611.26 Reprise, par son propriétaire, des lieux loués. Les articles 1324 et 1325 du Code de procédure civile encadrent cette dernière mesure conservatoire. Le contrat de location doit avoir pris fin et aucun successible ne doit être connu. Dans cette hypothèse le propriétaire des locaux sollicite auprès du président du tribunal judiciaire l'autorisation de faire enlever les meubles et de les faire entreposer à ses frais avancés.

B. Les acteurs de la procédure

611.31 Multiplicité de demandeurs. L'article 1305 du Code de procédure civile ouvre l'action aux fins de mesures conservatoires à des demandeurs très variés. Outre les héritiers légaux ou institués d'une succession, les mesures conservatoires, selon leur nature, peuvent être demandées par tout créancier muni d'un titre exécutoire ou justifiant d'une créance apparaissant fondée en son principe, le propriétaire du local occupé par le défunt, le ministère public et, en cas d'absence du conjoint ou des héritiers, ou s'il y a parmi les héritiers des mineurs non pourvus d'un représentant légal, par les personnes qui demeuraient avec le défunt, par le maire, le commissaire de police ou le commandant de la brigade de gendarmerie.

611.32 Saisine par voie de requête. Selon l'article 1306 du Code de procédure civile, la demande est portée devant le président du tribunal judiciaire dans le ressort duquel est ouverte la succession. Celui-ci statue selon la procédure sur requête (v. ss nos 611.71 s.). S'il survient des difficultés relatives aux mesures conservatoires, l'article 1325 du Code de procédure civile prévoit que les parties ou le commissaire de justice peuvent en saisir le président du tribunal judiciaire dans les mêmes conditions.

611.33 Le commissaire de justice est chargé de la mesure. Un commissaire de justice est désigné par l'ordonnance sur requête, qui fait droit à la demande, pour accomplir les mesures conservatoires. Le coût de la mesure est avancé par le demandeur.

C. Les particularités de la procédure

611.41 Formalisme de la requête. Comme pour toute requête elle comporte, à peine de nullité, les mentions visées à l'article 54 du Code de procédure civile, s'agissant de la demande en justice, mais aussi, sous la même sanction, celles de l'article 57 du même code qui régit spécifiquement le formalisme de la requête.

L'article 1306 du Code de procédure civile apporte une précision supplémentaire : la requête, présentée en double exemplaire, doit être motivée et doit comporter l'indication précise des pièces invoquées.

611.42 Procédure sans représentation obligatoire. Alors qu'en matière de succession la représentation des parties par avocat est, par principe obligatoire, l'article 1306 du Code de procédure civile pose une exception s'agissant des mesures conservatoires prises après l'ouverture d'une succession : le ministère d'avocat n'est pas obligatoire.

Ce qui signifie que les parties désignées à l'article 1305 du même code peuvent saisir directement le président du tribunal judiciaire, mais aussi, très exceptionnellement, que les règles de postulation devant le tribunal judiciaire, énoncées à l'article 5 de la loi n° 71-1130 du 31 décembre 1971 [1], n'ont pas vocation à s'appliquer. L'avocat qui présente la requête n'est donc pas obligé d'être inscrit dans un barreau du ressort de la cour d'appel dont dépend le tribunal judiciaire.

§ 2 Les demandes relevant de l'article 1379 du Code de procédure civile

A. Les demandes envisagées

611.51 Compétences du président du tribunal judiciaire. L'article 1379 du Code de procédure civile énumère de manière exhaustive différentes compétences qui relèvent du président du tribunal judiciaire saisi par voie de requête. Ces compétences sont multiples. Il peut ainsi :

- autoriser certains actes que requiert l'intérêt de la succession et que le successible veut accomplir sans prendre le titre ou la qualité d'héritier (C. civ., art. 784) ;
- accorder un délai supplémentaire de dépôt de l'inventaire en cas d'acceptation de la succession à concurrence de l'actif net (C. civ., art. 790) ;
- confier la curatelle de la succession vacante (C. civ., art. 809-1) ;
- autoriser le curateur à procéder à la réalisation de l'actif subsistant (C. civ., art. 810-8) ;
- proroger le mandat à effet posthume (C. civ., art. 812-1-1) ;
- désigner un mandataire chargé de l'administration de la succession lorsqu'un héritier au moins a

1. L. n° 71-1130, 31 déc. 1971, portant réforme de certaines professions judiciaires et juridiques, *JO* 5 janv. 1972.

accepté la succession à concurrence de l'actif net (C. civ., art. 813) ;

- autoriser le mandataire à accomplir certains actes (C. civ., art. 813-4) ;

- en cas d'acceptation à concurrence de l'actif net désigner un mandataire successoral à l'effet de le substituer dans la charge d'administrer et de liquider la succession (C. civ., art. 814-1) ;

- en matière de partage désigner le représentant d'un indivisaire défaillant (C. civ., art. 837 et 841-1) ;

- proroger les habilitations mentionnées aux articles 1030 et 1030-1 du Code civil données par le testateur à l'exécuteur testamentaire (C. civ., art. 1031) ;

- fixer la date de jouissance divise (C. civ., art. 829).

B.
Les règles de procédure

611.61 **Forme des demandes.** Les demandes énoncées à l'article 1370 du Code de procédure civile sont portées devant le président du tribunal judiciaire qui statue par voie de requête L'article 1379 de ce code prévoit en effet qu'il statue selon les règles relatives aux ordonnances sur requête énoncées aux articles 493 à 498 du même code (v. s[s] n°s 611.71 s.).

611.62 **Représentation obligatoire.** L'article 1379 du Code de procédure civile renvoie à l'article 846 du même code qui dispose que la requête est présentée par un avocat.

S'agissant d'une procédure devant le tribunal judiciaire les règles de postulation devant ce tribunal, énoncées à l'article 5 de la loi n° 71-1130 du 31 décembre 1971, ont dès lors vocation à s'appliquer.

611.62-1 **Règles de la postulation territoriale.**

CAS PRATIQUE

Vincent, demeurant à LILLE, est propriétaire d'un appartement situé Quai d'Anjou à PARIS qu'il loue à Antoinette depuis le 1er avril 1988. Marie, la voisine d'Antoinette, informe Vincent, le 11 décembre 2024, qu'Antoinette est décédée très soudainement la veille. Marie qui vit dans l'immeuble depuis 1975 lui indique qu'Antoinette, dont elle était très proche, vivait seule, sans enfant, était fille unique et que ses parents n'avaient eux-même ni frère, ni sœur. Marie ne connaît aucun héritier à Antoinette.

Vincent se rapproche de son avocat inscrit au barreau de LILLE, Maître BISMAT, pour savoir comment il peut récupérer son appartement rapidement alors qu'Antoinette n'a aucun héritier connu.

Maître BISMAT lui indique qu'il peut saisir immédiatement, par requête, le président du président du tribunal judiciaire de PARIS, sur le fondement de l'article 1324 du Code de procédure civile afin de faire enlever les meubles et les faire déposer dans un garde meuble (à défaut d'autre solution envisageable), en lui précisant qu'il devra avancer les frais d'enlèvement et de conservation des meubles.

S'agissant de la procédure, Maître BISMAT lui indique qu'il peut saisir directement le président du tribunal judicaire afin de voir ordonner la mesure, sans être obligé de sollicter un confrère inscrit dans un barreau du ressort de la cour d'appel de PARIS. En effet l'article 1306 du Code de procédure civile, s'agissant des mesures concervatoires prises après l'ouverture d'une succession, n'impose pas de se faire représenter par un avocat. Ce dernier, lorsqu'il est saisi, n'est donc pas tenu par les règles habituelles de postulation territoriale devant le tribunal judiciaire.

Vincent s'inquiète aussi du délai pendant lequel il devra régler les frais de garde-meuble.

Maître BISMAT lui explique qu'il faut faire désigner, au plus vite, un curateur à succession vacante conformément aux dispositions de l'article 809-1 du Code civil. Il lui précise, s'agissant de la mise en œuvre de cette désignation, que l'article 1379 du Code de procédure civile donne compétence au président du tribunal judiciaire de PARIS, lequel est saisi par voie de requête.

Maître BISMAT lui indique qu'il ne pourra pas présenter cette requête lui-même, dans la mesure où il n'existe aucune exception aux règles relatives à la postulation territoriale posées par l'article 5 de la loi de 1971.

Il conviendra de saisir un avocat inscrit dans un barreau du ressort de la cour d'appel de PARIS.

§ 3
Droit commun de la procédure sur requête

611.71 **Nature de l'ordonnance.** L'ordonnance sur requête est une décision provisoire rendue non contradictoirement dans les cas où, selon l'article 493 du Code de procédure civile, le requérant est fondé à ne pas appeler de partie adverse.

Pour ce qui concerne les mesures provisoires prises après l'ouverture de la succession, il s'agit d'une procédure prévue par l'article 1306 du Code de procédure civile.

611.72 **Exécution de l'ordonnance.** L'exécution de l'ordonnance sur requête est spécifique. En effet, selon l'article 495 du Code de procédure civile l'ordonnance est exécutoire au seul vu de la minute. La copie de la requête et de l'ordonnance est laissée à la personne à laquelle elle est opposée.

À défaut de remise de la requête l'ordonnance n'est, d'une part, pas opposable à la personne à laquelle elle est notifiée[1] et la mesure exécutée sur le fondement de l'ordonnance encourt, d'autre part, la nullité[2],

1. Civ. 2e, 8 févr. 2024, n° 21-21.719, B ; *RTD civ.* 2024. 492, obs. N. Cayrol ; *RCJPP* 2024, n° 06, p. 36, chron. S. Pierre Maurice.
2. Civ. 2e, 1er sept. 2016, n° 15-23.326, P ; *D. actu.* 21 sept. 2016, obs. M. Kebir ; *AJDI* 2016. 782 ; *Gaz. Pal.* 29 nov. 2016, p. 75, obs. L. Raschel ; *Dr. et proc.* 2017. 173, obs. S. Dorol.

laquelle peut être demandée à tout moment et sans démonstration d'un grief.

Lorsqu'une cour d'appel infirme une ordonnance ayant rejeté la requête, il convient alors de notifier la copie de cette requête et celle de l'arrêt qui tient alors lieu d'ordonnance sur requête. À défaut de remise de la copie de la requête la nullité de la mesure ordonnée est encourue [1].

611.73 **Ordonnance de rejet.** L'ordonnance qui ne fait pas droit à la requête est susceptible d'appel. L'article 496 du Code de procédure civile précise que le délai d'appel est de quinze jours. L'appel est formé, instruit et jugé comme en matière gracieuse.

La deuxième chambre civile de la Cour de cassation apporte une précision concernant le point de départ du délai d'appel, lequel est de quinze jours et court à compter de la délivrance de l'ordonnance. Elle considère qu'il est présumé que la minute de celle-ci est délivrée au requérant le jour de son prononcé et que, s'agissant d'une présomption simple, elle peut être combattue par tout moyen [2].

Il convient d'être particulièrement attentif lors de la formalisation de l'appel. En effet, selon les dispositions de l'article 950 du Code de procédure civile, l'appel en matière gracieuse est effectué par une déclaration faite ou adressée, par un avocat, par pli recommandé au greffe de la juridiction qui a rendu la décision.

En cas d'appel le président du tribunal a la possibilité selon l'article 497 du Code de procédure civile, de modifier ou de rétracter son ordonnance.

611.74 **Référé-rétractation.** L'ordonnance qui fait droit à la demande de mesure est susceptible de recours. L'article 495 du Code de procédure civile prévoit en effet que s'il est fait droit à la requête, tout intéressé peut en référer au juge qui a rendu l'ordonnance.

Le recours est formalisé par la délivrance d'une assignation en référé devant le président du tribunal judiciaire.

Ce dernier est alors investi des pouvoirs du juge qui l'a rendue et peut la rétracter ou la modifier. Il peut ainsi modifier la mission telle qu'elle a été initialement définie, en la complétant ou l'amendant afin qu'elle soit limitée dans son étendue et dans le temps [3].

En revanche il ne peut pas ordonner une mesure dont il n'avait pas été saisi par voie de requête [4].

De même qu'il ne peut pas se fonder sur des circonstances postérieures à la requête ou à l'ordonnance pour justifier la dérogation au principe de la contradiction [5].

Il convient donc d'être particulièrement rigoureux lors de l'établissement de la requête.

SECTION 2
LES POUVOIRS DU PRÉSIDENT STATUANT SELON LA PROCÉDURE ACCÉLÉRÉE AU FOND

§ 1
Des pouvoirs élargis

611.81 **Attributions de l'article 1380 du Code de procédure civile.** L'article 1380 du Code de procédure civile énumère différentes compétences qui relèvent du président du tribunal judiciaire statuant selon les procédures accélérées au fond.

En premier lieu, au stade de l'option successorale, il peut proroger le délai de deux mois, imparti à l'héritier qui a reçu sommation d'avoir à opter (C. civ., art. 772).

Si l'héritier a opté pour l'acceptation à concurrence de l'actif net, il connait de la contestation, par un créancier, de la déclaration d'aliénation ou de conservation d'un bien (C. civ., art. 794).

En second lieu, le président du tribunal judiciaire peut être saisi dans le cadre d'une procédure accélérée au fond pour des litiges relatif à la gestion de la succession. Il peut ainsi désigner un mandataire successoral, à l'effet d'administrer provisoirement la succession en raison de l'inertie, de la carence ou de la faute d'un ou de plusieurs héritiers dans cette administration, de leur mésentente, d'une opposition d'intérêts entre eux ou de la complexité de la situation successorale (C. civ., art. 813-1). Il fixe la durée de la mission et la rémunération du mandataire (C. civ., art. 813-9) et peut l'autoriser à accomplir des actes d'administration ou de disposition (C. civ., art. 814). Il peut enfin le dessaisir en cas de manquement caractérisé (C. civ., art. 813-7).

Lorsque la succession est gérée par un mandataire à effet posthume, le président du tribunal judiciaire peut réviser, à la demande d'un héritier ou de son représentant, la rémunération de ce mandataire lorsqu'elle porte atteinte à la réserve (C. civ., art. 812-3).

1. Civ. 2e, 12 janv. 2023, nº 21-10.469, B ; *D.* 2024. 570, obs. J.-D. Bretzner et A. Aynès.
2. Civ. 2e, 28 mars 2024, nº 22-11.631, B ; *AJ fam.* 2024. 272, obs. F. Eudier ; *RCJPP* 2024, nº 03, p. 31, obs. L. Lauvergnat ; *ibid.*, nº 06, p. 36, chron. S. Pierre Maurice.
3. Civ. 2e, 23 nov. 2023, nº 21-20.436, B ; *D.* 2024. 570, obs. J.-D. Bretzner et A. Aynès ; *RCJPP* 2024, nº 06, p. 36, chron. S. Pierre Maurice.
4. Civ. 2e, 9 sept. 2010, nº 09-69.936, P ; *D.* 2010. AJ 2166 ; *Dr. et proc.* 2010. 319, note M. Douchy-Oudot ; *Procédures* 2010, nº 371, note R. Perrot.
5. Civ. 2e, 3 mars 2022, nº 20-22.349, B ; *D. actu.* 24 mars 2022, note N. Hoffschir ; *D.* 2023. 436, obs. J.-D. Bretzner ; *JCP* 2022, nº 313, note Y. Strickler ; *Gaz. Pal.* 26 avr. 2022, p. 41, note M. Guez.

En troisième lieu, il tranche la contestation, par un créancier, du projet de règlement du passif établi par le curateur à succession vacante (C. civ., art. 810-5).

Enfin, dans le cadre de l'indivision successorale il peut prescrire ou autoriser toutes les mesures urgentes que requiert l'intérêt commun (C. civ., art. 815-6). Il peut interdire le déplacement de meubles corporels (C. civ., art. 815-7).

Il peut également régler l'exercice du droit d'usage ou de jouissance des biens indivis (C. civ., art. 815-9) et à la demande d'un indivisaire, ordonner une répartition provisionnelle des bénéfices ou une avance en capital (C. civ., art. 815-11).

611.82 Autres attributions. L'énumération de l'article 1380 n'est pas exhaustive. L'article 1333 du Code de procédure civile envisage aussi la saisine du président du tribunal selon la procédure accélérée au fond lorsque survient une difficulté dans l'établissement de l'inventaire.

611.83 Dualité de compétence pour autoriser un indivisaire à passer un acte de vente. Selon les circonstances de l'espèce, l'indivisaire qui se heurtera au blocage d'un coïndivisaire saisira soit le président du tribunal judiciaire soit le tribunal judiciaire.

611.83-1 Diverses options pour autoriser un indivisaire à passer un acte de vente.

CAS PRATIQUE

Arthur et Fabienne, son épouse, promettent de vendre un immeuble à un promoteur immobilier. Avant la réitération de la vente par acte authentique, Arthur décède et laisse à sa succession, sa veuve et leur fille, Louise, ainsi que ses deux filles nées d'une première union, Carole et Valérie. Ces dernières s'opposent à la réitération de la vente. Fabienne et Louise souhaitent alors se faire autoriser à signer seules l'acte authentique. Elles veulent agir rapidement.

Elles peuvent saisir le président du tribunal judiciaire statuant, selon la procédure accélérée au fond, sur le fondement de l'article 815-6 du Code de procédure civile lequel peut prescrire ou autoriser toutes les mesures urgentes que requiert l'intérêt commun.

Le président du tribunal du tribunal judiciaire pourra ainsi autoriser Fabienne et sa fille à conclure seules un acte de vente du bien indivis pourvu qu'une telle mesure soit justifiée par l'urgence et l'intérêt commun [1].

Si elles ne peuvent pas justifier de l'urgence elles pourront saisir le tribunal sur le fondement de l'article 815-5 du Code civil selon lequel un indivisaire peut être autorisé par justice à passer seul un acte pour lequel le consentement d'un coïndivisaire serait nécessaire, si le refus de celui-ci met en péril l'intérêt commun.

Seul le tribunal judiciaire peut alors être saisi. Le président du tribunal judiciaire ne dispose pas de ce pouvoir que ce soit selon la procédure accélérée au fond ou en référé [2].

§ 2
Les règles de la procédure accélérée au fond

611.91 Jugement sur le fond. La procédure accélérée au fond a été créée par le décret n° 2019-1333 du 11 décembre 2019 réformant la procédure civile. Elle vient remplacer la procédure « en la forme des référés ».

Il s'agit d'une procédure rapide qui, à la différence de la procédure de référé, aboutit à un jugement sur le fond et qui est donc revêtu de l'autorité de la chose jugée.

Selon l'article 839 du Code de procédure civile lorsqu'il est prévu par la loi ou le règlement qu'il est statué selon la procédure accélérée au fond, le président du tribunal judiciaire connaît de l'affaire dans les conditions de l'article 481-1 du Code civil.

611.92 Représentation obligatoire. La représentation est obligatoire dans la procédure accélérée au fond devant le président du tribunal judiciaire. Les parties doivent se faire représenter par un avocat. Les règles de postulation devant le tribunal judiciaire, visées à l'article 5 de la loi n° 71-1130 du 31 décembre 1971, ont vocation à s'appliquer (v. s^s n°s 611.62 et 611.62-1).

611.93 Procédure autonome. La procédure accélérée au fond est une procédure autonome. Elle fait l'objet de dispositions spécifiques qui sont énoncées à l'article 481-1 du Code de procédure civile.

611.94 Saisine du président par assignation. La demande est formée par voie d'assignation à une audience du président du tribunal judiciaire, ou son délégataire, tenue aux jour et heure prévus à cet effet (C. pr. civ., art. 481-1, 1°). L'assignation contient, à peine de nullité, les mentions relatives à la demande en justice et à l'assignation qui sont respectivement énoncées aux articles 54 et 56 du Code de procédure civile.

Elle contient, aussi sous la même santion, la constitution de l'avocat du demandeur (C. pr. civ., art. 752).

Dans la mesure où il n'existe pas de délai de comparution (v. s^s n° 611.96), aucune mention n'est exigée à ce titre.

611.95 Remise de l'assignation. La remise de l'assignation doit être effectuée au greffe avant la date fixée pour l'audience. À défaut de remise, au plus tard la veille de l'audience, l'assignation encourt la caducité, laquelle peut être constatée d'office par ordonnance du juge, ou, à défaut, à la requête d'une partie (C. pr. civ., art. 481-1, 2°).

1. Civ. 1re, 4 déc. 2013, n° 12-20.158, P ; *D.* 2013. 2914 ; *AJ fam.* 2014. 120, obs. N. Levillain.

2. Civ. 1re, 15 févr. 2012, n° 10-21.457, P.

611.96 **Aucun délai de comparution.** Il n'existe pas de délai de comparution dans cette procédure.

Le jour de l'audience, le juge s'assure seulement qu'il s'est écoulé un temps suffisant depuis l'assignation pour que la partie assignée ait pu préparer sa défense (C. pr. civ., art. 481-1, 3°).

À titre exceptionnel, en cas d'urgence manifeste à raison notamment d'un délai imposé par la loi ou le règlement, le président du tribunal, statuant sur requête, peut autoriser à assigner à une heure qu'il indique, même les jours fériés ou chômés (C. pr. civ., art. 481-1, 5°).

611.97 **Procédure orale.** La procédure accélérée au fond est orale (C. pr. civ., art. 481-1, 3°). La procédure obéira aux dispositions des articles 446-1 et suivants du Code de procédure civile.

611.98 **Faculté de renvoi à la formation collégiale.** Le juge a la faculté de renvoyer l'affaire devant la formation collégiale, à une audience dont il fixe la date, qui statuera selon la procédure accélérée au fond (C. pr. civ., art. 481-1, 4°).

611.99 **Jugement exécutoire de droit à titre provisoire.** Le jugement est exécutoire de droit à titre provisoire dans les conditions prévues aux articles 514-1 à 514-6 (C. pr. civ., art. 481-1, 6°).

611.100 **Appel.** La décision du juge peut être frappée d'appel à moins qu'elle n'ait été rendue en dernier ressort en raison du montant ou de l'objet de la demande (C. pr. civ., art. 481-1, 7°).

Le délai d'appel est de quinze jours (C. pr. civ., art. 481-1, dern. al.).

La procédure d'appel est alors à bref délai (C. pr. civ., art. 906, 3°).

611.101 **Autorité de chose jugée.** Cette décision a, dès son prononcé, l'autorité de la chose jugée relativement à la contestation qu'elle tranche. Les articles 480 et 481 du Code de procédure civile, relatifs à l'autorité de la chose jugée et au dessaisissement du juge de la contestation tranchée, s'appliquent au jugement rendu selon la procédure accélérée au fond.

SECTION 3
LES POUVOIRS DU PRÉSIDENT DU TRIBUNAL JUDICIAIRE STATUANT EN RÉFÉRÉ

§ 1
Des pouvoirs limités

611.111 **Compétences résiduelles.** Les pouvoirs du président du tribunal judiciaire statuant en référé sont quasiment inexistants par l'effet des dispositions des articles 1379, 1380 et 1381 du Code de procédure civile qui privilégient la procédure sur requête, la procédure accélérée au fond ou la procédure au fond.

611.112 **Pouvoir de désigner un expert.** Le président du tribunal conserve néanmoins le pouvoir de désigner un expert en référé, sur le fondement de l'article 145 du Code de procédure civile, afin de procéder à l'estimation des biens ainsi que l'envisage l'article 1362 du même code.

§ 2
Les règles de la procédure de référé

611.121 **Procédure orale.** La procédure de référé est une procédure orale qui obéit aux dispositions communes devant le tribunal judiciaire. En effet, à la différence de la procédure accélérée au fond aucun renvoi n'est fait à des dispositions spécifiques.

611.122 **Représentation obligatoire.** La représentation est obligatoire dans les procédures de référé devant le président du tribunal judiciaire par application combinée des dispositions de l'article 761 du Code de procédure civile et celles de l'article R. 211-3-26, 3° du Code de l'organisation judiciaire.

Selon le premier texte, dans les matières relevant de la compétence exclusive du tribunal judiciaire qui ne sont pas dispensées du ministère d'avocat, les parties sont tenues de constituer avocat devant le tribunal et son président quel que soit le montant sur lequel porte la demande.

Selon le second texte, le tribunal judiciaire a compétence exclusive en matière de succession.

611.123 **Appel.** La décision du juge peut être frappée d'appel à moins qu'elle n'ait été rendue en dernier ressort en raison du montant ou de l'objet de la demande (C. pr. civ., art. 490, al. 1er).

Le délai d'appel est de quinze jours (C. pr. civ., art. 490, al. 3).

La procédure d'appel est alors à bref délai (C. pr. civ., art. 906, 2°).

SECTION 4
LES POUVOIRS DU TRIBUNAL JUDICIAIRE

611.130 **Plan.** Le tribunal judiciaire se voit attribuer certaines compétences par l'article 1381 du Code de procédure civile (§ 1). La procédure connaît quelques spécifités à la suite de la réforme opérée par le décret n° 2019-1333 du 11 décembre 2019[1] (§ 2).

1. Décr. n° 2019-1333, 11 déc. 2019, réformant la procédure civile, *JO* 12 déc., texte 3.

§ 1
Les demandes visées à l'article 1381 du Code de procédure civile

611.141 Règles de compétence. L'article 1381 du Code de procédure civile énumère différentes compétences qui relèvent, en matière de succession, du tribunal judiciaire :

- la demande d'envoi en possession formée par l'état en vertu de l'article 811 du Code civil ;

- la demande d'un indivisaire formée sur le fondement de l'article 820 du Code civil afin de surseoir au partage pour deux années au plus afin de protéger la valeur des biens indivis ou permettre la reprise d'une entreprise ou de droits sociaux dépendant de la succession ;

- la demande de maintien de l'indivision d'une entreprise ou de droits sociaux visée à l'article 821 du Code civil, de même, selon l'article 821-1 du même code, que celle concernant la propriété du local d'habitation ou à usage professionnel ;

- la demande, en présence d'indivisaires qui entendent demeurer dans l'indivision, d'attribution de sa part à celui qui sollicite le partage ainsi qu'envisagé à l'article 824 du Code civil ;

- les demandes qui touchent l'attribution préférentielle et la continuité de l'exploitation agricole dépendant de la succession, qui sont prises en compte par les articles 832-1, 832-2, 832-3 du Code civil ;

- la demande d'annulation du partage pour les causes visées à l'article 887 du Code civil ;

- enfin la demande formée selon les dispositions de l'article 1026 du Code civil afin que l'exécuteur testamentaire soit relevé de sa mission en présence de motifs graves.

§ 2
La spécificité de la procédure devant le tribunal judiciaire en matière de succession

611.151 Assignation. La demande est formée par voie d'assignation à une audience dont la date est communiquée par le greffe au demandeur sur présentation du projet d'assignation (C. pr. civ., art. 751).

L'assignation contient, à peine de nullité, les mentions relatives à la demande en justice et à l'assignation qui sont respectivement énoncées aux articles 54 et 56 du Code de procédure civile. Il conviendra, lors de la rédaction de l'assignation, de porter une attention toute particulière aux dispositions de l'article 56 du Code de procédure civile qui exigent notamment que l'assignation contienne, à peine de nullité, le cas échéant, les mentions relatives à la désignation des immeubles exigées pour la publication au fichier immobilier ; de même, lorsqu'elle doit être précédée d'une tentative de conciliation, de médiation ou de procédure participative, les diligences entreprises en vue d'une résolution amiable du litige ou la justification de la dispense d'une telle tentative.

Elle contient, aussi sous la même sanction la constitution de l'avocat du demandeur (C. pr. civ., art. 752).

Enfin elle indique, à peine de nullité, le délai ainsi que les modalités de la comparution.

611.152 Délai et modalités de comparution. Selon l'article 752 du Code de procédure civile, l'assignation contient à peine de nullité le délai dans lequel le défendeur est tenu de constituer avocat. Il s'agit d'une nullité pour vice de forme qui nécessite de faire la démonstration de l'existence d'un grief causé par l'irrégularité de forme.

L'article 763 du même code dispose que lorsque la représentation par avocat est obligatoire, le défendeur est tenu de constituer avocat dans le délai de quinze jours, à compter de l'assignation. Toutefois, si l'assignation lui est délivrée dans un délai inférieur ou égal à quinze jours avant la date de l'audience, il peut constituer avocat jusqu'à l'audience.

Les augmentations de délais pour cause de distance prévues aux articles 643 et 644 du même code ont vocation à s'appliquer y compris dans les procédures de référé.

611.153 Représentation obligatoire. La procédure devant le tribunal judiciaire est avec représentation obligatoire par application combinée des dispositions de l'article 761 du Code de procédure civile et celles de l'article R. 211-3-26, 3° du Code de l'organisation judiciaire.

Selon le premier texte, dans les matières relevant de la compétence exclusive du tribunal judiciaire qui ne sont pas dispensées du ministère d'avocat, les parties sont tenues de constituer avocat quel que soit le montant sur lequel porte la demande.

Selon le second texte, le tribunal judiciaire a compétence exclusive en matière de succession.

611.154 Territorialité de la postulation. L'article 5 de la loi n° 71-1130 du 31 décembre 1971 pose le principe selon lequel les avocats peuvent postuler devant l'ensemble des tribunaux judiciaires du ressort de cour d'appel dans lequel ils ont établi leur résidence professionnelle et devant ladite cour d'appel. En revanche, outre les exceptions communes à toute matière, ils ne peuvent postuler devant un tribunal autre que celui auprès duquel est établie leur résidence professionnelle dans le cadre des procédures de partage et de licitation.

611.154-1 Un avocat ne peut pas se constituer sur une assignation en ouverture de partage judiciaire délivrée devant un tribunal judiciaire dans le ressort duquel il n'est pas inscrit.

CAS PRATIQUE

Monsieur LANGLOIS est décédé à LILLE laissant pour lui succéder ses trois enfants Paul, Henri et Amélie. Le notaire chargé de la succession n'est pas parvenu à établir un projet de règlement amiable. Paul, qui est domicilié à DOUAI, saisit un avocat inscrit au barreau de DOUAI, Maître LECORNU, afin de saisir le tribunal judiciaire d'une demande d'ouverture des opérations de partage judiciaire. Maître LECORNU fait délivrer une assignation devant le tribunal judiciaire de Lille en précisant qu'il se constitue pour Paul LANGLOIS.

Henri et Amélie saisissent un avocat inscrit au barreau de LILLE lequel leur indique qu'il va saisir le juge de la mise en état d'une demande de nullité pour vice de fond de cette assignation.

En effet, selon l'article 117 du Code de procédure civile, constitue une irrégularité de fond affectant la validité de l'acte le défaut de capacité ou de pouvoir d'une personne assurant la représentation d'une partie en justice.

Tel est le cas de la mention, dans l'assignation devant un tribunal judiciaire de la constitution d'un avocat n'ayant pas la capacité de représenter la partie devant ce tribunal[1].

Il leur précise en revanche que cette nullité est régularisable par la constitution, dans les intérêts de Paul LANGLOIS, d'un avocat inscrit au barreau de LILLE par application de l'article 121 du Code de procédure civile[2].

611.155 Remise de l'assignation. Selon l'article 754 du Code de procédure civile, et sous réserve que la date de l'audience soit communiquée par le greffe plus de quinze jours à l'avance, la remise de l'assignation doit être effectuée au moins quinze jours avant cette date.

L'alinéa 3 précise que cette remise doit avoir lieu dans ce délai sous peine de caducité de l'assignation.

La caducité de l'assignation doit être relevée d'office dès lors que le délai de quinze jours n'a pas été respecté[3].

611.156 Procédure écrite. Par principe, en vertu de l'article 775 du Code de procédure civile, la procédure est écrite.

611.157 Formalisme des écritures. Le rédacteur des conclusions portera une attention toute particulière à la structuration de ses écritures.

En effet l'article 768 du Code de procédure civile pose des règles de modélisation s'agissant des conclusions. Celle-ci doivent comprendre distinctement un exposé des faits et de la procédure, une discussion des prétentions et des moyens ainsi qu'un dispositif récapitulant les prétentions. Les moyens qui n'auraient pas été formulés dans les conclusions précédentes doivent être présentés de manière formellement distincte

L'article 768 ajoute que le tribunal ne statue que sur les prétentions énoncées au dispositif et n'examine les moyens au soutien de ces prétentions que s'ils sont invoqués dans la discussion.

Ainsi la demande de nullité du testament pour insanité d'esprit qui n'aurait pas été formée dans le dispositif des écritures ne saisira pas le juge[4].

De même, ce dernier n'est pas tenu par un moyen qui serait invoqué exclusivement dans le dispositif sans avoir été invoqué dans la discussion[5].

611.158 Pouvoirs du juge de la mise en état. Le juge de la mise en état dispose de pouvoirs très étendus.

Il veille au déroulement loyal de la procédure, spécialement à la ponctualité de l'échange des conclusions et de la communication des pièces (C. pr. civ., art. 780).

Il fixe à cet effet les délais nécessaires à l'instruction de l'affaire et notamment un calendrier de procédure (C. pr. civ., art. 781).

Il peut entendre les parties, les concilier, leur désigner un médiateur et même homologuer leur accord (C. pr. civ., art. 784 et 785).

Il se voit par ailleurs attribuer des pouvoirs juridctionnels par l'article 789 du Code de procédure civile, tels que trancher une exception de procédure ou une fin de non recevoir, allouer une provision ou encore ordonner une mesure provisoire, mêmeconservatoire.

Il doit alors être saisi par voie de conclusions conformément aux dispositions de l'article 791 du Code de procédure civile.

Ses décisions peuvent être, selon la question tranchée, revêtues de l'autorité de la chose jugée (C. pr. civ., art. 794).

De même qu'elles peuvent faire, exceptionnellement, l'objet d'un appel dans les quinze jours de leur notification (C. pr. civ., art. 795).

1. Civ. 2e, 9 janv. 1991, no 89-12.457, P ; *RTD civ.* 1991. 598, obs. R. Perrot.
2. Civ. 2e, 5 mai 2011, no 10-14.066, P ; *D.* 2012. 1509, obs. A. Leborgne ; *RTD civ.* 2011. 585, obs. Ph. Théry.
3. Civ. 2e, 21 déc. 2023, no 21-25.162, B ; *RTD civ.* 2024. 485, obs. N. Cayrol.
4. Civ. 2e, 13 nov. 2014, no 13-24.898, NP ; *D.* 2015. 287, obs. N. Fricero.
5. Civ. 2e, 9 janv. 2025, no 22-13.911, B.

CHAPITRE

612. Règles relatives au partage judiciaire

SECTION 0
ORIENTEUR

612.00 **Sommaire du chapitre.**

612.01 **Textes applicables.**

> Du partage judiciaire

[C. civ., art. 840 et 841]

• **C. civ.,** art. 840

Le partage est fait en justice lorsque l'un des indivisaires refuse de consentir au partage amiable ou s'il s'élève des contestations sur la manière d'y procéder ou de le terminer ou lorsque le partage amiable n'a pas été autorisé ou approuvé dans l'un des cas prévus aux articles 836 et 837.

• **C. civ.,** art. 841

Le tribunal du lieu d'ouverture de la succession est exclusivement compétent pour connaître de l'action en partage et des contestations qui s'élèvent soit à l'occasion du maintien de l'indivision soit au cours des opérations de partage. Il ordonne les licitations et statue sur les demandes relatives à la garantie des lots entre les copartageants et sur celles en nullité de partage ou en complément de part.

> Dispositions générales sur le partage judiciaire

[C. pr. civ., art. 1360 et 1361]

• **C. pr. civ.,** art. 1360

À peine d'irrecevabilité, l'assignation en partage contient un descriptif sommaire du patrimoine à partager et précise les intentions du demandeur quant à la répartition des biens ainsi que les diligences entreprises en vue de parvenir à un partage amiable.

• **C. pr. civ.,** art. 1361

Le tribunal ordonne le partage, s'il peut avoir lieu, ou la vente par licitation si les conditions prévues à l'article 1378 sont réunies.

Lorsque le partage est ordonné, le tribunal peut désigner un notaire chargé de dresser l'acte constatant le partage.

> Dispositions particulières sur le partage judiciaire : désignation d'un notaire

[C. pr. civ., art. 1364 à 1375]

• **C. pr. civ.,** art. 1364

Si la complexité des opérations le justifie, le tribunal désigne un notaire pour procéder aux opérations de partage et commet un juge pour surveiller ces opérations.

Le notaire est choisi par les copartageants et, à défaut d'accord, par le tribunal.

• **C. pr. civ.,** art. 1365

Le notaire convoque les parties et demande la production de tout document utile à l'accomplissement de sa mission.

Il rend compte au juge commis des difficultés rencontrées et peut solliciter de lui toute mesure de nature à en faciliter le déroulement.

Il peut, si la valeur ou la consistance des biens le justifie, s'adjoindre un expert, choisi d'un commun accord entre les parties ou, à défaut, désigné par le juge commis.

• **C. pr. civ.,** art. 1368

Dans le délai d'un an suivant sa désignation, le notaire dresse un état liquidatif qui établit les comptes entre copartageants, la masse partageable, les droits des parties et la composition des lots à répartir.

• **C. pr. civ.,** art. 1373

En cas de désaccord des copartageants sur le projet d'état liquidatif dressé par le notaire, ce dernier transmet au juge commis un procès-verbal reprenant les dires respectifs des parties ainsi que le projet d'état liquidatif.

Le greffe invite les parties non représentées à constituer avocat.

Le juge commis peut entendre les parties ou leurs représentants et le notaire et tenter une conciliation.

Il fait rapport au tribunal des points de désaccord subsistants.

Il est, le cas échéant, juge de la mise en état.

• **C. pr. civ.,** art. 1374

Toutes les demandes faites en application de l'article 1373 entre les mêmes parties, qu'elles émanent du demandeur ou du défendeur, ne constituent qu'une seule instance. Toute demande distincte est irrecevable à moins que le fondement des prétentions ne soit né ou ne soit révélé que postérieurement à l'établissement du rapport par le juge commis.

• **C. pr. civ.,** art. 1375

Le tribunal statue sur les points de désaccord.

Il homologue l'état liquidatif ou renvoie les parties devant le notaire pour établir l'acte constatant le partage.

En cas d'homologation, il ordonne s'il y a lieu le tirage au sort des lots par la même décision, soit devant le juge commis, soit devant le notaire commis.

> Licitation

[C. civ., art. 1686 et C. pr. civ., art. 1377]

• **C. civ.,** art. 1686

Si une chose commune à plusieurs ne peut être partagée commodément et sans perte ;

Ou si, dans un partage fait de gré à gré de biens communs, il s'en trouve quelques-uns qu'aucun des copartageants ne puisse ou ne veuille prendre, la vente s'en fait aux enchères, et le prix en est partagé entre les copropriétaires.

• **C. pr. civ.,** art. 1377

Le tribunal ordonne, dans les conditions qu'il détermine, la vente par adjudication des biens qui ne peuvent être facilement partagés ou attribués.

La vente est faite, pour les immeubles, selon les règles prévues aux articles 1271 à 1281 et, pour les meubles, dans les formes prévues aux articles R. 221-33 à R. 221-38 et R. 221-39 du Code des procédures civiles d'exécution.

612.02 Jurisprudence de référence.

> L'assignation en partage encourt l'irrecevabilité si certaines mentions sont omises. Cette fin de non-recevoir peut faire l'objet d'une régularisation dans des conditions très strictes.

• **Civ. 1re, 28 janv. 2015,** n° 13-50.049, P

* V. s^{s} n° 612.15

« L'omission, dans l'assignation en partage, de tout ou partie des mentions prévues à l'article 1360 du Code de procédure civile, est sanctionnée par une fin de non-recevoir et, étant susceptible d'être régularisée, l'irrecevabilité est écartée si sa cause a disparu au moment où le juge statue. Il s'en déduit que l'appréciation de la situation ne dépend pas du seul examen de l'assignation. »

> L'absence de diligences amiables entreprises avant la délivrance de l'assignation entraîne irrémédiablement son irrecevabilité

• **Civ. 1re, 21 sept. 2016,** n° 15-23.250, P

* V. s^{s} n° 612.16

« Mais attendu qu'ayant relevé, d'une part, que l'assignation ne mentionnait pas les diligences entreprises en vue de parvenir à un partage amiable, d'autre part, que les consorts X... ne faisaient état d'aucune diligence de cette nature réalisée avant la délivrance de cet acte, la cour d'appel en a exactement déduit que la fin de non-recevoir tirée de l'irrecevabilité de la demande en partage judiciaire, fondée sur l'inobservation des exigences de l'article 1360 du Code de procédure civile, n'était pas susceptible d'être régularisée par la signification, postérieure à l'assignation, d'une sommation interpellative à Mme Z... afin qu'elle prenne position sur la possibilité de procéder à un partage amiable. »

> Le juge du partage n'est pas tenu de trancher immédiatement les contestations soulevées par les parties au stade de l'ouverture des opérations de partage

• **Civ. 1re, 27 mars 2024,** n° 22-13.041, B

* V. s^{s} n° 612.33

« Ne méconnaît pas son office le juge qui, saisi de demandes au stade de l'ouverture des opérations de partage, estime qu'il y a lieu de renvoyer les parties devant le notaire afin d'en permettre l'instruction. »

> Lorsque les parties sont renvoyées par le notaire devant le tribunal, elles sont liées par le projet d'état liquidatif dressé par le notaire et le rapport établi par le juge commis. À défaut de projet d'état liquidatif elles peuvent soulever des demandes distinctes de celles portant sur les points initiaux de désaccord.

• **Civ. 1re, 6 mars 2024,** n° 22-15.311, B

* V. s^{s} n° 612.43

« Après avoir relevé que le notaire désigné pour procéder aux opérations de comptes, liquidation et partage avait transmis un procès-verbal de difficultés portant sur les points de contestation existant entre les parties au juge commis, qui avait convoqué les parties à une audience de conciliation puis dressé un procès-verbal de non-conciliation, l'arrêt retient à bon droit que, faute de projet d'état liquidatif dressé par le notaire, le moyen tiré de l'irrecevabilité, sur le fondement des articles 1373 et 1374 du Code de procédure civile, de la demande de Mme [H] tendant à voir déclarer M. [X] redevable d'une indemnité d'occupation ne pouvait prospérer. »

> Lorsque le tribunal renvoie les parties devant le notaire pour établir l'acte de partage qu'il a homologué, la signature des parties ne serait pas requise

• **Civ. 1re, 13 mai 2020,** n° 18-26.702, P

* V. s^{s} n° 612.44

« En l'absence d'homologation ou en présence d'homologation partielle du projet d'état liquidatif établi par le notaire désigné sur le fondement de l'article 1364 du Code de procédure civile, le projet rectifié par le notaire sur la base des points de désaccord tranchés par le tribunal en application de l'article 1375 du même code doit être soumis à l'homologation du tribunal.

Selon ce dernier texte, le tribunal renvoie les parties devant le notaire pour établir l'acte constatant le partage.

Ce n'est qu'en cas d'abandon des voies judiciaires en vue de la poursuite d'un partage à l'amiable, comme l'autorise à tout moment l'article 842 du Code civil, que la signature des parties est requise pour l'acte de partage. »

> La demande en licitation suppose l'ouverture préalable d'une action en partage

• **Civ. 1re, 15 juin 2017,** n° 16-16.031, P

* V. ss n° 612.22

« La demande en licitation d'un bien indivis prévue au premier alinéa de l'article 1686 du Code civil ne peut être formée qu'à l'occasion d'une instance en partage judiciaire. »

> Le juge doit vérifier, avant d'ordonner la licitation, si les biens sont partageables

• **Civ. 1re, 5 févr. 2025,** n° 21-15.932, B

* V. ss n° 612.22

« Il résulte de [l'article 1377, alinéa 1er, du Code de procédure civile] que la licitation des immeubles indivis ne doit être ordonnée que s'ils ne peuvent être facilement partagés en nature. »

612.03 Bibliographie indicative.

Actualisables. Rép. civ., v° *Partage judiciaire*, par C. Brenner, oct. 2020 [actu. mai 2024] – Form. pr. civ. Dalloz, v° *Successions* – J.-Cl. Liquidations – Partages, V° *Partage judiciaire*.

Ouvrage. Memento Francis Lefebvre, *Successions. Libéralités*, 2024/2025, nos 58 700 s.

Articles. Th. Lépine, « Quelle(s) issue(s) pour le partage judiciaire ? », *AJ fam.* 2022. 487 – M. Grimaldi, « Attention aux mentions obligatoires exigées, à peine d'irrecevabilité, dans une assignation en partage », *RTD civ.* 2016. 913.

612.04 Questions essentielles.

> L'assignation en partage obéit à un formalisme très strict dont la violation est sanctionnée par une fin de non-recevoir

* V. ss nos 612.11 à 612.18

> Le tribunal peut opter pour un partage immédiat et ordonner la vente par licitation

* V. ss nos 612.21 à 612.25

> Le tribunal peut faire le choix de renvoyer les parties devant un notaire afin, notamment, d'instruire les contestations soulevées par les parties. Il pourra saisir le juge commis afin d'organiser une conciliation.

* V. ss nos 612.31 à 612.37

> En cas de contestation de son projet d'état liquidatif, le notaire pourra saisir le tribunal qui statuera au vu de son procès-verbal et du rapport établi par le juge commis

* V. ss nos 612.41 à 612.44

612.05 Division. Introduction. En l'absence de règlement amiable de la succession, le Code de procédure civile organise le partage judiciaire lequel présente des aspects procéduraux (sect. 1), peut donner lieu à la licitation (sect. 2) et a la particularité d'associer au contrôle du tribunal un notaire désigné par le juge du partage (sect. 3).

SECTION 1
LES SPÉCIFICITÉS DE L'INSTANCE EN PARTAGE

612.11 Compétence territoriale. Selon l'article 841 du Code civil le tribunal du lieu d'ouverture de la succession a compétence exclusive pour connaître de l'action en partage. Cette compétence exclusive touche l'action en partage, la connaissance des contestations qui s'élèvent soit à l'occasion du maintien de l'indivision soit au cours des opérations de partage, la demande de licitation, les demandes relatives à la garantie des lots entre les copartageants et sur celles en nullité de partage ou en complément de part.

612.12 Qualité de demandeur. L'article 1359 du Code de procédure civile envisage l'hypothèse d'une multiplicité d'assignations et donne la qualité de demandeur au partage à celui qui a fait en premier enrôler son assignation au greffe du tribunal judiciaire.

612.13 Contenu de l'assignation. L'assignation en partage est un pilier de la procédure de partage judiciaire.

L'article 1360 du Code de procédure civile dispose en effet, qu'à peine d'irrecevabilité, l'assignation en partage doit contenir un descriptif sommaire du patrimoine à partager et préciser les intentions du demandeur quant à la répartition des biens ainsi que les diligences entreprises en vue de parvenir à un partage amiable.

Si dans un arrêt d'espèce, la Cour de cassation, au regard de la « *complexité de la situation successorale* », a pu exceptionnellement admettre une dérogation aux régime obligatoire[1], sa jurisprudence constante démontre qu'elle exerce un contrôle très strict sur le contenu de l'assignation et notamment les mentions éxigées par l'article 1360[2].

612.14 Fin de non-recevoir. L'absence des mentions exigées par l'article 1360 du Code de procédure civile est sanctionnée par une fin de non-recevoir tirée de l'irrecevabilité de la demande.

L'article 122 du Code de procédure civile définit la fin de non-recevoir comme tout moyen qui tend à faire déclarer l'adversaire irrecevable en sa demande, sans examen au fond, pour défaut de droit d'agir.

L'article 126 du Code de procédure civile tempère la rigidité de la sanction en envisageant qu'elle puisse être écartée si la cause de la fin de non-recevoir (susceptible de régularisation) a disparu au moment où le juge statue.

Selon la mention qui aura été omise dans l'assignation en partage, une régularisation pourra être mise en œuvre.

Il convient enfin de souligner que l'assignation dont l'irrecevabilité a été prononcée est sans effet interruptif sur les délais de prescription ou de forclu-

1. Civ. 1re, 13 juill. 2016, nos 15-17.202 et 15-21.849, NP.
2. Civ. 1re, 4 janv. 2017, n° 15-25.655, NP ; *AJ fam.* 2017. 208, obs. J. Casey.

sion. En effet si l'article 2241 du Code civil donne à l'acte de saisine d'une juridiction, annulé par l'effet d'un vice de procédure, un tel effet, il n'en est prévu aucun en cas de fin de non-recevoir.

612.15 Absence de description sommaire du patrimoine à partager. La première chambre civile juge que l'absence de description sommaire du patrimoine à partager est sanctionnée par une fin de non-recevoir.

Elle considère que cette omission est susceptible d'être régularisée et qu'ainsi l'irrecevabilité est écartée si sa cause a disparu au moment où le juge statue. Des conclusions postérieures à l'assignation qui viendraient réparer l'omission peuvent être prises en compte[1].

612.16 Absence de tentative de règlement amiable. L'absence de diligences entreprises en vue de parvenir à un partage amiable, avant la délivrance de l'assignation aux fins de partage judiciaire, n'est pas susceptible de régularisation.

La Cour de cassation juge de manière constante que l'irrecevabilité de la demande est insusceptible de régularisation lorsque les diligences amiables sont effectuées postérieurement à l'assignation[2].

612.16-1 Tentative de règlement amiable postérieure à l'assignation.

CAS PRATIQUE

Julien est décédé à SAINTES le 15 décembre 2023 en laissant pour lui succéder son épouse commune en bien, Joséphine, leur enfant, Eric, ainsi qu'un enfant né d'une première union, Renaud.

Joséphine et Eric ont saisi Maître DESOURD, notaire à SAINTES, afin d'ouvrir les opérations de succession.

Le 10 septembre 2024, Joséphine et Eric ont assigné Renaud en partage sans avoir, préalablement, effectué la moindre diligence amiable.

Le 19 novembre 2024, Renaud a saisi par voie de conclusions, ainsi qu'il est prévu à l'article 791 du Code de procédure civile, le juge de la mise en état du tribunal judiciaire, exclusivement compétent en vertu de l'article 789 du même code, d'une fin de non-recevoir tirée de l'irrecevabilité de l'assignation en partage.

Le 25 novembre 2024, Maître DESOURD, à la demande de Joséphine et Eric, a convoqué Renaud afin qu'il se positionne sur le projet de partage qu'il venait d'établir.

Renaud ne s'est pas présenté à l'étude du notaire lors de la réunion fixée le 10 décembre 2024.

Lors de l'audience devant le juge de la mise en état du 19 décembre 2024, Joséphine et Eric ont soutenu qu'en mettant en œuvre une tentative de règlement amiable par l'intermédiaire de Maître DESOURD, la cause de la fin de non-recevoir avait ainsi disparu.

Par décision du 26 décembre 2024, le juge de la mise en état a rendu une ordonnance par laquelle il a prononcé l'irrecevabilité de l'assignation en partage faute d'avoir été précédée de diligences amiables. Il a considéré que les diligences amiables effectuées par l'intermédiaire de Maître DESOURD le 25 novembre 2024, n'étant pas antérieures à l'assignation en partage, n'avaient pu avoir pour effet de régulariser la fin de non-recevoir.

Joséphine et Eric devront faire délivrer une nouvelle assignation en partage en faisant état de la convocation de Renaud par Maître DESOURD.

Dans le cas présent, les conséquences de l'irrecevabilité sont assez limitées. Elles auraient pu être beaucoup plus graves en cas de prescription d'une des demandes. En effet l'article 2241 du Code civil ne donne aucun effet interruptif à l'acte de saisine d'une juridiction déclaré irrecevable.

612.17 Action oblique. La Cour de cassation fait une exception en matière d'action oblique.

Elle juge en effet que les dispositions de l'article 1360 du Code de procédure civile ne sont pas applicables à l'action oblique en partage engagée par le créancier personnel d'un indivisaire, sur le fondement de l'article 815-17 du Code civil[3].

612.18 Règles de procédure. Sous la réserve du contenu de l'assignation au regard des dispositions de l'article 1360 du Code de procédure civile, la procédure est la même que celle devant le tribunal judiciaire, avec les particularités propres aux successions (v. s^s n°s 611.151 s.).

SECTION 2

LE TRIBUNAL PEUT ORDONNER IMMÉDIATEMENT LE PARTAGE OU LA VENTE PAR LICITATION

612.21 Partage immédiat. Le tribunal peut ordonner le partage.

L'article 1361 du Code de procédure civile précise que lorsque le partage est ordonné, le tribunal peut désigner un notaire chargé de dresser l'acte constatant le partage.

612.22 Vente par licitation. Le tribunal peut aussi ordonner la vente par licitation.

Selon le premier alinéa de l'article 1686 du Code civil la vente aux enchères n'a lieu que si une chose commune à plusieurs ne peut être partagée commodément et sans perte. L'article 1377 du Code de procédure civile dispose que le tribunal ordonne la vente

1. Civ. 1re, 28 janv. 2015, n° 13-50.049, P I, n° 23 ; *D.* 2015. 263 ; *ibid.* 511, chron. I. Guyon-Renard ; *AJ fam.* 2015. 166, obs. J. Casey.
2. Civ. 1re, 21 sept. 2016, n° 15-23.250, P ; *AJ fam.* 2016. 498, obs. J. Casey ; *RTD civ.* 2016. 913, obs. M. Grimaldi.
3. Civ. 1re, 25 sept. 2013, n° 12-21.272, P ; *AJ fam.* 2013. 714, obs. A. de Guillenchmidt-Guignot.

par adjudication des biens qui ne peuvent être facilement partagés ou attribués.

La Cour de cassation juge que la demande en licitation ne peut être formée qu'à l'occasion d'une instance en partage judiciaire [1]. Ce qui exclut par voie de conséquence qu'elle puisse être sollicitée ou ordonnée en dehors de tout partage judiciaire. Le juge ne peut ordonner la licitation qu'après avoir vérifié, au besoin d'office, si les biens indivis sont ou non commodément partageables en nature.

612.23 **Modalités de la vente.** Le tribunal doit alors déterminer les conditions de la vente par adjudication.

L'article 1377 du Code de procédure civile précise que la vente est faite, pour les immeubles, selon les règles prévues aux articles 1271 à 1281 du même code et, pour les meubles, dans les formes prévues aux articles R. 221-33 à R. 221-38 et R. 221-39 du Code des procédures civiles d'exécution.

612.24 **Expertise préalable.** Une expertise peut avoir lieu préalablement.

L'article 1362 du Code de procédure civile envisage la désignation, en cours d'instance, d'un expert pour estimer les biens ou proposer la composition des lots à répartir.

612.25 **Tirage au sort.** Le tribunal peut décider de procéder à un tirage au sort des lots.

Auquel cas celui-ci est réalisé, selon l'article 1363 du Code de procédure civile, devant le notaire commis et, à défaut, devant le président du tribunal judiciaire ou son délégué. Ce texte envisage aussi la désignation d'un représentant à l'héritier défaillant de même que l'article 1376 du même code lorsqu'un tirage au sort a été ordonné et qu'un héritier fait défaut.

SECTION 3
LA DÉSIGNATION D'UN NOTAIRE POUR PROCÉDER AUX OPÉRATIONS DE PARTAGE

§ 1
La procédure devant le notaire

612.31 **Désignation du notaire.** Le notaire n'est désigné que si les opérations présentent une certaine complexité.

L'article 1364 du Code de procédure civile fait de cette complexité une condition de la désignation d'un notaire lequel est choisi par les copartageants et, à défaut d'accord, par le tribunal. Le notaire initialement désigné peut être remplacé dans les mêmes conditions. Cependant le remplaçant ne pourra poursuivre les opérations de partage que lorsqu'il aura été désigné par le tribunal ou le juge commis [2].

612.32 **Juge commis.** Lorsqu'il désigne un notaire, le tribunal commet par ailleurs un juge pour surveiller les opérations de partage.

Cette désignation, envisagée par l'article 1364 du Code de procédure civile, est obligatoire [3].

612.33 **Sort des demandes préalables des parties.** Le tribunal n'est pas tenu de trancher les difficultés qui lui sont soumises avant de renvoyer les parties devant le notaire.

En effet, par un arrêt de revirement important la première chambre civile considère désormais que le juge, saisi de demandes au stade de l'ouverture des opérations de partage, peut renvoyer les parties devant le notaire afin d'en permettre l'instruction [4].

612.34 **Convocation des parties.** Le notaire convoque les parties et rend compte au juge commis des difficultés rencontrées.

L'article 1365 du Code de procédure civile précise qu'il peut solliciter de lui toute mesure de nature à en faciliter le déroulement voire, selon l'article 1366 du même code, solliciter l'organisation d'une conciliation. Il peut aussi s'adjoindre un expert.

Selon l'article 841-1 du Code civil il peut, s'il se heurte à l'inertie d'un indivisaire, le mettre en demeure par acte extra judiciaire de se faire représenter. Ce dernier dispose alors d'un délai de trois mois pour constituer un mandataire. Passer ce délai le notaire peut demander au juge de désigner toute personne qualifiée qui représentera le défaillant jusqu'à la réalisation complète des opérations.

612.35 **Conciliation devant le juge commis.** Saisi d'une difficulté par le notaire, le juge commis peut tenter une conciliation entre les parties.

L'article 1366 du Code de procédure civile précise qu'à défaut de conciliation, le juge commis renvoie les parties devant le notaire, qui établit un procès-verbal reprenant les dires respectifs des parties ainsi qu'un projet d'état liquidatif.

1. Civ. 1re, 5 févr. 2025, n° 21-15.932, B – Civ. 1re, 15 juin 2017, n° 16-16.031, B ; *D.* 2017. 1303 ; *ibid.* 1859, chron. C. Roth ; *AJ fam.* 2017. 486, obs. J. Casey.

2. Civ. 1re, 22 juin 2022, n° 20-22.712, B ; *D.* 2022. 1205 ; *ibid.* 1986, chron. E. Buat-Ménard ; *AJ fam.* 2022. 501, obs. J. Casey.
3. Civ. 1re, 22 nov. 2023, n° 21-25.833, B ; *D.* 2023. 2085 ; *ibid.* 2024. 441, obs. M. Douchy-Oudot ; *ibid.* 1974, obs. S. Godechot-Patris et C. Grare-Didier ; *AJ fam.* 2024. 108, obs. J. Casey.
4. Civ. 1re, 27 mars 2024, n° 22-13.041, B ; *D.* 2024. 1005, note F. Hartman ; *ibid.* 1974, obs. S. Godechot-Patris et C. Grare-Didier ; *ibid.* 2122, chron. S. Lion ; *AJ fam.* 2024. 309, obs. J. Casey.

612.36 Établissement de l'état liquidatif. Le notaire doit établir un projet d'acte dans un délai d'un an suivant sa désignation.

L'article 1368 du Code de procédure civile indique que cet état liquidatif établit les comptes entre copartageants, la masse partageable, les droits des parties et la composition des lots à répartir. L'article 1369 du même code envisage diverses causes de suspension de ce délai dont la demande de conciliation. Enfin ce délai peut être prorogé d'une année dans les conditions de l'article 1371 du même code.

Le non-respect de ce délai entraîne des sanctions pour le notaire.

L'article R. 444-62 du Code de commerce dispose en effet que s'il est imparti au notaire commis par justice un délai pour procéder à une prestation ou une série de prestations de son ministère, le montant des émoluments correspondants est réduit de moitié lorsque la mission n'est pas remplie dans le délai fixé, et des trois-quarts lorsque le double dudit délai est dépassé.

612.37 Recours au règlement amiable. À tout moment les parties peuvent s'inscrire dans un règlement amiable.

L'article 842 du Code civil envisage en effet l'hypothèse d'un abandon par les parties des voies judiciaires au profit d'un partage amiable. L'article 1372 du Code de procédure civile prévoit que lorsque l'acte de partage amiable est alors établi, le notaire en informe le juge qui constate la clôture de la procédure.

Remarque : le notaire peut alors percevoir les émoluments de partage amiable sans réduction.

§ 2
Le désaccord des parties sur le projet d'acte

612.41 Désaccord des parties. En cas de désaccord des parties sur le projet d'acte, le notaire doit établir un procès-verbal dont le contenu est visé à l'article 1373 du Code de procédure civile.

Ce procès-verbal doit reprendre les dires respectifs des parties ainsi que le projet d'état liquidatif.

Lorsqu'il a établi son procés-verbal le notaire doit alors saisir le juge commis.

612.42 Rapport du juge commis. Le juge commis, au regard du procès-verbal du notaire, fait rapport au tribunal des points de désaccord subsistants.

L'article 1373 du Code de procédure civile ajoute qu'il exerce, éventuellement, les fonctions de juge de la mise en état.

612.43 Force impérative du rapport. Les parties sont tenues par ce rapport.

L'article 1374 du Code de procédure civile dispose en effet que toutes les demandes faites en application de l'article 1373 entre les mêmes parties, qu'elles émanent du demandeur ou du défendeur, ne constituent qu'une seule instance. Toute demande distincte est irrecevable à moins que le fondement des prétentions ne soit né ou ne soit révélé que postérieurement à l'établissement du rapport par le juge commis.

Est ainsi irrecevable la demande d'annulation du testament formée postérieurement à l'établissement du rapport établi par le juge commis alors même que le motif de nullité invoqué, à le supposer réel, préexistait à l'introduction de l'action en partage [1].

En revanche la fin de non-recevoir tirée de l'irrecevabilité de la demande ne peut être accueillie lorsque le notaire n'a pas établi de projet d'état liquidatif [2], ou lorsque le juge commis n'a pas établi de rapport [3].

612.43-1 Sort des demandes nouvelles en cause d'appel.

CAS PRATIQUE

Alain est décédé à LIMOGES le 10 mai 2023 laissant pour lui succéder ses deux enfants Justine et Bruno. Justine, très proche de son père, vivait gratuitement dans une maison d'habitation appartenant à ce dernier. Bruno n'avait plus de contact avec son père depuis de nombreuses années.

Aucun partage amiable n'ayant pu aboutir, Justine a saisi le 12 octobre 2023 le tribunal judiciaire de LIMOGES afin de voir ouvrir les opérations de partage en sollicitant, notamment l'attribution préférentielle de la maison d'habitation mise à sa disposition par Alain. Bruno s'est opposé à la demande d'attribution préférentielle et s'en est remis à justice pour le surplus.

Le tribunal a rendu un jugement le 17 mai 2024 ouvrant les opérations de partage et désignant Maître MEDARD, notaire à LIMOGES. Il ne s'est pas prononcé sur la demande d'attribution.

Le notaire a convoqué les parties et établi un projet d'acte qu'il leur a soumis le 26 juin 2024.

Bruno s'est opposé à la signature de ce projet arguant que son père avait des pièces d'or qui avaient disparu.

Maître MEDARD a saisi le juge commis en lui transmettant son procès-verbal reprenant les dires respectifs des parties ainsi que le projet d'état liquidatif.

Le juge commis n'a établi aucun rapport.

Un jugement a été rendu homologuant partiellement le projet d'acte, rejetant l'attribution préférentielle sollicitée par Justine ainsi que la demande de recel successoral formée par Bruno.

1. Civ. 1re, 1er juin 2017, no 16-19.990, P I, no 128 ; *D.* 2017. 1190 ; *AJ fam.* 2017. 554, obs. J. Casey.
2. Civ. 1re, 6 mars 2024, no 22-15.311, B ; *D.* 2024. 477 ; *AJ fam.* 2024. 254, obs. J. Casey.
3. Civ. 1re, 14 mars 2018, no 17-16.045, P I, no 49 ; *D.* 2018. 615 ; *AJ fam.* 2018. 301, obs. J. Casey.

Bruno a formé appel de ce jugement et, profitant d'un changement de conseil, sollicite pour la première fois que Justine soit condamnée à verser une indemnité d'occupation au titre de l'occupation de la maison d'habitation appartenant à Alain.

Il s'agit d'une demande nouvelle laquelle, par exception aux dispositions de l'article 564 du Code de procédure civile, est recevable.

En effet la Cour de cassation juge constamment qu'en matière de partage les parties étant respectivement demanderesses et défenderesses quant à l'établissement de l'actif et du passif, toute demande doit être considérée comme une défense à une prétention adverse[1].

Mise en garde : si le juge commis avait établi un rapport, la demande d'indemnité d'occupation formée par Bruno, postérieurement au rapport, serait irrecevable en vertu des dispositions susvisées de l'article 1374.

612.44 **Décision du tribunal.** Le tribunal tranche les points de désaccord.

Selon l'article 1375 du Code de procédure civile, le tribunal homologue l'état liquidatif et ordonne s'il y a lieu le tirage au sort des lots, ou renvoie les parties devant le notaire pour établir l'acte constatant le partage.

En l'absence d'homologation ou en présence d'homologation partielle du projet d'état liquidatif établi par le notaire désigné sur le fondement de l'article 1364 du Code de procédure civile, le projet rectifié par le notaire sur la base des points de désaccord tranchés par le tribunal en application de l'article 1375 du même code doit être soumis à l'homologation du tribunal. Selon ce dernier texte, le tribunal renvoie les parties devant le notaire pour établir l'acte constatant le partage.

Ce n'est qu'en cas d'abandon des voies judiciaires en vue de la poursuite d'un partage à l'amiable, comme l'autorise à tout moment l'article 842 du Code civil, que la signature des parties est requise pour l'acte de partage[2].

1. Civ. 1re, 25 sept. 2013, no 12-21.280, P I, no 187 ; *D.* 2014. 1905, obs. J. Revel ; *AJ fam.* 2013. 722, obs. P. Hilt ; *RTD civ.* 2013. 882 et 884, obs. B. Vareille.

2. Civ. 1re, 13 mai 2020, no 18-26.702, P ; *D.* 2020. 1173 ; *ibid.* 2206, obs. S. Godechot-Patris et C. Grare-Didier ; *AJ fam.* 2020. 360, obs. J. Casey ; *RTD civ.* 2020. 930, obs. M. Grimaldi.

LIVRE

7. LA SUCCESSION INTERNATIONALE

SECTION 0
ORIENTEUR

7.00 **Sommaire du livre.**

7.01 **Introduction.** Dans le cadre du règlement international des successions, la date du 17 août 2015 est fondamentale. Il s'agit en effet de la date d'entrée en application du règlement (UE) n° 650/2012 du Parlement et du Conseil du 4 juillet 2012 relatif à la compétence, la loi applicable, la reconnaissance et l'exécution des décisions, et l'acceptation et l'exécution des actes authentiques en matière de successions et à la création d'un certificat successoral européen. Le règlement s'applique à la succession de toute personne qui décède à compter de cette date (art. 83). Ce texte a un domaine général puisqu'il s'applique aussi bien à la compétence, qu'à la loi applicable et à la reconnaissance et l'exécution des décisions de justice. En conséquence, pour toutes les questions relevant du droit international privé pour une personne décédée avant le 17 août 2015, il conviendra de mettre en œuvre les règles de droit commun ; en revanche pour les personnes décédées à compter de cette date, il faudra appliquer les dispositions du règlement.

7.02 **Division.** Nous étudierons dans un premier temps les règles de compétence des juridictions (chap. 711) en distinguant les successions des personnes décédées avant ou à compter du 17 août 2015. Nous adopterons la même césure s'agissant des règles de conflit de lois (chap. 712).

CHAPITRE

711. Règles de compétence des juridictions

SECTION 0 ORIENTEUR

711.00 Sommaire du chapitre.

711.01 Textes applicables.

PERSONNES DÉCÉDÉES AVANT LE 17 AOÛT 2015

- **C. civ.,** art. 14, 15, 102, 720
- **C. pr. civ.,** art. 45

> Règle principale en matière de succession mobilière

[C. civ., art. 720 ; C. pr. civ., art. 45]

- **C. civ.,** art. 720

Les successions s'ouvrent par la mort, au dernier domicile du défunt.

- **C. pr. civ.,** art. 45

En matière de succession, sont portées devant la juridiction dans le ressort de laquelle est ouverte la succession jusqu'au partage inclusivement :

– les demandes entre héritiers ;

– les demandes formées par les créanciers du défunt ;

– les demandes relatives à l'exécution des dispositions à cause de mort.

> Détermination du domicile du défunt en matière de succession mobilière

- **C. civ.,** art. 102

Le domicile de tout Français, quant à l'exercice de ses droits civils, est au lieu où il a son principal établissement.

Le lieu d'exercice des droits civils d'une personne sans domicile stable est celui où elle a fait élection de domicile dans les conditions prévues à l'article L. 264-1 du Code de l'action sociale et des familles.

Les bateliers et autres personnes vivant à bord d'un bateau de navigation intérieure immatriculé en France, qui n'ont pas le domicile prévu à l'alinéa précédent ou un domicile légal, sont tenus de choisir un domicile dans l'une des communes dont le nom figure sur une liste établie par arrêté du garde des Sceaux, ministre de la Justice, du ministre de l'Intérieur et du ministre des Travaux publics, des Transports et du Tourisme. Toutefois, les bateliers salariés et les personnes vivant à bord avec eux peuvent se domicilier dans une autre commune à condition que l'entreprise qui exploite le bateau y ait son siège ou un établissement ; dans ce cas, le domicile est fixé dans les bureaux de cette entreprise ; à défaut de choix par eux exercé, ces bateliers et personnes ont leur domicile au siège de l'entreprise qui exploite le bateau et, si ce siège est à l'étranger, au bureau d'affrètement de Paris.

> Domaine de la compétence de droit commun des juridictions françaises en matière de succession mobilière

- **C. pr. civ.,** art. 45 (préc.)

> Règle subsidiaire en matière de succession mobilière

[C. civ., art. 14 et 15]

- **C. civ.,** art. 14

L'étranger, même non résidant en France, pourra être cité devant les tribunaux français, pour l'exécution des obligations par lui contractées en France avec un Français ; il pourra être traduit devant les tribunaux de France, pour les obligations par lui contractées en pays étranger envers des Français.

• **C. civ.**, art. 15

Un Français pourra être traduit devant un tribunal de France, pour des obligations par lui contractées en pays étranger, même avec un étranger.

PERSONNES DÉCÉDÉES À COMPTER DU 17 AOÛT 2015

• **Règl. (UE) n° 650/2012 du Parlement et du Conseil, 4 juill. 2012,** relatif à la compétence, la loi applicable, la reconnaissance et l'exécution des décisions, et l'acceptation et l'exécution des actes authentiques en matière de successions et à la création d'un certificat successoral européen, dit règlement « Successions », *JOUE* L. 201, 27 juill., p. 107-134, art. 4, 5, 6, 7, 9 à 19, 21, 22 ; consid. 24, 28

> Règle générale : loi de la résidence habituelle du défunt

• **Règl. « Successions »,** art. 21

1. Sauf disposition contraire du présent règlement, la loi applicable à l'ensemble d'une succession est celle de l'État dans lequel le défunt avait sa résidence habituelle au moment de son décès.

2. Lorsque, à titre exceptionnel, il résulte de l'ensemble des circonstances de la cause que, au moment de son décès, le défunt présentait des liens manifestement plus étroits avec un État autre que celui dont la loi serait applicable en vertu du paragraphe 1, la loi applicable à la succession est celle de cet autre État.

> Choix de loi

• **Règl. « Successions »,** art. 22

1. Une personne peut choisir comme loi régissant l'ensemble de sa succession la loi de l'État dont elle possède la nationalité au moment où elle fait ce choix ou au moment de son décès.

Une personne ayant plusieurs nationalités peut choisir la loi de tout État dont elle possède la nationalité au moment où elle fait ce choix ou au moment de son décès.

2. Le choix est formulé de manière expresse dans une déclaration revêtant la forme d'une disposition à cause de mort ou résulte des termes d'une telle disposition.

3. La validité au fond de l'acte en vertu duquel le choix de loi est effectué est régie par la loi choisie.

4. La modification ou la révocation du choix de loi satisfait aux exigences de forme applicables à la modification ou à la révocation d'une disposition à cause de mort.

> Compétence générale

• **Règl. « Successions »,** art. 4

Sont compétentes pour statuer sur l'ensemble d'une succession les juridictions de l'État membre dans lequel le défunt avait sa résidence habituelle au moment de son décès.

> Notion de résidence habituelle

• **Règl. « Successions », consid. 24**

Dans certains cas, il peut s'avérer complexe de déterminer la résidence habituelle du défunt. Un tel cas peut se présenter, en particulier, lorsque, pour des raisons professionnelles ou économiques, le défunt était parti vivre dans un autre État pour y travailler, parfois pendant une longue période, tout en ayant conservé un lien étroit et stable avec son État d'origine. Dans un tel cas, le défunt pourrait, en fonction des circonstances de l'espèce, être considéré comme ayant toujours sa résidence habituelle dans son État d'origine, dans lequel se trouvait le centre des intérêts de sa vie familiale et sociale. D'autres cas complexes peuvent se présenter lorsque le défunt vivait de façon alternée dans plusieurs États ou voyageait d'un État à un autre sans s'être installé de façon permanente dans un État. Si le défunt était ressortissant de l'un de ces États ou y avait l'ensemble de ses principaux biens, sa nationalité ou le lieu de situation de ces biens pourrait constituer un critère particulier pour l'appréciation globale de toutes les circonstances de fait.

> Accord d'élection de for

• **Règl. « Successions »,** art. 5

1. Lorsque la loi choisie par le défunt pour régir sa succession en vertu de l'article 22 est la loi d'un État membre, les parties concernées peuvent convenir que la ou les juridictions de cet État membre ont compétence exclusive pour statuer sur toute question concernant la succession.

2. Cet accord d'élection de for est conclu par écrit, daté et signé par les parties concernées. Toute transmission par voie électronique qui permet de consigner durablement la convention est considérée comme revêtant une forme écrite.

> Notion de « parties concernées »

• **Règl. « Successions », consid. 28**

Parmi ces mécanismes devrait figurer celui permettant aux parties concernées de conclure un accord d'élection de for en faveur des juridictions de l'État membre de la loi choisie. Il faudrait préciser au cas par cas, en fonction notamment de la question couverte par l'accord d'élection de for, si l'accord devrait être conclu entre toutes les parties concernées par la succession ou si certaines d'entre elles pourraient accepter de soumettre une question spécifique à la juridiction choisie au cas où la décision de ladite juridiction sur ladite question n'affecterait pas les droits des autres parties à la succession.

> Déclinatoire de compétence en cas de choix de loi

• **Règl. « Successions »,** art. 6

Lorsque la loi choisie par le défunt pour régir sa succession en vertu de l'article 22 est la loi d'un État membre, la juridiction saisie en vertu de l'article 4 ou 10 :

a) peut, à la demande de l'une des parties à la procédure, décliner sa compétence si elle considère que les juridictions de l'État membre dont la loi a été choisie sont mieux placées pour statuer sur la succession compte tenu des circonstances pratiques de celle-ci, telles que la résidence habituelle des parties et la localisation des biens ; ou

b) décline sa compétence si les parties à la procédure sont convenues, conformément à l'article 5, de conférer la compétence à la ou aux juridictions de l'État membre dont la loi a été choisie.

> Compétence en cas de choix de loi

• **Règl. « Successions »,** art. 7

Les juridictions d'un État membre dont la loi avait été choisie par le défunt en vertu de l'article 22 sont compétentes pour statuer sur la succession, à condition :

a) qu'une juridiction préalablement saisie ait décliné sa compétence dans la même affaire, en vertu de l'article 6 ;

b) que les parties à la procédure soient convenues, conformément à l'article 5, de conférer la compétence à la ou aux juridictions de cet État membre ; ou

c) que les parties à la procédure aient expressément accepté la compétence de la juridiction saisie.

> Compétence fondée sur la comparution

• **Règl. « Successions »,** art. 9

1. Lorsque, au cours de la procédure devant une juridiction d'un État membre exerçant la compétence en vertu de l'article 7, il apparaît que toutes les parties à ladite procédure n'étaient pas parties à l'accord d'élection de for, la juridiction continue d'exercer sa compétence si les parties à la procédure qui n'étaient pas parties à l'accord comparaissent sans contester la compétence de la juridiction.

2. Si la compétence de la juridiction visée au paragraphe 1 est contestée par des parties à la procédure qui n'étaient pas parties à l'accord, la juridiction décline sa compétence.

Dans ce cas, la compétence pour statuer sur la succession appartient aux juridictions compétentes en vertu de l'article 4 ou 10.

> Compétences subsidiaires

• **Règl. « Successions »,** art. 10

1. Lorsque la résidence habituelle du défunt au moment du décès n'est pas située dans un État membre, les juridictions de l'État membre dans lequel sont situés des biens successoraux sont néanmoins compétentes pour statuer sur l'ensemble de la succession dans la mesure où :

a) le défunt possédait la nationalité de cet État membre au moment du décès ; ou, à défaut,

b) le défunt avait sa résidence habituelle antérieure dans cet État membre, pour autant que, au moment de la saisine de la juridiction, il ne se soit pas écoulé plus de cinq ans depuis le changement de cette résidence habituelle.

2. Lorsque aucune juridiction d'un État membre n'est compétente en vertu du paragraphe 1, les juridictions de l'État membre dans lequel sont situés des biens successoraux sont néanmoins compétentes pour statuer sur ces biens.

> *Forum necessitatis*

• **Règl. « Successions »,** art. 11

Lorsque aucune juridiction d'un État membre n'est compétente en vertu d'autres dispositions du présent règlement, les juridictions d'un État membre peuvent, dans des cas exceptionnels, statuer sur la succession si une procédure ne peut raisonnablement être introduite ou conduite, ou se révèle impossible dans un État tiers avec lequel l'affaire a un lien étroit.

L'affaire doit présenter un lien suffisant avec l'État membre dont relève la juridiction saisie.

> Limitation de la procédure

• **Règl. « Successions »,** art. 12

1. Lorsque la masse successorale comprend des biens situés dans un État tiers, la juridiction saisie pour statuer sur la succession peut, à la demande d'une des parties, décider de ne pas statuer sur l'un ou plusieurs de ces biens si l'on peut s'attendre à ce que la décision qu'elle rendrait sur les biens en question ne soit pas reconnue ou, le cas échéant, ne soit pas déclarée exécutoire dans ledit État tiers.

2. Le paragraphe 1 ne porte pas atteinte au droit des parties de limiter la portée de la procédure en vertu du droit de l'État membre dont la juridiction est saisie.

> Acceptation de la succession, d'un legs ou d'une réserve héréditaire

• **Règl. « Successions »,** art. 13

Outre la juridiction compétente pour statuer sur la succession au titre du présent règlement, les juridictions de l'État membre de la résidence habituelle de toute personne qui, en vertu de la loi applicable à la succession, peut faire une déclaration devant une juridiction concernant l'acceptation de la succession, d'un legs ou d'une réserve héréditaire ou la renonciation à ceux-ci, ou une déclaration visant à limiter la responsabilité de la personne concernée à l'égard des dettes de la succession, sont compétentes pour recevoir ce type de déclarations lorsque, en vertu de la loi de cet État membre, ces déclarations peuvent être faites devant une juridiction.

> Saisine d'une juridiction

• **Règl. « Successions »,** art. 14

Aux fins du présent chapitre, une juridiction est réputée saisie :

a) à la date à laquelle l'acte introductif d'instance ou un acte équivalent est déposé auprès de la juridiction, à condition que le demandeur n'ait pas négligé par la suite de prendre les mesures qu'il était tenu de prendre pour que l'acte soit notifié ou signifié au défendeur ;

b) si l'acte doit être notifié ou signifié avant d'être déposé auprès de la juridiction, à la date à laquelle il est reçu par l'autorité chargée de la notification ou de la signification, à condition que le demandeur n'ait pas négligé par la suite de prendre les mesures qu'il était tenu de prendre pour que l'acte soit déposé auprès de la juridiction ; ou

c) si la procédure est engagée d'office, à la date à laquelle la décision d'engager la procédure est prise par la juridiction, ou, si une telle décision n'est pas requise, à la date à laquelle l'affaire est enregistrée par la juridiction.

> Vérification de la compétence

• **Règl. « Successions »,** art. 15

La juridiction d'un État membre saisie d'une affaire de succession pour laquelle elle n'est pas compétente en vertu du présent règlement se déclare d'office incompétente.

> Vérification de la recevabilité

• **Règl. « Successions »,** art. 16

1. Lorsque le défendeur qui a sa résidence habituelle dans un État autre que l'État membre où l'action a été intentée ne comparaît pas, la juridiction compétente sursoit à statuer aussi longtemps qu'il n'est pas établi que le défendeur a été mis à même de recevoir l'acte introductif d'instance ou un acte équivalent en temps utile pour pouvoir se défendre ou que toute diligence a été faite à cette fin.

2. L'article 19 du règlement (CE) n° 1393/2007 du Parlement et du Conseil du 13 novembre 2007 relatif à la signification et à la notification dans les États membres des actes

judiciaires et extrajudiciaires en matière civile et commerciale (signification ou notification des actes) (9) s'applique en lieu et place du paragraphe 1 du présent article si l'acte introductif d'instance ou un acte équivalent a dû être transmis d'un État membre à un autre en exécution dudit règlement.

3. Lorsque le règlement (CE) nº 1393/2007 n'est pas applicable, l'article 15 de la convention de La Haye du 15 novembre 1965 relative à la signification et à la notification à l'étranger des actes judiciaires et extrajudiciaires en matière civile ou commerciale s'applique si l'acte introductif d'instance ou un acte équivalent a dû être transmis à l'étranger en vertu de cette convention.

> Litispendance

• **Règl. « Successions »,** art. 17

1. Lorsque des demandes ayant le même objet et la même cause sont formées entre les mêmes parties devant des juridictions d'États membres différents, toute juridiction saisie en second lieu sursoit d'office à statuer jusqu'à ce que la compétence de la juridiction première saisie soit établie.

2. Lorsque la compétence de la juridiction première saisie est établie, la juridiction saisie en second lieu se dessaisit en faveur de celle-ci.

> Connexité

• **Règl. « Successions »,** art. 18

1. Lorsque des demandes connexes sont pendantes devant des juridictions d'États membres différents, la juridiction saisie en second lieu peut surseoir à statuer.

2. Lorsque ces demandes sont pendantes au premier degré, la juridiction saisie en second lieu peut également se dessaisir, à la demande de l'une des parties, à condition que la juridiction première saisie soit compétente pour connaître des demandes en question et que sa loi permette leur jonction.

3. Sont connexes, aux fins du présent article, les demandes liées entre elles par un rapport si étroit qu'il y a intérêt à les instruire et à les juger en même temps afin d'éviter des décisions qui pourraient être inconciliables si les causes étaient jugées séparément.

> Mesures provisoires et conservatoires

• **Règl. « Successions »,** art. 19

Les mesures provisoires et conservatoires prévues par la loi d'un État membre peuvent être demandées aux juridictions de cet État, même si, en vertu du présent règlement, les juridictions d'un autre État membre sont compétentes pour connaître du fond.

711.02 Jurisprudence de référence.

> Exception à l'incompétence du juge français pour statuer sur les immeubles situés à l'étranger en cas de renvoi opéré par la loi étrangère à la loi française, à la condition que le renvoi permette d'assurer l'unité de loi applicable aux successions mobilières et immobilières.

• **Civ. 1re, 21 mars 2000,** nº 98-15.650, *Ballestrero*, P I, nº 96

* V. ss nº 711.43

« Vu l'article 3 du Code civil ;

Attendu que le montant de la réserve héréditaire est déterminé par la loi successorale qui, s'agissant de successions immobilières, est celle du lieu de situation des immeubles, sous réserve du renvoi éventuel opéré par la loi étrangère de situation de l'immeuble à une autre loi et, spécialement, à celle du for ; [...]. »

• **Civ. 1re, 11 févr. 2009,** nº 06-12.140, *Riley*, P I, nº 29

* V. ss nº 711.43

« Vu l'article 3 du Code civil ;

Attendu qu'en matière de succession immobilière, le renvoi opéré par la loi de situation de l'immeuble ne peut être admis que s'il assure l'unité successorale et l'application d'une même loi aux meubles et aux immeubles ; [...]. »

• **Civ. 1re, 15 mai 2018,** nº 17-11.571, P

* V. ss nº 711.44

« Vu les articles 44 et 45 du Code de procédure civile, ensemble l'article 3, alinéa 2, du Code civil ;

Attendu que, lorsqu'une succession comporte des immeubles situés dans l'un et l'autre de deux pays dont le défunt a la nationalité, le renvoi opéré par la loi du lieu de situation de l'immeuble impose que le critère de rattachement à la loi nationale du défunt soit apprécié selon les règles de conflit de lois prévues par la loi du pays renvoyant ; [...]. »

> Appréciation de la notion de résidence habituelle dans le cadre de la mise en œuvre du règlement « Successions ».

• **Civ. 1re, 29 mai 2019,** nº 18-13.383, P

* V. ss nº 711.62

« Mais attendu qu'aux termes de l'article 4 du règlement (UE) nº 650/2012 du Parlement européen et du Conseil du 4 juillet 2012 relatif à la compétence, la loi applicable, la reconnaissance et l'exécution des actes authentiques en matière de successions et à la création d'un certificat successoral européen, sont compétentes pour statuer sur l'ensemble d'une succession les juridictions de l'État membre dans lequel le défunt avait sa résidence habituelle au moment de son décès ;

Attendu qu'il résulte des considérants 23 et 24 du préambule de ce règlement qu'afin de déterminer la résidence habituelle, l'autorité chargée de la succession doit procéder à une évaluation d'ensemble des circonstances de la vie du défunt au cours des années précédant son décès et au moment de son décès, prenant en compte tous les éléments de fait pertinents, notamment la durée et la régularité de la présence du défunt dans l'État concerné ainsi que les conditions et les raisons de cette présence, la résidence habituelle ainsi déterminée devant révéler un lien étroit et stable avec l'État concerné, compte tenu des objectifs spécifiques du règlement ; que, dans les cas où il s'avère complexe de déterminer la résidence habituelle du défunt, par exemple lorsque celui-ci vivait de façon alternée dans plusieurs États ou voyageait d'un État à un autre sans s'être installé de façon permanente dans un État, sa nationalité ou le lieu de situation de ses principaux biens pourrait constituer un critère particulier pour l'appréciation globale de toutes les circonstances de fait ; [...]. »

711.03 Bibliographie indicative.

Actualisables. Rép. internat., vis *Succession*, par P. Lagarde, sept. 2015 [actu avr. 2023] ; *Règlement nº 650-2012 sur les successions*, par P. Lagarde, sept. 2014 [actu. nov. 2023] – *J.-Cl. Int.*, fasc. 557-15, par M. Revillard, juill. 2024, « Règlement (UE) nº 650/2012 du Parlement européen et du Conseil du 4 juillet 2012.

Ouvrages. *Commentaire du règlement européen sur les successions*, (collectif U. Bergquist, D. Damascelli, R. Frimston, P. Lagarde, F. Odersky, B. Reinhartz), « Commentaire Dalloz », Dalloz, 2015 – B. Ancel et Y. Lequette, *Grands arrêts de droit international privé (GADIP)*, 5e éd., Dalloz, 2006 – A. Bonomi et P. Wautelet, *Le droit européen des successions commentaire du règlement (UE) n° 650/2012 du 4 juillet 2012*, 2e éd., Bruylant, 2016 – E. Fongaro et H. Peroz, *Droit international privé patrimonial de la famille*, 3e éd., LexisNexis, 2023 – M. Grimaldi (dir.), Dalloz action *Droit patrimonial de la famille*, 2025/2026, nos 73.00 s., et spéct sur le règlement successions nos 732.00 à 732.462, par M. Goré et R. de Gourcy – G. Khairallah et M. Revillard (dir.), *Droit européen des successions internationales. Le règlement du 4 juillet 2012*, (collectif P. Chassaing, R. Crône, J. Foyer, H. Gaudemet-Tallon, S. Godechot-Patris, P. Lagarde, C. Nourissat, F. Sauvage) Defrénois, 2013 – M. Revillard, *Droit international privé et communautaire : pratique notariale*, 10e éd., Defrénois, 2022, *V° Les successions internationales*.

Articles. C. Bidaud-Garon, « La loi applicable aux successions internationales », *JCP N* 2013, n° 17, art. 1109 – A. Boiché, « Le règlement sur les successions. Reconnaissance et exécution des décisions de justice », *JCP N* 2013. 1084 – D. Damascelli, « La circulation au sein de l'espace judiciaire européen des actes authentiques en matière successorale », *Rev. crit. DIP* 2013. 425 s. – L. Galliez, « Applications immédiates du règlement européen sur les successions », *JCP N* 2013, n° 17, art. 1110 – J.-P. Laborde, « Le champ d'application du règlement n° 650/2012/UE du Parlement européen et du Conseil en matière de successions internationales », *JCP N* 2013. 1080 – P. Lagarde, « Les principes de base du nouveau règlement européen sur les successions », *Rev. crit. DIP* 2012. 691 s. – P. de Vareilles-Sommières, « Pour une meilleure consolidation européenne des dispositions de planification successorale prises avant le 17 août 2015 relativement à une succession internationale », *D.* 2012. 2321.

711.04 Questions essentielles.

> Détermination de la compétence en matière de successions mobilières pour les personnes décédées avant le 17 août 2015

* V. ss nos 711.31 à 711.34-1

> Détermination de la compétence en matière de successions immobilières pour les personnes décédées avant le 17 août 2015

* V. ss nos 711.41 à 711.45-1

> Détermination de la compétence en matière de succession des personnes décédées à compter du 17 août 2015 (règl. (UE) n° 650/2012 du 4 juillet 2012)

* V. ss nos 711.51 à 711.117-1

> Détermination de la compétence en matière de liquidation d'un régime matrimonial ou d'un partenariat dissout à la suite du décès de l'un des époux ou partenaires.

* V. ss nos 711.101 à 711.103

711.05 Division. Introduction. La révolution opérée par le règlement (UE) n° 650/2012 du 4 juillet 2012, dit règlement « Successions », en matière de compétence des juridictions n'a pas été soulignée de la même façon que celle qui a affecté les règles de conflit de lois. Pourtant, pour les personnes décédées à compter du 17 août 2015, le contentieux successoral international va être totalement modifié. La règle de la scission applicable en matière de conflit de lois trouvait également à s'appliquer en matière de compétence des juridictions. Le nouveau régime de compétence est un régime unitaire fondé sur le rattachement principal à la dernière résidence habituelle du défunt. Nous verrons donc dans un premier temps les règles de compétence applicables aux successions des personnes décédées avant le 17 août 2015 (sect. 1) et celles applicables aux personnes décédées après cette date (sect. 2).

SECTION 1 RÈGLES DE COMPÉTENCE APPLICABLES AUX SUCCESSIONS DES PERSONNES DÉCÉDÉES AVANT LE 17 AOÛT 2015

§ 1 Existence ou non de convention

711.11 Droit conventionnel. Il convient de vérifier dans un premier temps s'il existe une convention internationale applicable contenant des règles de compétence des juridictions en matière successorale. La France n'est liée par aucune convention multilatérale en la matière, mais il existe une convention bilatérale en date du 8 juillet 1899 entre la France et la Belgique qui contient une règle de compétence en matière de succession internationale. Selon l'article 7 de ce texte, les juridictions du dernier domicile du défunt sont compétentes en matière de succession internationale. Cependant, cette convention n'est applicable que dans le cas de la succession d'un belge domicilié en France ou d'un français domicilié en Belgique. Elle ne serait pas applicable dans le cas de la succession d'un belge décédé en Belgique possédant des biens immobiliers en France. Cette convention n'est plus applicable aux successions de personnes décédées après le 17 août 2015.

§ 2 Scission entre succession mobilière et immobilière

711.20 Plan. Régime de la scission. En matière de compétence, le droit international privé opère, s'agissant de déterminer la compétence des juridictions françaises en matière de succession internationale, une scission selon la **nature mobilière (A) ou immobilière (B) de la succession.** Nous verrons cependant que ces règles de droit commun peuvent également subir des exceptions selon la nationalité des protagonistes ou encore par le jeu du renvoi.

A. Succession mobilière

711.31 Droit interne. Règle principale en matière de succession mobilière. La compétence des juridictions françaises en matière de succession internationale se fait, comme en toute autre matière, par extension des règles de compétence interne au niveau international suivant la jurisprudence issue des arrêts *Scheffel* et *Pelassa* [1], soit l'article 45 du Code de procédure civile étendu au niveau international. Il en résulte qu'en matière de **successions mobilières,** les juridictions françaises sont compétentes pour connaître d'une action en matière successorale en vertu de ce texte si elles étaient celles du lieu d'ouverture de la succession, lequel est, selon l'article 720 du Code civil, le lieu du dernier domicile du défunt [2].

711.31-1 Compétence des juridictions françaises pour statuer sur la succession mobilière d'un défunt de nationalité étrangère ayant son dernier domicile en France.

EXEMPLE

AINSI, si une personne de nationalité péruvienne est décédée en France avant le 17 août 2015 et qu'elle vivait en France depuis de nombreuses années où elle avait des comptes bancaires et possédait de nombreuses œuvres d'art, les juridictions françaises seront compétentes du fait de ce domicile en France pour statuer sur sa succession mobilière. Peu importe que cette personne ait possédé par ailleurs les parts sociales de nombreuses sociétés péruviennes. Dans la mesure où le dernier domicile de la personne se trouvait en France, les juridictions françaises sont compétentes pour statuer sur la succession mobilière de cette personne.

711.32 Détermination du domicile du défunt. Cette question relève de l'appréciation souveraine des juges du fond et la qualification du domicile se fait selon la *lex fori* autrement dit la loi française dès lors que le juge français est saisi [3]. Il en résulte que le juge français appliquera la définition française telle qu'elle résulte de l'article 102 du Code civil pour déterminer si le dernier domicile du défunt se trouvait en France.

711.32-1 Appréciation de la notion de domicile du défunt dans un conflit franco-britannique.

EXEMPLE

AINSI, si le défunt est de nationalité britannique et vivait depuis de nombreuses années en France mais possédait également des biens en Angleterre, la question de savoir s'il avait son dernier domicile en France est soumise aux juridictions françaises, et il y sera répondu en application de la loi française et non de la loi anglaise. Or, le concept de domicile est très différent selon les deux droits. En effet, le concept de domicile en droit britannique remplace d'une certaine façon celui de nationalité qui n'existe pas. À ce titre, dans l'exemple donné, la personne aurait son domicile en France, selon le droit français, mais également en Angleterre selon le droit anglais.

711.33 Domaine de la compétence de droit commun des juridictions françaises en matière de succession mobilière. Cette compétence résulte de l'extension au niveau international des dispositions de l'article 45 du Code de procédure civile ; dès lors elle ne couvre que les matières visées par ce texte. En effet, l'article 45 vise uniquement : les demandes entre héritiers, les demandes formées par les créanciers du défunt et les demandes relatives à l'exécution des dispositions à cause de mort.

711.33-1 Compétence des juridictions françaises pour connaître d'un litige entre héritiers de nationalités différentes.

EXEMPLE

Dans le cas précédent du défunt de nationalité péruvienne ayant son dernier domicile en France, si un litige s'élève au sujet de la validité du testament établi par cette personne entre sa fille malgache et son légataire universel australien, les juridictions françaises seront compétentes suivant les dispositions de l'article 45 du Code de procédure civile car il s'agit d'un litige entre héritiers.

711.34 Règle subsidiaire tirée des articles 14 et 15 du Code civil en matière de successions mobilières. Si le défunt n'avait pas sa résidence habituelle en France, les juridictions françaises peuvent se reconnaître compétentes dès lors que l'une des parties est de nationalité française en application des articles 14 et 15 du Code civil [4]. En vertu de ces dispositions, soit l'une des parties, du fait de sa nationalité française, pourrait attraire les autres héritiers devant les juridictions françaises, soit la nationalité française d'une des parties pourrait être utilisée pour fonder la compétence des juridictions françaises pour connaître d'une succession mobilière.

711.34-1 Compétence des juridictions françaises sur le fondement de la nationalité d'un héritier.

EXEMPLE

Prenons l'exemple d'un défunt de nationalité américaine qui décède à New York où il avait son dernier domicile. Il laisse à sa succession son épouse française et ses deux fils de nationalité américaine d'une précédente union. La succession est exclusivement mobilière. L'épouse pourrait saisir les juridictions françaises pour la liquidation de la succession. L'un des enfants pourrait également saisir les juridictions françaises sur le fondement de la nationalité française de la veuve qui serait alors défendeur.

711.35 L'action en réduction est de nature mobilière. Par un important arrêt en date du 14 avril 2021 [5],

1. Civ. 30 oct. 1962, n° 61-11.306, *GADIP*, 5e éd., 2006, n° 37.
2. EN CE SENS, Civ. 1re, 22 avr. 1981, n° 79-16.498, P I, n° 123 ; *Rev. crit. DIP* 1983. 64, note B. Ancel ; *JCP* 1982. II. 19920, note F. Boulanger.
3. Civ. 1re, 17 nov. 1981, n° 80-14.728, P I, n° 341.
4. EN CE SENS, Civ. 1re, 17 nov. 1980, *JDI* 1982. 927, note G. Wiederkehr.
5. Civ. 1re, 14 avr. 2021, n° 19-24.773, P.

la Cour de cassation a précisé la nature de l'action en réduction en droit international privé. En l'espèce, les enfants héritiers d'une femme dont le dernier domicile se trouvait en Suède avaient introduit devant les juridictions françaises une action en réduction contre une association bénéficiaire d'une donation d'un bien immobilier situé en France. Les juges du fond avaient considéré que la loi française était applicable à la succession s'agissant d'un litige portant sur un bien immobilier et que par conséquent les juridictions françaises étaient compétentes pour en connaître.

La Cour de cassation a censuré cette analyse en considérant que la détermination de la compétence internationale dépendait non pas de la loi applicable mais de la nature de l'action successorale. Or, en l'espèce, **l'action en réduction** est par nature **une action mobilière** puisque la réduction se fait en valeur, les juridictions françaises n'étaient pas compétentes pour statuer cette demande dans la mesure où le dernier domicile du défunt se trouvait en Suède.

Ainsi, compte tenu de sa nature mobilière, l'action en réduction relève de la compétence du dernier domicile du défunt même si elle porte sur la réduction d'une donation immobilière sur un bien situé en France.

B. Succession immobilière

711.41 Droit interne : compétence en matière de succession immobilière. En matière de succession immobilière les juridictions françaises sont compétentes lorsque l'immeuble se trouve en France. Les juridictions françaises considèrent qu'elles ont sur ce point une **compétence exclusive**, même si la succession est par ailleurs ouverte à l'étranger.

La Cour de cassation a jugé que cette compétence exclusive des juridictions françaises n'introduit aucune différence de traitement entre les successibles, soumis, quelle que soit leur nationalité, à la loi française pour la dévolution desdits biens, dans la mesure où elle est fondée sur un critère de rattachement réel et déterminable avec certitude[1].

711.41-1 Compétence exclusive des juridictions françaises pour connaître d'un litige portant sur un immeuble situé en France quoique appartenant à un défunt allemand domicilié en Allemagne.

EXEMPLE

AINSI dans le cadre de la succession d'un homme de nationalité allemande, décédé avant le 17 août 2015, qui avait son dernier domicile en Allemagne mais qui possédait une résidence secondaire dans le Lot et un appartement à Paris, les juridictions françaises seront compétentes pour statuer en cas de litige entre les héritiers au sujet des immeubles sis sur le territoire français. Si les biens immobiliers français avaient été détenus par une SCI dont le défunt était à 99 % l'associé, les parts de la SCI auraient alors été qualifiées de meubles et les juridictions allemandes auraient été compétentes pour statuer sur la totalité de la succession.

711.42 Incompétence des juridictions françaises pour statuer sur les immeubles situés hors de France. Si la succession comprend des immeubles situés à l'étranger et que le défunt avait son dernier domicile en France, les juridictions françaises sont en principe incompétentes pour statuer sur le sort des immeubles situés à l'étranger.

711.42-1 Incompétence de principe des juridictions françaises pour connaître d'un litige portant sur un immeuble situé à l'étranger.

EXEMPLE

Prenons le cas d'une femme italienne qui décède, avant le 17 août 2015, en France où elle avait son domicile. Elle possède des comptes bancaires, un appartement à Nantes et une villa à Cagliari. Les juridictions françaises seront compétentes pour statuer sur le partage de sa succession mobilière et l'appartement de Nantes ; en revanche il faudra agir en Italie pour le partage de la villa de Cagliari.

711.43 Exception à l'incompétence du juge français pour statuer sur les immeubles situés à l'étranger en cas de renvoi opéré par la loi étrangère à la loi française. Il s'agit d'une solution qui a été adoptée par la Cour de cassation à l'occasion d'une affaire *Ballestrero*[2]. Dans cette affaire en effet, la Cour de cassation a admis pour la première fois que le renvoi puisse s'appliquer en matière de succession immobilière en invitant les juges à l'appliquer d'office dans ce type de circonstances.

Il s'agissait en l'espèce de la succession d'une personne de nationalité française ayant son dernier domicile en France. Dans son patrimoine se trouvaient également des immeubles sis en Italie. Le droit international privé italien en matière de succession désigne la loi nationale du défunt. Or, le défunt étant de nationalité française, la loi française était applicable à l'ensemble de sa succession, donc également à ses biens sis en Italie.

Il en résulte que si par le truchement de ce renvoi la loi française est applicable à cette succession immobilière, cela entraîne nécessairement et logiquement la compétence des juridictions françaises pour cet aspect de la succession bien que les immeubles se trouvent à l'étranger. La position de la Cour de cassa-

1. Civ. 1re, 11 avr. 2018, no 17-21.869, P I, no 71 ; *AJ fam.* 2018. 408, obs. A. Boiché ; *Rev. crit. DIP* 2018. 877, note B. Ancel.

2. Civ. 1re, 21 mars 2000, no 98-15.650, Ballestrero, P I, no 96 ; *Rev. crit. DIP* 2000. 399, note B. Ancel ; *D.* 2000. 539, note F. Boulanger ; *JDI* 2001. 505, note M. Revillard.

tion a été confirmée depuis par deux autres arrêts, l'un du 20 juin 2006 [1], et l'autre du 11 février 2009 [2].

Dans la dernière décision cependant, la Cour de cassation a limité la mise en œuvre du renvoi en matière de succession immobilière puisqu'elle considère qu'il ne peut être appliqué que dans la mesure où il assure l'unité de loi applicable aux successions mobilières et immobilières.

711.43-1 **Application de la jurisprudence *Ballestrero*.**

EXEMPLE

Prenons le cas de la succession d'une femme de nationalité britannique qui décède en France, où elle avait son dernier domicile ; elle possédait des biens mobiliers mais également deux immeubles l'un à Londres et l'autre à Rome. Selon le droit international privé italien la loi applicable à une succession internationale est la loi de la nationalité du défunt, en l'occurrence la loi britannique. Le droit anglais adopte une règle de conflit similaire à celle du droit international privé français. Dans ce cas, on est donc en présence d'un renvoi du droit italien vers le droit britannique. Ce renvoi ne permettra pas d'assurer l'unité de la loi applicable à la succession puisque la succession mobilière est soumise à la loi française. En conséquence, il ne sera pas mis en œuvre par les juridictions françaises qui ne seront donc pas compétentes pour statuer sur le partage du bien sis en Italie, comme sur celui du bien sis à Londres.

Si dans la même hypothèse, la défunte est de nationalité française, le droit italien opérera un renvoi vers le droit français, ce qui permettra d'assumer une certaine forme d'unité de loi applicable à la succession soumise aux juridictions françaises. Il restera le sort de l'immeuble sis à Londres, mais à l'égard de ce bien, les juridictions françaises ne seront pas compétentes. Ainsi, dans ce cas, les juridictions françaises devraient accepter le renvoi opéré par le droit italien et se reconnaître compétentes pour statuer sur la succession relative à ce bien et sur la succession mobilière.

711.44 **Détermination de la nationalité du défunt dans le cadre de la mise en œuvre du renvoi.** La plupart des hypothèses de mise en œuvre du renvoi en matière successorale concernent des situations dans lesquelles le défunt laisse des biens dans des États dont les règles de conflit de lois désignent la loi nationale comme applicable en matière de succession. L'hypothèse est celle d'un défunt qui possède la nationalité française et qui dispose de biens en Italie ou en Espagne, ces deux droits désignant la loi nationale en matière successorale. Mais que se passe-t-il si le défunt possédait une double nationalité ? Selon quel droit le conflit de nationalités devrait-il être tranché ? C'est la question à laquelle la Cour de cassation a eu à répondre dans un arrêt du 15 mai 2018 [3]. En l'espèce, la défunte était domiciliée en France lors de son décès et elle possédait la double nationalité franco-espagnole, son patrimoine se composait d'immeubles en France et en Espagne. Les juges du fond avaient considéré que le droit espagnol opérait un renvoi au droit français et que la loi française était applicable à l'ensemble de sa succession. Mais ce faisant les juges du fond avaient tranché le conflit de nationalités en référence au droit français ; or c'est selon le droit espagnol qu'aurait dû être apprécié le critère de rattachement afin d'apprécier si un renvoi était effectué ou pas. En l'occurrence, le droit espagnol donnant prévalence à la nationalité espagnole, il n'y avait pas de renvoi opéré à la loi française par le droit international privé espagnol. Dans le cadre du renvoi, lorsque le juge met en œuvre la règle de conflit de lois étrangère, il doit se mettre dans la position du juge étranger et donc donner au conflit de nationalités la même solution que celle du juge étranger.

711.45 **Applicabilité ou inapplicabilité de la règle subsidiaire issue des articles 14 et 15 du Code civil en matière de succession immobilière.** La jurisprudence s'est toujours montrée défavorable à la mise en œuvre des articles 14 et 15 pour fonder la compétence des juridictions françaises s'agissant de successions immobilières pour des immeubles situés à l'étranger [4]. Cependant, on peut s'interroger sur le point de savoir si la jurisprudence *Ballestrero* ne viendra pas modifier cette position de la jurisprudence.

711.45-1 **Applicabilité de la règle subsidiaire issue de l'article 14 du Code civil.**

EXEMPLE

En effet, si l'on prend l'hypothèse d'une personne de nationalité française qui décède en Suisse en laissant à sa succession des immeubles sis en Espagne et en Italie. Les règles de droit international privé italien et espagnol renvoient à la loi française, loi nationale du défunt, pour régir sa succession. Dès lors, si l'un des enfants français du défunt, lui-même de nationalité française, saisit les juridictions françaises sur le fondement de l'article 14 du Code civil, dans la mesure où les lois successorales applicables renvoient à la loi française, on peut s'interroger sur le point de savoir si cette applicabilité de la loi française par le jeu du renvoi ne pourrait pas entraîner la compétence corrélative des juridictions françaises, exacte-

1. Civ. 1re, 20 juin 2006, n° 05-14.281, Wildenstein, P I ; *JDI* 2007. 125, note H. Gaudemet-Tallon ; *D.* 2007. 1710, note P. Courbe ; *Rev. crit. DIP* 2007. 383, note B. Ancel.
2. Civ. 1re, 11 févr. 2009, n° 06-12.140, Riley, P I, n° 29 ; *Rev. crit. DIP* 2009. 512, note B. Ancel ; *JDI* 2009. 567, note H. Péroz ; *D.* 2009. 1658, note G. Lardeux ; *AJ fam.* 2009. 356, obs. A. Boiché.
3. Civ. 1re, 15 mai 2018, n° 17-11.571, P ; *D.* 2018. 1072 ; *AJ fam.* 2018. 408 ; *Defrénois* 2018, n° 35, p. 38, note P. Callé ; *JCP* 2018. 1353, note T. Vignal ; *Dr. et patr.* 2018, n° 282, p. 64, obs. M.-E. Ancel.
4. Civ. 1re, 5 juill. 1933, Nagalingampoullé, *DP* 1934. 1. 133, note E. Silz ; *S.* 1933. 1. 337, note J.-P. Niboyet – Civ. 1re, 24 nov. 1953, Cts Besson, *Rev. crit. DIP* 1955. 698, note E. Mezger – Civ. 1re, 7 mars 2000, n° 96-22.366, NP ; *Rev. crit. DIP* 2000. 458.

ment comme dans le cas où le défunt avait son dernier domicile en France et des immeubles en Italie ou en Espagne.

SECTION 2
RÈGLES DE COMPÉTENCE APPLICABLES AUX PERSONNES DÉCÉDÉES À COMPTER DU 17 AOÛT 2015

711.51 Application du règlement successions. Depuis le 17 août 2015, ces règles ne sont plus applicables. La compétence des juridictions françaises en matière de succession internationale ne pourra être établie qu'en vertu des articles 4 à 19 du règlement « Successions ».

711.52 Principe d'unité de *jus* et *lex*. La volonté des rédacteurs du règlement a été de favoriser l'unité de *jus* et *lex*, c'est-à-dire de faire en sorte que la compétence juridictionnelle coïncide avec la compétence législative afin d'éviter qu'un juge compétent pour régler une succession ait à appliquer une autre loi que la sienne. Ainsi, outre une compétence de principe au profit des juridictions de la résidence habituelle du défunt, il est prévu également un certain nombre de possibilités de désigner les juridictions nationales du défunt lorsque, en application de l'article 22 du règlement, celui-ci aura choisi sa loi nationale pour régir sa succession. Cependant, à cet égard, les règles édictées nous paraissent d'une extrême complexité et il est loin d'être certain qu'elles seront aisément applicables à ce type de contentieux qui est en général très aigu ; d'autant que, lorsqu'elles en arrivent à saisir un juge, les parties ont, en général, beaucoup de mal à transiger.

711.53 Caractère universel des règles de compétence applicables. Les règles de compétence fixées par ce règlement étant dorénavant les seules à s'appliquer dans chaque État membre en matière de succession, il est prévu des règles subsidiaires lorsque le défunt n'avait pas sa résidence habituelle dans un État membre.

711.54 Plan. Nous analyserons dans un premier temps les chefs de compétence visés par le règlement succession (§ 1) avant d'étudier leur régime (§ 2).

§ 1
Règles de compétence

A.
Juridictions de la résidence habituelle du défunt (art. 4)

711.61 Juridictions et loi de la résidence habituelle. La règle de compétence générale en faveur des juridictions de l'État de la résidence habituelle du défunt au moment de son décès est posée par l'article 4 du règlement. Elle a le mérite de faire coïncider la compétence juridictionnelle et la compétence législative puisque d'une manière générale il est prévu que la loi applicable à la succession serait celle de la résidence habituelle du défunt (art. 21).

711.62 Notion de résidence habituelle. Pour la première fois, dans un texte communautaire, il est donné dans le préambule du règlement des indications sur le concept de « résidence habituelle » auquel le législateur communautaire a entendu se référer.

Ainsi, dans le considérant 24 il est indiqué : « *Dans certains cas, il peut s'avérer complexe de déterminer la résidence habituelle du défunt. Un tel cas peut se présenter, en particulier, lorsque, pour des raisons professionnelles ou économiques, le défunt était parti vivre dans un autre État pour y travailler, parfois pendant une longue période, tout en ayant conservé un lien étroit et stable avec son État d'origine. Dans un tel cas, le défunt pourrait, en fonction des circonstances de l'espèce, être considéré comme ayant toujours sa résidence habituelle dans son État d'origine, dans lequel se trouvait le centre des intérêts de sa vie familiale et sociale. D'autres cas complexes peuvent se présenter lorsque le défunt vivait de façon alternée dans plusieurs États ou voyageait d'un État à un autre sans s'être installé de façon permanente dans un État. Si le défunt était ressortissant de l'un de ces États ou y avait l'ensemble de ses principaux biens, sa nationalité ou le lieu de situation de ces biens pourrait constituer un critère particulier pour l'appréciation globale de toutes les circonstances de fait* ».

On est proche de la définition communautaire de la notion de résidence habituelle consacrée par la jurisprudence de la Cour de Justice de l'Union européenne (CJUE), notamment en matière de droit social, de droit de la fonction publique communautaire ou de droit fiscal[1], et par la Cour de cassation en matière de divorce dans le cadre de l'application du règlement Bruxelles II *bis*[2]. *Mais ce considérant laisse entrevoir une approche fonctionnelle de la notion de « résidence habituelle » suivant les impératifs de la matière traitée*[3].

1. Sur la définition communautaire, v. CJCE 25 févr. 1999, Swaddling c/Adjudication Officer, aff. C-90/97, *Rec. CJCE* I-01075, et concl. av. gén. A. Saggio, 29 sept. 1998.
2. Civ. 1re, 14 déc. 2005, n° 05-10.951, P I, n° 506 ; *AJ fam.* 2006. 161, obs. S. David ; *D.* 2006. IR 12, obs. I. Gallmeister ; *Dr. fam.* 2006, n° 17, note M. Farge.
3. Similaire à celle retenue par la CJUE pour la résidence habituelle de l'enfant dans le cadre de l'application des dispositions du règlement du Conseil (CE) n° 2201/2003 du 27 nov. 2003, relatif à la compétence la reconnaissance et l'exécution des décisions en matière matrimoniale et en matière de responsabilité parentale, CJCE 2 avr. 2009, Korkein hallinto-oikeus (Finlande), aff. C-523/07, *Rec. CJCE* I-02805 ; *Rev. crit. DIP* 2009. 791, note E. Gallant ; A. Boiché, « Mise en ▶

Par un arrêt du 29 mai 2019[1], la Cour de cassation a eu à se prononcer sur la notion de résidence habituelle au sens du règlement. En l'espèce, un homme de nationalité américaine était décédé à New York, il laissait à sa succession trois enfants. Aux termes de son testament, il exhérédait l'un de ses enfants. Celui-ci va alors saisir le TGI de Paris en arguant du fait que son père avait en réalité sa résidence habituelle en France, dans un appartement qu'il avait acquis au nom des deux autres héritiers à Paris. L'héritier soutenait donc à titre principal que les juridictions françaises étaient compétentes pour partager la succession et à titre subsidiaire qu'elle l'était à tout le moins pour statuer sur le bien immobilier sis en France. La cour d'appel de Paris par une décision très motivée allait rejeter la compétence des juridictions françaises et la Cour de cassation va rejeter le pourvoi en prenant soin de se montrer très pédagogue sur la façon d'analyser la résidence habituelle du défunt dans le cadre de la mise en œuvre du règlement « Successions ».

À ce titre, elle va dans un premier temps reprendre l'analyse des considérants 23 et 24 du règlement : « *Attendu qu'il résulte des considérants 23 et 24 du préambule de ce règlement qu'afin de déterminer la résidence habituelle, l'autorité chargée de la succession doit procéder à une évaluation d'ensemble des circonstances de la vie du défunt au cours des années précédant son décès et au moment de son décès, prenant en compte tous les éléments de fait pertinents, notamment la durée et la régularité de la présence du défunt dans l'État concerné ainsi que les conditions et les raisons de cette présence, la résidence habituelle ainsi déterminée devant révéler un lien étroit et stable avec l'État concerné, compte tenu des objectifs spécifiques du règlement ; que, dans les cas où il s'avère complexe de déterminer la résidence habituelle du défunt, par exemple lorsque celui-ci vivait de façon alternée dans plusieurs États ou voyageait d'un État à un autre sans s'être installé de façon permanente dans un État, sa nationalité ou le lieu de situation de ses principaux biens pourrait constituer un critère particulier pour l'appréciation globale de toutes les circonstances de fait* ».

Puis, elle va se livrer à une analyse des critères permettant en l'espèce de déterminer la résidence habituelle du défunt : « *Attendu que l'arrêt relève que le défunt partageait son temps entre les États-Unis et l'Europe, et plus spécialement Paris, sans que la durée des séjours dans l'un ou l'autre pays puisse être déterminante pour la solution du litige, de sorte que la nationalité et la situation de l'ensemble de ses principaux biens constituent les critères particuliers à retenir pour l'appréciation globale des circonstances de fait permettant de déterminer sa résidence habituelle ; qu'il constate que Z... H... avait la nationalité américaine, qu'il était né à New York, où il est décédé, qu'il y a exercé l'ensemble de sa vie professionnelle, qu'il a rédigé son testament à New York, se déclarant dans ce document* "résident à New York", *que les membres de sa famille proche vivaient majoritairement aux États-Unis et qu'il détenait à New York un patrimoine immobilier constitué de plusieurs immeubles d'une valeur importante, fruit d'une vie professionnelle entièrement dédiée à l'immobilier new-yorkais auquel il consacrait encore du temps ; qu'il ajoute que si M*[me] *H... avance un certain nombre d'arguments en faveur d'une résidence habituelle à Paris du défunt au cours des dernières années de sa vie, il apparaît néanmoins que celui-ci avait une adresse fixe à New York depuis plus de quarante ans, figurant sur ses passeports, qu'il a souhaité être enterré auprès de ses parents à Brooklyn, qu'il était domicilié fiscalement à New York, où il votait régulièrement et qu'il n'était rattaché à aucun organisme de remboursement de soins médicaux en France ; qu'il énonce encore que l'achat de l'appartement à Paris réalisé fictivement, ou pas, aux noms des intimés est inopérant, la résidence habituelle pouvant parfaitement être située chez un tiers, même étranger au cercle familial, qu'il n'est pas anormal que Z... H... y ait mis des objets personnels ni qu'il en payât les charges puisqu'il y séjournait, que les appels de charges de copropriété, taxes d'habitation et factures étaient expédiés à son adresse à New York et que si le défunt a subi deux interventions chirurgicales à Paris, son médecin traitant, qu'il consultait régulièrement, était à New York ; que la cour d'appel, qui s'est déterminée par une appréciation souveraine des éléments de preuve, sans être tenue de s'expliquer spécialement sur ceux qu'elle décidait d'écarter ni de suivre les parties dans le détail de leur argumentation, et qui n'avait pas à procéder à une recherche que ses constatations rendaient inopérante, a estimé que la résidence habituelle du défunt était située à New York, ce dont elle a exactement déduit que la juridiction française était incompétente pour statuer sur sa succession* ».

On peut relever que la Cour de cassation ne se contente pas de l'approche fondée sur les critères suggérés par les considérants 23 et 24, mais elle se livre **une analyse faite à travers un faisceau d'indices permettant de dégager celui des deux États avec lequel le défunt entretenait les liens les plus étroits.** À ce titre, au-delà du quotidien, il convient de relever que ce sont des éléments d'ancrage profond qui appa-

▶ œuvre pratique des apports de l'arrêt rendu le 2 avril 2009 par la Cour de Justice des Communautés européennes en matière d'autorité parentale », *AJ fam.* 2009. 294 ; F. Boulanger « L'affaire des "mineurs nordiques" : la Cour détermine la résidence habituelle et précise le régime des mesures provisoires », *JCP* 2009. 316 ; C. Nourissat, « Première interprétation par la Cour de Justice des Communautés européennes de la notion de résidence habituelle de l'enfant au sens du règlement Bruxelles II *bis* », *Procédures* 2009. 21 – Sur la définition de la résidence habituelle de l'enfant, v. aussi CJCE 22 déc. 2010, Chaffe c/ Mercredi, aff. C-497/10 PPU, *Rec. CJCE* I-14309.

1. Civ. 1re, 29 mai 2019, n° 18-13.383, P ; *D.* 2019. 1376, note J. Guillaumé ; *AJ fam.* 2019. 476, obs. A. Boiché ; *Defrénois* 2019, n° 36, p. 34, note C. Nourissat.

raissent principalement être pris en compte, comme le lieu où le défunt avait sa famille, payait ses impôts, votait, était assuré social, avait son médecin traitant.

Le 12 juillet 2023, la Cour de cassation[1] a rendu un nouvel arrêt sur la **notion de résidence habituelle du défunt** dans une hypothèse où celui-ci avait déménagé peu de temps avant son décès. En l'espèce, à son décès, le 20 novembre 2016 au Portugal, le *de cujus* laissait pour lui succéder ses deux filles nées de sa première union, ainsi que son épouse. Avant son décès, le défunt avait déménagé au Portugal (en 2016), pays dans lequel il avait séjourné à plusieurs reprises depuis 2014, avait de nombreuses relations, et commençait à apprendre la langue. Le défunt avait également transféré la majorité de son patrimoine au sein d'assurances-vie, souscrites en mai 2014 et janvier 2015 par lesquelles il désignait différents bénéficiaires dont son épouse, mais pas ses deux filles. Or, en application de la loi portugaise, les primes d'assurance-vie sont exclues de la succession. Dès lors, les dispositions françaises relatives à la réserve héréditaire étaient inapplicables.

Soutenant que le *de cujus* avait sa résidence habituelle en France au jour de son décès, les filles du défunt, représentées par leur mère, ont assigné Mme Y en partage de la succession devant une juridiction française. L'épouse a soulevé l'incompétence du juge français.

Dans un arrêt rendu le 4 novembre 2020, la cour d'appel d'Aix-en-Provence a estimé qu'au jour du décès, le défunt n'avait pas établi de manière stable et effective sa résidence habituelle au Portugal. Par conséquent, la cour d'appel estimait que les juridictions françaises étaient compétentes et la loi française applicable. Sur le pourvoi formé par les bénéficiaires de l'assurance-vie, la Cour de cassation a jugé que : « *Selon le considérant 23 de ce règlement, afin de déterminer la résidence habituelle, l'autorité chargée de la succession doit procéder à une évaluation d'ensemble des circonstances de la vie du défunt au cours des années précédant son décès et au moment de son décès, prenant en compte tous les éléments de fait pertinents, notamment la durée et la régularité de la présence du défunt dans l'État concerné ainsi que les conditions et les raisons de cette présence, la résidence habituelle ainsi déterminée devant révéler un lien étroit et stable avec l'État concerné, compte tenu des objectifs spécifiques du règlement.*

11. Après avoir constaté que [M] [I] *ne s'était installé au Portugal qu'à compter du 28 juin 2016 et qu'étant décédé le 20 novembre 2016, il n'y avait résidé que moins de cinq mois, la cour d'appel a relevé que celui-ci avait entrepris très tardivement d'apprendre le portugais, qu'au moment de son décès, il était toujours inscrit sur les listes électorales françaises et que, s'il était propriétaire avec son épouse d'au moins un bien immobilier au Portugal, où ils étaient officiellement domiciliés, ceux-ci détenaient toujours une maison en France et que l'examen des nombreuses attestations produites révélait que les familles des époux, la plupart de leurs relations amicales, ainsi que les principaux bénéficiaires du contrat d'assurance sur la vie, étaient domiciliés en France.*

La cour d'appel en a souverainement déduit qu'à la date de son décès, [M] [I] *avait sa résidence habituelle en France et a, par ces seuls motifs, légalement justifié sa décision* ».

1. Civ. 1re, 12 juill. 2023, n° 21-10.905, NP ; *D.* 2024. 937, obs. S. Clavel et F. Jault-Seseke.

711.62-1 Appréciation de la notion de résidence habituelle du défunt.

EXEMPLE

Un homme de nationalité française dont l'épouse vit à Paris avec ses enfants travaille à Bruxelles où il passe la majeure partie de son temps. Il loue un appartement à Bruxelles et il possède un appartement à Paris et une résidence secondaire sur l'île de Ré. Il retrouve en général sa famille toutes les fins de semaines à Paris ou dans l'île de Ré. Si cet homme décède, victime d'un accident alors qu'il se rendait sur son lieu de travail à Bruxelles, comment déterminer sa résidence habituelle ? D'un point de vue professionnel, ses attaches sont en Belgique mais, d'un point de vue personnel et familial, elles sont incontestablement en France.

D'après les indications fournies par le règlement ce serait plutôt la résidence habituelle en France qui devrait l'emporter. Maintenant, si le défunt possédait une entreprise en Belgique qui représentait la part la plus importante de son patrimoine, la question de la détermination de sa résidence habituelle sera moins évidente.

B. Accord d'élection de for : choix de la loi d'un État membre (art. 5)

711.71 Accords d'élection de for. L'article 5 prévoit que, lorsque le défunt a choisi en application de l'article 22 du règlement la loi d'un État membre, toutes les parties concernées peuvent convenir que les juridictions de cet État membre ont une compétence exclusive pour statuer sur toute question concernant la succession. À l'évidence, cette clause d'élection de for ne peut être conclue qu'entre les « parties concernées ». Il semble, dès lors, que le défunt, s'il avait le pouvoir de choisir la loi applicable, n'avait pas celui de déterminer le juge compétent pour connaître de sa succession ; ce qui peut paraître bien discutable.

711.72 Notion de « parties concernées ». Par ailleurs, l'accord doit être conclu entre ***toutes*** les parties concernées par la succession. Il pourra être délicat de déterminer quelles sont les parties concernées qui doivent impérativement donner leur accord. Au demeurant, compte tenu de la matière, il sera extrêmement difficile de recueillir l'accord de l'ensemble des parties concernées.

Pour définir les « parties concernées », expression qui devrait être interprétée de façon autonome, seul le considérant 28 du règlement donne un indice en précisant que : « *Il faudrait préciser au cas par cas, en fonction notamment de la question couverte par l'accord d'élection de for, si l'accord devrait être conclu entre toutes les parties concernées par la succession ou si certaines d'entre elles pourraient accepter de soumettre une question spécifique à la juridiction choisie au cas où la décision de ladite juridiction sur ladite question n'affecterait pas les droits des autres parties à la succession* ».

La directive apparaît pour le moins vague. Seront probablement considérés comme « parties concernées » les héritiers légaux mais également les légataires universels ou à titre universel, ou encore un exécuteur testamentaire. La question qui se pose est de savoir comment déterminer les héritiers légaux.

711.72-1 Difficulté d'appréciation de la notion de « parties concernées » susceptibles de conclure un accord d'élection de for.

EXEMPLE

Une personne de nationalité française décède à Bratislava après avoir élu la loi française applicable à sa succession. Le défunt vivait en concubinage depuis plusieurs années avec un homme de nationalité slovaque. Les parents du défunt sont encore vivants ainsi que ses frères et sœurs. Selon le droit slovaque le compagnon qui a partagé le domicile du défunt pendant au moins un an avant son décès est un héritier. Ce n'est pas le cas selon le droit français. Les membres de la famille du défunt concluent un accord d'élection de for au profit des juridictions françaises. Le compagnon du défunt, qui n'était héritier que selon le droit slovaque et qui ne l'est pas selon le droit français, doit-il être considéré comme « partie concernée » et donner son accord ? Si, après la signature de cet accord, le compagnon du défunt saisit les juridictions slovaques pour contester l'élection de la loi française par le défunt, la clause d'élection de juridictions pourra-t-elle lui être opposée ?

711.73 Forme de l'accord d'élection de for. Le terme d'accord implique une déclaration qui engage les parties à donner compétence aux juridictions d'un État membre qui n'est pas celui de la dernière résidence habituelle du défunt. L'article 5 § 2 précise donc la forme de cet accord. Il devra être conclu par écrit, daté et signé par toutes les parties concernées. Il en résulte que la loi du for ne saurait poser d'exigence supplémentaire.

711.74 Validité au fond de l'accord. Aucune précision n'est donnée par le règlement sur l'appréciation de la validité de cet accord. En cas de vice du consentement ou de question relative à l'interprétation de l'accord, rien n'est précisé. Les juridictions de la dernière résidence habituelle du défunt ou celles de la loi élue seront-elles compétentes ?

De la même façon, et spécialement en matière de succession, des questions de capacité ou de représentation pourraient se poser ; ce sera notamment le cas lorsqu'il y aura des mineurs parmi les héritiers. Dans ce cas, il faudra nécessairement articuler les dispositions de ce règlement et celle du règlement du Conseil (CE) n° 2201/2003 du 27 novembre 2003, relatif à la compétence, la reconnaissance et l'exécution des décisions en matière matrimoniale et en matière de responsabilité parentale[1].

711.74-1 Articulation du règlement « Successions » avec le règlement Bruxelles II bis et la convention de La Haye de 1996.

EXEMPLE

Prenons un exemple : un homme de nationalité allemande décède en Belgique, où il avait sa dernière résidence habituelle après avoir désigné la loi française comme applicable à sa succession. Si cet homme laisse des héritiers mineurs qui résident habituellement en France, il résultera du règlement Bruxelles II *bis* et de la convention de La Haye du 19 octobre 1996, concernant la compétence, la loi applicable, la reconnaissance l'exécution et la coopération en matière de responsabilité parentale et de mesures de protection à l'égard des enfants, que les juridictions françaises et la loi française seront compétentes pour déterminer les personnes qui représenteront les mineurs dans le cadre de cette succession. Il conviendra donc que ces personnes soient dûment désignées afin de conclure éventuellement un accord d'élection de for et probablement qu'elles soient autorisées par le juge des tutelles français à cette fin. À défaut, la validité de l'accord d'élection de for sera sujet à discussion au regard du droit français et des règles de protection des mineurs de ce droit.

C.
Déclinatoire de compétence (art. 6)

711.81 Déclinatoire de compétence. Si les juridictions de la résidence habituelle du défunt sont saisies, il sera également possible de solliciter et d'obtenir le transfert du litige auprès des autorités de l'État membre dont le défunt aura choisi la loi en application de l'article 22. Il s'agit du déclinatoire de compétence prévu à l'article 6 du règlement. Dans ce cas la demande peut être présentée par une seule des parties. C'est alors le juge qui décidera s'il décline ou non sa compétence au profit du juge de l'État membre dont la loi a été choisie. Il convient de relever que, à la différence de l'article 15 du règlement Bruxelles II *bis*, ce déclinatoire de compétence s'impose

1. Règl. (CE) n° 2201/2003 du Conseil, 27 nov. 2003, relatif à la compétence, la reconnaissance et l'exécution des décisions en matière matrimoniale et en matière de responsabilité parentale abrogeant le règlement (CE) n° 1347/2000, *JOCE*, n° L. 338.

au juge désigné à qui on ne demande pas s'il accepte ou pas sa compétence.

La CJUE a rendu un arrêt important sur le déclinatoire de compétence le 9 septembre 2021[1]. Aux termes de cette décision :

– pour qu'il y ait déclinatoire de compétence, au sens de l'article 6, sous a), de ce règlement, en faveur des juridictions de l'État membre dont la loi a été choisie par le défunt, il n'est pas nécessaire que la juridiction préalablement saisie ait décliné sa compétence de manière expresse, mais il faut que cette intention ressorte sans équivoque de la décision qu'elle a rendue à cet égard.

– la juridiction de l'État membre saisie à la suite d'un déclinatoire de compétence n'est pas habilitée à contrôler si les conditions établies à ces dispositions étaient réunies pour que la juridiction préalablement saisie puisse décliner sa compétence.

Les règles de compétence prévues aux articles 6 et 7 du règlement trouvent à s'appliquer également dans le cas où, dans son testament établi avant le 17 août 2015, le défunt n'avait pas choisi la loi applicable à la succession et où la désignation de cette loi résulte du seul article 83, § 4, de ce règlement.

711.81-1 Déclinatoire de compétence du juge français au profit d'un juge étranger en l'absence d'accord d'élection de for.

EXEMPLE

Un défunt de nationalité portugaise décède à La Rochelle où il avait sa résidence habituelle. Il avait élu la loi portugaise pour régir sa succession. Il laisse à sa succession des enfants d'un premier lit, qui vivent au Portugal, et son épouse et ses enfants du second lit, qui vivent à La Rochelle. Les héritiers portugais sollicitent du juge français un déclinatoire de compétence au profit du juge portugais. Les héritiers français s'y opposent. Il appartiendra au juge français de déterminer s'il déclinera ou pas sa compétence. Si le juge français décide de décliner sa compétence au profit du juge portugais, ce dernier devra nécessairement accepter sa compétence.

711.82 Déclinatoire de compétence et accord d'élection de for. Si un accord d'élection de for est conclu entre les parties concernées à la suite de la saisine du juge de la résidence habituelle, celui-ci devra alors décliner sa compétence au profit du juge désigné.

711.82-1 Déclinatoire de compétence du juge français au profit d'un juge étranger en cas d'accord d'élection de for.

EXEMPLE

Dans l'exemple précédent, si les parties concernées – enfants des premier et second lits et conjoint – acceptent de soumettre leur litige au juge portugais après que le tribunal judiciaire de La Rochelle a été saisi, celui-ci devra décliner sa compétence au profit du juge portugais.

D. Compétences diverses (art. 7 s.)

711.91 Compétence en cas de choix de loi. L'article 7 récapitule et indique dans quelles conditions le juge dont la loi a été désignée en vertu de l'article 22 peut avoir à statuer sur la succession : en cas d'élection de for au profit de ce juge, en cas de déclinatoire de compétence du juge de la résidence habituelle du défunt, ou dans le cas où toutes les parties à la procédure ont expressément accepté sa compétence.

Le dernier cas renvoie à l'hypothèse suivante :

711.91-1 Acceptation de la compétence du juge dont la loi est désignée par toutes les parties.

EXEMPLE

Le défunt de nationalité française résidait à Chypre. Il avait élu la loi française en application de l'article 22. Ses héritiers sont tous français et résident en France, ils saisissent le juge français. Ce dernier pourra exercer sa compétence, mais il devra inviter les parties à expressément accepter celle-ci.

711.92 Compétence fondée sur la comparution. L'article 9 prévoit une compétence fondée sur la comparution des parties. Il s'agira du cas où le juge exerce sa compétence en vertu de l'article 7 du règlement. Dans ce cas, en cas d'accord d'élection de for, si une des parties concernées n'était pas partie à l'accord mais comparaît sans contester la compétence du juge saisi, alors la juridiction continuera à exercer sa compétence.

Cependant, si la compétence est contestée par une partie qui intervient pour la première fois mais qui n'était pas initialement partie à l'accord, alors le juge devra obligatoirement décliner sa compétence au profit du juge de la résidence habituelle du défunt. Ce ne sera pas le cas, en revanche, si le juge tient sa compétence non pas d'un accord d'élection, mais d'un déclinatoire de compétence par le juge de la résidence habituelle du défunt. Il pourra donc y avoir des hypothèses dans lesquelles les parties auront plutôt intérêt à solliciter un déclinatoire de compétence qu'à signer un accord d'élection de for.

711.93 Compétences subsidiaires. Si le défunt n'avait pas sa résidence habituelle dans un État membre (rappelons que l'Irlande et le Danemark ne participent pas à ce règlement), la compétence des juridictions d'un État membre est déterminée selon les règles de l'article 10.

La CJUE a clairement rappelé dans une décision du 10 juillet 2023 que : « *La règle de compétence subsidiaire prévue par cette disposition ne trouve à s'appliquer que lorsque la résidence habituelle du défunt au moment du décès était située dans un État membre non*

1. CJUE 9 sept. 2021, aff. C-422/20, *AJ fam.* 2021. 640, obs. A. Boiché.

lié par ce règlement ou dans un État tiers »[1]. En l'espèce, le demandeur cherchait à saisir les juridictions polonaises, au motif de la nationalité du défunt et du fait qu'il y possédait des biens alors qu'il avait sa dernière résidence habituelle en Allemagne.

En semblable hypothèse, cet article dispose que les juridictions de l'État membre dans lequel sont situés des biens successoraux sont néanmoins compétentes pour statuer sur l'ensemble de la succession si :

- le défunt possédait la nationalité de l'État membre au moment de son décès ;
- ou à défaut, le défunt avait auparavant sa résidence habituelle dans cet État membre pour autant qu'au moment de la saisine de la juridiction il ne se soit pas écoulé plus de cinq ans depuis le changement de résidence habituelle du défunt.

Tout d'abord on peut remarquer que cet article ne fait référence qu'à des biens successoraux sans définir le type de biens.

En tout état de cause, il est nécessaire que les biens en question soient la propriété du défunt au jour de son décès. Ce point a été confirmé dans un arrêt du 7 novembre 2024[2], par la CJUE ; en effet il existait une hésitation dans certains États sur le point de savoir si les biens devaient exister au jour du décès ou de l'introduction de la procédure. Ce que la Cour a tranché dans cet arrêt en jugeant que : « *Afin de déterminer si peut s'exercer la compétence subsidiaire, pour statuer sur l'ensemble de la succession, des juridictions de l'État membre dans lequel sont situés des biens successoraux, il y a lieu d'examiner si ces biens sont situés dans cet État membre non pas au moment de la saisine de ces juridictions, mais au moment du décès* ».

Par ailleurs, si le bien faire partie de la masse successorale mais qu'il n'est pas détenu par le défunt au jour de son décès, il ne peut fonder la compétence des juridictions françaises, ce serait notamment le cas d'un bien donné par le défunt avant son décès à l'un de ses héritiers[3].

711.93-1 Compétence subsidiaire des juridictions françaises pour connaître de l'ensemble de la succession d'un français résidant habituellement à l'étranger et ce malgré l'existence de biens situés dans un État tiers.

EXEMPLE

Si le défunt de nationalité française avait sa résidence habituelle à New York et qu'il possédait des biens immobiliers aux USA et en Argentine et des comptes bancaires en France, les juridictions françaises pourraient se considérer comme compétentes au motif de l'existence de ces comptes bancaires.

1. CJUE 10 juill. 2023, aff. C-55/23.
2. CJUE 7 nov. 2024, aff. C-291/23 ; *D.* 2024. 1958.
3. Civ. 1re, 29 mai 2019, n° 18-13.383, P ; *D.* 2019. 1376, note J. Guillaumé ; *AJ fam.* 2019. 476, obs. A. Boiché ; *Defrénois* 2019, n° 36, p. 34, note C. Nourissat.

Par ailleurs, le texte emploie le pluriel. Faut-il considérer que le juge français ne serait pas compétent si le défunt possède uniquement un compte bancaire en France ?

Enfin quelle solution adopter dans notre exemple si le défunt possède une double nationalité franco-italienne et des biens successoraux en France et en Italie ?

Une chose est certaine, les compétences visées par l'article 10 sont hiérarchisées. Ce n'est que si le défunt n'a pas la nationalité d'un État membre que les juridictions de la dernière résidence habituelle dans un État membre, si elle date de moins de cinq ans au moment de la saisine, seront compétentes. Mais, encore une fois, on pourra parfois douter de l'étroitesse du lien avec cet ordre juridique.

711.93-2 Compétence subsidiaire des juridictions françaises pour connaître de l'ensemble de la succession d'un étranger ayant habituellement résidé en France plus de trois ans avant sa mort.

EXEMPLE

Un homme de nationalité gabonaise réside en France où il a des comptes en banque. Il déménage en février 2012 pour l'Australie, où il acquiert des biens immobiliers puis s'installe à Libreville en juillet 2014 où il décède en septembre 2015. Selon l'article 10, les juridictions françaises pourraient exercer leur compétence jusqu'en février 2017 pour statuer sur cette succession. On voit bien combien le lien avec le litige serait ténu. D'autant que, selon le texte, les juridictions françaises seraient alors compétentes pour statuer sur l'ensemble de la succession.

L'article 10 (2) prévoit que, lorsqu'aucune des juridictions d'un État membre n'est compétente – ce qui signifie qu'aucune juridiction n'est compétente tant en application des articles 4 et 5 mais aussi 10 (1) –, les juridictions de l'État membre sur le territoire duquel se trouvent des biens successoraux sont néanmoins compétentes pour statuer sur ces biens.

711.94 ***Forum necessitatis.*** L'article 11 prévoit une règle de *forum necessitatis*, comme dans le règlement « Obligations alimentaires ». Il faut que l'affaire présente un lien étroit avec l'État membre dont la juridiction est saisie et qu'une procédure ne puisse raisonnablement être introduite ou conduite ou se révèle impossible dans l'État avec lequel la situation a un lien étroit.

711.94-1 Compétence des juridictions françaises par application de la règle de *forum necessitatis*.

EXEMPLE

Un défunt de nationalité française réside au Maroc, où il s'est marié avec une Marocaine après s'être converti à l'islam. Il laisse deux enfants issus de ce mariage et un fils en France, français et chrétien, issu d'un précédent mariage. Il n'a pas de biens successoraux en France. Il possédait des biens immobiliers et des comptes bancaires au Maroc. Dans ce cas, le juge français n'est pas compétent pour connaître du litige en application de l'article 4, ni de l'article 10. L'héritier français n'a aucun droit à héritage au Maroc car il n'est pas musulman. On se trouve bien dans un cas de *forum necessitatis* : les juridictions françaises ne sont pas compétentes en application du règlement et l'héritier ne recevra rien des juridictions marocaines.

Cependant, on peut s'interroger sur l'opportunité qu'il y aurait pour lui en pareille hypothèse de saisir le juge français, puisque sa décision ne sera pas reconnue au Maroc.

Si le défunt avait eu des biens en France il aurait pu demander, en application de l'article 12, que le juge français ne statue pas sur les biens situés au Maroc (v. ci-dessous).

711.95 Limitation de la procédure. L'article 12 permet, d'une manière générale, à l'une des parties de solliciter du juge d'un État membre saisi de ne pas statuer sur des biens situés dans un État tiers si l'on peut s'attendre à ce que la décision qu'il va rendre ne soit pas reconnue ou déclarée exécutoire dans ledit État tiers.

Cette règle est intéressante car elle invite les juges à s'interroger sur la portée de leur décision. D'un autre côté, les juges devront se montrer particulièrement vigilants dans sa mise en œuvre pour éviter qu'elle ne fasse le jeu de certains héritiers pour en évincer d'autres.

711.95-1 Appréciation de l'opportunité de limiter la procédure.

EXEMPLE

Reprenons l'exemple cité précédemment du Français qui réside au Maroc. S'il possédait en plus un appartement et un compte bancaire en France, le juge français pourrait être compétent en vertu de l'article 10 et il est fort probable que l'héritier français le saisirait sur ce fondement. Il pourrait ainsi être saisi de la totalité de la succession. Ses enfants marocains pourraient demander au juge français de ne pas statuer sur les biens situés au Maroc car sa décision n'y serait pas reconnue puisque le juge français écartera le droit marocain comme contraire à l'ordre public international dans la mesure où il établit une discrimination selon la religion des enfants sur leur vocation héréditaire. Ce point de vue est justifié. Mais d'un autre côté le juge français ne pourrait pas exclure les héritiers marocains de la succession française. Il devrait donc diviser les biens successoraux situés en France entre les trois enfants, tandis que les biens successoraux situés au Maroc seraient partagés entre les héritiers marocains. La mise en œuvre de cette règle serait donc de nature à léser l'héritier français. Au contraire si le juge français prenait cette succession dans sa globalité, il pourrait faire en sorte d'attribuer à l'héritier français les biens situés en France, tandis que les biens situés au Maroc pourraient être réservés aux héritiers marocains. Ainsi, en conservant une compétence globale sur la succession, le juge français conserverait en l'espèce une plus grande latitude dans le règlement de celle-ci qui pourrait lui permettre de gommer certaines disparités pouvant exister entre les droits applicables.

711.96 Acceptation ou renonciation à une succession, un legs ou une réserve héréditaire. Le règlement prévoit aussi, dans son article 13, une compétence spécifique pour accepter une succession, un legs, une réserve héréditaire ou renoncer à ceux-ci. Ce texte permet, lorsque cette déclaration doit être faite devant une juridiction, de l'accomplir devant les juges du lieu où l'intéressé doit faire sa déclaration. Il s'agit d'une compétence limitée exclusivement à cet objet.

Par un arrêt du 30 mars 2023 [1], la Cour de justice a donné une interprétation de cet article. Dans l'affaire dont la Cour était saisie une ressortissante bulgare était décédée en Grèce. Son conjoint, de nationalité grecque, avait renoncé à la succession en Grèce. Leur petit-fils, ressortissant bulgare et domicilié en Bulgarie, avait saisi alors une juridiction bulgare en demandant l'inscription de la déclaration de renonciation de son grand-père, en sa qualité d'héritier.

Ayant un doute sur la possibilité d'inscrire à la demande d'un héritier la déclaration de renonciation d'un autre héritier, la juridiction bulgare a transmis à la Cour de justice une question préjudicielle. Cette dernière a répondu que l'article 13 doit être interprété en ce « *qu'il ne s'oppose pas à ce que, lorsqu'un héritier a fait inscrire auprès d'une juridiction de l'État membre de sa résidence habituelle une déclaration d'acceptation ou de renonciation à la succession d'un* de cujus *dont la résidence habituelle était située, à la date de son décès, dans un autre État membre, un autre héritier demande une inscription ultérieure de cette déclaration auprès de la juridiction compétente de ce dernier État membre* ».

E. Compétence liée

711.101 La juridiction compétente pour régler la succession l'est également pour les questions relatives au régime matrimonial du défunt. L'article 4 du règlement (UE) n° 2016/1103 du Conseil du 24 juin 2016 mettant en œuvre une coopération renforcée dans le domaine de la compétence, de la loi applicable, de la reconnaissance et de l'exécution des décisions en matière de régimes matrimoniaux [2] dispose que : « *Lorsqu'une juridiction d'un État membre est saisie d'une question relative à la succession de l'un des époux, en application du règlement (UE) n° 650/2012, les juridictions dudit État sont compétentes pour statuer sur les questions de régime matrimonial en relation avec ladite affaire de succession* ». Ainsi, dès lors qu'une question de liquidation de régime matrimonial se posera à l'occasion d'une succession, les juridictions compétentes pour la succession le seront également

1. CJUE 30 mars 2023, aff. C-651/21 ; *D.* 2023. 686 ; *ibid.* 2060, obs. S. Godechot-Patris et C. Grare-Didier.
2. Règl. (UE) n° 2016/1103 du Conseil, 24 juin 2016, mettant en œuvre une coopération renforcée dans le domaine de la compétence, de la loi applicable, de la reconnaissance et de l'exécution des décisions en matière de régimes matrimoniaux, *JOUE*, n° L 183, 8 juill., p. 1-29.

pour le régime matrimonial du défunt. Autrement dit, si une personne mariée décède les juridictions compétentes en vertu du règlement « Successions » pour régler sa succession seront également compétentes pour procéder à la liquidation de son régime matrimonial préalable à la liquidation de sa succession.

Le règlement sur les régimes matrimoniaux est entré en vigueur le 29 janvier 2019 et il est immédiatement applicable en ce qui concerne ses règles de compétence aux procédures initiées à compter de cette date, peu importe que le défunt soit décédé avant cette date. Ainsi, si une personne est décédée en juin 2018, mais qu'une procédure n'est initiée relativement à la liquidation de sa succession et de son régime matrimonial qu'en janvier 2020, la compétence internationale du juge pour statuer sur la liquidation de son régime matrimonial et celle de sa succession seront déterminées par le règlement « Successions » conformément à la règle énoncée par l'article 4 du règlement « Régime matrimonial ».

711.102 **Une règle justifiée mais pas sans danger.** Il s'agit sans aucun doute d'une solution de bon sens. Il est logique qu'une seule et même juridiction liquide le régime matrimonial du défunt, puis sa succession dans la mesure où ces questions peuvent être très liées dans certains droits. Mais, il s'agit également d'une règle assez dangereuse, en effet si le règlement « Régime matrimonial » contient des règles de conflit de lois qui uniformisent le droit des États membres, ces dernières ne sont applicables qu'aux époux mariés à compter du 29 janvier 2019 ; pour les époux mariés avant cette date, il conviendra d'appliquer les règles de conflit de lois propres à chaque État membre. Ainsi, en droit français, en matière de régime matrimonial, si les époux se sont mariés avant le 1er septembre 1992, on appliquera les règles de droit commun, et s'ils se sont mariés après cette date on appliquera les règles de la convention de La Haye du 14 mars 1978 sur la loi applicable aux régimes matrimoniaux. Seuls les Pays-Bas et le Luxembourg avaient ratifié la convention de La Haye, les autres États membres avaient leurs règles spécifiques.

AINSI, en fonction de la juridiction saisie pour liquider la succession du défunt, une loi différente pourrait être appliquée à son régime matrimonial et ainsi aux droits éventuels de son conjoint dans le cadre du partage. Cette situation pourrait inciter des héritiers à former des déclinatoires de compétence afin qu'un autre juge que celui de la résidence habituelle du défunt dont les règles de conflit de lois, s'agissant de la liquidation du régime matrimonial, seraient moins favorables à l'égard du conjoint survivant. Dans des hypothèses de contentieux successoraux de plus en plus aigus dans le cadre de famille recomposées entre le conjoint et les enfants du premier lit, on voit tout de suite le type de contentieux qu'une règle de ce type recèle[1].

711.102-1 **Exemple sur l'utilisation du déclinatoire de compétence.**

EXEMPLE

Prenons l'exemple d'un couple d'époux de nationalité belge. Ils se marient sans contrat et fixent leur première résidence habituelle à Chypre en mai 2014. Puis les époux vont vivre à Bruxelles en mai 2016 et ils viennent finalement s'installer à Paris en mai 2019 où l'époux décède en février 2020. Le défunt avait fait un testament par lequel il avait élu la loi belge pour régir sa succession en mai 2017. Il laisse à sa succession son épouse en secondes noces et deux fils d'un premier lit. Le juge français de la succession serait compétent pour liquider le régime matrimonial des époux et selon les dispositions de la convention de La Haye, le couple serait soumis initialement au droit de sa première résidence habituelle (art. 4), soit au droit chypriote dont le régime légal est la séparation de biens, puis ils seraient soumis au régime légal belge de la communauté d'acquêts à compter de leur installation en Belgique en mai 2016 (art. 7) et cela jusqu'au décès de l'époux. Mais, les fils du défunt pourraient préférer saisir le juge belge de la succession de leur père : en effet l'article 51 du Code de droit international privé belge prévoit que la loi applicable au régime matrimonial des époux est le droit chypriote de leur première résidence habituelle, ainsi le régime matrimonial de leur défunt père serait la séparation de biens. Cela pourrait donc les inciter à former un déclinatoire de compétence suivant l'article 6 du règlement « Successions » tandis que leur belle-mère s'y opposerait en considérant que le juge français lui serait plus favorable. On voit bien qu'en l'espèce, le recours au déclinatoire de compétence trouverait sa raison dans la détermination de la loi applicable au régime matrimonial du défunt, ce qui n'est pas véritablement l'objectif du texte, mais ce qui est induit par l'article 4 du règlement « Régime matrimonial ».

711.103 **La juridiction compétente pour régler la succession l'est également pour les questions relatives au partage du partenariat enregistré du défunt.** Le règlement (UE) n° 2016/1104 du Conseil du 24 juin 2016 mettant en œuvre une coopération renforcée dans le domaine de la compétence, de la loi applicable, de la reconnaissance et de l'exécution des décisions en matière d'effets patrimoniaux des partenariats enregistrés[2] est le miroir du règlement sur les régimes matrimoniaux. Son article 4 contient donc une disposition identique en prévoyant que : « *Lorsqu'une juridiction d'un État membre est saisie*

1. V. le dossier « Succession et familles recomposées », *AJ fam.* 2018. 373 s. et spéc[t] sur les successions internationales notre contribution, « Aspects de droit international privé », p. 380.
2. Règl. (UE) n° 2016/1104 du Conseil, 24 juin 2016, mettant en œuvre une coopération renforcée dans le domaine de la compétence, de la loi applicable, de la reconnaissance et de l'exécution des décisions en matière d'effets patrimoniaux des partenariats enregistrés, *JOUE* n° L 183, 8 juill., p. 30-56.

d'une question relative à la succession d'un partenaire enregistré, en application du règlement (UE) n° 650/2012, les juridictions de cet État sont compétentes pour statuer sur les effets patrimoniaux du partenariat enregistré en relation avec ladite affaire de succession ».

Ainsi, si le défunt était lié par un partenariat enregistré, le juge compétent pour liquider sa succession le sera aussi pour liquider les aspects patrimoniaux de son partenariat.

Ce règlement est également entré en vigueur le 29 janvier 2019, il s'applique aux procédures initiées à compter de cette date. En revanche, les règles de lois qu'il contient ne sont applicables qu'aux **partenariats conclus à compter de son entrée en application.**

§ 2
Régime des règles de compétence

711.111 **Règles classiques de compétence.** Il s'agit des règles classiques qui figurent dans les règlements européens contenant des règles de compétence.

711.112 **Saisine de la juridiction.** L'article 14 du règlement contient les règles classiques relatives à la définition de la date de saisine d'une juridiction[1]. L'objectif est de définir la saisine de la juridiction afin de résoudre le plus simplement les hypothèses de litispendance dans la mise en œuvre du règlement.

Ainsi selon ce texte, une juridiction est réputée saisie :

« *a) à la date à laquelle l'acte introductif d'instance ou un acte équivalent est déposé auprès de la juridiction, à condition que le demandeur n'ait pas négligé par la suite de prendre les mesures qu'il était tenu de prendre pour que l'acte soit notifié ou signifié au défendeur ;*

b) si l'acte doit être notifié ou signifié avant d'être déposé auprès de la juridiction, à la date à laquelle il est reçu par l'autorité chargée de la notification ou de la signification, à condition que le demandeur n'ait pas négligé par la suite de prendre les mesures qu'il était tenu de prendre pour que l'acte soit déposé auprès de la juridiction ; ou

c) si la procédure est engagée d'office, à la date à laquelle la décision d'engager la procédure est prise par la juridiction, ou, si une telle décision n'est pas requise, à la date à laquelle l'affaire est enregistrée par la juridiction ».

Ainsi une procédure française est en principe introduite par voie d'assignation en compte de liquidation partage. Dans le cadre de l'application de ce texte, le juge français sera réputé saisi de la procédure à la date où l'acte est reçu par l'autorité en charge de la signification ou de la notification. Ainsi, il faudra se référer aux dispositions de l'article 14 b), puisque l'assignation doit être signifiée avant d'être placée auprès de la juridiction pour ouvrir la procédure. Or, dans cette hypothèse, le texte indique que c'est à la date de la réception de l'acte par l'autorité chargée de la signification qu'il faut se placer. La question qui se pose alors est : quelle est l'autorité chargée de la notification ? S'agit-il de l'huissier de justice qui reçoit l'acte avant de le transmettre selon les dispositions du règlement (CE) n° 1393/2007 du Parlement européen et du Conseil du 13 novembre 2007 relatif à la signification et à la notification dans les États membres des actes judiciaires et extrajudiciaires en matière civile ou commerciale à l'entité étrangère en charge de la notification ? Mais dans ce cas comment rapporter la preuve de cette date qui sera déterminante en cas de litispendance. Il peut s'agir de la date à laquelle l'huissier de justice transmet le document à l'autorité étrangère chargée de la notification, dans ce cas cette date est connue puisque l'acte de transmission par l'huissier en portera mention. Mais cette solution n'est pas vraiment conforme aux termes de l'article 14. Il peut aussi s'agir de la date à laquelle l'entité étrangère accuse réception de l'acte à signifier comme elle doit le faire en application de l'article 6 du règlement signification.

Les dispositions du règlement manquent sur ce point de clarté, mais il s'agit d'un reproche qui peut être fait à tous les textes communautaires actuels sans que ces imprécisions aient donné lieu à ce jour à de la jurisprudence de la Cour de justice, ce qui semble signifier qu'en pratique ces difficultés ne se sont pas encore réellement posées.

711.113 **Vérification de la compétence.** L'article 15 prévoit que la juridiction d'un État membre saisie d'une affaire de succession pour laquelle elle n'est pas compétente en vertu du présent règlement se déclare d'office incompétente[2]. Il résulte de cette disposition que les parties, et particulièrement la partie demanderesse à l'action en compte liquidation partage, devra dans son assignation justifier de la compétence du juge saisi. Si elle ne le fait pas le juge aura l'obligation de demander à cette partie d'exposer sur quel fondement elle le saisit.

Par ailleurs, une juridiction saisie de manière erronée d'une contestation en matière successorale au titre de la compétence générale doit d'office examiner sa compétence au regard des autres règles

1. Une disposition similaire se trouve en effet aux articles 30 du règlement Bruxelles I, 16 du règlement Bruxelles II *bis* et 9 du règlement « Obligations alimentaires ».

2. Il s'agit également d'une disposition classique des règlements européens en matière de compétence puisqu'on retrouve une formule quasi identique aux articles 10 du règlement « Obligations alimentaires », 17 du règlement Bruxelles II *bis*, 25 du règlement Bruxelles I.

du règlement « Successions ». Ainsi, la CJUE a jugé récemment[1] que l'article 10, § 1, sous a), du règlement doit être interprété en ce sens qu'une juridiction d'un État membre doit relever d'office sa compétence au titre de la règle de compétence subsidiaire prévue à cette disposition lorsque, ayant été saisie sur le fondement de la règle de compétence générale établie à l'article 4 de ce règlement, elle constate qu'elle n'est pas compétente au titre de cette dernière disposition. En l'espèce, après avoir constaté que la résidence habituelle d'un défunt de nationalité française ayant des biens immobiliers en France se trouvait en Angleterre, le juge français devait se considérer d'office compétent pour régler la succession du défunt du fait de sa nationalité et du fait qu'il possédait des biens en France.

711.113-1 Nécessité de justifier de la compétence du juge saisi.

EXEMPLE

AINSI, si les héritiers d'une femme qui avait sa dernière résidence habituelle en France ne parviennent pas à s'accorder sur le partage de sa succession et que l'un des héritiers saisit le tribunal judiciaire d'une action en compte liquidation partage, il devra justifier que la compétence du juge français pour connaître de cette procédure repose sur l'article 4 du règlement « Successions » car le *de cujus* avait sa résidence habituelle en France immédiatement avant son décès. Cette explication devrait être suffisante pour le juge si elle n'est pas contestée par les autres héritiers. Le juge ne devrait pas, à défaut de contestation, analyser si la résidence habituelle du *de cujus* se trouvait bien en France.

711.114 Vérification de la recevabilité. L'article 16 commande au juge de vérifier la recevabilité de la procédure lorsque le défendeur qui a sa résidence habituelle dans un autre État que celui de la juridiction saisie ne comparaît pas dans le cadre de la procédure[2]. Si le défendeur a sa résidence habituelle dans un État membre, le texte renvoie aux dispositions de l'article 19 du règlement sur la notification des actes qui prévoit que le juge doit en principe surseoir à statuer jusqu'à ce qu'il soit établi que le défendeur a reçu la signification ou la notification de la procédure. Si le défendeur n'a pas sa résidence habituelle dans un État membre le texte renvoie aux dispositions de l'article 15 de la convention de La Haye du 15 novembre 1965 sur la signification des actes.

Si le défendeur n'a pas sa résidence habituelle dans un État partie à cette dernière convention, le juge saisi devra mettre en œuvre ses propres règles en cas de non-comparution du défendeur.

711.115 Litispendance. L'article 17 contient des dispositions sur l'exception de litispendance internationale et favorise la compétence de la juridiction saisie en premier. En principe il ne devrait pas y avoir beaucoup de cas de litispendance internationale du fait de la compétence générale donnée aux seules juridictions de la résidence habituelle du défunt. En effet, au sens du règlement, il n'existe pas de compétence concurrente pour introduire une action en matière de partage successoral. Cependant, des hypothèses de litispendance pourraient se rencontrer lorsque la résidence habituelle du défunt sera sujette à discussion.

711.115-1 Litispendance en cas de contestation de résidence habituelle du défunt.

EXEMPLE

AINSI, dans un exemple précédent, nous envisagions le cas où un homme français décède alors qu'il avait sa vie familiale en France et sa vie professionnelle en Belgique. Dans ce type de situation, on peut parfaitement envisager que l'un des héritiers saisisse le juge belge tandis que l'autre saisira le juge français. Ce sera la première juridiction saisie qui sera compétente pour déterminer où le *de cujus* avait sa résidence habituelle.

711.116 Connexité. L'article 18 prévoit lui la possibilité d'invoquer une exception de connexité, dès lors que les demandes sont liées entre elles par un rapport si étroit qu'il y a intérêt à les instruire et à les juger en même temps afin d'éviter des décisions qui pourraient être inconciliables si les causes étaient jugées séparément. Dans cette hypothèse la juridiction saisie en second devra surseoir à statuer.

711.117 Mesures provisoires et conservatoires. L'article 19 offre la possibilité de saisir un juge qui ne serait pas compétent au fond pour prendre des mesures provisoires ou conservatoires. Le texte est très général.

711.117-1 Exemple de mesures conservatoires.

EXEMPLE

On pourrait agir sur la base de ce texte par exemple si le défunt avait sa dernière résidence en Suède et qu'il possédait une résidence secondaire en France dans laquelle il possédait de nombreuses œuvres d'art. Si l'un des héritiers craint que ces œuvres d'art soient détournées de la succession, il pourrait parfaitement saisir les juridictions françaises afin de faire établir un inventaire du mobilier garnissant le bien se trouvant en France appartenant au *de cujus*. Le juge français aurait donc compétence pour ordonner ces mesures conservatoires.

1. CJUE 7 avr. 2022, aff. C-645/20.
2. Il s'agit également d'une règle classique que l'on retrouve dans les autres règlements européens en matière de compétence ; ainsi aux articles 11 du règlement « Obligations alimentaires », 18 du règlement Bruxelles II *bis*, 28 du règlement Bruxelles I.

CHAPITRE

712. Règles de conflit de lois

Les développements sur le prélèvement compensatoire ont été coécrits par
ALEXANDRE BOICHÉ et NATHALIE LEVILLAIN

SECTION 0 ORIENTEUR

712.00 Sommaire du chapitre.

712.01 Textes applicables.

PERSONNES DÉCÉDÉES AVANT LE 17 AOÛT 2015

• **C. civ.**, art. 3, al. 2, 102

> Loi applicable aux successions immobilières

• **C. civ.**, art. 3, al. 2

Les immeubles, même ceux possédés par des étrangers, sont régis par la loi française.

> Loi applicable aux successions immobilières

• **C. civ.**, art. 102

Le domicile de tout Français, quant à l'exercice de ses droits civils, est au lieu où il a son principal établissement.

Le lieu d'exercice des droits civils d'une personne sans domicile stable est celui où elle a fait élection de domicile dans les conditions prévues à l'article L. 264-1 du Code de l'action sociale et des familles.

Les bateliers et autres personnes vivant à bord d'un bateau de navigation intérieure immatriculé en France, qui n'ont pas le domicile prévu à l'alinéa précédent ou un domicile légal, sont tenus de choisir un domicile dans l'une des communes dont le nom figure sur une liste établie par arrêté du garde des Sceaux, ministre de la Justice, du ministre de l'Intérieur et du ministre des Travaux publics, des Transports et du Tourisme. Toutefois, les bateliers salariés et les personnes vivant à bord avec eux peuvent se domicilier dans une autre commune à condition que l'entreprise qui exploite le bateau y ait son siège ou un établissement ; dans ce cas, le domicile est fixé dans les bureaux de cette entreprise ; à défaut de choix par eux exercé, ces bateliers et personnes ont leur domicile au siège de l'entreprise qui exploite le bateau et, si ce siège est à l'étranger, au bureau d'affrètement de Paris.

> Application temporelle de la *professio juris*

• **Règl. « Successions »,** art. 83 *(dispositions transitoires)*

1. Le présent règlement s'applique aux successions des personnes qui décèdent le 17 août 2015 ou après le 17 août 2015.

2. Lorsque le défunt avait, avant le 17 août 2015, choisi la loi applicable à sa succession, ce choix est valable s'il remplit les conditions fixées au chapitre III ou s'il est valable en application des règles de droit international privé qui étaient en vigueur, au moment où le choix a été fait, dans l'État dans lequel le défunt avait sa résidence habituelle ou dans tout État dont il possédait la nationalité.

3. Une disposition à cause de mort prise avant le 17 août 2015 est recevable et valable quant au fond et à la forme si elle remplit les conditions prévues au chapitre III ou si elle est recevable et valable sur le fond et en la forme en application des règles de droit international privé qui étaient en vigueur, au moment où la disposition a été prise, dans l'État dans lequel le défunt avait sa résidence habituelle, dans tout État dont il possédait la nationalité ou dans l'État membre de l'autorité chargée de régler la succession.

4. Si une disposition à cause de mort, prise avant le 17 août 2015, est rédigée conformément à la loi que le défunt aurait pu choisir en vertu du présent règlement, cette loi est réputée avoir été choisie comme loi applicable à la succession.

PERSONNES DÉCÉDÉES À COMPTER DU 17 AOÛT 2015

• **Règl. (UE) n° 650/2012 du Parlement et du Conseil, 4 juill. 2012,** relatif à la compétence, la loi applicable, la reconnaissance et l'exécution des décisions, et l'acceptation et l'exécution des actes authentiques en matière de successions et à la création d'un certificat successoral européen, dit règlement « successions », *JOUE*, n° L. 201, 27 juill., p. 107-134, art. 10, 20, 21, 22, 23, 27, 30, 32, 34, 35 ; consid. 14

> Règle générale : compétence universelle

• **Règl. « Successions »,** art. 20

Toute loi désignée par le présent règlement s'applique même si cette loi n'est pas celle d'un État membre.

> Compétences subsidiaires

• **Règl. « Successions »,** art. 10

1. Lorsque la résidence habituelle du défunt au moment du décès n'est pas située dans un État membre, les juridictions de l'État membre dans lequel sont situés des biens successoraux sont néanmoins compétentes pour statuer sur l'ensemble de la succession dans la mesure où :

a) le défunt possédait la nationalité de cet État membre au moment du décès ; ou, à défaut,

b) le défunt avait sa résidence habituelle antérieure dans cet État membre, pour autant que, au moment de la saisine de la juridiction, il ne se soit pas écoulé plus de cinq ans depuis le changement de cette résidence habituelle.

2. Lorsque aucune juridiction d'un État membre n'est compétente en vertu du paragraphe 1, les juridictions de l'État membre dans lequel sont situés des biens successoraux sont néanmoins compétentes pour statuer sur ces biens.

> Règle générale : loi de la résidence habituelle du défunt

• **Règl. « Successions »,** art. 21 § 1

1. Sauf disposition contraire du présent règlement, la loi applicable à l'ensemble d'une succession est celle de l'État dans lequel le défunt avait sa résidence habituelle au moment de son décès.

> Clause d'exception

• **Règl. « Successions »,** art. 21 § 2

2. Lorsque, à titre exceptionnel, il résulte de l'ensemble des circonstances de la cause que, au moment de son décès, le défunt présentait des liens manifestement plus étroits avec un État autre que celui dont la loi serait applicable en vertu du paragraphe 1, la loi applicable à la succession est celle de cet autre État.

> Choix de loi

• **Règl. « Successions »,** art. 22

1. Une personne peut choisir comme loi régissant l'ensemble de sa succession la loi de l'État dont elle possède la nationalité au moment où elle fait ce choix ou au moment de son décès.

Une personne ayant plusieurs nationalités peut choisir la loi de tout État dont elle possède la nationalité au moment où elle fait ce choix ou au moment de son décès.

2. Le choix est formulé de manière expresse dans une déclaration revêtant la forme d'une disposition à cause de mort ou résulte des termes d'une telle disposition.

3. La validité au fond de l'acte en vertu duquel le choix de loi est effectué est régie par la loi choisie.

4. La modification ou la révocation du choix de loi satisfait aux exigences de forme applicables à la modification ou à la révocation d'une disposition à cause de mort.

> Portée de la loi applicable

• **Règl. « Successions »,** art. 23

1. La loi désignée en vertu de l'article 21 ou 22 régit l'ensemble d'une succession.

2. Cette loi régit notamment :

a) les causes, le moment et le lieu d'ouverture de la succession ;

b) la vocation successorale des bénéficiaires, la détermination de leurs parts respectives et des charges qui peuvent leur être imposées par le défunt, ainsi que la détermination d'autres droits sur la succession, y compris les droits successoraux du conjoint ou du partenaire survivant ;

c) la capacité de succéder ;

d) l'exhérédation et l'indignité successorale ;

e) le transfert des biens, des droits et des obligations composant la succession aux héritiers et, selon le cas, aux légataires, y compris les conditions et les effets de l'acceptation de la succession ou du legs ou de la renonciation à ceux-ci ;

f) les pouvoirs des héritiers, des exécuteurs testamentaires et autres administrateurs de la succession, notamment en ce qui concerne la vente des biens et le paiement des créanciers, sans préjudice des pouvoirs visés à l'article 29, paragraphes 2 et 3 ;

g) la responsabilité à l'égard des dettes de la succession ;

h) la quotité disponible, les réserves héréditaires et les autres restrictions à la liberté de disposer à cause de mort ainsi que les droits que les personnes proches du défunt peuvent faire valoir à l'égard de la succession ou des héritiers ;

i) le rapport et la réduction des libéralités lors du calcul des parts des différents bénéficiaires ;

j) le partage successoral.

> Dispositions à cause de mort autres que les pactes successoraux

• **Règl. « Successions »,** art. 24

1. La recevabilité et la validité au fond d'une disposition à cause de mort autre qu'un pacte successoral sont régies par la loi qui, en vertu du présent règlement, aurait été applicable à la succession de la personne ayant pris la disposition si elle était décédée le jour de l'établissement de la disposition.

2. Nonobstant le paragraphe 1, une personne peut choisir comme loi régissant sa disposition à cause de mort, quant à sa recevabilité et à sa validité au fond, la loi que cette personne aurait pu choisir en vertu de l'article 22, selon les conditions qui y sont fixées.

3. Le paragraphe 1 s'applique, selon le cas, à la modification ou à la révocation d'une disposition à cause de mort autre qu'un pacte successoral. En cas de choix de loi effectué conformément au paragraphe 2, la modification ou la révocation est régie par la loi choisie.

> Pacte successoral

• **Règl. « Successions »,** art. 25

1. Un pacte successoral qui concerne la succession d'une seule personne est régi, quant à sa recevabilité, sa validité au fond et ses effets contraignants entre les parties, y compris en ce qui concerne les conditions de sa dissolution, par la loi qui, en vertu du présent règlement, aurait été applicable à la succession de cette personne si elle était décédée le jour où le pacte a été conclu.

2. Un pacte successoral qui concerne la succession de plusieurs personnes n'est recevable que s'il l'est en vertu de chacune des lois qui, conformément au présent règlement, aurait régi la succession de chacune des personnes concernées si elles étaient décédées le jour où le pacte a été conclu.

Un pacte successoral qui est recevable en vertu du premier alinéa est régi, quant à sa validité au fond et à ses effets contraignants entre les parties, y compris en ce qui concerne les conditions de sa dissolution, par celle des lois visées au premier alinéa avec laquelle il présente les liens les plus étroits.

3. Nonobstant les paragraphes 1 et 2, les parties peuvent choisir comme loi régissant leur pacte successoral, quant à sa recevabilité, sa validité au fond et ses effets contraignants entre les parties, y compris en ce qui concerne les conditions de sa dissolution, la loi que la personne ou l'une des personnes dont la succession est concernée aurait pu choisir en vertu de l'article 22, selon les conditions qui y sont fixées.

> Validité au fond des dispositions à cause de mort

• **Règl. « Successions »,** art. 26

1. Aux fins des articles 24 et 25, les éléments ci-après relèvent de la validité au fond :

a) la capacité de la personne qui dispose à cause de mort de prendre une telle disposition ;

b) les causes particulières qui empêchent la personne qui prend la disposition de disposer en faveur de certaines personnes ou qui empêchent une personne de recevoir des biens successoraux de la personne qui dispose ;

c) l'admissibilité de la représentation aux fins de l'établissement d'une disposition à cause de mort ;

d) l'interprétation de la disposition ;

e) la fraude, la contrainte, l'erreur ou toute autre question relative au consentement ou à l'intention de la personne qui dispose.

2. Lorsqu'une personne a la capacité de disposer à cause de mort en vertu de la loi applicable conformément à l'article 24 ou 25, une modification ultérieure de la loi applicable n'affecte pas sa capacité de modifier ou de révoquer une telle disposition.

> Validité formelle des dispositions à cause de mort établies par écrit

• **Règl. « Successions »,** art. 27

1. Une disposition à cause de mort établie par écrit est valable quant à la forme si celle-ci est conforme à la loi :

a) de l'État dans lequel la disposition a été prise ou le pacte successoral a été conclu ;

b) d'un État dont le testateur ou au moins une des personnes dont la succession est concernée par un pacte successoral possédait la nationalité, soit au moment où la disposition a été prise ou le pacte conclu, soit au moment de son décès ;

c) d'un État dans lequel le testateur ou au moins une des personnes dont la succession est concernée par un pacte successoral avait son domicile, soit au moment où la disposition a été prise ou le pacte conclu, soit au moment de son décès ;

d) de l'État dans lequel le testateur ou au moins une des personnes dont la succession est concernée par un pacte successoral avait sa résidence habituelle, soit au moment de l'établissement de la disposition ou de la conclusion du pacte, soit au moment de son décès ; ou

e) pour les biens immobiliers, de l'État dans lequel les biens immobiliers sont situés.

Pour déterminer si le testateur ou toute personne dont la succession est concernée par un pacte successoral avait son domicile dans un État particulier, c'est la loi de cet État qui s'applique.

2. Le paragraphe 1 s'applique également aux dispositions à cause de mort modifiant ou révoquant une disposition antérieure. La modification ou la révocation est également valable quant à la forme si elle est conforme à l'une des lois en vertu desquelles, conformément au paragraphe 1, la disposition à cause de mort modifiée ou révoquée était valable.

3. Aux fins du présent article, toute disposition légale qui limite les formes admises pour les dispositions à cause de mort en faisant référence à l'âge, à la nationalité ou à d'autres qualités personnelles du testateur ou des personnes dont la succession est concernée par un pacte successoral, est considérée comme relevant du domaine de la forme. Il en est de même des qualités que doit posséder tout témoin requis pour la validité d'une disposition à cause de mort.

> Renvoi

• **Règl. « Successions »,** art. 34

Lorsque le présent règlement prescrit l'application de la loi d'un État tiers, il vise l'application des règles de droit en vigueur dans cet État, y compris ses règles de droit international privé, pour autant que ces règles renvoient :

a) à la loi d'un État membre ; ou

b) à la loi d'un autre État tiers qui appliquerait sa propre loi.

2. Aucun renvoi n'est applicable pour les lois visées à l'article 21, paragraphe 2, à l'article 22, à l'article 27, à l'article 28, point b), et à l'article 30.

> Ordre public

• **Règl. « Successions »,** art. 35

L'application d'une disposition de la loi d'un État désignée par le présent règlement ne peut être écartée que si cette application est manifestement incompatible avec l'ordre public du for.

> Dispositions spéciales imposant des restrictions concernant la succession portant sur certains biens ou ayant une incidence sur celle-ci

• **Règl. « Successions »,** art. 30

Lorsque la loi de l'État dans lequel sont situés certains biens immobiliers, certaines entreprises ou d'autres catégories particulières de biens comporte des dispositions spéciales qui, en raison de la destination économique, familiale ou sociale de ces biens, imposent des restrictions concernant la succession portant sur ces biens ou ayant une incidence sur celle-ci, ces dispositions spéciales sont applicables à la succession dans la mesure où, en vertu de la loi de cet État, elles sont applicables quelle que soit la loi applicable à la succession.

> Comourants

• **Règl. « Successions »,** art. 32

Lorsque deux ou plusieurs personnes dont les successions sont régies par des lois différentes décèdent dans des circonstances qui ne permettent pas de déterminer l'ordre des décès, et que ces lois règlent cette situation par des dispositions différentes ou ne la règlent pas du tout, aucune de ces personnes décédées n'a de droit dans la succession de l'autre ou des autres.

> Exclusion des libéralités

• **Règl. « Successions »,** consid. 14

Les droits et biens créés ou transférés autrement que par succession, par exemple au moyen de libéralités, devraient également être exclus du champ d'application du présent règlement. Néanmoins, c'est la loi désignée par le présent règlement comme étant la loi applicable à la succession qui précise s'il convient que les libéralités ou autres formes de dispositions entre vifs qui donnent naissance à un droit réel avant le décès fassent l'objet d'un rapport ou d'une réduction aux fins du calcul des parts des bénéficiaires conformément à la loi applicable à la succession.

PERSONNES DÉCÉDÉES APRÈS LE 1ER NOVEMBRE 2021

> Droit de prélèvement compensatoire

• **C. civ.,** art. 913, al. 3

[…] Lorsque le défunt ou au moins l'un de ses enfants est, au moment du décès, ressortissant d'un État membre de l'Union européenne ou y réside habituellement et lorsque la loi étrangère applicable à la succession ne permet aucun mécanisme réservataire protecteur des enfants, chaque enfant ou ses héritiers ou ses ayants cause peuvent effectuer un prélèvement compensatoire sur les biens existants situés en France au jour du décès, de façon à être rétablis dans les droits réservataires que leur octroie la loi française, dans la limite de ceux-ci.

712.02 Jurisprudence de référence.

SUCCESSIONS DES PERSONNES DÉCÉDÉES AVANT LE 17 AOÛT 2015

> Exception à l'incompétence du juge français pour statuer sur les immeubles situés à l'étranger en cas de renvoi opéré par la loi étrangère à la loi française, à la condition que le renvoi permette d'assurer l'unité de loi applicable aux successions mobilières et immobilières.

• **Civ. 1re, 21 mars 2000,** nº 98-15.650, *Ballestrero*, P I, nº 96

* V. ss nos 712.31 et 712.82

« Vu l'article 3 du Code civil ;

Attendu que le montant de la réserve héréditaire est déterminé par la loi successorale qui, s'agissant de successions immobilières, est celle du lieu de situation des immeubles, sous réserve du renvoi éventuel opéré par la loi étrangère de situation de l'immeuble à une autre loi et, spécialement, à celle du for ; […]. »

• **Civ. 1re, 11 févr. 2009,** nº 06-12.140, *Riley*, P I, nº 29

* V. ss nº 712.83

« Vu l'article 3 du Code civil ;

Attendu qu'en matière de succession immobilière, le renvoi opéré par la loi de situation de l'immeuble ne peut être admis que s'il assure l'unité successorale et l'application d'une même loi aux meubles et aux immeubles ; […]. »

> La succession mobilière du défunt est soumise à la loi de son dernier domicile

• **Civ. 1re, 19 juin 1963,** *Rev. crit. DIP* 1965. 366, 1re esp., note Y. Loussouarn

* V. ss nº 712.41

• **Civ. 1re, 20 oct. 2010,** nº 08-17.033, P I, nº 207

* V. ss nos 712.41 et 712.71-1

> Conformité à l'ordre public international des lois étrangères ignorant la réserve héréditaire

• **Civ. 1re, 27 sept. 2017,** nos 16-13.151 et 16-17.198, P I, nos 198 et 199

* V. ss nos 712.92 à 712.96-1

« […] Mais attendu qu'une loi étrangère désignée par la règle de conflit qui ignore la réserve héréditaire n'est pas en soi contraire à l'ordre public international français et ne peut être écartée que si son application concrète, au cas d'espèce, conduit à une situation incompatible avec les principes du droit français considérés comme essentiels ; […]. »

SUCCESSIONS DES PERSONNES DÉCÉDÉES APRÈS LE 17 AOÛT 2015

> Possibilité pour un ressortissant d'un État tiers de choisir la loi applicable à sa succession

• **CJUE 12 oct. 2023,** aff. C-21/22

* V. ss nos 712.132

« […] L'article 22 vise "toute personne", sans opérer aucune distinction entre les ressortissants des États membres de l'Union et les ressortissants d'États tiers. Dès lors, un ressortissant d'un pays tiers résidant dans un État membre de l'Union européenne peut choisir la loi de cet État tiers comme loi régissant l'ensemble de sa succession ».

Cependant la Cour précise :

« Le présent règlement n'affecte pas l'application des conventions internationales auxquelles un ou plusieurs États membres sont parties lors de l'adoption du présent règlement et qui portent sur des matières régies par le présent règlement »

712.03 Bibliographie indicative.

Actualisables. Rép. internat., v^is *Succession*, par P. Lagarde, sept. 2015 [actu avr. 2023] ; *Règlement nº 650-2012 sur les successions*, par P. Lagarde, sept. 2014 [actu. nov. 2023] – *J.-Cl. Int.*, fasc. 557-10, par M. Revillard, juill. 2024 « Règlement (UE) nº 650/2012 du Parlement européen et du Conseil du 4 juillet 2012 ».

Ouvrages. *Commentaire du règlement européen sur les successions*, (collectif U. Bergquist, D. Damascelli, R. Frimston, P. Lagarde, F. Odersky, B. Reinhartz), « Commentaire Dalloz », Dalloz, 2015 – A. Bonomi et P. Wautelet, *Le droit européen des successions. Commentaire du règlement nº 650/2012*, 2e éd., Bruylant, 2016, p. 299 s. – E. Fongaro et H. Peroz, *Droit international privé patrimonial de la famille*, 3e éd., LexisNexis, 2023 – M. Grimaldi (dir.), Dalloz action *Droit patrimonial de la famille*, 2025/2026, nos 73.00 s., et spéct sur le règlement successions nos 732.00 à 732.462, par M. Goré et R. de Gourcy – G. Khairallah et M. Revillard (dir.), *Droit européen des successions internationales. Le règlement du 4 juillet 2012*, (coll. P. Chassaing, R. Crône, J. Foyer, H. Gaudemet-Tallon, S. Godechot-Patris, P. Lagarde, C. Nourissat, F. Sauvage) Defrénois, 2013 – M. Revillard, *Droit international privé et communautaire : pratique notariale*, 10e éd., Defrénois, 2022, *Vº Les successions internationales*.

Articles. Dossier spécial « Successions internationales », *AJ fam.* nos 7-8-2015, collectif : I. Arseguel-Meunier, J.-D. Azincourt, A. Boiché, E. Fongaro, L. Galliez, C. Gossart, E. Jacoby, A. Meier-Bourdeau – L. Abadie, « La loi applicable au sein du règlement », *Dr. fam.* 2013. Dossier 37 – C. Bidaud-Garon, « La loi applicable aux successions internationales », *JCP N* 2013, nº 17, art. 1109 – P. Callé, « La donation de biens à venir en droit international privé », *in Le droit à l'épreuve des siècles et des frontières. Mél. B. Ancel*, LGDJ, 2018, p. 339 – M. Nadaud, « Le domaine de la loi successorale », *JCP N* 2013. 1083 – L. Perreau-Saussine, « L'ordre public et la réserve héréditaires : réflexion sur la lettre et l'esprit du règlement européen nº 650/2012 "Successions internationales" », *in Le droit à l'épreuve des siècles et des frontières. Mél. B. Ancel*, LGDJ, 2018, p. 1270 – H. Slim, « Le renvoi de l'article 34 paragraphe 1(a) du règlement UE nº 650/2012 relatif aux successions internationales », *in Le droit à l'épreuve des siècles et des frontières. Mél. B. Ancel*, LGDJ, 2018, p. 1461.

> Sur le droit de prélèvement compensatoire C. Anger « La résurrection du droit de de prélèvement compensatoire : un phœnix boiteux », *Gaz. Pal.* 11 janv. 2022, p. 45 – D. Boulanger, « La réserve coûte que coûte : informer et prélever » *JCP N* 2022. 1008 – H. Fulchiron et S. Ferré-André, « Entre trop et pas assez : le droit de prélèvement version 2021 », *JCP* 2021. Chron. 1109 – G. Khairallah, « Le principe de la primauté du droit de l'Union européenne, le notaire et l'article 913 du Code civil », *JCP N* 2021. 1347 – B. Haftel, « Succession internationale : le retour du droit de prélèvement », *D.* 2021. 2012 – N. Laurent-Bonne, « Le nouveau droit de prélèvement dans les successions internationales : quand la fin ne justifie pas les moyens », *AJ fam.* 2021. 548 – V. Legrand, « La renaissance du droit de prélèvement. Est-ce bien raisonnable ? » *LPA* nov. 2021, p. 20 – N. Levillain, « Mise en œuvre pratique du nouveau prélèvement compensatoire », *JCP N* 2022. 1057 – H. Péroz, « Le droit de prélèvement compensatoire ou la mise à mal de la pratique des successions internationales », *JCP N* 2021. 805 – S. Ramaciotti, « Le prélèvement compensatoire et le projet d'article 913 du Code civil à l'épreuve des exigences européennes et constitutionnelles », *Rev. crit. DIP* 2021. 310.

712.04 Questions essentielles.

> Détermination de la loi applicable aux successions des personnes décédées avant le 17 août 2015

* V. ss nos 712.11 à 712.92

> Conformité à l'ordre public international des lois étrangères ignorant la réserve héréditaire

* V. ss nos 712.92 à 712.96-1

> Détermination de la loi applicable aux successions des personnes décédées à compter du 17 août 2015

* V. ss nos 712.101 à 712.160-1

> Détermination de la loi applicable aux dispositions à cause de mort

* V. ss nos 712.170 à 712.174

712.05 Division. Introduction. Le règlement (UE) nº 650/2012 du 4 juillet 2012, dit règlement « Successions », a opéré dans le domaine du conflit de lois en matière successorale une double révolution. Tout d'abord, il a introduit la *professio juris* en ouvrant la possibilité de choisir la loi applicable à sa succession, ensuite il est venu unifier autour d'une règle de conflit unitaire, une matière qui était régie jusqu'à présent en droit français par une règle de conflit de lois dualiste distinguant selon la nature des biens successoraux. Cependant ces nouvelles règles de conflit de lois ne sont applicables qu'aux successions de personnes décédées après le 17 août 2015. Pour les personnes décédées avant cette date, on mettra en œuvre les règles de conflit de lois de droit commun. Aussi, compte tenu de la durée de règlement des successions, les deux systèmes vont probablement coexister pendant de nombreuses années. Nous étudierons donc les règles de conflit de lois applicables aux personnes décédées avant le 17 août 2015 (sect. 1), puis dans les règles de conflit de lois applicables issues du règlement « Successions » (sect. 2).

SECTION 1
RÈGLES DE CONFLIT DE LOIS APPLICABLES AUX SUCCESSIONS DES PERSONNES DÉCÉDÉES AVANT LE 17 AOÛT 2015

§ 1
Existence ou non d'une convention internationale

712.11 **Droit conventionnel.** Il convient de vérifier dans un premier temps s'il existe une convention internationale applicable contenant des règles de compétence des juridictions en matière successorale. La France n'est liée par aucune convention multilatérale en la matière. La France n'a pas en effet ratifié la convention de La Haye du 1er août 1989 sur la loi applicable aux successions à cause de mort. Cependant, la France a ratifié avec quarante autres États une convention de La Haye du 5 octobre 1961 sur la loi applicable à la forme des dispositions testamentaires. Lorsqu'il s'agit de déterminer la validité formelle d'un testament, c'est cette convention qui doit recevoir application. L'objectif de ce texte est de favoriser la validité formelle des dispositions testamentaires.

§ 2
Loi applicable aux successions « *ab intestat* »

712.20 **Plan. Régime de la scission.** Le droit international privé français opère une scission selon la nature mobilière ou immobilière des biens composant l'actif successoral. La succession immobilière est soumise à la loi du lieu de situation de l'immeuble (A) tandis que la succession mobilière est soumise à la loi du dernier domicile du défunt (B).

A.
Loi applicable à la succession immobilière

712.31 **Application de la loi du lieu de situation de l'immeuble aux successions immobilières.** Le principe de la compétence de la loi de situation de l'immeuble pour régir les successions immobilières est admis de manière constante par la jurisprudence depuis le début du XIXe siècle[1]. Ce principe se fonde sur les dispositions de l'article 3 alinéa 2 du Code civil, selon lequel les immeubles situés en France, même appartenant à des étrangers, sont soumis à la loi française. Ce texte a été bilatéralisé par la jurisprudence qui en a déduit que les immeubles étaient soumis à la loi de leur lieu de situation et appliqué cette solution aux successions immobilières. Il résulte de l'application de cette règle que si la succession se compose de plusieurs biens immobiliers dans différents pays, il faudra ouvrir une succession différente soumise à la loi de leur lieu de situation pour chaque immeuble.

712.31-1 **Lois applicables à une succession composée d'immeubles se trouvant dans plusieurs États différents.**

EXEMPLE

Une personne de nationalité américaine décède à Paris où elle avait son dernier domicile. Elle possédait un appartement à Paris, une villa à Capri, un ranch au Texas et un chalet en Suisse. Dans ce cas, l'appartement parisien sera soumis à la loi française, la villa à Capri soumise au droit italien, le ranch au Texas au droit texan et le chalet en Suisse au droit suisse. Il y aura donc autant de successions ouvertes qu'il y aura de biens immobiliers dans des États différents.

B.
Loi applicable à la succession mobilière

712.41 **Application de la loi du dernier domicile du défunt.** La succession mobilière du défunt est soumise selon une jurisprudence constante à la loi de son dernier domicile[2]. La détermination du domicile

1. Civ. 13 nov. 1951, *Rev. crit. DIP* 1952. 323 – Civ. 24 nov. 1953, *ibid.* 1955. 698, note E. Mezger – T. civ. Seine, 21 févr. 1958, *JCP* 1959. IV. 7 – Civ. 14 mars 1961, *Rev. crit. DIP* 1961. 774, note H. Batiffol – TGI Seine, 24 mars 1965, *Gaz. Pal.* 1965. 2. 204 – TGI Seine, 12 janv. 1966, *Rev. crit. DIP* 1967. 120, note Y. Loussouarn – Angers, 8 juill. 1968, *ibid.* 1970, *Lebon T.* 758 – Civ. 1re, 3 janv. 1980, *Rev. crit. DIP* 1980. 331, note H. Batiffol ; *JDI* 1980. 327, note M. Simon-Depitre ; *D.* 1980. 549, note I. Poisson-Drocourt, 1re esp. – Paris, 26 juin 1981, *Rev. crit. DIP* 1982. 537, note B. Ancel – Civ. 3e, 8 déc. 1981, no 80-14.137, P III, no 201 – Aix-en-Provence, 9 mars 1982, *Rev. crit. DIP* 1983. 282, note G. A. L. Droz – Paris, 8 nov. 1983, *ibid.* 1984. 476, note Y. Lequette ; *JDI* 1984. 881, note M. Simon-Depitre – Civ. 1re, 20 mars 1985, *Rev. crit. DIP* 1986. 66, note Y. Lequette ; *JCP* 1986. II. 20630, note F. Boulanger – Civ. 1re, 4 déc. 1990, no 89-11.352, P I, no 274 ; *JDI* 1991. 398, note M. Revillard ; *Rev. crit. DIP* 1992. 76, note G. A. L. Droz – Versailles, 20 déc. 1990, *JDI* 1992. 101, note M. Revillard – TGI Paris, 8 avr. 1992, *JDI* 1993. 313, note M. Revillard – Paris, 16 mai 1995, *JDI* 1996. 83, note M. Revillard – Civ. 1re, 21 mars 2000, no 98-15.650, Ballestero, P I, no 96 ; *Rev. crit. DIP* 2000. 399, note B. Ancel ; *Defrenois* 2000. 1157, note M. Revillard – Civ. 1re, 17 juin 2009, no 07-21.718, Hartmut, P I, no 131 ; *Rev. crit. DIP* 2010. 133, note B. A.
2. Civ. 1re, 19 juin 1963, *Rev. crit. DIP* 1965. 366, 1re esp., note Y. Loussouarn ; *JDI* 1964. 555, note Sébag – Civ. 1re, 3 mars 1971, no 69-13.816, P I, no 66 ; *Rev. crit. DIP* 1972. 291, note H. Batiffol – Civ. 1re, 1er févr. 1972, no 70-11.911, P I, no 36 ; *Rev. crit. DIP* 1973. 313, note G. A. L. Droz ; *D.* 1973. 59, note P. Lagarde ; *Defrénois* 1972. 1179, note Ph. Malaurie – Civ. 1re, 4 févr. 1986, no 84-16.168, P I, no 8 ; *Rev. crit. DIP* 1986. 685 – Civ. 1re, 18 oct. 1988, no 86-16.631, P I, no 293 ; *Rev. crit. DIP* 1989. 368, 2e esp. – Civ. 1re, 7 déc. 2005, no 02-15.418, P I, no 484 ; *Rev. crit. DIP* 2006. 583, note S. Godechot-Patris ; *JCP* 2006. II. 10050, note F. Boulanger ; *Defrénois* 2006. 562, note M. Revillard – Civ. 1re, 22 déc. 1970, no 69-11.402, P I, no 338 ; *Rev. crit. DIP* 1972. 467, note A. P. – Civ. 1re, 19 juill. 1976, no 75-11.210, P I, no 264 ; *Rev. crit. DIP* 1976. 338, note B. Ancel – Civ. 1re, 20 oct. 2010, no 08-17.033, P I, no 207.

facteur de rattachement de la règle de conflit de lois de droit français dépend du droit français. C'est donc selon les critères posés par l'article 102 du Code civil que devra être déterminé le domicile du défunt. La jurisprudence se fonde principalement sur le lieu où se trouvait le centre des intérêts de l'intéressé pour déterminer où se trouvait son dernier domicile[1].

712.41-1 Détermination du dernier domicile du défunt.

EXEMPLE

Une femme de nationalité marocaine qui a vécu pendant la majeure partie de sa vie au Maroc, où elle a exercé son activité professionnelle, se rend en France pour subir des soins médicaux. Elle reste en France pour des raisons médicales pendant deux ans avant de décéder. Dans ce type de contexte, la défunte n'est venue en France que pour des raisons médicales et même si son séjour s'est prolongé pendant plusieurs années, il n'y a pas de raisons de considérer qu'elle y ait acquis un domicile alors que toutes ses attaches restaient au Maroc. Ce sera donc la loi marocaine qui sera applicable à sa succession mobilière.

§ 3
Loi applicable aux successions testamentaires et contractuelles

712.51 Application de la loi applicable à la succession *ab intestat*. La loi applicable à la succession *ab intestat* est applicable à la succession testamentaire. Ainsi, le défunt ne peut déroger à l'application de la loi résultant de la mise en œuvre des règles de conflit dans le cadre d'un testament. L'application de la loi désignée par les règles de conflit de lois a ainsi un caractère impératif. À ce titre, c'est la loi applicable à la succession *ab intestat* qui déterminera, si elle existe : la réserve héréditaire, comment assurer sa protection, la capacité de recevoir par testament, la capacité de tester et la dévolution de la succession testamentaire.

712.51-1 Application de la loi successorale à la succession testamentaire.

EXEMPLE

Un homme de nationalité américaine domicilié en France décède en instituant légataire universelle sa compagne et en exhérédant ses trois enfants. Il possédait un appartement à Paris et une villa à Los Angeles, il avait également des œuvres d'art et des comptes bancaires en France et en Californie. Selon la règle de conflit de lois en matière successorale, il faut distinguer les biens meubles et immeubles. Les biens meubles seront soumis à la loi française du dernier domicile du défunt tandis que les immeubles seront soumis à la loi de leur lieu de situation. Ainsi, en l'espèce, la loi française s'applique aux meubles et à l'appartement parisien. À l'égard de ces biens, appartement à Paris et biens meubles en France et en Californie, les enfants du *de cujus* se partageront leur réserve c'est-à-dire ¾ de la masse à partager, tandis que la compagne du défunt recevra la quotité disponible soit ¼ de cette masse à partager. En revanche, en ce qui concerne la villa à Los Angeles, dans la mesure où le droit californien ne connaît pas la réserve héréditaire, la compagne recevra la villa dans sa globalité. L'exhérédation produit ainsi effet dans le cadre de cette succession soumis à un droit qui la permet.

§ 4
Fonctionnement de la règle de conflit de lois

712.60 Plan. Annonce. La loi applicable à la succession diffère selon la nature des biens objets de celle-ci, ce qui va nécessairement poser un problème de qualification. Quelle loi va déterminer si les biens du *de cujus* doivent être qualifiés de meubles ou d'immeubles (A) ? Par ailleurs, si le droit international privé français repose sur ce principe de scission, tel n'est pas le cas de nombreux autres droits internationaux privés étrangers. Dès lors, comment réagir si la loi désignée a une règle de conflit de lois différente ? C'est la question de l'admission du renvoi (B). De plus, comment réagir si la loi désignée est en contradiction avec n^{os} principes fondamentaux ? C'est la question de la mise en œuvre de l'ordre public international (C).

A.
Loi applicable à la qualification de la nature des biens

712.71 Principe de la qualification *lege fori*. Sur ce point, le principe est bien admis en jurisprudence que la détermination de la nature mobilière ou immobilière d'un bien doit se faire selon la loi du for, donc selon le droit français.

712.71-1 Qualification *lege fori* – Qualification de parts sociales détenant un immeuble.

EXEMPLE

Le défunt était lors de son décès domicilié en France, mais il possédait des parts sociales d'une société lui donnant un droit d'usage exclusif d'un appartement se trouvant à Genève. La qualification de ces parts sociales doit se faire selon la loi française si le juge français est saisi, or ces parts sociales sont qualifiées de biens meubles et elles sont donc soumises à la loi française du dernier domicile du défunt[2].

1. Civ. 1re, 7 déc. 2005, n° 02-15.418, P I, n° 484 ; *Rev. crit. DIP* 2006. 583, note S. Godechot-Patris ; *JCP* 2006. II. 10050, note F. Boulanger ; *Defrénois* 2006. 562, note M. Revillard.

2. Exemple extrait de : Civ. 1re, 20 oct. 2010, n° 08-17.033, P I, n° 207 ; *Rev. crit. DIP* 2011. 53, 2e esp., note B. Ancel.

B.
Question du renvoi en matière de succession

712.81 Renvoi en matière de succession mobilière. Le droit des successions mobilières a longtemps été le domaine de prédilection du renvoi puisque c'est en la matière qu'il a été mis en œuvre la première fois par la Cour de cassation[1]. Ainsi, si la loi du dernier domicile du *de cujus* désignée par la règle de conflit de lois française renvoie à une autre loi, il convient de faire application de la loi désignée par ce droit.

712.81-1 Mise en œuvre du renvoi en matière de succession mobilière.

EXEMPLE

Un homme de nationalité française décède en Espagne où il avait son dernier domicile. La règle de conflit de lois espagnole prévoit que la loi applicable à la succession est la loi de la nationalité du défunt. Dans ce cas, le droit espagnol opère un renvoi au droit français que ce dernier accepte. Le juge français appliquera donc le droit français à la succession mobilière du défunt bien que le dernier domicile de ce dernier fût en Espagne.

Si, dans la même situation, le défunt était de nationalité italienne, il y aurait un renvoi du droit espagnol au droit italien, lequel l'accepterait puisque le droit international privé italien prévoit que la loi applicable est celle de la nationalité du défunt. Le juge français, s'il était saisi de cette succession, appliquerait donc le droit italien. Il s'agit dans cette hypothèse d'un renvoi au second degré.

712.82 Admission du renvoi en matière immobilière. Comme il a été indiqué dans le chapitre précédent, les juridictions françaises sont en principe incompétentes pour les successions immobilières s'agissant d'immeubles sis à l'étranger. En conséquence, le renvoi a peu de chance d'être appliqué en matière de succession immobilière puisqu'il suppose un immeuble situé à l'étranger et que les juridictions françaises ne sont pas compétentes pour statuer sur ce type de bien. C'est donc à travers l'admission que le renvoi porte autant sur la compétence du juge que sur la loi applicable que la Cour de cassation, dans l'arrêt *Ballestrero*[2], va admettre le renvoi en matière de succession immobilière. En l'espèce, il s'agissait de la succession d'un homme de nationalité italienne ouverte en France et comportant des immeubles situés en Italie. Dans la mesure où le droit international privé italien désigne comme loi applicable à la succession la loi nationale du défunt, le droit italien opérait un renvoi au droit français, que la Cour de cassation va admettre tant au point de vue judiciaire que législatif.

712.83 Le renvoi ne peut être mis en œuvre que s'il permet d'assurer l'unité de la loi applicable à la succession. Il s'agit d'une limitation récente apportée au jeu du renvoi par la Cour de cassation dans l'affaire *Riley*[3]. En l'espèce, elle a posé le principe que le renvoi ne pouvait recevoir application en matière de succession que dans la mesure où il permettait d'assurer l'unité successorale et l'application d'une même loi aux meubles et aux immeubles. Ce n'est donc que dans cette hypothèse aujourd'hui que le renvoi pourrait s'appliquer.

712.83-1 Mise en œuvre du renvoi en matière successorale.

EXEMPLE

Une personne ressortissante de l'État A décède en France où elle avait son dernier domicile. Elle possédait un immeuble dans un État B. Le droit international privé de l'État B prévoit que la loi applicable à la succession est la loi nationale du défunt. Dans ce cas, le droit de l'État B ne renvoie pas à la loi française, donc il ne permet pas d'assurer l'unité de loi applicable à la succession, le juge français ne peut donc pas mettre en œuvre ce renvoi au premier degré. Mais, si le droit de l'État A de la nationalité du *de cujus* prévoit que la loi applicable est celle du dernier domicile dans ce cas, il y a un renvoi au second degré opéré par le droit de l'État A à la loi française, donc le juge français pourra mettre en œuvre ce renvoi qui permettra d'assurer l'unité de la succession.

Reprenons cet exemple avec des nationalités précises.

Un *de cujus* de nationalité argentine décède en France où il avait son dernier domicile. Il possédait un appartement à Naples. Dans ce cas, le droit international privé français désigne la loi italienne applicable à la succession immobilière pour l'immeuble à Naples, le droit italien désigne le droit national du défunt, en l'occurrence le droit argentin. Le droit argentin prévoit que la loi applicable à la succession est celui du dernier domicile du défunt. Donc, dans cette hypothèse, le droit italien opère un renvoi au droit argentin, qui lui-même renvoie au droit français. Le droit français acceptera ce renvoi qui permet d'assurer l'unité de succession.

La situation aurait été différente si le défunt avait été suédois. En effet, la règle de conflit de lois suédoise en matière de succession pose que la loi applicable est la loi nationale du défunt. Le droit italien aurait donc renvoyé au droit suédois qui aurait accepté ce renvoi. En conséquence, il n'aurait pas été mis en œuvre par le juge français puisqu'il n'aurait pas permis de favoriser l'unité de la succession.

1. Civ. 24 juin 1878, *DP* 1879. 1. 56 ; *S.* 1878. 1. 429 ; *GADIP*, 5e éd., Dalloz, 2006, no 7.
2. Civ. 1re, 21 mars 2000, no 98-15.650, Ballestrero, P I, no 96 ; *Rev. crit. DIP* 2000. 399, note B. Ancel ; *D.* 2000. Somm. 539, obs. F. Boulanger ; *JCP* 2001. II. 10443, note T. Vignal.
3. Civ. 1re, 11 févr. 2009, no 06-12.140, Riley, P I, no 29 ; *Rev. crit. DIP* 2009. 512, note B. Ancel ; *JDI* 2009. 567, note H. Péroz ; *JCP* 2009. II. 10068, note F. Boulanger ; *D.* 2009. AJ 562, obs. V. Égéa ; *D.* 2009. 1568, note G. Lardeux ; *Dr. fam.* 2009. Comm. 62, par E. Fongaro ; *Defrénois* 2009. 1380, note M. Revillard, et 1705, note M.-C. Meyzeaud-Garaud ; *Dr. et patr.* 2009. Chron. 106, obs. B. Ancel.

C.
Mise en œuvre de l'exception d'ordre public international

712.91 Mise en œuvre de l'exception d'ordre public international à l'encontre de lois faisant une distinction/discrimination entre les héritiers. Les droits qui établissent une incapacité successorale fondée sur la différence de religion sont considérés comme contraires à l'ordre public international dans la mesure où « *une incapacité successorale fondée sur la non-appartenance à une religion déterminée est directement contraire aux principes de la loi française et notamment à celui de la liberté de conscience* » [1]. De la même façon, des droits étrangers qui établiraient une discrimination entre les héritiers fondée sur leur sexe seraient considérés comme contraires à l'ordre public international. La question de l'application d'une loi étrangère qui établirait une discrimination entre les enfants suivant leur filiation peut également se poser.

712.92 Une loi étrangère qui ne connaît pas la réserve héréditaire n'est pas en soi contraire à l'ordre public international. Longtemps, la question de la compatibilité d'une loi étrangère ne connaissant pas la réserve héréditaire avec l'ordre public international français a suscité les interrogations de la doctrine. Cette question controversée a été tranchée par la Cour de cassation à travers deux arrêts rendus le 27 septembre 2017 [2], dans deux espèces similaires où elle a jugé que : « *Mais attendu qu'une loi étrangère désignée par la règle de conflit qui ignore la réserve héréditaire n'est pas en soi contraire à l'ordre public international français et ne peut être écartée que si son application concrète, au cas d'espèce, conduit à une situation incompatible avec les principes du droit français considérés comme essentiels* ».

La Cour précise ensuite qu'une telle loi ne serait susceptible d'être écartée que si elle laisse les enfants privés de leur réserve « *dans une situation de précarité économique ou de besoin* ». Il faut envisager les conséquences pratiques de cette solution.

712.93 L'application de l'exception d'ordre public international se fait *in concreto*. La position de la Cour de cassation est claire. Une loi étrangère qui ne connaît pas la réserve héréditaire ne peut pas être considérée d'emblée comme contraire à l'ordre public international. Cette affirmation n'est pas une surprise, sauf à faire de la réserve héréditaire un principe de justice universelle. Ce n'est que dans le cadre d'une appréciation *in concreto* que la compatibilité d'une loi étrangère à l'ordre public international peut se faire. Ainsi comme le précise la Cour de cassation dans les deux arrêts du 27 septembre 2017, ce n'est que l'application concrète de la loi étrangère au cas d'espèce, si elle aboutit à une solution incompatible avec les principes fondamentaux de droit français, qui pourra entraîner l'intervention de l'exception d'ordre public international. En effet, l'exception d'ordre public international n'est pas un mode d'exclusion général d'un droit étranger, elle n'a vocation à intervenir que lorsque le résultat produit par la loi étrangère heurte les principes fondamentaux du droit français.

712.93-1 Mise en œuvre de l'application *in concreto* de l'ordre public international en matière de succession internationale.

EXEMPLE

Prenons un exemple d'une loi étrangère qui introduirait une discrimination entre les héritiers selon leur sexe ; si le juge français doit appliquer une telle loi, il est évident qu'il relèvera sa contrariété à l'ordre public international si la succession concerne des héritiers des deux sexes puisqu'elle portera atteinte au principe fondamental d'égalité entre les sexes. En revanche, si tous les héritiers sont des hommes, cette loi sera mise en œuvre sans que sa contrariété à l'ordre public international n'ait à être relevée puisque son application au cas concret ne heurtera pas les principes fondamentaux du droit français.

712.94 Une solution conforme à l'évolution du droit européen et interne. À la suite de l'entrée en vigueur du règlement européen, on voyait mal comment la Cour de cassation aurait pu juger que la réserve héréditaire était d'ordre public international et s'opposerait ainsi à l'application par les juridictions françaises de la loi désignée par le *de cujus* en vertu du règlement ou désignée par ses règles de conflit de lois. Une telle jurisprudence aurait en effet placé la France en dehors du règlement européen. La décision du Conseil constitutionnel du 5 août 2011 [3] abrogeant le droit de prélèvement prévu par l'article 2 de la loi n° 6986 du 14 juillet 1819 [4], avait pu être analysée comme un premier coup de boutoir contre la réserve héréditaire et son application en droit international privé à travers l'exception d'ordre public international. Mais, on ne pouvait pas décemment au XXIe siècle main-

1. Civ. 1re, 17 nov. 1964, P I, n° 505 ; *JCP* 1965. II. 13978, concl. Lindon.
2. Civ. 1re, 27 sept. 2017, nos 16-13.151 et 16-17.198, P I, nos 198 et 199 ; *Bull. Cridon Paris*, 2 oct. 2017, obs. G. Khairallah ; *AJ fam.* 2017. 595, obs. A. Boiché ; *JCP* 2017, n° 1236, p. 2117, note C. Nourissat et M. Revillard ; *D.* 2017. 2185, note J. Guillaumé ; *JCP N* 2017, n° 43, n° 1305, obs. E. Fongaro ; *Defrénois* 2017, n° 22, p. 1, note M. Grimaldi ; *Defrénois* 2017, n° 22, p. 26, note M. Goré ; *Rev. notariat belge* 2017. 780, obs. J.-L. Van Boxstael.
3. Cons. const. 5 août 2011, n° 2011-159 QPC, *JCP N* 2011. 1234, note E. Fongaro.
4. L. n° 6986, 14 juill. 1819, relative à l'abolition du droit d'aubaine et de détraction.

tenir une règle teintée d'un tel nationalisme vieille de deux siècles et encore moins alors que la France était en train de négocier ce qui allait devenir le règlement du 4 juillet 2012.

Par ailleurs, sur le plan du droit interne depuis notamment la loi du 23 juin 2006 [1], on a pu relever un net affaiblissement de l'*imperium* de la réserve héréditaire [2].

712.95 La situation de précarité économique ou de besoin des héritiers critère d'intervention de l'ordre public international en matière successorale. Les deux arrêts du 27 septembre 2017 précisent qu'une loi étrangère serait susceptible d'être écartée au titre de l'ordre public international si elle laisse les héritiers « *dans une situation de précarité économique ou de besoin* ». Il semble donc que le critère d'intervention de l'exception d'ordre public international se trouve à ce niveau-là. C'est à travers cet argument la dimension de protection des intérêts familiaux de la réserve qui est mise en avant. Mais, la question qui se pose est de savoir ce que signifie le besoin ou la précarité économique ainsi visés et comment ils seront utilisés par les juges du fond pour moduler l'intervention de l'exception d'ordre public dans ce domaine [3]. Ainsi, il semble que si l'application de la loi étrangère qui ne connaît pas la réserve héréditaire permet au *de cujus* d'exhéréder des enfants mineurs, la loi étrangère puisse être écartée. Compte tenu de la nature du critère retenu on peut aussi s'interroger sur le point de savoir si son application ne pourrait pas entraîner l'éviction de la loi étrangère uniquement pour certains héritiers ; ainsi si l'application de la loi étrangère aboutit à priver de leur réserve héréditaire un descendant majeur qui jouit d'une bonne situation personnelle et professionnelle et un descendant majeur handicapé et dans une situation de besoin, on pourra parfaitement envisager suivant la position de la Cour de cassation que la loi étrangère soit appliquée à l'égard du premier héritier mais écartée à l'égard du second.

712.96 Interrogations autour des notions de précarité et de besoin et leurs conséquences. Il est évident que les praticiens du droit en présence d'une personne voulant exhéréder ses héritiers réservataires en élisant une loi nationale ignorant la réserve héréditaire ou encore en établissant un testament selon sa loi nationale qui ignore cette réserve devront s'interroger sur le point de savoir si ce choix ne placera pas lesdits héritiers dans une situation de besoin ou de précarité. Ainsi, il est évident que si les héritiers présomptifs sont dans une situation de besoin du fait de leur jeune âge, d'un handicap ou autre, le praticien devra inviter le testateur à prendre des dispositions de nature à couvrir les besoins de ces héritiers. De plus, devra-t-on ou pas tenir compte des libéralités consenties par le défunt à ces héritiers pour apprécier la situation de besoin et de précarité ? *A priori*, la réponse sera positive, mais cela ne supprimera pas nécessairement l'existence d'une situation de besoin.

Mais, il faut aussi tenir compte du fait que les droits qui ignorent la réserve héréditaire, comme les droits anglo-saxons, prévoient cependant des correctifs qui seront octroyés par le juge en fonction de la situation et des besoins des héritiers [4]. Il pourra d'ailleurs, y avoir sur ce point, une difficulté dans la mesure où ces prérogatives accordées au juge relèvent plus des obligations alimentaires que du droit successoral.

712.96-1 Mise en œuvre pratique des difficultés suscitées par les notions de précarité et de besoins.

EXEMPLE

Un ressortissant britannique ayant sa résidence habituelle en France établit un testament aux termes duquel il élit la loi anglaise à sa succession et exhérède deux enfants âgés de 10 et 8 ans issus d'une précédente union et il institue comme légataire universel sa compagne actuelle et son fils âgé de 3 ans. Si le droit anglais ne connaît pas de réserve héréditaire dans une situation de ce type, il octroie au juge, à travers les « *Family Provisions* », la possibilité d'intervenir pour remédier à la situation de besoin, dans laquelle se trouvent les héritiers exhérédés en leur accordant soit une portion de la succession, soit en condamnant les légataires à leur verser une somme d'argent périodique [5]. Imaginons donc que le juge français soit saisi de cette succession ; pourra-t-il en l'état écarter le droit anglais et ainsi le testament en relevant la contrariété du droit anglais qui place les enfants dans une situation de besoin ? Or, comme précisé précédemment, c'est l'application *in concreto* de la loi étrangère qui doit entraîner l'intervention de l'exception d'ordre public international : en l'occurrence, le droit anglais contient les moyens de pallier la situation de besoin des enfants ; ces moyens devront donc être mis en œuvre et ce n'est que s'ils ne permettent pas de couvrir les besoins des enfants que l'exception d'ordre public international pourra intervenir.

1. L. n° 2006-728, 23 juin 2006, portant réforme des successions et des libéralités, *JO* 24 juin, p. 9513.
2. EN CE SENS, M. Catala, « Prospective et perspectives en droit successoral », *JCP N* 2007. 1206 – M. Brenner, « Le nouveau visage de la réserve héréditaire », *in* A. Leborgne (dir.), *La réforme des successions et des libéralités et la loi du 23 juin 2006*, PUAM, 2008, p. 33 – F. Sauvage, « Le déclin de la réserve héréditaire précipité par la loi du 23 juin 2006 », *JCP N* 2008. 1248.
3. SUR CETTE NOTION, v. H. Fulchiron, « Ordre public successoral et réserve héréditaire : réflexion sur les notions de précarité économique et de besoin », *D.* 2017. 2310.
4. SUR CE POINT, v. J.-L. Van Boxstael, préc. v. s[s] n° 712.92.
5. V. le *Family Provision Inheritance Act 1975* sur https://www.legislation.gov.uk/ukpga/1975/63.

SECTION 2
RÈGLES DE CONFLIT DE LOIS APPLICABLES AUX PERSONNES DÉCÉDÉES À COMPTER DU 17 AOÛT 2015

712.101 Caractère universel des règles de conflit de lois. Il convient de mettre en œuvre les règles de conflit de lois qui figurent aux articles 20 et suivants du règlement (UE) nº 650/2012 du 4 juillet 2012 pour déterminer la loi applicable à la succession de toute personne décédée à compter du 17 août 2015. En effet, les règles de conflit de lois contenues dans le règlement ont un caractère universel et s'appliquent quels que soient la nationalité ou le lieu de la dernière résidence habituelle du défunt.

712.101-1 Application du règlement à la détermination de la loi applicable à la succession d'une femme de nationalité angolaise décédée à San Francisco le 20 août 2105 ayant sa résidence habituelle au Japon au moment de son décès et possédant un immeuble à Bordeaux.

EXEMPLE

La défunte est décédée après le 17 août 2015 : dans ce cas, le règlement « Successions » est applicable et il faut le mettre en œuvre pour déterminer la loi applicable à sa succession. Le fait qu'elle ne possède pas de nationalité d'un État membre n'est pas une condition d'application du règlement, comme le fait qu'elle ne réside pas dans l'Union européenne. Il conviendra donc d'appliquer les dispositions du règlement pour déterminer la loi applicable à sa succession s'agissant de la dévolution de l'immeuble à Bordeaux. Dans la mesure où elle avait sa dernière résidence habituelle au Japon, ce sera donc la loi japonaise qui sera applicable à sa succession. Si elle avait choisi la loi angolaise comme applicable à sa succession, ce choix aurait été valable au sens du règlement et applicable en l'espèce.

712.102 Application temporelle du règlement : *professio juris* faite avant l'entrée en vigueur du règlement. L'article 83 § 1 du règlement prévoit qu'il ne s'applique qu'aux successions de personnes décédées à compter du 17 août 2015. Mais, l'article 83 § 2 dispose lorsque le défunt avait, avant cette date, choisi la loi applicable à sa succession, ce choix est valable s'il remplit les conditions prévues au chapitre III. Autrement dit, une personne décédée après le 17 août 2015 aurait pu avant cette date valablement élire sa loi nationale comme applicable à sa succession même si une telle *professio juris* était alors légalement impossible. Ce choix est également valable si au moment où le défunt l'a fait, elle était valable, dans l'État de sa résidence habituelle ou dont il possédait la nationalité.

712.102-1 Validité de la *professio juris* faite par un Canadien au profit de sa loi nationale avant le 17 août 2015.

EXEMPLE

Monsieur G. de nationalité canadienne, et originaire de la province de la Colombie-Britannique, s'est installé en France en 2012. Il avait, au préalable, organisé sa succession à travers un certain nombre de *trusts* dans sa province d'origine. Lors de son installation en France, il acquiert par le biais de l'un de ses *trusts* une résidence à Nice. Sur les conseils d'un avocat français qu'il consulte sur sa situation successorale lors de son arrivée en France, il a rédigé, le 27 mai 2013, un codicille dans lequel il a élu la loi canadienne et plus précisément celle de la Colombie-Britannique comme applicable à sa succession. Monsieur G. décède le 1er mai 2020 à Nice. La loi applicable à sa succession sera celle qu'il a désignée dans son codicille bien que cette modification soit antérieure à l'entrée en vigueur du règlement.

712.103 Application temporelle du règlement : donation entre époux faite avant l'entrée en vigueur du règlement. L'article 83 § 3 du règlement énonce qu'une disposition à cause de mort prise avant le 17 août 2015 est recevable et valable quant au fond et à la forme si elle remplit les conditions prévues par le chapitre III ou si elle est recevable et valable sur le fond et en la forme en application des règles de droit international privé, en vigueur au moment où elle a été prise, dans l'État dans lequel le défunt avait sa résidence habituelle ou dans l'État dont il possédait la nationalité, ou dans l'État membre de l'autorité chargée de régler sa succession. Le règlement définit à son article 3 (d) une « *disposition à cause de mort* » comme « *un testament, un testament conjonctif ou un pacte successoral* » et à son point (b) il définit « *le pacte successoral comme un accord, y compris un accord résultant de testaments mutuels, qui confère, modifie ou retire, avec ou sans contre-prestation, des droits dans la succession future d'une ou de plusieurs personnes parties au pacte* ». Cette définition inclut sans contestation la donation de biens à venir entre époux du droit français[1]. Ainsi, une donation de biens à venir faite entre époux le 1er juin 1990 sera valable et produira ses effets si l'un des époux décède en 2020.

Mais il y a plus, l'article 83 § 4 énonce que si une disposition à cause de mort, prise avant le 17 août 2015, est rédigée conformément à la loi que le défunt aurait pu choisir en vertu du présent règlement, cette loi est réputée avoir été choisie comme loi applicable à la succession. Il en résulte qu'une donation de biens à venir entre époux en application du droit français, rédigée avant l'entrée en vigueur du règlement sera applicable et pourra valoir *professio juris* en cas de décès de l'un des époux après l'entrée en vigueur du texte. Il s'agit d'une présomption simple en faveur de l'application de la loi française qui pourra être combattue si des actes accomplis par le *de cujus* démontrent sa volonté de soumettre sa succession à une autre loi.

1. Sur ce point, v. P. Callé, « La donation de biens à venir en droit international privé », *in Le droit à l'épreuve des siècles et des frontières. Mél. B. Ancel*, LGDJ, 2018, p. 339.

712.103-1 Validité d'une donation de biens à venir entre époux selon le droit français conclue avant l'entrée en vigueur du règlement et effet sur la loi applicable à la succession.

EXEMPLE

Les époux B de nationalité française se sont mariés à Biarritz le 16 mai 1988. Le 15 avril 1991, ils ont consenti une donation au dernier vivant de la totalité de la succession. En août 2017, le couple dorénavant à la retraite décide d'aller s'installer en Floride où Madame B décède en mars 2020. La donation établie entre les époux sera valable et elle vaudra, sauf preuve d'une volonté contraire de la part de l'épouse, élection de la loi française comme applicable à sa succession.

§ 1 Règle générale

712.111 Rattachement à la loi de la résidence habituelle du défunt au moment du décès. Il s'agit de la règle générale de conflit de lois énoncée par l'article 21 du règlement. Ce texte s'applique sauf disposition contraire. Le rattachement à la résidence habituelle présente l'avantage de faire coïncider compétence législative et compétence juridictionnelle en matière de succession, puisque c'est la résidence habituelle qui permettra de déterminer les juridictions compétentes pour trancher les litiges successoraux. Ainsi, cette juridiction devrait la plupart du temps faire application de sa propre loi.

712.112 Notion de résidence habituelle. Sur ce point, nous renvoyons à n^os^ développements dans le chapitre précédent (v. s^s^ n°s 711.62 s.), la notion de résidence habituelle s'agissant de déterminer la compétence législative doit évidemment s'interpréter de la même façon que la notion de résidence habituelle pour déterminer la compétence juridictionnelle. La résidence habituelle doit s'interpréter en tenant compte des objectifs du règlement à travers la définition générale du lieu où « *l'intéressé a fixé le centre permanent de ses intérêts avec la volonté du lieu conférer un caractère stable* ».

712.112-1 Détermination de la résidence habituelle d'un homme de nationalité française résident fiscal en Suisse.

EXEMPLE

Le défunt est de nationalité française, sportif célèbre, il représente la France dans le cadre de compétitions internationales, il possède plusieurs biens immobiliers en France, il y a également des parts de sociétés et d'autres investissements. Son épouse dont il est séparé est française, elle vit en France avec ses enfants qui sont scolarisés dans des établissements français, il les voit très fréquemment dans le cadre de son droit de visite et d'hébergement en France. Mais il est domicilié fiscalement en Suisse où il possède un chalet. Il décède brutalement le 1er décembre 2015 d'un accident sur le circuit automobile du Mans où il participait à une œuvre de charité. La question de la résidence habituelle du défunt pourrait se poser, il a visiblement le centre permanent de ses intérêts en France et son domicile fiscal en Suisse. Cependant, le domicile fiscal d'une personne ne signifie pas nécessairement qu'elle a sa résidence habituelle dans le même État. En l'espèce, il paraît tout à fait légitime de considérer que le défunt à sa résidence habituelle en France.

712.112-2 Personne retraitée de nationalité norvégienne s'étant établie en France juste avant son décès.

EXEMPLE

Une femme de nationalité norvégienne a acquis une propriété à Cannes. Elle entend y passer la fin de sa vie. Elle vend sa résidence à Oslo et vient s'installer dans sa résidence cannoise. Quelques semaines après son installation en France, elle est victime d'un accident de la circulation fatal. À son décès, elle possède des comptes bancaires et des avoirs en Norvège et un compte bancaire et sa résidence à Cannes. L'ensemble de sa famille réside en Norvège. Pour autant, force est de constater qu'elle a voulu s'installer en France de manière définitive et y fixer le centre de ses intérêts. Sur ce point, il semble légitime de considérer que sa résidence habituelle se trouvait en France lors de son décès, même si son séjour en France fut de courte durée.

712.112-3 Personne de nationalité américaine partageant sa vie entre Bordeaux et Porto.

EXEMPLE

Un homme de nationalité américaine possède des vignobles dans le Bordelais et également dans la région de Porto, il partage son temps entre ses deux propriétés. Il possède des comptes bancaires aussi bien en France qu'au Portugal. Il est célibataire sans enfant, sa famille vit en Belgique où il possède également une propriété familiale. Il décède le 28 janvier 2016. La question de la détermination de sa résidence habituelle entre la France et le Portugal se posera nécessairement. Dans ce type de situation, le juge pourra suivant les dispositions de l'article 21 (§ 2) du règlement rechercher le lieu avec lequel l'intéressé entretient les liens les plus étroits.

§ 2 Clause d'exception

712.121 La clause d'exception prévue par l'article 21 (§ 2) du règlement. Ce texte dispose : « *Lorsque, à titre exceptionnel, il résulte de l'ensemble des circonstances de la cause que, au moment de son décès, le défunt présentait des liens manifestement plus étroits avec un État autre que celui dont la loi serait applicable en vertu du paragraphe 1, la loi applicable à la succession est celle de cet autre État* ». Il s'agit d'une clause dite d'exception qui permet au juge de déroger à la règle de compétence générale confiée par l'article 21 (§ 1) à la loi de la résidence habituelle du défunt dès lors qu'il sera démontré que la situation présente un lien plus étroit avec un autre État. Dans l'esprit des rédacteurs du règlement, cette clause d'exception ne devait recevoir d'application que dans des hypothèses très rares et particulièrement lorsque la détermination de la résidence habituelle du défunt est complexe[1] comme dans l'exemple cité précédemment. Au demeurant, il convient de relever que l'article 21 (§ 2) ne prévoit aucunement que cette clause d'exception ne puisse s'appliquer que dans l'hypothèse où la détermination de la résidence habituelle du défunt s'avérerait complexe. L'article permet d'échapper à l'application de la loi de la résidence habituelle du défunt dès lors que la situation présente des liens plus étroits avec un autre État que celui de sa résidence habituelle. Il faut également observer, et c'est assez curieux s'agissant d'un texte qui entend faire prévaloir l'unité de compétence judiciaire et législative, qu'une telle clause d'exception qui reposerait alors sur une règle de *forum non conveniens* n'existe pas s'agissant de la compétence du juge.

712.121-1 Lien plus étroit avec la France qu'avec la Belgique, État de la dernière résidence habituelle du défunt.

EXEMPLE

Une femme de nationalité française décède en Belgique où elle était résidente depuis cinq ans dans une maison de retraite. L'ensemble du patrimoine très important de cette personne constitué de biens immobiliers se trouve en France. De la même façon, les héritiers de la défunte sont tous en France et de nationalité française. Dans une situation comme celle-ci, on peut éventuellement envisager d'arguer de l'existence de liens plus étroits entre la situation et la France afin de solliciter l'application de la loi française à la succession. Il appartiendra au juge belge d'indiquer s'il estime que la loi française est applicable ou pas compte tenu de ses liens avec le litige.

§ 3
Loi choisie par le défunt

712.131 ***Professio juris.*** L'article 22 du règlement introduit pour le défunt la possibilité de choisir la loi applicable à sa succession. L'objectif est de lui permettre d'organiser à l'avance sa succession et d'éviter également l'application d'une loi qui ne résulterait que d'une résidence habituelle qui, si elle correspond à un choix et à son centre de vie, ne présente pas sur le plan de la législation successorale des règles conformes à ses conceptions de la transmission successorale.

712.131-1 Femme française retraitée ayant sa résidence habituelle au Maroc.

EXEMPLE

Une femme de nationalité française retraitée a acquis une résidence au Maroc. Elle souhaite néanmoins éviter l'application de la loi marocaine à sa succession dans la mesure où elle a trois enfants, un garçon et deux filles, et que selon le droit marocain son fils aurait une part supérieure à ses sœurs. Dans ce contexte, elle peut élire la loi française pour assurer que sa succession sera partagée égalitairement entre ses enfants.

712.132 Étendue et portée du choix. Si le règlement permet au défunt de choisir la loi applicable à sa succession, ce choix est extrêmement encadré puisqu'il ne peut choisir que sa loi nationale au moment où il effectue ce choix ou lors de son décès. S'il possède plusieurs nationalités, il aura le choix entre les lois de ses différentes nationalités, c'est la seule hypothèse dans laquelle l'intéressé peut exercer une option. Si l'intéressé perd la nationalité qu'il a choisie entre le moment du choix et son décès, son choix reste effectif puisque la règle prévoit que le choix doit porter sur une nationalité possédée au moment où il est effectué ou au moment du décès. Ainsi, de la même façon, si le défunt a formé un choix pour la loi d'une nationalité qu'il ne possédait pas lorsqu'il a effectué ce choix mais qu'il a acquise à son décès, ce choix est valable. C'est au droit de l'État dont la loi a été choisie qu'il appartiendra le cas échéant de déterminer si le défunt possédait bien la nationalité de ce droit. S'agissant de l'étendue de ce choix, il doit concerner l'ensemble de sa succession, l'intéressé ne peut choisir sa loi nationale pour régir sa succession mobilière et considérer que la loi de sa résidence habituelle s'appliquera à sa succession immobilière. Dans ce cas, son choix ne sera pas valable.

La CJUE, dans un arrêt du 12 octobre 2023[2], a eu l'occasion de se prononcer sur la question de savoir si un ressortissant d'un État tiers pouvait bénéficier de cette règle et choisir sa loi nationale. En l'espèce, il s'agissait d'une ressortissante ukrainienne ayant sa résidence habituelle en Pologne et qui voulait élire la loi ukrainienne à sa succession. La Cour de justice a jugé « *que l'article 22 vise* "toute personne", *sans opérer aucune distinction entre les ressortissants des États membres de l'Union et les ressortissants d'États tiers. Dès lors, un ressortissant d'un pays tiers résidant dans un État membre de l'Union européenne peut choisir la loi de cet État tiers comme loi régissant l'ensemble de sa succession* ».

712.132-1 Choix en cas de multi-nationalité.

EXEMPLE

Un homme de nationalité franco-russe s'installe avec son épouse et ses enfants à Dubaï pour des raisons professionnelles. Il entend choisir la loi applicable à sa succession. Il pourra donc choisir soit la loi française, soit la loi russe. Mais,

1. V. Régl. « Successions », consid. 25.

2. CJUE 12 oct. 2023, aff. C-21/22 ; *D.* 2024. 1974, obs. S. Godechot-Patris et C. Grare-Didier ; *AJ fam.* 2024. 175, obs. A. Goncharova ; *Rev. crit. DIP* 2024. 155, chron. X. Favrie ; *RTD eur.* 2024. 188, obs. G. Payan.

il ne pourra pas choisir la loi française pour ses biens sis en France et la loi russe pour ses biens en Russie. Un tel choix serait nul.

712.132-2 **Choix en cas de changement de nationalité.**

EXEMPLE

Un homme de nationalité argentine est marié avec une femme de nationalité française. Le couple réside au Brésil. Le mari choisit la loi française comme applicable à sa succession. Par la suite, il acquiert la nationalité française suivant les dispositions de l'article 21-2 du Code civil. Lors de son décès, il possédera donc la nationalité française et son choix sera ainsi validé bien qu'il ne possédât pas la nationalité française lorsqu'il a formé son choix.

712.133 **Forme du choix.** Il est prévu que ce choix doit prendre la forme des dispositions à cause de mort. Or, s'agissant de la loi applicable à cette question, il faut se référer au texte de l'article 27 du règlement dont l'objet est précisément de porter sur la validité quant à la forme des dispositions à cause de mort prises par écrit. Cet article repose sur le même principe que les dispositions de la convention de La Haye du 5 octobre 1961 sur les conflits de lois en matière de forme des dispositions testamentaires. Il s'agit d'une règle alternative qui met en concours plusieurs lois afin de favoriser la validité des dispositions testamentaires. Ainsi, une disposition à cause de mort prise par écrit sera considérée comme valable si elle est faite en conformité avec soit : la loi de l'État où elle a été prise, la loi nationale du testateur ou au moins l'une des personnes dont la succession est concernée au moment où la disposition est prise ou lors du décès, la loi du domicile du testateur ou au moins l'une des personnes dont la succession est concernée au moment où la disposition est prise ou lors du décès, la loi de l'État dans lequel se trouvent les biens immobiliers. Ainsi, l'éventail des lois potentiellement applicable est assez large et il sera donc difficile de remettre en cause pour des raisons formelles une disposition à cause de mort.

712.134 **Modification ou révocation du choix.** Il est prévu que la loi applicable à cette question était celle applicable à la modification ou à la révocation des dispositions à cause de mort, ce qui renvoie aux règles de l'article 27 du règlement lequel prévoit dans son paragraphe 2 que la modification ou la révocation des dispositions à cause de mort est soumise à la loi désignée par son paragraphe 1er, soit à la règle alternative exposée ci-dessus.

712.135 **Loi applicable à la validité au fond de l'acte de choix.** Sur ce point, la loi applicable est celle qui a été désignée comme applicable dans l'acte. Ainsi si le défunt a choisi la loi française, la question de la validité de son choix s'il est allégué par exemple qu'il a été le fruit d'un consentement vicié sera soumise à la loi française.

712.136 **Limite à la possibilité de choix : existence d'une convention bilatérale entre l'État membre et l'État tiers de la nationalité de l'auteur du choix.** Dans l'arrêt de la CJUE du 12 octobre 2023, après avoir jugé que la ressortissante ukrainienne résidant en Pologne pouvait choisir sa loi nationale pour régir sa succession, la question était posée de savoir si cette possibilité était toujours ouverte dès lors qu'existait entre les deux pays une convention bilatérale contenant des règles de conflit de lois en matière de succession. En effet, l'article 75 du règlement dispose : « *Le présent règlement n'affecte pas l'application des conventions internationales auxquelles un ou plusieurs États membres sont parties lors de l'adoption du présent règlement et qui portent sur des matières régies par le présent règlement*. Or, en l'espèce, la Convention bilatérale polono-ukrainienne ne prévoyait pas la possibilité d'une *professio juris*. Aussi, la Cour de justice a jugé que l'article 75 « *ne s'oppose pas à ce que, lorsqu'un État membre de l'Union a conclu, avant l'adoption dudit règlement, un accord bilatéral avec un État tiers qui désigne la loi applicable en matière de successions et ne prévoit pas expressément la possibilité d'en choisir une autre, un ressortissant de cet État tiers résidant dans l'État membre en cause, ne puisse pas choisir la loi dudit État tiers pour régir l'ensemble de sa succession* ».

Ainsi, s'il existe une convention bilatérale entre l'État membre de la résidence habituelle de l'intéressé et l'État tiers de sa nationalité qui contient des règles de conflit de lois relatives aux successions, sans prévoir la possibilité de la *professio juris*, les ressortissants de cet État tiers ne pourront, dans cet État membre, faire de choix de loi applicable à la succession.

Cette limitation ne concerne cependant pas la France puisque les seules conventions bilatérales contenant des règles de conflit de lois en matière de droit de la famille sont celles conclues :

– avec la Pologne, le 5 avril 1967 qui ne contenait pas de règles en matière de succession et qui en tout état de cause aurait été écartée par le règlement ;

– la Convention franco-yougoslave du 18 mai 1971 qui ne contient pas de règles relatives à la succession ;

– la Convention franco-marocaine du 10 août 1981 qui ne contient pas de règles applicables en matière de succession.

§ 4
Mise en œuvre de la règle de conflit de lois

712.141 **Renvoi.** Dans le droit international privé français des successions, le renvoi avait un rôle très important notamment afin d'unifier la loi applicable à la succession dans un système dualiste. En général, le renvoi est exclu dans le cadre des instruments internationaux. Aussi l'article 34 qui lui est consacré pour l'admettre et non pour l'exclure comme c'est le cas en général dans ce type de texte a de quoi surprendre. Cependant, le texte précise aussitôt que le renvoi ne pourra être mis en œuvre que dans l'hypothèse où la loi désignée par le règlement est celle d'un État tiers. Le texte prévoit que dans ce cas on pourra tenir compte des règles de conflit de lois de cet État si ces dernières renvoient à la loi d'un État membre ou à la loi d'un État tiers qui appliquerait sa propre loi. Cependant le renvoi est exclu lorsque la loi applicable est désignée en vertu des dispositions de l'article 21 § 2 : clause d'exception ; l'article 22 : loi applicable choisie par le défunt ; l'article 27 : loi applicable à la forme des actes ; article 28 : pacte successoral avec élection de loi applicable ; article 30 : loi de police relative à certains biens.

712.141-1 **Mise en œuvre du renvoi.**

EXEMPLE

Le défunt était de nationalité française non musulman, il est décédé à Abu Dhabi aux Émirats arabes unis. Les juridictions françaises sont saisies en application de l'article 10 du règlement (for de la nationalité du défunt). Le droit des Émirats considère que la loi applicable à la succession des non-musulmans est leur loi nationale, on a donc au sens de l'article 34 un renvoi à la loi française.

Si le défunt était de nationalité russe, mais possédait des biens immobiliers en France, les juridictions françaises seraient compétentes en application de l'article 10 du fait de la présence de biens immobiliers en France, le droit des Émirats opérerait un renvoi au droit russe qui l'accepterait puisque selon le droit international privé russe la loi applicable à la succession est la loi nationale du défunt. En conséquence le juge français appliquerait la loi russe à cette succession.

712.142 **Ordre public.** L'article 35 prévoit dans une formule classique qu'« *une disposition de la loi d'un État désignée par le présent règlement ne peut être écartée que si cette application est manifestement incompatible avec l'ordre public du for* ». Ainsi, l'exception d'ordre public aura vocation à intervenir pour écarter des lois dont l'application en l'espèce serait contraire aux principes fondamentaux du for, en prévoyant par exemple une discrimination entre les héritiers selon leur sexe, leur religion ou la nature de leur filiation. La réaction de l'ordre public international sera plus ou moins forte selon que les liens de la situation avec l'ordre juridique français seront plus ou moins étroits.

La question de la conformité à l'ordre public international d'une loi étrangère qui ne connaît pas la réserve héréditaire est également posée par de nombreux auteurs. Sur ce point, il nous semble que dès lors que le règlement permet au défunt de choisir la loi applicable à sa succession, c'est d'une certaine façon que ses rédacteurs, dont les représentants de la France, ont admis qu'une personne de nationalité étrangère résidant habituellement en France puisse choisir sa loi nationale qui ne connaît pas la réserve même si ses héritiers sont de nationalité française. Dès lors, dans ce contexte, il nous paraît assez inconcevable de venir contrecarrer le choix de la loi applicable fait par le défunt conformément au règlement et ainsi son organisation successorale par le truchement de l'exception d'ordre public international. C'est l'esprit du règlement qui serait ainsi remis en cause. Cette question faisant énormément débat en doctrine, il est fort probable que la Cour de cassation et la Cour de justice de l'Union européenne en seront très rapidement saisies.

712.143 **Loi de police.** L'article 30 contient une loi de police qui ne dit pas son nom. Il vise l'hypothèse où les biens de la succession se trouvent situés sur le territoire d'un État dont la loi, compte tenu de la nature de ces biens, impose des restrictions concernant leur sort dans le cadre d'une succession. Si ces règles sont applicables quelle que soit la loi applicable à la succession, ce qui correspond à la définition d'une loi de police, alors elles pourront être appliquées à ces biens, et ce quand bien même la loi applicable à la succession serait celle d'un État membre. Ainsi, par un arrêt du 10 octobre 2012 [1], la Cour de cassation a considéré que les règles relatives à l'attribution préférentielle, en l'espèce d'une propriété agricole, constituaient des lois de police en raison de leur destination économique et sociale. Il est fort probable qu'elles rentreront également dans cette catégorie dans le cadre de la mise en œuvre du règlement et qu'elles donneront donc lieu à la mise en œuvre des dispositions de l'article 30.

712.144 **Règle matérielle applicable à la théorie des comourants.** La question de la résolution des difficultés nées des décès simultanés d'au moins deux personnes héritières l'une de l'autre relève de la loi applicable à la succession dès lors qu'une même loi s'applique à la succession de l'un et de l'autre. Mais quelle solution appliquer si la succession des deux personnes est soumise à deux lois différentes, par exemple si le père et le fils qui décèdent dans le même accident résidaient habituellement dans deux États différents ? Face à cette difficulté, l'article 32 prévoit que dans ce cas aucune des personnes n'aura de droit dans la succession de l'autre, la solution est radicale.

§ 5
Domaine de la loi applicable à la succession

712.151 **Dispositions de l'article 23 du règlement.** L'article 23 du règlement précise que la loi

1. Civ. 1re, 10 oct. 2012, n° 11-18.345, P I, n° 194 ; *JDI* 2013. 119, avis P. Chevalier, note E. Fongaro.

désignée par les articles 21 et 22, soit par la mise en œuvre de la règle de conflit de lois soit par la désignation faite par le défunt, régit l'ensemble de la succession. Il s'agit donc d'un rappel du principe fondamental de l'unité de la loi applicable à la succession. Puis le texte dresse une liste des matières régies par cette loi. Il convient de relever que le terme « notamment » figurant à l'annonce de cette liste permet de considérer que celle-ci n'est pas limitative.

712.152 **Ouverture de la succession.** Le texte précise que le règlement s'applique aux causes, moment et lieu d'ouverture de la succession. La cause d'ouverture principale de la succession sera le décès dont la date est en principe connue. Mais une succession peut aussi être ouverte en cas de disparition ou d'absence d'une personne. Dans ce cas, les législations adoptent des règles précises afin de déterminer quand la succession d'une personne absente ou disparue doit être considérée comme ouverte. Au demeurant, la détermination de l'absence ou de la disparition dépendra de la loi applicable selon le droit international privé de l'État en cause.

Lorsque plusieurs personnes décèdent dans le même événement, la loi applicable déterminera le moment d'ouverture de la succession de chacune d'elles, ainsi que l'ordre successoral. Cependant, si des lois différentes s'appliquent à ces successions, le règlement a prévu une règle spécifique en son article 32 (v. s[s] n° 712.144).

712.153 **Dévolution de la succession.** L'article 32 précise que la loi désignée détermine « *la vocation successorale des bénéficiaires, la détermination de leurs parts respectives et des charges qui peuvent leur être imposées par le défunt, ainsi que la détermination d'autres droits sur la succession, y compris les droits successoraux du conjoint ou du partenaire survivant* ». Le terme bénéficiaire vise tant les héritiers que les légataires, ce terme étant conçu de manière extensive dans le règlement[1].

Les questions préalables liées à l'état des personnes et des relations de famille seront exclues du champ d'application de la loi successorale, l'article 1er les excluant du champ du règlement. Ainsi, il faudra se rapporter aux règles applicables dans chaque État membre aux questions préalables pour déterminer la loi applicable. Ce sera le cas par exemple pour la validité d'un mariage, celle d'une filiation, ou d'un partenariat.

712.153-1 **Succession d'un homme bigame en France.**

EXEMPLE

Un homme de nationalité malienne décède en France, il laisse pour lui succéder deux épouses de nationalité malienne et cinq enfants. Il décède sans avoir fait de testament alors qu'il résidait en France. L'une des épouses vit en France, la seconde au Mali. En droit malien, la bigamie est autorisée, par conséquent les deux mariages sont considérés comme valables par la loi malienne désignée par les règles de conflit de lois françaises, d'autant que le bénéfice de l'effet atténué de l'ordre public international pourrait également être invoqué en faveur de la validité de ces unions. Ainsi, les deux épouses et les enfants seront héritiers selon le droit français. Les épouses se partageront la part dévolue à l'épouse par le droit français.

Si la première épouse du défunt avait été de nationalité française, le second mariage aurait selon le droit international privé français été considéré comme nul. En conséquence, la seconde épouse n'aurait pas pu faire valoir de droits dans la succession.

712.154 **Capacité à succéder.** À travers ses termes visés par l'article 23, il ne faut entendre que la **capacité en termes de droit des successions** et non la capacité juridique de la personne qui est exclue du domaine de la succession. Ainsi, la capacité à succéder consiste à déterminer si un enfant conçu mais non né lors du décès de son père a la possibilité d'hériter de celui-ci.

La capacité juridique notamment du mineur à succéder, à savoir dans quelles conditions il peut succéder, est soumise à la loi applicable selon la convention de La Haye du 19 octobre 1996 concernant la compétence, la loi applicable, la reconnaissance, l'exécution et la coopération en matière de responsabilité parentale et de mesures de protection à l'égard des enfants. S'il s'agit d'un majeur sous protection, ce sera la convention de La Haye du 13 janvier 2000 qui sera applicable.

712.154-1 **Acceptation de la succession par des enfants mineurs.**

EXEMPLE

Une femme de nationalité belge ayant sa résidence en France décède. Elle laisse pour lui succéder deux enfants mineurs ayant leur résidence habituelle en Belgique avec leur père. La succession sera régie par la loi française et à ce titre les enfants auront la capacité de recueillir la part qui leur revient selon le droit français dans la succession de leur mère. Cependant, les questions relatives à la capacité juridique des enfants pour accepter la succession de leur mère, autrement dit selon quelles règles et sous quel contrôle les enfants pourront accepter la succession de leur mère, seront soumises à la juridiction compétente pour statuer sur la responsabilité parentale à l'égard de ces enfants en application des dispositions du règlement (CE) n° 2201/2003 du 27 novembre 2003

1. EN CE SENS, v. Régl. « Successions », consid. 47 : « *Dans la plupart des ordres juridiques, le terme* "bénéficiaires" *tend à englober les héritiers et les légataires ainsi que les héritiers réservataires, bien que, par exemple, la situation juridique des légataires ne soit pas la même selon les ordres juridiques. En vertu de certains ordres juridiques, le légataire peut recevoir une part directe dans la succession, alors que selon d'autres ordres juridiques, le légataire ne peut acquérir qu'un droit à faire valoir à l'encontre des héritiers* ».

relatif à la compétence, la reconnaissance et l'exécution des décisions en matière matrimoniale et en matière de responsabilité parentale, dit Bruxelles II *bis*[1], et à la loi compétente selon la convention de La Haye du 19 octobre 1996 concernant la compétence, la loi applicable, la reconnaissance, l'exécution et la coopération en matière de responsabilité parentale et de mesures de protection à l'égard des enfants, si les enfants ont leur résidence habituelle dans un État signataire de cette convention[2]. En l'occurrence, ce seront les juridictions belges de la résidence habituelle des enfants qui seront compétentes et la loi belge sur le même fondement qui sera applicable.

712.155 **Exhérédation et indignité.** C'est la loi applicable à la succession qui déterminera les motifs d'indignité et leurs modalités de mise en œuvre. De même, elle dira dans quelles conditions et avec quels effets un héritier peut être exhérédé. Ainsi, si une succession est soumise à la loi française et que le défunt a entendu exhéréder l'un de ses descendants, compte tenu de la réserve héréditaire cette exhérédation n'aura en réalité d'effet que sur la quotité disponible.

712.156 **Transmission de la succession – Pouvoir des héritiers.** Le texte de l'article 23 § 2 (e) vise plus précisément « *le transfert des biens, des droits et des obligations composant la succession aux héritiers et, selon le cas, aux légataires, y compris les conditions et les effets de l'acceptation de la succession ou du legs ou de la renonciation à ceux-ci* ». Ainsi, ce sont toutes les questions relevant de la prise de possession de la succession par les héritiers qui seront soumises à la loi successorale.

Dans le même sens, la loi successorale va déterminer les pouvoirs des héritiers et exécuteurs testamentaires et autres administrateurs de la succession, notamment en ce qui concerne la vente des biens et le paiement des créanciers.

712.157 **Responsabilité à l'égard des dettes de la succession.** La loi successorale va déterminer l'engagement des héritiers à l'égard des dettes de la succession. À ce titre, elle déterminera leur degré d'obligations à l'égard des dettes du défunt ainsi que les recours des créanciers contre les héritiers et éventuellement aussi les possibilités de recours entre héritiers si l'un d'eux a dû assumer la totalité du remboursement de la dette.

712.158 **Quotité disponible et réserve héréditaire.** La loi successorale déterminera l'existence et l'étendue d'une potentielle réserve et de la quotité disponible en ce qui concerne les quotités disponibles dites spéciales. Le texte du règlement étend le domaine de la loi applicable aux « *autres restrictions à la liberté de disposer à cause de mort ainsi* [qu'aux] *droits que les personnes proches du défunt peuvent faire valoir à l'égard de la succession ou des héritiers* » ; cela pourrait notamment concerner des limitations au pouvoir de disposer du domicile familial pour permettre à ceux qui y vivaient d'y rester indépendamment de leur vocation successorale.

712.159 **Rapport et la réduction des libéralités.** Il s'agit de la conséquence logique de l'application de la loi successorale à la réserve et à la quotité disponible. En effet, si la loi successorale s'applique à ces questions, il est logique qu'elle soit compétente pour régler la question de leurs protections que sont le rapport et la réduction des libéralités. Au demeurant, les donations restent exclues du domaine d'application du règlement, comme le précise le considérant 14 du préambule. Si la validité et les effets des libéralités sont couverts par le règlement (CE) n° 593/2008 du Parlement européen et du Conseil du 17 juin 2008 sur la loi applicable aux obligations contractuelles, dit « Rome I »[3], et sont exclus du champ d'application du règlement, c'est la loi successorale déterminée en application du règlement qui devra préciser si une libéralité ou autre forme de disposition *inter vivos* peut donner lieu à une obligation de rapport ou de réduction ou de prise en compte dans le calcul des parts héréditaires selon la loi successorale.

712.160 **Partage successoral.** La loi successorale est applicable au partage de la succession du défunt, comme l'ensemble des opérations qui l'ont précédé. La question pourra se poser de la forme du partage : est-il soumis également à la loi successorale ou à la loi du lieu où il est conclu ? Mais, la réalisation du partage lui-même se trouve à la confluence d'un certain nombre d'autres questions relevant du droit des biens, de la capacité si l'un des héritiers est mineur ou incapable ou encore du régime matrimonial si le défunt était marié.

Par un arrêt du 9 septembre 2021[4], la CJUE a donné une définition de la notion de pacte successoral. D'abord, celle-ci devra désormais être entendue, au sens du règlement, comme visant toutes les dispositions présentes dans les accords relatifs à une succession et prenant effet au décès du *de cujus*, peu important leur dénomination en droit interne. Ainsi, dès

1. Sur ce point, v. CJUE 6 oct. 2015, aff. C-404/14, *AJ fam.* 2016. 46, note D. Eskenazi – DANS LE MÊME SENS, s'agissant de la renonciation par un mineur à une succession, v. CJUE 19 avr. 2018, aff. C-565/16, *AJ fam.* 2018. 345, obs. A. Devers.
2. Tous les États membres de l'Union européenne ont ratifié cette convention. Pour voir quels sont les États membres de cette conférence, v. : https://www.hcch.net/en/instruments/conventions/status-table/?cid=29.
3. Règl. (CE) n° 593/2008 du Parlement européen et du Conseil, 17 juin 2008, sur la loi applicable aux obligations contractuelles, dit « Rome I », *JOCE*, n° L. 177.
4. CJUE 9 sept. 2021, aff. C-277/20, *AJ fam.* 2021. 638, obs. J. Houssier et A. Boiché.

lors que la donation prendra effet au décès de son auteur, elle devra s'analyser en un pacte successoral entrant dans le domaine d'application du règlement. Cela permet d'assurer l'uniformité de la loi applicable à la succession, l'un des objectifs principaux du règlement.

712.160-1 **Succession d'un homme de nationalité italienne en France.**

EXEMPLE

Un homme de nationalité italienne décède en France où il avait sa résidence habituelle. Il laisse à sa succession son épouse qui résidait à Bologne avec leurs trois enfants communs. Le couple s'était marié en Italie en 2005 et y avait vécu avant de se séparer et que l'époux vienne travailler en France. Ils n'avaient pas de contrat de mariage ni choisi le régime matrimonial de la séparation de biens lors de leur union comme le droit italien le permet. Le défunt possédait des biens immobiliers en Italie, lesquels avaient été reçus dans la succession de son père, et en France il possédait un appartement qu'il avait acquis durant son mariage.

Il n'avait pas désigné la loi applicable à sa succession. Avant de pouvoir liquider la succession, il conviendra de liquider le régime matrimonial, il faudra déterminer la loi applicable à celui-ci en application de la convention de La Haye du 14 mars 1978 sur la loi applicable au régime matrimonial. En l'occurrence, il s'agira de la loi italienne de la première résidence habituelle des époux après leur mariage. La loi italienne relative au régime matrimonial sera également applicable au partage de la communauté ayant existé entre les époux.

Pour les enfants, les conditions de leur acceptation de la succession de leur père seront soumises au droit italien et à la compétence des juridictions italiennes de leur résidence habituelle. Il en sera de même des conditions selon lesquelles ils pourront accepter le partage.

Les règles relatives au transfert de propriété des biens immobiliers et de publicité foncière à la suite du partage successoral seront elles soumises au droit du lieu de situation des immeubles.

§ 6
Loi applicable aux dispositions à cause de mort

712.170 **Plan.** Les articles 24 à 27 du règlement sont consacrés aux dispositions à cause de mort. Les deux premiers articles contiennent des règles de conflit de lois relatives à la validité, la recevabilité et l'efficacité des dispositions à cause de mort proprement dites (art. 24) et pactes sur succession future (art. 25), tandis que la portée des termes « *validité au fond des dispositions à cause de mort* » est définie par l'article 26 et enfin l'article 27 traite des règles de forme de ces dispositions.

712.171 **Dispositions à cause de mort visées par l'article 24 : les testaments.** L'intitulé de l'article 24 est : « Dispositions à cause de mort autres que les pactes sur succession future ». Or, l'article 3 du règlement définit les « *dispositions à cause de mort* » comme « *un testament, un testament conjonctif ou un pacte successoral* » et le pacte successoral comme « *un accord, y compris un accord résultant de testaments mutuels, qui confère, modifie ou retire, avec ou sans contre-prestation, des droits dans la succession future d'une ou de plusieurs personnes parties au pacte* ». Ainsi, il en résulte que le texte a vocation à s'appliquer quasiment exclusivement aux testaments.

Le texte s'applique à la validité et à la recevabilité du testament et il précise que la loi applicable est celle qui aurait été applicable à la succession en vertu du règlement si la personne était décédée au jour où elle a pris cette disposition. Ainsi, c'est d'une manière générale la **loi de la résidence habituelle de la personne au jour où elle prend cette disposition à cause de mort qui sera applicable à la validité et à la reconnaissance de celle-ci.** Mais, si entre l'adoption de cette disposition et son décès cette personne déménage et fixe sa **résidence habituelle dans un autre État, ce sera alors la loi de cet État qui sera applicable à sa succession.** Il serait possible en conséquence que ce qu'elle a prévu dans son testament bien que valable ne puisse être mis en œuvre parce que non acceptable en vertu de la loi désignée par le règlement[1]. Aussi, pour éviter ce type de risque, il est important d'user de la possibilité offerte par l'article 24 § 2 qui permet à la personne de soumettre sa disposition à cause de mort à la loi qu'elle désigne pour régir sa succession. Cela permet d'assurer la concordance entre les mesures prises dans le testament et la loi applicable à la succession. L'article 24 § 3 prévoit enfin que la loi applicable au testament sera également applicable à sa modification ou à sa révocation.

712.172 **Pactes successoraux de l'article 25.** Nous avons rappelé la définition du pacte successoral donnée par l'article 3. Il s'agit d'une définition large qui vise à englober la grande variété de modèles d'institution successorale que l'on peut rencontrer en droit comparé. Au sens du droit français, il vise notamment les **donations de biens à venir entre époux** ou encore les **donations-partages.** À l'instar de l'article 24, le texte met en œuvre la **théorie de la cristallisation** en prévoyant que la loi applicable à ce pacte successoral est la loi applicable à la succession si la personne était décédée le jour où le pacte a été conclu. L'article 25 § 2 prévoit que si le pacte concerne la succession de plusieurs personnes, il n'est recevable que s'il l'est en vertu de la loi applicable à la loi

1. Il s'agit de l'interprétation qui semble se déduire de l'article 24. Cependant, M. Bonomi se montre favorable à une interprétation plus souple, v. A. Bonomi et P. Wautelet, *Le droit européen des successions. Commentaire du règlement n° 650/2012*, 2e éd., Bruylant, 2016, n° 7, p. 409.

successorale de chacune des personnes concernées au jour où il a été conclu. De plus, en ce qui concerne la validité au fond de ce pacte, ses effets contraignants entre les parties et ses conditions de révocation, ce sera entre les différentes lois celle qui aura les liens les plus étroits avec le pacte qui sera applicable. Cette règle recèle donc **une importante part d'incertitude** puisque, outre l'application cumulative des lois des parties à sa recevabilité, la loi applicable à la remise en cause du pacte n'est pas certaine mais elle dépendra d'une analyse reposant sur des critères de proximité qui peuvent être délicats à établir, notamment lorsqu'un long laps de temps s'est écoulé entre la signature du pacte, sa révocation et le décès de l'un des signataires. Aussi, il nous paraît très important **en cas de pacte successoral** pour les professionnels de **s'emparer de la règle de l'article 25 § 3 qui permet aux parties de choisir comme applicable au pacte la loi que la personne peut choisir pour régir sa succession en vertu de l'article 22.** Si le pacte successoral concerne plusieurs personnes, peut être choisie la loi nationale de l'une des parties qui régira tant la recevabilité que la validité et les conditions de dissolution du pacte. Il s'agit donc d'une solution qui assure une bien plus grande sécurité juridique pour les parties. En outre, toute personne qui fait un pacte successoral devrait être invitée à le faire selon la loi qu'elle peut choisir en vertu de l'article 22 pour régir sa succession, ce qui est en outre une garantie d'effectivité du pacte qui ne se trouvera pas ainsi remis en cause par la loi éventuellement applicable à la succession, à condition bien évidemment de choisir à ce moment-là cette loi comme applicable à sa succession.

Il est important sur ce point de mettre l'accent notamment sur les donations entre époux et sur la différence entre ces règles et celles précédemment décrites pour les donations faites avant le 17 août 2015. En effet, il a été souligné qu'il résultait des dispositions de l'article 83 § 4 du règlement que cette donation présumait le choix de la loi française à la succession. Ce n'est plus le cas pour les donations entre époux faites après le 17 août 2015 : pour que la loi française soit applicable à la succession, il faut qu'elle ait été choisie en vertu de l'article 22[1].

712.172-1 Donation entre époux de nationalité française.

EXEMPLE

Les époux G tous deux de nationalité française sont mariés depuis 2005. L'épouse poursuit une carrière professionnelle internationale et elle vit actuellement au Nigeria tandis que l'époux vit en France. En 2019, lors d'un séjour de l'épouse en France, ils décident de se rendre chez leur notaire pour faire une donation au dernier vivant selon le droit français. On pourrait s'interroger sur la loi applicable à ce pacte successoral en vertu du règlement dans la mesure où la résidence habituelle de l'épouse est au Nigeria et donc sur le point de savoir si la loi nigériane ne lui serait pas applicable. On pourrait considérer qu'en vertu de l'article 25 § 2, alinéa 2, dans la mesure où les deux époux ont la nationalité française et que l'un d'eux réside en France, la loi française présente les liens les plus étroits et est applicable. Certes, mais si, suite à la signature de cette donation, l'époux va s'installer également au Nigeria, ne pourrait-on pas considérer que c'est le droit de cet État qui est applicable. Il y a une incertitude, c'est la raison pour laquelle dans une situation comme celle-ci il est à notre sens essentiel que les époux fassent chacun une déclaration de loi applicable à leur succession en vertu de l'article 22 pour désigner la loi française.

712.173 Validité au fond des dispositions à cause de mort. L'article 26 dispose que la loi applicable aux dispositions à cause de mort en vertu des articles 24 et 25 s'applique :

– **à la capacité de la personne du disposant.** Il ne s'agit pas de la capacité juridique d'une personne physique qui est exclue du domaine d'application du règlement (Règl. « Successions », art. 1er, b), mais de sa capacité à tester et à prendre des dispositions à cause de mort. Cette question couvre principalement la question de savoir si un mineur peut tester ou prendre des dispositions à cause de mort, ce qui est admis par certains droits et parfois avec certaines conditions. Ainsi, en droit français, le mineur peut tester à condition d'avoir au minimum l'âge de seize ans et il ne peut le faire que sur la moitié de son patrimoine (C. civ., art. 904) ;

– **à la capacité de modifier ou de révoquer une disposition à cause de mort** ;

– **aux incapacités de recevoir.** Il s'agit notamment des causes spéciales d'incapacité comme celle émise par le droit français à l'encontre des docteurs, chirurgiens, pharmaciens qui ont traité la personne dans le cadre de la maladie qui lui a été fatale (C. civ., art. 909) ;

– **à la représentation du disposant** ;

– **à l'interprétation de la disposition à cause de mort** ;

– **aux vices du consentement.** Sur ce point, le texte de l'article évoque la fraude, la contrainte et l'erreur notamment.

712.174 Validité quant à la forme des dispositions à cause de mort. Sur ce point, l'article 27 reprend pour l'essentiel les dispositions de la convention de La Haye du 5 octobre 1961 sur les conflits de lois en matière de forme des dispositions testamentaires[2].

1. Sur ce point, v. P. Callé, « La donation de biens à venir en droit international privé », *in Le droit à l'épreuve des siècles et des frontières. Mél. B. Ancel*, LGDJ, 2018, p. 363.

2. Cette convention est en vigueur dans de nombreux États européens. Pour l'état des ratifications, v. : https://www.hcch.net/fr/instruments/conventions/status-table/?cid=40.

Cette convention vise essentiellement à éviter la remise en cause de dispositions testamentaires pour des motifs de forme en créant une règle de conflit alternative afin de favoriser la validité formelle de ces dispositions. Mais le texte a un domaine plus large que la convention de La Haye puisqu'il vise toutes les dispositions à cause de mort et notamment les pactes successoraux. Il est également applicable aux dispositions à cause de mort modifiant ou révoquant des dispositions antérieures (Règl. « Successions », art. 27 § 2). À travers la validité formelle, ce sont les formalités exigées pour l'établissement de telles dispositions qui sont visées. Le texte ne concerne que les dispositions faites par écrit dans la mesure où les dispositions à cause de mort faites oralement sont exclues du domaine d'application du règlement (Règl. « Successions », art. 1er § 2, f).

Les lois prises en considération pour apprécier la validité d'une disposition à cause de mort sont la loi :

- de l'État dans lequel la disposition a été prise ou le pacte successoral a été conclu ;

- d'un État dont le testateur ou au moins une des personnes dont la succession est concernée par un pacte successoral possédait la nationalité, soit au moment où la disposition a été prise ou le pacte conclu, soit au moment de son décès ;

- d'un État dans lequel le testateur ou au moins une des personnes dont la succession est concernée par un pacte successoral avait son domicile, soit au moment où la disposition a été prise ou le pacte conclu, soit au moment de son décès ;

- de l'État dans lequel le testateur ou au moins une des personnes dont la succession est concernée par un pacte successoral avait sa résidence habituelle, soit au moment de l'établissement de la disposition ou de la conclusion du pacte, soit au moment de son décès ; ou

- pour les biens immobiliers, de l'État dans lequel les biens immobiliers sont situés.

Il convient par ailleurs de relever que le règlement ne porte pas atteinte à l'application de la convention de Washington du 28 octobre 1973 à laquelle la France et d'autres États européens sont parties [1]. Cette convention contient des **règles matérielles uniformes pour la validité des testaments internationaux**, elle n'entre donc pas en conflit avec les dispositions du règlement. Il convient par ailleurs de rappeler que les dispositions de cette convention sont utilisées par les juridictions françaises pour valider des testaments qui ne seraient pas valables selon le droit interne mais qui le sont en vertu des règles matérielles fixées par ce texte même s'ils ne concernent pas une succession internationale [2].

1. Belgique, Croatie, Chypre, Italie, Portugal, Slovénie. Pour l'état des ratifications de cette convention, v. : https://www.unidroit.org/fr/testaments/etat/.

§ 7
Droit de prélèvement compensatoire

712.181 Réintroduction d'un droit de prélèvement dans les successions internationales. L'article 2 de la loi du 14 juillet 1819 avait introduit un droit de prélèvement au profit des héritiers français, leur permettant de prélever sur les biens français, la part de réserve héréditaire dont ils avaient été privés en application de la loi étrangère applicable à la succession. Cette disposition avait été déclarée inconstitutionnelle par le Conseil constitutionnel du 5 août 2011 [3].

Lors des discussions sur la loi confortant les principes de la République, devenue la loi du 24 août 2021 [4], le législateur a voulu intégrer dans le Code civil un nouveau droit de prélèvement pour lutter contre les lois étrangères, en particulier musulmanes, permettant de « déshériter » les filles. C'est ainsi que l'article 24 de cette loi devenu l'article 913 alinéa 3 du Code civil a été adopté : « *Lorsque le défunt ou au moins l'un de ses enfants est, au moment du décès, ressortissant d'un État membre de l'Union européenne ou y réside habituellement et lorsque la loi étrangère applicable à la succession ne permet aucun mécanisme réservataire protecteur des enfants, chaque enfant ou ses héritiers ou ses ayants cause peuvent effectuer un prélèvement compensatoire sur les biens existants situés en France au jour du décès, de façon à être rétablis dans les droits réservataires que leur octroie la loi française, dans la limite de ceux-ci* ».

712.182 Entrée en vigueur. Cette disposition est entrée en vigueur et applicable aux successions ouvertes à compter du 1er novembre 2021 [5].

2. Sur ce point, v. Civ. 1re, 5 sept. 2018, n° 17-26.010, P ; *D.* 2018. 1753, et 2384, obs. S. Godechot-Patris et C. Grare-Didier ; *JA* 2018, n° 586, p. 11, obs. X. Delpech ; *AJ fam.* 2018. 551, obs. N. Levillain ; *JDI* 2019, n° 2, note E. Gallant. Un testament authentique ne satisfaisant pas à certaines conditions de forme prévues par l'article 972 du Code civil – en particulier la dictée du testament par le testateur, comme en l'espèce – peut valoir comme testament international si les conditions de forme prévues par la loi uniforme sur la forme d'un testament international, annexée à la convention de Washington du 26 oct. 1973, sont respectées.
3. Cons. const. 5 août 2011, n° 2011-159 QPC, à propos de l'article 2 de la loi du 14 juillet 1819, *JCP* 2011. 1139, note M. Attal ; *AJ fam.* 2011. 440, obs. B. Haftel et A. Boiché ; *D.* 2012. 1228, obs. H. Gaudemet-Tallon et F. Jault-Seseke ; *D.* 2012. 2331, obs. L. d'Avout et S. Bollée ; *Rev. crit. DIP* 2013. 457, note B. Ancel ; *JCP N* 2011. 1236, note E. Fongaro.
4. L. n° 2021-1109, 24 août 2021, confortant le respect des principes de la République, *JO* 25 août, texte 1.
5. Conformément au II de l'article 24 de la loi du 24 août 2021, ces dispositions entrent en vigueur le premier jour du troisième mois suivant la publication de ladite loi et s'appliquent aux successions ouvertes à compter de son entrée en vigueur, y compris si des libéralités ont été consenties par le défunt avant cette entrée en vigueur.

712.183 **Plan.** Nous étudierons les conditions d'application (A) de ce droit de prélèvement, puis ses bénéficiaires (B), avant de s'interroger sur les difficultés (C) suscitées par ce texte.

A. Conditions d'application du droit de prélèvement

712.190 **Plan.** Il convient de rappeler que la loi applicable à la succession est définie par l'article 21 du règlement européen (UE) nº 650/2012, il s'agit de la loi de l'État de la dernière résidence habituelle du défunt, sauf si ce dernier a choisi l'application de sa loi nationale (v. ss nos 712.101 s.). D'après l'article 913 alinéa 3 du Code civil, trois conditions doivent être réunies pour la mise en œuvre du droit de prélèvement : conditions de résidence ou de nationalité (1°) ; exclusion de la réserve par la loi étrangère applicable à la succession (2°) ; présence de biens en France (3°).

1° Conditions de résidence ou de nationalité

712.201 **Condition de nationalité ou de résidence habituelle dans un État membre de l'Union européenne.** Pour que le texte puisse s'appliquer le défunt ou l'un de ses enfants doit être ressortissant d'un pays membre de l'Union européenne. L'objectif du législateur a été d'étendre le droit de prélèvement à l'ensemble des ressortissants de l'Union européenne afin d'éviter une censure du Conseil constitutionnel puisque c'est la discrimination qui était induite par l'ancien droit de prélèvement réservé aux seuls ressortissants français qui avait conduit à sa perte.

Mais, dans le même esprit, le législateur s'est également vu contraint d'étendre le droit de prélèvement aux personnes ayant leur résidence habituelle dans un État membre de l'Union européenne indépendamment de leur nationalité.

Ainsi ce texte bénéficie d'un domaine d'application absurdement large.

712.201-1 **Succession d'un Britannique ayant un bien immobilier en France et un fils résidant en France ou en Irlande.**

EXEMPLE

Le défunt, citoyen britannique et domicilié au Royaume-Uni, laisse à sa survivance trois enfants issus d'une précédente union et de nationalité britannique : Arthur et Babeth domiciliés en Angleterre, Conrad domicilié en France. Par testament, il a institué sa seconde épouse légataire universelle et désigné la loi anglaise comme loi applicable à sa succession. Son patrimoine comprend divers biens au Royaume-Uni et un bien immobilier en France.

Conrad, résident français peut demander l'application des dispositions de l'article 913 alinéa 3 du Code civil. Le droit de prélèvement profite alors également à Arthur et Babeth.

Remarque : La solution aurait été identique si Conrad était domicilié en Irlande. Il peut alors sembler surprenant que l'article 913 alinéa 3 du Code civil puisse être invoqué en l'absence de tout lien avec la France par un ressortissant d'un pays de l'Union européenne ne connaissant même pas la réserve.

2° Exclusion de la réserve par la loi étrangère applicable à la succession

712.211 **La loi étrangère applicable à la réserve ne prévoit aucun mécanisme réservataire protecteur des enfants.** Sur cette condition, on ne peut que déplorer le caractère imprécis de la rédaction. En effet, peut-on considérer qu'un droit qui établit, non pas une réserve, mais un mécanisme alimentaire au profit des enfants n'est pas protecteur parce qu'il ne contient pas un mécanisme similaire à la réserve de droit français qui garantit aux enfants de recevoir une portion de la succession de leur auteur ?

Par ailleurs, l'objectif du texte visant à protéger les filles qui dans les droits musulmans sont désavantagées par rapport à leur frère est manqué. En effet, selon les droits musulmans, les filles sont héritières réservataires, elles reçoivent la moitié de la part de leur frère mais elles reçoivent une part qui leur est garantie et dont elles ne peuvent être privées. On est bien dans le cadre d'un mécanisme réservataire.

En fait, par cette disposition ce sont les droits anglo-saxons qui ne connaissent pas de mécanismes de réserve héréditaire qui sont visés.

712.211-1 **Succession d'un homme marocain ayant élu la loi marocaine comme applicable à sa succession en ayant une fille résidant en France et une maison à Angoulême.**

EXEMPLE

Un homme de nationalité marocaine ayant fait un testament dans lequel il a élu la loi marocaine à sa succession décède à Agadir, il laisse à sa succession ses trois fils résidant au Maroc et sa fille résidant en France. Outre, une villa à Agadir sa succession se compose d'une maison à Angoulême. La fille ne pourra pas faire jouer le droit de prélèvement parce que selon le droit marocain elle bénéficie d'un droit d'une réserve héréditaire correspondant à la moitié de la part de ses frères.

En revanche, elle pourra faire jouer l'exception d'ordre public international pour écarter la loi marocaine dans le cadre du règlement de la succession pour le bien situé en France, ce qui lui permettra d'obtenir une part égale à celle de ses frères mais sur ce bien uniquement.

712.211-2 **Succession d'une femme américaine possédant un appartement à Nice ayant élu la loi new-yorkaise comme applicable à sa succession et ayant une fille résidant à Amsterdam.**

EXEMPLE

Une femme de nationalité américaine décède à New York en ayant fait un testament par lequel elle léguait en application du droit new-yorkais, 90 % de sa succession à ses trois fils résidant aux États-Unis et 10 % à sa fille résidant à Amsterdam. La défunte possédait un appartement à Nice. Dans ce cas, la fille va pouvoir faire jouer le droit de prélèvement pour obtenir sur l'appartement de Nice la part successorale qu'elle n'a pas obtenue sur l'ensemble de la succession de sa mère.

3°
Présence de biens en France

712.221 Des biens existants situés en France. Le texte n'est applicable que si le défunt a des biens existants situés en France. Cela signifie que si le défunt avait des biens en France mais qu'il en a fait donation de son vivant, le droit de prélèvement ne sera pas applicable.

Contrairement à l'ancien droit de prélèvement prévu par l'article 2 de la loi du 14 juillet 1819, le texte nouveau ne vise que « *les biens existants situés en France* » et non pas « *les biens situés en France* ». Le domaine du nouveau droit de prélèvement est donc plus restreint : il ne concerne pas les biens donnés situés en France.

Les biens en question peuvent être **mobiliers** ou **immobiliers.** Mais ils doivent être situés en France, ce qui signifie que si le défunt détient un bien en France à travers une structure juridique étrangère il ne détient pas de bien existant en France. Ainsi, si le défunt détenait un bien en France par le biais d'un *trust* anglo-saxon le texte ne devrait pas être applicable.

Si l'exercice du droit de prélèvement porte sur des biens légués, cela conduit à réduire les legs. C'est pourquoi, l'exercice du droit de prélèvement a été analysé en une action en réduction[1].

712.221-1 La défunte de nationalité russe décède en Australie. Elle détenait par le biais d'un SCI monégasque deux villas à Menton et à Biarritz.

EXEMPLE

La défunte de nationalité russe décède en Australie où elle résidait. Elle a fait un testament dans lequel en application de la loi australienne elle a transmis la totalité de son patrimoine à son compagnon de nationalité ukrainienne. Elle laisse à sa succession deux villas à Menton et à Biarritz qu'elle détenait à travers une SCI monégasque, elle-même détenue par une société panaméenne. Elle avait une fille d'une précédente union qui résidait à Paris. Cette dernière ne pourra pas utiliser le droit de prélèvement puisque sa mère ne possédait pas de bien existant en France au moment de son décès.

B.
Bénéficiaires du droit de prélèvement

712.231 Les enfants du défunt ou leurs héritiers ou leurs ayants cause. Les bénéficiaires du droit de prélèvement sont au premier chef les enfants, mais si un enfant est prédécédé dans la mesure où selon le droit français ses propres enfants viennent à la succession de leur grand-père par représentation, ces derniers vont bénéficier également de ce droit de prélèvement.

En revanche, le terme d'ayant cause suscite plus de difficultés et l'on voit mal ce que le législateur a entendu viser à ce titre.

Par ailleurs, le texte ne vise pas le conjoint qui est donc exclu de ce droit de prélèvement.

Il faut aussi observer que la condition de nationalité ou de résidence habituelle en Europe ne concerne que les enfants et non leurs héritiers ou ayants droit.

712.231-1 Petite-fille du défunt norvégien résidant aux Bahamas vivant en Allemagne.

EXEMPLE

Le défunt de nationalité norvégienne résidait aux Bahamas. Sa fille norvégienne est prédécédée à Oslo et elle avait une fille qui réside actuellement à Munich. Le défunt laisse un appartement à Paris et par testament il a légué l'ensemble de sa succession à son dernier fils qui réside en Inde. La petite-fille ne devrait pas pouvoir faire jouer le droit de prélèvement sur l'appartement parisien puisque si elle réside sur le territoire d'un État membre de l'Union européenne, le texte semble attacher cette condition de résidence à l'enfant et non à ses héritiers.

C.
Mise en œuvre du prélèvement compensatoire

712.241 Une disposition en contrariété avec le règlement européen. L'article 913 alinéa 3 du Code civil fait directement référence à la réserve héréditaire que la loi française octroie aux héritiers. Ainsi, le texte envisage expressément l'application de la loi française aux biens à l'égard desquels elle devra être mise en œuvre. Or, une telle solution est en totale contrariété avec l'unité de loi successorale qu'impose le règlement européen (UE) n° 650/2012. Ce principe est par ailleurs rappelé de manière très claire dans le cadre du considérant 37 de son préambule : « *La règle principale devrait assurer que la succession est régie par une loi prévisible, avec laquelle elle présente des liens étroits. Pour des raisons de sécurité juridique et afin d'éviter le morcellement de la succession, cette loi devrait régir l'ensemble de la succession, c'est-à-dire l'intégralité du patrimoine composant la succession, quelle que soit la nature des biens et indépendamment du fait que ceux-ci sont situés dans un autre État membre ou dans un État tiers* ».

Force est donc de constater que cette nouvelle disposition met à bas cet objectif essentiel du règlement européen. Aussi, la plupart des commentateurs souhaitent une saisine rapide de la CJUE afin

1. À propos de l'ancien droit de prélèvement, v. M. Grimaldi (dir.), Dalloz action *Droit patrimonial de la famille*, 2025/2026, n°s 731.210 s.

que cette dernière juge de la compatibilité de cette règle avec le règlement.

712.242 Une mise en œuvre qui suppose la compétence du juge français. Outre la présence de biens en France, la mise en œuvre du prélèvement compensatoire supposera également la **compétence du juge français.** En effet, si un juge d'un autre État membre est compétent pour régler la succession, il ne mettra pas en œuvre les dispositions de l'article 913 alinéa 3 du Code civil. Cela suppose donc soit que le défunt avait sa dernière résidence habituelle en France et qu'il a élu sa loi nationale lui permettant d'exclure ses héritiers réservataires, soit que le défunt n'avait pas sa résidence habituelle dans un État membre et qu'il possédait des biens en France. Mais, en dehors de ces situations, les juridictions françaises ne seront pas compétentes pour connaître de la succession du défunt et ne pourront donc pas mettre en jeu ce droit de prélèvement.

712.242-1 Défunte anglaise ayant sa résidence habituelle à Bruxelles.

EXEMPLE

Une femme anglaise décède à Bruxelles. Elle a fait un testament par lequel elle a élu la loi anglaise et a transmis l'intégralité de sa succession à son fils aîné. Cette succession se composait notamment d'une société multinationale dont le siège social se trouvait à Paris et d'un parc immobilier important à Paris, Londres et Amsterdam. La fille de la défunte de nationalité française et habitant à Bordeaux souhaite invoquer son droit de prélèvement compensatoire. Or, dans la mesure où les juridictions françaises ne sont pas compétentes pour connaître de la succession de sa mère, elle ne pourra pas le faire, le juge belge seul compétent appliquera le testament et le droit anglais à la succession.

712.243 Difficulté de mise en œuvre en présence d'un renvoi opéré par le droit étranger applicable au droit français. L'octroi d'un droit à réserve par le jeu des **règles du renvoi** suscite aussi des difficultés. Les pays de *common law* par exemple ne connaissent pas la réserve mais beaucoup d'entre eux appliquent le renvoi à la loi du lieu de situation des biens immobiliers. Dès lors que la loi applicable n'est pas choisie par le défunt (*professio juris*, v. règlement européen, art. 22), le renvoi s'applique (art. 34). Si ce renvoi permet aux descendants de bénéficier d'un droit à réserve sur les biens immobiliers situés dans un pays connaissant un tel droit, faut-il faire jouer le prélèvement compensatoire en considérant que la loi applicable à la succession ne connaît pas de mécanisme réservataire protecteur ? Cette question devra être tranchée par les tribunaux.

712.243-1 Exemple d'application du renvoi.

EXEMPLE

Le défunt de nationalité américaine et résident anglais laisse à sa survivance son épouse un fils d'une première union de nationalité française et une fille issue de sa seconde union de nationalité anglaise. Par testament, il lègue l'universalité de ses biens à son épouse.

Son patrimoine comprend divers biens en Angleterre et un bien immobilier en France.

Le Royaume-Uni n'étant pas signataire du règlement européen (UE) n° 650/2012 du 4 juillet 2012, les règles de droit international privé anglais s'appliquent. Or ces règles prévoient que les biens immobiliers situés à l'étranger sont soumis à la loi de leur lieu de situation.

Ainsi chaque enfant a un droit à réserve d'un tiers sur le bien immobilier situé en France. Doit-on alors considérer qu'en raison de ce droit à réserve qui résulte du renvoi les enfants ne peuvent revendiquer le prélèvement compensatoire sur le bien situé en France ? Ou bien doit-on appliquer le prélèvement compensatoire au profit des enfants qui le demandent car la loi anglaise ne connaît pas la réserve ?

712.244 Calcul du montant du prélèvement compensatoire. Le texte ne prévoit pas expressément les modalités de calcul du montant à prélever par les descendants. La loi précise seulement que le prélèvement doit se faire sur les biens situés en France et par les enfants, leurs descendants ou leurs ayants cause « *de façon à être rétablis dans les droits réservataires que leur octroie la loi française, dans la limite de ceux-ci* ». Le texte vise à reconstituer la réserve des héritiers qui en font la demande au moyen d'un prélèvement sur les éléments d'actif situés en France.

Pour mettre en œuvre le dernier alinéa de l'article 913 du Code civil, il faut comparer les droits réservataires qu'auraient les héritiers si la succession avait été entièrement régie par la loi française aux droits qu'ils recueillent effectivement dans la succession, ainsi que cela était déjà préconisé sous l'empire de la loi du 14 juillet 1819 (art. 2) [1]. S'il existe une différence, les héritiers pourront la prélever sur les biens situés en France dans la limite de leurs droits réservataires et de la valeur des actifs situés en France.

La détermination du montant du prélèvement se fait en trois étapes :

- liquidation de la succession selon la loi qui lui est applicable et détermination des droits des descendants selon cette loi ;
- liquidation de la succession selon la loi française en tenant compte du patrimoine mondial et détermination de la réserve de chaque descendant ;
- comparaison entre les droits de chaque descendant dans chaque des deux liquidations. Le droit de prélèvement se calcule par différence entre le montant des droits réservataires selon la loi française et les droits accordés par la loi applicable à la succession.

1. Pour une approche méthodologique de l'ancien droit de prélèvement, v. Paris, 1re ch. C, 16 mai 1993, Pereire, *JDI* 1993. 83, note M. Revillard – CONFIRMÉ par : Civ. 1re, 3 juin 1997, n° 95-18.006, P I, n° 180.

712.244-1 Exercice du droit de prélèvement par des descendants.

EXEMPLE

Le défunt, domicilié au Royaume-Uni laisse trois enfants issus d'une précédente union et de nationalité britannique : Arthur et Babeth domiciliés en Angleterre, Conrad domicilié en France. Par testament, il a institué sa seconde épouse légataire universelle et désigné la loi anglaise pour le règlement de sa succession. Son patrimoine comprend divers biens au Royaume-Uni estimés à 800 000 € et un bien immobilier en France estimé à 600 000 €. De son vivant, il n'a consenti aucune libéralité entre vifs.

En application des dispositions testamentaires, l'universalité des biens, soit un total de 1 400 000 € revient à l'épouse.

Conrad fait valeur son droit de prélèvement, ses frère et sœur demandent également à en profiter, la loi leur ouvrant cette possibilité dès lors qu'un des enfants répond aux conditions de l'article 913 alinéa 3 du Code civil[1].

Si la succession avait été régie par la loi française, chacun des enfants aurait pu revendiquer sa part de réserve. En l'espèce, en l'absence de libéralités entre vifs, la masse de calcul de la quotité disponible, telle que prévue par l'article 922 du Code civil est de : 1 400 000/4 = 350 000 € (C. civ., art. 913, al. 1er). La réserve globale est des trois quarts de la masse de calcul soit 1 050 000 €. La réserve individuelle est de 350 000 €, le défunt laissant trois enfants.

Le montant du prélèvement devrait être, comme tous les enfants revendiquent leur part de réserve, de 1 050 000 €. Il est toutefois limité la valeur des biens en France soit 600 000 €. Chaque enfant ne pourra que partiellement recouvrer sa part de réserve sur les biens situés en France et a droit à 600 000/3 = 200 0000 €.

712.245 Modalités du prélèvement. L'article 913 alinéa 3 du Code civil prévoit un « *prélèvement compensatoire* » au profit des descendants ou de leurs ayants cause. On peut se demander si le prélèvement se fait en valeur ou en nature. Le terme « prélèvement » incite à penser que les héritiers peuvent appréhender les biens en France pour composer leur part de réserve. Toutefois, le législateur ayant qualifié ce prélèvement de « compensatoire », il semble plutôt qu'il s'agisse d'une indemnisation en valeur, ce qui semble cohérent avec le principe de réduction en valeur édicté par l'article 924 du Code civil et la nature du droit de prélèvement, analysé comme une action en réduction (v. ss no 712.221, note *in fine*). Le gratifié devrait toutefois pouvoir demander, dans les conditions de l'article 924-1 du Code civil, la réduction en nature, ce qui lui permettrait d'abandonner aux réservataires les biens situés en France, en particulier lorsque le droit de prélèvement porte sur la totalité de ces biens.

1. Le droit de prélèvement s'applique en effet dès lors que « *le défunt ou au moins l'un de ses enfants est, au moment du décès, ressortissant d'un État membre de l'Union européenne ou y réside habituellement* ».

LIVRE

8. LA MISE EN ŒUVRE DU SCHÉMA LIQUIDATIF : CAS PRATIQUES

SECTION 0

ORIENTEUR

8.00 Sommaire du livre.

8.01 Liquidation de succession sans héritier réservataire

1re partie : schéma liquidatif

En l'absence d'héritier réservataire, la liquidation de la succession commence directement à la masse à partager.

A. *Masse à partager*

1. *Biens existants (tous les biens laissés par le défunt y compris les biens légués)*		
– Immeuble sis à...		XXX
– Comptes bancaires		XXX
Actif brut de succession		XXX
2. *Passif (toutes les dettes et charges de la succession)*		
– Dettes : impôts...	XXX	
– Charges		
• Frais funéraires	XXX	
• Droit temporaire au logement du partenaire pacsé ou du conjoint	XXX	
• Frais de liquidation et partage	XXX	
• Récupération d'aide sociale	XXX	
• Créance de salaire différé	XXX	
Ensemble	XXX	XXX
Actif net de succession		XXX
3. *Déduction des legs*		
– Legs particulier à...		XXX
– Legs particulier à...		XXX
Actif net existant non légué à titre particulier		XXX

En l'absence d'héritier réservataire, si le défunt a consenti un legs universel ou à titre universel, la totalité de l'actif net existant non légué à titre particulier revient au légataire [1].

Si le défunt n'a pas institué de tels légataires, la liquidation se poursuit comme suit :

4. *Restitutions*	
Indemnité de rapport due par...	XXX
Bien ou quote-part de bien donné à... (si rapport en nature)	XXX
Total à partager	XXX
Dont le quart revenant à la mère[a]	1/4
Est de	XXX
Dont le quart revenant au père	1/4
Est de	XXX
Dont la moitié revenant aux frères et sœurs, F1, F2 et S1	1/2
Est de	XXX
Dont le tiers pour chaque frère ou sœur	1/3
Est de	XXX

a On suppose que la succession est dévolue aux héritiers de l'ordre 2 (C. civ., art. 734, 2°, et 738).

1. En principe, lorsqu'ils sont totalement exhérédés, les héritiers gratifiés en avancement de part ne doivent pas le rapport (v. s[s] n°s 422.41 et 422.44-1).

B. *Droits des parties et passif restant à acquitter*

a. la mère	
Ses droits légaux	XXX
b. le père	
Ses droits légaux	XXX
c. Frère F1	
Ses droits légaux	XXX
d. Frère F2	
Ses droits légaux	XXX
e. Sœur S1	
Ses droits légaux	XXX
f. Passif restant à acquitter	
Passif de succession	XXX
Total	XXX

Vérification :

Le total des droits des parties et du passif restant à acquitter doit être égal à l'actif brut à partager comprenant :

– les biens existants non légués,

– les rapports : indemnités de rapport, rapports en nature, indemnité spéciale due au titre du rapport prévu par l'article 845 du Code civil lorsque le gratifié est contraint au rapport même en cas de renonciation.

C. *Propositions d'attributions et d'affectation à l'acquit du passif*

a. la mère	
...	
b. le père	
...	
c. Frère F1	
...	
d. Frère F2	
...	
e. Sœur S1	
...	
f. Affectation à l'acquit du passif	
...	

Les attributions se font en respectant les règles du règlement en moins prenant des rapports et des dettes ainsi que selon la volonté des copartageants, les attributions préférentielles ne s'imposant qu'en cas de litige (v. s[s] n° 431.81). Elles sont présentées sous forme de propositions soumises aux copartageants.

2e partie : cas pratique

M. Loison décède en septembre 2024 laissant pour recueillir sa succession sa mère, Germaine Loison et sa sœur, Sophie Loison, épouse Valois. En 2014, il a consenti une donation à Sophie portant sur un terrain évalué à 50 000 € au jour de la donation. Les époux Valois ont édifié une maison sur ce terrain en 2016. Au décès et au partage, le terrain et la construction sont évalués à 200 000 €. Selon un expert, le terrain sans les constructions ne vaudrait que 60 000 € au partage.

Au décès, le patrimoine de M. Loison comprend les biens suivants :

– un appartement à Paris, évalué à 150 000 € ;
– un studio loué évalué à 60 000 € ;
– un portefeuille de valeurs mobilières évalué à 40 000 € ;
– des liquidités d'un montant de 12 000 €.

Le passif successoral s'élève à 8 000 €.

Par testament olographe en date du 3 mai 2017, M. Loison a légué à Mme Léonie Raymond, avec laquelle il était pacsé, la pleine propriété de l'appartement de Paris dans lequel tous deux vivaient.

Liquider la succession de M. Loison.

SOLUTION PROPOSÉE

I. *Observations préalables*

A. *Dévolution*

M. Loison est décédé laissant à sa survivance sa mère et sa sœur. En application de l'article 738 du Code civil, sa succession est dévolue comme suit :

– Mme Loison, mère du défunt : un quart de la succession ;
– Mme Valois, sœur du défunt : les trois quarts de la succession.

B. *Libéralités*

1. *Donation à Mme Sophie Valois*

En 2014, M. Loison a donné un terrain à sa sœur, Mme Valois, sur laquelle cette dernière a fait édifier une maison. Cette donation, faite à un présomptif héritier, est une donation en avancement de part successorale à défaut de clause contraire (C. civ., art. 843, al. 1er). Mme Valois en doit donc le rapport.

En application de l'article 860 du Code civil, le rapport est dû de la valeur du bien donné à l'époque du partage, compte tenu de son état au jour de la donation. Mme Valois doit donc le rapport de la valeur du terrain sans les constructions qu'elle a fait édifier, soit 60 000 €.

2. *Legs à la partenaire « pacsée »*

Par testament olographe, M. Loison a légué à Mme Raymond avec laquelle il était pacsé, la pleine propriété de l'appartement dans lequel tous deux vivaient. En l'absence d'héritier réservataire, ce legs peut s'exécuter pleinement.

II. *Aperçu liquidatif*

A. *Masse à partager*

1. Biens existants	
– Appartement	150 000
– Studio	60 000
– Valeurs mobilières	40 000
– Liquidités	12 000
Actif brut de succession	262 000
2. Passif	– 8 000
Actif net de succession	254 000
3. Déduction du legs à Mme Raymond	– 150 000
Reste	104 000
4. Restitutions	
Rapport dû par Mme Valois	60 000
Total à partager	164 000
Dont le quart pour Mme Loison	1/4
Est de	41 000
Dont les trois quarts pour Mme Valois	3/4
Sont de	123 000

B. *Droits des parties et passif restant à acquitter*

a. Mme Loison

Ses droits légaux	41 000	41 000

b. Mme Valois

Ses droits légaux	123 000	123 000

c. Passif restant à acquitter

Passif successoral	8 000	8 000
Total		172 000

Vérification :

Actif brut à partager et restitutions

– Studio	60 000
– Valeurs mobilières	40 000
– Liquidités	12 000
– Rapport dû par Mme Valois	60 000
Total égal au total distribué	172 000

C. *Propositions d'attributions et d'affectation à l'acquit du passif*

a. Mme Loison

– Valeurs mobilières	40 000
– Fraction des liquidités	1 000
Total, égal à ses droits	41 000

b. Mme Valois

– Son rapport en moins prenant	60 000
– Studio	60 000
– Fraction des liquidités	3 000
Total, égal à ses droits	123 000

c. Affectation à l'acquit du passif

Fraction des liquidités	8 000
Total, égal au passif à acquitter	8 000

8.02 Liquidation de succession avec réservataires mais sans conjoint

1re partie : schéma liquidatif

I. *Calcul de la quotité disponible et de la réserve*

1° Biens existants au décès y compris les biens légués

2° Passif au décès

3° Différence : actif net existant

4° Réunion fictive des libéralités entre vifs, valeur décès

5° Total

6° Application du taux de la quotité disponible

7° Application du taux de la réserve globale

8° Réserve individuelle

II. *Imputations*

1° Ordre et secteur d'imputation

2° Fixation de la fraction réductible des libéralités excessives

a. Donations

b. Legs particulier

c. Legs universel

d. Réduction proportionnelle en cas de pluralité de legs

III. *Masse à partager*

A. *Première partie : actif net existant* (v. ss nos 421.10 s.)

1° Établissement des biens existants au partage, valeur partage

2° Déduction du passif existant au partage

3° Actif net valeur partage

B. *Première partie (suite) : déduction des legs*

1° Déduction des legs particuliers (valeur au partage)

2° Actif net existant non légué à titre particulier (valeur au partage)

3° Déduction des droits du légataire universel (valeur au partage)

4° Actif net existant non légué (valeur au partage)

C. *Seconde partie : restitutions*

1° Restitution au titre du rapport

2° Restitution au titre de la réduction

3° Total actif net à partager entre les héritiers réservataires

IV. *Droits des parties et passif restant à acquitter*

1° Droits des parties : quote-part de chaque réservataire

2° Passif restant à acquitter

3° Vérification

Égalité entre le total des droits des parties et du passif restant à acquitter et l'actif brut à partager.

V. *Propositions d'attributions et d'affectation à l'acquit du passif ou de prise en charge du passif*

– attribution de biens existants avec éventuellement prise en charge du passif,

– attribution en moins prenant des restitutions,

– affectation à l'acquit du passif.

2e partie : cas pratique

Mme Lambert, née Goriot, demeurant rue Raynouard à Paris 16e, est décédée le 5 octobre 2024 ; elle était veuve non remariée de M. Lambert, décédé le 12 mars 2010.

La succession de M. Lambert a été liquidée et partagée suivant acte de Me Chabert, notaire à Paris, le 12 novembre 2012.

Mme Lambert laisse pour héritiers ses trois enfants : Jacques, Marie et Paul.

Aux termes de son testament olographe, elle a institué pour légataire universel son compagnon et partenaire de PACS, M. Vautrin, et elle a légué à titre particulier à son cousin, M. Pons, une collection de tableaux se trouvant à son domicile.

En 2014, elle a fait donation en avancement de part à Jacques d'un appartement à Versailles, d'une valeur de 200 000 € à l'époque de la donation, de 300 000 € au décès et de 360 000 € au partage. L'appartement ne vaudrait que 240 000 € au décès et 288 000 € au partage si Jacques n'avait pas fait effectuer d'importants travaux de rénovation en 2018.

En 2015, elle a donné à Marie, en avancement de part, un portefeuille de valeurs mobilières, d'une valeur de 200 000 € à l'époque de la donation, de 220 000 € au décès et de 260 000 € au partage.

En 2016, elle a donné à Paul, par don manuel, une somme de 180 000 €, que celui-ci a employée pour voyager autour du monde en voilier pendant deux ans.

Les biens existants se composent de :

– divers comptes en banque, comprenant des liquidités et des valeurs mobilières, pour un montant total de 160 000 € au décès ; au partage, le montant de ces comptes est de 200 000 € ;

– un appartement rue Raynouard, d'une valeur au décès de 760 000 € et de 912 000 € au partage ;

– une collection de tableaux se trouvant au domicile, d'une valeur de 80 000 € au décès et de 120 000 € au partage.

Il existe un passif de 40 000 € au décès et de 48 000 € au partage.

SOLUTION PROPOSÉE

I. *Calcul de la quotité disponible et de la réserve*

Opérations à effectuer	Biens et libéralités	Déductions	Valeurs	Remarques	Renvois
1° Biens existants au décès, valeur décès				C. civ., art. 922	v. s^s n° 312.61
	Comptes		160 000		
	Appartement		760 000		
	Tableaux		80 000		
Total			1 000 000		
2° Passif au décès		40 000			v. s^s n° 313.11
3° Actif net de succession			960 000		
4° Réunion fictive des libéralités					
	Donation à Jacques		240 000	Valeur au décès dans l'état au jour de la donation sans tenir compte de la plus-value due à l'activité du donataire	v. s^s n° 314.144
	Donation à Marie		220 000		
	Donation à Paul		180 000		
5° Total			1 600 000		
6° Application du taux de la quotité disponible	1/4		400 000	C. civ., art. 913	v. s^s n° 222.11
7° Application du taux de la réserve globale	3/4		1 200 000		
8° Réserve individuelle	1/4		400 000		

II. *Imputation des libéralités*

1. *Ordre et secteur d'imputation*

Secteur d'imputation	Réserve de Jacques 400 000	Réserve de Marie 400 000	Réserve de Paul 400 000	Quotité disponible 400 000	C. civ., art. 919-1 et 919-2 – V. s[s] n°s 322.11 s.
Ordre d'imputation					C. civ., art. 923 – V. s[s] n°s 321.11 s.
1° Donation à Jacques	– 240 000 160 000				
2° Donation à Marie		– 220 000 180 000			
3° Donation à Paul			– 180 000 220 000		
4° Total des legs				– 960 000 – 560 000	
Conclusion	Donation imputée sur la réserve qu'elle n'excède pas	Donation imputée sur la réserve qu'elle n'excède pas	Donation imputée sur la réserve qu'elle n'excède pas	Total des legs dépassant la quotité disponible de 560 000	

2. *Fixation de la fraction réductible de la libéralité excessive* (v. s[s] n° 321.44)

a. *Application du total des legs à la quotité disponible*

Le total légué est de 960 000 et la quotité disponible de 400 000.

Les legs peuvent s'exécuter à concurrence de 400 000/960 000 ou 5/12e et sont réductibles à concurrence de 560 000/960 000 ou 7/12e.

b. *Fraction réductible des legs*

La fraction réductible des legs est de 7/12e des biens existants valeur partage, elle s'applique :

Au légataire particulier, pour 7/12e de son legs (valeur partage) ;

Au légataire universel, pour 7/12e des biens existants (valeur partage), déduction faite du legs particulier (valeur partage).

On suppose qu'aucun des deux légataires ne demande la réduction en nature.

III. *Masse à partager*

Opérations		Déductions valeur partage	Valeurs actifs au partage	Remarques	Renvois
A. Masse à partager – Première partie				C. civ., art. 825	
1° Biens existants					v. s[s] n°s 421.21 à 421.61 s.
	Comptes		200 000		
	Appartement		912 000		
	Collection		120 000		
Total			1 232 000		
2° Passif		48 000			
3° Actif net valeur partage			1 184 000		
B. Déduction des legs					
1° Legs particulier		120 000			
2° Actif net non légué à titre particulier			1 064 000		
3° Legs universel		1 064 000			
4° Actif net non légué			0		
C. Masse à partager – Seconde partie				C. civ., art. 857 et 924	
1° Restitutions au titre du rapport				C. civ., art. 860, al. 1er	v. s[s] n°s 422.141 à 422.150 s.
	Rapport de Jacques		288 000		
	Rapport de Marie		260 000		
	Rapport de Paul		180 000	C. civ., art. 860-1	v. s[s] n°s 422.21-1et 422.173
2° Restitutions au titre de la réduction				C. civ., art. 926	v. s[s] n°s 321.44, 423.31 et 423.41 s.
	Indemnité de réduction légataire particulier		70 000	120 000 × 7/12	
	Indemnité de réduction légataire universel		620 667	1 064 000 × 7/12	
Total actif net, à partager entre les héritiers réservataires			1 418 667		

IV. *Droits des parties et passif restant à acquitter*

1. *Droits des parties*

1/3 de l'actif net à partager

1 418 667 : 3 = 472 889

2. *Passif restant à acquitter :* néant (le passif a été mis à la charge du légataire universel et déduit de ses droits sur les biens existants).

3. *Vérification*

Total des droits des parties et du passif à acquitter : 1 418 667

Égal à l'actif brut à partager comprenant :

Indemnités de rapport et de réduction 1 418 667

V. *Propositions d'attributions*

Les attributions ne portent que sur les restitutions.

Les indemnités de rapport sont attribuées en moins prenant au débiteur du rapport.

Les indemnités de réduction ont été versées en argent par les légataires et sont attribuées à chaque héritier à concurrence du solde de ses droits.

Attributaires	Jacques	Marie	Paul	Total
Articles				
Rapport Jacques	288 000			288 000
Rapport Marie		260 000		260 000
Rapport Paul			180 000	180 000
Indemnité de réduction M. Pons	70 000			70 000
Indemnité de réduction M. Vautrin	114 889	212 889	292 889	620 667
Total	472 889	472 889	472 889	1 418 667

8.03 Liquidation de succession en présence d'héritiers réservataires et du conjoint survivant

1re partie : schéma liquidatif

Lorsque le défunt était marié, le schéma liquidatif devient plus complexe. Il faut, en premier lieu, liquider le régime matrimonial afin de déterminer les droits du défunt.

Puis, s'il existe des héritiers réservataires et que le défunt a consenti des libéralités, il faut vérifier qu'il n'a pas été porté atteinte à la réserve héréditaire.

Par ailleurs, si le conjoint survivant n'a pas été exhérédé et s'il a des droits légaux en propriété, il faut déterminer ses droits avant d'établir la masse à partager.

On suppose dans ce schéma que le défunt était marié sous un régime de communauté[1]. On suppose également qu'il laisse à sa survivance trois enfants.

I. *Liquidation du régime matrimonial*

Ces calculs se font en valeur partage.

Toutefois, si les biens ont changé de valeur entre le décès et le partage, il conviendra de faire la liquidation également en valeur décès pour les calculs de contrôle de l'intégrité de la réserve (v. ci-dessous, II).

A. *Reprises et récompenses*

a) *du conjoint survivant*

1. *Reprises :*		
Biens propres au conjoint survivant		
2. *Compte de récompenses :*		
• Récompenses dues par la communauté		
– à raison (indiquer la cause de la récompense)		XXX
– à raison		XXX
Ensemble		XXX
• Récompenses dues à la communauté		
– à raison	XXX	
– à raison	XXX	
Ensemble	XXX	XXX
Solde, en faveur de la communauté (ou de la succession)	XXX	

b) *de la succession*

1. *Reprises :*		
Biens propres du défunt		
2. *Compte de récompenses :*		
• Récompenses dues par la communauté :		
– à raison		XXX
– à raison		XXX
Ensemble		XXX
• Récompenses dues à la communauté :		
– à raison	XXX	
– à raison	XXX	
Ensemble	XXX	XXX
Solde, en faveur de la communauté (ou de la succession)		XXX

1. S. David et A. Jault, Dalloz référence *Liquidation des régimes matrimoniaux*, 2024/2025 : pour des exemples de schémas liquidatifs lorsque les époux sont mariés sous le régime de la séparation de biens (v. Livre 3) ou de la participation aux acquêts (v. Livre 4).

B. *Communauté*

a) *Actif*

– Biens communs	XXX
– Solde en faveur de la communauté du compte de récompenses du conjoint survivant[a]	XXX
– Solde en faveur de la communauté du compte de récompenses de la succession[b]	XXX
Actif brut de communauté	XXX

a Si le solde du compte de récompenses du conjoint survivant est en faveur de la communauté, il doit être mis à l'actif de communauté.
b Si le solde du compte de récompenses de la succession est en faveur de la communauté, il doit être mis à l'actif de communauté.

b) *Passif :*

– Dettes communes quant à la contribution	XXX	
– Solde du compte de récompenses du conjoint survivant dû par la communauté[a]	XXX	
– Solde du compte de récompenses de la succession dû par la communauté[b]	XXX	
Total du passif	XXX	XXX
Actif net de communauté		XXX
Dont la moitié pour chacun des époux ou sa succession		1/2
Est de		XXX

a Si le solde du compte de récompenses du conjoint survivant est en faveur de ce dernier, il doit être placé au passif de communauté.
b Si le solde du compte de récompenses de la succession est en faveur de celle-ci, il doit être placé au passif de communauté.

II. *Succession*

A. *Contrôle de l'absence d'atteinte à la réserve*

Tous les calculs effectués dans les opérations préalables se font en valeur décès.

Il est donc nécessaire de recalculer le boni de communauté ainsi que le solde du compte de récompenses de la succession.

1. *Calcul de la quotité disponible et de la réserve*

1. *Biens existant au décès :*		
– Moitié du boni de communauté		XXX
– Biens propres au défunt		XXX
– Solde du compte de récompenses de la succession s'il est dû par la communauté		XXX
Ensemble		XXX
2. *Déduction du passif :*		
– Solde du compte de récompenses de la succession s'il est dû à la communauté	XXX	
– Dettes propres	XXX	

– Charges de la succession :		
– Frais funéraires	XXX	
– Frais de liquidation et partage	XXX	
– Droit temporaire au logement	XXX	
– Créance de salaire différé[a]	XXX	
Total du passif déductible	XXX	XXX
Reste		XXX
3. *Réunion fictive :*		XXX
– Donation à		XXX
– Donation à		XXX
– Donation à		XXX
Total, formant la masse de calcul		XXX
Dont le quart[b] formant la quotité disponible ordinaire		1/4
Est de		XXX
Et les trois quarts, formant la réserve globale		3/4
Sont de		XXX
Dont le tiers formant la réserve individuelle de chacun des trois enfants		1/3
Est de		XXX

a La liste des charges ici proposée n'est pas exhaustive.
b Dans l'hypothèse où, comme dans ce schéma, le défunt laisse trois enfants.

2. *Imputations*

Les donations doivent être imputées avant les legs, par ordre chronologique en commençant par la plus ancienne (C. civ., art. 923). Les legs s'imputent concurremment (C. civ., art. 926). (Sur l'ordre d'imputation, v. s[s] n°s 321.11 s.)

Les libéralités faites à des non-réservataires et celles faites hors part successorale à des réservataires s'imputent exclusivement sur la quotité disponible, l'excédent étant sujet à réduction (C. civ., art. 919-2).

Celles faites en avancement de part successorale s'imputent principalement sur la part de réserve du gratifié et subsidiairement sur la quotité disponible, l'excédent étant sujet à réduction (C. civ., art. 919-1). (Sur le secteur d'imputation, v. s[s] n°s 322.11 s.)

3. *Détermination des indemnités de réduction*

Si, après imputation, certaines libéralités s'avèrent réductibles, il faut calculer les indemnités de réduction dues par les gratifiés en réévaluant la fraction réductible au partage. (Sur le calcul de l'indemnité de réduction, v. s[s] n°s 341.31 s.)

B. *Droits du conjoint survivant*

Lorsque le conjoint survivant a des droits en propriété, il faut les calculer en appliquant les règles édictées par l'article 758-5 du Code civil (v. s[s] n°s 132.20 s.).

Il faut par ailleurs :

– imputer sur ces droits légaux, le droit viager au logement, s'il y a lieu (C. civ., art. 765, al. 1er) ;

– imputer sur ces droits légaux les libéralités reçues par le conjoint survivant, s'il y a lieu (C. civ., art. 758-6).

Il faut également procéder à ces imputations lorsque le conjoint a des droits légaux en usufruit.

Les droits en propriété du conjoint sont calculés en valeur décès puis réévalués en valeur partage (v. s[s] n° 132.92).

1. *Calcul des droits en propriété du conjoint en présence de descendants*

α. *Détermination des droits théoriques*

Masse de calcul

Biens existants au décès non légués, sauf ceux légués au conjoint		XXX
À déduire :		
– le passif	XXX	
– les legs hors part successorale	XXX	
Total à déduire	XXX	XXX
Reste		XXX
Réunion fictive des biens donnés ou légués sans dispense de rapport :		
– Donation à		XXX
– Donation à		XXX
Total, formant la masse de calcul des droits du conjoint		XXX

Droits théoriques du conjoint :

1/4 × Masse de calcul = XXX

β. *Masse d'exercice des droits du conjoint*

Masse d'exercice

Masse de calcul		XXX
À déduire :		
– la réserve globale	XXX	
– la fraction des libéralités rapportables s'imputant sur la quotité disponible	XXX	
Ensemble	XXX	XXX
Différence, égale à la masse d'exercice		XXX

γ. *Comparaison entre les droits théoriques et la masse d'exercice*

Les droits du conjoint sont égaux à la plus faible des deux sommes que représentent les droits théoriques et la masse d'exercice.

δ. *Réévaluation des droits légaux en valeur partage*

Droits légaux au partage = (Droits légaux déterminés en valeur décès/Actif net existant en valeur décès) × Actif net existant en valeur partage.

2. *Imputation du droit viager sur les droits légaux du conjoint*

Évaluation du droit viager = 60 % de la valeur de l'usufruit des biens grevés du droit viager (CGI, art. 669-I et 762 *bis*).

Imputation du droit viager sur les droits légaux afin de vérifier si le conjoint peut prélever un complément (v. s[s] n°s 132.101 s.).

3. *Imputation des libéralités faites au conjoint sur ses droits légaux*

Les libéralités faites au conjoint doivent être imputées sur ses droits légaux afin de vérifier s'il peut prélever un complément (v. s[s] n°s 132.111 s.).

C. *Masse à partager*

Les calculs se font ici en valeur partage.

Biens existants :

1. *Biens existants (tous les biens laissés par le défunt y compris les biens légués)*

– Moitié du *boni* de communauté	XXX
– Biens propres	XXX
– Solde du compte de récompenses de la succession s'il est en faveur de la succession	XXX
Actif brut de succession	XXX

2. *Passif (toutes les dettes et charges de la succession)*

– Dettes de succession : impôts	XXX	
– Solde du compte de récompenses de la succession s'il est en faveur de la communauté	XXX	
Charges : – Frais funéraires – Droit temporaire au logement du conjoint – Frais de liquidation et partage – Récupération d'aide sociale – Créance de salaire différé Ensemble	XXX XXX XXX XXX XXX XXX	XXX
Actif net de succession		XXX

3. *Déduction des legs et des droits légaux du conjoint survivant*

Droits légaux du conjoint survivant[a]	XXX	
Legs particulier à…	XXX	
Droits du légataire universel[b]	XXX	
Actif net existant non légué à titre particulier	XXX	XXX
Reste, revenant aux héritiers réservataires		XXX

a Le conjoint n'a des droits légaux que si les libéralités faites par le défunt n'ont pas épuisé la quotité disponible. Cela suppose notamment que le défunt n'a pas institué un légataire universel.

b Si le défunt a institué un légataire universel, alors le conjoint est totalement exhérédé. Il n'y a donc pas lieu de déduire ses droits légaux. Par ailleurs, le légataire universel n'a droit qu'à l'actif net non légué à titre particulier, c'est pourquoi on déduit les legs particuliers avant de le servir.

4. *Restitutions*

Indemnités de rapport (C. civ., art. 860)	XXX
Bien donné à… (*si rapport en nature*)	XXX
Indemnité due par le renonçant astreint au rapport (C. civ., art. 845)	XXX
Indemnité de réduction	XXX
Bien ou quote-part du bien restitué au titre de la réduction (*si réduction en nature*)	XXX
Total à partager	XXX
Dont le tiers pour chaque enfant	1/3
Est de	XXX

III. *Droits des parties et passif restant à acquitter*

1. Conjoint survivant

Moitié du *boni* de communauté	XXX	
Droit viager (s'il y a lieu)	XXX	
le complément pour former ses droits légaux ou ses droits légaux	XXX	
à quoi il faut ajouter[a] /ou à charge pour lui d'acquitter[b] /le solde de son compte de récompense	XXX	
Total/Reste, égal à ses droits	XXX	XXX

a Si le solde est en faveur du conjoint survivant.

b Si le solde est en faveur de la communauté.

2. Enfant 1

Droits légaux	XXX	XXX

3. Enfant 2

Droits légaux	XXX	XXX

4. Enfant 3

Droits légaux	XXX	XXX

5. Passif restant à acquitter

Passif de communauté hors solde de récompenses	XXX	
Passif de succession hors solde de récompenses	XXX	
Ensemble	XXX	XXX
Total des droits des parties et du passif restant à acquitter		XXX

Vérification :

Le total des droits des parties et du passif restant à acquitter doit être égal à l'actif brut à partager comprenant :

– les biens existants non légués : biens communs et biens propres ;

– les restitutions : indemnités de rapport, rapports en nature, indemnité spéciale due au titre du rapport prévu par l'article 845 du Code civil lorsque le gratifié est contraint au rapport même en cas de renonciation, indemnité de réduction et biens – ou quote-part de biens – restitués au titre de la réduction en nature.

IV. *Propositions d'attributions et affectation à l'acquit du passif*

1. *Conjoint survivant*	
…	
2. *Enfant 1*	
…	
3. *Enfant 2*	
…	
4. *Enfant 3*	
…	
5. *Affectation à l'acquit du passif*	
…	

Les attributions se font en respectant les règles du règlement en moins prenant des rapports (v. s[s] n° 422.191) et des dettes des copartageants (v. s[s] n°s 424.11 s.) ainsi que selon la volonté des copartageants, les attributions préférentielles ne s'imposant qu'en cas de litige (v. s[s] n° 431.81). Elles sont présentées sous forme de propositions soumises aux copartageants.

2e partie : cas pratique

M. Emmanuel Bouly (68 ans), époux en secondes noces de Mme Aline Legros (59 ans), avec laquelle il s'est marié le 30 juin 1986 sous le régime de la communauté de biens réduite aux acquêts, aux termes de son contrat de mariage reçu par Me Dupont, notaire à Versailles (Yvelines), le 12 juin 1986, est décédé en son domicile, à Versailles, le 31 août 2024. Auparavant, il avait été marié avec Mme Simone Géraud. Leur divorce avait été prononcé sur requête conjointe par un jugement du tribunal de grande instance de Paris, le 28 mars 1984.

M. Bouly laisse à sa survivance trois enfants :

– un enfant issu de son union avec Mme Géraud : Lionel, né en 1979, marié sous le régime de la communauté légale et sans enfant ;

– et deux enfants issus de son union avec Mme Legros :

Muriel, née en 1984, mariée sans enfant ;

et Claire, née en 1987, vivant en concubinage avec M. Marc Henry, le couple ayant trois enfants.

Il ressort du dossier qui vous est confié par les consorts Bouly que les époux ont réalisé les opérations suivantes :

1. *Mme Bouly née Legros*

• En 1987, elle a recueilli dans la succession de sa mère, décédée la même année, un local commercial sis à Montreuil (Seine-Saint-Denis), d'une valeur de 30 000 €. Ce local a été vendu en 2004 à Muriel pour 100 000 €, prix payé comptant. Cette somme a été déposée par Mme Bouly sur un compte ouvert au nom des deux époux.

• En 2002, elle a souscrit une assurance-retraite pour une période de dix ans, la prime annuelle étant de 15 000 €, pour un capital à l'échéance de 180 000 €, désignant comme bénéficiaire son époux, à défaut ses héritiers, en cas de prédécès.

2. *M. Bouly*

• Au jour du mariage, M. Bouly détenait un terrain sis à Viroflay (Yvelines).

• En 1987, il a reçu de son père par donation un appartement sis à Paris (11e), 5, place des Antilles et un appartement sis à Paris (12e), 22, cours de Vincennes. Les droits de donation ont été acquittés par le donateur.

• En 2008, il a recueilli dans la succession de son père :

– une propriété à Kervignac (Morbihan) évaluée dans la déclaration de succession à 440 000 € ;

– un appartement avec un garage et une cave à Paris (6e), 16, rue Tournon, d'une valeur de 700 000 € au décès du père de M. Bouly ;

– deux appartements à Bagnolet (Seine-Saint-Denis), évalués chacun à 330 000 € dans la déclaration de succession ;

– des valeurs mobilières à la Société Générale, évaluées à 1 900 000 €, dans la déclaration de succession.

Au cours du mariage, M. Bouly, à l'aide de ses revenus, a fait des travaux dans sa propriété de Kervignac ; ces travaux se sont élevés à la somme de 110 000 €. La maison a une valeur actuelle, tant au décès qu'au partage de 680 000 €. Sans les travaux, sa valeur n'aurait été que de 600 000 € à ces deux dates.

Les droits de succession ont été prélevés sur l'actif successoral à concurrence de 300 000 €. Le surplus, soit la somme de 100 000 €, a été payé par M. Bouly au moyen d'économies sur ses gains et salaires.

• En décembre 2009, M. Bouly a vendu le terrain de Viroflay moyennant le prix de 200 000 €, somme qu'il a donnée à Muriel en avancement de part successorale. Muriel a acquis au moyen des deniers donnés un appartement à Lyon moyennant un prix de 250 000 €, frais compris. Cet appartement vaut au décès comme au partage 360 000 €.

• En mars 2010, M. Bouly a donné à Claire, en avancement de part, l'appartement sis à Paris (12e), 22 Cours de Vincennes évalué à 200 000 €, au jour de l'acte. Cet appartement vaut 420 000 € au décès et au partage. Il ne vaudrait que 380 000 € sans les travaux de rénovation faits par Claire.

• En 2011, M. Bouly a donné à Lionel en avancement de part successorale, l'appartement sis à Paris (6e), 16 rue Tournon, alors évalué à 700 000 €. L'acte de donation contenait une clause obligeant le gratifié à rapporter la donation en cas de renonciation. Cet appartement vaut 1 400 000 € au décès comme au partage.

3. *Renseignements divers*

• Au décès, le patrimoine des époux était composé de :

– au Crédit Lyonnais, un compte créditeur de 60 000 € ;

– la maison de Versailles (Yvelines), domicile des époux : 700 000 € ;

– le mobilier le garnissant 90 000 € ;

– l'assurance retraite souscrite par Mme Bouly et dont la provision mathématique était de 128 000 € au 1er août 2017 ;

– la propriété de Kervignac (Morbihan) : 680 000 € ;

– l'appartement de Paris (11e), 5, Place des Antilles : 560 000 € ;

– les deux appartements de Bagnolet (Seine-Saint-Denis), valant chacun : 400 000 € ;

– les valeurs mobilières détenues par la Société Générale : 2 100 000 €.

Les époux devaient une somme de 20 000 € au Crédit Lyonnais.

Les frais de sépulture se sont élevés à 10 000 €, suivant la facture présentée au mois d'août 2017.

Sauf précision contraire, les valeurs des biens et le montant du passif sont identiques au décès et au partage.

• Aux termes de son testament olographe en date à Versailles du 30 avril 2000, M. Bouly a légué à son épouse ses parts et droits dans l'appartement de Versailles et le mobilier le garnissant et à sa fille Claire la propriété de Kervignac.

Liquidez la succession de M. Bouly sachant que Lionel, qui s'entend mal avec sa belle-mère et ses demi-sœurs, y renonce.

SOLUTION PROPOSÉE

Préalablement à l'établissement de la déclaration de succession et au calcul des droits de mutation par décès (III), nous exposerons les particularités du thème tant civiles (I) que fiscales (II).

I. *Particularités civiles*

A. *Régime matrimonial*

1. *Nature*

Les époux Bouly se sont mariés le 30 juin 1986. Ils ont fait précéder leur union d'un contrat de mariage aux termes duquel ils ont adopté le régime de la communauté réduite aux acquêts.

À défaut de précision du thème, on supposera qu'ils n'ont apporté aucune dérogation au régime légal dans leur contrat, de sorte que la liquidation de leur régime matrimonial se fera selon les règles édictées par les articles 1401 et suivants du Code civil.

2. *Détermination des biens communs*

On supposera, à défaut de précision du thème, que la maison sise à Versailles a été acquise à titre onéreux par les époux pendant le mariage, et qu'il s'agit donc d'un bien commun en sa qualité d'acquêt (C. civ., art. 1401).

Quant au mobilier garnissant cette maison et au compte créditeur au Crédit Lyonnais, ils sont également réputés être communs, en vertu de la présomption de communauté édictée par l'article 1432 du Code civil.

Enfin, l'assurance retraite souscrite par Mme Bouly et constituée au moyen de deniers présumés communs, à défaut de précision du thème, est également à inscrire à l'actif de communauté. En effet, depuis l'arrêt *Praslicka* [1], les contrats de capitalisation, dont fait partie le contrat d'assurance retraite souscrit par Mme Bouly, sont à inscrire à l'actif de la communauté si les primes ont été versées au moyen de deniers communs. L'éventuel caractère aléatoire du contrat est sans incidence sur la nature commune du contrat [2]. Il y a donc lieu d'inscrire à l'actif de communauté, la provision mathématique de 128 000 €, car le contrat n'est pas dénoué par la dissolution de la communauté, le souscripteur et bénéficiaire étant toujours en vie.

3. *Passif de communauté*

La somme de 20 000 € due au Crédit Lyonnais est à inscrire au passif de la communauté. Le thème précise en effet que les deux époux sont débiteurs de cette somme, ils ont donc contracté ensemble l'emprunt que l'on supposera fait pour l'entretien du ménage et l'éducation des enfants, conformément à l'article 220 du Code civil (C. civ., art. 1409).

4. *Biens propres et récompenses*

a) *Biens propres dépendant de la succession*

M. Bouly était propriétaire au jour du mariage d'un terrain sis à Viroflay (Yvelines). Ce terrain est un bien propre en sa qualité de bien présent (C. civ., art. 1405). Il ne fait toutefois pas l'objet d'une reprise car il a été vendu. Par ailleurs, aucune récompense n'est due à la communauté car les deniers provenant de la vente ont été donnés à Muriel.

M. Bouly a reçu par donation de son père un appartement sis à Paris (6e), 16 rue Tournon. Reçu à titre gratuit, ce bien est un bien propre au défunt en sa qualité de bien à venir (C. civ., art. 1405, al. 1er), il pouvait donc en disposer seul à titre gratuit au profit de son fils Lionel. Par ailleurs, cette donation ne donne lieu à aucune récompense.

M. Bouly a enfin recueilli dans la succession de son père divers biens immobiliers : une propriété à Kervignac, un appartement et ses annexes à Paris (6e), deux appartements à Bagnolet ainsi que des valeurs mobilières. Également reçus à titre gratuit, ces biens sont des biens propres au défunt en leur qualité de biens à venir (C. civ., art. 1405, al. 1er). On supposera, à défaut de précision du thème, que les valeurs mobilières recueillies dans la succession du père de M. Bouly ont été placées sur un compte spécialement ouvert à cet effet de sorte qu'il est possible d'en faire la reprise en nature. Enfin, à défaut de précision du thème, on supposera, d'une part que la communauté ayant existé entre M. Bouly et Mme Géraud a été entièrement liquidée et d'autre part, que M. Bouly n'était propriétaire d'aucun bien au jour du mariage, hormis le terrain sis à Viroflay.

b) *Biens propres du conjoint survivant*

Mme Bouly a recueilli dans la succession de sa mère un local commercial. Reçu à titre gratuit, ce bien est propre en sa qualité de bien à venir (C. civ., art. 1405, al. 1er). Au cours du mariage, Mme Bouly a vendu ce bien à l'une de ses filles, Muriel, moyennant le prix de 100 000 €, payé comptant. Ainsi qu'on le verra *infra* (c. récompenses), l'encaissement de la somme de 100 000 € par la communauté donnera lieu à récompense.

c) *Récompenses*

Un compte de récompenses doit être établi au nom de chaque époux ou de sa succession (C. civ., art. 1468).

* *Compte de récompenses de la succession de M. Bouly*

Récompenses dues à la communauté

1° La succession de M. Bouly doit récompense à la communauté à raison des travaux réalisés dans la maison de Kervignac. Ces travaux ont en effet été financés par M. Bouly au moyen de ses revenus, lesquels sont communs qu'il s'agisse de revenus provenant de son industrie personnelle ou de ses biens propres (C. civ., art. 1401).

Le principe de cette récompense résulte de l'article 1437 du Code civil aux termes duquel une récompense est due toutes les fois qu'il est pris sur la communauté une somme d'argent pour l'amélioration d'un bien propre.

Quant à son montant, la récompense doit être calculée selon les règles édictées par l'article 1469 du Code civil. Le thème ne précise toutefois pas si les travaux réalisés sont des travaux d'amélioration ou de conservation du bien propre. Or une telle précision est importante car le montant de la récompense dépend de la nature des travaux :

– s'il s'agit d'une dépense d'amélioration, la récompense est égale au profit subsistant [3] (80 000 € en l'espèce) ;

– s'il s'agit d'une dépense nécessaire, la récompense est égale à la plus forte des deux sommes que représentent le profit subsistant ou la dépense faite [4] (110 000 € en l'espèce). On supposera, dans la liquidation à venir, qu'il s'agissait de dépenses nécessaires à la conservation de la propriété de Kervignac et donc que la récompense est égale à 110 000 €.

2° Par ailleurs, M. Bouly doit récompense à la communauté à raison du paiement d'une partie des droits de succession dus lors du décès de son père. M. Bouly a effet prélevé pour payer ces droits une somme de 100 000 € sur ses gains et salaires, lesquels sont des biens communs (C. civ., art. 1401). S'agissant d'une dépense assimilée à une dépense d'acquisition, la récompense est égale au profit subsistant lequel se

1. Civ. 1re, 31 mars 1992, n° 90-16.343, P I, n° 95 ; *JCP* 1992. I. 3614, n° 6, obs. P. Simler ; *JCP* 1993. II. 22059, note B. Abry ; *Defrénois* 1992. 1159, obs. G. Champenois ; *RTD civ.* 1992. 632 et 635, obs. F. Lucet et B. Vareille ; *RTD civ.* 1995. 171, obs. B. Vareille.
2. Civ. 1re, 19 avr. 2005, n° 02-10.985, P I, n° 189.
3. C. civ., art. 1469, al. 1er et 3 combinés.
4. C. civ., art. 1469, al. 1er et 2 combinés.

calcule de la façon suivante, s'agissant d'une acquisition à titre gratuit :

Profit subsistant = (Valeur empruntée/Valeur au jour de la transmission des biens reçus à titre gratuit) × Valeur actuelle des biens

En l'espèce, la valeur des biens reçus par M. Bouly dans la succession de son père est de :

	Valeur déclaration de succession	Valeur partage
– la propriété de Kervignac (valeur sans travaux)	440 000	600 000
– l'appartement à Paris (6e), 16, rue Tournon	700 000	700 000
– les deux appartements de Bagnolet (Seine-Saint-Denis)	660 000	800 000
– les valeurs mobilières détenues par la Société Générale	1 900 000	2 100 000
Ensemble	3 700 000	4 200 000

Récompense = 100 000/(3 700 000 + 300 000) × 4 200 000 = 105 000 €

Total des récompenses dues à la communauté : 110 000 + 105 000 = 215 000 €

Récompenses dues par la communauté : Néant.

* *Compte de récompense de Mme Bouly*

Récompenses dues par la communauté

La communauté doit récompense à Mme Bouly à raison de l'encaissement de deniers provenant de la vente du local commercial que cette dernière avait recueilli dans la succession de sa mère. Le principe de cette récompense résulte de l'article 1433 du Code civil aux termes duquel une récompense est due par la communauté toutes les fois qu'elle « a encaissé des deniers [...] provenant de la vente d'un propre », sans qu'il en ait été fait emploi ou remploi. Les deniers ayant été déposés sur un compte ouvert au nom des deux époux, la communauté est présumée avoir tiré profit des deniers propres [1].

Quant à son montant, il est égal au nominal de la somme encaissée, à défaut d'utilisation particulière des deniers par la communauté.

Récompenses dues à la communauté : Néant.

B. *Succession*

1. *Dévolution*

Les trois enfants de M. Bouly sont appelés à la succession. En leur qualité d'héritiers du premier ordre et du premier degré, ils en excluent tout parent d'un autre ordre, sauf le conjoint. Le fait que Muriel soit née avant le mariage – en 1984 alors que le mariage a été célébré en 1986 – est sans incidence sur ses droits dans la succession de son père. Tous les enfants du défunt ont en effet les mêmes droits quelle que soit leur filiation (C. civ., art. 733).

Lionel renonce, il n'est donc en principe pas pris en compte dans la liquidation. Toutefois, étant astreint au rapport même en cas de renonciation en vertu d'une clause de la donation qui lui a été consentie par le défunt, la liquidation doit être faite comme s'il n'avait pas renoncé. En particulier, le taux de la réserve et de la quotité disponible est déterminé en tenant compte de l'enfant renonçant contraint au rapport (C. civ., art. 913, al. 2).

En l'espèce, la réserve globale est donc des trois quarts et la quotité disponible d'un quart.

Quant au conjoint survivant, il est appelé à la succession et recueille la propriété du quart des biens, le défunt laissant un enfant qui n'est pas issu des deux époux : Lionel (C. civ., art. 757).

Par ailleurs, la loi accorde au conjoint survivant un droit au logement temporaire et un droit au logement viager portant sur le logement de la famille et sur le mobilier le garnissant (C. civ., art. 763 et 764).

Mme Geraud, dont est divorcé le défunt, n'a en revanche aucun droit dans la succession de M. Bouly, car seul le conjoint successible, c'est-à-dire non divorcé (C. civ., art. 732), est appelé à la succession.

2. *Libéralités*

Le défunt a consenti une donation à chacun de ses trois enfants. Il a également consenti deux legs : un legs au profit de Claire, portant sur un bien propre (la propriété de Kervignac) et l'autre au profit de son épouse et portant sur ses parts et droits dans la maison de Versailles et son mobilier.

a) *Donation à Muriel*

Muriel a reçu de son père une somme de 200 000 €. La donation faite à Muriel est présumée en avancement de part successorale, à défaut de clause contraire (C. civ., art. 843). Elle est donc est rapportable.

Le montant du rapport est déterminé selon les règles de l'article 860-1 du Code civil, la donation ayant porté sur une somme d'argent. La somme ayant été employée, le rapport est dû de la valeur des biens qu'elle a permis d'acquérir.

En l'espèce, les 200 000 € donnés ont permis d'acquérir un appartement moyennant un prix de 250 000 € : ils ont donc financé 4/5e de l'appartement. Cet appartement valant 360 000 € au partage, Muriel est débitrice d'une indemnité de rapport d'un montant de 4/5 × 360 000 = 288 000 €.

La donation à Muriel doit par ailleurs être réunie fictivement pour la valeur, au décès, de la quote-part de l'appartement acquis au moyen des deniers donnés, soit 288 000 €, les biens n'ayant pas changé de valeur entre le décès et le partage (360 000 €).

b) *Donation à Claire*

Claire a reçu de son père une donation portant sur un appartement.

Cette donation, également présumée rapportable en vertu de l'article 843 du Code civil, doit être rapportée pour la valeur des biens donnés au partage compte tenu de leur état au jour de la donation (C. civ., art. 860). Il ne doit donc pas être tenu des travaux effectués par la donataire. Le rapport est donc de 380 000 €.

1. Civ. 1re, 8 févr. 2005, n° 02-12.103, 1re et 2e esp., P I, n° 80 ; *D.* 2005. 1674, note C. Brenner ; *D.* 2005. 2114, obs. V. Brémond, M. Nicod et J. Revel ; *AJ fam.* 2005. 149, obs. P. Hilt ; *AJ fam.* 2005. 235, obs. F. Chénedé ; *Dr. fam.* 2005, n° 80, obs. B. Beignier ; *RTD civ.* 2005. 446, obs. B. Vareille.

C'est pour cette même valeur (380 000 €) que les biens donnés doivent être réunis fictivement, car la valeur des biens était la même au décès.

c) *Donation à Lionel*

Le défunt a consenti à son fils issu de sa première union une donation rapportable relativement importante, pensant probablement lui attribuer ainsi sa part de réserve.

Sur les conseils de son notaire, il a prévu une clause obligeant le gratifié à rapporter la donation même en cas de renonciation afin que Lionel ne déjoue pas sa stratégie de transmission patrimoniale en renonçant à la succession. En effet, en l'absence d'une telle clause, la donation à Lionel s'imputerait uniquement sur la quotité disponible en cas de renonciation, rendant probablement réductibles les legs consentis à Claire et à Mme Bouly.

En application de l'article 845 du Code civil, il faut comparer ce que Lionel conserve en renonçant à la succession avec ce qu'il aurait dû recevoir s'il n'avait pas renoncé.

Si la donation excède ce qu'il aurait dû recevoir en l'absence de renonciation, il doit indemniser les héritiers acceptants de la différence.

Pour faire cette comparaison, il faut liquider la succession comme si Lionel n'avait pas renoncé et donc tenir compte de son rapport. Ce rapport est égal à la valeur des biens donnés à l'époque du partage, compte tenu de leur état au jour de la donation (C. civ., art. 860) soit 1 400 000 €. Par ailleurs, la donation est réunie fictivement pour la valeur des biens donnés au décès, compte tenu de leur état au jour de la donation (C. civ., art. 922), soit 1 400 000 € également.

d) *Legs adressé à Claire*

Ce legs, portant sur la propriété de Kervignac, est présumé hors part successorale (C. civ., art. 843, al. 2). Il s'impute donc uniquement sur la quotité disponible. S'il excède la quotité disponible, il est sujet à réduction (C. civ., art. 919-2).

e) *Legs à Mme Bouly*

Cette libéralité, portant sur la maison de Versailles et son mobilier, est également présumée hors part successorale, en tant que libéralité à cause de mort (C. civ., art. 843, al. 2).

Son imputation ne peut se faire que sur le disponible, le conjoint survivant n'ayant pas la qualité d'héritier réservataire en présence de descendants.

Il faudra par ailleurs imputer le legs fait à Mme Bouly sur ses droits légaux, conformément à l'article 758-6 du Code civil.

3. *Passif successoral*

Il y a lieu d'inscrire au passif de la succession de M. Bouly deux éléments :

– les frais funéraires tout d'abord, qui sont des charges successorales, pour leur montant de 10 000 € ;

– à cela s'ajoute le solde du compte de récompenses en faveur de la communauté, soit 215 000 €.

II. *Aperçu liquidatif*

A. *Reprises et récompenses*

a) *de Mme Bouly*

1. *Reprises :*	Néant
2. *Compte de récompenses :*	
– Récompenses dues par la communauté :	
– à raison de l'encaissement du prix de vente du local commercial	100 000
– Récompenses dues à la communauté	Néant
Solde, en faveur de Mme Bouly	100 000

b) *de la succession de M. Bouly*

1. *Reprises :*		
– Propriété de Kervignac (Morbihan)		
– Appartement de Paris (11e), 5, Place des Antilles		
– deux appartements sis à Bagnolet (Seine-Saint-Denis)		
– Valeurs mobilières à la Société Générale		
2. *Compte de récompenses :*		
– Récompenses dues à la communauté :		
– à raison des travaux effectués dans la propriété de Kervignac	110 000	
– à raison du paiement des droits de succession	105 000	
Ensemble		215 000
– Récompenses dues par la communauté		Néant
Solde, en faveur de la communauté		215 000

B. *Communauté*

a) *Actif*

Compte créditeur au Crédit Lyonnais	60 000
Maison de Versailles	700 000
Mobilier garnissant la maison de Versailles	90 000
Contrat d'assurance retraite	128 000
Solde du compte de récompenses de la succession de M. Bouly	215 000
Actif brut de communauté	1 193 000

b) *Passif*

Dette auprès du Crédit Lyonnais	20 000	
Solde du compte de récompenses dues par la communauté à Mme Bouly	100 000	
Ensemble	120 000	120 000
Actif net de communauté		1 073 000
Dont la moitié pour chacun des époux ou sa succession		1/2
Est de		536 500

C. *Succession*

1. *Contrôle de l'intégrité de la réserve*

a) *Calcul de la quotité disponible et de la réserve*

1. *Biens existant au décès :*		
Moitié du boni de communauté		536 500
Propriété de Kervignac (Morbihan)		680 000
Appartement de Paris (11e), 5, place des Antilles		560 000
Deux appartements sis à Bagnolet (Seine-Saint-Denis)		800 000
Valeurs mobilières à la Société Générale		2 100 000
Ensemble		4 676 500
2. *Déduction du passif :*		
Solde du compte de récompenses dû à la communauté	215 000	
Frais funéraires	10 000	
Ensemble	225 000	225 000
Reste		4 451 500
3. *Réunion fictive :*		
Donation à Muriel		288 000
Donation à Claire		380 000
Donation à Lionel		1 400 000
Masse de calcul de la quotité disponible :		6 519 500
Dont le quart formant la quotité disponible ordinaire		1/4
Est de		1 629 875
Et les trois quarts, formant la réserve globale		3/4
Sont de		4 889 625
Dont le tiers formant la réserve individuelle de chacun des trois enfants		1/3
Est de		1 629 875

b) *Imputations*

Les donations doivent être imputées avant les legs, par ordre chronologique en commençant par la plus ancienne (C. civ., art. 923). Les legs s'imputent concurremment (C. civ., art. 926).

Les donations à Claire et Muriel, étant faites en avancement de part successorale, s'imputent principalement sur la part de réserve des gratifiées et subsidiairement sur la quotité disponible, l'excédent étant sujet à réduction (C. civ., art. 919-1).

Les legs s'imputent exclusivement sur la quotité disponible, l'excédent étant sujet à réduction (C. civ., art. 919-2). Le total légué en l'espèce est de 680 000 + 1/2 (700 000 + 90 000) = 1 075 000 € – legs à Claire portant sur la propriété de Kervignac d'une valeur de 680 000 € et legs à Mme Bouly portant sur la moitié de la maison de Versailles (700 000 €) et sur la moitié du mobilier la garnissant (90 000 €).

	RI Muriel 1 629 875	RI Claire 1 629 875	RI Lionel 1 629 875	QD 1 629 875
Donation à Muriel	– 288 000 1 341 875			
Donation à Claire		– 380 000 1 249 875		
Donation à Lionel			– 1 400 000 229 875	
Legs à Mme Bouly et à Claire				– 1 075 000 554 875

RI : réserve individuelle
QD : quotité disponible

Les legs ne sont pas réductibles.

La clause obligeant le renonçant à rapporter a permis d'éviter la réduction des legs.

2. *Droits du conjoint survivant*

Mme Bouly a des droits légaux en pleine propriété. Afin de voir si elle a au moins reçu ses droits légaux au moyen de la libéralité qui lui a été consentie, il faut calculer ces droits.

Elle bénéficie par ailleurs de ses droits au logement, lesquels s'éteignent par confusion car elle est légataire des biens assurant son habitation principale.

Le calcul des droits légaux du conjoint survivant se fait en trois étapes. Il faut ensuite imputer sur les droits ainsi calculés les libéralités reçues par le conjoint.

a) *Calcul des droits en propriété du conjoint*

α. *Détermination des droits théoriques*

Masse de calcul

Biens existants au décès non légués, sauf ceux légués au conjoint		4 676 500
À déduire :		
– le passif	225 000	
– le legs hors part successorale	680 000[a]	
Total à déduire	905 000	905 000
Reste		3 771 500
Réunion fictive des biens donnés ou légués sans dispense de rapport :		
Donation à Muriel		288 000
Donation à Claire		380 000
Donation à Lionel		1 400 000
Total		5 839 500

a Il y a lieu de déduire la totalité du legs consenti à Claire (680 000) car ce bien ne fait plus partie des biens existants, la réduction éventuelle du legs se faisant en valeur. C'est aussi que ce bien est une libéralité imputable sur la quotité disponible, donc ne faisant pas partie de la masse de calcul. Le conjoint, n'étant pas réservataire, ne peut pas prétendre à ce que le défunt avait distrait de sa succession dans les limites de la quotité disponible – Pour la libéralité reçue par Mme Bouly, on laisse cette libéralité dans la masse de calcul qui sert à déterminer les droits légaux car c'est sur ces droits légaux que le conjoint survivant impute les libéralités qu'il reçoit.

Droits théoriques du conjoint :

1/4 × 5 839 500 = 1 459 875 €

β. *Masse d'exercice des droits du conjoint*

Masse d'exercice

Masse de calcul		5 839 500
À déduire :		
– la réserve globale (v. *supra*)	4 889 625	
– la fraction de libéralité rapportable s'imputant sur la quotité disponible	0	
Ensemble	4 889 625	4 889 625
Différence[a]		949 875

a Pour finir, la masse d'exercice est égale à la quotité disponible moins les libéralités hors part successorale : 1 629 875 – 680 000 = 949 875 €.

γ. *Comparaison entre les droits théoriques et la masse d'exercice*

Les droits légaux du conjoint sont égaux à la plus faible des deux sommes, entre ses droits théoriques (1 459 875 €) et la masse d'exercice (949 875 €). Ils sont donc de 949 875 €.

b) *Imputation des libéralités faites au conjoint sur ses droits légaux :*

Le conjoint a reçu une libéralité portant sur des biens d'une valeur de 790 000/2 = 395 000 €. Cette libéralité s'impute sur ses droits légaux (C. civ., art. 758-6) : 949 875 – 395 000 = 554 875 €.

Il apparaît que le conjoint n'est pas rempli de ses droits légaux au moyen du legs qui lui a été fait. Il peut donc prélever un complément de 554 875 € sur les biens existants.

On constate ainsi que le reliquat de quotité disponible revient au conjoint survivant.

3. *Masse à partager fictive*

1. *Biens existants* :	
– Moitié du *boni* de communauté	536 500
– Propriété de Kervignac (Morbihan)	680 000
– Appartement de Paris (11e), 5, Place des Antilles	560 000
– deux appartements sis à Bagnolet (Seine-Saint-Denis)	800 000
– Valeurs mobilières à la Société Générale	2 100 000
Ensemble	4 676 500

2. *Déduction du passif :*			
– Solde du compte de récompenses dû à la communauté	215 000		
– Frais funéraires	10 000		
Ensemble	225 000	225 000	
Reste		4 451 500	
À déduire :			
– le legs particulier à Claire	680 000		
– les droits légaux de Mme Bouly	554 875		
– le legs particulier à Mme Bouly	395 000		
Ensemble		1 629 875	1 629 875
Reste à partager			2 821 625
Restitutions :			
Rapport dû par Muriel		288 000	
Rapport dû par Claire		380 000	
Rapport dû par Lionel		1 400 000	
Masse à partager :			4 889 625
Dont le tiers pour chaque enfant			1/3
Est de			1 629 875

En l'absence de renonciation, Lionel aurait reçu 1 629 875 €. En renonçant, il ne conserve que 1 400 000 €. Il ne doit donc aucune indemnité à ses cohéritières.

4. *Masse à partager réelle*

1. *Biens existants* :	
– Moitié du *boni* de communauté	536 500
– Propriété de Kervignac (Morbihan)	680 000
– Appartement de Paris (11e), 5, Place des Antilles	560 000
– deux appartements sis à Bagnolet (Seine-Saint-Denis)	800 000
– Valeurs mobilières à la Société Générale	2 100 000
Ensemble	4 676 500

2. *Déduction du passif* :			
– Solde du compte de récompenses dû à la communauté	215 000		
– Frais funéraires	10 000		
Ensemble	225 000	225 000	
Reste		4 451 500	
À déduire :			
– le legs particulier à Claire	680 000		
– le complément pour former les droits légaux de Mme Bouly	554 875		
– le legs particulier à Mme Bouly	395 000		
Ensemble		1 629 875	1 629 875
Reste à partager			2 821 625
Restitutions :			
Rapport dû par Muriel		288 000	
Rapport dû par Claire		380 000	
Masse à partager :			3 489 625
Dont le tiers pour chaque enfant			1/2
Est de			1 744 812,50

5. *Droits des parties et passif restant à acquitter*

1. *Conjoint survivant* :		
– moitié du *boni* de communauté		536 500
– à quoi il faut ajouter le solde de son compte de récompense		100 000
– le complément pour former ses droits légaux		554 875
Total, égal à ses droits		1 191 375
2. *Claire* :		
Droits légaux		1 744 812,50
3. *Muriel* :		
Droits légaux		1 744 812,50
4. *Passif restant à acquitter* :		
Somme due au Crédit Lyonnais	20 000	
Frais funéraires	10 000	
Ensemble	30 000	30 000
Total des droits des parties et du passif restant à acquitter		4 711 000
Égal à l'actif brut à partager (biens communs et biens propres non légués augmentés des restitutions), comprenant :		
– Compte créditeur au Crédit Lyonnais		60 000
– Maison de Versailles (1/2)		350 000
– Mobilier garnissant la maison de Versailles (1/2)		45 000
– Contrat d'assurance retraite		128 000
– Appartement de Paris (11e), 5, Place des Antilles		560 000
– deux appartements sis à Bagnolet (Seine-Saint-Denis)		800 000
– Valeurs mobilières à la Société Générale		2 100 000
Rapport dû par Muriel		288 000
Rapport dû par Claire		380 000
		4 711 000

8.04 Liquidation de succession avec conjoint réservataire.

1re partie : schéma liquidatif

Liquidation d'une succession revenant au conjoint survivant réservataire

§ 1 En l'absence de descendants et des père et mère,

en l'absence de testament et de libéralités entre vifs

et s'il n'existe pas de « biens de famille », le conjoint reçoit tout, il n'y a pas lieu à liquidation.

S'il existe des biens de famille, objets du droit de retour des collatéraux privilégiés :

1° Évaluation des droits au logement

2° Répartition du passif entre la succession ordinaire et la succession anomale

3° Liquidation de la succession ordinaire, revenant en totalité au conjoint

4° Liquidation de la succession anomale et, en cas de partage, calcul des droits des parties et attributions

§ 2 En présence d'un testament exhérédant le conjoint et les collatéraux privilégiés,

par disposition expresse et par acte authentique pour le conjoint,

par exhérédation tacite résultant de l'institution d'un légataire universel pour les collatéraux privilégiés.

1° Évaluation du droit temporaire au logement

2° Calcul de la quotité disponible et de la réserve du conjoint

3° Établissement de l'actif net à partager

4° Déduction du legs universel

5° Solde revenant au conjoint

6° Propositions d'attributions

§ 3 En présence d'un testament olographe par lequel l'époux prédécédé a institué un légataire de la quotité disponible.

1° Évaluation du droit viager au logement, et du droit temporaire si le droit viager n'est pas demandé par le conjoint

2° Calcul de la quotité disponible et de la réserve du conjoint

3° Établissement de l'actif net à partager

4° Déduction du legs de la quotité disponible

5° Solde revenant au conjoint

6° Propositions d'attributions

2e partie : cas pratique

Le 14 mai 1987, M. Pascal, né le 7 juin 1932, retraité, veuf de Mme Lantier avec trois enfants, a épousé Mme Mouret, veuve sans enfant de M. Grandjean. Les époux avaient adopté par contrat préalable à leur union le régime matrimonial de la séparation de biens pure et simple.

Le 13 octobre 2022, Mme Mouret est décédée au domicile commun des époux, 8, avenue Émile Zola à Paris 15e, laissant :

– son conjoint survivant, M. Pascal, demeurant 8, avenue Émile Zola à Paris 15e, avec lequel elle n'a pas eu d'enfant ;

– son frère germain, Serge ;

– son neveu, Octave, fils de sa sœur germaine prédécédée, Désirée.

Le patrimoine de la défunte se compose de :

– divers comptes bancaires dont le solde au jour du décès était de 320 000 € ;

– un appartement sis 8, avenue Émile Zola à Paris 15e, domicile des époux, reçu à titre gratuit par Mme Mouret par donation-partage de ses deux parents, tous deux prédécédés. Cet appartement est évalué au décès à 960 000 €, en ce compris le mobilier.

Il existe à la charge de la succession diverses dettes, dont le montant total au décès était de 30 000 € ; les frais funéraires se sont élevés à 10 000 €.

Le partage de la succession est réalisé dans l'année du décès et les valeurs au jour du partage sont restées les mêmes qu'au décès.

Après avoir établi la dévolution successorale, il est demandé de liquider la succession dans les trois hypothèses suivantes :

1° Il n'existe pas de testament.

2° Il existe un testament établi suivant acte authentique reçu par Me Maurin, notaire à Paris, le 8 décembre 2014, par lequel Mme Mouret a déclaré :

– priver son conjoint de tout droit dans sa succession, y compris le droit au logement, le tout dans la mesure où la loi le permet ;

– instituer pour légataire universel son neveu, Octave, ou à défaut, si celui-ci ne venait pas à sa succession, l'association diocésaine.

3° Il existe un testament olographe, conservé en l'étude de Me Maurin, notaire à Paris : il est écrit, daté et signé de la main de la testatrice, et rédigé dans les termes suivants : « Je révoque toutes dispositions antérieures. Je lègue la quotité disponible de ma succession à mon neveu Octave. Fait à Paris, le 8 décembre 2014, Denise Mouret ».

La solution proposée est divisée en trois parties, correspondant aux trois hypothèses envisagées.

§ 1 Première hypothèse : absence de testament

A. Dévolution successorale

En l'absence de testament, la dévolution successorale légale s'applique à la succession ordinaire (1°), tandis que les biens reçus par la défunte de ses parents par donation-partage constituent une succession anomale du fait du droit de retour légal des collatéraux privilégiés (2°). De plus, le conjoint survivant bénéficie de droits au logement (3°).

1° *Succession ordinaire*

La défunte laisse son conjoint en concours avec des collatéraux privilégiés : un frère et le descendant d'une sœur.

Dans ce cas, en l'absence de descendants et des père et mère, le conjoint recueille toute la succession (C. civ., art. 757-2 – V. ss no 131.91).

2° *Succession anomale*

Le père et la mère de la défunte sont prédécédés : l'appartement que la défunte avait reçu d'eux par donation-partage, qui se retrouve en nature dans la succession, est dévolu pour moitié au conjoint survivant, et pour moitié au frère germain et au neveu, fils de la sœur germaine de la défunte, qui sont également descendants des donateurs (C. civ., art. 757-3 – v. ss nos 131.92 s.), le terme de « germain » indiquant que la défunte, son frère et sa sœur prédécédée avaient le même père et la même mère (v. ss no 131.111-1).

3° *Droits au logement*

Le domicile commun des époux est un bien personnel à la défunte, relevant de la catégorie des biens de famille. Ce bien dépendant de la succession, le conjoint survivant dispose sur lui de deux droits :

– un droit temporaire d'une durée d'un an et qui est d'ordre public (C. civ., art. 763 – V. ss nos 131.141 s.) ;

– un droit viager, qu'il doit demander dans l'année du décès (C. civ., art. 764 à 766 – V. ss nos 131.121 s.).

B. *Liquidation de la succession*

Après avoir évalué les droits au logement (1°) et examiné la répartition du passif (2°), nous liquiderons successivement la succession ordinaire (3°) et la succession anomale (4°).

1° *Droits au logement*

a) *Le droit temporaire au logement*

En l'espèce, il n'y a pas lieu d'évaluer ce droit temporaire d'occupation gratuite d'un an, car le conjoint sera supposé exercer son droit viager d'usage et d'habitation, qui lui permet d'habiter le bien et d'user des meubles jusqu'à son décès.

Rappelons cependant que ce droit est en théorie porté au passif de la succession et son montant réparti entre la succession ordinaire et la succession anomale, comme les autres éléments du passif (v. ci-dessous, **3°**).

Lorsque ce droit porte sur un bien dépendant en totalité de la succession, le conjoint survivant ne payant aucun loyer au titre de l'occupation gratuite, ne peut en principe obtenir aucun remboursement. Pour le remboursement des charges de copropriété et celui de la taxe d'habitation (v. ss no 131.143).

b) *Le droit viager au logement*

Ce droit est évalué fiscalement à 60 % de l'usufruit calculé selon l'article 669-I du Code général des impôts (CGI, art. 762 bis). Si on se réfère à l'évaluation fiscale visée par ces textes, M. Pascal ayant 85 ans au jour du décès, son usufruit est évalué à 20 % de la pleine propriété, soit : 960 000 × 20 % = 192 000 et le droit viager à : 192 000 × 60 % = 115 200 €.

Dans ce calcul, nous n'avons pas tenu compte du mobilier dont la valeur n'était pas indiquée par le thème.

2° *Répartition du passif*

La contribution de chacune des deux successions au passif se fait proportionnellement à la fraction d'actif brut que représente chaque succession par rapport au total de l'actif brut successoral (v. ss nos 131.113 et 131.113-1).

	Succession ordinaire	Succession anomale	Total
Actif brut valeur partage	320 000	960 000	1 280 000
Répartition proportionnelle du passif	320 000/ 1 280 000	960 000/ 1 280 000	1 280 000/ 1 280 000
Montants à déduire	40 000 × 320/1 280 = 10 000	40 000 × 960/1 280 = 30 000	40 000
Actif net (différence)	310 000	930 000	1 240 000

3° *Liquidation de la succession ordinaire*

a) *Masse à partager*

Actif brut valeur partage	
Comptes bancaires	320 000
Passif à déduire	10 000
Actif net	310 000

b) *Droits des parties*

L'actif net de la succession ordinaire revient au conjoint pour la totalité.

4° *Liquidation de la succession anomale*

a) *Masse à partager*

Actif brut valeur partage	
Appartement	960 000
Passif à déduire	30 000
Actif net	930 000

b) *Droits des parties*

Revenant pour moitié indivise soit 465 000 € :

– au conjoint survivant, d'une part ;

– au frère de la défunte et à son neveu, d'autre part, chacun à proportion de moitié (232 500 €).

c) *Attributions*

On suppose que le conjoint souhaite se voir attribuer l'appartement, comme le lui permet, en cas de litige, l'attribution préférentielle prévue par l'article 831-2, 1° du Code civil.

Par cette attribution il est rempli de son droit viager au logement qui s'éteint par confusion.

En contrepartie, il doit verser des soultes au frère et au neveu de la défunte et prendre en charge le passif.

Tableau des attributions

Attributions	Appartement	Passif pris en charge	Soulte	Total égal à l'actif net
Attributaires				
Pascal	960 000	– 30 000	– 465 000	465 000
Serge			+ 232 500	232 500
Octave			+ 232 500	232 500
Total	960 000	– 30 000		930 000

§ 2 *Deuxième hypothèse : testament authentique*

A. *Dévolution successorale*

Par le testament authentique, le conjoint est privé de son droit viager au logement (C. civ., art. 764, al. 1er et 971 – V. ss n° 131.123), mais non du droit temporaire, qui est d'ordre public (C. civ., art. 763 – V. ss n° 131.141).

Cependant, même exhérédé, le conjoint a droit à une réserve du quart des biens (C. civ., art. 914-1 – V. ss n° 222.51).

Quant aux collatéraux privilégiés, leur droit de retour, qui n'est pas d'ordre public, est mis en échec par l'exhérédation résultant de l'institution d'un légataire universel (C. civ., art. 757-3 – V. ss n° 131.102).

Le légataire universel recueille l'universalité de la succession et doit indemniser le conjoint survivant pour sa part de réserve, si ce dernier demande la réduction. On supposera dans la liquidation à suivre que le légataire universel demande la réduction en nature compte tenu de l'importance de l'indemnité de réduction à payer (310 000 €) et ainsi que l'y autorise l'article 924-1 du Code civil. Il pourrait également cantonner son émolument (C. civ., art. 1002-1), en abandonnant au conjoint des biens d'une valeur égale à sa réserve. Cette seconde solution permet de ne pas payer de droit de partage.

L'exhérédation du conjoint et des collatéraux privilégiés est confirmée par le fait qu'un autre légataire universel est désigné pour le cas où le premier légataire universel ne viendrait pas à la succession.

B. *Liquidation de la succession*

1. *Calcul de la quotité disponible*

Biens existants (valeur décès) :		
Comptes bancaires		320 000
Appartement		960 000
Total		1 280 000
Passif à déduire :		
Dettes et frais d'obsèques	40 000	
Droit au logement temporaire du conjoint	Mémoire	
Total à déduire	40 000	
Masse de calcul		1 240 000
Quotité disponible		3/4
		930 000
Réserve du conjoint		1/4
		310 000

2. *Masse à partager et droits des parties*

Masse active (valeur partage) :		
– Comptes bancaires		320 000
– Appartement		960 000
Ensemble		1 280 000
Passif :		
– Dettes et frais d'obsèques	40 000	
– Droit temporaire au logement du conjoint	Mémoire	
Total à déduire	40 000	
Actif net à partager		1 240 000
Déduction du legs universel	930 000	
Reste, revenant au conjoint survivant		310 000

3. *Propositions d'attributions*

a. On suppose que le conjoint souhaite se voir attribuer l'appartement, comme le lui permet, en cas de litige, l'attribution préférentielle prévue par l'article 831-2,1° du Code civil.

Il est cette fois proposé d'acquitter le passif par affectation à due concurrence d'une partie des comptes bancaires.

Attributions et affectation à l'acquit du passif	Appar-tement	Comptes bancaires	Soulte	Total égal à actif brut et passif à acquitter
Pascal	960 000		– 650 000	310 000
Octave		280 000	+ 650 000	930 000
Passif		40 000		40 000
Total	960 000	320 000	0	1 280 000

b. Pour le cas où le conjoint souhaiterait ne pas recevoir la pleine propriété de l'appartement, soit qu'il ne dispose pas de liquidités suffisantes, soit pour toute autre raison, il peut demander à son profit l'attribution de l'usufruit de ce bien.

Cette attribution est soumise à l'accord des autres copartageants, car la réserve du conjoint n'est que d'un quart en pleine propriété et l'attribution d'un usufruit dépassant le quart de l'actif net à partager (en usufruit) suppose une conversion en usufruit de droits en pleine propriété ; elle peut être effectuée dans le cadre d'un partage transactionnel.

Si les copartageants sont d'accord pour évaluer l'usufruit d'après les indications de l'article 669, I du Code général des impôts, soit à 20 % de la pleine propriété, le conjoint étant âgé de 85 ans au jour du décès, les attributions et l'affectation à l'acquit du passif pourraient être les suivantes :

Attributions et affectation à l'acquit du passif	Appar-tement	Comptes bancaires	Soulte	Total égal à actif brut et passif à acquitter
Pascal	192 000		118 000	310 000
Octave		768 000	162 000	930 000
Passif			40 000	40 000
Total	192 000	768 000	320 000	1 280 000

§ 3 *Troisième hypothèse : testament olographe*

A. *Dévolution successorale*

Par le testament olographe qui est décrit par le thème, le conjoint n'est pas privé de son droit viager au logement. Cette privation ne peut en effet être stipulée que par testament authentique. Pour le reste de la succession, le conjoint est exhérédé de fait – sauf en ce qui concerne sa réserve – par l'institution d'un légataire de la quotité disponible.

Par ce legs, les collatéraux privilégiés sont tacitement exhérédés de leur droit de retour.

B. *Liquidation de la succession :*

1. *Calcul des droits au logement du conjoint*

V. ci-dessus, § 1, B, 1

Droit temporaire :

Le droit temporaire ne s'exercera pas, en raison de l'existence du droit viager pour lequel le conjoint survivant opte dès l'ouverture de la succession.

Droit viager :

Valeur : 115 200, venant en déduction de la valeur de l'appartement.

Valeur résiduelle de l'appartement : 960 000 – 115 200 = 844 800 €.

2. *Imputation du droit viager sur les droits légaux réduits à la réserve*

Le droit viager (115 200) s'impute sur les droits légaux réduits à la réserve (310 000) sans les épuiser. Le conjoint peut prélever le complément de ses droits (194 800) sur les biens existants.

Si ce droit avait excédé le montant de la réserve, le conjoint aurait pu toutefois conserver l'excédent (C. civ., art. 765 – V. s^s n°s 132.101 et 132.103).

3. *Calcul de la quotité disponible*

Le calcul est le même que ci-dessus (v. § 2, B, 1).

4. *Masse à partager et droits des parties* (voir ci-dessus § 2, B, 2.)

5. *Propositions d'attributions*

On suppose que le conjoint se satisfait de son droit viager au logement, et ne demande pas l'attribution de l'appartement.

Par ailleurs, le légataire universel prend en charge la totalité du passif.

TABLEAU DES ATTRIBUTIONS

Attributions	Appartement Valeur résiduelle	Droit viager	Comptes bancaires	Passif pris en charge	Total actif net
Attributaires					
Pascal		115 200	194 800		310 000
Octave	844 800		125 200	– 40 000	930 000
Total	844 800	115 200	320 000	– 40 000	1 240 000

8.05 Liquidation de succession précédée d'un compte d'indivision entre partenaires de PACS.

1re partie : schéma liquidatif

– Établissement des comptes d'indivision et liquidation du PACS ;

– Vérification qu'il n'a pas été porté atteinte à la réserve héréditaire ;

– Partage en un seul acte des deux indivisions, l'indivision résultant du PACS et l'indivision successorale (C. civ., art. 839).

On suppose, dans le schéma ci-après, que le défunt était soumis au régime légal du PACS et qu'il laisse à sa survivance trois enfants. On suppose par ailleurs que tous les biens acquis par les partenaires ont été acquis à concurrence de moitié chacun.

Attention : si les partenaires ont acquis des biens dans des proportions différentes, il faut liquider chaque indivision séparément.

I. *Liquidation de l'indivision résultant du PACS*

A. *Comptes d'indivision*

Nous supposons ici que seule la partenaire survivante a effectué des opérations sur le patrimoine indivis.

Compte d'indivision de Mme...

• Créances de l'indivision sur Mme...		
– à raison (*indiquer la cause de la créance*)		XXX
– à raison		XXX
Ensemble		XXX
• Créance de Mme sur l'indivision		
– à raison	XXX	
– à raison	XXX	
Ensemble	XXX	XXX
Solde, en faveur de Mme (ou de l'indivision)	XXX	

B. *Liquidation du PACS*

Ces calculs se font en valeur partage.

Toutefois, si les biens ont changé de valeur entre le décès et le partage, il conviendra de faire la liquidation également en valeur décès pour les calculs de contrôle de l'intégrité de la réserve (v. ci-dessous, II).

1. *Actif indivis*

– Bien indivis 1	XXX
– Bien indivis 2	XXX
– Solde du compte d'indivision du survivant s'il est en faveur de l'indivision	XXX
Actif brut	XXX

2. *Passif*

– Dettes relatives au bien 1	XXX	
– Dettes relatives au bien 2	XXX	
– Solde du compte d'indivision du survivant s'il est en sa faveur	XXX	
Total du passif	XXX	XXX

3. *Balance*

Actif brut	XXX
Passif	XXX
Balance (Différence entre actif brut et passif)	XXX
Dont pour chaque partenaire ou sa succession	1/2
Est de	XXX

C. *Créances entre partenaires*

S'il y a eu des mouvements de valeur entre les patrimoines des partenaires, il faut ouvrir un compte de créances au nom de chacun, comparable au compte de créances entre époux.

II. *Succession*

Tous les calculs effectués dans les opérations préalables se font en valeur décès.

Il est donc nécessaire de recalculer en valeur décès le boni d'indivision ainsi que le solde des créances entre partenaires s'il est en faveur de la succession.

A. *Calcul de la quotité disponible et de la réserve*

1. *Biens existant au décès :*		
– Moitié du boni d'indivision		XXX
– Autres biens du défunt		XXX
– Solde du compte de créances entre partenaires au profit de la succession		XXX
Ensemble		XXX
2. *Déduction du passif :*		
– Solde du compte de créances entre partenaires au profit du survivant	XXX	
– Dettes personnelles	XXX	
– Charges de la succession :		
– Frais funéraires	XXX	
– Frais de liquidation et partage	XXX	
– Droit temporaire au logement	XXX	
Total du passif déductible	XXX	XXX
Reste		XXX
3. *Réunion fictive :*		XXX
– Donation à		XXX
– Donation à		XXX
– Donation à		XXX
Total, formant la masse de calcul		XXX
Dont le quart[a] formant la quotité disponible ordinaire		1/4
Est de		XXX
Et les trois quarts, formant la réserve globale		3/4
Sont de		XXX
Dont le tiers formant la réserve individuelle de chacun des trois enfants		1/3
Est de		XXX

a Dans l'hypothèse où, comme dans ce schéma, le défunt laisse trois enfants.

B. *Imputations*

Sur l'ordre d'imputation, v. s[s] n°s 321.11 s. (C. civ., art. 923 et 926).

Sur le secteur d'imputation, v. s[s] n°s 322.11 s. (C. civ., art. 919-1 et 919-2).

C. *Détermination des indemnités de réduction*

Sur le calcul de l'indemnité de réduction, v. s[s] n°s 341.31 s.

III. *Partage*

A. *Masse à partager.*

Les calculs se font ici en valeur partage.

1. *Actif*

– Biens existants propres au défunt (y compris les biens légués)	XXX
– Biens indivis résultant du PACS pour la totalité	XXX
– Solde du compte de créances entre partenaires s'il est en faveur de la succession	XXX
Actif brut à partager	XXX

2. *Passif*

– Dettes du défunt : impôts	XXX	
– Solde du compte de créances entre partenaires s'il est en faveur du partenaire survivant	XXX	
Charges :		
– Frais funéraires	XXX	
– Droit temporaire au logement du conjoint	XXX	
– Frais de liquidation et partage	XXX	XXX
– Récupération d'aide sociale	XXX	
– Créance de salaire différé	XXX	
Ensemble	XXX	
Actif net de succession		XXX

3. *Déduction des legs*

Legs particulier à…	XXX	
Droits du légataire universel	XXX	
Actif net existant non légué à titre particulier	XXX	XXX
Reste à partager		XXX

4. *Restitutions*

Indemnités de rapport (C. civ., art. 860)	XXX
Bien donné à… (*si rapport en nature*)	XXX
Indemnité due par le renonçant astreint au rapport (C. civ., art. 845)	XXX
Indemnité de réduction	XXX
Bien ou quote-part du bien restitué au titre de la réduction (*si réduction en nature*)	XXX
Total à partager	XXX

B. *Droits des parties et passif restant à acquitter*

1. *Partenaire survivant*

Moitié du *boni* d'indivision valeur partage	XXX	
– à quoi il faut ajouter/ou à charge pour lui d'acquitter/ le solde de son compte de créances entre partenaires – et le solde de son compte d'indivision, s'il est en sa faveur (dans le cas contraire, ce solde est à déduire)	XXX XXX	
Total/Reste, égal à ses droits	XXX	XXX

2. *Enfant 1*

Droits légaux	XXX	XXX

3. *Enfant 2*

Droits légaux	XXX	XXX

4. *Enfant 3*

Droits légaux	XXX	XXX

5. *Passif restant à acquitter*

Passif de l'indivision (hors le solde du compte d'indivision en faveur de la partenaire, dont il a été tenu compte dans ses droits)	XXX	
Passif de succession	XXX	
Ensemble	XXX	XXX
Total des droits des parties et du passif restant à acquitter		XXX

C. *Vérification*

Le total des droits des parties et du passif restant à acquitter doit être égal à l'actif brut à partager comprenant :

– les biens existants non légués : biens indivis et autres biens ;

– les restitutions.

D. *Propositions d'attributions et affectation à l'acquit du passif*

1. Partenaire survivant	
…	
2. Enfant 1	
…	
3. Enfant 2	
…	
4. Enfant 3	
…	
5. Affectation à l'acquit du passif	
…	

Pour les règles à respecter dans les propositions d'attributions, v. s[s] n°s 422.191, (rapports), 424.11 s. (dettes des copartageants) et 431.81 (attributions préférentielles).

2e partie : cas pratique

Le 1er avril 2025, M. Constant, demeurant à Rueil-Malmaison (92), 10, allée des Magnolias, est décédé subitement.

M. Constant était célibataire et vivait en concubinage avec Mme Roland, avec laquelle il avait conclu un pacte civil de solidarité en 2011. La convention de PACS ne contenait pas de convention contraire au régime légal, en ce qui concernait les biens des partenaires.

Le défunt laisse à sa survivance deux enfants naturels qu'il a reconnus, Eugène et Hortense, nés d'un précédent concubinage avec Mlle Rose, prédécédée.

M. Constant n'avait pas préparé la transmission de sa succession, notamment à sa partenaire de PACS. Il a toutefois consenti des donations entre vifs à ses enfants :

– en 2007, il a fait donation en avancement de part à Eugène d'un appartement à Paris 9e, d'une valeur de 300 000 € à l'époque de la donation, de 500 000 € au décès et de 520 000 € au partage. Eugène a effectué d'importants travaux de rénovation de cet appartement. D'après l'expertise, sans les travaux, l'appartement ne vaudrait que 400 000 € au décès et 410 000 € à l'époque du partage ;

– en 2010, il a donné à Hortense, par don manuel, une somme de 300 000 € : au moyen de cette somme, Hortense a tout d'abord acheté une voiture, pour un prix de 60 000 €. Cette voiture est estimée au décès à 24 000 € (valeur Argus).

Puis en 2013, Hortense a acquis une maison à Compiègne, moyennant le prix de 360 000 €, frais compris. Le prix et les frais ont été payés à concurrence de 240 000 € au moyen du reste des deniers reçus par don manuel et pour le surplus au moyen d'un prêt. La maison vaut 420 000 € au décès comme au partage.

– en 2014, il a consenti à son petit-fils Jérôme, fils d'Eugène, un don manuel de 60 000 €. Cette somme a été immédiatement déposée sur un livret A ouvert au nom de Jérôme.

Les biens existant au décès sont :

– un portefeuille de valeurs mobilières, évaluées 240 000 € au décès ; au partage, ce portefeuille a une valeur de 260 000 € ;

– la moitié indivise d'une maison sise 10, allée des Magnolias à Rueil-Malmaison, d'une valeur au décès de 1 240 000 € et de 1 300 000 € au partage.

Cette maison a été acquise par M. Constant et Mme Roland en indivision à concurrence de moitié chacun, pour un prix de 800 000 €.

Ce prix a été financé de la façon suivante :

• à concurrence de 400 000 € par Mme Roland au moyen de deniers provenant de la vente d'un bien qui lui avait été attribué lors du partage de la succession de sa mère ;

• à concurrence de 300 000 € par M. Constant au moyen de deniers personnels ;

• pour le surplus, soit 100 000 € au moyen d'un prêt consenti à M. Constant par son frère. Aucune assurance n'a été souscrite. Le prêt a été consenti au taux de 4 % par an. Le remboursement a été stipulé *in fine* et son échéance était prévue le 31 décembre 2020. En garantie de ce prêt, le frère de M. Constant a pris une hypothèque sur la maison.

– la moitié indivise d'un appartement sis à Paris (12e), 56, rue de Picpus. Cet appartement est loué par bail d'habitation moyennant un loyer mensuel de 2 000 €, payable le 5 du mois.

L'autre moitié indivise de cet appartement est la propriété de Mme Roland.

L'acquisition a eu lieu au moyen d'un prêt bancaire entièrement remboursé au décès. Il est précisé que chacun des partenaires a effectivement remboursé la moitié de prêt lui incombant.

Cet appartement est estimé à 520 000 € au décès comme au partage.

Outre le prêt, il existe un passif (dettes diverses et fiscales propres au défunt) de 20 000 € au décès et de 24 000 € au partage.

La date du partage est fixée au 4 janvier 2021.

Mme Roland est restée dans la maison de Rueil-Malmaison entre le décès et le partage.

Entre le 1er avril 2021 et le 31 décembre 2022, elle a payé les intérêts du prêt consenti par le frère de M. Constant et a ainsi acquitté un total de 8 500 €.

Par ailleurs, le 31 décembre 2022, elle a remboursé les 100 000 € dus au titre du prêt. Pour cela, elle a prélevé sur ses économies.

Enfin, depuis le décès, elle a géré l'appartement loué en percevant les loyers, payant les charges de copropriété et impôts relatifs à cet appartement.

Il est précisé que :

– l'indemnité d'occupation de la maison peut être évaluée à 3 000 € par mois ;

– les charges incombant au propriétaire, payées depuis le décès par Mme Roland pour l'appartement loué, s'élèvent à 13 000 € ;

– la taxe foncière relative à l'appartement loué, payée par Mme Roland après le décès, s'élève à 2 500 €.

La rémunération moyenne versée pour la gérance d'un bien immobilier est de 5 % du loyer brut perçu.

Mme Roland souhaite se faire attribuer dans le partage la maison de Rueil-Malmaison. Les enfants de M. Constant ne s'y opposent pas.

La solution ci-après propose une liquidation de la succession allant jusqu'au partage, avec règlement des comptes d'indivision.

SOLUTION PROPOSÉE

I. *Observations préalables*

A. *Dévolution légale*

Le défunt laisse pour recueillir sa succession deux enfants naturels reconnus, nés d'une personne prédécédée : Eugène et Hortense sont héritiers réservataires pour le tout, à proportion de moitié chacun.

En présence de libéralités, les droits des réservataires sont des deux tiers, à concurrence d'un tiers pour chacun des enfants, la quotité disponible étant d'un tiers en pleine propriété (C. civ., art. 913).

B. *Patrimoine du défunt*

a) *Actif*

Les partenaires étant soumis quant à leurs biens au régime légal, il convient d'inscrire à l'actif de la succession la totalité du portefeuille de titres dont le défunt avait la propriété exclusive (C. civ., art. 515-5).

La maison de Rueil-Malmaison ainsi que l'appartement sis à Paris (12e), 56, rue de Picpus ne dépendent que pour moitié de la succession de M. Constant, ces biens ayant été acquis en indivision, à concurrence de moitié pour chacun des concubins.

Il n'existe aucune créance entre partenaires.

b) *Passif*

M. Constant était débiteur au décès d'une somme de 100 000 € empruntée à son frère. Cette somme doit être inscrite au passif de la masse de calcul de la quotité disponible, mais elle ne figurera pas au passif de la masse à partager car Mme Roland a remboursé l'intégralité du prêt pendant l'indivision successorale. Ce remboursement donnera toutefois lieu à une créance au profit de Mme Roland dans le cadre de la liquidation de l'indivision résultant du PACS.

Enfin, M. Constant avait diverses dettes civiles et fiscales. Le montant de ces dettes était de 20 000 € au décès, montant à prendre en compte dans les opérations préalables afin de vérifier une éventuelle atteinte à la réserve. Dans la masse à partager, il conviendra de retenir le montant du passif à l'époque du partage, soit 24 000 €.

C. *Droits de la partenaire de PACS*

La partenaire de PACS est un tiers, qui n'a aucun droit légal dans la succession.

Elle peut cependant bénéficier d'un droit temporaire au logement (C. civ., art. 515-6, par renvoi aux deux premiers alinéas de l'article 763), à condition que le défunt ne l'en ait pas privée.

Ce droit temporaire porte :

– sur le logement qu'occupe de façon effective à titre d'habitation principale le partenaire survivant au jour de la dissolution par décès du PACS, si ce logement appartient aux partenaires ou dépend entièrement de la succession ;

– ainsi que sur le mobilier le garnissant, le tout, sans que soit exigé que le partenaire ait une habitation commune avec le défunt (C. civ., art. 763).

Ce droit consiste dans la jouissance gratuite du logement pendant une année.

En l'espèce, la partenaire survivante a exercé ce droit, puisqu'elle est restée dans le logement depuis le décès. L'indemnité d'occupation qu'elle devra à l'indivision ne portera que sur la période qui excède une année (ici, neuf mois, l'occupation ayant duré vingt et un mois).

D. *Libéralités*

1° *Libéralités entre vifs*

a) Donation à Eugène en 2007 : Eugène a reçu un appartement à Paris 9e. Cette donation, ayant été consentie en avancement de part, est rapportable (C. civ., art. 843) et doit être prise en compte pour le calcul de la quotité disponible (C. civ., art. 922).

– *Rapport*

Le montant du rapport est égal à la valeur des biens donnés au partage, compte tenu de leur état au jour de la donation (C. civ., art. 860, al. 1er).

Les travaux faits par le donataire ne doivent pas être pris en compte pour évaluer le rapport car seules les plus-values étrangères au donataire donnent lieu à rapport (ainsi la plus-value résultant d'une hausse du marché immobilier).

Le montant du rapport dû par Eugène est la valeur de l'appartement à l'époque du partage sans les travaux soit, selon l'expertise, 410 000 €.

– *Réduction éventuelle*

La donation doit être réunie fictivement à la masse de calcul de la quotité disponible (C. civ., art. 922) afin de reconstituer le patrimoine du défunt pour le calcul de la quotité disponible et de la réserve.

Les biens donnés sont évalués au décès, compte tenu de leur état au jour de la donation. Comme ci-dessus pour le rapport, on ne tient pas compte dans cet état des plus-values résultant des travaux effectués par le donataire, et le bien sera porté dans ce calcul pour 400 000 €.

b) Don manuel à Hortense en 2010 : Hortense a reçu par don manuel une somme de 300 000 €. Ce don est présumé consenti en avancement de part successorale (C. civ., art. 843). Il est donc rapportable et doit être pris en compte pour le calcul de la quotité disponible (C. civ., art. 922).

– *Rapport*

Les modalités du rapport d'une donation de somme d'argent sont édictées par l'article 860-1 du Code civil.

En l'absence d'emploi de la somme, le rapport d'une somme d'argent est du montant nominal de la somme donnée (C. civ., art. 860-1, première phrase).

En cas d'acquisition d'un bien, « *le rapport est dû de la valeur de ce bien dans les conditions prévues par l'article 860* » (C. civ., art. 860-1, seconde phrase). En conséquence, le rapport se fait pour la valeur du bien à l'époque du partage compte tenu de son état au jour de son acquisition (C. civ., art. 860, al. 2).

Cependant, il n'est pas tenu compte de la subrogation du bien acquis à la somme donnée lorsque « *la dépréciation du nouveau bien était, en raison de sa nature, inéluctable au jour de son acquisition* » (C. civ., art. 860, al. 2, *in fine*). La donataire doit dans ce cas (acquisition de biens de consommation) le rapport du nominal de la somme donnée.

Dans l'hypothèse du cas pratique, Hortense a utilisé le don manuel pour deux acquisitions :

– une voiture, bien de consommation appelé à se déprécier ;

– une maison.

Pour la voiture, le rapport est égal au nominal de la somme employée, soit 60 000 €.

Pour la maison, le rapport est de la valeur au partage de la quote-part du bien que les deniers donnés ont permis d'acquérir.

Le bien ayant été acquis pour 360 000 €, dont 240 000 € au moyen des deniers donnés, la quote-part en question est de 240 000/360 000, soit les 2/3 du bien.

Le rapport est des 2/3 de la valeur du bien à l'époque du partage, compte tenu de son état au jour de l'acquisition, soit 2/3 × 420 000 = 280 000 €.

Total du rapport : 60 000 (voiture) + 280 000 (quote-part de la maison) = 340 000 €.

– *Réduction éventuelle*

Pour le calcul de la quotité disponible et de la réduction éventuelle, c'est la valeur des biens au décès qui est prise en compte.

Cette valeur étant la même qu'au partage, la donation à Hortense sera réunie fictivement pour 340 000 €.

c) Don manuel à Jérôme en 2014 : Jérôme, petit-fils du défunt, a reçu de celui-ci un don manuel de 60 000 €. Cette libéralité est hors part successorale, le donataire n'ayant pas la qualité de présomptif héritier. Son père ne doit pas non plus le rapport de cette donation (C. civ., art. 847). Il n'y a donc pas de rapport à effectuer, cependant le don est pris en compte pour le calcul de la quotité disponible (C. civ., art. 922, al. 2). La somme donnée n'ayant pas été employée, c'est son montant nominal (60 000 €) qui fait l'objet de la réunion fictive.

2° *Libéralités à cause de mort*

Décédé subitement, M. Constant n'avait pas préparé sa succession et n'a consenti aucune libéralité à cause de mort.

E. *Comptes d'indivision*

Un seul compte d'indivision doit être ouvert : celui de Mme Roland, car elle seule a fait des opérations sur les biens indivis.

1° *Créance de Mme Roland sur l'indivision*

a) *À raison du paiement des intérêts et du remboursement du capital du prêt*

Après le décès de M. Constant, et par conséquent pendant l'indivision successorale, Mme Roland a, d'une part, payé les intérêts du prêt consenti à M. Constant par son frère et, d'autre part, remboursé l'intégralité du capital de ce prêt.

Elle a donc droit à une indemnité dont il faut préciser le montant.

Le remboursement – capital et intérêts – d'un emprunt garanti par une hypothèque est assimilé à une dépense de conservation au sens de l'article 815-13 du Code civil (v. s^s^ n°s 401.93, 401.94 et 401.95, et jurisprudence citée). L'indemnité due à l'indivisaire qui a effectué le remboursement est donc égale à la plus forte des deux sommes que représentent la dépense faite (100 000 + 8 500 = 108 500 €) et le profit subsistant.

En l'espèce, s'agissant d'une indivision successorale, le profit subsistant, calculé sur la valeur du bien au partage, est égal au capital remboursé, réévalué d'après le rapport entre la valeur du bien au partage et sa valeur au décès, soit :

100 000 × (1 300 000/1 240 000) = 104 839

100 000 (capital remboursé)

1 300 000 (valeur du bien au partage)

1 240 000 (valeur du bien au décès)

Entre également dans le calcul du profit subsistant le montant des intérêts remboursés, non réévalués, soit 8 500 € [1].

Total du profit subsistant :

104 839 + 8 500 = 113 339

En conséquence, Mme Roland a droit à une indemnité égale à 113 839 €, qui correspond au profit subsistant, supérieur à la dépense faite.

(Sur ce calcul et sur la distinction avec le cas des indivisions post-communautaires, v. s^s^ n° 401.95) [2].

b) *À raison du paiement des charges de copropriété et de la taxe foncière*

La jurisprudence considère que le paiement des charges de copropriété et des impôts locaux constitue une dépense de conservation juridique du bien et leur applique l'article 815-13 du Code civil (v. s^s^ n° 401.93). L'indivisaire qui a réglé ces dépenses a donc droit à une indemnité égale à la plus forte des deux sommes que représentent la dépense faite et le profit subsistant, dans le cas où la dépense a apporté une plus-value au bien.

En l'espèce, la dépense faite est égale à 13 000 € (charges de copropriété) + 2 500 € (impôts fonciers) = 15 500 €.

Cette dépense n'étant pas considérée comme ayant apporté une plus-value au bien, il n'en sera tenu compte que pour son montant.

En conséquence, Mme Roland a une créance de 15 500 €, qui correspond aux dépenses qu'elle a supportées, à raison du paiement des charges de copropriété et de la taxe foncière.

c) *À raison de la gestion de l'appartement loué détenu en indivision*

L'indivisaire gérant a droit à une indemnité sur le fondement de l'article 815-12 du Code civil. Pour la gestion d'un bien immobilier, cette indemnité peut être calculée en se référant, ainsi que le propose l'énoncé, à la rémunération moyenne versée à un gérant professionnel. Cette rémunération est fixée à 5 % du loyer brut perçu.

Le total des loyers perçus par Mme Roland s'élève :

– pour 2019 : 9 × 2 000 = 18 000 €

– pour 2020 : 12 × 2 000 = 24 000 €

Soit un total de 42 000 €.

L'indemnité due à Mme Roland à raison de la gestion de l'appartement peut être évaluée à 5 % de 42 000 €, soit 2 100 €.

2° *Créance de l'indivision sur Mme Roland*

a) *À raison de la perception des loyers*

Les fruits des biens indivis appartiennent à l'indivision (C. civ., art. 825), sous réserve d'une prescription de cinq années pour leur recherche (C. civ., art. 815-10, al. 2 et 3). L'indivision ayant en l'espèce duré moins de cinq ans, Mme Roland doit à l'indivision une indemnité à raison de la perception des loyers pendant toute la période, soit vingt et un mois.

Cette indemnité est égale à : 21 × 2 000 = 42 000 €.

b) *À raison de l'occupation de la maison de Rueil-Malmaison*

L'indivisaire qui jouit privativement d'un bien indivis est redevable envers l'indivision d'une indemnité d'occupation (C. civ., art. 815-9). En l'espèce, Mme Roland est restée vingt et un mois dans la maison. Toutefois, en tant que partenaire pacsée, elle a le droit de jouir gratuitement, pendant un an, des biens lui servant effectivement de logement principal au jour de l'ouverture de la succession, au titre du droit temporaire au logement, dès lors que le défunt ne l'a pas privée de ce droit (C. civ., art. 515-6 renvoyant aux 2 premiers alinéas de l'article 763). Aussi, ne doit-elle une indemnité d'occupation que pour une période de neuf mois (du 1er avril 2021 au 31 décembre 2022).

Cette indemnité a été fixée conventionnellement à 3 000 € par mois, soit pour la période d'indivision de neuf mois :

9 × 3 000 = 27 000 €.

1. S. Thouret, « Les différents modes de conjugalité à l'épreuve de la liquidation et du partage », *AJ fam.* 2015. 436 et 443.
2. V. sur l'indivision post-communautaire : S. David et A. Jault, Dalloz référence, *Liquidation des régimes matrimoniaux*, 2024/2025, n°s 113.72 s.

II. *Aperçu liquidatif*

A. *Compte d'indivision de Mme Roland :*

1° *Créances de Mme Roland sur l'indivision*

– à raison du remboursement du prêt en capital et intérêts	113 839
– à raison du paiement des charges de copropriété et de la taxe foncière	15 500
– à raison de la gestion de l'appartement loué détenu en indivision	2 100
Total dû par l'indivision	131 439

2° *Créances de l'indivision sur Mme Roland*

– à raison de l'encaissement des loyers	42 000	
– à raison de l'occupation de la maison de Rueil-Malmaison	27 000	
Total dû par Mme Roland à l'indivision	69 000	– 69 000

3° *Balance*

– Solde, en faveur de Mme Roland	62 439

Ce solde doit figurer au passif de la masse indivise. Il en sera tenu compte dans le calcul des droits de Mme Roland dans le partage.

B. *Liquidation du PACS*

1° *Actif indivis*

	Valeur décès	Valeur partage
Maison sise à Rueil-Malmaison	1 240 000	1 300 000
Appartement sis à Paris	520 000	520 000
Actif brut	1 760 000	1 820 000

2° *Passif indivis*

(Le passif de 100 000 € pour le prêt n'y figure pas car il incombe uniquement à la succession).

	Valeur décès	Valeur partage
Solde du compte d'indivision de Mme Roland, en la faveur de celle-ci		62 439

3° *Balance et droits des parties*

	Valeur décès	Valeur partage
Actif brut	1 760 000	1 820 000
Passif	–	62 439
Actif net	1 760 000	1 757 561
Dont moitié pour chaque partenaire ou sa succession	1/2	1/2
Est de	880 000	878 780

La succession a des droits dans l'indivision de 880 000 € au décès et 878 780 € au partage.

Elle supporte seule le remboursement du prêt de 100 000 € consenti par le frère du défunt (remboursement fait après le décès par la partenaire de PACS, qui dispose à ce titre d'une créance contre l'indivision).

C. *Contrôle de l'intégrité de la réserve*

Ce calcul se fait en fonction du patrimoine du défunt au décès. Les biens sont donc évalués au décès et il n'est pas tenu compte des opérations faites pendant l'indivision successorale.

1° *Calcul de la quotité disponible et de la réserve*

(Masse de calcul : biens existants, déduction faite du passif successoral et réunion fictive des donations, puis application du taux de la quotité disponible [1/3] à cette masse).

1° Biens existant au décès :		
– Valeurs mobilières		240 000
Droits dans l'indivision résultant du PACS		880 000
Actif brut		1 120 000
2° Déduction du passif :		
– Prêt consenti par le frère de M. Constant	100 000	
– Dettes diverses et fiscales	20 000	
Total passif	120 000	120 000
Actif net de succession		1 000 000
3° Réunion fictive : – Donation à Eugène		400 000
– Don manuel à Hortense		340 000
– Don manuel à Jérôme		60 000
Masse de calcul		1 800 000
Dont le tiers formant la quotité disponible		1/3
Est de :		600 000
Dont les deux tiers formant la réserve globale		2/3
Sont de :		1 200 000
Dont la moitié formant la réserve individuelle		1/2
Est de :		600 000

2° *Imputations*

(C. civ., art. 923 et 926).

a) *Principes*

Les libéralités faites aux tiers, qu'il s'agisse de donations ou de legs, ne peuvent s'imputer que sur la quotité disponible. En cas de dépassement, elles sont réductibles.

Les libéralités faites aux héritiers réservataires peuvent être imputées sur la quotité disponible ou sur la réserve, selon les modalités de la libéralité :

– les libéralités faites en avancement de part successorale aux héritiers réservataires s'imputent principalement sur leur part de réserve, subsidiairement sur la quotité disponible, et en cas de dépassement, l'excédent est sujet à réduction (C. civ., art. 919-1, al. 1er) ;

– celles faites avec dispense de rapport s'imputent exclusivement sur la quotité disponible, l'excédent étant sujet à réduction (C. civ., art. 919-2).

b) *Application*

En application de ces règles, les libéralités faites à Eugène et à Hortense s'imputent principalement sur la part de réserve des gratifiés.

Le don manuel à Jérôme ne peut s'imputer que sur la quotité disponible.

	Réserve individuelle Eugène 600 000	Réserve individuelle Hortense 600 000	Quotité disponible 600 000
Donation à Eugène	– 400 000 200 000		
Don manuel à Hortense		– 340 000 260 000	
Don manuel à Jérôme			– 60 000 540 000

On constate que les libéralités faites par le défunt ne dépassent pas la quotité disponible et ne sont donc pas réductibles.

D. *Masse à partager*

1° Actif : biens existants réévalués à la date du partage, y compris les biens indivis au titre du PACS (C. civ., art. 839)	
Valeurs mobilières	260 000
Biens indivis au titre du PACS	1 820 000
Actif brut	2 080 000
2° Déduction du passif	24 000
Reste	2 056 000
3° Restitutions	
– Rapport d'Eugène	410 000
– Rapport d'Hortense	340 000
Total à partager	2 806 000

E. *Droits des parties et passif restant à acquitter*

1° *Mme Roland*

Ses droits dans l'indivision résultant du PACS		878 780
Le solde de son compte d'indivision		62 439
Ensemble		941 219
Reste à partager entre les héritiers : 2 806 000 – 941 219 =	1 864 781	
Dont moitié pour chaque héritier :	1/2	
Est de :	932 390,50	

2° *Eugène*

Droits dans la masse à partager	932 390,50

3° *Hortense*

Droits dans la masse à partager	932 390,50

4° *Passif restant à acquitter*

	24 000

5° *Vérification*

Total des droits des parties et du passif à acquitter	2 830 000

Égal à l'actif brut à partager (indivision résultant du PACS et succession) comprenant :

Valeurs mobilières	260 000
Maison de Rueil-Malmaison	1 300 000
Appartement de Paris	520 000
Indemnité de rapport due par Eugène	410 000
Indemnité de rapport due par Hortense	340 000
Ensemble	2 830 000

F. *Propositions d'attributions*

1° *Principes*

Les indemnités de rapport sont attribuées en moins prenant au débiteur du rapport.

Les attributions sont faites à l'amiable.

2° *Mme Roland*

La maison de Rueil Malmaison	1 300 000
À charge pour elle de verser une soulte à Eugène	– 358 781
Reste égal à ses droits	941 219

3° *Eugène*

Son rapport en moins prenant	410 000
Soulte à recevoir de Mme Roland	358 781
Fraction du portefeuille de valeurs mobilières	163 609,50
Total, à égal à ses droits	932 390,50

4° *Hortense*

Son rapport en moins prenant	340 000
Fraction du portefeuille de valeurs mobilières	72 390,50
Appartement de Paris (12e)	520 000
	932 390,50

5° *Affectation à l'acquit du passif*

Fraction du portefeuille de valeurs mobilières	24 000

6° *Enregistrement*

Ce partage bénéficie du régime prévu par l'article 748 du Code général des impôts en faveur des partages familiaux. Il n'est pas considéré comme translatif de propriété dans la mesure des soultes qui y sont stipulées. En tant que partage successoral, il est soumis au droit d'enregistrement de 2,5 % sur l'actif net partagé, quelle que soit sa date (CGI, art. 746). Rappelons que seuls les partages après divorce, séparation de corps ou rupture de PACS sont soumis au taux de 1,10 % depuis le 1er janvier 2022 (CGI, art. 746 mod. par L. n° 2019-1479, 28 déc. 2019, art. 108).

Principales abréviations utilisées

	signifie
ACPC	ancien Code de procédure civile
Actu.	Actualité
AJ fam.	Actualité juridique de droit de la famille
al.	alinéa
anc.	ancien
Arr.	arrêté
art.	article
Ass. plén.	Cour de cassation, assemblée plénière
B	arrêt publié au *Bulletin civil* (depuis mi-juin 2021) ou au *Bulletin criminel* (depuis fin juin 2021) de la Cour de cassation
BICC	Bulletin d'information de la Cour de cassation
BOI	Bulletin officiel des impôts
Bull. ass. plén.	Bulletin de l'Assemblée plénière
Bull. civ.	Bulletin des arrêts de la Cour de cassation (chambres civiles)
CASF	Code de l'action sociale et des familles
Cass., avis	Cour de cassation, avis
Cass., ch. mixte	Cour de cassation, chambre mixte
Cass., ch. réun.	Cour de cassation, chambres réunies
C. assur.	Code des assurances
C. civ.	Code civil
C. com.	Code de commerce
CE	Conseil d'État
CGI	Code général des impôts
ch.	chambre
Chron.	Chronique
Circ.	Circulaire
Civ. 1re	Cour de cassation, première chambre civile
Civ. 2^{e}	Cour de cassation, deuxième chambre civile
Civ. 3^{e}	Cour de cassation, troisième chambre civile
Com.	Cour de cassation, chambre commerciale
comm.	commentaire
comp.	comparer
concl.	conclusion
Cons. const.	Conseil constitutionnel
CONTRA	solution contraire
C. pr. civ.	Code de procédure civile
C. pr. exéc.	Code des procédures civiles d'exécution
C. rur.	Code rural
C. trav.	Code du travail
D.	Recueil Dalloz-Sirey
Décr.	Décret
Defrénois	Répertoire du notariat Defrénois
dern.	dernier
DGI	Direction générale des impôts
DH	Recueil hebdomadaire de jurisprudence Dalloz
Dict. enreg.	Dictionnaire de l'enregistrement
Doc. adm.	Documentation administrative
Doctr.	doctrine
DP	Dalloz périodique
Dr. et patr.	Revue Droit et patrimoine
Dr. fam.	Revue Droit de la famille

éd. édition
esp. espèce
ex. exemple

fasc. fascicule

GAJC Les Grands arrêts de la jurisprudence civile (Dalloz)
Gaz. Pal. Gazette du Palais

IR Informations rapides

J. jurisprudence (pour revue *Dalloz*)
J.-Cl. (Civil) Juris-Classeur
J.-Cl. Civ. Code Juris Classeur Civil Code
J.-Cl. Not. Form. Juris-Classeur Notarial Formulaire
J.-Cl. Pr. Civ. Juris-Classeur de Procédure Civile
JCP Juris-Classeur Périodique (édition générale)
JCP E Juris-Classeur Périodique (édition Entreprise et Affaires)
JCP N Juris-Classeur Périodique (édition Notariale)
JO Journal officiel (Lois et décrets)
JOAN Q Journal officiel, Assemblée nationale, Questions écrites
Journ. not. et av. Journal des notaires et des avocats
Juris-Data Juris-Data (Base de données juridiques)
jurispr. jurisprudence

L. Loi
Lebon Recueil des décisions du Conseil d'État
LPA Petites affiches (les)

Mél. Mélanges

NP non publié au recueil officiel de la juridiction

obs. observations
Ord. Ordonnance
Ord. 1er prés. Ordonnance du premier président

P arrêt publié au recueil officiel de la juridiction concernée, et notamment au *Bulletin civil* (avant mi-juin 2021) ou au *Bulletin criminel* (avant fin juin 2021) de la Cour de cassation
PACS Pacte civil de solidarité
Pan. Panorama
préc. précité
préf. préface

QD quotité disponible
QO quotité ordinaire
QPC question prioritaire de constitutionnalité

rapp. Rapport
rappr. rapprocher
RCA Responsabilité civile et assurances
RCJPP *Revue des commissaires de justice (Pratique – Perspectives)*
Rép. civ. Encyclopédie Dalloz (Répertoire de droit civil)
Rép. min. Réponse ministérielle
Rép. pr. civ. Encyclopédie Dalloz (Répertoire de procédure civile)
Req. Cour de cassation, chambre des requêtes
Rev. crit. DIP Revue critique de droit international privé
RI réserve individuelle
RG réserve globale
RJF Revue de jurisprudence fiscale
RTD civ. Revue trimestrielle de droit civil
RTD com. Revue trimestrielle de droit commercial

s. suivant
S. Recueil Sirey
sect. section
Soc. Cour de cassation, chambre sociale
sol. solution
sol. impl. solution implicite
Somm. Sommaire
spéc. spécial

t. tome
TGI Tribunal de grande instance
TI Tribunal d'instance
TJ Tribunal judiciaire

V. voir
V° verbo
V^is verbis
vol. volume

Index des codes cités

• Ancien Code civil

• Code de l'action sociale et des familles

• Code civil

• Code de commerce

• Code de l'environnement

• Code général des collectivités territoriales

• Code général des impôts

• Code général des impôts, Annexe II

• Code général des impôts, Annexe III

Index des règlements européens

- Règlement européen sur les effets patrimoniaux des partenariats enregistrés, 24 juin 2016

- Règlement européen sur les régimes matrimoniaux, 24 juin 2016

- Règlement européen sur les successions, 4 juillet 2012

Index thématique des exemples chiffrés et cas pratiques

Les chiffres renvoient aux numéros de paragraphes des développements de l'ouvrage.
Les intitulés qui précèdent les chiffres renvoient aux exemples chiffrés et cas pratiques figurant dans l'ouvrage.
Le signe « > » qui précède une entrée secondaire indique un renvoi.

Index thématique alphabétique

Les chiffres renvoient aux numéros de paragraphes des développements de l'ouvrage.
Le signe « > » qui précède une entrée secondaire indique un renvoi.

J

L

Q

Certifié PEFC
Ce produit est issu de forêts gérées durablement, de sources recyclées et contrôlées
PEFC
PEFC/18-31-280
www.pefc-france.org

PHOTOCOMPOSITION
SCM • Toulouse

723969 (I) - OFM 60 g - Alfonso (LC)
Achevé d'imprimer en avril 2025 sur les presses de l'imprimerie L.E.G.O. S.p.A.
Dépôt légal : avril 2025
Imprimé en Italie